当代中国丛书

CONTEMPORARY
CHINA

当代中国石油工业

1986—2005

（上卷）

当代中国出版社
Contemporary China Publishing House

《当代中国石油工业》

（1986—2005）

编辑委员会

《当代中国石油工业》

（1986—2005）

编辑部

《当代中国石油工业》

（1986—2005）

上卷编写人员名单

历程与成就篇

第一至三章

安郁培　南永生　王志明　吕鸣岗　俞志华

赵方红　赵　利

勘探与开发篇

第四章　石油勘探

高瑞祺　刘德来　李景明　李本亮

第五章　油田开发

岳登台　潘兴国　刘德来　赵方红　罗　伟

吴鸿道

第六章　天然气勘探开发

李景明　刘德来　马硕鹏　穆福元

工程技术服务篇

第七至十一章

杨庆理　安郁培　王铁军　秦永和　张凤山

秦文贵　曲广学　吴铭德　王怀孝　苟云辉

周　宏　李　波　罗怀达　刘世婕　高丽萍

国际化经营篇

第十二至十五章

章　欣　柳卫江　张　弘　王铁夫　郑华生

杨凤玉　曹海霞　黄　泽　欧丽健　王继明

曾凡礼　魏福军

海洋石油篇

第十六至二十章

赵　利　吴鸿道　王　铁

综合篇

第二十一章　石油科学技术

刘振武　张建军　高　超　刘中晏

第二十二章　石油管道及运输

高泽涛　潘殿军　胡通年　马培泉　陈　斌

张忠东　闻守京　王　强　王秋红　刘　琴

李　岩　李　莉　朱玉方　何　平　刘志刚

杨俊伟　张永胜　张彦敏　耿　彬　范向红

侯庆喜　曹金水

第二十三章　石油装备制造

刘兴和　史习盐　徐德兴　邹高荣　陈玉华

第二十四章　石油教育与培训

金　华　王晓平　赵业廷　王凯燕　向守源

冯少伟　刘宝书

第二十五章　健康安全环保

吴庆善　卢世红　宋立崧

第二十六章　思想政治工作与企业文化

关晓红　贾光生　杨高斐　梁墅恢　俞明康

宋德鹏　吴鸿道

1961年7月，邓小平视察大庆油田。

1983年12月，邓小平接见美国阿科石油公司代表团。

1997年1月，江泽民、李鹏接见出席中国石油天然气总公司工作会议的代表。

1999年6月，江泽民视察胜利油田。

2000年9月，朱镕基视察“西气东输”轮南首站。

2000年11月，吴邦国视察中国石油苏丹项目。

2003年8月，温家宝视察大庆油田。

原石油部老领导余秋里和科技人员一起研究地球物理勘探资料。

原石油部老领导康世恩与科技人员一起研究海洋石油地质情况。

1988年8月，石油工业部撤销，中国石油天然气总公司成立。

1982年2月成立的中国海洋石油总公司于1988年8月划归国务院直接领导。

1998年7月，中国石油石化行业重组，中国石油天然气集团公司成立。

1998年7月，中国石油石化行业重组，中国石油化工集团公司成立。

2000年4月，中国石油股票在纽约和香港先后上市。

2000年10月，中国石化股票在纽约、伦敦和香港同时上市。

2001年2月，中国海油股票在纽约和香港先后上市。

1989年10月，塔里木油田塔中1井喜获高产油气流。

塔里木石油勘探开发指挥部领导研究会战方案。

中国石化西部地区最大的油田——塔河油田。

四川普光气田的发现，标志南方油气勘探取得重大突破。

1989年1月，吐哈油田台参1井喜获工业油流，发现鄯善油田。

中国西部第一个上千万吨的大油田—— 新疆油田。

2003年，长庆油田年产油气当量突破1000万吨。

研究讨论加快长庆油田勘探开发方案。

2004年，四川油气田天然气年产量超100亿立方米，实现了“川气东送”的目标。

冀东油田发现井——老堡南1井。

中国自营勘探开发的海上第一个大油田——渤海绥中36-1油田。

（中图）1996—2005年，南海东部油田年产油气当量连续十年达1000万吨以上。

（下图）1996年1月，中国最大海上天然气项目崖13-1气田投产庆典在香港举行，实现了海气登陆。

（上图）2005年12月，中国石油与哈萨克斯坦国家油气公司共同投资建设的原油管道竣工。

（左上图）中哈双方代表共同开启输油阀门。

（右图）中国石化投资的澳大利亚油田喜喷油气流。

序 言

《当代中国》丛书是经中共中央书记处批准的一项记录、总结和研究中华人民共和国国史的开创性事业，是一项国家大型国史研究和图书出版工程。这项工程从1983年启动，到1999年完成，共出版《当代中国》丛书150卷、208册。《当代中国的石油工业》作为《当代中国》丛书的一个组成部分，由原石油工业部副部长焦力人担任主编，已于1988年正式出版，这部50多万字的著作主要反映新中国成立到1985年中国石油工业（上游）发展历程、成就和主要经验。

《当代中国石油工业》（1986—2005）上下卷，作为《当代中国的石油工业》（1949—1985）的续卷，由中国石油天然气集团公司、中国石油化工集团公司、中国海洋石油总公司共同组织编写，由当代中国出版社出版发行。这部书主要记叙1986—2005年中国石油工业（上游）石油、天然气勘探开发、工程技术服务及跨国经营等有关方面取得的重要成果，记录石油工业在全国工业行业率先进行改革开放的历史进程，反映20年来陆上、海上石油工业与时俱进、开拓创新的基本经验。因此，这部书对总结历史、反映现实、探索规律、启示未来，有着重要的现实意义。

1986—2005年，是中国改革开放不断深化，经济体制发生重大变革的重要时期。中国石油工业在邓小平理论和"三个代表"重要思想指引下，坚持走中国特色社会主义道路，坚持贯彻改革开放的总方针，认真贯彻落实科学发展观，始终把油气资源勘探放在首位，不断发展高新技术，不断开拓国内、国外两个市场，石油、天然气的探明储量和产量都有大幅度增长，石油工业实现了跨越式发展，为保证国民经济的快速发展和保障国家安全，做出了重要贡献。可以说，这20年是石油工业逐步由计划经济向市场经济转型、大力开拓国内外市场，并取得突出成绩的20年，是坚持自主创新，不断引进、消化、发展新技术，依靠科学技术推动石油工业高速发展的20年，也是中国的三大国家石油公司不断深化体制改革，通过行业重组和上市，逐步探索建设具有综合实力和国际竞争力的大型跨国企业集团的20年。20年来，石油工业在为国家创造巨大物质财富的同时，精神文明建设也硕果累累。党的建设、企业文化、职工队伍建设都取得了重大进展，“爱国、创业、求实、奉献”的大庆精神和“铁人”精神得到进一步发扬光大，成为石油工业不断创新发展的源泉和精神动力，并且随着时代的前进而不断充实新的内涵。一支思想过硬、技术先进、勇于开拓创新的石油工人队伍在艰苦磨炼中不断成长。

当前，世界范围内能源供应紧张，国际竞争日趋激烈。中国石油工业既面临新的挑战，又面临新的机遇。中国陆地、海域有着广阔的勘探领域，有巨大的资源潜力。中国石油资源探明程度只有30%，天然气资源探明程度仅为14%，非常规能源资源尚处于开发利用初期，国外石油领域合作也有着广阔前景。因此，进一步开辟国内外两种资源、两个市场大有可为。中国石油工业发展方兴未艾，前景光明。在以胡锦涛为总书记的党中央正确领导下，通过认真贯彻落实中央制定的一系列路线、方针和政策，坚持解放思想，改革开放；坚持科技领先，自主创新；坚持艰苦奋斗，埋头苦干，中国石油工业一定能再创辉煌，攀登新的高峰。

目录

历程与成就篇

勘探与开发篇

工程技术服务篇

国际化经营篇

海洋石油篇

Contents

历程与成就篇

中国是世界上发现和利用石油和天然气最早的国家之一。从 1878 年中国台湾苗栗钻成第一口油井,1907 年陕北延长钻成大陆上第一口油井,到 2005 年,中国石油工业已有 120 多年的历史,经历了艰难曲折的发展历程。1949 年以前的旧中国 72 年间,仅发现陕北延长、玉门老君庙、新疆独山子、台湾出磺坑等 4 个小型油田,以及四川圣灯山、石油沟,台湾锦水、竹东等 7 个小型气田;累计探明石油地质储量不到 0.3 亿吨,探明天然气地质储量不到 4 亿立方米;1949 年石油产量仅为 7 万吨(不含人造油),天然气产量为 0.1 亿立方米。旧中国石油工业的基础极其薄弱。新中国成立后的 56 年间,发现油田 536 个,气田 195 个,已探明石油地质储量 258.0 亿吨,可采储量 69.6 亿吨,探明天然气地质储量 6.2 万亿立方米,可采储量 3.5 万亿立方米(以上数据均未含中国台湾地区)。其中,1986—2005 年的 20

年间，中国石油工业保持平稳快速发展，石油储量、产量稳步增长，天然气储量、产量大幅提升，经济效益明显提高。中国已成为世界石油大国之一。

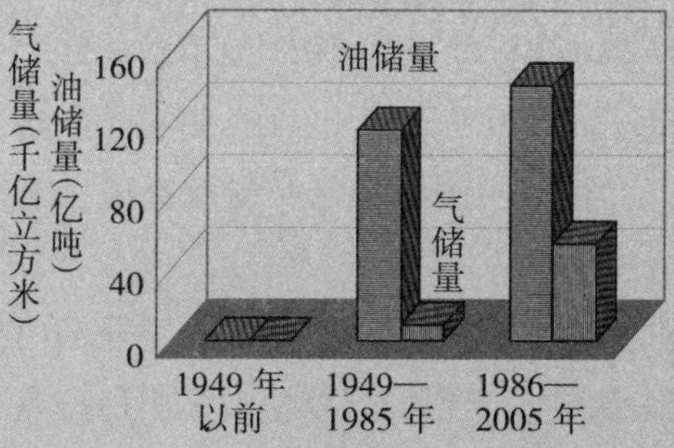

百年油气探明地质储量增长图

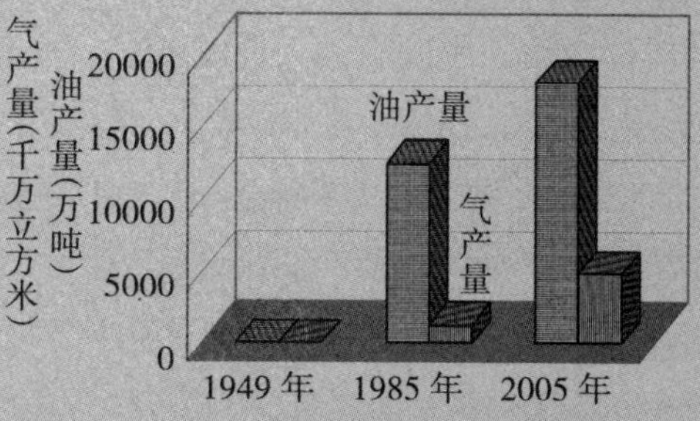

百年油气年产量增长图

引 言

中华人民共和国成立后，全国性大规模的油气资源勘查开发工作得以全面展开，经过半个多世纪的发展，石油工业取得了巨大的成就。1955 年发现克拉玛依油田，实现了新中国石油工业的第一个突破；1959 年大庆油田的发现和投入开发，标志着新中国石油工业的崛起。到 20 世纪 60 年代初期，中国实现了石油基本自给。之后，建成了胜利、华北、辽河、大港、新疆、四川等大型油气田，使石油产量快速上升。截至 1978 年，只用了不到 30 年的时间，中国原油年产量就突破一亿吨，跨入了世界主要产油国的行列。

石油工业是新中国最早引进国外技术和设备、最早实行改革开放的工业部门之一。早在 1975 年 8 月，邓小平在国务院的一次会议上提出，“要争取多出口一点东西，换点高、精、尖的技术和设备回来，加速工业技术改造，提高劳动生产率。”石油化学工业部认真贯彻邓小平的指示，及时组织有关部门引进了一批数字地震仪器和大型计算机，对提高中国石油勘探技术水平起了重要作用。1978 年 1 月，应美国能源部的邀请，中国石油代表团赴美国考察。中共中央、国务院领导听取代表团汇报后，决定在坚持独立自主、自力更生的原则下，中国海上石油勘探开发，可以采取平等互利的补偿贸易方式，直接和外国石油公司建立商务关系，开展对外合作。1978 年中共十一届三中全会以来，中国石油工业在改革开放中进入新的历史发展时期。1979 年，石油部以中国石油天然气勘探开发公司的名义，先后与外国石油公司签署 8 个海上物探协议。在此基础上，经过大量调查研究，1982 年 1 月，国务院颁布《中华人民共和国对外合作开采海洋石油资源条例》；2 月 8 日，国务院批准成立中国海洋石油总公司，负责实施中国海域石油对外合作，成为国内第一个"海上特区"。

从1981年起，国家对石油部实行一亿吨原油产量包干，陆上石油成为中国第一个实行全行业大包干的工业部门，创中国工业行业改革之先河。按照一亿吨原油产量包干政策，到1985年，石油部累计筹集石油勘探开发基金126亿元，不仅有效缓解资金短缺的压力，加大石油勘探开发投入，而且利用6亿美元留成外汇，大批引进数字地震设备、地震资料处理大型计算机、钻机、大型酸化压裂设备等，使270个石油地震队全部更新换装了先进的数字地震仪，大幅提高了石油勘探和钻采技术水平，促进了原油探明储量产量持续增长。与此同时，为了用好一亿吨石油资源，迅速提高中国石油化学工业的效率和效益，1983年2月，中共中央、国务院批准成立中国石油化工总公司，对原来分别隶属于石油部、化工部、纺织部和20个省、自治区、直辖市的炼油、石油化工和化纤企业，实行统一领导、统筹规划、统一管理。

在1986—2005年的20年间，石油工业经历了从计划经济向市场经济的跨越。随着中国改革开放的进程，国民经济持续高速发展，能源需求大幅增长，中国石油工业面临着一系列新的机遇和挑战。1988年，国家成立能源部，撤销石油工业部，成立中国石油天然气总公司，这是石油工业从国家政府部门向经济实体转变的一次重大变革；1998年，国家石油和化学工业局宣告成立，标志着国家机构改革步伐的加快。同年，国家对石油工业实行战略性重组，随后，中国石油天然气集团公司、中国石油化工集团公司和中国海洋石油总公司组建的股份公司相继在纽约、伦敦、香港成功上市。2003年，原中国化工进出口总公司重组，更名为中国中化集团公司。2005年9月，中共陕西省委、陕西省政府决定对陕北石油企业进行重组，组建了陕西延长石油（集团）有限责任公司（延长油矿管理局）。

1986—2005年，是中国继续深化改革开放的20年，是坚定不移地走中国特色社会主义道路的20年，也是中国社会经济发生重大变革的20年。在改革开放的新形势下，石油工业战线的广大干部职工站在新的历史起点上，把握时代脉搏，牢固树立中国特色社会主义的共同理想和坚定信念，坚持以邓小平理论和"三个代表"重要思想为指导，深入贯彻落实科学发展观，继续解放思想，坚持改革开放，推动科学发展，促进社会和谐，紧紧抓住发展机遇，坚定不移地走在改革开放的前列。在石油工业老一辈建设者艰难创业的基础上，石油工业战线的广大干部职工坚持解放思想、实事求是、与时俱进，继承和发扬大庆精神和"铁人"精神等优良传统，进行了卓有成效的工作，为促进国民经济持续发展、保障国家能源安全、全面建设小康社会做出了应有的贡献。

经过“七五”至“十五”计划的20年发展历程，中国石油探明储量、产量稳定增长，新增石油探明地质储量141.56亿吨（含凝析油1.65亿吨），与前36年累计探明储量相比，增加了25.43亿吨；平均年增探明储量7亿吨，2004年出现全国第三次年增探明储量10亿吨以上的高峰。2005年，石油年产量达到1.81亿吨，比1985年增加0.56亿吨。天然气探明储量、产量快速增长，实现了“西气东输”、“海气登陆”和“川气东送”。新增天然气探明地质储量5.33万亿立方米（含溶解气0.77万亿立方米），与前36年累计探明储量相比增加近5倍。2005年年增探明储量6000亿立方米，天然气年产量达到490亿立方米，比1985年增加362亿立方米。

在这个历史发展的重要时期，石油工业以国家确立的社会主义市场经济目标和两次重大体制变革为主要标志，大体经历了三个发展阶段：第一阶段从1986—1991年，石油工业变革管理体制，从国家行政部门变成国家石油公司，石油工业

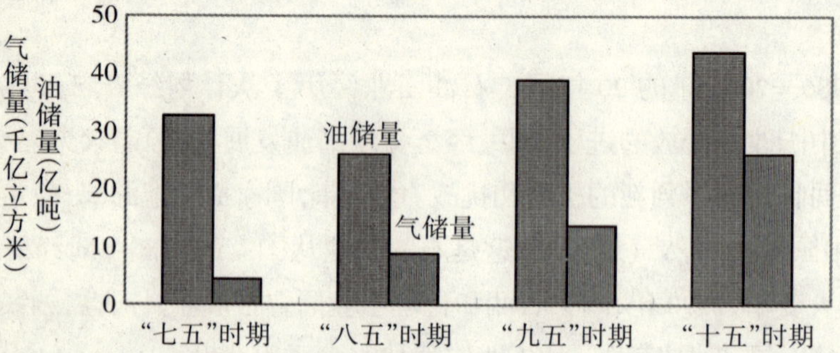

“七五”至“十五”期间
油气探明地质储量增长图

内部转换企业经营机制，全面推行项目管理，不断探索油公司新型管理体制，焕发新的生机和活力，推动石油工业的持续发展；第二阶段从1992—1997年，石油工业逐步建立与社会主义市场经济相适应的新体制，改革力度进一步加大，进一步转换企业经营机制，调整企业组织结构，在改革中闯市场，以市场求发展，促进石油工业加速发展；第三阶段从1998—2005年，实施重组改制上市，形成上下游、内外贸、产供销一体化的经营实体。以此为开端，三大石油公司进入国际资本市场和国际化经营的新阶段。石油工业在重组改制中实现跨越式发展，经济总量持续增长，综合实力和国际竞争力大幅提升，形成具有国际竞争力的跨国企业集团，中国的石油工业进入一个崭新的发展时期。改革开放所带来的历史性突破，开创了中国石油工业全面发展的新局面。

中国当代石油工业的发展及其取得的辉煌成就，闪耀着中国共产党的理论路线方针政策的光辉，凝聚着以毛泽东、邓小平、江泽民为核心的党的三代中央领导

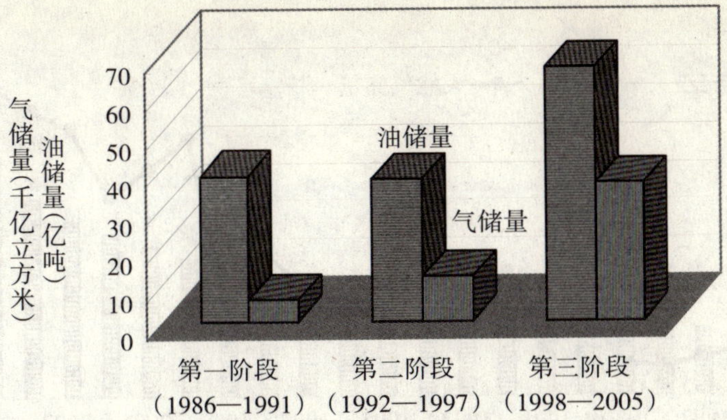

三大阶段油气探明地质储量增长图

集体和以胡锦涛为总书记的党中央的亲切关怀和殷切期望。60年代,毛主席发出"工业学大庆"的号召,树立起大庆油田这面工业战线的旗帜。邓小平主管石油工业时期做出了战略东移的重大决策,带来了石油工业历史性的突破。江泽民多次视察油气田企业,作出重要指示,称赞"石油部门是为我国社会主义现代化建设创立了卓越功勋的部门,石油工人是中国工人阶级的一支英雄队伍"。胡锦涛多次考察石油企业,希望石油工业战线的广大职工不辜负党和人民的期望,进一步弘扬光荣传统,顽强拼搏,开拓进取,为中国石油工业的发展,为推进改革开放和社会主义现代化建设做出新的更大的贡献。

中国石油工业企业努力践行科学发展观,以"奉献能源,创造和谐"为宗旨,坚定不移地担负起发展民族工业、创造社会财富、扩大就业、维护稳定、保护环境、促进地区经济发展、确保国有资产保值增值的经济责任、政治责任和社会责任。同

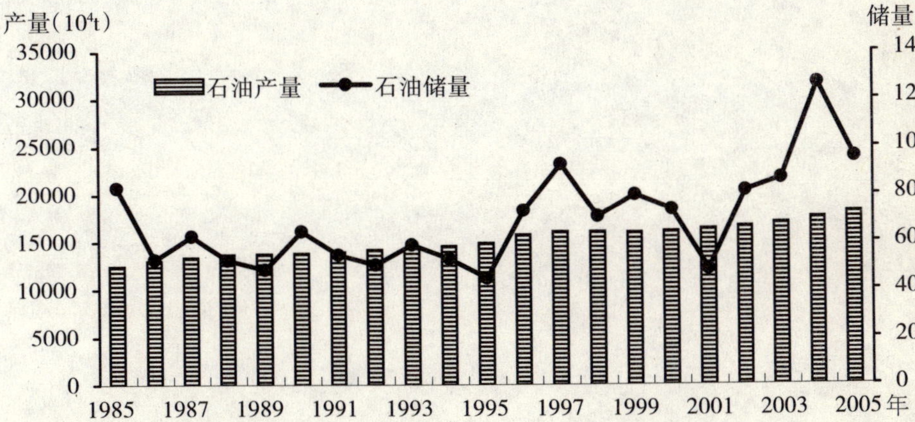

注:1985—1987年扣除复算核增储量。

中国石油探明地质储量和产量变化图

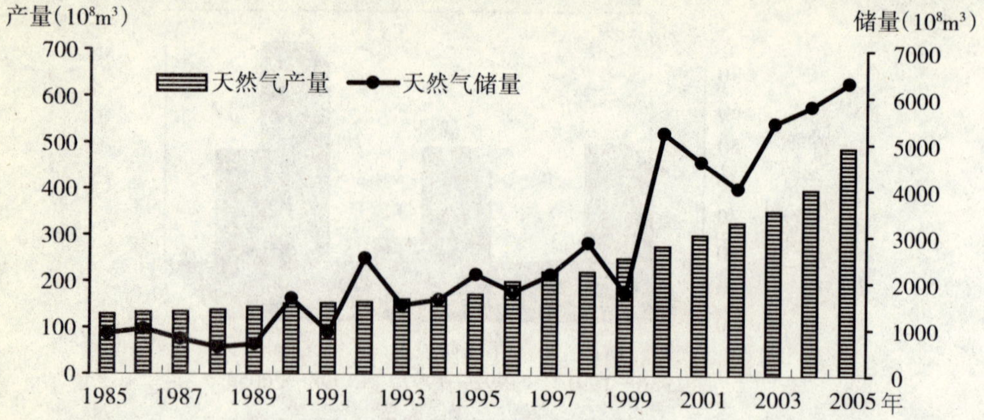

中国天然气探明地质储量和产量变化图

时，石油企业的精神文明建设也取得了很大成绩，不断加强党的建设和思想政治工作，培养造就了一支新时期"铁人"式的石油产业大军，形成了以大庆精神、"铁人"精神为核心、以"爱国、创业、求实、奉献"为主要内容的企业精神和优秀企业文化，成为推动中国石油工业改革发展、开拓创新的宝贵精神财富。

第一章 石油工业在机制转变中持续发展(1986—1991)

1986—1991年,是国家对石油工业实行体制变革的重要时期。1987年10月,中共十三大报告在理论上确认了市场机制作用范围的广泛性,从而带来改革模式的进一步变化。第一,充分肯定按照所有权与经营权分离的原则搞活国有企业,指出承包制和租赁制是两权分离的有益探索,股份制也是社会主义财产的一种组织形式。第二,把价格改革问题上升到"培育和建立社会主义市场体系"的高度,提出要逐步建立少数重要商品和劳务价格由国家管理,其他大量商品和劳务价格由市场调节的制度。第三,进一步论述了计划调节和宏观调控的内容,提出要把计划管理的重点转向制定产业政策等。中共十三大报告还提出要实行以政企分开、权力下放、调整机构、转变职能为中心的行政体制改革:一是,政府机构由微观直接管理转到宏观间接管理,主要运用经济、法律和必要的行政手段实施综合管理,使企业走上自主经营、自负盈亏、自我约束、自我发展的道路;二是,打破部门界限,转向行业管理;三是,加强服务监督职能,使各级政府机构把工作重点转到为基层和企业提供服务和监督上来。

石油工业按照中共中央、国务院的方针和部署,紧密结合实际,积极稳妥地推进改革,完善包干政策,探索新的发展机制,在石油工业治理整顿和深化改革中全面推行项目管理,在改革中坚持对外开放。及时调整战略部署,按照油气资源战略接替的要求,继续深化老区勘探,大力开辟西部新区和加大海洋石油勘探步伐,在发展石油工业具有决定意义的几个方面,取得了带有战略性的重大进展,不仅保证了"七五"期间各项任务的完成,还为"八五"期间石油工业的发展积累了经验,创造了条件。

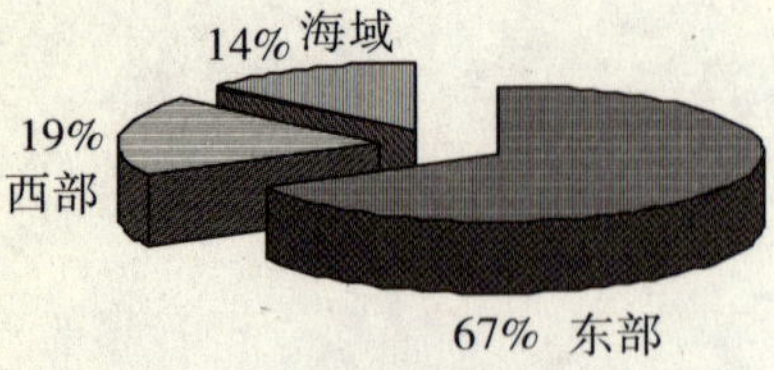

新增石油探明地质储量地区分布
（1986—1991）

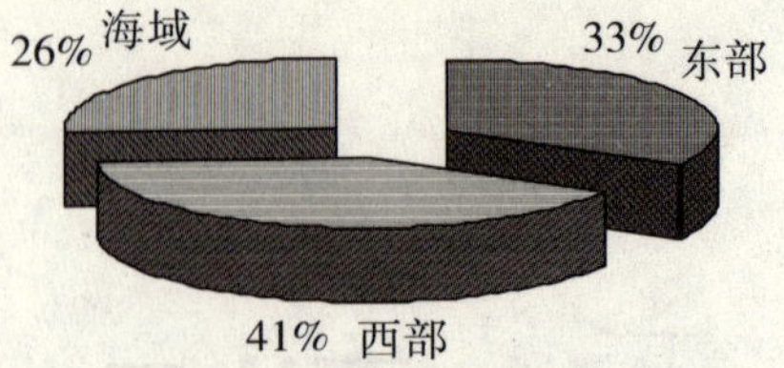

新增天然气探明地质储量地区分布
（1986—1991）

第一节　变革管理体制，成立国家公司

中共十一届三中全会后，石油工业一直走在改革开放的前列。从1981年起，国家对石油工业相继采取了一系列重大政策：对石油工业实行一亿吨原油产量包干，这是在全国工业部门中第一个实行的全行业包干；对海上大陆架和南方10省区实行对外开放，采取公开招标的方式开发石油资源，海上大陆架成为中国第一个对外开放的“特区”；允许石油工业采取多种方式引进国外先进技术和设备，利用外资、特别是政府贷款开发油田；实行天然气商品量常数包干政策，储量有偿使用政策，以及设立石油勘探开发专用基金，超产原油出口创汇留用；完善油田维护费的提取和使用办法，生产一线职工奖金和超产原油奖励基金免征奖金税等优惠政策。在国家政策的支持下，石油工业通过深化改革激发活力，实现了持续增长。从1979—1988年的十年间，全国探明石油地质储量和建成的原油生产能力相当于以往30年的总和；生产的原油、天然气总量相当于以往30年的1.6倍；在包干基数内原油价格偏低和原材料价格上涨的情况下，上缴国家税利（不含炼油）仍相当于以往30年的1.04倍；同时培养大中专毕业生8.3万多名，在科学技术上获得了1000项重大成果。矿区建设、职工收入都有显著改善。

随着国家经济体制改革的推进，石油工业管理体制发生了重大变革。1988年，根据中共十三大关于政企分开、转变职能、改革和精简政府机构的建议，国家决定设立能源部，撤销石油工业部，原石油工业部的政府职能移交能源部行使，并以原石油工业部为基础成立中国石油天然气总公司，同时，原来归属石油工业部管理的、成立于1982年的中国海洋石油总公司，至此也正式分立，与1983年成立的中国石油化工总公司一起，直接隶属国务院领导。

国务院规定，中国石油天然气总公司是具有法人资格的经济实体，在国家方针政策指导下，自主经营，独立核算，统负盈亏。负责规划、组织、管理和经营陆上

（包括岛屿、海滩、水深 0～5 米极浅海在内）石油、天然气资源勘探、开发、生产建设及与油气共生或钻遇的其他矿藏的开采、利用工作。中国石油天然气总公司既是经济实体，又是国家公司，在生产建设、经营管理和各项工作上全面对国家负责。

国务院决定，由石油工业部部长王涛任中国石油天然气总公司总经理。1988 年 9 月 17 日，在机关干部大会上，王涛指出，中国石油天然气总公司的改革方向，就是要把陆上石油工业由过去单一的油气生产部门，逐步转变为以油气生产为主体、开展油气综合利用、进行多元化经营、全面发展的经济实体，并逐步建立起符合石油工业特点和商品经济发展要求的、具有自我发展和自我约束能力的、能够参与国际竞争和国际合作的新型生产经营机制。

中国石油天然气总公司按照中共中央和国务院部署，抓住机遇，大胆实践，勇于探索，在治理整顿中全面深化陆上石油工业改革，并在实践中不断取得新的进展。

一、推行承包经营责任制，完善企业内部经济责任制

在全行业继续实行一亿吨原油产量包干的条件下，石油企业大力推行内部各种承包责任制，完善企业内部的经济责任制。一亿吨原油产量包干是从 1981 年开始，国家最先对一个全国重要的工业行业进行总承包的重大改革，引发了石油工业内在机制的一系列深刻变革，使中国石油工业在“六五”期间获得很大发展，并在“七五”的头三年里，继续发挥了它的政策优势，石油产量从 1985 年的 1.25 亿吨，增长到 1.37 亿吨。这项政策执行八年来，使石油工业积累了发展资金，技术水平和装备水平迅速提升。仅以地球物理勘探为例，到 1987 年，石油部所有地震队全部装备了数字地震仪，进入了“数字化时代”。通过引进国外先进技术装备，钻井、测井、井下作业技术装备更新换代，丰富了勘探开发的思路和手段，使在复杂地区展开勘探成为可能，勘探成功率也有较大提高，大量长期无法动用的低渗透、小断块以及稠油油藏成为有效资源。

“七五”后期，随着中国改革开放形势的发展，原油包干政策的内外部环境发生了很大变化。这个时期，国家经济体制改革的力度不断加大，一方面，对大宗生产资料逐步取消指令性计划并放开价格，石油工业所需钢材、水泥、木材和电力等国家计划调拨的比例大幅下降，市场采购比重迅速增加、价格不断上涨，以及老油田含水上升、递减加快等因素，使油气生产成本逐年升高。另一方面，国家调高原油包干基数，1988 年起包干基数固定为 1.06 亿吨，并对超产节约分成所得勘探开发基金，开征 15%的能源交通建设基金和 10%的预算外调节基金；同时，国际油价持续下跌，国内超产原油价格连续三次下调。这就使一亿吨原油产量包干的政策

效应明显弱化，陆上石油工业能够获得的勘探开发基金大幅减少。从1988年开始，连续六年出现全行业政策性亏损，这为石油工业深化改革提出了一系列新课题。

在生产经营机制上，中国石油天然气总公司按照国家关于原油产量包干的政策，推行了以完成油气生产任务为主要内容的企业生产承包责任制，确定总公司与所属企业的责权利关系，改革经营管理制度，使企业具有明确的经济责任、相应的经营自主权，以及按承包合同规定所享有的独立的经济利益，促使企业建立起自我发展和自我约束的经营机制。开始形成了“超产——筹集资金——扩大工作量和推进技术进步——再增加产量”这样一个有利于石油工业自我发展的循环。

通过简政放权，石油工业内部开始形成分级分权管理，各企业及基层单位自主经营能力有较大增强；以行政手段为主的生产组织方式，开始向以经济手段为主组织生产经营运行转变；企业之间、地区之间的横向经济技术联合与协作开始展开。大庆油田等企业已形成纵向上层层承包经营，横向上以甲乙方合同制为主的运行机制。大庆油田建立和完善承包经营责任制、搞活大型石油企业的配套改革经验在全国石油企业广泛推广。

石油企业内部普遍实行了多种形式的承包责任制，并把单一的产量承包改为储量、产量、投入产出效益的综合承包。从1989年开始，总公司对石油企业实行“三包、两定、两保”为内容的承包经营责任制。三包：包原油天然气产量、包新增储量、包新增原油天然气生产能力；两定：定投入工作量（百万吨生产能力所需费用、亿吨储量所需勘探费用），按油田开采情况和物价上涨指数定原油、天然气生产盈亏基数；两保：保油田用电指标（包括由中国石油天然气总公司核定的以油换电指标），保原油外输、外运。各油气田积极探索，开拓进取，逐级实行储量、产量、生产成本和投入工作量包干，增强了自我发展的活力和能力。自筹资金占同期总工作量的比重达到85%以上，从过去主要依靠国家投资发展，初步走上了“以油养油发展油，以气养气发展气”的自我积累、自我发展的路子。

二、全面推行项目管理，不断探索“油公司”新型管理体制

在企业生产建设管理工作中，全面推行勘探、开发、工程建设的项目管理，以及在计划、财务、劳资、物资等方面的一些配套改革。各油气田以搞活二级单位为重点，广泛实行甲乙方合同制。全面推行勘探开发建设项目管理，确立了勘探项目和采油采气项目的甲方代表地位，施工作业、辅助生产、生活服务等单位积极为甲方服务，基本形成了以勘探、开发为中心的生产运行机制。部分二级单位开始打破封闭，走向社会创收增效。塔里木、吐哈会战及冀东油田采取“油公司”新型管理体

制组织生产，进行了成功探索。企业逐步走上自主经营、自负盈亏、自我发展、自我约束的良性循环道路。

塔里木石油会战实行“两新两高”体制，全面推行甲乙方合同制。塔里木石油会战一开始，中国石油天然气总公司就明确提出，要借鉴中国海洋石油总公司对外合作和国外的成功经验，采用新的管理体制和新的工艺技术，实现塔里木石油会战的高水平和高效益。在“两新两高”方针的指导下，坚持党工委统一领导，实行市场化运作、合同化管理、专业化服务、社会化依托。“两新两高”体制彻底改变了以往单纯靠行政命令组织会战的“大而全”、“小而全”的传统模式，采用市场经济模式组织会战，参加会战的各种生产要素，如人、财、物、技术等全部通过市场来配置。新体制解放了人们的思想，新技术破解了世界级难题；新体制和新技术又孕育和催生了高水平高效益，使塔里木油区成为推动整个石油工业深化改革，建立新的管理体制的样板，探索出一条国有大型石油企业优化配置市场资源、持续高效勘探开发油田的新路子。

1990年8月23日，时任中共中央总书记的江泽民同志来到塔里木石油会战前线视察，高度评价塔里木石油勘探取得的重大突破和“两新两高”的会战经验，并题词“加快塔里木石油勘探开发，为实现国民经济持续稳定发展做出更大贡献”。

在发展生产的基础上，企业职工文化、生活福利设施得到明显改善，职工收入明显提高。改革和开放，冲破了传统产品经济体制的束缚，许多适应改革要求的新思想不断萌发，与石油工业发展相适应的新体制，在探索中不断发展，逐步完善。改革开放的实践，为进一步加快深化石油工业改革积累了丰富的经验，奠定了基础。

三、积极“引进来”，为“走出去”打下坚实基础

“六五”期间，中国石油工业积极贯彻改革、开放、搞活的方针政策，针对国内勘探开发中的薄弱环节和世界石油科技发展趋势，广泛开展了对外经济技术交流与合作，物探、钻井、采油等方面的技术水平取得了显著进步，增强了自身发展的能力。

经中国政府批准，1985年首先在南方10省区的183万平方千米范围内进行陆上石油对外合作勘探开发，并确定由石油工业部作为对外合作开采陆上石油资源的政府主管部门，由中国石油开发公司负责经营对外合作开采陆上石油的业务。5月28日，中国石油天然气勘探开发公司与澳大利亚CSR等4家外国公司通过谈判签订了海南岛福山凹陷风险勘探合同，这是中国第一个陆上石油对外合作合同。国务院批准对外合作开采国内陆上石油资源，对于利用外资，引进吸收国外更多的先进油气田勘探开发技术、装备和管理经验，培养熟悉国际规则、有效组织施工承包服务作业的人才，具有重大和深远的意义，为90年代跨出国门

创造了条件。

第二节　东部油田稳定发展，原油产量稳中有升

进入“七五”时期，石油工业的发展遇到了很大困难。由于勘探投资不足，导致勘探工作量减少，储量增长速度缓慢，老油田产量递减加快，油气生产成本逐年上升。特别是东部老油区经过20多年的强化勘探，面临着资源接替日趋紧张、勘探难度逐年增大的趋势，当年找到的储量与采出量呈现入不敷出。

投入开发的主力油田多数进入高含水期，老井自然递减率达到14%左右。只有通过新建的原油生产能力和井下作业增产的油量，在弥补递减之后，才能保持原油产量的逐年增长。然而，这种增长逐年减缓。

面对这种严峻的形势，石油工业部（中国石油天然气总公司）从国家大局出发，从石油工业长期持续稳定发展的要求出发，重新规划石油勘探战略布局，为实施“稳定东部、发展西部”的战略方针做好准备。确定东部地区仍然是全国增储上产的重点地区，大力开展了老油田综合调整，努力巩固和完善现有的生产基础，继续保持了油气生产的稳定并有所增长；同时加快西部和海上的勘探步伐，开辟了几个具有战略意义的资源接替区。提出要把勘探放在一切工作的首位，勘探工作要做到“吃一、拿二、眼看三”，努力实现增储上产和资源接替的良性循环。

一、依靠科技进步，提升勘探开发水平

紧密结合生产建设发展的需要，大打科技进攻仗，进一步发挥科学技术的先导作用，取得了良好的经济效益。通过科技攻关和引进、消化、吸收国外先进技术，形成了油气综合勘探、高含水期采油、大型酸化压裂、科学钻井与定向钻井、稠油和高凝油开采等几套主要工艺技术系列。中国石油工业勘探、开发的主体技术，在总体上已达到20世纪80年代初期国际水平，有的已进入世界先进行列。

（一）三维地震和高分辨率地震技术的发展，为复杂油气藏的滚动勘探和滚动开发提供了有效的手段。五年间新发现的可供钻探的圈闭达6300多个，比“六五”期间增长一倍以上。新发现的断块油田和岩性油藏共600多个，比“六五”期间增长了近一倍。三维工区钻探成功率，有的已达到75%左右。

（二）低渗透油层改造技术的发展，大大提高了油田的开发效果。五年间通过油层改造，新动用低渗透储量8亿多吨，比“六五”期间增加了10.4倍，单井产量成倍提高。大庆朝阳沟油田平均单井日产量由0.5吨提高到3吨，拥有10吨以上的油井100多口。胜利渤南油田年产量由“六五”期间的20多万吨增至180万吨，

采油速度达到 2%。陕北安塞油田单井自然产能原来只有 0.3 吨，经过采取压裂改造措施，日产量平均达到了 5 吨左右。

（三）喷射钻井和科学钻井技术的应用，使钻井速度大幅度提高。在全国没有增加钻井队的情况下，五年间完成钻井进尺 7120 万米，比“六五”期间的 4347 万米增长了 64%。定向钻井技术大面积推广，五年间完成定向井 4170 多口，是“六五”期间的 3.5 倍，节省土地 7500 多亩，地面建设费用大量减少。胜利油田在河 50 井组一个平台上，打成定向井 42 口，标志着中国丛式钻井技术已达到一个新的水平。水平井钻井技术有了起步，胜利埕科 1 井水平段长度 505 米，横穿油层 211.5 米，相当于直井钻遇油层的 7.5 倍。塔里木 5000 多米深井钻井技术日益成熟，保证了这个盆地勘探、开发工作的顺利进行。

（四）稠油热采技术的进步，使稠油资源得到有效开发利用。形成了包括钻井、固井、完井、注汽、集输等在内的配套工艺技术。稠油产量由 1985 年的 181 万吨增至 1990 年的 734 万吨，五年间增长了 3 倍，居世界第四位。

（五）注聚合物的三次采油技术日益成熟。经大庆、大港等油田和矿场先导试验，已取得了可喜的成果，证明在技术上是可行的，在经济上是合算的。随着这项技术的推广应用，为老油田更长时期的稳产提供了新的有效手段。

二、实施滚动勘探、开发，促进增储上产一体化

这一阶段石油勘探仍以东部为主，东部新增石油探明地质储量 25.61 亿吨，占全国总储量的 67%。松辽盆地在加强大庆油田储层研究、增加石油储量的同时，甩开外围勘探，开始探索寻找岩性地层油藏，取得较好效果。渤海湾盆地大打科技仗，保持了石油储量的稳定增长，六年新增石油探明地质储量 20.1 亿吨。其中，胜利油田针对油气资源丰富，以复杂断块、岩性地层油藏为主的复式油区的济阳坳陷进行滚动勘探、开发，增储上产一体化见到明显成效，六年新增石油探明地质储量 10.2 亿吨，占东部储量的 40%。新建原油生产能力 1144 万吨，占全国同期新建原油生产能力的 36.1%。特别是 1988 年对海滩一极浅海（0～5 米水深）进行地震和钻探技术准备以及前期勘探工作，获得重大发现，发现了埕岛大油田。辽河、大港和中原等油区继续加深勘探，也是增储的重要地区。东部积极扩展新区新领域勘探，内蒙古的海拉尔、二连和吉林的伊通等盆地进行的油气勘探都有油气新发现，形成了新的含油气区带。

三、强化老油田挖潜改造，提高最终采收率

“七五”期间，全国油田开发工作发生了转折性变化，已开发的多数主力油田

陆续进入高含水采油阶段，产量递减明显加快。针对这种情况，各油田重视提高油田开发水平，把油田综合调整的重点转移到提高储量动用程度、提高采收率上来，努力挖掘各类油藏的潜力，控制和减缓递减，在储量接替不足的情况下，继续保持了稳产和增产。通过加强注水和井下作业，全国老油井自然递减率由1985年的16.29%降到1990年的14%，相当于一年少递减原油300多万吨。全国一半以上的主力油田的稳产状况，都比“六五”末期有不同程度的改善。尤为可喜的是，有30个不同类型的高效开发油气田，在稳产年限、稳产期采出程度等方面都达到了国外同类油田的先进水平。

“七五”期间油气产量增长，是在每年弥补自然递减1500万～2000万吨之后取得的，这个成果来之不易。大庆油田在综合含水高达76%的情况下，不断深化对地下的认识，通过以细分开发层系为主的综合调整，配套采用各种工艺技术措施，努力挖掘各类油层的潜力，平均每年增加可采储量5000万吨，与原油采出量基本持平，年产量一直稳定在5500万吨以上，对全国原油生产的稳定和增长起到了决定性的作用。胜利油田针对复杂的地质情况，实施滚动勘探和滚动开发，在采出程度已占可采储量59%、综合含水高达83%的情况下，有计划地对老油田进行综合治理，强化注水油井管理，使自然递减率由“六五”末期的26%降到19%。五年间原油年产量净增647万吨，1990年生产原油3350.6万吨，与“六五”末相比净增647万吨，成为全国产量增长最多的油田，并为复杂断块油田的滚动勘探与滚动开发积累了成功经验。辽河油田在稳定和发展稀油生产的同时，努力攻克稠油、高凝油开发技术难关，五年间原油产量净增460万吨，1990年生产原油1360.2万吨，居全国各油区第三位。其他各个油气田都做了大量的工作，发展了适合本油气田特点的开发技术，为全国油气生产的增长做出了重要贡献。

第三节　加强西部、海上勘探，加快增储上产步伐

从20世纪80年代中期开始，中国油气勘探布局发生了重大变化。1985年，石油工业部提出在继续加强东部老区勘探的同时，适当集中力量，不失时机地加快西部地区及海域的石油勘探步伐，这是适应国民经济发展需要，加速石油工业发展的重要战略决策。

一、西部新区油气勘探连续取得重大突破

西部地区是中国近代石油工业的发源地，又是中国石油工业发展的战略后备基地，是寻找油气储量的战略接替地区。石油工业战略东移近30年后，1986—

1991年间，西部石油勘探逐步得以加强。准噶尔盆地、鄂尔多斯盆地、酒泉盆地和柴达木盆地继续扩展勘探，重上新疆塔里木盆地和吐鲁番—哈密盆地开展会战，六年新增石油探明地质储量7.21亿吨。

经国务院批准，并得到新疆维吾尔自治区大力支持，石油工业部（中国石油天然气总公司）从全国抽调一批精兵强将，进一步加强塔里木盆地的勘探开发工作。1989年4月10日，塔里木石油勘探开发指挥部在库尔勒市正式成立，时任中国石油天然气总公司副总经理的周永康兼任指挥部指挥、临时党委书记。指挥部的成立标志着新时期实施“两新两高”新体制的石油大会战正式拉开了序幕。

1989年4月10日，塔里木石油勘探开发指挥部在新疆库尔勒市正式成立。

为了开辟西部新区，中国石油天然气总公司拿出外汇引进国外新技术和装备，组建中国自己的沙漠地震队、山地地震队和黄土塬地震队等，在塔里木和准噶尔盆地的沙漠区，塔里木、吐哈和柴达木等盆地的山地区，以及鄂尔多斯盆地黄土塬，进行地震普查、详查和技术攻关，准备出一批含油有利构造。组织石油勘探开发研究院、物探局和有关油田单位，开展塔里木和吐哈等盆地石油地质综合研究。拿出专款设立科学探索井项目，由中国石油勘探开发研究院在鄂尔多斯和吐哈等盆地组织钻探科学探索井。在大量石油地质调查和勘探前期准备工作的基础上，石油工业部（中国石油天然气总公司）的西部各勘探单位和地质矿产部西北石油地质局，都加大了西部石油勘探的力度，在塔里木、吐哈、准噶尔和鄂尔多斯等盆地获得重大突破，加快了发展西部的步伐，开始了向“稳定东部、发展西部”的战略转移。

在塔里木盆地，地质矿产部西北局1984年在雅克拉构造沙参2井获高产油流，1986年沙7井又获工业油气流。塔里木石油勘探开发指挥部钻探的轮南2井于1988年11月25日喷出高产油气流。1989年10月，位于沙漠腹地的塔中1井喷出高产油气流。短短几年，发现了轮南高产油气田，上交石油探明地质储量3830万吨，并在油田周围发现重要油气显示的含油气范围有1000平方千米。在轮南的东南部地区又发现了大型构造，并已获得了高产油气流。继东河1井在石炭系地层中打出了海相砂岩油层厚度超过100米之后，又在轮南至英买力的中间地带，以及轮南以南塔里木河岸地区，在石炭系地层中新发现了五个大型构造，沙漠腹地发现了塔中油田。

在新疆东部的吐鲁番—哈密盆地，突破了侏罗系煤系地层找油关，发现并探明了鄯善油田，上交石油探明地质储量3504万吨。在鄯善西北部发现了丘陵油田，油层厚达100米，并获得了高产油气流。在温吉桑构造，也打出了90多米厚的油层，经试油喷出了工业性油气流。

新疆准噶尔盆地继续加深西北缘勘探，并开展了准东和腹部新区勘探，六年新增石油探明地质储量3.4 亿吨，并针对稠油、砾岩和裂缝型等特殊油藏，加强有效开采方式和方法研究，积极采用先进适用的技术，使原油产量年年增长。1991年产油702.2万吨，与"六五"末相比净增203万吨。准噶尔盆地成为西部增储上产的主力。

鄂尔多斯盆地在三叠系低渗透油田"安塞开发模式"攻关成功的基础上，大力加强石油勘探，储量也有较大增长。

二、天然气勘探打开了新的局面

在战略部署上，石油工业部要求"把天然气勘探放在与石油勘探同等重要的位置"，制定了加快天然气勘探的总体部署。即立足于寻找高产、高丰度的大中型气田，使天然气储量有大的增长；加快重点地区勘探步伐，努力开辟几个新气区；在政策措施上，明确提出了"油气并重"和"天然气实行专探"等加快发展天然气的方针和措施。1987年国家实行天然气商品气量包干政策，陆上石油工业"以气养气"筹措资金，加大了天然气勘探投入；在地质理论上，始终坚持进行天然气生成与成藏规律科技攻关。天然气成因理论由油型气"一元论"发展为煤成气和油型气"二元论"，开阔了找气思路；在技术准备上，开展了沙漠地震、黄土塬地震和山地地震等技术攻关，为寻找天然气新领域准备了技术条件。进一步对四川盆地新领域进行探索，仍是全国天然气增储上产的主力；对鄂尔多斯盆地、柴达木盆地和塔里木盆地等，加快天然气勘探进程，该阶段后期终于获得了一系列突破，显现了新气区的雏形。1986—1991 年陆上探明天然气地质储量 4080 亿立方米，平均年增 680 亿立方米；1991 年天然气产量 154 亿立方米。这些重要发现和成果，为开拓天然气市场准备了条件。

三、“两条腿走路”，海洋石油工业稳健发展

起步于 1957 年的中国海洋石油工业，伴随着改革开放的大潮，进入全面对外合作时期。1982 年国务院决定成立中国海洋石油总公司，石油工业部副部长秦文彩出任首任总经理。中国海洋石油总公司以对外合作和自主经营的方式，从事海洋石油、天然气的勘探、开发、利用和产品销售；从事海洋石油、天然气作业承包服务以及其他经营活动。雪佛龙、德士古等一大批知名的国际大石油公司通过“风险招标”，在中国海域勘探油气资源。对外合作不但开发了中国近海油气资源，获得了具有国际水准的海上油气勘探开发技术，更为重要的是学到了国际化的管理经验与理念，造就了一支熟悉国际惯例，掌握先进管理知识与技术，观念新、能力强的职工队伍，成为中国海洋石油工业发展的中坚力量。

海洋石油工业的发展，主要得益于国家在确定海洋石油采取对外合作方式的前提下，按照国际惯例制订的一整套符合市场经济规律的法规和政策。特别是改革开放初期制定的《中华人民共和国对外合作开采海洋石油资源条例》，确立了海洋石油商业性开采的法律基础。在当时计划经济的条件下，塑造了一个可以与国际市场进行合作的国家石油公司，为对外合作创造了良好的投资环境，从而有效地吸引了跨国石油公司到中国近海海域进行风险勘探，带来了大量资金、先进技术和管理经验，大大加快了海上石油、天然气勘探开发的进程。海洋石油企业已经形成了一整套符合国际惯例、适应市场竞争的思维方式和管理模式。

20 世纪 80 年代初期，国务委员康世恩到中国海洋石油总公司调查研究，提出对外合作与自营勘探并举的“两条腿走路”方针。1986—1991 年的六年间，在世界石油价格下跌，外国公司纷纷减少工作量的情况下，“两条腿走路”取得显著成效。全国海域新增石油探明地质储量 5.22 亿吨，天然气探明地质储量 1416 亿立方米。在珠江口盆地合作区发现一批高产油田，成为海洋石油上产的主力油田，在渤海海域盆地合作区也发现了一批油田。莺—琼盆地合作区发现了崖 13-1 大气田，天然气探明地质储量 907 亿立方米。同时，依靠自己的力量，在渤海海域盆地发现了锦州 20-2 凝析气田、绥中 36-1 油田，在北部湾盆地自营钻探的涠 10-3 北 -1 井获得重要突破，在东海，地矿部华东地质局发现了平湖油气田。

中国石油工业认真贯彻执行国民经济持续、稳定、协调发展的方针，全面完成

了“七五”计划。五年间全国新探明石油地质储量32.6亿吨，新探明天然气地质储量4593亿立方米，是历史上天然气探明储量增长最快的时期。

五年间全国石油产量67775万吨，比“六五”时期增加12878万吨；生产天然气700亿立方米，比“六五”时期增加81亿立方米，分别增长24%和13%。1990年全国石油产量达到13828万吨，比1985年增加1340万吨，增长10.7%；天然气产量达到152亿立方米，比1985年增加24亿立方米，增长18.7%。

五年间全国新建原油生产能力7800万吨，比“六五”增长56%。其中新区生产能力为4000万吨，在产能建设中的比重由“六五”期间的33%上升到51%。新建天然气生产能力51亿立方米，比“六五”增长52%。

经济效益和社会效益得到大幅提升。在国内原油价格偏低的情况下，五年间石油工业上缴国家税利290亿元，为同期国家预算内投资的1.94倍；提供出口原油1.3亿多吨，成品油610多万吨，为国家创汇145亿美元。

为“老少边穷”地区办了一批实事。五年间投入建设资金共40亿元，对振兴边疆和少数民族地区经济发挥了重要作用。1986年开始在南疆泽普兴建的油品、液化气和化肥三项工程，1990年经国家正式验收全面投产，基本满足了南疆喀什、和田、克孜勒苏柯尔克孜三个地（州）的需要，扭转了这些地区长期以来油品、化肥、民用燃料极度缺乏的状况。陕北延长油田年产量已达到40万吨，五年间上缴地方税利1.12亿元，成为延安地区财政预算收入的一个重要组成部分，为革命老区的建设做出了贡献。广西百色已建成一个年产10万吨的油田，使广西地区开始有了自已的石油生产基地。

第二章 石油工业在经济转型中加速发展(1992—1997)

1992年初,邓小平南方讲话以后,中国经济体制改革全面提速。1992年10月召开的中共十四大,确定了建立社会主义市场经济体制的改革目标。1993年11月中共十四届三中全会,又作出《关于建立社会主义市场经济体制若干问题的决定》,提出"整体改革与重点突破相结合"的改革战略,以及在20世纪末初步建立社会主义市场经济体制的改革任务。明确国有企业改革是整个经济体制改革的中心环节,要求"进一步转换国有企业经营机制,建立适应市场经济要求,产权清晰、权责明确、政企分开、管理科学的现代企业制度",指出建立现代企业制度是中国国有企业改革的方向,要在国有企业中进行建立现代企业制度的试点;对财政税收体制等重要领域,也提出了改革的目标和方案。从此,中国经济体制改革进入全面推进的攻坚阶级。

进入20世纪90年代,经济全球化步伐明显加快,在更大范围内主导和合理配置资源,提高资源配置的效率和效益,已经成为一种趋势。随着国内石油市场逐步开放,跨国石油公司纷纷加快进入中国市场的步伐,中国石油企业面临的竞争压力愈来愈大。此外,随着中国经济快速发展,能源需求快速增长,1993年中国从石油净出口国再一次变为石油净进口国。石油供求关系的改变,促使中国石油企业实施"走出去"战略,开展国际化经营。这一切都要求中国石油工业加快改革步伐,转换经营机制,建立与国际接轨的现代企业制度,努力提升竞争能力。

在中国改革开放的新形势下,石油企业继续加大改革力度,实施"三大战略",在市场经济中实现快速发展。东部地区总体上保持了基本稳定,西部地区正在成为现实的战略接替地区，海洋石油工业加快发展，天然气勘探打开了新的局面，海外勘探开发市场逐步拓展。油气产业结构和市场分布发生重大变化，初步形成了国内和海外两种资源、两个市场，以及国内东部、西部和海域三大油气区。

第一节　转换经营机制，调整企业组织结构

进入20世纪90年代，国内外环境发生了新的深刻变化。国际上，海湾战争的爆发，使人们更加深刻地认识到石油资源的重要战略地位。中国在这场危机中之所以始终处于主动地位，掌握并拥有1.3亿多吨石油是一个重要因素。然而，中国石油工业也面临着严峻的挑战。油气资源接替紧张，以东部为重点的老油区，随着勘探程度的加深，寻找整装油田和优质储量的机会减少。绝大多数主力油田都已进入高含水采油阶段，维持稳产的工作量成倍增长，工作难度越来越大。在国际油价下跌、国内油价过低的情况下，石油建设资金处于入不敷出的境地。特别是中国经济高速增长，原油消费量年均增长率达到近6%，比同期能源消费总量年均增长率高出1个百分点。原油产量的增长跟不上经济发展的增长速度，1993年原油进口与出口相抵后，中国又一次成为原油净进口国，进口量逐年大幅攀升。

中共中央、国务院对石油工业寄予殷切期望，做出了一系列重要指示。1990年，中共十三届七中全会通过《中共中央关于制定国民经济和社会发展十年规划和“八五”计划的建议》，石油工业“稳定东部，发展西部”的战略方针醒目地写在其中。在编制“八五”计划过程中，国务院办公会议连续两次专门听取石油工业部门的汇报，确定对石油工业给予新的政策支持。1993年，中共中央、国务院明确提出了“要充分利用国内外两种资源、两个市场发展石油工业”的战略方针。1997年10月，国家主席江泽民在第十五届世界石油大会开幕式上的致辞中，进一步阐述了中国石油工业的发展战略，指出：“我们将继续坚持立足国内，扩大开放，走向世界，在平等相待、互利互惠的基础上，积极推动中国与世界各国石油界的交流与合作，实现共同发展。我们要科学开采和合理利用石油、天然气，实行油气并重、开发与节约并重、环境保护与油气加工利用并重的方针，确保石油工业更好地为经济建设服务，更好地造福于人民。”

中国石油天然气总公司把中共中央的路线、方针和政策同石油工业的具体情况相结合，深入分析了中国油气资源分布的特点和石油工业发展的内在规律，以及国内外石油发展形势，抓住中国石油工业发展的主要矛盾，着眼于市场，立足于自己，艰苦奋斗，勇于开拓，进行第二次创业，确定了陆上石油工业“八五”期间和此后十年的主要奋斗目标。1991年2月，提出了陆上石油工业可持续发展的“三

大战略”：“稳定东部，发展西部”和“油气并举”的油气勘探开发战略，充分利用“两种资源、两种资金和两个市场”的跨国经营战略，“一业为主，多元开发”的多种经营战略。围绕“三大战略”的实施，要建设好三支队伍，即：油气勘探、开发、工程建设和输油输气队伍，油气下游加工队伍，对外合作和外贸经营队伍，包括熟悉国际石油勘探开发合作业务、国际金融、国际贸易与市场、法律、外语等方面的专业人才队伍。要实现三个“良性循环”，即生产与资源接替的良性循环、资金投入产出的良性循环、人才接替上的良性循环。“三大战略”的实施，使中国石油企业业务范围顺利转型，工作重点从以东部地区为主、以油为主，转变为东西部并重、油气并举；从只在国内发展转向进入国际市场的新领域。

遵照中共中央深化改革的各项方针政策，紧密结合石油工业实际，中国石油天然气总公司相继研究提出了以经济效益为中心，深化改革、加快发展的新思路，以及推动企业管理工作上台阶的目标和措施。各石油企业适应建立社会主义市场经济体制的需要，以建立现代企业制度为目标，勇于探索，积极开拓，使改革和管理工作都有了新的进展。

一、坚持走“油公司”道路，加快解体“大而全”、“小而全”

按照建立“油公司”机制的改革思路，积极进行企业组织结构调整。“八五”初期，中国石油天然气总公司就提出走“油公司”道路的基本思路，并不断进行研究和完善。建设适应社会主义市场经济体制要求的石油工业管理体制，转换经营机制，形成市场运行机制。紧紧围绕加快石油工业发展这个中心，在理顺关系、转换机制、调整结构、培育市场和加强管理基础工作等重要环节上取得突破性进展。

建立和培育了工程技术服务专业公司和油气田内部市场体系，加快油气勘探步伐。1993 年提出了建立以勘探、开发市场为主体的统一开放的石油工业市场的方针、政策，为勘探开发市场的建设发展奠定了基础。在工程技术服务领域，为适应国内反承包和进入国际市场的发展需要，1993 年在北京注册成立了长城钻井公司。1994 年组建了中油测井有限责任公司。1997 年，为了发挥整体优势，提高竞争能力，在原有专业公司的基础上，组建了中油技术服务有限责任公司，下属中油长城钻井公司、中油测井公司、中油录井公司、中油测试公司等四个子公司，统一组成为有关工程项目承包，具有国际水准的能源专业技术服务集团。与此同时，油田的物探、钻井、油建、运输、井下作业等专业市场已形成竞争局面。油气田的勘探开发区域和区块向石油系统开放，甲方市场启动运行，市场机制开始运行到生产过程的各个领域。

在计划、财务、劳动、人事、工资、住房等方面的改革，都取得了重要进展。计划指标体系正在由实物管理为主转变为价值管理为主，突出了效益考核指标。财务制度改革，形成了“分块管理、分灶吃饭”的管理格局。劳动、人事、工资三项制度改革在试点的基础上进入全面推行阶段，新的用人机制正在形成，实行岗位技能工资方面取得了成功经验。职工住房制度改革也在积极实施，为进一步建设和培育市场提供了制度上的保障。

在此基础上，油气田“大而全”、“小而全”的结构开始解体。石油内外市场体系正在形成，市场机制在企业生产活动中发挥了重要作用。全行业逐步营造起勘探、开发市场和钻井、物探、井下作业、测井等劳务市场。各油气田企业也普遍建立了物探、钻井、地面建设、井下作业、机修、运输、设计等施工作业和劳务市场，以及人才、劳动力、物资、资金、科技、资产调剂等生产要素市场。各单位都最大限度地占领内部市场，积极创造条件进入社会市场和国际市场。市场竞争的优胜劣汰机制，增强了石油队伍的作战能力，提高了工作效率和工作质量，促进了行业、企业内部各种资源的合理优化配置。

西部塔里木、吐哈等新油田，东部的冀东油田，以及老油田的部分新区，如新疆的彩南、辽河的冷东等，从一开始就按“油公司”的模式进行组建，劳动生产率大大提高。其他油气田企业也普遍成立了勘探公司、施工作业公司和多种经营公司，作为分公司或内部模拟法人，实行独立核算、自负盈亏。勘探、采油采气、油气加工、油气销售和地质综合研究等构成“油公司”的主体单位，已逐步变为投资项目实施管理的主体，初步具备了形成有中国特色“油公司”的基本条件。钻井等其他工程技术服务单位大部分已开放经营，逐步成为经济核算和生产运行中心。基本做到了“油公司”与专业技术服务、多种经营、社会服务的分离，初步形成了生产专业化、服务社会化的格局。社会化服务水平显著提高，到 1997 年，已累计建立起国家示范文明小区 9 个，国家级文明小区 18 个，省级文明小区 117 个，居全国各行业前列。

二、推行资产经营责任制

“八五”前期，依据国家对石油工业继续实行行业包干的政策，中国石油天然气总公司对油气田企业的经营方针，从以产量为中心转向以效益为中心，经营政策从产量承包责任制转向生产经营责任制，促使石油企业从产品生产者变为商品生产者，强化企业的效益意识和市场意识，促进了“四自”机制的形成。多数油气田企业初步做到了生产经营自负盈亏、建设资金自求平衡，注重挖掘企业内部潜力。特别是大庆油田坚持依靠科技进步，促进经济增长方式的转变，年年都出色地完成了各项生产经营任务，经济效益一直居于全国工业企业的前列，为石油工业的发展，为国民经济和地方经济的发展做出了巨大贡献。各石油企业根据中国石油天然气总公司的经营政策，相应完善了内部多种形式的承包经营责任制，突出了成本、内部利润等效益指标，并和工资奖金挂起钩来。各二级单位对成本等指标也层层进行分解，逐级落实，并严格进行考核和兑现，促进了经营机制的转换。辽河、中原、江苏等油田还试行了内部资产经营责任制，积极探索在生产经营的基础上搞好资产经营的途径，强化了资产经营意识和资产保值增值观念，有效地控制了投资，推动了存量资产的流动和重组。

积极推进三项制度改革，调动了广大职工的积极性。普遍推进了干部聘任制，一级聘任一级，干部的责任感大大增强，一大批优秀人才脱颖而出。普遍推行了劳动合同制，形成了择优上岗的机制。普遍推行了结构工资制，基本形成工资合理增长的机制，职工收入有了较大提高。系统养老保险制度已经建立，医疗和内部失业保险制度正在形成，保证了职工队伍的稳定。

各企业划小核算单位，推行项目管理和甲乙方合同制，推行“油公司”管理模式，有效地提高了石油企业的生产效率和经济效益。积极引入竞争机制，并把职工收入与经济效益挂起钩来，激励和调动职工的积极性。建立以勘探开发为中心的运行机制，引进竞争机制，完善激励机制，形成有效的约束和监督机制，增强了发展的活力。石油行业内部建立勘探市场和开发作业等专业市场，打破了各油田画地为牢的封闭性旧格局，初步形成了以经济效益为中心、优化资源配置的运行机制，促使企业走上“四自”道路。随着改革不断深化，石油工业经济效益明显改观，从1994年起，结束了连续六年的亏损局面。

中国石油工业在市场经济的新形势下，进一步解放思想，按照建立社会主义市场经济体制的目标迈出了实质性步伐，使石油工业逐步走上自主经营、自负盈亏、自我约束、自我发展的路子。企业经营管理思想和方式发生了比较大的变化：从过去主要靠堆工作量来完成储量、产量任务，开始向注重投入产出的经济效益转变；从过去伸手向上要项目、要投资的要钱机制，开始转向依靠科技进步、挖掘内部潜力、靠内涵求生存、求发展转变；从过去主要靠行政手段组织生产，开始向运用市场机制组织生产转变。

三、走出国门，实施国际化经营

中国石油天然气总公司按照中共中央、国务院提出的“走出去”战略，进一步确立了立足国内、发展海外、实施国际化经营的发展战略。陆上石油工业从“引进来”到“走出去”的跨越中，初步建立了比较完备的海外业务管理体系，形成了先进实用的海外油气勘探开发技术系列，培养和锻炼了一批国际化的专业人才队伍，拥有了油气投资、工程技术服务和油气贸易三大海外业务，积累了国际化经营的宝贵经验。

在十几年的发展实践中，中国陆上石油工业对外合作领域不断扩大，合作方式日益多样化，初步形成了有进有出、全方位对外开放的格局。1993 年 2 月，经国务院批准，对外开放已由南方 10 省区扩大到北方 10 省区，对外开放面积达 249.9 万平方千米。并在大庆、胜利等 10 个已开发的老油区内选择了 14 个区块进行提高采收率方面的对外合作。

国际化经营实行统一部署、集中管理、分工协作、共同发展的原则。1992 年 12 月，中国石油天然气总公司成立“国际公司筹备组”，先后成立的还有中亚石油公司、中美石油公司、中加石油公司等地区性对外合作公司。1994 年 7 月，设立“国际勘探开发合作局”，行使总公司机关管理职能，负责国内外石油勘探开发合作的总体规划，归口管理国内外石油勘探开发合作项目。同时，制定了一系列规章制度，使对外合作与交流科学化、规范化、制度化。1995 年制定了“九五”规划：在加速对外合作队伍建设方面，通过派遣出国人员和留学生、邀请国外石油界专家来华进行合作交流；通过国内外同时培训、锻炼队伍，培养人才；通过举办国际石油会议和展览，构筑中外石油界交流与合作的平台。1997 年 10 月，以“技术和全球化引导石油工业进入 21 世纪”为主题的第十五届世界石油大会在北京召开，来自 91 个国家和地区的 4600 位代表出席了大会。这次大会是中国改革开放以来举办的规模较大和水平较高的重大国际会议，为世界石油界了解中国，中国石油工业融入世界提供了契机，影响深远。

为了实现工贸结合、直接面对国际市场、加大“走出去”的力度，1992 年 10 月，经国务院批准，由中国石油天然气总公司和中国化工进出口总公司共同出资组建中国联合石油公司（简称中联油）。国家赋予中联油原油及成品油的进出口权、物资装备进出口权、在国外投资搞油气勘探开发权以及对外提供工程技术服务权。中联油的成立为中国石油企业开辟了一个通向国际市场的重要窗口，对石油工业实现产供销、内外贸一体化，参与国际竞争、开拓国际市场起到重要推动作用。中联油在积极开拓国际贸易的同时，于 1994 年跟随国际勘探开发合作局在巴布亚新几内亚，共同参与了中国在海外的第一口勘探井的投资活动。中联油在蒙古国与美国 SOCO 石油公司签订了中国第一份海外钻井作业承包合同。中原油田通过中联油在苏丹成立了中国第一个海外的合资钻井公司——中苏联合钻井公司，为进入苏丹石油市场打开了路子。

针对海外油气资源的勘探开发投资大、周期长、风险高、要求技术先进等特点，中国石油天然气总公司根据自身的实际情况，确定了与之相适应的“审慎而行，循序渐进，步步为营，分步实施、埋头苦干”的工作方针和不同时期的发展目标。依靠自身优势，从提高老油田采收率的小项目入手，从不需要大规模投资的油田开发项目入手，积累进入国际石油勘探开发市场的经验。秘鲁、加拿大、泰国、巴布亚新几内亚等一批早期中小项目的选择和运作，始终坚持了不贪大，不求急，“摸着石头过河”，一步一个脚印求发展的思想，为以后扩大对外合作打下了基础。

四、一业为主，多元开发，产业结构得到调整

中国石油天然气总公司把“一业为主，多元开发”纳入陆上石油工业的发展战略，调整石油企业产业结构，打破单一的经营格局，合理分流和利用富余人员，大力发展多种经营，筑起新的经济增长点，也为进一步深化改革探索新的路子，积累新的经验。

由于石油企业一般远离城市，缺少社会依托，在过去商品经济不发达的情况下，为了保证生产的正常运行，在老油区普遍形成了“大而全”、“小而全”的企业结构。每个企业近乎一个小社会，负担很重，束缚了生产力的发展。在转换企业经营机制中，实施一业为主，多元开发。一是为勘探开发的主业服务，开辟多种经营渠道，积极筹措资金，支持主业的发展；二是广开生产门路，妥善安置富余职工和待业职工子女，减轻企业负担，稳定了职工队伍。为此，1991 年起先后制定了有关政策，提出了多元开发的目标，调动了从业人员发展多元经济的积极性，为多元开发创造了一个良好的政策法规环境。“八五”期间，陆上石油工业多元开发工作基本思路是：稳定发展农业，重点发展工业，加快发展第三产业；走产业化、规模化、集团化的道路，逐渐形成“六大支柱产业”的格局，即化工、建材、机电、轻工、农业与农副产品加工、运输、餐饮服务业；发挥石油行业整体优势，提高企业经济实力和市场竞争能力。

通过合理调整企业内部结构，把每个独立核算的施工作业单位和辅助生产单位推向行业内部市场和国内社会市场，有的还可以打入国际市场，使企业在市场竞争中谋生存、求发展、壮大自己。同时，在新的石油探区，发挥社会服务能力，一些专业化作业和生活后勤单位，依托社会。

油气田企业组织结构、产业结构和队伍结构调整有了进展，各油气田企业普遍建立了勘探公司、开发公司、施工作业公司和多种经营公司，以分公司或内部模拟法人的形式，实行独立核算、自负盈亏。文教、卫生、后勤服务系统实行了专业化改组、努力实行社会化服务。在生产结构方面，加快了以下游为主的生产发展。产业结构调整带动了队伍结构的调整，全系统累计从油气主业分流职工 50 多万人到辅业。

五、实施“科教兴油”战略，科技成果的转化率显著提高

中国石油天然气总公司实施“科教兴油”战略，并提出“整体规划，突出重点，分清层次，合理分工”的科技工作方针，形成了石油高等院校教育和在职职工教育两大体系。石油企业以促进科研院所加强与生产经营结合、提高科研院所的活力为目标，积极探索科研院改革、调整的方式、方法，推行科研院所承包经营责任制、提高科研院所的科技成果转化能力和兴办科技产业；以促进技术市场发展为手段，加大石油企业之间、石油企业与直属院所之间的科技交流与合作以及科技成果转让的力度，大力促进科技资源配置和科技成果应用的市场化。

在实施“科教兴油”战略中，配套推广现已成熟的各种先进而适用的工艺技术，使其在生产应用中发挥作用，见到实效。把勘探、开发和生产建设中的难点作为科技攻关的重点，充分发挥内外部各方面力量的优势协同攻关，以科技上的突破带动生产建设上的突破。瞄准世界石油领先技术和发展趋势，加强基础研究，提高科研工作的起点，超前搞好技术储备。同时在推进科技进步中，引进、消化、吸收和创新，形成具有自己特色的工艺技术系列。

科学技术对石油生产发展的贡献进一步加大。面对地理环境更加恶劣、地质情况更为复杂、技术难题不断增多的新情况，进一步加大科技攻关和新工艺新技术推广应用的力度，取得一批重要成果。陆上石油战线新科技成果应用率达到80%以上，科技进步对石油经济增长的贡献率达到42.8%，高于全国工业部门平均水平9个百分点。

六、油价改革取得进展，原油价格逐步并轨

定价机制是石油市场管理体制的重要组成部分。原油、天然气价格由于历史原因，在“双轨”上运行，并处于与价值严重扭曲的状态。过去原油价格、成品油出厂价、批发价以及零售价都是实行政府指令性定价机制。1992年，现行的国内平价油和高价油价格，仅相当于国际油价的1/4和3/4。过低的油价，不仅使石油企业变成了亏损大户，增加了国家的财政负担，同时对石油企业转换经营机制，深化改革造成了许多困难，严重制约了石油工业的持续发展。

通过不断调整定价机制，国务院对原油、成品油流通领域进行改革和调整，增强市场对供需关系的调节作用。1994年，加快了原油“平转高”的步子，增加了国内外汇油、定向油及自销油，天然气价格也有所提高。增强了油气田的资金筹措能力，生产经营也比以前灵活。

第二节　战略格局基本形成，油气结构得到改善

通过实施中共中央、国务院确立的“稳定东部、发展西部”的战略方针，石油工业发展的战略格局已基本形成。1992—1997 年的六年间，新增石油探明地质储量 37.25 亿吨，平均每年新增 6.2 亿吨。新增石油探明地质储量中，东部地区 21.18 亿吨，西部地区 11.23 亿吨，海域 4.84 亿吨。天然气储量大幅度增长，新增天然气探明地质储量 1.17 万亿立方米，平均每年新增近 2000 亿立方米，是前六年年均的两倍多。西部地区已经成为天然气增储的主力地区，基本形成了新疆、陕甘宁、川渝、青海和东海、莺—琼六大气区。

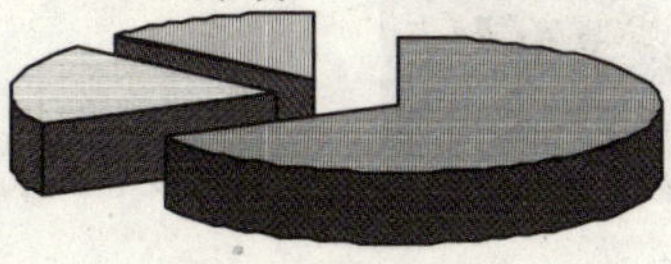

新增石油探明地质储量地区分布
（1992—1997）

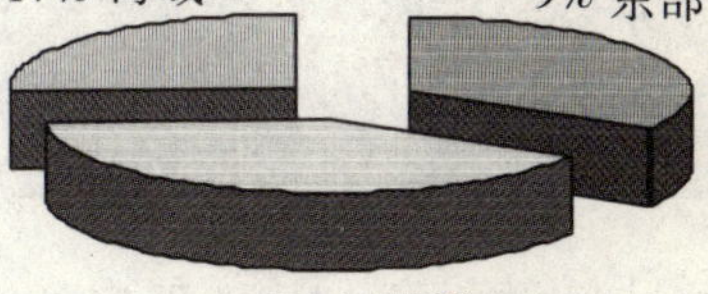

新增天然气探明地质储量地区分布
（1992—1997）

一、全面推行“稳油控水”工程，东部油田稳定发展

东部老油田进一步加强综合调整，加快外围新盆地、新地区的勘探开发。松辽和渤海湾盆地是增储重点。松辽盆地长垣东西两侧和长岭凹陷大情字井地区为重点勘探地区，探明石油地质储量 8.3 亿吨。渤海湾盆地老区新带连续获得新的重要发现，滩海地区探明辽河海外河油田和大港赵东油田等，老区勘探大幅度增加储量，新增石油探明地质储量 10.1 亿吨。

东部油田在高含水、高采出的困难条件下，大力推进科技进步，锲而不舍搞挖潜。东部老油区采取高含水期油藏精细描述和调整挖潜，滚动勘探开发增储上产，低渗透油田加强开发建设和改造，稠油油田提高储量有效动用。实施三次采油技术，推行聚合物驱等，有效地提高了油田采收率。定向井、丛式井、水平钻井，稠油热采技术等一大批先进技术，在各个油田广泛应用，加强滚动勘探开发，积极采用新工艺、新技术，全面深入推广大庆油田“稳油控水”经验，老油田含水上升得到控制。加快开发动用稠油、低渗透和滩海等难采储量，稳产基础得到加强。

大庆油田全面推行“稳油控水”工程，在油田注水开发的理论与实践上又取得新的发展。1997 年生产原油 5600 万吨以上，达到历史最高水平，实现了在 5500 万

大庆油田水上采油。

吨以上连续稳产14年，在5600万吨以上稳产4年的目标，为中国石油工业持续稳定发展做出巨大贡献。吉林油田产量上到400万吨，是东部地区增产幅度最大的油田。胜利油田解放思想，大胆探索，在渤海湾浅海地区建成了中国第一个浅海油田——胜利埕岛油田。在开发后期含水上升快、产量递减快的困难面前，胜利油田年产原油3000万吨以上，连续稳产九年。辽河油田开拓稠油高凝油开发新领域，原油年产量由1990年的1360万吨上升到1550万吨。

二、加快发展西部勘探，实现资源战略接替

西部石油工业的发展，进入历史上最快的时期。随着勘探新领域的不断拓展，取得了一些重要成果和重大突破，使西部成为现实的资源接替地区。

1993年中国石油天然气总公司成立了新区勘探事业部，以后几年每年拿出几亿到二十几亿人民币进行新区勘探和勘探前期工作，开展了准噶尔盆地腹部和鄂尔多斯盆地陕北评价项目，大幅度增加了储量。三塘湖盆地、塔里木盆地的塔西南缘、柴达木盆地的北缘、巴彦浩特盆地、银根—额济纳旗盆地等预探项目，西北侏罗系、西藏羌塘等勘探前期评价项目，为加快西部勘探奠定了地质基础。还实施内部风险勘探招标，拿出专项资金予以支持，并吸引东部的勘探力量、人才、技术和资金投入到西部的三塘湖、焉耆、伊宁、尤尔都斯等盆地以及塔里木、准噶尔和柴达木等盆地部分区块的风险勘探，已在焉耆和三塘湖盆地获得突破，发现了油田。在西部勘探中，攻克了三维地震勘探技术和山地地震采集处理解释技术，欠平

衡钻井和成像测井技术、酸化压裂技术等，在复杂油气藏勘探开发中发挥了重要作用。塔里木盆地在相继发现塔河奥陶系海相大型油田、轮南三叠系中型油田、东河塘石炭系海相油田后，又在沙漠腹部发现了塔中 4 石炭系油田，以水平井为主，建成了高产稳产的样板油田，成为中国西部重要的原油生产基地。加强库车坳陷勘探工作，促进克拉 2 等一批重大油气发现。储层预测技术长足进步，解决了岩性油藏勘探的难题。在鄂尔多斯盆地，加强三叠系石油勘探，已形成大规模含油连片的局面，从 1995—1998 年，连续四年年增石油地质储量 1 亿吨，是全国增储上产的重要地区。

20 世纪 90 年代初，中国石油天然气总公司在新疆东部的吐哈盆地组织石油勘探开发会战，发现了六个侏罗系油田，建成了一个新油区。地处新疆北部的准噶尔盆地，连续发现五个 5000 万至 1 亿吨级含油场面，在盆地腹部建成一个油田群，使新疆油田的原油产量接近 1000 万吨。甘肃酒泉盆地勘探取得重要突破，使有 60 多年勘探历史的玉门老油田焕发了新的生机。六年间，西部地区新增石油探明地质储量 11.2 亿吨，比前六年增加 4 亿吨，增速超过东部地区。

西部新区高速度、高效益地建成了一批整装油田，为全国陆上石油生产的持续增长做出了重要贡献。1997 年，西部地区产油 2278 万吨，比上年增加 271 万吨，上产幅度进一步加大。塔里木盆地产油 420 万吨，增加 110 万吨，是全国增产幅度最大的。准噶尔盆地产油达到 870 万吨，吐哈盆地产油达 300 万吨，鄂尔多斯盆地产油 437 万吨，其中，延长油矿首次突破 100 万吨。

三、实行“油气并举”，陆上天然气勘探开发明显提速

1992—1997 年的六年间，在加强石油勘探的同时，坚持“油气并举”的方针，天然气勘探实现了历史性突破，是成果最多、形势最为喜人的一个时期。全国陆上新增天然气探明地质储量 9713 亿立方米，是前六年的两倍多。1997 年天然气产量 183 亿立方米，比 1985 年的产量提高了 55 亿立方米，年均增加 9 亿立方米。尤以塔里木、陕甘宁、四川和柴达木四大气区勘探成果显著。塔里木盆地新增天然气探明地质储量 1804 亿立方米，特别是在塔北库车坳陷有了重要发现。鄂尔多斯盆地新增天然气探明地质储量 3084 亿立方米，尤其是在上古生界发现了四个含气富集区。到 1992 年探明的靖边气田，其下古生界气藏是中国当时发现的最大的气田。四川盆地以川东和川西侏罗系浅层气为勘探主战场，新增天然气探明地质储量 2454 亿立方米。柴达木盆地三湖地区老气田进一步扩大，又发现了新气田，新增天然气探明地质储量 167 亿立方米。

四、加大工作力度，海上油气勘探成果显著

中国海洋石油工业通过引进、消化、吸收外国先进技术，形成了十大配套技术，即：含油气盆地资源评价和勘探目标评价，海上地震采集、处理、解释，水平井、大斜度井及复杂地层钻井，海上油气田完井及延长测试，数控测井与资料分析处理，油气田数值模拟和油藏评价，海上复杂油田的油气开采，海上油气田工程设计、建造和安装，海上油气管道铺设，海洋石油环境条件及预报等。这些技术使海洋石油总公司具备了在海上复杂地质条件下寻找大中型构造油气田、自营开发海上油气田、承包海上技术作业服务、开拓海外石油资源的四大能力。同时，中国海洋石油总公司积极承担国家“863”计划“海洋技术领域”中的六个课题，取得了一批具有世界领先水平的研究成果，培育了一批高技术产业，掌握了海洋石油勘探开发的一些关键技术。这一时期的中国海洋石油工业进入高速发展阶段，对外合作和自营勘探比翼齐飞，崖城 13-1、流花 11-1、绥中 36-1 等海上油气田相继建成投产，到 1996 年，海上原油年产量首次突破 1000 万吨大关，天然气产量从无到有，1997 年达到 40 亿立方米。

海洋石油天然气储量大幅度增加，新增石油探明地质储量 4.84 亿吨，天然气探明地质储量 2043 亿立方米。特别是渤海海域盆地，经历了 30 年的实践，逐步加

渤海油田正在成为中国海油重要生产基地。

深认识了油气成藏的特殊性，把勘探的主要领域由前第三系和下第三系转为上第三系，以渤中坳陷周围的隆起区为主要勘探方向。1995 年，自营勘探首先发现了秦皇岛 32-6 大油田，揭开了渤海湾上第三系大油田群发现的序幕，六年间新增石油探明地质储量 3.9 亿吨。

南海海域莺—琼盆地的天然气勘探取得了显著成果，发现了储量近千亿立方米的东方 1-1 大气田，以及乐东 15-1 和乐东 22-1 等气田，新增天然气探明地质储量 1584 亿立方米。在东海盆地发现平湖油气田后，又发现了春晓和天外天两个油气田和三个含油气构造，使东海盆地成为中国近海重要的油气生产区。

五、一批重大建设项目陆续启动

在天然气勘探和开发加快发展的同时，一批国家重点建设项目陆续开始建设投产。以 1996 年陕—京线天然气输气管道启输为标志，中国天然气输气管道建设进入快速发展阶段。这期间，建成了新疆鄯善至乌鲁木齐和长庆气田至银川、西安、北京四条输气管道，共 2000 千米，新增年输气能力约 50 亿立方米，对增加全国能源有效供给，改善能源结构，搞好环境保护，都有深远影响。

从 1996 年开始，中国就开始了西气东输开发利用规划和战略研究工作，并完成了可行性报告。1998 年下半年，新疆塔里木北部勘探获重大突破，发现了克拉 2 大型气田，根据资源量与市场需求，初步确定西气东输管道初期供气量为每年 120 亿立方米，基本形成了较为完整的“西气东输”规划方案。

第三节　开拓国际市场，扩大发展空间

石油工业积极实施“走出去”战略，国际化经营实现了重大突破，海外油气生产从小到大，由弱到强，出现了三个方面的战略性的转变：从开始的以“引进来”开展国内合作为主，转向了积极“走出去”参与开发和利用国外石油资源；从在海外购买储量、进行小规模风险油田开发试验，转向油田勘探生产和管道、炼厂建设等大型项目的综合开发；从资金投入转向投资回收、滚动发展的良性循环。

中国石油天然气总公司在“九五”期间，签订了七个海外石油勘探开发合同、一个炼厂项目合同和一个管道项目合同，基本形成了中东—北非、中亚—俄罗斯、南美三大战略发展区。1993 年到 1995 年，中国石油天然气总公司先后中标秘鲁塔拉拉油田七区块、六区块开发项目，这是中国石油企业迈出国门的第一步。中国石油公司以自己的管理经验、细致的工作、使用先进而实用的技术进行操作，使两

个资源面临枯竭的区块焕发了青春。1997年同委内瑞拉在两个已为国际一流的石油公司开采了44年的老油田进行开发合作，中方作为操作者，经过三年的努力，就使两个区块原油日产量提高7倍到9倍，而且操作成本是同一轮中标的所有外国公司中最低的。特别是1996年中标的苏丹南部穆格莱德盆地1/2/4石油区块项目，是中国石油天然气总公司在海外中标的最大项目。当苏丹经济发展急需石油的时候，中国石油与苏丹合作，在前人已有的工作基础上，克服了自然条件恶劣等诸多困难，只用了一年时间，就高质量、高速度地帮助苏丹建成了年产1000万吨的原油生产能力。只用了11个月时间，就建成了一条被苏丹人民称之为“生命线”的长1506千米、管径28英寸的石油长输管道。而建成一座年加工250万吨的炼油厂，从设计到投产也只用了两年时间。这样的建设速度和施工质量，在中国国内也是罕见的。中国石油帮助苏丹从无到有建立起上下游一体化、技术先进、规模配套的石油工业体系，使苏丹从石油进口国变为石油净出口国。不仅开创了苏丹的石油工业，造福了苏丹人民，也为中国赢得了良好的声誉。1997年，中国与哈萨克斯坦签订合作勘探开发石油协议，为海外进一步发展打下了坚实基础。

海外项目的拓展，还带动了对外工程承包、技术服务和物资装备出口。中国石油工程技术服务队伍，由最初的单纯依托油气项目“搭船出海”，到独立开发国际市场，在多个专业领域，成为国际知名的服务商。中国石油集团所属的物探局、管道局、长城钻井公司、工程建设（集团）公司、技术开发公司等，经过多年在海外的发展，都以自身先进而实用的技术和良好的服务活跃在国际石油市场。

对外工程承包、技术劳务出口在这个阶段也有了长足的发展，并在国外赢得了一定的信誉。石油机电产品出口贸易继续保持增长势头。这些都为陆上石油工业充分利用“两种资源、两种资金、两个市场”，加快同国际经济和市场接轨创造了有利条件，为进一步大规模实施“走出去”战略积累了经验。

海洋石油是中国改革开放后率先全方位进行对外开放的行业，中国海洋石油总公司通过大规模对外合作，积极引进、吸收、消化国外先进的科学技术，大胆借鉴国外成熟的管理经验，探索和创新符合中国国情的石油公司结构，提高了企业管理水平和竞争能力。经过仅十多年的建设，中国海上原油年产量已从1982年的不足10万吨，上升到1998年的1631万吨，1998年天然气产量达38亿立方米，表现出了高速、高效发展的特征。17年中，中国海洋石油总公司跨了三大步：80年代初，掀起了对外合作的高潮；80年代中期，形成了对外合作与自营勘探开发并举的格局；进入90年代，“上下游一体化”和“海外发展”战略得到实质性的推进。截至1998年12月底，中国海洋石油总公司累计与18个国家与地区的68家外国公司签订合同与协议137个，直接利用外资60亿美元，外商投资占海上石油开采累计投资的54.6%。中国海洋石油总公司的资产总值从1982年的28.3亿元，增加到1998年的320亿元，培养了一支懂得国际惯例、门类齐全配套的海上油气勘探开发技术队伍，基本具备了进行海外油气勘探开发的能力。

第三章 石油工业在重组改制中跨越发展(1998—2005)

世纪之交,中国石油工业面临着新的发展机遇与挑战。1997 年 9 月,中共十五大报告中强调,“要着眼于搞好整个国有经济,抓好大的,放活小的,对国有企业实施战略性改组。以资本为纽带,通过市场形成具有较强竞争力的跨地区、跨行业、跨所有制和跨国经营的大企业集团”。

从 1993 年能源部撤销起,针对石油行业上下游、内外贸、产销分割体制日渐显现的弊端,国家有关部门就着手调查研究石油行业体制改革方案。经过多年反复酝酿,1998 年初,国务院最终形成以石油、石化两大总公司为基础组建中国石油天然气和中国石油化工两个集团公司的方案,作为国务院机构改革方案的一部分,提请全国人大审议并获得批准。这是中国石油行业改革发展历程中一个具有划时代意义的战略决策,也是中国国有企业战略性改组中的一个具有重大意义的历史性突破。

中国石油天然气集团公司(简称中国石油)、中国石油化工集团公司(简称中国石化)、中国海洋石油总公司(简称中国海油)三大公司以保障国家油气安全为己任,全面落实科学发展观,认真落实中共中央、国务院关于国有企业改革的一系列重大部署,抓住改革、调整、创新、管理等关键环节,促进了企业发展和经济效益的大幅度提高。企业改革发展取得了显著成就,国有资产总量进一步增加,经济效益、运行质量和竞争能力明显提高,作为国有重要骨干企业的控制力、影响力和带动力进一步增强,在落实国家宏观调控政策,保证市场供应,维护国家能源安全中发挥了重要作用,做出了积极贡献。

第一节　重组改制上市，融入市场经济

1998年，中共中央、国务院为了加快石油、石化工业的发展，加快社会主义市场经济体制建设的步伐，做出了对石油、石化工业进行重组改制的重大决策。1998年7月27日，根据九届全国人大一次会议审议批准的《国务院机构改革方案》和国务院关于中国石油天然气集团公司和中国石油化工集团公司有关问题的批复精神，经过半年时间的积极筹备，中国石油天然气集团公司和中国石油化工集团公司正式宣告成立。

新成立的中国石油天然气集团公司是国家在原中国石油天然气总公司基础上组建的石油石化企业，其成员企事业单位包括：原中国石油天然气总公司直属的12个油气田企业，从原中国石油化工总公司划入的14个炼油化工企业和5个销售公司，从地方划转的12个省、自治区、直辖市及1个计划单列市的石油公司及其下属各级石油公司和加油站，吉林石油集团有限责任公司、吉化集团公司，以及原中国石油天然气总公司直属的其他企事业单位。中国石油天然气集团公司侧重经营石油、天然气的勘探、开发业务，同时经营石油化工业务。

新成立的中国石油化工集团公司是国家在原中国石油化工总公司基础上组建的石油石化企业，其成员企事业单位包括：原中国石油化工总公司直属和控股的22个炼油化工企业，从原中国石油天然气总公司划入的12个油气田企业，原中国东联石化集团有限责任公司的5个生产企业及1个石油公司，从地方划转的18个省、自治区、直辖市及4个计划单列市的石油公司及其下属各级石油公司和加油站，以及原中国石油化工总公司直属的其他企事业单位。中国石油化工集团公司成立后，中国东联石化集团及中国东联石化集团有限责任公司将依法注销。中国石油化工集团公司侧重经营石油化工业务，同时经营石油、天然气的勘探开发业务。

国家授予两大集团公司原油、成品油外贸经营权，批准两大集团公司进行国家授权投资的机构和国家控股公司的试点，两大集团公司分别作为一个整体列入国务院确定的试点企业集团名单。这次重组，从宏观管理体制上解决了石油石化工业上下游、内外贸、产销分割和结构不合理的矛盾，实现了宏观层面上的政企分开，建立起与国际接轨的“油公司”体制。

1999年，为进一步解决石油工业内部体制、机制和结构上的深层次矛盾，促进国有石油、石化企业改革和发展，经国务院批准，中国石油、中国石化和中国海油又各自进行了大规模资产重组和改制上市，分别将石油勘探开发、炼油化工及销售、管道运输等核心业务及相关的资产、人员分离出来，注入新成立的三家股份

有限公司，其他业务及相应的资产、人员留在母公司。这是有史以来中国企业规模最大的一次重组。1999年10月28日，中国石油天然气股份有限公司（简称中国石油股份公司）正式成立，2000年2月28日，中国石油化工股份有限公司（简称中国石化股份公司）也在北京正式挂牌。中国石油天然气集团公司总经理马富才兼任中国石油天然气股份有限公司董事长，黄炎任总裁。中国石油化工集团公司总经理李毅中和中国海洋石油总公司总经理卫留成，分别兼任中国石油化工股份有限公司和中国海洋石油有限公司的董事长，王基铭、傅成玉分别任总裁。2000年3月，原地质矿产部（国土资源部）的中国新星石油有限责任公司整体并入中国石化集团公司，成为石化集团的全资子公司。1996年12月成立的新星石油公司，前身是地质矿产部石油地质海洋地质局，始建于1955年，主要负责中国陆海石油天然气普查勘探，发现了一大批油气田，为中国石油工业的发展做出了重要贡献。并入中国石化集团公司后，使中国石化的勘探开发区域扩展到北起松辽，南到广东，西起塔里木，东到东海都有分布，大大拓展了油气勘探领域。

按照国际惯例，重组设立的股份公司积极进行资本经营，优化资本结构和资源配置，增强自我发展和自我改造的能力。经过精心准备，2000年4月6日和7日，中国石油股票先后在纽约和香港成功上市。同年10月，中国石化股票分别在纽约、伦敦和香港上市成功，2001年7月，在上海发行A股并成功上市；2001年2月，中国海洋石油股票也在纽约和香港成功上市。

重组改制，上市成功，标志着中国石油天然气行业在建立现代企业制度和国际化进程中迈出了关键性的一步。初步构建起符合现代企业制度要求和国际资本市场准则规范的体制架构，优化了产业结构和资产结构，明显提高了国有资本的控制力和运营效率，增强了中国石油工业参与市场竞争，抵御市场风险的能力，集团整体优势得到充分发挥。股份公司建立起规范的法人治理结构，集中力量加快发展核心业务，提高了投资回报率，经济规模、综合实力和国际竞争力明显增强。

三大石油公司作为重要国有骨干企业，在用时代发展的要求审视自己的过程中，不断加深对改革发展实践经验的认识。2003年，中国石油从全面建设小康社会的战略高度上，确定了建设具有国际竞争力的跨国企业集团的目标，提出要实现“两个转变”，即由国内石油公司向跨国石油公司转变，由单纯的“油气生产商”向具有复合功能的“油气供应商”转变；做到“三个跨越”，即实现生产领域发展从国内到国外的跨越，实现从单纯生产型到“产经贸”一体化的跨越，实现从传统的经营管理到市场化运作的跨越。2005年，中国石油又提出要率先建成一流的社会主义现代化企业及具有国际竞争力的跨国企业集团的总体目标，和实施资源、市场、国际化的“三大战略”。中国石化提出了“建设成为主业突出、资产优良、技术创新、管理科学、财务严谨、具有国际竞争力的世界级一体化能源化工公司”的目标。中国海油于 2004 年进一步完善其战略目标：以较快的发展速度、较强的盈利能力和较好的发展质量，在 2008 年建成具有国际竞争力的综合型能源公司，全面建成现代企业制度。在此基础上，建设一个国际一流的综合型能源公司。

三大石油公司着眼于增强企业活力和竞争力，针对重组改制后出现的新情况、新问题，以结构调整为主线，积极稳妥地推进各项改革，持续优化整合企业资源，有力地推进了体制、机制创新进程。随着股份公司的快速发展，未上市企业以市场为导向，立足于优化资源配置，加大企业调整改革的力度，加强管理，推进技术进步，取得了解亏脱困的重大胜利。企业经营机制发生了深刻的变化，企业发展呈现新的活力。在改革中，对内部业务、资产进行重组整合，建立专业公司，实行专业化管理。2000 年年底，为适应国际化经营形势需要，打造中国石油国际石油技术服务品牌，在对中油技术服务有限责任公司、中国石油工程建设（集团）公司和中国石油物资装备（集团）总公司外贸出口部分进行重组后，成立集对外石油工程承包、技术服务和机电产品出口等业务于一体的中油国际工程公司，代表中国石油统一管理和协调对外工程承包、技术服务和物资装备出口等业务，带动各地区公司的技术服务队伍、产品、劳务等进入国际市场，实现中国石油整体效益最大化。2002 年中国石油组建了东方物探公司和测井公司，在创建具有较强国际竞争力的专业技术公司上迈出重要步伐。经国务院批准，中国寰球工程公司整体并入中国石油集团。深化改革使集团内部资源配置得到进一步加强，整体优势得到进一步发挥，运作效率得到进一步提高。

2003 年以来，中国石化对其附属的炼化分（子）公司实行扁平化管理，非上市企业专业化整合全面展开，在企业层面初步建立起与现有业务相适应的生产经营组织管理构架。

按照建立现代企业制度的要求，各油田对所属企业实行改制和整体带资分流改制，同时对企业办社会部分加速分离。对机械制造、钻井、设计、建设等单位进行资产重组，对一批非油产业单位进行控股式、参股式、租赁式等多种模式改制试点；多种经营企业按照公司制进行改造，逐步做到以专业化、市场化、社会化为方向，加快企业队伍结构、组织结构、产业结构的调整，实现主辅分离，改制分流。2003 年以来，中国石油、中国石化两大公司按照国务院要求，积极推进社区服务系统改革，分离办社会职能工作取得重大突破。中国石油先后与 18 个省市区及计划单列市签署了中小学及公检法职能移交协议，确定移交机构 464 个、人员 5.4 万人。中国石化也对所属油田企业的中小学、公检法等机构进行了移交，从而比较彻底地解决了企业办社会职能问题。

与此同时，国家鼓励国内石油公司打破区域和海陆经营界限，引入有序竞争的机制。中国海油开始介入下游业务（炼油化工），中国石化、中国石油开始参与海上勘探开发。延续多年的上下游分割、陆海分管、地域分割的垄断经营格局被打破，三大石油公司既相互协作，又有序竞争的格局基本形成。

从1998年6月开始，原油和成品油的定价机制发生重大改变。国家规定，国内原油价格参照国际相同品质的原油价格确定，成品油由政府参照国际市场成品油价确定零售中准价，企业在政府规定浮动范围内确定售价。

第二节　突出主营业务，带动整体发展

三大石油公司积极面对中国经济快速发展和人民生活对石油天然气需求不断增加的实际，努力做大做强主营业务，使油气勘探开发呈现强劲的发展势头，带动了整个行业又好又快的发展。

一、主营业务占主导地位

三大石油公司致力于缓解国内油气供需矛盾，大力加强勘探工作，立足科学开发，努力增强东部稳产基础，推动西部持续大幅上产，海域对外合作和自营勘探并举。石油工业上游业务保持了良好的发展态势，油气勘探取得重大突破，国内东部、西部和海域勘探开发进一步发展，特别是西部天然气成为新的经济增长点。

中国石油按照突出石油勘探，加强天然气勘探，积极推进风险勘探的原则，主动调整勘探思路，完善管理模式，不断向新盆地、新领域、新类型、新层系探索，取得了一批具有战略意义的重要突破和发现，资源接替开始走向良性循环。1998—2005年，新增探明石油地质储量31亿吨，平均年增探明石油地质储量3.75亿吨。东部老油区不断深化油气地质及成藏规律的研究，不断完善精细勘探和滚动勘探的理论和方法、技术，在岩性地层油藏勘探中取得一批新突破、新进展，新增石油探明地质储量15亿吨。松辽盆地发现了一批5000万至1亿吨级的油田，渤海湾

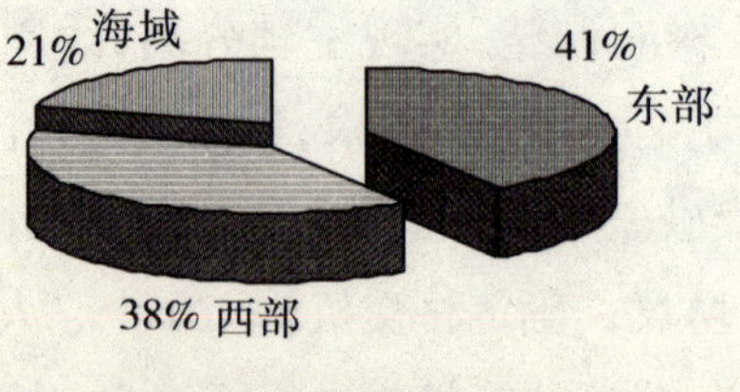

新增石油探明地质储量地区分布（1998—2005）

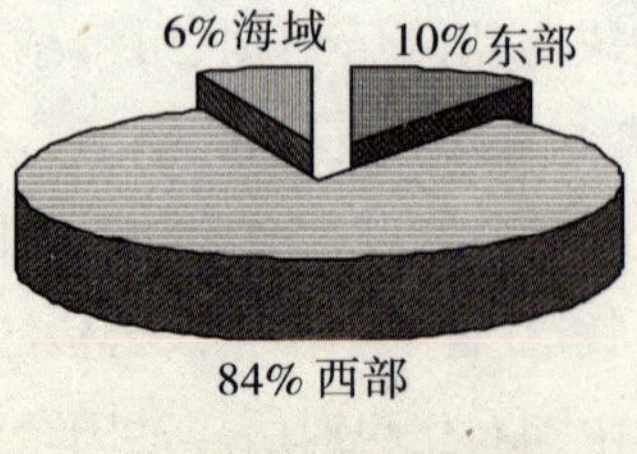

新增天然气探明地质储量地区分布（1998—2005）

和二连盆地也获得新的发现。西部新区加强勘探和技术攻关，在岩性地层油藏、前陆盆地、叠合盆地下古生界三大领域取得重要进展和突破，新增石油探明地质储量16亿吨，西部与东部已并驾齐驱。新疆准噶尔盆地通过加强勘探，盆地东西南北中都取得了重要成果。在鄂尔多斯盆地三叠系岩性油藏勘探成果显著，并在陇东发现了西峰油田，打开了三叠系找油的新领域，八年探明石油地质储量7.95亿吨。在塔里木盆地哈得4油田，探明的石油地质储量近1亿吨。

胜利油田从陆地走向海洋，实现可持续发展。

中国石化在抓炼油化工发展的同时，更加重视和突出上游的油气勘探和开发，取得了一系列可喜的油气勘探成果，1998—2005年间新增石油探明地质储量19亿吨。在东部以老区深化隐蔽油藏勘探为主，新增石油探明地质储量12.2亿吨，其中在济阳坳陷新增探明储量8.8亿吨，同时，在东濮、泌阳、高邮等坳陷的地层岩性油气勘探取得了明显效果。在西部新区塔里木、准噶尔两大盆地拓展了勘探领域，新增石油探明地质储量6.6亿吨。1997年，新星石油公司在塔里木盆地勘探取得重大突破，发现了塔河大型油田，探明石油地质储量上亿吨，成为中国石化重要的石油生产基地。

中国海洋油气勘探开发取得重大成果，在渤海海域盆地、珠江口盆地、北部湾盆地、东海盆地及其他海域盆地，分别发现了一大批油气田，新增探明石油地质储量13.6亿吨。特别是渤海海域盆地相继发现了南堡35-2、蓬莱19-3、渤中25-1、渤中25-1S、渤中34-1、旅大5-2、旅大27-2、曹妃甸11-1、锦州25-1S等一大批大中型油田，新增石油探明地质储量10.7亿吨。

这个时期，中国各大气区又有新的重大发现，天然气进入快速发展阶段。1998—2005年，全国新增天然气探明地质储量3.6万亿立方米，平均年增4500亿立方米，比上一阶段提高了近3倍。其中，中国石油新增天然气探明地质储量2.52万亿立方米，占全国的70%；中国石化新增天然气探明地质储量0.93万亿立方米，占全国的25%；中国海油新增天然气探明地质储量0.17万亿立方米，占全国的5%。

中国石油在松辽北部徐家围子探明了天然气地质储量1018亿立方米的徐深气田；鄂尔多斯盆地上古生界新增天然气探明地质储量10747亿立方米，成功开发了榆林气田；塔里木盆地新增天然气探明地质储量5307亿立方米，其中克拉2气田2840亿立方米，库车气区投入开发，成为"西气东输"的主力气源；四川盆地以海相鲕滩、三叠侏罗系砂岩为重点，探明天然气地质储量3249亿立方米，实现了"川气东送"的多年夙愿；柴达木盆地生物气探明地质储量累计达到近3000亿立方米，建成了青海气区。

中国石化创新认识，转变思路，加强四川、鄂尔多斯、塔里木等盆地天然气勘探，在川东北地区发现了整装、高产、高丰度的普光大气田，2005年探明天然气地质储量2510亿立方米，川东北5000亿立方米储量规模的特大型含气区已经显现。在鄂尔多斯盆地发现了大牛地气田，探明地质储量2944亿立方米。塔里木盆地新增天然气探明地质储量806亿立方米。

油田开发战线发扬石油工业艰苦创业的光荣传统，继续奋发图强，努力创新，做了大量工作，油田生产持续发展，技术水平明显提高。已开发油田加强油藏精细描述，分砂体研究剩余油分布和注采井网调整，发展了陆相油藏分层注水开发理论。深入进行"控水稳油"，进行综合调整，取得显著成效。开发了塔河、陆梁、西峰、大情字井，以及海上一批新油田。通过注采井网优化、同步注水、超前注水、复合压裂改造油层、"单、短、简、小、串"的地面工程技术，开发了许多低渗及特低渗油田，2005年产量已达到2869万吨。完善了稠油热采的油藏描述、数值模拟和物理模拟、分层注汽调剖、井筒隔热等12项技术，2005年全国稠油热采产量达到1294万吨。形成了聚合物优选及评价、数值模拟、聚合物注入及产出液处理等十套技术，1996年聚合物驱油进入工业化应用，2005年全国以聚合物驱为主的三次采油产量达1680万吨，居世界首位。推广了具有战略意义的水平井开采技术，2005年投入开发的水平井达1300多口，塔里木、胜利、冀东等油田水平井已形成规模，流花11-1、塔中4、哈得4等油田基本实现水平井开发。

在部分油田产量调减的情况下，全国原油生产“稳中有升”，天然气产量快速增长。中国石油 2005 年生产原油 10595 万吨，2002 年以来，原油生产连续四年稳中有升。天然气产量连续快速增长，由 1998 年的 149 亿立方米上升到 2005 年的 366 亿立方米，增长一倍多。在拥有五个年产油气当量超过千万吨的大型油气田企业中，有三个是这个时期形成的。中国石化油田开发水平不断提高，东部老油田实现了储采平衡，西部塔河油田实现了连续上产。主要开发指标实现了“两稳两增”：自然递减率稳定、综合含水稳定，油水井开井数增加、剩余可采储量增加。中国石化 2005 年原油产量 3927 万吨，天然气产量 63 亿立方米，比 1998 年石油增长 441 万吨，天然气增长 28 亿立方米。西部油区石油产量由 1998 年的不到 60 万吨上升到 2005 年的 453 万吨，增加 390 万吨，年均上产 56 万吨。中国海油 2005 年石油产量 2789 万吨，天然气产量 57.53 亿立方米，比 1998 年石油增长 1152 万吨，天然气增长 18 亿立方米。

二、工程技术服务发展迅速

三大公司未上市企业经历了重大变革，积极调整内部结构，积极培育新的经济增长点，着力增强服务保障能力和市场竞争能力。未上市企业顾全大局、迎难而上，在三大公司一系列政策扶持下，着力做专做强工程技术服务业务，稳步发展生产服务和基地后勤服务业，在保障油气主营业务快速发展的同时，工程技术服务业的保障能力和市场竞争力明显提升，发展基础趋于稳固。通过优化资源配置，培育和打造了一批具有规模实力和竞争能力的专业化公司，支持建设了一批重点项目；加大装备更新改造力度，物探、钻井、测井等工程服务队伍的装备得到全面更新，参与市场竞争的能力和在复杂地貌地质条件下的作业能力显著增强。

中国石油制定了未上市企业的发展战略，对物探、测井、工程设计、海洋工程等业务进行跨地区跨企业重组，做大做强专业化技术服务公司。钻井、测井、井下作业和三维地震工作量年均分别增长 12.3%、9.9%、10.2%和 22.3%，为实现增储上产发挥了重要作用。各企业积极开拓社会市场和国际市场，外部市场收入比例达到 30.7%，比“九五”末提高 17 个百分点。2005 年，未上市企业主营业务收入达到 2000 亿元，比 2000 年翻一番。整个未上市企业主营业务收入增长 1.6 倍，减亏增盈 190 亿元，全员劳动生产率由 2.6 万元提高到 9 万元，年均增长 29%。

中国石化按照“稳定东部、发展西部、准备南方、拓展国外”的战略思想，先后对物探、井下、钻井系统进行了重组、改制、整合，初步建立起市场运作模式，形成了一批具有中石化特色的、适应不同类型油气藏勘探开发的石油工程技术服务队伍，为油气田勘探开发建设提供了强力支撑。积极推进深井、水平井、高精度三维地震技术，加快装备更新改造步伐，技术实力进一步增强。同时不断加大国际市场的开拓力度，市场份额得到提高，国际竞争力大大增强。

中国海油对海上石油施工作业、技术服务单位，按照市场要求重新组合，打破地区界限和单位界限，逐步成长为市场主体。2002 年，重新整合成立的中海油田服务股份有限公司和海洋石油工程股份有限公司分别在香港、上海上市。2004 年 12 月，中海石油基地集团有限公司成立，统一经营和管理基地板块业务。经历了一系列体制变革后，中国海洋石油总公司已基本建立了国际化石油公司体制，基本适应市场经济规律，核心业务突出，专业技术服务公司实力显著增强。

在油气主业的带动下，“十五”期间，中国石油从整体战略布局上推进重大基础设施建设，投资规模之大、建设速度之快、效果之好是历史上从未有过的。油气管道等一大批重点工程建成投产，为持续发展打下坚实基础。“西气东输”工程是国家把西部地区资源优势转化为经济优势，改善国内能源结构，促进国家经济发展的重大项目，也是实施西部大开发战略的标志性工程。“西气东输”工程由中国

施工中的输气管道。

石油天然气集团公司独资建设，投资 1400 亿元，于 2002 年 7 月正式开工。在中共中央、国务院的亲切关怀下，在施工沿线各地政府和人民群众的大力支持下，经过两万多名管道建设者 800 多个日日夜夜的奋力拼搏，于 2004 年 10 月 1 日全线贯通，12 月 30 日正式投入商业运营。国家主席胡锦涛发来贺信，热烈祝贺广大建设者实现了把“西气东输”工程建成一流工程的目标，并希望确保“西气东输”工程在推进国民经济持续稳定发展中发挥出最大的经济效益和社会效益。

投资 50 亿元、四度穿越长江、跨越巫山山脉的忠武输气管道竣工投产，实现了石油人多年来“川气出川”的梦想。作为促进环渤海湾地区经济发展的国家重点工程的“陕京二线”工程全面建成，被誉为“绿色奥运信誉工程”。战胜蜀道艰险，建成了年输送能力 500 多万吨、干线长 1250 千米的中国第一条长输成品油管道——兰成渝管线，实现了西南地区和西北地区油品资源的合理配置，缓解了西南地区石油产品紧缺的矛盾。中国第一条跨国输油管道——中哈原油管道一期工程顺利竣工，对推动能源进口多元化具有重要意义。五年间，新建油气管道 12137 千米，总长度达到 32344 千米，覆盖全国的天然气骨干管网基本形成。

三、科技创新带动各项业务快速发展

三大公司实施技术创新战略，努力建设创新型企业，把提升自主创新能力放在突出的位置，围绕主营业务发展的需求，一手抓关键技术的攻关，一手抓技术创新能力建设。通过技术研发培育创新能力，依靠创新能力的提升，实现技术突破，使技术创新成为实现持续有效较快发展的重要支撑。“十五”期间，在勘探开发、炼油化工、油气储运、工程技术和软件、装备等研发领域，取得了一大批创新成果，实现了“两个转变”，即由跟踪模仿向自主创新的转变，由主要为国内业务提供技术支持向立足国内、大力为海外业务提供技术支持的转变。

中国石油实施技术创新战略以来，形成了新的技术优势和特色技术，科技队伍素质大幅度提高，实验条件持续改善，技术创新能力显著增强，自主创新取得了一系列突破，整体技术水平上了一个新的台阶。岩性油气藏与前陆盆地油气勘探技术，提高采收率技术，被动裂谷盆地油气成藏模式及快速评价技术等三项油气勘探开发综合技术位居世界前列；地球物理勘探技术，钻井工程技术，勘探开发装备及软件技术，天然气管道工程技术等四大工程技术达到国际先进水平。

围绕行业发展和市场需求，积极推进自主创新，进一步加大科技研发投入，开

发了一批具有国际及国内领先水平的新技术、新产品，为结构调整和产业升级提供了有力的技术支撑，也为企业发展创造了新的增长点。大庆油田围绕“持续有效发展，创建百年油田”的战略，积极开展科技管理创新实践。对重大技术发展，坚持“三个超前”，即超前15年研究，超前10年试验，超前5年配套，展开了科研攻坚战，创造了中国石油工业的“三个第一”：原油产量第一，上缴利税第一，原油采收率第一。1976年以来实现年产原油5000万吨以上连续高产稳产27年，“十五”期间年均油气当量仍然保持在5000万吨以上。2005年以聚合物驱为主的三次采油产油量1212万吨，居世界第一。

中国石化形成了一批具有自身特色的、适应不同地区、不同类型油气藏勘探开发的理论和技术系列，为老油田稳产和提高采收率、新区油气勘探和产能建设提供了强力支撑。陆相盆地隐蔽油气藏勘探理论与技术，海相油气勘探理论与技术，裂缝性油气田开发理论与技术，高含水期老油田提高采收率理论与技术等已达到国际领先水平。油藏综合地球物理，复杂地表复杂地质结构条件下地震技术，复杂结构井、深井、超深井钻井技术，油气层保护技术等已达到国际先进水平。在东部，完善、发展了能够有效指导东部勘探的理论体系；在西部，通过对塔里木、准噶尔叠合盆地的演化历史及与周边造山带关系等方面的研究，一个具有塔河特色的认识体系和技术体系正在形成，支撑了塔河油田储量的快速增长，实现了准中及西缘油气勘探的突破。在南方，针对南方勘探目的层时代老、演化程度高和后期改造强烈的问题，展开相应的研究工作，推动了南方海相的勘探和川东北天然气勘探的重大发现。同时，也为寻找后续接替阵地进行了积极的理论和技术准备。油田开发技术取得一系列新的突破：高温高盐油藏化学驱提高采收率技术，复杂断块油田提高采收率技术，塔河油田碳酸盐岩开发技术，低渗气藏开发技术，以及油田开发重大先导实验等，为油田增储上产提供了保障。在工程技术方面，高精度地震勘探、复杂结构井、老区提高采收率等三项主导技术的规模应用，推动了油气勘探开发水平的进一步提高。复杂地表地震采集、欠平衡钻井、碳酸盐岩大型酸压、致密油气藏水力压裂、超稠油油藏开采等五项关键技术的突破，为新区勘探和产能建设提供了强有力的技术支撑。成像测井、综合录井、试油测试等三项关键技术的提升，提高了油气识别水平和测试能力。

中国海油明确地把“科技领先”确立为四大发展战略之一。不但建立起海洋石油的科学创新体系，而且掌握了海洋石油勘探开发生产以及管理的关键技术和配套技术。通过对外合作，引进、消化、吸收了大量世界最先进的海洋石油技术，逐渐形成了具有自己特色的“勘探开发生产海上油气的四大能力和十大配套技术”。“九五”到“十五”的10年时间，是引进、集成、应用、创新相结合发展阶段，形成以优快钻井为代表的一批集成创新技术，同时借助国家“863”计划的支持，在许多重要技术领域取得突破。到2005年，中国海洋石油总公司在海洋石油勘探开发生产实践中，已形成并应用13个方面57项高新技术。

在科技进步和发展中，中国海油培养了一支高素质、适应海洋石油发展的科技队伍，成为“高科技、高速度、高效益”的三高企业，成为国有企业中高新技术产业化的突出典型。科技的进步，有力地推动了中国海洋石油工业的发展，石油产量年年增加，效益连连攀升。“九五”计划以后，科技进步贡献率达50%以上，充分显示了科技作为第一生产力的作用。

自主创新支撑着海外业务的快速发展。三大公司立足发挥整体技术优势，加强综合集成，将成熟、先进、适用的技术在海外业务中推广应用，并针对海外重大关键技术组织攻关，将多年积累的油气勘探开发理论、技术和经验运用到各海外项目中去，取得了明显的效果。

第三节 竞争能力显著增强，国际地位进一步提升

“十五”期间，中国石油工业的跨国经营实现了跨越式发展，海外油气业务呈现出很强的成长性，发展速度不断加快，业务领域和规模不断扩大，盈利能力和抗风险能力明显增强，发展模式实现了由单一的合作开采向跨国并购、风险勘探和上下游一体化的跨越。

中国石油在苏丹3/7区发现了千万吨级大油田，以及成功收购原油生产能力达千万吨的哈萨克斯坦PK公司，标志着海外油气业务逐步走向规模化成熟发展阶段。“十五”期间，中国石油在海外勘探累计新增石油探明储量14.8亿吨，年均新增近3亿吨；建成油气生产能力5000万吨以上，原油作业产量年均递增439万吨，2005年原油作业产量和权益产量分别达到3580万吨和2000万吨，年均增长21.3%和23.8%；天然气作业产量和权益产量分别达到40亿立方米和27亿立方米，年均增长44.2%和47%；海外十大重点项目相继建成投产，为长远发展奠定了基础。初步建成了五个海外油气生产合作区：以哈萨克斯坦为主的中亚—俄罗斯地区，以苏丹为主的非洲地区，以阿曼、叙利亚为主的中东地区，以委内瑞拉、厄瓜多尔为主的美洲地区，以印度尼西亚为主的亚太地区。海外油气项目已扩大到60多个，遍及20多个国家。

以油气上游业务带动和促进国际贸易、工程技术服务等业务共同发展。中国石油所属工程技术服务队伍，发挥中国石油企业的整体优势，组成“联合舰队”“搭船出海”，在国际市场上站稳了脚跟，赢得了信誉，锻炼了队伍，增长了才干，实现

中国石油海外非洲项目在拓展业务的同时，受到所在国的好评，扩大了 CNPC 的国际影响力。

了合作共赢。东方地球物理公司大踏步进入国际物探市场，辗转亚洲，鏖战非洲，挺进欧洲，由陆上地震勘探为主，逐步扩展到浅海、过渡带和深海。先后在 20 多个国家和地区为 70 余家公司承担服务项目。公司正式运营第一年，主营业务在全球市场上的份额由上年度的 9%提高到 13%，陆地地震勘探市场占有份额达到 37.03%。

中国石化在加大国内勘探的同时，积极实施“走出去”战略，于 2001 年 1 月组建了专门从事海外投资经营的国际石油勘探开发有限公司。“十五”期间，通过油气勘探招投标、资产收购、公司收购等方式，先后在非洲、中东、中亚、美洲、南亚太、俄罗斯等战略区域中的 19 个国家获得 41 个项目。沙特 B 区块项目经过运作，初步落实了一批有利圈闭，展示了良好的勘探前景。也门 S2 区块项目获得了重要油气发现，为宣布商业发现奠定了基础。安哥拉海上 18 区块收购项目在西区又获得重要油气发现，增加了油气可采储量，预计可建成年产 1200 万～1500 万吨的规模。苏丹 3/7 区油气勘探不断取得重大发现，储量不断增加。在西非重点国家加蓬，先后获得四个油气勘探开发项目和在产油田项目。阿尔及利亚扎尔则油田开发项目，2005 年获得权益油 62 万吨。哈萨克斯坦的 FILC 公司收购项目，2005 年获得权益油 23 万吨。另外，还拿下了俄罗斯萨哈林 3 号风险勘探和加拿大油砂勘探开发等重要项目。2005 年，中国石化集团海外投资 93685 万美元，新增权益石油可采储量 1623.54 万吨，获得权益油产量 85 万吨，实现油气销售收入 56195 万人民币。并且基本形成了一套较为完善的海外投资经营决策机制和管理体制，拥有了一支年轻有为的职工队伍，以精湛的技术、优质的服务、过硬的作风，赢得了广泛的赞誉，全方位地拓展对外石油业务。

国际贸易逐步发展，中国石油五年共完成进出口原油、成品油和化工产品等2.2亿吨、贸易额516亿美元，2005年比2000年分别增长2.5倍和3.3倍。石油机械装备出口到59个国家和地区。2005年工程技术服务业务在国际市场收入达到179亿元，占工程技术服务总收入的比重达20%以上。国际贸易着眼全球的大市场、大营销格局开始形成；贸易领域从单一的原油出口，发展到原油、天然气、成品油、石化产品、技术装备引进、海路和陆路运输、仓储、批发零售等；业务涉及40多个国家和地区，交易品种达到64种。

中国石化进一步优化利用国外原油资源，在进口原油上采取多元化战略，在稳定中东、西非地区采购份额的基础上，相继开发了里海地区和南北美洲的石油资源。同时，中国石化积极参与国际技术交流与合作，与埃克森美孚、壳牌、BP和ABB鲁姆斯、霍尼韦尔等国外大公司建立了长期的技术合作关系，进一步扩大境内油气勘探开发对外合作。与雪佛龙等国外大公司在风险勘探、增产改造、提高采收率等方面开展合作，取得较好的成效；与壳牌、尤尼科等公司合作，加快了东海油气资源开发的步伐。

中国海洋石油总公司成功上市后，筹资能力大为增强，“走出去”的步伐明显加快。2001年以来，先后投资5.85亿美元，收购了西班牙瑞普索-YPF公司在印度尼西亚五个区块的权益，带来每年4000万桶的权益产量。以22.68亿美元完成尼日利亚OML130区块45%股权的收购，以3.48亿美元收购了澳大利亚西北大陆架（NWS天然气项目）的上游产品及储量权益，以1.5亿加元收购加拿大MEG能源公司16.69%权益。到2005年年底，中国海洋石油总公司的海外资产和勘探区块主要分布在澳大利亚、东南亚、西非、里海等地，在海外共有风险勘探区块40万平方千米，相当于中国海洋石油总公司在中国近海可勘探面积的1.3倍，海外权益探明可采储量达12.9亿桶油当量。

在国际化经营中，中国三大石油公司始终以互惠互利为宗旨，坚持发挥集“油公司”和“技术服务公司”为一体的综合优势，降低投资伙伴的经营风险和资源国的成本支出；坚持发挥技术和人才优势，为东道国提供技术和人才支持；坚持资源与市场互补，投资按时足额到位，确保合作双方获利；坚持注重培养资源国技术、管理和操作人才，实现雇员本土化；坚持和谐发展，重视环境保护，支持项目所在国社会经济发展，在合理开发利用油气田资源，把资源本身价值带给人类的同时，把文明、公正、和平、友谊带给合作各方。

三大石油公司坚持用科学发展观统领全局，突出发展主营业务，扶持未上市

“十五”期间中国石油天然气行业主要经济指标

	2000 年	2003 年	2005 年		“十五”期间		
			值	同比增长（%）	总量	总增长（%）	年均增长（%）
资产合计（亿元）	8454.81	7811.7	10341.5	20.7	42619.2	22.3	4.1
产品销售收入（亿元）	7648.69	8895.5	15834.9	37.5	50874.9	107.0	15.7
利润总额（亿元）	1150.70	1334.1	2749.4	39.5	7963.4	138.9	19.0
上缴税金（亿元）	713.1	746.1	1132.6	19.6	4171.1	58.8	9.7
从业人数（百万人）	1.4	0.9	0.9	-5.3	—	-38.0	-9.1
资产收益率（%）	13.61	17.1	26.6	15.6	—	95.3	14.3
经营收益率（%）	15.04	15.0	17.4	1.5	—	15.4	2.9
人均销售收入（万元）	53.71	95.2	179.2	45.1	—	233.7	27.3
人均利润（万元）	8.08	14.3	31.1	47.2	—	285.1	31.0

资料来源：中国石油和化学工业协会

企业增强自我发展能力，着力提升国际竞争力，经济效益创历史最好水平，实现了从高增长到高成长的历史跨越。“十五”期间，中国石油累计实现主营业务收入24406亿元、利润总额4751亿元、税费4573亿元，其中2005年比2000年分别增长94.7%、247.9%和102.6%。全员劳动生产率由2000年的14.5万元上升到2005年的32万元，增长一倍多。集团公司的核心价值得到很大提升，到2005年底，集团公司资产总额、所有者权益分别达到11665亿元和7374亿元，比2000年底分别增长77.7%和87.2%，H股总市值突破万亿港元，成为亚洲市值最大的上市公司。中国石油在世界500强中的综合排名上升至46位，在世界最大50家石油公司排名中始终保持前十位。2006年初，美国《商业周刊》公布首次评选出的“亚洲150家最佳企业”排行榜上，中国石油名列第二。

中国石化坚持以市场为基础，以效率为中心，加强安全生产，不断扩大资源、开拓市场、降本增效，尤其是努力克服各种困难，坚持炼油满负荷生产，精心组织成品油调运和购销，保障市场供应，生产经营和经济效益实现了新的增长。2005年新增探明石油储量2.21亿吨、探明天然气储量1910亿立方米，生产原油3927万吨、天然气63亿立方米，同比（下同）分别增长1.7%和7.2%；加工原油

1.49 亿吨，增长 5.2%；生产乙烯 550 万吨，增长 29.2%；国内销售成品油 1.05 亿吨，增长 10.5%。合并报表实现主营业务收入 8230.12 亿元，增长 29.75%；实现利税 1099.57 亿元，增长 16.74%，其中实现利润 557.36 亿元，增长 28.93%。中国石化在《财富》2006 年度全球 500 强企业中排名第 23 位，列 2005 年中国企业 500 强综合榜第一名。

重组改制后的中国海洋石油总公司发展步伐加快，2005 年实现销售收入 874 亿元人民币，利润总额 376 亿元，上缴税金 180 亿元。在美国《福布斯》杂志最新公布的“亚洲企业 50 强”排行榜上，名列第八。在中国大型国有企业经营绩效评价中，净资产收益率和资本增值保值率均居第一。

经济效益不断提高。2005 年，中国石油天然气行业资产合计 10341.5 亿元，同比增长 20.7%；现价工业总产值 16165 亿元，同比增长 37.5%；产品销售收入 15834.9 亿元，同比增长 37.5%；实现利润总额 2749.4 亿元，同比增长 39.5%，主要经济指标均创历史最好水平。

2005 年，中国石油天然气行业经营业绩显著，资产收益率为 26.6%，比上年提高 15.6 个百分点；经营收益率为 17.4%，比上年提高 1.5 个百分点；人均销售收入 179.2 万元，同比增长 45.1%；人均利润 31.1 万元，同比增长 47.2%。

综观中国石油工业 20 年的发展历程，始终贯穿着改革开放这条主线，体现“发展是硬道理”这一主题，努力实现持续有效较快协调发展；坚持贯穿“充分利用国内外两种资源，两个市场”的战略方针，实现了从“引进来”到“走出去”的跨越；充分发挥科技进步在石油工业发展中的重要作用，体现了“科学技术是第一生产力”的思想；坚持“奉献能源，创造和谐”的经营理念，为促进社会和谐做出了贡献；把石油工业的光荣传统与时代精神相结合，坚持继承和发扬大庆精神、“铁人”精神，形成推动石油工业持续发展的强大精神动力。

勘探与开发篇

石油勘探、油田开发、天然气勘探开发是石油工业的主营业务。1986—2005年，随着改革深化、科技进步和地质科研人员对地下油气分布规律认识的不断加深，油气勘探开发得到进一步加强，油气探明储量和产量都有大幅度的增长，对保证中国国民经济的持续发展和国家安全，做出了突出贡献。20年累计探明石油地质储量139.9亿吨，平均每年新增7亿吨，形成了东部、西部、海域和海外四大勘探战场，取得了丰硕的勘探成果。油田开发事业不断发展，新区、老区和海上都开

发建设了一批新油田，尤其是西部地区原油产量大幅度增长。2005年全国产油1.81亿吨,比1985年增长45.2%。天然气勘探开发取得重大突破,20年累计探明天然气地质储量4.73万亿立方米,2005年天然气产量达490亿立方米,跃居世界第16位,形成了塔里木、鄂尔多斯、四川、柴达木、莺—琼、东海六大气区,实现了多年期盼的“西气东输”、“海气登陆”、“川气东送”,天然气已成为保障国家经济发展的重要能源。

第四章 石油勘探

回顾中国石油勘探历史，从 1878 年在台湾苗栗钻成中国第一口工业油井，1907 年在陕北延长钻成中国陆上第一口工业油井，到现在已有百年以上的悠久历史。但是，全国解放以前的 70 多年间，石油工业十分落后，只找到了几个小油田，累计探明石油地质储量不到 0.3 亿吨，1949 年原油产量只有 7 万吨(不含人造油)。新中国成立以后到 1959 年的十年间，石油勘探集中在西部地区，主要在酒泉、准噶尔、塔里木、柴达木和鄂尔多斯等盆地的边部露头区和浅层构造区进行勘探，1955 年在准噶尔盆地西北部发现了克拉玛依大油田，是中国石油勘探第一次大突破。准噶尔盆地克拉玛依地区和酒泉盆地玉门地区成为增储上产的主要地区，但石油储量和产量增长缓慢，十年间全国累计探明石油地质储量 2.8 亿吨，平均每年新增 0.3 亿吨，1959 年原油产量 373 万吨。储量和产量全部来自西部。1959 年 9 月松辽盆地在松基 3 井喷油以后，石油勘探战略东移。1960—1963 年从西部各地抽调主要勘探队伍参加大庆石油大会战，一举拿下了世界级特大油田——大庆油田。同时在全盆地进行了区域勘探与预探，也发现了一批新油田，使全国石油储量出现了特别明显的增长高峰。勘探实践证实陆相地层不但有油，而且有大油田，发展了陆相坳陷型盆地生油、成藏理论。从 1964 年开始，在松辽会战的主要勘探队伍转战渤海湾盆地，陆续发现了胜利、大港、辽河、冀中和中原五大油区，并把石油勘探推向东部其他盆地，发现了苏北、南阳和江汉等新油区，使全国石油储量增长呈现多峰特点，发展了陆相断陷型盆地成油、成藏理论。1960—1985 年的 26 年间，累计探明石油地质储量 113 亿吨，平均每年新增 4.4 亿吨。全国石油产量 1978 年上亿吨,1985 年达到 1.25 亿吨。东部的储量和产量分别约占全国的 90%和 93.7%。

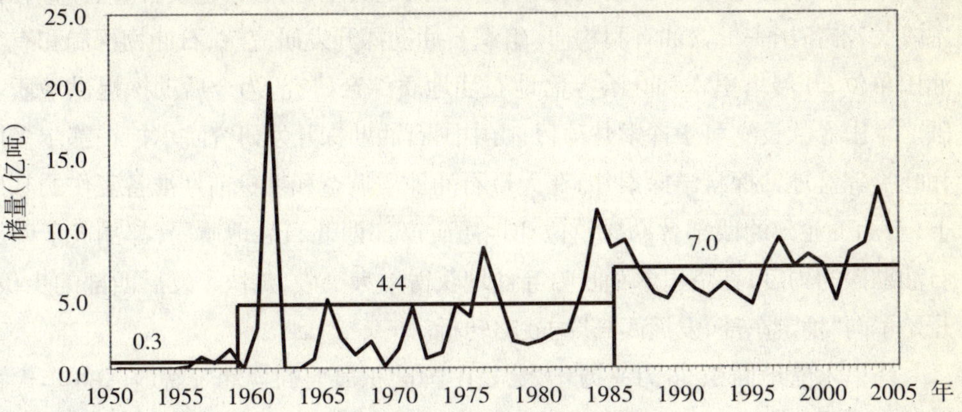

全国年增石油探明地质储量曲线图
(1985 年未含老油田复算增加储量)

1986—2005 年的 20 年,中国石油工业进入了“稳定东部、发展西部”的新时期,在勘探难度加大的情况下,石油储量和产量在高水平基础上持续稳定增长。20 年累计探明石油地质储量 139.9 亿吨,平均每年新增 7.0 亿吨,比前 26 年年均新增加 2.64 亿吨。其中,东部、西部和海域所占比例分别为 54%、29%和 17%。2005 年原油产量达到 1.81 亿吨,比 1985 年增加 5500 万吨。这 20 年,全国石油勘探大致经历了勘探转折、勘探稳定发展和勘探加快发展三个阶段,形成了东部、西部、海域和海外四大勘探战场,取得了丰富的勘探成果,发展了石油地质理论和提高了勘探评价技术。

第一节　勘探历程与成果

一、勘探转折阶段(1986—1990)

进入“七五”时期,石油勘探形势变得严峻,经过 20 多年强化勘探的东部老区面临低(稀油低渗、稠油低产)、深(油藏埋藏加深)、难(勘探难度加大)的问题;由于缺乏勘探队伍、资金和技术,西部勘探工作薄弱、程度很低。在这种情况下,石油工业部重新规划石油勘探战略布局。1986 年在北京召开厂、矿长会议上进一步提出了中国石油勘探分为“东部、西部、南方、海域和天然气”五个勘探领域,随后又在 1987 年河北涿州召开的全国油气勘探会议上进一步明确了中国石油勘探的战略思路。1988 年 6 月撤销了石油部,成立了中国石油天然气总公司,加大了西部新区勘探准备。同时,拿出外汇引进国外新技术和装备,组建中国自己的沙漠地震队、山地地震队和黄土塬地震队等，在塔里木和准噶尔盆地的沙漠区，塔里木、吐哈和柴达木等盆地的山地区，以及鄂尔多斯盆地黄土塬，进行地震普查、详查和技术攻关，准备出一批含油有利构造。组织石油勘探开发研究院、石油物探局和有关油田单位，开展塔里木和吐哈等盆地石油地质综合研究，为今后勘探提供地质基础。拿出专款设立科学探索井项目，由中国石油勘探开发研究院承担在鄂尔多斯和吐哈等盆地钻探科学探索井。在大量石油地质调查和勘探前期准备工作的基础上，石油工业部的西部各勘探单位和地质矿产部西北石油地质局，都加大了西部石油勘探的力度，在塔里木和吐哈等盆地获得重大突破，加快了发展西部的步伐，开始了向“稳定东部、发展西部”的战略转折。

塔里木盆地面积56万平方千米，是中国面积最大的含油气盆地。80年代初期曾在盆地西部进行“马蹄形”石油勘探会战，1983年雇用3个美国地震队进入“死亡之海”——塔克拉玛干大沙漠进行路线地震概查，两年时间完成19条地震大剖面共5782.2千米，初步摸清了盆地区域构造格局。进入“七五”阶段，组建了中国自己的数字地震队，在盆地北部塔里木河两岸和腹部大沙漠区进行地震普查、详查，发现了轮南和塔中1号等一批构造。1984年地矿部西北石油局在塔北钻探的沙参2井在寒武系中获得高产油气流，发现了雅克拉凝析油气田。1985年由新疆石油管理局研究院、石油勘探开发研究院和石油物探局共同组成了塔里木综合研究联队，开展塔里木盆地的油气资源评价研究。1987年、1988年新疆石油管理局南疆石油勘探指挥部，在塔北钻探的轮南1井、轮南2井在三叠系获得工业油气流和高产油气流。1989年10月位于塔克拉玛干沙漠腹地的塔中1井奥陶系喷出高产油气流，日产原油576立方米，天然气34.07万立方米。从而揭开了塔里木石油勘探会战的序幕。

吐鲁番哈密盆地简称吐哈盆地，面积5万多平方千米，50年代曾发现两个浅层小油田，以后中止石油勘探近30年。进入“七五”重上吐哈盆地，首先加强了地震勘探，查明潜伏构造。由玉门石油管理局、石油物探局、石油勘探开发研究院共同承担盆地综合地质研究，摸清了地质特征。在勘探前期准备工作的基础上，在鄯善构造部署了科学探索井——台参1井，1989年1月在侏罗系试油获得工业油流，日产原油35.4立方米；1990年7月丘陵背斜陵3井也获工业油流。这既是吐哈盆地的新突破，为下步石油勘探会战准备了条件，也改变了“西北侏罗系不够朋友”的状况，取得了煤系地层生油的新认识，西北侏罗系成为重要的勘探新领域。

准噶尔盆地面积13万平方千米，与塔里木、吐哈盆地一起号称新疆三大盆地。在继续加深盆地西北缘勘探的同时，“六五”后期加强了盆地东部勘探，在取得一些油气发现后，“七五”时期进行了配套新技术综合勘探会战，1987年拿下了火烧山油田，成为当年重大勘探成果之一。先后发现了火南、北三台、三台、甘河等油气田，建成了年产原油百万吨的生产能力。盆地腹部在 80 年代初期雇用 3 个法国地震队在沙漠区进行地震大剖面，证实腹部是有利的油气聚集区。进入“七五”组建了沙漠地震队继续进行地震普查、详查，准备出一批有利构造。

鄂尔多斯盆地三叠系油层，储层物性较好的受构造控制，油藏规模小；储层物性差的，油层大面积分布，但为低渗、低压、低产的“三低”油层。发现安塞油田后，在“七五”前后大力开展了开发实验和攻关，创出了特低渗透油藏开发的安塞模式，改变了三叠系特低渗透油层“井井有油，井井不流”的状况，而成为重要的增储上产领域。与此同时，大力加强三叠系沉积相研究，理顺了河流—三角洲沉积体系，明确了三角洲前缘朵状砂岩体是有利含油区带，为大规模勘探提供了地质理论基础。

“七五”期间，松辽盆地在加强大庆油田储层研究、增加石油储量的同时，甩开外围勘探，开始探索寻找非构造隐蔽油藏，取得较好效果。渤海湾盆地大打科技仗，保持了石油储量的稳定增长。胜利油区开展复杂断块精细勘探，1983 年以来一直保持年增石油地质储量 1 亿吨以上；中原油区继续发扬石油科技会战传统，也是增储的重要地区；1988 年冀东石油勘探开发公司由石油勘探开发研究院实行总承包，成为石油部第一个大型的科研与生产的联合体。另外，东部积极扩展新区新领域勘探，内蒙古的海拉尔、二连和吉林伊通等盆地进行的勘探都有油气新发现，二连油田已有了建设百万吨产能的储量基础。特别是 1988 年底渤海海域以 5 米水深线划界后，中国石油天然气总公司开展对滩海—极浅海（<5 米水深线简称滩海）进行地震和钻探技术准备以及前期勘探工作，获得重大突破，发现了埕岛大油田。

中国海域包括渤海、黄海、东海和南海。1982 年国务院正式公布了《中华人民共和国对外合作开发海洋石油资源条例》，并批准成立中国海洋石油总公司，1988 年撤销石油工业部后独立经营，一直坚持对外合作和自主经营的“两条腿走路”的战略方针。到 1985 年，中国海洋石油总公司共与 9 个国家 28 家公司签订 19 个石油合同，1989 年初对珠江口东沙—神狐地区进行了第三轮招标，又签订 2 个合同。1985 年外国公司在南海珠江口盆地发现了西江 24-3、惠州 21-1、惠州 26-1 等油田，有的初探井日产原油 4226 吨。1987 年以来，又发现了陆丰 13-1、陆丰 22-1 和流花 11-1 等油田。流花 11-1 油田探明石油地质储量 2.18 亿吨，是中国第一个生物礁大油田。珠江口盆地石油勘探的重大发现为今后大幅度增储上产创造了条件。在自营勘探中也取得了很好的成果，1988 年在北部湾由涠洲 10-3 油田向外滚动勘探发现了涠洲 10-3 北油田，油藏规模比较小。1984 年在辽东湾发现了锦州 20-2 凝析油气田，1986 年又发现了储量上亿吨的绥中 36-1 油田。

二、勘探稳定发展阶段（1991—1998）

经过“七五”西部新区勘探的准备并取得重大突破，“八五”以来不失时机地加快了西部石油勘探，积极地贯彻执行“稳定东部、发展西部”的全国石油发展战略方针。中国石油天然气总公司直接领导和组织了塔里木和吐哈“两新、两高”石油勘探开发会战，建成了两个新油区。1993 成立了新区勘探事业部，每年拿出几亿到二十几亿人民币进行新区勘探和勘探前期工作，开展了准噶尔盆地腹部和鄂尔多斯盆地陕北评价项目，大幅度增加了储量。三塘湖盆地、塔里木盆地的塔西南缘、柴达木盆地的北缘、巴彦浩特盆地、银根—额济纳旗盆地等预探项目，西北侏罗系、西藏羌塘等勘探前期评价项目，为加快西部勘探奠定了地质基础。还实施内部风险勘探招标，拿出专项资金予以支持，并吸引东部的勘探力量、人才、技术和资金投入到西部的三塘湖、焉耆、伊宁、尤尔都斯等盆地以及塔里木、准噶尔和柴达木等盆地部分区块的风险勘探，已在焉耆和三塘湖盆地获得突破，发现了油田。1997 年中国石油天然气总公司召开了历时 56 天的勘探工程技术座谈会，研讨攻克“低、深、难”勘探技术难题，要求大打科技进步仗，把勘探工作搞上去，实现储量整体增长。1991—1998 年的 8 年间，累计探明石油地质储量 49 亿吨，其中东部地区累计探明 28.1 亿吨，西部 15.2 亿吨，海域 5.6 亿吨。这期间平均每年新增 6.1 亿吨，1997 年全国还出现了新增探明石油地质储量 9.09 亿吨的高峰。

通过加快东部老油田综合调整与深化老区勘探稳定东部。1991 年中国石油天然气总公司局、厂领导干部会议明确指出：东部地区要加大工作力度，进一步加强老油田综合调整，加快外围新盆地、新地区的勘探开发，努力进行二次创业，开辟第二战场，保持原油产量的基本稳定。东部老油区瞄准复杂断块和潜山、岩性油藏、稠油三大领域，加大技术攻关，勘探不断深化，仍然是增储上产的重要领域。渤海湾盆地针对复杂断块和潜山，加大三维地震勘探力度，每年施工 3000～5000 平方千米，通过精细处理解释、精细油藏描述，搞准断块和潜山，通过打“聪明井”和滚动勘探，提高了勘探成功率。松辽盆地针对大面积岩性油藏，加深岩相研究，寻找含油富集区，发现了古龙凹陷的龙虎泡和三肇凹陷的头台、肇州、永乐等 4 个亿吨级油田，探明石油地质储量近 5 亿吨。同时逐步向新区、新带展开，以东北中生代裂谷盆地群和渤海滩海地区为重点，开展多层次的综合勘探，使油气勘探又有了新的进展，在胜利滩海拿下了埕岛大油田，探明石油地质储量 3.8 亿吨，随后又发现了胜海、草桥等油田；大港滩海发现了张巨河、赵东等油田；辽河滩海发现了月海、太阳岛、葵花岛等油田；渤海滩海 8 年新增探明石油地质储量约 20 亿吨，成为东部增储上产的重要地区。

通过加大投入,加快勘探与开发来发展西部。“八五”以后,西部地区石油勘探打开了新的局面。1989年经国务院批准,中国石油天然气总公司成立塔里木石油勘探开发指挥部(简称塔里木指挥部),指挥部由总公司直接领导,组织了塔里木石油勘探开发会战。拿下了轮南三叠系中型油田,又发现一批同类型油田,拿下了东河塘石炭系海相砂岩油田,埋藏深、产量高,是国内首次发现海相砂岩高产油田;1994年又在沙漠腹部发现了塔中4石炭系油田,建成了高产稳产的样板油田。到1998年以三叠侏罗系和石炭系为主,其次为奥陶寒武系,塔里木指挥部和地质矿产部的新星石油公司西北局累计探明石油地质储量4.4亿吨,1998年塔里木盆地原油产量达420万吨,成为中国重要原油生产基地。1990年决定成立吐哈石油勘探开发指挥部,组织吐哈石油勘探开发会战。拿下了鄯善、丘陵和温吉桑等6个侏罗系油气田,证实吐哈盆地中央弧形构造带是连片含油的大型油田群。另外还发现了托克逊和吐玉克等三叠系油田。吐哈盆地到1998年累计探明石油地质储量2.0亿吨,1998年原油产量350万吨,建成了一个新油区。鄂尔多斯盆地大力加强三叠系石油勘探,安塞油田进一步扩大,新发现了靖安油田,都是亿吨级大油田;勘探证实陕北三叠系三角洲前缘是含油十分丰富的区带,1995—1998年连续4年年增探明石油地质储量1亿吨。1998年长庆油田和延长油田共生产原油330万吨,是全国增储上产的重要地区。准噶尔盆地腹部1991年彩参2井的侏罗系获得日产油72吨,发现了彩南中型油田,1992年以后又发现了石西石炭二叠系火山岩和侏罗系油田,1997年发现了石南油田,1998年又发现了莫北油田。在准噶尔盆地腹部呈现为一个油田群。

扩大对外合作,发展海洋领域的石油勘探。进入90年代,除了陆上开放西部部分区块进行对外招标,吸引国外石油公司到西部进行风险勘探外,中国海洋石油总公司在海域实行自营勘探开发和对外合作并举,在外国公司终止合同的退还区块内,运用先进技术,进一步加强地球物理勘探,反复深入开展精细综合地质研究,无论地震测量还是探井方面,总的工作量都超过了对外合作,使自营勘探开发出现新高潮,不断取得新成果。1995年,发现海上第三个亿吨级储量的秦皇岛32-6油田和南堡35-2等含油构造。1996、1997年在珠江口地区发现文昌13-1等油气田。截至1998年底,中国海域通过对外合作和自营勘探,各海域都获得了油气发现,并找到了大型油气田和一批中小型油气田,累计探明石油地质储量5.6亿吨。

三、勘探加快发展阶段(1999—2005)

1998年开始,中国的石油、石化行业按照上下游结合的原则进行重组,正式组建中国石油天然气集团公司和中国石油化工集团公司。2000 年新星石油公司整体并入中国石油化工集团公司。中国石油天然气集团公司、中国石油化工集团公司和中国海洋石油总公司属下分别组成中国石油天然气股份公司、中国石化股份公司和中国海洋石油有限公司。

这期间在东部地区不断深化油气地质及成藏规律的研究，不断完善精细勘探和滚动勘探的理论和方法、技术，继续保持了年均新增探明石油地质储量 2 亿吨以上的水平，勘探成效十分突出。西部塔里木盆地塔河大油田的发现，鄂尔多斯盆地西峰大油田的突破，渤海海域蓬莱 19-3 等大油田的探明，西部和海域新增储量比重加大。1999—2005 年累计探明石油地质储量 58.37 亿吨，平均年增探明石油地质储量 8.34 亿吨，国内 2004 年甚至出现了年增探明石油地质储量 12.6 亿吨的新高峰。新增探明石油地质储量的分布格局也发生了重大变化，东部为 23.09 亿吨，西部为 22.25 亿吨，海域为 12.76 亿吨；海外中标苏丹 1/2/4 区块勘探开发项目，1997 年签订合同开始运作以来，发现了一批大中型油田，海外石油勘探增加石油地质储量 4.63 亿吨。2005 年全国原油产量 1.81 亿吨，其中，东部为 1.09 亿吨，西部为 0.43 亿吨，海域为 0.27 亿吨。标志着东部、西部、海域和海外四大勘探战场，充分利用国内外两个市场、两种资源的战略布局已经形成。

东部老油区岩性地层油藏勘探取得一批新突破、新进展。松辽盆地近几年一直以三角洲前缘砂体岩性地层油藏为主要勘探目标，以大比例尺沉积微相工业制图和高分辨率三维地震为基础，进行岩性圈闭识别和油藏描述。先后在大庆卫星、英台东、敖南，吉林英台—四方坨子、大情字井等地区，发现了一批 5000 万吨至 1 亿吨级油田。渤海湾盆地和二连盆地以高分辨率三维地震和层序地层学为核心技术，进入了岩性地层油藏和复杂断块、潜山勘探并重的发展新阶段。冀东油田通过陆上老油田重新评价和滩海三维地震连片采集，沙河街组岩性地层油藏和滩海勘探取得新突破，储量不断增加，2004 年原油产量上了百万吨。2004 年下半年，冀东南堡滩海老堡 1 井喜获工业油流，一个大油田的勘探开发全面展开。二连盆地巴音都兰凹陷、乌里雅斯太凹陷和冀中饶阳凹陷留西地区，先后发现了 3 个 5000 万吨级岩性地层油藏富集区块。

西部通过不断加强勘探和技术攻关，在三大领域取得重要进展和突破。一是大面积岩性地层油藏：鄂尔多斯盆地三叠系岩性地层油藏勘探成果显著，安塞和靖安油田储量进一步扩大，累计探明石油地质储量已达到 3 亿吨以上。通过精细砂体预测技术和油藏描述技术应用研究，在北部还有 3 个油田达到 5000 万吨级的探明地质储量，而且在陇东发现了西峰油田，探明石油地质储量 1.7 亿吨，已建成百万吨生产能力，打开了三叠系找油的新领域。1999—2005 年又连续年增石油地质储量 0.7 亿～1.3 亿吨。准噶尔盆地陆梁地区陆 9 井出油，打开了侏罗系新层系，建成百万吨油田。在石南地区、盆 5 井区和彩 43 井区等岩性地层油藏勘探获得重大进展，发现了 5000 万吨至 1 亿吨级的岩性地层油藏。塔里木盆地哈得 4 油田，是个海相砂岩岩性地层油藏，探明石油地质储量接近 1 亿吨。二是前陆盆地：中国中、西部有 15 个前陆盆地或冲断带，预计拥有石油可采资源量 67 亿吨，前陆冲断带具有发现大油田的前景。酒泉盆地的祁连山冲断带也发现了青西油田，已探明石油地质储量 0.57 亿吨，使玉门老油田原油产量重上 70 万吨，重新焕发了青春。三是叠合盆地中下部组合——下古生界：中油股份公司塔里木油田分公司在 90 年代末在塔里木盆地塔北隆起上发现了轮古油田，产层为奥陶系古岩溶碳酸盐岩大油田；1997 年新星公司西北石油局在该地区奥陶系勘探取得重大突破，发现了塔河大型油田。该地区共探明石油地质储量近 6 亿吨，是塔里木盆地最大的油田，也是全国首次发现以古生界为油源的古岩溶碳酸盐岩大油田。使塔里木盆地原油产量大幅度增加，2005 年整个塔里木盆地原油产量达到 904 万吨，比 1998 年增加 491 万吨。

渤海海域增储上产较快，1999 年发现了蓬莱 19-3 大油田，产层为上第三系，储量规模预计在 5 亿吨左右；秦皇岛 32-6 油田，产层为上第三系，储量 1.7 亿吨；还有曹妃甸 11-1、渤中 25-1S 等亿吨级油田。六年间全国海域新增石油地质储量 12.72 亿吨，2005 年原油产量达到 2743 万吨，其中渤海海域储量和产量分别约占 85%和 46%。

第二节　勘探理论与技术

1986—2005 年，在中国油气勘探上，对油气分布规律认识的飞跃和技术上的进步，主要表现在以下五个方面：(1)山前石油地质条件认识的飞跃，山地地震勘探技术日趋成熟，发现了山前地质条件复杂的窟窿山、伊拉克、霍尔果斯等油田。(2)大型盆地腹部区油气分布规律认识的深化，深层低幅度圈闭的精细地震勘探技术，深井近平衡技术的使用，发现塔中 4、哈德 4 等油田；结合古岩溶碳酸盐岩储层的深入研究，储层改造技术的进步，发现和探明轮古—塔河油田。(3)对渤海湾盆地滩海和海域部分下第三系上部(沙一段和东营组)生油和上第三系成藏条件的研究，加上滩海和海上地震技术的进步，发现和探明埕岛、秦皇岛 32-6 和蓬莱 19-3 等大油田。(4)复杂小断块油气田分布规律的进一步认识，以三维地震为代表的精细地震技术、数字测井和定向井等技术的广泛使用，以及滚动勘探开发日臻完善，确保了渤海湾盆地和苏北盆地储量持续增长，效率不断提高。(5)对低渗透、低丰度油层的分布规律和完井改造技术的掌握，使松辽盆地白垩系中下部含油组合和鄂尔多斯盆地三叠系油层在近10年里全国石油储量增长中扮演了重要的角色。地质理论的发展和科技攻关的进步为以后石油工业的发展奠定了基础。

一、地质理论的发展和新认识

（一）陆相生油理论的发展

未熟油理论的发展丰富了陆相生油理论。80年代初开始研究生油母质早期降解生烃说，在国内油田中发现有未成熟和低成熟石油的存在，在中、新生代陆相油源凹陷的浅盆部位和一些较新地层的油田内均发现存在一些低熟原油，其生油母质的镜质组反射率值为0.3%～0.6%（大于0.6有机质才开始成熟生油）。中国某些陆相湖盆由于物源近距离搬运和快速堆积造成有机质的局部富集，某些生烃活化能低的特定有机母质，可以低温早熟生成油气。这一理论拓展了国内陆相生油的研究领域，也为勘探家提供了新的思路和机遇，指导了柴达木盆地西部、江汉盆地、渤海湾盆地黄骅坳陷南部等地区的石油勘探。

煤成油理论的发展开拓了陆相地层勘探的新局面。80年代中后期，开展了煤成油母质的某些地球化学特征研究。在新疆吐哈盆地的勘探工作中发现由中、下侏罗系煤系地层形成的以煤层为生油母质的煤成油藏——鄯善油田、丘陵油田。在准噶尔盆地发现同类型的彩南油田。中国油气地球化学家、煤岩学家开展了大量煤成油地化特征、煤成烃热演化机理、煤成油的运移聚集和煤成油分布规律等方面的关于煤形成油的科技攻关和研究，取得了可喜的成果。以国内北方和西北地区的侏罗系煤系地层为对象，已经开展了相当规模的煤成油勘探工作。

（二）复式油气聚集（区）带理论的发展

复式油气聚集（区）带理论的深化研究带动了富油凹陷的整体连片勘探。80年代中期（1985年）在辽河油田举行的东部地区勘探工作会议上，中国地球科学工作者又进一步发展了“复式油气聚集（区）带的理论”。他们认为在同一油源区内虽有多期发育的断裂系统切割了油气成矿（区）带的完整性，并形成了复杂的油、气、水系统，但由于不同储油层系和不同圈闭类型的油气藏可以形成叠合连片的复式油气聚集（区）带的赋存形态，从而建立起在一个箕状凹陷油源区内有特定位置的中央背斜型、低潜山型、高凸起型、同生断层滚动背斜型，斜坡型和凹槽砂体型等六大类复式油气聚集（区）带。由此灵活运用滚动勘探开发的做法，使渤海湾盆地建成中国又一个重要的石油产区。

复合含油气系统概念使勘探目标选择的针对性增强，勘探部署的科学性大大提高。中国多期盆地上下叠合的含油气盆地中，发育的含油气系统大多比较复杂，这种复杂性有三个方面的表现：(1)多套生油层系导致多期生油，石油在层系中的分布特征变化很大。(2)由于多凹陷、多层系生油，使复合含油气系统的成藏与改造具有多期性，石油成藏的关键时刻有多个。(3)复合含油气系统所经受的多次构造运动从性质、规模与作用上都有很大变化，对油气的运聚过程产生了许多超出常规石油地质理论所能包容的现象。鉴于叠合盆地中含油气系统的复杂性，国内学者提出了复合含油气系统的概念，并发展了含油气系统的研究思路和方法，突出表述了中国含油气系统的特殊性，更有效地对含油气系统的分布与特征进行了划分与评价。在主要油气田区复合含油气系统研究的实践也已取得了很好的效果。例如，对准噶尔盆地含油气系统进行了卓有成效的研究后，认为三个泉背斜带仍处于有利的含油气系统范围内，具有较好的成藏条件，对三个泉地区甩开预探，在三个泉1号背斜东高点钻探了陆9井，该井于侏罗系、白垩系获工业油气流，从而发现了陆梁油田。

(三)岩性油藏成藏理论的发展

转变传统观念，岩性地层油藏勘探不断加强。据统计，2000年以来新发现储量中，每年岩性地层油藏探明储量所占比例已经达到了55%以上。2004年新增探明石油储量中，岩性地层油藏和与之有关的复合油藏储量已占石油总探明地质储量的72.5%，而且仍呈上升趋势。国内七大沉积盆地剩余石油资源总量179.2亿吨，其中岩性地层油藏资源量91.3亿吨，占51%，说明岩性地层油藏是当前石油勘探最现实、最有潜力的领域。岩性油藏勘探理论逐渐成熟，勘探活动已经从以往盲目的偶然性转向有意识、有思路、有方法、有成效的系统行动。岩性油藏勘探配套技术不断完善，主要包括：高分辨率三维地震技术，高分辨率层序地层学分析技术，地震相、测井相、沉积相“三相”联合解释技术，地震储层预测技术，油气水流体性质预测技术，岩性圈闭综合评价技术。岩性油藏勘探与以往构造油藏勘探存在明显不同：一是找油思路的转变，勘探对象已经从过去的背斜油藏转变到更加隐蔽的岩性油藏；二是研究内容由精细构造解释、划断层、找高点，向精细沉积储层解释、落实砂体空间展布、寻找有利砂体转变；三是研究方法由过去“砂对砂、泥对泥”的简单地层岩性对比，向等时格架基础上的层序地层学分析转变；四是研究手段向地质、物探、测井等多学科、多专业更紧密结合的转变。

(四)碳酸盐岩成藏理论的发展

深层高压和水参与的条件下，生烃窗下限大大加深的认识拓宽了叠合盆地勘探领域。生烃环境的压力、水存在与封闭或开放的体系对有机质热降解生油进程与烃类热裂解生油速度都有很大影响，突出的是在深层相对高温高压的条件下，所发现烃类的热成熟度和相态与蒂索模式预测的趋势相抵触，陆上近几年钻探的一些深井发现的情况也跟上述类似。例如，大港油田千米桥潜山在4500米左右发现的烃类成熟度并不高，这与该深度所处的高温条件并不吻合。在大港油田的歧口凹陷，按蒂索理论预测，在石油烃类几乎无法存在的深度，仍有液态烃的存在。上述情况在西部地区的塔里木、准噶尔等盆地也都存在。这一认识上的改变可以使勘探家大胆地在许多过去被认为是石油烃类死亡禁区的含油气盆地深层开展新的勘探工作，发现石油储量，这是近几年石油地质理论认识最重要的进展之一。这一石油地质理论进展使勘探家们对深层油气的相态与赋存条件都有了较以往不同的理解，相信会对尽早打开中国陆上深层油气勘探领域有所帮助。按照这一理论上的认识，中国陆上大型叠合盆地的深层、西部山前带深部将是有利的勘探领域，特别是继承性发育的大型盆地的海相碳酸盐岩的勘探由于这一理论上突破可能会有所作为。

二、勘探评价技术的进步和应用

1986—2005年，中国油气勘探除了地质理论和油气分布规律上的认识外，同时也发展了勘探技术。随着石油勘探的深入，勘探目标面临着国内独特的更为复杂的地表和地下地质条件，传统物探技术已无法满足勘探需要，必须不断进行技术创新，才能适应以复杂地质体为目标的勘探需要。进入90年代，沙漠、山地、黄土塬等复杂地区的地震勘探技术得到进一步发展，使西部地区塔里木、准噶尔、吐哈、焉耆、青海、长庆等油气田的勘探不断有新的发现或重大突破，也为世界石油地球物理勘探技术的发展做出了贡献。90年代中后期，随着计算机技术的飞速发展，千道24位地震仪、并行数据处理、可视化解释等地震新技术和建场法、大地电磁测深法、连续电磁剖面法、高精度重磁等非地震勘探新技术得到广泛应用，使得细致研究地质构造、提供油气储集物性等信息成为可能。以高分辨率地震勘探为主线，钻井、测井等多学科结合的综合勘探技术正在逐步形成。以GRISYS软件为代表，具有中国特色并有自主版权的地震采集、处理、解释国产应用软件及软件集成平台已推向市场。

（一）岩性地层油气藏评价勘探技术

岩性地层油气藏勘探集中体现在两项关键技术：第一项技术就是陆相层序地层学的工业化应用，第二项是利用三维地震资料进行石油储集层和岩性圈闭的反演预测及其他配套技术。

层序地层学分析是岩性地层油气藏勘探的地质理论基础和基本方法。层序地层学划分为区域层序地层学和高分辨率层序地层学两个研究层次。区域层序地层学研究主要是:(1)区域层序分析强调识别两个界面,即不整合面和最大洪泛面,识别出这两个界面就抓住了与岩性地层油气藏分布关系最为密切的界面。不整合控制了地层超覆圈闭和不整合遮挡圈闭,最大洪泛面则与各种类型的孤立砂岩体岩性圈闭相伴生。(2)通过区域层序演化规律的研究,可以弄清纵向上的生储盖组合规律,明确勘探主攻目的层序,探索油气勘探新领域。高分辨率层序地层学在勘探中的作用更为直接明显,主要有以下几方面作用:(1)建立等时地层格架,弄清储层和油层连通性;(2)分析地层尖灭和断缺层段,查明不同类型油气藏分布;(3)提供井约束等时地层界面,提高储层预测精度;(4)减少层位追踪穿时现象,提高构造成图精度;(5)进一步理清储盖组合,明确勘探目的层;(6)分析岩性地层圈闭的形态、边界和成藏条件。

以储层预测为目的的地震资料综合反演技术的工业化推广,促进了大面积岩性油气藏勘探的发展。随着油气勘探程度的不断提高,常规勘探目标越来越少,油气勘探正在步入复杂岩性体的勘探阶段。针对“八五”以来大面积岩性油气藏勘探领域不断扩大的特点,为提高这些边际资源的勘探效益,“九五”期间根据不同地质背景,进一步完善和大力推广应用以地震资料反演为主体的工业化储层预测技术,取得了明显的效果。鄂尔多斯盆地在高精度地震资料采集的基础上,采用先进储层预测软件,进行工业化储层预测,准确描述三叠系砂体分布,在安塞—志靖三角洲发现规模储量,探明石油地质储量近 6 亿吨。松辽盆地通过高分辨率二维和三维地震资料采集、攻关,提高了地震资料的主频,准确识别和描述了低幅度圈闭和预测了薄层砂体的分布,从而找到新站、龙虎泡、葡西、齐家南和大情字井 5 个亿吨级储量区块,准备了新肇—敖南、他拉哈、巴彦查干、英台、常家围子等五块前景较好的勘探区块,使低渗透油藏的储量大幅度增长,年产量达到了 800 万吨。大庆油田运用低渗透薄层岩性油藏勘探配套技术,在长垣东部探明了近 10 亿吨石油地质储量,同时在长垣西部准备了新的拿储量地区。

以识别和评价储集层和油气层为目的的先进测井技术。改革开放 20 年来,国内测井技术的兴起与发展进入高新技术阶段,使用数字测井技术、数控测井技术和成像测井技术勘探地质难度越来越大的油气藏,提高了油气勘探效益。以成像测井和核磁测井为核心的油气层识别和评价技术,为提高探井和评价井的油层识别率,特别是对于一些特殊岩性、复杂储层的油气层评价和识别发挥了极其重要的作用。“九五”期间,针对重点探井和复杂探区大力推广应用先进测井技术取得显著效果。玉门青西油田储层为下沟组泥质白云岩和白云质泥岩,主要储集空间是裂缝、溶孔等次生孔隙,是典型的岩性—裂缝性油藏。多年来尽管多口井见油气显示,但由于勘探技术不过关,油层识别和裂缝的预测都无能为力,甚至对这种勘探对象的商业价值产生了怀疑。1999年以来，应用成像测井裂缝识别技术，成功地解决了油气层识别、裂缝和孔洞预测问题，结合三维地震、欠平衡钻井和深度酸化改造技术，摸索出了高效勘探开发裂缝性油藏的方法，试油成功率达到100%。柴达木盆地狮子沟构造通过成像测井资料描述裂缝分布规律，部署2口斜井分别获得高产，稳定日产量100～150吨/日。准噶尔盆地广泛应用MDT测试技术，不仅加快了勘探节奏，而且减少了试油层数，节约了勘探投资。

（二）以复杂地质体为勘探目标的地震—地质评价技术

以精确地下成像为目的的山地地震采集、处理、解释技术取得突破性进展，在复杂山前地带的油气勘探突破中起到了关键作用。西部山前地区多处在造山带边缘有利的含油气远景区，但地表地形变化大，表层构造复杂，地下断裂发育，地层倾角较陡，地震野外施工极为困难，勘探几上几下，一直未能取得实质性突破。"九五"期间，以库车坳陷为代表的复杂山地地震勘探攻关取得突破性进展，在地震资料采集过程中，采用直升飞机支持，解决了野外直测线施工问题。通过研制大吨位可控震源和车载砾石钻机彻底消灭了坑炮，大幅度改善了激发条件。通过选择合理的道距和最大炮检距，加强排列，增加覆盖次数等改善了接收条件。在资料处理过程中，采用山地静校正、叠前去噪、速度综合分析、叠前深度偏移等技术，有效地解决了复杂构造成像问题。在资料解释过程中，引进断层褶皱相关理论，较好地解决了地质建模问题，为地震资料的正确解释奠定了基础，成功地发现了窟窿山、伊拉克和霍尔果斯等大油气田。

前陆冲断带构造变形复杂，制约石油勘探的关键是构造圈闭的识别。解决问题的办法就是大力推广断层相关褶皱和塑性（盐）构造变形理论，应用在地震剖面解释与地质建模中，这是一个成熟的理论和方法，在国外油公司应用得很广，也很受重视。主要包括以下几项关键技术：（1）应用地震、结合精细地面解释、应用遥感建立三维地质模型；（2）冲断带走滑及盐构造的平衡剖面技术；（3）符合地质边界条件的物理模拟技术；（4）针对复杂地区建立构造地质模型，形成地震解释、圈闭工业化制图的人机一体化联作技术。

（三）低孔低渗储层保护与改造增产技术

以发现和保护油气层为目的欠平衡钻井技术的成功实施，在勘探中起到了关键作用。大港探区早被地质家看好，在千米桥气田发现之前，也先后打过83口探井，但未获突破。1997年钻探板深7井，运用欠平衡钻井技术揭开奥陶系潜山，获良好油气显示，并发生井喷，从而突破了千米桥潜山发现关。其间在处理压井过程中，先后使用的泥浆密度在仅有0.03克/立方厘米之差的情况下油气显示竟有天壤之别，这一事实清楚地告诉我们，千米桥潜山大气田的发现得益于欠平衡钻井技术的正确使用。这一成果不仅让地质家们久未了却的夙愿变成了现实，更为重要的是开辟了渤海湾地区潜山勘探新领域，发现了一种新的潜山油气藏类型。千米桥潜山的突破带来了渤海湾盆地潜山勘探的新高潮，其发现意义十分巨大。除千米桥外，欠平衡钻井技术还在准噶尔西北缘、四川盆地的川西北、吐哈盆地及玉门油田的勘探中得以应用并获良好效果，使勘探家们找到了保护油层和及时发现油层的有效途径。

以提高单井产量为目的的储层改造技术取得长足进步，大大促进了低渗透油气资源的勘探开发。“九五”以来，低渗透油气储量在增储上产中占有越来越重要的地位，储层改造技术对低渗透储层的产能改善和提高低丰度、低渗透的边际储量的经济可采性有着至关重要的作用。大庆、长庆和吉林等油田低丰度、低渗透岩性油气藏勘探区针对各自的特点，大力加强低渗透储层压裂改造技术的攻关和推广应用，使这项技术见到了可喜的效果。大庆油田在葡西地区采用多裂缝投球压裂、薄互层大排量限流压裂等新工艺、新方法，使葡萄花油层由压前的平均单井日产 1.04 吨到压后 9 口井平均单井日产 8.09 吨。

（四）东部老区复杂断块的精细勘探评价技术

以精细勘探为特点的复杂断块油气藏勘探技术日趋成熟，为渤海湾老区的增储稳产作出了重要贡献。以三维地震连片处理解释、定向斜井和油藏描述为主要内容，精雕细刻寻找小断块群油藏的配套勘探技术系列在冀东油田得到成功应用，年年都有新发现，探井成功率不断提高。原油产量从 1995 年的 51 万吨上升到 2000 年的 62 万吨，开创了小油田持续发展的新路子。油气资源丰富的渤海湾盆地，随着勘探程度的增加，大断块圈闭越来越少，小断块圈闭将越来越多，层位也将越来越深。小断块的地震识别成像和多目的层的定向钻井技术是提高勘探效益的关键。

利用滚动勘探开发配套技术系列，胜利油田在勘探程度较高的情况下，在 1986—2005 年期间仍旧能够每年新增探明石油地质储量 1 亿吨，并摸索出一套滩海油气勘探开发的成功经验，寻找小断块群油藏的配套技术系列。江苏、中原、冀东、玉门等油田运用这一套做法，探井成功率不断提高，开创了小油田持续发展的新路子。

（五）油气资源评价与勘探决策

油气资源的评价加强了勘探信心，分别在 1994 年和 2002 年前后两次开展了全国范围的油气资源评价。全国陆上共有各时代沉积岩面积大于 90 平方千米的沉积盆地 418 个，到 2005 年已进行过油气勘探工作的沉积盆地达到 150 个以上，其中在 24 个盆地中发现了工业油气流，34 个盆地中见到了油气显示。据 2005 年全国最新的石油资源评价结果，中国石油地质资源总量为1068亿吨，预计最终可探明石油地质储量达到619亿吨。

认真系统地消化和分析油气勘探中发现的新现象和出现的新问题，探讨油气藏形成的新机理和控制油气分布的新规律，应用油气勘探获得的地质、地球化学资料，采用新的与国际接轨的资源评价方法，对松辽、渤海湾、鄂尔多斯、四川、准噶尔、塔里木、柴达木和吐哈等28个盆地的油气资源进行了评价，为油气勘探部署和战略决策提供资源潜力依据。同时在资源评价过程中加强了新区新盆地研究与筛选，全国150个沉积盆地中目前只在其中18个盆地中有工业性油气生产，众多盆地没有得到有效勘探。资评中运用新资料、新理论和新技术评价了许多有勘探前景的新区新盆地，为进一步勘探提供了新领域。

第三节　勘探思路和管理经验

一、把勘探放在首位，加强勘探力度

随着中国国民经济的快速发展，对石油消耗和产量不断地提出了更高的要求。中国石油企业界始终把加大勘探力度，将勘探成果向前延伸，寻求可持续发展放在首位。1997年初中国石油天然气总公司召开了勘探技术座谈会，明确了“始终把加大勘探力度，把主业发展向前延伸，寻求可持续发展放在首位”的指导思想，并提出“总公司和油田都要把勘探工作作为重中之重，从思想认识、领导精力、资金投入到科技进步做到四到位”。以积极进取的姿态，大打勘探进攻仗。对东部高勘探程度的探区，坚持饱和勘探，依靠地质规律认识的进步，依靠实用技术的到位，多搞发现，多找新储量，实现已有发现扩展与新发现的突破；对于中西部低勘探程度的新区，则坚持多层系勘探，通过开展以叠合盆地油气成藏与分布为主线的石油地质综合研究以及以突破复杂地表与复杂和隐蔽目标成像和描述为核心的技术攻关，在看准的有利靶区和层系，坚持加大预探的力度，使突破和扩展总体呈点多面广的好形势。东部储采比基本保持了稳定，西部发展得到加快，东、西部储量结构发生了根本变化。2000年陆上两大石油公司对“九五”勘探成果和经验进行了全面、系统的回顾和总结，明确了“十五”勘探的主攻方向，为“十五”全国石油可持续发展既准备了现实的重要勘探领域，同时在技术的筛选普及和使用上也积累了经验，坚定了依靠技术进步，在低丰度资源中寻找和发现效益储量的信心。

二、搞好勘探规划，按三个层次部署并贯切执行

中国的油气勘探主要集中于资源潜力较大、石油地质条件优越的七大盆地

中。根据勘探发展要求，首先是实现了统一优选项目。依据项目的地质和经济条件，按效益优先的原则，从众多的勘探项目中优选出油气勘探项目，又从中优选出重点勘探项目。其次按项目现状、油气地质条件和资源潜力分为战略发现、战略突破和战略展开三个层次部署，安排下达计划，并强化项目动态跟踪，勘探计划分批下达。根据勘探项目实施中出现的地质情况变化及时调整勘探部署，以降低勘探风险，提高勘探效益。最后突出了重点勘探项目管理，重点项目是储量增长的主体项目，也是勘探效益的主要来源，抓好了重点项目也就抓住了油气勘探的纲。一是对重点项目的部署集中审查，严把决策关。二是跟踪项目进展，对勘探中出现的新情况作出及时反应，见到好的苗头后，及时调整部署增加工作量。三是深入重点项目现场，及时解决勘探中出现的问题。几年来，重点勘探项目取得的勘探成果占整个勘探成果的 2/3 以上。

三、突出效率，强化项目管理和市场竞争

油气勘探是一项高投入、高回报的风险行业，对地下地质情况的认识不可能一次完成。提高经济效益的源头是勘探，勘探效益提高的源头是部署。石油勘探系统以效益为中心组织勘探生产工作，取得了明显的效果。按照国际大石油公司的规范运作，进一步转变观念，努力实现增储与增效的统一。一是强化了项目管理和质量管理的观念。项目管理和质量控制是公司运作的基本单元和主要内容，完善勘探项目管理和质量监督体系是提高效率、降低成本的重要环节。强化项目管理的关键是进一步明确责、权、利的基础上实行分层次管理，在强调集中管理的基础上，建立以各个油田分公司为单元的勘探投资回报责任制。质量管理则是按照国际油公司的通行做法，以油公司项目设计为标准，由油公司派出专业监督监理施工质量和进度，项目竣工后组织验收和后评估，以保证施工质量。二是加强了引入竞争、开放市场的观念。重组改制实现油气田核心业务与非核心业务分开分立后，油气田分公司的勘探生产组织和运作方式发生了重大变化，由原来的自我服务、自己施工作业，变成了真正的甲乙方合同制。引入竞争，全面开放市场是降低勘探作业费用的有效手段，也是提高公司整体效益的必然要求。三是强化勘探开发一体化观念，勘探发现后开发提前介入，加快了油气生产发展。

四、科技攻关与生产实践相结合

油公司上市后，油公司的目的更加明确，各油气田分公司研究院紧紧围绕当年的勘探项目，设置相应的勘探项目研究设计组，开展部署和井位设计研究，跟踪分析项目的进展，及时提出部署调整意见。总部根据年度勘探部署安排，提出一批

解决制约重点探区勘探发展的关键技术和地质问题的生产性科研项目，列入年度勘探投资计划。安排总部的研究院所进入重点探区，研究人员常驻现场，与所在油田公司合作，重点工作是在搞好宏观沉积体系研究的基础上，充分利用地震和探井资料，进行砂体预测和描述工作，分层编制主要目的层精细的工业化砂体预测图件，以此指导寻找高产富集区，具体确定探井井位，使研究工作与生产紧密结合。勘探对象的地质条件越来越复杂，在勘探工作中必须强化地质综合研究，做好深入、扎实、超前的研究工作。在组织开展一些必要的基础性、前瞻性研究工作的同时，重点是以获得重大突破、降低发现成本为目标，解决勘探过程中遇到的地质和工程问题。油公司直接组织其直属研究机构有针对性地开展跨地区的、重点探区的勘探战略研究，以区带为单元，以目标评价为落脚点，提出勘探规划和部署。油气田分公司的研究工作则以解决油气勘探日常生产中的问题为重点，从事项目规划年度部署和井位落实，负责当年新增储量目标和发现成本控制目标的实现。地质综合研究和目标评价工作作为勘探生产过程中的首要环节，与勘探实物工作量计划同时制定。

五、坚定勘探信心，制定科学的勘探战略

据2005年全国最新的石油资源评价结果，中国石油地质资源总量为1068亿吨，预计最终可探明石油地质储量达到619亿吨。中国陆上和海域石油资源丰富，总体上处在中期勘探阶段，仍有一定勘探潜力。截至2005年年底累计探明石油地质储量256.08亿吨，资源探明程度为24%，也只占预计最终探明地质储量的41%。近几年，在塔里木、鄂尔多斯、准噶尔、渤海湾（海域）、松辽（岩性地层油藏）等盆地，都发现了一亿至几亿吨级的大油田。无论从勘探程度上，还是从大油田的发现上，说明仍有一定的勘探潜力。

中国国民经济的发展要求石油勘探能够持续稳定的发展，从而保证石油产品能够持续稳定供给。为此，要加快石油勘探发展，继续贯彻稳定东部、发展西部、扩大海域、开拓海外的发展战略方针，加强国内新区石油勘探，较大幅度增加储量；坚持老区滚动勘探开发和努力提高采收率，增加可开发储量。同时，充分利用两个市场、两种资源，加大海外风险勘探力度，用西部和海域增加的产量接替东部产量的递减，用海外获得的权益油补偿部分石油进口量，努力保证石油产量可持续发展。

第五章 油田开发

中国是世界上最早发现和利用石油的国家之一，但是在新中国成立前，油田开发事业发展十分缓慢，1949 年全国原油产量只有 7 万吨（不含人造油），新中国成立到 1959 年，中国油田开发事业在发展中探索前进。1959 年后大庆、胜利、任丘等一大批油田相继发现和开发，1978 年原油产量突破一亿吨，进入到快速发展阶段。此后，在改革开发政策推动下，从东部到西部，从陆地到海洋，油田开发事业持续发展。1985 年底，陆上建成了 17 个油区，海上 3 个油田投入了开发，全国投入开发的石油地质储量为 85.97 亿吨，共有油井和注水井 40276 口，年产油 12488 万吨，综合含水 67.1%。

1986—2005 年是油田开发事业持续发展取得重要成就的时期。在此期间，国内已开发主力油田逐步进入高含水、高采出程度阶段，油田开发难度越来越大。全国油田开发工作者克服困难，开拓创新，做了大量工作。加强了油藏精细描述，推广了大庆油田“控水稳油”综合治理的经验，开辟了塔里木、吐哈两个新油区，老油区建成投产了孤东、陆梁、靖安等一大批新油田，开辟了埕岛、赵东等滩海油田开发新领域，高速高效开发了南海、渤海、东海海域一大批油田。贯彻“稳定东部，发展西部”的方针，加大了西部勘探开发和建设力度，1990 年西部油田年产油 1032 万吨，2005 年已达 4486 万吨。稠油热采、低渗及特低渗油田开发、以聚合物驱为主的三次采油规模快速增长。2005 年全国产油 18146 万吨，比 1985 年增加了 5658 万吨。

1986—2005 年，油田开发大体可以分为持续上产，加大东部油田挖潜、加快西

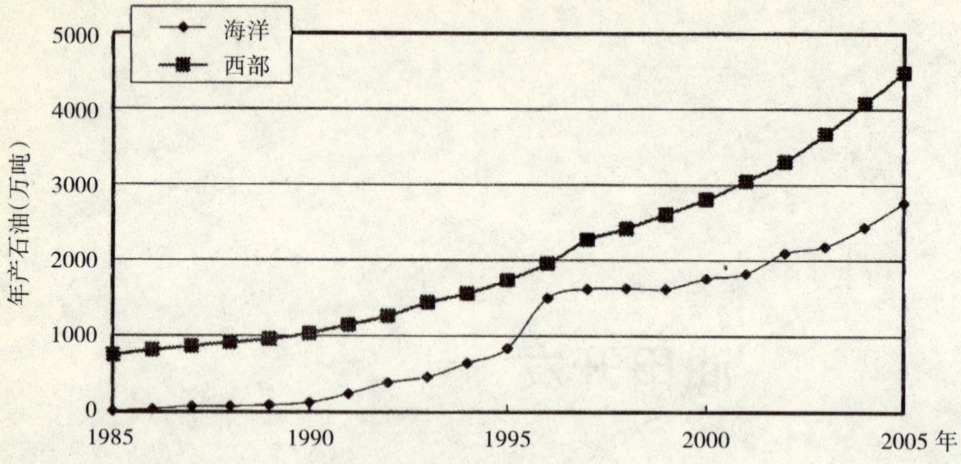

中国西部及海洋年产油量曲线

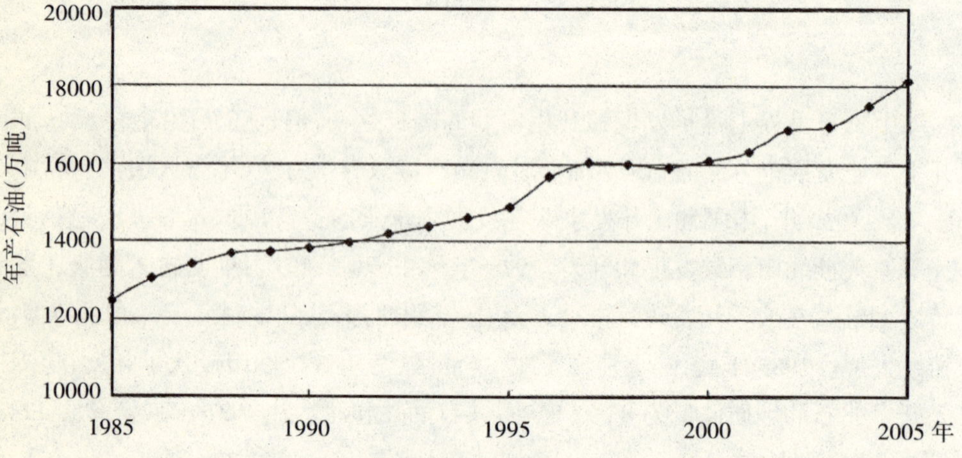

全国年产油量曲线

部油田开发和重组上市、开创油田开发新局面三个阶段。

第一节　依靠政策，坚持发展，克服困难，持续上产（1986—1990）

1986—1990年第七个五年计划期间，在石油年产油量“一亿吨包干”基础上实行原油产量递增包干，促进了生产持续稳定增长。全国共生产原油67775.8万吨，比“六五”期间增长12878万吨，1990年全国原油产量达到13828.4万吨。

一、“七五”油田开发遇到的主要矛盾与采取的对策

“七五”初期，油田开发生产面临的主要情况是：

一是剩余可采储量采油速度高,生产负荷重,递减加大。大庆以外的主力油田剩余可采储量采油速度达 9.23%,其间弥补递减的产能比"六五"期间明显增多。"六五"期间每采 100 万吨原油弥补递减能力为 4.6 万吨,而"七五"前三年平均每采 100 万吨原油弥补递减的能力增加到 8.7 万吨。

二是随着采出程度增加,含水上升,为保持原油产量增长,投入工作量加大。新井平均单井日产油量从 1985 年的 14.8 吨,逐年降到 1988 年的 11 吨。单井日产量降低的主要原因是:(1)已开发区调整井可射开厚度减少,含水率较高,油产量减少。(2)新投入开发储量的品位降低,油井生产能力降低,"七五"前三年新投入开发储量中,稠油和低渗透油藏的储量占新投入储量 40.8%,加上复杂断块油藏的储量共占 84.8%。同时,采一吨原油所需要的注水量、产液量、耗电量明显增加。1981 年产一吨油注水 2.83 立方米,产液量 2.35 吨,耗电 57.89 千瓦时,到 1989 年分别增加到 4.26 立方米、3.88 吨和 112.45 千瓦时，分别增长了 50%、65.1%和 94.2%。增产效果降低,井下作业工作量加大,1981 年井下作业工作量为 5.89 万井次,1988 年翻了一番。

根据对当时油田开发生产形势的分析,提出的主要对策是:

第一,增加投入可采储量,保证在增加可采储量,控制剩余可采储量采油速度的基础上增长原油产量。减少已开发油田的递减,延长稳产期;新区尽可能获得较高的采收率,达到稳定高效生产。

第二,全面加强技术管理,大力推动七个方面的技术,准备好三套新技术,充分应用已用的技术装备,经济有效地提液增产。七个方面的技术是:油藏描述技术,保护油层射孔完井技术,低渗透油层配套工艺技术,防腐蚀保证水质技术,油水井堵水工艺技术,机械采油高效生产技术,油藏动态监测和数值模拟技术。需要准备好的三项新技术是:稠油蒸汽驱技术,凝析油气藏循环注气和聚合物驱提高采收率技术。

第三,加强开发生产系统资金使用的管理,严格审定投资使用方向,提高投资使用效益。

第四,强化基础管理工作,促进开发生产高效运行。

二、大庆油田持续高产稳产起了决定性作用

大庆油田 1986 年原油产量达到 5555.2 万吨，实现了年产 5000 万吨稳产 10 年(1976—1986)的奋斗目标。但油田已进入高含水期生产,综合含水达到 76%,油井产量递减加快。如何保持 5000 万吨以上生产水平,高产稳产再十年,大庆提出了实施"稳油控水"的科技攻关课题。"七五"期间继续进行以细分开发层系为主的

大庆油田“金牌联合站”——中十六联合站。

综合调整，采取了调整开发层系井网、调整油田压力系统、调整分区采油速度的开发技术政策。通过综合调整增加可采储量2.5亿多吨，平均每年增加5000万吨，使剩余可采储量采油速度基本保持不变。大庆油田通过不断加深对油藏的认识，依靠科技进步和加强管理，年产量一直稳定在5500万吨以上，在全国原油产量的稳定增长中起了决定性作用，在油田开发技术、科学管理等方面进一步创造了新经验，成为全国石油战线学习的榜样。

三、胜利、辽河等油田自觉加压，千方百计加快上产

胜利油田，“七五”通过强化开发老区，加速开发孤东油田等新区，努力搞好断块油田的滚动勘探开发，在深层低渗透、稠油出砂油藏开发等方面，不断发展配套技术。原油产量1987年突破3000万吨，达到3160万吨，1990年产油3350.6万吨，与“六五”末相比净增647万吨，是全国原油产量增长最多的油田。

辽河油田，针对深层稠油、高凝油开发难度大的特点，开展科研攻关，引进吸收消化国外新技术，开拓稠油、高凝油开发新领域，热采稠油和高凝油产量不断增长，建成了中国最大的高凝油、稠油生产基地。1986年辽河油田原油产量突破1000万吨，居中国各油区第三，1990年原油生产达到1360.2万吨，与“六五”末相比净增460万吨。

新疆油田，针对稠油、砾岩和裂缝型等特殊油藏，加强有效开采方式和方法研

究，积极采用先进适用的技术，保持了储量、产能和产量的协调发展，使原油产量年年增长，1990年产油680.1万吨，与“六五”末相比净增181万吨。

中原油田，针对复杂断块和深层低渗透高盐油藏，不断加强油藏开发对策研究，坚持高速开采，千方百计上产，“七五”期间原油总产量达到3360.4万吨，是“六五”总产量的2.08倍。

华北油田，在对任丘等灰岩油田进行综合治理挖潜的同时，加强第三系油藏的勘探和开发，使其产量由43万吨增长到240万吨。通过艰苦努力，高水平地配套建成了200万吨生产能力的二连油田。

吉林油田，坚持稳住老区，积极开发新区，不断发展和完善低渗透、裂缝性砂岩油藏有效开发的配套技术，原油产量连年增长，1990年产油355万吨，与“六五”末相比净增142万吨。

大港、河南、长庆、江苏、江汉、青海、玉门、冀东、滇黔桂油田及延长油矿，都做了大量的工作，为“七五”期间原油生产规模的扩大，油田开发建设水平的提高和原油生产任务的完成做出了积极的贡献。

四、油田开发技术水平有了很大提高

“七五”期间，通过科技攻关和引进吸收，初步形成了一系列有效开发不同类型油藏的开发技术，促进和保证了油田稳产上产，主要有：

一是以喇萨杏、胜坨、孤岛等油田为代表的大型多层砂岩油田高含水期开发技术，主要包括精细地质研究，采用先进动态监测手段和数值模拟方法，搞清剩余油分布状况，调整方案的优化技术，强化注水和提液技术，分注和堵水调剖技术，节能降耗、改造流程技术等。

二是以东辛、北大港、文中等油田为代表的复杂断块油田开发技术，主要包括三维地震资料精细处理解释技术，地震、测井约束反演储层分布预测技术，探边及干扰试井技术，总体部署、分步实施、跟踪研究、优化布井的滚动开发技术等。

三是以高升、欢喜岭、曙光、单家寺、克拉玛依9区、大民屯等为代表的稠油、高凝油开发技术，主要包括油藏评价技术，分层注汽工艺和分层改造、分层封堵、调剖技术，蒸汽波及状况监测技术，数值模拟跟踪、优化注汽参数技术，深抽强采，提高回采水率技术，采用热水循环及水力活塞泵采油的高凝油开采技术等。

四是以新立、渤南、安塞、朝阳沟等油田为代表的低渗透油藏开发技术，主要包括保护油层技术，深穿透、无杵堵高效射孔技术，多层、多缝、大砂量对应压裂酸化改造油层技术，精细过滤、防膨、磁化注合格水技术，大压差深抽技术等。

五是以枣园、火烧山、静安堡、苏桥等油田为代表的特殊类型油藏的开发技术，主要包括油藏描述技术，高凝高粘油藏压裂、防膨、加热载体深抽技术，裂缝性油藏岩心分析、地层倾角测井、干扰试井及裂缝方位分布预测技术，凝析油气藏循环注气技术，深层气举采油技术，还有以任丘、曙光古潜山等油田为代表的碳酸盐岩油藏开发技术等。

第二节　加大东部油田挖潜，加快西部油田开发，保证持续发展（1991—1998）

经历“六五”和“七五”初期的原油产量大幅度增长之后，“七五”后期年增产油量开始大幅度下降，按照当时的变化趋势预计，进入“八五”有可能出现产量的负增长。

1991年，中共中央、国务院适时地为陆上石油工业确定了“稳定东部，发展西部”的战略方针，中国石油天然气总公司上下全力贯彻落实。“八五”及“九五”期间，油田开发针对不同时期的特点，遇到的主要矛盾和问题，及时调整工作部署和有关技术经济政策，积极采用新工艺、新技术，深化老油田“控水稳油”及综合治理，大力推进难采储量的开发动用，加快西部新油田的开发建设，实现了陆上原油产量持续稳定增长。

一、油田开发形势

一是一批主力油田陆续进入高含水中后期，采油指数大幅度下降，依靠增大采油压差提液保持稳产的余地越来越小，产量递减加快。年自然递减率高达14%，一年递减约2000万吨。

二是东部油区石油可采资源投入产出不平衡的矛盾突出。“八五”期间产油6.21亿吨，可采储量仅增加5.54亿吨，少了6743万吨，大庆、胜利、中原、大港、河南等油田都已入不敷出。陆上油田的剩余可采储量的采油速度“八五”末达8.65%。包括未开发部分在内的总剩余可采储量共计19.0亿吨，储采比为13.5。

三是老油田挖潜难度增大。老油田经过连续十几年的强化开发，“八五”末平均综合含水达到80%以上，可采储量采出程度达到65.53%。随着开采程度加深，地下油水分布状况越来越复杂，整装调整区块越来越少，挖潜难度进一步加大。已开发油田老井产量自然递减率呈增大趋势，尤其是年产量已达1300万吨的稠油油藏，自然递减率高达30%以上，需要通过新建产能和大量作业措施弥补递减的产量。老区加密调整井和作业措施效果逐步变差，加密调整井的平均单井日产量已由“七五”的8.3吨降至5.5吨，措施作业每井次的年增油量由511吨降至422吨。

四是新区开发资源条件变差，整装油田减少，而且低渗透、稠油、复杂断块及深层油藏的比例进一步增多。除塔里木、吐哈及新疆油田外，已开发的老油区，特别是华北、大港、中原、河南和江汉等油区新增储量接替不上，甚至“找米下锅”。后备储量不足，严重制约着石油生产的发展。

二、发展对策和部署

根据国家的需要和实际情况，确定的“八五”期间和整个 90 年代，石油工业发展总的战略方针是：稳定和发展东部地区，加快发展西部地区，保持油气生产的持续稳定增长。1990 年 12 月召开的全国油气田开发技术座谈会，实事求是地分析了“八五”面临的形势、不利因素和有利条件，对“八五”期间油田开发做了深入研究与部署。主要内容包括 7 个方面：进一步加强对开发生产组织领导，健全管理系统；深化油藏研究工作，为决策部署提供依据；实行项目管理，严格执行产能建设程序，提高经济效益；发挥综合技术威力，选出了 56 个区块打好“阵地仗”；采取有效措施，努力提高井下作业效率；加强基层队伍建设，提高队伍素质；强化生产运行，实现年度均衡生产。

为实现 2000 年及今后 15 年陆上石油工业发展的战略目标，“八五” 期间组织油气田开发系统完成了“九五”发展规划编制工作，明确了“九五”发展目标和主要部署。主要内容包括高含水期油藏精细描述和调整挖潜，东部老油区滚动勘探开发增储上产，低渗透油田开发建设和改造，稠油油田提高储量有效动用，滩海油田开发建设，推行聚合物驱，井下作业“5481”工程（油水井免修期达到 500 天，单井次措施作业年增油量 400 吨，措施作业有效率 80%以上，年增产油量保持 1000 万吨）。

三、采取的重大举措和取得的效果

一是加强老油田综合调整的各项技术措施。油田含水上升率由 1990 年的 1.76%下降到 1995 年的 0.23%，五年累计少产水 3.58 亿吨，少注水 2.44 亿立方米，大大减轻了含水上升给地面生产系统的负担。老油田重点区块综合治理大约每年 90 个区块，覆盖地质储量 17 亿吨左右，对控制含水上升速度，增加可采储量，减缓产量递减起到了积极作用。“八五”及“九五”前期老井自然递减率基本控制在 14%左右，比“七五”低 1 个百分点，相当一年少递减原油 120 万吨。

二是加快开发动用稠油、低渗透和滩海等难采储量。1991—1997 年期间，累计新增动用稠油储量 3.75 亿吨，新建生产能力 1125 万吨，使稠油年产量从 1990 年的 840 万吨增加到 1997 年的 1313 万吨。新动用低渗透储量 10.7 亿吨，建成生产能力 1600 万吨，使低渗透油田年产量达到 1980 万吨，比 1990 年增加 1280 万吨。滩海油田开发“八五”开始起步，1997 年胜利油田滩海已形成 155 万吨的生产能力，年产油达 150 万吨。

三是加快西部新区开发建设，高速度、高效益地建成了一批整装新油田。包括轮南、东河塘、塔中 4、鄯善、丘陵、彩南、石西、跃进 2 号油田等，因地制宜实施自动化，东河塘等油田创出了作业区人均年产油万吨以上的高水平。塔里木和吐哈油田按照“两新两高”的方针，分别建成 400 万吨和 300 万吨生产能力，1997 年分别产油 420 万吨和 300 万吨。新疆全区 1997 年产油 1590 万吨，比 1990 年增加 892 万吨，对保证全国原油产量的持续稳定增长发挥了重要作用。

四是年增油幅度加大。1997 年陆上石油原油产量 14415 万吨，比 1990 年增加 713 万吨，平均每年增产原油 102 万吨。1991—1997 年新动用地质储量 25 亿吨。1997 年油田注水 9.13 亿立方米，比 1990 年增长 38.96%；油田年产液量 8.01 亿吨，比 1990 增长 37.39%。油田阶段注采比为 1.02，高于“七五”的 0.95，注采平衡状况有所改善。

大庆油田全面推行并不断深化“稳油控水”，加大注水及产液结构调整力度；努力改善二次加密井开发效果；提高外围油田的开发；确保聚合物驱工业化进程，1997 年生产原油 5600.92 万吨，达历史最高水平。辽河油田加大稠油上产力度，1997 年比 1990 年产油量增加 144 万吨。吉林、大港、冀东油田的产量都有增加。江苏油田不断总结完善了复杂小断块滚动勘探开发的科学程序和做法，年产油量由 1990 年的 85.5 万吨上升到 1997 年的 117.2 万吨，突破 100 万吨大关。胜利、中原、华北和河南油田后备资源不足，主力油田产量递减快，新老区新增产能大幅度减少，总产量下降。结果东部陆上原油产量从 1990 年的 12635 万吨下降到 1997 年的 12065 万吨，平均每年减少 81 万吨，下降 0.6%，基本实现稳产。

加快西部油田开发成果显著，原油产量 1997 年达到 2148 万吨（包括四川及滇黔桂产油），比 1990 年增长 1148 万吨，其中塔里木油田增长 405 万吨、吐哈油田增长 297 万吨、新疆油田增长 190 万吨、长庆油田增长 183 万吨、青海油田增长 79 万吨。延长油田 1997 年原油产量达到 107 万吨，比 1990 年增长 66 万吨。

在此期间海洋石油获得了长足发展，年产油量由 1990 年的 126 万吨上升到 1997 年的 1620 万吨，增长近 13 倍，平均年增油 213 万吨，为全国上产做出了重要贡献。

四、推动科学技术进步效果显著

（一）推广实施“控水稳油”工程，改善水驱开发效果

“控水稳油”是以大庆油田为代表的注水开发理论与实践的新发展，其基本技

术要点是，针对非均质多层砂岩油藏高含水期油水分布状态的差异，进行注水的产液结构调整，实施有效注水和有效提液，增加储量动用，控制含水上升速度，减缓油井产量递减，实现产油量稳定。大庆油田由于全面贯彻了“控水稳油”方针，1995 年综合含水 80.23%，仅比 1990 年上升 1.27 个百分点，其中喇萨杏主力油田五年少注水 8340 万吨，地层压力还上升了 0.47 兆帕。由于少产液，少注水，少用电和少扩大地面工程设施，节约了大量生产费用和资金。

“八五”以来全国推广了大庆油田“控水稳油”的经验，各油田结合自己的实际情况，进行了深入细致的综合调整治理工作，也都见到了明显效果，并在实践中进一步发展完善了改善水驱配套技术。主要有以单砂体为单元的精细油藏描述，细分注水与调剖有机结合的注水结构和产液结构调整技术，优选调整井与完善注采系统技术，以油水井大修为主的侧钻及油水井保护技术等。

(二)进一步配套完善稠油热力开采技术

通过完善稠油热采油藏描述、分层选注、汽水分离提高蒸汽干度、井筒隔热、化学助排、油气集输、高温防排砂、高温动态监测、井筒化学降粘以及蒸汽驱等技术，成功地解决了粘度 2 万毫帕·秒以及薄层、底水等复杂稠油油藏的开发问题。

大庆油田加强油田调整工作，促进油田高产稳产。

逐步形成了1000万吨以上的生产能力。随着高温调剖、井筒越泵加热及水平井新技术的应用，进一步拓宽了稠油热采的发展空间，使储量动用率进一步提高，已开发稠油油藏的开发效果进一步改善。

（三）低渗透油田开发技术得到进一步发展

主要是发展了三维高分辨率地震处理解释、地应力场反演模拟、裂缝性低渗透油藏的描述和井网方式优化、钻井油层保护、深穿透射孔完井、整体压裂改造及开发压裂、水平井开采、注水精细过滤、简化地面生产工艺流程等新技术，成功地开发建设了宋芳屯、牛庄、新民、鄯善、安塞、川中、靖安等一大批低渗透油田。

（四）以聚合物驱油为主的三次采油技术发展很快

在“七五”攻关试验的基础上，“八五”在大庆、胜利、辽河、大港、河南、吉林等6个油区开展现场试验。1991年开始，大庆油田经过先导试验、扩大规模的工业性试验到大规模工业化推广，聚合物驱的各项技术基本成熟配套，设备仪器也基本立足国内，同时大庆助利厂已达到年产聚合物5万吨以上的生产能力。1996年加快了聚合物驱采油的工业化应用力度，1998年1.98亿吨地质储量转为聚合物驱开采，年注聚合物4.8万吨，年产油量817万吨。经过多年努力，以大庆油田聚合物驱油为主的三次采油技术日趋成熟与完善，形成了较为完善的注入剖面和产出剖面测试技术、深度调剖技术、超高分子量聚合物前置段塞及调控技术、抽油杆管防偏磨技术、聚合物分层注入技术、产出液集输及处理技术等，聚驱的规模和技术居世界首位。

五、涌现出一批高水平高效益开发油田的典型

在完成油气生产任务的同时，大力推进科学进步，创造并应用一批新技术，高效益、高水平地开发了一批油田，下面举几个范例：

（一）彩南油田

彩南油田是加强前期工作，严格进行项目管理，采用先进实用技术，实现高速度、高水平、高效益开发的一个典型。该油田于1991年发现后，立即投入开发前期准备，1992年1月完成概念设计，同时开展了现场开发试验。同年8月组建了“彩南油田开发建设项目经理部”全面进行开发建设，开发方案设计经4次优化，共减少钻井87口，进尺21.18万米，节省钻井及建设费用2.5亿元。开发方案实施中及时调整完善，投产后指标符合程度高。设计单井日产油14吨，实际为16.1吨。地面建设符合沙漠油田特点，简单、实用、先进、经济，实现了自动化监控管理，年产150万吨的作业区，初期一线采油工209人，人均年产0.72万吨，人均管理油水井1.9口，经济效益很好。

（二）安塞油田

长庆安塞油田属特低渗透岩性油藏（油层被称为“磨刀石”），油井无自然产能，为典型的“边际”油田，开发难度很大。长庆油田勘探局制定了“合理、适用、高效”开发安塞油田的方针。开展了大量试验和科研工作，研制出了经济实用的钻井、压裂、注水、采油技术和地面建设流程，关键是攻克了压裂改造油层和注水关，因地制宜采用了经济实用的工艺流程，实现了有效开发，创造了“安塞油田开发建设模式”。“三从一新”就是安塞模式的基本思路和做法。“三从”就是从简，因地制宜，因陋就简；从省，优化设计，节省设资；从快，快速建设投产，快速回收投资；“一新”，就是更新观念，积极推广应用先进实用的新技术。由于采用了以上技术措施，安塞油田取得了较好的开发效果和经济效益。连续5年保持了1.2%以上的开采速度，投资回收期只有3.3年（扣除建设期4年），财务内部收益率税后为18.05%。安塞油田的实践，为国内“边际”油田经济有效地开发提供了宝贵经验。

（三）塔中4油田

塔中4油田属带气顶的块状底水油藏，位于塔克拉玛干大沙漠腹地，钻井建设难度极大，成本很高。为最大限度提高单井产量，主力区块（402井高点CIII油藏）设计水平井5口，丛式井13口。水平井水平段400米。1996年方案实施后，效果和效益十分显著。5口水平井试采平均单井日产油高达1021吨，合理工作制度下单井日产油为632吨。水平井钻井成本为直井的1.8～2.0倍，产量为直井的3.2倍。以水平井为主的开发方案与原来直井开发方案对比，总井数减少了3口，采油速度从2.6%提高到6.2%，无水采收率从4.98%提高到8.91%，财务净现值由67273万元增加到78091万元，为国内陆上创立了水平井开发油藏的良好开端。

（四）埕岛油田

埕岛油田处于渤海湾极浅海地区，主力开发层系为馆陶组，地层疏松易出砂，油水关系复杂，且天然能量弱；东营组由于边底水活跃，含水上升快，产量下降快。胜利油田对于这样一个属于中丰度储量、开采难度大、风险大的边际油田，依靠科学，大胆探索，勇于创新，自力更生进行海工和陆上配套设施建设。经过曲折艰难的创业，原油产量从1993年的10万吨逐年上升到1997年的150万吨，建成了国内第一个极浅海油田。主要做法和经验：一是深化油藏精细研究，按照“少井高产”的原则，科学制定开发方案；二是从实际出发，因地制宜，创造性地进行了海上产能工程建设；三是转机制、促转变、抓管理，实现了浅海油田原油生产超常规、跳跃式发展。

第三节 重组上市走“油公司”道路，开创油田开发新局面（1999—2005）

1998年中国石油工业重组后，形成了上、下游一体化的中国石油天然气集团公司，中国石油化工集团公司和中国海洋石油总公司。此后中国石油的中国石油天然气股份有限公司，中国石化的中国石油化工股份有限公司，中国海油的中国海洋石油有限公司上市成功。地方石油企业依法进行石油开发生产工作，获得了较快发展。国内形成了新的油田开发经营管理格局。

2005年底全国已开发油田地质储量194.4亿吨，可采储量61.56亿吨，采收率31.66%，累计产油44.51亿吨，地质储量采出程度22.89%，可采储量采出程度72.31%，剩余可采储量采油速度10.64%。共有油水井19.6万口，其中油井14.6万口，注水井5万口，平均单井日产油3.9吨，综合含水84%。

全国老油田递减减缓，新开发油田上产，原油产量稳中有升，油田开发持续稳定发展，2005年产油18146万吨。

一、中国石油天然气集团公司的油田开发工作

（一）油田开发面临的形势与存在的主要问题

一是已开发油田总体上进入高含水、高采出程度阶段，产量明显出现递减趋势。原油产量1997年后处于总递减，由1997年的10614万吨逐年递减到2000年的10359万吨，综合含水由78.23%上升到81.93%。主要是东部油区原油产量递减较大，从1997年的8469万吨逐年递减到2000年的7995万吨，综合含水上升到84.29%。已开发油田中，可采储量采出程度大于60%油田的原油产量占总产量的71.0%，而且这部分油田的平均可采储量采出程度已高达73.91%，综合含水85.24%。

二是石油资源不足仍然是制约油田发展的主要因素。储采平衡系数由“八五”的1.07下降到“九五”的0.92。大庆、辽河、华北、大港油田先后再现储采不平衡，其中大庆油区从1989年以来储采一直不平衡，储采系数由“八五”的0.86下降到“九五”的0.60，2000年为0.54。虽然近几年加强勘探，储量有所增长，但是新增探明石油地质储量的油藏类型复杂，其中低渗透、复杂岩性油藏和稠油储量占60%以上，开采难度大。已探明未开发的储量中，大约80%的储量品位及效益很差。

为了弥补新投入储量不足，“九五”期间老油田进一步强化开采措施，增加可采储量22750万吨，占新老区总增加可采储量48329万吨的47.1%，东部地区高达

67.2%。

三是开采对象愈来愈复杂，现有技术不能完全适应。老油田都已进入高含水、特高含水期，剩余油高度分散，缺少准确认识和量化剩余油分布状况的有效手段；新投入储量品位变差，油藏类型复杂，依靠现有技术难以实现有效开发；大部分中深层稠油蒸汽吞吐后期进一步提高采收率，尚需攻关和完善；三次采油除大庆聚合物驱油、三元复合驱油技术外，缺乏其他三次采油技术储备。

四是老油田地面系统老化，腐蚀严重，改造任务十分艰巨，油田生产设施维修规模扩大，综合含水上升，操作成本上升，严重影响经济效益。

(二)油田开发发展战略与工作目标

根据公司制定的“十五”计划，油田开发的发展战略是：坚持“稳定东部、发展西部、油气并举”的指导方针，实施有效勘探开发，实现储量接替基本改善；确保原油产量基本稳定，油气当量持续增长，严格控制投资，降低油气发现成本；通过优化方案设计，推广先进的工艺技术，简化地面工艺流程，降低油气开发成本；通过分解成本项目，提高生产效率，规范关联交易等降低油气操作成本。

油田开发工作目标一是实现生产稳步发展。“十五”期间共生产原油 51036 万吨，平均年产 10207 万吨。2001 年根据勘探开发形势的发展，制定了重点加快新疆、长庆、塔里木、吉林和玉门等油区的原油上产方案，使 2002—2005 年原油产量基本稳定在 10400 万吨左右。二是实现成本不断降低。2005 年，油气开发成本比 2001 年降低 25.54%，操作成本降低 5.03%。三是实现主要效益指标基本稳定。

(三)技术发展对策

“九五”末，公司所属油田水驱控制储量和年产油量的比例都在 85%左右，平均采收率为 35.1%，除大庆油田外平均只有 25.3%。在今后一个相当长的时期内，立足水驱调整挖潜仍是油田开发的主导技术，“控水稳油”仍是主要手段。在常规二次采油技术的基础上，通过各种技术进步，改善和发展集成配套技术，进一步挖掘资源潜力，提高水驱采收率。针对不同类型油田及其所处开发阶段与特点，着重在以下五大系列技术上创新和发展。

1. 改善二次采油技术。主要包括高含水后期剩余油分布预测集成技术、老井侧钻水平井为主的扩大注水波及体积挖潜技术、油藏整体深度调驱技术、细分注水技术、高含水油田采油集成配套技术、套损井的防治与整复技术。

2. 发展和完善三次采油工业应用及配套技术。主要包括改善聚合物驱油技术、化学复合驱工业化应用技术、注气提高采收率技术、微生物驱油技术、完善聚合物驱地面工艺技术。

3. 推进经济高效开发低渗透油田配套技术。主要包括低渗透油藏油气富集区带预测技术、井网优化技术、大幅度提高低渗透油田单井产量配套技术、降低成本简易适用的采油技术、继续发展完善低渗透油田的地面工艺技术。

4. 改善稠油热采效果、发展蒸汽吞吐后期稠油开发接替技术。主要包括稠油蒸汽驱工业化应用技术、继续完善蒸汽吞吐开采技术、超稠油辅助重力泄油技术、稠油污水处理技术。

5. 油田开发评价决策支持技术。主要针对油田开发带有共性的科技问题，开展配套的专项技术及软科学研究，如油田开发宏观决策规划部署战略研究、油田开发信息网络技术应用及软件开发、油田开发可行性经济评价方法研究等。

（四）重点做好五项工作

为保持持续稳定发展，重点在以下五个方面做好做细工作，确保公司各项生产和经营目标的实现。

1. 加快勘探开发一体化工作进程。一是从内部体制上进行改革，成立勘探与开发工作结合的部门，承担已发现资源评价、开发前期准备、可行性研究、方案设计和产能建设等工作任务。二是以经济可采储量为标准，改革储量申报及考核程序。三是制定保证勘探开发一体化运行的有效措施，修改有关管理规定，落实前期准备和开发评价的研究费用。四是注重勘探开发一体化复合型人才的培养和队伍建设。

2. 努力控制投资规模，大力降低生产成本。主要工作一是规范市场运作机制，全面推进市场开放。二是理顺管理体制，完善项目管理制度。三是严格投资项目的审查、立项、提高投资效益。四是加强成本管理，努力实现成本控制。进一步加强新建产能的前期研究与论证工作，积极采用先进实用工艺技术，努力提高单井产量；搞好已开发区块的经济效益评价工作，分区分类实施成本控制，科学安排措施工作量，达到降低成本、增产增效的目的。大力发展综合利用，节约能源，降低燃料消耗，提高轻质油、凝析油和液化气的收率。

3. 搞好产量、产能建设、增产措施及地面系统结构的调整优化。加强前期评价及方案优化，努力提高方案符合率和产能到位率，进一步提高措施的成功率和有效率。针对“十五”产液量和注水量的上升趋势，做好地面工程系统的维护和技术改造，提高系统效率，降低能耗和操作成本。

4. 改变科技管理方式，加大科技投入力度，使之与企业的规模和发展需要相匹配，发挥科技在降低风险和成本、提升企业竞争实力中的作用。

5. 加强油藏经营管理，提高油田整体开发水平。主要是实施专业协作的集约化管理，严格执行有关技术标准和规定，优化监测系统，取全取准各项资料；加强油藏研究，运用精细油藏描述和数值模拟手段，不断深化对油藏的认识，做好各种方案的设计优化,抓好方案实施和跟踪分析研究,开展不同油价下经济产量和各种经济界限研究,为挖潜调整提供依据。

(五)油田开发主要业绩

1999—2005年,油田开发工作以提高开发水平和开发效益为中心,落实五项工作,努力克服投资和成本控制带来的压力,优化部署,积极依靠新技术,加强精细管理,油田开发形势不断改善,开发效益不断提高,各项工作都取得新的发展。

1. 原油产量实现了“稳中有升”的战略目标。在各油气田公司的积极努力下,原油产量从2002年开始回升,2005年产油10595万吨,连续四年保持上升势头。

2. 主营业务收入逐年增加，税前利润持续增长。主营业务收入平均增长13.75%,国际准则税前利润平均增长17.67%,油气单位操作成本基本控制在合理水平,2001—2005年油气投资资本回报率都在20%以上,综合效益得到大幅度提升。

3. 优化部署,提高水平,涌现出一批新油田产能建设典型。建成陆梁、哈得4、西峰、靖安、英台、石南21等产能规模20万吨以上的油田或区块31个，产能1190.5万吨,占同期新区产能建设总量的50%。典型区块针对各类油藏的地质特点,及时推行勘探开发一体化,优化部署和开发方案,做好跟踪研究和实施工作,不仅取得显著成效,而且创新了许多好的做法,积累了宝贵的经验。

4. 深化老油藏精细描述研究,积极推进老油田整体调整改造,不断提高采收率,延长油田稳产期。公司提出了“规模开展精细油藏描述,精心搞好老油田调整和综合治理,切实加大三次采油工作力度,努力挖掘剩余油潜力,不断挑战采收率极限”的工作思路和方法。2003年勘探与生产分公司大力推广大庆油田精细地质研究与相控建模、大港油田精细油藏描述的做法与经验,并发布了“股份公司精细油藏描述工作指导意见(试行)”和“精细油藏描述技术规范(试行)”,要在3~5年时间把公司所有重点油田和区块全面描述一遍,为老区调整挖潜工作部署提供依据。从2003年开始这项工作已在各油田全面展开,不断推动老油田调整和综合治理工作向纵深发展。

2000年以来，三次采油年产油量一直保持在1100万吨以上,2005年达到1294万吨,占当年总产油量的12.2%,为老油田保持相对稳产做出了重要贡献。尤其是以大庆油田为主的聚合物驱的规模及主体技术达到了世界领先水平。

5. 工程技术进步为改善油田开发效果做出贡献。主要是:(1)引进和推广地质导向、欠平衡钻井和水平井钻井技术见到了明显效益。(2)老油田“控水稳油”方面,发展完善了以偏心式和空心式为主体的分层注水工艺,深部调剖调驱工艺,以螺杆泵为代表的举升新工艺,以分层注聚及防偏磨为代表的聚驱配套工艺;低渗透油田开采发展应用了以开发压裂、多裂缝压裂和酸压为代表的储层改造工艺等，在改善老油田和低渗油田开发效果上的作用显著。(3)稠油开发方面，研发了高轮次吞吐后期提高吞吐效果的组合式吞吐技术，稠油冷采在激励油层出砂和高携砂能力的举升设备等关键技术也取得了较大进步。随着热采及水平井技术的进步，辽河油田曙一区超稠油产量从1996年的1.16万吨上升到2000年的108.4万吨，吨油操作成本显著下降。(4)地面系统积极采用不加热集输、简化计量、油气混输、高含水采油预脱水技术，简化了流程，减少了运行费用。通过推广注水系统节能技术、电力系统DSM技术，降低了系统能耗。

6. 积极探索勘探开发一体化，提高勘探开发整体效益。2002年对勘探开发业务进一步整合，制定了《中国石油天然气股份有限公司勘探开发工作指导意见》，2003年制定了《关于进一步推进勘探开发一体化工作的意见》。这些文件提出了勘探开发一体化规范运作的具体要求，统筹安排探明储量和新区产能建设，油藏评价投资实行计划单列。实践证明，实行勘探开发一体化运作模式，对提高勘探开发整体效益是大有益处的。一是解放预探力量，有利于更多、更大的发现；二是评价阶段勘探与开发相结合，实现了资料与成果共享，加快了油藏评价和产能建设的节奏，提高了效益；三是提高了储量动用率，确保了勘探开发整体效益。2003年提交探明地质储量4.39亿吨，2004年达到5.21亿吨，2005年达到5.61亿吨，油区新探明储量三年内动用率已接近90%。

新疆陆梁油田推行勘探开发一体化，有效集成勘探开发力量及各项技术，实现了油田高效勘探开发。2000年发现，2001年3月就已建成投产，2002年产油量达101.8万吨，到2005年连续年产在100万吨以上，产能到位率达到100%，勘探、开发经济效益都十分显著。

7. 适应新形势要求，修订了《油田开发管理纲要》。石油工业部在1979年颁布了《油田开发条例(草案)》，1988年颁布了《油田开发管理纲要(试行)》和《油藏工程管理规定》等五项具体的管理规定，对规范油田开发程序，明确工作要求，提高开发水平起了重要作用。进入21世纪以来，社会主义市场经济逐步完善，公司的管理理念和管理方式发生了很大变化，油田开采对象更加复杂，新技术广泛采用，对矿权、储量评估、健康、安全和环境高度重视，油田开发的条件发生了很大变化，迫切需要对原《纲要》进行修订。2003年经过收集资料，调查研究，专题讨论，2004年8月颁布了《油田开发管理纲要》。《纲要》共分总则、油藏评价、开发方案、产能建设、开发过程管理、开发调整与提高采收率、储量与矿权管理、技术创新与应用、健康、安全、环境、考核与奖惩以及附则共11章108条。2005年12月，股份公司勘探与生产分公司又制定了《油藏工程管理规定》、《钻井工程管理规定》、《采油工程管理规定》和《油田地面工程管理规定》。这些油田开发管理规章制度，使各公司在新形势下的开发管理工作中“有法可依”，提高了管理效率，促进了开发工作。

二、中国石油化工集团公司的油田开发工作

重组改制以来，中国石化所属油田通过提高新区产能建设效果，加强前期油藏评价，努力实现滚动勘探开发工作一体化，加大老油田整体调整挖潜力度，加强油田生产管理，强化油田稳产基础，开发水平不断提高。主要开发指标实现了“两稳两增”：即自然递减率稳定、综合含水稳定，油水井开井数增加、剩余可采储量增加，油田稳产基础得到了进一步加强。东部老油田实现了储采平衡，胜利油田年产油一直保持在2700万吨左右。西部塔河油田实现了连续上产，全公司原油产量1999年为3554万吨，2005年达到了3927万吨。

（一）坚定地实践“稳定东部，发展西部”战略，实现了东部油区原油产量基本稳定，西部油区快速上产

一是抓了东部油区深化精细油藏研究，细化油藏管理，完善注采井网，加强调剖堵水，扩展三次采油。2005年三次采油区块的年产油量已达387.3万吨，改善了东部老油区稳产基础，确保了东部油区原油产量的基本稳定。二是开展西部塔河缝洞型碳酸盐岩油藏开发技术攻关，应用动静态资料，按不同类型的缝洞单元进行开发，加快产能建设步伐。塔河油田于1997年发现，1999年开发，2005年产油达420万吨，保证了西部原油产量的快速增长。

东部油区自然递减稳定在15.5%左右，综合含水稳定在89.2%左右，“十五”期间产量趋于稳定，仅减少12万吨，减少幅度0.35%。西部油区原油产量由“九五”末的233万吨上升到“十五”末的470万吨，原油产量增加237万吨，年均上产47万吨。

（二）将增加可采储量作为工作主线，连续五年实现储量替代率超过100%

“十五”新老区已开发油田共计新增可采储量2.17亿吨，五年生产原油1.92亿吨，剩余可采储量增加0.25亿吨，阶段储量替代率113%。其中，东部油区储量替代率111%，西部油区储量替代率190%。连续五年储量替代率超过100%。

坚持滚动勘探开发，加强前期油藏评价，动用储量稳定增长。设立了滚动勘探项目，专门部署每年的滚动勘探开发钻井工作量，立足老油田周边滚动增储。“十五”期间，东部油田滚动探明石油地质储量2.15亿吨，年均增储4000万吨以上，滚动勘探开发新增的储量已全部动用，建成产能302万吨，占新区新建产能的38.2%。

对勘探有重大发现的地区及新探明的储量，加强油藏评价和开发前期工作，加快储量动用节奏和产能建设步伐。“十五”期间共评价动用储量3.7亿吨，比“九五”多动用4000万吨，提高了探明储量动用率。

（三）新区产能建设坚持优化部署，严格审批程序，确保较好的效果和效益

“十五”以来每年新区产能建设规模保持在300万吨左右，开发投资所占比重达到44%。为了降低风险、提高效益，逐步建立和完善了分级审查制度，即“32字方针”：总体部署，方案配套，分级控制，专家论证，对比筛选，滚动实施，跟踪分析，调整优化。

产能建设方案做到油藏、钻井、采油、地面和经济评价五配套，并组织业内专家从开发方式到井网、层系，从主导技术措施到钻采工艺配套，从集输流程到站库系统配置等各个环节严格把关，从源头开始抓优化投资决策，为新区产能建设项目取得最佳效益奠定了基础。在生产实施的过程中，通过分批下达、跟踪分析、及时调整，减少了低效、无效建设项目，确保了新区产能建设的效果与效益目标。

（四）加大老油田整体调整力度和水平井挖潜等配套手段，努力增加老油田可采储量，改善开发效果

根据“十五”油价的变化、油田开发的实际需要和调整技术的准备情况，老区调整挖潜力度明显加大。与“九五”相比，老区新钻井数增加1865口。老区近40%的区块进行了整体调整，新增可采储量7559万吨，占新增可采储量总量的35%，单井增加可采储量1.07万吨，老区采收率由2000年28.98%提高到2005年的30.74%，提高了1.76个百分点。

多层次深入开展注水大调查，为搞好老油田综合调整和改善水驱开发效果奠定基础。先后从油藏、井筒、地面、管理、科技五个方面进行了全方位的调查，进一步完善不同类型油藏注采井网，以精细油藏描述和剩余油分布研究为基础，狠抓精细注水开发，完善注采井网，加强注水工作，水驱控制程度由67.7%提高到71.1%，水驱动用程度由60.8%提高到63.2%，老井自然递减稳定在15.5%～16.6%之间，综合递减稳定在7.5%～8.0%之间，老油田新老井产量总递减由“九五”的7.6%降低至“十五”的4.9%。

（五）积极开展老油田技术改造，提高了开发设施的安全性和生产能力

“十五”期间，组织各油田对套损井、长停井、注水井井筒状况、地面系统进行了全面调查评价。公司领导及时决策，拿出70亿元专项资金开展老油田技术改造。在实施中，抓住井网治理和地面配套系统改造两个重点，改善老油田开发设施状况。

在井网治理上，利用更新、侧钻、大修技术，努力恢复长停井、长关井，恢复注采井网，共完成各类技改工作量4976口，“解放”了因注采井网不完善积压的储量，共计恢复水驱控制储量2.34亿吨，恢复水驱动用储量1.79亿吨，恢复可采储量3544万吨，恢复产能559万吨，开井率由76.3%提高到78.9%。

在地面系统改造上，三年共投入资金14.71亿元，改造各类站、库、配水间

1488座，更换各类干、支线2002千米，在一定程度上提高了地面系统的安全稳定的生产能力。

（六）加强科学研究，积极开拓创新，努力推广应用新技术

"十五"期间，开展了大量油田开发科学研究工作，取得了显著成效。胜坨油田一区高温高盐聚合物驱、孤东油田二元复合驱等现场试验，初步形成了系列配套技术，复杂断块油田、塔河油田奥陶系碳酸盐岩缝洞性储层开发技术研究等都取得了巨大进展，保证了油田增储上产。

1. 高温高盐油藏化学驱提高采收率技术。胜利油田已在孤岛油田大面积实现了聚合物驱，与此同时研发了耐温抗盐性能和驱油效果好的配方体系，形成了耐温抗盐聚合物驱提高采收率系列技术。在胜坨先导试验区见到效果后，已在胜一区扩大试验区、胜二区、坨11南、辛50四个区块实施，动用地质储量达4674万吨。河南油田下二门H2Ⅲ油组（50℃）耐温抗盐低浓度交联聚合物驱油先导试验，已实现吨聚合物增油116.4吨，提高采收率6.65个百分点，化学剂费用降低24.5%。

2. 复杂断块油田提高采收率技术。建立了断块油田低序级断层组合与描述方法，开展了不同类型断块油藏剩余油分布、细分层系、合理井网研究，形成了适合七类断块油藏的复杂结构井筛选标准及优化设计技术。在胜利、中原复杂断块油田推广应用后取得了较好的效果，共覆盖地质储量3.9亿吨，累计增加可采储量1802万吨。

3. 塔河油田碳酸盐岩开发技术。以"塔河油田四区碳酸盐岩油藏开发关键技术研究与应用"为龙头，从地质研究、开发调整、采油工艺研究等方面开展了大量的研究工作。初步划分和描述了不同缝洞单元的三维空间展布，对缝洞单元水体的赋存状态、见水类型、压力变化、合理产能、合理生产压差等进行了研究，对主要缝洞单元分进行了开发效果评价以及井网适应性分析，初步确定了油田开发调整的原则。除此之外，对塔河油田储层改造、井筒工艺等也进行了进一步的研究。

（七）从长远考虑，从基础抓起，逐步完善油田开发管理制度

中国石化企业重组后，尤其是股份公司成功上市后，开发系统从长远考虑，努力由管理油藏向经营油藏转变，从基础抓起，逐步完善各项制度。

一是形成了优化决策程序，从源头抓开发效益。在方案决策中做到了按效益指标优选排队，实行分级审查制度。二是开展了项目后评估。对已实施的项目进行后评估，总结经验教训，以利于改进和提高研究水平、管理水平、决策水平。三是对产能、可采储量、未动用储量实行年度跟踪管理。形成了规范的年度部署图册、年度开发总结报告、开发数据手册，方便了科研及管理工作。四是加强精细注水管理。胜利、中原建立了分公司、采油厂、作业区三级注水管理机构，其他油田也建立

了各具特色的管理机构。各油田都制定了注水管理制度，把注水管理工作同油田开展的“创优、争强、夺牌”基层队建设以及中石化组织开展的五项劳动竞赛活动结合起来，充分调动了厂、矿、站对注水工作的重视程度和积极性。

截至2005年底，中国石化所属油田企业投入开发油田共计187个，投入开发的石油地质储量52.6亿吨，占已探明储量的78.7%，可采储量14.8亿吨，采收率28.1%。共有采油井30772口，开井24955口，日产油水平108190吨，单井日产4.3吨，累计产油111021.2万吨，地质储量采油速度0.75%，采出程度21.1%，可采储量采出程度75.3%，剩余可采储量采油速度10.7%。共有注水井10523口，开井8036口，年注水量28121万立方米，平均单井日注水96.3立方米。

三、中国海洋石油总公司的油田开发工作

中国海油经过全面对外合作阶段，对外合作与自营并举阶段，尤其20世纪90年代后期高速高效发展阶段，产量增长很快。渤海、南海、东海都开发了油田，1995年产油842万吨，1998年产油1632万吨，2005年达到了2789万吨，是这一时期中国石油产量增加的主力。

中国海油重视早期油藏评价，采用优质快速钻井技术，提高油井产能的开采工艺和安全可靠高效适用的海工技术。根据不同油藏类型，采取不同的开发方法。第一类是背斜、海相储层的中小油田，充分利用天然能量，进行高速开采，采油速度4%~10%。采用生产平台、单点系泊、浮式生产储油装置“三大件”等设施进行开发建设。第二类是背斜、重质油的大中型油田，多采用面积注水，2%的采油速度。第三类是复杂断块、岩性和潜山油田，采取边勘探，边开发，边试生产，油田群开发的模式。

中国海油在实践中研究形成了海上地震采集处理、海上油气田完井及延长测试、海上复杂油气田开采、海上油气田工程设计建设和安装、海上油气管道铺设等十大配套技术，为海上油田开发持续发展创造了条件（详见海洋石油篇）。

三大石油公司以外，其他石油公司发展也很快。延长油矿在特低渗透油田开发中，不断加深老油田的认识和挖潜增效工作，推行丛式井，扩大注水开发，改进压裂工艺，探采结合，重新组合了陕北地方石油企业，2005年产油量达到838万吨。由中国海油、中国石化和上海市所属企业组成的上海石油天然气总公司成功地开发了东海平湖油田，2005年产油25.30万吨。广西田东油田坚持因地制宜开发小油田，年产油基本保持在3万吨左右。

2005年底全国已开发油田剩余可采储量17.05亿吨，加上未开发油田的剩余可采储量共计27.43亿吨，储采比15.12∶1，具有较强的发展基础。

2005年全国石油产量表

单位/油田	年产量(万吨)	备注
全国合计	18146	
中国石油天然气集团公司小计	10595	
其中:大庆	4495.10	
辽河	1242.01	
新疆	1165.36	
长庆	940.00	
塔里木	600.06	
吉林	550.57	
大港	509.95	
华北	435.10	
青海	221.49	
吐哈	209.84	
冀东	125.02	
玉门	77.00	
西南	13.81	
南方	10.07	
中国石油化工集团公司小计	3927	
其中:胜利	2694.54	
西北	420.01	
中原	320.01	
河南	187.15	
江苏	164.00	
江汉	95.61	不含八面河油田产量
上海	25.30	
华东	18.00	
华北	10.00	
东北	4.72	
南方	3.03	
中南	0.90	
西南	0.80	
西指	0.70	
中国海洋石油总公司小计	2789	
其中:渤海	1283.04	
南海东部	1153.69	
南海西部	327.17	
东海	25.30	
延长石油(集团)	838.24	
上海石油天然气总公司	25.30	
广西田东	3.33	

说明:产量含凝析油;小计及合计中扣除了单位间交叉的数字。

第六章 天然气勘探开发

中国是发现和利用天然气最早的国家，但是，解放以前天然气工业极为薄弱，只找到了几个小气田，累计探明天然气地质储量不到4亿立方米，1949年中国天然气年产量仅0.1亿立方米。新中国的成立为中国天然气工业的发展提供了新的发展机遇。

1950—1959年期间，中国天然气勘探开发的大量工作集中在四川盆地南部的二、三叠系，基本是“一花独秀”。这个时期全国累计探明天然气地质储量179亿立方米，平均年增储量不到20亿立方米，天然气年产量为2.9亿立方米。

1960—1985年期间，由于东部大庆、胜利、大港、辽河、冀中和中原等大型油区的不断发现，石油地质储量大幅度增加，其伴生产物——溶解气探明地质储量也大幅度增加，累计探明溶解气地质储量5217亿立方米。与此同时，天然气（即气层气）勘探也逐步得到加强，累计探明气层气地质储量3780亿立方米，平均年增约150亿立方米。这个时期天然气（即气层气）勘探的重点依然为四川盆地，1964年发现了威远震旦系气田，探明地质储量400亿立方米，是当时中国最大、最重要的发现；70年代早期川西地区发现了中坝三叠系中型气田，探明地质储量100亿立方米以上；1977年相国寺石炭系气藏发现后，低潜构造钻探连续发现气田，其中卧龙河气田天然气探明地质储量达到284亿立方米。这期间四川盆地累计探明天然气地质储量1931亿立方米，占同期中国天然气储量的50%以上。其他探区在石油勘探的同时兼探天然气，也发现和探明了一批中小型气田和与油藏伴生的气藏，累计天然气探明地质储量1849亿立方米。其中渤海湾盆地发现了文留、苏桥、板桥和兴隆台等气藏，探明地质储量规模在100亿立方米；塔里木盆地发现柯克亚凝析气田，探明地质储量达232亿立方米。天然气勘探的大发现促进了天然气的开发，1976年中国天然气产量突破了100亿立方米，其中四川盆地年产气43亿立方米，成为中国最大天然气生产基地。1985年中国天然气产量达到128亿立方米，其中气层气产量占50%，气层气与溶解气产量各占半壁江山。

1986—2005年期间，中国天然气勘探开发以陆上中西部地区和海域地区为主快速发展，取得了令人振奋的成就。这期间累计探明天然气地质储量4.7万亿立方米（不含溶解气），平均年增储量2353亿立方米。2005年中国天然气年产量跃居世界产气国第16位，达到了490亿立方米。其中气层气产量接近80%，是1985年的6倍。与此同时，建成了"陕—京线"、"陕—京二线"、"轮南—上海"、"涩—宁—兰"、"忠县—武汉"、"崖城—香港"、"平湖—上海" 等长距离输气管线，实现了"西气东输"、"海气登陆"和"川气东送"。回顾这20年，中国天然气勘探开发经历了攻关突破（1986—1990）、气田大发现与天然气产量稳步增长（1991—1999）和快速发展（2000—2005）三个阶段。三个阶段中天然气储量连续上了三个台阶，产量大幅度提高，形成了塔里木、鄂尔多斯、四川、柴达木、莺—琼、东海等"六大"供气区，揭开了松辽盆地深层天然气勘探开发的序幕，呈现出"多花争艳"局面，完善了天然气地质理论，提高了勘探开发技术，煤层气的勘探也取得了可喜的成就。

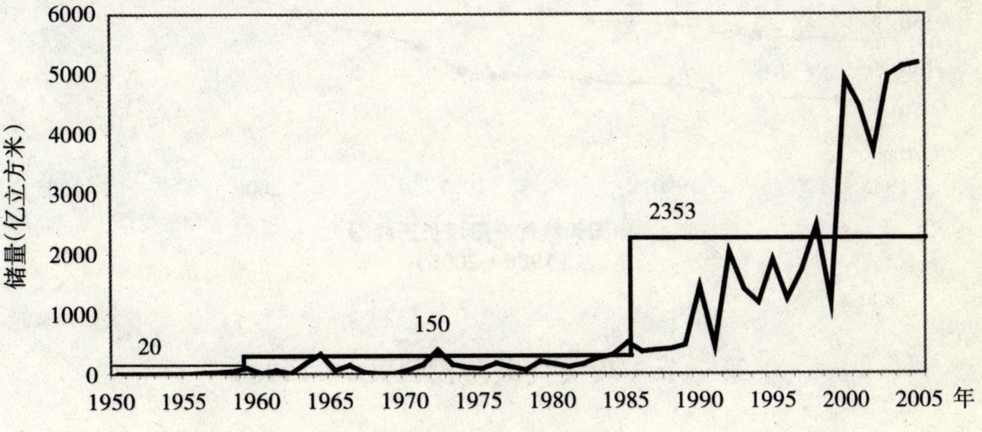

中国天然气勘探历程图

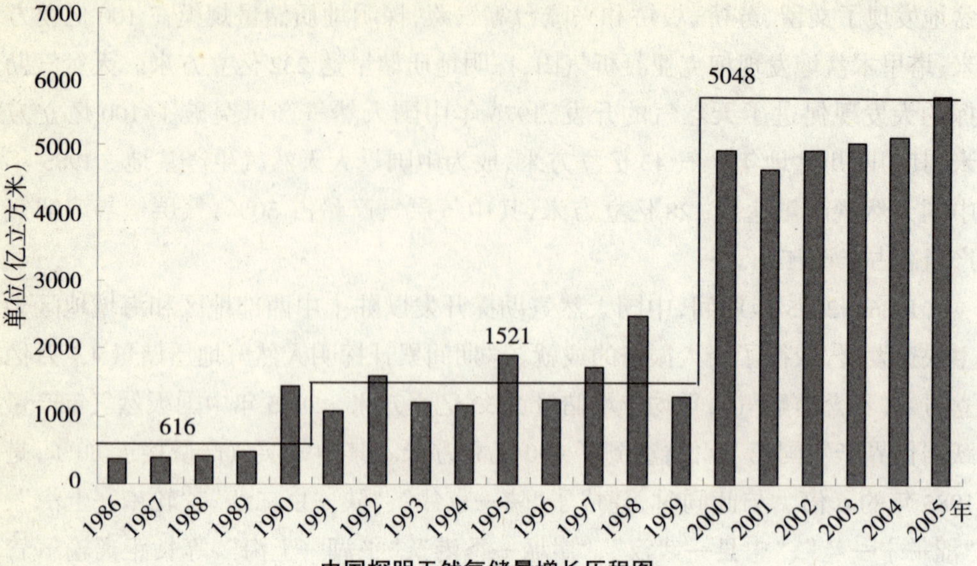

中国探明天然气储量增长历程图
（1986—2005）

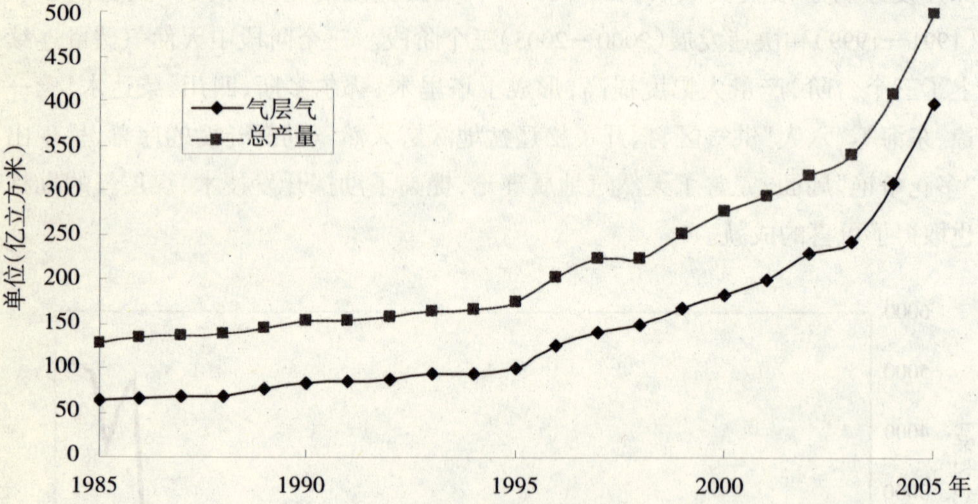

中国天然气产量增长历程图
（1986—2005）

第一节　攻关突破阶段（1986—1990）

“七五”初期，基本维持了气藏气与溶解气并重的状况，石油勘探的同时新增溶解气探明地质储量 1537 亿立方米，仍占全部天然气储量的较大比重。在“六五”展开煤成气专题研究的基础上，“七五”期间又开展了“大中型气田勘探方向及目标研究”，始终坚持进行天然气生成与成藏规律科技攻关。天然气成因理论由油型气“一元论”发展为煤成气和油型气“二元论”，开阔了找气思路。同时，开展了沙漠地震、黄土塬地震和山地地震等技术攻关，为寻找天然气新领域准备了技术条件。随着石油勘探开发难度增加，天然气作为清洁能源，日益显示出十分重要的位置。国家也从组织机构设置上加强了天然气勘探，1984 年国家经委批准石油工业部成立天然气公司，1986 年改为天然气工业司。石油工业部要求“把天然气勘探放在与石油勘探同等重要的位置”，还明确提出了“油气并重”和“天然气实行专探”等一系列加快发展天然气的方针和措施。各油田企业也按照要求和自己的情况，相继建立了天然气的管理和科研机构。1987 年国家又实行天然气商品气量包干政策，“以气养气”筹措资金，扩大了天然气勘探投入。同年 10 月石油工业部在河北省涿县召开的中国石油勘探工作会议，制定了加快天然气勘探的总体部署。即：立足于寻找高产、高丰度的大中型气田，使天然气储量有个大的增长；加快重点地区勘探步伐，努力开辟几个新气区。该阶段在地质理论、勘探技术和组织机构、资金保证以及指导思想和部署安排上，确实加强了天然气专探工作。进一步对四川盆地新领域进行探索，对鄂尔多斯盆地、柴达木盆地、塔里木盆地、莺—琼盆地等新气区整体探索，加速了天然气勘探进程。“七五”后期终于获得了一系列突破，显现了新气区的雏形。1986—1990 年，中国累计增加天然气探明地质储量 3082 亿立方米，平均年增 616 亿立方米，是“六五”的 2.3 倍。1990 年中国天然气产量 152.2 亿立方米，其中气层气 82 亿立方米，基本建成了一定规模的天然气工业体系。

一、川东石炭系勘探取得重大突破

四川盆地面积 18 万平方千米，是中国含气十分丰富的老气区。随着 1977 年相国寺石炭系气藏的发现，低潜构造石炭系气藏成为“六五”增加储量的重要领域，但对高陡构造的钻探基本都失利了。1984—1988 年进行科技攻关，在高陡构造区部署数字地震进行连片详查，并以大池干高陡构造为对象进行重点解剖，认真总结经验，通过反复实践和认识，建立了一套以地质、地球物理模式为核心的地震处理和解释工作程序，提高了对高陡构造的认识程度。认识到高陡构造在地下已经解体，地面构造高点之下存在断层、陡带和凹部，但两翼断层下盘存在潜伏背斜，构造两端存在潜高和次高点。对高陡构造地质认识的提高，带来了高陡构造石炭系勘探的大发展。1987—1990 年高陡构造获得突破，相继发现了大池干构造带的龙头、吊钟坝、磨盘场、高峰场石炭系气藏，七里峡构造带的双家坝、檀木场、高桥石炭系气藏，大天池构造带的五百梯、龙门—明达石炭系气藏，铁山构造带的铁山、云和寨石炭系气藏，云安场构造带的冯家湾石炭系气藏等。这个时期石炭系高陡构造气藏新增天然气储量 390 亿立方米，占同期四川盆地新增天然气储量的

46%，保证了老气区储量的持续增长，也为四川盆地提供了现实的天然气勘探领域。

二、五大勘探进展为储量的增长奠定了基础

在新的天然气地质理论指导下，运用勘探技术的攻关成果，对含气有利盆地积极进行探索，获得了一些重大突破。

一是石油勘探开发研究院和长庆油田经过深入地综合研究，首选鄂尔多斯盆地作为科学探索的重点，天然气勘探取得了重大进展。1988 年 1 月在林家湾构造部署钻探科学探索井——陕参 1 井，完钻后酸化测试日产气 13.9 万立方米，发现了奥陶系风化壳气藏。与次同时，在距陕参 1 井东北 40 千米处的榆 3 井也在同一层位酸化后日产气 12.58 万立方米，预示着盆地中部地区可能为一大型气田。

二是莺—琼盆地是南海海域的莺歌海盆地和琼东南盆地的简称，1983 年发现崖 13-1 气田，“七五”进行评价钻探，获得高产气流，提交探明地质储量 907 亿立方米（2003 年复标储量为 978.5 亿立方米，302 万吨凝析油），是当时中国储量最大、产量最高的气田，也使莺—琼盆地成为继四川盆地之后第二个储量千亿立方米的气区。

三是继 70 年代末在塔里木盆地发现柯克亚凝析气田以后，1984 年地矿部西北石油局钻探的沙参 2 井在寒武系中获得高产油气流，发现了雅克拉凝析气田。中国石油总公司塔里木指挥部 1989 年 10 月位于塔克拉玛干沙漠腹地的塔中 1 井奥陶系喷出高产油气流，日产原油 576 立方米，天然气 34.07 万立方米。上述两项突破揭开了塔里木新气区的“面纱”。

四是柴达木盆地第四系勘探成果进一步扩大。继六七十年代就发现了独特的第四系气田之后，1989 年又发现台南气田，取得了新的地质认识，对涩北一号、二号气田进行重新评价，天然气地质储量上了新的台阶。涩北一号、涩北二号和台南 3 个气田地质储量都达到 100 亿立方米以上，大型气田初见端倪。

五是东海盆地“六五”开始探索，西湖凹陷天然气勘探取得突破，1983 年发现平湖气田。“七五”期间对平湖气田进行评价钻探，提交天然气探明地质储量 170 亿立方米，属于中型气田。同时对其他构造进行钻探，在 5 个构造获得工业气流。初步奠定了东海新气区的基础。

三、天然气产量稳步增长，四川盆地仍是气层气生产的主力

这个时期，在天然气勘探大好形势的推动下，天然气的开发生产出现良性循环的好势头。“七五”期间新动用气层气地质储量 1350.86 亿立方米，新建生产能

力 41.99 亿立方米，天然气的储采比由“六五”末的 10 : 1 提高到 12 : 1，彻底扭转了“六五”期间天然气产量曾经一度下滑的不利局面。

天然气生产、外供主要集中在四川盆地和东部油区。气层气生产以包括赤水、建南气田在内四川盆地为主。四川盆地是当时气层气的主要产区，到 1990 年四川的天然气产量达到了 64.3 亿立方米，占中国气层气产量的 78.4%，占中国外供气量的 65%。溶解气生产以包括松辽盆地和渤海湾盆地内大庆、辽河、大港、华北、胜利、中原等油区的东部油区为主，溶解气产量占中国的 50%，外供气量占中国的 35%。1990 年中国天然气产量达到 152.2 亿立方米。

这个时期，采气、地面集输等工艺技术也有较大的进步。在四川盆地基本形成了排水采气、低渗气藏压裂酸化、砂岩气藏查层补孔、出砂气井先期防砂、低压小产气井增压开采、高低压分输的整体工艺技术。地面工程方面除个别边远气井和少数含硫气井外，大多数气田均纳入集输管网，地面集气、脱硫、净化、输气配气基本形成系统工程。另外，“七五”建成的北干线输气系统，也为改善和扩建天然气打下基础。

与此同时，一些新技术也得到应用，如地震、数值模拟、RFT 测试、高精度地层测试等也开始在气田推广，在四川新气田开发方案编制、中原文 23、白庙气田的构造识别、柯克压凝析气田循环注气开发方案编制等方面发挥了不可低估的作用。

第二节 气田大发现与天然气产量稳步增长阶段（1991—1999）

在前一时期天然气科技攻关成果和积极探索重大突破的基础上，1991—1999 年大大加强了科研队伍，科研成果累累，勘探思路更加开阔。一方面对已发现气田按科学程序进行评价勘探；另一方面对新领域积极进行探索，取得了重大进展和发现，基本形成了四川、鄂尔多斯、塔里木、柴达木、东海和莺—琼等六大气区。新发现和探明证实 9 个大气田和 32 个中型气田，其中靖边气田为特大型气田，天然气探明地质储量 2909 亿立方米。这个时期，中国累计气层气探明地质储量 1.37 万亿立方米，平均年增 1521 亿立方米，是前一阶段的 2.5 倍。另外，1991—1999 年增加溶解气储量 3683 亿立方米，平均年增 409 亿立方米。

天然气开发按照“油气并重”的方针部署，1995 年启输的海气登陆管线和 1996 年启输的陕—京输气管线，有力拉动了天然气生产，鄂尔多斯、莺—琼气区的投产基本扭转了单一气区供气的局面。在四川盆地对重点老气田采用数值模拟跟踪、排水采气等技术，基本做到了重点气田综合不递减。针对鄂尔多斯气区的靖边气田和四川盆地的川东大天池构造带，做好开发准备，发展了气藏早期评价、低渗气田等时试井、压裂酸化提高产能的配套技术；在东部油田溶解气生产地区，进行地面集输流程改造、油罐和套管气回收技术，使主要油田溶解气输差降低了10个百分点，年节气约2亿立方米。1999年中国天然气产量为252亿立方米，比1990年增加100亿立方米，年均增长10亿立方米；其中气层气产量169亿立方米，年均增长速度为8.7亿立方米。

一、四川气区鲕滩勘探获得新的突破，天然气产量稳步增长

1991—1999年四川盆地继续以川东石炭系气藏为主要目标进行勘探，发现并探明了沙坪场、西河口等气田。该时期川东石炭新增天然气地质储量1883亿立方米，占四川盆地同期新增储量的56%。此外川东三叠系下统鲕滩气藏勘探获得进展，成为继石炭系之后的接替领域。1963年在石油沟构造巴3井飞仙关组鲕粒灰岩获日产气4.44万立方米，首次在四川盆地发现了飞仙关组鲕滩气藏。20世纪90年代以前发现了建南、铁山等储量规模较大鲕滩气藏。1995年中国石油天然气总公司新区勘探事业部在渡口河构造上首钻的渡1井，主要勘探目的层为石炭系，钻至茅口组时，发生强烈井喷，折算日产气497万立方米，从而发现了渡口河飞仙关组鲕滩气藏。随后根据“亮点”理论在渡口河构造部署的渡2、渡3、渡4井在飞仙关鲕滩均获发现，测试日产气16.9万～54.18万立方米，探明天然气地质储量271.65亿立方米，鲕滩作为石炭系的接替领域已基本明朗。

气田开发方面广泛采用开发早期介入及新工艺、新技术，确保了“八五”期间产量在低储采比条件下稳中有升。“九五”期间天然气储量与储采比快速增长，天然气产量快速达到75.6亿立方米，呈现台阶式发展的形势，实现了储量和产量从波浪式发展到良性协调发展的历史性转变。在沙坪场石炭系气藏的开发建设中，为了保证储层评价和精细描述的要求，采用气藏描述、地震资料处理及高产井位预测技术，预测了有利储层发育区，对原拟定的10口开发井进行了逐井论证，对落在储层较差区的5口井仅选用1口井进行验证，结果表明有利储层发育区的5口井均取得了好的效果，无阻流量为68万～302万立方米，部署在储层较差区的1口井仅为11万立方米。在五百梯石炭系气藏的开发方案的编制中，采用数值模拟技术发现该区存在一个石炭系地层减薄带，及时修改了地质模型、核实了天然气地质储量，保证了开发井的成功率。在开发工艺方面低渗改造和一井两层等技术也取得了长足进步，为老气田的旧井挖潜增效作出了显著贡献。

1991—1999年四川盆地新增天然气地质储量3383亿立方米，占全国气层气储量的25%。1999年四川盆地天然气年产量75.6亿立方米，占中国气层气产量

的 45%。虽然储量、产量比重有所下降，但依然是中国的主要气区。

二、鄂尔多斯气区下古生界迅速探明和开发，上古生界勘探获得突破

经过“六五”、“七五”天然气科技攻关和勘探实践，基本明确了鄂尔多斯盆地古生界成气地质条件，勘探布局日趋合理，主攻靶区逐渐明朗，盆地中部以其有利的成藏条件逐渐成为天然气重点勘探战场。1989 年陕参 1 和榆 3 两口发现井双双告捷，分别获得日产 28 万立方米和 13 万立方米的工业气流，接着陕 5、陕 6、林 1、林 2 等评价井相继出气。以“立足大场面，瞄准大气田”为目标，1991—1992 年在靖边中区以南部署的陕 12、陕 13、陕 14、陕 15 井在奥陶系获工业气流，在靖边中区以北部署的陕 11、陕 17、陕 18 井在奥陶系获工业气流，基本控制了大气田的含气范围。1993 年以后，勘探工作继续向南、北扩展，到 1995 年底，位于陕西省靖边—志丹—安塞，直至内蒙古自治区的乌审旗一带的靖边气田下古生界气藏基本探明，获得天然气探明地质储量 2871 亿立方米。靖边气田下古生界气藏是中国当时发现的最大气田，在世界排名列第 85 位。

鄂尔多斯盆地下古生界奥陶系风化壳气藏发现后，开发工作提前介入，开展了以开发前期评价为主的一系列专题研究，参与落实储量和产能评价研究，提出了资料录取要求，先后编制了“开发可行性研究报告”、“开发概念设计”、“探井生

长庆靖边气田创造了可靠、先进、经济的开发模式。

产方案”等，大大加快了勘探开发进程。初步形成了储集层综合评价技术、储层横向预测技术、优化布井技术、气井产能评价技术、采气工艺技术和地面集输等一整套适应下古气藏地质特征的低渗气藏开发配套技术，较好的解决了气田开发的关键问题，为实现气田的高效开发奠定了基础。1997 年初开始大规模产能建设，同年 9 月通过陕京线输送实现了向北京供气。截至 1999 年年底，鄂尔多斯气区总的生产能力 22.17 亿立方米，年产气 12.07 亿立方米。

在探明开发下古生界气藏的同时，紧抓上古生界天然气勘探。1995 年在榆林地区陕 141 井山西组获高产气流。随后勘探范围向东西不断扩展，在上古生界相继发现和探明了榆林、乌审旗、米脂等大型气田。

三、塔里木气区天然气勘探获得突破

1989 年塔里木会战以来，塔里木盆地的天然气勘探在塔北隆起、巴楚断隆、库车坳陷取得重大进展。

塔北隆起：1991 年 5 月桑塔木断裂构造带上的吉拉克背斜轮南 57 井测试日产气 28.87 万立方米，发现了吉拉克三叠系气藏。同年 11 月在轮南 59 井发现了吉拉克石炭系气藏。英买力构造带上的英买 9 井首次在下第三系获得突破，发现了英买 7 凝析气藏，接着高效、快速的拿下了塔北凝析气田群。截至 1999 年年底，已发现凝析气田 9 个（吉拉克、吉南 4、英买 7、牙哈、羊塔克、提尔根、红旗、玉东 2、雅克拉），在 4 个油田发现气顶或气层气藏（东河塘、桑塔木、解放渠东、塔河）。1991—1999 年，在塔北隆起上累计探明天然气地质储量 1399 亿立方米。

巴楚断隆：1995 年海米罗斯构造带鸟山构造上的山 1 井于奥陶系顶部白云岩获日产 12 万立方米工业气流，证实了巴楚断隆具备天然气成藏的基本地质条件。1997 年位于构造带东部的玛 4 井在石炭系—奥陶系中途测试，日产天然气 10.4 万立方米，首次发现了台盆区碳酸盐岩大气田——和田河气田，探明天然气地质储量 616 亿立方米。

库车坳陷：1998 年依南 2 井、克拉 2 井在侏罗系和下第三系的突破，1999 年吐孜 1 井在下第三系获得高产气流，预示了良好的天然气勘探前景。

截至 1999 年年底，先后在塔里木盆地“三隆两坳”取得重大发现和突破。即在巴楚和塔中隆起发现奥陶系、石炭系油气富集带、塔北隆起第三系凝析油气富集带；塔西南坳陷上第三系凝析气田和库车坳陷克拉苏—依奇克里克中、新生代煤成气富气带。证实“三套两相”（即下寒武统、中上奥陶统海相源岩和下侏罗统陆相源岩）烃源生油层，发现了第三系到奥陶系 5 套含气层系。

天然气勘探的大发展促进了开发方面积极早期介入。以库车富气区为主开展了包括和田河气田在内的多项气藏地质、气藏工程、采气工程、地面工程早期评价和包括克拉 2 及塔北凝析气田在内的多项初步开发方案研究,为“西气东输”资源论证做好了准备。在牙哈凝析气田的产能建设过程中,通过采用新工艺、新技术,优化钻井工艺等,使百万吨产能建设投资从 28 亿元降到 20 亿元,从而使注入井底压力 63MPa 的超高压循环注气的产能建设投资与中国平均水平基本持平。

四、青海气区储量突破千亿立方米,并步入试采阶段

柴达木盆地三湖天然气的勘探加强了综合研究,对天然气藏认识和气层识别技术上有了较大提高,利用少量评价井,使三湖地区第四系累计天然气探明地质储量达到 1343 亿立方米,新增 750 亿立方米,涩北 1、涩北 2、台南气田进入大气田的行列。此外,还在盆地北缘发现了南八仙第三系气田,冷科 1 井钻遇了巨厚的侏罗系烃源岩。截至 1999 年年底, 柴达木盆地 9 个气田已累计探明天然气储量 1472 亿立方米。

在勘探突破的同时,柴达木盆地气田开发迅速展开,建成了涩—格、仙—敦等多条输气管线。开发上针对气田疏松易出砂、气水边界复杂易出水和含气气层井段长开发层系划分难度大等特点,以涩北一号气田为代表开始试采,探索开发经验,保障了天然气开发利用的大发展。1999 年柴达木盆地建成天然气产能 5 亿立方米,年产气 3.6 亿立方米,成为崛起的第三供气区。

五、莺—琼气区崖 13-1 气田投产建设,实现了海气登陆

90 年代初期, 崖 13-1 气田由中国海洋石油总公司与美国阿科石油公司、科威特科佩可石油公司联合着手气田的开发工作。1995 年 9 月崖 13-1 气田正式投产, 向香港和海南供气。气田以 3.9%的速度生产, 年产气能力 35 亿立方米,使莺—琼盆地成为又一供气区。崖城 13-1 气田采用半海半陆开发方式,主要工程设施由海上生产平台、南山终端、香港干气接收站以及两条海底管线组成。两条海底管线,一条由海上生产平台铺至香港烂角嘴终端,外径 28 英寸,长 778 千米,为亚洲最长、世界第二的海底输气管线;另一条从海上生产平台铺到海南岛南山终端,外径为 14 英寸,长 91 千米。

崖 13-1 气田开发建设的同时,莺—琼盆地其他区带的天然气勘探也取得了显著的成果。1992 年钻探东方 1-1-1 井,仅获低产气流;接着以浅层为目的层钻探东方 1-1-2 井,获日产 100 万立方米高产气流,发现东方 1-1 气田,储量达 997 亿立方米,是海上最大的天然气田。随后又发现了乐东 15-1、22-1 气田。上述 3 个气田共探明天然气地质储量 1607 亿立方米,展示了受披覆构造、泥底辟构造控

制的富气带前景。

六、东海气区天然气储量继续增加，平湖天然气输往上海

在东海盆地的西湖凹陷发现平湖凝析气田后，又在西部斜坡带和中央褶皱带南段发现了春晓和天外天2个油气田和3个含油气构造。1991—1999年东海盆地新增天然气探明地质储量671.55亿立方米，使东海盆地成为中国近海重要的含气区。平湖气田由中国海油、上海市及地矿部联合开发，1999年3月正式投产。

第三节　天然气快速发展阶段（2000—2005）

2000—2005年国内各大气区又有新的重大发现或重要进展，六大气区真正成为供气区，并发现松辽新气区，连接主力气源区和消费地的“西气东输”、“平湖—上海”、“忠汉线”等天然气管道相继建成，实现了“西气东输”、“川气东送”等世人关注的宏伟工程。2000—2005年全国新增天然气探明地质储量3.03万亿立方米，平均年增5048亿立方米，为上一阶段的3.3倍，进入了储量增长高峰。其中，中国石油新增天然气探明地质储量2.06万亿立方米，占全国的67%，发现探明的克拉2、罗家寨等大型气田，占有主导地位。中国石化新增天然气探明地质储量0.90万亿立方米，占全国的30%，发现探明了普光、大牛地等大型气田；中国海油新增天然气探明地质储量0.09万亿立方米，占全国的3%。2005年中国天然气产量490亿立方米，其中，中国石油366.67亿立方米，中国石化63亿立方米，中国海油57.53亿立方米。

一、鄂尔多斯气区勘探开发取得好成绩，成为“西气东输”的先锋

鄂尔多斯盆地1995年在榆林地区再次展开了以上古生界为目的层的天然气勘探。随着勘探范围向东西不断扩展，相继发现和探明了靖边、榆林、乌审旗、苏里格、米脂、大牛地等6个超过千亿立方米规模的大型气田。截至2005年年底，上古生界累计探明天然气储量1.3万亿立方米，占盆地探明储量总量的81%。

开发生产方面也取得了令人鼓舞的成绩：一是全面建设和管理了靖边气田，靖边气田于1997年起逐年投入开发，共计探明天然气地质储量2871亿立方米，到2003年年底整体建成55亿立方米的年生产能力。在2004年生产动态分析和周边滚动评价的基础上，2005年续建产能8亿立方米，增强了气田的稳产基础。据动态预测，通过进一步滚动扩边，并实施增压开采等工艺措施，靖边气田可稳产到2010年以后。二是上古生界投产的第一个气田（榆林气田）于2005年投产，年

长庆苏里格气田合作开发签字仪式。

产能力20亿立方米，是上古生界投产的第一个气田，稳产形势良好。并且对长北、苏里格等气田开展了多项科学研究与试验，为下步的正式开发奠定了基础。三是外输管网和外输气量不断增加，截至2005年，鄂尔多斯气区累建产能80亿立方米，年产气75.3亿立方米，位居中国第二，形成了向北京、西安、宁夏、内蒙古等地辐射性供气网络。

长庆天然气在西气东输工程中起到了先锋的作用。2002年7月，国家实施西部大开发战略的标志性工程——“西气东输”工程在北京人民大会堂举行了隆重的开工典礼。“西气东输”工程西起新疆塔里木盆地，东至上海白鹤镇，途经鄂尔多斯气区，一期工程设计年输气量120亿立方米，总投资近1400亿元，是国内迄今口径最大、压力最高、输量最多、距离最远的一条天然气管道。2003年10月1日，西气东输工程东段建成贯通，10月7日鄂尔多斯盆地天然气成功抵达上海白鹤镇末站。

二、塔里木气区投入开发，成为“西气东输”的主力

库车前陆盆地地面地下复杂，1993年重新钻探库车坳陷。第一、二口井（东秋5井、克参1井）目的层都是侏罗—白垩系，因为断裂造成地层多次重复，两口井都未钻达主要目的层。第三口井克拉1井由于地震资料品质较差，构造南翼回倾不落实，断层两侧砂层对接，也没有成功。但是地质家们始终认定，库车坳陷油气

资源丰富；克拉苏构造带是最现实、深度又可达到的最有利构造带。为此，1997年又坚持部署了5口探井，其中，依南2井在依奇克里克构造带深层首次发现了下侏罗统阿合组天然气层。克拉2井发现了整装、优质的克拉2大气田，当年控制天然气地质储量1850亿立方米，是当时塔里木发现的最大天然气田。至2005年，克拉2气田共计探明天然气储量2840亿立方米，在中国单个气田中也名列前茅。另外，2002年还在迪那2号提交天然气探明储量808亿立方米，2003年乌参1井在白垩系舒善河组取得重大突破，预测气层气地质储量1109亿立方米，展示库车前陆盆地良好的勘探前景。截至2005年年底，塔里木累计探明天然气储量7307亿立方米，为"西气东输"提供了资源保证。

90年代发现、2000年正式投入循环注气开发的牙哈凝析气田是中国探明储量规模最大的凝析气田，具有埋藏深、凝析油含量高、高温高压、高含蜡、低地露压差等特点。针对其开发中存在的一系列难题，以提高凝析油采收率和气田高效开发为目标，组织多学科联合攻关，形成了一套适合超深高压凝析气藏开发的技术系列，取得了丰硕成果，建成了中国产能规模最大、第一个整体采用早期循环注气开发的凝析气田。该气田的开发，使得中国在超高压凝析气田的开发方面已经达到或超过世界先进水平。

2003年8月28日，"西气东输" 源头工程克拉2气田产能建设工程正式启动。根据开发方案设计，气田单井产能可达到300万～350万立方米/天，以年产

2004年10月1日"西气东输"工程全线投产。

气100亿立方米的规模，预计可稳定向“西气东输”管道供气17年。2004年9月1日，作为塔里木“西气东输”的“先锋气”首先供气，10月1日抵达上海，“西气东输”管线全面投产，至此塔里木气区成为西气东输的主力气源。2005年，塔里木气区年产气56.8亿立方米。

三、四川鲕滩储量接近4000亿立方米，实现了“川气东输”

继1995年发现渡口河鲕滩气田以后，2000年中国石油西南油田公司在罗家寨构造钻探的罗家1井、罗家2井发现了罗家寨气田，接着又钻探了罗家4、6、7、8井，2002年探明了罗家寨气田，储量为581亿立方米。随后中国石化南方公司在四川盆地的天然气勘探取得了更加喜人的成绩，发现并探明了普光气田，成为四川盆地最大的天然气田。普光气田储层物性好、厚度大，平面上储层分布相对稳定，探明地质储量为2175亿立方米。另外，中国石油还发现了铁山坡和滚子坪气田。至2005年，四川盆地鲕滩气藏共计提交天然气探明储量3745亿立方米，鲕滩已成为四川盆地储量增加的主力层系，展示了川东飞仙关组勘探的良好前景。

天然气储量的增长推动了忠武线的建设，实现了几代石油人的夙愿。该管线于2004年11月建成投产，年输气能力30亿立方米，忠县—武汉的天然气输气管线全面贯通，四川天然气的开发进入了一个全新的发展阶段。截至2005年年底，四川盆地已累计探明天然气地质储量1.25万亿立方米，其中2005年天然气工业产量142.9亿立方米。

四、青海气区储量突破3000亿立方米，天然气输往兰州、西宁

三湖地区是柴达木盆地发现气田较早的地区之一，40多年来，在生物气的勘探和研究中取得了长足进展。基于对第四系特殊地质条件下生物气成藏条件和成藏机理的深入研究，认识到疏松砂岩储层极易受到伤害，并对地层伤害机理和影响因素进行了认真分析和探索。在此基础上，结合地震含气检测技术，形成了较为完善的第四系气藏精细识别勘探技术。利用此项技术开展第四系天然气的精细勘探，取得了巨大成功，开创了利用新技术扩大天然气储量规模的新路子。2000—2005年，柴达木盆地三湖第四系天然气评价工作继续取得可喜的成果，天然气储量连年大幅度增长。在强化认识的基础上，依靠技术进步，以较小的勘探工作量在涩北1、涩北2和台南气田新增探明天然气地质储量1428亿立方米。涩北一、涩北二、台南气田储量规模均达到了千亿立方米的规模，使柴达木盆地天然气探明地质储量突破3000亿立方米，实现了天然气地质储量的效益增长。同时伊克雅乌汝构造伊深1井第三系取得突破，拓宽了柴达木盆地的天然气勘探领域。

2001年12月12日，以柴达木东部气田为主力气源建成的“涩—宁—兰”输气管道开始向西北重镇西宁市和兰州市供气，拉动了气田的发展。气田开发方面开展了测井二次解释、含气砂体地质模型建立、开发层系划分、提高单井产量、防砂防水等多项研究与矿场试验，编制了涩北气田整体方案和涩北一号气田开发实施方案。三大气田投产后可建成年产60亿～65亿立方米的生产能力，稳产年限为15～19年。截至2005年，气区累建产能32亿立方米，年产气21.2亿立方米。

五、海域天然气开发稳步发展

进入21世纪，海域天然气开发稳步发展。东方1-1气田是目前国内海上自营开发的最大天然气田，位于南海北部莺歌海海域，距海南省东方县113千米，平均水深约70米。1996年国家有关部门批准气田面积287.7平方千米，探明地质储量997亿立方米。气田总体开发方案由海上及陆地两部分组成，分两期实施，一期工程投产后年产天然气16亿立方米，二期投产后年产天然气24亿立方米，生产期超过20年。一期工程于2003年8月1日竣工投产，所产天然气输往海南，主要供给总公司在海南岛建设的东方化肥厂生产化肥以及洋浦发电厂发电、海口市民用。2005年，平均日产天然气260万立方米，油208桶。

六、松辽盆地深层火山岩区成为新的气区

松辽盆地深层早就被列为天然气专探领域，1987年发现了汪家屯气田，1998年发现了昌德气田。由于松辽盆地深层地层埋藏深度大，地质结构复杂、地温高、成岩作用强，岩性岩相变化大，导致深层天然气聚集规律复杂，勘探难度大。近期应用层序地层学和含油气系统理论，对徐家围子断陷进行了综合评价，认识到深层发育有火山岩和砂砾岩两种类型储层。采用以近、欠平衡钻井为代表的气层保护技术，有效地保护了气层。采用以火山岩储层大型压裂为代表的增产改造工艺技术，从根本上解放了气层。松辽盆地北部2001年采用油包水基钻井液近平衡钻探徐深1井，于火山岩储层获得重大突破。2002年卫深5井采用水包油钻井液欠平衡钻井在砾岩储层获得重大突破。2003—2005年间，通过加快勘探和气藏评价工作，落实了兴城徐深1、徐深7、徐深8、徐深9井和升深2-1区块含气面积，提交天然气探明地质储量1019亿立方米。松辽盆地南部深层2005年在长岭凹陷钻探的长深1井在火山岩获得高产气流。松辽盆地南、北部天然气勘探的历史性突破使松辽盆地上升为新的气区。

七、煤层气勘探开发取得历史性突破

90年代以来，中国在煤层气的研究和试验上开展了大量的工作，在煤层气资源评价、地质理论和勘探技术等方面取得了丰硕成果，在华北、东北的许多试验区取得好的效果。90年代初开始，煤炭、地矿、石油系统和部分地方政府积极参与了煤层气的勘探试验，许多国外公司也积极投资在中国进行煤层气勘探试验。1990—2003年，中国已有30个含煤区进行煤层气勘探钻井，已钻成勘探和生产试验井200多口，取得了一批储层测试参数和生产参数。在柳林、晋城、铁法等含煤区获得了工业气流。在铁法、沁水煤田14个区块探明煤层气地质储量1023亿立方米。但是，由于煤层气勘探起步较晚，早期勘探专用技术不配套，致使20多年煤层气开发规模产业化进度缓慢。

开发试验技术方面也取得了历史性的突破，晋城矿务局于2004年完钻定向羽状水平井1口日产气2万立方米；中石油于2005年完钻武M1-1井，分支共10个，单个分支长300~686米，为下部煤层气的正式开发积累了技术储备，一个新的煤层气工业发展时期即将到来。

八、与管网配套的地下储气库系统工程建设初见端倪

欧美天然气工业发达国家的成功经验表明，建设地下储气库是保障上下游一体化最为有效、经济、安全的供气配套系统工程。从中国天然气消费市场与资源分离以及用气结构的特点出发，特别是城市燃气的峰谷波动，使得天然气资源地供气与保障消费市场安全应急调峰供气的供需矛盾尤为突出。已经建成的陕京输气管道向北京市供气的季节用气峰谷比达到6：1以上，北京地区已经建成并投入

2000年在大港油田建成的亚洲最大地下储气库，对保障北京用气发挥了重要作用。

运行的三座地下储气库，每年向城市提供的工作气量规模达到12亿立方米，对保障北京市及华北地区的安全平稳供气起到了不可替代的重要作用。

九、LNG国内中小型液化工厂和国外引进取得一定进展

随着基础产业改革力度的加大，促使国内LNG（液化天然气）中小型生产厂不断上马。继国内第一座规模日产15万立方米的河南中原油田濮阳LNG液化厂于2001年11月建成投产之后，日产150万立方米的新疆广汇集团的吐哈油田LNG液化厂和日产25万立方米的海南福山气田LNG液化厂等工程也相继投产，对改善中小城镇的生活质量起到了一定的积极作用。

国外引进方面，中国海洋石油总公司在努力扩大近海天然气资源勘探开发的同时，积极进行进口液化天然气的研究。1997年，与沿海有关省市合作，组织珠江三角洲、闽东南和长江三角洲三个LNG项目的前期研究和预可行性研究。到2005年年底，广东深圳、福建莆田、浙江宁波、上海四个LNG项目正在建设。

第四节　勘探理论与技术

一、地质理论发展与认识

（一）多元成气理论

长期以来，中国曾以油型气理论（即一元论）指导天然气勘探。“六五”期间开展“煤成气开发研究”科技攻关，发展了两元论，即油型气和煤型气理论。80年代以来中国不少学者根据天然气多元成气的理论，将天然气划分为生物气、腐泥型热解气、煤型热解气、裂解气、无机气和混合成因气6类。多元成气理论的形成，扩大了勘探找气的领域。

（二）晚期成藏理论

“七五”期间，中国天然气地质专家在总结气藏类型及形成条件时，明确提出晚期成藏是天然气聚集和富集的重要因素之一。近年对中国沉积盆地类型、演化与改造的深入研究，使晚期成藏理论得到了进一步深化和完善。在盆地的长期演化过程中，多期成烃、多期次改造，必然导致油气发生多期次的生、运、聚、散。中国盆地不仅改造期次多，而且改造时代新，后期改造强烈。经过多期聚散、成藏历史的古生代碳酸盐岩沉积盆地，其上部或上覆地层缺乏像北美、东欧等陆块那样分布广、有一定厚度的膏盐层，虽然曾发生过早期运聚成藏的过程，但难以保存下来。唯其在后期改造中、在适宜条件下二次成藏或形成次生气藏，最终的成藏时代仍然较晚。中国许多盆地现今的构造特征和总体面貌定性于第四纪甚至于更新世

中晚期，油气，特别是活动性强的天然气晚期或超晚期成藏普遍存在于中国新生代和中、古生代含油气盆地中。晚期成藏是中国天然气聚集的特色，在天然气的多期动态聚散过程研究中，晚期（喜山期）次生气藏的研究尤为重要。

（三）复杂油气藏成藏理论

一是高陡构造成藏理论。典型高陡构造发育区是四川盆地的川东地区和塔里木盆地的库车地区。高陡构造的典型特征是背斜呈线型，褶皱强烈，两翼倾角陡、直至倒转，上下构造层不符，气藏分布复杂。高陡构造的勘探大都经历了由失败到成功的较长过程，高陡构造成藏模式也相应经历了一个不断发展和完善的过程。受认识程度的影响，早期对高陡构造的钻探几乎全部落空。随后深入分析地面、地下地质资料和改善了的地球物理资料，认识到地下构造形态与地面构造差别很大，建立了高陡构造垂向变形模式。如根据烃源丰富程度、有效储层厚度、现今圈闭类型、离沉积剥蚀边界远近等因素，建立了川东地区石炭系气藏成藏模式。高陡构造成藏模式的不断完善，为川东石炭系和库车山前的钻探提供了科学依据，提高了钻探效率。

二是岩性气藏成藏理论。中国陆相含油气盆地中，不同类型的岩性油气藏分布相当普遍，以往发现的岩性油气藏多为小型油气藏。近年来，在四川盆地二、三叠系海相碳酸盐岩地层中发现生物礁气藏和鲕滩气藏。在鄂尔多斯盆地上、下古生界分别发现大型岩性气藏和岩性—地层气藏，使中国岩性气藏成藏理论有了进一步发展。

川东生物礁气藏是典型的岩性气藏。早期认为上二叠统长兴组属碳酸盐台地相沉积，生物礁为台内点礁或塔礁，个体小，呈零星分布。近年来，随着天然气勘探的深入发展，川东上二叠统生物礁的成藏模式得到进一步发展和完善。长兴组生物礁可分为陆棚边缘礁和点礁两大类，前者呈串珠状断续分布在陆棚边缘带，后者呈分散状分布在广阔的碳酸盐斜坡相。陆棚边缘礁主要发育在上二叠统海进体系域和高位体系域。由于陆棚边缘礁个体大、分布相对集中，是形成大中型生礁气藏的有利地带。已钻探证实的有黄龙、五百梯（天东10、天东72、天东53）、云安12井及铁山等生物礁气藏。

川东鲕滩气藏是典型的构造—岩性复合型气藏。鲕滩储集层是气藏形成的关键因素，鲕滩储集层的发育主要受沉积相的控制，开江—梁平海槽和城口海槽周围地区的鲕滩（坝体）成片分布，白云化强度大，为孔隙性白云岩储集层，其中潮下鲕粒白云岩孔隙发育程度优于潮间—潮上滩白云岩。飞仙关组滩相储集体呈不规则的席状、透镜状展布，单体储集体的面积大者近100平方千米，这些储集体在一定范围内呈多层叠置构成大面积连片分布。当大型储集体与构造叠合时形成复合圈闭，其闭合高度和闭合面积明显大于构造圈闭本身。

三是致密砂岩气藏成藏理论。鄂尔多斯盆地石炭—二叠系岩性气藏是致密岩性气藏的典型代表。随着上古生界天然气勘探的不断扩展和新发现，上古生界石炭—二叠纪煤系自生自储“大型河流—三角洲砂岩岩性圈闭成藏理论”应运而生，并不断发展和完善。盆地内平缓稳定的区域构造和石炭—二叠纪广泛发育的河流—三角洲沉积体系造就了大型岩性圈闭气藏的良好区域地质背景。大型河流—三角洲砂岩岩性圈闭和煤系广覆式生储盖组合的良好配置是该区大中型岩性气藏形成的关键地质因素。利用新技术，从普遍低孔、低渗储集砂体中寻找相对的高孔、高渗带是发现大中型气田的关键。

四是风化壳气藏成藏理论。鄂尔多斯盆地奥陶系岩性—地层（古地貌）气藏是风化壳气藏的典型代表。该气藏的成藏模式可概括为：“风化壳储集体，上、下混源，三线定局，后期调整”的成藏模式。气藏的储集层分布于与不整合面密切相关的风化壳岩溶发育带中。纵向上，风化壳岩溶带自上而下可分为垂直岩溶带、水平岩溶带和深部岩溶带，前两者岩溶水活跃，溶蚀孔洞发育，是天然气富集的主力气层（马五1气层），后者岩溶作用弱，天然气富集程度差。平面上，岩溶地貌斜坡（阶地）和有利的云坪相带控制着有利天然气储集相带的分布。目前发现的靖边奥陶系风化壳气藏展布主要受上、下古生气强度线，岩性致密带边界线，气藏直接盖层西部尖灭线“三条线”的控制。此三条线，应视为该区奥陶系天然气富集成藏的区域性主控地质因素，基本上制约着奥陶系天然气富集区的格局。相比之下，气层侧向岩溶沟、谷泥质岩封堵和局部发育的构造鼻、挠曲等，是气田内部的局部富集的控制因素。

二、勘探评价技术进步与应用

（一）气区复杂构造地震识别与地质建模技术

一是四川盆地川东地区高陡构造勘探技术。在20世纪80年代末期，基本形成了川东地区高陡构造地震采集、处理、解释一体化地震勘探技术。随后川东高陡构造地震勘探技术不断完善，已形成在构造地质理论指导下，以研究地质构造垂向变异特征和规律建立构造模式为基础，以研究速度横向变化规律建立层状物理模式为核心，以研究并选择适用于该地质物理模式的叠加偏移方法为关键，以地震剖面精细解释为保证，准确识别高陡构造地腹圈闭的地震勘探技术。运用这些技术发现了五百梯、沙坪场等石炭系大型气田。

二是塔里木盆地库车坳陷山地勘探技术。为了解决库车坳陷山地二维成像难的问题，多单位联合攻关，发展形成了适合库车山地的二维山地地震资料采集、处理和构造精细解释配套技术。合理地建立了适合库车坳陷的构造地质模型和地震解释方案，归纳出库车坳陷逆冲断层相关褶皱的10种构造模型，从而理清了库车前陆逆冲带重点区带的构造样式，解决了高陡复杂构造的解释难题。上述配套技术对发现克拉2号、吐孜洛克、迪那2号等大中型气田起到了重要作用，同时也在克拉2号等气田勘探过程中得以发展和完善。

三是鄂尔多斯盆地复杂地表区勘探技术。鄂尔多斯盆地地表条件复杂，北部以沙漠为主，南部为黄土塬区。早期的地震技术对地层岩性圈闭的识别效果不理想。20世纪90年代，北部沙漠区成为天然气勘探的主战场。经过多年来的反复实践和探索，总结出一套适合沙漠区天然气勘探的地震采集和处理技术，为识别砂岩体和储层横向预测提供了较为可靠的基础。

（二）气层储层横向预测技术

一是碳酸岩盐储层预测技术。典型代表是川东石炭系和飞仙关组鲕滩：

（1）石炭系。“八五”期间发展了一套以提高分辨率处理和合成声波测井处理为主的石炭系储层横向预测技术，可以较准确预测川东石炭系的厚度，同时在五百梯、龙门等石炭系储层的分布和气水分布预测中发挥了重要作用，为勘探部署和气藏描述提供了重要依据。“九五”以来，该技术得到进一步深化和完善，应用地震反射波形、时差异常、振幅包络、振幅强度、瞬时相位等储层预测技术，准确预测了沙坪场、温泉井等石炭系气藏的分布范围，同时对一批地层—构造复合圈闭的勘探起到重要的推进作用。（2）飞仙关组鲕滩。通过对飞仙关鲕滩储层地震响应特征分析，发现储层发育时，地震剖面具较强的“亮点”，从而发展形成了飞仙关鲕滩储层预测技术，即“亮点”技术。该套技术在实际应用中取得了较好的效果。根据“亮点”异常在铁山坡、罗家寨、金珠坪构造部署的坡1、坡2、罗家1、罗家2、金珠1井取得成功，证实了该技术的预测结果具较高的可靠性。

二是碎屑岩储层预测技术。典型代表是鄂尔多斯盆地上古生界。1995年榆林区上古生界天然气勘探取得重大突破，使鄂尔多斯盆地上古生界天然气勘探进入一个新的时期。在随后几年的上古生界天然气勘探中，针对上古生界砂岩体的特点，通过引进优选国内外储层预测技术和方法，开发和不断完善了上古生界砂岩储层预测技术；针对不同区块的储层地质、地球物理特征和地震资料品质，形成了各具特色的储层预测技术。

（三）储层保护与改造技术

大多数气藏储层物性差，气井自然产能普遍较低或无自然产能，储层保护和改造技术成为识别气层、提高气井产量必不可少的手段。

近年来，各油田单位提高了对欠平衡钻井在发现油气层、保护油气层上作用

吉林油田深层天然气勘探取得重大突破的长深1井。

的认识，西南油气田分公司以全过程欠平衡钻井为主导的井筒技术的配套应用，拓宽了勘探领域，提高了对水敏性、复杂岩性、裂缝性、低压储层的认识。大庆油田针对深层砂砾岩、火山岩复杂岩性储层的勘探，应用欠平衡钻井技术及时识别、评价这类复杂岩性储层，提高了对深层砂砾岩、火山岩复杂岩性储层的认识。大港油田在千米桥潜山气藏勘探中，引进了欠平衡钻井技术，在国内首次用于深探井中，为及时发现、有效保护、正确认识、全面解放潜山油气层提供了重要技术保障。

为提高单井产量，对鄂尔多斯盆地上古生界气层改造采用大砂量、高砂比，增加了裂缝长度和宽度，采用优质压裂液，提高了携砂能力，应用 CO_2 压裂技术，增产效果十分显著。储层的改造技术（压裂与酸化）对鄂尔多斯盆地下古生界奥陶系风化壳气层，松辽北部深层火成岩储层、砾岩储层，川东石炭系储层、飞仙关组鲕滩储层单井产量的提高，起到举足轻重的作用。

第五节 天然气开发技术

一、六类特殊气藏的开发对策

(一)异常高压气藏

异常高压气藏由于压力高、弹性能量充足，气井产量一般很高，为少井高产奠定了基础，克拉 2 是目前中国最典型的异常高压气藏，是“西气东输”的主力。开发中采取的决策主要有两点：一是采用多学科联合攻关的方式弄清了气田规模和储层发育特征，通过区域地质、地震、地质露头、岩芯描述、测井约束等学科的综合研究，为储量上报和开发方案打下了扎实的基础。二是采用室内和矿场相结合的方法确定了气井产能，最终确定平均单井产量为 300 万 ~350 万立方米，实现了克拉 2 气藏的少井高产开发。

(二)特殊凝析气藏

90 年代在塔里木盆地发现了以牙哈凝析气田为代表的深层、高压、高凝析油、高含腊量的凝析气藏，具有储层物性好、边底水水体大、凝析油含量中高、单井产量中高的特点，但开发难度大。开发中采取的对策有两点：一是直井采用控制射开厚度、生产压差或者采用水平井的方式控制底水锥进，提高开发效果和最终采收率；二是采用循环注气开发高含凝析油的凝析气田，提高凝析油储量的采收率。

(三)疏松砂岩气藏

以柴达木东部气田为代表的疏松砂岩气藏具有气层分布井段长、产层多、气水压力系统复杂的特点，开采过程中极易出砂、出水，严重影响气井的正常生产。90 年代中期以来，通过多学科的联合攻关，总结出要在高部位多布井、增加单井控制储量、降低开发成本，优化射孔避免边水突进，主动防砂、生产压差控制在地层压力的 10%以内，合理划分开发层系、采用开发层组接替产能等一系列开发对策，有力地保障了三大气田的产能建设及向下游的平稳供气。

(四)特殊碳酸盐岩气藏

碳酸盐岩气藏在中国广泛分布，尤以四川和鄂尔多斯盆地最为典型，储层的非均质性非常严重。在开发中采用地震、地质、测井和气藏工程等综合地质建模技术，研究裂缝发育和天然气富集规律，结合试采和开发动态分析，落实储集层结构和储渗参数，核实动态储量，研究气井高产控制因素，正确指导了多个该类气藏的开发。

(五)中高含硫气藏

在中国已经成功开发的含硫气田中，中高含硫气田是难度最大的一种，主要分布在四川盆地川东北地区。罗家寨是中高含硫的代表性气田，储层具有平面展布稳定、储层物性好、气层厚度大、含硫量高的特点，气井具有产量高、产硫磺多、腐蚀严重、安全事故多等特点，加之气田地表复杂，开发难度极大。开发采取的对策有：一是在构造有利部位集中布井，采用水平井和大斜度经培育高产井，实现少井高产；二是防止含硫气体泄漏，研发抗硫材质，提高安全生产的科技含量；三是从系统工程的理念出发优化地面工程和净化工程。

（六）河流相特殊砂岩气藏

河流相特殊砂岩气藏具有储层厚度薄、分布分散、气井产能低、稳产能力差、但整体储量大的特点，苏里格、榆林、子洲—清涧气田是这类气藏的是典型代表。在榆林气田的开发设计中，结合地震开展了沉积微相及砂体展布规律、储集层微观结构特征及其参数场分布、气层分类评价等研究，综合分析储集层发育的主控因素。在气藏工程方面通过修正等时试井、气井生产特征和压力系统分析等开展产能评价与稳产分析，从而划分出开发有利区和次有利区。开发部署上应用地质和气藏工程成果采用“正交实验法”设计，保证了开发决策的科学性和准确性。

二、八项开发实用技术

经过20年的发展，中国已经具备了不同类型气田开发所需要的天然气开发技术。包括：（1）气藏早期描述与数值模拟技术。气田数值模拟是气田开发科学决策的关键性技术，已广泛应用于气田开发早期评价、概念设计、开发方案设计以及气田动态特征分析和开发调整研究中，是确定气藏稳产期和优选合理采气速度的主要手段。（2）碳酸盐岩气藏开发综合技术。碳酸盐岩气田是已开发气田中数量最多的一类，经过长期的开发实践，中国已形成独具特色的碳酸盐岩气藏综合开发技术系列。（3）凝析气田循环注气提高采收率技术。这项技术保证了高压凝析气田的安全平稳运行，提高了凝析气田开发的综合效益。（4）中低含硫气田的防腐技术。防腐技术的发展，加快了四川盆地和鄂尔多斯盆地气田的开发，减少了设备维护工作量和费用。（5）低渗砂岩气藏增产改造技术。应用这项技术，在大幅度提高低渗气藏的单井产能方面取得显著成绩。（6）异常高压高产气藏开发技术。随着克拉2气田投产运营，标志着中国异常高压气藏的开发技术以趋于完善。（7）多层疏松有水砂岩气田开发技术。这项技术实施后，单井产能得到大幅度提高。（8）地面高压集输技术。近年来中国在常压集气工艺的基础上又发展了高压集气工艺，实现了低成本集输，达到了“减少投资、降低成本、提高经济效益”的目的。

中国发育沉积盆地500余个，沉积岩分布面积大于670万平方千米。1994年完成的第二轮油气资源评价，对中国69个沉积盆地天然气资源量进行了估算，中国天然气资源量为38.04万亿立方米。其中陆地天然气资源量29.90万亿立方米，占中国总资源量的78.60%；海域8.14万亿立方米，占中国总资源量的21.40%。随着勘探工作的不断深入，2000年以来，国内三大石油公司依据新成果、新资料，再次对中国主要含气盆地的天然气资源进行评价，利用新方法初步计算了部分盆地的天然气资源量。其中陆上鄂尔多斯、柴达木、准噶尔等盆地的资源量发生了较大变化，总资源量合计增加约9.3万亿立方米，陆上其他盆地和海域盆地天然气资源量变化不大。三次资源评价结果，中国天然气资源量约为47万亿立方米，资源潜力大。截至2005年年底，中国天然气探明地质储量4.95万亿立方米，天然气产量达到了490亿立方米。

工程技术服务篇

工程技术服务主要包括石油地球物理勘探、石油与天然气钻井、地质录井、石油地球物理测井、井下作业、油田地面工程建设等专业。1986—2005年，中国石油工业进入到一个新的发展时期，直接为油气勘探开发服务的工程技术队伍也取得了长足的进步。在历经了计划经济时代靠行政命令完成作业，到向社会主义市场经济过渡实行甲乙方合同制并推行工程技术服务承包制，直至全面进入市场后解体“大而全、小而全”，形成跨地区的专业服务公司，工程技术服务队伍较好满足了国内市场需求，并有力促进了石油工业跨国经营战略的实施。

新中国成立后，伴随着石油工业的快速发展，工程技术服务队伍从小到大，分散在石油工业的多个领域。到1985年，全国陆上仅物探队就发展到277个，钻井队967个，测井队653个，井下作业队456个。其中地震勘探队、测井队大批装备数字仪，钻井队应用仪器、计算机进行工程设计、施工和操作，保持了较高的勘探成功率。

国家“七五”计划期间，针对在发现大庆、胜利、大港、辽河、华北等油田以后，油气储量增长幅度逐年减少、资源接替比较紧张的实际情况，石油工业坚持“把资源勘探放在一切工作的首位”，加强油田地面工程改造，提高工程配套程度。这一时期，工程技术服务队伍的作用体现在对指令性任务的完成上。1988年撤销石油部、组建中国石油天然气总公司后，石油工业改革依据原油产量包干政策的要求，完善企业内部经济责任制，试行项目管理、甲乙方合同制，工程技术服务承包

制初见端倪。特别是在新的油区和探区试行"两新两高"新体制，不再建立庞大的生产基地和生活基地背景下，工程技术服务开始探索一条机构精、用人少、效益高的新路子。从过去伸手向上要项目、要投资，开始转向依靠科技进步、挖掘内部潜力、靠内涵求生存、求发展上来；从过去主要靠行政手段组织生产，开始向运用市场机制组织生产转变。

1998 年 7 月，中国石油、石化两大集团公司重组，加速了石油企业体制改革，促使工程技术服务加快了向市场化迈进的步伐。2002—2004 年，由部分专业公司重组形成的中国石油东方地球物理公司和中国石油测井有限公司，以及大庆油田组建的集物探、钻井、测井等专业为一体的钻探集团，标志着工程技术服务开始向专业一体化和区域一体化发展。

到 2005 年年底，中国石油和中国石化两大集团公司工程技术服务队伍有员工 306244 人，隶属于各专业化技术服务公司的物探队 260 个，钻井队 1370 个，录井队 783 个，测井队 966 个，井下作业队 1225 个，油田地面建设企业 69 个，技术水平和服务手段较 20 年前有了大幅度提高。尤其是通过装备更新，形成了一批较为成熟、配套的先进技术，其中的许多技术在国内领先，有的在国际上也占有重要的位置，为取得油气勘探开发上的重大突破，做出了积极贡献。

第七章 地球物理勘探

地球物理勘探（简称物探）泛指用人工地震、重磁力、电法等方法获取地球物理资料，通过数据处理、解释和综合研究，进而准确刻画地下地质、地层、岩性分布和构造特征，以优选有利勘探地区、重点勘探目标和具体钻探井位的一种现代科学技术。新中国成立50多年来，物探职工为油气资源勘探开发提供了丰富的地质成果，为石油工业增储上产，实现原油年产量上亿吨，保持石油工业持续稳定发展和改革开放以来向国际石油市场拓展做出了突出的贡献。

在长期的计划经济体制下，物探单位一直按照勘探事业单位进行管理。20世纪末，石油工业重组后，物探单位成为工程技术服务的组成部分，任务是在中国以及国外开展物探工程技术服务，包括物探资料采集、处理、解释，专用软件开发和物探装备研制等，为寻找油气资源提供主要依据。

第一节　当好国内找油找气的“尖兵”

世界石油工业勘探开发史证明，确保勘探成功率的重要技术之一是物探。中国的油气勘探，在经历了20世纪50年代初期的创业阶段及60—70年代中期石油产量高速增长的阶段后，1986—2005年步入持续稳定增长的阶段，其间通过物探提交的成果对勘探成功率起着举足轻重的作用。

一、组织机构和队伍变化

物探工作在石油工业油气资源勘探中发挥着尖兵的作用。1986年，全国物探队伍由直属石油部的物探局和隶属于油田的地调处或物探处组成。全国共有282支物探队，其中陆上地震队258支，重磁力队13支，电法队6支，海上拥有滨海511、512等5艘物探船队。中国海洋石油总公司成立后，从事海上物探的单位整体划归中国海油。1998年中国石油天然气集团公司和中国石油化工集团公司两大陆上集团公司成立后，除物探局成为中国石油直属单位外，其他物探单位随所在油田整体划归两大集团。2000年，中国新星石油公司整体并入中国石化，下属的5个物探大队及17支物探队和2艘物探船队，成为中国石化物探队伍的组成部分。到2005年年底，全国共有物探队总计289支，其中中国石油有地震队159支、重磁力队6支、电法队9支、化探队1支、VSP测井队9支，合计物探队184支；中国石化有地震队93支、重磁力队1支、电法队1支、小折射队2支、VSP测井队3支，合计物探队98支（含2艘物探船队）；中国海油有7艘物探船队。

进入21世纪后的5年间，物探单位受国际物探行业整合的影响，以提高核心竞争力为基础，职工精简幅度超过30%，队伍建设朝着“技术精湛、装备精良、管理科学、作风顽强”的方向发展，使核心技术、装备和作业能力进一步提高，其中陆上地震勘探总体规模位居全球前列。

二、当好勘探尖兵

1986—2005年，物探队伍在塔里木、吐哈、准噶尔、柴达木、鄂尔多斯、二连、四川、松辽、渤海湾、沁水、江汉、楚雄、羌塘等50多个盆地进行野外作业。经过数据处理和资料解释，发现圈闭3万余个，提供的井位经钻探成功率在40%以上，部分地区达到70%，为石油工业的持续稳定发展起到了保障作用。

在完成的诸多物探工作量中，人烟稀少、自然条件恶劣的西部地区占了1/3以上。许多过去被认为是勘探禁区的地方，地震队不仅闯进去找到了含油构造，还为建成油田提供了井位。

新疆塔里木盆地的塔克拉玛干大沙漠，面积有33万多平方千米，仅次于撒哈拉大沙漠位居世界第二，被西方探险家称为“死亡之海”。1983年，引进国外先进技术和设备组成的三支沙漠地震队，率先进行大规模的地震作业。数百名勘探队员在极其恶劣的环境中战风沙、斗酷暑、拼严寒，在维吾尔语意为“进去出不来”的地方艰苦奋战，提供的钻探井位在沙漠腹地打出了高产油气流，为1989年塔里木石油勘探会战和塔里木油田的开发建设拉开了序幕。

鄂尔多斯盆地西南部的石油勘探早在20世纪50年代就展开过，但以黄土塬为主的地貌是地震勘探久攻不下的难题，再加上地质条件复杂，一直没有获得重大发现。2001年，物探工作者在黄土塬区宽线地震采集方法、黄土塬直线多线采集技术、黄土塬沟弯线高分辨率采集技术、黄土塬静校正技术、复杂表层条件下构造发育区地震采集技术、转换横波勘探技术、储层物性预测和油藏描述方法研究等方面取得突破，使黄土塬地区的综合勘探在地震先行的引导下取得了重大成果。

"川气出川"是几代川渝石油工人的梦想。面对四川盆地油气勘探的一个个拦路虎，物探工作者发展和突破了山区高陡复杂构造全三维地震资料采集、高陡复杂构造成像技术等近20项难点技术，打开了川渝地区油气勘探的新局面。从川东、川西、川西北、川西南、川中等多个区域发现了一批气田，为川渝天然气输入湖南、湖北的"东输两湖"工程落实了充足的地质储量。特别是2002—2003年间，在川东罗家寨潜伏构造400多平方千米区域内进行全三维地震资料采集，开国内山区高陡构造大面积三维勘探先河。

物探单位在强化西部勘探的同时，配合油田增储上产，在东部地区进行滚动勘探，精雕细刻，使勘探工作进一步深化、细化，同时对新区域、新领域、新层系展开勘探，取得了可喜的成果，为东部油气区稳产做出了贡献。

位于大庆肇州县徐家围子地区，曾是60年代初大庆会战地震勘探后很长时间没有重大油气发现的地区。1996—2002年，大庆物探公司在"大庆底下找大庆"，加强了深层地震技术的攻关，有效提高了地震成果的精度，从而为在2005年初步实现探明1000亿立方米天然气储量的目标，在油田地下深层火山岩中找到大气田起到了重要的作用。

胜利物探公司和油田物探研究机构运用数字地震勘探和地震地层学等新技术，在寻找背斜油气藏方面形成了一整套济阳复式油气藏的综合勘探技术。通过对复杂隐蔽油气藏、陆上复杂地表、海滩、浅海进行勘探，到2005年为累计发现70个各类油田提供了重要数据，并为胜利油田从1983—2005年连续23年新增探明石油地质储量保持在1亿吨左右做出了突出贡献。

东部其他地区的精雕细刻也见到明显效果。1988—1997年，辽河物探公司对老区进行深化勘探，在西部凹陷东部斜坡带先后找到大洼、小洼油田及储量超亿吨的冷家等大型油田。1999—2000年，大港物探公司发现并探明中国东部最大的千米桥凝析气田。江苏地调处1987—1998年在江苏油气区做细勘探工作的同时，坚持对新区、新领域勘探,提供的井位经钻探在盐城凹陷首获工业油流,苏南地区见到了油气显示。

2001—2005 年间,东部部分地区在采用新技术的前提下,有针对性地进行二次三维地震勘探,以求对老油田的开发获得新突破。

三、队伍精神风貌和获得的荣誉

1986—2005 年,广大物探职工不断转变思想观念,坚持以找油找气为己任,发扬大庆精神,四海为家,风餐露宿,艰苦奋斗,无私奉献,已成为思想作风过硬、装备技术精良、乐于吃苦、勇于创新、能打硬仗的队伍。物探职工数十年攻坚西南山区,培育了“川油山地精神”;西出阳关,闯入号称“死亡之海”的塔克拉玛干大沙漠腹地,培育了“奉献、拼搏、团结、开拓”的“塔克拉玛干精神”;挺进号称“世界第三极”的藏北雪域高原,培育了“特别能吃苦、特别能忍耐、特别能战斗、特别能奉献、特别能创业”的“藏北精神”。物探单位广泛开展各种形式的争先创优活动,涌现了大量的先进集体和个人,一些单位先后被评为所在省市及全国的文明、先进单位。1992 年,胜利物探公司、辽河物探公司、物探局地调三处、江汉物探处、江苏地调处等单位被评为全国地质勘察功勋单位。1986—2005 年,以柴桂林为代表的一批物探工作者获得全国劳动模范称号或“五一”劳动奖章。

第二节　开拓国际勘探市场

20 世纪 80 年代,在国家改革开放方针政策的指引下,在石油工业部的具体安排下,物探单位在引进西方国家先进技术、设备以及智力的过程中,通过消化、吸收乃至创新,对新技术、新方法的应用产生了一次质的飞跃,作业能力迅速与国际水平拉近,并开始大步走向国际市场。

一、技术引进与提高

最初的技术、设备、智力引进始于 1980 年。石油工业部经过认真筛选,与美国、法国等国家的物探公司签订协议,组建 13 个地震队在塔里木、准噶尔、柴达木盆地等西部地区打一场寻找油气资源的现代化的物探前哨战。在塔克拉玛干大沙漠纵横完成的 19 条地震大剖面,形成了大沙漠区内大线距地震测网;在准噶尔的戈壁滩上,获取的资料对深层次的地质有了全新的认识。1980 年 10 月—1993 年 2 月,物探单位与外国物探公司合作,共执行了 19 个地震勘探技术服务合同,施工

地震勘探工作者在崇山峻岭中进行勘探。

地区涉及河南东濮的黄河两岸、宁夏的贺兰山脉、四川龙门山的悬崖峭壁、天津大港的濮海、甘肃玉门的祁连山雪峰、江苏高邮密布的水网，以及大庆、胜利油田的部分复杂地质区。更为可贵的是，通过与外国地震队的合作，中国物探工作者开始向国际标准看齐。

在国家改革开放方针政策的指引下，石油工业部在引进过程中对国外先进的某些大型数据系统和技术，采取租用的办法，努力为石油勘探服务。1983—1989年，对于美国研制的专门用于物探数据处理的IBM3033计算机系统，在对方暂时不同意出售的情况下，以租赁的形式使用，加速了国内地震数据处理的技术进步。对此国家领导人邓小平称赞道："这是又一种引进方式。"类似的引进还有1985年租用美国一家公司的1024道地震仪，对辽河油田大民屯地区进行三维地震勘探，使作业人员积累了多道地震仪的使用经验。

1981—1990年，各物探单位对外签订引进合同543个，用汇近6.86亿美元，引进数字地震仪、大型数据处理系统、人机联作解释系统等成套设备1942台（套），为实现地震资料采集、处理、解释装备的数字化创造了条件。1991—1997年对外签订引进合同460个，用汇3.9亿美元，引进成套物探设备1456台，使物探技术装备接近或基本达到国际先进水平。

二、反承包作业加速与国际标准接轨

20世纪90年代初，随着国内陆上石油勘探对外开放的不断扩大，外国石油

公司纷纷到中国进行风险勘探，为国内各物探单位参与风险勘探区块的国际竞争提供了机遇。1991年，中国海油渤海物探公司承揽了新西兰的PETROCORP公司在湖南洞庭湖区块的地震作业项目，开了反承包项目作业先河。随后各物探单位通过争创国标队与国际接轨，竞标争得美国、意大利、英国、日本等国十多家外国公司在新疆塔里木盆地、天津大港区块、江苏苏北区块、江西鄱阳湖区块、四川雅安和乐山区块、河北冀东老堡和哈坨以及北堡西区块、大庆松辽西北部深层区块、青海涩北区块等20余个风险勘探区块的全部物探反承包项目。到2001年大规模反承包作业结束。

通过反承包作业，国内各物探单位的管理理念和管理方式发生了深刻变化，逐步树立了乙方意识和HSE意识，接受和掌握了外国物探作业的各项先进技术、方法和设备管理、经营管理等现代管理经验，实现了与国际物探施工作业标准的逐步接轨，达到了在竞争中锻炼队伍的目的。在创建一批国标队过程中，培养了一大批懂技术、会管理、熟悉外语的人才，提升了物探队伍的整体素质和实力，为走出国门进行国际物探工程技术服务打下了基础。

三、走向国际市场成为物探发展新路

1994年，物探局为落实跨国经营战略，通过国际招标战胜多家物探公司，获得厄瓜多尔1000千米二维地震勘探项目，组成的9401队成为中国首个靠市场竞争走出国门的陆上地震队。自此，中国物探工作者大踏步进入国际物探市场。到2005年年底，中国石油、中国石化、中国海油的物探队伍逐鹿美洲、辗转亚洲、鏖战非洲、挺进欧洲。由陆上地震勘探为主，逐步扩展到浅海、过渡带和深海；由地震勘探扩展到重磁力、电法等非地震勘探和物探资料处理、解释等综合物探服务。先后在厄瓜多尔、秘鲁、巴基斯坦、美国、菲律宾、苏丹、伊朗、尼日利亚、土耳其、也门、哈萨克斯坦、莫桑比克、印度尼西亚、利比亚、委内瑞拉、墨西哥、格鲁吉亚、泰国、沙特阿拉伯、阿曼、阿尔巴尼亚、缅甸、乍得、俄罗斯、吉尔吉斯斯坦、古巴、英国、塞内加尔、保加利亚、刚果(布)、意大利等30多个国家为80余家公司承担服务项目。作业规模和完成的工作量也呈逐年快速上升趋势，作业队由1994年的1支发展到2005年的50余支，年承包项目由1个发展到70余个。

随着国外物探工程技术服务业务的迅速扩大，在提供野外作业的基础上，为提高服务质量和规模，增加项目的技术支持含量，仅东方地球物理公司在2003—2005年便在10个国家建立了数据处理和成果解释中心，初步形成国外市场项目运作的"一体化"网络。2004年1月，国际勘探完成价值工作量连续四年以50%速

度增长的东方地球物理公司，为增强在国际市场的竞争力，降低成本并提高投资回报率，与苏丹国家石油公司合资成立的青尼罗地球物理勘探有限公司，成为中国物探企业在海外陆上物探工程承包和服务的第一个合资公司。

四、开展学术交流，加强国际合作

在开拓勘探新市场过程中，各种学术交流技术、智力引进使国内物探工作者有机会借鉴国外的先进成果和经验。1979 年 11 月，中国石油学会物探专业委员会（SPG）成立，与美国勘探地球物理学会（SEP）建立起密切的联系，双方人员定期出席对方的年会，进行学术交流。由于中国物探专家在学术上引起了国际同行的尊重，SEP 在 1988—2005 年间，先后授予顾功叙、翁文波等荣誉会员奖，陈祖传、徐文荣等终身会员奖。在对外合作交流中，国内主要物探单位先后与美国几所大学及一些国际大物探公司签订合作协议，共同开发项目。此外，中国物探界还与法国、俄罗斯、乌克兰、加拿大等国同行保持了较多的联系，加快了中国物探技术进步的步伐。

第三节 科技进步使物探服务手段日新月异

1986—2005 年，物探单位贯彻邓小平“科学技术是第一生产力”的思想，坚持引进、消化、吸收和创新相结合的方针，不断深化科研体制改革，加强科研管理，培养科技人才，使物探科技得以迅速发展。

一、加快技术进步、提高勘探精度

国家“七五”计划末期完成的地震采集数字化，使得石油地震勘探资料采集产生了一次飞跃，特别是三维地震资料采集快速发展。

地震勘探的数字化有效提高了勘探的精度。传统的二维地震勘探是建立在平面基础上的，三维地震勘探是建立在立体基础上的，而四维勘探是在时间推移基础上进行的。从“七五”计划开始，石油部做出加大沙漠、山地、滩海、黄土塬地区勘探的部署，同时国内物探单位把三维地震勘探技术作为主要发展方向，加大攻关力度，并在使用井炮施工的同时，根据地表情况采用可控震源施工，增加了作业的多样化，为在地表条件复杂的地区取准、取全地震资料创造了条件。在此基础上，经过物探工作者的努力，高分辨率勘探技术在“八五”期间趋向成熟，对提高勘探精度起到了重要作用。

进入 21 世纪后，物探作业手段进一步丰富，在纵波勘探的基础上，横波勘探

石油物探队员向山地挺进。

技术日趋成熟，转换波勘探技术开始应用，并在转换波的基础上进行三分量甚至四分量的作业，使得地下信息的获取量更加丰富。到2005年，山地山前地震技术、复杂断块地震勘探技术、高分辨率三维地震技术、精细三维地震采集技术、滩海地震采集技术、大沙漠和黄土塬地震勘探技术、储层地震勘探技术、多分量地震勘探技术、多波地震勘探技术、高精度综合物化探等技术进一步发展和完善，已成为获取地下信息的主要技术，成为油田地质储量增长不可或缺的技术保障。

资料处理、解释及综合研究与野外资料采集能力同步发展。1986年，全国物探单位计算中心（站）拥有的用于资料处理、解释的大中型计算机为20余种，CPU（中央处理机）仅有几十个。到2005年拥有的大中型计算机达到60余种，CPU总数超万个。1987年全国地震资料采集由模拟进入数字化阶段后，地震资料解释在1992年开始进入计算机与人工解释的人机联作阶段，到1994年解释工作进一步向着三维可视化阶段发展，使解释成果在指导应用时更具直观性。尤其是在2003—2004年间，中国石化、中国石油的部分研究单位分别应用虚拟现实系统，工作效率提高了若干倍。重、磁、电、化勘探资料的采集、处理、解释设备也持续更新，使勘探精度不断提高。

在技术进步的实践中，地震资料数据处理从“叠后”到“叠前”偏移进展较快。

从2003年开始，东方地球物理公司研究院针对中国大部分地区构造复杂、断块发育，但速度横向变化不大的实际，相继在承担的辽河大民屯盆地、冀东南堡凹陷、塔里木轮南地区三维连片叠前偏移处理中，均取得此前叠后处理无法得到的地质成果，为中国石油在2005年将所有新采集的地震资料改为叠前处理积累了经验。其中冀东油田南堡凹陷三维连片叠前时间偏移处理，该项目包括27块在不同时期采集，不同震源、不同检波器、不同地表条件情况下采集的三维资料，有效提高了对老资料的利用价值，使冀东油田成为地质储量和产量同比年增长最快的油田之一。其间，中国石化下属物探单位对叠前偏移研发也取得可喜成绩，完成的塔里木盆地塔河地区阿克亚苏叠前时间偏移处理项目获得了准确的成像结果。

二、自主研发设备，提升作业能力

物探科技进步带来的成果，除了受益于新技术、新装备的引进外，很大程度上得益于新装备的自主研发。1980年，西安石油勘探仪器总厂研制成功国产第一台48道数字地震仪，促进了诸多地震队由模拟向数字化更新的步伐。2000年，国产海上多波地震勘探装备“海试”研制成功，使海上物探资料采集手段更加多样化。90年代前，国内物探单位的采集、处理、解释软件主要依靠国外产品。在引进、消化、吸收的过程中，有多家物探公司的部分技术人员开始尝试软件开发，推出了多种版本的国产早期地震资料处理系统。1992年年底，物探局成立的北京地球软件技术开发公司在创新、完善的基础上，研制出的GRISYS处理软件和GRIStation解释软件成为国产化的主导系列。90年代末又推出KLSeis采集软件，使具有自主知识产权的地震勘探软件形成系列，不仅大量在国内作业中使用，还应用到国际市场。为进一步提高数据处理在油气勘探开发中的作用，1995年经国家计委批准以北京地球软件技术开发公司为基础组建了“油气勘探计算机软件国家工程研究中心”，使地震软件开发向着更高层次和水平迈进。

21世纪初期，中国石油、中国石化和中国海油都加大对勘探软件的开发力度。2004年年底中国石油完成的GeoEast处理、解释一体化软件开发项目，在系统交互控制框架数据流与工作流管理、地震与地质及地下信息共享、一体化运行模式、三维可视化等方面取得突破，在人工智能有效发挥的基础上，将油田开发需要勘探基础成果的提交时间大幅度向前推移，油气藏探明精度进一步提高，成为国内油气勘探的主流软件。同年由中国石化完成的超声地震物理模拟三维定位仪及数据采集系统研制项目，充分利用先进动态测控技术，为地震波传播与应用理论和方法技术提供试验研究平台，解决了地震勘探技术面临的复杂地表和复杂地下条件的多种问题。

三、开展科技攻关，赶超国际先进水平

1986—2005 年，物探科技工作者在吸收、消化国外先进科技成果的基础上，结合物探生产实际，广泛开展科技攻关活动，圆满完成了国家和石油部门的科研任务，取得了丰硕的科研成果，包括《复杂隐蔽油气藏勘探方法研究与应用》、《多道遥测数控地震仪》、《KZ-13 型可控震源》、《地震勘探数据采集处理系统》在内的 27 项成果获得国家科技进步奖。这一时期，国内直接从事或曾从事物探工作的专家学者翁文波、顾功叙、田在艺、刘光鼎、马在田等当选中国科学院院士，李庆忠当选中国工程院院士。

在中国物探实用技术赶超国际先进水平的同时，大量吸引人才和物探职工队伍文化素质的相应提高成为科技创新的重要基础。1986 年，物探单位专业技术人员和大专及以上文化水平人员占职工总数的比例分别为 16%和 8%，到 2005 年，分别提高到 32%和 29%。职工文化水平的提高，为物探技术水平的提高和技术革新创造了条件。在获得国家专利的百余项发明中，由技术工人发明的抽拉式沙漠专用钻具“8 米吹砂筒”，被广泛应用于沙漠物探钻井作业中，对提高大沙漠区深层地震资料的品质做出了贡献。

对于复杂的勘探地区，物探系统相关单位在 1986—1990 年间通过国家“七五”攻关项目高分辨率地震勘探技术研究，取得了丰硕成果。大庆油田的物探资料经过解释，可预测 5 米厚度的薄油层，其他一些油田的地层分辨厚度亦达 20 米以内，成为油田提高油气采收率的重要一环。随着地震地质条件的日益复杂和隐蔽性油气藏在勘探开发工作中的比重加大，对勘探目标的准确识别成为物探工作的主攻方向之一。到 2005 年，地震老资料精细目标处理技术、地震综合储层预测技术、非均质性储层预测技术等开始广泛用于油田开发，推动了地层岩性油气藏描述精度的不断提高。

经过 1986—2005 年 20 年间的努力，中国的物探从初期的应用数字勘探逐步形成了复杂地表、地质条件下的地震勘探技术，开发地震技术，浅海过渡带地震勘探技术，高密度、高分辨率地震勘探技术，综合物化探技术，勘探软件研发技术，物探装备研制技术，新区、新领域综合研究技术，信息网络及应用技术等应用技术系列。其中复杂区域勘探技术及新领域研究技术达到国际领先水平，浅海过渡带及开发地震技术达到国际先进水平，信息网络技术能满足实施全球化、数字化发展的需要。

四、应用高校院所成果，推动技术进步

在物探新技术的开发中，国内主要物探单位与科研院校联合面向生产一线的研究工作和成果发挥了重要的作用。对于复杂的地震勘探数据，要想通过技术进步获得理想的成果，只有不断提高数据处理能力，增加计算机系统的中央处理器。1973 年，国产第一台每秒运算速度达到百万次的“150”大型计算机一经问世，就由物探单位使用；1982 年国产每秒运算速度达到亿次的“银河 1 号”通用计算机系统研制成功后，开发出的“银河 2 号”地震数据处理系统专门用于石油物探。90 年代研制成功的“KJ8920”大型数据处理系统，亦被用于西北地区物探及综合研究。进入 21 世纪后，国产“联想”、“曙光”等超级计算机成为国内甚至国际排名靠前的计算机系统，具有运算速度快、处理能力强、数据储存量大的特点，有多种机型被用来处理地震勘探资料。

1984 年物探局与中国科学院建立长期合作关系，共同开发地震勘探数值方法。1988 年与清华大学创办的地球物理信号处理与识别研究所、与华中理工大学创办的并行计算研究所，1989 年与石油大学创办的地球物理信号处理与分析研究所，1992 年与清华大学工程力学系创办的地震波勘探联合研究所等，针对不同课题开展攻关，有效推动了物探技术的进步。

为适应物探技术进步的需要，20 世纪 80 年代中期至 2005 年，国内包括石油大学、中国地质大学、长江大学、成都理工大学等院校纷纷开设培养地球物理勘探硕士、博士教学机构，为物探生产和科研培养研究型人才。90 年代后基础研究工作也全方位加大了综合研究力度。1999 年，在石油大学建立的以地震物理模型实验室为基础组建的物探重点实验室正式运行。作为石油地球物理应用基础与前沿技术研究的重要基地，物探重点实验室具有大型精密固体地震物理模型定位系统，定位精度误差小于 0.01 毫米，成为国际上范围最大、精度最高的固体模型系统之一。物探重点实验室还配备了先进的数据自动控制采集系统，取得的包括有限元法地震模拟和偏移等在石油勘探中发挥了突出作用，有多项成果获得国家科技进步奖。2004 年，经国家人事部批准，在东方地球物理公司建立了国内石油物探专业第一个博士后工作站，为培养更多的高层次人才提供了前所未有的机遇。

第四节　深化改革，增强物探队伍核心竞争力

1986—2005 年，各物探单位以经济效益为中心，围绕解决计划经济体制下存

在的体制不顺、机制不活、管理方式和运行模式不能适应市场经济要求等主要障碍，不断深化管理体制改革，加快进行经营机制转换，积极开展企业管理创新，逐步建立现代企业制度，朝着增强适应市场能力和自身实力，满足国内市场需求，建设国际一流物探队伍的目标迈出坚实的步伐。在这一历史进程中，以 1998 年组建中国石油和中国石化为契机，步伐明显加快。

一、行业重组打造物探"航母"

物探企业增强竞争力最大的亮点，是中国石油下属的物探局、新疆地调处、吐哈物探公司、青海物探公司、长庆物探处、大港物探公司、华北物探公司等为应对中国加入世贸组织后国内外市场的激烈竞争，经过资产重组在 2002 年 12 月注册的东方地球物理公司，使企业自身在现有资源的基础上为进一步提高市场竞争力创造了条件。

东方地球物理公司组建后，紧密围绕建设"国内第一，国际一流"物探公司、充分发挥"国内找油找气战略部队和海外业务先行官"两个作用的目标，按照"全球化、数字化、一体化"的总体发展战略，大力拓展国际、国内市场份额。正式运营的第一年，主营业务全年全球市场份额由上年度的 9%提高到 13%；陆地地震勘探市场占有份额达到 37.03%，首次跃居全球第一位。在数十支施工作业队中，年产值超过亿元的达到 12 支，8000 万至 1 亿元的达到 6 支，人均年产值达到 24.42 万元，其中海外地震队平均队年产值接近全球第一的西方地球物理公司水平。

中国石化的物探队伍历经了一系列改革后，在提高核心竞争力方面取得可喜成绩。1996 年国内油田物探单位率先进入苏丹市场的中原物探公司在总结经验的基础上，2004 年首次与河南地调处合作承揽了埃塞俄比亚西部地区 1200 千米的二维勘探任务，进一步锻炼了队伍，为走出国门提高市场竞争力、积累了经验。

二、培育市场形成新理念

进入市场经济时代后，各物探单位开始由等上级安排生产任务到在服务过程中走向市场承揽任务。在全球物探行业规模相对过剩的情况下，培育市场成为中国物探单位竞争的新理念。

重力、磁力、电法等非地震勘探于 20 世纪 50 年代在新中国进行的石油普查时期快速发展，但在地震勘探技术日趋成熟后，一度处于停滞状态。80 年代后期，非地震勘探实现数字化后，运用迭代反演、连续电磁测深、瞬变电磁等方法，在地震勘探的空白区大显身手。同时，与地震勘探紧密结合，取得了可喜成果。

开发地震是物探技术向油田开发领域延伸的新举措，由传统的提供钻探井位发展到利用井间垂直地震剖面法测井(VSP)，为油田开发提供更直接的手段。东方地球物理公司组建前，部分成员单位有7支VSP测井队，但互不往来，无法在全方位服务上形成规模。重组为一个独立的实体后，加大了对三维VSP的攻关，不仅在技术上得到交流和提高，服务对象的需求也能够得到满足，使用户加深了对VSP测井重要性的认识。在VSP工作量大幅度上升的同时，还带动了其他地震队的滚动作业。

培育市场最直接的体现，是物探单位在完成合同任务的同时，充分利用技术优势为用户提议下一步勘探方向，调整物探部署，在促进油田的开发过程中，亦获得自身的效益和发展。2002—2005年，在部分物探单位年度完成的价值工作量中，靠培育市场获得的工作量达到10%以上。

三、核心竞争力成为创新动力

石油工业重组改制后，物探企业面临的最大挑战是如何提高核心竞争力。曾经按事业单位管理的物探局，1999—2002年根据自身的特点，面向市场创新管理体制和机制，成为提高核心竞争力的创新动力。在管理体制方面首先打破传统的小而全的地调处体制，对主业按照统一市场开拓、统一技术攻关、统一资源配置和发挥整体优势的“一个整体，三个统一”原则，推行“扁平式”管理，形成新的事业部运筹、地区项目经理部运作、地震队按项目实施、专业化公司提供服务的生产组织模式；对科研机构按照面向市场、优化配置、整体发展的战略研究层、技术开发层、推广应用层的“一个整体、三个层次”技术创新体系的要求，充分调动科技人员的聪明才智，对科研项目实施引入竞争机制，加快了技术进步，为中国石油物探行业跨区域组建东方地球物理公司创造了条件。

国内物探专业提高核心竞争力除了跨区域的内部资源重组外，围绕新体制、新机制的一系列改革，行业的跨专业重组和区域的跨专业重组也取得重要进展。2001年12月，中国海油将所属的从事物探、钻井、油井服务的5家公司合并为中海油服务有限公司，并于2002年11月在香港上市。2004年10月，由大庆物探与钻井、测井等公司组建的大庆石油管理局钻探集团成立，为实现服务的“一体化”打下了基础。随着全球物探领域内各大公司超大规模重组的不断继续，中国物探企业正通过进一步的整合，在跨国经营上迈出新步伐。

第八章 钻井

钻井在油气勘探开发中居于重要地位，其主要任务是进行钻井工程施工及相关技术服务。钻井队伍发扬"铁人"精神，艰苦创业，为发现、开发国内油气田和保障国家油气供应立下了功勋。

第一节 钻井队伍在改革中发展壮大

一、发展历程与队伍变化

新中国成立后，中国石油钻井经历了组建、发展和提高三个时期。从1950—1958年，石油管理总局积极组建钻井机构，形成了初具规模的石油钻井系统。1959—1978年，随着石油勘探重点由西向东的战略转移，钻井队伍经过组建和补充，不断发展壮大，历经石油大会战，针对各地区遇到的油气藏类型和特点，开展科技攻关，解决各种钻井技术难题，推动了钻井技术发展。1978年以后，石油钻井企业逐步应用现代仪器、设备和计算机等先进手段，进行钻井工程设计与高效施工。1986—2005年，随着改革不断深化，石油钻井主管部门先后经历了石油部钻井司（1986—1987）、石油天然气总公司（以下简称总公司）钻井工程局（1988—1997）和中油技术服务公司（1998—1999）三次变化。1999年重组改制后，中国石油天然气集团公司原来主管钻井的职能部门被撤销。其间，钻井系统管理体制和运行机制发生了一系列深刻的变化，逐步由主要靠行政手段组织石油生产会战向市场化运作阶段过渡。

“七五”期间，石油工业部（总公司）为缓解国内石油资源接替紧张，原油产量徘徊不前的主要矛盾，在资金紧张的情况下，坚持把勘探放在首位，优先保证勘探工作量，每年向各油田下达指导性钻井计划工作量。各油气田勘探以钻井为龙头，采用统一领导下的生产组织模式（以钻井处或钻井生产办公室为纽带），主要运用行政手段组织生产，完成上级下达的进尺任务。钻井公司下设调度、技术、机动、计划等职能部门，上下对口，统一指挥，形成强有力的生产组织系统。油气田向钻井公司安排钻井资金和进尺任务，钻井公司再统一划拨生产物资，统一组织生产，统一经营核算。同时还逐步探索了一系列改革管理体制和运行机制的办法，改善和提高钻井企业的经营效益，取得了较好成效。到1990年年底，国内陆上石油钻井队伍已发展成一支遍布全国21个油气田、拥有各类钻机1088台、职工总数超过11万人的大军，钻井能力由“六五”初期平均动用队年进尺不足15000米提高到16000米以上，为实现原油产量持续增长做出了突出贡献。

20世纪90年代，石油钻井系统进入改革攻坚阶段。特别是1993年以后，以石油总公司“三大战略”为指导，加快转轨变型，实行专业化管理，推进科技进步，提高主体技术水平，逐渐解体“大而全、小而全”的管理体制，逐步改变在长期计划经济体制下形成的以生产为中心、单纯追求工作量的生产会战型、指令型和执行型的运行模式，逐步转向重视经营效益和国内外市场开拓。

改革组织结构，不断完善经营承包责任制。逐步改革多层次、相对固定不变的组织体系，把以往生产靠行政指令、经营靠统一安排和统负盈亏，变成内部模拟法人，试行企业自主经营，逐步建立起扁平式的组织结构。把原钻井公司所属的钻井大队组建成钻井分公司，作为相对独立的经济实体进行生产经营活动。在经营机制改革方面，以甲乙方合同制承包形式，划小核算单位，分开油田与钻井、钻井与辅助生产和生活服务单位之间的经济结算关系。通过这一时期的改革，既解放了思想，又解决了制约钻井系统与市场不相适应的体制障碍，逐步实现了与市场过渡和接轨。其间，按照总公司钻井队伍调整目标，采用整体转产和人员转岗等办法多渠道安置富余人员。到1995年年底，全国17个有钻井队伍的油气田共有各类钻机971台，在册钻井队总数935支，在册职工总数25.93万人。到1996年年底，在册钻井队总数减少到828支，在册钻井职工总数调整为12.74万人；1997年年底，拥有各类钻机914台，在册钻井队878支，共有钻井职工11万多人，当年钻井进尺接近1750万米。1998年，石油、石化企业实行重组，胜利、中原、江苏、河南、江汉、滇黔桂、安徽等油田的钻井企业划归中国石油化工集团公司管理。到1998年年底，中国石油15个油气田钻井系统职工总数不足 7 万人，实有各类钻机 674 台、钻井队 583 支，当年钻井进尺超过 1260 万米。

1999 年重组改制以后，钻井企业生产组织与经营管理步入了市场运作的新阶段。这一时期钻井系统的管理体制和运行机制发生了显著变化：勘探开发与钻井施工作业由原来一个油田内部的上下工序关系变成了两个独立核算、分灶吃饭的甲乙方市场关系，油田钻井企业被推向市场，逐步走上自主经营道路。重组初期，钻井企业面临着国内市场总量有限，约有 1/3 的队伍过剩，技术装备和管理水平与国际标准存在一定差距，整体竞争实力不强等主要问题。钻井系统面临的主要任务是：优化结构，提升管理水平，开拓市场空间，增强发展能力。经过“十五”期间的艰苦努力，中国石油、中国石化钻井系统在结构调整、队伍建设、装备更新和外部市场开拓等方面都取得了长足进展，钻井市场布局调整取得明显成效，钻机利用率大大提高。到 2005 年，中国石油钻井系统共有人员 78535 人，各类钻机 889 台，钻井队 837 支，固定资产总额 113.61 亿元，“七五”至“十五”期间，共钻进尺 28806 万米；中国石化钻井系统共有人员 45600 人，各类钻机 533 名，钻井队 533 支，“十五”期间共钻进尺 4024 万米，为中国石油工业发展做出了重大贡献。

二、加强钻井管理

加强管理是石油钻井企业永恒的主题和追求目标。1986—2005 年，石油钻井系统结合专业特点，坚持走专业化道路，不断加强井控管理、体系管理、经营管理和技术标准规范与规程管理，逐步完成了从计划经济向市场经济运行的管理过渡，提升了管理水平和经济效益。

（一）实施专业化管理，促进行业快速发展

为充分发挥专业技术人员的特长和作用，促进专业水平提高，推广应用先进钻井技术，集中力量加快发展技术密集、投资较大的新技术，石油工业部于 1985 年首先在大港油田组建了首家面向全国的定向井技术服务公司。1986 年，相继成立了华北打捞和四川井控两家专业化技术服务公司。同年，胜利油田成立的取心服务公司也通过了总公司资格审查认证，初步探索并积累了专业化管理的经验。在总结专业化管理经验的基础上，总公司钻井局于 1994 年 3 月，在塔里木油田主持召开了组建钻井专业化服务公司会议，制定了包括固井、定向井、钻井液、打捞等在内的 20 多个专业化技术服务公司的规划。此后，一批为钻井工程服务的专业化公司陆续组建并得到总公司的资质认证。1995 年 5 月，总公司在四川成立了专业化快速反应油气井灭火公司，该公司面向全国，集技术开发、抢

险灭火服务于一体，由四川局钻采院代管。同时，各油田逐步将原隶属于钻井队的炊事和泥浆人员分离出来，与固井、钻前、运输、机修、管子等二线辅助生产单位一道，分别成立专业化服务公司，共同为钻井队进行有偿服务。在此基础上，一些油田先后在钻井公司内部将生产技术科与攻关队合并，成立钻井工程队，加强现场技术管理，组织推广钻井新技术。为提高钻井企业专业水平，总公司钻井工程局从1996年起，在总结渤海湾地区钻井队资质认证经验的基础上，制定了《钻井队资质认证验收细则》，全面开展钻井企业资质认证工作，同年对渤海湾地区钻井队资质开展了认证复查。经过努力，到1996年年底，累计有35支钻井队通过了甲级（长城）队验收，688支钻井队通过了乙级钻井队资质认证，78支钻井队通过丙级钻井队认证，有5个钻井专业技术服务公司通过了对外服务资格认证。

此外，从1986开始直到2003年，地质录井队逐步从钻井队分离出来并脱离钻井公司，相继成立了专业化的地质录井公司(处)。大庆石油管理局地质录井公司于1985年9月成立，是石油部下辖最早的专业化录井队伍。录井单位的归属概括起来大致有四种类型：一是原属中国石油天然气总公司的胜利录井、中原录井、河南录井、江苏测录井等单位，在1998年7月以后，随油田整体划归中国石化；二是集团公司的大部分录井单位，如吉林、辽河、大港、华北、新疆、长庆、吐哈录井公司(处)，隶属于各石油管理(勘探)局；三是大庆地质录井分公司，1999年划归中油股份公司；四是青海录井事业部隶属中油测井公司。

(二)强化井控管理，确保钻井施工安全

针对“七五”期间井喷失控事故处于高发期的实际情况(据统计，从1985年8月至1989年10月，全国各油气田共发生井喷失控事故25井次)，从1987年起，石油工业部以遏制井喷失控事故为重点，召开井控工作座谈会，讨论分析连续发生井喷失控着火事故的原因，研究制定加强井控管理相关措施，要求钻井系统把防止发生井喷和井喷失控事故作为钻井安全生产头等大事来抓。规定从1988年6月起，在各油气田实行井控操作合格证制度，要求凡是直接指挥井队现场生产的干部和井队基层干部、正副司钻，必须经过培训和考试后取得井控操作合格证，否则，干部无权指挥生产，工人不得上岗操作。同时，对井控技术培训单位具备的资质条件和井控装备更新工作做出安排部署。1988年，石油部决定从当年7月1日开始，要求各油田试行并根据《石油天然气钻井井控技术规定》，制定本地区井控工作实施细则和各级井控工作责任制。继续搞好井控装备配套，落实安全生产岗位经济责任制，建立井控培训中心，积极开展井控技术培训。1990

年,总公司还成立了由钻井工程局领导的八人井控技术小组,主要负责草拟有关井控工艺技术、装备发展规划及配套系列,完善有关井控技术规定和规章制度,对井控科研发展规划提出建议,参与评审井控技术标准,参加井控工作检查,协助各油田处理重大井喷失控事故等。各油气田认真执行井控技术规定,不断强化井控意识,建立各级井控管理组织机构,完善了“管理局—钻井队(井控车间)”的多级井控管理体系。加强井控培训与取证,井控操作持证人员由司钻扩展到井架工。建立井控检查制度,加大井控检查,实行局、处(钻井公司)两级大检查。通过这些工作,井喷失控在后来一段时间里得到较好遏制。但是由于有的单位安全管理和措施执行不力,2003 年 12 月 23 日,川东钻探公司钻井 12 队承钻的罗家 16H 井发生了特大井喷失控事故。经国务院组成的专家调查组调查后认定这是一起由于安全管理不严和操作不当引起的特大责任事故,有关安全责任人受到严肃处理。之后,钻井企业深刻汲取这次特大事故的教训,牢固树立和贯彻科学发展观,力求建立安全生产长效机制,采取一系列有力措施强化井控管理,坚决杜绝重特大钻井事故的发生。

(三)引入体系管理,实行管理方式与国际接轨

石油工业部钻井司(局)狠抓以“标准化现场、标准化班组、标准化岗位”为主要内容的“三标”管理,积极开展多种形式的劳动竞赛和“双文明”队伍建设活动。围绕“优质、安全、低耗、高效”总体目标,广泛推行全面质量管理,建立各级质量管理机构,制定完善各类质量标准和考核标准,完善各级质量保证体系,实施质量目标责任制和质量指标“一票否决”权。通过抓基础工作、抓施工质量、抓考核评比、抓科技进步等一系列措施,全国钻井三大工程质量逐年提高。在开展全面质量管理基础上,1993 年,总公司选择了以中原、大庆、辽河、江苏、大港等 10 个油田钻井企业为标准宣传贯彻试点单位,石油质协钻井专业委员会还委托中原钻井二公司、辽河钻井一公司、大庆钻井一公司编写《石油钻井质量手册指南》。其中,中原钻井二公司率先完成编写,并将该指南下发到各油田。从此,钻井系统开始 ISO9000 质量保证体系的贯标认证工作。总公司、各油田分别聘请专家对管理人员进行培训,加快体系的建立、实施和认证工作。1996 年年底,大港钻井工程公司和定向井公司及中原钻井四公司,率先通过了 ISO9000 质量保证体系的第三方认证。随着对外合作项目不断增多,为适应国内外市场竞争需要,健康、安全、环境管理理念逐步被提到加强钻井管理的议事日程。1996 年,总公司提出“先国外、后国内,先试点、后推广,力争三年内在总公司建立和实施 HSE 管理体系”的工作目标。1997 年颁布了 SY/T6276-1997《石油天然气工业健康、安全与环境管理体系》标准,以及与之配套的 SY/T6283-1997《石油天然气钻井工业健

康、安全与环境管理体系指南》等行业标准。中原、新疆、大港、河南、胜利、辽河等油田钻井单位积极开展健康、安全、环境（HSE）管理体系的贯标认证工作，大港油田作为总公司综合试点单位于1998年8月举行了HSE管理体系的发布会，1999年率先通过集团公司认可。2000年1月，国家经贸委批准在大港油田成立了国内唯一一家开展HSE体系认证单位——北京中油健康、安全、环境认证中心，推动了石油企业HSE体系认证工作。同年10月，大港、新疆、吐哈等油田七家二级单位率先通过该中心HSE体系和GB/T28001体系认证。此外，一些油田钻井系统把质量管理体系认证与健康、安全、环境管理纳入企业管理体系整合为质量、健康、安全、环境管理体系（简称QHSE体系）。随着管理模式与国际接轨，石油钻井企业的管理更加科学化、系统化、规范化，实现了由传统型向现代型、由粗放型向精细型的新跨越，为石油钻井队伍进入国际市场奠定了基础。

（四）加强以成本为中心的经营管理，逐步提高适应市场的能力

为提高经营管理水平，增强钻井企业经营活力，1988年，石油天然气总公司简政放权，推行工程技术服务承包，逐步完善内部经济责任制，开始对钻井单位实行以经理负责制为主要形式的分级分权管理。大庆、华北、胜利、中原等油田钻井单位率先形成纵向上层层承包，横向上推行甲乙方合同制为主的油田内部独立核算经营机制，取得了较好的经济效益。为了进一步提高管理水平和效益，降低钻井综合成本，1992年，总公司加强钻井系统改革，要求转换经营机制，划小核算单位，把企业推向市场。同时要求油田加强成本管理，推行甲乙方合同制，在油田内部试行钻井工程招投标制度，实现由生产型向经营型转变，并将华北石油管理局作为试点单位。

随着钻井市场逐渐形成，1993年，全国19个油气田中已有14个油气田对钻井工程施工项目采取了不同程度的招投标方式。华北油田首先在油田内部采取公开招投标，4个钻井公司参与竞争。青海油田根据勘探开发需要，拿出当年50%的工作量，先后引入了中原、四川、华北等3个油田的10支钻井队，缓解了油田内部钻井能力不足，促进了资源的合理配置。冀东油田坚持公平竞争原则，引入市场竞争机制，采取明标、暗标相结合的办法，综合考察钻井施工队伍竞争实力，择优选用钻井队。为完善甲乙方管理体制，部分油田借鉴国外及塔里木项目管理经验，在钻井队施行甲方现场监督管理，并成立了相应的监督（或监理）管理中心。总公司积极组织各油田和石油高等院校的专家编写《甲方钻井手册》，于1990年3月发布使用，为项目管理和甲乙方合同的实施奠定了技术管理基础。

为进一步加强钻井系统竞争机制，1995年，总公司成立了钻井市场管理委员会，决定开放胜利、中原、华北、辽河、大港、冀东等6个渤海湾地区油田的钻井市场，制定了《渤海湾地区钻井市场管理暂行规定》和渤海湾地区钻井队资质等级认证标准，规范了市场行为，加大了竞争力度。该办法的实施，还带动了全国其他油气田钻井市场的逐步开放。同年，总公司钻井定额管理站修订并出台了《钻井工程统一劳动定额标准》，组织胜利、辽河、大港等油田编制了《浅海钻井定额编制方案》，同中原油田合作，完成了《钻井定额数据库管理系统的建立和应用》软件研究工作，并投入现场使用。到1995年底，全国17家油田的424个区块已编制了钻井定额标准，其中塔里木实行日费定额标价。各油田以统一钻井定额标准为基础、以招标为手段，积极推行以单井设计、单井预算、单井结算、单井计奖"四单管理"办法和日费制管理模式，加强单井管理，探索低成本发展模式。

此外，为改善一线职工生活环境，稳定职工队伍，总公司于1986年在新疆、胜利、中原等油田试行"四班两倒"工作制。到1988年，全国16个油气田全面推广这一工作制度。

（五）加强技术标准建设，完善专业管理标准体系

为推动钻井技术规程规范的标准化，石油工业部（总公司）制定、完善了相关技术标准和规程。"七五"期间，重点围绕科学钻井，加强了一系列技术规范规程的制（修）订。1987年3月，石油工业部钻井司专门召开科学钻井工作经验交流会，讨论修改了《科学打探井技术规定》、《科学打开发井暂行规定》、《钻井队科学钻井装备配套标准》和《关于钻井工程实行单井考核管理办法的若干规定》等四个文件，提出了实行科学钻井"多增加原油产量100万吨，完成和超额完成新建产能1500万吨，科学钻井队伍要发展到200支"的总体目标。各油田积极筹措资金，为井队配备大功率柴油机和泥浆泵，增添仪器仪表，当年全国科学钻井基本配套队就发展到298支，1989年配套的钻井队达到548支，塔里木施工钻井队全部实现了标准配套。

1987年，石油工业部组织有关人员修改和制定了《油气井钻具管理及使用规程》（试行），对于加强钻具的管理、规范钻具的使用和维修具有重要意义。

1988年，总公司钻井局会同有关部门，进行油气层保护技术攻关，通过对16个油田测井数据的分析研究，初步掌握了国内油气层损害程度与地层渗透率的关系，并从岩石学分析技术入手，开展岩心测定分析，研究油气层损害机理，制定相应的评定方法与标准。

1989年，石油工业部在1987年成立钻井液处理剂和油井水泥外加剂两个企业标准化小组基础上，制定了钻井液处理剂与水泥外加剂企业标准，加强了对钻井液处理剂和油井水泥外加剂企业标准的统一管理。

1990年，总公司组织油田（院校）钻井各路负责人（或教授），对石油工业部1985制定的钻井工程标准体系表进行了修订。该标准体系表除少量基础标准和部分井下工具外，绝大多数工艺技术标准都按钻井作业程序分为钻前工程、钻井工艺、定向井技术、取心技术、钻井测试技术、固井工程、钻井事故处理、钻井液和海上钻井技术等九项工艺技术标准。同年，总公司还组织有关人员对原石油工业部1985年制定的《固井技术条例》进行修改，制定了《固井技术规定》。

同时，为了加强科学钻井基础研究工作，还开展了岩石可钻性研究，制定出符合国内地层情况的岩石硬度等级，为合理选择钻头类型提供了依据；进行泥岩矿物组分分析，基本掌握了部分油区泥岩矿物组分、理化性能及特点，为选用泥浆类型和泥浆处理剂提供了科学依据；在探井和部分高压油气井普遍采用地震层速度法、声波时差法和dc指数法，为在钻进中及时调整泥浆密度，减少对油气层的伤害提供了科学依据。

三、钻井技术装备的发展

新中国成立后，全国石油钻井装备制造业从无到有，从小到大，迅速发展起来。“七五”、“八五”期间，由于原油价格不到位，总公司每年用于钻井装备的投资逐年减少，不仅钻机新度系数低，陈旧老化现象突出，先进装备少，而且整机工作效率低，结构不合理。从1994年开始，国家逐步调整油价。为加快钻机更新改造步伐，石油天然气总公司于1995年9月在胜利油田召开石油钻机定型会。会议提出，“通过淘汰一部分、更新一部分、改造一部分钻机的办法，在规定的期限内，使所有钻机普遍达到科学钻井标准配套水平。提高装备的新度系数，增加钻机技术含量，改善钻机整体性能，调整大中型钻机结构，同时有比例地兼顾固井、管修、钻前等后勤装备和专用工具及仪表的投入”，确定了ZJ20、ZJ32、ZJ45、ZJ60等四种规格钻机的定型方案，明确了有关配套部件的选用原则，提出了科研攻关建议，为石油钻机进一步发展指明了方向。

（一）钻井装备的更新与改造

从1998年开始，总公司为进一步提高钻井装备水平，在三年内共投资45亿元进行装备更新改造，其中要求钻井装备在此期间更新电驱动钻机100台、配备顶驱30套，配套年完成500口井的工具及仪器的钻井队若干支。本着“先进、可靠、安全、方便、经济”原则，1998年总公司工程技术局组织各油田、钻机生产厂家和各主管局，先后研讨审查了ZJ70D、ZJ50D、ZJ40DB和GW-M1000等型钻机的设计方案，确定各油田装备更新计划，签订钻机制造合同。

各大石油机械制造厂瞄准世界先进水平，坚持“国产为主，引进为辅”方针，20

世纪90年代中后期以后,相继研发了一批具有自主知识产权、达到国际先进水平的新型石油钻井装备。钻机主导产品已形成柴油机驱动、液力传动、链条并车、直流电驱动、全数字控制交流变频电动钻机、高移运钻机、斜井钻机及大功率柴油机、泥浆泵和顶驱等多种形式多种规格的系列产品。钻井装备实现了由单一机械式向机电液、数字控制一体化的高技术装备转变。电驱动钻机的主要机械部分及配套设备大部分的元器件均实现了国产化。国产顶驱装置、ZJ20K模块钻机、ZJ40DB交流变频电动钻机和ZJ50D盘式刹车与自动送钻一体化装置的成功研制,大大加快了钻机制造国产化的进程。具有模块式、车装、撬装等不同特点的中小型钻机的国产化程度日渐提高,性能已达到或接近国际先进水平,不仅满足了钻井企业开拓国内外市场的需要,而且主要钻机制造商的一些产品还出口国外。同时,国内首台9000米交流变频超深井钻机及与之配套的顶部驱动装置研制成功,对中国西部的深层勘探开发和开拓海外市场产生了重大而积极的影响。到2005年年底,中国石油889台钻机中电驱动钻机已达182台,顶部驱动装置101套;中国石化533台钻机中电驱动钻机已近82台,顶部驱动装置43套。

(二)录井装备的发展

进入20世纪70年代,上海石油仪器厂研制生产了701型气测仪。在此后的十几年里,该仪器在油气勘探开发中发挥了重要的作用。随着科技的发展,仪器的电子管元件由半导体元件替代,色谱仪的热导系统也由氢火焰离子鉴定器替代,使仪器性能大大改进。20世纪80年代初,开始引进英、法、美等国家的综合录井仪。20世纪90年代中后期又从加拿大等国家引进了快速色谱录井仪,以满足日益发展的勘探开发需要。通过先进录井设备的引进和消化吸收,大大提高了录井队伍整体的装备水平,也促进了国产综合录井仪的发展。

第二节 钻井技术在创新中不断发展

石油钻井企业围绕勘探开发难点,积极开展技术攻关并取得重大成果。开发集成了水平井、欠平衡井、特殊工艺钻井、高效低成本钻井等技术系列,钻井工程技术总体上达到了国际先进水平。这对于加快钻井速度,缩短钻井周期,扩大油田勘探开发领域,提升油气产量,起着巨大的推动作用。不同时期有重点地研发应用了相应的钻井技术。

一、"七五"期间的重点钻井技术

"七五"期间,钻井企业全面推广了喷射钻井、优选参数钻井、平衡压力钻井等技术，完善了调整井钻井技术，发展了钻井液技术和稠油藏钻完井技术，掌握了不同类型油藏的固井技术。由于技术进步，钻井系统经济技术指标创出较好水平，陆上石油钻井累计超额完成进尺7121万米，完成计划进尺的101.5%，与“六五”相比多打进尺2775万米，平均机械钻速提高36%，平均钻机月速度提高29.1%，平均队年进尺提高23.5%，平均建井周期缩短15天12小时，取得了重大经济效益。为解决在人口密集、农田稠密、沼泽水网和草原地区以及复杂断块油气藏直井不能钻达目的层的矛盾，降低钻井成本和油田建设成本，各油田开始探索在一个井场钻多口井的定向井、丛式井钻井技术。该技术被列为“七五”国家重点科技攻关项目，经过集团攻关，从工程设计到施工质量控制，打成了32～42口不同井数的丛式井组、大于5000米的定向深井、多目标井、高精度的救援井以及用丛式井技术整体开发一个较大油田的全套技术。1987年7月，国内第一个陆上密集型丛式井平台——沈阳油田安12块10号井丛式井平台建成。对一个设计年产300万吨的油田，从制定开发方案到地面建设，全部采用丛式井施工，在国内钻采史上尚属首次。同年，四川钻井队在隆40-1丛式井组成功钻成国内第一口水平井，最大井斜角90度，在气层内进尺532米，其中79度以上斜井段长166米。1988年，辽河油田第一次采用丛式井钻井技术整装开发曙光杜48块和欢喜岭锦7块浅层稠油油藏，在16个丛式井平台上钻井149口。同年，大港钻井队在羊三木地区完成了一组在102度扇形面内分布19口定向井和2口直井的丛式井组。1989年，胜利油田采用定向井、丛式井钻井技术完成了国内陆上丛式井完井最多的井组——河50丛式井组。该井组完井42口，整个井组占地57.78亩，节约土地355亩，建成年产30万吨的原油生产能力。“七五”期间完成定向井、丛式井4317口。该技术提前一年于1990年1月通过国家鉴定，总体上达到20世纪80年代国际水平，获国家科技进步一等奖。此后，各油气田结合实际，集成应用和积极发展了该项技术。

二、“八五”期间的重点钻井技术

“八五”期间，钻井企业大力推广喷射钻井与优选参数钻井技术、定向井和丛式井钻井等10项新技术、新工艺，不断发展和完善保护油气层的钻完井技术。根据不同油气藏和所钻地层特点，优选与地层相配伍的优质钻井液和完井液，重点攻克了不同类型油气藏钻长、中、短曲率半径水平井的钻完井成套技术、深井钻井配套技术、岩石力学的石油工程基础应用研究及新型牙轮钻头、金刚石钻头、涡轮钻具钻井等工艺技术。中国是继美国和苏联之后第3个钻水平井的国家。20世纪60年代中期在四川地区钻成2口水平井，由于先期地质资料、储层评价不准确等因素，使一些油田和地区钻成的水平井达不到预期效果，一定程度上制约了水平井钻井技术的发展。

为了解决勘探开发投入高产出低的问题，增加同一井眼油藏裸露面积，提高采收率和单井产量，在1990年，水平井钻井配套技术被列为“八五”国家重点攻关项目。经过石油天然气总公司6个攻关集团前后4年的攻关，在7个油田的6种类型油藏中，完成科学试验水平井47口，基本掌握了长、中、短曲率半径水平井的设计、井眼轨迹控制、钻井液、完井液、固井、井下动力钻具等专用配套工具和仪器的全套水平井钻井技术。该项目于1995年提前一年完成，总体技术水平达到了20世纪90年代国际水平。此后，三围绕障水平井、多目标水平井、阶梯式水平井、开窗侧钻水平井等技术得到进一步发展应用。1990年胜利油田钻井队施工的任平1井是攻关过程中完成的第一口中半径水平井，日产原油是临近直井的近2倍。1991年完成的埕科1井是国内的第一口水平探井，取得了相当于12口直井的勘探效果。1996年完成的临2-平1井是国内第一口双水平段的水平井，水平段平行穿过上下两个目的层，总水平位移640.22米。1997年，塔里木油田成功的钻成国内最深的水平井——解放128井，完钻井深5750米。塔里木油田应用水平井钻井技术实现了“稀井高产”，根据第一口水平井所取得的钻井经验及良好试采效果，水平井数扩大到5口，都取得了成功。后来，该油组开发方案调整为以水平井为主、丛式井为辅，实现了全国第一个沙漠腹地油田以水平井为主的开发方式。1999年，塔中402C3油藏获得中国石油高效开发新油气田奖。冀东油田从2002年开始研究应用以水平井钻井为主的一系列先进技术，当年第一口水平井Ll02-P1成功投产，日产油126吨，揭开了冀东油田“少井高效”开发的序幕。“十

在塔里木沙漠腹地实施钻井作业。

五”期间已完井100多口水平井投产后均取得良好效果，平均生产能力是同油藏其他井的3倍，实现了1/8的总井数生产1/3总产量的开发目标。大庆油田大力发展薄层水平井技术，井眼测量和地质导向使用引进的LWD系统，水平井产量是同区块直井的3～5倍，取得了较好经济效益。

三、“九五”期间的重点钻井技术

“九五”期间，石油钻井系统在推广水平井钻井、定向井导向钻井、盐类、硅类聚合物钻井液、正电胶钻井液、屏蔽暂堵等工艺技术的基础上，重点开展了复杂地质条件下深井超深井钻井技术、特殊工艺井钻井技术及钻井装备、井下工具与仪器配套技术攻关。这一时期的钻井技术进步集中体现在提高钻速、工程质量和控制钻井成本、提高勘探开发经济效益，使钻井工作向有利于发现和保护油气层、提高油田采收率方向发展，基本实现了“通过技术进步，平均机械钻速同比‘八五’提高30%，队年进尺提高30%”的目标。

（一）深井、超深井钻井技术

为加速西部和东部深层勘探开发步伐，石油天然气总公司开展对深井钻井配套技术攻关的基础上，将深井、超深井钻井技术列为“九五”科技攻关项目。四川、新疆和石油勘探开发科学研究院承担了在复杂地质条件下该项技术的攻关任务。通过攻关，四川局形成了一套适合本地区复杂地质条件下深井、超深井的综合配套技术，降低了钻井事故，提高了钻井速度。试验井和推广应用井的钻机月速度与“八五”同区块所钻井相比，分别提高了46%和54%。新疆局针对准噶尔盆地深井、超深井钻井普遍存在的技术难题，开展了六个方面的研究攻关。五年间，共开展了7口井的综合配套试验和十几口井的单项技术试验，完成了课题所设置的各专题的理论研究和现场试验任务。与“八五”期间同类井相比，机械钻速提高了25%，完井周期缩短了20%以上，钻头用量减少了10%以上，复杂事故率降低了2%，提高了新疆油田复杂地质条件深井超深井钻井技术水平，促进了准噶尔盆地腹部和南缘山前构造带的勘探步伐。塔里木勘探开发指挥部试验推广应用深井、超深井及相关配套技术取得了突破性进展，完成了一批复杂探井，发现、探明了一批气田和含油气构造。1998年钻成了井深为7200米的塔参1井，当时创造了五项全国第一。2005年，由华北石油管理局塔里木钻井工程公司承钻的中国石油重点探井——英深1井，刷新了中国陆上超深井钻探7500米纪录。

（二）小井眼钻井技术

基于经济条件开发低渗低产油气藏和老井重钻、钻边远探井，各油田逐步发展小井眼钻井技术。“九五”期间,总公司主要在大庆、长庆等油田,对小井眼钻井工艺、装备及工具研制配套等内容进行了攻关与应用,其间共完成小井眼井 762 口,完成进尺 114 万米。大庆钻井单位从 1995—2000 年,共钻成直径 200 毫米以内的小井眼井 565 口,钻井成本比普通井分别降低 10.9%和 17.2%。长庆油田在安塞低压低渗油田试验应用小井眼钻井技术,总体节约钻井成本约 15%。通过实践与探索,优选出了一套适合小井眼定向井施工的钻具组合和合理的钻井参数,既可有效实施轨迹控制,又提高了钻井速度和中靶率。与石油大学(北京)合作研制出了适合小井眼钻进的 PDC 钻头,大幅度提高了钻井速度,较好地解决了小井眼钻井的技术难题。

(三)煤层气钻井与完井技术

中国是世界上煤层气资源较丰富的国家之一。从 20 世纪 80 年代末煤炭和地矿部门率先开展煤层气研究,1992 年石油天然气总公司介入,多个部门在广泛领域的煤层气综合试验研究全面展开。1996 年,中联煤层气公司和中油煤层气项目经理部相继成立,标志着中国煤层气勘探开发第一个高潮的兴起。“九五”期间,石油天然气总公司把煤层气钻井与完井技术研究与试验作为重点科研项目之一。项目由新区勘探事业部煤层气勘探项目经理部和石油勘探开发科学研究院廊坊分院共同组织承担,中原、华北、长庆、滇黔桂、大港等油田钻井单位参加。先后在大城、晋城和吴堡地区,进行了较大规模的煤层气综合研究和工艺性勘探开发试验,使用低固相泥浆钻井、绳索取心、常规水泥浆固井等技术共钻煤层气试验井 20 口。经过较大规模资金投入和勘探开发试验,到 2000 年,全国已钻煤层气井 208 口,初步掌握了中国煤层气资源分布概况、地质选区评价和实验测试、煤层钻井取心、煤层压裂、试井和排采等技术。2005 年 7 月,中国石油股份公司与美国奥瑞安能源国际有限公司在山西煤层气合作开发的首口多分支水平井——武 M1-1 井,由华北钻井二公司施工。该井是由一口采气的直井和一口 10 个分支的水平井组成的井组,水平进尺 7087 米,累计进尺 8047 米,钻进过程中除采用常规钻井技术外,首次采用了充气欠平衡钻井技术。

四、“十五”期间的重点钻井技术

“十五”期间,石油钻井企业紧跟世界先进技术发展趋势,结合国内外勘探开发实际,着重开展了欠平衡钻井、分支井钻井、套管钻井、地质导向钻井等先进技术的攻关。

(一)欠平衡钻井技术

该技术具有减少产层损害、及时发现油气层等优点。国内主要采用进口设备,先后钻成了一大批欠平衡井。1997年，辽河、中原、四川、新疆、大庆、塔里木油田承担中石油欠平衡钻井技术“九五”科研攻关任务，共完成15口欠平衡钻井试验，全部获得成功。随着国内欠平衡技术的不断发展，该技术应用范围逐渐扩大，设备配套国产化进程逐渐加快，逐渐被应用于低压低渗油田和老油田的开发。1999—2000年，先后在克拉玛依油田进行了9口低密度钻井液欠平衡钻井，均取得成功。其中在大斜度井风501井进行欠平衡施工，获得重大发现，确定了一个新的含油区块。大港油田“九五”期间针对前第三系深层勘探进行了欠平衡钻井完井技术综合研究，在千米桥潜山和乌马营潜山采用低密度无固相钻井液体系实施欠平衡钻井工艺技术，发现了千米桥潜山凝析油气田。2003年，四川石油管理局在邛西4井成功进行了全过程欠平衡钻井配套试验，取得了川西地区邛西构造油气勘探开发的重大突破。此后应用该技术在川西、川中、蜀南等地区大幅度加快了钻井速度，发现了新的油气层。2004年欠平衡钻井进尺达到了总进尺的1/3。2005年形成了一套针对磨溪构造的快速钻井技术系列，创造了磨溪钻井会战新模式，钻井速度由过去该地区五六个月打一口井提高到四五十天打一口井。欠平衡钻井技术经过几十年发展，国外已形成了空气钻井、氮气钻井、天然气钻井、雾化钻井、泡沫钻井、充气钻井液钻井等多种介质欠平衡钻井。2003年4月，国内首次在玉门窿9井试验空气钻井技术。该井由大港70520钻井队承钻，现场成功地应用了空气、泡沫、雾化钻井技术，钻井速度较常规提高近13倍，较好地解决了可钻性极差的世界级难题。2004年7月，四川钻井队在白浅111H井进入水平段采用柴油机尾气和天然气进行气相欠平衡钻进，获天然气产量是邻井的20倍。同年8月，长庆钻井队承钻的西峰油田镇206井，在非储层段采用空气钻井试验，在储层段采用空气泡沫钻井获得成功。“十五”期间，中国石化钻井企业通过引进、研制、配套欠平衡钻井设备，形成了适合不同地层压力的液、气相欠平衡钻井技术，共实施欠平衡钻井140余口，平均日产油为邻井的1.5倍。

（二）分支井钻井技术

该技术是20世纪90年代国际上发展起来的一项集地质设计、钻井、完井和采油于一体的钻采新技术。国内钻井专家在总结国外资料基础上，一般把井下两个井眼钻在同一层（多底井）和两个井眼钻在两个不同油层（分支井）的两类油井统称为多底分支井。多底分支井技术已逐步被认为是提高油气藏动用程度，开采难采储量，改善低效油田开采效果，降低综合成本的有效手段和前沿钻井技术。该技术已成为国外主要石油公司的标志性技术。国内外各大公司都相继投入大量资源开展了卓有成效的研究与应用工作。与成熟的水平井、侧钻水平井技术相比具有更大的优越性：一方面可以发挥水平井高效、高产的优势，增加泄油面积，挖掘剩余油潜力，提高采收率，改善油田开发效果；另一方面可共用一个直井段同时开采两个或两个以上的油层或不同方向的同一个油层，在更好动用储量的同时比水平井更节省投资。分支井技术已得到国内外许多油公司和技术服务公司的广泛关注，一些多底井/分支井系统已进入商业运行阶段。该项技术应用较多的是辽河石油勘探局工程技术研究院，已完井5口。2003年，中石油在辽河、新疆、吐哈进行了分支井技术攻关，完成了海14-20、新浅90、静31-59分支井的设计与现场施工。研究发明了可在同一井筒中打出多个分支井的胀管定位技术，有效地解决了国内外70寸以下小尺寸套管内打分支井所遇到的诸多问题和各分支井选择性重大问题。辽河石油勘探局工程技术研究院2003年成功完钻的国内第一口使用自制系统自行施工的具有TAML第四级水平的多底井——海14-20侧钻分支井，标志着中国已具备钻多底分支井的技术能力。2005年大港钻井队钻成了国内第一口鱼骨型分支井家H2。

滩海钻井技术取得迅速发展。

“十五”期间，中国石化钻井企业水平井、侧钻井技术在油田勘探开发中应用进一步扩大。至2004年年底，钻水平井501口，产量为直井3～5倍，累计完成侧钻井907口，增加恢复可采储量894万吨，产油302万吨。

（三）套管钻井技术

该技术是利用普通套管代替钻杆作为钻柱和水力通道进行钻井，在钻井同时下入套管。国内普遍研究使用可钻钻头的套管钻井系统来完成表层和单只钻头井眼。其优点是钻井和下套管同时进行，避免了起下钻柱，提高了钻井作业效率和安全性。2003年中美合作开发的赵东油田大规模应用套管钻井技术，成功地完成了24口井的表层套管钻井作业，多次创下并刷新套管钻井新纪录。同常规钻井后下套管的作业相比，套管钻井总体效率提高了1倍以上。同年10月，吉林油田利用自行设计的、具有自主知识产权的工艺及配套工具和专用管材，在吉林套B+3-4井进行了陆上油田第一口全井套管钻井现场试验，并顺利完钻固井。该井的成功实施，标志着中国套管钻井技术发展已进入现场试验应用阶段。

（四）地质导向钻井技术

该技术是20世纪90年代初才问世的一种油气钻井高新技术。它以近钻头地质参数与工程参数的随钻测量、传输、地面实时处理解释和决策控制为主要技术特征，根据随钻监测到的地层特征来实时调整、控制井眼轨道，体现了钻井和油藏工程、测井技术的结合，对提高探井成功率、开发井油层的钻遇率和采收率有十分突出的作用。自1993年哈里伯顿公司推出第一台地质导向钻井系统产品以来，贝克休斯、Sperry-Sun公司相继推出地质导向系统产品，在全球多个油田进入商业化服务，已获取巨额的经济效益。中国石油勘探开发研究院钻井所从20世纪90年代初，就一直在关注和跟踪该项技术。1999年，由中国石油天然气集团公司科技发展部立项，由钻井所牵头，成立由研究单位、制造单位和应用单位组成的"CGDS-1型地质导向钻井系统研制与应用"课题组，攻关目标为研制具有中国独立知识产权的地质导向钻井系统CGDS-1。经过攻关和现场试验，该项目研究取得了突破性进展，以CGDS-1型地质导向钻井系统为代表的系列随钻信息测量与控制的钻井技术产品相继进入产业化阶段。

随着油田勘探开发程度不断提高，钻井技术进步和发展在油气勘探开发中的地位越来越重要。钻井的作用和发展方向已由单纯建立地下—地面通道转向为提高勘探成功率和开发采收率服务。

五、录井技术

录井技术对勘探开发也起着积极推动作用。随着录井队伍专业化，20世纪80年代初形成了取全取准12类71项资料数据的标准化模式，使钻井地质工作实现了规范化、标准化，为录井技术发展奠定了良好基础。录井技术进步集中体现在现代录井技术的发展上，主要包括油气层发现和油气层解释评价技术两方面。到2005年，国内录井技术发生了两大特点：一是综合录井技术发展快。自80年代中期引进综合录井仪后，各油田相继组织了精干的队伍，使仪器迅速投入使用，从而带动了录井技术的发展，向现代录井迈出了重要的一步。90年代以来，随着国内一些厂家开始生产综合录井仪，各油田录井单位的综合录井仪数量大增，综合录井队伍也不断扩充。二是油气层发现与评价技术推陈出新。面对日益复杂的勘探对象以及高成功率的勘探效益要求，一系列用于油气层发现与评价的装备技术应运而生，其中技术最为成熟的、应用最为广泛的有地化录井技术、荧光定量分析技术、荧光图象分析技术、储层热解气相色谱技术。这些技术具有定量分析和微观描述两方面显著的特点，加之专用软件对数据的计算机处理，在发现油气显示、排除“污染”干扰、判断原油性质、评价储层流体性质等方面发挥出独特的作用。同时，地质录井技术的优势依然存在。常规地质录井通过对岩屑、岩心、井壁取心实物样品观察描述，发现、落实油气显示，建立地层剖面，进行地层对比，搞好各类“卡层”，并为各项分析化验选送样品。因此，实物录井所提供的是第一性资料，是解决所有地质问题最关键的基础资料，它在一个相当长的时期内是不能被取代的。

中国石化地质录井通过引进和研制设备，提高了录井技术水平和复杂地质条件下的油气层综合解释评价技术，为油气发现和钻井提供了依据。其中自主研发的SL-EXPLORER综合录井仪的广泛应用，大大提高了低孔、低渗、低产能油气藏的识别能力。欠平衡录井技术提高了油气识别能力，增强了钻井工程事故预报能力。同时形成了特殊钻井工艺条件下的油气检测技术和非烃录井技术。

第三节　钻井市场在开拓中不断扩大

重组分立后，油气田钻井系统所处的角色和内外环境均发生了前所未有的变化：随着未上市企业与油气主业的分离，钻井单位由过去油田一体时油气产品的生产者，演变成向油气生产单位提供劳务和技术支持的服务者，同油气主业的关系由过去的内部施工单位之间的协作关系，变成了两个不同的经营实体之间的甲乙方关系。在生存方式上，由“同吃油饭”转变为吃劳务饭、服务饭。在市场环境和生存方式上，由过去按属地或区域划分市场的封闭经营，转变为靠自身优势和实力抢占市场的开放经营方式。同时，国内石油钻井生产能力过剩，绝大部分油气田钻井工作量不足，行业市场的进一步开放，竞争异常激烈。在这种情况下，石油钻井企业解放思想，转换机制，顺应形势，不断强化市场观念，把工作出发点和立足点放在依靠自身实力闯市场、创效益上，求得生存与发展。各油田钻井企业积极优化调整产业结构，压缩一部分过剩队伍，淘汰一部分陈旧落后钻机，迅速提升与国际标准接轨的企业管理水平，大力实施“走出去”战略，不断开拓国际钻井市场，扩大市场占有份额。

一、加强内部市场规范运作

为适应市场需求，加强钻井管理，2000年10月，中国石油将所属各油气田钻井工程技术服务的企事业单位组织起来，成立了钻井承包商协会，以承担起协助中国石油有关部门行业协调与交流的责任。所属各局也成立相应的钻井管理机构。

在国内石油工程技术服务市场有限、队伍严重过剩、供大于求的形势下，为更

井下作业公司在玉门油田施工。

好应对市场挑战，中国石油提出从2001年起，用3年左右的时间全部开放包括钻井在内的石油工程技术服务市场，打破了原来各油田按区域划分的封闭市场格局，增强了内部市场竞争活力。中国石油有关部门和钻井承包商协会，积极发挥导向作用，围绕行业自律、有序竞争和市场规范运作积极开展工作。各油田钻井企业不断增强市场竞争意识、优质服务意识和成本效益意识，信守承诺，严格自律，规范运作，努力满足勘探开发需求，维护了行业整体利益，使中国石油内部钻井市场保持了平稳运行态势。另外，为加快滩海油气资源勘探开发，组建海洋石油工程技术服务队伍，培育海洋钻井业务领域，中国石油在2004年11月成立了海洋工程有限公司。

二、大力开拓外部市场和国际市场

在国内，石油钻井企业高度重视队伍素质建设，重视外部市场的开拓。2001—2005年中国石油国内系统外的钻井队伍分别为12支、16支、18支、28支和27支。国内钻井市场适度开放，相互交流，相互竞争，有利于提高钻井队伍的整体素质和降低油公司工程投资成本。

对外合作与国际市场开拓方面，大致经历了国内反承包、国外试投标和规模化经营三个阶段。20世纪90年代初期，国家先后两次向国外石油公司开放塔里木、吐哈、洞庭湖等地区进行油气风险勘探。国内钻井队伍参与投标，开始反承包施工服务。其间，总公司成立了中国联合石油公司和国际勘探开发合作局，在国外投资搞油气开发以及对外提供工程技术服务。1985—1989年间，先后有6支四川钻井队到伊拉克承包钻井工程，成为国内首家到国外承包钻井施工的单位。从1994年开始，中国联合石油公司在蒙古国与美国索克石油公司签订了中国第一份海外钻井承包作业合同，华北2支钻井队相继进入蒙古国钻井市场。随后,中原油田在苏丹成立了首家海外合资钻井公司——中苏联合钻井公司,为国内钻井队伍全面进入苏丹市场打开路子。为发挥整体优势,使更多钻井队进入国际市场,1993 年, 总公司成立长城钻井公司专门从事海外钻井市场开拓。长城钻井公司以中石油所有钻井队伍为资源,牵头组织协调各油田最优秀的钻井队伍在中国石油的大旗下,形成合力,以满足国际市场要求的标准和规范开拓境外钻井市场。

90 年代中期,石油钻井队伍开始尝试参与国外项目招标。1994 年,四川、中原、华北等油田钻井队在长城钻井公司带领下进入国际市场。1997 年,以苏丹项目中标为标志,一大批钻井队先后进入国际市场,拉开了中国石油钻井队伍大规模进入国际市场的序幕。同时,国内勘探对外开放逐步扩大,国内钻井队积极参与反承包合作。然而,与外方合作并非一帆风顺。1996 年,大港油田与美国阿帕奇公司在赵家堡以东 F 区块合作钻探 F1 井。该井是大港滩海工程公司对外反承包第一口井,因合作失败造成中方较大的经济损失。此后,经过努力,大港滩海工程公司积累经验,努力提高风险意识和队伍素质,在困境中成长。2001 年与阿帕奇公司再度合作开发赵东区块,钻井施工取得成功,多次刷新国内纪录。

90 年代后期,石油钻井企业在境外中标并执行了一些项目之后,逐渐注册公司、建立后勤保障基地,拓展服务领域,开始靠实力直接与国际大公司同台竞技,先后中标了一大批海外合同,开始进入规模经营阶段。石油集团组建以后,钻井企业坚定不移地实施“走出去”战略,依托“窗口”单位,创新经营机制,以高水平综合服务实力,与占据世界钻井市场 99%份额的国际老牌钻井公司竞争,海外钻井业务实现了跨越式发展,市场份额持续递增,效益逐年增加,逐步成为国际钻井界的新生力量。2005 年,在外钻(修井)机达 125 台,在外作业人员超过 2300 人,钻井 609 口,钻井进尺超过 12 万米;钻井队伍分布于亚洲、非洲、美洲及中东和东南亚等 40 多个国家;服务领域由原来单一的钻井工程服务扩展到钻井液、顶驱、取芯、固井、定向井等多个专业的综合技术服务。

短短十几年的时间,能够取得骄人的业绩,一是得益于中国石油行业整体优势和地区钻井企业优势互补。2001 年 4 月,长城钻井公司与大庆、辽河、大港、新疆、华北、四川 6 个油田的钻井公司紧密合作,经过与国际著名钻井大公司的较量,中标委内瑞拉国家石油公司 5 台大型钻机为期一年加延长期的服务合同。这是该公司有史以来在国际市场上通过公开竞标一次性带出国内钻井队最多的一次。二是得益于过硬的技术实力。长城钻井公司组织国内有关专家运用边钻井、边排气的施工方法,克服了哈萨克斯坦肯基亚克盐下油藏钻井这一世界级技术难题

（原苏联曾在该地区开钻42口井，只有2口成功），顺利钻穿3000米厚的含气盐岩层，5个月安全优质高效地完成了一口超深井，各项经济技术指标均创该地区历史最高水平；运用先进实用钻井技术，攻克了井漏和大井眼钻井、空气和空气泡沫钻井及空气泡沫泥浆回收再利用等重大技术难题，成功解决了伊朗19+2项目世界级钻井难题，使一口井的钻井周期由最初的230天减少到80天以内。三是得益于加强与国际油公司和服务公司建立合作关系。最具代表性的是中埃合资公司RIG1号钻机的井队人员不是机械地服从甲方的指令，而是处处为甲方着想，在第一道工序还没有结束前，已经做好了第二道工序的各项准备。一口井打完后，仅用4天时间就完成了搬迁、安装工作，创造了当地钻机搬迁用时最短纪录。RIG1号钻机被业主誉为当地钻井市场的“明星钻机”。“明星效应”使得很多油公司找上门来邀请长城钻井公司去投标。在墨西哥，长城钻井公司以甲方增储上产为己任，完成第一轮作业后，把原来该地区打一口井需4个月的钻井周期改写为1.5个月。墨西哥国家石油公司的钻井局长26年来首次给钻井服务商写表扬信，称长城钻井公司和他们是“同心的人”。优质服务延伸了市场，委内瑞拉钻井合同期满后，甲方又和长城钻井公司续签了上亿美元的合同。长城钻井公司在委内瑞拉东部所占市场份额已达70%以上。

第九章 测井

测井技术是依据电、声、核、磁等各种物理原理，将各种精密仪器下入井内，采集岩层的物理信息，经过计算机处理和资料解释，帮助地质家对岩层进行评价，找到油气层并深入地了解油气藏的特性。测井技术的发展大致可分为模拟测井、数字测井、数控测井和成像测井四个阶段，目前处于成像测井阶段。测井产业包含了测井仪器装备制造、测井作业、测井资料处理解释等。

1939 年 12 月，翁文波等人首次在中国进行测井，于四川巴一井(石油沟一号井)用点测方法得到了测井曲线。1948 年 9 月，中国第一个测井小队在玉门老君庙油田用半自动测井仪器在 I-25 井测井并取得成功。

20 世纪 50 年代初，在消化苏联 AKC-51 型测井仪的基础上，于 1954 年研制成功全自动测井仪。以后自力更生开发出一批测井仪器，形成了油田测井系列。1978 年 2 月，胜利油田完成了中国第一口 7000 米超深井——关基井的测井任务。1978 年，从美国引进了先进的 3600 数字测井仪器、数字测井技术和测井资料处理计算机，测井装备和测井信息采集技术水平有了大幅度提高，并开始用计算机处理测井资料，迈出了从人工资料解释向计算机辅助解释过渡的步伐。在 20 世纪 80 年代进一步引进了数控测井仪器和数控测井技术。技术引进对测井技术的发展起到了很大的推动作用。1980 年，国产数字测井仪器研制成功。1985 年，开始对 JD-581 模拟测井仪器进行数字化改造。

1986—2005年,石油测井取得了显著的进步,测井队伍发展壮大、装备水平和技术水平有了大幅度的提升。从装备水平来看,测井队伍全面配备了数控测井仪器、成像测井仪器以及相应的计算机系统。各测井公司普遍配备了测井解释工作站和先进的测井资料处理软件,在复杂储层测井评价和水淹层测井评价方面处于国际领先地位。在这一时期,射孔技术受到了重视也取得了长足的进步。进入21世纪以后,集中力量进行成套测井装备的研制,大大提高了测井装备水平和研发制造能力,带动了测井总体水平的提升。测井技术进入了一个全新的发展时期。

第一节　测井队伍发展,服务能力增强

在1986—2005年期间,随着石油工业的发展,测井队伍不断发展。1986年,石油测井行业共有653个测井、射孔小队。2005年,中石油、中石化共有测井、射孔小队966个,其中测井小队771个,射孔小队195个,测井企业资产总值85.4亿元,总收入64亿元,全员劳动生产率分别为28.5万元和22.4万元。

一、测井信息采集能力增强

1986—2005年,测井技术经历了模拟测井技术、数字测井技术、数控测井技术和成像测井技术的发展历程。到2001年,全部淘汰了模拟测井仪器,2005年基本淘汰了数字测井技术。

在测井装备数量增加的同时,测井装备的技术含量加速提升。1980年首次雇用法国斯仑贝谢公司测井队在中国服务,接着开始引进数控测井仪。1990年,西安石油勘探仪器总厂引进美国3700系列数控测井仪生产线与相应的制造技术,至1999年共生产SKC3700数控测井仪70余套。1987年由西安石油仪器厂牵头,江汉测井研究所、华北测井公司等参加,进行数控测井系统研制,到1995年年底SKC-A型数控测井系统通过验收,少量投入使用。

在这段时间内,中国测井行业还自主开发出一批井下测井仪器,如电磁波传播测井仪、井下电视测井仪、岩性密度测井仪、自然伽马能谱测井仪、固井质量检测仪、高分辨率地层倾角测井仪、长源距声波测井仪、井壁取心器等。测井野外数据采集能力从简单的电阻率、自然电位和自然伽马测井资料采集,发展到电、声、核等多种测井资料采集,普及了电阻率—岩性孔隙度测井系列,能够在超深井、定向井、小井眼井等各种条件下进行裸眼井、套管井、生产井测井和射孔取心作业。

数控测井的应用,大大提高了测井认识储层的能力。在新疆油田风城地区探井中,采用数控测井技术探测识别出二叠系储层裂缝发育带,为合理布井提供了科学依据;在大庆和塔里木盆地数控测井起到了重要作用。数控测井技术在探测二连盆地安山岩油气藏,辽河油田花岗岩油气藏,四川盆地裂缝性碳酸盐岩油气藏等,都发挥了重要的作用,提高了复杂油气藏的勘探效益。

90年代初,斯仑贝谢公司成像测井队进入中国服务。1995年开始引进E-CLIPS-5700,EXCELL-2000成像测井仪器。测井技术的发展进入了成像测井阶段。此后,测井队伍的装备主要是数控测井仪器和成像测井仪器。到2005年,技术落后的数字测井仪器在裸眼井测量中已全部退役。

中国的储层复杂,非均质特点突出。与数控测井相比,成像测井的地质应用效果更显著。各油田测井公司根据不同油气藏的地质特征,研究开发出相应的测井与解释技术,如大庆测井公司和中原测井公司的低渗透砂泥岩及高泥高钙砂泥岩储层测井与解释技术、薄储层测井与解释技术;胜利测井公司、辽河测井公司、大港测井公司的复杂岩性储层测井与解释技术; 克拉玛依油田测井公司的砾岩、火成岩复杂储层测井与解释技术;长庆测井公司和河南测井公司的低孔低渗储层测井与解释技术; 四川测井公司和西南测井公司的天然气储层测井与解释技术;四川测井公司和华北测井公司的碳酸盐岩储层测井与解释技术等,为油气藏勘探做出重要贡献。

在油田开发中,测井技术进步突出地表现在对水淹层的研究方面。以大庆油田水淹层测井为例,80年代应用了人工电位测井、自然电流测井、C/0能谱测井。油田进入高含水中后期后,发展了一套薄层、超薄层水淹层测井系列,如高分辨率侧向测井、高分辨率声波测井及电磁波测井系列。90年代末研制成功用于注入剖面测量的氧活化测井仪。其他各油田也都在油田开发测井上进行了卓有成效的工作。江汉测井研究所研制的激发极化测井方法,应用于高含水期测井也已取得较好进展。进入21世纪初,有些油田尝试用核磁共振测井评价水淹层,见到较好苗头。

二、测井资料处理解释能力提高

测井资料处理解释技术包括测井资料处理软件、测井解释方法和测井资料地质应用等几个方面。

20年来,测井处理解释工作所使用的硬件和软件水平有了很大提高。从20世纪80年代中期起,测井业开始装备PE3230计算机以及相应的测井解释软件。

到90年代普遍装备了以SUN为代表的计算机工作站和先进的测井资料处理软件。有的还装备了测井数据远程卫星通信传输系统，配备一些从国外引进的测井解释软件。在测井软件方面，集中组织开发了测井解释评价系统FORWARD、生产测井软件系统WATCH等单井测井解释平台，以及一些适应各种地质条件的应用软件系统。这些软件系统都有一定的特色。从多井测井处理软件来看，开发了多井综合评价系统cif2000。这些软件系统在生产中发挥着重要的作用，有较高应用价值和很好的发展前景。

在测井解释方面经历了单井解释、单井精细解释、多井解释、油藏描述几个阶段。相继开发出多功能解释法、判别分析法、优化处理法、双水法、裂缝地层评价法等多种解释方法。多井处理解释技术及时提供了油气藏储层参数的区域分布，指导寻找油气有利聚集地带，指导油气勘探和开采。

在国内，油藏描述处理解释技术是由测井技术人员率先提出的，它以测井资料为基础，结合地震、地质、试采等资料，描述油藏形态、沉积特征、油气水关系和储量的三维空间分布，指出油气富集区和高产带，用以指导油藏合理勘探和开发。

三、射孔能力得到增强

从新中国成立到80年代末，中国射孔技术有了较大进步，但是总体技术水平与国际先进水平差距很大。这突出地表现在1988年的一次全国性的射孔弹打靶检测中。参加检测的射孔弹，最好的穿透深度为300多毫米，一般只有100多毫米，最差的连套管都没有打穿。当时国外射孔弹的穿透深度已达到700毫米。针对这一实际情况，石油系统接连召开三次全国射孔工作会议，对射孔器材研制、射孔弹和射孔枪配套生产、油管传输射孔等射孔工艺技术研究、射孔器材检测和射孔机理研究等进行全面组织安排。之后，在领导支持、关心和全行业的努力下，射孔技术水平大幅度提高。研制成功并推广使用深穿透射孔弹及相应的射孔枪系列，射孔弹穿透深度很快提高到850毫米。大庆射孔弹厂、四川测井公司等单位的射孔器最大穿透深度已超过1000毫米，最大孔径为28毫米，最高孔密为130孔/米。采用超深穿透射孔技术有效地提高了油气井产量。例如，根据川东大天池、天东构造和川中公山庙构造的统计，超深穿透射孔技术使油气井平均增产57%～105%。

油管输送射孔工艺得到广泛应用。水平井射孔工艺、射孔与测试联作工艺、跨隔射孔测试联作工艺、超正压射孔工艺、复合射孔工艺等，提高了射孔效果和油气井产量。从2000年以来，超正压射孔与酸化压裂联作在川渝地区

中国石油的射孔技术水平达到国际先进水平，其广泛应用有效地提高了油气井产量。

施工 80 余井次，其效果明显优于传统工艺。

四、测井服务进入国际市场

测井是一个垄断性极强的行业，国际测井市场由三大技术服务公司垄断。据统计，1994 年世界上三大石油技术服务公司就占有国际测井市场总营业额的 90%。从测井队伍数量和测井工作人员总数来看，中国的测井队伍已经达到相当大的规模，但是从管理水平、技术水平、竞争能力等方面来看，与国际著名公司相比仍有相当大的差距，也没有任何国际作业经验。

20 世纪 80 年代初，成立了海洋石油测井公司，学习外国服务公司的管理模式，全部采用引进的 3700 测井系统，努力进入海洋测井服务市场。以后又与美国阿特拉斯公司一起，成立了中外合资的 LCC 测井公司。这个公司的测井技术人员由外国公司培训，公司领导层由外方和中方人员共同组成，公司按照外国技术服务公司的运作模式，在中国的渤海和南海为中方以及外国公司的区块提供测井服务。在一段时间内，海洋测井公司和 LCC 得到很大发展，并成为中国测井界学习的榜样。

在改革开放不断深入的形势下，中国石油行业积极酝酿进入国际石油市场。为了全面提高中国测井队伍的管理水平、技术水平和竞争能力，中国石油天然气总公司于 1994 年组建中油测井公司(CNLC)，要求以优秀的人才和先进的装备，以国际服务公司的管理模式，参与国际竞争。要闯出一条路子，打进国际市场，实现零的突破。经过几年的努力，中油测井公司于 1998 年通过国际竞争招投标在苏丹取得了 1500 万美元的测井合同。同年又在伊朗取得了 2000 万美元的测井合

测井人员与国外员工共同作业。

同。这两个合同是中国测井在国际市场取得突破的标志。在以后的作业中，中油测井公司以高质量、高水平的测井服务，于1999年获得了苏丹政府能源矿产部授予的奖牌。到2000年，已形成了四个国际测井作业基地，并设置了几个国外测井资料处理中心。与此同时，各油田测井公司也积极开拓国际市场，测井队伍进入国际市场的步伐不断加快。2005年中石油在国外服务的测井射孔队伍达到73个，分布在18个国家和地区，国外工作量42748井次，国外市场收入6.64亿元。

第二节　测井科技创新，技术水平提高

一、测井装备研制取得进展

1986年以后，中国测井装备研制取得很大的进展。1990年研制成功超声成像测井仪（井下电视），1998年研制成功微电阻率扫描成像测井仪，2002年研制成功阵列感应成像测井仪和ERA2000成像测井地面仪器。

针对国内主力测井装备接替上存在的主要问题，中国石油开然气集团公司决定将21世纪头几年测井科研的重点集中在成套测井装备上，将突破口选定在作为测井队伍主力装备的常规测井装备上，以高投入和强有力的措施，组织开展了高精度测井系统的研制。2004年研制成功EILOG-05型成套测井系统，并于2005年投

入小批量生产。2005年研制了高精度、高可靠的EI LOG-06型测井系统,并投入现场试验。这样,在占测井总工作量80%左右的常规测井市场上,将可用具有自主知识产权的高水平主力测井系统来装备测井队伍。微电阻率扫描、声波扫描和阵列感应等几种国产成像测井仪也正在进一步升级,与EI LOG-06型测井系统配接后,可望形成自主知识产权的成像测井系统。

中国石油化工集团公司也在积极开展测井装备研制工作。在测井地面系统开发方面,继SL-3000型数控测井系统研制成功之后,2003年又成功研制了具有世界先进水平的SL-6000型成像测井系统,填补了国内在这一领域的空白。在测井井下仪器开发方面,经过多年攻关研究,研制出了具有世界先进水平的高分辨率感应测井仪,大大改善了电阻率测井资料的采集质量。中国海洋石油总公司按照国家863项目的安排,也进行了成像测井仪器研制。

二、复杂地层测井评价为石油勘探做出贡献

在油气田开发方面,许多油田进入高含水开发阶段,搞清油层水淹情况、注水油田的油水分布和剩余油气富集区是优化油藏管理的前提。测井工作者与地质家密切配合进行资料解释研究,使国内的测井资料解释技术在复杂地层测井理论、方法和测井信息评价的许多方面处于领先地位。在水淹层测井评价、强水淹条件下油藏动态监测和高含水条件下油井动态监测等方面取得了突出的成果。

(一)复杂储集空间油气层测井评价技术

20世纪90年代中期到2005年,石油勘探进一步向低孔、低渗、非均质及复杂储集空间的地层深化,国内测井在复杂地层的研究进入了一个全新的阶段,形成了一些具有中国特色的测井理论、方法和技术。诸如:针对砂泥岩薄互层、高泥高钙砂泥岩储层、低孔低渗油气层、裂缝性碳酸盐岩地层、火成岩等复杂岩性储层的测井方法和地层评价技术等。测井工作者从适合于复杂储集空间的储层测井信息采集系列的选择着手,建立了一套成像测井与常规测井相结合的测井评价技术。

(二)低电阻率油气层测井评价技术

开展了对低电阻率油气层成因机理研究和测井评价方法研究。针对不同成因的低阻油气层,建立了相应的低阻油气层识别与评价方法。核磁共振测井能区分地层中的束缚水和可动流体,能反映孔隙结构,为低阻油气层的研究提供了一种极为重要的新手段。近年来,国内广泛应用这些技术,在很多油田低阻油气层的发

现和评价中起到了关键作用。

(三)储层横向预测技术

测井资料处理和解释的一个重要成果是将测井资料与地震、地质等资料相结合,进行储层的横向预测。通过合成记录处理、高分辨处理、地震速度宽带约束反演、神经网络分析、综合判别分析及储层参数反演等一系列处理与分析,达到测井标定和地震约束的目的。可以描述地层有效厚度、孔隙度、含油气饱和度等储层参数在平面上的分布,确定油气藏(特别是岩性圈闭和地层构造复合圈闭)物性边界和含油气边界,为滚动勘探部署和储量计算与升级提供依据。这套技术在国内许多构造上应用,取得了较好的效果。

三、油藏动态监测为油田开发做出重要贡献

(一)水淹层测井评价技术

一些老油田已普遍进入高含水及高采出阶段。大量注水引起了地层水矿化度的变化、粘土矿物微观结构的变化和地层孔隙度及渗透率的变化,对水淹层评价造成了极大的困难。测井工作者集中对水淹层中地球物理参数(诸如电阻率、自然电位、声波时差等)的变化规律进行了深入的分析和校正,提高了粒度中值、孔隙度、渗透率、混合水电阻率等参数的解释精度,建立起剩余油饱和度解释模型监测评价技术,使水淹层解释精度大大提高。同时,对激发极化电位测井的理论、方法进行了研究,取得了较大的进展。还应用核磁测井进行高含水稠油油藏的水淹层测井研究,见到较好苗头。

油田进入高含水中后期后，要求进行层内细分和剩余油饱和度定量解释,为此发展了一套薄层、超薄层水淹层测井系列,如高分辨率侧向测井、高分辨率声波测井及电磁波测井系列。这些新型测井技术,加上测井资料的精细解释,达到了层内细分和剩余油饱和度的定量解释,为老油田应用分注分采等技术进行合理开发提供了重要的依据。

(二)储层动态监测技术

过去，在注水油田的套管井内确定剩余油饱和度主要靠碳氧比能谱测井,但是精度较低,受井下条件影响大。大庆油田先后研制成功双源距碳氧比能谱测井仪和过油管碳氧比能谱测井仪,大大提高了测量精度,使碳氧比能谱测井的应用取得更好效果。

在东部油田,基于硼元素的热中子俘获截面特大的原理,向地层注入含硼物质,用中子寿命测井进行测井—注硼—再测井的方法,来进行过套管储层动态监测,取得较好效果。1996 年,胜利、辽河、大港油田引进玻璃

钢套管及感应测井仪，为套管井用电阻率测井监测油层饱和度变化开辟了新路。

(三)油气井动态监测技术

针对老油田自喷井不断减少，机抽井越来越多的情况，积极开发小直径生产测井仪，并发明了防止测井电缆与油管缠绕的旋转井口，使环空测井技术得到广泛应用。针对老油田单井产量低的特点，辽河油田开发出适合于小流量测井用的转子流量计。针对油井含水率不断上升、持水率测井仪在高含水条件下测量误差大的情况，中国石油测井有限公司(CPL)开发了适合于高含水条件的持水率测井仪。

四、应用基础研究 不断取得进展

1998年12月建立的中石油测井重点实验室，以中石油测井技术中心为主体，会同测井单位和院校，以项目为组带形成有机的联合，从事测井应用基础和前沿技术研究以及测井高新技术开发和应用。测井重点实验室进行了大量的实验研究工作,对测井技术的发展起到了积极作用。

中国石油、中国石化分别在西安和胜利油田建立了测井仪器刻度中心。该中心建立了一批放射性测井刻度井，并建立了严格的测井刻度规程，为测井量值的准确传递打下了坚实的基础，为测井仪器的统一刻度和检验创造了条件。为了进行测井仪器开发和测井响应研究，在江汉建立了一批测井刻度模型井，辽河测井公司建立了比较有特色的声、电成像测井模型井。

中国石油建立了射孔器材检测中心，配备了一批射孔器材检测装置和测试设备，可以按API标准进行全面的射孔器材检测。许多油田都以射孔器材检测中心的检测结果，作为允许相应射孔器材在本油田使用的准入条件。

2000年，中国石油大学进行了“全频域电磁测井方法研究”，在从低频到高频的全频域内，对电磁测井的响应情况作了深入研究，取得了突出成果。中国在激发极化机理研究方面也取得了一定的进展，发展了拥有自主产权的激发极化测井方法和技术。

第三节 通过改革重组，竞争能力增强

一、专业化测井公司的组建和发展

“七五”期间，把测井作业单位从钻井处或技术作业处分离出来，组建为直属

管理(勘探)局的专业化测井公司,实现专业化管理。测井专业化的效果到1995年开始呈现,测井公司的员工总数和作业队总数开始下降,生产一线人员的比率上升,测井信息采集设备总数的增长速度加大,全员劳动生产率提升速度明显加快。

“八五”是专业测井公司的发展时期,新组建的测井公司管理由指令性向指导性计划转变,树立了“以效益为中心”的观念。测井公司全面规范企业管理行为,开展了企业整顿、企业升级等工作,使安全、质量、计量、标准化、设备、节能等一系列企业管理升级工作进一步落到实处。在此时期,冀东、塔里木、吐哈等新油区实行油公司体制,在测井作业方面实行招标制。测井队资质认证,ISO9000质量管理体系认证,ISO14000管理体系认证,HSE(健康、安全、环保)管理体系认证,OSHMS(职业卫生管理)体系认证等一系列活动促进了企业管理水平的提高。企业经营管理思想和方式有了变化,更加注重经济效益,依照市场机制组织生产,依靠科技进步,靠内涵提升求生存、求发展。企业组织结构、产业结构和队伍结进行引了相应的调整。

“九五”是专业测井公司的转轨时期。中国石油和中国石化两大集团公司重组和上市,使测井企业的客观条件发生了明显变化。测井公司在市场化经营的实践中,深刻地认识到,技术服务公司要生存,必须占有市场。而要占有市场,最根本的是要为油公司提供优质的服务。为此,各测井公司积极探索乙方服务型企业的经营管理模式,从企业的经营理念、经营目标、员工素质、队伍装备等各个方面下功夫,全面提高企业竞争力。大庆测井公司将其发展目标定为“建立研究—制造—服务一体化的组织结构”,并提出“以资料评价解释为中心”的工作方针。长庆测井公司从为用户提供产品(测井解释成果)进一步提升为“创造价值”(为勘探开发做出贡献,为测井科学技术发展做出贡献)的经营理念。

二、测井行业重组的起步

“七五”以来,各油田相继成立了测井公司。随着市场的开放,测井行业开始感受到激烈的竞争,分散于各油田的地区性测井公司体制已经不能适应这种新的格局。国际上著名测井公司有着先进的技术和装备,有强大的竞争实力。而中国测井的总体力量虽然不小,但技术服务、研发、制造、培训等难以统一协调,严重影响测井技术的发展和总体竞争力的提高,测井行业的重组是势在必行。从20世纪90年代末起,中国石油、中国石化都开始酝酿测井行业的重组,并分别建立了测井承包商协会,实行行业协调和自律。为了把中国石油各油田的测井公司联合起来,全面增强竞争实力,2002年12月,中国石油决定将原长庆测井公司、华北测井公司、青海测井公司、吐哈测井公司，西安测井公司以及江汉测井研究所和西安石油勘探仪器总厂研究所等合并在一起，组建成中国石油集团测井有限公司(CPL)。要求其努力形成技术服务、研发、制造、培训一体化的测井企业，向着国内一流、国际先进的目标前进。

中国石油集团测井有限公司成立以来，很快理顺了内部关系，大幅度进行内部体制调整，积极推动改革创新。到2005年，中国石油集团测井有限公司在测井与射孔技术服务、测井科技创新、仪器设备制造、整体经济效益、员工总体素质等方面都取得重大进展。

第十章 井下作业

井下作业是指为使油、气、水井保持正常工作所进行的维护、修理和一系列增产、增注措施作业，以及为了达到某种特殊工程、地质目的所采取的专门的石油工程作业。井下作业是实现油气田勘探开发的主要技术手段之一，是贯穿自钻井到油田开发全过程的一种专门技术。

1986 年以来，井下作业专业随着油田的发展而不断壮大，装备水平及服务能力得到显著提升，历经了机制与体制的改革与创新，形成了一支素质过硬、设备优良、具有规模优势的专业化施工队伍，成为油气田工程技术服务领域的中坚力量。

第一节　井下作业行业稳步快速发展

井下作业无论在新油田开发，还是在老油田改造挖潜中，都做出了突出的贡献。20 世纪 50 年代，井下作业队伍以组建为主，六七十年代是井下作业会战和队伍发展建设初具规模时期。80 年代以来，井下作业行业进入稳步发展、快速发展和结构重组的时期。到 2005 年年底，井下作业已形成集修井作业、试油测试、压裂酸化、大修侧钻为一体的系列化工程技术服务专业化队伍。

一、井下作业的稳步发展时期

20 世纪 80 年代，为确保原油产量稳中有升，各油田加大了上产措施力度，各种作业工作量明显增加。为了适应生产需要,各油田把在采油厂从事大修工作的单位分离出来,充实到井下作业公司,初步建立了较为完善的井下作业专业化服务体系。在此期间,各油田把重点工作放在技术攻关和配套上,努力研究和开发油水井压裂和大修工艺技术,压裂改造工艺技术由单一性发展为综合配套,并全面推广应用。已经完成配套的压裂工艺共包括六项技术:分层压裂技术,选择性压裂技术,油层压裂综合技术(大面积采用压前酸化预处理和堵压结合技术),限流法压裂完井技术,深井压裂工艺技术,多裂缝压裂工艺技术。修井作业形成了七套工艺技术:修套、取套工艺技术,解卡打捞技术,钻、磨、铣技术,找、封窜技术;落物打捞技术,电泵打捞技术,测卡和切割技术。此外,还有化学堵水技术、封堵技术、油层解堵、防砂、连续冲砂等技术。通过技术改造和引进技术设备相结合,基本上实现了一线、二线技术装备的配套,使井下作业的技术手段得到了加强。

二、井下作业的快速发展时期

1990—1998年是油田稳产重要时期,也是井下作业的快速发展时期。各种改革配套措施相继出台,市场化运作模式开始试运行,工作重点开始向重技术、重质量、重安全、重环保、重管理的现代企业核心内容转移。

随着油田生产的迅速发展,部分油田相继进入中、后期开发阶段,作业工作量明显增加。这些客观需求促进了井下作业快速发展,大修、侧钻、压裂等作业队伍相继增加。2000型压裂车、鹰眼井下视像系统、电子直读陀螺仪和大吨位修井机等先进设备的陆续引进,新工艺、新技术的开发与推广应用,使井下作业装备技术水平明显提高,基本满足和适应了油田发展的需要。

"八五"期间,随着中东部油田进入高含水中期开采阶段,井下作业系统平均每年不仅承担2万井次油水井的措施作业,还要完成近5万井次的维护性作业。为确保油田生产任务的完成,广大井下作业员工积极开展不同形式的作业质量管理活动,不断完善内部生产经营管理机制,规范企业行为。1992年以后,相继建立了"全面质量管理"等制度并不断完善,有效地提高了作业施工质量,降低了生产成本,提高了工作效率。在认真总结过去井下作业专业管理工作成功经验的基础上,实行专业科技攻关与群众性技术革新改造相结合,按照井下作业的实际需要,推行了配套井下作业技术和"四人一机"修井管理模式,不仅使平均单队提高工作效率20%~25%,而且施工质量有了可靠保证,作业返工率明显降低,安全生产和文明施工达到了新水平。

到2000年年底,中国石油井下作业队伍达到900支。其中大修队143支,侧钻队19支，小修队580支，其他119支。有修井机1736台套，有压裂车组48个。当年施工作业总工作量77034井次。

到2005年年底，中国石油行业共有井下作业队2395支，其中大修队351支（含侧钻队81支），小修队1593支，压裂队94支，酸化队53支，试油测试队258支，其他队伍46支。作业队伍工作效率创出新水平，队年平均试油达到24层，压裂136口井，大修22口井，小修127口井，侧钻6口井。

三、井下作业专业结构调整与重组时期

1998年中国石油、中国石化两大集团公司成立后，中国石油天然气集团公司内各油田，除大庆井下作业队伍划归大庆油田分公司外，其他的井下作业公司成建制成为非上市企业，同时把在采油厂从事井下作业技术服务和辅助行业的队伍划拨到井下作业公司。井下作业队伍规模扩大。从1999年下半年开始，各石油管理局（勘探局）对非上市企业的作业队伍进行整合，组建成工程技术服务公司（处）。对井下作业公司、工程技术服务公司等单位的施工队伍按照专业化管理实施结构调整，积极推动资产的合理流动和重组，解决部分单位业务交叉的问题，突出主营业务，优化资源配置，实现专业化生产，规模化经营，逐步向地区工程技术服务、生产服务和多元化经济并举的综合性地区工程公司发展。经过一年的调整，作业队伍整体服务意识和能力比1998年以前有较大提高，思想观念发生根本转变。

经过重组后两年的运行，井下作业确立了向科学管理要效益、向技术革新要效益、向深化改革要效益的优质低耗的内涵发展之路。首先从狠抓施工质量和优质服务入手，积极开展“精品工程、满意服务”活动，把工作重心放在找差距定措施、细化工作指标、层层分解落实上，强化施工质量管理，建立质量回访制度，使施工质量稳步提高。优质井率从2001年的94.6%年提高到2005年的96.4%，平均生产时效达到了98.3%。同时，各油田对作业队伍的分布及施工能力进行全面调查、分析和测算，对井下作业队伍实行调整。在满足油田生产实际需要前提下，基本达到压缩总量、减少同行业竞争、提高整体效益的目的。在此期间，井下作业装备水平有很大提高。根据重组后作业行业优良资产少，设备新度系数低，装备配套能力差的实际情况，部分经济条件好的单位投入了大量的资金，提高装备配套水平。资金不充足的单位对现有设备进行改造，以解决市场竞争对装备要求精、队伍素质要求高、修井速度要求快的矛盾，井下作业队伍整体服务能力得到进一步增强。

1998年重组改制6年多来，是中国石油、中国石化井下作业发展最快、变化

最大、成就最多的时期。通过加强结构调整,积极转换经营机制,不断完善经营责任制,推进技术进步,全面推行市场化运作,使广大干部职工思想观念发生了深刻变化,经受住了市场竞争的严峻挑战。全员经营意识、市场意识、竞争意识普遍增强,取得了物质文明建设和精神文明建设的双丰收。技术装备实力全面提升,主营业务竞争能力更加突出,培育了具有丰富内涵的企业文化(企业精神、企业品牌、企业理念、企业形象)。经过这一时期的快速发展,井下作业系统建立起有利于经济发展的新格局。

第二节　依靠科技创新,推动井下作业工艺技术的发展

自 1986 年以来,根据油田勘探开发生产实际需要,井下作业走技术引进与自主研发相结合的道路,工艺技术水平得到了逐步提升,形成了压裂酸化、大修侧钻、试油测试等七个系列的配套工艺技术。许多井下作业单位结合各油气田的勘探开发特点,陆续推出特殊井下作业作为自己的主导技术和特色技术,为油田的发展提供了重要的技术支持,满足了油田生产和自身发展的需求。

一、压裂酸化技术

压裂酸化作为油气田开采的重要增产措施,伴随着勘探开发的各个阶段,不断发展完善,已经比较成熟,为油田增储上产做出了重要贡献。

80 年代各油田工艺技术进一步提高,分层压裂工艺逐步成熟,限流压裂、N2 泡沫压裂进入矿场试验,开始使用陶粒做支撑剂。进入 90 年代后,压裂酸化工艺技术取得快速进步。1990 年在辽河油田张一区块开展区块整体压裂,1995 年吉林油田开展了 CO_2 泡沫压裂液工艺,长庆油田塞平 1 井的压裂酸化成功标志着水平井储层改造工艺技术进入成熟期。1998 年以后各油田结合双千型压裂车组的引进配套展开技术攻关,在压裂液、支撑剂、压裂工艺及工艺设计软件等方面都取得了突出的进展。大庆油田开展保护薄隔层压裂技术,隔层厚度的下限可降至 0.4 米。辽河油田成功地实施了高凝油、稠油热压裂液工艺技术。四川油田针对不同储层类型采用延迟交联压裂液技术、清洁压裂液技术、支撑剂段塞技术等多项压裂工艺技术取得突破,创造了多项国内纪录。2005 年 1 月 18 日,八角场角 61-1B 井加砂压裂施注入液量 960.68 立方米,创全国第一。四川油田还成功完成了对蓬莱镇构造蓬 130 井香四砂岩地层的清水加砂压裂改造,开创了该工艺在国内施工的先例。针对塔河油田超薄、高温、缝洞发育特点研发了系列高温胶凝酸体系,研发配套交替注入酸压工艺,实现了塔河油田快速产能建设。胜利、江汉、江苏、中原等

油田创造性应用了失量井网、配套油层保护、能量保持等核心技术，低渗透油藏开发效率明显提高。

到2005年，井下作业系统已拥有FracCADE、FracProPT、STIMEX等国际先进水平的压裂优化设计软件，及自主开发的三维压裂优化设计软件，能够进行二维、拟三维、全三维优化设计和裂缝模拟、压裂效果预测、压后评价，形成了低渗、特低渗油气藏，稠油、高凝油油藏，薄互层、高含水油层等特殊储层压裂工艺技术系列。深井压裂、水平井压裂、CO_2和N_2泡沫压裂、热压裂、端部脱砂压裂等各项工艺技术日趋完善。

90年代以来，酸化、酸压工艺技术取得长足进步。前置液酸压技术、降滤失酸压技术、闭合裂缝酸压技术、多级交替注入酸压技术相继开发出来，进行了络合酸、胶束酸、稠化酸等酸化工艺技术研究，引进完善硝酸粉末酸化酸压技术。柯深101井的酸压成功标志中国酸化酸压技术达到了国际先进水平。对川中的M75-H水平井利用连续油管拖动方式，采取连续油管水平段替酸、拖动注酸，油套环空大排量注酸等技术措施，成功实现了水平井长井段均匀酸化，使该井日产气量由措施前的5.6万立方米增加到17.1万立方米，取得了显著的增产效果，丰富完善了水平井酸化工艺。

二、大修侧钻工艺技术

（一）大修工艺技术的运用得到长足发展

油水井大修工艺技术随着油田开发过程的需要而不断发展和完善，已由原来的简单打捞发展到现在的打捞、解卡、切割、套铣、磨铣等井下事故处理系列施工技术，以及爆炸整形、套管补贴、取换套等套管修复技术，基本适应了油田开发的需要。

油田开发后期，许多油气井套管损害，需要更换。取换套技术形成了铅封回接、引子上扣回接，固井完成两套工艺技术，可满足5吋、$5\frac{1}{2}$吋、7吋、$9\frac{5}{8}$吋套管取换套的需要。常规套管补贴技术形成了系列化，可满足现有各种尺寸套管的补贴要求。热采井套管补贴取得了突出进展。辽河油田应用的热采井套管补贴工具，适用于7吋套管注蒸汽热采井，补贴后现场应用证明已经满足了5个轮次的蒸汽吞吐。

随着修井技术的进步，修井质量提高，修井速度加快，平均修井周期缩短为15天左右，为油气井赢得了更多的开井生产时间。针对标准层及油层部位套损的问题，开展了深部取换套（带管外封隔器和扶正器）技术研究，现场应用500多口井，成功率在96%以上。针对潜油电泵井施工成功率低的问题，开展了电泵井解卡打捞工艺技术研究，现场应用250多口井，成功率在95%以上。针对套管严重错断井开展了小通径套损井打通道技术研究，解决了严重套损井的修复难题，现场已应用2000口井以上，成功率提高了40%。针对不密封加固修复井易成为套损源以及与采油工程不配套的问题，开展了密封加固技术的研究，现场应用1000多口井，成功率达98%以上。针对油层部位套损的问题，开展了侧斜修井技术研究，现场应用100多口井，成功率在98%以上。

经过多年的发展，完善配套了大修工艺技术，修井能力稳步上升。2004年共完成大修井施工2157口，创历史新高，为油田的开发生产做出了积极的贡献。

(二)侧钻工艺技术的运用得到较快发展

套管内侧钻技术，是在原井眼套管内选择合适的位置侧钻到设计的目的层，以恢复老井产能的工艺技术，与钻新井相比缩短了钻井作业周期，节省了大量钻井费用以及地面投资，同时能满足油田区块产能开发的要求。

1992—1995年，侧钻井技术进入全面开发阶段。主要攻关的内容是侧钻井开窗技术、侧钻井扩孔技术、侧钻井完井技术(包括侧钻井固井技术和侧钻井筛管完井技术)。在这一阶段里，侧钻井技术是无方位侧钻技术，井眼轨迹控制主要为无方位自由侧钻。1996—2001年，胜利、大庆、辽河、大港等油田承担了国家“九五”课题侧钻水平井技术的攻关研究工作，对侧钻水平井钻采配套技术进行了整体科研攻关，使水平井，特别是短半径水平井的侧钻技术有了重大突破。2002—2004年，侧钻开窗技术得到进一步提高，老井开窗侧钻井技术趋于成熟，逐步形成从优化设计、设备工具、轨迹控制到油层保护等综合配套技术。侧钻井技术的研究更注重井身剖面的优化设计、窗口的质量、目的油藏构造位置的确定、油层保护措施等方面的研究。

经过90年代以来的研究实践，侧钻井技术从无方位侧钻技术的探索，到有确定目标的定向侧钻技术的实践，发展到定向侧钻水平井和侧钻分支水平井，形成了锻铣开窗和液压造斜器复合铣锥开窗两套侧钻技术，实现了定向、定位侧钻。仅2003年，中石油就完成侧钻施工223口，当年增油32万吨。侧钻技术的发展和在油田的大面积推广应用，为老油田的稳产、增产寻求了一条少投入、多产出的途径。

三、二次采油综合配套技术

二次采油综合配套技术，主要在调剖堵水、防砂治砂两个方面形成了配套工艺技术，在控水稳油、老区稳产中发挥了重要作用。

在调剖堵水方面，形成了以机械找堵水、选择性堵水、化学调剖为主的配套技

稳油控水，保证油田高产稳产。

术。重点开发了多级多层、智能找堵水管柱和高温调堵剂、选择性堵剂，形成了深部调剖堵水、区块整体调剖堵水等配套工艺技术。研制的高温高强度堵水剂，具有地面粘度低（小于 0.3 帕秒），在高温（100～160 摄氏度）条件下，凝胶时间可控，凝胶强度高并可调，封堵能力强，在高温、高含水条件下，热化学稳定性好，耐酸，适用于大剂量、多层段塞深部封堵。

在防砂治砂方面，形成了固、挡、排综合治砂的方案优化设计和机械防砂、化学防砂、螺杆泵等携砂泵排砂、捞砂（清砂）配套技术，基本满足了生产要求。

机械防砂、化学防砂技术：形成了金属棉筛管砾石充填防砂（完井）、TBS 金属粉末整体烧结筛管防砂、割缝筛管防砂、膨胀筛管管内防砂等机械防砂技术。研制了人工井壁防砂（树脂预包砂）、高 / 低温深度化学固砂等化学防砂技术。

防砂治砂综合技术：形成了复合压裂防砂、射孔防砂、携砂泵排砂、泡沫冲砂和捞砂及连续冲砂技术。辽河油田的冷 43-47-168 井，出砂严重，新井投产无产量，采用压裂防砂技术进行改造，压裂后产量达到 9.8 吨 / 天。

四、维护性作业技术

维护性作业技术围绕保护油气层，提高作业成功率、减少作业占用时间、延长作业有效期、降低作业成本、确保作业安全和环境保护等方面进行配套完善，取得了革命性的进展，为确保油田的正常生产提供了重要保障。

“四人一机”作业技术改革了作业方式。井口卡盘的研制成功和液压钳、井架整搬迁技术的配套应用形成的“四人一机”单吊卡作业技术，彻底改变了油气水井维护性修井作业的方式。改善了工人的劳动条件，减轻了劳动强度，增强了安全保障能力，减少了用工人数，提高了修井作业效率。

绿色修井技术改变了修井作业面貌。随着井下泄油器、管杆刮油器、井口收油盒、密闭冲砂工艺、返出液回收处理装置等技术研制成功和改进，加之其他环保防护措施的配套应用，已形成了一套绿色修井技术，彻底改变了修井作业的现场面貌，基本实现无污染作业。

高压油水井带压作业技术开辟了修井作业新天地。不压井带压作业技术解决了因压不住井而无法作业的油水井修井技术难题，使高压油水井能够得到正常的维修和调整，并避免了因洗压井而造成的产层伤害，杜绝了因冒喷作业而造成的环境污染，提高了油田开发调整的能力。

针对连续抽油杆的应用，研制了与之配套的加重杆、扶正器等井下工具以及地面作业设备，形成了柔性连续抽油杆作业配套技术。

形成了配套的低产、低效井捞油技术，增加了油田开采手段。针对低产低效井的捞油作业，研制了井下工具，形成了稀油、稠油捞油配套技术，满足了环境保护对作业施工的要求，扩大了服务领域。

五、特种油藏井下作业技术

针对辽河、新疆等油田稠油、高凝油的开发特点，形成了与蒸汽吞吐和蒸汽驱等特种油藏开采配套的注采管柱、稠油热采选择性注汽管柱、毛细管分层测试管柱、空心杆与电缆加热杆柱、水力活塞泵开式采油作业施工、热水循环闭式开采管柱作业配套技术；形成了热洗、清蜡、氮气隔热助排、高凝油解堵等作业技术；形成了稠油、高凝油生产测试技术；形成了软捞砂和硬捞砂两套工艺技术，满足了特种油藏开采的要求。

六、特殊工艺井作业技术

针对分支井、水平井、小井眼井侧钻推广应用，开展了特殊工艺井井下工具和配套工艺技术研究。尤其是在分支井作业、水平井作业方面取得了突出进展。形成了水平井段管柱的居中扶正，水平井冲砂、打捞，水平井段套管修复等一整套水平井和分支井井下作业配套技术，满足了特殊工艺井的井下作业要求，为油田的发展做出了新贡献。围绕分支井再进入关键技术难题，研制的分支井眼再进入引导工具，实现了分支井眼的再进入作业。辽河油田在四川新场气田完成的新浅 90 双分支井为一口天然气井，主井眼为 $9\frac{5}{8}$ 吋套管，两个分支井眼均为 $5\frac{1}{2}$ 吋套管完井。完井后应用再进入引导工具在两个分支井眼中各下入一个封隔器，实现了两个分支井眼的分别压裂和双管分采。

七、试油(气)作业

试油作业作为油气勘探开发的一个重要组成部分，是指在钻探过程中和完井后，为取得油气储层压力、产量、流体性质等所有特性参数，满足储量计算和提交整套油气资料提供依据的井下作业技术。它最终确定一个构造或一个圈闭是否有油气藏存在和油气藏是否具备开采价值。由于试油作业是寻找油气资源的最直接手段，是对物探、钻井、录井、测井等前期工作的最终检验，因此在油气勘探开发中占有重要作用。

新中国成立后国内各油田都有自己的专业试油队伍，工作方法多以诱喷抽吸提捞为主进行常规试油。随着80年代初引进先进的测试仪器，试油作业效率大幅度提高，并开始推广应用地层测试技术。1986年，全国共有试油队123个。在引进技术的推动下，到1993年，不仅试油队发展到224个，地层测试队也扩展到121个。工艺则由以抽吸提捞为主的常规试油发展到用现代仪器测试为主的综合测试，形成了在不同规格的套管内及裸眼井进行测试的能力。1999年中国石油天然气集团公司组建后，从事试油的队伍有248个。到2005年，每年对探井试油1300～1500层，其中地层测试占43%～53%，钻井中途测试70～90层，试油交井500～600口，获得工业油气层390～540层，获得工业油气井280～350口。

(一)试油(气)技术的跨越

常规的试油方法由于工艺相对落后，试油速度和质量远不能满足油气勘探开发的需要。80年代以前每年约有1/5的探井完井后无法及时进行试油，严重影响了勘探开发的进程。80年代以后，通过引进以地层测试技术和测试资料处理解释软件和包括油管传输负压射孔、地面油气水分离计量、电缆桥塞等一系列先进技术，在消化吸收的基础上，结合中国油田的实际情况，逐步形成了具有中国特色的试油技术系列，主要包括钻井中途测试技术、油管传输射孔技术、地层测试技术、地层测试与油管传输负压射孔联作、酸化和排液射孔技术、水力泵与螺杆泵和液氮及抽汲求产技术、地面油气水分离计量技术、电缆与机械桥塞封隔油层技术、测试资料处理解释技术等。这些技术的应用，使得试油手段具有多样性，不仅可以对普通的探井进行测试，还可以对定向井、高压油气井、稠油井等的测试；不仅对完井后求产进行油气测试，还可以即时在钻进过程中进行中途测试；不仅可以对油气的直观发现储层的变化，更可以通过高精度电子压力记录仪和电子计算机的介入，在获得地层静态观数的同时，对油气的储集类别、油层在平面的变化、边界情况作出分析判断。新技术的推广应用，使得试油效率大幅度提升，对正确评价油气藏、提高勘探开发效益起到了重要作用。

(二)配套试油技术日趋成熟

现代试油技术的的推广应用,使试油作业成为油气勘探开发中的一项系统工程。特别是随着油气田勘探开发工作的持续深入,低渗透油气藏,深层、高温、高压及含硫化氢油气藏等被列入开发目标后,勘探开发难度越来越大,对试油技术亦提出了更高的要求。1998—2005年,中国石油、中国石化试油作业单位和科研人员针对不同的储层条件,综合试油系统工程中的各单项技术,发展形成了低渗透储层试油配套技术,深井、高压及含硫化氢储层试油配套技术,滩海试油配套技术,复杂岩性天然裂缝储层配套技术等四项配套技术,满足了勘探开发对试油作业的需求。经过对塔里木盆地克拉2、迪那2,四川普光、罗家寨、铁山坡、七里北、邛西、黎雅庙等高压及含硫化氢油气藏,大庆徐家围深层火成岩气藏,海拉尔盆地苏仁诺尔、吉林省大情字井、长庆西峰低渗透油藏,玉门窟窿山复杂岩性天然裂缝油气藏,大港和冀东的滩海油气藏试油气作业,都收到了较好的效果,为相关油田增储上产提供了技术上的支持。

1986—2004年,中国石油井下作业系统共取得局级以上科研奖1134项,其中国家级科技奖24个,省部级二等奖以上成果45个。技术进步取得长足发展,已形成了比较完善的七大配套技术系列。

第三节　不断深化改革,推动井下作业步入良性发展轨道

20年来,井下作业行业通过不断深化改革,在企业体制、经营机制、企业管理、外部市场开发等方面均发生了显著变化。

一、改革企业管理体制

1986—1990年改革开放初期,井下作业单位基本上还是行政领导下的生产型单位,但开始由执行指令性计划向执行指导性计划转变,普遍实行党委领导下的经理负责制,企业管理初步走上制度化、标准化的运行轨道,形成责、权、利相结合,国家、企业、职工利益相统一,职工所得同劳动成果相联系的管理体制。1991—1998年,随改革的深化,井下作业系统逐步由生产型向生产经营型转化。生产经营机制不断调整和完善,企业管理开始由计划经营向内部模拟市场经营转换,由单一追求实物工作量向以提高经济效益为中心的经营管理模式转换。同时,井下作业企业实行党委保证监督、职代会民主管理和经理负责制相结合的领导体制,企业管理逐步走上了规范化、科学化的运行轨道,为强化企业管理奠定了基础。

1999—2005年重组改制时期，井下作业从生产经营型企业转变为专业化服务公司，逐步进行了公司制改造。业务上由被动配合上产稳产，转变为主动为油气田提供工程技术服务，靠市场求生存、谋发展，逐步向建立和完善现代化企业制度的目标迈进。

二、经营机制逐步转换

井下作业系统发展初期（1985年以前），生产管理占主导地位，以工作量的多少为考核指标，经营理念淡薄。1986—1991年，井下作业系统大力推行经济责任制、经济承包责任制，深化企业内部改革，机制初步转换。1992年，进一步转换企业经营机制。通过劳动、人事、工资"三项制度"的改革，初步形成了干部能升能降，人员能进能出，工资能增能减的用人机制和激励机制，取得了阶段性成果，摸索出了一套符合企业经营要求的管理机制。1995年前后，按照解体"大而全"、"小而全"，走专业化管理，规模化经营的改革思路，实现由计划经济向市场经济的转轨。部分单位把公用事业、集体企业、附属企业等企业办社会单位从井下作业系统分离出来，按照市场化运作、企业化经营的基本思路，组建油田下属的二级单位，并配套出台了有关政策和管理办法，为这些单位实现"四自"经营创造了条件。从1996年起，井下作业系统进一步调整分配机制，加大了经营考核的力度，根据工效挂钩的原则，开始实行效益工资和岗位工资浮动，极大地调动了职工的积极性和创造性，使井下作业系统的产值、经济效益、职工收入逐年呈直线上升趋势。人均产值由1995年的4.2万元提高到1999年的6.1万元。1998—2005年，是井下作业系统改革力度较大时期。在分配制度改革上，建立了经济效益决定工资总量的分配机制，进一步搞活了微观分配，逐步实现了经营者和职工个人收入与经营业绩和劳动成果挂钩。同时进一步引入市场竞争机制，推动企业在市场竞争中求生存、谋发展，企业经营转入市场化运作的轨道。

三、企业管理与创新

（一）重视质量，提高作业效益

1998年实行重组改制后，井下作业行业广大职工对质量、安全和环保的意义有了更加明确的认识，牢固树立"思想、组织、质量、形象"四个到位意识。有的企业对用户做出"三项承诺"：在施工质量上，保证口口成功；在服务质量上，保证甲方满意；从用户需要出发，为用户创造最大利益。在作业管理上，建立完善了修井作业工程技术管理规定、地质资料管理规定、井控工作管理规定、生产组织奖惩措施等规章制度，做到生产组织中有法可依、有章可循。在作业技术上制定了在几种情况下不下井、不开工的规定，对作业井的关键工序、下井工具和地面检查三个环节进行全方位质量跟踪，对每口井实行“施工质量跟踪单”，使2005年作业一次合格率达到98%以上，优质井率从2001年的94.6%年提高到2005年的96.5%。到2005年，中石油、中石化各井下作业单位已基本通过国家ISO9000质量体系认证，全部发布并实施了HSE管理体系文件。

（二）狠抓内部管理，挖潜增效

井下作业系统面对内部市场萎缩的严峻形势，大力推行以财务管理为中心的精细化管理模式，制定节约挖潜指标，完善经济责任制，将井下作业生产的可控成本细化单元管理，明确任务，量化考核指标，职责落实到人，使广大职工自觉养成节约成本，降低费用的好习惯。通过加强公司内外的协调和强化生产运行管理，不断提高生产实效，把非生产时间降到了历史最低限。

四、加大市场开发力度，不断拓展发展空间

拓展外部市场，是工程技术服务队伍扩大生存空间、实现良性发展的重要途径。各井下作业单位坚持“站稳内部市场、面向外部市场、开拓国外市场”的方针，加大装备改造力度，集中优势力量开拓国际市场，取得了明显效果。

（一）加快装备更新步伐，为走出国门提供硬件保障

1991年以前，由于受设备能力限制，井下作业所提供的服务主要以小修作业和简易大修为主，许多复杂井无法修复，压裂和试油测试工艺也没有大的突破。1992—1996年，新投入使用的修井设备达758台，使总装备达到1740台，修井能力显著提高，一些新的修井工艺得到开发。特别是从1998年开始，各油田从美国、加拿大引进了1800、2000型压裂酸化车45组。有的油田还引进了美国哈里伯顿公司先进的CO_2、N_2压裂酸化车组，可满足加砂100立方米以下的气体压裂施工要求，实现了油层改造从液相压裂向气相、气液双相发展，大幅度降低地层污染，增加油层改造手段，提高了措施效果。通过井下作业企业的共同努力，到2005年，具有国际先进水平的装备比例达到13%以上，有力地保障了“走出去”战略的落实。

（二）加大人才培育力度，为行业的发展增强后劲

市场竞争，归根结底是人才的竞争。为了培养一批高素质、能打硬仗的职工队伍，满足外闯市场的需要，井下作业系统在职工理论素质和技术素质上加大了教育培训力度。1986—2005年累计举办各类培训班4896个，培训员工近30万人次，使广大职工不但学习了酸化压裂、试油测试、大修侧钻等专业技术，还重点组织一批技术骨干学习了英语及国际市场运作规则等先进知识。通过“内培外学”、开设

专门的练兵场所、加强实战演练等多种途径，使职工综合素质有了较大提升。到2005年年底，已经培养了能够在国外进行施工作业的高精尖人才900多人，为走向国际市场提供了人才保证。

（三）集中优势打造“海外军团”

井下作业系统针对外闯市场整体优势不突出的实际情况，采取了集中优势技术、装备和人才先走出国门抢占先机的战略。1996—1999年，先后有4个油田的13支队伍参与了反承包和国外作业施工服务，国外市场开发有了一定进展，也积累了宝贵经验。中国石油实行重组以来，随着管理与服务水平不断提高，外闯市场的经验逐渐丰富，井下作业系统积极参与集团公司打造“海外军团”的整体部署，逐渐从过去通过重点为油田开发提供配套服务、维护原油产量正常运行，向通过为国际市场提供专业技术服务来实现自身发展壮大工程技术服务主体转变。外部市场呈现发展较快，从少到多，逐渐扩大的态势。到2005年年底，已经有51支队伍进入了委内瑞拉、苏丹、伊朗、蒙古、哈萨克斯坦等15个国家进行井下施工作业，基本实现了行业市场稳步攀升，境外市场不断突破的行业发展目标。

第十一章 油田地面工程建设

油田地面工程建设(简称油建),是指以石油、天然气产能地面建设为主的规划设计与施工的专业,包括石油、天然气的集输,伴生气的处理和向地层注水等,通过井口装置、计量站、集中处理站、集输管线等设施的兴建和完善,确保为后续的油气产品的精加工提供合格原料。同时向油田化工建设、油田公路桥梁建设以及油田生产生活基地各类设施建设等方面延伸。1986—2005年,随着新发现油气田区块的地面环境条件越来越恶劣,在产能建设中地面工程的投资约占油气开发总投资的40%左右。因此提高地面工程质量是降低生产成本、取得油气田开发综合效益的最重要环节之一。这一时期油田地面工程建设企业积极应对全新的发展环境,更新理念,开拓进取,深化企业内部改革,积极进行产业结构调整,走强强联合、优势互补的道路,不断开发市场,拓宽经营范围,加强人才培养和队伍建设,在技术创新、提高企业竞争力方面取得优异成绩。通过对中国第一个整装开发的百万吨级沙漠油田及全国各油气田地面配套工程建设,以及“西气东输”、陕京管线等一大批国家重点工程建设项目中的磨炼,施工能力达到了国内一流水平,有的工艺和技术达到国际先进水平,充分展示了中国石油油田地面建设企业的实力,成为一支具有国际市场竞争能力的队伍。

第一节 油田地面工程建设设计与施工的发展

一、油田地面工程建设队伍综合实力全面提升

中国石油油田地面工程建设队伍是伴随着中国石油工业发展、壮大而形成的

一支技术先进、设备优良、队伍精干、管理精细、能打硬仗的石油战线上的铁军，为国家石油资源开发和油田可持续发展提供了有力保障。1986—2005年，随着大庆等东部油田老区加快增产稳产步伐，西部新型油田加快勘探开发速度，油田地面建设工作量逐年增高，职工队伍日益壮大，企业资产积累不断增多，生产建设能力与日俱增。到2005年，油田地面工程建设队伍可施工年处理量为20万吨及其以上的联合站，总容积为10万立方米及其以上储罐的大型储油库，年处理量为5万立方米及其以上的气体处理厂，220KV以下的变配电工程。在路桥方面，可施工国内最大的八车道高速公路，T型梁、I型梁、预应力箱梁等大中型桥梁，3千米以内的隧道工程。截至2005年，中国石油集团公司油田地面工程建设设计和施工企业发展到55个，在册职工10.9万人，其中工程技术人员2.4万人，技术人员比例由1986年的5.2%增长到22.2%。年创产值达238.3亿元，年均产值增长18.4%。资产总值达到294.3亿元，年均总资产增长13.2%。技术装备率由1986年的0.8万元/人，增长到4.2万元/人。全员劳动生产率由1986年的4.5万元/人，增长到26.6万元/人。有2个企业拥有国家特级建筑施工企业资质，有53个企业拥有国家一级建筑施工企业资质，有48个企业通过了ISO9000管理体系及HSE管理体系认证，有26个企业进入全国施工企业历次评比500强，涌现出一批全国“五一”劳动奖章获得者和全国劳动模范。

二、地面工程设计能力不断增强

作为地面工程建设的基础，油气田地面工程设计历经了从新中国成立后玉门和新疆油田的起步阶段，到四川、大庆、华北、大港、江汉油田设计的快速发展阶段，直到1986年以后的全面提高阶段。起步阶段油田地面工程设计采用选油站开式流程，数口井油气产物收集到选油站进行油气分离，原油在开式罐中沉降脱水后泵输到集油站装车外运。快速发展阶段随着北京、广州、抚顺、四川等设计院的相继成立，具有了承担油田计量站、转油站、注水站、输油管道、油田设备、炼油装置改扩建的能力及气田井口装置、集气站、输气管道设计能力。根据大庆油田早期内部横切割注水的开发方案和行列井网的特点，创建了单干管、多井串联、加热保温集输流程，即萨尔图流程。当时广大科研设计人员还先后创造出不同加热保温方式（蒸汽伴随、热水伴热、掺热油、掺热水等）的单井进站、集中计量的流程。华北、大港、江汉等油气田地面工程设计则以提高油田集输密闭率和整装油气田系统配套为技术特色，油气田地面工艺技术得到全面的突飞猛进的发展。这个阶段新油田按密闭流程建设，技术方针是“简化前头，完善后头，中间不开口，三脱三回收（原油脱水、脱气、天然气脱轻烃；回收天然气中的轻烃、处理后的采出水和污水中的原油），出四种合格产品（符合出矿标准的原油、轻烃、天然气和处理后的采出水）”。面对油田原油含水进入中、高含水期的困难，开展了各种不加热集油流程的试验研究，采用了双管掺活性水流程，一批具有油气分离、原油脱水、原油稳定、伴生气处理功能的大中型油气处理厂相继建成投产，标志着油气集输工艺上了一个台阶。全面提高阶段在“稳定东部，发展西部”的战略方针指导下，相继开发建设了塔里木油田、吐哈油田及新疆采南、石西等油田。特点是按照“安全可靠、经济高效、节能降耗”的原则，油田地面工程在注重自身方案优化的同时，积极与油藏、采油工程密切配合，力争地面地下的整体优化。采用分布式计算机控制系统，实现了油水井、计配站无人值守、大站集中控制的“三遥”（遥测、遥信、遥控）管理，实现了百万吨油田百人管理的目标。针对高含水油田，低渗难采油田，高稠、高凝油田，沙漠、滩海油田的不同情况，因地制宜地研制了一大批先进、经济、适用的工艺设备和技术，使诸多难采储量得以经济开发。气田地面建设中，发展了气田增压集输技术和膨胀机、热分离机制冷技术及适应酸性气体集输的抗硫材质研究和设备加工制造。

1993—1999 年，各设计单位先后取得了国家建设部等部门颁发的业务资质证书。主要包括工程咨询、工程勘察、工程设计、工程总承包、工程监理、压力容器、压力管道等设计领域。1994 年，中国石油天然气总公司确定大庆、四川、辽河、华北等油气田设计院和管道局设计院，为全行业的指导性设计院，突出了在高寒油田、滩海油田、高凝析油田、大型气田、油气管道工程设计技术发展中的优势。经国家建设部和国家统计局联合组织的评估，大庆、辽河、长庆、新疆等油田设计院和规划设计总院、华东设计院进入中国勘察设计综合实力百强单位行列。到 2000 年，油田地面建设设计企业在中国勘察设计综合实力百强单位名次最靠前的已经升至第 4 位。到 2005 年，大庆设计院已拥有固定资产原值达 4.72 亿元。其中大型科学试验室有油气仪表检测中心、油气水分析化验中心、大容器试验站、三次采油地区工程实验室等 17 个，总面积 15.6 万平方米，大型绘图仪和晒图仪、轻烃流量计在线检定装置、超声粒度分析仪、多通道激光散射仪、全球卫星定位系统等数十套，为设计科研人员提供了优良的工作环境。

三、计算机技术成为工程设计得力助手

随着科技的发展，各油田设计院（所）陆续引进中型机算计、工作站，建立计算机辅助设计（CAD）系统，并在引进国外先进软件的基础上，积极组织力量，加大应用与开发力度。20 世纪 90 年代初，各项工程设计的计算机计算率、绘图率、出版率均达到 100%。

在油田地面工程设计中，人工智能得到普遍应用，其中原油集输工艺流程设计的“PIPEPHASE 软件”，石油化工过程模拟设计的“HYSYS”和“PROII”软件，天然气输送管网设计的“TGNET 软件”，电力系统设计的“POWER2000 软件”，土建工程设计的“高层空间结构计算软件”和“管墩管架计算绘图软件”，机械设备设计的“压力容器设计计算软件”和“火筒炉设计计算软件”，自控仪表设计的“中西文仪表选型计算软件”和工程勘察的“岩土工程计算绘图软件”，还有 OLGA 多相流动态模拟软件等，都发挥了重要的作用。在全行业工程设计单位中，选出了包括设计、绘图、计算、经济评价等方面的优秀计算机软件 16 项。结合实际工作需要，在软件开发上不断加大投入，使优秀软件不断涌现。到 2005 年，中国石油等集团共开发出优秀软件 74 项。这些软件广泛应用于勘察、设计、科研、计量及管理等各个领域，形成了从工程设计、优化、计算、绘图等系列覆盖各专业的应用软件，初步建立了勘察设计一体化系统。其中大庆油田设计院开发的《油田地面工程 CYBER 机辅助设计软件包》等 8 项，获国家级软件奖。由于大量计算机软件的开发应用，促进了工程设计表达方式的发展与进步。在一些重大工程的设计中，特别是在科威特、孟加拉、哈萨克斯坦等国外工程的设计中，采用了国际上通行的版次出图设计方法，工艺流程采取 PID、PFD 表达方式，压力容器采取分析设计等，基本做到了与国际接轨。

四、地面建设装备更新，作业手段更加完备

20 世纪 80 年代初，油田地面建设队伍的人均动力装备率不足 2 千瓦 / 人，人均技术装备率不足 0.2 万元 / 人。90 年代以来，随着市场的开拓和产业结构进一步调整，对设备的专业化及适应性提出了更高要求。截至 2005 年，中国石油天然气集团公司油田地面建设企业的资产原值已经达到 111.4 亿元，资产净值 64.6 亿元，技术装备率 4.2 万元 / 人，动力装备率 14.4 千瓦 / 人。拥有各种设备 58071 台（套），其中包括各种国产和进口新型焊机、各种吊车、拖车、管道施工机械、大型土石方机械、各型筑路用平地机、压路机、拌合站、摊铺机、现场无损探伤车、大型钻机，挖沟机、清淤等设备。主要的先进工程机械包括：可对 5 万立方米以上储罐进行焊接施工的大型储罐自动焊机，用于长输管线焊接施工的管道自动外焊机，可滚 80 毫米厚钢板的滚板机，最大起重能力达 550 吨的履带吊车，571G 吊管机，M40C 吊管机，12 米宽筑路摊铺机，回拖力 150～220 吨的水平定向钻机等。另外，还拥有完善配套的试验室和现场试验基地 28 个，国内领先的大型管道防腐预制生产线 10 条，10 条可预制百米以上大型炼化塔器、化工容器的大型金属容器制造生产线，10 条能够预制 24 米大跨度双 T 板和各类混凝土制品

生产线等装备。

截至2005年，油田地面建设施工队伍承建了国内油气田各类联合站系统工程及配套工程，海上石油工程，沙漠石油工程，以及公路桥梁建设和油田矿区建设、石油化工装置建设等。大庆油田、胜利油田、辽河油田、华北油田等老油田的建设队伍在立足油田提供优质服务的同时，还积极拓展国内外市场，先后在黑龙江、新疆、陕西、浙江、四川、海南等20多个省市自治区承建工程项目，采用先进的装备，建成由美国、日本、法国等12个国家引进的23套工程项目，承建了巴基斯坦贾姆肖罗电站三台大型储油罐和配套安装工程，及孟加拉国、苏丹、科威特等油田地面建设工程。完成了大庆油田、华北油田、北京燕山石化厂、长庆油田等一大批重点炼化工程建设项目。

组装球形罐。

第二节　油田地面工程建设设计与施工的技术进步

1986—2005年，油田地面建设科技工作坚持“超前、配套、实用、高效”的指导方针，以引进技术，消化、吸收和创新为主，积极实施技术革新、技术改造，按照市场需求，开展技术研究和攻关活动，共形成了10大技术和施工技术的5类38项专长。一些科技项目已达到国际先进水平。在各类科技成果中，被列为国家科研开发计划的35项，获国家实用新型专利的63项，获得国家级奖励的42项，获省部级奖励的316项。

一、油田地面工程设计成果累累

工程设计作为油田地面工程建设的龙头，截至2003年，评选出优秀工程设计234项、优秀设计软件74项、优秀标准设计3项。在这些项目中，有39项获国家优秀设计奖，8项获国家优秀软件奖。与此同时，各油田设计院在深入挖掘历年技术沉淀，进行认真总结提炼的基础上，面向油田生产和社会需求，形成了一批独具特色的技术系列和具有自主知识产权的专有技术，并获得一大批技术专利。特别是大庆设计院自1985—2005年，累计获省部级以上规划、设计、技术创新奖342项。其中，国家优秀设计奖14项，科技进步奖174项，国家优秀科技进步奖31项。“大庆油田稳产5000万吨工程设计”，获得国家工程设计的最高奖项——全国最佳工程设计特奖，“大庆油田聚合物配制和注入工程设计”获全国第八届优秀工程设计金奖，“新疆塔中4油田产能建设工程”获全国第九届优秀工程设计金奖。共申请专利103项，其中发明专利25项，实用新型专利78项，处于法律维持状态的专利83项。在申请的103项专利均为地面工程中使用的非标设备、自控装置以及使用方法。

二、油气田地面工程设计形成十大工艺技术模式

十大技术工艺和技术模式是指整装油气田注水开发地面工艺模式、复杂小断块油田开发地面工艺模式、低渗透油田开发地面工艺模式、稠油热采地面工艺模式、聚合物驱地面工艺模式、沙漠油田开发地面工艺模式、滩海油田开发地面工程技术模式、高压凝析气田开发地面工程技术模式、整装气田开发地面工程技术模式、高压高含硫气田开发地面技术模式。

对于低渗透、低产、低丰度油田，利用相邻井串接，形成环状集油流程，最终接入计量站或集油阀组，不仅简化了集油管线，节省了大量投资，还取消了井口加热炉，生产上安全可靠。

稠油热采，在地面系统节省投资、减少能耗、提高蒸汽干度上做文章。新疆油田采用了“集中供热、单管注汽采油、小管伴热掺汽、小站计量转接、大站集中处理”的地面工艺技术，辽河油田采用了“分散供热、掺稀油降粘”的工艺技术，使稠油油田得到有效开发。

沙漠地区自然环境恶劣，无社会依托，运距远，投资大，从而对地面工艺技术是一个挑战。在集输工艺上，采用了一级、一级半、二级布站多种方式灵活运用、优化布站和单管密闭集输流程、油气混输工艺技术，方便了管理，降低了投资。塔中4油田—轮南输油管道实现了未稳定原油和轻烃密闭混输技术，达到了沙漠油田“简化前头、完善后头”的总体布局原则。自动化功能强，实现了管理人员在控制中心对油田生产过程进行监视和控制，适应了沙漠油田开发建设新体制的要求。

牙哈凝析气田采用循环注气保持地层压力的方式开采，地层压力高，形成水化物温度高，工艺参数复杂、各参数相互关联、互动性强，地面系统具有易渗、易漏、易燃、易爆的高度危险性，介质品种多，投产难度大。开发中地面系统集输工艺

采用井口节流、单管投球、常温输送、集中布站、选井计量、集中注醇工艺。

“十五”期间，中国石化油田地面工程形成了基本完善的“高、多、稠、小、砂、聚、海”的地面建设配套技术。通过开展提高注采输系统效率示范区工程和老油区污水综合治理，回注污水水质符合率由2001年的40%提高到2004年的70.9%。以塔河油田为代表的高寒沙漠地区稠油油田集输配套技术，满足了塔河油田高速上产的需要。山地复杂地区的天然气集气处理技术，初步建成西南天然气集输系统。浅海石油开发逐步形成了以埕岛油田为代表的海洋中心平台与卫星平台相结合、以飞雁滩为代表的海油陆采、以埕北30为代表的油气混输、以平湖油田为代表的中深海开发等四类生产模式，为推动海洋油气生产发展提供了强有力的支撑。

1986—2005年的20年间，中国石油油气田地面工程技术设计得到了长足发展。初步形成了23类、110项工艺技术，有效支持了中国石油油气田高水平的开发，为中国石油油气田开发整体水平的提高做出了贡献。

三、地面工程施工技术与设计同步发展

地面建设施工企业的技术进步与设计保持了同步。1986年，辽河油建研制建成的大口径钢管“一步法”防腐保温生产线，解决了当时泡沫夹克管道生产系列化的问题，属国内首创。新疆油建在稠油热采工程施工中，先后完成“高温蒸汽管道保温技术”、“一步法泡沫棉夹克工艺”和“聚乙烯塑料管成形工艺”。其中“高温蒸汽管道保温技术”达到国内先进水平。1987年，大庆油建施工技术研究所与哈尔滨工业大学联合研制成功的“大庆一号”弧焊机器人，是中国石油行业研制开发出的第一台焊接机器人。1996年，该系统被成功应用于直径660陕—京输气管道对接环缝的检测工作中，与传统拍片法比较，提高工效10～20倍。1989年，辽河油建研制开发的辐射交联聚乙烯热收缩带，解决了当时的化学交联聚乙烯的收缩带的换代更新问题。1990年以后，各类专业技术加快了发展。大庆油田路桥公司通过“应用土工织物防治道路翻浆研究”消除道路翻浆的隐患，保持路面结构稳定，延长路面使用寿命，在道路施工、堤坝扩坡排水工程中经济效益显著。长庆及新疆油田路桥公司在沙漠公路修筑技术方面成功摸索出沙漠公路防沙治沙技术，并探索开发了沙漠公路路面应急修补养护技术。路桥施工企业在高等级公路路面工程施工技术上，成功应用国内高等级公路沥青路面面层施工先进技术，形成了多项科研成果。“SPE”复合管开创了油田复合管生产应用的新领域。辽河油田基建队伍研制完成的立式倒装金属储罐液压提升机，替代了传统落后的电动倒链提升设备，实现了倒装金属储罐液压顶升设备的更新换代，形成了系列化

品牌专利产品。

1986—1995年，主要开发的施工技术包括：一是焊接安装施工技术。开始推广应用氩弧焊打底手工电弧焊填充盖面焊接工艺，向下焊工艺、药芯焊丝自保护半自动焊工艺，国内首创10万立方米浮顶储罐脚手架正装自动焊接安装技术，引进、改进、推广水浮法安装1万～5万立方米浮顶罐技术。二是防腐保温技术。完成聚氨酯泡沫夹克管制造试验和生产工艺研究，开发并普遍推广原油集输容器设备P855珍珠岩保温壳保温施工技术。三是矿建工程技术。采用新技术生产钢纤维井盖，提高了马葫芦井盖的强度，并减轻了自重；在混凝土框架结构施工中，采用先进的模板支撑体系；在大跨度屋面施工中，采用后张法预应力技术，提高结构强度，减轻结构自重。四是道路工程技术。推广应用了水泥粉煤灰类路面结构、石灰粉煤灰类路面结构，粉煤灰在滑模水泥砼路面施工中的应用，使粉煤灰在油田道路施工中的综合利用上了一个新台阶。

1996年以后，油田地面工程建设施工技术进步主要表现在：一是焊接技术不断进步。完成了所涉及工程范围常用普通碳素钢、优质碳素钢、低合金钢、不锈钢、耐热合金钢、低温钢及压力容器钢等钢种的焊接工艺性能试验，并使各种压力管道、各级压力容器和大跨度钢球吊点网架等钢结构焊接规范形成系列标准。二是管道和设备防腐保温技术的开发与应用进一步加强。相继开发出泡夹管防水帽和小包装聚氨酯泡沫塑料现场发泡补口技术，聚氨酯泡沫塑料玻璃钢保温管系列产品，石油化工工程槽类容器P855憎水珍珠岩壳保温施工技术，完成立式罐旋转架内防腐施工技术配套。三是路桥、矿建和土建不断出新。开发出了土壤固化剂，掌握了水泥砼滑模摊铺机施工高等级水泥砼路面的技术，解决沼泽及高寒地区软土地基、路面冻涨，利用抗剥离剂解决沥青与酸性碎石粘附性差等技术，SBS改性沥青的应用和沥青玛蹄脂碎石混合料（SMA）施工技术得到普遍推广应用。四是滩海石油地面建设崭露头角。能够承担海滩涂地油田建设安装等各种施工任务，及采油平台导管架预制、海上拖运、就位及打桩工作，研制气功夯管锤滩涂及潜海打桩技术，设计制造了海上铺管专用机具——管道夹紧器、水力挖沟机样机，掌握了海上小型导管架平台预制→海上运输→就位→打桩→平台预制就位组装施工技术。

四、高效完成一系列大型骨干工程

随着石油工业“稳定东部，发展西部”战略方针的实施，特别是随着西部沙漠油田的开发建设、东部油田的深度开发，油气工程设计和施工向更高的水平冲击，取得了丰硕成果。

典型设计和施工有：(1)四川设计院完成当时国内跨度最大的斜拉索管桥（全

长1045米、主跨500米)的魏荆输油管线汉江跨越设计。该工程于1986年建成投产,1988年获国家优秀设计金奖。(2)1987年,辽河油田设计院完成了沈阳高凝油田地面工程设计。该工程包括加热分离、天然气处理、原油稳定、轻烃外输四部分,生产能力300万吨/年，当年10月建成投产,1992年获国家优秀设计金奖。(3)1992年,新疆油田设计院完成了中国第一条长距离流动性沙漠公路——塔克拉玛干沙漠公路设计。该公路纵贯沙漠446千米。设计中形成了选线、防沙治沙、筑路材料、路面结构及路基稳定、施工与养护等多项技术并达到国际领先水平,经长庆筑路公司施工,于1995年全线贯通,获国家科技进步特等奖。塔里木沙漠公路的成功修筑是中国人民挑战严酷大自然的又一壮举。(4)1993年,新疆油田设计院完成设计和新疆油建承担施工的中国第一个整装开发的百万吨级沙漠油田——塔里木彩南油田地面工程,采用了40项先进实用的技术,实现了百万吨油田百人管理,整体上达到了世界先进水平。投产后分别获得国家优秀设计金奖、中国建筑工程鲁班奖。(5)1993年,大庆油田建设公司承建的大庆西油库1万立方米浮顶油罐整体气垫法搬迁工程,罐体重量230吨,搬迁距离达到230米。为亚洲首例1万立方米以上浮顶油罐整体搬迁,获得国家科技进步一等奖和国家“实用新型专利”。

海油工程安装公司滨海102船开展岗位练兵。

(6)1995 年 5 月—1998 年 8 月，大庆油田建设公司承建的塔中四联合站，具有高度的自动化，属于无人执守，少量人巡检的现代化联合站工程。该工程是国内建设的第一座流动性沙漠大型联合站，2000 年获得国家级优质工程金奖。(7)1997—1999 年，辽河油田设计院完成了塔里木牙哈凝析气田地面建设工程设计。该工程包括凝析油处理、轻烃回收、铁路装车外运三个部分，于 2001 年建成投产，2002 年获国家优秀设计金奖。(8)1998 年，大庆油田安装公司承建的孟加拉国东方炼油厂 1.3 万立方米储罐工程，打开了中国油田化工建设开拓国际市场的大门。(9)2000 年 3 月—2000 年 12 月，大庆油田建设公司承建的新疆牙哈凝析气田站外集注气管网工程，于 2002 年获得国家级优质工程奖，创造了国内集输管线超高压管线施工新纪录。(10)2004 年 4 月—11 月，大庆油田建设集团油建公司承建的新疆克拉 2 气田内部集输管道工程，属高压、强腐蚀、焊接难度较大，是国内第一次在集输管线上使用 22Cr 不锈钢材质的工程。该公司在优质高效完成施工任务的同时，形成了双向不锈钢管线焊接施工工法，此工法被评为中油集团一级工法。

此外，各油田设计院还分别在高寒油田、稠油油田、滩海油田、海洋油田、沙漠油田、大型气田、长输管道设计和施工中有着比较突出的优势。同时 1991 年建成的大庆景园职工住宅小区，被评为国家规范小区进行推广，使石油工人开始拥有自己的新型住宅小区。2000—2005 年，一批具有民心工程特点的代表建筑的建成，充分体现出石油文化的特色，为新型石油工业城市建设做出了贡献。

第三节　油田地面工程设计及施工的改革与管理

一、油田地面工程企业改革历程

第一阶段（1986—1991 年）的改革，主要以推广承包经营为主。随着中国改革开放不断深入，油气行业的各个设计院，通过全面整顿、体制改革，实行合同制、设计准入制、资质管理、执业注册制、设计收费、项目招投标、工程咨询、工程监理、工程总承包等，不断加强自身建设，增强综合实力，确保了油气田建设快速发展的需要。

第二阶段（1992—1999 年）的改革，主要以推行资产经营承包责任制为主。各施工企业进一步完善内部多种形式的承包经营责任制，突出对成本、利润等效益指标的控制，对各项指标层层分解，逐级落实，并和奖金挂钩，实行严格的考核和兑现。管理体制方面也进行了积极探索，由指挥部、大队（站）、中队（小队）的管理模式，改变为公司、分公司、施工队（项目部）的管理模式。1994—1995 年，通过灵活选择资产经营、承包经营、委托经营、租赁经营等经营方式，推动了企业经营机制的转换。1996—1999年,推行"百元产值工资含量包干"政策,贯彻多劳多得、少劳少得的思路,克服了平均主义和"大锅饭"的现象,初步实现了企业内部的专业化管理、社会化服务、市场化经营的新格局。

第三阶段(2000—2005年)的改革,主要按照现代企业制度要求以建立公司制企业为主。2000年,中国石油天然气管道勘察设计院和辽河石油勘探局油田建设规划设计院,先后实行了公司制改造。自此,全国油气田中较大的设计单位,纷纷进行公司制改造的操作,到2002年改制工作基本完成。

2001年,由中国石油天然气集团公司规划设计总院工程设计部门牵头,四川、华北、吉化设计院参加,设立中国石油集团工程设计有限公司(CPE)。到2003年,辽河油田、青海油田,大连石化、抚顺石化等设计院,以分公司或子公司的身份加盟。

随着体制改革的逐步深入,全国各油气田的工程设计市场初步形成并得到了健康有序的发展。主要的标志是各项业务资质统一由建设部及相关行业的主管部门审核颁发;建筑师、结构工程师、工程造价师等从业人员实行了注册制度;工程设计项目普遍实行了招投标与合同收费制;工程咨询、工程监理、工程总承包等业务的开展,使工程设计进一步向两头延伸,有效地促进了业务领域的扩大和设计市场的规范化。

2000年,各油田地面建设施工企业按照"产权清晰、权责明确、政企分开、管理科学"的现代企业制度要求进行了公司制改造,全部改制成为有限责任公司。同时以市场为导向,重组内部生产要素,重建内部管理体制,重构内部经营机制,向具有现代化管理水平,同国际惯例接轨的施工企业迈出了重要的一步。2001—2005年,管理体制和机制改革从三个方面向深层次发展。一是依据市场的需求,按专业化和适度管理原则调整组织结构,重新组建既有专业化特点又具备综合施工能力的分公司、公司、集团。二是将多种经营和公用事业系统划出油田地面施工企业进行归口管理,并先后实行职工内部离岗休养和有偿解除劳动关系,使职工队伍更加精干。三是按照法人治理结构要求规范企业经营管理,根据市场格局的变化,积极转变经营观念,确立并实施了"站稳内部市场、面向社会市场、开拓国外市场"的市场开发方针,主动参与社会市场竞争,市场领域不断拓展,总体效益大幅增长。特别是在开拓海外市场方面取得突出成效,站稳了苏丹、哈萨克斯坦、巴基斯坦等国石油工程建设市场,并在叙利亚、利比亚等国市场取得突破,增强了与国际工程公司竞争的实力。油田地面建设已逐渐成为石油工业未上市企业的支柱产业。

二、企业管理的创新实践

油田地面工程建设企业在发展进程中,坚持把加强企业管理作为企业发展的主题,更新管理理念,改进工作方法,健全规章制度,推进管理创新,逐步建立起适应市场经营环境的现代化管理体系,为保持企业长期稳定健康发展奠定了基础。1999年,先后编制出三批工程设计标准共225项,并分三个版次出版。在此期间,规划设计总院和石油工程技术研究院,先后组织翻译了美国石油协会(API)、美国防火协会(NFPA)及其他专业标准等62个,约210万字,促进了工程设计标准的升级。

(一)项目管理

20世纪90年代中期,全面推行了以项目管理为核心的管理模式。在组织机构上,按施工对象组建专业性分公司,再按照不同的施工项目,组建项目经理部,在人员、设备、材料、资金上进行合理配置。在管理形式上按照总公司决策层、专业公司核算层、项目实施层的模式,建立了以项目承包责任制为主要内容的项目管理体系。进入21世纪,逐步实行了扁平式的管理模式,工程项目总成本与制造成本核算分离,重新设计和界定了承担工程项目的单位和员工的责、权、利关系,使项目管理的形式和内容产生了质的飞跃。到2005年共培养各级项目经理1680人,其中国家一级项目经理320人,成为管理的骨干人才。

(二)HSE管理

90年代末,油田地面建设企业为了提高健康安全环保管理水平,适应走向国内、国际市场的需要,引入HSE管理模式;并采取"以点及面、整体推进、突出内在规律,个性上全面控制"的原则,从项目管理到计划落实,严格执行国际惯例。针对工程中的关键工序、重点作业场所、事故易发部位、环境污染重点防治区,以风险调查、点源评估、成本预算和相关专家评审、技术工人的意见为依据,分析可控制因子的百分比,制定出严格的控制程序和措施,对关键任务进行分配。明确了突发事件的应急机构、人员配备、物资仓储、信息管理、逃生路线、急救抢险措施、应急恢复程序和培训演习等内容。通过HSE管理体系的实施与运行,现场的风险管理有了科学依据,在现代化经营管理中发挥了很大的作用。

(三)信息化管理

1990年前后,地面工程建设各设计单位开始把计算机和网络技术用于管理工作,先后建立了具有众多节点、与互联网及油田网相连接的局域网。到2005年,大多数设计院在战略规划、生产经营、财务资产、经济合同、人力资源、绩效考核、安全生产、员工健康、行政事务等,都实现了网络信息管理。

施工企业也基本形成了油田内外信息资源共享，信息实时传递，提高了企业的运转效率。信息化从计算机单机应用、综合应用，逐步发展到网络应用。截至2005年，在生产协调、工程造价、招投标、技术质量、资产设备、材料供应、财务、人力资源等生产经营管理方面开发、应用了相应软件，实现了各业务系统信息数据的自动化处理。在工程项目管理中，建立了工程项目的人、料、机及项目进度计划等工程信息的数据库，使工程项目达到了科学有序的控制和管理，为油田地面建设系统的招投标管理、施工管理、成本管理等提供了有力的技术支持。

国际化经营篇

中共十一届三中全会以后，中共中央、国务院做出了进行海洋石油对外合作的决定。海洋石油通过实行对外合作和自营相结合的方针，促进了海洋石油勘探开发的蓬勃发展，并积累了宝贵经验，为中国陆上石油工业开展国际化经营提供了有益的借鉴。

1981 年，石油工业亿吨原油产量包干政策的全面推行，引发了石油工业内在机制的一系列深刻变革，使得中国的石油工业再次获得了快速发展。石油工业通过超产积累资金，大量引进外国的先进技术和装备，促进了石油勘探开发科技创新和进步，拉近了中国石油工业与国际石油工业先进水平的差距，为陆上开展石油对外合作，学习和吸收国外更多的先进勘探开发技术和管理经验，创造了条件。

中国石油企业的国际化经营，是在改革开放方针指导下逐步加深和发展壮大的。1985 年 2 月，国务院决定将南方 10 省(区)和内蒙古二连地区的石油资源对外进行合作勘探开发。1993 年中共中央提出“充分利用国内外两种资源、两个市场”发展中国石油工业的方针。1997 年 1 月，江泽民总书记在听取中国石油天然气总公司汇报时再次强调：“石油工业不走出去，不努力开拓国际市场不行，既要立足国内为主，又要积极参与和利用国际石油资源，要两条腿走路”；2000 年中共中央关于“十五”计划(建议)中确立实施“走出去”战略；2003 年 5 月，温家宝总理主持启动《中国可持续发展油气资源战略研究》，将《海外油气开发与进口战略》作

为七个专题之一;2003 年 10 月，胡锦涛总书记在中共十六届三中全会上的讲话中指出:“继续实施‘走出去’战略,逐步建立国外能源和原材料基地。”中国石油工业的国际化经营始终得到了党和国家领导人的高度重视和全力支持。

中国陆上石油国际化经营始于 20 世纪 80 年代中期,经历了国际化经营起步时期(1985—1992),“引进来”到“走出去”时期(1991—1996)和国际化经营快速发展时期(1997—)。国际化经营起步时期的主要特点为“引进来”,开展陆上石油对外合作,引进国外资金,引进、消化和吸收国外先进的石油勘探开发技术、设备。“引进来”到“走出去”时期的主要特点为扩大陆上石油对外合作的规模和范围,同时开始走出国门，探索通过不同方式参与国际间石油开发项目和工程技术服务,尝试和实践国际化经营的各种模式,学习和积累国际化经营的经验。国际化经营快速发展时期的主要特点为,国际化经营形成规模化发展,油气生产和技术服务领域逐步扩展,经营规模从小到大,竞争能力由弱变强,在十分激烈的国际石油市场竞争中不断赢得新的突破,实现了由“引进来”到“走出去”、由投入期到收获期、由单一的承包服务或合作开采到油气田开发、风险勘探和施工技术服务、产品出口一体化运作的跨越,形成了海外油气投资、工程技术服务和国际贸易三大业务。到 2005 年年底,中国石油企业已在 30 多个国家投资近百个项目,形成了西北非洲、中亚—俄罗斯、中东、南美、亚太 5 个发展合作区。石油工程技术服务和石油贸易遍及全球五大洲,步入了快速发展时期。

第十二章 国内陆上石油对外合作

在坚持自主进行石油勘探开发的同时，通过陆上石油对外合作，吸引国外资金，学习和借鉴国外先进技术和管理经验，不仅是落实中共中央、国务院加快改革开放的一项重要举措，也是开启中国石油企业走向国际的发展序幕。

国内陆上石油对外合作经历了从合作风险勘探、扩大合作勘探开发到油气勘探开发全面合作三个发展时期。从1985年中国陆上南方开始对外合作到1992年年底陆上北方全面对外合作前为石油合作风险勘探时期；以1993年陆上南北方扩大对外开放石油资源合作为起点，经过三轮招标和一系列双边谈判，与外国石油公司签订塔里木、四川、松辽和渤海湾盆地等一系列石油勘探开发生产合同，到1998年国家对石油石化行业进行重组为扩大石油合作勘探开发时期；从1999年起，以中国石油企业重组—上市为标志，陆上石油对外合作进入全面合作和稳定发展时期。

第一节 国内陆上石油对外合作回顾

1985年2月13日，国务院批转石油工业部关于对外合作开采陆上石油资源的请示，同意在中共中央、国务院已批准对外开放的江苏、浙江、安徽、福建、湖南、江西、云南、贵州、广西、广东（含后来分出的海南省）等10个省（区）以及内蒙古二连地区进行陆上石油对外合作勘探开发，并明确石油工业部作为对外合作开采陆上石油资源的政府主管部门，由中国石油天然气勘探开发公司负责经营对外合作开采陆上石油的业务。在中国政府对外发布陆上石油对外合作消息后的短暂时间,先后有40多家外国公司、银行主动与勘探开发公司接触,30多家公司来京商谈陆上合作业务或到现场进行实地考察。国际石油界对参与中国陆上石油合作表现出很大兴趣。当年5月28日,中国石油天然气勘探开发公司与澳大利亚CSR等4家外国公司签订了海南岛福山凹陷风险勘探合同,这是中国第一个陆上石油对外合作合同。

1993年1月20日,国务院批准陆上石油对外开放扩大到中国北方黑龙江、河北、河南、山东、湖北、甘肃、青海、内蒙古、新疆、天津等10个省(自治区、直辖市)的部分区域。对外合作领域也从风险勘探扩展到老油田提高采收率。根据国家批准的合作范围,中国石油天然气总公司准备将有找油前景、地质条件比较复杂、总面积41.79万平方千米共18个含油气盆地和凹陷拿出,与外国石油公司进行风险勘探与合作开发;准备将大庆、胜利、辽河、中原、华北、大港、吉林、河南、江汉、江苏等10个油田,总计含油面积277平方千米的14个属于提高老油田采收率的区块拿出,与外国石油公司开展合作开发。

1993年2月10日,中国石油天然气总公司与美国陆安中国公司签订了中国北方陆上(包括滩海)第一个勘探开发对外合作合同——《中华人民共和国渤海湾盆地赵东区块勘探开发生产合同》,打开了中国石油南方北方全面对外合作的新局面。

1993年2月17日,中国陆上石油对外合作第一轮招标公告发布。招标区位于塔里木盆地西南部,5个区块总面积7.37万平方米,有17个国家68家公司报名参加,最终埃索(ESSO)、阿吉普(AGIP)、英国石油(BP)等3家公司集团与中国石油天然气总公司签订了3个石油合同和物探协议,合同金额15800万美元,承担第一阶段义务工作量8800万美元。

1993年,由国务院法制办公室牵头,集中了国家有关部委和专家的意见,补充修订了陆上石油对外合作标准石油合同文本。

1993年10月7日,李鹏总理签署国务院第131号令,发布《中华人民共和国对外合作开采陆上石油资源条例》(2001年修订),进一步明确陆上石油资源指蕴藏在陆地全境(包括海滩、岛屿及向外延伸至5米水深的海域)范围内的地下石油资源,为后来的两轮国际招标和一系列双边谈判提供了法律依据。《条例》授权中国石油天然气总公司负责对外合作开采陆上石油资源的经营业务;负责与外国企业谈判、签订、执行合作开采陆上石油资源的合同;在国务院批准的对外合作开采陆上石油资源的区域内享有与外国企业合作进行石油勘探、开发、生产的专营权。《条例》划清了政府和企业各自的职权,为外商来华投资创造了良好的法律环境和投资环境，表明了中国政府对陆上石油对外合作与国际接轨的坚决态度。

陆上石油对外合作的方式，多种多样，不只限于海上风险合作模式，吸取海洋对外合作的经验并参考一些资源国的做法，原则上采用国际通行的招标形式进行，少数区块需要特殊勘探开发技术，也可进行双边谈判签约。合同模式遵循国际惯例，即风险勘探投资由外方单独承担，发现商业性油气田后，由双方合资开发或外方独资开发，产品按合同规定分成；提高老油田采收率的合作，先进行试验，由外商单方承担或中外双方共担风险，投入工业化开采后，增产部分的原油由双方按合同规定分成。

1994 年 1 月 17 日，陆上石油进行第二轮国际招标，涉及 26 个风险勘探区块和 11 个提高采收率区块，吸引了 78 家公司报名，其中 66 家公司派专家来北京阅读资料，22 家公司购买了资料包，12 家公司赴有关油田区块现场考察。

1995 年 6 月 9 日，为加快新疆塔里木盆地和准噶尔盆地的油气资源的勘探，拿出了 12 个具有一定勘探前景的区块实施了第三轮国际招标。这项重大举措，得到了国际石油界的普遍关注和响应。

在进行国际招标的同时，针对石油工业生产建设的发展需求，从风险勘探项目到提高老油田采收率和开发已探明未动用石油储量，有选择性地进行了多轮双边谈判活动。对外合作的方式从单一进行上游勘探合作扩大到统筹研究上下游一体化合作，并针对不同项目设计了不同的合同模式，有效吸引了外资和先进技术与管理经验参与中国陆上石油勘探开发。1995 年，与外国公司签订了松辽盆地西北部深层、青海大风山—鄂博梁、河北哈坨、老堡区块、四川雅安、乐山区块勘探开发，及辽河、大港油田水平井侧钻技术风险服务等 8 个石油合同。1996 年与外国公司签订了 8 个风险勘探合同和 4 个开发生产合同。1997 年与外国公司签订了 5 个风险勘探合同和 9 个开发生产合同。国内陆上石油勘探开发对外合作达到高潮。

1998 年，石油与石化行业重组，中国石油天然气集团公司按管理权限将 6 个陆上对外合作项目转给中国石油化工集团公司。同时，中国石油化工集团公司与法国道达尔（Total）公司合作的大连西太平洋石油化工有限公司转给中国石油天然气集团公司。

1999 年 12 月 23 日，中国石油与其控股公司中国石油天然气股份公司签订协议，将其 23 个在执行的对外合作合同项下的权益全部划转给中国石油天然气股份公司。由股份公司负责统筹规划和归口管理中国石油陆上对外合作项目。

“十五”期间，中国石油天然气股份公司进一步扩大油气勘探开发对外合作领域，分期分批开放有吸引力的区块，包括以中国西部塔里木盆地、准噶尔盆地、柴达木盆地和吐哈盆地为主，以及东部地区深层的风险勘探；以西部塔里木盆地、鄂尔多斯盆地、四川盆地、柴达木盆地和准噶尔盆地为主的天然气勘探开发利用项目；以东部地区老油田提高采收率和难动用储量开发为主的油田开发技术合作等。合作类型拓展到风险勘探、未动用储量开发、提高采收率、天然气上下游合作以及专项技术服务等多种方式，受到外国投资者的欢迎。这期间，先后签订了5个新的石油合同和6个联合研究协议。

国务院批准对外合作开采国内陆上石油资源，对于利用外资，引进吸收国外更多的先进油气田勘探开发技术、装备和管理经验，打开油气勘探的新领域，促进中国石油工业的发展，具有重要意义，并为90年代跨出国门创造了条件。

第二节　国内陆上石油对外合作进展与成果

经过三轮国际招标和一系列双边谈判，中国陆上石油对外合作从南方到北方，从勘探到开发，从单一的上游合作到上下游一体化合作，初步形成了全方位、多层次、广领域对外合作的局面。

一、项目签约和执行

先后与澳大利亚、美国、英国、荷兰、意大利、加拿大、法国、新西兰、日本、新加坡以及香港等十多个国家和地区的48家石油公司，签订了57个石油合同和26个联合研究协议。其中风险勘探合同30个，油气开发合同21个，提高采收率合同1个，联合开发协议1个，单井技术合作协议3个、物探作业协议1个，合作区总面积24.6万平方千米，累计动用以难采储量为主的地质储量2.6亿吨。至2003年年底，正在执行的合同18个，合作区面积1.9万平方千米，探明石油地质储量6.16亿吨、天然气地质储量2679亿立方米。

二、进展与成果

20年来，陆上石油对外合作克服困难，锐意进取，有序推进，突出重点项目，逐步规范细化管理，项目运作质量和水平不断提高。合同区累计完成二维地震采集19793.8千米，三维地震采集870平方千米；探井和评价井155口，开发井3288口。许多开发项目进入开发期或生产期，逐渐形成产能规模，油气产量逐年上升，已步入了相对成熟的发展阶段。到2005年年底，陆上石油对外合作项目累计生产原油2641万吨，生产天然气31亿立方米，建成油气当量产能近500万吨。并取得了一批勘探开发成果，展示了国内勘探开发对外合作良好的发展前景。

大港赵东项目是与美国阿帕奇公司合资勘探开发的海上油田。通过双方的共同努力，针对复杂断块油田的实际，应用先进适用的技术，进行精细勘探，探明石油地质储量4379万吨。克服了渤海湾滩海水深、回淤严重、有冰冻期等困难条件，利用两年时间建成了第一个百万吨级生产能力的海上合作油田。

长庆长北气田是与壳牌公司合作的低孔、低渗、低产气田。针对区块实际，壳牌公司采用大规模压裂、水平井钻井、放大压差试采等一系列措施，取得成功，评价期内探明储量增加32%，标定采收率提高27.3%，建成了第一个年生产能力达30亿立方米的天然气合作项目，

西南川中、大庆州13、吉林大安、辽河冷家堡、新疆九区等一批项目也先后进入了生产期和开发期。

三、引进吸收国外先进技术和管理经验

通过对外合作，中国石油企业与许多国际石油公司建立了联系，增进了了解，形成了良好的战略合作伙伴关系。充分利用有利条件，积极引进、消化、吸收国外先进技术和管理经验，取得了明显效果。特别是与许多拥有独特技术专长的国际公司建立业务往来，促进了共同发展，为向更广阔领域里的合作奠定了坚实的基础。

第一，促进了国外先进管理和新技术的引进和应用。充分吸收外方在项目管理、技术管理、安全管理等方面的先进管理理念和管理方法，项目管理逐步完善。中国石油集团逐步完善了包括发现勘探、未动用储量开发和提高采收率等各种油气勘探开发合作的标准合同，明确了资源国的地位和相应的监管职能，建立完善了包括项目评估体系、项目执行的全面预算管理体系、采办管理体系和HSE管理的对外合作管理体系。累计应用和推广成型的新技术、新工艺100多项，平均每个合作项目超过4项。这些新技术和新工艺在国内自营勘探开发中得到积极推广，对解决自营勘探开发中的技术难题、推动勘探开发技术进步、提高中国石油上游整体技术水平起到了重要的促进作用。有多项新技术达到国际水平，为提高队伍素质，高质量履行合同，打下了坚实基础。

第二，初步形成了一支熟悉国际规则惯例、组织招标谈判和执行石油合同的骨干力量，培养了一批能有效组织管理合作、承包施工服务作业的人员。作为对外合作的目标之一，中国石油企业在合作中，高度重视培养人才，提高队伍素质。一是从实践中培养，通过项目实际作业与承包服务活动锻炼提高；二是派优秀人员到外国公司管理的联合作业机构当雇员，既参与实际工作，又学习技术和管理，经过多次轮换，技术业务水平提高很快；三是到外国石油公司培训或跟随合作项目

到外国公司支持研究机构边工作，边学习；四是组成中外联合作业管理机构，由中外双方轮流担任总经理或副总经理，培养高级管理人才；五是集中强化培训，根据“干什么学什么，缺什么补什么”的原则，集中突击外语，强化专业技术和经营管理；六是选派骨干赴欧美名校专攻MBA，培养国际化的经营管理复合型人才。20多年来，通过各种方式，共培训近万人次，一批有觉悟、懂外语、懂专业、懂经济、懂法律、会经营的管理人才成长起来，能够直接与外国人一起工作的人越来越多。

第三，对外合作生产经营环境日益完善。20年来，中国政府给予了陆上石油对外合作包括矿权使用费、税收、海关、油气销售等一系列优惠政策，为实现合作双赢创造了条件。中国石油企业积极协调地方政府关系，解决涉及合作项目的土地、环境、文物、治安等方面的实际问题，逐步改善合作区作业环境，充分尊重作业者的作业方式、管理模式，在遵守石油合同的基础上，求同存异，推进了项目的平稳运行。建设了拥有勘探开发、油气集输、财务会计、人力资源、合同法律、采办招标、HSE等石油专业知识，熟悉石油合同管理执行，并能与作业者共同工作的专业化人才队伍。同时，工程技术服务队伍努力提高技术素质和管理水平，树立服务意识，熟悉国际规范，履行合同义务，改进更新设备，保证了作业质量和工程进度。

国内陆上石油对外合作作为中国陆上石油工业国际化战略的重要组成部分，20多年来，学习并积累了丰富的国际合作经验，配套培养了对外合作的专业人员；锻炼了一批技术水平较高的反承包作业队伍；对外合作管理逐步与国际接轨；营造了良好的投资环境。对外合作经历，使中国石油企业初步了解国际石油合作的游戏规则，能够比较容易适应“走出去”的环境，是中国石油企业国际化经营的有利条件之一。这一时期培养的人才成为中国石油企业国际化经营的宝贵财富和“走出去”的骨干力量，“引进来”中积累的经验和体会，被较好地应用借鉴到了“走出去”的实践中。

第十三章 海外石油勘探开发合作

进入 20 世纪 90 年代，随着世界经济的强劲增长，油气需求市场旺盛，世界石油工业保持了较好的发展势头，围绕石油资源的争夺和控制的竞争日益加剧；石油技术的发展，重油、油砂等非常规油的开发，天然气、液化石油气的发展，海上油气勘探开发等开始进入一个新的历史发展时期；世界主要资源国出于发展本国经济的需要，对外开放的范围和力度进一步加大，合作机会增多，合作方式也更加灵活；越来越多的非洲国家正在结束战乱，走向和平与建设，希望中国给予更多的援助，为中国石油企业开展国际化经营提供了良好的机遇和有利的条件。

随着中国改革开放的不断深入，国民经济高速发展对能源的需求不断增长，中国石油企业以为国家实现“小康”为目标，在努力发展国内油气生产的同时，把眼光放到了世界。

第一节　海外油气勘探开发合作历程

1991 年 2 月，在中国石油天然气总公司召开的领导干部工作会议上，首次提出了石油工业要实施“扩大对外合作，努力开拓国际市场”，明确了“国际化经营”是实现总公司长远发展的“三大战略”目标之一。

1992 年 12 月，中国石油天然气总公司成立“国际公司筹备组”，并先后成立了中亚石油公司、亚澳石油公司、中俄石油公司（未实施）、中美石油公司、中加石油公司等地区性的对外合作公司。1993 年 1 月经国务院批准，总公司与原对外经济贸易部所属中化进出口公司合资组建的中国联合石油公司成立，为中国石油企业开启了又一个对外合作的窗口。这是打破部门界限，实行贸工结合、贸技结合的重大举措。

1993 年，根据中共中央提出的“利用两种资源、两个市场”的战略方针，中国石油天然气总公司确立了“立足国内、发展海外、实施国际化经营”的发展思路。中国石油天然气总公司在外事工作会议上第一次提出了力争通过三到五年的努力，实现国际化经营的五个目标：一是建立起一支能够适应对外合作的高素质队伍；二是建立起一个实施全球战略的对外工作网络；三是通过参与国际油气合作勘探开发，争取拿到一部分国外的油气资源；四是在国外建立起一批合作项目和合资企业，开辟和占领一部分国际市场；五是在国际上建立起中国石油天然气总公司的信誉和形象。并根据自身的实际情况，确定了与之相适应的“审慎而行，循序渐进，步步为营，分步实施、埋头苦干”的工作方针。

1994 年 7 月 2 日，中国石油天然气总公司设立“国际勘探开发合作局”，行使总公司机关管理职能，负责国内外石油勘探开发合作的总体规划，归口管理国内外石油勘探开发合作项目。

1997 年 3 月，中国石油天然气总公司授权中国石油天然气勘探开发公司负责编制国外石油勘探开发合作的规划、计划、预算及实施方案；组织研究国外石油勘探开发合作的合同模式、合同条法和投资环境；负责国外石油勘探开发项目的评估及可行性研究的初审，并按规定程序完成立项手续；组织项目投标和谈判签约；负责国外石油勘探开发合同项目执行的管理、协调、服务、监督和统一管理。授权该公司根据海外项目需要在海外设立若干子公司、分公司和合资公司。同时，将原总公司所属的中美石油开发公司、中油国际加拿大公司、中油国际苏丹公司、SNPC 集团（苏丹 1/2/4 区块）、伊拉克绿洲公司、中亚公司、亚澳石油公司作为勘探开发公司的分公司、子公司和合资公司，原总公司权益所属资产及派出人员一并划归中国石油天然气勘探开发公司，实行统一经营管理、统一核算。

1998 年 1 月，中国石油天然气勘探开发公司不再行使国际勘探开发合作局的机关职能，成为负责集团公司海外投资项目统一管理和对外投资的全资子公司。

中国石油企业参与海外石油勘探开发活动，开展石油国际合作经历了探索起步、快速成长和加快发展三个发展阶段。

一、探索起步阶段（1993—1996）

1993 年，以中国石油天然气总公司中标秘鲁石油项目为标志，中国石油企业开始了国际化经营的艰苦探索和实践。这一阶段以积累经验、锻炼队伍、培养人才、熟悉国际环境为目标，以油田开发项目和老油田提高采收率项目为主，购买储量，进行小规模低风险油田开发试验，签订了几个小型项目，开始实质性走出国门参与海外勘探开发。先后在秘鲁、加拿大、泰国和巴布亚新几内亚等国进行了产品分成、许可证和服务合同等多种模式的尝试。通过对这些投资不多，风险不大的小项目的运作，中国石油企业逐渐熟悉了国际环境和产品分成合同等国际惯例，锻炼了队伍，培养了人才。为进一步开拓国际市场、获得并经营较大型油气勘探开发项目奠定了良好的基础。

1993 年 7 月 15 日，中国石油天然气总公司在加拿大卡尔加里市东北部的北湍宁油田，以参股的方式获得了中国石油工业史上的海外第一桶原油。

1995 年 1 月 18 日，由中国石油天然气总公司担任作业者的中、美、加、日 4 国 8 家公司组成作业集团，通过竞争投标，获得巴布亚新几内亚国家政府颁发的勘探许可证，对 PPL.174 区块进行钻探。

二、快速成长阶段（1997—2002）

1997 年，中国石油企业在探索小项目试验成功的基础上，抓住国际油价相对低迷的有利时机，选择有一定规模的石油投资项目积极进入国际市场。通过参与国际竞标方式，中标和签订了几个规模较大的石油合作项目，在国际石油勘探开发市场上崭露头角。以此为标志，拿储量，上规模，中国石油企业海外油气勘探开发进入快速成长阶段。海外油气合作初步形成北非、中亚和南美三个发展合作区和油气勘探开发、炼油化工、管道运营、采办贸易一体化运作方式。

1997 年，中国石油天然气总公司先后中标苏丹、委内瑞拉、哈萨克斯坦三个石油开发项目，被国际石油界誉为 1997 年世界石油市场上的一匹“黑马”。

1997 年 6 月 4 日，中国石油天然气总公司和中国北方工业（集团）总公司与伊拉克政府签订伊拉克艾哈代布油田产品分成协议。

同年 9 月 15 日，海外第一船份额原油到达秦皇岛码头。

同年，在哈萨克斯坦阿克纠宾油田生产的海外第一列车原油经阿拉山口运抵中国新疆独山子炼油厂。

这一时期中国石油企业分别与印度尼西亚、缅甸、阿塞拜疆、土库曼斯坦、阿曼等资源国家签订了一批石油合作合同。

三、加快发展阶段（2003—2005）

2003 年，以秘鲁、尼日尔、乍得、哈萨克斯坦、厄瓜多尔、阿尔及利亚等国签订风险勘探合同为标志，中国石油企业在海外开始涉足风险勘探领域。在当年新签的 12 个国际油气合同中，6 个为勘探项目。与此同时，中国石油企业在海外积极探索资产并购等方式，实现上下游一体化的发展。苏丹 3/7 区千万吨级大油田的发现、中哈原油管道工程的顺利竣工以及对哈萨克斯坦 PK 石油公司的成功收购，标志着海外油气勘探开发业务步入规模化快速发展新时期。

2003 年，全年签订 17 个油田勘探开发合同，海外油气储量大幅增长。

2004 年 8 月 19 日，中国石油做出"关于国际业务进行整合"的决定。这是对中国石油国际业务管理体制改革的重要举措。通过对集团公司和股份公司国际业务的资源、资金、技术、人才等进行整合，充分发挥整体优势，增强了规模实力，进而推动国际业务快速协调发展。

2005 年，中国石油在年度工作会上提出，大力开拓国际市场，积极发展海外业务，努力实现由国内石油公司向跨国石油公司、由单纯的"油气生产商"向具有复合功能的"油气供应商"的转变。海外业务积极扩大已有勘探开发项目的生产规模，并加大新项目的开发力度，向周边拓展。探索采用并购、兼并、联合、参股等方式，以油田开发为主，向风险勘探延伸，向上下游一体化、产业与贸易相结合延伸。

第二节　国际化经营形成规模

中国石油企业国际化经营经过十多年的发展，已经形成油气勘探开发、管道运营、炼油化工、油品销售的一体化格局。到 2005 年年底，中国石油企业已在全球 20

中国石油物探队在巴基斯坦作业。

多个国家，执行着41个油气投资合作项目，初步建成5个海外油气发展合作区。主要包括以哈萨克斯坦石油合作项目为依托的中亚—俄罗斯地区；以苏丹、阿尔及利亚石油合作项目为依托的非洲地区；以阿曼、叙利亚石油合作项目为依托的中东地区；以委内瑞拉、厄瓜多尔、秘鲁石油合作项目为依托的美洲地区；以印度尼西亚石油合作项目为依托的亚太地区。海外石油勘探开发不断取得新突破，一批重点工程相继建成，石油化工、成品油销售业务实现了从无到有的新发展，石油储量、产量、份额油大幅度增长，国际化经营初具规模。

一、秘鲁百年老油田焕发青春

秘鲁塔拉拉油田已有120年的历史，是世界上最早开发的油田之一，属于复杂断块油田，它的生产高峰期早已过了半个多世纪，被西方石油公司认为已到了废弃的边缘。

1993年3月，中国石油天然气总公司中标第一个海外油田开发项目——秘鲁塔拉拉七区块，拉开了中国石油企业进入国际石油勘探开发市场，开展国际石油勘探开发合作的序幕。当年10月22日，与秘鲁国家石油公司正式签订了“塔拉拉油田第七区块生产服务合同”。1994年参加塔拉拉油田六区块投标中标，1995年7月25日，与秘鲁国家石油公司正式签订了“塔拉拉油田第六区块生产服务合同”。这是两个已经生产百年的老油田，大部分为弹性溶解气区油藏，地层压力大幅度下降，接近枯竭。中国石油天然气总公司接手以后，借鉴国内胜利油田、华北油田复杂断块油田开发技术，实施滚动勘探开发，通过精雕细刻的地质研究搞清地层油气的分布，通过对老井实施修复和补孔、钻新井发现新层新块，产量由接手时的600桶/日，提高到高峰时的7000桶/日，目前仍然保持在4500桶/日。

1997年6月，经过中国石油工程技术人员艰苦细致的工作，在百年开发的老油田上打出了3口日产千桶井，其中六区4226井老井复查获得3330桶/日的高产，成为秘鲁历史上措施产量最高的一口井，这一消息在秘鲁石油界引起了轰动。秘鲁总统亲临现场视察，一时中国石油天然气总公司的名字占据了秘鲁主流报刊的显著位置，被秘鲁媒体评为“20世纪秘鲁石油界最大的新闻”，为中国的石油企业在秘鲁石油界树立了良好形象。

二、苏丹石油合作项目实现上下游一体化

苏丹石油合作项目是中国石油企业在海外最大的上下游一体化投资项目。中国石油企业上下游一体化作业能力的优势在苏丹石油合作项目中得到了充分的发挥。

1995 年 9 月,苏丹总统巴希尔访华,与江泽民主席会见时提出,希望中国到苏丹勘探开发石油。之后签订了中国第一个石油勘探开发援外项目——苏丹 6 区石油合同,拉开了中国石油企业在苏丹石油合作的序幕。到 2005 年,中国石油企业在苏丹有 7 个投资项目:苏丹 1/2/4 区项目、苏丹 3/7 区项目、苏丹 6 区项目、苏丹红海 15 区块项目、喀土穆炼油厂项目、喀土穆化工厂项目和成品油销售项目,已形成集油气勘探、开发、生产、管道、炼油化工和销售于一体的完整的石油产业链。截至 2005 年年底,苏丹石油项目已累计探明石油地质储量 120 亿桶,可采储量超过 30 亿桶;已建成 3000 万吨 / 年的原油生产能力和 3500 千米输油管道;原油加工能力达 500 万吨 / 年。

(一)苏丹 1/2/4 区项目

1996 年 11 月,由中国石油天然气总公司副总经理吴耀文带队,参加了苏丹 1/2/4 区石油项目的国际招标,在与十多家西方石油公司激烈竞争中脱颖而出,一举中标。中国石油天然气总公司决策者着眼全局,从分散投资风险和锻炼队伍考虑,牵头组建国际联合投资集团。其中,中国石油天然气总公司拥有 40%的股份,马来西亚国家石油公司拥有 30%的股份,加拿大 SPC 石油公司拥有 25%的股份(2003 年初转让给印度国家石油公司),苏丹国家石油公司拥有 5%的干股。1997 年 3 月 1 日,中国石油天然气总公司会同各合作伙伴一起与苏丹政府签订苏丹 1/2/4 区产品分成协议与管道协议。同年 6 月 1 日,合作伙伴共同组建大尼罗石油作业公司(GNPOC),并接管 1/2/4 区作业权。中方代表周吉平担当作业公司首任总裁。

项目实施后,合作伙伴充分发挥各自的优势,采用稀井高产的开发方案,仅投产 98 口井就建成了 750 万吨的年产能力。用一年的时间分别建成 Unity、Heglig 等 6 个油田 900 万吨原油生产能力;并建成了一条由 1/2/4 区油田至苏丹港,管径为 28 英寸、全长 1506 千米的长输管道,创造了世界管道建设史的奇迹。在两年半时间里,1/2/4 区新增探明石油可采储量 3055 万吨,项目建设实现了高速度、高质量、高效益。全部储量发现成本 1.32 美元 / 桶,合同者份额可采储量成本 2.28 美元 / 桶,均低于同期国际上发现成本的平均值。

建设非洲最长的输油管道,是中国石油管道队伍第一次以 EPC 总承包方式承揽的国际工程。管道工程于 1998 年 5 月开工,管道建设者们克服炎热高温气候,冒着马来热、疟疾病传染危险,忍受着蚊虫的叮咬,在热带雨林的泥水里进行管道焊接的施工作业。1999 年 6 月,仅用 11 个月时间就高质量建成的从 1/2/4 区油田到苏丹港全长 1506 千米的输油管道竣工投产。8 月 30 日,苏丹 1/2/4 区第一船原油在苏丹港装船外运,标志着苏丹已由一个石油进口国成为出口国。苏丹政

中国石油在苏丹油气勘探开发取得重大成果。

府在苏丹港举行了隆重的庆典活动，14 个国家元首或能矿部长出席，数万名群众载歌载舞参加庆典活动。

（二）苏丹 3/7 区项目

2000 年 11 月 29 日，中国石油中标苏丹 3/7 区石油项目，区块面积 7.2 平方千米。这是中国石油海外第一个以盆地为单元的大型风险勘探项目，也是中国石油从风险勘探做起，完整贯穿产能建设、原油外输等石油生产全部链条并取得成功的项目。到 2005 年年底，中国石油在 3/7 区已累计探明石油储量 50 亿桶，探井成功率达 80%。其中发现的 Palogue 世界级大油田，探明石油地质储量 28.9 亿桶，成为目前中非地区已发现的最大油田，也是中国在海外勘探发现的最大整装油田。年产 1000 万吨的产能建设已接近尾声。两个主力油田均已开井试生产，直径 32 英寸、总长 1376 千米的长输管线焊接及河流穿越全部完成，正在进行全面投产的准备工作。

苏丹 3/7 区千万吨级油田从区块勘探到即将建成投产，仅用 4 年多的时间，创造了世界油田勘探开发史上同类规模油田建设速度和效率的新纪录。苏丹 3/7 区的勘探成功，也使中国石油在“十五”期间，海外上游业务实现了从以开发为主到勘探开发并举的转变。

（三）苏丹6区项目

苏丹6区是中国石油企业最早进入苏丹的石油项目。1995年，中国石油天然气总公司利用中国政府的贷款与苏丹政府签署了6区石油产品分成合同。1995—2000年，中国石油和中国石化联合进行苏丹6区勘探开发，钻探井、评价井5口，在Fula地区Bentiu和Aradeiba地层的油气勘探取得了进展，在复杂地质条件下，找到了一定规模的油气储量。2001年，中国石油以独资方式全面接管苏丹6区后，进一步加快了勘探步伐。针对该区地质构造复杂的特点，加大评价力度，优化勘探部署，精心筛选、慎重钻探，获得重大突破。在Fula凹陷发现了Fula和Moga油田，确定了6区一期建成60万吨/年产能、二期建成200万吨/年产能的"两步走"的发展规划。到2003年年底，共获得石油地质储量10亿桶，其中稠油7.95亿桶，稀油2.16亿桶，天然气地质储量12.87亿立方米。

针对主力油藏具有油稠、出砂的特点，通过大量的调查研究和现场试油试采，突破以往传统的防砂、堵砂开采技术的模式，确定稠油携砂冷采技术为前期开采的主要方式。这项技术的应用，使油田产油能力提高10倍，单井节约投资30%。2004年3月，60万吨一期产能和油田配套生产设施和油田到喀土穆炼厂716千米的一期原油管道工程建成投产。

（四）苏丹喀土穆炼油厂项目

喀土穆炼油厂项目是中国石油集团与苏丹政府合资，在苏丹首都以北75千米处建设的一座年产250万吨的炼油厂。项目于1997年3月1日签约，总投资6.38亿美元，中苏双方各占50%的股份。建设期和投产后前8年由中国石油集团派人管理，生产汽、煤、柴、航煤及液化气产品。1998年5月26日，苏丹总统巴希尔主持了开工典礼，炼油厂正式动工建设。2000年5月16日全部装置一次投产成功。2004年9月14日，喀土穆炼油厂一期扩建工程延迟焦化装置建成，一次投产成功。这是中国和非洲第一套原油延迟焦化装置，也是世界上第一套加工高含钙、含酸原油的延迟焦化装置。

喀土穆炼油厂完全采用中国设计、标准和设备，由中国石油工程建设（集团）总公司总承包。总体技术达到了国内炼油行业的先进水平，部分工艺达到了国际先进水平。到2005年，炼厂的年原油加工能力已达到350万吨，正在紧张进行的二期扩建工程结束后，加工能力将达到500万吨。

喀土穆炼油厂是在一片戈壁滩上建起来的花园式工厂，被誉为尼罗河畔璀璨的"明珠"。苏丹政府和人民以炼油厂为骄傲，不仅将其作为国家经济发展的样板工程，而且作为爱国主义教育基地，每年都组织大批学生、军人和其他群众参观。许多外国元首和政府要员也纷纷到此参观，自炼油厂投产以来，先后接待了十多位外国总统、副总统和30多位政府部长参观访问。

随着喀土穆化工厂生产聚丙烯装置的建成投产，标志着苏丹建成完整的一体化石油工业体系。

自苏丹1/2/4区项目投产以来，石油出口带动了苏丹经济复苏，1998年和1999年连续两年按期偿还了国际货币基金组织贷款，2000年实现外汇盈余。现在每月的石油出口收入超过4亿美元，石油工业已成为苏丹重要的经济支柱，并带动了苏丹其他相关产业的发展。目前，苏丹政府获得的石油销售收入占苏丹国民生产总值的41%，外汇收入的70%来自石油出口。本世纪以来，苏丹国民经济增长率每年都达到8%以上，成为非洲国家中经济发展速度最快的国家之一。

中国石油在苏丹的石油合作，树立了良好的国际形象，促进了周边其他资源国石油市场的开拓，被中苏两国领导人赞为“中苏合作的典范”。借助苏丹项目的品牌效应，中国石油逐步进入阿尔及利亚、利比亚、尼日尔、乍得、毛里塔尼亚和突尼斯等国家石油市场。

三、哈萨克斯坦石油合作项目规模不断扩大

1995年5月12日，哈萨克斯坦659号总统令，宣布哈国石油企业私有化。第二年，中国石油天然气总公司进入哈萨克斯坦开展油气合作。到2005年，中国石油企业在哈萨克斯坦共参与中油阿克纠宾油气股份公司、北布扎齐、哈萨克斯坦PK石油公司、中哈原油管道、西北管道等5个油田开发项目、2个勘探项目和两条管道项目的合作。

（一）中油阿克纠宾油气股份公司

1997年6月4日，中国石油天然气总公司通过竞标与哈萨克斯坦共和国政府私有化委员会签署了购买阿克纠宾油气股份公司60.3%股份的购销协议，揭开了中国石油企业在独联体地区从事油气生产经营的序幕。该公司是哈国第四大石油公司，拥有两个油田的开采许可证。

通过对中油阿克纠宾油气股份公司的分阶段改造，在公司内部逐步建立了适应市场经济发展规律的先进的管理制度，公司的经营管理走向正轨，使这个成立于1981年的集勘探、开发、生产、销售于一体的典型的计划经济体系下培育出的石油工业企业，逐步转变为适应新的市场经济条件的油公司，为原油产量和经济效益的大幅度提高奠定了基础。

对扎纳诺尔油田，通过强化地质认识，调整注采层位、完善注采井网、加大注水量等措施，使老油田减缓了递减速度，产量大幅度上升。对肯基亚克油田盐下油藏的开发，采用“多学科相结合科研先行，大胆探索适时随钻跟踪”的工作方针，成

功破解油藏埋藏深，地质结构复杂，异常高压，油气高含硫等在地质、钻井、完井上的世界级难题，使肯基亚克盐下这个上亿吨储量的油田起死回生，实现高效开发。并创造性地实现了全球最大管径长距离、大气油比、富含硫化氢的混输管道工程一次建成投产成功，实现100%油气密闭集输。该系统是目前中国石油行业设计和建设的规模最大的油气混输工程。混输管道的成功运行，表明中哈石油界已拥有当今世界最先进的油气混输工艺技术，被专家誉为“具有里程碑意义”。

如今，中油阿克纠宾油气股份公司已经从一个亏损企业变成了一个利润翻番，并且有着光明发展前景的石油开采企业。公司是阿克纠宾州最大的纳税单位，截至2005年，公司共向阿克纠宾州国库依法纳税730亿坚戈，约占阿州全部税收的70%，成为当地经济发展的主要财政收入。公司的发展带动了当地经济的迅速发展，人民生活水平逐步提高，城市发展日新月异，阿克纠宾已成为哈萨克斯坦西部一个新型石油工业城市。

（二）中哈原油管道

向中国出口石油、天然气是哈萨克斯坦政府实施能源出口多元化战略的一个重要方面。建设一条跨境输油管线，改变原有出口格局，将哈萨克斯坦丰富的油气资源与中国稳定的石油消费市场直接连接起来，符合中哈双方“互利双赢、共同发展”的长远利益，更有利于哈萨克斯坦的长远发展，而且对增进两国人民的友谊具有重要的意义。建设中哈原油管道成为中哈两国政府的共同选择。

中哈原油管道是哈萨克斯坦第一条不经过第三国与市场直接相连的管道，也是中国历史上第一条跨国长输管道。2003年6月，在胡锦涛主席访问哈萨克斯坦期间，在两国元首的关心、推动和见证下，中国石油天然气集团公司与哈萨克斯坦国家石油天然气股份公司签署了《关于共同开展哈萨克斯坦—中国原油管道分段建设投资论证研究的协议》。2004年5月17日，双方又在北京签署了《关于哈萨克斯坦共和国阿塔苏至中华人民共和国阿拉山口原油管道建设基本原则协议》。

2004年6月30日，中国石油天然气集团公司与哈萨克斯坦国家运输公司合资成立了中哈管道有限责任公司（双方各占50%的股份），共同投资建设中哈原油管道一期工程。管道西起哈萨克斯坦境内阿塔苏，东至中国境内阿拉山口，全长962.2千米，管径813毫米，设计一期年输油能力1000万吨。管道终点与中国境内阿拉山口—独山子原油管道（阿独线）相连。

2004年9月28日，中哈原油管道正式开工。哈方承建592千米，中方承建370.2千米，共设6座输油站场，管道设计出站压力为6.3兆帕，管道全线采用SCADA自动控制方式，实现全线自动化控制。管道通信采用光缆为主、卫星为辅的形式。

中国石油天然气管道局通过公开招标获得了哈中原油管道东段370千米的EPC总承包任务，监理公司是世界知名的摩迪公司。管道建设积极吸收哈国的公司参与施工，购买当地生产的原材料和机械设备。所有的管道运输、水泥压重块加工、焊缝接头检验，全部按照分包协议转包给当地公司，还吸收哈国公司参加管道工程电气化、筑路施工工作。从当地聘请并培训了许多有技术专长的人员，提供工作岗位1500多个，成为管线沿途许多村镇居民稳定高薪收入的重要因素。

中方承建的管道要穿越大型河流 4 条，穿越公路 9 条，穿越铁路 2 条，大陆性气候给施工造成了很大困难。施工地区冬季最低气温达到零下42摄氏度，降雪频繁，冻土层接近地下2.5米，进入6月，最高气温高达40多度，冬夏温差达80多度。而管道建设要跨越两个冬季和一个夏季施工。在中哈两国政府的大力支持下，来自中国的石油建设者和哈方精诚合作，克服了沙漠戈壁无人区、湿地沼泽、山区石方等复杂地质和恶劣自然条件的重重困难，在保证工程质量的前提下，实际施工时间不到10个月，就按期完成了这项世界瞩目的跨国工程，在哈萨克斯坦共和国独立日前夕正式投产。2005年12月15日，中哈双方在哈萨克斯坦首都阿斯塔那举行了隆重的投产庆典仪式，中国石油天然气管道局荣获哈萨克斯坦政府颁发的“哈中管道建设突出贡献奖”。

中哈原油管道建设，标志着中哈两国在能源领域的合作进入了一个新的发展阶段，对促进两国的经济发展，对两国实现石油进、出口多元化都具有重要意义。

（三）哈萨克斯坦PK石油公司项目

2005年10月26日，中国石油天然气集团公司出资41.8亿美元成功收购哈萨克斯坦PK石油公司。这是迄今为止中国企业走出国门最大单笔投资项目和第一个大型公司整体并购交易，是当年全球能源业第三大企业收购案。哈萨克斯坦PK石油公司是哈萨克斯坦第二大外国石油生产商和最大的综合性受益企业，拥有12个油田的全部或部分股份以及6个勘探区块，勘探区块面积1.58万平方千米，具有较大勘探潜力；公司所属的油田均位于哈萨克斯坦东部南图尔盖盆地，是距中哈原油管道最近的油区，可为中哈原油管道提供稳定可靠的油源；拥有加工能力600万～700万吨/年的齐姆肯特炼厂，主要加工PK公司KUMKOL油田的轻质、低硫原油及部分第三方原油；连接油田与铁路东站的输油管线长177千米，输油能力500万～700万吨/年。

中国石油天然气集团公司成功收购哈萨克斯坦PK石油公司后，选择与哈萨克斯坦国家石油公司合作经营和管理，双方于2005年10月15日正式签署合作备忘录。根据备忘录，哈萨克斯坦国家石油公司将获得为保持国家对矿产资源开发活动的战略控制所需的哈萨克斯坦PK石油公司的部分股份，并获得在对等条件下联合管理PK公司奇姆肯特炼厂和成品油的权利。

公司接管后，在改善公共关系、树立公司形象、妥善处理历史诉讼等方面做了大量卓有成效的工作，实现了项目的平稳过渡，较好地解决了公司在运营中面临的环保、税务等问题，使公司很快步入发展轨道。并依靠中国石油集团独特的勘探开发技术和资金、管理优势，原油作业产量从接管前2.04万吨/日，提高到2.68万吨/日，原油年生产能力达到1000万吨。

哈萨克斯坦PK石油公司项目的成功收购，是中国石油企业国际化经营继1997年之后再次获得具有里程碑意义的突破，体现了中国石油企业与哈萨克斯坦政府和企业在油气领域长期的友好合作。

四、委内瑞拉边际油田提高采收率取得突破

1997年5月，在委内瑞拉政府对20个边际油田进行的第三轮国际招标中，中国石油天然气总公司分别以1.18亿美元和2.4亿美元中标了马拉开波湖英特甘博油田和东委内瑞拉盆地卡拉高莱斯油田。采用以服务合同形式，取得20年生产经营权，从油田增产的原油中获取投资回报。

1998年5月，中国石油天然气集团公司正式接管油田后，把国内成熟的理论、技术和经验，与当地油田实际相结合，运用边际油田开发综合技术，有效地动用了油田的难采储量，实现增储上产，在提高采油速度的同时，也极大地提高了开发水平。在英特甘博油田，中国石油集团设计的第一口开发井就获得日产1500桶的高产，以后又接连打出高产井。在不到3年的时间内，两个油田产量从接管时的4905桶/日，迅速提高到4万桶/日，是接管时的8倍多，恢复到历史最高水平，一个已开发了50多年的边际油田重新焕发了青春。原油生产成本从接管时的6.32美元/桶，降至2004年的2.8美元/桶。2005年，卡拉高莱斯和英特甘博油田生产原油132.7万吨。截至2005年年底，这两个油田累计生产原油900万吨。中国石油集团在委内瑞拉第三轮中标公司中，生产成本最低、增产幅度最大，得到了其他国际石油公司的认同和赞誉。中方总结的综合研究、大井眼水平井设计施工、先进复合完井技术、钙基无固相钻井液体系、复合防砂完井技术等一系列新技术，使在过去50年的开采历史中无法动用的1.7亿桶储量获得新生，得到委内瑞拉国家石油公司的推广，被称为“中国石油模式”。

此外，随着对Encana厄瓜多尔和Petro—Canada叙利亚公司的成功收购，新项目开发中获得储量和产量规模不断加大；在利比亚第二轮招标中成功中标17-4区及苏丹15区块和乌兹别克咸海项目的获得，海外业务进入海上勘探领域；印度尼西亚和伊朗石油合作项目，在天然气、LNG项目上取得了实质性进展；

中国石油在印度尼西亚经营的Tuban油气田天然气脱硫厂。

阿塞拜疆、缅甸、尼日尔、乍得、阿尔及利亚等石油勘探合作项目不断取得新进展，展示了良好的发展前景；哈萨克斯坦北布扎齐、叙利亚Gbebei、阿曼5区、秘鲁1-AB/8区、厄瓜多尔石油合作项目等，在老油田滚动勘探开发和油田产量上都有新的突破，生产规模进一步扩大。与此同时，中国石油企业与国际大石油公司的合作取得重要进展。先后与英荷壳牌石油公司、俄罗斯石油公司、法国道达尔公司、挪威国家石油公司、马来西亚国家石油公司、印度国家石油公司等国际石油公司和国家石油公司签署了一系列战略合作协议。中国石油、中国石化、中国海油等中国石油企业在海外业务上的合作越来越多。

第三节　海外油气勘探开发合作取得重要成果

一、海外油气储量、产量大幅度增长

中国石油天然气集团公司海外油气储量、产量大幅度增长，实现高效益发展。截至2005年年底，海外业务遍及全球22个国家，运作着58个项目。建成原油生产能力5000万吨/年，天然气生产能力50亿立方米/年，输油管线5100千米，原油管输能力5800万吨/年，炼油能力1100万吨/年。

“十五”期间，海外石油勘探获得一系列重大发现，先后在苏丹4区、3/7区、6区，哈萨克滨里海盆地中区块、ADM滨湖区块、印度尼西亚Jabung等新区勘探取

专家学者开展全国油气资源评价研究。

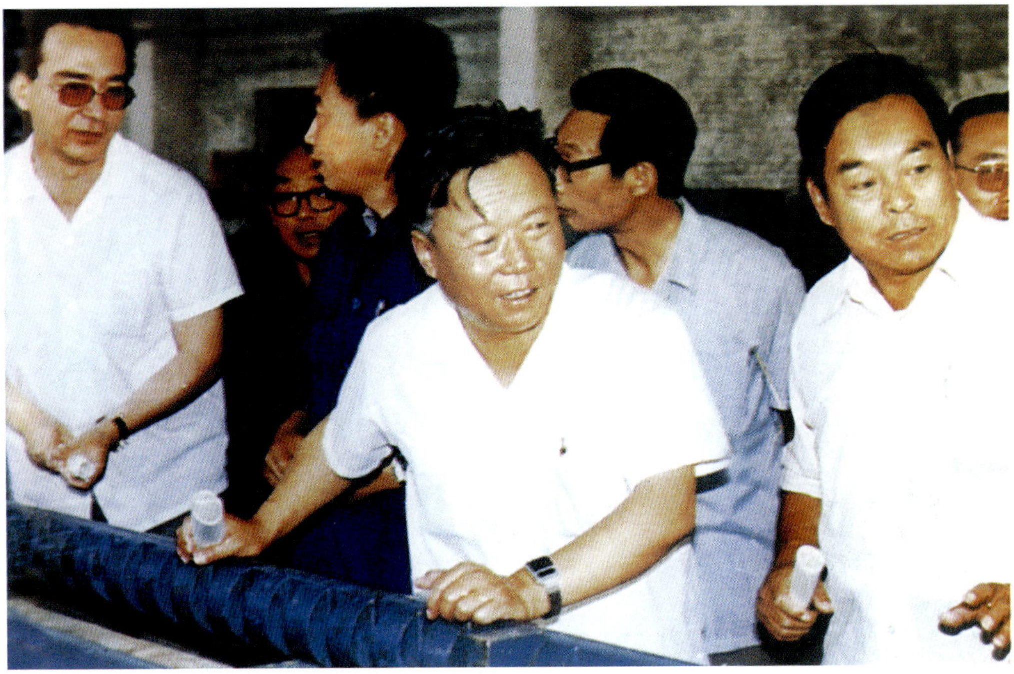

科研人员深入基层调研。

中国科学院、中国工程院院士为石油发展献计献策。

中国工程院院士现场调研。

虚拟现实解释系统应用于地球物理勘探实践中。

先进的物探设备加快了西部勘探开发的步伐。

物探队员不畏艰险，在山地进行勘探。

利用先进设备在复杂地区进行勘探。

在被视为“死亡之海”的塔克拉玛干大沙漠进行勘探。

新型的物探船在海上进行勘探。

科技人员研究处理地震资料。

苏里格气田数字化生产管理平台。

新型钻机加快油田的勘探开发。

新型钻井泥浆系统。

国产首台9000米钻机在安装调试。

（左上）酸化技术大大提高了低渗透油气藏的采收率。
（左下）井下作业工人在工作。
（右上）配备有数控测井、成像测井仪器的测井车。
（右下）2000年在大港油田建成亚洲最大地下储气库。

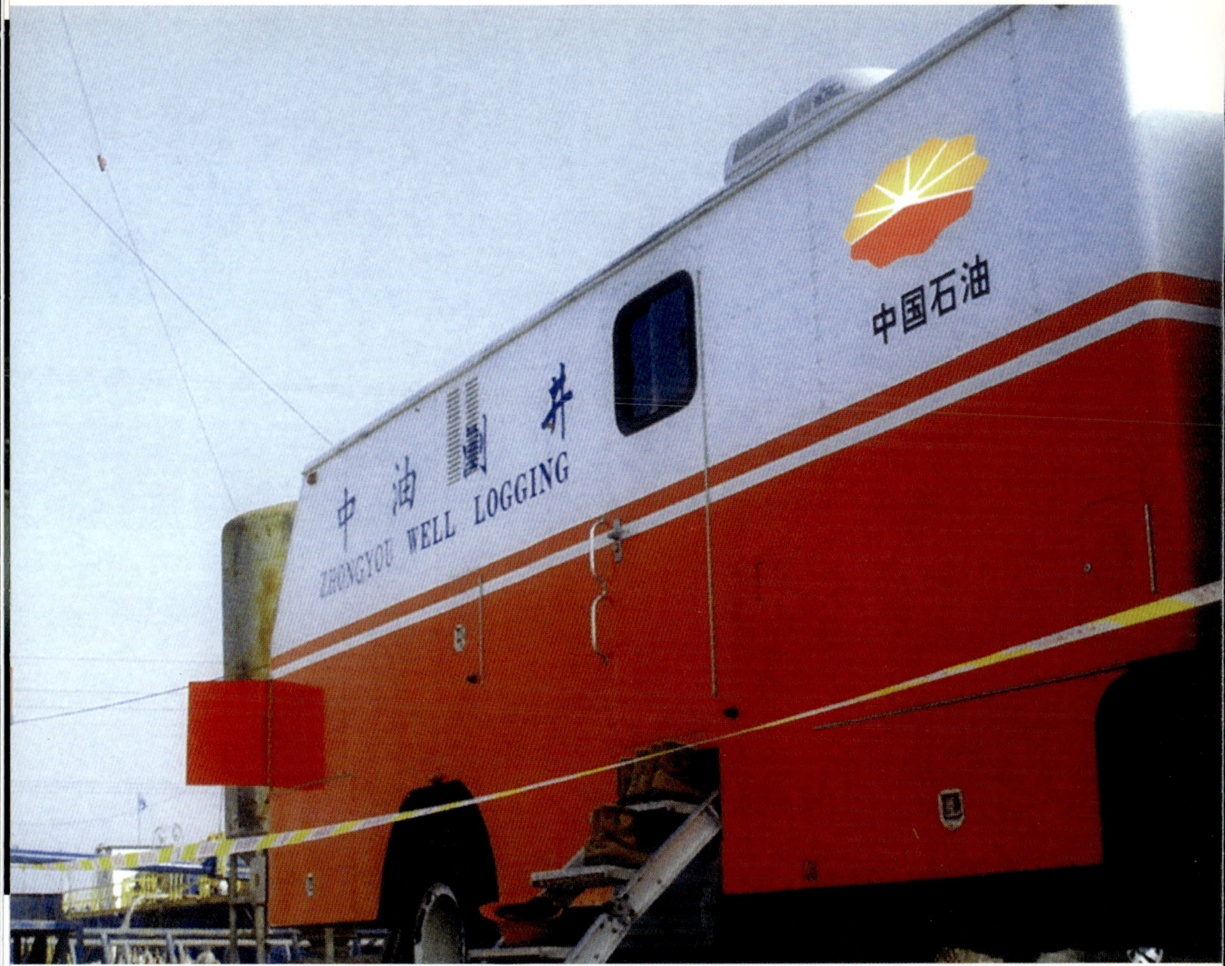
中油测井
ZHONGYOU WELL LOGGING
中国石油

中国石油技术人员结合当地油田实际，形成了被委内瑞拉称为“中国石油模式”的技术系列。

中国石油在苏丹1／2／4区高效勘探的理论和实践，获得国家科技进步一等奖。

2005年10月，中国石油成功收购哈萨克斯坦PK石油公司。

中国石油和苏丹共同建设的苏丹炼油厂全景。

苏丹炼油厂采用计算机管理。

中国石油、中国石化投资开发的厄瓜多尔油田。

中国石油承建的哈萨克斯坦让那若尔新油气处理厂，是中国石油行业设计和建设规模最大的油气混输工程。

2001年7月26日，中国海油与加拿大哈斯基石油公司签订合作协议。

中国海油海上浮式生产储卸油装置。

滩海钻井。

海上采油。

加强环保监测。

克拉玛依油田新貌。

渤海油田海上救生演习。

科技界的榜样
侯祥麟

新时期铁人
王启民

中国石油开展百面红旗评比活动，引领百万石油员工同走铁人路，共创新辉煌。

铁人式好工人
王为民

当代青年的榜样
秦文贵

石油科技楷模
苏永地

（上图）2002年，石油、石化职工合唱团参加首届中国职工艺术节，图为在人民大会堂演出。

（下图）群众性的职工健身活动。

得新突破。同时,老油田滚动勘探成效显著,占新增储量 16.3%。剩余可采储量年均增长 13.4%,实现了海外勘探与开发的良性循环。

海外油田开发项目由“九五”末的 5 个,增加到“十五”末的 20 个,原油作业产量快速增长,每年递增超过 400 万吨,年增幅 21.3%;天然气作业产量平均年增长 34.1%。2005 年,原油作业产量和权益产量分别达到 3500 万吨和 1800 万吨;天然气作业产量和权益产量分别达到 40.2 亿立方米和 29 亿立方米。海外管道年输量从 950 万吨增加到 2500 万吨。炼油年加工量从 150 万吨增加到 480 万吨。石油化工、成品油销售业务实现了从无到有的新发展。原油操作成本低于国际大油公司的平均水平。

一批重点工程相继建成,新增产能 2700 万吨。其中包括苏丹 3/7 区 1000 万吨产能及 1385 千米长输管道、苏丹 4 区 200 万吨产能、哈萨克肯基亚克盐下 220 万吨产能、印度尼西亚 LPG 处理厂、委内瑞拉 650 万吨奥里乳化油、苏丹喀土穆炼厂 200 万吨延迟焦化项目、哈萨克—中国原油管道以及肯基亚克—阿特劳原油管道等。

新项目开发成果丰硕,先后中标和签约的海外项目合同共 36 个,新拓展了 16 个国家的市场。新签订合同中,包括委内瑞拉奥里乳化油项目、印度尼西亚石

中国石化在阿曼 36/38 区块进行二维地震数据采集。

油区块项目、秘鲁1-AB/8区、哈萨克斯坦北布扎齐油田、哈萨克斯坦PK石油公司等开发项目20个；尼日尔、乍得、毛里塔尼亚、利比亚等风险勘探项目12个；管道项目2个；炼化项目2个。尤其是哈萨克斯坦PK石油公司项目的成功收购，标志着中国石油企业的国际化经营进入了一个新的发展时期。

截至2005年年底，中国石油化工集团公司通过油气勘探招投标、购买资产、公司并购等方式，先后在19个国家获得41个项目。2005年海外权益油产量达到了206万吨。

截至2005年年底，中国海洋石油总公司海外资产和勘探区块主要分布在澳大利亚、东南亚、西非、里海等地。在海外共有风险勘探区块40万平方千米，相当于在中国近海可勘探面积的1.3倍，海外权益探明可采储量达12.9亿桶油当量。

二、建立起符合国际通行标准的管理模式和运作机制

在国际化经营实践和与外国石油公司的合作中，中国石油企业学习并积累了对不同规模、不同类型项目的组织管理和运作经验，借鉴国际油公司先进管理模式，妥善解决好国际化和国情化的矛盾，逐步建立和完善一套符合国际规则的规范化、科学化管理体系。

一是建立一级法人治理结构，对项目运作实施全过程动态管理。中国石油集团行使海外石油投资项目决策权，勘探开发公司负责项目运行管理。勘探开发公司为投资、融资中心，各海外公司是成本中心，具体负责项目的操作运行。同时，对海外公司实施不同的授权经营管理，建立起分级分类的专业化管理体制，并积极探索授权、责任和考核三者相统一的经营管理机制，形成符合国际化经营要求的制度体系。

二是严格项目评价与决策程序。在实施国际化经营中，中国石油集团相继出台了一整套严格的海外项目评价、决策、监控程序。

在项目选择上，始终坚持“两高两低”原则。坚持低政治风险，选择政治环境相对稳定并与中国有友好关系的国家和地区；坚持低经营风险，从初始的以投资少的小项目为主，到以开发项目为主，积累资金和经验后，现已开始涉足勘探项目和多种资本运作；坚持高经济回报，项目的盈利率必须在基准盈利率以上；坚持高连带效益，项目必须要能带动国内的物资、装备、技术和劳务出口。同时，坚持当作业者，与合作伙伴共同组成联合作业公司，中国石油企业以独具特色的国际油公司形象进入世界石油工业的大市场。

在项目评价上，严格按照国际惯例，坚持机会研究、预可行性研究和可行性研究的程序，从资源、技术、经济、合同、法律、政治、外交等多层次、全方位进行综合

论证比较，把项目的决策风险降到最低。逐步建立并形成了一套油公司海外石油市场开拓的核心技术和自主的评价体系。

在项目管理上，严格项目工程甲乙方合同制和项目监理制度，所有需要的物资、装备、劳务、服务等全部通过国际招标选择供应商或服务队伍，并通过聘用第三方对工程、服务的质量和进度进行监督和管理；并以海外参股投资带动物资、装备、技术及劳务出口，实现连带效益。同时组成国际联合投资集团，充分发挥合作伙伴的各自优势，并形成强有力的监督机制，分散投资风险。

三是资金集中管理和全面预算管理。对海外项目实行统一资金管理，"收支两条线"，海外项目公司的收入或产品全额上交，投资和费用由总部按预算筹款，减少资金占用，降低财务成本，资金安全控制能力不断增强。同时，实施项目运行的全过程动态管理。

四是实施法律事务规范化管理，推行公司总法律顾问制，建立高效、协调的法律管理体制。在项目决策和运行中，不仅注重项目本身的条件和执行能力，还着力加强对项目所在国的政治、经济和法律环境的研究。积极提高全员法律意识，坚持重合同、守法律、讲信用，实施法律工作规范化管理。注重尊重所在国的法规法律，尊重当地风俗习惯，与外国员工加强合作，精诚团结，建立具有凝聚力的团队。

五是建立内部管理体制和监督机制，用现代企业管理理念进行制度建设，规范了企业管理行为，形成靠制度管人、按程序办事的工作机制。

三、形成海外业务发展的技术支持体系

在开拓海外市场中，中国石油企业着力把国内50多年形成、积累的成熟配套的先进技术应用到海外项目中，并不断创新、中外结合，有针对性地开展科技攻关，逐步形成了有自己特色的、适合海外业务发展、以上游勘探开发为主、炼油化工为辅的三大主导技术系列，继承创新了具有中国石油企业优势的海外油气十大技术。主要包括：(1)以苏丹穆格莱德(Muglad)盆地1/2/4区勘探开发为代表的被动裂谷盆地油气地质理论及勘探技术；(2)以苏丹3/7区迈卢特盆地勘探为代表的低勘探程度盆地快速发现大油田的勘探技术；(3)以哈萨克斯坦肯基亚克盐下开发，突破了巨厚膏盐层下碳酸盐岩的开发难题为代表的的异常高压特低渗透碳酸盐岩油藏开发技术；(4)多层、块状油田高效开发技术；(5)以阿曼项目多分支井水平井开发实现油田高效开发为代表的薄层碳酸盐岩油藏多分支水平井开发技术；(6)带凝析气顶复杂碳酸盐岩油藏注水开发技术；(7)以委内瑞拉水平井开发配套技术为代表的边际油田开发技术；(8)海外新项目评价技术；(9)以苏丹项目

利用生物和植物降解水中原油，形成污水生态处理及灌溉综合配套技术；(10)长距离油气混输工艺技术。其中苏丹 Muglad 盆地 1/2/4 区高效勘探的理论与实践，获国家科技进步一等奖。

与此同时，不断完善技术支持体系，初步形成了一套适合海外生产、科研的科技管理模式，确保海外业务实现了持续、高效发展。从 1999 年开始，中国石油集团成立了以地质、油藏为核心的海外研究中心，承担起海外油气勘探开发业务的决策参谋部和技术支持、技术集成研发、技术干部培养与交流中心的功能，对全球剩余资源研究、发展战略研究与新项目评价、海外油气开发的发展战略和规划、海外勘探部署和开发方案制定、海外资产、储量管理与评估及项目咨询力度大大加强，国内技术支持成为海外业务发展的重要力量。根据海外项目迅速发展的需要，2002 年年底和 2003 年年初，又分别成立了物探地质分中心和工程技术分中心。初步形成了以海外项目为核心，以海外研究中心及物探地质分中心、工程技术分中心为技术支持中心，以油田和各石油科研院所为技术补充的技术支持体系，并发展形成了以上游为主、上下游配套的勘探开发及炼油化工综合配套技术序列。

四、培养和锻炼一批国际化的专业人才队伍

中国石油企业在国际化经营过程中，积极引进人力资源管理新理念，完善人才管理、使用、培养和激励机制，形成了独具特色的海外员工队伍管理体系。在人才的来源上，采用多元化的人员选拔模式，通过在公司系统内所属企业借聘与社会招聘、接收优秀留学生及毕业生、雇员当地化和国际化、实行生产承包和成建制劳务输出等，人才来源有较稳定的渠道，并建立三级人才储备体系，储备了一批具有从事海外业务基本素质、可以随时上岗的人员；在人才培训上，组织实施“海外千人培训工程”，加大高级管理人员和高级技术专家培养力度，采取集中培训、实践锻炼、岗位轮换、定向培养等方式，促进较高素质的专业化管理和技术人才快速成长；在人才使用上，将年轻人放到重要岗位挑重任，使一大批年轻人成了项目骨干和业务上的领头人；在用人机制上，建立了真正能够吸引人才、留住人才的激励机制和市场化的用人机制，有效保证了人力资源的供给和队伍的稳定。业务增长的科技含量、质量和效益有较大提高，发展的可持续性有较大增强。

通过越来越多的海外项目的实践锻炼，培养造就了一批熟悉海外项目管理、具有国际合作和交流能力、实践经验丰富的业务技术骨干和专门人才，建设了一支政治可靠、业务精湛、作风过硬、结构合理、勇于开拓国际市场、具有奉献精神和

特别能战斗的高素质的跨国经营队伍。这支队伍在特殊环境下继续发扬大庆精神,展现了中国石油人的精神风貌。

第四节 互利双赢,共同发展

在实施国际化经营中,中国石油企业在所在国始终注重能源与环境的和谐,注重经济和社会活动的平衡发展,积极承担社会责任,通过依法纳税、投资建设、带动和扶植当地民族产业、创造就业机会、公益捐助、不断提高当地雇员收入、投资改善当地人民的生活条件、保护生态环境等行为,与资源国政府携手,充分发挥市场与资源的互补优势,努力实现合作共赢,树立了良好的投资者形象。

一、投资公益事业,促进当地社会发展

中国石油企业在国际合作中,不仅注重资源国的环境保护,更注重积极参与当地社会公益事业,把发展当地经济、造福当地人民,视为可持续发展的重要基础。

中国石油天然气集团公司在油气投资项目资源国,参与的各项公益事业投资已经接近 1 亿美元。通过投资修建公路、铁路、大桥、天然气管道、农业等基础设施建设,带动当地社会发展,改变当地贫困落后面貌,增加就业机会,受益群众超过 1000 万人,为造福项目资源国人民发挥了重要作用。

在项目所在社区修建医院、医疗卫生网点,为偏远地区群众送医送药,缓解了就医难的社会矛盾;捐资办学、购置教学设施,为 6.5 万名孩子提供上学机会;打水井、修水塘、建管线,为边远极度缺水的村落送水,使数十万群众改善了饮水条件。

设立专门教育基金,用于项目所在资源国的人才培养。已有数百名优秀青年享受到中国和第三国高等学府进修和学习机会。

2003 年,在哈萨克斯坦投资建设的恩巴—让纳若尔铁路工程,全长 145 千米,为铁路沿线村庄农牧产品的外销提供运输便利。这是第一家外国公司(中国石油集团)在哈萨克斯坦投资铁路建设,并由哈萨克斯坦国内铁路建设者承担施工,获得了哈萨克斯坦政府的高度评价。

2004 年,中国石油向苏丹政府捐赠 1000 万美元用于建造马拉维大桥。这是尼罗河上从喀土穆向北直接连通埃及阿斯旺大坝唯一的一座大桥。大桥的建成将有利于促进当地经济发展,改变当地落后的交通状况。

2005 年 10 月,在哈萨克斯坦投资的 KC13 天然气管道投产,使一直被白白燃

烧浪费的大量油田伴生天然气，供应给管线沿线居民。

二、积极与资源国合作，促进当地经济技术发展

中国石油企业把实现与资源国互利双赢作为搞好国际化经营的重要基础，努力实现和谐发展。长期以来，在与资源国的合作中，中国石油企业用诚意、技术和实力赢得了资源国政府和人民的信赖和称赞，创造了友好和谐的氛围，促进了当地经济技术的更快发展。

中国石油企业不仅向资源国提供资金、技术和设备，而且非常重视对当地人力资源的开发。在投资的各个项目上都积极培训和使用当地雇员，其中不仅有大量的操作工人，也有一批中层和高级管理人员。通过实行公开选拔重要岗位的领导和专业技术人员，一大批优秀的当地雇员在不同岗位上发挥着越来越重要的作用，成为项目上的骨干力量。海外外籍员工中，高级雇员达到数千人。

随着在海外投资和服务领域业务的扩大和雇员属地化进程的实施，中国石油各单位雇用当地雇员的数量和比例不断增加。在中油阿克纠宾油气股份公司7000名员工中，98.67%为当地员工。在苏丹各项目就业的苏丹雇员达4000多人，劳务工7000多人。上游三大项目和炼油化工项目中，当地雇员已占员工总数的65%以上。

与资源国企业组建合资服务公司。中哈长城钻井有限责任公司通过引进中国的装备，改造原有落后的技术装备，加强技术实力，提高管理水平，逐步发展成为能够独立承揽钻井、修井工程的等配套技术服务，以及机修、检测等生产、生活配套的综合性钻井公司，成为中亚地区颇具影响力的国际钻井承包商。中哈测井有限责任公司，承担公司每年所有新井的测井和射孔工作。在苏丹，先后成立了地震数据处理合资公司（BPC）、地震采集合资公司（BGC）、与苏丹喀土穆大学联合建立的物探研发中心。通过引进中国的技术和管理，苏丹石油地球物理获得快速发展。

中国石油企业自觉遵守哈萨克斯坦政府为扶持民族工业而做出的“进口替代”规定，尽量与哈萨克斯坦国内生产商签订合同，哈国内能生产的就不再进口。到2005年年底，公司在扎纳诺尔油田投资建设了发电站，成立了化学反应剂生产厂，以替代从西方进口的昂贵反应剂，公司和当地企业的合同额逐年递增。

中国石油天然气集团公司所属石油工程建设、石油技术开发、物探、监理等近30家服务公司，通过各种形式与当地公司合作，累计签订的合同金额超过5亿美元。从中国引进的技术装备和服务，几乎涵盖了油田生产建设的各个专业领域，保障了当地油田生产建设活动的正常进行。

第十四章 海外石油工程技术服务

石油工程技术服务作为中国石油工业上游三大支柱之一，在服务于国内油气勘探开发需要的同时，自20世纪80年代中期以后，逐步进入国际石油工程技术服务市场，经历了国内对外合作反承包、“搭船出海”和独立面向国际市场规模化经营的发展过程，取得了令人瞩目的成就。经过近20年的不懈努力，中国石油工程技术服务企业国际竞争力不断提高，已具备一定的发展规模，拥有了一定的市场地位，并在多个专业服务领域，成为国际知名的服务商。

第一节 发挥整体优势，树立强势品牌

中国石油企业在长期发展历程中，形成了自己的鲜明特色和独到能力，在某些方面具有特殊的优势，诸如规模优势、甲乙方一体化优势、人才优势、技术优势、成本优势以及政治优势等。中国石油天然气集团公司有效地将这些优势转化为国际市场上的竞争优势，促进了工程技术服务队伍整体进入国际市场，并成长为一支强大的力量。

2000年年底，为适应国际化经营形势需要，统一国际技术服务市场管理，打造中国石油国际石油技术服务品牌，通过对原中油技术服务有限责任公司、中国石油建设工程（集团）公司和中国石油物资装备（集团）总公司外贸出口部分进行重组和资源整合，成立了集对外石油工程承包、技术服务和机电产品出口业务为一体的综合型国际石油服务公司，统一规划、管理和协调运作对外工程承包、技术服

务和物资装备出口等业务。同时，充分发挥对外窗口作用，带动各油田地区公司技术服务队伍、产品和劳务进入国际市场，实现中国石油整体效益最大化。中油国际工程有限公司下设3家从事海外工程技术服务的子公司、1家从事石油机电产品及境外工程所需设备材料的出口贸易的子公司和3家从事石油工程建设施工的子公司。中油长城钻井公司、中油测井技术服务公司和中国石油工程建设（集团）公司，为中国石油企业海外项目、国际油公司和国家石油公司提供钻修井、测井测试、射孔及底层评价等业务服务，从事油气田地面工程、油气管道、大型集油站、集气站、炼油厂、石油化工厂、污水处理厂及土木工程等工程建设EPC总承包。

2002年12月，中国石油天然气集团公司在以原物探局为主体的基础上，重组了新疆、大港、吐哈、长庆、青海、华北等6家石油企业的物探资源，组建中国石油东方地球物理勘探有限责任公司。

中国石油工程技术服务队伍在国际市场上，高举集团公司统一品牌旗帜，以专业化程度高、装备精良、技术水平先进和诚信服务精神，成为一支具有国际竞争力的工程技术服务作业力量。各专业服务公司凭借自身优势，队伍和装备实现跨地区整体优化配置，降低了协调和运营成本，提高了资产利用率；科技力量得到整合，关键技术攻关和装备研发取得重要成果；进一步规范了市场竞争秩序；整体竞争实力和自主开发市场能力明显增强。

2001年5月和7月，中油长城钻井公司先后两次与委内瑞拉国家石油公司签订钻井服务合同。2003年1月，委内瑞拉国家石油公司在国际市场招标14台钻机。中油长城钻井公司联合地区公司，采取联合竞标方式，8投8中，获得总额1.16亿美元的钻井合同。到2005年，中油长城钻井是委内瑞拉最大的陆上钻井承包商，占委内瑞拉市场份额的22%。

中油测井技术服务公司充分发挥专业公司带动作用，与油田企业在测井、录井、测试以及射孔作业等方面开展广泛的合作。中油测井技术服务公司有110支测井、录井、测试队伍为海外投资项目提供服务。同时，充分发挥集测、录、试一体化服务和综合资料解释方面的优势，积极开展综合地质研究，为项目勘探开发解决技术难题。如苏丹1/2/4区NEEM低阻层研究和水淹层研究等项目的开展，都获得高质量的研究成果。

巴基斯坦成品油管线项目是中国石油工程建设（集团）公司通过国际竞标获得的第一个大型主业带资总承包项目。管线全长783千米，管径26英寸，设计年输量1200万吨。工程采用API、ASME、AWS等国际标准。中国石油工程建设（集团）公司总承包上述工程的设计、设备材料的采购、施工安装、调试和投产，项目合同总额3.6亿美元。中国石油工程建设队伍如期保质完成了合同规定的总体责任和义务，工程质量良好，全线8.5万道焊口无一渗漏，主要工艺设备和控制系统运转正常，实现了一次投产成功。2005年8月26日，巴基斯坦总统穆沙拉夫出席了项目竣工庆典活动，并在庆典讲话中称："这个项目是巴基斯坦历史上第一个按期完成的大项目，对巴基斯坦的经济发展具有重要意义，中国石油工程建设（集团）公司在项目执行中表现出的能力水平令人钦佩。"穆沙拉夫总统亲自为中国石油工程建设（集团）公司颁发了项目竣工纪念品和"杰出贡献奖"证书。

第二节　提升对海外投资项目的技术支持能力

中国石油企业工程技术服务队伍在组织开拓国际市场和服务海外项目中，坚持向服务对象推介使用先进适用技术，充分利用国内技术资源，发挥比较优势，提升竞争实力。通过调查、分析和整理、总结，把最能代表中国石油集团综合实力的天然气钻井、欠平衡钻井、定向井钻井、钻井液、固井、打捞、测井、测试、录井、酸化压裂、化学堵水、工程建设等方面的专项技术，相继以技术报告会、举办国际展览和印发宣传材料等形式，在国际市场上广泛宣传，有效参与竞争和引导市场。同时，针对海外项目运作中遇到的技术难题，组织国内科研力量开展攻关，建立技术专家团队，取得了一系列重要科技成果，并在海外项目中直接转化为生产力，形成了较强的为海外项目提供技术支持的能力。

哈萨克斯坦肯基亚克盐下油藏1971年被发现，因地层压力大、硫化氢含量高、钻井剖面复杂，巨厚盐膏层厚度超过3000米，并夹杂高压气层与高压水层，

中国海油项目组赴泰国作业。

苏联时期在这个地区打了42口井，最终报废了40口井，只有2口井按设计要求完钻，单井平均日产量不到50吨。1997年，中国石油长城钻井公司中标该区块钻井服务项目，发挥集团公司综合优势，创造性地运用边钻井、边排气等特殊施工手段，克服了盐岩层透镜体中高压伴生气的威胁，解决了大段盐膏层市井壁不稳定、井下复杂的问题，顺利钻穿3000米厚的含气盐岩层。并通过优化泥浆配方，减少泥浆污染，有效保护了油气层。钻井成功率达到100%。钻井周期由13个月提高到直井平均7.4个月、水平井10.4个月，最快的一口超深井仅用了5个月，平均单井日产油295吨。使发现30年未能投入开发的油田建成了200万吨的原油生产能力。

中国石油通过加强对海外项目执行过程中应用技术的总结、提炼，初步形成10大钻井专项技术系列。运用这些专项技术，还相继攻克阿尔及利亚ADRAD油田井漏、地层水化、膨胀和垮塌等难题，成功解决北布扎奇油田浅层气固井气窜和阿尔及利亚ADRAD油田评价井严重井漏等问题，保证了项目的顺利实施。特别是在伊朗19+2项目中，运用空气和空气泡沫钻井技术，成功破解碳酸盐岩裂缝地层漏失严重的世界级钻井难题，有效地保护了油气层。气体钻井技术获得2006年国家科技进步二等奖。

测井专业充分发挥测、录、试一体化服务和资料综合解释优势，搭建起全球技术专家网络支持平台，利用虚拟技术支持系统，及时有效解决了利比亚、阿曼、伊拉克、苏丹等项目现场遇到的重大技术难题。

物探专业经过长期努力，形成了“复杂山地勘探、沙漠地震勘探、碳酸盐岩地震勘探、高精度三维地震勘探、滩浅海地震勘探和油气综合物化探”等六大系列的先进配套特色技术。研发完成了具有自主知识产权的软件。应用山地地震技术，开拓巩固了巴基斯坦和伊朗等市场；应用沙漠物探技术、可控震源高效采集技术，开拓巩固了中东、北非、中亚等地区市场。

第三节　突出区域化、规模化经营

中国石油工程技术服务企业在复杂的国际环境和艰苦的作业条件下，根据国际市场发展变化和较强的自身竞争能力，坚持以重点市场为基础，不断巩固传统市场，积极开拓新市场。从实施单一市场过渡到多个市场组合，适时调整和不断提出新的市场战略，慎重稳妥地进入带资与准带资项目市场，积极探索资本运作与战略联盟方式实现市场扩张的有效途径，鼓励具备条件的专业积极开发高端市场，向国际工程技术服务市场更高层次迈进，开始实现区域化、规模化经营。2005

年，获得石油投资项目以外的合同占到了总合同额的65%。

一是做稳核心市场，积极开拓周边。在市场开发方式上，实行"在同一地区以重点国家为中心向周边国家扩展，同一国家向多专业扩展，在同一专业向纵深做精、做强、做大"的办法，注重整体形象宣传，整体开发，争取有规模的综合性服务项目，做好项目运作与市场开发的衔接，培育形成了一批规模市场。在苏丹项目获得成功的影响下，物探队伍开拓周边市场获得了准入证。2001年年底，从利比亚扩大到阿尔及利亚、乍得、尼日尔、毛里塔尼亚、突尼斯、摩洛哥、埃及和马里9个国家。2005年，在北非地区的地震队已增加到12支。以苏丹为核心，积极开拓周边市场的市场开发策略，物探专业服务已在北非形成规模。

二是不断拓展服务领域。在市场开发层次上，注重调整市场结构，优化市场布局，不断提高市场开发质量。已从最初进入国际市场注重追求项目和规模，逐步转向既注重获得项目、培育规模，更注重项目效益，服务对象呈多元化，开始进入国际大油公司高端市场领域。2004年，在巩固传统市场的同时，钻修井业务新进入阿尔及利亚、厄瓜多尔和格鲁吉亚市场；工程建设业务新进入委内瑞拉市场；测录试业务新进入叙利亚、利比亚市场；物资供应新进入尼日尔、阿尔及利亚市场；物探业务在阿曼、沙特、俄罗斯、乍得、刚果等国家的物探市场上有新突破；管道建设新进入哈萨克斯坦、莫桑比克等市场，工程技术服务队伍国际市场的竞争力和自主开发的能力得到增强。2005年，长城钻井在国际市场的分布已由重组前的12个国家迅速拓展了一倍多，分布在非洲、南美洲、南亚、中亚、中东的24个国家；服务领域由过去较单一专业的钻井工程服务逐步扩展到可提供钻井液、顶驱、取芯、固井、定向井等多个专业服务领域。5000名中外雇员、100部钻修机，为包括世界上一些著名油公司在内的上百个油公司提供综合性技术服务，国际知名度显著提高。

三是构建市场网络。树立全员市场开发意识，建立比较完善的市场开发体系，形成覆盖全球的市场营销网络，全方位、多渠道捕捉市场商机，提高对市场信息的收集、分析和反应能力。同时，注重整体形象宣传，加强市场协调，不断改善外部环境，增进与国际大油公司、跨国油公司以及产油国等有关方面的友好往来与交流，强调双赢，建立战略伙伴关系；积极协调与政府部门、中国驻外使领馆、有关国家驻华使馆的关系，相继与商务部合作司、对外承包商会等，建立了密切的工作和关系友好合作关系，国际市场网络逐步形成。

"十五"期间，工程建设专业不断完善集中统一的市场开发管理体制，建立总部、分公司和地区开发经理"三位一体"的市场开发格局。以工程建设为主体，多元开发，形成上下游大型工业项目前期开发、设计、采购和施工一条龙总承包两种能力。培育和建立了苏丹、哈萨克斯坦、巴基斯坦、委内瑞拉和阿尔及利亚五个成熟市场。同时，经营质量和水平不断提高，实现了主营业务由一般项目向石油、石化项目转变；经营模式由窗口型向实体型转变；承包方式由施工分包向 EPC 总承包转变；经营理念由追求规模向规模效益并重转变。

第四节　全面融入国际市场

到 2005 年，中国石油企业海外工程技术服务队伍近 500 支，分布在 50 多个国家和地区作业，物资装备出口到 67 个国家和地区，为上百家油公司提供了各类服务。在非洲、中东、中亚—俄罗斯、美洲和南亚—东南亚等地区形成了一定的市场规模，自主开发市场的能力不断增强。BGP、CPECC、CPTDC、GWDC、CNLC、PPC 等专业服务品牌在国际市场上已拥有一定的声誉和知名度，被广泛列入招标名单，成为部分资源国工程技术服务和物资装备的重要提供者，逐渐被壳牌、埃尼等国际大油公司认可和接受，成为一些国际油公司的承包商。

地球物理勘探队伍是较早独立开拓国际市场，并在国际石油地球物理服务市场有很高声誉的专业服务队伍。近年来规模不断扩大，赢利能力稳步增强，除承担中国石油企业海外投资项目的绝大部分的地震采集任务外，已经成为国际石油地球物理勘探市场的主要承包商之一。2005 年，有 42 支物探队在 23 个国家和地区作业，总体规模排名全球行业前三位，国际陆上市场份额已连续 4 年保持行业第一，达到 38%（含国内市场份额）；其中当年新签合同额中国际大油公司和欧佩克国家石油公司占 66%。

中油长城钻井公司 2005 年营业收入在全球陆上钻井公司中排名第七，本土以外市场作业的钻机数量位列全球第二。从 2001—2005 年，平均每 12 天就有 1 部钻修机进入国际市场，海外作业钻修井机总数达到了 180 台，分布在 29 个国家为 45 个油公司服务。在美洲、中亚和非洲形成了具有一定规模的区域市场；在哈萨克斯坦、委内瑞拉、苏丹、巴基斯坦、埃及等国市场趋于稳固，形成滚动发展的良性循环。从 2001 年起，营业收入年均增长率 50% 以上，经济效益和竞争实力明显增强。随着技术服务能力的不断提升，专业服务领域开始向中东、北美等国际钻井技术服务市场和以跨国油公司为代表的客户群拓展，服务内容向技术含量更高、附加值更大的领域延伸。

测井服务队伍从国内反承包市场起步，尝试进入国际市场，从开始提供单一数据采集，向技术含量较高的资料处理、解释和油藏评价拓展，突破了西方公司的垄断，在激烈的国际市场竞争中站稳了脚跟，服务市场份额占全球 1.5% 左右，

石油物探队在中东撒哈拉大沙漠行进。

2005 年营业收入在全球同行业排名第六。海外作业队伍已经发展到 158 支，市场扩展到 17 个国家。

中国石油工程建设（集团）公司以 1998 年进入中国石油投资苏丹 1/2/4 区块石油项目为起点，进入了一个较快发展时期。2005 年在 ENR 全球最大 225 家国际承包商排名第 60 位，位居中国对外工程承包企业 30 强中第 3 位。管道施工已累计中标国际项目 42 个，市场遍及苏丹、利比亚、哈萨克斯坦、泰国、印度、莫桑比克、肯尼亚、叙利亚、突尼斯、伊拉克、巴基斯坦等国家。管道施工队伍以不怕吃苦、勇于啃硬骨头、全天候作业、质量高、保证工期而享誉国际管道施工市场。

第十五章 国际贸易

1992 年以前，国家实行外贸代理制，石油工业所有引进技术、进口材料、设备、仪器仪表、零配件等均委托对外经济贸易部所属的外贸公司办理。从 1987 年 6 月开始，石油工业部获得一定范围内的进出口权。包括审定和组织在国家批准石油工业部向日本筹措 10 亿美元贷款额度内的石油专用技术（包括设备）及器材的进口，经营石油工业部所属企事业单位自产的石油专用器材的出口。

1992 年，中共十四大提出“进一步扩大对外开放，更多更好的利用国外资金、资源、技术和管理经验，积极开拓国际市场，促进对外贸易多元化发展”的战略方针，鼓励企业向外向型经济发展，努力扩大进出口贸易，利用国外资源和引进先进技术，提高本国产品的质量和档次，促进人民生活水平的不断提高。1993 年年初，根据国务院领导关于积极发挥各部门、各行业优势，鼓励非外贸企业与外贸企业合股联办公司，工贸结合、内外贸结合，共同开拓国际市场的指示精神，国务院先后批准成立了五家这类联合公司。其中，中国联合石油公司是第一家。依照国际化经营的发展思想，中国石油企业开始了国际贸易经营的探索和实践。

1993 年 2 月，国务院批准中国石油天然气总公司与对外经济贸易部所属中国五金矿产进出口总公司合资组建“中国五矿石油器材贸易公司”，经营石油天然气系统专用机械设备、仪器仪表、金属材料的进出口业务，并取得了钢材进口权。中国石油天然气总公司的石油专用管、普通钢材的绝大大部分进口开始由中国五矿石油器材贸易公司对外谈判签约。

经过积极的探索和不断开拓创新，中国石油国际油气贸易逐步进入了新的发展阶段，由过去主要以国有贸易配额项下的原油、成品油进口业务逐步发展到原油、成品油、化工产品、技术装备、天然气进出口等综合发展阶段。贸易方式也从原有的单纯代理发展到包括代理进出口、自营进出口、转口、委托加工复出口、境外委托加工、批发零售业务、境外期货等多种贸易方式共存、实货与纸货相结合的发展阶段，由单纯贸易逐渐发展到工贸结合的发展阶段，业务区域也由过去以区域贸易为主发展到全球贸易阶段。

积极搭建全球营销网络，在境内主要沿海和陆路口岸逐步设置了分支机构，海外以油品主要资源地和消费地为主逐步建立健全分支机构。从1993年起，先后在大连、青岛、香港、上海、东京、莫斯科、阿拉木图、新加坡、广州等地设立了办事机构或子公司，开展原油、成品油进出口贸易。利用这些城市的石油市场信息和地域优势，开展转口、调兑、船加油等多种贸易。

2001年开始，为进一步整合外经外贸业务，将大连、大庆、抚顺、锦西、新疆独山子、锦州石化分公司6家炼化企业所属的外贸公司划转到中联油公司，进一步完善了中国石油集团国际贸易营销网络。

2003年以来，为加大原油资源掌控力度，开拓非洲、南美、中亚、俄罗斯、北海、远东市场，拓展中国石油国际贸易领域，扩大经营规模，先后在美洲以及伦敦、哈萨克斯坦、莫斯科、印度尼西亚等资源地和国际重要油品交易地设立分支机构和办事处，进一步为国际贸易的发展提供有力支持。逐步实现了由单一的油品贸易向石油石化产品综合贸易，由区域贸易向全球贸易，由单纯的贸易向工贸结合的“三个转变”。

为了确保中国石油国内炼化企业炼油加工、国内销售以及转口贸易顺利进行，逐步在国内各沿海沿边口岸设立办事机构，投资建设码头、仓储等设施，健全口岸仓储物流。2004—2005年，先后在霍尔果斯、满洲里、阿拉山口、绥芬河成立国际贸易公司，负责陆上原油进口，包括：俄油进口、哈油进口、非国营贸易项下原油进口以及成品油、化工产品、技术装备进出口业务。2005年，中国石油国际贸易营销网络已初步形成，在国内30个口岸开展进出口业务，实现了全球24小时不间断运作。

中国石油企业国际贸易业务开展14年来，从无到有，从小到大，从弱到强，取得了显著的成绩，积累了宝贵的实践经验，在国际交易市场中初步树立起中国石油企业良好形象。在这一发展历程中，中国石油通过适度扩展经营领域，增加贸易技术含量，合理运用资本方式，完善国际贸易配套设施和营销网络，优化经营构架，延长贸易价值链，提高服务质量，实施低成本战略等措施，国际贸易领域得到持续扩大，贸易方式逐步增加，贸易手段不断创新，运作质量稳步提高。从单一的原油出口发展到涉及原油、成品油、天然气、石化产品、技术装备引进，海路和陆路运输，仓储、批发零售等多个业务领域；由单一进出口发展到海外加工贸易、转口贸易、境内外期货交易等多种贸易方式，业务涉及40多个国家和地区，交易品种达到64种；由单一贸易手段发展到能够比较成熟地运用进出口、转口、租船、期货等多种贸易手段参与市场运作，与支持贸易发展的仓储、码头、油品终端网络等贸易手段设施投资有了良好的开端。市场区域由局部发展到全球，原油、成品油业务在东南亚地区已有一定影响力，远东地位逐渐巩固，美洲和欧洲市场得到进一步发展。

1998年以来，中国石油国际油气贸易进入了稳健、快速发展阶段，2005年国际贸易量达到7371万吨，比1998年增长7倍，国际贸易额184亿美元，比1998年增长了19倍，经济效益显著，实现了快速、稳健、和谐发展。

在原油国际贸易业务中，经过多年的努力，已初步实现了资源多元化，手段多样化，品种多样化，为炼厂和客户提供了优质的服务。1997年，第一次成功运作了尼日利亚原油的转口业务，2005年在国际贸易业务中所占的比例已超过1/3。2000年以来逐步开拓了委内瑞拉、厄瓜多尔重质原油以及加拿大油砂原油资源。目前原油资源来自26个国家，油种56种以上，为企业提供了价格具有竞争力的多种油源选择，为国内炼化企业提供了稳定、适用的进口原油资源，同时有效地控制了国际石油市场大幅波动所带来的风险。2001年，经国家证监会批准，境外原油期货市场运作正式启动，在全球市场开展跨市交易，24小时密切跟踪国际原油信息，合理利用套期保值手段，实现了稳健发展。

随着海外战略的实施，积极运作海外油田的份额油国际贸易，为海外投资效益最大化提供了有力支持。1997年9月，中国石油第一船从秘鲁塔拉拉油田份额油从越南串换后抵达秦皇岛港，10月从西北陆路进口的份额油入境，成为海外份额油运作的里程碑。积极在境内外开展来料加工业务，贸易方式不断创新。1997年第一次运作8万吨原油境内炼厂来料加工业务，逐步发展到在境外如日本、韩国以及中国台湾地区炼厂开展代料加工。2005年初又与新日本石油公司续签了为期12个月的委托加工原油协议，全年加工量142万吨。积极参与中哈原油管道油源和运输方案的谈判，确保了中哈管道油源落实，为中哈两国政府按时举行中哈原油管道剪彩典礼创造了必要条件。原油成品油运输业务发展迅速，2005年全年运输总量达2712万吨。

成品油国际贸易从单一的代理进口业务逐步向多品种和多贸易方式迅速扩展。1997年开始开展燃料油和石脑油的进口自营；1998年首次开展了汽油出口；2005年成品油国际贸易已包括汽油、柴油、煤油、燃料油、基础油、奥里乳化油、蜡油、LPG 等品种。贸易方式包括一般贸易出口、来料加工出口、进料加工出口、转口等。1997 年开始期货业务,配合实货开展保值业务,积极参与普氏窗口交易,提升在国际成品油交易中的话语权。市场区域上则从立足远东,到逐步打入中东、非洲、北美市场,加大了对终端客户的开发力度。

通过规范经营秩序,努力提升石化产品出口效益,化工产品业务已发展为炼化副产品、气体液体化工品和化肥三大类。同时,还开展了煤炭和二氧化碳的预销售和自租船业务,延长贸易价值链,努力开拓化工产品的国际市场和终端客户,客户遍及中东、美洲、欧亚等地区。

建立健全与国际贸易配套的设施网络,为国际贸易业务可持续发展进一步创造条件,中国石油集团国际贸易的竞争能力不断提高。2004 年以来,以兼并、收购、投资、参股等多种形式在海内外进行仓储设施、化工品储罐和油库码头的建设,收购加油站等终端零售网点。同时,石油物资装备出口已遍及美洲、中东、亚洲、欧洲等 67 个国家和地区;出口产品从最初的单机、小型、零部件发展到成套、大型、批量出口,品种有上千个。2005 年,中国石油装备出口额达 10 亿美元。

海洋石油篇

中国是个海洋大国，拥有大陆岸线18000多千米，以及面积在500平方米以上的海岛5000多个，岛屿岸线14000多千米。1958年9月4日，“中华人民共和国政府关于领海的声明”中第一条明确宣布：“中华人民共和国的领海宽度为12海里”，并说明了划定领海基线的原则。按照《联合国海洋法公约》的规定，中国还对广阔的大陆架和专属经济区行使主权权利和管辖权，而1998年6月26日第九届全国人民代表大会常务委员会第三次会议通过的《中华人民共和国专属经济区和大陆架法》第二条规定：中华人民共和国的专属经济区，为中华人民共和国领海以外并邻接领海的区域，从测算领海宽度的基线量起延至200海里。通过对近海海域的调查，国内外不少地质学家都认为中国大陆架是世界上油气资源最丰富的地区之一。

中国主要从事海洋油气勘探开发的是中国海洋石油总公司，此外，中国石化、中国石油和台湾中油公司也有一定的工作量。

中国海洋石油工业从1957年在海南岛莺歌海海域调查油气苗时起步，到

2005年止,已走过48年的历程。1978年以前,在缺少资金和技术的情况下,依靠广大石油职工大无畏的英雄气概和无私奉献精神与大海搏斗,自力更生、艰苦创业,为海洋石油工业打下了基础;1979年以后经历了大规模对外合作、合作与自营并举、高速高效发展三个阶段,学习外国先进技术和管理经验,引进国外资金和先进设备,大大加快了发展步伐。现在海洋石油已成为中国石油工业的重要组成部分。中国海洋石油总公司作为国家三大石油公司之一,2005年油气总产量达到3900万吨油当量,其中国内油气总产量3364.7万吨油当量(原油2789.47万吨,天然气57.5268亿立方米);实现销售收入874亿元人民币,利润总额376亿元,上缴税金180亿元;截至2005年12月31日,公司总资产增至1985亿元,净资产1054亿元。各项经济指标在中央企业中排名稳步提升,利润总额升至第4位,销售收入居第16位,资产总额升至第11位,在中国的大型国有企业经营绩效评价中,净资产收益率和资本增值保值率均居第一。

第十六章 发展历程

中国海洋石油工业的发展主要分为两个时期。

从20世纪50年代末到70年代末，为自力更生的早期勘探时期。在此时期，石油工业部、地质部、中国科学院、国家海洋局和广东省的有关单位，先后在南海、渤海、黄海、东海进行了大量的地球物理勘探和钻探工作，初创了中国海洋石油工业。

20世纪70年代末以后为改革开放大规模勘探开发时期。这个时期分三个阶段：从20世纪70年代末至80年代中期，为全面对外合作阶段；从80年代中期至90年代初，为对外合作与自营并举的“两条腿走路”阶段；90年代中期以后为高速高效发展阶段。

第一节 早期的艰苦创业

中国海洋石油工业是从南海开始起步的。

1956年，海南岛乐东县莺歌海渔村的渔民报矿：在当地离岸约1.5千米的海上常有气泡冒出，至少有百年历史。石油部收到信息后，先是委托莺歌海盐场进行实地考察和代取气样，接着又派地质技术人员马继祥前往调查、采集气样和海底岩石标本。1960年，广东省石油管理局在莺歌海村附近浅海用驳船安装冲击钻机打了两口浅井，共捞得原油150公斤，石油部也成立地震研究队在附近海域进行地震试验和地质普查。1963—1965年，茂名石油公司在广州造船厂建造国内第一座浮筒式钻井装置，在莺歌海村水道口外钻了3口探井，打出了原油。后因美国侵略越南战火扩大的影响，在莺歌海的作业暂停，部分队伍和设备调往渤海。此后，广东省和茂名石油公司在沿海陆地和附近海岛进行勘探，“以陆推海”，了解近海地质情况。1972年石油部恢复南海勘探，1973年2月成立南海石油勘探筹备处（1976年改为南海石油勘探指挥部）。1973年末，运钻机上西沙永兴岛钻了一口探井。从1975年开始，陆续从国外引进钻井平台、物探船和三用（拖航、起抛锚、供应）工作船，在海南岛南部、北部湾深海进行勘探。

渤海的勘探始于1965年。当年1月，石油工业部提出“上山、下海、大战平原”的口号，决定建造海上平台下海作业。当年2月，负责渤海勘探的河北省勘探指挥部海洋勘探室（1966年改为海洋勘探指挥部）成立，并建立物探队伍和从交通部、海军抽调船舶，开展海上地球物理勘探。1965年12月，将钻机运上曹妃甸岛钻探了曹1井。1966年建成第一座海上固定式钻井平台，在歧口凹陷17-2构造上钻探海1井，日产原油49.15吨。这是海上第一口真正的石油探井，也是中国发现的第一个海上含油构造。后来将平台改为试验采油平台进行采油生产，从此开始了中国海上产油的历史。从1966年到1972年，在渤海海域共建造了4座固定式钻井平台，钻探井14口，发现了3个含油构造，为海上石油勘探积累了经验。1973年以后开始更新设备，在国内建造和从国外购进了一批自升式钻井平台和地球物理勘探船等，勘探范围也从沿岸浅海扩大到整个渤海海域。

在东海，从1958年开始，国家科委海洋组、国家海洋局、中国科学院海洋研究所、国家地质总局先后进行海洋综合调查、海洋重力和磁力普查、航空磁测，对东海的深部构造、东海陆架坳陷作出了地质解释，基本明确了区域地质结构、沉积盆地及凹陷分布，查明了一批局部构造。

在黄海，从1961年开始，中国科学院、地质部、国家海洋局进行海上地震反射点测试、区域概查、海磁和海洋重力测量、航磁测量和地质详查。地质部第三海洋地质大队还在1974年利用双体浮式船“大庆一号”（后改为“勘探一号”）钻了2口探井。

从1957年在莺歌海寻找油气苗开始到实行对外开放的20多年艰苦创业期间，石油、地质等单位在中国海域完成重磁力测线22万千米，地震测线26万千米，钻探井127口，发现了中国近海的渤海湾、北黄海、南黄海、东海、冲绳海槽、台西、台西南、珠江口、北部湾、琼东南、莺歌海等11个新生代为主的沉积盆地和南沙诸盆地，有效勘探面积约70万平方千米；划分了内部构造单元，建立了地震—地层序列，确定了地层组段命名，发现了一大批局部构造；有30口探井获得工业油气流，在渤海湾、珠江口、北部湾、莺歌海及琼东南盆地共发现5个油田、14个含油气构造，获得石油地质储量 13151 万吨，天然气地质储量 4.58 亿立方米；在渤海开发了 3 个小型油气田，累计产原油 96 万吨。

早期的石油勘探，基本完成了中国近海各海域的区域地质概查，初创了中国海洋石油工业，形成了基本配套的海洋物探、钻井、测试、简易开采、集输、技术和生活服务设施，并建立了塘沽、湛江等海上石油勘探基地，为以后的油气勘探开发事业的进一步发展奠定了基础。

第二节　大规模的对外合作

从 1972 年开始，石油工业部先后派遣十多个代表团到美、英、日、挪、荷、意、法等国考察海洋石油工业，了解它们的技术、管理和对外合作的经验。以主管石油工业的国务院副总理康世恩为首的管理层通过考察，开阔了视野，越来越清楚地认识到，海洋石油开采具有显著的行业特点：高投入、高科技、高风险，要使海洋石油工业获得大的飞跃，就必须对外开放，实行全方位对外合作，不断吸收资金、引进技术、分散风险；利用国外资金和技术合作勘探开发海洋石油是国际上普遍采用的做法，即便是世界上经济最发达的国家也不例外；中国海洋石油工业从 20 世纪 50 年代起步后，经过 20 年的艰难奋斗仍然发展缓慢这一历史事实，也证明了在一缺资金二缺技术三缺管理的情况下，闭关自守地搞海洋石油是行不通的。在康世恩的领导下，中国海洋石油工业为开展对外合作做了大量的准备工作，并在随后具体实施。

1978 年 3 月 26 日，中共中央、国务院主要领导以及国家计委、经委、国防工办、石油工业部的负责人在北京人民大会堂听取石油工业部访美代表团的汇报后，经过讨论，同意对外开放，利用外国资金、技术和管理经验勘探开发中国海洋石油。这一重大决策，给海洋石油工业开辟了前进的康庄大道。中共十一届三中全会后，海洋石油工业进一步加快了开放的步伐。

1978 年 12 月至 1979 年 6 月，石油工业部先后与法、英、美、意等国的十多家石油公司签订地球物理勘探的协议，并于 1979 年至 1980 年在南黄海、南海的广阔海域开展了大规模的海上物探，外国石油公司先后租用 14 艘物探船，共完成地震测线 107170 千米。

1979 年 12 月，中日签订了渤海合作协议。1980 年 5 月 29 日，石油工业部与法国埃尔夫、道达尔石油公司就渤海中部和南海北部湾签订两个石油合同，与日本石油公司就渤西南和埕北签订两个石油合同。

为了规范对外合作勘探开发中国海上油气资源，1982 年 1 月 30 日，国务院颁布《中华人民共和国对外合作开采海洋石油资源条例》，决定成立中国海洋石油总公司，以立法形式授予中国海洋石油总公司在中国对外合作海区内进行石油勘探、开发、生产和销售的专营权，全面负责对外合作开采海洋石油资源业务。随后，国务院又陆续颁布了有关的配套法律文件，石油部也制定了《标准合同》。当年2月15日，中国海洋石油总公司（以下简称总公司）在北京正式成立，由石油工业部副部长秦文彩担任总经理。总公司成立后，确定海洋石油作为中国的第一个全方位对外开放的工业行业，要充分发挥"海上特区"的技术窗口、管理窗口和对外合作窗口的作用，担负起对外合作发展中国海洋石油工业的重任。随后，总公司先后成立渤海、南海东部、南海西部、南黄海（后改为东海）4个地区石油公司，分别负责各海域的油气勘探开发工作。1982年9月19日，总公司与美国阿科、圣太菲石油公司签订了南海莺歌海盆地部分海域的合作勘探开发合同。

从1982年开始，中国海洋石油总公司先后进行4轮招标，同时进行对外合作招商和进行双边谈判签订合同和协议。以秦文彩为首的总公司第一届领导班子按照国际石油公司模式，结合实际，创造性地运用"风险合同"，建立优势互补的联合管理体制，实行项目管理，形成了科学的生产经营管理体系。外国石油公司对中国海域的投资热情最初主要来自于未知油气资源的吸引力，而后来总公司建立的符合国际惯例的合作模式已成为对外商的重要吸引力之一。总公司几乎与世界各大中型石油公司都有过合作。至1990年年底，共与12个国家和地区的45家公司签订了59个石油合同和协议，利用外资33.27亿美元。

随着海洋石油对外合作的全面展开，中国几个海域石油勘探不断取得新的成果，一个又一个新的油气田在海上建设起来。在南海东部海域，最早由阿吉普、雪佛龙、德士古石油公司在联合区块发现了惠州33-1油田，1985年美国菲利浦斯发现了西江24-3油田，随后发现了西江24-1油田、西江30-2油田，意大利阿吉普和美国雪佛龙、德士古三家公司，于1985年在惠州凹陷发现了惠州21-1、26-1、32-2、32-3油田。日本几家石油公司发现了陆丰13-1油田。1987年2月美国阿莫科公司发现了流花11-1油田。1989年5月美国西方石油公司发现了陆丰22-1油田。这些油田先后于1990—1997年先后开发生产，动用地质储量3.75亿吨，使南海东部石油公司产量直线上升。在南海西部海域，美国阿科石油公司发现了崖13-1气田。该气田1996年初建成投产，向香港和海南省供气。南海西部石油公司与法国道达尔公司合作，于1986年6月勘探开发了涠州10-3油田。在渤海海域的勘探比较曲折，80年代初日本石油公司及法国道达尔、埃尔夫公司在渤海海域进行了勘探，投入很大，但没有大的突破，一些外国公司退出了合同区域。

对外合作使中国海洋石油总公司的原油年产量飞速上升，1980年尚不足10

万吨，但到了20世纪90年代中期就突破了1000万吨。总公司通过对外合作不但开发了中国近海油气资源，获得了具有国际水准的海上油气勘探开发技术，更为重要的是学到了国际化的管理经验与理念，造就了一支熟悉国际惯例，掌握先进管理知识与技术，观念新、能力强的职工队伍，特别是以大批优秀中青年干部为主的骨干群体，已成为中国海洋石油工业改革与发展的中坚力量。

第三节　合作与自营并举

合作只是手段，自立自强才是目的。1983年以后，海洋石油工业对外合作全面展开，外国公司在中国海域内干得热火朝天，而中国海洋石油总公司自己却很冷清。一些海上钻井船和三用工作船无法承担外国公司在中国海域的作业项目，被晾在一边。装备和人员技术水平落后是一个原因，更重要的是观念不适应这种国际规范和要求。

20世纪80年代中期，主管石油工业的康世恩曾先后四次到南海西部公司调查研究。在广泛听取各方意见的基础上，他极富远见地提出：不仅要对外合作，也要考虑自己干，因为只搞对外合作是“单线吊葫芦——不保险”，必须是对外合作与自营勘探同时并举，两腿齐步走。以钟一鸣为首的总公司第二届领导班子继续坚定地贯彻了这一思路，在不断扩大对外合作的同时，努力创造条件开展自营勘探开发。总公司所属的地区公司积极参与对外承包作业，既学到了按国际惯例和标准进行海上油气勘探开发作业和生产管理的经验，又获得了自营勘探开发资金。从1982年到1997年，总公司通过多种形式为外国公司承包服务，共收入16.68亿美元。正是用这宝贵的对外承包收入重新投入到石油勘探开发中，走上了自营勘探开发的“滚雪球”道路。通过对外合作形成了寻找勘探开发复杂地质条件下大中型构造油气田的能力，从海上物探、钻井、测井、完井、平台制造、海上安装、铺管到采油、储油和运输等门类的大规模勘探开发生产体系已初具规模，为自营勘探开发创造了条件。

康世恩关于“两条腿走路”的远见卓识，在80年代中期世界石油价格下跌，外国公司纷纷减少工作量时充分显现了出来。1984年，渤海石油公司靠自己力量发现了锦州20-2凝析油田；1986年又发现了绥中36-1油田，该油田落实地质储量近3亿吨。这个当时海上储量最大的油田，完全采用国际标准建设油田试验区，并于1995年全部建成投产，显示了中国海洋石油勘探开发技术、工程设计、建设承包能力及工程项目的综合管理都达到了国际水平。1989年9月，南海西部公司在北部湾自营钻探的涠10-3北-1井获得日产原油824立方米。以后的几年，该公

中国第一个自营勘探开发的海上气田——锦州 20-2 气田。

司在南海莺歌海海域西部自营发现了中国第三大气田——东方 1-1 气田，按国际标准先后自营开发了涠 10-3 北和涠 11-4 油田。1995 年 6 月，渤海公司的地质专家联系渤海周边陆上油田的地质情况，把在深层找油的思路改在浅层找油，在英国 BP 公司合同期满退出的合同区块里进行钻探试验，发现了地质储量超亿吨的秦皇岛 32-6 油田。这一发现对外国公司震动很大。它们开始重新审视过去勘探思路和方案，总结经验教训。美国菲利浦斯石油公司接受了新认识，于 1999 年在渤海湾中部发现了储量达 6 亿吨的蓬莱 19-3 大油田。中国海洋石油的对外合作在沉寂一段时间后，重新掀起了高潮，并先后发现了亿吨级的曹妃甸 11-1/2 等一批油气田。

自营勘探开发与对外合作是相辅相成、相互促进的，对外合作为自营创造了条件，而自营的成功又进一步推进了对外合作。"两条腿走路"，道路越走越宽广。1991 年，当时任国务院副总理的朱镕基视察中国海洋石油总公司时，对海洋石油人的滚雪球式发展道路非常赞赏。他说，海洋石油这些年做的是无本买卖，国有资产得到保值增值。

第四节　高速高效发展

1996 年，作为合作、自营两翼齐飞的重要成果——崖城 13-1、流花 11-1、绥中 36-1 等海上重要油田的相继投产，海上原油年产量首次突破 1000 万吨，党和国家领导人江泽民、李鹏分别为总公司作了“开发蓝色国土，发展海洋石油”和“建立现代企业制度，发展海洋石油工业”的题词，充分肯定了海洋石油工业所取得的巨大成绩。这一切奠定了中国海洋石油在国家能源工业中的重要地位，同时，也向世界展示了中国海洋石油的振翅腾飞，标志着中国海洋石油工业已进入一个新的、更高的发展阶段。

1996 年 4 月，以王彦为首的中国海洋石油总公司第三届领导班子制定了“九五”及在 21 世纪之初的总体发展战略，即“油气并举，向气倾斜，增加储量，提高产量，开拓下游，发展海外，创新制度，强化管理，把海洋石油总公司建设成实力雄厚，上下游一体化、国际化的集团公司”。按照“油公司集中统一，专业公司相对独立，基地系统逐步分离”的整体改革思路，全面转换经营机制。1998 年 12 月，在继承既定战略，立足现在、着眼未来的基础上，又提出了使海洋石油持续高速高效发展的“六大战略”：坚持有效益地发展；加大天然气勘探开发力度；进一步扩大对外合作；实施资产经营和资本运营；实行桶油综合生产的低成本；要以引进、集成、应用、创新为科技发展方针，在生产和科研领域内推行高新技术战略。这些发展战略强调了发展速度，更重视效益，而且面向国际，眼光放得更高更远。

1999 年，以卫留成为首的总公司第四届领导班子开始实施资本运营战略，进行较大规模的企业重组，经营油气资产境外上市，成功地完成了以境外上市为中心的一系列体制改革。把油公司从母体中彻底分离出来组成中国海洋石油有限公司（中海油），负责油气勘探开发生产等主营业务，彻底解体原地区公司“大而全”体制，为新世纪发展奠定了体制基础。2001 年 2 月 27 日、28 日，中海油成功地在纽约、香港两地同时挂牌上市，筹集资金 14.3 亿美元，加上此前的私募，合计达 18.89 亿美元。油公司成功上市后，由专业公司重组而成的海洋石油工程股份有限公司和中海油田服务股份有限公司，先后于 2002 年年初、2002 年年底在上海、香港上市。2002 年年初，总公司又提出新的战略目标：用 5 年左右时间，以较强的盈利能力、较好的发展质量进入世界 500 强，逐步成为国际一流能源公司。

2004 年 1 月，以傅成玉为首的总公司新一届领导班子在继承前一届领导班子提出的发展目标基础上，将企业战略目标进一步表述为：以较快的发展速度、较强的盈利能力和较好的发展质量在 2008 年建成具有国际竞争力的综合型能源公司，全面建成现代企业制度；在此基础上，建设一个国际一流的综合型能源公司。同时，制定了中国海洋石油的四大发展战略：协调发展战略；科技领先战略；人才兴企战略和低成本战略。总公司进一步进行资产重组，成立基地集团公司，并在上下游加快发展步伐。

2001 年以来，随着上市的成功，总公司不断扩大产业领域，从国内发展到海外，从上游拓展到下游，从生产领域进入金融服务领域。在海外，中海油投资 5.85 亿美元收购了西班牙瑞普索 -YPF 公司在印尼五个区块的权益，为总公司带来每年 4000 万桶的工作权益产量；以 2.75 亿美元向英国 BP 公司收购印尼东固液化天然气项目的部分股权；以 3.48 亿美元收购了澳大利亚西北大陆架（NWS 天然气项目）的上游产品及储量权益；以 1.5 亿加元收购加拿大 MEG 能源公司 16.69% 权益；以 22.68 亿美元完成尼日利亚 OML130 区块 45%股权的收购。2005 年 6 月 23 日，以每股 67 美元、总值 185 亿美元的价格竞购美国尤尼科公司，这是当时中国最大的一笔海外并购案，尽管由于美国政治上的阻挠，竞购没有成功，但在整个竞购过程中，公司的策略、操作技巧和几个重要决策点上的选择得到了公司股东、投资者和资本市场的高度认可。到 2005 年年底，中海油海外资产和勘探区块主要分布在澳大利亚、东南亚、西非、里海等地，在海外共有风险勘探区块近 40 万平方千米，相当于公司在中国近海可勘探面积的 1.3 倍，海外权益探明可采储量达 12.9 亿桶油当量。

随着中海油田服务股份有限公司、海洋石油工程股份有限公司上市，总公司的专业技术服务加速发展，经济实力大大增强。至 2005 年年底，已拥有物探船 7 艘，可从事海上二维、三维地震资料的采集与处理，年采集能力达 40 万千米；具有 4 万千米二维地震资料和 4000 平方千米三维地震资料的年处理能力；有地质调查船 4 艘，从事海底地质、海洋环境调查和海洋工程勘察；有 13 座钻井平台，其中 10 座自升式，3 座半潜式，可在 5～457 米水深作业，并可提供井深 6000～7620 米的钻井作业及完井、修井、维保服务；有各类功率的三用工作船和其他特种用途船舶 68 艘，包括三用工作船、倒班船、守护船、供应船、破冰 / 三用工作船，配备了各种近海作业需要的先进设备，能高质量完成各种水深的起抛锚作业、平台长距离拖航、海上运输、平台重返井口、海底油管铺设、油田守护、消防、海上污染处理等多种作业；有海上工程施工作业船舶 14 艘，包括起重船、起重 / 铺管船、海上工程支持船和驳船，可进行各类海上油气田工程建设；有油轮 4 艘，主要从事海上原油的运输；有浮式生产卸储油装置（FPSO）14 艘，数量与总吨位均居世界首位，主要锚泊在海上油田，对油田所生产的原油进行处理和储存、装卸。另外总公司还有塘沽、湛江、深圳蛇口、上海等海上作业基地，为海上油气勘探开发作业提供后勤保障服务。

在下游，总公司与英荷壳牌集团合作投资 43 亿美元建设了中国最大的石化项目；投资 167 亿元人民币建设 1200 万吨的惠州炼油厂；收购海南省富岛化肥厂，并利用崖 13-1、东方 1-1 的天然气扩大生产规模，同时并购内蒙古天野化肥厂，化肥年产量达到 140 多万吨，并正在兴建甲醛和甲醇项目；利用渤海的重质原

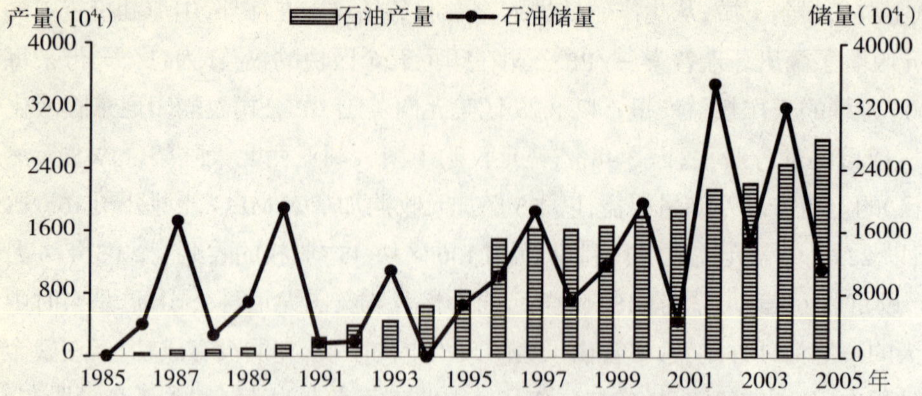

中国海洋石油总公司石油探明地质储量和产量变化图

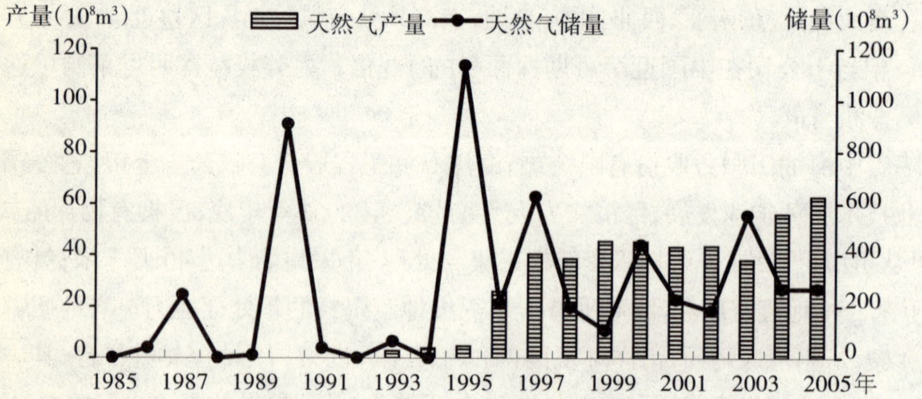

中国海洋石油总公司天然气探明地质储量和产量变化图

油生产沥青，年产超过 200 万吨；大力发展 LNG（液化天然气），已有广东、福建、浙江、上海 LNG 项目正在建设。在金融服务领域，与荷兰保险公司合作组建人寿保险公司，全资成立财务公司、投资控股公司、信托投资公司。

从 1996 年以来，中国海洋石油实现了跨越式发展：2001 年，油气产量达到 2329 万吨油当量（含海外份额油），比 1996 年增长 1.3 倍，实现销售收入 276 亿元，实现利润总额 96 亿元，上缴税收 43 亿元；2005 年，油气总产量达到 3900 万吨油当量，比 2001 年增加 67%，实现销售收入 874 亿元人民币，利润总额 376 亿元，上缴税金 180 亿元。

第十七章 改革和管理

中国海洋石油总公司成立以来，认真学习借鉴国际同行业的先进管理经验，结合国内海洋石油工业实际进行探索和实践，通过体制改革拉动机制转换，通过机制转换促进经济增长方式的转变。

海洋石油是中国改革开放后第一个全面实行对外合作的工业行业。对外合作使中国近海实际上成了国际石油市场的一个重要组成部分，一切工作都必须按国际惯例和国际通用标准规范执行，一切生产经营活动都受到国际市场的制约。外国公司既是合作伙伴又是竞争对手。要争得在对外合作中的平等地位，不能仅依靠资源国享有的权利，而是要依靠自己的经济技术实力和现代化管理水平。因此，中国海洋石油总公司从成立伊始就在引进国外先进的海上勘探开发技术的同时，积极引进与之相适应的先进管理方法，大力开展企业改革，按照国际合作的要求，使现代化技术装备与现代化管理紧密结合、同步推进，逐渐摆脱传统计划经济体制的束缚，建立起一套符合国际惯例、与国内外市场紧密衔接的管理模式和运行机制。在经营管理体制上，确立油公司体制，实行专业化协作。

第一节　企业整顿和改革

中国海洋石油早期的勘探开发是在计划经济条件下进行的。1982 年中国海洋石油总公司成立时，下属的主要单位是渤海和南海两家石油公司。这两个单位在计划经济体制下形成无所不包的小社会，集油公司、专业技术公司和基地服务系统于一体。这种“大而全”的企业模式，是政企合一和传统生产方式的产物，管理和职责不清、人浮于事、效率低下，极不适应海洋石油勘探开发高投入、高风险、高科技的行业特点和国际合作高效率、快节奏的要求。因此，摆脱“大而全”是改革的当务之急。

1982年，中共中央、国务院发出《关于国营工业企业进行全面整顿的决定》。中国海洋石油总公司认真贯彻执行国务院的决定，抓住时机，认真抓好下属两家主要公司——渤海公司和南海西部公司的整顿工作，以适应对外合作的要求。总公司从调整和优化企业内部结构入手，对这两个地区公司进行整顿。在一年多的时间里，整顿了领导班子、财经纪律、经营管理、劳动组织和劳动纪律，抓好领导体制、职工队伍、管理制度三项建设。

在进行企业整顿的同时，总公司为适应对外合作的需要，解放思想，把握机遇，转变观念，利用对外开放，积极争取政府允许试点和突破旧制度、旧体制的政策，在国家还处在计划经济转轨之初，为企业营造了一个市场经济的“小环境”，使企业很早就跨入市场经济的大海中学习“游泳”，增长才干。总公司学习借鉴国际同行业先进的管理经验，结合海洋石油企业的实际进行探索和实践，按照不同职能从体制上进行改革，形成一套与国际标准、国际惯例接轨的管理模式：与外国石油公司建立联合管理委员会，在合作中学习管理；实行对外合作勘探开发的作业者负责制度；成立中外合营公司，引进“先进而适用”的技术，走上了缩小技术差距的捷径，也提高了员工素质；在全国率先将专业队伍改制为公司，并实行经理责任制；工程建设、技术服务和设备采办实行国际招标制度；实行项目管理制度；建立科学决策制度，对项目进行资源评价、工程评价和经济评价；油气田开发实行项目贷款，投资通过收益偿还的制度；实行预算制、预算执行责任制、预算月度筹款制；中方人员按照国际业务技术标准进行培训；承包队伍和外国公司一样参与国际竞争投标，在招标中实行“同等优先”的原则；实行以经济效益为中心的决策原则，没有效益的油田不开发，没有效益的项目不上马，项目决策前，要对盈利率、投资回收期、净现值、中外收益比等经济指标进行比较预测；改革劳动组织和劳动制度，由陆地作业模式转变为国际通行的海上作业模式，如海上人员实行两班倒，在海上作业28天，回基地海休28天等。

通过整顿和改革，给企业带来了活力，主要表现在：一是调整了领导班子，使领导层向革命化、年轻化、知识化和专业化的标准迈进了一大步，干部的年龄、智力结构更趋合理。二是适应对外合作的需要，打破“大锅饭”，根据不同专业和工种建立多种形式的经济责任制，使企业从生产型转变为生产经营型。三是整顿财经纪律，建立适应对外合作的财务制度。四是整顿和改革组织机构，加强劳动纪律，按定员定额组织生产。通过整顿、改革、巩固和完善，使渤海和南海西部两家公司逐步实现了三大转变：在经营方式上，由单纯依靠国家投资的生产型企业向自主经营、自负盈亏的生产经营型转变；在经营范围上，由自营勘探开发的单一形式，向海上对外合作、对外承包和自营三种形式转变；在生产作业上，由单纯接受国家指令性任务，向以市场调节为主、接受国家任务为辅，以至作为承包商直接参与国际招标竞争的方向转变。在管理方面，实行专业化管理，实行经理负责制和经济责任制相结合，实行科学决策，全面推行项目管理和质量管理。这次整顿和改革是海洋石油企业体制改革的一次成功尝试。

第二节　解体“大而全”

如果说企业整顿是海洋石油企业改革迈出的一小步的话，那么，解体企业“大而全”体制、划分三条线管理则是迈出的一大步。

中国海洋石油总公司约有30%的职工在非主业生产单位，主要有运输、港口建设、住宅民建、通讯气象和各种维修队伍等等。总公司按照国际惯例，在改革中努力摆脱“大而全”，让非主业与主业分离，各走各的路，走入市场。根据不同单位、不同行业的特点，采取承包、租赁、集体经营、个体经营和股份制等方式，以及配套的扶持政策，促使其所有制形式和经营方式的转变，逐步将这些单位分离出来，使之成为自主经营、自负盈亏、相对独立的经济实体，在海洋石油内部市场和社会市场上寻求发展。

总公司还有约30%的职工从事社会服务工作，其中有政府职能型的，如街道委员会、公安处等；有福利职能型的，如医院、托儿所、幼儿园、农场；有生活服务型的，如商业、房产、食堂、水电、液化气站等；有文化教育型的，如中小学、技校、职业教育等。总公司成立后，将社会服务单位先从专业化走向市场化，然后再走向社会。第一步，在渤海、南海西部两个地区公司成立专门机构，统一把社会服务部门分门别类管起来，把油公司、承包公司从沉重的社会负担中解脱出来；第二步，促进社会服务市场化，由福利型向经营型转变。总公司采取扶持措施，“放水养鱼”，“让出”一块市场，使社会服务单位先通过内部市场站稳脚跟，然后再向外部市场求发展。

为了精干主业，分离非主业，按油公司、专业公司、基地服务三条线管理，总公司制定了一系列的政策和管理规定，实行经理负责制，同时总公司机关的机构设置也作了相应的调整。

1986年1月，总公司总结渤海和南海西部公司按油公司、承包公司、社会服务三种职能进行体制改革和实行甲乙方分开、进行专业化管理的经验，提出改革经理责任制、平台经济责任制，加强对外合作、计划财务、人事劳资管理，并研究多种经营改革，对财务体制进行调整改革。同时，强调坚持“质量第一、信誉第一、用户第一”，推行全面质量管理，提高企业和队伍素质，改革企业内部逐级承包经营责任制，完善多级经理负责制，建立经理任期目标责任制，进行竞争选拔经理试点，建立民主化、科学化的决策制度。

总公司对渤海和南海西部两个“大而全”的老地区公司的管理模式进行了专业化改造，划分为油公司、专业公司和基地系统三大块，使之各自按照自己的性质和职能以不同的方式开展工作和进行生产经营活动。这对海洋石油的发展和企业机制的转换起到了很好的促进作用，从思想观念上和体制上为进一步改革奠定了基础。对新组建的南海东部公司和南黄海公司（后改为东海公司）一律摈弃“大而全”，按国际惯例建设油公司体制，不再组织专业队伍和社会服务队伍，勘探、开发各项工程一律采用招标的办法，计划、财务、人事、采办、科技、审计等职能部门按照国际惯例和高效精干的原则组建和组织运行。

第三节　建立“油公司”体制

进入20世纪90年代以后，总公司按照中共的十四大提出的建立社会主义市场经济体制的要求，努力探索公有制与市场经济相结合的新途径。在明确“三大块”划分和甲乙方分开的基础上，确立了走国际石油公司发展道路、建立油公司体制的改革方向，提出了“油公司集中统一，专业公司相对独立，基地系统逐步分离”的总体改革思路。

“油公司集中统一”是将从事油气主营业务的单位统辖起来，建立起油公司体制。所谓油公司体制即专门从事油气勘探、开发、生产、加工、销售业务的公司制度，是国际石油企业普遍采取的组织形式。但是要解体“大而全”的地区公司，就要触及改革计划经济体制和转换经营机制等一系列敏感问题。总公司排除各种阻力，下决心实施甲乙方分开，然后清产核资，评估资产；对油公司实行高度集中管理，即把计划、财务、劳资、人事、油气销售等职能统一起来，有效地保证总公司下达的勘探开发生产任务的实施。

“专业公司相对独立”是将海上石油施工作业、技术服务单位，按照市场要求重新组合，打破地区界限和原主管单位界限，逐步成为走向“四自”的市场主体。1993年以前，专业承包公司是地区公司的直属公司，对内必须完成地区公司指令性自营勘探开发任务，按照内部成本价格结算；对外以独立法人身份，为对外合作和社会市场提供技术和劳务服务，由企业自行决策，其创收实行内部模拟税法，即上交地区公司33%所得税，其余部分留作企业生产发展、奖励和福利基金。地区油公司和专业公司之间实行甲乙方管理。1993年总公司决定，渤海和南海西部公司所属的专业公司通过内部组合和南北联合，于1993年成立中海物探、中海技服公司，1995年1月成立中海石油北方钻井、北方船舶、南方钻井、南方船舶、海上工程、平台制造公司，进一步提高竞争能力和综合投标能力。总公司对专业公司采用内部承包经营、管住产权、放开经营权的政策，促进企业机制与市场机制相结合。

“基地系统逐步分离”是生产辅助和社会生活服务单位组成的基地系统的改革思路。这些单位承担无限的社会责任，一般是人员多、能力过剩、社会市场占有率低、经营机制不强、设备老化、增值能力差。在“逐步分离”中，坚持依托主业，转换机制，多元开发，并以此带动产业结构的调整，实现发展、效益与安置相统一。为此，采用不同的经营方式建立盈亏考核机制，实行差额补贴包干办法，并以多种所有制和多种经营方式以及股份合作制深化基地系统小企业的改革，从体制上保证了国有资产的保值和增值。

根据国际油公司组织体制和市场竞争的需要，总公司机关也逐步由过去的直线职能向事业部制过渡，并强化三个功能：强化投资决策功能，完善投资决策的科学性，提高投资决策的有效性；强化资本运营功能，实行资金集中运作，使合理的资金需求得到及时、足额的供应，使整体的债务降至可能的最低限度；强化集团整体功能，变条块管理为分层管理，既有明确的职能划分，又不断加强综合协调工作，与国际惯例接轨。

以上改革取得较大成效，比原来的体制前进了一大步，但还是不够彻底。因为油公司还在地区公司的管辖下，由于种种利益关系，还存在各种形式的“大锅饭”，制约了中国海洋石油工业的发展。

1999年，总公司审时度势，进行资产重组，将油公司从地区公司彻底分离出来，成立中国海洋石油有限公司，向国务院申请海外上市并获得批准。2001年，在纽约和香港上市成功。有限公司集中了海洋石油最优良的资产，人员只有一千多人，而年产值达数百亿元，利润上百亿元，十分精干高效，在国际上享有很高的知名度和美誉度。

2002年，总公司又将专业公司重新整合，成立中海油田服务股份有限公司，并成功地在香港上市；成立海洋石油工程股份有限公司并在上海上市。原来的地区公司只管辖基地服务这一块。

为了更好地实现全面、协调、可持续发展，经过近一年的反复调研，认真规划，平稳推进，总公司决定对渤海公司、南海西部公司、南海东部公司、东海公司、中海实业公司5家基地公司实施战略重组，于2004年12月成立“中海石油基地集团有限责任公司”，统一经营和管理基地板块的业务。按照“培育一批、发展一批、改造一批、萎缩一批”，“有所为、有所不为”和同一性与相关性原则，将经营性资产迅速向优势产业和关键领域集中，科学配置资源，组成10家专业公司，在整体上实现可持续发展的能力。通过“产业规划、结构调整、资产重组、机制创新”，实现基地系统组织结构一体化、经营战略一体化、资产组合一体化、制度建设一体化。

经历了一系列体制变革后，中国海洋石油总公司已基本建立了国际化石油公司体制，一个计划经济条件下“大而全”的石油企业已被改造成一个基本适应市场经济规律、核心业务突出、组织线条清晰、精干、高效的现代企业。企业各部分之间按照现代企业制度的要求，逐步建立起清晰的经济关系。总公司作为母公司成为产权清晰的控股公司，对上游公司、下游公司、专业公司实行控股，资本组带取代行政组带成为企业主要的联结方式，现代企业制度初步在整个公司全面建立起来。好的体制与制度已经成为公司核心竞争力的重要组成部分。

体制的变化带动了机制的转变，为不断提高企业管理水平提供了基础和动力。总公司以境外上市为契机，建立起符合国际惯例和国际资本市场监管要求的治理结构和透明的管理体系，如实行集中的资金管理，提高资金使用效率；推行集中和稳定的产业政策，坚持建立紧凑的产业链；科学、民主和慎重的投资决策等，为实现跨越式发展创造了条件。

第四节　改革用工和薪酬制度

在进行体制改革的同时，中国海洋石油总公司持续不断地进行用工和薪酬制度改革。

早在20世纪80年代，总公司就进行用工和薪酬制度的一系列改革：破除“石油世家”的观念，停办技工学校，停止执行退休职工子女顶职制度，让职工子女自谋出路；严把人员关，控制人员调入和招工，鼓励工程师以下人员调出；严格执行离退休制度；按照国际标准配备人员，使队伍精干；建立企业自主用人、职工自由择业、能进能出的用人制度。虽然海洋石油工业不断发展，但员工一直保持在3万人以下。

1992年，总公司试行企业聘用合同制度，与铁饭碗、大福利制度彻底脱钩，报酬货币化，医疗、养老、待业、保险社会化，并对海上作业人员进行雇员制改革的试点。从1994年1月起，新增加人员全部实行新的用人制度，依据合同规定来维护双方的合法权益，规范劳动行为，企业对职工不再负无限责任。1996年原有的固定工全部实现合同化，新建的下游项目也全部实行新的用人制度。在分配方面，针对平均主义的弊端，进行一系列的改革，建立以“一资三贴”(工资、工龄津贴、岗位津贴、综合补贴)为主要内容的海洋石油企业工资制度，对油公司、专业公司、基地系统按效益原则分别确定相应的分配体系，待遇向海上一线队伍倾斜，拉开高低岗位的工资差距。实行经济有效的用人政策，为海洋石油工业不断发展需要的人才腾出了空间，可以有计划地引进高素质的人才，改变队伍的结构，使管理和生产领域的用人标准达到国际水平。对企业的管理人员，实行竞争、激励的动态管理机制，解决长期存在的职务“能上不能下”、待遇“能高不能低”的问题。在领导干部中实行任期制，明确规定领导干部职务实行“能上能下”，打破“终身制”。

为了实现建立国际一流的综合型能源公司的目标，总公司于2003年进行公司成立以来最彻底的一次人事、用工与分配制度改革。其内容是：转变职能，再造流程；重组机构，定岗定编；价值评估，确定岗级；全体起立，竞聘上岗；重签合同，转变身份；合理薪酬，强化激励；分流人员，妥善安置。改革的目标是建立一套适应国际国内竞争、适应公司发展需要、与市场接轨、与国际接轨的用工与薪酬制度，即干部能上能下、员工能进能出，薪酬能高能低，收入货币化、福利社会化、企业与职工关系完全市场化。通过改革，队伍结构发生了质的变化：大专以上文化程度的员工由1986年的5624人增加到2005年的19359人，由占职工总数的19%上升到47%；专业技术人员由1982年的4027人增加到2005年的18261人，由占职工总数的14%上升到44.8%，同时创新了人才战略，并为有效利用国内国际人力和智力资源创造了条件。

第十八章 油气勘探

中国近海海域发育了一系列沉积盆地，总面积近百万平方千米，具有丰富的含油气远景。这些沉积盆地自北向南包括：渤海湾盆地海域部分、北黄海盆地、南黄海盆地、东海盆地、台西盆地、台西南盆地、珠江口盆地、莺歌海—琼东南盆地、北部湾盆地。另外，还有南海南部诸盆地等。

中国海上油气勘探主要集中于渤海、黄海、东海及南海北部大陆架。自1982—2005年年底的23年间，中国海洋石油工业自营和对外合作共完成地震测线561833千米二维地震数据，44262平方千米三维地震数据，钻预探井和评价井865口，发现油气田93个，获得探明石油地质储量24亿吨、凝析油约0.3亿吨，天然气气层气地质储量4563亿立方米、溶解气约965亿立方米。尤其是在“十五”期间（2001—2005），海上油气勘探取得重大成果，新增探明石油地质储量9.7亿吨、探明天然气储量2079亿立方米。

第一节 渤海海域

渤海湾盆地海域面积5.8万平方千米，划分为辽东湾、渤西、渤中、渤南四大部分。渤海海域的勘探是对外合作与自营并举，从1982—2005年的23年中共作二维地震测线96637千米，三维地震18443平方千米，钻预探井和评价井376口，探明石油地质储量近17亿吨，溶解气700多亿立方米，天然气气层气地质储量400多亿立方米，凝析油600多万吨。

渤海海域油气勘探大致可分为三个阶段:(1) 中方自营勘探期(1965—1980年)。由于对石油地质条件认识不深,技术水平较差、勘探资金投入有限,十多年里,仅发现了几个小油田,做些试验性的生产。(2)中外双方合作勘探期(1981—1994年)。1981年以后,先后有美、英、法、日等国的十多家跨国石油公司参与渤海湾油气勘探,共签订了20多项石油合同和联合研究协议,做了大量地震测线,钻了大批探井。这一时期, 仍然以下第三系和前第三系为主要目的层进行勘探,结果,也没有更多重要发现,仅于1987年,在辽东湾自营勘探发现了绥中36-1大油田。(3)上第三系大油田群发现期(1995—2000年)。在经历了30年的实践和研究以后,终于逐步认识了渤海湾盆地油气成藏的特殊性,把勘探的主要领域由前第三系和下第三系转为上第三系,以渤中坳陷周围的隆起区为主要勘探方向。1995年,自营勘探首先在石臼坨隆起上发现秦皇岛32-6大油田,从而揭开了渤海湾上第三系大油田群发现的序幕。1996—2000年又相继发现了南堡35-2、渤中25-1、蓬莱19-3、曹妃甸11-1等9个大规模的油田,其中7个石油地质储量大于1亿吨, 最大的超过6亿吨, 短短5年找到了过去30年发现油气储量的两倍以上。

一、合作勘探

从20世纪80年代至2005年年底, 渤海对外合作可分为三个阶段:1980—1984年主要是中日、中法合作,法方无发现,日方在合作区发现渤中28-1、渤中34-2/4油田;1987—1989年,因勘探不理想和油价下跌,仅签订两个新合同,工作量很小;1990年后,由于中方在自营勘探中不断取得新突破,再次带动了对外合作高潮,总公司先后与BP、埃索、雪佛龙、菲利普斯、科麦奇、德士古、阿帕奇等十来家外国公司签订了石油合同,开展较大规模的物探和钻探。

发现渤中28-1、渤中34-2/4油田。1981年5月,日本日中石油开发株式会社在渤中28-1构造顶部钻渤中28-1-1井, 于下古生界寒武系碳酸盐岩地层中获高产油气流,日产油137吨,天然气32万立方米,发现了该油田。后来钻4口评价井。1988年国家储委批准油田面积9.7平方千米,石油地质储量799万吨,溶解气和天然气储量34亿立方米。1983年2月,在完成二维详查和三维精查的基础上,日中石油开发株式会社在渤中34-2构造上钻了1口预探井,分别在下第三系沙河街组、东营组上下段及第三系馆陶组获得高产油气流,日产油1366吨、天然气13.7万立方米。1984—1985年,钻3口评价井,落实了油田面积为7.3平方千米,石油地质储量1586万吨。1984年月10月,在渤中34-4构造上钻第一口探井,在沙河街三段获油气流,经测试,日产油91吨,天然气1.25万立方米。1985年后钻 2 口评价井，探明油田面积 5.6 平方千米，石油地质储量 937 万吨。

发现中国海上最大的整装油田——蓬莱 19-3。1994 年 12 月，中国海洋石油总公司和美国菲利普斯石油公司签订 11/05 区块石油合同。该区块位于渤中凹陷中部到庙西凹陷及庙西凸起，面积 9200 平方千米。在中美双方的技术交流会上，中方两次推荐了蓬莱 19-3，认为该构造好而且大，并阐明该区馆陶组岩性组合很好，可能存在曲流河相和局部湖相沉积。1996—1997 年，菲利普斯石油公司以下第三系东营组、馆陶组、沙河街组及潜山为目的层，钻探 3 口井，并无重大突破。1998 年，菲利普斯石油公司参考中方的意见开始做凸起的研究，确定打浅层的方案。1999 年 5 月，蓬莱 19-3-1 井完钻，发现了 140 多米厚的油层；接着，蓬莱 19-3-2 井，发现 157.5 米厚油层。一连 7 口井，都有良好的油气显示。这个中国海上石油三级地质储量达 6.83 亿吨（其中探明储量为 3.4 亿吨）的整装油田终于浮出海面。

在发现蓬莱 19-3 大油田后，2000 年上半年菲利普斯石油公司在 11/05 合同区蓬莱 19-3 油田周围继续展开勘探，陆续发现了蓬莱 9-1、蓬莱 25-6、蓬莱 19-9、蓬莱 13-1 油田。

发现曹妃甸 11-1/11-2 等油田。蓬莱 19-3 大油田的发现，使外国公司对渤海浅层地质认识有了新的突破，促进了浅层勘探进程。美国科麦奇公司把 04/36 区块的曹妃甸 11-1 构造作为勘探目标。曹妃甸 11-1 构造为渤海沙垒田凸起上的一个大型披覆背斜构造，圈闭面积大于 20 平方千米。曹妃甸 11-1-1 井于 1999 年 11 月 9 日开钻。完钻测井解释油层厚度 85 米，在上第三系分五层进行测试，累计获得日产原油 395 立方米。其中馆陶组测试分别获日产原油 179.4 立方米和 131.75 立方米；在明化镇组下部获得日产原油 83 立方米，发现了曹妃甸 11-1 油田。科麦奇公司又在该井东北方向 3.5 千米处钻了第一口评价井，进一步评价储层的横向变化情况，落实储量。在发现曹妃甸 11-1 油田后，科麦奇公司于 2000 年 4 月 25 日又在距油田 16 千米的曹妃甸 12-1 构造钻探第一口探井——曹妃甸 12-1-1 井，钻井过程中油气显示良好。该井完钻共进行了三层油气测试，其中馆陶组的两个油层日产原油分别为 230 立方米和 175 立方米，油质好。初步估算，该构造圈闭面积约 20 平方千米。曹妃甸 11-1/2 油田含油面积 32.1 平方千米，基本探明石油地质储量 11975 万吨。

另外，科麦奇公司还在该区块发现曹妃甸 11-3/11-5、曹妃甸 12-1 南、曹妃甸 14-5 等油田或含油气构造。

二、自营勘探

渤海早期勘探发现了秦皇岛 35-3（428 西）、歧口 17-3（海 4）、曹妃甸 21-1（埕北)及 427 等 4 个油田和一大批含油气构造,但自开展对外合作之后自营勘探停顿了一段时间,到 1983 年 8 月才恢复,先是在辽东湾北部勘探,然后逐渐向南推进。

(一)辽东湾勘探

从 1984—1997 年,在辽东湾共做地震测线 65195 千米,钻探井 73 口,取得了令人瞩目的成果:

发现锦州 20-2 气田。经精心组织科研人员分析物探资料和反复优选论证,选择解释出来的较大型圈闭——锦州 20-2 作为辽东湾自营勘探的第一个目标。1984 年 7 月 30 日,锦州 20-2-1 井开钻。通过巨厚泥岩段,打开了沙河街组油气层,见到了十分活跃的油气显示。经过评价钻探,探明含油气面积 14.4 平方千米,天然气地质储量 135.4 亿立方米,凝析油地质储量 332.7 万吨,石油地质储量 452 万吨,是一个有一定储量规模的高压高产油气田。这一发现,对中国海洋石油总公司是极大鼓舞。

发现亿吨级大油田——绥中 36-1。为了加快辽东湾勘探进程,提高自营勘探效益,总公司地质人员编制了“渤海辽东湾 1986—1990 年勘探开发规划”,全面分析辽东湾石油地质特点,进行油气资源量预测及单元区带评价。规划把辽西低凸起、辽中凹陷和辽西凹陷作为一类单元,并优选 10 个有利圈闭,其中将绥中 36-1 构造作为 1986 年首钻目标。

1986 年 5 月 15 日,绥中 36-1-1 井开钻。该井在东营组下部见到油气层,古生代寒武纪灰岩也见油层。但完井测试,判断为油水同层。以后对潜山带含油气进行地质研究,运用三维地震、精细油藏描述技术,进一步评价。1987 年 4 月 2 日,钻探绥中 36-1-2D 井,进入老第三系东营组,井深 1350~1685 米井段油气显示活跃,共有 25 层厚 171 米,测试 3 个层段,合计日产原油 193.52 立方米,天然气 1371 立方米。追踪东营组砂岩体,终于追到了一个油层厚度大、物性好、丰度高、埋藏浅的大油田,经过评价,储量达 2.88 亿吨。

发现锦州 9-3 油田和一批含油气构造。锦州 9-3 构造位于辽西凹陷的北洼与陆地上部凹陷清水沟洼陷之间,是一个狭长的半背斜构造。1988 年 8 月钻锦州 9-3-1 井,在东营组下段发现油层,经测试日产原油 184 立方米。接着钻 3 口评价井,基本探明油藏规模,储量为 3300 万吨。

在辽东湾还发现了旅大 4-2、旅大 5-2、锦州 25-1 南、锦州 21-1、锦州 21-1 南等油田和锦州 14-2、锦州 9-2、锦州 16-1、锦州 23-1、锦州 27-6、旅大 16-3、旅大 22-1 等一批含油气构造。

(二)渤西勘探

总公司在1987 年恢复渤海西部的勘探,1987—1997 年以歧南断阶带为重点,共完成地震测线51774千米，钻探井25口，其中17口获油气流，发现了一批油田和含油构造。1998年以后，通过继续勘探和评价，又发现和落实了一批油气田。

发现渤西油田群。恢复自营勘探后，将歧口18-1构造作为勘探的首选。1991年底钻探歧口18-1-1井，在沙河街组二段及一段发现油层81.7米，经测试日产油1647立方米，气24万立方米，发现了歧口18-1油田。1993年6月又钻探歧口17-2-1井，测试日产油121.5立方米、气7650立方米，发现了歧口17-2油田。这两个油田探明石油地质储量2666万吨、溶解气40.61立方米。此后，又在这两个油田附近陆续发现了歧口18-2、歧口18-9等油田。

发现曹妃甸油气田。1993年10月，在沙垒田凸起西端曹妃甸1-6构造高部位上钻探曹妃甸1-6-1井，日产原油348.37立方米，发现曹妃甸1-6油田。1995年下半年钻探曹妃甸18-2E-1井，日产天然气18万立方米、凝析油95立方米，发现曹妃甸18-2气田。这是一潜山披覆构造，探明天然气地质储量50.73亿立方米，凝析油150多万吨。1997年上半年钻探曹妃甸18-1-1井，日产油350立方米、气2.9万吨，发现了曹妃甸18-1油田。

（三）渤中和渤南勘探

总公司经认真研究渤中和渤南地区的地质、物探资料，分析油气藏生成条件，对有利构造勘探目标进行重新预测，决定主攻石臼坨凸起和渤南凸起。1995—1997年完成地震测线29067千米，钻探井25口，获得重要发现。

发现超亿吨大油田——秦皇岛32-6。秦皇岛32-6构造位于渤中坳陷石臼坨凸起西部，是一个基底背景上被断层复杂化的大型低幅度披覆背斜，主要目的层为明化镇组下段。1976年曾自营在该构造钻渤中4井，发现明下段油层，但未测试。后埃尔夫、BP等外国公司勘探未有发现。1995年再转入自营，经深入研究后重上该构造，从6月至9月连续钻3口探井，分别发现油层31.9米、40米、65.5米，证实了上第三系组合为主要储油目的层。后经高分辨率地震资料采集和油藏模拟，进一步评价钻探，探明石油地质储量17034万吨，溶解气28.8亿立方米。后来又在附近发现秦皇岛33-1、秦皇岛34-3两个油田。

发现南堡35-2油田。1996年6月，在与秦皇岛32-6地质条件相似的南堡35-2构造钻了预探井南堡35-2-1井，在下第三系明化镇组测试日产原油155立方米，发现了南堡35-2油田。到1997年，连续钻了5口评价井。2001年11月钻评价井南堡35-2-7井，发现64米油层，使油田储量增加25%，达到近亿吨。

发现渤中26-2油田。渤南凸起勘探也取得成果，发现了渤中26-2油田，探明石油地质储量978.8万吨，溶解气和天然气共14.5亿立方米。

发现超亿吨的大油田——渤中25-1。20世纪80年代初，日中石油株式会社在渤中 25-1 构造打了 4 口探井，虽然发现了油气流，但认为没有商业价值而放弃。1998 年，中国海洋石油总公司重新对这个构造进行研究、评价，取得了与以往不同的认识，认为渤中 25-1 构造具有较好的油气藏条件，油气储量规模大。在这个观点的指导下，1999 年钻了渤中 25-1-5 井，终于在下第三系地层发现了 100 多米油气层，并且在上第三系地层发现了高产油气流，预计这个构造整体储量规模较大。后来经评价证实，这是一个储量超亿吨的大油田。

第二节　珠江口盆地

珠江口盆地是南海北部大陆架最大的沉积盆地，总面积 20 万平方千米，以新生代沉积为主，沉积岩厚万米以上。盆地从北而南可划分 4 个构造带：海南隆起和北部断阶组成陆缘隆起带；珠一、珠三坳陷组成北部坳陷带；神狐暗沙隆起、番禺低隆起、东沙隆起组成中部隆起带；珠二坳陷与邻区台西南盆地和琼东南盆地组成南部坳陷带。文昌组是盆地主要生油层，其次是恩平组和珠海组；珠海组、珠江组、韩江组是主要储油层。

从 1982—2005 年的 23 年中，在珠江口盆地共作二维地震测线 184864 千米，三维地震 13308 平方千米，钻预探井和评价井 231 口，发现含油气构造 51 个，其中油气田 29 个，探明石油地质储量 5 亿多吨，溶解气 62 亿立方米，天然气地质储量 603 亿立方米，凝析油 667 万吨。珠江口盆地油气勘探以对外合作为主，近年来加大了自营勘探力度。

一、合作勘探

1979 年石油工业部与外国公司签订物探协议，有 5 家外国公司在盆地进行地震资料采集、处理和解释，找到各类构造 262 个，其中有远景的构造 20～60 个。1982—1992 年进行四轮招标，共签订 36 个石油合同和 14 个协议，后来又通过双边谈判，陆续签订了一批石油合同，开展大规模勘探，找到了一批油田。

发现惠州油田群。惠州油田群属于珠江口盆地 16/08、16/19 区块。油田群包括惠州 21-1、惠州 26-1、惠州 26-2、惠州 32-2、惠州 32-3、惠州 32-5、惠州 19-3/2/1 油田。

1984年 4—5 月，ACT（意大利阿吉普、美国雪佛龙、美国德士古）作业集团通过对新老地震资料的解释，发现和落实了一批有利的构造，首钻选在惠州 33-1 构造上。于 1984 年 10 月钻惠州 33-1-1 井，证实是一个由珠江组礁灰岩组成的礁圈闭，见到 2 层油层总厚 15.4 米。经测试，在灰岩和砂岩油层中均获得油流，日产

437.3 立方米。初步计算含油面积为 3.5 平方千米。接着，中外双方把钻探目标移向凹陷内部。第二口探井是惠州 08-1-1 井，于 1985 年 2 月 1 日开钻，4 月 10 日完钻。由于圈闭条件不好，该井未获油流，仅在恩平组地层中见到 2 层稠油层。第三口预探井选择在惠州西南洼东部的惠州 21-1 构造上。1985 年 4 月钻惠州 21-1-1 井，电测解释有 16 个油气层达 112.9 米。测试结果，合计日产油 2311.5 立方米，产气 43 万立方米。经评价计算，惠州 21-1 油田的含油面积为 11.7 平方千米，石油地质储量为 2026 万立方米，成为 16/08 区块第一个有商业开发价值的油田。

1986—1987 年间，中外双方都对首先发现油流的惠州 33-1 构造及其周围地区进行了认真的研究，并且根据惠州 21-1 油田主要产油层发育在珠海组块状砂岩段的特点，把注意力放在灰岩以下各层构造形态上。经过精细速度分析，然后分层变速作图，消除灰岩的高速影响后，就显现出了惠州 26-1 构造。在经过充分研究和准备工作以后，惠州 26-1 构造上的第一口探井——惠州 26-1-1 井于 1988 年 2 月开钻。电测解释在珠江组和珠海组地层中发现 9 个油层，总厚度 72.3 米，经测试日产油 4228 立方米，当时创下国内砂岩油层单井产量的最高纪录。

惠州 26-1 油田的发现表明，东沙隆起向西北伸出的这一“山梁”，可能是一个含油构造脊，脊上如果有可靠圈闭，则含油希望极大。经过中方的推动和作业者的努力，于 1990 年底开始钻探惠州 32-2-1 井，试油结果日产油 2464.6 立方米，发现了惠州 32-2 油田。接着在 1991 年 1 月又钻探了惠州 32-3-1 井，日产油 1952 立方米，发现了惠州 32-3 油田，使 16/08 区块中南部的油田数目增加到了 4 个，开始形成了油田群的局面。

在 1991 年初钻探惠州 32-3-1 井时，ACT 作业者与中方就已注意到油层厚度远远超过构造幅度。到 1992 年 6 月，惠州 32-3-2 评价井钻探结果，又一次看到油柱高度超过了构造幅度。据此推测在该层的北东上倾方向有岩性遮挡，可能含油。为此钻探惠州 32-5-1 井，又发现了惠州 32-5 油田。1997 年 9 月钻惠州 26-2-1A 井，在预测的 4 个层系中发现了厚 81.8 米油层。经测试日产油 1151 立方米，成为惠州油田群的第 6 个油田。2001 年，又相继发现惠州 19-3、19-2、19-1 油田，使油田群的成员增加到 9 个。

发现中国海上第一个生物礁大油田——流花 11-1。1985 年 11 月 12 日，美国阿莫科公司与中国海洋石油总公司签订了 29/04 区块的石油合同，面积 3202 平方千米。1986 年在完成 3644.4 公里的地震详查后，1987 年 3 月在主高点上钻探了流花 11-1-1A 井。该井在井深 1197.7 米进入生物礁，1673.0 米穿过生物礁，钻遇礁滩灰岩 475.3 米，在其顶部揭示油层厚 75 米；同年 4 月，在东部高点上钻探了流花

11-1-2井，钻遇油层厚31.1米；5月，在西部高点钻探流花4-1-1井，钻遇油层厚82.0米；7月，在主高点东端又完成流花11-1-3井，也钻遇礁灰岩油层厚41.6米，终于发现了这个大型生物礁油田，探明含油面积36.3平方千米，石油地质储量1.6472亿立方米，是当时海上发现的最大油田，也是中国最大的生物礁滩型油田。

发现西江油田群。西江油田群含西江24-3、24-1和30-2三个油田。西江24-3、24-1油田位于15／11区块的南部，西江30-2油田位于15／22区块的北部，三个油田相距不远。构造位置均隶属于惠州凹陷西端之西南洼陷的南部断阶带上。圈闭类型均为与大断层活动有关的逆牵引背斜。美国菲利普斯石油公司先后预探构造11个，发现含油构造4个。1985年10月钻西江24-1-1井，发现了第三系珠海组油层，日产原油1912.5立方米。经初步研究，油田面积4.4平方千米，石油地质储量465.4万立方米。1984年12月，菲利普斯石油公司在西江24-3构造高点部位钻西江24-3-1井，在第三系韩江组和下中新统珠江组有46.7米油层，测试日产原油1116立方米，发现了西江24-3油田。经评价，含油面积8.7平方千米，石油地质储量2672万立方米。1988年6月，菲利普斯石油公司在15/22区块的西江30-2构造上钻西江30-2-1井，发现35层共171米油层和41.3米差油层，经加密测线后又钻西江30-2-2井，钻遇油层83.6米，测试日产原油2067.9立方米，发现了西江30-2油田，石油地质储量3157万吨。此外，还发现了西江23-1、34-3等含油构造。

发现陆丰油田。陆丰油田包括陆丰13-1、陆丰22-1等油田。1986年1月，中方和JHN（日本石油资源开发株式会社、华南石油开发株式会社、日本矿业株式会社）签订16/06区块石油合同，面积5100平方千米。经地震详查落实圈闭后，1986年12月在构造高点部位钻探陆丰13-1-1井，钻遇第三系两套油层共51.8米，测试日产原油1061.7立方米，从而发现了陆丰13-1油田，含油面积12.7平方千米，石油地质储量1916万吨。

陆丰22-1油田位于17/22合同区东沙隆起北部斜坡，原来的石油合同的外方是美国西方石油公司。1986年该公司钻探陆丰22-1-1井，在珠江组钻遇4.1米油层。1989年5月，钻陆丰22-1-2井，日产原油1685立方米；12月钻陆丰22-1-3井，日产原油733立方米。这两口评价井分别进行早期生产测试和延长钻杆测试。1991年9月，澳大利亚安波莱克斯石油公司接替了西方石油公司担任作业者，并钻了评价井陆丰22-1-4井，钻遇了11.4米油层，经与中方专家小组研究，落实了油田面积为9.8平方千米，储量1903万吨。

发现番禺4-2/5-1油田。1997年1月，中国海洋石油总公司和美国圣太菲中国能源有限公司签订珠江口盆地15/34区块石油合同。1998年3月在构造东高点钻番禺 4-2-1 井，在韩江组和珠江组电测解释油气层 3 层共 10 米厚、油层 33 层共 159 米厚，测试 6 层日产原油 1606 吨，从而发现了番禺 4-2 油田。1999 年，该公司在番禺 4-2 油田以东 18 千米、同一区块的番禺 5-1 构造钻探番禺 5-1-1 井，发现 20 个油层共 120 米含油砂岩。

二、自营勘探

在 20 世纪 80、90 年代，珠江口盆地东部的自营勘探主要是物探，从 1986—1997 年，共完成地震测线 36056 千米。进入 21 世纪后，老油田产量下降，为了找到接替储量才开始较大规模的自营钻探。

发现番禺 30-1、34-1 气田。2002 年，总公司在白云凹陷北坡的番禺 30-1 构造上钻探番禺 30-1-1 井，获得天然气发现。2002 年年底，又在番禺 30-1 西南方向约 30 千米钻预探井番禺 34-1-1 井，日产天然气 36.8 万立方米；接着钻番禺 34-1-2 井，日产天然气 53 万立方米。经评估和审查，番禺 30-1 和番禺 34-1 两个气田探明天然气储量为 406 亿立方米，这是在珠江口盆地首次发现天然气田。此外，2003 年在流花 19-5 和番禺 35-1 构造也发现了天然气。

发现文昌油田群。珠江口盆地文昌凹陷是一个非常典型的下第三纪的半地堑断陷，有文昌组和恩平组较厚的湖相烃源岩，被中外石油地质家认为有巨大的油气前景。1983 年，埃克森和壳牌等石油公司进入该区开展合作勘探，历时 11 年，先后钻了 26 口探井，发现了文昌 19-1、文昌 9-2 两个不具商业价值的油气田，于 1995 年退出合同。当时中方不少人认为这个地区经世界上两家最大的石油公司用了先进的技术，经过了如此长期的勘探都没有取得有经济性的油气发现，肯定是没有什么希望，没有必要再进行自营勘探了。但总公司地质家在从外国石油公司取得大量地震、钻井资料的基础上，经过了两年的重新研究、重新评价，认为文昌凹陷存在文昌组、恩平组两套烃源岩，构成了分别以原油和天然气为主的两个石油系统，存在着和惠州凹陷同样的储盖组合条件，油气有向凹中隆起带—琼海低凸起运移聚集的优越条件，在琼海低凸起的轴部及倾没端，发育了一批局部构造，是值得勘探的目标。1995 年年底至 1997 年连续钻探了文昌 8-3、8-2、13-1、13-2、9-1 共 5 个目标，有 4 个发现，其中文昌 13-1、13-2、8-3 三个油田探明储量 4000 万吨。

第三节　北部湾盆地

北部湾盆地面积 3.4 万平方千米，盆地内沉积凹陷面积 2.7 万平方千米。从

1979—2005年的26年中，北部湾油气勘探可分为两个阶段:1979—1984年以对外合作为主,1985年以后为自营与合作勘探并举,以自营为主。勘探重点区在涠西南凹陷。26年间共做二维地震测线65815千米,三维地震4804平方千米,钻探井96口,发现含油气构造16个,油气田11个,探明石油地质储量1亿多吨,溶解气100多亿立方米,天然气地质储量约30亿立方米。勘探的最大成果是发现了储量2亿多吨的涠洲油田群。

一、合作勘探

1979年7月与美国阿莫科公司签订了海南岛以西海域的地球物理勘探协议,完成地震测线8133千米,其中1569千米分布在北部湾盆地。1981年向中方提交了评价报告,对北部湾盆地的地层构造及油气资源提出了一些认识。中方进行平行研究,提出了油气资源评价意见与招标建议报告。

1980年5月29日,石油部石油天然气勘探开发公司与法国道达尔公司签订北部湾东北部石油合同,合同区面积10910平方千米。执行合同后,共完成地震测线17162千米,发现和查明局部构造25个;钻井18口,发现涠洲10-3、涠洲10-3北油田和涠洲11-1、涠洲11-4、涠洲12-3、乌石16-1含油构造。

1982年11月钻探的涠洲10-3-1井，在流沙港组三段中获日产原油575立方米、天然气15.6万立方米,从而发现了涠洲10-3油田。后经多次评价,探明地质储量1664万吨、天然气地质储量10.9亿立方米、溶解气28.84亿立方米,这是北部湾盆地第一个商业性油田。

1989年9月钻探涠州10-3N-1,在石炭系礁灰岩中获高产油流,测试日产油890立方米,天然气2.2万立方米,探明石油地质储量500万吨。

1983年后,总公司与日本出光,美国太阳、宾斯、圣太菲、塞顿,英国BP、凯恩等公司先后签了石油合同,共钻井8口,除太阳公司钻的涠洲12-1-1井有油气显示外,其余均无发现。2004年,洛克(中国)石油公司在22/12区块钻预探井1口、评价井2口,成功评价涠洲12-8含油气构造。

二、自营勘探

1985年后,大部分外国公司由于勘探不理想而退出北部湾石油合同,中国海洋石油总公司开始自营勘探,并取得一系列成果。

探明涠洲11-4油田。涠洲11-4含油构造法方放弃后,中方进行深入研究,决定再勘探。1987—1992年钻3口评价井,探明石油地质储量2435万吨,探明了该油田。

发现涠洲含油气构造。1987年6月钻探涠洲6-1-1井，在下第三系和石炭系灰岩中测试，日产气94万立方米，凝析油210立方米，原油206立方米，发现了高产的涠洲6-1潜山披复含油气构造。

探明涠洲12-8油田。1993年1月钻探的涠洲12-8-1井，测试日产原油206立方米，发现了涠洲12-8油田。2004年经洛克公司评价，探明石油地质储量1889万吨，油藏类型和储油层位与涠洲11-4油田相似，涠西南凹陷东部南斜坡的含油性得到了证实。

发现涠洲12-1油田。涠西南凹陷已是被勘探所证实的富生烃凹陷，分成A、B、C三个次级凹陷，规模最大的B凹陷一直没有大的油气田发现。其中有一个可算是凹中隆的涠洲12-1构造是一个继承性发育的构造，尤其是浅层，是一个规模达30平方千米的背斜，有很大的吸引力。1980—1987年，法国道达尔公司认为这是一个晚期构造，不利油气聚集，没有钻探；1987—1990年，美国太阳公司钻探了涠洲12-1-1井，在涠州组发现4米底水油层，认为没有商业价值而放弃。总公司重新研究、评价了这个构造，重新落实构造图，认为太阳公司所钻的井不在构造高部位，应该重新钻探。1995年钻探了涠洲12-1-3井，获得重大突破，各层试油产量合计超过5000多吨／日，探明和控制石油地质储量3939万吨。

除以上发现外，自营勘探还陆续发现和评价了涠洲12-1北、涠洲11-1、涠洲11-4北、涠洲11-1北油田，进一步评价了乌石16-1油田；在涠洲14-2构造上发现了天然气。特别是对20世纪70年代发现的涠洲11-1含油构造成功评价和涠洲11-1北油田的发现成果最为显著。2003年下半年钻评价井涠洲11-1-2井，井深为3190米，在钻杆测试中，该井获得原油8200多桶、天然气约36.8万立方米的平均日产量。涠洲11-1北-1井位于涠洲11-1北构造上，紧靠在生产的涠洲油田群，测井资料显示，该井油层厚度达50米。

第四节 莺歌海和琼东南盆地

莺歌海盆地及琼东南盆地早期统称莺歌海盆地，后又称莺—琼盆地。随着勘探和地质研究的加深，认识到莺歌海盆地与琼东南盆地是不同类型的两个盆地。

莺歌海盆地位于海南岛西南部，面积10万平方千米，盆地内沉积凹陷面积6.8万平方千米，可钻探圈闭20个。琼东南盆地位于海南岛南部和东南部，面积4.1万平方千米，盆地内沉积凹陷面积3.366万平方千米。从1979—2005年，在两个盆地共做地震测线158800千米，钻探井105口，发现含油气构造18个，5个油气田，探明天然气地质储量2645亿立方米，凝析油339万吨。勘探的最大成果是在琼东南盆地发现了崖城 13-1 气田，在莺歌海盆地发现了东方 1-1 气田及乐东气田群。

一、对外合作勘探

1979 年 7 月，中方与阿莫科、BP 及阿吉普等 6 家公司签订在海南岛西部海域的地球物理勘探协议，到 1980 年 3 月，完成 24 次覆盖地震测线 8133 千米，其中属莺歌海盆地海域为 6564 千米。1979 年 7 月 7 日与美国阿科公司签订琼东南盆地及莺歌海南部部分海域地球物理勘探协议，到 1979 年 8 月完成地震测线 12827 千米。以上两个地球物理勘探协议区，经地震资料处理解释，油气资源评价，于 1981 年初陆续向中方提交研究报告，外方石油公司对莺歌海盆地含油前景评价较低，认为“已被钻穿的上第三系生成油气的可能性很小”。

发现崖城 13-1 气田。1982 年 9 月 19 日，中国海洋石油总公司与阿科公司签订了海南岛莺歌海部分海域石油天然气勘探开发生产合同，合同区面积 9000 平方千米。中方地质专家和美方专家进行平行研究。中方专家提出崖城 8-2 和崖城 13-1 是两个有利构造。中方的意见和美方专家的研究基本吻合。1983 年合同区开始钻井作业，第一口预探井崖城 8-2-1 井 3 月钻到井深 4288 米，未见油气显示完钻。接着阿科公司决定钻探崖城 13-1 构造。在钻井船拖航至崖城 13-1-1 井位途中，中方地质专家在仔细研究地质资料后发现构造的高点已被剥蚀，如果照原定的井位打在高点上，可能是干井，于是建议美方将井位往低点移 500 米。美方专家研究后，接受了中方的意见，将钻井船紧急调到新井位。1983 年 4 月 5 日，崖城 13-1-1 井开钻，至花岗岩基底完钻，完钻井深 3822 米。电测解释陵水组三段有气层 24 层，厚度 141.2 米。经测试日产天然气 114.79 万立方米，凝析油 15 立方米，发现了崖城 13-1 气田。为落实储量，1984—1986 年进行了地震测线加密工作，又钻 3 口评价井，证实天然气储量约为 1000 亿立方米。这是中国发现的最大海上天然气田。

在发现崖城 13-1 气田后共钻探井 18 口，预探构造 15 个，均无重要发现。

二、自营勘探

为了落实“油气并举，向气倾斜”和“建设南海西部大气区”的战略总署，中国海洋石油总公司地质专家先后用地震地层学和层序地层学反复研究，对莺—琼盆地进行模拟，绘出了盆地的构造、温度、压力演化史和天然气的生成、运移、聚集史，为天然气的勘探提供了初步依据。

发现东方 1-1 气田。1988—1995 年，总公司在莺歌海盆地进行大规模的地震资料采集，发现大批泥底辟背斜和三角洲、河道砂、砂坝等地层圈闭，大于10平方千米的局部圈闭就有大约70个。通过对地质资料的研究，认为中新统黄流组、梅山组可能有好的烃源岩。1990年，落实了东方1-1大型泥底辟构造。1992年初钻东方1-1-1井，获日产2万立方米天然气，突破了莺歌海盆地的出气关。总公司通过引进有关技术和装备，实现了双缆、双震源采集，研制成功高分辨率地震采集系统，在莺歌海盆地的勘探和气田评价中应用。在高分辨率地震采集后，钻评价井东方1-1-2井，日产天然气100万立方米，证实浅层气藏存在，发现东方1-1气田，探明含气面积287.7平方千米，天然气地质储量996.8亿立方米。

发现乐东气田群。1993年2月，钻探乐东15-1泥底辟构造。在乐东15-1-1井获日产天然气73万立方米，发现乐东15-1气田，探明含气面积36.5平方先千米，天然气地质储量178.8亿立方米。1996年1月，钻探乐东22-1-1井，测试日产天然气122万立方米，发现乐东22-1气田，探明含气面积165.8平方千米，天然气地质储量431.04亿立方米。另外，还发现了乐东20-1、乐东21-1、乐东8-1、东方29-1、岭头1-1等一批含气构造。

2002年，在莺歌海盆地乐东01区块钻了3口预探井和1口评价井，探明崖城13-4和发现崖城13-6两个气田，其中崖城13-4-2井日产天然气56.6万立方米，气田探明净储量油130万桶、气35.8亿立方米。

第五节　东海盆地

东海盆地是中国沿海大陆架最大的沉积盆地，盆地第三系有两大套成油组合，一套是台北坳陷西区以古新统为生油层的下部成油组合；另一套是西湖凹陷以始新统为生油层的中上部成油组合，这是石油勘探的主要集中点。

在1992年前，东海盆地主要勘探工作量是地矿部作的。1992年对外开放盆地西南地区。1981—2005年，共做二维地震测线113360千米，三维地震1792平方千米，钻探井64口，其中获油气流井21口，发现油气田和含油气构造17个，共获探明天然气地质储量1033.21亿立方米，凝析油地质储量1657.8万吨，探明石油地质储量1699万吨，溶解气地质储量25.31亿立方米。

一、对外合作勘探

1992年中国海洋石油总公司第四轮招标，在东海共签订18个合同和协议（其中1个物探协议后转为石油合同，1个研究协议后转为物探协议），1997年又签订1个石油合同和1个联合研究协议。1989年还签订过1个化探协议。这些合同和协议包括丽水、椒江、钱塘凹陷及闽江、福州凹陷，以及其间的雁荡凸起带。1994—1997 年共做地震测线 26087 千米，钻探井 15 口。其中 14 口失利，只有 1997 年 7 月钻探的丽水 36-1-1 井在上古新统中有 11 层共 52.1 米气，测试 3 层日产天然气 28 万立方米、凝析油 18.67 立方米，发现丽水 36-1 含气构造。

2003 年 8 月 19 日，中国海洋石油总公司、中国石油化工集团公司、英荷壳牌公司、优尼科石油公司共同签署了东海西湖凹陷的 5 个石油合同，这标志着东海油气勘探开发步入了一个新阶段。合同区分别为春晓、宝云亭、27/05、12/21、20/14。5 个合同区位于上海东南方向约 500 千米的东海大陆架上，涉及总面积 22000 平方千米。

二、自营勘探

1980 年完成东海盆地地球物理普查勘探之后，选择西湖凹陷及丽水——椒江凹陷为进一步自营勘探的重点区。

西湖凹陷面积 4.9 万平方千米，由 12 个背斜组成背斜构造带，初期称浙东长垣巨型构造带。中央凹陷分为北凹及南凹，都有一个中央背斜带，分别叫杭州及黄岩—春晓构造带；西北为一个斜坡带。钻探工作从东北部巨型背斜构造带开始，地矿部从 1980 年 12 月钻龙井 1 井到 1993 年钻玉泉 2 井，共钻探井 6 口，预探了 5 个背斜构造，在 4 口井中见油气显示，在玉泉（宁波 27-1）构造上获低产油气，宁波 6-1（龙 2 井）见低产气流，勘探失利。主要是目的层储集物性差，在中新统以上缺乏良好的区域盖层，不利于油气富集。

发现平湖凝析油气田。1983 年，上海海洋地质调查局开始钻探西部斜坡。当年 4 月发现了平湖凝析油气田，探明天然气地质储量 170.5 亿立方米，凝析油 306.3 万吨，石油地质储量 597 万吨，是西湖凹陷最大的油气田。

平湖油气田和几个含油气构造的发现，证实西部斜坡带为油气富集带，油气藏类型为地层—构造、断块—断背斜油气藏，下气上油，储气层为平湖组中上部，储油层为渐新统花港组中下部。1986 年自营勘探又向西湖凹陷南部的中央背斜带转移。天外天（黄岩 13-1）1 井 1986 年 5 月完钻，见油气流。1989—1990 年中国海洋石油总公司同上海海洋地质调查局联合钻探了黄岩 7-1（残雪）及黄岩 14-1（断桥）两个背斜，黄岩 7-1-1 井于 1989 年 7 月完钻，发现气层 5 层 25 米，油气层 3 层 34 米，测试 3 层，日产油 49.1 立方米，天然气 47.09 万立方米。黄岩 14-1-1 井 1990 年 3 月完井测试，日产油 210.30 立方米，天然气 26.97 万立方米，储层为花港组砂岩。1995 年上海海洋地质调查局又在南部春晓（天台 24-1）背斜构造钻探春晓 1 井，在花港组钻遇厚度超过 100 米的油气层，测试 5 层，日产天然气160万立方米，原油198立方米，证实西湖凹陷南部中央背斜带为又一个油气富集带。

到2005年，在西湖凹陷先后勘探发现了平湖、春晓、残雪、断桥、天外天、宝云亭、武云亭等7个油气田和一批含油气构造。

总公司于20世纪80年代在丽水——椒江凹陷共钻5口预探井，但都没有重大发现，但揭示古新统有生烃条件。

第六节　南黄海和其他海域盆地

南黄海盆地。1983年之后与外国公司共签订了7个合同和协议，完成地震测线8680千米，发现各类圈闭286个，钻探井8口，加上合作早期BP公司钻探的2口参数井，共钻探井10口，只在常州6-2构造上钻常州6-2-1井中见低产油流。地矿部自营钻探了7口井，勘探效果也不理想。

台西盆地。台湾岛及其近海的油气勘探由中国台湾进行。地质矿产部对台湾海峡西侧的台西盆地的西部进行过地球物理普查。为填补台西盆地油气资源调查空白，中国海洋石油总公司以厦澎凹陷为主体，1989年6月至年底完成地震、重力、磁力测量各2119千米。1990年7、8月继续在台湾海峡中部澎北凸起和乌丘屿凹陷开展地震详查，共完成地震、重力、磁力各2550千米。

台西南盆地。台湾西南盆地的台南凹陷在台湾陆地部分已发现一批小型油气田，海域中央低凸起已发现高雄西油气田。1989年作地震1646千米。1996年中国海洋石油总公司和“台湾中油公司”在台北签订《台西南盆地与潮汕坳陷物探协议》，协议区位于汕头以南150千米，高雄以西250千米，面积15400平方千米。2003年打了一口探井，未有发现。

南沙群岛海域诸盆地。20世纪70年代初，南海周边国家各自圈定海域界线，瓜分陆架区，还延伸到中国传统疆界区，严重侵犯中国主权。20世纪80年代以来，中国科学院、国家海洋局和地质矿产部对南沙海域进行了多次科学综合考察，国家海洋局完成重磁力测量26000千米。

在南沙海域第三系盆地中，下第三系大面积连片展布，其中以万安盆地与曾母盆地最为发育，沉积厚度分别为6100米与5000米，具有良好的生烃潜力。中国海洋石油总公司于1992年5月8日与美国克里斯通能源公司签署了南海万安北-21石油勘探合同，面积25155平方千米。

为落实中国政府提出的对南海“搁置争议，共同开发”的主张，总公司做了不懈努力。2003年11月，总公司总经理傅成玉访问菲律宾，与菲律宾国家石油公司就联合研究和开发南海油气资源进行了富有成效的会谈，并达成了初步协议。2004 年 9 月，两国公司正式签署了合作协议。协议公布后，促成了越南参与合作。经过中、菲、越三方多次磋商和会谈，终于打破僵局，实现了携手合作的新局面。根据协议，三家石油公司将联手合作，在三年协议期内，收集南海协议区内定量二维和三维地震数据，并对区内现有的二维地震线进行处理。该协议作业区位于南沙水域，覆盖面积 146000 平方千米，相当于 3 个多渤海海域面积，水深从 5 米到 3000 米不等。合同二维地震勘探项目总计 11000 千米，已于 2005 年年底完成。

第十九章 油气田开发建设

自从1967年中国第一个海上油田——渤海湾的海1油田开发以来，至2005年年底，中国海洋石油总公司在中国近海共开发投产45个，在建设19个海上油气田，累计生产原油22765.4万吨，天然气437.9亿立方米。2005年年底，正在生产的油气田有45个，平均日产原油7.6万吨，天然气1576万立方米；有50个油气田正在建设中。

中国近海油气田从北到南，海域自然条件不同，地质情况各异，油气田规模有大有小。通过对外合作学习国外先进技术和经验，并不断创新发展，总公司现在已完全具备了开发海上各种油气田的能力。

总公司的海上油气田开发建设以效益为中心，严格按以下程序进行：在油气田发现后，首先进行油气藏评价，编制海洋环境影响报告；编制油气田总体开发方案（ODP报告）；工程建设。对外合作油气田还要签订开发补充协议，中外合作双方要确认各自的股份及权益、确定开发区范围、油气田管理形式及机构等，作为主合同的补充和组成部分。油气田开发补充协议要报请政府主管部门审查批准。

第一节 油气藏评价

进行油气藏评价，是油气田开发建设的第一道程序，主要弄清油气田的探明储量、地质情况，并进行开发可行性研究和经济评价。

对外合作油气田的油气藏评价工作是由外国作业者进行的，中方同时也进行平行研究,并派出技术骨干直接参加作业者组织的油气藏评价研究项目,进行具体工作和技术监督。对外合作油气田一般发现井经钻杆测试(DST)获得成功后,即布置二维地震精查或三维地震详查,提出钻评价井取资料要求,包括岩芯、系列测井、必要的钻杆和延长钻杆测试(EDST)、流体取样等。评价井测试后进行油气藏研究、计算地质储量,进行早期油气田评价和开发可行性研究,包括工程经济评价。

对外合作后,外国作业者多采用国际先进地震船和知名地球物理公司做地震数据采集、处理和解释,发现油气田后,多数评价井测井由法国斯伦贝谢公司进行;钻井完井、防砂、岩芯和 PVT(高压物性)取样,都请国际信誉较高的公司完成。有的油气田还采用多种方法进行评价,例如流花 11-1 油田钻了直井、大斜度井和水平井三种不同评价井,进行延长测试,了解油田地质情况,进行油藏研究工作。一些大油公司作业者都有自己强大的研究中心,采用最先进的油藏描述和模拟软件,进行油气藏评价工作。

为了节省成本,合作油气田和含油气构造钻评价井一般只 1~2 口,流花 11-1 亿吨大油田只钻 3 口,崖城 13-1 千亿立方米大气田钻 4 口。由于作业者对油气藏评价的科学管理和严格要求,经项目研究队专家的认真研究,合作油气田用少数评价井,便取得齐全准确的地质数据,为编制总体开发方案提供了可靠依据。从 1980—1997 年,海上合作区在 28 个油气田和含油气构造中,共钻评价井 74 口,获得基本探明石油地质储量 3.75 亿吨,天然气基本探明地质储量 1003 亿立方米,共折合石油当量 4.75 亿吨,平均每口评价井获基本探明地质储量 642 万吨,相当于早期渤海油气田平均每口评价井获得地质储量的 8 倍。合作油气田储量报告也多次获得全国矿产资源储量委员会奖励,其中流花 11-1 油田获得优秀奖,西江 24-3、惠州 26-1、惠州 32-2、惠州 32-3 油田和崖 13-1 气田获得良好奖。

油气田开发可行性研究,是在地质储量基本探明、地质模式基本落实后,进行油气田生产规模预测和油气田开发工程方案设计及经济评价,寻找技术上可行、经济上合理的开发方案。开发方案要进行多种可行性方案的对比、论证,对各种方案进行投资估算和经济评价,最后优选最佳方案,供油气田总体开发方案进行深入研究。可行性研究中,还要按专业进行各种专题研究。南海流花 11-1 油田有亿吨储量,但因水深(305 米)、油稠和埋藏浅等原因,仍属经济边际油田。在油田开发可行性研究中,经过 5 年,进行多种方案对比和专题研究,最终优选出水平井、水下井口、浮式生产平台和储油轮的推荐方案。

在对外合作的同时,总公司在渤海、北部湾自营勘探发现一批油气田。在油气藏评价中，学习国外石油公司先进经验和技术，引进先进技术装备，使评价效果显著提高。20世纪80年代以来，总公司自营发现的油气田都是完全按照国际石油公司的方法组织油气藏评价工作的。锦州20-2凝析气田获得商业天然气流后，成立了包括地球物理、油田地质、岩石物理、油藏工程、钻采工程、海上工程和经济评价等技术专家组成的油气藏评价项目研究队，进行初步评价，布置三维地震、编制评价计划、部署评价井。绥中36-1油田、秦皇岛32-6油田和东方1-1气田，都是按照这一方式进行油气藏评价工作的。

为了做好油气藏评价，总公司在技术装备上更新换代，采用世界最先进技术。地球物理地震采集全部使用了新一代数字地震仪，数据处理多次更新引进国外先进阵列机和软件，解释工作站也达到或接近世界先进水平。钻井、地质录井、测井、钻杆和延长钻杆测试、完井、泥浆、防砂、流体取样等，除通过组织合营公司达到国际水平外，部分评价井还请法国斯伦贝谢公司测井，请美国哈里巴顿专家到现场进行钻杆测试和流体取样监督，有的岩芯和流体样品还送到美国、新加坡做分析化验。油藏模拟引进了世界著名SSI等软件公司的先进软件，既适合于黑油油藏，也适合于轻质油、凝析油油藏；既适合于孔隙型油气田，也适合于裂缝型油气田；既可模拟水驱、溶解气驱油田开发，也可模拟聚合物驱油田开发。

绥中36-1是大型重质油田，从1987—1997年，油藏评价的地质研究和储量计算经历了三个阶段：1987年油田发现后经初步评价，钻了3口预探井和5口评价井，作了二维和三维地震，进行了油藏研究和储量计算，上报国家储委基本探明地质储量1.2亿吨；1989—1995年，试验区投产后，又补钻3口评价井，进行了新一轮油藏评价，在试验区发现新油层，发现主力油层向油田南部延伸，1994年向国家有关部门申报增加基本探明地质储量0.9亿吨；1995—1997年，在J区开发井钻井中发现实际油层净厚度比预测增加30%，差油层也具有一定的生产能力，同时在未开发区又钻2口评价井，经多井约束反演技术进行油藏描述，复算地质储量，基本探明地质储量达2.9亿吨，1997年上报国家储委批准。

自营油田中，绥中36-1、锦州9-3油田、乐东15-1气田获全国矿产资源储量委员会储量报告优秀奖，涠11-4油田获良好奖，涠12-1油田获三等奖。

1981—1997年，自营23个油气田和含油气构造共钻评价井96口，获得基本探明石油地质储量6.4亿吨，天然气1777亿立方米，合石油当量8.22亿吨。每口评价井获基本探明地质储量856万吨，为总公司成立前的10倍，超过合作油气田的水平。

由于油气藏评价工作做得到位，总公司所开发的油气田储量预测基本准确，为实现开发取得良好效益奠定了基础。

第二节　总体开发方案编制

油气田总体开发方案(ODP 报告)是油气田开发的依据,是油气田建设的指令性和纲领性文件。开发工作中一些重大措施,都要按照 ODP 报告的规定和要求实施。ODP 报告的编制是以现有资料数据为基础,对今后开发产量和盈利的一种预测,存在着一定的不确定性,因而必须慎之又慎。

在总公司成立前,中国在渤海开发的 5 个海上小油田和含油构造只做了简单的估算,没有做总体开发方案,总共 6 座试采平台中,有一半是亏损的。后来开发的埕北油田是简单背斜构造和砂岩油藏,经过长期试采,取得大量数据,编制了开发方案。方案提出在发挥边水作用的同时,在油藏顶部钻点状注水井,采用先期防砂完井和机械采油等措施。1980 年油田中日合作后,方案得到日方的赞许,并有偿采纳了中方开发方案,在以后的油田生产开发中取得良好效益。《埕北油田开发方案》1986 年获得国家科技进步三等奖。

总公司成立以来,中国海上对外合作和自营共建设投产的所有油气田都是按照国际标准和做法,在油气藏评价取得齐全准确数据的基础上,把油气藏研究、钻采工程、开发工程概念设计和经济评价相结合,编制符合油气田地下情况的总体开发方案,并都按照方案顺利建成投产,获得良好的经济效益。

中国近海已开发的油气田大致可分为三种类型,ODP 报告的开发方式也各有不同。

一、海相砂岩中小型油田

这类油田的共同地质特点是:油田构造完整、形态简单、圈闭小、幅度低;储层分布稳定、物性好,海相沉积,以砂岩为主;油藏类型以底水块状和边水层状为主,天然水驱能量充足;油井生产能力旺盛,单井产能高;原油性质好,砂岩油田原油比重 0.79～0.89;储量和含油面积都不大。这类油田有珠江口盆地的惠州 21-1、惠州 26-1、惠州 32-3、西江 24-3、西江 24-1、陆丰 13-1、陆丰 22-1 油田和北部湾盆地的涠洲 11-4 等油田。

这类构造完整的中小型油田的 ODP 报告的特点是：充分发挥天然水驱能量,在不注水条件下获得好的开发效益;井数少,一个油田一般 10 多口生产井,最多不超过 20 口；采油速度高，开采年限短，采收率高——采油速度一般每年为 4%～10%,开采年限一般 7～8 年,采收率一般 30%以上;海上工程以“三大件”

——生产平台、单点系泊和浮式生产储油装置轮为主，三者用海底管道连接，油气处理、油气集输、动力系统都在浮式生产储油装置轮上，大大减少了平台负担。这种方案基本符合中国海上油田情况，总投资比全部设施放在平台上（如埕北油田）节省1／3；几个油田联合开发，共用一套单点系泊和浮式生产储油装置轮；采用先进技术开发小型边际油田。惠州、西江、陆丰油田是这类油田开发的成功例子。

惠州油田群。包括惠州21-1、惠州26-1、惠州32-5、惠州32-2、惠州32-3油田，由中国海洋石油总公司与ACT集团（意大利阿吉普、美国雪佛龙、美国德士古）联合开发。

惠州21-1是南海东部开发的第一个油田，离岸160千米，所在海域平均水深116米，石油地质储量1548万吨，天然气地质储量22.3亿立方米。1990年9月13日投产，工程设施为全海式，包括1座采油平台、1座快速解脱式单点系泊装置，1艘25万吨级生产储油轮“南海发现号”和海底管线。惠州26-1油田距惠州21-1油田西南约25千米，石油地质储量3759万吨，1991年11月完工投产，油田新建生产平台一座，钻20口开发井（16口生产井，4口注水井），生产的原油通过1条12″/18″的海底双层保温管线输送至“南海发现号”进行处理。惠州32-5油田距惠州26-1生产平台东南约3.5千米，石油地质储量820万吨。油田不建新的生产平台，仅安装3口水下采油树，采用水下井口回接到惠州26-1平台，产出液经埋入海底约1米深的柔性管线输送到惠州26-1平台处理。惠州26-1北块距惠州26-1生产平台8.7千米，基本探明级石油地质储量352万吨。油田开发仅钻生产井一口，采用水下井口通过海底管线回接到惠州26-1油田平台进行生产。惠州32-2油田距惠州26-1油田西约10.4千米，地质储量为972万吨；惠州32-3油田距惠州26-1油田约4.8千米，地质储量1740万吨。两个油田的主要工程设施有：两座固定式生产平台、3条海底管线和2条海底电缆。惠州32-2油田的产出液经海底管线输送至惠州32-3平台进行处理，处理后的原油和惠州32-3油田生产的原油再经过一条海底管线输送至惠州26-1平台，然后同惠州26-1油田的原油一起混输至“南海发现号”浮式生产储卸油装置上。

西江油田群。包括西江24-3、西江30-2油田和西江24-1区块，由中国海洋石油总公司和美国菲利普斯公司联合开发。西江24-3位于珠江口盆地15/11合同区块南端，距香港东南约130千米，所在海域平均水深99米，地质储量为3014万吨，1994年投产；西江30-2油田距西江24-3油田12千米，地质储量为4874万吨，1995年投产。两个油田的设施由两座结构相似的采油钻井平台（西江30-2、西江24-3各一座）、1艘15万吨级浮式生产储卸油装置“南海开拓号”、单点系泊和海底管线组成。西江24-1区块在西江24-3油田东南方约8千米，是个边际小油田，地质储量只有 535 万吨，独立开发没有经济效益，后来利用西江 24-3 油田平台剩余井槽，向西江 24-1 区块钻一口大斜度长水平位移井（西江 24-3-A14 井），井深 9529 米，水平位移 8200 米，最大井斜 79° 33′，这口井创造了当时位移、裸眼井段、随钻测井实时接收三项世界纪录，仅钻一口井便开发了一个油田。西江油田群 3 个油田共有 46 口生产井，采油方式为电潜泵采油。至 2004 年 12 月，油田群共产油达 3914 万吨。

陆丰 22-1 油田。位于珠江口盆地 17/22 合同区内，距深圳赤湾港东南约 310 千米，距香港东南约 250 千米，所在海域平均水深达 333 米，石油地质储量 1680 万吨，由中国海洋石油总公司和挪威国家石油公司联合开发，1997 年 12 月投产。油田开发采用水下井口方案，即由柔性生产立管回接到单体浮式生产储卸油装置的方案。油田钻 5 口水下水平生产井，每口生产井用泥线增压泵进行人工举升，生产井通过水下系统回接到 9 万吨级浮式生产储卸油装置“南海睦宁号”，省去建造平台的投资，打破“三大件”模式，使油田得以开发。

二、背斜型大中型重质油田

中国近海油田中，重质油田基本探明地质储量占大部分。海上重质油田主要集中在渤海和南海珠江口。它们的主要地质特点是：埋藏浅（埋深 800～1800 米）；构造相对简单，面积大、储量大；含油井段长（30～200 米），油层厚度大（20～70 米）；储层性质好，渗透率高，孔隙度大；原油性质差、粘度高（400～1000 毫帕·秒）、密度大（0.93～0.97 克 / 立方厘米）；多数油田天然能量不足。这类油田有埕北、绥中 36-1、锦州 9-3、秦皇岛 32-6、南堡 35-2 和流花 11-1 等。这些油田的 ODP 报告有以下特点：水驱开发是油田开发的核心，如埕北和流花 11-1 油田天然能量充足，采用天然水驱方式，绥中 36-1 和秦皇岛 32-6 等油田，则采用注水开发；多数油田生产井需先期防砂完井和机械采油（流花是礁灰岩，不需防砂）；注水油田多采用面积注水，井距小（一般 350～400 米）；采收率较低（一般 20%～25%）；单井产能低（一般日产 50～100 吨）、采油速度低（2% 左右），ODP 报告需要为油田以后二次、三次采油留有余地，以提高最终采收率；采用新技术，减少投资，提高效益。

流花 11-1 油田的开发是一个成功的范例。该油田水深（305 米）、油稠（比重 0.92～0.97）、储量大（1.5 亿吨），地下油藏非均质性严重，油层浅、压力低、油层薄，且处于台风多发区，开发作业受潮汐流、风暴流、海流及内波流的严重影响。利用常规导管架固定平台和垂直井技术进行开采投资巨大，没有经济效益。经作业者阿莫科公司和总公司联合攻关，决定油田工程由三部分组成：一是用半潜式钻井平台改装成浮式生产系统，用于钻井、修井、支持水下作业并向电潜泵供电；二是浮式生产储油装置，用于油水分离处理、原油储存和外卸；三是水下系统采用卧式采油树、湿式电接头、水下机械手、水下遥控系统等高新技术。油田开发有四大创新特点和十项世界领先技术。四大创新特点是：20口开发井全部是井眼轨迹准确的水平井，全新连接概念的水下生产系统，安全可靠的水下对接完井管柱系统，布局合理并具备抗台风能力的非对称锚链系泊海上生产设施。十项世界领先技术是：集液总管汇，井间短跨钢制接管，湿式电接头，悬链式柔性立管系统，水下生产液压自动控制系统，水下机器人，水下卧式采油树，新型海底管道固定底座，钢制长跨接管，水下遥控测量安装和回收技术。油田独特的开发方案和运用的尖端技术，代表了当今世界海洋油气开发的最高水平，因而获得世界石油界的广泛赞誉，获国际近海工程技术大会优秀论文奖，。

三、复杂断块、岩性和潜山油气田

这类油气田有渤海的渤中28-1和34-2／4油田、锦州20-2凝析气田、歧口18-1和17-3（海4）、428西油田，东海的平湖油气田，北部湾的涠10-3、涠12-1油田。它们的地质特点是：埋藏深度在2000～3000多米；构造复杂、断层多、圈闭小；储层复杂，物性差，储层以下第三系砂岩为主，孔隙度小于20%，渗透率10～200毫达西，潜山储层有中生界火山岩、古生界碳酸盐、元古界和太古界花岗岩等；流体性质好，一般都是轻质原油，密度0.82～0.85克／立方厘米，粘度2～10毫帕·秒；面积小（一般不超过10平方千米）、储量不大（油藏在1000万吨左右，气藏不超过100亿立方米）；油气层往往不同层位叠加连片，或多个小油气田聚集一起，形成小油气田群。

这类油气田地质上不确定因素多，地下风险大，开发难度高，经过多年开发实践，总公司已形成一套比较成熟的做法：（1）联合开发。此类油田20世纪70年代渤海采用试采平台试采，经济效益差。80年代中日合作的渤中28-1单独开发，效益也不大好。90年代渤海项目采用联合开发分式，重新启动了渤中28-1油田，联合其他三个油田，共用一套装置，降低了成本，取得良好的经济效益。（2）有油采油，有气采气，油气综合利用。此类油田多数油气并存。渤中28-1油田原来对天然气规模认识不清，ODP未考虑开采气方案，投产启气窜，油田停产时，仍有日产60万～70万立方米天然气，遂决定二次开发。锦州20-2凝析气田方案只有采气，没有采油，生产中黑油增多，遂增加采油。（3）滚动勘探开发。涠10-3油田地下地质情况一时认识不清，采取先试行生产，在生产中进一步进行油藏评价。这类油田ODP报告都较灵活，留有足够的余地，在生产实践中进行调整。

总公司把渤海油气田按地区分成辽北、辽中、石臼坨、渤西南4个开发体系，每个体系有一两个较大油田作骨干，联合其他小油田，统一编制ODP报告，统一油气处理、集输和综合利用，可把油田群联合开发再提高一步，使渤海大批单独开发没有效益的小油气田得以开发。

这类油田中，渤西油气田群、涠西南油田群的开发是成功的例子。

渤西油气田群。包括歧口18-1、歧口18-2、歧口17-3、歧口17-2共4个相邻油田，石油地质储量4500多万吨。渤西油气田群所在区域断层多，圈闭小，单个圈闭储量较少，形不成独立开发规模。中国海洋石油总公司将这些分布相对集中、距离较近的小油田统一规划，采用半海半陆式的开发方案，对小油田联合开发，集中管理，设施共用。4个油田在1997—2004年期间先后投产。渤西油气田群设施由海上和陆上两部分组成，海上设施包括歧口18-1、歧口17-3、歧口17-2油田、歧口18-2的四座平台、平台间的海底混输管道及歧口18-1至陆上终端间的海底输油管道和海底输气管道；陆上设施由油气处理厂、陆地输油及输气管道组成。2005年，渤西油气田群平均日产原油约8951桶，天然气17万立方米。

涠西南油田群。包括涠洲10-3、涠洲10-3北、涠洲11-4、涠洲12-1、涠洲12-1北块5个相邻的油田，位于北部湾涠洲岛西南部。5个油田中，涠10-3最早开发，是全海式，主要设施是一座采油平台、一座单点系泊和浮式生产储卸油装置“南海希望号”及海底管线。后来利用该油田的储油轮等设施相继开发涠10-3北和涠11-4油田。1996年制定涠12-1油田开发方案时将以上3个油田统一考虑，决定放弃储油轮，原油通过海底管线全部上涠洲岛。整个工程于1999年8月全部完工，年生产能力200万吨。工程设施由5座海上综合平台、一座陆上终端处理厂、一座轻烃码头、一个外输原油单点构成。

第三节 油气田设施建造和安装

中国海上工程建设最先是从海上钻探设施开始的。1966年在非常简陋的条件下制造安装成功渤海第一座固定平台，接着又陆续建造了几座固定式平台。1972年至1973年，由中国船舶工业总公司708所设计，大连造船厂建成“渤海1号”可移动的自升式钻井平台，1973年、1974年两年钻探井14口，效率大大超过固定平台。此后，渤海石油勘探、开发装备有了合理的分工，即用移动式平台钻探井，用桩基固定平台钻生产井采油生产，在勘探取得成果的同时，也开发建设一批采油平台，设计水平和建造质量都有所提高。到1980年，共建造了12座平台，总公司也形成一支1300多人的海上工程设计、建造施工队伍。

对外合作后，油气田建设都严格按照ODP报告进行，工程建设采用国际招标承包方式，建设速度、质量都达到国际水平，建设周期缩短。总公司的海上工程队伍也积极投入市场竞争，分包一些小项目，在竞争中发展壮大，技术水平和经济实力不断提高，逐渐能总包油气田建设工程。1999年，队伍进行重组，成立海洋石油工程股份有限公司，集海洋油气开发工程设计、建造、安装、调试和维修为一体，实力大大增强，拥有天津塘沽、深圳赤湾、广东湛江三个制造场地，年钢材加工能力分别为5万标准吨、3万标准吨和2万标准吨，配有世界先进水平的钢材预处理生产线，拥有包括最大起重能力为350吨的履带式吊机在内的大型吊机10余台，板材、管材、型钢切割和钢管卷制全部实现了数控化。公司持有6G、6GR等国际证书的技术工人达300多人，氩弧焊接技术、无气体保护焊技术、CO_2药芯焊技术、涨力焊技术得到了广泛应用。导管架立片技术、激光测距技术等达到了国际先进水平。至2005年年底规划面积为90万平方米、年钢材加工能力可达30多万标准吨的青岛制造场地正在紧张建设中，预计2006年中期可部分投入使用。

海洋石油工程股份有限公司目前能够承担深浅水导管架、组块、橇块、浮式生产装置、单点系泊系统的陆地建造和海上安装，能从事陆地终端建设、钢管卷制以及压力容器、牺牲阳极、钢结构物建造，已先后为中外业主建造导管架和单点系泊装置80余座，各类模块和橇块100余座，其中包括重达8000吨的南海惠州26-1导管架和7200吨的南堡35-2中心平台组块。公司承揽的重量为18000吨的番禺30-1导管架正在建造中。公司的海上安装和铺管能力在亚洲处于领先地位。公司每年同时总包的海上油气田建设项目已达十多个。

中国海上油气田建设工程分为两大类型：一是全海式，即采油、处理及储存等生产作业均在海上完成，主要工程设施由桩基式固定平台、单点系泊及浮式生产储油装置（FPSU）组成；二是半海半陆式，即在海上建固定平台开采油气，经海底管道输送到岸上终端站进行处理、外输。这两类油气田的开发建设总公司都能完成。

第四节　工程项目管理

中国近海的油气田开发建设完全按照国际程序和标准，工程建设管理也完全按国际惯例。油气田一经签订开发协议，即成立开发建设工程项目组，实行全权项目经理负责制，按照程序进行油气藏地质、工程、经济评价，制定油气田总体开发方案，进行油气田工程设计，开展设备和各项器材、服务招标采办，直至建造、安装施工，进行调试投产，在全过程中实行进度、质量、费用三大控制。

对外合作油气田的工程项目管理中，崖城 13-1 气田工程项目齐全、工作量大、投资大、技术复杂，具有代表性；自营油田则以绥中 36-1 最有代表性，而东海油气田则是国内不同单位联合开发模式的代表。

崖城 13-1 天然气田。崖城 13-1 气田由中国海洋石油总公司和美国阿科公司及科威特佩克公司联合开发。1992 年 4 月项目启动，即由中外双方组成联合项目组，执行项目的实施和管理。项目组有一个配套的有经验的技术决策和支持班子。同时，由阿科、科佩克、总公司三方组成代表委员会，对重大项目决策进行审查批准。这个气田在开发建设过程中，严格实行了进度、质量、费用的三大控制。

一是进度控制。崖城 13-1 气田建设的最终目标是生产天然气并输往香港，在关键线路上，共有 7 个工程单元，其中最重要的是钻生产井、至香港海底管道铺设和海南岸上生产作业基地建设 3 个项目。项目组以 3 个关键项目为纲，以每个进度单元中的关键里程碑日期为目标，安排落实整个项目的设计、采办、招标、建造、运输、安装、试运投产。为了把推迟投产造成的损失定量化，项目组经测算，如投产推迟 31 天，每周损失现金流现值 280 万美元；推迟 31 天以上，每周损失 320 万美元。为此，项目组在推荐中标者时，选择进度风险最小的方案，量化进度风险。运行过程中，合理组织工程界面衔接，及时分析和预测可能出现的问题，找出切实可行的解决办法。项目在实施中，曾出现海底铺管船触礁、承包商韩国现代重工的工人罢工、台风等影响进度重大事件，项目组都采取有力措施把滞后的进度赶回来。项目组进度控制经理编制标有里程碑日、全部控制单元、项目关键作业顺序等各种进度表，随项目的进展定期更新。现场监造组每周向项目组上报进展情况。出现问题时，项目组主管经理及时赴现场会见承包商主管总裁，限期采取有效补救措施。由于严格控制进度，使气田于 1996 年元旦准时投产。

二是质量控制。崖城 13-1 气田项目是按照国际石油通用的最新技术标准、规范和管理程序进行设计、采办、现场监造和质量检验的，质量管理完全依照 ISO9000 体系原理，依靠项目本身的质量控制和质量保证系统。为了确保工程质量，项目组编制了系统、完善和可以操作的工作程序和技术规格书；选用具有权威性专业证书的制造商和供应商；项目组经过招标，选用权威的第三方检验机构；按工作阶段、工作性质和专业要求，选用有声誉、有经验的工程检验公司和各个专业的现场检验人员。设计和采办是在美国休斯敦进行的。为了协调技术接口、控制设计进度和质量，项目组直接进驻设计公司大楼办公。工程建造阶段，项目组在预制现场派遣了以质量检验人员为主的监造组，承担工作量变更审查、进度控制和质量检验。交货前监造组都要在供应商厂地对生产设备的功能进行检测。严格的把关，使气田建设的质量得到保证。至 2005 年，气田投产已 10 年，但各种设施和设备均运作良好。

三是费用控制。为了控制好费用，所有成套设备和大批量钢材都由项目组采办。平台制造和安装全部采用以总价为基础的合同模式，在合同中都设有保护性条款，大大减轻工程风险。对工作范围宽的工程项目，采用比较灵活和具有激励性的招标策略，在几项大的采办和工程项目招标中都取得了低价。对现场的检验和监造人员采取“需要时动员、任务完成时复员”的方针，减少管理人员费。项目组和各现场监造组对工作变更单的审批十分慎重，避免因质量返工和追赶进度而引起的大笔费用风险。项目组还定期对项目的承诺额、完成额、支付额进行分析，以便及时预测项目费用的发展趋势。在项目组的严格管理下，从 1993 年 10 月起，先后 6 次调低了项目总费用的预测数。崖城 13-1 建设项目最终总费用为 11.3 亿美元，比原预算节省 9600 万美元。

绥中 36-1 油田。绥中 36-1 是自营油田，工程管理吸取国外经验，也都采取项目组的管理模式。由于自营油气田开发对承包单位选择的局限性和计划执行的多变性，同时受海上气象影响，使进度控制难度增大。国外承包商可以用合同约束，国内和内部施工单位往往行不通，因此除了进行行政干预外，还实行工期包干、适当奖励的办法，以确保进度。质量控制方面，工程按照国际标准和规范，设计阶段严格设计单位内部审查。该工程采用大量国产设备，为防止质量出现问题，项目组在设备制造、工程建造和安装中，对每个施工环节都派员到现场严格检验，审查施工程序并签署制造文件。同时，工程从设计到建造，均通过第三方挪威船级社的审查、检验和认可。在工程费用控制方面，根据单项工程预算，在合同规定工作范围的基础上，切块给施工单位，完工后上报施工成本，经财务部门和项目组审查确认。重大项目如浮式生产储油装置的建造则采取国内外招标的办法。为降低费用，项目组把船体和上部生产动力模块分开招标。由于绥中 36-1 油田开发工程实行项目管理，严格三大控制，使工程设计合理，建造安装质量可靠，总体上达到国外同类工程的水平，获得 1996 年国家科技进步一等奖。

东海油气田是国内联合开发部模式。东海海域正在生产的油气田 1 个（平湖油气田），为中国海洋石油总公司、中国石油化工集团公司和上海市三家联合开发建设；正开发建设的油气田 4 个（春晓、天外天、残雪、断桥），为中国海洋石油总公司、中国石油化工集团公司联合开发建设。上述油气田均由中国海洋石油总公司所控股的中国海洋石油有限公司的下属单位担当作业者。2005 年平均日产 4751 桶油当量，拥有可采储量 8800 万桶油当量。

平湖油气田。平湖油气田位于上海市东南约 400 千米的东海大陆架，距南汇县芦潮港管线登陆点约 374 千米。该油气田于 1983 年 6 月由地矿部上海海洋地质调查局(现为中国石化集团上海海洋石油局)钻探发现,是中国东海陆架盆地第一个发现并投入开发的复合型油气田。

平湖油气田总体开发方案是:半海半陆式,主要设施为一座集钻井、采油、生活于一体的海上综合平台,钻生产井 13 口(油井 6 口,气井 7 口);铺设一条 385 千米的 14 英寸海底输气管线和一条 306 千米的 10 英寸海底输油管线;一座陆上天然气处理厂和一座原油中转站。方案于 1995 年 9 月由国家计委批准,海上工程建设批准总费用为 3.63 亿美元。海上工程项目由中国海洋石油总公司平湖项目组管理,中国海洋石油总公司承担平湖油气田一期工程的钻完井、平台设计建造、海管设计铺设、投产以及海上生产作业。

油气田开发工程于 1996 年 11 月开始,1998 年 11 月原油投产,1999 年 3 月天然气投产,节约工程投资 1 亿美元。截至 2004 年 12 月 31 日,天然气生产已累计达 24 亿立方米,原油生产累计达 291 万吨。2005 年平均日产天然气 50.94 万立方米,原油 1706 桶。

春晓油气田群。春晓油气田群位于宁波市以东约 350 千米的东海,作业水深 95～106 米,是东海涌大浪高的海域。油气田群一期工程由两个井口平台(春晓和天外天)和一个中心平台(CEP)组成,总重量 17750 余吨。油田群由中海石油(中国)有限公司上海分公司执行开发,海油工程公司总包平台的建造、安装与海上连接调试。2005 年 3 月 29 日,开始工程建设组块的海上安装与调试工作。

第二十章 科技成果及应用

海洋石油是知识密集、技术密集的新型能源工业。中国海洋石油总公司十分重视科技工作，明确地把“科技领先”确立为四大发展战略之一。

中国海洋石油发展史，是一部技术创新史；中国海洋石油的发展历程，清晰地向人们展示了高新技术的突出作用。总公司不但建立起海洋石油的科学创新体系，而且掌握了海洋石油勘探开发生产以及管理的关键技术和配套技术，培养了一支掌握运用和创新这些技术的科研和技术队伍，他们为海洋石油发展奠定了基础。

总公司的科技发展大致分为两个阶段。第一阶段从公司成立之初到 20 世纪 90 年代中期，通过对外合作，引进、消化、吸收了大量世界最先进的石油技术，逐渐形成了具有自己特色的“勘探开发生产海上油气的四大能力和十大配套技术”；第二阶段从“九五”以后的约十年时间，是引进、集成、应用、创新相结合发展阶段，形成以优快钻井为代表的一批集成创新技术，同时借助国家“863”计划的支持，在许多重要技术领域取得突破。目前总公司在海洋石油勘探开发生产实践中已形成并应用 13 个方面 57 项高新技术。

在科技进步和发展中，总公司培养了一支高素质、适应海洋石油发展的科技队伍，成为“高科技、高速度、高效益”的三高企业，成为国有企业中高新技术产业化的突出典型。科技的进步，有力地推动了中国海洋石油工业的发展，石油产量年年增加，效益连连攀升。“九五”计划以后，科技进步贡献率达 50%以上，充分显示了科技作为第一生产力的作用。

第一节　引进、消化和吸收

中国海洋石油从艰苦创业时开始，就与科学技术紧密相连。从莺歌海的地震试验到在南海、渤海、黄海进行石油地质普查，从浮筒打井到建造中国第一座自升式钻井平台，从李四光分析中国大地构造到海洋地质工作者“以陆推海”进行地质类比，无不体现中国科技工作者对海洋石油科学技术的探索。但是由于缺少与外界交往，与国外先进技术相比，处于明显的落后状态。

对外合作使中国的海洋石油技术得到长足的进步和发展。1982年中国海洋石油总公司组建时，国家明确不作任何资金投入，要完全靠公司自已贷款和发展，技术上更是一片空白，所有专业技术人员都来自陆地油田，他们对陆地石油的勘探开发有较丰富的经验，但对海上石油勘探开发技术却掌握很少。组建之初，第一届领导班子就把企业定位在高科技产业上，非常重视高新技术的发展，制定了明确的科技工作发展方针，通过对外合作引进、消化、吸收国外先进技术，培训人才，尽快提高技术人员的素质和水平，逐步掌握外国石油公司海上油气勘探开发先进技术，力争尽快接近国际先进水平。

“引进、消化、吸收”方针，是根据海洋石油技术涉及科技专业广、知识密集程度高的特点和当时技术落后的现状提出来的，是一个迅速提升技术进步的发展模式。其主要做法有三个方面：

一是引进钻井、地震、导航、计算机软硬件技术。自1977年起，分别从美、英、法、日、挪威等十几个国家引进了一大批钻井、物探、测井、海上工程建设所需的先进设备和技术，以及配套的先进工具、软件。在钻井和测试方面，引进具有20世纪80年代先进水平的一批自升式、半潜式钻井船和顶部驱动钻机、MWD测斜仪、ESI电子单点裸眼井轨迹测试仪等测试、固井、录井装置；在地球物理采集方面，先后引进了地震船和模拟磁带仪、数字磁带记录地震仪、48道等浮电缆、空气枪震源、无线电导航系统等先进仪器设备，逐步掌握了不同水域的二维和三维地震勘探采集技术；在地震资料处理方面，先后引进先进的地震资料处理机、地震资料解编和绘图机、平板绘图机、彩色绘图机、地震处理系统等，并引进和开发二维、三维地震资料处理新技术；在地震资料解释方面，先后引进了区域地震地层学解释技术、油气资源评价技术和人机交互解释系统、测井资料处理绘图系统等技术装备及相关技术；在海上工程建设方面，先后引进了国际同类工程设计公司所通用的计算机和大型应用软件，配备了各种微机，形成了一套比较完整的、进行海洋石油开发工程设计的计算机辅助设计系统及相关技术，掌握了国际上惯用的工程评价和经济评价的理论和方法、计算方法和标准规范体系以及国际工程项目管理的理论和方法。

二是根据各国公司的特长，向中方转让需要的专业技术。对外合作开始时，国务院颁布的《中华人民共和国对外合作开采海洋石油资源条例》和批准的《标准合同》，以及第一轮、第二轮签订的石油合同都明确规定，外国合作者应当使用适用而先进的技术和经营管理经验，并有义务向中国海洋石油总公司转让技术、传授经验，对中方人员进行培训。据统计，从1980—1997年，总公司共接受技术转让230项，其中基本掌握135项，占59%；部分掌握47项，占20%；一般了解48项，占21%。共有100多项技术已在生产中应用。在第二轮招标中，根据各外国公司的特长和总公司的实际需要，在签订的7个石油合同中确定了地质、勘探、钻井、开发、油气开采、海洋工程等36个专项技术转让项目。总公司先后派出80多人出国接受转让，为以后的油田开发、海洋工程建设做好技术储备。这些技术针对性强，非常实用。如阿莫科公司转让的定向井钻井技术和阿吉普公司转让的钻井软件系统，在涠10-3-5C定向井设计和涠11-4油田浅井大斜度井钻井作业中取得成功；雪佛龙公司转让的海洋油气处理集输设计、施工和维修技术项目中，所提供的设计通用规格书及油田实例共5套45册，以及有关的设计手册12种，已作为总公司各专业进行基本设计的基础资料；埃索公司转让的海上安全检验技术，对中国海上钻井平台检验工作有很大帮助。

三是多渠道学习国外先进技术，培养技术人才。在引进国外先进技术设备和接受技术转让的同时，总公司采取多种渠道、多种方式大力抓好科技人才的培养。

首先是选派优秀技术人员进行技术转让的出国培训，将先进技术及时消化，从1982—1991年，共派出977批（团组）2308人次到美、英、日、法、德、意等30个国家和地区，接受地质、物探、钻井、开发、工程建设、工艺措施、环保安全、财务管理、法律法规、采办供销等14类147个专业方面的技术培训，其中勘探、开发技术人员占581批1549人次。

其次，在与外国公司签订石油合同区勘探开发合同时，明确规定中方科技人员参加各个岗位的实际操作，加速培养自己的科技队伍。根据石油合同，中方首先向每个合作区块的联合管理委员会派出专业技术人员，与外国专家共同进行管理和研究工作，从中学到许多先进技术和管理经验。这些人员后来在自营油田的勘探开发项目中成为技术和管理的骨干。按照石油合同规定的培训计划，由外方培训专业骨干。据统计，到1997年，外国作业者先后组织了160多项500多人次专业技术国外岗位培训和专题学习，中方先后聘请150名国外地质勘探、石油工程、经营管理、合同条法等方面的专家前来组织100多次技术讲座，共有2000多人次参加听讲。

第三,在与外国公司合作过程中学习、吸收他们的先进技术和管理经验。在各合营、合作公司中,根据需要培训了综合录井、定位、物探、钻井、泥浆、测井等专业技术人员470多人,使专业技术队伍的技术水平有了很大的提高,有些已达到或接近国际承包商的水平。

第四,采取"合作与自营并举"方针,将学习、引进、吸收的先进技术和经验,在自营勘探开发中得到充分应用。另外,为解决某些技术上的薄弱环节,总公司多渠道地开展双边国际合作与交流,并在国内与各部委、高等院校开展科研联合攻关。从1983—1997年,先后与美、英、法、加等7个国家开展了18个项目的双边合作,得到各国政府和公司无偿提供的研究资金400多万美元,有近100人次出国参加研究,其中澳大利亚政府提供160万澳元经费用于提高中方海上石油开发工程设计技术和经济评价水平,取得了显著成效。与联邦德国合作研究渤海海冰,填补了中国这方面的空白,后来已将研究成果运用在工程设计项目上。在国内,总公司与中科院系统的地质、地球物理等20多个研究所以及清华大学、北京大学、中国地质大学、石油大学等几十所高等院校进行了多项合作,取得了丰硕的成果。这些成果大都应用于生产,推动了海洋石油科技的发展。

通过引进、消化、吸收外国先进技术,并经过自营勘探开发的实践,中国海洋石油总公司已形成含油气盆地资源评价和勘探目标评价,海上地震采集、处理、解释,水平井、大斜度井及复杂地层钻井,海上油气田完井及延长测试,数控测井与资料分析处理,油气田数值模拟和油藏评价,海上复杂油田的油气开采,海上油气田工程设计、建造和安装,海上油气管道铺设,海洋石油环境条件及预报共十项配套技术。在此基础上,初步形成寻找复杂地质条件下大中型构造油气田、自营开发海上油气田、承包海上技术作业服务、开拓海外石油资源等海上油气勘探开发生产的四大能力。总公司在应用这些技术为自身勘探开发作业服务的同时,还发挥"窗口"作用,将学到的先进适用的技术向陆地油田转移,至20世纪80年代中期,转移的技术达61项,几乎涵盖了石油勘探开发生产全过程的各个环节,为中国的石油工业的发展作出了突出贡献。

第二节　引进、集成、应用、创新

从1996—2005年,是中国海洋石油科技引进、集成、应用、创新相结合发展阶段。在此阶段,除了继续完善、提高十项配套技术外,重点是实行技术创新高技术发展战略。

中国海域南有台风、北有坚冰,自然海况条件恶劣,另外还具有油稠、出砂严重、边际油田多的油藏特点和高含二氧化碳气的天然气特征，这些都给勘探开发带来极大困难，需要开发核心技术，才能高速、高效地发展中国海洋石油业。

进入"九五"期间，中国海洋石油科技发展进入了高速、高效、跨越式发展的新阶段，但也面临着严峻的挑战。总公司提出科技发展的指导思想是：贯彻科学技术是第一生产力、经济建设必须依靠科学技术、科学技术必须面向经济建设这一总的指导思想以及科教兴国战略。

总公司明确提出"九五"期间海洋石油实现"三个一千万吨"（即到2005年南海原油年产稳定在1000万吨，渤海油田原油年产达到1000万吨，以南海西部为主的全海域天然气年产100亿立方米，折合油当量1000万吨）的目标和降低桶油成本至10美元以下的指标。实现海洋石油的发展战略和目标，科技工作起着至关重要的作用。在学习、引进、消化、吸收国外适用的先进技术和管理方法的同时，更要依靠自己的力量，进行勘探、开发、下游技术和管理技术等方面的研究和创新。总公司利用长期与国际石油公司接轨合作的优势，学习、引进先进的管理经验和科学技术，依据自身资源和人才等方面的有利条件，在海洋石油勘探开发和生产建设中，努力实现"三新（新思想、新技术、新方法）、三化（标准化、简易化、国产化）"这一体现中国海油特点的技术创新高技术发展战略，极大地调动了广大科技人员的积极性，并在生产建设的技术创新上取得了优异成绩。

科技攻关重点要解决的问题：一是要找到有经济价值的储量；二是要找到动用边际储量的多种有效的开发方法。中国海上已获得的储量中，有近一半处于经济边际状态，此问题的解决对石油稳产和增产至关重要。因此，总公司确定"九五"后三年科技工作的重点是解决三大难题：海上天然气勘探、海上边际油田开发、提高海上油田采收率；开展四项科技基础工作：建立海上石油天然气行业与企业标准、建立中国海油信息网络上的科技信息子系统、开展海上油气田钻采工艺基本技术研究和开展海洋石油改革与高速、高效发展战略软科学研究；攻克八项高新技术：海上天然气田目标勘探技术、海上地球物理高分辨率与多波勘探技术、南海高温超压地层钻井技术、海洋地球物理测井成像技术、水下多相流油气自动开采技术、海上大位移井钻井技术、海上新型多功能移动式采油系统技术、海上油气田综合提高采收率技术。

由于上述科技规划的实施，在海上油气勘探开发生产建设的技术创新中，取得了一大批优异成绩，出现了诸如渤海优快钻井、西江24-3-A14大位移井、渤西油田工程国产化程度达到90%等大量具有巨大经济效益的技术转化成果，充分显示了科技进步产业化的巨大威力。

由于中国海上油气勘探开发具有知识、技术、资金密集型的特点，总公司通过十几年的勘探开发工作,已具有相当的技术实力,正在使用和需要更多的高新技术来发展海洋石油事业。经过积极争取和有关部门的审定，总公司承担了国家“863”计划“海洋技术领域”中的《海洋探查与资源开发技术主题》的6个课题研究工作。这6个课题是:海上中深层高分辨率地震勘探技术、海洋地球物理测井成像技术、高性能优质钻井液及完井液的研制、精确的地层压力预测和监测技术、高温超压测试技术、海底大位移井井眼轨道控制技术。

上述“863”项目是中国海洋石油技术创新的纪录,也是技术创新能力的生动显示。“九五”期间除上述6个课题外,还有国家科技攻关4个课题,国家共投入5263万元,总公司配套投入7648万元。其间,经过与73个国内著名科研院所共455名专家组成的产、学、研联合体共同努力,已全面完成各项研究任务,并通过了国家验收。这些工作共申请了13项专利、发表论文50多篇。这样,中国海洋石油就走出了一条借助国家“863”计划、通过以企业为技术创新主体的国内高水平联合研究,一批用于海洋石油工业的高技术研究成果相继产生,使国内海洋石油勘探开发的某些关键技术达到国际先进水平的快速发展之路。

特别需要提及的是,在“863”计划“九五”期间27项重大项目中,海洋石油的《莺琼大气区勘探关键技术》更为显著。该项目密切结合海洋石油当前的生产实际,其中的海上中深层高分辨率地震勘探技术、海上高温超压地层钻井技术、海底大位移井钻井技术、海上成像测井技术等,取得了举世瞩目的成就,并将研究成果迅速地转化为生产力,直接应用在南中国海上寻找大型气田中,发挥了巨大的指导作用。

“863”计划执行以来取得了一大批具有世界领先水平的研究成果,突破并掌握了一批关键技术,同时培育了一批高技术产业生长点,也为传统产业的改造提供了高技术支撑,更为中国高技术发展提供了巨大的动力。对于中国海洋石油来说,除解决了一些海洋石油勘探开发的关键技术,大力促进海洋石油发展外,还培育了一批优秀技术人才,走出了一条借“船”出海的快速发展之路。

第三节　确立科技领先战略

针对中国海洋石油开发的现状，结合公司发展实际，总公司在2003年提出“科技领先”战略。总经理傅成玉表示,“要通过实施‘科技领先’战略,建立起中海油的科技创新体制,使主要技术达到国内领先水平,部分关键技术达到国际先进水平,使科技创新成为中海油的核心竞争力”。

2004年7月5日,总公司召开了科技大会,在会上确立了科技发展的具体目标:到2010年争取在“海上地球物理储层预测与油藏精细描述技术”、“海上稠油油田开发及提高采收率技术”、“海上边际油田开发技术”、“海上大型浮式生产储油系统技术”、“重质油综合利用技术”和“二氧化碳综合利用技术”6个方面达到国际先进水平。在“海上区域地质基础研究”、“海上非构造圈闭勘探技术”等20个方面达到国内领先水平。

会上,“地球物理技术重点实验室”、“提高采收率重点实验室”、“海洋深水工程技术重点实验室”、“边际油田开发技术研究室”4个重点实验室正式成立,并聘任62名专家为这4个重点试验室的学术委员会委员和主任委员，其中包括韩大匡院士、沈忠厚院士等13名国内外科研院所的外聘委员。同时决定积极筹办两个重点试验室——重油利用重点试验室和液化天然气(LNG)研究所。重点实验室侧重核心技术研究,主要任务是对制约公司长期发展的关键技术有所突破,形成一批具有自主知识产权、具有国际竞争力的核心技术。为加快自主创新步伐,总公司还与石油院校、石油研究所等科研机构开展合作,共同研究重点攻关课题;进一步加大与国内外同行之间的科技交流与合作,并由此提高了公司在国际石油科技舞台上的知名度。

2004年后,总公司加速进行科技人才培养和队伍建设工作,为实施“科技领先”战略奠定人才基础。其中,博士后工作站为公司引进高级人才、建设高水准的专家队伍开辟了一条成功的途径。首届15名博士后承担了勘探、开发、储运、工程四个领域的15项研究课题,取得了不少的科研成果,这批人员出站后有13名选择留在公司工作,充实了科研队伍。同时,总公司还采用灵活创新的方式,引进高端人才。

实施“科技领先”战略,使总公司的科技发展进一步加快,科研成果应用于生产的成效更加显著,一批紧贴生产、紧贴实际、紧贴需要的科研项目如稠油油田的开发、提高采收率等取得了突破,为逐步形成公司核心技术体系打下了良好基础。

第四节　主要科技成果

1985—2005年,总公司共获得国家科技进步奖33项,其中一等奖6项,二等奖16项,三等奖11项;到2005年12月31日为止,总公司累计获得国家专利授权总数已达91项。从1985年开始设立总公司科技进步奖,至2004年,获总公司科技进步奖共409项,其中一等奖41项,二等奖146项,三等奖212项。

“十五”期间,取得的主要科技成果有:

油气可采资源评价与复杂勘探目标评价技术。经过全海域第三轮油气资源评价和参与全国新一轮油气资源评价，研究了以可采资源量为主线的评价方法，建立了油气资源系列。第一次给出了各盆地油气可采资源的结构，用于指导勘探实践和研究工作。在海域油气可采资源评价工作中，首次应用了地质概念与统计概念综合法，采用了具有国内创新性的、基于成藏组合—圈闭的评价方法，在基础数据和利用国际通用的模拟手段的基础上，使资源评价工作更具科学性、系统性和实用性。

海上时移地震油藏监测技术与天然气藏地震勘探技术。《海上时移地震油藏监测技术》属于国家 863 计划的研究课题，研制了超大容量地震记录系统和压电陶瓷地震采集电缆，探索了光纤地震检波器在海上拖缆和井下三分量 VSP 的应用；成功研发海上高精度匹配处理技术；建立了多专业多层次的时移地震综合解释技术体系，自主研发了 10 套具有实用性和可扩展性的海上时移地震油藏监测软件系统。总公司对该课题的研究成果填补了中国海上时移地震技术的空白；复杂地质条件下的高精度时移地震匹配处理技术和时移地震差异约束定量解释技术达到国际先进水平。首次在中国实现了稠油注水油田时移地震动态监测，多项成果已在绥中 36-1 油田得到初步应用。

渤海稠油油田开发及提高采收率技术。渤海稠油油田提高采收率综合项目组经过两年的技术研究与攻关获得重大突破。所研究开发的利用钻井压裂技术和适度防砂技术有效地解决了稠油油田的增产问题，使难以开发的油田得以有效的开发。该技术在渤海绥中 36-1、曹妃甸 32-6 等油田应用平均提高产量 2～6 倍，获得了显著的经济效益后，又成功用于南堡 35-2 油田。该油田是迄今为止总公司在油田开发中所遇到的最具挑战性的稠油油田。利用钻井压裂技术、适度防砂简易完井技术、电潜螺杆泵采油技术、高孔密大孔径深穿透大压差返涌炮眼清洗射孔技术等，增大了油层暴露面积和原油流动性，使该油田的产能达到了钻后分析水平，油田生产顺利进行。

可控三维轨迹钻井技术与高温高压气藏固井技术。《可控（闭环）三维轨迹钻井技术研究》属于国家 863 计划，总公司科技人员在该课题中成功地研制了旋转导向钻井工具、随钻电阻率和自然伽马测井工具、钻井液正脉冲上传信息和负脉冲下传信息传输工具、随钻井下工程参数测量工具以及膨胀管座挂定位分支井钻完井工具。该项技术取得了井下翼肋位移控制方法与装置等 5 个方面的创新，申请了实用新型专利 6 项、发明专利 1 项。研制的泥浆正脉冲发生器在陆上 4 口井中进行了现场试验，所研制的新型膨胀管定位分支井技术与井下工具系统已在埕北油田 A 平台 A22 和 A10 井四级分支井实施中应用。研制的“旋转导向钻井工具”和“膨胀管座挂定位分支井系统钻井完井工具”达到 20 世纪 90 年代末国际先进水平。

海洋石油成像测井与钻井中途油气层测试技术。中国海上石油测井作业大多依赖于进口仪器，高端技术受制于人，作业成本居高不下，海外市场竞争受限。为了改变这种状况，总公司自1995年起开始开发中国自己的成像测井技术。通过与清华大学、中科院等多个院所进行的“九五”国家863计划项目合作攻关，终于完成了八臂地层倾角测井仪、多级子阵列声波测井仪等五种先进井下仪器的研制。为了形成配套的测井作业能力进行了成像测井地面系统的研制，并完成了样机的设计和制造。同时，通过技术协作、技术引进，先后研制成功了地层评价测试仪和钻进式井壁取芯仪，形成一整套具有自主知识产权的适合海洋石油开发要求的成像测井系统，可以独立完成海洋油气田开发的绝大部分测井服务项目。

简易平台结构与“三一”模式开发边际油田技术。为了开发边际油田，总公司加强对简易结构平台的研究，并取得了突破性进展：锦州20-2北油田成功应用国家“863”课题“新型抗冰平台技术研究”成果——平台抗冰减震装置，并进行独腿抗冰平台整体建造安装，建成的这一中国海洋石油第一座独腿三桩简易无人平台；岐口17-2东高点油田采用简易无人井口平台；涠洲油田在保证安全生产的前提下，将涠州11-4N油田四腿平台简化为两腿三桩平台，将涠州6-1油田四腿平台简化为单腿平台，加快了周边卫星油田的开发。在此基础上创建了海上边际油田开发的“三一”模式（一座简易平台 + 一条海底管道 + 一条海底电缆），并在南海涠洲油田得到应用。

浮式生产储运系统（FPSO）与水下生产技术。浮式生产储运系统（FPSO）是海洋石油工业中集油气生产、储存、外输、生活、动力于一体的开发海上油气田的大型生产系统。总公司于20世纪80年代开始研制，在国内大专院校、科研单位、制造厂等8个主要单位共同努力下自行设计研制了8艘FPSO，在渤海和南海的共10个油气田开发中得到了成功应用。FPSO关键技术的攻关和主要技术上的创新，使中国FPSO总体技术已达到当今国际先进水平，已申请专利12项，获得发明专利授权3项，实用新型专利授权3项。该项技术成果已实现了产业化。

水下生产技术是经济、高效开发边际油田、深海油田的关键技术之一。总公司经过多年的研究，已经基本掌握了水下生产系统工程设计的主要技术环节，并自主设计了从浅水到深水、20多个海上油气田的100多个工程方案。首次将水下生产技术应用于海上凝析油气田——春晓二期开发工程方案中，首次提出应用水下生产系统开发浅层气田——乐东22-1气田，在番禺项目中将水下生产系统应用到回接距离35千米的气田开发中。

优质快速钻井技术。从1995年开始，在渤海湾实施了“优快钻井”技术，后推广到其他海域。“优快钻井”采用整体快装井口、聚晶金刚石钻头、顶部驱动钻井装置、油层与环境保护钻井液、井下导向马达、随钻测斜工具、组合测井、固井质量检测、无候凝固井等 11 项最新技术，是一项高新技术的集成。这项技术发挥了现代先进技术综合配套的威力，提高整体效率，钻井周期缩短 3 倍以上，达到国际先进水平，大大提高钻井效率，降低钻井费用。

综合篇

本篇主要叙述石油科技、石油管道及运输、石油装备制造、石油教育与培训，健康安全环保，思想政治工作与企业文化等内容。20年来，石油科学技术在油气勘探开发及各个石油专业方面都有重大的发展，有的技术处于国际领先水平，充分体现了科学技术是第一生产力的重要作用。石油天然气管道干线，横贯东西，纵贯南北，在国内已经初步形成网络，成为中国第五大运输行业。石油装备制造水平大幅提高，实现了系列化、成套化和国产化，并使中国由石油装备的进口国变成出

口国。石油教育培训适应新时期的发展需要，为石油工业创新发展培养了大量优秀人才。健康安全环保工作越来越引起各级领导和广大职工的重视，得到不断加强，成为生产运行中不可缺少的先决条件。思想政治工作和企业文化，适应形势的变化和企业特点，得到进一步创新和发展，有效增强了广大职工的创造力和凝聚力。这些方面为促进中国石油工业的持续发展，提供了坚强的支撑和有力的保证。

第二十一章 石油科学技术

20世纪80年代至2005年，是中国油气工业稳定发展的时期。适应国家改革发展需要，贯彻"科教兴国"战略，围绕 "稳定东部，发展西部"和"油气并重"等重大方针实施的要求，逐步建立了新的石油工业科学技术管理体制和运行机制，连续实施了"七五"、"八五"、"九五"和"十五"等科学技术发展专项计划，取得了一大批重要科学技术成果，有效地服务和支撑了中国石油工业的改革与发展。

第一节 科技资源概况

在中央关于"经济建设必须依靠科学技术，科学技术工作必须面向经济建设"方针指导下，围绕解决国民经济迅速发展对油气产品不断增长的需求和油气储量、产量长期徘徊不前的矛盾，石油工业部门提出了实施"科技兴油"的战略构想。期间，围绕增强科技进步对石油工业持续发展的支撑作用，加强企业科技机构、科技基础条件和科技人才队伍等方面的建设，积累了丰富的科技资源。截至2005年年底，中国石油和中国石化两大集团的两级科研机构共161个，从业人员为5万余人，固定资产原值130多亿元，其中科研仪器设备原值70多亿元。

一、科技(研究开发)机构

1985年年底，石油工业部拥有各类科研机构160个。从1986—1998年，由于加强了高校应用基础研究、企业科技成果转化和新技术推广等工作，科研机构曾发展到 244 个,其中,部属院所有 8 个。在 1998 年国家改革石油工业管理体制后,中国石油天然气集团公司、中国石油化工集团公司和中国海洋石油总公司拥有了绝大部分的石油工业研发机构，成为了中国石油工业的研发主体和创新主体。1999 年,中国石油天然气集团公司和中国石油化工集团公司先后重组改制后,研究开发机构没有明显减少,但石油高校的研发力量划归教育部或地方管理。

“十五”期间,中国石油根据业务发展需要对一些研发机构作了调整,如:杭州地质所、西北地质所、江汉机械所等单位取消了法人建制,纳入石油勘探开发研究院统一管理;也成立或重组了一些新的研发机构,如:中国石油炼化技术研究中心,以及吉化集团公司技术中心、兰州石油化工公司研究院等,完善了中国石油的研究开发和技术创新体系。

截至 2005 年年底,中国石油、中国石化两大集团公司共有上游领域科研机构 94 个。其中,中国石油上游领域两级研究开发机构为 54 个,同时,与高等院校共同建有 10 个重点实验室；中国石化上游领域拥有直属和企业直属两级研究开发机构共有 40 个,同时与高等院校、中国科学院等单位共同建设了 5 个上游领域的科研机构。

二、科技队伍

20 年间,在解决石油石化工业面临的重大科学技术难题过程中,造就了一支专业配套、知识结构、年龄结构比较合理的科技队伍。正是这支队伍,承担起了实施“七五”、“八五”、“九五”、“十五”科技发展规划的重任。

截至 2005 年年底，中国石油工业上游领域形成了一支高素质的科研人才队伍。在科技机构中,从事上游业务研究开发、研发成果应用和技术服务及其相关的科技人员达到近 4 万人。其中,中国石油天然气集团公司上游科技机构中共有从业人员 2.6 万人,从事科技活动的人员有近 2 万人,从事课题活动的人员数达到 1.6 万人左右,拥有中国科学院、中国工程院院士 16 名,博士、硕士占从事科技活动人员的比例达到 2.06%、9.91%;中国石油化工集团公司共有上游科技研发人员 13400 多人,从事科技活动人员数近 7000 人,拥有中国科学院、中国工程院院士 2 名,博士、硕士占从事科技活动人员的比例达到 1.65%、7.18%。

三、科技投入与科技基础条件建设

随着油气勘探开发和生产建设的发展，各大石油公司的科技投入不断增加,企业也持续投入大量资金提高竞争力。1985—2005 年间,中国石油工业在上游领域共投入科技经费近 600 亿元,科技投入强度约占销售收入的 1%。同时,抓住改革开放和国家对石油工业实施政策倾斜的有利时机，利用自有资金大量引进国际先进技术和设备，提高油气勘探开发技术装备水平，实现更新换代。石油科研院所也借此机会全面更新和充实了分析化验、试验仪器设备，实现了高技术、智能化、联机化、大型化。

根据科研工作需要，中国石油、中国石化两大集团企业不断更新改造科研仪器设备，加强科研分析和试验能力建设。截至2005年年底，石油工业上游领域共有各类科研仪器装备近2.3万台（套），原值总额达43亿多元。其中：中国石油天然气集团公司两级科研院所拥有各类科研仪器装备1.6万余台（套），原值总额达37.33亿元，其中原值超过10万元的大型仪器设备占70%；中国石油化工集团公司上游领域研究单位拥有各类科研仪器装备6500余台（套），原值总额达6.26亿元，其中原值超过10万元的大型仪器设备占65%。

四、科技成果与知识产权

中国石油天然气集团公司从“七五”到“十五”四个五年科技发展专项计划，共安排实施应用基础及前沿技术研究、应用技术开发和配套技术集成、产业化项目152个等重大项目；中国石油化工集团公司1998年以来，加上原新星石油公司暨地质矿产部共安排计划项目近1000个。

中国石油天然气集团公司在项目安排上，充分体现了“稳定东部，发展西部”的战略意图，对于一些关系长远的重大关键项目，从“六五”一直到“十五”连续、滚动安排实施。如：塔里木盆地地质及勘探技术和目标评价研究、天然气（含煤成气）资源评价及大中型气田勘探技术研究、物探基础理论及地震技术研究、注水开发油田后期保持稳产技术研究、三次采油技术研究、钻井技术与油层保护技术研究等等，充实和完善了陆相石油地质理论及其勘探开发技术，在岩性地层、前陆盆地、叠合盆地、碳酸盐岩成藏等方面取得了一系列的重大突破。

截至2005年年底，20年间中国石油天然气集团公司共取得21500多项成果（重大科技成果2066项），获授权专利4877件，233项获得国家科技进步奖、发明奖或自然科学奖，2024项获省部级（集团公司级）特等奖、科技进步奖或技术创新奖。

五、科技标准与技术监督

1984年11月成立“石油工业标准化技术委员会”，其后，相继成立了有关的专业标准化委员会和标准化研究所。到2005年9月，石油天然气工业上游领域已有石油地质勘探、天然气、石油管材、石油工程建设施工等18个专业标准化委员会，制定了现行有效的石油天然气工业国家标准101项，行业标准1672项，42

项计量检定规程，基本满足了石油天然气工业勘探开发、生产经营和科技工作的需要。技术监督和技术检测工作自“七五”开始也逐步形成“技术监督局——企业技术监督处——技术监督科(岗)”自上而下完整的管理体系，建立了一批质量监督检验机构，如，钻井液质量监督检验中心(中国石油勘探开发研究院)、天然气质量监督检验中心(四川天然气研究所)等，为规范行业行为，促进产业升级奠定了基础。

总体而言，1986—2005年期间，中国石油科学技术工作无论是在管理上，还是在重大科技项目研发及新技术、新成果推广应用方面均取得了重要突破，形成了良性发展的人才基地和物质基础。更重要的是，经过20年的探索与学习，基本形成了适应市场经济体制要求和符合大型石油石化企业集团技术创新要求的新体制、新机制，取得了一批举世瞩目的科技成果，在一些主要技术领域，缩短了同世界先进水平的差距，为中国石油天然气工业的发展提供了有效的保障，也成为石油企业降低生产经营成本、节约能源消耗，提高经济效益和改善石油企业健康、安全和环境的重要支柱。

第二节　科技管理理念与科技管理模式

20年来，在国家经济体制改革、科技体制改革和石油工业管理体制改革过程中，科技工作的管理理念发生了根本性转变，科技体制改革进一步深化，建立了业务驱动的战略管理模式，建立健全了科技管理规章制度体系。

一、积极转变科技管理思想，确立新的科技管理模式

“七五”期间，是中国石油工业科技管理发生变化的准备阶段。这个时期的最大特点，一是石油工业仍然实行计划经济体制，国民经济快速发展提高了油气产品需求，但国内油气产量处于多年徘徊的局面，海洋石油工业开始了较快的发展，石油科技工作的重点是在科技进步的同时，为完成国家核定的亿吨产量包干提供保障和支撑。二是积极探索新的科技管理思想和模式，主要是在石油工业科技管理方面落实《中共中央关于科技体制改革的决定》中提出的“科学技术进步面向经济建设，经济建设依靠科技进步”的方针，初步形成了加大科技体制改革、加强科技统一规划、发展技术市场等思想体系。三是按照国家的统一部署，基本上完成了石油技术开发类直属院所管理方式的调整，建立了以行业主管部门负责直属科研院所科技任务和经费保障的模式。

“八五”期间，是“科技兴油”战略形成、实施并取得了重要成效的重要阶段。

国家对石油工业的管理由政府职能管理向产业管理、企业运营的转变，科技工作的组织结构、运行方式需要进行重要调整。为此中国石油天然气总公司加大了科技管理体制改革的力度，并提出“整体规划，突出重点，分清层次，合理分工”的科技工作方针和“稳住一头，放开一片”的改革调整措施，首次较为系统地将科技工作战略管理的思想提了出来。石油企业以促进科研院所与生产经营结合、提高科研院所的活力为目标，积极探索科研院所改革、调整的方式、方法，推行科研院所承包经营责任制、提高科研院所的科技成果转化能力和兴办科技产业；以促进技术市场发展为手段，加大石油企业之间、石油企业与直属院所之间的科技交流与合作以及科技成果转让的力度，大力促进科技资源配置和科技成果应用的市场化。

“九五”期间，是石油工业科技管理体制全面完成企业化转变的重要阶段。在这个时期，国家加速推进市场经济体制建立的进程，中国石油和中国石化两个全国性产业化集团分别建成了上下游、产供销、内外贸一体化的真正市场主体。这个时间科技工作的变化尤其深刻，一是科技工作的范围发生了很大变化，由分别侧重上游、下游的科技转变为上下游兼顾的科技；二是切实解决科技机构重复设置、力量分散等问题，促进科技资源的进一步优化配置；三是科技管理运行机制的调整取得了进展，在机构管理方面，提出了优化直属院所管理、加强专业技术研发中心建设和企业科技机构转制等一系列措施；在项目

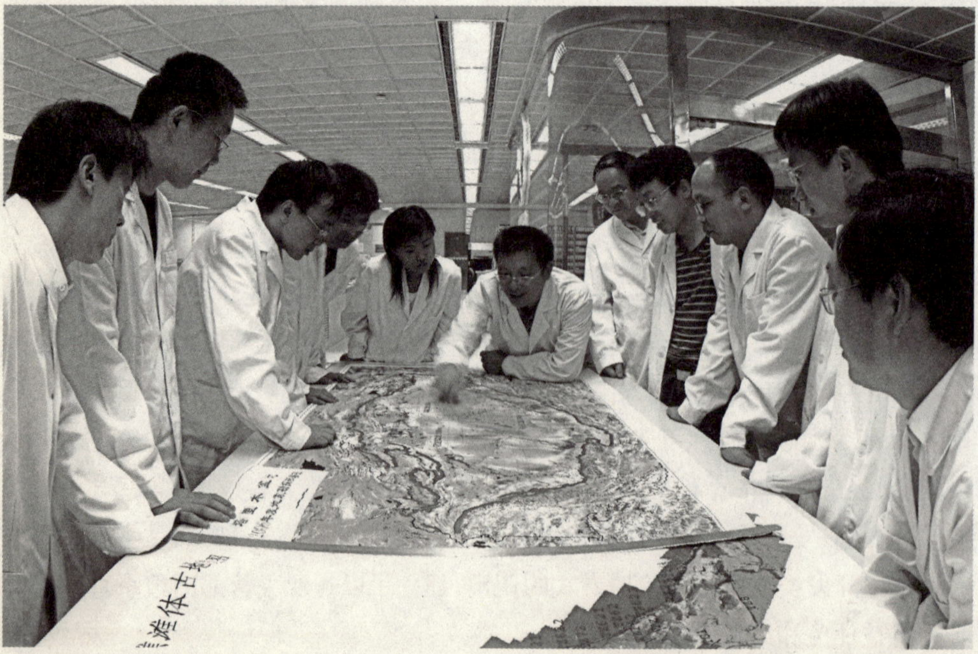

科研人员进行技术攻关。

管理方面，实施科技工程，推进科技研究、开发、试验设计、产业化或工程化的一体化管理，建立了以项目预算为基础的体制，健全了科技经费管理制度和科技项目合同制管理；在科技人才队伍建设方面，提出了以建立竞争和激励机制为核心，调动科技人员的积极性与创造性的工作思路，每年出资百万美元选送百名优秀研发人才赴发达国家深造和培训，完善了以效益为导向的科技进步奖励制度。

“十五”期间，是石油科技管理思想趋于完善、科技管理模式完成转变的重要阶段。核心是：树立“大科技”管理的技术创新管理思想，强调科技工作是企业整体业务价值链中的重要环节。科技管理既要重视重大科技项目攻关，更要注重提高主营业务市场竞争力和技术创新能力建设。在科技管理模式方面，以战略管理模式取代了长期占主导地位的科技课题管理模式：以满足主营业务发展需要为根本，以提升科技创新能力为主线，建立了科技战略管理体系框架。根据主营业务发展战略确定中国石油的技术创新战略，选择符合公司业务价值链需要的关键技术；根据关键技术选择和获取方式，确定研发战略；根据研发战略，确定公司的研发组织体系；根据研发组织体系建设需要，确定研发管理的关键业务流程；根据关键业务流程，制定关键绩效指标。

二、深化科研院所改革，促进科技研发体系调整

“七五”到“八五”期间，石油科研工作主要由直属院所、油田企业院所和石油院校等160家左右的研发机构承担。1986年，组建了石油勘探开发研究院廊坊分院以加强天然气勘探开发研究，中国科学院渗流流体力学研究所进入石油勘探开发研究院以强化注水开发研究能力。这个时期，石油院校的科研力量发展迅速，各院校以院系、实验（研究）室为基础，纷纷建立与油气生产紧密相关的研究所、室。到“八五”末，石油高校中共建设了91家科研机构。

“九五”初期，中国石油加大了科技资源整合力度。首先是以石油勘探开发研究院为主整合直属研究力量，并且以重点实验室建设为载体，建设产学研联合的研发能力；“九五”后期，由于中国石油工业体制改革，中国石油天然气集团公司转变为上下游一体经营的企业，后又完成重组改制，建立了专业化的经营管理体制。在这个大的改革形势下，中国石油天然气集团公司、中国石油化工集团公司分别具备了主营业务、科研布局的上下游一体化能力。这个时期，石油院校科研力量伴随石油院校隶属关系调整，从中国石油、中国石化两个集团公司的科研体系中分离了出去，整建制地进入了教育系统。

“十五”期间，中国石油天然气集团公司以科技资源整合为重点，着力解决上

游科研力量机构重复建设、炼油化工业务高层次研发机构缺失等问题，成立了炼化技术研究中心（后来转为石油化工研究院），开始筹建钻井工程技术研究院和安全环保研究院，决定建设北京科技园区等。中国石油化工集团公司则是在北京建设了石油勘探开发研究院，整合了化工部北京化工研究院，同时，将其20多家炼化企业的研发机构转变为技术应用、推广机构，实现研发的统一集中管理和运营。

三、优化科技管理运行机制，加强规章制度建设

（一）优化了科技管理运行流程

自“七五”以来，伴随石油工业管理体制和科技管理体制的改革、调整，科技管理的业务流程也在不断的调整和优化，以适应不同时期的管理思想和管理体制。到“十五”末，就基本形成了符合现代公司治理结构的科技管理流程，在科技规划、计划和项目管理、成果与知识产权管理、科技奖励等方面形成了完备的流程。

中国石油科技管理总流程

同时，按照把握重点和关键的要求，满足科技管理的需要，设计了科技发展规划编制和科技管理特点的关键业务流程。各石油企业也积极推行管理和业务运行的流程化管理，以流程化带动和促进规范化，大庆油田有限责任公司在现场科技先导试验和工业化试验等方面形成了规范的流程。

（二）健全了科技管理的运行机制

“七五”期间，科技管理运行机制的重点是如何搞活科研院所，促进科研院所加强与生产经营的结合，加速科研成果向生产经营的转化。

“八五”、“九五”期间，中国石油天然气总公司（集团公司）提出了组织重大科技攻关和引入市场机制的科技工作思路。以实施“科技工程”为载体，组织重大科技攻关，实现研究、开发和转化、应用的一体化管理，以科技工程项目将科技活动相关的优势力量组织起来，争取取得大的成果和使科技成果及时的应用到生产经营中。同时，这个时期也是石油技术市场迅速发展的时期，以市场手段促进科技成果转化和推广应用。这期间，加大了应用基础研究的支持，设立了中青年创新基金，利用社会优质科技资源、成果，服务于中国石油的理论研究和长远技术储备。

“十五”期间，中国石油天然气集团公司全面优化科技管理运行机制：一是突出了科技规划与业务战略、年度计划与项目同五年规划的衔接，将规划管理、计划管理、项目管理纳入一个整体统筹规划、滚动实施。二是设立重大现场试验和重大

科技专项，调整中国石油科技计划体系，明确科技计划的定位，加强了各分支计划的衔接，推动科技计划从注重单项创新转变到更加强调多专业、多技术的集成。三是改进经费管理，建立预、决算和重点单位审计制度。四是推行课题制和课题长负责制，全面规范科研课题运行管理，引入用户合同和用户监督制度。

中国石油化工集团公司紧紧围绕主业发展需要，精心组织研究开发和成果转化，一是设立“十条龙”科技攻关、重大科技专项和先导项目；二是把加强自主创新作为优化科技计划经费配置的战略重点，通过整合科技资源，提高科研开发的集中度，逐步形成“一个整体、三个平台、统一计划、集成开发”的科技创新体制；三是科技攻关的组织管理不断完善，内部科研、设计、生产相结合，外部和社会上科研院所、高等院校相结合，与国外公司的技术交流合作逐步扩大。

（三）健全科技管理规章制度建设

“七五”至“九五”期间，根据形势的需要，出台了一批新的政策，如：中国石油天然气总公司（集团公司）发布了《关于科技体制改革的若干意见》、《关于推进石油科技科技进步的决定》和《关于促进技术市场发展的若干意见》等，结合推行院所承包责任制出台了项目管理、经费核算及成果应用效益评价的办法或指导意见，根据重点实验室建设和管理的需要，出台了相关办法和规定，健全科技奖励体系，增设了“铁人科技奖”，健全科技奖励规章制度等。同时，结合《中华人民共和国促进科技进步法》的实施，出台了《促进科技成果转化管理办法》等。中国石油化工总公司则自 1997 年开始推行项目经理负责制，将项目管理的思想和做法引入科技课题的管理。

“十五”期间，中国石油天然气集团公司全面梳理了科技管理规章制度，制定、修订了科技计划、项目管理、科研经费、知识产权和奖励管理 5 个办法，对科技计划的制定、科技资源的配置、科技项目管理的流程和要点、科技成果形式、科技绩效的评估做了全面的规定。在此基础上，制订了技术开发项目管理、应用基础研究项目管理、国际科技合作项目管理、科技项目人才引进管理、软科学课题研究管理、项目验收、专利管理、企业知识产权考核评价管理等 11 个实施细则。通过上述 5 个管理办法和 11 个运行管理方面的实施细则，将科技管理流程和操作实务以规章制度的形式确定了下来，为科技管理规范化、流程化夯实了基础，形成了中国石油完备的科技管理规章制度。中国石油化工集团公司为适应体制转变和经营管理的需要，针对科技管理规章制度进行了系统的完善，编制并修订了关于科技开发计划、科技开发合同、科研开发项目、科研费用核算、技术成果鉴定、专有技术、内部技术市场、知识产权保护等 9 项管理办法和实施细则。通过制度体系的建立与完善，初步形成了有利于加快重大技术开发和促进成果推广应用的科技管理运行模式，为中国石化进一步完善科技开发体制，加快科技开发进程，提升企业核心竞争力，推动石化产业持续有效发展打下了坚实的基础。

四、综合配套，建设创新型科技队伍

中国石油天然气集团公司始终将科技人才队伍建设放在科技创新能力建设的首要位置，到“十五”末，基本形成了中国石油独特的科技人才队伍建设格局。一是健全了科技人才成长岗位体系，形成了合理的专家队伍结构。在科研队伍岗位体系建设方面实行技术专家制度，在全公司设高级技术专家、公司（企业）技术专家岗位，并建立了专家岗位津贴标准，各企事业单位也根据各自的不同业务特点，按照统一部署相应地设立了研发专家、装置技术专家等不同类别的高级技术岗位。截至2005年年底，中国石油天然气集团公司共有中国科学院、中国工程院院士16人，享受政府津贴的专家1300人，聘任集团公司高级技术专家176人，企业级技术专家近1000人，形成了健全的科技人才发展岗位系列。二是搭建了科研人员培训的知识体系框架，研究、编写适应中国石油科技工作特点的科技管理培训教材，全面提高了科技工作者的综合素质和专业能力。三是组织大规模科技管理培训和技术交流，提高科研人员综合素质、能力。四是强化对科技人员的激励，建立起以业绩管理为基础的激励管理体系，技术创新奖奖励对象向一线科研人员倾斜。对于取得突出成就并具备前沿创新能力的青年科技人才，通过支持其承担国家和集团公司重大科技项目，鼓励其冲击国际前沿，做到事业留人、待遇留人、感情留人，取得了良好效果。

2005年4月，中国石油天然气集团公司首批聘任176位高级技术专家。

第三节　研究开发体系和科研院所

一、研究开发体系变革

研究开发体系的变革经历了1985—1998年、1999—2005年两个重要阶段。

在1985—1998年间，中国陆上石油工业上游领域的研发体系由三支基本力量构成：第一支力量是直属科研院所，主要从事涉及全行业、全系统的基础与应用基础研究、宏观决策研究、共性与前沿技术研究、重大应用技术研究开发以及相关的技术支持、技术服务。到1998年年底发展到8个，员工达4500人。第二支力量是企业直属院所，主要从事与本企业相关的生产性应用技术开发和重大技术的推广应用，部分实力雄厚的企业研究院所具有一定的应用基础研究能力，到1998年，这一层次的院所达62个，主要是勘探开发研究院所和钻采工艺技术研究院所，员工总数达29000人。第三支力量主要是石油高校的研究室(所)，共有91个研究室(所)、实验室，从业人员达到3889人。

在长期的生产经营过程中，为适应油气生产经营的需要，各油田、炼化企业相继组建和完善了以勘探开发研究、新产品和工艺开发为主的科研机构，以及服务于油田主营业务的钻采工艺研究机构、服务于油田地面建设和民建的勘察设计院、炼化设计院等。1990年后，出于科技体制改革和探索油公司管理模式的需要，在一些新建的油田，如吐哈、冀东、塔里木等，分别采取了不同的模式。如冀东油田与北京石油勘探开发研究院建立科学技术总承包合作关系，并于1994年成立了勘探开发地质研究所；吐哈油田则充分利用玉门油田的力量，于1991年成立了勘探开发研究院，1992年成立了钻井工艺研究所；采用“两新两高”体制的塔里木油田，在会战之初主要利用全国地质研究力量，进入大规模勘探生产时期，也成立了支撑其业务运行的勘探开发研究机构；其他一些科技力量不健全的企业也在此期间陆续完善，如青海石油管理局1995年成立了钻采工艺研究所等。

在1998—2005年间，则是分离与增加并行的重要时期：一是石油石化高等教育体系整体从中国石油、中国石化两个集团公司分离出去，石油高校的科研力量与所在高校一起同时划归教育系统，与石油石化企业的隶属关系转变为科技协作关系。二是中国石油增加了炼油、化工研究开发力量，而中国石化则是增加了油气勘探开发及相关工程技术服务的研究开发力量。三是支撑海外业务发展的研究开发机构的布局取得初步进展，海外勘探开发研究中心逐步发展壮大，以项目为纽带形成了与国际知名研究机构和大学比较稳定的关系。

二、主要科研院所建设与发展

1986—2005年，无论是面向全国、全系统的直属科研院所，还是主要为本企业服务的企业科研院所，都得到了很大发展。

中国石油、中国石化科研机构统计表

单　位	隶属关系	科研机构数	职工总数
中国石油	总部直属	6	3850
	企业直属	50	25600
中国石化	总部直属	1	1042
	企业直属	39	12400

（一）直属科研院所

围绕增强国家石油工业科技水平、提升企业原始创新能力，中国石油天然气集团公司、中国石油化工集团公司不断优化其直属科研院所体系。

中国石油勘探开发研究院提出了"一部三中心"的发展定位，整合了地质、开发和工程等各路的研究、试验力量，优化组织结构，初步建立起了符合油公司特点的研究中心管理模式。"十五"期间，勘探院坚持科技创新，以寻找经济可采储量和多拿经济产量为目标，取得了一大批高水平的研究成果，大大地提升了综合研究实力和生产支撑能力；在宏观决策规划部署、前沿技术与综合配套应用技术、应用基础研究与技术储备等三个方面为总部、专业公司和地区公司提供了强有力的科技支持。工程技术研究院建立起了研发、生产和技术服务一体体制，产业化能力获得了长足进展。石油管材研究所、江汉石油机械研究所、经济技术研究院等也积极开展组织结构优化，推行新管理运行机制，形成了比较适应新形势要求的管理体制和内部运行机制。

中国石化勘探开发研究院的工作定位为"三部一中心"——油气勘探开发及上游发展战略参谋部、上游核心技术研发和技术服务部、上游高级技术人才培训部、油气勘探开发资料信息中心。据此工作定位，兼顾中国石化油田企业科技资源的配置现状，确定在今后相当长一段时期的主要任务是当好一个参谋、做好两个支撑、突出三个重点。中国石化勘探开发研究院提出的发展目标是：建设成为特色突出、结构优化、创新能力强，形成海相碳酸盐岩油气勘探开发技术优势，拥有勘探、开发等主要领域的核心技术，为中国石化上游发展提供强有力技术支撑的世界一流研究院。

（二）重点研究（实验）室建设

以提升原始性创新能力为目标，按照"开放、流动、联合、竞争"的运行机制，中国石油天然气集团公司进一步加强了重点实验室建设,并制定了一套相应的评定标准和评价方法,努力使其逐步发展成为具有国内一流学术水平、实验水平和管理水平的研究基地、人才培养基地和国内外重要的学术技术交流中心。重点实验室围绕典型气藏地球物理特征及预测、深层油气地球物理勘探、天然气藏测井识别及定量评价、油田开发中后期动态检测、水基钻井液成膜理论与控制方法等方面的基础性、战略性和前瞻性任务开展研究,在低场核磁共振岩心测试技术、油藏地球化学新技术、高分辨率感应测井新理论、大型测井软件解释平台以及新型催化剂等方面有了一批原创性的创新成果,造就了一批具有世界前沿水平的优秀学术带头人和高素质的科研骨干队伍。由重点实验室承担的"大幅度提高石油采收率基础研究"973项目在化学驱油剂研制、驱油机理、油藏精细描述及模拟等方面取得重大进展,研制出了具有自主知识产权的驱油化学剂;三元复合驱工业性试验取得重大进展,大庆油田杏二中强碱三元复合驱工业性试验预计采收率比水驱提高19%以上;三元复合驱举升工艺基本配套,采出液处理技术取得进展。地球物理重点实验室开发的地震物理模型技术继续保持国际先进水平;针对国内复杂储层油气预测的需要,研制了非线性综合反演技术和软件;井地电位技术应用效果明显,油气检测符合率达到80%以上。

重点研究(实验)室统计

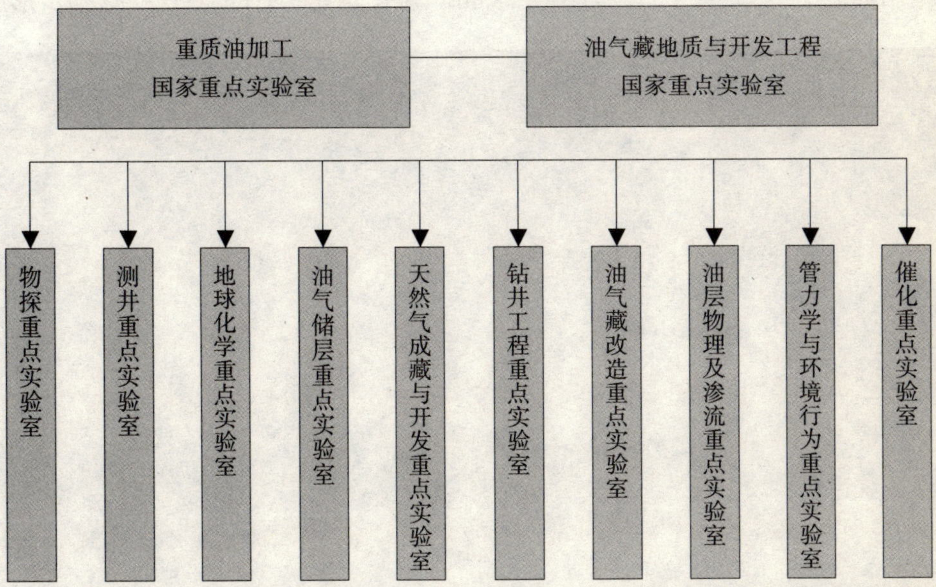

与此同时,一些企业也依据各自的优势和特色建立了重点实验室。例如,大庆油田为保证重大项目研究,先后完善了固井综合实验室、岩石物理实验室、中子管实验室等10个重点实验室。

中国石油化工集团公司围绕东部复杂油气藏和海相油气勘探开发、高含水油田提高采收率工作，结合公司技术特色和科研攻关方向，逐步建立和完善了油气资源定量评价、地球物理勘探、钻井工程、特殊油气藏开发、采油工程、储层改造、海工工程等重点实验室建设，制定了相应的实验、评定标准和评价方法，逐步发展成为具有国内一流学术水平、实验水平和管理水平的研究基地、人才培养基地和国内外重要的学术技术交流中心。

（三）企业技术中心建设

1993 年，国家经贸委、财政部、税务总局、海关总署联合下文，鼓励和支持大型企业和企业集团建立技术中心，并出台了相应的优惠政策、措施。一些石油企业，如胜利油田、大港油田，华北油田等单位，根据这一精神，提出了建立技术中心的申请，并获得批准。石油、石化行业重组以后，中国石油于 2000 年将集团科技系统作为一个技术中心统一向国家进行了认定申报，2001 年年底获得国家认定。为实施科技创新战略，整合科技资源，实现研发能力的合理布局，从整体上提高中国石油工程技术服务业务的技术创新能力和市场竞争力，2002 年开始了以技术中心为核心的新型技术创新体系构建。按照“一个整体，两个层次”科技工作方针，科技发展部择优择重组织了一批未上市企业开展技术中心建设，截至 2005 年年底，重点建设了覆盖中国石油 10 大主体专业、支撑 7 大业务发展的 20 个技术中心，凝聚了 1600 多名科研骨干。同时结合各油田、炼化企业既有的研究院所，初步形成

年轻科技工作者研究地震资料。

了“布局合理、特色鲜明、精干高效、协同互补”的技术创新体系，2004年获得“国家企业技术中心建设成就奖”。

三、国内外科技交流与合作

中国石油工业的发展也是国内科技力量大协作的重要成果。“七五”以来，中国石油、中国石化两大集团公司总部和油田企业先后与中国科学院系统50多个研究所以及国防科工委系统、高等教育系统、国家地震局系统的40多个院所以及有关部委、企业的科研单位在战略性研究、基础性研究和战术性研究开发等方面开展联合攻关，有7000多人次参与石油科学技术的研究开发活动，开展重大油气勘探开发协同科技攻关，不断促进石油科技水平上台阶，增强石油科技的整体实力。同时，先后与美、英、法、荷、德、加、俄、日等40多个国家和地区建立了科技合作关系，每年有近百名外国专家、学者通过人才引进项目来华为中国石油工业服务，借助国外智力，解决中国石油科学技术研究工作中的基础理论和核心技术问题，提高科学研究的起点。“十五”期间，中国石油、中国石化优选合作伙伴，将项目合作与人才培养、海外研究基地建设结合起来，努力探索中国石油科技研发能力的全球化实现形式，开展了多方面的国际合作。

第四节　重要科学技术成果与成就

20年来，石油工业取得了一大批重要科学技术成果和成就。这些科技成果和成就，是科技发展的宝贵财富和无形资产，集中反映和代表了中国石油科学技术水平、技术优势和技术能力，推动了中国石油工业的发展，改变了中国油气工业的面貌。

一、地质理论研究进展与成果

1986—2005年，是陆相油气地质理论深化研究、向纵深发展的时期。在石油生成理论取得了两个方面的重要进展：一是未熟油概念的提出和成烃演化模式的建立，进一步拓宽了陆相沉积找油的领域；二是煤成油概念的提出及成烃机理、有机地球化学研究，系统地总结了吐哈盆地侏罗系煤系地层特征，建立了多阶段生烃和早生早排的煤系地层成油模式，为在中国分布广泛的煤系地层中找油提供了依据。

天然气地质理论和勘探技术研究发展很快，在天然气宏观分布规律研究、含气盆地成藏条件和成藏机制研究以及天然气地球化学研究等方面取得了长足进展。通过系统地研究中国不同类型盆地的天然气地质条件，指出了东部大陆架盆地、中部克拉通盆地和西部诸盆地是国内大中型气田的有利分布区，关于中国西部侏罗系盆地群是中亚煤成气聚集域的研究成果，有力地促进了西部天然气勘探的重要突破。通过川东石炭系大气田、鄂尔多斯中部大气田及其他重要气田的认识，提出了大中型气田形成条件，建立了成藏模式，丰富了对天然气成藏机理的认识。通过主要含油气盆地气源岩研究和气源对比，总结出了中国天然气“多阶成烃、多源复合、晚期成藏”的规律、特征。这些研究成果为加快中国天然气勘探具有重要意义，中国石油、中国石化先后在塔里木盆地库车凹陷克衣构造带、巴楚隆起以及鄂尔多斯盆地上古生界、川渝盆地、鄂尔多斯盆地的天然气勘探中取得了重大勘探突破。在海相碳酸盐岩地质理论研究方面，初步揭示了中国海相油气生成的规律和地质特点，形成了海相盆地形成及其演化、油气生成机制和油气成藏三个方面的重要阶段性成果；研究成果运用到川渝盆地、塔里木盆地指导油气勘探，已经见到了明显成果。

二、勘探技术研发进展与成果

（一）中国石油天然气集团公司

1. 岩性地层油气藏勘探，发展了层序地层学、圈闭有效识别技术，加深了对岩性油气藏成藏规律性认识。采用高分辨率地震采集处理和多属性综合分析技术，为准噶尔盆地腹部、哈德逊、西峰等多个亿吨级储量的发现提供了重要技术支撑。石油地质理论和勘探技术的丰富和发展，促进了油气探明储量快速增长，2005年岩性油气藏新增石油储量占年度新增储量的60%，天然气占80%。

2. 前陆盆地勘探技术，丰富和发展了断层相关褶皱理论和构造建模技术，加深了对前陆盆地结构特征和油气成藏规律的认识，配套了山地地震采集、精细构造成像等技术，为准南、川西油气勘探突破和克拉2、迪那2、青西等大中型油气田发现提供了强有力的保障。“十五”期间，中国石油天然气集团公司共在前陆盆地共新增探明石油储量3亿吨、天然气17819亿立方米。

3. 海相碳酸盐岩及火山岩勘探技术，发展了古岩溶、鲕滩、火山岩等储层识别、评价和预测技术，加深了对油气成藏规律认识；地震精细成像、欠平衡钻井、复杂岩性测井评价和储层改造技术进一步发展，为塔里木海相碳酸盐岩油气勘探突破、四川飞仙关和大庆深层千亿立方米大气田的发现提供了强有力的技术支撑。

4. 油田老区精细勘探研究，深化了渤海湾老区油气成藏及分布规律认识。海底电缆采集、连片高精度三维地震处理解释、层序地层学分析等技术应用，使渤海湾盆地老区探明新储量年均保持在1亿吨以上，冀东滩海勘探形成10亿吨的储量规模，对老区扩展勘探具有示范和指导作用。

5. 国际油气勘探特色技术，中国石油天然气集团公司通过对苏丹Melut盆地成藏条件研究与有利目标评价、苏丹1/2/4区开发效果评价及调整技术研究、阿曼Daleel油田多分支水平井注水开发配套技术、肯基亚克盐下油藏钻井完井配套技术、天然气发动机替代钻井用柴油机工程研究等一系列项目的研究，形成了一批先进、独特、适用的配套技术系列，为海外油气业务发展提供了强大的推动力。

（二）中国石油化工集团公司

1. 老油区岩性与地层等隐蔽油气藏勘探。在东部断陷盆地，逐步形成了针对岩性、地层油气藏的成藏理论体系，指导中国东部诸盆地油气勘探不断向纵深发展。近年来在以济阳坳陷为代表的东部富油凹陷，年探明石油地质储量稳定在1.5亿吨左右，其中岩性和地层等隐蔽油气藏占60%以上。中国的东、中、西部坳陷盆地的隐蔽油气藏勘探同样取得了一系列的进展。东部松辽盆地南部深层火成岩勘探取得重大突破；中部鄂尔多斯盆地上古生界发现了大牛地气田。利用高分辨率地震采集处理和综合分析技术，开展了川西陆相层系隐蔽油气藏研究，目前已形成从中浅层到深层立体勘探开发的局面。“十五”期间新增天然气探明储量689亿立方米，天然气产量年均递增2亿立方米。

2. 东部富油凹陷潜山油气藏勘探。以东部断陷盆地时空演化为主线，提出了潜山的成因—结构分类方案，分析了潜山成山、成藏的动力学机制，提示了潜山类型的多样性、分带性及时空展布规律，建立了风化壳潜山、断块潜山、潜山内幕等多样式的潜山成藏模式。在地质综合分析的基础上，利用多种勘探新技术，使潜山勘探科学化、程序化、精细化。形成了断陷盆地潜山带成因、成藏多样性的理论和相应的配套勘探技术系列和核心技术。“九五”以来在济阳坳陷共累计探明潜山石油地质储层超过1亿吨，迎来了济阳坳陷潜山勘探的又一次高潮。

3. 西部海相碳酸盐岩岩溶缝洞油藏勘探技术。围绕中国西部叠合盆地成盆—成烃—成藏过程的复杂性，形成了适合复杂叠合盆地油气勘探的技术系列，主要包括构造解析与层序地层学分析方法与技术，油气成藏定年方法与技术，油气资源评价方法与技术；深部油储地球物理预测方法与技术等。针对中国西部碳酸盐岩岩溶缝洞油气成藏的复杂特征，形成了一整套地震成像到精细解释、碳酸盐岩储集层预测与评价、油气判别到储集层酸压改造、测试、欠平衡钻井技术、水平井、直井侧钻技术等勘探方法、技术系列。该套技术系列的应用促进了塔河油田储量的快速增长。

4. 南方海相碳酸盐岩油气勘探技术。油气富集的“复合控藏”模式及优质储层发育机理等地质认识的深化，带来勘探思维从构造油气藏向构造岩性复合油气藏的转变，加速了普光大气田的发现和探明。在地震勘探中，山区高分辨率地震勘探技术逐步完善，形成了以复杂山地深层碳酸盐岩储层预测为核心的勘探技术系列。

三、油气开发技术研发进展与成果

围绕老油区提高采收率和新油气田高效开发，在既往科技成果基础上，深化开发理论研究和技术攻关，在大幅度提高石油采收率方面，首次用分子设计理论研制出廉价、高效、无污染的梳形聚合物和疏水缔合聚合物两类新型耐温抗盐聚合物用于油气田开发，在挑战高含水油田提高采收率、中深层稠油油藏蒸汽驱、特低渗透油藏经济开采极限，强化超压、低渗、含硫、疏松储层及凝析天然气开采技术配套，成效显著。油气田开发系列配套技术的整体进步，使石油工业一批难动用储量逐步转化为经济可采储量。

（一）中国石油天然气集团公司

化学驱油技术取得重大突破，研制出具有自主知识产权的驱油化学剂；聚合物驱油技术进一步改善，抗盐聚合物形成系列产品，一类储层聚驱采收率比水驱提高12%，大庆油田聚驱年产油量超过1000万吨，占油田年产油量的20%以上；三元复合驱工业性试验取得重大进展，预计采收率比水驱提高19%左右。

油田实现数字化管理。

辽河油田齐40蒸汽驱先导试验取得成功，使2亿吨稠油储量可分批转入工业化生产。低渗透油藏开发取得重大进展，形成油藏精细描述、数值模拟、注采井网优化调整、超前注水、开发压裂、水平井整体开采等配套技术，使得大量边际难采储量得以快速高效开发。天然气/凝析气藏开发技术研究，在气藏精细研究、优化开发方案设计、高压循环注气技术、欠平衡钻井+水平井技术、低渗透气藏开发试验等方面取得重要成果，保证了克拉2异常高压气田、牙哈高压凝析气田顺利投产。

（二）中国石油化工集团公司

针对复杂气藏的开发难题开展攻关，形成了有效的开发配套技术：一是致密低渗储层预测技术。二是低渗储层改造技术，使大牛地气田投入有效开发，为川西地区深层低渗气藏开发创造了条件。三是在建南、雅一大等气田广泛应用复杂结构井钻完井技术。四是在川西、东濮地区形成有效的排水采气工艺技术和增压开采工艺技术，为气田稳定供气发挥了重要作用。

四、钻井工程技术研发进展与成果

通过对地质导向系统关键技术研究和旋转导向系统关键技术的研究，研制成功国内新型MWD随钻测量系统及关键部件正脉冲发生器，完成了近钻头电阻率与自然伽马随钻测量技术研究。钻井工艺技术的重大进展，大幅度降低了勘探开发成本。欠平衡钻井、气体钻井大幅提高了机械钻速，在发现和保护油气层、减少井下事故方面起到了关键性的作用。多分支井钻井技术试验成功，开辟了国内提高单井产量、提高综合采收率的新途径。套管钻井填补了国内空白，大位移井水平位移达到3千米。在重大装备研制上，以顶驱、盘刹为代表的一批高精产品达到国际先进水平，形成了机械、直流、交流变频、复合驱动四大系列钻机，并于“十五”期间实现了出口创汇。

五、地球物理勘探技术研发进展与成果

地球物理勘探和测井在软件开发、技术集成配套和装备研制等方面取得重大进展，KZ-28新型大吨位可控震源、轻便山地钻机/钻具、深井螺旋钻机的研制成功，保证了国内外复杂区勘探需求，改善了原始资料品质，提高了生产效率，降低了勘探成本。

（一）地球物理勘探

经过多年积累，中国石油于2004年成功地推出了Geo-East V1.0处理解释一体化软件系统，填补了国内大型地震软件系统的空白，显著提升了中国物探

软件研发和应用水平。在系统体系结构、地震与地质信息共享、三维地质模型构建等关键技术方面取得重大突破，建成国际先进水平的一体化软件平台，打破了西方技术封锁和垄断。山地综合物探技术、沙漠区勘探技术、碳酸盐岩勘探技术、滩浅海勘探技术等一批配套应用技术的开发和突破，促进了国内10个亿吨级油田、7个千亿立方米级气区的发现，推动了中西部前陆盆地的大发现。

中国石化油气勘探的核心地球物理技术是三维地震勘探技术和复杂储层预测技术。2000—2005年间全面开展了高分辨率三维地震勘探，资料品质较常规三维有了较大幅度的提高；2005年年底还开展了高精度三维地震勘探的试验工作。与此同时，广泛采用高品质三维地震资料的复杂储层预测技术，在海相碳酸盐岩孔洞缝储层和致密低渗砂岩储层的预测中取得重要进展，针对不同地区不同储层特征的预测技术都取得了显著成果，形成了配套系列。

（二）地球物理测井

中国石油在测井技术领域实现了研发、设计、装备制造和服务一体化，研发了一批新型实用的测井装备、应用软件和解释评价技术，取得了一批重要科研成果。成套测井装备EILog-05进入工业应用，建立了地面采集与解释平台、数据传输平台、井下参数测量平台，形成了一套具备测井、射孔和取芯等功能的高性能常规测井系统，整体上提升了国产测井装备水平。自主研发的集成化测井处理解释LEAD软件，基本满足低孔、低渗及复杂油气藏开发的测井资料处理解释要求，为中国参与国际测井服务市场竞争提供了配套技术与手段。研制了具有自主知识产权的部分成像测井仪器（超声成像、微电阻率成像、阵列感应等），基本形成了国产成像测井系列，为国内复杂油气藏储层识别与评价提供了先进有效的技术手段。

中国石化的测井技术整体上在国内处于领先水平，主要优势表现在对付各种复杂地层的测井解释评价能力，以及在强水淹条件下的油藏动态监测能力。胜利测井公司推出的SL-3000分布式测井系统可同时适用于裸眼井和套管井，完成测井、射孔和取芯等作业。XBH 2000是胜利油田测井公司与美国EMI公司合作研制成功的第一代井间电磁成像测井仪，成功地进行了大型现场工业性试验，在分析井间油气分布和井间油气水的动态监测等方面取得了成功。胜利测井公司的SL6000系统，硬件设计高度智能化、集成化，测井数据传输高速数字化，测井质量控制可视化，实现了数据采集高质量，操作安全高效，支持新一代的成像测井。

六、油气管道、地面工程技术研发与成果

（一）油气管道

依托重大工程开展科研攻关，取得了一系列重大科技成果，使管道设计、施

工、运营管理和技术服务得到了全面提升，极大地增强了中国长输油气管道整体实力和核心竞争能力，实现了油气管道技术的跨越式发展，形成三大系列专有特色核心技术：(1)“西气东输”综合工程技术；(2)X80钢级管线钢焊接工艺参数优化及高韧性焊材选择技术；(3)管道内检测技术；(4)管道运行技术。这些技术对加快油气田开发起到重要作用。

(二)地面工程与井下作业

在地面工程方面，开展的“高寒地区石蜡基原油不加热集输工艺等技术”研究，形成了6套油田地面工艺模式及2套气田地面工艺模式。开发出了低温分离等5种成套设备，在国内及海外油田应用。研究开发的直接从稠油中脱酸技术填补了国内外空白，为海外油气田开发提供了强有力的技术支持。

胜利滩海油田地面工程建设探索出一套国产化的建设模式，既节省投资又可有效提高建设速度。混输泵应用技术发展成熟，在新老油田中得以广泛应用，起到了降低油井回压，延长管线应用期、增加集输半径、优化地面布局的作用。形成了适合于不同地层需求标准的含油污水处理技术，提高了注水指标达标率；研制开发并形成了注聚合物配套技术，有效地提高了采收率；开发研制了高压注汽锅炉，形成了稠油开采的高压注蒸汽配套技术。

在油田维护和作业工程技术方面，消化引进装备，加大配套技术攻关，形成了大修、侧钻、压裂酸化等10个技术系列，在油气田开发中发挥了重要作用。压裂充填防砂工艺技术，通过将压裂充填技术和机械砾石防砂技术相结合，形成压裂充填工艺，现场实施成功率达到100%。

通过技术改造，青海油田尕斯库勒联合站处理能力达到200万吨。

七、安全环保节能技术研究进展与标志性成果

在稠油污水处理与回用技术集成、油田及炼化企业用水优化与污水深度处理回用技术、环境空气毒性污染应急决策信息支持系统、钻井及井下作业清洁生产技术、污染源在线监测技术、管道安全评估及生态保护技术、防止污染及保持储层生产能力配套修井技术等多方面取得重要科技成果。其中，稠油污水处理与回用技术集成研究与示范工程，形成了一套专门用于稠油污水处理和回用注气锅炉的技术和工艺；控制和消除硫化氢大范围空气毒性污染综合技术及应急决策信息支持系统，填补了国内空白。

在“十五”期间应用这些技术解决了一批污水、废气、固体废物达标排放问题，同时创造效益 4 亿元，安全控制技术的研究与应用取得较大成效，与 2001 年相比，百万工时事故率降低 76.8%，百万工时死亡率下降 29.9%。

第二十二章 石油管道及运输

中国的石油管道是随着石油工业发展而发展起来的。从1958年建设第一条克拉玛依至独山子原油管道起，到2005年，中国石油天然气集团公司、中国石油化工集团公司、中国海洋石油总公司共建成原油、成品油、天然气和海底油气管道45865千米(未计台湾、香港管道长度)，基本上形成了横贯中国东西和纵贯南北的石油管道运输网络，每年输送油气当量达1.3亿吨以上，占中国每年油气总产量的80%左右，继铁路、公路、航空、水运之后，成为中国第五大运输行业，对保证全国油气田稳产增产和国民经济发展起着重要作用。

中国石油管道建设，大体上经历了两个快速发展阶段。

第一个快速发展阶段，从1970年中国东部油田快速发展起，至1987年东部油田进入稳产期止，先后建成了各类石油管道13405千米，平均每年建设石油管道800千米，基本上形成了中国东部地区的石油管道运输网络。1970年8月，国家批准建设的大庆至抚顺、大庆至大连、铁岭至秦皇岛长距离输油管道，拉开了长输管道建设的序幕。这一阶段建设的石油管道是在缺乏技术经验和专用输油设备的情况下进行的，由于广大石油管道建设者精心设计、精心施工和技术攻关，所研发的输油工艺和研制的输油设备质量优良、安全可靠，至2005年年底已经输油35年，仍在正常运行。这对保障东部油田快速发展，特别是对缓解当时东部地区火车运输特别紧张的压力，起了关键作用。也为中国石油管道第二次快速发展和技术进步，培训了队伍，积累了经验，打下了坚实的基础。

第二个快速发展阶段，是从1988年吐哈、陕甘宁、塔里木、柴达木和沿海油气勘探相继获得重大突破，中国石油工业实行“稳定东部，发展西部”、“油气并举”方针开始的，至2005年，共建成各类石油管道32460千米，平均每年建设石油管道2000千米，基本上形成了西部和南部地区的石油管道运输网络。这一阶段建设的石油管道，认真贯彻执行国家改革开放方针，学习国外的先进技术和先进管理经验，使中国石油管道的设计、施工和管理在整体上达到了20世纪90年代的世界先进水平。

中国台湾地区在20世纪50年代，投入开发的苗栗、竹东、新营、嘉义等油气田，由于产量小，所需原油、成品油和液化石油天然气主要依靠进口。为了运输自产和进口石油产品，台湾沿本岛西海岸的基隆市至高雄市，建设了一条输油主干线，全长1600千米；建设了一条输天然气管线，全长1600千米，满足了台湾本岛对油气管道的需要。

第一节　石油管道建设基本满足了全国油气田发展的需要

一、原油管道初步形成运输网络

截至2005年，全国共建成原油管道15915千米，其中1987年以前在东部地区建成的占69.4%，1988年以后在西部地区建成的占30.6%。

为了解决西藏地区国防建设和经济建设用油，1988年6月开工建设花土沟至格尔木原油管道，管道全长435千米，年输油能力200万吨，1990年9月建成投产。

为了解决新疆油田快速增长的原油外运问题，从1988—2005年，先后在新疆地区建成了11条原油管道。管道长度超过100千米的有：轮库线（轮南至库尔勒），全长191千米，年输油能力300万吨，1991年7月开工，1992年7月建成投产；轮库复线，全长161千米，年输油能力1000万吨，1995年9月开工，1996年6月建成投产；塔轮线（塔中至轮南），全长302千米，年输油能力600万吨，1995年7月开工，1996年8月建成投产；库鄯线（库尔勒至鄯善），全长476千米，年输油能力1000万吨，1996年6月开工，1997年6月建成投产。

为了解决长庆油田原田外运问题，继1977年建成了马岭至中宁原油管道后，1996年建成了安塞至延安原油管道，全长107千米，年输油能力122万吨；1997年建成了靖边至马岭原油管道，全长200千米，年输油能力110万吨；2001年建成了靖安油田安塞至咸阳原油管道，全长463千米，年输油能力350万吨。

为了给上海和南京输送国外进口原油，2004年3月建成了甬（宁波）沪（上海）宁（南京）原油管道，全长645千米，年输油能力2000万吨。

为了解决石家庄炼油厂原油供应问题,1993 年建成了华北油田至石家庄炼油厂的原油管道,全长 150 千米,年输油能力 350 万吨。

为了解决吉林油田原油外运问题,1995 年建成了长春至吉林市的原油管道,全长 156 千米,年输油能力 400 万吨。

为了解决广州石化厂的原油供应,1997 年建成了大亚湾马鞭州至广州石化厂的原油管道,全长 170 千米,年输油能力 1200 万吨。

为了解决长岭、九江炼厂原油供应问题,沿长江原油管道于 2004 年 4 月开工建设,2005 年 12 月建成投产。该管线东起江苏仪征,西至湖南长岭,全长 973 千米,管径 864 毫米,年设计输送能力 2700 万吨。它的建成对促进华中地区的经济发展起到了重要作用。

为了解决从哈萨克斯坦共和国进口原油的运输问题,中国与哈萨克斯坦共和国签署了建设中哈原油管道协议。这是中国第一条连接中亚地区的跨国能源大动脉。中哈原油管道西起哈萨克斯坦共和国的阿塔苏镇,经中国的阿拉山口东至新疆独山子,全长 1208 千米,管径 813 毫米,设计压力 6.3 兆帕, 年输油能力 2000 万吨。中哈原油管道阿塔苏至阿拉山口段 962.2 千米于 2004 年 9 月 28 日开工,2005 年 12 月 15 日建成投产。阿拉山口至独山子段 246 千米于 2005 年 3 月 25 日开工,12 月 10 日建成,具备运行条件。这不仅为独山子石化千万吨炼油、百万吨乙烯的发展提供了直接保障,实现了中国原油进口渠道的多元化,进一步保障了国家能源供给安全。同时,对加强中哈两国政治、经济合作,增进传统友谊,推动管道沿线地区经济发展和西部大开发具有积极的现实意义和深远的历史影响。

二、天然气管道初步形成干线运输网络

截至 2005 年, 中国共建天然气管道 21298 千米, 年输气能力达 446 亿立方米,这对促进中国能源结构调整,改善大气污染状况,提高人民生活质量,起着重要作用。

1987 年以前,中国天然气管道建设主要集中在四川盆地。至 1979 年在川渝境内建成了长 1922 千米的南半环管网,到 1987 年建成了长 982 千米的北半环管网,全环管网年输天然气量达 30 亿立方米,成为中国第一个利用天然气的省市。此期间,在河南、河北之间建设了中沧(中原油田至沧州)天然气管道。

1987—2005 年是天然气管道建设发展最快的时期。在这个时期建成的天然气管道长达 17686 千米, 占全国建成天然气管道总数的 68.8%。其中建成的陕京线、陕京二线、涩宁兰、忠武线、西气东输线以及继续建设的沿海天然气管道、中俄输气管道、中哈输气管道等,形成了中国的骨干输气管道。

陕京线是解决首都大气污染严重问题所采取的重要举措之一。陕甘宁天然气勘探在1995年获得重大突破。随后，中共中央和国务院迅速做出了建设陕京天然气管道的决策。

两条陕京线总长1782千米，根据首都解决大气污染和发展经济的需要，设计年输天然气能力为153亿立方米。其中陕京一线全长847千米，1996年3月5日开工，1997年9月10日建成投产，首次向北京供气成功。陕京二线全长935千米，2005年9月建成。鉴于北京冬季用气峰谷高达6.9倍，最大日调峰能力需达700万立方米。为此，先后在大港油田大张坨等区块采空凝析油地层中，为陕京线建设了一座地下储气库，储气库容量为16.2亿立方米，最大日调峰能力可以达到1000万立方米。2004年初又配套完善建设了板中北高点储气库，2005年完成项目收尾，建成后使高峰期采气能力新增600万立方米/日。陕京线的建成，使北京市全部用上了清洁的天然气能源，为改善北京市的大气质量做出了贡献。

忠武线是国家为了把四川盆地富余的天然气输送到能源紧缺的湖北省和湖南省而建设的。该线全长1375千米，2003年8月开工，2004年12月建成投产，对促进重庆、武汉、长沙等大城市及管道沿线地区的工业发展和改善大气质量，都有重要意义。

“西气东输”管道，是国家实施西部大开发战略方针的重要举措之一。到2005年止，这是中国距离最长、管径最大、输气压力最高、投资最大、与20世纪末世界

2005年6月7日，京陕二线与陕京一线在河北永清分输站连接成功，确保向北京稳定供气。

先进技术全面接轨的第一条管道，也是世界上屈指可数的宏大管道。它的首站位于新疆塔里木油田，末站位于上海市白鹤镇，途经甘肃、宁夏、山西、陕西、河南、安徽、江苏、浙江等 10 个省市区。管道长度 3856 千米，管径 1016 毫米，输气压力 10 兆帕，一期工程年输气量 120 亿立方米，总投资 435 亿元。

这条管道的建设，对加快西部地区的发展步伐，提高新疆及沿线各族人民的生活水平，推进沿线特别是长江三角洲地区能源结构和产业结构的调整，具有重大意义。中共中央、国务院对这项工程建设极为重视，并于 2002 年 7 月 4 日在北京举行了隆重的开工典礼。国家主席江泽民在开工典礼贺信中，“要求参与工程建设的全体员工，要把‘西气东输’工程建成一流工程。”参与“西气东输”工程建设的上百家企业与近万名科技工作者和施工人员，在近 4000 千米的管道施工现场，抗风沙、斗严寒、冒酷暑、防“非典”，坚持用高新技术进行建设，使“西气东输”管线在设计、施工和管理上，全面达到了世界同类管道建设的先进水平。

在线路勘察设计上，采用世界先进的卫星遥感图像和管道三维立体显示技术，并进行实地勘查，优选出了走向合理、距离最短的线路，在保护环境前提下，比预选的管道长度缩短了近 300 千米，可减少投资 34 亿元。

在输气工艺上，把世界先进的数据监控系统、信息管理系统和地理信息系统结合起来，应用于运营管理，实现了输气工艺的数字化、信息化和自动化。全线 35 座工艺站场和 138 座截断阀室，全部由上海控制中心（北京为备用）进行遥控操作，无须人工干预。一旦发生泄露，截断阀立即自动关闭管道。

在大型长输管道压气站设置上，通过优化燃气轮机功率等级，按照输量分为台阶的要求，优选工艺输送方案，使压气站数量由 15 座减为 10 座，节约投资 12 亿元。

在单气源多用户输气工艺上，西气东输用户众多，用气性质各不相同，对管道输送压力、流量需求差别很大，特别是在一条管线上民用气为月调峰，电厂用气为小时调峰，这在世界上未曾有过。通过反复分析计算用户组合数据，采取调整末端压气站位置，在末端建设地下调峰天然气储库和加大支线管径等方法，解决了这一难题。

在流量计量技术上，选用了气体超声波流量计和气体涡轮流量计，通过在线对比流程和在线标定流程来保证计量的准确度，减少计量损失，其精确度达到了世界先进水平，填补了国内高压、大流量标定的空白。

在变频调速技术上，采用了 20 世纪 90 年代后期发展起来的 32 位大规模集成电路处理的变频调速器取代传统的直流变频调速器，为西气东输管道的 4 座压气站选用了负载换相大功率变频调速系统驱动离心式压缩机，为国内首创。

在国内长输管道上首次采用减阻内涂层技术，有效地减少了天然气流动阻力，不但节省了3座压气站，减少了一次性投资7亿元，而且每年还可节约运行费1.55亿元。

在穿跨越36条大江大河的技术选用上，针对宁夏中卫黄河穿越点落差大的特点，采用桁架跨越方式；针对陕西延水关黄河穿越点为大峡谷的特点，采用隧道穿越方式；针对河南郑州黄河穿越点两岸河滩宽、中间河床软的特点，采用两边滩岸做定向钻，中间主河床做机顶钢套管穿越方式；针对南京长江下游江面宽，水流急，河床相对稳定，管道与光缆同沟敷设的特点，引进盾构机（隧道钻）穿越方式，保证了西气东输大江大河穿跨施工实现了高速度、高质量、高效益的目标。

在管道通过地质灾害地段敷设技术上，选择采空区或岩溶顶板较稳定地段敷设，同时在内部采取设置柱墙等支撑措施；通过非全新活动断裂地带时，采用增加刚度等级和钢管壁厚方式敷设；通过滑坡地段时，选择适当部位先进行一定的防滑治理，然后用跨越或沟埋方式敷设；通过崩塌、危岩区时，先进行卸荷处理，采取支挡、拦石等措施后，沟埋敷设；通过泥石流地段时通常采用跨越方式。这些不良地貌单元水土保护方案，有效地解决了管道防地震、防洪水破坏的难题。

在解决“西气东输”管道用钢和大口径管道施工装备上，组织国内技术实力雄厚的企业，在短短的一年多时间里，研制成功了世界上只有少数几个发达国家才能制造的高强度、高韧性的针状铁素体X70级管线钢，满足了“西气东输”工程制管的需要；研制成功了大口径制管机、大口径弯管机、全位置自动焊机和全自动超声波精确探伤仪等专用设备，填补了国内空白。研制成功了大口径管道内壁涂敷作业线、大口径管道外防腐作业线以及首次研制成功了大口径热煨弯管防腐作业线，解决了大口径管道防腐难题。

为确保焊管质量，采取自检、互检、飞检和每道焊口探伤照像等多种方法控制焊管质量，使“西气东输”管道35万道焊口一次合格率达到98%以上，实现了全线试压一次成功。

为了战胜横跨中国东西复杂多样的地质地貌施工困难，管道施工人员探索出了简便、实用、有效的施工方法，自制快速拆装的轻便铁架桥和泥地爬犁，解决了重型设备进水网区难和在泥地施工发生沉降的难题；自制轻便铁轨搭天梯，上攀下顶攀高山，把施工机具和管材运上悬崖峭壁进行施工；沙漠区每年施工期不足3个月，施工单位组织精兵强将进行快速突击，成功的避开了暴风和高温季节；黄土高原土质松软易塌，沟壑深达20多米，施工难度很大，施工人员采取从沟底向沟沿推土拾级而上，虽然土方量很大，但保证了施工安全，保护了黄土塬自然形成的沟壑排水通道。

在工程管理上，全部按照国际市场运作惯例，实行了以下七项管理体制：一是对“西气东输”所有建设项目都实行招标制；二是所有承包商，包括业主、监理、设计、施工等，都实行项目法人制；三是所有工程质量控制，都实行中外合作监理制，其中对钢材、钢管、防腐等关键生产过程实行驻厂监造；四是对所有施工承包商实行“健康、安全、环保”管理到位制和施工全过程负责制；五是对所有发生经济联系，相互合作或协作的单位和个人，都实行合同约束制；六是对“西气东输”工程全过程实行审计、监察、纪检联合监督制；七是对“西气东输”工程质量实行政府监督制度。

经过全体施工人员争分夺秒的奋斗，2004 年 12 月 30 日，“西气东输”管道全线建成投产。国家主席胡锦涛给在北京人民大会堂举行的投产庆典暨表彰大会的贺信中郑重宣告：“开工建设两年多来，国家有关部门、管道沿线地区各级党委和政府通力合作、全力支持，各参加单位精心组织、科学施工，广大建设者艰苦奋斗、无私奉献，实现了把‘西气东输’工程建成一流工程的目标。”他在贺信中还提出了“确保管道安全，确保稳定供气”的奋斗目标。

这一时期建成的天然气管道还有：靖西线（靖边至西安）、陕宁线（靖边至宁夏）、鄯乌线（鄯善至乌鲁木齐）、塔轮线（塔中至轮南）、轮库线（轮南至库尔勒）、彩克线（彩南至克拉玛依）、荆襄线（荆州至襄樊）、武黄线（武汉至黄石）、潜湘线（潜江至湘潭）、广州 LNG（液化天然气）管道等。特别是 2005 年建成投产的“西气东输”冀宁联络线，南接“西气东输”青山分输站，北连陕京二线安平分输站，全长 885 千米。线路设计压力 10 兆帕，设计年输气能力 90 亿立方米。它的建成把“西气东输”和陕京二线连接成网，为今后天然气合理利用搭建了桥梁。

三、成品油管道基本解决了紧缺地区的运油困难

1970 年以后，随着国内成品油产量的快速增长，开始建设长距离成品油管道。到 2005 年，共建设成品油管道 6035.4 千米，其中东北地区 556 千米，占 9.2%，华北地区 158.2 千米，占 2.5%；西北地区 367.2 千米，占 6.1%，西南地区 2330 千米，占 38.5%，华南地区 2070 千米，占 34.5%，民航管道 554 千米，占 9.2%。

中国建成的重要成品油管道有：

1973 年建设的格拉（格尔木至拉萨）成品油管道，位于世界海拔最高的青藏高原，是国内建设的第一条长距离成品油管道。到 2005 年，管道已安全运行了 28 年。

2002 年建成的兰成渝（兰州至成都至重庆）成品油管道，是采用 20 世纪 90 年代世界高新技术建成的第一条自动化水平很高的成品油管道。管道全长 1250 千米，可顺序输送多种成品油和其他石油化工产品，年输成品油能力为 580 万吨，

并具有拓展输送原油的能力。

该线因为是国内首条多油源、多分输点、线路起伏落差大的成品油管线，所以需要创新输送工艺。经过科研攻关，采用全线自动化控制系统跟踪不同油品输送位置，及时准确地切割不同油品；在各分输站和末站安装高精度（万分之一）密度计，自动切割油品界面；对 90 号汽油和 93 号汽油密度难以区分，则在油品界面注入一定剂量的荧光剂，及时准确地进行区分、切割；对大落差地形难以控制的混油界面，采取掺混处理或回炼分馏处理方式，确保销售油品质量。同时，对于全线出现的任何故障，可以自动识别，自动关闭运行。兰成渝成品油管道这一自动控制、自动区分切割、自动保护程度很高的顺序输送工艺，属于国内首创。

该线途径九条断裂带，经过科研攻关，在断裂带两侧 300 米范围内适当放大管沟尺寸，填充摩擦系数小的沙料，并在断裂带 1000 米范围内采用弹性敷设方式，设置截断阀，解决该线防地震难题。

该线地形高低落差达 2268 米，对管道安全输油造成极大威胁。经过科研攻关，在大落差地段设置三座减压站，在分输站前高压管段增加了壁厚，在压力增高管段设置紧急截断阀和高点放空阀等措施，解决了大落差输送的难题。

该线途经“难于上青天”的蜀道，悬崖千仞，山涧万丈，给管道施工带来极大困难。参与施工的各石油企业的施工人员，创新山地施工方法，自制山地施工机具，克服了蜀道天险，完成了施工任务。

兰成渝成品油管道的建成，把西北地区富余的成品油输往紧缺的西南地区，缓解了西南地区石油产品紧缺的矛盾，对促进两个地区的经济发展，满足人民对石油产品的需要，有着重要意义。

2003 年开工建设的茂昆（茂名至昆明）成品油管道，是为了解决西南地区成品油运输难的问题而建设的。管道全长 1691 千米，管径 508 毫米，途径广东、广西、贵州、云南四个省区 37 个县市，主要顺序输送 0 号柴油、90 号汽油和 95 号汽油。年输量 1000 万吨，2005 年 9 月建成投入使用。

茂昆成品油管道，根据沿途分输点多的特点，所采用的远程监控密闭自动输油系统，分为三级控制：一级为中心控制系统，二级为站场控制系统，三级为设备就地控制。

茂昆成品油管道的建成，对加快建立南宁、贵阳、昆明区域经济带，加快西南地区经济发展，对促进西南地区政治稳定、民族团结、巩固国防，都将起着重要作用。

2005 年，中国石化还建成了鲁皖成品油管道。这条管道北起山东淄博，南至安徽宿州，全长 764 千米，管径 457/273 毫米，设计年输量 655 万吨。这条管线的建成投产,对促进安徽经济的快速发展起着举足轻重的作用。

西部原油成品油管道工程是继“西气东输”工程之后,又一项国家重点工程和西部大开发的标志性工程,也是中国石油天然气集团公司在国内重大项目上第一个 EPC 总承包试点项目。该工程对建设国家石油管道运输网、连接中哈石油管道,保证国家石油战略安全和开发大西北意义重大,影响深远。管道干线主要包括原油和成品油两条输油管道,采用双管同沟敷设方式,两条管道净间距为 1.2 米,防腐采用三层 PE 结构,补口采用热收缩带(套)。成品油干线管道包括:乌鲁木齐—新堡和新堡—兰州两段,其中:乌鲁木齐—新堡段,长度 1708 千米,管径 559 毫米;新堡—兰州段,线路长度 150 千米,管径 508 毫米。设计年输量为 1000 万吨。原油干线管道包括乌鲁木齐—鄯善和鄯善—兰州两段,其中:乌鲁木齐—鄯善段,长度 296 千米,管径 610 毫米,设计年输量 600 万吨;鄯善—兰州段,线路长度 1562 千米,管径 813 和 711 毫米,设计年输量为 2000 万吨。西部管道工程于 2005 年 3 月 1 日全线开工。

四、海底石油管道实现了自主设计与施工

1970 年,渤海埕北油田投入生产,开始采用 500 吨小型油轮外运原油。1982 年,埕北油田油气产量增长较快,大港油田与法国石油公司合作建设了一条长 1.6 千米的海底双层保温原油管道,于 1985 年投产,成为中国第一条海底石油管道。

随着海上油气田的快速发展,为实现自主建设海底石油管道的需要,中国海洋石油总公司于 1987 年从国外购买了一条名为“滨海 109 号”的起重铺管船,可在 40 米水深海域铺设管径为 114～1524 毫米的海底管道。1994 年,中国海洋石油总公司在烟台建造了“蓝疆号”大型起重铺管船,可在 150 米水深海域铺设管径为 114～1219 毫米的海底管道。到 2005 年,共铺设海底石油管道 47 条,总长度 2126 千米,其中渤海海底石油管道 267.1 千米,东海海底石油管道 670 千米,滩海海底石油管道 67.9 千米,南海海底石油管道 1121.4 千米。

1992 年 12 月,锦州 20-2 凝析油田投产上岸的油气混输管道,全长 48.6 千米,日输天然气能力 150 万立方米,日输凝析油能力 500 吨。这条海底石油管道由中国海洋石油总公司自主设计,用“滨海 109 号”铺管船自主施工,经美国船级社和挪威船舶厂检验局检验,质量合格率达 100%。这是中国自主设计、自主施工的第一条海底油气管道。

1994 年,随着东海平湖油田的开发投产,相继建设了两条原油管道和天然气管道。平湖原油管道全长 306 千米,管径 273 毫米,设计压力 8.6 兆帕,日输油能力

780.9立方米；平湖天然气管道全长365千米，管径355毫米,设计压力10.5兆帕，日输气能力129万立方米。

在这一时期，随着南海崖13-1气田的开发，中国海油还与美国阿科公司合作建设了中国最长的海底天然气管道——香港崖13-1海底管道。崖13-1气田海底管道由香港天然气管道和海南混输管道两条管道组成，管道全长869千米。香港天然气管道于1993年12月开工建设，1995年11月建成，1996年1月投产供气。管线起于崖城13-1气田，登陆于香港烂角嘴，全长778千米，年输气能力34.7亿立方米，设计寿命40年。天然气主要用于香港龙鼓滩发电厂作燃料。海南混输管道于1994年5月开工建设，当年主体完工，1995年11月投产运行，管线起于崖城13-1气田，在三亚市西北登陆，全长91千米，管径355.6毫米，年输气能力15.5亿立方米，日输凝析油816吨，主要解决海南东方黎族自治州化肥厂原料用气和三亚发电厂及市民燃料用气。崖城13-1气田海底管道是一项能够长期造福于香港和内地人民的工程。它的建成投产，不仅大大缓解了珠江三角洲能源供应紧张的状况，同时也为港澳地区、海南特区的经济繁荣和发展注入了新的活力。

五、城市燃气管道开始快速发展

随着中国天然气产量从2000年开始迅速增长和从国外进口天然气数量逐年迅速增加的需要，城市燃气管道开始进入了快速发展阶段。2002—2005年，先后在乌鲁木齐、西宁、兰州、银川、西安、济南、长沙等市建设城市燃气管道2300余千米；在上海、南京、苏州、武汉等城市建设城市燃气管道2700余千米；在海口、广州等沿海城市建设城市燃气管道1200余千米。城市燃气管道的快速发展，改善了城市燃料结构，减少了城市空气污染，促进了城区经济发展，提高了人民生活质量。

第二节　石油管道运行实现了长期、安全、平稳、高效输送油气

在中国油气管道迅速发展的关键时期，原石油化学工业部部长康世恩1975年7月在铁大线投产时曾经提出：“建设管线不容易，管好管线也不容易。要特别重视安全输油这个问题，要确保长期、安全、平稳输油。”30多年来，石油管道战线的领导干部、技术人员和工人认真贯彻落实这个要求，确保了输油输气管线的安全平稳运行。

一、建立严格的岗位责任制度

从国内第一条长输管道建成投产起，就以建立岗位责任制度为核心，建立健全各项规章制度，确保安全输油输气。

为了严格执行岗位责任制，石油管道各级领导干部都把检查岗位责任制贯彻执行情况，作为加强日常生产安全管理工作的主要职责，做到班组长要天天检查，站队长要周周检查，分公司领导要月月检查，总公司领导要坚持半年一查，及时表彰严格执行岗位责任制的好人好事，帮助执行岗位责任制差的员工限期改进。

为了建立“大家都要抓，天天都要抓”安全生产的长效机制，输油输气单位还狠抓了以下六个环节：

一是树意识：通过教育培训，刚性约束，考核奖惩等措施，培养和树立全体员工的安全意识、责任意识和科学管理意识，真正做到“安全在我心中”，时时、处处、事事都把安全生产落到实处。

二是强素质：通过各种有效的培训、练兵，提高全体员工的安全素质，包括文化素质、安全知识、安全操作技能、心理和生理容易产生的安全障碍等，最大限度地消除员工的不安全行为，从而减少事故的发生。

三是治隐患：主要是加大安全环保隐患排查和治理力度，实行事故消项制度，做到排查事故隐患一个不漏，消除事故隐患一个不许马虎。

四是明责任：通过贯彻落实安全生产岗位责任制和有关规定，切实把安全生产的责任落实到具体人头上，严格事故责任追究，彻底解决安全工作严格不起来和落实不下去的问题。

五是反“三违”：通过严格执行操作规程和岗位作业书，从严查处违章指挥、违章操作、违反劳动纪律的“三违”行为，切实解决有章不循、执行制度不力和管理不严的问题，在员工中树立“违章就是事故”的观念，彻底消除“三违”现象。

六是建机制：以贯彻落实安全生产责任制和 QHSE 管理体系为重点，建立责任明确、管理科学、措施到位、考核严格以及激励作用大、约束力强的安全生产运行机制，使安全生产管理工作走向规范化、科学化、制度化的轨道，形成安全生产的长效机制。

二、建立管道检测、维修、抢修机制

（一）管道检测

为了有效地预防管道严重腐蚀和变形导致的突发穿孔泄露、悬管裂管等事故，坚持及时检测长期运行的油气管道，做到预防为主，维修及时，把损失降低到最小。

中国石油天然气管道局（下简称管道局）于1992年10月成立了管道技术公司，1997年8月被中国石油天然气总公司确定为长输管道检测中心，负责全国管道的安全监督检测。接着，四川石油管理局和东北输油局也相继成立了管道检测中心。

1992年以来，管道技术公司在引进、消化的基础上，创新研制了273~720系列管内检测器，可以满足不同管径管道内检测的需要。2005年，管道技术公司与英国AT公司合作研制成功的1016毫米高清晰度漏磁检测器，实现了数据缺陷的自动识别，灵敏度和准确率达到世界先进水平。1993—1998年，管道技术公司对部分老管线进行了检测，发现鲁宁线邹城至贾旺段，内腐蚀深度达4毫米以上的有19处，发现鲁宁线贾旺至仪征段管道变形达10%以上，最大变形达15.6%，发现阿赛线3号和5号站间管道腐蚀深度达3毫米以上的有64处，腐蚀深度达1.5毫米以下的有400处，为及时维修管道提供了依据。

四川管道检测中心，1990—1991年对10条输气干线进行了检测，发现管道变形大于2.6%的有923处，其中变形大于6%的有93处，变形大于10%的有14处，经过及时维修，预防了爆裂事故。

新疆石油管理局对所管理的2000千米石油管道进行了检测，发现彩北管道腐蚀深度达4.5毫米以上有10处，火三管道腐蚀深度达4.5毫米以上有67处，并及时对中度腐蚀的管道进行了补疤修理，对腐蚀严重的管段进行了换管，保证了管道安全运行。

（二）管道维修

管道日常维修是在不停输的情况下进行的，维修内容多为维修泵站内小管段，维修阴极保护设施，清除管道两侧深根植物，明管除锈刷漆等。

管道计划维修的内容有：更换漏失或腐蚀超过规定数值的管段，更换泵站主要设备和干线截断阀，改造和完善站内工艺流程，管线改线，穿跨越改造等。管道计划维修由管理处提出，报上级批准后实施，要求衔接好进出输量，做到输供平衡。

（三）管道抢修

到2005年，中国已建立了油气管道抢修中心网络和维修抢修培训基地，可以做到五个小时就近到达抢修现场，同时完成封堵、切管、吊装、组对、焊接等抢修作业，确保石油管道的安全运行。已建立的抢修中心有：东北的大庆、沈阳抢修中心、华北的廊坊抢修中心、西北的兰州、鄯善抢修中心、西南的成都抢修中心、华东的武汉抢修中心。抢修中心建立以来，已完成各种抢修任务近百次，如铁岭李千户河穿越弯头焊缝开裂、铁秦线聚流河阀门冻裂、长春泵站爆管跑油等，都做到了抢修及时，一次成功，避免了大的损失。

三、降低燃料油和电力消耗

1985年以前建成投产的原油管道，随着技术进步和时间的推移，设备效率低，输油工艺落后，燃料油消耗、电力消耗和管道输送损耗高的现象逐渐显现。各石油管道企业从1991年起，在降低油电消耗上做了大量工作。

针对方箱式加热炉效率低的原因，采取了在炉腔砌花格墙、降低排烟温度、减少炉体散热损失、改善油咀燃烧状况、降低空气过剩系数等措施。热效率由65%提高到70%左右。

针对输油泵与电动机负荷不匹配的问题，采用串联、液偶、滑差、变频等调速措施，使管输能力和泵压相匹配，避免了“大马拉小车”的电力损失。

针对管壁结蜡日益严重的问题，东北输油局先后研制成功泡沫清管器等六种清管设备，华东输油局研制成功水力、磁力和涡轮清管器，这些清管器的使用，大大提高了管道输送效率。四川石油管理局用研制的皮碗清管器，从输气管道中清除的各种污物达2700多立方米。

针对管输原油结蜡速度快、摩阻上升大、动力消耗增加的问题，1985年，管道局在马宁和濮临原油管道进行原油热处理输送试验，改变了原油晶体结构，降低了原油凝固点，使马宁线每年节约燃料油1.5万吨，节约电力900万度。使濮临线动力消耗下降了8%。

为了实现原油加剂输送，中国石油管道科学研究院从1991年开始研制降凝剂、减阻剂、改性剂等化学添加剂。1992年在马宁线进行热处理和加剂综合处理措施输送，每年节约燃料油7500吨。1998年，库鄯线进行加剂输送试验成功，省去了四座加热站，节约一次性建设投资5000万元。1993年，四川油气田研制成功GP缓蚀剂，缓蚀率达到75%以上，达到世界同类产品先进水平。南环线的佛两段，每年都发生管道腐蚀爆裂事故，1993年加入缓蚀剂后，至今再未发生腐蚀爆裂事故。2001年，中油股份管道分公司研制成功EP减阻剂，被列为国家重点新产品，经在花格线、安延线、国外苏丹管道上应用，减阻效果显著。苏丹管道使用后，年增输原油127万立方米。

改造开式输油工艺。1985年以前建设的输油管道均为开式流程，能源消耗高，与国外的密闭输油工艺差距较大。1985年，首先用国外先进技术对铁大线、东黄线进行技术更新改造。经与国外合作设计，引进高效炉、泵、阀和远程监控密闭自动输油工艺，于1992年7月完成，油电消耗下降了25%左右。接着又对庆铁线、铁秦线、鲁宁线进行了技术改造。

由于采取了以上节能降耗措施，1985年前建成的原油管道能源消耗逐年下降。

燃料油消耗由1985年的87.365公斤标煤／万吨千米，下降到2000年的46.93公斤标煤／万吨千米；电力消耗由1985年1141.2马力／万吨千米，下降到2000年的269.07马力／万吨千米；管输损耗由1985年的0.4%下降到2000年的0.17%。

四、加强老管线改造工作

从2004年起，中国石油管道公司对运行20年以上老管线，开始了全面的检测与改造工作。东北输油管网是全国老管线改造的重点，共检测出需要改造的项目有98项，其中换管和改线19.3千米；大修防腐层120千米；加固的穿越管线43处；整治的阴极保护137处；为增输俄罗斯原油而改造的泵站9座；清理违章占压管道的建筑物19处；在打孔盗油“重灾区”安装电子巡查13处，大修油罐61座；大修加热炉70台；水工保护工程499项；将铁大线输油工艺改造为廊坊控制中心远程监控自动化密闭输油工艺。以上老线改造项目完成后，不但提高了东北输油管线的安全可靠性，有效地防止了跑油事故对环境造成的污染，而且使东北输油管网的输油量提高了10%以上。

第三节　管道勘察设计、施工与专用设备材料达到世界先进水平

一、管道勘察设计应用了卫星遥感、计算机技术，提高了设计水平

中国石油、中国石化、中国海油和中国人民解放军总后勤部所属管道勘察设计单位共有65个，其中甲级管道勘察设计单位有26个。

这些管道勘察设计单位，从1980开始都相继建立了计算机工作站，并开发出油气管道各个专业设计软件，提高设计效率20多倍；应用计算机绘图出版资料，提高工效30多倍。从1985年开始，首次在库鄯线应用卫星遥感图像优选线路走向，应用卫星遥感资料分析灾害地质影响，比人工测绘地图、机械钻取工程地质资料提高效率30多倍。1995年，开始应用三维设计技术进行管道勘察设计，设计周期进一步缩短，设计成本大幅度下降，设计质量达到无差错标准，设计整体水平达到了世界先进水平。

例如，中国石油天然气管道工程有限公司开发的100多个应用软件，覆盖了油气线路、储运、工程测量、土建、通信、机械、电力、热工、给排水、技术经济、管理等所有管道勘察设计专业。开发的三维设计技术，从1997年起，完全实现计算机辅助设计绘图。到2005年，累计设计油库、油罐985万立方米，设计石油和煤气管道26400千米，中标并完成国外管道设计近6000千米。

中国石油工程设计西南公司，开发出酸性气田材料腐蚀检测技术、mt法天然

流量动态溯源等技术,先后同18个国家建立了合作关系,可用美国等10多个国家的标准和规范进行工程设计,在国外承担了科威特油气田地面工程和哈萨克斯坦油气处理工程的设计与施工。

中国石化洛阳石油化工工程公司,1972年与中国人民解放军总后勤部基建营房部共同设计了国内第一条格尔木至拉萨成品油管道,1975年设计了秦京原油管道,2004年设计了茂名经贵阳至昆明的成品油管道。

中国石化管道储运公司设计研究院,1996年设计了中原油田至济南的天然气管道,2003年设计了宁波经上海至南京的原油管道。

中国海油采用海底调查和计算机辅助设计手段,提高了海底油气管线勘察设计水平,并拥有了多项专用技术。到2005年设计的国内海底石油管道和印度尼西亚的海底石油管道达15条,总长度2200余千米。

二、管道施工实现了机械化、焊管自动化

中国石油、中国石化、中国海油共有管道施工队伍近万人,其中专业管道施工队伍6000余人。这支管道施工队伍,经过50多年野外艰苦的管道施工磨炼和20多年市场激烈竞争的锻炼,形成了代代相传的“管道为业,四海为家,艰苦为荣,野战为乐”的优良传统。自1970年开始大规模地进行长输管道施工以来,在国内国外自然环境比较艰苦、有些国家存在战乱的情况下,建设长输管道近5万千米,全部达到优良工程,被誉为不怕艰难困苦、不怕市场激烈竞争的中国管道铁军。

这支作风过硬管道建设铁军,在改革开放后迅速实现了管道施工机械化、大大提高了管道施工速度和管道施工质量,大大提高了在国际市场的竞争力。1974年以前,管道施工装备极其简陋,布管、吊管、对口、防腐、管沟开挖都由人工完成。1978年改革开放后,通过自主研发和引进技术,陆续给管道施工企业装备了布管下沟大吊管机和内外对口器、管口整形坡口机、单斗挖沟机等,1979年在克乌复线施工中,第一次实现了扫线、布管、对口、组装、挖沟、下沟一条龙机械化施工,比以前的三角架吊管、导链对口、人力挖沟等施工方法,提高工效5倍左右。此后,又通过引进、消化和创新,具备并掌握了水平定向钻、盾构机等大型河流穿越施工装备及技术,穿越大江大河的速度提高了3倍以上;组建了半自动化、全自动化焊管机组,提高焊管速度7倍左右。到2005年,管道施工队伍年施工能力,由机械化施工前的2000千米,提高到机械化施工后的7000千米以上,管道施工一次合格率由机械化施工前的80%左右,提高到机械化施工后的98%以上。

三、油气储存罐库建造技术水平不断提高，油气库容规模迅速增大

1985年以前，中国只能建造2万~5万立方米金属储存油罐。1985年以后，通过引进、消化、创新，掌握了大型金属油罐、低温液化石油储罐和地下岩层岩穴储库的设计和施工技术。先后在秦皇岛、大庆、铁岭、临邑、仪征、黄岛、大连、舟山等管道首末站和油港码头建造了800多万立方米金属储油罐区，在太仓油库建造了一座15万立方米金属储油罐和两座3.2万立方米液化石油气低温储罐，在黄岛建造了一座16万立方米地下水封石洞油库。1993年，在三亚建造了两座1万立方米凝析油储罐。1999年以来，在大港油田采空凝析油地层先后建造了六座地下储气库，有效工作气量30.3亿立方米，日注气能力1305万立方米，日调峰气量3400万立方米。2003年，在西气东输管道沿线的江苏金坛建造了一座盐穴地下储气库，最终库容（2020年）26.38亿立方米，最终有效工作气量（2020年）17.14亿立方米。2005年，又相继在舟山、镇海、大连、黄岛建设国家战略储备油库，总容量达1600万立方米，2005年底已建成980万立方米。

四、石油管道专用设备材料结束了依赖进口的历史

为了建设具有世界先进技术水平的石油管道，通过与外国合作设计和引进、消化、创新，到1985年研制成功X45～X65级低合金管道钢；2001年、2005年又分别研制成功X70、X80高强度、高韧性的针状铁素体管线钢，从而结束了管道钢材完全靠进口的历史。

中国研制的远程监控自动化系统、大口径制管机、大口径弯管机、大口径管道内涂敷作业线、大口径管道外防腐作业线、大口径热煨弯管外防腐作业线等属于世界高新技术设备，全部满足了国内的需要，打破了国外供应商在该领域的垄断地位。中国研制的输油泵效率达到86%；研制的热煤炉热效率达到90%以上；研制的天然气过滤分离设备和多管除尘器设备不逊色于世界同类设备；研制的无损探伤设备，可以自动记录探伤波形并打印数据；研制的火花检测设备，可以自动检测防腐质量并打印数据。

对管道安全运行和使用寿命起关键性作用的管道防腐材料，根据地质比较复杂的特点，先后研制成功改性沥青、环氧煤沥青、煤焦油瓷漆、聚乙烯粘胶带、环氧粉末涂料、三层防腐层（环氧树脂漆层、聚烯烃共聚物层、聚烯烃表面涂层）、聚酯泡沫防腐保温、锌压敏带等防腐材料，基本上能够满足干旱、潮湿、植被、土壤酸碱度、地下杂散电流等各种环境防腐管道的需要。

中国油气管道已经形成了从管道科研、咨询、勘察、设计、施工、采办、工程物

流、监理、检测、防腐、通信、运行、维修、抢修的完整的产业链，综合能力已经达到了本世纪初世界先进水平。主要标志是：管道企业拥有地理信息系统、卫星遥感技术和航拍处理技术，能在全球任何能够敷设管道的地区进行线路的选择、优化和施工图设计；拥有大口径、高材质、长距离输油气管道、LPG与LNG大型低温储罐、15万立方米浮顶油罐、大型压气站、城市燃气管网及大中型热力工程的设计施工技术；拥有自动焊管机组、定向水平钻和盾构机等先进的管道施工装备，每年可敷设管道7000千米以上，穿越施工200千米以上，盾构穿越施工6000米，储罐施工500万立方米；拥有年管道试压、干燥7000千米、年敷设管道通讯光缆8000千米、年敷设管道高压输电线路2000千米以上的能力；拥有先进制管、防腐作业线、年制管能力达30万吨，防腐各类管道能力达7000千米以上；拥有沙漠、山地、黄土塬、水网、沼泽和永久冻土带等特殊地形、地貌地质条件的施工技术；拥有远程控制密闭输送油气工艺和水击超前保护等技术，为国内外客户提供运行管理服务；拥有管道带压封堵、在线开孔、清管、腐蚀检测、埋深探测及油罐清洗等先进的技术和设备，具有管道检测年综合服务6000千米、年自动化清洗储罐100万立方米的能力；拥有年采办和运输7000千米以上管道工程物资的能力。以上实力使中国管道企业在2003年进入了国际承包商行列，并实现了1/3以上的施工力量在海外，1/3的利润来自海外。

第四节　开拓国内国外市场，增强管道企业活力

一、按照社会主义市场经济模式加强经营管理

1980年以前，中国石油管道企业一直按计划经济模式经营，生产任务依靠上级下达计划，所需费用全由上级核拨。1980年，石油工业部对管道施工企业实行定施工量、定收入、超额奖励、亏损不补的经济责任制，推动管道施工企业，积极走上社会市场承揽工程。1984年从建设濮临线开始，对建设工程项目所需资金由国家拨款改为银行贷款，由过去的“干了算”转变为“算着干”，努力实现自负盈亏。1988年，全面推行项目经理责任制，对当年建设的阿赛原油管道项目，实行设计施工总承包制，推动管道施工企业走上工程承包商的道路。此后，中国石油管道施工企业全面实行企业法人制、业主负责制、施工项目招标投标制、工程质量监理制、经济合同制等市场化运作，推动管道施工企业在市场中求生存，在竞争中求发展，在市场需求中合理配置企业人力、物力、资金等资源，追求经济效益最大化。

二、学习国际惯例，开拓国外管道市场

石油管道企业是1981年进入国外管道市场的，到2005年，经历了劳务承包、施工承包和设计、采办、施工总承包三个阶段，并创出了信誉，具备了参与国外管道市场竞争的实力。

（一）通过劳务承包打下了开拓国外市场的基础

从1981—1985年，石油管道施工企业先后向伊拉克、科威特派出劳务2000多人次。石油管道企业初次走上国外管道市场，十分注意与外国公司进行友好合作，注意与所在国家人民建立友谊，不但较好地完成了合同规定的施工任务，给外国公司和外国人留下了良好的形象，而且通过跟着外国工头干活，初步了解了国际市场情况，熟悉了国际工程施工规范，直接体验了与外国员工合作共事的方式，为后来进一步开拓国外管道市场打下了坚实的基础。

（二）通过工程承包跻进了国际工程承包商行列

从1993年第一次进行国外管道工程项目总承包，到2005年共承包了10项管道工程，总长4550千米，全部获得了圆满成功，创出了信誉，跻进了国际工程承包商行列。

1993年4月30日至1995年9月30日，管道局首次承包了突尼斯一条天然气管道的设计、采办、施工的全部合同。该线全长269千米，采用国际先进的远程监控自动输气系统。施工质量优良，创造了信誉。1997年5月，突尼斯电力煤气局局长蒙塞夫·默利到管道局回访时说："工程经过几年的经营，没有发生任何问题"，对工程设计和施工质量非常满意。他还表示今后要与管道局进一步寻求新的合作途径。世界银行通过考察这项工程，将管道局列为信誉好的国际工程建设公司和免审工程承包商。

1993年8月至1995年11月，中国海洋石油总公司承包了印度尼西亚海底石油管道工程，全长50.2千米，分三次施工，施工质量优良，受到业主和第三国监理的好评。这也是中国首次成功地开拓了国外海底管道市场。

1998年5月1日至1999年2月26日，管道企业承包了苏丹木格莱德原油管道工程建设。该工程全长1506千米，采用国际先进的远程监控密闭自动化输油系统。这是非洲最长的原油管道。承包施工的中国管道员工，在苏丹恶劣的自然环境条件下，抗风沙、斗高温，仅用了11个月时间建成投产，创造了奇迹。外国监理称赞："不可思议"，苏丹政府代表说："苏丹管道只有中国人才能完成！"国外专家的赞誉，说明中国管道施工人员，以自己吃苦耐劳、技术过硬、说到做到、诚信守约的实际行动，在国外树立了良好的形象。管道局苏丹项目部副总调度长张立福就是

其中的一名优秀代表。张立福1998年2月来到苏丹，一直在险恶环境下紧张开展工作。由于钢管运输成为制约施工的关键，管道项目部安排他负责钢管运输。他反复在钢管运输路线上调查研究，整天在丛林、沙漠和战乱地区颠簸穿行，解决了施工队伍因钢管供应不上而停工的难题。他长期过度疲劳，在一次探查管道运输路线途中突发脑溢血，经抢救无效，把生命献在异国他乡。为了纪念张立福的英雄精神，苏丹报纸用中英阿三国文字，整版刊登了悼念张立福的文章，称赞他是中国人民派来的友好使者，是为苏丹人民利益牺牲的英雄。在苏丹喀土穆管道首站，还耸立着以钢管为造型的张立福纪念碑，使人们永远怀念他的功勋！

2002年10月23日，管道企业第一次承包了利比亚天然气和凝析油两条管道工程，油气管线各长527千米、总长1054千米，两条管线并行，2003年6月16日开工，2004年5月16日机械完工。此项目是与利比亚无任何资本关联的大型管道承包项目，开拓了新的国外市场领域。该工程首次按照欧洲管道建设标准进行施工，管理体制、技术标准、组织结构与其他国家执行的标准不同，承包的施工人员刻苦学习，精心施工，全线8.7万道焊口，一次合格率达98%，受到业主好评。

（三）通过项目管理承包开拓了国际市场的新领域

2002年6月，管道企业与加拿大威克公司组成伙伴，合伙中标了苏丹油田六区原油管道的项目管理承包。项目经理由中方担任，威克公司只派管理人员。项目管理承包的实质，是承包业主的项目管理工作，为业主提供项目管理服务。该项目管理服务工作，从2003年1月10日开始，到2004年3月该项目服务工作终止。由于服务质量高，项目顺利建成投产，工程质量优良，受到业主认可和赞扬。

项目管理承包，是国外市场比较高级的智囊服务领域，中国管道施工企业首次涉足这个领域，开拓了国际市场新的创汇途径。

1999年，国家按照建立社会主义市场经济体制的需要，对中国石油天然气集团公司实行业务重组，其核心业务在境外上市，成立了中国石油天然气股份有限公司；随之，中国石油天然气集团公司也对管道企业实施了业务重组，成立了中国石油管道公司，将油气运营管理作为核心业务划归中国石油管道公司统一管理，设计、施工、技术服务、后勤保障等业务继续由管道局经营管理。

重组后组建的中国石油管道公司面对管道快速发展的新形势，积极拓展主营业务、不断开拓市场，努力构建具有强大竞争力的专业化管道公司，取得了长足的进步和优异的成绩。一是以“精品工程、放心工程、绿色工程”为目标，建立健全工程项目管理体制和运行机制，先后建成了涩宁兰、沧淄、和田、兰成渝、大连石化、忠武和阿独线7条输油气管道，总投资114.3亿元，总里程4250千米，公司所辖管道总长已经达到了9080.9千米，比1999年重组之初增长一倍，进一步壮大了公司的主营业务，增强了公司的市场竞争能力，对促进经济社会协调发展，提高人民群众生活水平起到了重要作用；二是注重管理创新和技术创新，建立、完善和实施 QHSE 管理体系和内控体系，大力推广 SGADA 系统，推进了企业信息化建设，实现了集中调度控制、设备自动起停、参数自动调节等先进输送工艺，达到了国内先进水平；三是发挥专业优势、拓展主营业务。结合公司发展目标，针对市场竞争格局，大力实施了资源整合和专业化重组，成立了廊坊调控中心、抢修指挥中心、技术服务中心和管道封堵中心，强化了公司在役管道运行管理、安全保障和技术服务专业优势，打造了管道运营优势品牌，使管道公司成为国内最具竞争实力的管道运输专业化公司。

重组后的管道局面临着施工任务不足、施工技术装备相对落后、企业负担过重等诸多困难和市场竞争的挑战。管道局领导带领全局职工，树立创新思维、实现超越、争雄国内、走向世界的雄心壮志，以做大做强管道施工和做专做精管道技术服务为目标，按照市场经济规律，把有限的资金投入更新施工装备，加大技术创新力度，采取一切措施提高施工队伍技术素质和思想素质，组织专门班子开拓国内国外市场，经过五年多努力，使管道局成为国内外知名的管道施工企业。与此同时，中国石化、中国海油管道企业也快速发展。2005 年管道局完成收入 79 亿元，比重组时的 1999 年增长 51 亿元。2005 年国内市场开发合同额达到 81.32 亿元，国际市场开发合同额达到 1.70 亿美元。从 2000—2005 年，职工人均收入平均每年增长 20%。管道局也在 2004 年荣获全国“五一劳动奖状”，在 2003 年和 2004 年连续两年荣获“全国用户满意企业称号”，在国外进入了国际工程承包商行列，使“中国石油管道”品牌，驰名国内，扬名国外。

第二十三章 石油装备制造

石油装备制造是随着油气生产的发展而起步的，从无到有，从修配到制造，经过 36 年艰苦奋斗，到 1985 年年底，以石油系统和机械部的专业石油机械制造企业为主，军工和地方企业为辅，由这四支力量组成共 90 多个制造企业，初步建立起适应油田特点的石油装备制造修理的网络体系。通过对石油系统内部老厂的改、扩、建工作，使石油装备制造规模、技术水平和产品质量得到了较大提高。年产量达到 33.5 万吨，比建国初期增长了数十倍；年工业总产值达到 6.8 亿元。基本保证了石油工业生产建设对石油机械配件、部件、工具和常规设备需要，对保证当时油气生产的正常运行起了很好的作用。

但是，随着改革开放的深入和石油工业科学技术的发展，原来的石油装备已不适应了。加之受“文革”等因素影响，石油装备制造业与世界先进水平相比差距进一步拉大，暴露出了很多新的矛盾。如：石油装备产品设计开发水平不高；大型成套石油装备制造能力弱，品种少，质量低，更新换代速度慢；制造工艺较落后，生产效率低，成本高，产品缺乏市场竞争力等。这些问题的根本是石油装备制造业技术落后。

为了摆脱被动局面，更好地为石油工业服务，1986 年后，石油装备制造业根据石油工业科技发展需要，确定其工作方针由外延扩大再生产向内延扩大再生产转变。积极调整产品结构，大力开发大型成套勘探开发设备，大力扩大产品品种，大力提高产品质量和技术含量，以适应油气勘探开发工作的需要。为了实现这个目标，继续大力引进先进技术，坚持不断地对企业进行技术改造。进一步强化科技开发和市场开拓工作，不仅逐步使企业走出困境，焕发出新的生机和活力，更重要的是使石油装备制造业由量变到质变，实现质的飞跃。石油装备制造产品的设计和工艺水平基本与国际相当；产品的开发，创新能力有了显著提高，促进和加快了石油装备更新换代的步伐；产品质量基本接近和达到国际先进水平。主要石油装备实现了系列化、成套化和国产化，并已由进口国变为出口国。企业的管理基本与国际接轨，企业的经济效益已扭亏为盈，企业的整体实力和参与市场竞争能力有了显著增强。石油装备制造业真正成为石油工业科技发展的坚强依托。

第一节　坚持引进改造，提升制造水平

进入“七五”后，石油勘探开发的难度越来越大，要确保石油持续稳产、上产，必须走“科技兴油”之路。1986 年后，石油工业通过原油产量一亿吨包干政策的实施，增强了自我发展的经济实力，为石油科技发展创造了条件，石油工业各个专业纷纷走出国门，学习、考察、引进国际先进技术，在石油勘探开发各个领域都广泛采用新工艺、新技术。为了适应石油勘探开发的需要和市场经济发展的需要，石油装备制造业在改革中坚持为石油工业服务的宗旨不动摇，紧紧围绕石油工业生产建设中的勘探、钻井、开发、井下作业、管道建设等主要领域所需新型装备为重点，积极调整产品结构，大力引进先进技术，加快企业技改步伐，提升制造水平。

1986—2005 年，在引进国外技术的思想上，改变了由过去单纯买设备转到侧重于引进技术。在引进上，主要采取了以下方式：一是技贸结合，通过购买一定数量的设备，把制造技术带进来；二是引进散件国内组装；三是引进关键零部件，国内开发制造配套；四是与国外技术合作；五是与外国公司合资生产等。在石油部的支持下，通过上述各种方式，围绕重点，先后从国外引进了 60 多项先进技术，建成了 50 多条具有先进水平的生产线。并培养了一支素质较高的专业队伍，提高了石油装备产品的质量，扩大了品种，提高了大型石油装备的成套水平。使石油装备制造的整体实力得到长足发展，增强了参与国内外市场竞争的能力。

一、勘探所需装备方面

20 世纪 80 年代初，石油面临接替资源严重不足，石油部提出把勘探放在首位，提高勘探水平和精度，开展二维和三维勘探，解决深层地质多次覆盖等问题。但当时的勘探手段比较落后，地震勘探主要是模拟磁带地震仪和少量的 48 道数字地震仪。这些仪器精度不高，分辨率低，成了找油找气的主要技术瓶颈。为了改变这种局面，1985 年，西安石油勘探仪器总厂（简称西仪厂），采取技贸结合的方

式,引进国外先进技术,建成了120道数字地震仪器生产线。研制生产了SDZ120道数字地震仪,用于替换模拟磁带地震仪,后又相继研制开发出240、480道遥测数字地震仪和具有自主知识产权的24位遥测数字地震仪,以及用于海洋勘探的海底电缆系统,促进了地震装备的更新换代,加快了地震勘探技术的数字化进程。1996年,该厂与法国合作,成立合资企业——西安塞舍尔石油勘探仪器有限公司,生产世界先进的SN388和408UL遥测数字地震仪,并自主研制生产了与其相配套的高精度、高分辨率系列检波器。2003年该厂与东方物探公司合作,开始研制万道地震数据采集系统及高精度多分量VSP系统。

在测井方面:80年代主要以西仪厂生产的JD581型多线电测仪为主。1989年,该厂引进先进技术,建成了3700系列数控测井仪器生产线。并与宝鸡石油机械厂特车公司共同研制了国内首台3700数字测井车,填补了国内数字智能测井的空白,促进了测井装备的更新换代。1992年研制成功了XSKC92型数控测井仪(又称小数控),并进一步改进了83系列下井仪器,全部替换了581型多线测井仪。1999年后,该厂又相继研制开发出了SKC-9800大数控仪器、ERA-2000C型高精度数控测井系统,直径70毫米小井眼测井仪,和其他下井仪器及脉冲中子系列仪器等。使中国测井装备制造逐趋成熟,但与国际相比,仍有较大差距。

钻井测量仪器方面:西仪厂在消化吸收国外先进技术的基础上,研制开发了具有国际先进水平的单、多点测斜仪、随钻测量仪等。2000年,该厂与石油勘探开发科学研究院合作研制开发用于地质导向的随钻测量系统。

1986—2005年,该厂累计生产地震仪器8700多台套,测井仪器2700多套,定向井、水平井测量仪器2000多套,产品出口创汇达3300万美元。

经多年的技术改造,该厂现已拥有国际先进、全国一流水平的加工制造手段和电工工艺设备,拥有国内最大、性能最全、技术先进的超高温、超高压测井专用检测设备和各类试验井、综合模拟试验井、中子标准刻度模拟井和放射性仪器刻度校验装置等,成为中国石油勘探仪器制造的重要研发生产基地。

高精度地震仪配套部件方面,物探局仪器厂引进先进技术,对电缆生产线进行了三次大的改造,使电缆产品质量有了显著提高。其主要产品模拟信号电缆和数传电缆,已能和世界所有物探主流仪器相匹配。通过与国外合作,高精度、高分辨率检波器已实现了系列化、规模化生产。

为地震勘探服务的勘探设备也得到了很大发展。物探局特车厂和机械厂经过多年努力,先后研制开发出了沙漠越野车、可控震源车、沙漠地震钻机和山地地震钻机等产品,质量基本达到了国际同类产品水平。20年累计生产地震钻机70多个品种4500多台，可控震源车130多台，沙漠越野车770多台。不仅保证了国内需要，并向国外出口。

二、钻井工程方面

针对80年代主要解决提高钻井速度问题，大力推广高压喷射钻井新技术，要求解决高压、大排量的泥浆泵和长寿命的高压喷射式的牙轮钻头。90年代，钻井工程主要向深层钻探发展和实施钻井新工艺，需要解决打深井、超深井、打多样井的先进钻机和专用工具等。

为了快速提升钻井装备制造技术，支持钻井工程技术的发展，石油装备制造业，通过引进国外先进技术，加大了对有关制造厂家的技术改造。1986年宝鸡石油机械厂针对高压喷射钻井新技术的要求引进先进技术。首先展开了对F-320和大庆130型老钻机的改造。经过六年多的努力，自主开发出F800、F1000大功率泥浆泵，替代原来的小功率双缸泵。并更换了一大批旧设备，有力地保证了高压喷射钻井新技术的广泛实施。

90年代中后期，随着石油工业"稳定东部，发展西部"战略部署的全面展开，为适应西部深层钻探和打多样井工艺的发展，中国石油天然气集团公司决定对石油钻机进行大规模的更新改造。该厂厂长张冠军带领宝鸡石油机械厂领导班子，审时度势，紧紧抓住钻机更新改造的良好机遇。瞄准国际先进的电驱动钻机制造技术，带领广大技术干部和职工，积极实施科技兴企战略。短短六年内，就投入技改资金1.4亿元，先后对铸钢、锻造、热处理、泥浆泵和钻机加工总装等主要生产线进行了重大技术改造，提高了钻机制造水平。并与有关大专院校、科研机构、油田用户和协作厂联合攻关，解决制造大型钻机的许多技术难点。至2005年年底，石油钻机都采用模块化设计，钻机由过去单一的机械驱动方式发展为机、电、液一体化的驱动方式；钻机的传动方式由过去用大型多排链条传动和带式刹车系统改为电驱齿轮传动和液压盘式刹车，绞车和转盘采用独立驱动，实现自动无级调速和自动送钻。并采用现场总线技术，实现了钻井参数仪表一体化控制、显示及自动过载保护，有效地提高了大型钻机的自动化和智能化水平，圆了多年来钻机操作丢掉刹把的"梦"。同时解决了减轻井架、底座重量和超大功率泥浆泵制造技术，开发出了F1300、F1600、F2200的泥浆泵，泥浆泵最大压力达52MPa，质量达到了国际先进水平。为适应快速钻井需要，开发出了DQ60D型顶部驱动装置，有中空电机顶驱、侧置电机顶驱、轻便型和液压型顶驱等不同型式。为保证产品质量，进一步完善了钻机各单元设备的检测试验装置和总装综合试验井场，钻机的设计、制造、检测手段均达到国内领先水平。先后研制开发出了深井、超深井用的各种大型直

国产首台 9000 米钻机在国内投入使用。

流电驱动钻机、交流变频电驱动钻机、拖挂式交流变频电驱动钻机和斜井钻机、海洋钻机等产品，其性能质量均达到国际同类产品的先进水平。钻机产品从 1000 米到 9000 米已成系列，年生产成套钻机能力已达 60 台，其中 12000 米特大型钻机正在研发中。到 2005 年，已累计生产各种大型钻机 400 多台。不仅保证了国内石油钻机更新换代的需要，并已批量出口。2005 年，7000 米电驱动大型成套钻机已出口到美国。现该厂已成为中国钻井装备研发、生产的主力军，跨入了世界钻机制造业的先进行列，成为当今世界上最大的钻机制造厂之一。

南阳石油机械厂和江汉四机厂借鉴修井机技术，发展生产了油田需要的车装式和拖挂式轻便钻机，已为油田提供了 130 多台套。

在钻井装备制造发展中，近几年还出现了以组装配套为主的企业，如四川的宏华公司等，年组装配套能力也达到三四十台。

针对国内钻头制造水平低，长期依靠进口的局面，石油工业部采用技贸结合的办法，引进国外钻头制造先进技术。从 80 年代初开始对江汉钻头厂进行技术改造。用了十多年时间，先后完成三期系统技改项目。现该厂已成为国内设备和工装最先进、最齐全的钻头制造企业。其生产的钻头产品质量达到了国际先进水平。不仅适应了各种钻井新工艺的要求，而且能满足各种复杂地层钻井的需要，年产钻头能力 30000 只。近几年已在国外建立 5 个销售服务点，累计出口达 5000 多只。

四川石油管理局成都总机厂钻头生产线的改造，是从 1987 年开始的。该厂借鉴江汉钻头厂改造的经验，走国产化改造的路子。经过十多年的努力，钻头制造水平也有了大幅度提高，产品质量接近和达到国际先进水平，其年生产能力为 15000 只。近几年除供应国内市场外，已有批量出口。该厂还和德国合资建立了金刚石钻头制造厂，为开展深硬地层钻井提供服务。

根据钻井过程中定向、侧钻、造斜、扭方位等各种高难度工程作业的需要，1985 年采用技贸结合的方式，引进国外先进技术，在北京石油机械厂和大港总机厂建立了螺杆钻具生产线。1995年两厂又分别对生产线进行了全面技术补充和完善，制造能力得到大幅度提升，产品质量达到了国际先进水平。品种发展到11种33个型号，不仅有直线型，还有可弯型钻具、空气螺杆钻具，累计为油田提供各种螺杆钻具10000多套，为钻井新工艺的实施起到了强有力的支撑作用，产品也已开始出口。

其他为钻井工程生产配套产品的制造企业，也都相应的引进先进技术，进行了技术改造。其产品如井控设备、固控设备、地面工具和井下工具等质量都有了大幅度提高。

现在中国钻井装备制造，不仅产品先进，质量优良，而且已经实现了整机配套和产品系列化，有力地保证了钻井工程技术的发展。

三、采油工程方面

根据油田生产的发展需要，石油装备制造企业通过技术引进和企业技术改造，采油工程的主要设备——抽油机、抽油杆、抽油泵（简称“三抽设备”），在质量、性能、制造水平等方面均有很大提高和变化。

1986年后，老油田基本处于中、高含水期开采，含水率高，产量自然递减快，要保持原油稳产，必须加大排液量。但原来生产的三抽设备，抽油机负荷小，冲程短，排液量低，已不适应大排液量的需要。针对这个矛盾，各有关制造厂积极进行了生产线改造，研制开发了各种型号的大排液量、长冲程抽油机。冲程长度由原来最长3米，提高到8米；抽油机负荷由原来最大5吨，发展到16吨；日排液量由原来最大30立方米，上升到200多立方米。

抽油机向大型化发展，原用20号碳钢生产的普通抽油杆，因强度低不耐腐蚀，也已不能适应。玉门机械厂与中科院金属所联合攻关，研制抽油杆新钢种，开发出了高合金钢的高强度抽油杆、超高强度抽油杆和高强度耐腐蚀抽油杆。为减轻抽油机负荷，1993年在沙市石油钢管厂引进国外先进技术，建立了年产30万米的玻璃钢抽油杆生产线。以后又针对抽油机井高结蜡问题，在大港机械厂建立了空心抽油杆生产线，生产空心电热杆，从而使抽油杆与抽油机相匹配。

抽油泵长期生产的是常规衬套泵，其泵效率低，寿命短，不能满足3米以上的长冲程作业。1986年后，引进国外抽油泵的先进制造技术，在玉门机械厂和大港机械厂分别建立了长冲程整筒抽油泵生产线，研制开发出了大泵径、长冲程整筒抽油泵。最大泵径达108毫米，最大冲程长度达8米，适应了大排液量的要求。整筒抽油泵的生产初期，整筒泵管依赖进口。为改变这个局面，咸阳石油钢管钢绳厂积极改造老的钢管车间，建设了高精度冷轧冷拔精密钢管生产线，为整筒泵泵管、潜油电泵泵管、潜油电泵电机壳生产，提供了高精度的冷轧长泵筒管，替代了进口。

1990 年以后，油田抽油机井数越来越多，耗电量急剧增加，成了当时采油生产发展的突出问题。为解决这个问题，各制造厂积极展开了高效节能抽油机研制工作，先后开发出如前置式、链条式、异型游梁式等多种型式的高效节能抽油机和高滑差节能电机及节能控制箱等，油田长期使用证明，节能效果明显。如华北石油管理局第一机械厂（简称华北石油一机厂）生产的异型游梁式抽油机，节电达 20%左右，每年生产上千台，除供油田使用外，还出口国外。承德石油机械厂为抽油机配套，借鉴国外经验，专门研制开发出高滑差节能电机，节电效果一般达到 20%以上。高效节能抽油机、节能电机、节能控制箱已在各油田普遍使用，获得节能降耗的好效果。

“三抽设备”是油田开发的主要设备，需要量相当大，本着合理布局，就地制造、供应的原则。从 80 年代后期，调整产品结构，充分发挥油田机厂的优势，开展“三抽设备”制造。经过多年努力，大庆、胜利、长庆、新疆、华北、大港、玉门等油田机械厂和包头一机厂、铁岭机厂等单位成为三抽设备研发制造的主力企业。这些企业“三抽设备”的制造水平、生产规模都有了相当大的提高，产品质量已达到国际同类产品的先进水平。抽油机年生产能力达 1 万多台；抽油杆年生产能力达 3000 多万米；抽油泵年生产能力达 5 万多台，满足了油田开发生产的需要，并已批量出口。

其他采油工程设备，如电动潜油泵、螺杆泵、水力活塞泵、稠油热采设备和气举采油设备等，过去靠进口，现全部国产化，电潜泵、螺杆泵近几年已开始批量出口。

四、井下作业工程方面

井下作业工程设备包括修井机、固井设备和压裂设备，是油田稳产、上产的重要作业手段。

1986 年后，随着油田井数不断增加，井下作业工作量越来越大，特别是深井作业量增多，老井套管腐蚀破损严重。据不完全统计，累计有几千口井面临停产，亟待大修；有几百口井完钻后等待试油、投产。但当时井下作业手段落后，只有通井机和黄河 30 吨修井机。其工作效率低、质量差，作业成本高，并只能用于浅油井的维修和检泵作业。

为保原油稳产、上产，1983 年，南阳石油机械厂、江汉石油管理局第四机械厂（江汉四机厂）借鉴国外修井机的先进技术，联合江汉石油机械研究所及江汉石油机械厂，研制出中国第一台机、电、液一体化的 350 型（50 吨）自走式修井机，填补了国内空白。在此基础上，1986 年后又引进先进制造技术，建立了修井机生产线，展开了修井机系列化产品的研制工作。经过不懈努力，先后攻克了多轴车的整体设计制造和悬挂、轮边差速技术，研制开发出了多轴、大型自走式底盘车（最多达 7 轴），其装机功率、越野性能和通过性均达到国际先进水平。并改进了动力的配置方式，用车台动力传动，替代车用动力传动，提高了动力机的功率；改进了井架设计，采用伸缩式桁架结构，解决液压整体起放伸缩技术和 16 米超长液压缸的制造技术。既减轻井架重量，又提高了井架稳定性，增强了井架承载力和抗风能力；研究开发出了系列修井用的游动系统、水龙头、转盘及修井工具等，为制造大型修井机奠定了基础。到 2005 年，两厂已开发生产有提升负荷 30 吨到 180 吨的各种修井机和 225 吨钻修两用机，性能、质量达到了国际先进水平，分别形成了年生产能力 60 台的水平，累计为油田提供修井机 1250 多台。不仅满足了油田修井作业工程的需要，还向国外出口了 100 多台。

在固井、压裂设备方面，80 年代初，所能提供的手段也是很落后的。固井设备只有黄河 150 型（15MPa）、罗马尼亚 AC400 型（40MPa）水泥车；压裂设备只有黄河 500 型（50MPa）、罗马尼亚 ACF700 型（70MPa）压裂车。其功率低，排量小，难以保证固井质量和实施改造油层，压裂增产的效果。为了改变这种局面，江汉四机厂厂长兼总工程师甄启民，于 1985 年和 1988 年，先后采取引进散件国内组装的办法，组织展开水泥车和压裂车产品的研制。先后改进固压设备泵的设计制造工艺，泵头采用锻钢件，代替铸钢件，并应用调质后自增强处理技术，同时改进泵的流道，解决了耐磨和泵内沉沙的问题；水泥车开发出由计算机控制的具有自动混浆功能的系统，提高了混浆速度和均匀度。混沙车应用电液自动控制的喷射旋流搅拌技术，解决了大砂比的沉砂问题，提高了混砂液的稳定性和均匀性及自动化程度。由于上述关键技术的突破，为开发大型固压设备创造了条件。1988 年研制出了国内第一台具有自动混浆功能的单机单泵水泥车，1993 年试制出了功率为 1342KW，最大工作压力为 105MPa，最大排量为 1630L/min 的压裂车。在此基础上，进行了系列化开发工作，水泥车从 35～100MPa，有单机单泵、双机双泵配自动混浆装置的产品六种规格 10 多个型号；压裂车最大到 2000 型（功率 2000Kw，压力 140MPa），共有 20 多种型号。同时还开发出与其相配套的系列高压管汇产品，品种达 82 类 200 多种，性能和质量均达到国际先进水平，替代了进口。迄今累计已生产水泥车 540 多台，压裂车 200 多台套，满足了油田井下固井、压裂作业工程需要，并已批量出口。

上述两厂通过技术引进和企业改造，制造水平有了显著提高，设计、制

江汉石油四机厂生产的大型压裂机组正在进行组装调试。

造、检测手段先进齐全，成为中国井下作业工程设备制造的重要生产和出口基地。

五、石油管道建设方面

随着油气管道工程建设的发展，特别是西气东输工程全面展开的带动，石油制管行业也得到了快速发展。西气东输管道建设的特点是：管线线路长、地形复杂、不仅要穿越沙漠、戈壁、山地、河流，而且山高、落差变化大。特别是东部地区，人口密集，对油气输送钢管的质量要求更高。钢级一般都在 X65 以上，到 X70、X80；管径一般都在 800 毫米以上，最大的到 1420 毫米；壁厚一般都在 10 毫米以上，最厚达 30 毫米左右。80 年代末 90 年代初，石油系统制管实力最强的宝鸡石油钢管厂、华北石油一机厂等六个制管企业，均难达到。当时最大口径为 720 毫米以下，壁厚 10 毫米以内，钢级 X60 以下。

为适应长输管道工程的发展，满足长输钢管质量、性能要求，1986 年以来，石油制管业先后抓了三项重点工作：

一是组织宝鸡石油钢管厂和武钢、宝钢、冶金部钢铁研究院联合攻关。研究开发用控轧、控冷工艺，生产 X 系列管线钢，替代原来的 A3 和 16Mn 钢，提高油气输送管的母材质量；开发了X系列高等级钢材X65、X70、X80，满足长输管线对钢级的要求。

二是加快各制管厂老制管机组技术改造，提高钢管的成型焊接质量。经多年的技术改造，各厂螺旋埋弧焊管机组，都采用了三辊上卷成型方式。为提高板边质量，用铣边机代替圆盘剪和铇边机；焊缝实现了光电跟踪，内外多丝焊，为提高管端尺寸精度，配置了管端扩径机和高精度倒棱机；在精整段都配备有在线和离线多道超声波检测、静水压检测、X光工业电视检查和管端拍片、管端磁粉探伤及管子的整体爆破试验，实现了全焊缝、全管体检查，还采用了X光数字图像处理技术，做到实时数据采集和存储。并配置有钢管内外防腐生产线，使产品质量上了一个新的台阶，达到了国际同类产品先进水平。

如宝鸡石油钢管厂，是中国50年代原苏联援建的156项重点项目之一。该厂根据管道工程建设的发展，不断对焊管生产线进行技术改造。1986年从德国引进了ERW焊管生产线，1992年又从美国引进了石油套管接箍生产线。近几年又新建大螺旋焊管生产线和两套外防腐生产线、一条内防腐生产线。并实施战略结构调整，在上海与国外合资组建了新的制管基地，使老厂始终保持新的生机和活力。该厂不仅拥有国内一流先进水平的制管生产线，还拥有国内技术领先的焊管科技开发中心，年生产能力超过62万吨，年防腐能力达630万平方米。二十年来，累计生产油气输送钢管500多万吨，先后为国内140多条输油输气重要管线提供了钢管。累计出口25万多吨，创汇1450多万美元。特别在西气东输工程建设中被评为优秀承包商。现该厂是中国油气输送钢管重要的研发、生产制造基地。

三是为满足西气东输工程建设的需要，在改造老机组的基础上，又新建了两条大口径螺旋埋弧焊管机组和采取引进国外先进技术，建设了两条JCOE大口径直缝埋弧焊管机组，填补了国内空白。

如华北石油一机厂，为适应管道建设的大发展和积极配合“西气东输”，在改造老制管机组的基础上，又建设了一条大口径螺旋焊管机组。2001年采取合资的办法建立了国内第一条大口径直缝埋弧焊管机组。该厂的焊管水平、产品质量、企业效益在行业中名列前茅。

通过上述工作，使石油制管业焊管生产线的制管水平、产品质量，生产能力都得到了大幅度提高。“西气东输”工程需用大量的油气输送钢管，由于各制造企业的科学组织，精心操作和质量的严格把关，整个管线全长4000多千米，用管数量达100多万吨。不仅数量按期完成，而且质量做到100%合格，为油气管道工程建设的发展做出了新的贡献。

为"西气东输"工程生产大口径钢管。

到 2005 年年底，石油系统的宝鸡、华北、沙市、胜利、辽阳和资阳等六个石油钢管厂，拥有国际先进水平的螺旋埋弧焊管机组 22 套，大口径直缝埋弧焊管机组 2 套、中口径高频直缝电阻焊管机组 1 套。总的年生产能力已达 200 万吨左右，有 600 多种规格型号供用户任意选用。这些工厂已成为国内油气输送管制造行业的主要生产企业。

在其他石油专用管方面（套管、油管、钻杆、钻挺、方钻杆等），中国石油行业每年消耗的专用管量约达 95 万吨，其中套管、油管占 90%。90 年代前主要靠进口。1987 年后，国家引进国外先进技术，先后在天津、上海、宝鸡、华北、江苏等地建设了无缝钢管厂和钻杆生产厂。这些企业的制造工艺设备，如轧管机组、焊管机组、钻杆接头对焊机组、丝扣加工、热处理和检测手段等均为国际一流水平。并建立有完善的质量保证体系，均获 API 会标使用权，已研制生产出油田需要的不同钢级的产品，年生产能力可达 100 多万吨。除了特殊油、套管外，已全部立足国内，并开始出口。

其他制造企业围绕上述重点，为搞好石油装备配套、系列化、规模化生产，大力推进技术改造，制造水平和产品质量均取得很大的进步和提高。

1986—2005 年，石油装备制造企业，已累计为石油勘探开发提供各类专用设备、工具配件达 374 万多吨，为前 36 年总量的 193%；提供油气输送钢管 822 万多吨，为前 36 年的 333%。其中提供的主要设备有大型钻机 400 多套，高压泥浆泵

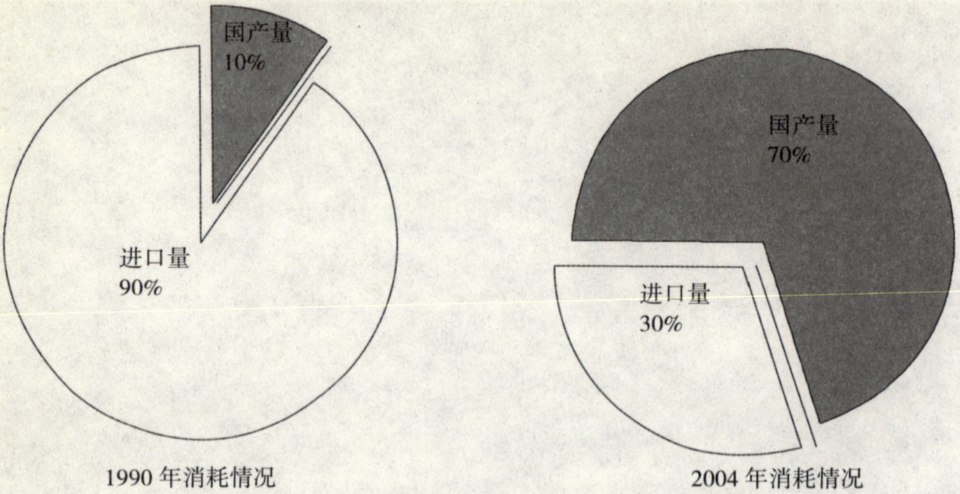

石油专用管国产与进口比例的变化

2300多台，大中型修井机1250多台，大功率水泥车540多台，高压压裂车200多台，抽油机80000多台，地震仪器8700多台套，测井仪器2700多套，大功率柴油机19840多台，大功率天然气发动机2100多台，空气压缩机2690多台，天然气压缩机220多台，各种特种车辆15400多台，螺杆钻具10000多套，石油钻头54万多只。为石油工业生产建设和技术发展做出了新的贡献。

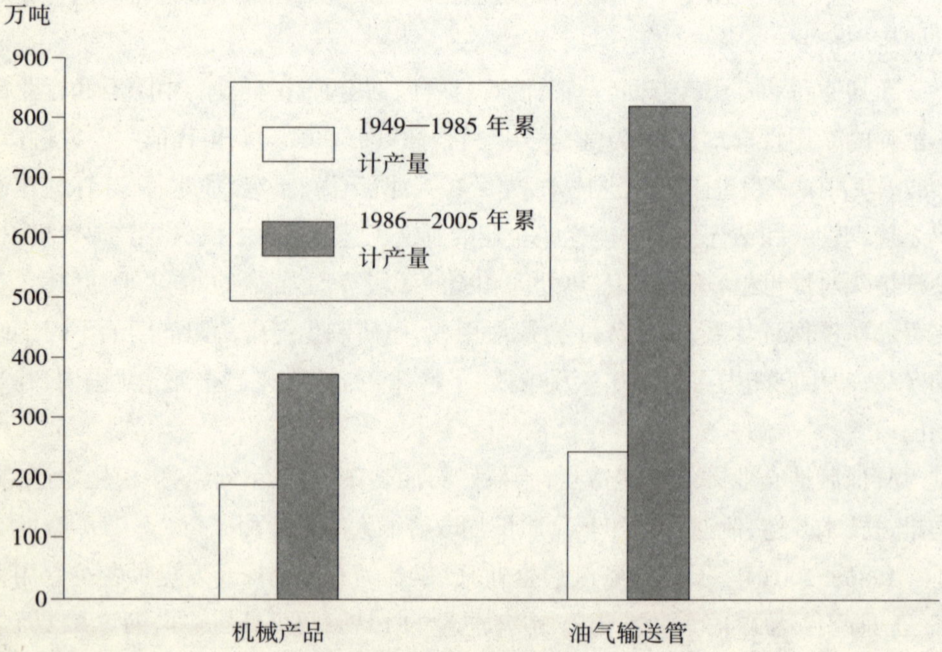

石油装备制造生产发展情况

第二节　强化自主创新，推进技术进步

不断推进企业科技进步，是石油装备制造业的一项重要任务。

1986年以来，为推进科技进步，各企业在强化科研开发和信息管理中，重点强化了引进技术的消化、吸收工作，为技术创新，推动技术进步奠定了基础。为了做好这方面工作，各制造企业采取了很多的措施和办法。首先把各个引进项目的成千上万的外文图纸资料，组织力量翻译成中文图纸资料。二是根据转化的技术资料，组织各个专业技术研究小组，进行研究学习，掌握国外先进的设计思想、设计方法、技术标准和制造工艺方法、检测实验规范。三是对国外提供的技术资料中的各项技术性能指标、技术参数，逐项进行计算复核。四是对引进项目中的关键技术，与国内大专院校、科研机构联合进行研究攻关。五是对引进项目中的原材料、辅助材料的选用，组织各方面的力量进行国产化的研究开发等。由于认真地进行了引进技术的消化吸收工作，因而极大地推动了技术创新和新品开发。1990年以来，新品开发已累计获国家专利331项。在科技创新的带动下，石油装备制造技术有了大的进步和质的变化，从产品设计、自主开发到制造手段、包装防腐技术以及应用新技术研制复杂的海上石油装备等方面，均取得了显著成果。

一、积极提升产品设计、工艺设计水平，为技术创新奠定基础

石油装备制造业，在“七五”前总体上设计理念较陈旧，设计力量较薄弱，设计手段较落后。因此，产品设计水平不高，设计周期长，设计计算误差比较大，影响技术创新发展。为了改变这种状况，1986年以来，各企业在大力加强科技工作，充实科技人员，并不断地派科技人员出国考察和培训，扩大视野，更新和提高科技知识水平，同时普遍建立了设计中心或机械研究所、工艺研究所等科研机构，配备了现代化的计算机等设备，努力提高产品设计和工艺设计水平，为加速技术创新奠定基础。如宝鸡石油机械厂，1987年就开始采用计算机辅助设计，进入90年代又引进了二维、三维CAD设计软件和ANSYS大型结构分析软件及更新相应配套的硬件设备。设计人员全部配备计算机，取代了过去“爬图板”搞设计的方式。该厂除广泛采用CAD进行总体设计、配套、模拟分析和设计计算外，已发展到大型组装仿真动态模拟和分析演示，可有效地避免设计失误，为快速开发新产品创造了条件，实现了钻机总体设计及井架、底座结构设计的优化。从而不仅使产品设计和分析计算水平大幅度

提高，而且使石油钻机在近五年由中深井钻机发展到深井、超深井钻机。钻机设计周期由原来6—8个月时间，缩短到2—3个月，使企业在市场竞争中获得了明显的优势。

北京石油机械厂引进先进的设计软件和高端分析软件，全部产品实现了三维数字化设计、CAM数控加工自动编程、PDM产品数据管理，基本形成了计算机集成制造系统。

二、提高柔性制造水平，为加快新产品开发创造条件

1986年前，各制造企业的专业生产线，基本是以“刚性”为主，其特点适应单品种大批量生产。进入市场经济后，企业的生产特点是多品种、小批量，这样“刚性”的生产线，已经无法适应。为此，各企业在转轨变型中，狠抓生产线改造。积极引进国际先进的数控加工中心、数控机床、数控切割机、自动焊接机和热处理设备及先进的冶炼铸造设备和锻压设备。不断提高企业生产线的自动化和柔性化水平（柔性化是指产品加工工序和尺寸按编程指令执行，改变产品或加工工序及尺寸，只要更换或调整编程指令即可），为加快新产品开发和扩大产品品种创造了条件。如济南柴油机厂，1985年前，主要加工生产线基本以“刚性”为主，产品设计改进难度很大。1986年后，该厂引进国际先进的加工中心和先进的可控气氛热处理设备等，提高了生产线自动化和柔性化水平，为柴油机产品的更新换代和开发新品提供了可靠保证。其产品由过去单一190系列，发展到现在三大系列产品，上百个品种、型号，不仅适应了石油工业对动力的需要，而且发展了船用、舰用、机车、工程机械所需要的动力设备。企业在竞争上具有强劲的发展势头。

现各企业生产线的制造手段，基本都适应了多品种、小批量的需要，为产品创新发展、增强市场的竞争力提供了有利条件。

三、坚持引进技术和自主开发并重，推进技术创新

80年代中后期开始，为了尽快提升制造业技术水平，各企业都不同程度地从国外引进了一些先进技术。如何将引进技术真正变成生产力，各家都在消化吸收的基础上进行了自主再创新。如江汉钻头厂技术改造，开始引进只有4种产品，6种规格，37个品种，产品的覆盖面较小。由于该厂重视引进技术的消化吸收和坚持自主开发，先后与国内30多家高校和科研院所建立长期技术合作关系。并和其中的3所知名高校联合成立了研究所，与俄罗斯、乌兹别克斯坦等国的专家开展了科研项目的合作。经过20年来卓有成效的研究工作，不仅发展了

原引进的系列产品，还先后开发出了具有自主知识产权的浮动轴承技术、大井底覆盖技术、双流道技术、等效磨损齿技术、单牙轮钻头技术等，形成了系列钻头新产品。到 2005 年，已拥有中国专利 55 项，外国专利 5 项，产品发展到三大类 4 个系列 19 种规格，300 多个品种。钻头的生产周期由原来 8 周缩短到 2 周，满足了油田需要。

四、加强制造新课题的研究，为精品生产奠定基础

石油装备的作业环境比较恶劣，大都是野外露天，日晒雨淋、风沙大，高温、严寒、温差大。有的在井下严重腐蚀性的环境中工作，因此对产品的性能和质量要求很高。长期以来，各制造企业对产品的性能和内在质量比较重视，但对外观质量认识不足，产品包装防腐基本上没有设计、工艺和标准的要求，只作一般的打磨、除锈、涂漆防腐和简单的包装。发到工地后，有的包装破损严重、零件丢失、表面掉漆，致使配套安装投产时间拖长。在激烈的市场竞争中，包装防腐、外观质量上不去，直接影响到企业市场的开拓。因此，产品的外观质量(包装防腐)是制造企业在技术上亟待研究解决的新课题。

进入 90 年代后，各制造企业重视了产品的外观质量，加强了包装防腐工作，把它纳入了石油装备出精品的要求之中。编制了各种产品包装防腐的质量标准，改进了产品防腐包装设计，落实了工艺检测。并组织科研人员进行包装防腐材料的研究和攻关，各厂都先后建立了包装防腐、抛光、喷砂、打磨除锈生产线和喷漆、烤漆防腐生产线，提高了防腐包装质量。各制造企业生产的产品，外观质量基本与国外相当。由于不断改进产品设计结构，再加上包装防腐水平的提高，有效地延长了设备的使用寿命和缩短了设备现场配套安装时间。如一套钻机，过去配套安装到投产，一般需要 3 个月到半年时间，现在一个月左右就可以投产。

在提高地面设备表面质量的同时，积极改进钻杆、油、套管和输送管的包装防腐。在国外，钻杆、油气输送管内外涂层防腐是成熟的技术，已广泛采用，但国内的差距很大。为了提高钻杆使用寿命，华北石油一机厂，学习国外先进经验，1993 年建立了国内第一条具有先进水平的钻杆内涂层防腐生产线。在此基础上，他们不断地进行研究，把钻杆内涂层技术应用发展到油管内涂层和油气输送管化学内涂层。降低了管内摩阻，提高了耐磨、耐腐蚀性能，减少了管内结蜡现象，延长钻杆、油管和输送管的使用寿命一至三倍。到 2005 年年底，石油系统已建立油管化学防腐生产线 10 多条，油气输送管 PEC 防腐生产线 30 多条。防腐质量赶上了国际先进水平，防腐能力与制管能力达到相匹配。

五、强化国产化研究，研制海上石油装备有了突破

由于海上的特殊性，风大浪高、海水盐雾腐蚀性强、海洋平台空间限制等，要求设备体积小、重量轻、运行可靠性高和无污染。所以海洋石油装备的质量性能要求比陆上装备高得多。长期来全部依赖进口。

为了改变这种状况，进入90年代，各制造企业与中国海洋石油总公司密切合作，研制开发海洋石油勘探开发急需的海洋井架、海洋钻机、海洋修井机、海洋固压设备等，已取得了良好的进展。

最早研制海洋石油装备的宝鸡石油机械厂，1986年，就开始海洋石油钻井设备国产化的研究工作。为南黄海石油公司建造第一个海洋钻井平台，研制配备了一套海洋钻机井架。在国产化研究工作中，先后解决了井架力学模型的建立、受力分析、特殊钢结构处理以及移动装置的自动控制和同步移动等关键技术，研制成功抗盐雾、高稳定性的海洋塔式井架。在此基础上，展开了成套海洋钻机的研究开发工作，2002年成功的研制出了7000米直流电驱动海洋钻机，已投入使用。在可靠性、抗腐蚀、吊运以及HSE等方面，都满足了海洋钻井的要求。

南阳石油机械厂和江汉四机厂，从1993年和1995年起先后着手海洋修井设备的研制，解决了修井机底座纵向和横向轨道式液压移动装置的设计制造技术，其性能和质量完全满足海上油气井作业要求。经过几年的努力，已开发生产了从600KN至2250KN海洋修井机和海洋钻修两用机。到2005年底，海洋石油修井成套设备基本实现了国产化，累计为海洋石油提供各种修井机达70多台。

1996年，江汉四机厂又研制开发了压力为50MPa，排量为3000L/min的海洋双泵撬装固井机组，使用效果良好。

其他制造企业，为海洋石油装备国产化也开发出了很多产品。如海上地震检波器、数传电缆、海洋测井设备、射孔设备、油井测试设备、深穿透射孔弹、海洋潜油电泵、井下安全阀、海底油气输送钢管、海洋钻井用钢丝绳等。分别在海上各油田使用，各项性能指标和质量水平，完全满足了海上油田作业要求。

到2005年年底，海洋主要大型石油成套设备，已经基本上国产化。质量性能接近和达到国际先进水平，并先后通过了中国船级社（CCS）、挪威船级社（DNV）认证。

总之，海洋石油装备的开发生产，是石油装备制造业技术创新、技术进步的一个重要标志。

第三节　坚持诚信服务，积极开拓市场

不断开拓市场，是石油装备制造业生存发展的根本，是企业生产经营活动的第一要务。在改革初期，石油工业部第一个把石油装备制造业推向市场。由于准备不够，对市场认识不足，在激烈的市场竞争中，制造业一度生产经营出现困境，订货下降，开工不足，设备闲置，生产经营在低水平徘徊。为了改变被动局面，在彻底转变思想观念的基础上，各个制造企业围绕开拓市场狠下功夫，采取了多项措施提高市场的占有率。

一、彻底转变理念，适应市场经济的需要

在计划经济下，石油装备制造业生产计划安排、物资采购、产品分配、产品价格都是由部里定，企业的主要责任是完成好上级交给的生产任务。进入市场经济后，情况发生了根本变化，企业的一切经营生产活动完全由企业自己负责。为了适应这一变化，石油装备制造业首先抓了思想观念的转变，提高对市场经济的认识，组织制造企业主动走出厂门，深入油田去了解用户在想什么，干什么，需要什么。1986年以来，石油装备制造业每年都由企业领导带队多次主动深入油田，走访用户，虚心听取油田用户的意见和要求，了解油田生产建设和科技发展情况，提高对油田市场的认识。根据油田用户的意见和市场发展的需要，大力改进企业的经营管理。各企业都建立和加强了营销队伍、科研开发队伍和售后服务队伍。这三支队伍的力量，一般可达到职工总数的40%~50%，高的达到60%左右。建立起了以市场为导向，以销定产的经营模式，明确提出了诚信服务的理念，牢固树立“用户第一、质量第一、信誉第一”的经营思想，从而使石油装备制造业在理念、思想和工作作风上，逐步适应了市场经济的发展需要。

二、按市场的变化，调整产品结构布局

1986年后，油田市场发生很大的变化，要求石油装备制造业，能够生产更多技术含量高的石油装备产品，根据市场的变化，石油装备制造业积极调整内部产品分工的结构。专业制造厂集中精力上技术含量高的大型成套石油装备；对量大面广的、技术含量相对较低的产品，如“三抽设备”、工具、配件等，转移到油田机厂生产；设备的修理工作量由二三级网点承担。这一调整付出了很大的代价，但却解决了重复建设的问题。既使油田机厂得到了广阔的生存发展空间，又使专业机厂在制造技术含量高的产品上的作用，得到了充分发挥。

三、努力提高产品质量，以优质的产品去开拓市场

针对过去用户反映意见比较多的是产品质量不高、质量不稳定等问题，各制造企业结合技术改造，进一步强化了产品质量工作。在广泛开展群众性质量管理小组活动的基础上，狠抓了全面质量管理活动，建立了全面质量管理的有效运行体系，使各企业产品质量有了显著提高，增强了市场竞争力。如钻井钢丝绳产品，1985 年前主要依赖进口，为石油工业“拾遗补缺”的咸阳石油钢管钢绳厂，只能生产一些提升负荷小，用于浅井作业的普通钢丝绳。为了扭转这种局面，从 1986 年开始，咸阳石油钢管钢绳厂先后从日本、德国、意大利引进生产设备，建成了国内第一流的钢丝绳生产线。并在此基础上又引进国外智力和钢丝绳设计、制造技术，使装备水平和钢丝绳设计制造技术处于国内领先地位，确保了钢丝绳的高品质。完成了钢丝绳质量的全面升级，生产出了高强度、高韧性钢丝绳产品填补了国内空白；产品覆盖了国内钻采作业用绳的所有结构和规格，全面满足了打深井、超深井钻探的需要。生产能力由过去年产 2000 吨提高到 3 万吨，可按不同标准生产直径 5.2 毫米到 76 毫米的 40 多个品种的优质钢丝绳。1986—2005 年，已累计为石油工业提供优质钢丝绳 25 万吨，石油市场占有率一直保持在 96%以上。不仅实现了“以产顶进”，而且不断向国外出口。

在巩固石油市场的同时，该厂利用技术优势，研制开发了三角股、电铲、皮带运输、斜井提升、港口装卸、工程机械用钢丝绳等新产品。在煤炭、港口和工程建设单位广泛应用，社会产品销售额已达 40%以上，均取得了良好的效果。该厂已成为国内最大的钢丝绳生产基地。

又如射孔弹产品。长期以来，用户反映产品质量上的主要问题，是穿透深度不够、孔径小、孔道不规则、孔的清洁度低、对套管伤害大等。为了提高射孔效果，1986 年以来，大庆射孔弹厂、四川射孔弹厂和西仪厂射孔弹厂，在引进国外先进的制造设备和技术的基础上，加强了射孔弹、导爆索和射孔枪的研制开发。先后解决了射孔弹药型罩粉末冲压技术、药量配比控制技术、爆轰射流速度计算技术、射孔套管开裂变形的控制技术等技术难点，使射孔弹穿透深度、射孔孔径和导爆索最高爆速、射孔枪最大孔密度都有大幅度提高，各类射孔弹均取得很好效果。如 1997 年渤海油田渤中 27-5-1 井，使用大庆射孔弹厂的超深穿透射孔弹 1200 发，发射率 100%，孔径圆而稳定，达到国际先进水平。又如，2004 年四川射孔弹厂利用模块枪锚定射孔新工艺，塔里木油田克拉 2 气田克拉 2-7 井，一次射开全部射孔段，日产天然气 230 万立方米（放喷日产 460 万立方米），证明中国射孔弹和射孔器材的水平已达到国际先进水平。1985 年只有 7 种产品，2005 年增加到了八大

系列，160 多种型号产品。不仅生产有枪身射孔弹，还有无枪身射孔弹，高温射孔弹和聚能切割弹等，满足了试油射孔和查层补孔作业的需要，市场占有率达 95%以上，产品已开始向国外出口。

四、加快新产品的研制开发，用新产品去占领市场

随着石油科技的发展，市场要求产品不仅质量好，而且要能提供更多的技术含量高的新产品来替换老产品，否则就不能适应油气田发展需要。为此，各制造厂，都狠抓了新产品开发工作，取得了很好效果。如济南柴油机厂自主开发的 12V190 柴油机，在 70 年代发挥了重大作用。但随着钻井向深层发展，向沙漠、高原进军，原 190 柴油机功率显得偏小，不能满足打深井、超深井钻探的需要。该厂为实现企业持续发展，坚持产品创新不停步，参照国际先进产品找差距，对 Z12V190B 型柴油机进行了 12 项重大技术改造，开发了第二代 2000 系列柴油机。缩小了与国外先进产品的差距，其功率比原机型提高了 13%，基本保证了旧钻机改造和电驱动深井钻机的需要。同时，该厂与奥地利合作，研制成功 601 型高增压柴油机，各项指标达到了国际先进水平，2005 年年底可基本达到替代现在的 190 系列产品。在此基础上，又开发出了新一代 3000 系列柴油机，其功率提高近 40%，保证了超深井钻井的需要，质量达到了国际同类产品的水平。由于该厂不断用新的性能更好的产品替代老产品，油田市场产品占有率，始终稳定在 95%左右。

针对社会市场的需要，该厂还开发出了适应于海洋捕捞和内河航运的 4 缸、6 缸、8 缸直列式柴油机、海军舰用柴油机和发电机组。为适应天然气行业的发展，开发出了 800KW～1500KW 天然气发动机。已形成天然气、沼气、秸秆气等多种燃气发动机，投放市场深受用户欢迎。该厂已形成了 200KW～1740KW 陆用柴油机和发电机组，180KW～800KW 船用柴油机和发电机组，30KW～1500KW 天然气发动机和发电机组，三大系列 123 个品种 270 多种型号。产品在稳居石油市场首位的同时，社会市场占总销售额的比率由过去不足 40%增长到 70%以上，出口到 20 多个国家和地区。20 年来累计生产柴油机及发电机组 19840 多台，天然气发电机组 2100 多台。

五、以优质的技术服务和合理的产品价格，参与市场竞争

80 年代后期，特别是进入 90 年代以来，国外制造商开始蜂拥挤进国内市场，使市场的竞争对象发生了变化。竞争对手主要是国外制造商，市场竞争更愈激烈。为了巩固国内市场阵地，石油装备制造业提出，不但要打造精品，建立自己的品牌，还要充分发挥距离油田近、劳动力便宜的优势，以快速优质的技术服务和强化

管理，降低成本，以合理的价格去参与市场竞争。为此，各制造企业都采取了措施，强化技术服务和管理工作。在厂内专门设立了技术服务部，处理用户和现场反映的各种问题；建立了产品档案，负责为用户培训现场操作人员，并请用户派员进厂监造和验收；产品发到现场，派人协助安装调试。为保证产品在现场正常运行，各企业都在油田设立有现场技术服务队和配件库，周到、细致和及时的服务，赢得了用户的满意和信任。

同时，各制造厂都大力加强企业管理。努力降低材料消耗，提高产品的成品率；严格控制各项费用开支，降低产品成本。各制造企业生产的产品价格，普遍比国外同类产品价格低 30%～50%。由于做到了价廉物美，服务周到，从而提高了在国内市场的竞争力。到 2005 年，主要石油装备产品，如钻机、三抽设备、修井设备、固压设备等，在油田市场占有率，分别达到 85%～95%左右。由于强化了市场开拓工作，企业呈现了产销两旺的局面，石油装备制造业的经济效益有了明显提高。过去，由于政策等多种因素的影响，1995 年前石油装备制造行业基本处于亏损状态，亏损额达 2 亿多元，到 2003 年已扭亏为盈，实现利润达 1.65 亿元，到 2004 年又比 2003 年增长了约 45%。

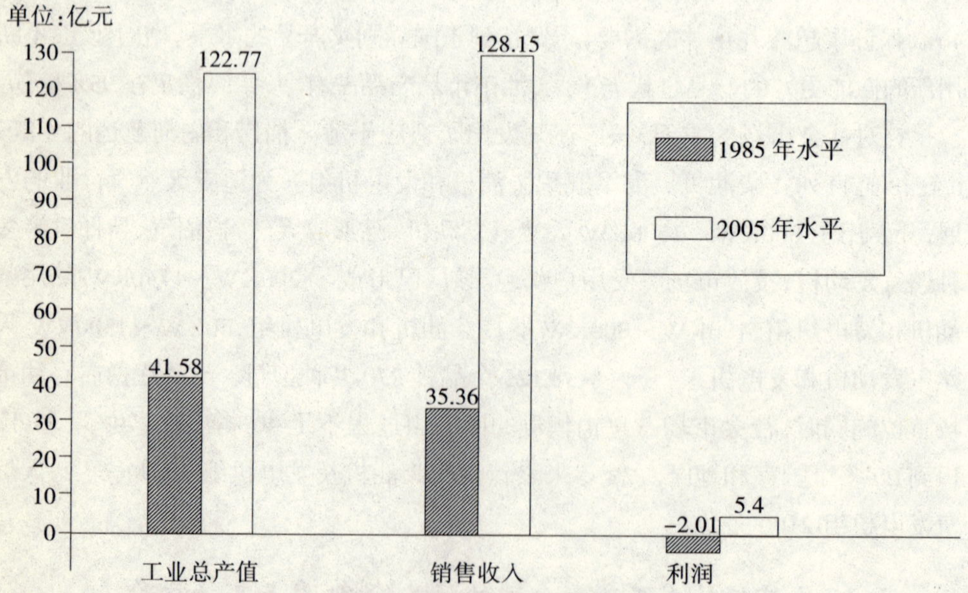

石油装备制造业经济效益情况

六、努力开拓国际市场，扩大产品出口

根据石油行业"国际化经营"的战略要求，从 1992 年起，石油装备制造业，把

扩大石油装备出口作为新的主攻目标和市场营销的新亮点，采取一系列有效措施，加强产品出口工作。从中国石油物资装备总公司到各个企业，均设立了出口经营部和外贸公司，抽调了一大批懂业务、会外语、能吃苦的年轻骨干充实到出口部门，并先后在国外设立了20多个海外营销机构和办事处。并加强了国际石油装备市场信息管理工作，编辑出版了英文版和俄文版的中国石油装备综合样本和中国石油机械新产品专集。积极组团参加国际大型石油展览会达数十次之多，派出各种形式的国外服务团组100多个，在国外组织了多次以推销石油装备产品为主的专业技术座谈会和研讨会。利用国际石油大会在北京召开的机会，邀请与会的外国代表，到多家制造企业现场参观考察。通过上述一系列的活动，展示中国石油装备制造的整体实力和技术水平，扩大对外影响。

同时组织各制造企业，全面贯彻API标准和ISO9000质量认证，有计划地建立了一批外贸出口基地，如宝鸡石油机械厂、南阳石油机械厂、江汉四机厂、宝鸡石油钢管厂、江汉钻头厂等。

为严把出口产品质量关，专门设立了出口产品监督办公室，对重点项目和产品实行了驻厂质量监督制度。在强化服务方面，实施了国际招投标、签约、运输保险、现场安装调试等一条龙服务。如在国外项目苏丹输油管线建设中所用油气输送钢管，都是由石油系统各制管厂制造提供的钢管。通过海轮向苏丹发运中，由于苏丹港装卸条件较差和装卸不当等因素，使很多钢管管端损坏。各制管厂得知信息后，立即组织专业技术人员和工人，并带上从生产线上拆下来的平头机，倒棱机到苏丹，在现场安装进行管端修复工作，有力地保证了管线施工的顺利进行，得到甲方的一致赞誉。在出口方式上，紧紧依托石油行业的整体优势，借船出海，通过石油行业海外项目，随作业队伍把装备带出去。利用中油技术开发公司的对外窗口，组织产品出口。同时也通过地方外贸和外商代理出口，以及企业自行组织出口。

经过十多年的努力，石油装备制造业在稳定国内市场的基础上，开拓国际市场，扩大产品出口方面有了很大发展。由原来单台设备、工具、配件出口，发展到大型成套设备出口；由原来零星数量的出口，发展到批量出口。据不完全统计，到2005年累计出口创汇已达30多亿美元。出口产品主要有石油成套钻机300多套（其中技术服务队伍带出去的有155套），修井机140多台，固井、压裂设备25台套，泥浆泵720多台，抽油机750多台，抽油泵3800多台，柴油机、柴油发电机组600台套，地震、测井仪器11000多台套，防喷器450台，螺杆钻具200多套，钻头60000多只，油气输送钢管50多万吨，石油专用管30多万吨，还有大量的工具、配件等。产品远销欧洲、美洲、非洲、中东及东南亚等56个国家和地区，在国际市场赢得了广泛赞誉。

通过产品出口，为石油装备制造业拓宽了生存空间，增强了企业质量意识和竞争意识，促进了企业技术进步和管理水平的提高，使石油装备制造业出现了前所未有的好形势。

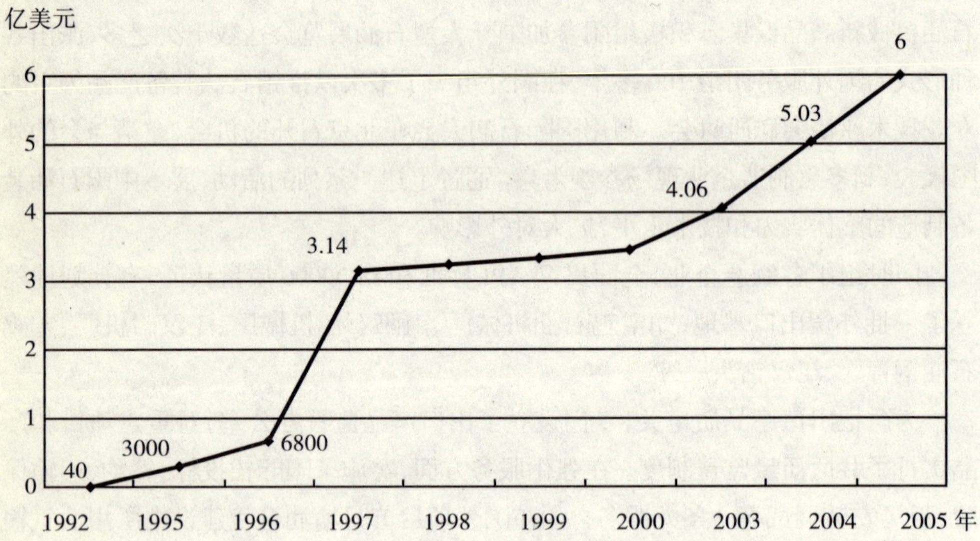

石油专用装备产品出口年度变化曲线

第四节　深化企业改革，强化内部管理

一、深化企业改革，转换管理机制

1986 年以来，根据国家改革政策和石油行业对改革工作的具体要求，为了更好的适应石油工业发展和求得自身的生存和发展，石油装备制造业，坚持从企业内部入手，积极进行了一系列的探索性的改革工作。

这一时期，各企业改革和管理的思路呈多元化态势，计划经济和市场经济的管理理念并存，但求创新、求发展的意愿已成为当时各企业管理理念的主要特点。如扩大企业自主经营权，使企业真正成为经营活动的主体，逐步摆脱对政府的依赖性；内部实施划小核算单位和经济承包责任制，促使企业从过去单纯生产型，向经营管理型转变。推行了劳动合同制，改革用工和薪酬分配制度，改变“吃大锅饭”的问题。根据国家和石油行业关于主辅分开，减员增效的指示精神，实施有偿解除劳动合同的工作。对辅助性的单位，采取分流的办法与主业脱钩。企业办社会的问题，已经或正在与地方政府联系，移交地方管理。从而使企业在册人员，普遍比原来减少 50%左右。如宝鸡石油机械厂从 1998 年开始,就进行了干部、用工、分配三项制度改革。干部全面实行公开聘任制和业绩考核末位淘汰制,使干部真正做到了能上能下;用工实行全员劳动合同制,双向选择,实行竞争上岗;分配上彻底打破“大锅饭”模式,重新设置了工资单元,加大了活工资比例,拉大了岗位之间的级差,使分配明显向技术营销和一线重要艰苦岗位倾斜,改革后的工资分配高低之比达到 1∶6,真正体现了多劳多得和易岗易薪的原则,极大地调动了工程技术人员和广大职工的积极性。2000 年,该厂进行了分离企业办社会职能的改革。首先,把职工医院,采用股份合作制形式平稳剥离,开创了分离企业办社会职能的先河。其次,积极与地方政府协商,平稳地将依附企业的子弟学校移交给了地方政府;之后,又采取资产租赁和带资分流等方法,先后将企业办的生活公司、托儿所、液化气站、运输队等生活后勤单位和人员一一进行了分流和剥离,经过一系列改革,该厂人员减少了一半,效益却大幅攀升。1998 年至今,主要经济指标年均以 20%以上的速度增长。2003 年,该厂被陕西省政府授予“现代企业管理示范企业”。

其他各制造企业在深化改革中均做了大量工作,也都取得一定成效。企业内部的一系列改革工作中,经过多年运行的实践,证明在石油机械制造行业中,企业的经营承包责任制、全员劳动合同制和员工工薪分配制度等三个方面的改革,对推进企业机制的转变和调动广大职工生产积极性起了有效的推动作用。

1995 年后,石油机械制造业按建立现代企业制度的要求,着重抓了企业的重组改制工作,针对石油机械制造企业的实际,大体分四种类型,先后对石油机械制造业进行重组和改制:

一是重组改制为上市的股份制公司，这主要有济南柴油机厂和江汉钻头厂。济南柴油机厂在重组改制中,把主业有效的资产经整合包装后上市,成立济南柴油机股份有限公司。在总结济柴公司上市经验的基础上,又对江汉钻头厂重组改制为上市的江汉石油钻头股份公司。通过上市,两个厂汇集了大量的自我改造和发展资金,为增强企业发展和市场竞争能力取得了显著效果。

二是吸收国外资本和技术,建立各种形式的合资企业。如四川的克里斯坦森金刚石钻头厂，江汉的四机赛瓦工具配件公司、西安的塞舍尔地震仪器有限公司,宝鸡住金石油钢管有限公司和宝世威钢管有限公司、华北能克石油钻杆有限公司和巨龙钢管有限公司、河北塞舍尔俊峰物探装备有限公司等十多个企业。这些合资企业制造技术先进,产品质量较高,发展资金雄厚,拥有国内外市场,企业效益很好。

三是重组改制,建立非上市的有限责任公司。建立非上市的有限责任公司,其目的是把过去一元化管理模式,转化为多元化企业管理模式。从而促进企业机制的转化，企业资产由关联的各个企业互相参股，企业领导机构设有董事会、监事会，经理负责制。企业重大问题决策，由董事会讨论决定，由监视会督促经理执行。用这种方式改制的企业有宝鸡石油机械有限责任公司、宝鸡石油钢管有限责任公司、咸阳石油钢管钢绳有限责任公司、大港油田中成机械制造制造公司和新世纪机械制造公司，四川石油射孔弹器材有限责任公司等20多个企业。这些企业经过改制后，制造工艺、技术水平、产品质量、产品品种都得到了快速发展和提高，在市场竞争中有很强的竞争力。

四是重组改制中采取带资分流的方式，改制为各种形式的集体所有制性质的企业。在这种重组改制中，大体有两种方式，一是企业整体带资分流，如南阳石油机械制造公司，华北石油荣盛机械制造公司，保定宏业石油机械制造有限责任公司，保定北奥石油物探特种车辆制造有限责任公司，重庆石油仪器厂，南充石油机械厂等20多个企业；二是石油装备制造企业内部对非主业的辅助单位，推行带资分流，组成集体性质的企业，据不完全统计有200多个。这些集体企业仍然保持与主业厂的配套合作关系，与主业厂共谋发展。

通过这一系列改革、重组和改制，从根本上解决了企业"小而全"、"大而全"的问题，使企业得到"消肿"，主业精干，机制灵活，队伍稳定，生产发展，效益稳步提高。但在重组改制中，特别是改制为上市公司的企业中，也出现了一些新的问题。主要是同一企业出现两个独立法人，治理机构重叠，关联交易复杂，内部矛盾重重，企业经营难以达到双赢。如济南柴油机厂，在90年代初曾经辉煌过，重组改制后由于一度疏于管理，企业经营开始走向低谷。到1998年，连续4年亏损累计达2.1亿元，负债达4.2亿元。为了改变这种局面，充分发挥重组改制的优越性，1998年，中国石油天然气集团公司调整了该厂的领导班子。由王涛任厂长、党委书记和济柴公司董事长、总经理，带领新一届领导班子，开展扭亏解困工作，重塑先进的企业文化，凝聚人心，振奋士气，强化管理体制和经营机制的改革。经过一年多的艰苦努力，到1999年年底，企业一举扭亏，实现了盈亏平衡。针对企业重组改制中存在的问题，大胆探索创新，采取工厂保留少量管理者代表和机构，把原工厂的党群和行政处室，划并到股份公司。其大部分资产和人员，由股份公司代管。这样，使厂和公司两套法人治理机构，总计23个处室、12个分厂和7个后勤单位，调整为股份公司的16个处室、9个分厂、4个后勤单位，取消了重叠机构，精干了管理职能，减少了关联交易，使法人治理机构更加规范，形成了新的运行格局。经过几年的运行，工厂和股份公司均取得了双赢。企业不仅实现了长治久安，而且生产经营出现了新的生机和活力。该厂的做法，正逐步在石油装备制造业中推行。

二、夯实企业基础，提高管理水平

结合企业改革，石油装备制造业进一步夯实企业基础工作，提升企业管理水平。

首先按国际通行的美国石油学会（API）标准，结合实际修订企业主导产品设计、工艺标准、产品质量标准及检测实验规程。使企业整个生产过程的各项管理活动与国际接轨，生产出的产品，符合国际标准的要求。经多年的努力，石油装备已有 150 多项产品取得了 API 会标使用权。并按 API 标准的要求，坚持定期对 API 会标使用权进行复审。

进一步强化全面质量管理工作。1986 年以来，各企业按照 ISO9000 标准，建立了质量管理体系，包括企业的质量手册，程序文件，作业文件等。在认证前，企业都严格的进行了两次内审和管理评审，并请有关咨询公司进行符合性审核。对不符合项，均采取了有效的纠正和预防措施。据不完全统计，已有 59 个石油装备制造骨干企业，通过了 ISO9000 质量认证。由于各企业严格按 ISO9000 质量体系运行，企业的质量工作有了显著提高，产品质量稳中有升。

1999 年起，根据国家和石油行业提出的树立科学发展观的理念要求，各企业开始着手建立健康安全与环保（简称 HSE）管理体系的工作。设立了 HSE 工作机构，配备专业人员，进行了培训。在做好宣传工作的同时，组织编写了 HSE 管理手册、程序文件、作业指导书和检查表格等。并把 ISO9000、ISO14001 和 HSE 管理体系的贯彻实施有机地结合起来，逐步建立起了一体化管理体系。在产品设计、职工健康、安全生产、环境管理等各个方面，均运用了 HSE 的理念，增强全体员工的安全环保意识。各企业不仅做到能持续的改善企业自身的环境质量。同时能实现最大限度的生产自动化，生产节能降污的优质产品，取得进军国际市场的绿色通行证。经过努力，石油主要装备，已有 95 项产品取得了“3C”（CCC）认证，有 124 项产品获国家科技进步奖，339 项产品获省部级科技进步奖。

第二十四章 石油教育与培训

1985—2005年，与中国石油工业的发展与改革相适应，石油教育与培训同样经历了发展与改革的重要历史阶段。前十年，由于石油工业飞速发展的需要，石油教育事业迅速得到全面发展，基本形成比较完善的体系；后十年，根据国家经济和教育体制改革的要求，随着石油企业重组改革的深入，石油教育体制进行了重大改革，形成了新的石油教育格局，企业培训体系也由此进入了一个新的历史阶段。

第一节 石油教育体系的形成与发展

1985—1994年，经过改革开放后几年的恢复、整顿和提高，在“七五”和“八五”的十年间，石油教育事业蓬勃发展。在中央部委办学和行业办学体制下，石油教育形成了由石油普通高等院校、石油职工大学、石油中等专业学校、石油技工学校、石油中小学和石油职工学校等构成的学校教育和职工培训两大体系。

在国家当时刚刚拨乱反正、百废待兴，各行各业专业技术人才十分紧缺的历史条件下，石油教育与培训体系的形成与发展及时地为石油工业输送了各级各类的专门人才，储备了充足的人才资源，有力地缓解了人才供求矛盾，为当时石油工业克服专业技术人员以及一线技能人员的断代起到了不可替代的历史作用。

一、争创一流办学水平，为石油工业发展战略服务

1986年初，石油工业部召开石油教育工作会议。王涛部长代表部党组为石

油教育的发展提出了三个目标，即“相当部分的大专院校、中专学校、职工大学和中小学，达到所在地区同类学校的先进水平；一些石油学院的重点基础学科，达到国内高等院校的先进水平；几个基础比较好的石油学院和中专学校，努力办出国内一流的学校，或为办成一流的学校打下基础”。会议要求石油战线各级领导都要像重视生产那样重视教育工作，加快石油教育的改革和发展，提高办学的水平。

进入20世纪90年代，中国石油天然气总公司于1991年10月召开全国石油教育工作会议。会议强调，石油教育要为石油工业发展战略的需要服务，在“八五”期间和今后10年间，要充分发挥行业优势，为石油教育创特色、上水平、争一流而奋斗，努力建成能够主动适应石油工业生产发展和科技进步需要、层次结构合理、系统功能优化、内部充满活力、协调发展的具有中国特色的石油教育体系。

在“七五”和“八五”10年期间，石油高校的办学实力和办学水平进入同地区高校的先进行列，围绕九大石油学科专业建成了一批国家级和省部级重点学科和重点实验室，启动了石油大学“211工程”建设。在全国高校一些可比性测评中，石油高校都处于较高的水平。石油中专办学实力和办学水平普遍居于所在省市的前列，在21所参评的石油中专中，有8所学校被评为国家级重点，5所学校被评为省部级重点。石油技工学校全面开展创建一流学校活动，办学水平整体跻身全国先进行列。工人培训考核由技术达标培训考核、升级培训考核和岗位培训考核，发展到全面推行职业资格证书制度，开展培训、鉴定工作，技术等级考核和职业技能鉴定的合格率都达到80%以上。石油中小学办学条件发生了根本性变化，教育教学水平明显提高，出现了一批名师名校，一大批中小学校进入国家一二类学校的行列，全石油系统提前完成九年义务教育的任务和目标。

为了加强对石油教育工作的领导和指导，石油工业部党组决定成立了石油教育指导委员会（1986—1997），1988年创办了学术性期刊《石油教育》，1992年成立了石油教育与人才研究所，1993年组建了中国石油教育学会。这些举措在研究和指导石油教育的改革和发展方面发挥了重要作用。

二、产学研结合，创建石油高等教育特色

石油高校长期坚持为石油工业服务的办学方针，发挥石油行业办学的优势，贯彻落实关于“教学、科研、生产三结合”和“学校、企业、科学单位三结合”的要求，把科研和生产实践作为教学的重要组成部分，以科技进步和生产实践的需要促进教学的发展，以科研和生产实践的成果丰富教学内容；实行厂校挂钩，合作育人，产学相长，相互依托，既出人才，又出成果，形成了产学研结合的办学特色。

（一）产学合作，共同培养人才

石油高校把传承“爱国、创业、求实、奉献”的大庆精神和石油光荣传统，作为学校党建和思想政治工作的主旋律，教育学生“学石油、爱石油、献身石油事业”，石油高校毕业生热烈响应党的号召，志愿奔赴西部油气田工作。1985—2005年间，石油高校累计培养大专以上毕业生近16万人，其中到西部地区就业的近3万人。1991年国家教委在江汉石油学院召开了全国高等学校毕业生教育工作现场会，西南石油学院和石油大学（华东）先后获得“全国普通高等学校毕业生就业工作先进集体”。

各石油高校在石油企业建立了稳定的教学实践基地，聘请企业专业技术人员任兼职教师。石油大学（华东）与胜利油田、大庆石油学院与大庆油田，江汉石油学院与江汉油田等7个石油企业，先后成立了厂校合作委员会，其他几所石油高校也都与就近石油企业建立了合作关系。很多石油企业在石油高校设立了专项奖学金，以多种形式参与石油高校的人才培养。通过校企合作，实行校企双导师制培养工程硕士，开展产学合作教育模式的研究与探索。石油大学（华东）物探专业的“311”培养模式和江汉石油学院“工学交替”培养模式的实践探索，在全国产生较大影响。1993年中国石油、中国石化和中国海油三大公司联合组成石油大学理事会，1995年全国产学合作教育现场交流会在石油大学（北京）召开，1997年石油大学（华东）、江汉石油学院和承德石油高等专科学校列为国家教委“九五”产学合作教育试点学校。

（二）重点建设石油学科专业和“211工程”

为了整体提高石油学科在高层次人才培养、高水平科研成果产出和学科带头人梯队建设的水平，中国石油天然气总公司对石油高校中油气地质勘探、应用地球物理、钻井工程、油气开发与开采、石油加工、油气集输与储运工程、石油钻采机械与设备、油田化学和海洋工程等9大石油学科持续进行重点建设，先后建成4个基础地质实验室，14个国家级重点学科和2个国家级重点实验室，27个省部级重点学科和53个省部级重点实验室；有3所石油高校的石油天然气学科专业获得一级学科博士学位授予权。

在重点学科建设过程中，对石油高校师资队伍建设给予了特别的重视。“七五”和“八五”期间用世界银行贷款700万美元执行石油教育项目，十年中派出留学、进修人员1175人次，参加国际学术会议和短期出国考察的200多人次。中国石油天然气总公司还拨出专款用于石油高校师资培训。“八五”期间首次进行了石油高校优秀中青年骨干教师的选拔，有103名中青年教师列入重点培养对象；设立了“中青年科研创新基金”和“留学生科研基金”鼓励中青年教师增长才干，培养了一大批中青年学科带头人，在石油高校涌现了一批知名专家学者。

1993年国家启动“211工程”，中国石油天然气总公司认为石油大学在培养石油工业所需高质量、高层次专门人才和推动石油工业科技进步方面可以发挥重要作用，决定全力支持石油大学进入国家“211工程”建设的学校，首先使石油大学的教育质量、科学研究和管理水平等方面接近和达到世界先进水平。1993年向国家申报石油大学“211工程”项目，并把石油大学“211工程”列为总公司“九五”期间重点建设项目。从1996—2000年，投资1.76亿元支持6个重点学科的建设，增加3.54亿元支持“211工程”的配套项目。2001年6月石油大学“211工程”建设项目通过国家组织的验收，按计划较高质量地完成了国家下达的“211工程”“九五”期间项目建设任务，为将学校建设成为一所石油特色鲜明，以工为主，理、工、管相结合的高水平、多科性大学打下了坚实基础。

（三）面向石油主战场，形成科研优势

石油高校积极参与历次石油会战，具有面向石油主战场开展科技研究的优良传统，在不同的研究领域形成了各自的优势。石油大学在地震勘探方法、重质油化学加工、石油流体机械、油田开采增产方法、油藏描述等科研方向上形成一定的优势，某些领域达到国际先进水平，取得了两段提升管催化裂化和悬浮床加氢、定向水平井等多项具有自主知识产权的重大标志性成果。大庆石油学院长期参与大庆

大庆新时期“铁人”王启民返回母校石油大学。

油田三次采油和提高采收率等科研工作，在三次采油、煤成烃形成机制地质研究、电化学等研究领域形成了相对稳定的研究方向，在大庆油田开展的聚合物驱、三元复合驱、泡沫复合驱、微生物驱和物理法驱油原理与应用技术方面的研究达到国际先进水平。西南石油学院在特殊油气田开发、油气层污染评价和防污染综合技术、钻井液及油田化学剂等科研方向上有较强的优势，建成油气藏地质及开发工程国家重点实验室和由联合国开发计划署援建的油井完井技术中心。江汉石油学院在有机化学分析技术、生产测井解释、沉积盆地模拟等研究方向上形成优势；西安石油学院在高能气体压裂、钻井位置处理、勘探仪器、油气资源分级评价与管理等方向上形成优势。

据不完全统计，1985—2000年间石油高校完成的科研项目达到2万个（其中国家和主管部门下达的纵向项目8000多个），科研经费总额达到13亿元。形成了一批有自主知识产权的专利，出版了一批科研专著，发表了大批的科研论文，其中一批论文被国际三大文献检索系统收录。这期间，石油高校科研成果获得国家科技进步一等奖 3 项，二三等奖46项，省部级奖838项，还有一些项目成果获得了国家自然科学奖、国家发明奖、国家科技攻关重大成果奖和国家技术创新项目奖等。石油大学研制的“新型加长喷咀钻头”和西南石油学院研制的“保护油层的屏蔽式暂堵技术”等应用技术研究项目，取得了巨大的经济效益和社会效益。

三、发挥企业办学优势，大力发展石油中专和技校教育

改革开放后，为了快速提高一线队伍的文化素质和专业技能，在逐步“变招工为招生”的思想指导下，石油中等专业学校和石油技工学校教育迅速恢复和发展，学校的数量、专业设置、教育规模和办学条件都有较大发展；各大石油企业基本都办有全日制中专和技校，为企业培养大批一线技能型人才。

（一）扩大教育规模，提高办学水平

石油中专学校数量由1977年的13所发展到1990年的25所，在校生数量由1977年的5000人，发展到1990年的2.2万人。到1996年时办有石油中专24所，在校生3.3万人。到1985年年底石油技工学校数量达到74所，设置43个专业（工种），在校生4.86万人。到1996年时仍有石油技校68所，在校生4万人。

随着教育规模的增长，教育质量和办学水平显著提高。石油中专和技校的整体办学水平居全国平均水平之上。1980年，在全国2052所中专中，全国重点中专为11.6%，而石油中专（不含中师）中就有6所为全国重点，占石油中专总数的占27.3%；到1998年，在24所石油中专中有国家级重点中专 8 所、省部级重点中专 6 所。1996年在68所石油技校中，有11所为全国重点技校，19所为省（部）级重

点技校，两类重点技校占石油技校总数的 44%；大庆技校被劳动部和社会公认为全国最优秀的技校，石油技校办学水平整体跻身全国先进行列。

建国以来石油中专共培养毕业生约 17 万人，其中 1985 年后培养的约 11 万人。1986—2000 年间石油技校共毕业学生 27 万余人，他们大多数输送到石油生产建设的第一线。中专和技校教育的发展，为改善和提高石油职工队伍的文化技术素质发挥了重要作用。

（二）厂校联合育人，学大庆优化育人

1986 年石油部提出“打好基础，加强实践，提高动手能力，突出培养应用型、技能型人才”的办学要求，以后组织石油中专有关人员赴联邦德国考察职业教育，促进了石油中专发挥石油企业办学优势，探索厂校联合育人的培养模式。1989 年华北石油学校率先在钻井、采油两个专业试行了“2—1—1 教学模式”，即先在校内学习两年普通课、技术基础课和专业概论课，第三学年到现场进行生产实践，熟悉本专业岗位技能，第四学年返校学习专业课并完成毕业设计；同时在矿机专业进行了“1—3 教学模式”试点，学生入学后经过短暂的知识准备，即在校内实习工厂进行一年的“双元制技术培训”，后三年安排上课和其他实践环节。1989 年年底华北石油学校的经验以现场会的形式推广，很快就在工、农、医、财四类 15 所石油中专学校中开展了 9 种不同培养模式的试点。

1990 年 6 月中国石油天然气总公司在大庆师范学校召开了“石油中专学大庆优化育人现场会”，要求各校以“爱国、创业、求实、献身”的大庆精神为办学之本，以无私奉献的“铁人精神”为育人之魂，激发争创一流的志气、开拓奋进的勇气和求实创新的智慧。各校在学大庆优化育人的实践中，创造了很多行之有效的经验，取得了显著的成效，在学生中树立了“爱石油、学石油、干石油、献身石油”的志向。

（三）创建一流技校，提高毕业生质量

1986 年石油工业部要求全面开展创建一流石油技工学校活动，努力争创和实现四个一流水平，即：建设一支素质好、专业配套的教师队伍，师资水平是第一流的；配备齐全先进适用的教学设施，办学条件是第一流的；各项管理工作实现正规化、科学化，学校管理水平是第一流的；培养的毕业生是德智体全面发展具有扎实操作基本功的技术工人，教学质量是第一流的。为使争创活动全面深入有效的开展，制定了 7 个方面 30 项争创标准和评分细则。1988 年组织各校自查和重点抽查，表彰争创中成绩显著的大庆、华北、江汉等 5 所技校为石油先进技校。“八五”期间继续开展创建一流石油技校活动，基本形成具有中国特色石油特点的技工教育模式，全面提高毕业生政治业务素质，使其达到中级工（四级）技能标准，石油行业技校整体办学水平跻身全国先进行列。经过10年努力，石油技校面貌发生巨大变化，到1995年已建成拥有固定资产8亿元，校舍面积204万平方米，教职工1.5万人（其中教师6000人），教学设施完善、校园环境优美、管理工作有序的68所石油技工学校。根据技校培养技术工人的特点，各技校重点建立完善了基本功训练场所和相应的师资教材；大庆、胜利、江苏、中原、新疆等油田技校自建或厂校共建了钻井队、采油队、井下作业队、工程施工队等，在完成生产任务中训练学生的基本技能，提高了教学质量，使多数毕业生取得了四级工操作合格证。

四、开展干部学历教育，提高干部队伍文化素质

按照中组部的统一要求，从1985年起对现职干部进行中专以上文化程度的补课，石油成人学历教育进入高峰时期。为了尽快提高干部队伍的学历层次和文化素质，依托石油高校和石油中专，并相继成立了一批石油职工大学和石油职工中专等学校，大规模地开展职工学历教育。

1986年设置的成人教育机构及教育方式主要有：石油职工大学14所，教育学院4所，管理干部学院1所；在5所石油高校设置了干部专修科，在3所石油高校开办了夜大学，在2所石油高校设置了教师本科班；在16所石油中专开办职工中专班，在3所石油中专开办石油干部中专班；另外，开办了28所职工中专学校、6所干部学校和6所教师进修学校。

为缓解工学矛盾，恢复中断了20年的石油高等函授教育，在华东石油学院设立石油高等函授教育总部，在石油学院和石油职工大学设立了9个函授分部，在油田企业设立了30多个函授站。

石油院校的成人教育主要是石油工科类专业，因此还在暨南大学、天津财经学院、河北大学、湘潭大学等院校进行了财务会计、环境保护和计划统计等专业的委托培养。

由于社会上普通高等教育和中等教育的发展，以及企业内部对学历教育需求的变化，较大规模的成人学历教育持续到1992年左右，基本完成了学历补课的历史性的任务。其中干部中专教育连续举办了10年，全石油系统接受干部中专补课培训的人员达3万余人。到1995年石油职工队伍中中专以上学历人员的比例达到27.2%，10年中翻了一番，其中干部学历教育起到了重要作用。

五、加强管理和投入，办好中小学教育

新中国成立后，石油工业飞速发展，石油矿区和职工规模不断扩大，由于石油

矿区多处于偏远地区，矿区就是"小社会"。随着矿区的发展，为使石油职工子女受到一定程度的文化教育，解除职工的后顾之忧，稳定职工队伍，按照国家"因地制宜、分类实施、两条腿走路"的办学方针，石油企业自办中小学教育逐步发展起来。由早期的由具有一定文化基础的职工家属做代课教师，以土坯作课桌，在帐篷、席棚、干打垒里上复式班课的时代，逐步发展成教育规模较大，办学条件和教育质量好过地方学校。特别是改革开放以来，石油中小学教育在教育教学管理和提高教育质量等方面取得了显著的成绩。

在教育管理上，1985 年后根据石油企业地处偏远、分散的现状，为了调动各方面办学的积极性，对石油企业基础教育实行油田(局)以及所属二级单位(处)两级管理，局、处、矿(大队)三级办学的管理体制，由石油工业部对基础教育进行宏观指导。从 1992 年起，随着石油企业经济体制改革的深入发展，为解决"企业办社会"的问题，决定改为所有中小学集中油田一级办学，实行专业化管理。

1986 年《义务教育法》颁布后，为在石油企业职工子女中普及九年义务教育，中国石油天然气总公司组建了石油基础教育督导团，并在各石油企业建立了督导机构，确定了"5—3—1"督导制度，即总公司每五年对石油企业基础教育进行一次全面督导，各石油企业每三年组织一次本企业自办中小学的全面督导，各中小学校每年进行一次自我评估。到 1994 年年底，全石油系统的九年义务教育提前完成了国家确定的基本目标和任务。

1986 年石油企事业单位自办中小学的数量达到历史最高点，为 922 所，在校生 55 万人。1986—1994 年间，按照国家教委督导评估指标体系标准，评出一类学校 222 所，二类学校 255 所，出现了一大批名师名校。这些学校在地方上基本属于省级的上流水平，保持了较高的高考升学率，一批教师获得省部级、国家级先进教育工作者、劳动模范称号。

石油企业自办中小学，在保证职工子女就学、稳定职工队伍方面发挥了重要作用，既为高一级学校教育输送了生源，也为石油企业培养了后备劳动力。石油高中毕业生考取高等学校的比例逐年增长，另有相当数量的高中、初中毕业生到石油中专和技校继续学习。1996 年高中毕业生的升学率为 70%，初中毕业生的升学率为 80%。到 1997 年有 100 万石油企业职工子女受到了初中以上教育，为各类高校输送生源 10 万人以上，有几十万人到石油企业就业。

第二节　石油教育的深化改革和资源重组

教育的社会属性决定，行业教育与培训必须为行业的发展服务。在国家经济体制改革取得重大成绩之后，从国家整体利益出发，决定对教育体制进行改革。石油教育深化改革和资源重组总体的指导思想就是要适应石油企业建立现代企业制度，从代行政府职能到真正实现企业行为的转变。此举带来了石油教育新格局的形成。

1993年中共中央、国务院颁布《中国教育改革和发展纲要》，指出要逐步建立适应社会主义市场经济体制和政治、科技体制改革需要的教育体制；基础教育应以地方政府办学为主；高等教育要逐步形成以中央、省（自治区、直辖市）两级政府办学为主、社会各界参与办学的新格局；职业技术教育和成人教育主要依靠行业、企业、事业单位办学和社会各方面联合办学。因此，从“九五”时期开始，石油教育进入深化改革时期。

一、扩大办学服务面，改革石油高校管理体制

《纲要》颁布后，石油高校首先在扩大办学面上进行了积极改革，大量增加面向社会的非石油类专业；进行毕业生就业制度改革，由过去的统一分配改为“面向社会、双向选择”的就业制度；推进教学内容体系的改革，提高毕业生的适应能力。进入世纪之交的“九五”时期，为了适应石油工业实施“三大战略”对人才培养的需求，总公司于1995年在石油高校启动了“面向21世纪，石油行业类主干专业人才培养方案及教学内容体系改革的研究与实践”项目，将6所石油高校的5个石油专业共22个专业点的教学改革全部纳入；直接参加教学改革项目的教师达到560多人。经过五年的研究和实践，取得了一大批优秀教学改革成果，获得国家教学成果优秀奖、一等奖和二等奖共 9 项，有280项优秀教学成果获得省部级的奖励。这一时期的改革促进了石油高校“立足石油，面向社会”办学局面的形成，既培养适应石油工业发展需要的人才，也培养适应社会发展需要的人才。

2000年按照《国务院办公厅转发教育部等部门关于调整国务院部门（单位）所属学校管理体制和布局结构实施意见的通知》的精神，对石油高校的管理体制进行了改革：石油大学划归教育部管理，新疆石油学院转为新疆石油职工培训中心，其他石油高校划归所在省政府管理；实行“中央与地方共建、以地方管理为主”的管理体制。国家对学校教育事业费和基建经费等投入，经集团公司与中央有关部门核准后，石油大学转由教育部管理，其他学校转由有关省政府管理，中央财政继续给予一段时间的支持，逐步由地方政府负责；集团公司对学校的经费投入，按照核定的基数继续给予支持，采取五年递减完的办法。划转后石油高校办学情况发生了较大变化，石油大学于2005年初更名为中国石油大学，西安石油学院于

2003年更名为西安石油大学,江汉石油学院于2003年与其他省属院校合并组建为长江大学，重庆石油专科学校于2004年与其他市属院校合并组建为重庆科技学院,大庆师范专科学校改为大庆师范学院。

国家为了使原行业管理的高校继续保持原有专业特长,更好地面向行业培养合格人才,特别确定了教育部和行业、企业共建一批重点高校的政策。2003年10月,教育部和中国石油天然气集团公司、中国石油化工集团公司、中国海洋石油总公司、中国化工集团公司四家特大型国有企业签定了共建石油大学的协议。石油高校管理体制变更后,为了支持石油高校的发展,继续从石油高校获得人才和智力支持,中国石油天然气集团公司决定出资2.2亿元支持中国石油大学(北京)、中国石油大学(华东)、西南石油学院、大庆石油学院、西安石油大学和长江大学一批重点石油学科的建设,“共建”石油天然气学科领域的国家级重点实验室和集团公司的重点实验室,建立高层次人才培养、科技研究和学术交流的新机制。另外,应教育部的要求,中国石油天然气集团公司还牵头组建了石油天然气学科专业教学指导委员会,组织开展石油类专业发展战略和专业规范的研究,指导高等院校石油天然气学科专业的人才培养。此外,其余三大公司也以不同的形式,开展与石油大学以及其他石油高校的共建工作。

二、分离企业办社会职能,中小学划转地方管理

按照“基础教育应以地方政府办学为主”的要求,对企业自办中小学的办学体制改革进行了积极稳妥的探索，多数企业按照分离企业办社会职能的总趋势,建立了相对独立的中小学管理体制。同时,进行了广泛的调查和专题研究,转变思想观念,认清形势,为企业自办中小学整体移交地方政府管理打下了基础。

按照国务院文件要求,中国石油天然气集团公司、中国石油化工集团公司分别作为首批中央企业分离办社会职能工作试点的单位之一,需要一次性将集团公司所属各企业举办的中小学校、公检法机构全部移交地方政府管理。中国石油、中国石化领导高度重视移交工作,充分考虑到企业的实际情况,明确提出移交工作必须遵循的三条基本原则:一是“把握政策、规范操作”,即坚持按国家统一政策要求,实施整体部署、履行程序、签署协议、平稳移交;二是“整体成建制移交”,即坚持“人员随资产、业务走”的基本方针,对纳入移交范围的机构、人员和资产,实行整体成建制一次性全部移交,移交级次上移至地(市)一级;三是“以人为本”,即坚持从企业实际出发,在国家政策允许的范围内,切实维护和保障被移交单位和人员的利益。

截至2004年年底,中国石油已与18个省(市)签署了移交协议;经办学企业

与所在地(市)政府教育部门协商落实，截至2005年年底，已正式向地方政府移交中小学校431所，在职教师、离退休教师共计36733人。所有中小学校实现整体移交，所有被移交人员的职级、职称都得到了保留。绝大部分企业从被移交机构长远发展的大局出发，进一步改善了部分中小学校的办学条件。

中国石化按照国务院分离办社会职能试点工作会议精神，创造性地开展工作，严密组织，规范操作，2005年顺利完成了企业办中小学校移交工作。中国石化油田企业共移交中小学机构144所，在职教职工13808人，离退休教师4482人，确保了移交中小学平稳过渡和教学稳定。

三、重组企业教育培训资源，建立新的教育培训体系

从“八五”中期开始，对石油职工学校、中等专业学校和技工学校的办学进行调整。石油职工学校实行“两个转变”，从以学历教育为主向以岗位培训为主转变，从学科教育向职业教育转变。1993年中国石油天然气总公司改革中专和技校招生分配制度，不再沿用传统的统一招生和统一分配的办法，建立企业自主办学、学校按需培养、单位择优录用的新制度。毕业生可录用为全民制职工，也可以录用为集体所有制职工，没有录用的可以到社会自谋职业，也可以进入企业内外劳务市场等待就业。1996年及以后几年的毕业生实行了新的就业制度。由于就业不充分，此后石油中专和技校的招生规模急剧下降。1999年决定技校停止招生，中专压缩教育规模，并要求各企业实行“两个调整”，一是调整教育结构，中专技校可根据实际需要进行合并、停办、撤销；二是调整办学方向，面向企业开展职后培训，面向社会开展多种形式的培训，探索市场化的办学新路子。经过调整，一部分石油中专、技校与职工大学合并重组，经省市教育部门批准，组建为高等职业技术学院；多数中专、技校和职工学校重组为所在企业的培训中心或转为企业技能培训和鉴定机构，承担企业培训、技能鉴定等任务；少数学校在企业重组调整过程中被撤销，少数中专学校仍保留独立设置，培黎石油学校移交甘肃省管理。

1999年中国石化召开教育培训工作会议，进一步明确教育培训工作以发展职工教育为重点，理顺了教育培训管理体制，对教育培训资源进行进一步整合。职工大学、职工中专和技工学校陆续停止了招生，由学历教育、职前教育转向了职工培训，实现了办学方向的转变。2000年，根据集团公司重组上市的整体安排，明确了教育培训实体一般由集团公司及直属单位管理，股份公司及其分(子)公司不再设立新的教育培训实体。股份公司及其分(子)公司根据需要，提出职工培训的任务和要求，通过关联交易，委托集团公司及直属单位为其实施培训。

企业教育资源重组后，石油高等职业技术学院有的面向社会招生，面向社会

就业,培养高等职业技术人才,同时积极为石油企业承担“订单式”培养;有的高职学院同时又是企业的培训中心,两块牌子,承担企业的培训任务;有的高职学院保留了原中专教育,面向社会培养中等职业技术人才。除集团公司直属培训机构外,各企业组建了不同形式的培训中心,以培训中心统筹管理企业内各类教育资源,包括仍保留原设置的学校教育,一个机构,多块牌子,功能多样化。培训中心既承担企业职工培训任务,又面向社会招收学生。另外,还组建了一批技能鉴定中心和鉴定站。基本形成了由直属培训中心、企业培训中心、技能鉴定中心和职业教育院校等构成的分级管理、多功能、分层次、灵活开放的企业教育培训体系。

2003 年中国石油印发《关于推进石油职业教育改革发展的意见》,提出按照集团公司企业产业结构调整和主辅分离、辅业改制的要求,逐步建立完善在集团公司宏观指导下,分级管理、分类指导、企业为主的职业教育管理体制。要求各企业单位根据队伍建设需要,保留和改造必要数量的职业教育机构,并对其功能进行调整,为企业劳动就业人员提供优质的各类职业证书及职业资格培训服务;要规范各类职业教育机构与企业的隶属关系、产权关系和劳动关系,可以采取灵活的所有制形式,积极探索采取带资分流、公助民办、股份制、租赁制等转制形式,把职业教育机构改造成为自主办学、自我发展的实体;有条件的企业可以按照市场规划把职业教育机构改造成为为企业提供职业培训、技能鉴定、就业服务、就业指导的综合性服务实体;也可将职业教育机构从生产经营业务中分离出来,吸收社会资本,积极面向社会,积极探索“一个机构、多块牌子、多种功能”的改革模式。

中国石油重点加强直属培训基地的投入和管理,充分发挥其在高层次职业教育中的骨干和示范作用;扶持部分骨干培训机构,打破企业界限,运用市场机制,在现有职业教育资源的基础上,组建区域性、专业化培训基地,在为本单位提供培训服务的同时,承担周边和大区内石油石化企业的培训任务;要求企业统筹规划职业教育资源,集中优良资产组建开放的、多功能的综合性培训基地和服务中心,构建起以企业培训基地为主体、以直属和区域性培训基地为骨干、以社会培训机构为补充的职业教育培训基地网络。

中国石化从 2001 年起全面实施了“1253”培训基地建设工程,力求形成管理科学、运转高效、专业配套、优势互补、资源共享、具有石油石化特色的培训网络。“1253”是,总部建立了 1 个集团公司人才培训中心,即石化管理干部学院;2 个专业化培训中心,即远程教育中心、仿真培训中心;并依托科研院所和企业培训基地按专业分工设立了油气勘探开发、炼油、化工、销售和工程建设等 5 个继续教育专业中心和若干继续教育基地;在勘探开发、炼油化工、销售 3 个领域,设立多个具有鲜明专业特色的技师、高级技师培训基地。基地建设费用由总部和所在企业共同投入，以所在单位为主。胜利油田等6个油田的培训机构分别承担了总部相关专业、工种的继续教育和高技能人才培训任务。各培训基地自主开发了一批有石油石化特色、适应企业生产经营和人员培训需要的培训系列教材，配备了仿真、模拟等现代培训设施，培训基础工作得到进一步加强。经过统一规划和建设，职工教育的布局和规模结构趋于合理，教育资源不断优化，培训质量和综合办学效益显著提高。

同时，通过招标遴选了一批国内外知名学院机构承担培训任务，先后与石油大学、美国哈佛商学院等多个国内外培训机构建立了长期的合作关系，建立起相对稳定的外部培训合作渠道，形成了以内部培训资源为主体，外部培训资源为补充，基本满足培训需要的的培训网络。

第三节 企业教育培训与人才队伍建设的新体制

面对石油产业国际化的挑战，新的需求使石油行业人才队伍建设进入了一个历史新阶段。石油人力资源的开发与管理正逐步与国际接轨：从自给自足式的培训格局到开发利用企业、社会两种资源；从代行国家教育职能的体系到面对国内、国外两个市场按需办学的体制。国际化人才的培养、一线技能人才的培训、专业技术人员的继续教育成为队伍建设的重点。从人本管理出发，不少企业已经把员工的培训纳入公司人力资源计划，把员工的职业生涯设计与企业的发展规划、发展目标相联系。根据建设现代企业制度的需要，石油企业的教育与培训逐步形成新体制，并由此进入一个新的历史阶段。

中国石油、中国石化的教育培训工作紧紧围绕企业发展中心任务和人才队伍建设规划和培训规划目标，充分利用国内外两种教育培训资源，为“人才强企”战略服务。面向“三支队伍”，多形式、多层次地开展了企业经营管理人员、专业技术人员、技能操作人员和对外合作骨干的培训。不断理顺教育培训工作的管理体制，建立了“总部和企业两级管理，组织人事部门牵头，业务部门指导，培训单位实施”的培训管理制度。建立了培训项目开发机制、市场运作机制、激励机制和约束机制。构建和完善了“以总部直属培训基地和重点扶持的企业培训基地为骨干，以企业培训基地为主体，以社会培训资源为补充”的培训基地网络。准确选择培训对象，坚持优秀人才优先培训，重点人才重点培训，紧缺人才抓紧培训，着力抓好领导干部和中青干部培训，大力推进工程技术骨干和安全管理人员培训，及时组织国际化人才和高级财务管理人员培训，抓紧培养和选拔技能人才。

中国石化提出了“6112”人才培养工程(到2005年,培养600名高级专业技术人才,其中100名学术技术带头人、500名油气勘探开发、炼油化工装置和市场营销专家,1000名高级管理人才,1000名高级技师,2000名战略后备人才),加大对具有创新能力的高素质、高层次、复合型人才的培养力度。“6112”人才培养工程由总部直接组织实施,各企业根据实际分类分层次有针对性地开展大规模培训。

一、适应改革开放需要,大规模培训企业经营管理人员

早在“六五”时期,按照中央的统一部署就开始了企业经营管理干部的培训,举办了企业管理研究班,轮训局厂领导干部和“三总师”,石油企业有近千人参加国家厂长(经理)统考培训班,各级各类干部培训近23万人次。“七五”时期以来,企业经营管理干部培训的规模逐年增大;特别是企业重组改制、国际化经营和参与市场竞争,对企业经营管理干部素质的要求越来越高,企业经营管理干部的培训成为培训工作的重点。

按照中央关于大规模培训干部、大幅度提高干部队伍素质的要求,中国石油、中国石化不断加强和改进企业经营管理干部的教育培训工作,特别强调要以马克思主义、毛泽东思想、邓小平理论和“三个代表”重要思想为指导,坚持企业经营管理人员定期脱产学习制度和教育培训登记制度,把教育培训纳入干部考核的重要内容,努力造就一支职业化、现代化、国际化的企业经营管理人员队伍。

企业经营管理人员的培训实行集团总部与企业分级管理,重点培训直属企业和企业所属生产经营单位领导班子成员,以及集团公司和企业两级机关关键管理岗位人员;按照干部管理权限和职责分工,集团公司所属企业领导班子成员,以集团公司统一培训为主,各企业管理的中层企业经营管理人员,以企业自主培训为主,集团公司培训为辅;其他企业经营管理人员的培训,由各企业自行组织。在培训内容上实行模块化课程,进行政治理论、经济管理、岗位专业知识、国际商务和岗位必备知识的培训。通过系统的教育培训,全面提高企业经营管理人员的思想政治素质和道德素质,进一步完善知识结构,增强应对市场变化、引领企业发展的能力,增强带队伍、培育先进企业文化的能力,增强处理突发事件、维护安全和稳定的能力,增强科学民主决策能力。

“十五”期间,中国石油精心组织了一批重点培训项目,如“领导干部思想政治理论培训”。“局处级干部党校及工商管理培训”、“‘三讲’教育与企业发展战略研讨”、“股份制与企业发展战略研讨”、“正职领导会计知识培训”等项目,累计培训达3700人次。实施了高级财会管理人员培训,制定了“总会计师队伍建设工作方

案”，从 2003 年开始，选调各大企业具有培养前途，精通财务管理的副总会计师、财务处长进行了半年以上的集中培训，取得了国有大型企业总会计师任职资格证书。全力推进了处级重要岗位资格培训，按照建立现代企业制度对各专业岗位中层以上管理人员知识能力的要求，对计划、财务、审计、人事、安全、质量等 14 个重要管理岗位的处级干部进行了以企业发展战略、现代管理理念、岗位职责任务等为内容的岗位资格培训；共举办 78 期，培训 2300 人，应培训人员达到 95%以上。为保证集团公司海外业务的快速发展，组织了对外合作骨干培训班。经过培训的近千名骨干输送到海外项目，为国际业务开展提供了人才保证。目前，中石油集团公司直接组织的各级管理人员培训每年达 1 万人次，各企业组织的各类培训每年近 100 万人次。

中国石化高度重视经营管理人员的培训，坚持思想政治培训与工商管理培训并重的原则，分层分类开展了系统培训。“九五”期间，对各级经营管理人员普遍开展了邓小平理论和工商管理知识为主要内容的岗位资格培训，以及以政治理论、金融知识、财会知识为主要内容的岗位适应性培训。“十五”期间，培训力度和规模进一步加大。一是高起点、高标准培训高层管理人员。围绕提高理论素养、坚定理想信念、增强党性锻炼、培养优良作风等四个重点对企业领导人员特别是新进班子的领导人员进行思想政治培训，主要由石化管理干部学院具体实施。采取聘请国内知名专家和集团公司领导授课、结合企业实际进行思想理论研讨及学习心得交流等方式进行。从 2004 年开始，有重点地组织企业领导人员进行比较系统的工商管理培训。对高层管理后备人员，以突出党性教育、培养求真务实作风、提高经营管理能力为目标进行培训。主要按岗位，采取国内培训——国外培训——项目研究“三段式”模式，系统学习政治理论和工商管理知识，每期脱产培训三个半月左右。同时，有计划地选拔一批外语基础好、年龄较轻的领导人员作为战略后备人员，组织攻读 MBA、EMBA。二是大规模实施中层管理人员岗位培训。对直属企业计划、财务、安全、科技等 18 个责任较大、专业性较强的职能部门负责人，由总部按专业岗位开发培训方案，分公共课程培训与专业培训两部分进行培训。经过专业培训，并参加集团公司组织的公共课程统一考试(《管理基础知识》、《公文写作和口语表达》两门课程）取得合格成绩，方可取得岗位资格证书，共 46642 人通过考试取得了岗位资格证书。各直属企业按照干部管理权限在总部统一规划和指导下，也相应开展了本单位的处、科级管理干部岗位资格培训、考试。在大规模培训过程中，注重培训理论及模式的研究与创新，先后针对企业领导人员胜任能力模型、人才培训模式、培训课程体系以及教学内容、方法创新等专题组织开展理论研究，形成了“企业领导人员核心能力建设”、“石化企业高级管理人才培训模式研究”、“以典型行为为导向的高级经营管理人才培训课程体系研究”等一批研究成果，并用于指导培训工作的实践。“在企业管理干部岗位资格培训过程中注重提高能力的模式探讨”（“六步操作模式”），在中央组织部召开的“全国干部教育理论研讨会”上被评为特等奖。

直属培训机构在企业经营管理人员培训上发挥了重要作用。北京石油管理干部学院作为中国石油高级培训中心和党校，创办于全国管理干部培训全面启动时期的1984年，承担企业中、高层管理干部培训的任务。建院以来持续举办了14期中青年管理干部培训班，培训了600多名局级后备干部；举办中央党校石油分校培训班43期，培训干部4000多人次；举办处级干部岗位培训班200余期，培训学员8000多人次；举办对外合作培训班15期，培训对外合作骨干1100多人次；另外还举办多期党委书记培训班、局（厂）长工商管理培训班、处级干部工商管理培训班和在职工商管理硕士班等。20年来累计培训学员已达6.3万人次，承担了集团公司90%以上的局级干部培训，以及80%以上的关键岗位处级干部和其他大量较高层次的业务培训；并在企业经营管理领域形成了稳定的培训精品项目和课程体系。从石油工业部到现今的中国石油天然气集团公司，总部领导和有关部门高度重视管理干部的培训，凡企业中、高层以上管理干部的培训班，总部高层领导都要来当教员，与学员交流和研讨，寄希望提要求；授课教师校内外相结合，有国内知名的专家学者，也有知名企业的老总；使学员既学到先进的理论知识，也学到企业管理的实战经验。广州石油培训中心成立于1981年，前期为石油工业部广州外语培训中心，是集团公司设在南方的一个教育培训基地，以中层经营管理人员和专业技术人员培训为主，重点实施市场经济理论与实践、国际经营、外经外贸、外语项目培训。20多年来开展了近2万人次的培训。

二、产学研结合，国际合作，开展专业技术人员继续教育

石油企业专业技术人员的继续教育主要依托石油高校、科研院所和有关专门机构，充分利用国内外两种教育培训资源，通过高级研修班、专家论坛、专项培养、学术研讨、国际交流、学习进修等多种方式，对石油专业技术人员进行新理论、新知识、新技术、新方法和新信息的培训；同时围绕岗位资格要求进行职业（执业）资格的培训。建立了专业技术人员高级研修制度、学术休假制度、访问学者制度等高层次人才培养制度。

早在改革开放初期，1981年联合国开发计划署在华东石油学院援建“石油工业部钻井技术培训中心”，1983年拓展为勘探开发培训中心；1981—1990年共举办各种新技术培训班140多期，培训管理干部和各类工程技术人员5000多人次。

1984年结合大庆高台子油田开发，利用世行贷款在大庆石油学院成立“大庆油田石油工程师培训中心”，请美国、加拿大专家进行石油地质和石油工程专业技术培训，累计培训2000多人。1988年联合国开发计划署在西南石油学院援建“油井完井技术中心”，对油田技术人员和管理人员进行保护油气层的继续工程教育培训，1993年与加拿大合作在西南石油学院建立了“中加天然气勘探开发技术培训中心”，为油田培训了大批专业技术人员。1989年集团公司与加拿大阿尔伯达省共同投资在北京建立“中加阿尔伯达石油中心”，旨在加强和促进中加双方石油科学技术的交流和培训。截至2005年，中心已组织了122项来华专业培训、技术交流和研讨会，集团公司一万多名工程技术人员和管理人员参加；还派出了16个交流、培训团组，邀请多个国家的专家授课及现场交流。

各石油高校的继续教育学院面向石油企业专业技术人员开展了大量的培训活动，仅中国石油大学（华东）已累计培训了5万多人次，特别是近年来通过加强校企合作，继续工程教育的规模和领域不断扩大。2005年9月中国石油天然气集团公司“共建”石油高校的最大项目——“中国石油北京科技研修中心”，在中国石油大学（北京）正式签署协议。研修中心项目计划投资1.78亿元，其中集团公司投入9800万元，用于建设一批石油主干学科领域和新兴学科领域的基础研究、超前研究或储备研究基地。研修中心将为中国石油两级技术专家研修和培养在职工程硕士，为集团公司科技创新、管理创新提供交流和咨询的平台。之前，集团公司与几所石油高校的共建协议已经签署，有的项目正在落实中，一个适应新形势依托石油高校的石油专业技术人员研修基地网络和机制正在形成。

从2001年开始，委托清华大学、北京大学、中国人民大学、中国对外经贸大学、北京理工大学和中国石油大学等国内著名高校，培养MBA、法律硕士、会计硕士和环境、石油、地质、化学工程等专业的工程硕士等700余人。

中国石油到2005年有各级技术研发机构300多个，包括7个直属研究院所，65个企业直属研究院所和250余个企业二级单位技术开发机构。这些机构承担着大量的各级专业技术人员继续教育的任务。中国石油勘探开发研究院既是高层次科研中心，也是高层次人才培养中心，具有硕士、博士授予权，20年来为石油战线培养了近千名硕士和博士，同时还承担了大量的石油企事业单位中高级工程技术人员的培训任务。

到2005年，在中国石油系统企业内建立了2个博士后流动站、15个博士后工作站；近年来，累计投入1.4亿元用于工作站建设，进出站人数288人。博士后工作站已成为企业培养培训高层次人才的重要基地，为优秀青年科技人才提升科研攻关能力搭建了舞台，为施展才华提供了广阔空间。

1986—2005年，保护油气层技术培训、井控培训和HSE培训是继续工程教育的重点项目。西南石油学院罗平亚院士主持的保护油气层继续工程教育培训，由集团公司（总公司）统一部署、统一计划安排，历时近10年。鉴于保护油气层技术对环境保护以及经济效益的重要性，1988年下达了4年内培训领导干部及骨干技术人员500至650人的任务。1994年又要求两年内在石油系统开办全方位、多层次的保护油气层技术培训，受训人员从局、处级主管到基层高、中、初级技术人员，成为一项整建制的培训，"整编培训、分岗进行"，共有7万多油田工程技术与管理人员接受了此项培训。该项继续工程教育项目获得了1996年国家级优秀成果一等奖。井控培训作为保证石油勘探生产安全作业关键岗位的一项基本资质培训，一直受到高度重视。截至2005年，国际钻井承包商协会（IADC）公布全球已获IADC资质认证的钻井、井控培训单位共有58家，其中中国有6家。它们分别是重庆石油高等专科学校（现重庆科技学院）、大港钻井井控培训中心、大庆井控培训中心、胜利油田钻井培训中心、中原石油勘探局井控培训中心和吐哈油田井控培训中心。二十年来，关系到企业作业的环境保护、员工安全与健康的HSE培训越来越受到高度重视，已成为参与国际石油行业竞争的重要方面。各石油企业，特别是一些近年新组建的钻井、测井等专业服务公司，已把员工接受HSE培训作为一种硬性制度，每年参加HSE培训的人数列各类培训之首。

目前，每年举办继续教育培训班100余期，"十五"期间专业技术人员培训达

开展远程培训。

88.55 万人次。中国石油集团公司正在建设以专业技术人员为主要服务对象的远程培训平台，利用计算机网络大面积开展专业技术人员培训。

中国石油化工集团公司围绕增强企业科技开发和技术创新能力，大力实施高级专业技术人才培养工程，分层对学术技术带头人、勘探开发等专业领域专家及其后备人才、其他专业技术人员进行培训，培养了一批高素质、高层次、复合型人才。对勘探开发领域学术技术带头人，主要采取参加国内外学术交流研讨、合作研究、与国外科研院校互派访问学者等方式进行培训。访问学者派出时间一般为半年至一年。2003—2005 年，先后选送人员到美国、加拿大、俄罗斯等国外高校、研究机构担任访问学者或参加中长期专业培训。1998 年以来，累计培养了 110 名在油气勘探开发、工程建设等领域学术技术带头人。对基层骨干专家主要采取举办高级研修班方式进行培训。围绕勘探开发主要业务领域和核心技术设计培训课题，成立以由两院院士或本行业知名专家任组长，由本专业有较高造诣的专家、学者组成的专家组，指导高研班的全过程。依托国内知名高校如清华大学等培养主体专业的工程硕士、博士，累计培养主体专业领域专家 1200 多人。采取企业和高校“双导师制”，与石油大学等院校联合举办工程硕士研究生班和技术后备人员高级研修班，总部和油田企业共培训高级专业技术人才 4000 多人。依托培训基地组织编写了《石油勘探开发技术》、《石油工程监督》等一批培训教材和专业技术人员继续教育课题。各企业开展了多种形式的继续教育和岗位培训，“十五”期间，总部和直属企业累计培训专业技术人员 35 万人次。

三、实施职业资格证书制度，抓紧培养和选拔技能人才

1986 年以来，全面开展了各级各类工人培训，大力开展了技能竞赛和技术能手评选表彰活动，为优秀技能人才的成长搭建了舞台。

（一）实施技术考核和岗位考核

1986 年石油工业部印发了《石油工人技术考核实施办法》，按照“先培训后考核、先考核后晋级”的原则，把工人的培训、考核与使用、待遇结合起来，全面开展了有计划、有步骤的工人培训。1987 年 27 个石油企事业单位建立了工人考核委员会，在 67.1 万技术工人中，有 54.4 万人首次参加了技术等级达标考核，考核率 81.1%，及格率 84.5%。

为了使工资收入与技术水平挂钩，1987 年规定工人在达到本工资等级技术标准的基础上，必须参加高一等级考试，并结合其劳动态度和贡献进行综合考评，合格者择优晋级。“七五”期间，有 50 多万工人进行了升级考核。“八五”时期贯彻“先培训后就业，先培训后上岗”的原则，全面实行凭证上岗制度，有近 90 万工人

经过岗位考核，取得了岗位合格证书，并与"上岗、试岗、待岗制"和"岗位工资制"相衔接，初步形成了培训取证、凭证上岗、岗酬结合的机制。

（二）全面开展职业技能鉴定

1995全面开展了首轮本等级鉴定工作，组织制定了初、中、高三个级别的工人技术等级标准；企业成立了鉴定中心，按专业工种设立了246个鉴定站，其中有52个鉴定站被地方劳动部门批准为国家职业技能鉴定所；培训了一批职业技能鉴定考评员。江汉、大庆、新疆、中原、物探局等企业开发了近100个工种的职业技能鉴定试题库，并在各石油企业内进行了交流推广。1995—1996年首轮共鉴定80万工人，鉴定率为75%，合格率86%；到1996年年底，经鉴定合格的高级工为14.6%，中级工为43.6%，初级工为27.2%。

1997—2005年中国石油共有100万人次参加了本等级鉴定、升级鉴定和验证鉴定，取证人数达到85%以上。到2005年年底，高级工比例从1996年的14.6%提高到33.8%，中级工比例为35.2%，初级工比例为12.5%。到2005年年底，集团公司共有鉴定中心28个，鉴定站183个，其中地方鉴定所21个。经集团公司、企业两级培训，取得资格的考评员达到万人以上，鉴定管理人员近千人。2004年，集团公司总结十年开展职业技能鉴定的工作，首次表彰了15个局级"集团公司培养技能人才先进单位"，30个"先进职业技能鉴定站"和200名优秀职业技能鉴定管理人员和考评员。

（三）大力培养和选拔技能人才

1986年后全面开展了工人技术等级培训、班组长培训和高级工培训，开展了职业技能竞赛和技术能手评选表彰活动。

工人培训从"六五"期间的以青壮年职工文化、技术"双补"，转向以中级工为重点的全员技术等级培训。"七五"期间，共有250万人次参加了技术等级达标和提高培训。"九五"、"十五"期间，配合工人职业技能鉴定，有近百万人参加了鉴定前培训。

1987年决定用三年时间对近8万名班组长进行专业技术和班组管理知识的轮训。"七五"期间，共培训班组长6.9万人，培训率88.8%，培训合格率97.7%。2003年，为提高在现代企业制度下的班组管理水平和班组长管理能力，重新编写了《石油石化企业班组管理》教材，并组织了班组长培训示范班，并组织开展了新一轮班组长轮训，到2005年年底，集团公司近6万名班组长普遍轮训了一遍。

为壮大石油高级技工队伍，为聘任技师准备人才，"七五"和"八五"期间，有近万人参加了高级技工培训。"九五"期间实施了高级工培训的"195"工程，即通过高级技工学校和高级技工班，在优秀中级工中培养1万名高级工；通过高级工达标培训，培养9万名高级工；通过高级工提高班，培训5万名高级工。“十五”期间在主要生产技术工种中实行技师短期脱产轮训制度，2003—2005年在钻井、采油、井下作业、焊工、电工等16个工种进行了技师培训试点，培训技师近2000多人，使学员在基础理论、HSE、关键技能、计算机、班组经济核算等知识方面有所提高。

1989年中国石油天然气总公司和团中央联合举办了钻井、采油、电焊、汽车驾驶等四个工种的青年工人技能竞赛，获名次的选手授予“全国石油青工技术能手”、“全国新长征突击手”称号，符合条件的颁发了技师合格证书。首次职业技能竞赛在广大职工，特别是在青年工人中引起了强烈反响，掀起了学习技术，钻研业务，立足本职，岗位成才的热潮。以后总公司又多次组织了技能竞赛活动，企业也建立了定期开展技能竞赛活动的制度。2000年集团公司制定了职业技能竞赛管理办法，并与劳动保障部、中石化集团公司联合建立了技能竞赛制度，确定每两年举办一次全国石油石化行业技能竞赛。2000年、2002年、2004年联合举办了采油、钻井、井下作业、常减压、乙烯、催化、加氢、电焊、电工等14个工种的技能竞赛，有数万人参加了企业组织的选拔赛。竞赛活动开辟了一条高技能人才“快速成才通道”，涌现了37名“全国技术能手”和近百名“集团公司技术能手”。

为加速培养大批具有优秀品质和高超技艺的技术工人和能工巧匠，劳动部从1995年起建立了“中华技能大奖”和“全国技术能手”评选、表彰制度，至2004年共进行了七届。中国石油系统共有5人被劳动部授予“中华技能大奖”，另有22人被总公司、集团公司和所在省市推荐为“全国技术能手”。为了鼓励工人学习技术业务，岗位成才，总公司从1997年起建立了评选表彰技术能手的制度，确定每两年评选表彰100名集团公司技术能手。到2003年已经评选表彰了四届，涌现了400多名集团公司技术能手；企业相继建立了企业技术能手评选表彰制度，涌现了近6000名企业技术能手。2003年，集团公司召开了隆重的技术能手表彰大会，会后分别组织“集团公司技术能手”和“全国技术能手”到国内外学习考察。

2005年，中国石油建立了两级技能专家制度，在1400名技师、高级技师中评选了657名集团公司和企业两级技能专家，其中集团公司技能专家185名，并召开了集团公司技能专家聘任视频大会。技能专家制度的建立，形成了集团公司技能人才的梯次结构，在高技能人才队伍建设方面迈出了重要一步。

“九五”期间，中国石化按照原劳动部职业鉴定规范和技术等级标准，开展了工人技术等级培训等。“十五”期间，按照集团公司《关于加强技能操作队伍建设的实施意见》，开始大力推进高技能人员培训。总部重点负责组织高级技师和部分技师的职业资格培训和轮训，各企业负责技师及以下人员的培训。

对高级技能人才，主要以岗位资格培训和岗位适应性培训方式为主，提高操作技能和解决实际问题的能力。总部统一组织了采油工、钻井工等 38 个工种的高级技师培训，以及部分小工种、企业难以自主开展的主体工种的技师职业资格培训。2002 年以来，集团公司总部直接组织开展技师、高级技师职业资格培训 1593 人，对现有技师、高级技师开展了以新知识、新技术、新方法、新材料为主要内容的轮训 1064 人次。2004 年 9 月以来，中国石化按照国资委、劳动和社会保障部的要求，开展高技能人才队伍建设试点，进一步推动了高技能人才培训工作，在培训规模和培训质量上都有了新的进展。2005 年，举办钻井技能拔尖人才培训班，选拔 16 名有较高技术水平的年轻钻井高级技师参加培训，在国内进行 10 个月的系统培训后，送到美国进行三周的专业培训，启动了分工种集中选送技能操作拔尖人才赴国外培训的工作。

各企业在高技能人才培训实践中，也积累了一些好的经验和做法。“师带徒”制度为各企业普遍采用，在培训和鉴定工作中普遍采取了合、分、合三段培训模式（第一阶段集中培训理论及公共知识，第二阶段学员返回工作岗位进行操作技能培训、考核及撰写技术总结，第三阶段进行综合培训、技术总结答辩及综合评定阶段）。胜利油田等建立了具有油田特色的“培训三大体系”（培训课程开发体系、培训项目运作体系、培训项目质量标准与评估体系）和“六化一严”的培训管理模式（课程设计模块化、教学方式多媒体化、授课教师多元化、学员管理规范化、辅导方式多样化、学员交流会制度化，严格考核程序、把好质量关）等。

通过培训，有力地促进了高技能人才的成长。“十五”期间，在集团公司以上级别的各类技能大赛中，涌现出“中华技能大奖”2 名、“全国技术能手”19 名、“集团公司技术能手”208 名。

四、适应“走出去”战略，重点开展对外合作骨干培训

为了适应“走出去”战略需要，中国石油天然气集团公司始终把对外合作人才培养与开发摆在同国外油气资源开发同等重要的位置，充分利用国内外两种教育培训资源，不断加大资金投入力度，着力建设一支能够开拓国际市场和熟悉海外项目管理的高素质对外合作人才队伍。

早在 1979 年国家恢复外派留学生时，石油工业部当年就向外派出了 13 名访问学者，1982 年派出首批攻读研究生学位 10 人，1985 年派出留学人员突破 100 人；“七五”时期第一批世行教育贷款项目派出石油高校老师 484 人，并利用自筹资金每年从各企业、院校和科研单位选派 30～40 人出国进修。

“八五”时期结合海外油气资源开发对国际化人才的需求，开始超前规划和研究跨国经营人才，特别是俄语人才培养问题，成立总公司留学服务中心，制定了外派留学人员和吸收归国留学人员的政策。1994年开始培训俄语专业技术骨干人才，首批向俄罗斯派出8名攻读副博士学位留学生。1995年启动第二批世行教育贷款，共派出石油高校教师450多人次。

从“九五”时期开始，针对中国石油实施“走出去”战略，建设具有国际竞争力跨国企业集团战略目标，对外合作骨干培养的规模、层次和针对性显著提高。1996年向俄罗斯派出第一批进修生34人，1998年派出留学和进修人员63人，在俄语人才培养上形成了一个完整的体系；1999年选派215名出国留学；2001年集团公司组织第一批企业项目经理（PMP）18人和企业管理人员强化培训（IPD）12人派往美国和加拿大。特别是从1999年开始与国外一流大学合作，培养国际化、职业化企业家和职业经理人，从企业领导班子成员中和后备干部中选拔人员，陆续派往美国、加拿大和英国15所大学攻读MBA学位，截至2005年共派出81人。

1979—2003年间，向世界21个国家派出各类留学人员2445人次，回国率由1990年的84.5%上升到2000年的99.3%，2001—2005年为100%。在回国留学人员中，有50多人走上高级管理岗位，有700多人进入中层管理岗位，有500多人工作在生产、科研第一线，有240多人从事海外跨国经营，分别在20多个国家和40多个项目上，成为中国石油跨国经营的先锋力量。特别是在中亚和俄罗斯地区的项目上，留学回国人员占了30%以上，在中方派出的中层以上管理人员中，60%以上是留学回国人员。

在选派人员到国外培养的同时，在国内的国际合作人才培养也迅速展开。1992年举办了第一期针对国内合作区块管理的对外合作人员。1994年制定了大规模的培训计划，由北京石油管理干部学院牵头，9所石油高校和职工院校共同参与，进行外语与专业培训，共有500余人参加了学习；同时在北京石油管理干部学院等地举办对外合作经理班，其中有一期送到美国A&M大学进行培训。为进一步适应开拓海外市场的要求，1998年中国石油制定并实施了“511对外合作骨干培养工程”，即用5年的时间，花1亿元人民币，培养1000人。由人事部门牵头，本着大局为重、兼顾选派企业受益的原则，从选人开始把关，从企业抽调一批德才兼备、有培养前途的人员进行培训；培训领域包括勘探开发、采油、钻井、工程建设、营销、财务、采办、法律、人力资源管理等12个专业，共培养了935名对外合作骨干人员。

“十五”期间，中国石油化工集团公司大力实施“走出去”发展战略，加快了国际化经营人才培养步伐。2003年制定了《国际化经营人才队伍建设的意见》,提出明确目标和针对性的培训措施,当年就举办国际化经营人才培训班18个。针对国际石油勘探开发、国际石油工程服务、国际石化工程建设、国际贸易和中外合资合作企业经营五个方面的业务需要,主要采取国内培训与国外培训相结合、脱产培训与海外项目锻炼相结合、与国内外知名院校联合举办研究生班等方式开展培训。依托培训基地、国内高校开展培训的同时,利用英国帝国理工大学、美国休斯敦大学、俄罗斯石油天然气大学等国外培训资源,拓宽了国际化经营人才国外培训渠道。国际化经营人才的培训内容主要包括外语培训和国际业务培训两个方面。2002—2005年,共培养国际化经营人才1792人。按照国内4~6个月英语培训与国外3~6个月专业培训相结合的方式进行,培养国际石油勘探开发、国际石油工程服务、国际石油市场开拓等项目管理及相关配套专业537人;培训中外合资合作企业管理人才、国际贸易人才162人。从油田企业和有关高校选拔146人赴俄语国家进行语言培训和学历教育;分英语和俄语两个语种开展专业技术人员和技能操作人才语言培训747人。此外,面向国际化经营现岗位人员经常性地举办短期专题培训班。这些人员中的大多数参加了海外项目的管理和实施工作,为拓展海外市场、开发境外资源、创造经营效益等发挥较好作用。

实施跨国经营战略使海外工程技术服务业务发展迅速,到2003年年底,中国石油天然气集团公司已有170多支工程技术服务和作业队伍分布在海外40多个国家和地区。因此,在集团公司组织培训的同时,各企业根据拓展海外业务的需要也组织了相当规模的培训;特别是从事地球物理勘探、钻井、测井、工程建设、物质装备出口、国际贸易等海外作业与服务的企业,对外合作培训的规模和强度逐年增大,除了业务知识培训外,外语培训的规模也持续增长。

第二十五章 健康安全环保

从 1986—2005 年，中国石油工业一个明显的转变是健康安全环保工作越来越受到重视，并在不断探索中取得了较大的进步。

随着社会的发展，石油行业的健康安全环保工作面临着前所未有的机遇和挑战。一是东部投入开发的油田多数进入中后期，平均综合含水率达到 80%以上，油田污水处理和利用压力越来越大。西部自然环境恶劣，油气藏深，地层压力大。二是陆续拓展海外市场，在委内瑞拉、苏丹等国家和地区相继开发油田，一大批物探、钻井、油田建设队伍走出国门，健康安全环境管理急需与国际接轨。三是海洋石油进入快速发展时期，主要作业海域每年都有近 30 余次的台风袭击，还有海冰和地震等威胁，海上平台作业空间狭小、拖航及直升机等对安全提出了特殊要求。四是天然气进入快速发展时期，鄂尔多斯、塔里木及川渝气田相继得到开发，陕京天然气管道、西气东输天然气管道相继建成，天然气的安全开采和天然气管道安全成为首要问题。这个时期，石油工业也发生了一些特大恶性事故。1989 年 8 月 12 日，管道局黄岛油库发生特大火灾事故，约 600 吨原油流入胶州湾海面，造成 19 人死亡。2003 年 12 月 23 日，重庆开县罗家 16 井在作业过程中发生特大井喷事故，造成 243 人硫化氢中毒死亡。深刻吸取这些事故的沉痛教训，改进安全和环保管理，也大大推动了石油工业健康安全环保工作。

回顾这个时期的健康安全环保工作，是在迎接挑战中不断成长，在艰辛探索中不断前进，在实践中不断完善和加强，伴随着国际化进程日渐成熟。在理念上，经历了从“征服自然”到“遵循自然规律”的转变，从安全为了生产到安全第一的转变，从不惜代价抢救国家财产到“以人为本”的转变。在实践上，从单纯强调领导负责到强化全员责任意识，通过普遍推广、完善岗位责任制，构建起全员全过程的安全生产责任制，推动全员安全生产责任制的落实；从被动防范、事后处置到强化源头控制、预防优先，不断创造出一些行之有效的健康安全环保管理方法，强化全员安全教育培训工作，严格执行操作规程、作业许可和应急处置制度，认真落实工程建设安全环保“三同时”，强化防范和监护措施，夯实健康安全环保基础工作；从集中整治检查到程序化、制度化管理，大力加强健康安全环境标准化工作，建立完善工作标准和程序，加强健康安全环境专业人员队伍建设，加强现场安全监督检查，加大隐患治理资金的投入；从偏重伤亡事故控制到全面提高健康安全环境指标，稳步推进健康安全环境管理体系建设，逐步建立起符合中国石油工业实际的健康安全环境管理体制，不断提升健康安全环保管理整体水平，取得了明显成效。

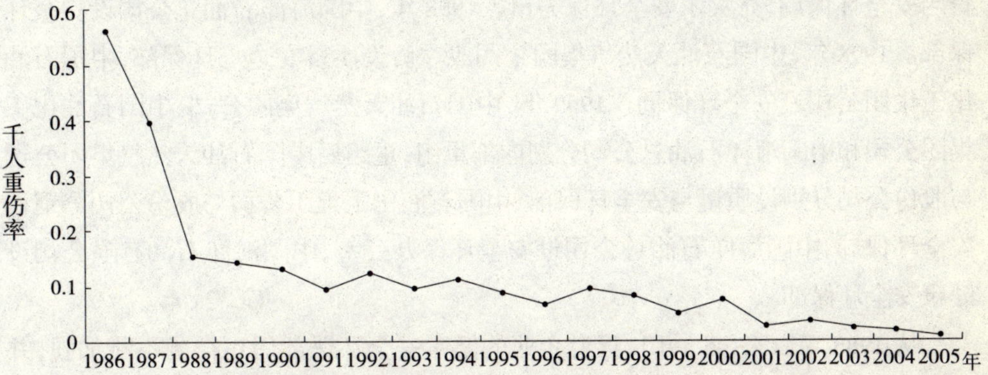

中国石油工业 1986—2005 年生产重伤情况

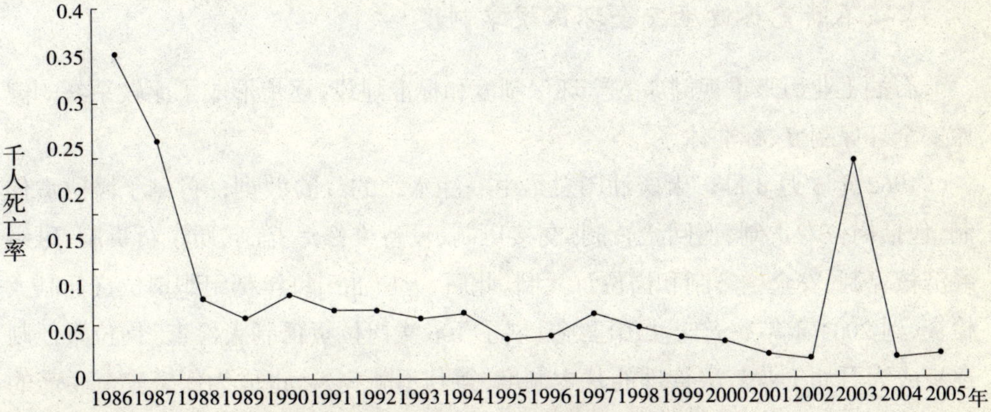

中国石油工业 1986—2005 年生产死亡情况

第一节 落实健康安全环保责任，狠抓基础工作

从1986—2005年，石油工业健康安全环保机构、制度、培训、应急等方面都得到全面加强，健康安全环保基础工作实现了质的飞跃。

一、不断加强健康安全环境机构建设

石油工业从总部到基层，都陆续建立了安全生产委员会、环境保护委员会，安全环保机构得到不断加强。

1986年，石油工业部就在开发生产司、计划司分别设立安全处、环保处。中国石油天然气总公司成立后，1988—1995年期间分别在企业管理局、技术监督局中设安全处和环境保护处。1995年，中国石油天然气总公司技术监督局改为技术监督与安全环保局，充实了安全环保力量。1988年，中国海洋石油总公司设安全环保部。1998年，中国石油天然气集团公司成立后设质量安全与环保部，中国石油化工集团公司设安全环保局。1999年，中国石油天然气集团公司、中国石油化工集团公司和中国海洋石油总公司分别内部重组，重组后中国石油天然气集团公司与股份公司分别设质量与安全环保部、中国石油化工集团公司与股份公司分别设安全环保局、中国海洋石油总公司设安全环保办公室、中国海洋石油有限公司设健康安全环保部。

从1985年以来，各油田、管道企业的健康安全环保部门也得到不断加强，并先后建立起一批职业病防治所、锅炉压力容器检验所、劳动安全卫生检测站、环保检测站等健康安全环保检测、检验机构。

二、不断完善健康安全环保规章制度

石油工业历来重视健康安全环保制度和标准建设，逐步形成了比较系统的健康安全环保制度、标准体系。

1962年5月8日，大庆油田总结中一注水站的经验教训，首创了岗位责任制，包括岗位专责制、巡回检查制、交接班制、设备维修保养制、质量负责制、班组经济核算制、安全生产制和岗位练兵制。此后，大庆油田每年都组织岗位责任制大检查，到2004年年底大庆油田已经开展了106次岗位责任制大检查。岗位责任制逐步成为石油工业基层管理的基本制度，得到不断完善；也成为保证安全生产的基本制度。

1985年以后，石油工业逐渐形成“一个必办、两个推广、四个体系”的安全管

理模式，即各级领导干部承包安全生产要害部位（单位）必办（2004 年改为领导干部安全联系点）；在基层推广开展创建班组安全“三标”（标准化班组、标准化岗位和标准化现场）建设，在运输车队推广安全管理“十八法”活动；在企业按照系统组成由人事（劳资）教育部门负责的安全教育和考核体系，由总工程师和生产技术部门负责的安全工程技术体系，由安全、劳资、消防、卫生部门负责的安全防火、工业卫生、劳动保护预防监督体系，由计划、财务、安全等综合部门负责的安全项目计划管理体系。并相应出台了一系列制度。

1992 年 6 月，成立了石油工业安全标准化委员会。这个国内最早组建的行业安全标准化委员会，负责组织制订安全标准，其中共制（修）订物探、钻井、测井、开发、集输等石油天然气安全行业标准 179 项，建立了基本的石油工业生产标准体系。同时，安全标准化委员会还组织翻译出版了 100 万字的《美国防火协会标准选编》（上、下册）。这些标准为石油工业安全生产发挥了重要的保驾护航作用。

1999 年，中国石油天然气公司开始探索实施安全总监、安全监督制。2000 年 8 月，中国石油天然气股份有限公司印发的《关于切实加强安全生产工作的若干意见》，进一步明确要强化安全监督工作，逐步建立完善安全监督体系。2000 年 12 月，该公司下发《关于设置安全总监（监督）的通知》，对各级设置安全总监、安全监督提出具体要求。2001 年 7 月，又发布《安全生产监督暂行规定》，进一步规范了安全监督工作。

1999 年，中国石油化工集团公司根据机构重新组合的新情况，及时组织有关专家制定并下发了《中国石化集团公司职业安全卫生管理制度》。该制度共有 61 项，包括以岗位责任制、事故管理等全方位的安全监督管理、安全技术管理、职业卫生管理、消防管理、防灾管理、安全生产保证基金、安全生产禁令和规定等内容。要求中国石化管理的各级企业领导和员工认真学习掌握规章制度，自觉遵守规章制度，在生产过程中，人人、事事、时时都要遵章守纪，已取得了较好的 HSE 业绩。

2000 年，中国石油开始实施安全生产合同制度。从 2000 年 2 月以后，相继就对外签订合同中安全生产条款要求和加强安全生产工作下发了文件，要求所有高温、高压、易燃、易爆等关键生产岗位员工都要与单位（地区公司所属厂、矿）签订安全合同，所有关联交易都要签订安全生产合同，明确业主与承包商或供应商双方的安全生产权利和义务。2001 年 11 月，中国石油邀请国务院法制办公室、劳动与社会保障部、国家安全生产监督管理局及高等院校的专家，召开了安全生产合同管理研讨会。专家对实行安全生产合同制度进行了充分肯定。2002 年 1 月，下发了安全生产合同管理通则，《员工安全生产合同》和《工程安全生产合同》开始全面实施。

2003 年，随着中国石化的改革和发展，油气田勘探开发区域不断扩大，炼油装置、化工装置、油品储运正在向大型化发展的趋势，在国家新颁布实施的法规、标准的基础上，结合生产实际，中国石油化工集团公司安全环保局及时组织具有丰富实践经验的安全专家制修订了《中国石油化工集团公司安全生产监督管理制度》。该制度共有66项，包括以岗位责任制、事故管理等全方位的综合安全监督管理、专项安全监督管理、直接作业环节安全监督管理、安全技术管理、职业卫生管理、消防管理、企业交通运输安全管理、防灾应急管理、安全生产保证基金监督管理、安全生产禁令和规定等内容，它既符合国家现行的法律法规、标准规范要求，又符合现场实际情况，具有一定的先进性、科学性和可操作性，实践中已证明该制度为中国石化的安全生产做出了积极贡献。

三、建立安全培训基地，强化安全培训工作

石油工业一直非常重视安全教育工作，通过对员工进行安全生产教育和培训，使员工熟练掌握本职工作所需要的安全知识和技能，增强事故预防和应急处理能力。

实行先培训，后上岗制度。三大石油公司都明确规定管理人员、新入厂人员和特种作业人员都必须进行安全培训，严格考核，实行资格认证和持证上岗制度。先后建成安全培训基地20多个。其中，经国家安全生产监督管理局批准获得国家安全生产培训一级机构3个，获得国家安全生产培训二级机构9个。先后建成渤海、南海西部和胜利海洋石油作业安全培训中心。

不断加大健康安全环保培训力度。在基层岗位人员安全培训基础上，从1990年开始，每年都要举办安全处长岗位培训班和平台经理、监督安全培训班；从1995年开始，每年举办安全、环保专业人员的岗位培训，通过考试合格后，获得安全、环保专业人员岗位培训证书；从1996年开始，中国海洋石油总公司每年举办领导干部安全管理培训班，总公司、地区、专业公司的总经理、副总经理、总师及部门行政正职领导参加，经考试合格后也颁发证书；从1998年开始，在石油大学组织健康安全环境专业人员培训，同时对所有赴国外施工作业人员都开展专门健康安全环保培训，取得合格证后才能赴国外施工作业。从2000年开始，中国石油、中国石化每年组织安全领导、总监（安全处长）培训班。

除了在各级培训基地培训外，各石油企业还采取派管理骨干到国外考察；通过与外国石油公司的合作，对安全管理干部进行岗位培训；派安全监督到国外参与油气生产设施实习；举办各种安全国际会议、研讨会、培训班，请国内外专家讲课等各种方式对员工进行安全培训。

四、加强应急队伍建设，完善应急体系

中国石油加强了井喷失控、消防、油气长输管道、海上等应急救援基地建设。1991年，由四川石油管理局为主组成中国灭火队（CFFC）参加了科威特油井灭火。在此基础上1995年成立四川油气井灭火公司，建成了集救援、作业试验、培训演练于一体的综合性井喷失控应急救援基地。2005年，对消防队伍进行了业务整合，油气田企业有12支消防队伍，按照《消防区域联防工作方案》分成8个联防区域。按照区域优化、合理配备、立足自救、企地联动的原则，分别在东北、华北、西北、西南、华中和华东六大区域，设有维抢修中心13个、维抢修队28个。加强了渤海湾滩海、浅海石油勘探开发突发事件的应急救援基地建设，建立了海上应急救援响应中心，下设曹妃甸、塘沽和营口3个救援站，配备溢油应急、消防救生、监测通讯、辅助船舶等装备，装备能力达到国家Ⅱ级以上事故的能力。

2005年，中国石化针对高温高压、有毒有害、易燃易爆、连续作业、点多面广的行业特点，总结近几年发生的重特大事件（事故）经验教训，编制下发了《中国石化重特大事件应急预案》，包括总体应急预案和井喷失控、火灾爆炸、海难、海（水）上溢油、危险化学品、油气管线泄漏、放射性事件、破坏性地震、洪汛灾害、气象灾害、油气供应事件、群体性事件、恐怖袭击事件、境外事件等15个专项应急预案。为全面贯彻这个预案，中国石化举办了12期、1483人（含局级、处级、主要编写人员）参加的预案培训班，要求各直属企业根据应急事件的性质、严重程度、可控性、影响范围等因素和机构设置情况，层层编制应急预案，并且加以落实。从集团公司层面上，先后建立了胜利油田海洋应急中心、西北地区应急中心（塔河）、普光地区应急中心和通南巴应急中心（川东北地区）。这些应急中心都配备了完整的队伍和包括消防、急救、气防、抢险、通信用的设备、器材；另外对东部老油田实行了区域联防制度；对基层队站库车间都按标准规范要求配齐应急保障的物资、设施器材，确保在应急状态下能够上得快，打得赢。

从1984年开始，中国海油从总公司到地区、专业公司都编制了《应急安全计划》或《应急安全工作程序》。根据应急计划的要求，各单位都建立了应急安全指挥中心，配备了必要的通讯、交通救援设备，总公司系统还建立和完善了应急救援系统和网络。南海西部公司于1978年3月建立了气象预报组，由海洋工程部直接管理。1985年以后，建立直属地区公司领导的气象台。90年代以后，又加强与中央、广东省、湛江市气象台的合作，增强气象预报高科技功能，建立全国气象统一的预报网络。

第二节　推行健康安全环境管理体系，不断提高管理水平

实施健康安全环境管理体系（简称为HSE管理体系）是20世纪90年代以来国际石油企业通行做法，体现了在大市场、国际化环境下的规范运作，突出了以人为本、预防为主、全员参与、持续改进的科学管理思想。中国石油工业也进行了积极探索，建立并实施HSE管理体系。

一、学习借鉴国际石油公司健康安全环境管理经验

在20世纪80、90年代，世界石油行业吸取一系列重大事故的经验教训，确立了HSE体系化管理思想。1988年6月6日，欧州北海英国大陆架发生了帕玻尔—阿尔法钻井平台事故，造成167人死亡，经济损失近3亿美元。英国政府组织了由卡伦爵士率领的官方调查团，调查报告提出建议106条。其中包括建议应在正规安全评估基础上建立安全管理体系和安全状况分析报告。国际大石油公司从此积极探索建立有效的HSE管理体系。

安全环保的发电技术在油田推广应用。

1993 年,中国石油工业开始通过国际招标方式,利用外资勘探黑龙江、内蒙古、青海、新疆等地的油气资源。美国埃克森公司率先与中国石油天然气总公司签署了塔里木盆地 3 个区块的风险勘探合同。1994 年 9 月,中国石油地球物理勘探局经过竞争,取得了埃克森公司在塔里木风险勘探区块 1400 千米石油地震勘探任务,中方对此称为反承包作业项目。

在塔里木反承包作业过程中,物探局 2207 地震队首先体验到了与美方 HSE 管理从理念到实践上的碰撞,接受了美方 HSE 监督的严格检查和处罚,被动地接受了 HSE 管理体系。塔里木反承包队伍 HSE 管理经验一经传开,许多单位纷纷效仿,一个学习反承包 HSE 管理经验的热潮首先在物探系统兴起。随后的几年,陆续有中国石油物探、钻井等工程技术服务队伍参与反承包,也有一些队伍走出国门,经历了无数次与国际石油公司 HSE 管理的碰撞和冲击,认识在不断深化,思想在逐步转变,HSE 管理理念也在潜移默化中更新和升华。由被动式执行到自觉地建立与完善,由此开始了中国石油工业推行 HSE 管理体系的探索和实践。

二、总体安排部署,启动健康安全环境管理体系工作

1996 年,中国海洋石油总公司通过学习借鉴国外的先进经验,开始立项研究安全体系化管理,并于同年在下属渤海公司试点,初步取得实效。1997 年,该公司发布安全管理体系原则和安全管理体系文件编制指南,推动所属其他地区公司和专业公司编制实施管理体系,建立起以安全评价为基础的系统化的健康安全环保管理体系。

1996 年 10 月 30 日,中国石油天然气总公司塔里木油田指挥部所属的塔中四油田临时集油站泵房发生爆炸着火事故,也推动了健康安全环境管理体系的建设。该事故发生后,在总公司管理层中引起了震动和反思,原总公司总经理周永康在批示中写到:“大庆中一注一把火烧出了岗位责任制,塔中四一把火烧出什么?”带着这个课题,总公司技术监督与安全环保局领导带领有关人员组成调研组三进塔里木,展开了深入细致的调查研究。之后,又组织调研组到中国海油和反承包项目进行 HSE 管理的专题调研。

1997 年 11 月,中国石油天然气总公司召开的安全环保工作会议上,对建立健康安全环境管理体系进行安排部署,提出按照“先国外、后国内,先试点、后推广”的原则建立与实施 HSE 管理体系,并初步提出三年工作目标,确定了试点单位。1998 年,大庆油田、大港油田、独山子石化开始了健康安全环境管理体系试点工作。同年 4 月,总公司首次举办了由各企业主管安全领导和安全处长参加的

HSE学习班，请原总工程师李虞庚等人讲课，第一次系统地宣讲了HSE管理体系。6月又派出一个学习考察团专程赴挪威、荷兰、英国等国家石油公司学习HSE管理体系；8月，又在西安临潼举办了一期各企业主管安全领导和安全处长参加的HSE强化培训班。同年，组织拍摄了三集《话说HSE》电视专题片，首先发到各个企业一把手手里，要求他们带头组织领导干部学习。随着宣传力度的逐步加大和HSE教育工作的深化，一个大张旗鼓地学习HSE管理体系活动迅速在各石油企业兴起。同年，各石油企业重点抓了赴国外施工队伍和国内反承包队伍的HSE管理。在苏丹、泰国、菲律宾等国家作业的地震、钻井、测试、录井等专业队伍，全部建立和实施HSE管理体系。6000多名出国施工人员全部经过HSE管理知识培训，取得合格证书，在国外投标和承包施工作业中树立了良好的中国石油形象。

三、制定、完善健康安全环境管理体系标准

1996年1月，ISO/TC67的SC6分委会发布ISO/CD14690《石油和天然气工业健康、安全与环境管理体系》标准草案文本。

1997年，中国石油天然气总公司总工程师李虞庚参加第二届国际石油勘探开发论坛HSE专题会议，带回了一套HSE论文集，他组织翻译后印发到管理层学习，使大家进一步系统地了解了国外石油公司推行HSE管理体系的情况。

同年，在得到ISO/CD—14690《石油工业健康安全环境管理体系》标准草案文本后，中国石油技术监督与安全环保局就组织进行翻译，编制并发布了《石油天然气工业健康、安全与环境管理体系》(SY/T6276—1997)石油天然气行业标准。同年，颁布了《石油天然气工业健康、安全与环境管理体系》(SY/T 6276—1997)、《石油天然气钻井健康、安全与环境管理体系指南》(SY/T 6283—1997)、《石油地震队健康、安全与环境管理规范》(SY/T 6280—1997)等石油天然气行业标准。

2000年，中国石油天然气股份有限公司质量安全环保部根据所属地区公司质量管理体系、健康安全环境管理体系并存情况，组织研究健康安全环境管理体系与质量管理体系的整合工作。在此基础上，2001年10月，中国石油发布了质量健康安全环境管理体系系列标准，包括《质量健康安全环境管理体系基础和术语》(Q/SY2.1)、《质量健康安全环境管理体系要求》(Q/SY2.2)、《质量健康安全环境管理体系实施指南》(Q/SY2.3)三项企业标准。该系列标准采取共性兼容、个性互补的方式，以GB/T 19001—2000《质量管理体系要求》为基本框架，兼容了GB/T 14001—1996《环境管理体系规范及使用指南》、GB/T 28001—2001《职业健康安全管理体系规范》和SY/T 6276—1997《石油天然气工业健康安全与环境管理体

系》等标准要求，对不同体系标准的共同要素和特性要素进行了重新整合，为企业实现规范化和系统化管理提供统一的标准和要求。

四、全面推行健康安全环境管理体系

1998年后，中国石油、中国石化和中国海油三大石油公司都高度重视健康安全环境管理体系工作。

2000年1月，中国石油总经理马富才亲自签发《中国石油天然气集团公司HSE管理手册》，向社会公开了中国石油的HSE承诺。中国石油健康安全环境指导委员会也正式成立，并制定了HSE工作目标和实施指南，印发了《关于建立和推进健康、安全与环境管理体系的实施意见》，先后制定了认证、培训咨询、审核员注册管理等文件。建立了北京中油HSE审核认证中心和环境管理体系咨询中心和三个HSE培训咨询基地。

2001年4月，中国石油天然气股份有限公司发布了《健康安全环境管理体系（总体指南）》，各专业分公司也相继发布了《健康安全环境管理体系专业指南》。从2003年开始，股份公司开始组织健康安全环境管理体系内部审核。到2005年年底，股份公司所属地区公司全部建立并实施了健康安全环境管理体系。

中国石化在兼收并蓄国外先进的HSE 管理经验和多年实践证明行之有效安全管理方法的基础上，紧密结合企业实际和进入国际市场的客观需要，本着实效性强、可操作性强的原则，以风险管理为重点，逐步总结出一套适合企业特点、有效可行的HSE管理经验。在不断借鉴国内外先进经验和技术标准的基础上，形成了一套具有中国石化特色的HSE管理体系标准。2001年4月，于北京召开了中国石化集团HSE管理体系新闻发布会，正式向社会公布了中国石化HSE管理承诺和方针目标。

到2002年，中国海洋石油总公司已全面建立了勘探、开发作业HSE管理体系。到2005年，总公司各所属单位均建立各自的管理体系并正式发布实施。整个体系覆盖了生产、经营等所有活动。依照管理体系的基本模型，积极推动总公司HSE体系的有效运行，将健康、安全和环境从过去单一部门的管理，变成总公司的统一行为，成为规范化和程序化的管理。

目前海上石油作业实行全方位、全过程的安全管理。所谓全方位，即实行海上油气生产设施的安全由作业者负责，第三方检验把关，政府监督管理；所谓全过程，即从海上油气田的总体开发方案开始，到基本设计、详细设计、建造、运输、安装、试运行及投产后的生产过程，废弃平台，实施全过程的安全监督管理。

五、重视职业健康，积极公布健康安全环境业绩

在开采石油、天然气的同时，石油工业还要承担对员工、对客户、对供应商、对社区以及政府等其他利益相关方的相应责任。中国石油、中国石化和中国海油近年来认真落实“以人为本，关爱员工”的管理理念，积极采取一系列措施保护员工身体，让全体员工拥有健康，享受工作，享受生活。

三大石油公司大力开展职业病危害的评价工作，制订和实施了职业病防治行动方案，对有毒有害的作业环境建立工业卫生档案，定期监测，重点治理；对在有毒有害环境作业的人员定期体检。中国海洋石油总公司十分重视海上作业人员的健康，专门成立海上医疗队，在海上钻井、采油平台派驻医生，做好医疗保健工作，并与医院建立绿色通道，处理应急病情，对危急病例不惜动用直升飞机进行救护。该公司还建立并贯彻落实出海人员健康管理制度，拟定建立针对突发事件的应急管理程序。

石油工业历来把健康安全环保作为社会责任的重要内容。进入21世纪，三大石油公司都坦诚地向社会公布健康安全环境业绩。从2000年开始，中国石油天然气股份有限公司每年都编制并发布《年度健康安全环境报告》，每年对事故情况、重大环境事件、健康安全环保指标情况，以及健康安全环保主要工作向社会公布。中国石油化工股份有限公司和中国海洋石油有限公司自上市以来，每年都向社会

人工救护演练。

发布年度报告。其中包括健康安全环保内容,如健康安全环保工作综述、安全事故、安全大检查、安全培训、安全活动、应急管理、隐患治理、建设项目"三同时"管理、健康管理、污染治理、节水减排和HSE科研等情况,充分接受社会的监督,提高了三大石油公司在社会中的信任度。

第三节 突出重点,加强海洋石油作业安全监管

1983年10月25日,美国阿科石油公司租用的"爪哇海号"钻井船,在中国南海莺歌海域作业受台风袭击翻沉,当时钻井船上共81人,无一人幸存,全部损失共达3.5亿美元。这一事件,促使石油工业部加大了对海洋石油作业安全监管的力度,从此海洋石油作业开始了政府严格监督管理的历程,保障了中国海上石油作业的健康安全和环保。

一、设立海洋石油作业安全办公室

1985年5月14日,石油工业部批准在海洋石油总公司设立石油工业部海洋石油作业安全办公室,授权安全办公室代表石油工业部对外国作业者、承包者进行海洋石油作业安全检查,颁发合作海区钻井、采油平台和其他工程设施的作业许可证;审查作业者的安全应急计划,并监督执行;制定有关安全规章制度。

1988年6月29日,石油工业部海洋石油作业安全办公室更名为能源部海洋石油作业安全办公室。1993年10月,安全办公室更名为国家计委管辖下的中国海洋石油作业安全办公室。1999年初,在国家政府机构作出新调整后,国家经贸委安全生产局发文确认对安全办公室授权,并进一步明确其职责。

2003年10月,根据中编办[2003]15号文件,国家安监局成立海洋石油作业安全办公室,对海洋石油安全生产实行综合监督管理。中国海洋石油作业安全办公室的职责转到国家安监局海洋石油作业安全办公室(简称海油安办),2004年年底,国家安监局下发了海油安办工作职责的通知,进一步明确了海油安办的职能,确立了海油安办对海洋石油作业生产实施综合监督管理的地位,并在海油安办之下设立了海油分部、石化分部和中石油分部。为了保留海洋石油安全监督管理的连续性,充分发挥中央直属大企业的作用和积极性,经国家安监局委托,三个分部分别挂靠在中国海洋石油总公司、中国石油化工集团公司和中国石油天然气集团公司;三个分部又下设了天津、上海、深圳、湛江、胜利、辽河、大港和冀东8个地区分支机构。

二、制定海上石油作业安全法规

在借鉴国外海洋石油作业经验的基础上，结合中国实际情况，自1986年年底至2000年，逐步建立了26项海洋石油作业的安全规章系列。

为了加强对海上移动式钻井船（平台）的技术检验与监督管理，石油工业部于1988年4月16日颁发了《海上移动式钻井船（平台）作业许可办法》。1988年11月3日安全办公室颁发《海洋石油作业井控要求》、1989年4月5日安全办公室颁发《海洋石油作业硫化氢防护安全要求》、1989年11月7日安全办公室颁发《海上移动式钻井平台和油（气）生产设施一般安全管理规则》和1991年7月25日颁发《海上移动式钻井平台和油（气）生产设施的经理及特种作业人员的培训要求》等8项与海上石油钻井作业有关的法规。先后制定了包括《中华人民共和国海洋石油作业安全规定》和《海上石油天然气生产设施检验规定》两大系列共26项法规。

三、依法开展安全监督检查与技术监督检验

1985年以来，海洋石油作业安全办公室把组织开展对海上石油作业设施包括钻井平台安全监督检查作为一项经常性活动，每年对海上作业设施安全监督检查安排好工作计划，明确时间、人员。每年召开一次安全环保与安全监督检查会议，形成一套行之有效检查制度、程序和办法，编写出详细的作业许可和认可检查程序和手册。每次检查都编写检查提纲，检查后写出检查备忘录或整改通知书，受检查单位还要作出整改安排，同时每个钻井平台按照所入船级社的规定按期进行入级检验。

1989—1991年，根据石油工业部以及后来能源部所发文件确认的第三方检验机构制订的有关油（气）生产设施设计、建造、安装和检验的规范标准，拥有与承担检验项目相适应的技术人员，拥有与承担检验业务相适应的实验、测试、分析和计算手段与具有良好服务信誉等条件，首先从国际上择优明确第三方发证检验机构，经过反复考察了解，先后确定了美国ABS船级社、挪威DNV船级社及英国劳氏船级社为中国海洋石油作业安全办公室认可的发证检验机构。凡是中外作业者在中国海域从事海上石油天然气开发、从设计开始，都必须经招标或双方协商从上述三个国际船级社中选择出一家，作为本项目设计、建造、安装、投产与作业的第三方发证检验机构。1992年以后及1997年海洋石油作业安全办公室又确认中国船级社和法国BV船级社为第三方发证检验单位，这些发证检验机构依法认真把关，对海上石油天然气作业安全起到了重要作用。

四、依法组织投产前的作业许可检查和作业过程安全检查

根据《石油工业部海上油(气)田生产设施作业许可办法》的规定要求,生产设施开始投产前，作业者向中国海洋石油作业安全办公室申请生产设施作业许可。据此,安全办公室即认真组织对该海上油气生产设施投产前的安全检查,首先拟定检查提纲,通知作业者检查日期、参检人员与主要内容,待作业者按照规定事先提交有关的文件、证书与资料后,即开始登临海上油气生产设施建造的现场进行安全检查。

根据《石油工业部海洋石油作业安全管理规定》和《石油工业部海上油(气)生产设施作业许可办法》等有关法规规定,中国海洋石油作业安全办公室按照海上油气生产设施作业情况,可以适时组织作业过程安全检查,尤其是对海上油气生产设施出现异常险情或有重大设施、设备改造与扩建时应组织作业过程的安全检查,促进海上油气田的作业安全。

五、依法要求作业者开展安全分析

《海上固定平台安全规则》第二十一章明确规定在编制总体开发方案阶段,必须同时编制安全分析报告。在基本设计阶段,应同时编写工程设计项目安全篇,在详细设计阶段,必须进行安全分析。在海上调试和投产前应完成安全手册编制,制定投产方案应急计划。安全分析报告、安全篇、安全手册及应急计划必须报请安全办公室审批。

1990 年,中国海洋石油作业安全办公室着手制定法规及开展安全评价报告的试点。1991 年,首先由渤海辽东湾地区锦州 20—2 凝析气田全面开展编写作业过程安全评价报告。与此同时,安全办公室与阿科石油公司中国有限公司及南海西部公司商定,由作业者抽专人于 1991 年编写崖 13—1 气田生产作业过程安全评价报告。从 1996 年开始,实施海上油气田编制安全分析与安全评价报告的制度。

第四节　追求能源与环境的和谐发展

1986 年以来,社会对环境保护的呼声越来越大,国家对环境保护的标准也越来越高。石油工业开发建设活动,也走过了从忽视环境污染、生态损害,到保护环境,追求与环境和谐发展的过程,一大批工程项目成为了绿色环保工程,实现了能源与环境的和谐发展。

一、塔里木沙漠公路绿化工程

塔里木沙漠公路北连314国道，南接315国道，途经轮南油田、塔中油田，南北纵贯塔克拉玛干沙漠，全长562千米，其中穿越流动性沙漠段长446千米，是世界上穿越流动沙漠最长的等级公路。

为确保塔里木沙漠公路畅通并使其沿线生态环境得以全面改善，中国石油决定建设以生物防沙措施为主体的塔里木沙漠公路综合防沙体系，并使塔里木沙漠公路由“黄色通道”变成“绿色走廊”。工程于2003年8月16日开工建设，2006年4月全部建成。

工程全部采用国际先进的节水灌溉技术——滴灌技术，节约了水资源。毛管选用了符合沙丘起伏地形条件的压力补偿式滴灌器（管），保证了较大起伏地形情况下的灌水均匀度。所有水源井均采用玻璃钢管作为井管，大大提高了水井抗腐蚀能力，延长了使用期限。首次采用双支管灌溉技术，实现分树种类型供水，既节水又方便管理。每隔20余千米设置10米宽的野生动物通道，以方便野骆驼等野生动物的迁移。

防护林全长411.2千米，总体宽度72～78米，林带总面积3516.11公顷，树种以抗逆性极强的柽柳、沙拐枣、梭梭等优良防风固沙灌木为主。随着它的建成，对沙漠环境将起到较大的改善作用。目前，沙鼠、塔里木兔在林带内迅速繁殖，沙狐、鹰等也开始在林带附近出现。

二、建设“西气东输”绿色能源大动脉

在“西气东输”工程建设之初，中国石油就提出把这条管道建设成为“绿色管道”的目标。为了避免走过去那种“重建设、轻环保”、“先破坏、后治理”的老路，“西气东输”工程从培育环保文化、健全管理体系、完善规章制度入手，创新环境保护工作管理机制。联合中科院、水利部所属环保科研机构，组建了由25名专家组成的监督小组，对HSE管理体系运行和环境保护设计、施工、监理等工作情况，开展无定期、无通知的监督检查。

在环境敏感地区，严格控制作业带宽度，将28米宽的作业带缩减到22米，有的缩减到20米以内，以减少管道施工对地表植被和地貌的扰动。“西气东输”人工营造的乔灌木林成活率超过80%，草地覆盖率超过85%，自然植被覆盖率超过65%，达到了世界同类工程生态恢复的先进水平。

面对复杂多样的自然环境和众多的施工难点，加强科学技术研究，广泛应用新技术、新成果，充分发挥科技进步对环保工作的支撑作用。在黄土高原地区，采

用了陆上隧道穿越施工技术；穿跨越长江、黄河、淮河等大江大河，采用盾构、顶管、定向钻等技术；在穿越铁路和等级公路时，采取顶管法施工技术，减少弃土弃渣量，保护铁路、公路周边的生态环境。

2006年，“西气东输”管道工程荣获首届“国家环境友好工程奖”和“国家开发建设项目水土保持示范工程”等荣誉称号。

三、建设绿色石西油田

石西油田隶属新疆油田，位于准噶尔盆地古尔班通古特沙漠腹地。这里沙丘连绵、人迹罕至，常年干旱少雨、风沙肆虐，自然环境和气候条件十分恶劣。1995年，石西油田投入开发建设，在建设过程中统筹油田生产与环境保护和谐发展，坚持油田建设与环境建设“同步规划、同步实施、同步考核”。

在工程建设初期，石西油田确立了“遵循生态规律，坚持油田开发与环境保护并重，实现人与自然和谐发展”的目标，采取了一系列源头治理措施。配套建成了含油污水处理装置，实现了污水达标回注和排放；生活污水经过化粪及沉降处理合格后，用于附近区域沙地绿化。油气计量、集输、处理等站区建设都首先考虑环保要求，按工艺流程有机组合，紧凑布置；油区内的油、气、水、电、讯线路及道路等设施均沿沙梁走向敷设，避免大面积破坏沙漠地表；临时施工占地严格按设计标准控制作业范围，以减少土壤扰动和植被破坏。在油气水管线、电力线和道路架设所经的流沙地，以及道路、管道施工过程中造成的破伤面，都采取地表固沙措施，铺设芦苇治沙草方格。通过实施精细的生态保护措施，使大部分油田开发初期管线敷设、道

新疆油田公司69区污水处理站。

路修建时裸露的沙面植被得到恢复，有效减少了水土流失，遏制了沙丘活化。

石西油田推广应用新型无毒无害易生物降解的环保型泥浆体系和 MTC 技术，减少了废弃泥浆的排放，解决了长期以来钻井泥浆带来的环境污染问题。先后研制发明了金属盘根、注塑盘根、防磨损盘根等从源头上控制污染物的新技术，在 2200 多口井上应用后见到了显著效果，在稠油井和易漏井井口安装金属标准废液回收池，有效地防止了原油落地污染。

在防风固沙的同时，与中国科学院沙漠植物研究所进行联合立项攻关，因地制宜引种了 47 种沙生植物，初步形成了在沙漠腹地种植及管理沙生植物的技术体系。经过几年的绿化，长期荒凉的沙漠出现了夏秋季节绿树成荫、蝶蜂飞舞的美好景象。石西油田还在野生动物比较集中的地方建了 8 个蓄水池和水井，解决了野生动物饮水困难。通过环境改善，在 40 多万平方米的油区内，不时能看到黄羊、野驴在吃草、嬉戏。

石西油田是在沙漠腹地建起的一座百万吨级现代化沙漠整装油田，铺展了一幅生产与环境同步发展、人与自然和谐相处的美好画卷，被人们喻为绿色方舟、沙漠明珠，2006 年荣获首届“国家环境友好工程”。

四、开发海外绿色油田

中国石油苏丹 1/2/4 区项目部结合特殊的自然环境特点，为保护环境并兼顾资源利用与当地社会经济发展，与英国 Oceans—ESU 公司合作开展了油田污水生物处理工程，选用特殊生物 / 植物对油类进行降解，消化污水中碳氧化物，从而达到含油污水净化目的，同时又使宝贵的水资源得到重新利用，进而改善当地自然环境，推动社区经济发展。

截至 2005 年年底，工程总面积约 5 平方千米，由污水一级沉降池、污水外输泵、输水管线、污水自然温降池、生物 / 植物降解池、灌溉供水池、植物或农作物种植区、污水循环系统和苗圃培养区等构成。进口污水含油 100ppm，外排口水质监测结果含油低于 1ppm。污水池变成了占地 5 平方千米的生机勃勃的芦苇塘，成为各种鸟类和鱼类的天堂，极大地改善了当地的生态环境，区域内仅动物种类就达到 68 种。公司 HSE 部的环保专家定期赴油田现场观察鸟类及其他动物的生存状态，指导现场采取有效措施更好地保护当地的生物。这个生物降解项目已成为苏丹能矿部的示范工程，推广到了大尼罗公司和苏丹的其他油田。该项目还荣获苏丹能矿部颁发的环境保护奖、CNPC 科技进步成果奖，联合国组织、外国驻苏丹使团及各方政要均曾到现场考察。

第二十六章　思想政治工作与企业文化

伴随国家改革开放和加快发展的历程，中国石油天然气集团公司、中国石油化工集团公司和中国海洋石油总公司面对经济社会环境和职工思想观念的多方面变化，认真贯彻落实中共中央关于加强党的建设、精神文明建设、思想政治工作的一系列指示精神，充分发挥党的政治优势和石油战线的优良传统，不断弘扬大庆精神、“铁人”精神并赋予新的时代内涵，不断改进和加强思想政治工作和企业文化建设，为企业的生产经营和改革发展提供了强大的精神动力与思想保证。

第一节　中国石油的思想政治工作与企业文化

中国石油天然气集团公司发挥注重思想政治工作的传统，大力弘扬大庆精神、“铁人”精神，紧密围绕改革发展稳定大局，在继承中创新，在改进中加强，把激发工作热情与树立科学态度结合起来，把思想政治建设与现代企业文化结合起来，把解决思想问题与解决实际问题结合起来，贴近实际、贴近基层、贴近职工，不断提高思想政治工作的针对性和实效性。

一、大力弘扬大庆精神

中国石油天然气集团公司把弘扬大庆精神、铁人精神作为思想政治工作的主线，作为石油企业文化的灵魂和企业文化建设的重中之重，围绕培养和造就“铁人

老石油人向青年讲述石油光荣传统。

式”职工队伍，坚持开展大庆精神、铁人精神教育，用大庆精神、铁人精神来鼓舞斗志、激励士气、铸魂育人。中国石油天然气集团公司党组先后在《求是》杂志和《人民日报》上发表了《弘扬大庆精神，实现新的跨越》、《发扬铁人精神，实践“三个代表”》两篇文章，深刻阐述了新时期传承大庆精神、铁人精神的重大意义，以及在新的历史条件下大庆精神、铁人精神的时代内涵。2003 年，在铁人王进喜诞辰 80 周年之际，制作了《铁人王进喜》电视专题片，与全国总工会、国资委共同出版了《铁人王进喜》大型画册，与大庆市委、市政府联合推出多媒体话剧《铁人轶事》，30 多万石油职工、家属观看了演出，引起强烈反响。设立了“铁人奖章”，2005 年十名为集团公司发展做出突出贡献的特等劳模首次获此殊荣。

2004 年、2005 年两次命名了 70 个“集团公司企业精神教育基地”。大庆精神、铁人精神已转化为全体员工的行为准则和自觉行动，成为建设具有较强国际竞争力跨国企业集团的强大精神动力。

20 世纪 80 年代，石油工业确定了“稳定东部、发展西部”战略。思想政治工作紧紧围绕这一中心任务，着力引导职工解放思想、谋划发展、振奋精神、激发干劲。经过艰苦卓绝的努力，铸就了西部油田的巨大成就。到 2005 年年底，塔里木、新疆、长庆等油田产量纷纷换“字头”，年产油气当量上了千万吨。青海、玉门等老油田有了新发现，为西部油气加快发展奠定了现实基础。随着高产稳产记录不断刷新，大庆油田开采难度越来越大，着力引导职工正确认识企业的发展潜力和优势，消除担忧，坚定信心，努力实现大庆油田的可持续发展。20世纪90年代初，中国石油贯彻中共中央“走出去”战略，与西方老牌石油公司同台竞争，通过加强在特殊环境下的思想政治工作，着力鼓舞在海外的中国石油人艰苦奋战，拼搏奉献，用对国家的忠诚、对石油的热爱写就中国石油海外的辉煌。进入21世纪，中国石油天然气集团公司提出率先建成一流的社会主义现代化企业和具有较强国际竞争力的跨国企业集团的战略目标，着力引导职工树立“两种资源、两个市场”求发展的观念，增强竞争意识和业务本领，把智慧和力量凝聚到跨国企业集团的发展目标上来。新时期，中国石油天然气集团公司从整体战略布局上加大基础设施建设，“西气东输”等一批重点工程相继建设，陕京二线、涩宁兰管道、兰成渝管道、忠武输气管道等先后优质高效建成。在此过程中，持续开展形式多样的评先创优活动，突出劳动光荣、知识崇高、人才宝贵、创造伟大的价值导向，激发职工创造性、积极性。针对企业安全环保形势严峻的新情况，重申基层、基础、基本功工作是企业发展基础的理念，着力加强“三基”工作，增强基层的战斗力和创造活力。通过采取丰富多彩的内容、生动活泼的形式、喜闻乐见的途径，寓教于乐、寓教于文、寓教于活动之中，用先进理念引领企业和职工行为，解决制约影响企业发展的思想观念、道德意识、文明环境等问题，推动企业的科学发展、和谐发展。

1990年12月，时任中顾委常委的原石油部部长康世恩结合大庆思想政治工作的新经验新做法，提出做好思想政治工作的六条要求，并在《人民日报》发表了《青年知识分子成才之路》的文章，指导新时期石油系统的思想政治工作。各企事业单位认真贯彻落实集团公司关于维护企业稳定的一系列重大举措，采取了许多行之有效的措施和办法，认真查找和排除不稳定因素，深入生产一线调查研究，广泛听取各方面意见，在政策允许的范围内尽可能地解决影响企业稳定以及职工群众普遍关心的热点、难点问题，确保企业改革顺利进行。

2003年提出开展“形势、目标、责任”主题教育活动。各级党组织高度重视，普遍成立了以主要领导为组长的学习教育活动领导小组，制定了详细的学习教育计划。各级领导干部深入基层，亲自向职工群众宣讲。各单位充分利用报纸、杂志、电视、网络等媒体，通过印发宣传册、举办座谈会、开展大讨论、组织宣讲团、知识答题等有效形式，集中时间、集中力量开展集中宣传。组织编写了《教育读本》、《宣传读本》等辅导资料，编发了《主题教育活动情况简报》，介绍各单位教育活动中好的做法、经验和取得的成果；在《中国石油报》和集团公司网站等媒体开辟了主题教育活动专栏，集中开展报道，宣传企业发展战略、目标任务和部署要求。通过主题教育，广大干部职工讲形势讲出信心，讲责任讲出干劲，讲发展明确方向，认清了形势，统一了思想，明确了发展目标，坚定了发展信心，为企业的改革发展稳定提供了强大的精神动力。

二、持续加强党的建设

在企业改革发展过程中，中国石油天然气集团公司党组始终坚持做到不管企业资产怎样重组、产权关系怎样变化、管理体制和经营机制怎样调整，党对企业的政治领导只能加强不能削弱。做到了生产经营延伸到哪里，党的基层组织就建到哪里；哪里有党员，哪里就有健全的党组织，坚持把党建工作的重点放在基层。1991年针对一线职工队伍力量不足、人员不稳、素质不高等问题，制定下发《关于稳定和加强一线职工队伍的若干意见》。2003年9月，在北京召开的基层党的建设工作会议上，提出了加强以党的建设为核心的基层建设理念，树立了11个系列的116个基层建设“百面红旗”单位，广大基层干部职工受到极大的鼓舞和激励。2005年制定下发《中国石油天然气集团公司基层建设纲要》，提出了新时期加强基层建设工作的指导思想、主要目标和工作任务。2005年提出了党支部“六个一”创建工作，即选配一个好书记，建设一个好班子，带出一支好队伍，完善一套好制度，形成一个好机制，创造一个好业绩。并制订下发了“六个一”创建工作的文件，进一步提升基层党组织建设和基层建设水平。截至2005年年末，集团公司全系统共建有各级党委1780个，党总支2438个，党支部28584个；有党员512215名，其中在岗党员326586名，占党员总数的64%。

面对社会上的种种争论，针对企业管理体制、经营机制、机构设置模式、运行流程和劳动组织结构等方面发生的新变化，集团公司党组先后下发了《关于在企业重组改制中设置党组织、工会组织、共青团组织有关意见的通知》、《关于明确集团公司重组后企业党（工会、共青团）组织关系和干部管理权限的暂行办法》、《关于做好企业内部退养、与企业有偿解除劳动合同职工中党员、团员、工会会员组织管理工作的意见》、《关于进一步加强境外单位党建工作的意见》等一系列重要文件，对企业深化改革中企业党建工作提出明确要求。各所属单位认真执行文件要求，保证了党组织建设适应企业深化改革的新形势，并进一步得到规范和加强。重点探索和推广了油田“扁平化”作业区、生产工程项目、销售企业经济流向管理等几种管理模式下党组织的设置，在重点工程项目建立了党工委。在积极探索加强在职党员管理有效方法的同时，进一步加强对企业改革发展过程中出现的社会用工党员、流动党员、离退休党员的管理。党组织建设做到了“三同时”，即组建新单位的同时建立党组织，聘任行政领导的同时任命党组织负责人，明确行政单位隶属关系的同时明确党组织隶属关系，使所有新建、改建、组建的单位都及时建立起了党的组织。

各级党组织始终把党员、干部的理论教育活动作为加强党的思想政治建设的重要任务。坚持领导班子中心组学习制度,学理论、议大事、出思路、谋发展。坚持重要精神、重大部署,企事业单位主要领导或全体班子成员到总部集中学习培训的方式;坚持基层干部年度学习培训制度和集中学习培训的方式;坚持党员干部党校轮训制度;坚持党员学习日制度和重要精神党员先学习的工作方式。先后以“邓小平理论”、“三个代表重要思想”、“科学发展观” 及党代会文件精神等为主要内容,组织数十万人参加的大规模学习培训活动,党员干部的培训面达 95%以上,努力在“真学、真懂、真信、真用”上下功夫,在提高思想政治素质、业务素质和工作能力上见到了实实在在的效果。2005 年上半年到 11 月下旬,中国石油所属单位分两批开展了先进性教育活动。在先进性教育活动中,集团公司党组高度重视,率先垂范,各级党组织精心组织,将先进性教育活动与中心工作紧密结合,边学边改、边议边改,切实做到了“两不误、两促进”。按照中央安排,中国石油作为中央政治局常委唯一的一个保持共产党员先进性教育活动企业联系点,切实按照要求开展先进性教育活动,全体党员受到了一次深刻的思想教育,党员素质进一步提高,党组织建设进一步加强,机关作风进一步改进,有力地促进了各项工作。中国石油先后三次在国资委先进性教育活动有关会议上介绍了经验,中央电视台、人民日报等中央媒体多次报道了集团公司开展先进性教育活动的情况。

各级党组织结合党员队伍的新特点,坚持把党员责任区作为党员在生产过程中发挥先进性的主要载体,发挥党员在思想政治工作和生产经营中的双重作用,使每名党员在责任区内有职责、有目标、有任务;把民主评议党员作为激励党员发挥先进性的有效手段,增强党员发挥先进性的自觉意识和自律行为;把“创先争优”作为激励党员发挥先进性的长效机制,广泛组织开展“党员先锋工程”、“党员示范岗”等活动,取得了显著成效。

三、企业文化建设不断推进

中国石油天然气集团公司着力培育符合现代企业发展方向、具有鲜明时代特征和石油特色的企业文化,以文化力提升促进企业竞争实力。1995 年在北京召开了石油企业文化发展研讨会,集中对企业文化建设进行了研讨。2000 年,把企业文化建设作为集团公司“十五”期间重点实施的“十大工程”之一。2001 年在深入调研的基础上,对集团公司企业文化建设现状进行了认真分析,系统总结企业文化建设十个方面的成果。2003 年颁布实施《集团公司企业文化建设纲要》,把企业文化建设作为企业全部工作的一个重要部分,统一部署,统一安排。由集团公司思想政治工作部领导主编的《中外企业文化概览》、《集团公司企业文化论坛》、《集团公司企业文化故事集》等一批书目相继出版，使石油企业文化建设有了新的发展。各企业将企业文化作为企业整体经营战略的重要组成部分，纳入企业管理序列，明确企业文化建设的职能部门，以健全的组织机构保证企业文化建设工作的推进，及时制定了企业文化建设规划、实施意见和《企业文化手册》。有的单位还对企业发展目标、企业行为、职工行为等方面的具体内容做出规范，结合企业实际制定了《员工手册》，全面启动、深化本单位企业文化建设。

中国石油企业继承发扬石油企业文化优良传统，吸收借鉴国内外先进企业文化成果，以创新的思维赋予企业文化以新的时代内涵。2003 年颁布了《中国石油天然气集团公司企业文化建设纲要（试行）》，对集团公司的企业文化建设制订了统一的规范。将“爱国、创业、求实、奉献”的大庆精神赋予新的时代内涵，作为集团公司统一的企业精神。对中国石油企业和中国石油职工的行为特征进行萃取提升，归纳形成“诚信、创新、业绩、和谐、安全”的企业核心经营管理理念。并由重组改制初期的“创造能源与环境的和谐”理念，升华为“奉献能源，创造和谐”的企业宗旨。2004 年集团公司发布了统一的“宝石花”企业标识体系。坚持用企业宗旨、企业精神、企业核心经营管理理念和企业标识“四统一”来规范全系统的企业文化建设，以鲜明的企业精神凝聚职工思想，以崇高的企业宗旨引领公司发展，以科学的核心经营管理理念促进职工转变观念，以统一的企业标识规范企业形象。

注重企业文化建设与党建、精神文明建设、思想政治工作和企业管理的有机结合，加强企业文化的载体阵地建设和安全文化、环保文化等子文化建设，将石油企业长期形成的“岗位责任制”、“三老四严”、“四个一样”、“五个过硬”的作风理念，“有红旗就扛，有排头就站”的进取意识和“基层建设、基础工作、基本功训练”的“三基”工作等纳入企业管理体系，为企业改革发展和基层建设提供强有力的文化支撑。在国际化经营中，面对海外特殊多变的环境和众多国际竞争对手的挑战，广大石油职工把中国石油“艰苦奋斗”的优良传统和“爱国、创业、求实、奉献”的企业精神，与国际规范有机结合，使之成为中国石油走向世界的强大精神动力。

四、依靠职工促进企业发展

中国石油天然气集团公司党组始终坚持把加强企业民主管理，推进厂务公开，作为落实全心全意依靠工人阶级指导方针的具体举措，认真抓紧抓实。1997 年，在全国首家下发了《关于全心全意依靠职工群众办企业若干问题的意见》及

《关于加强石油企事业单位职工代表大会民主评议领导干部工作的实施意见》。1999年，下发了《关于进一步推行厂务公开制度的通知》，成立了集团公司厂务公开领导小组。2002年，党组专门听取了厂务公开工作汇报，并根据新形势，下发了《关于在深化改革中进一步推进厂务公开工作的意见》，对厂务公开提出了新的要求。在推行厂务公开方面，各企事业单位以职工代表大会、职代会主席团会议为基础，采取会议、文件、报表、简报、公示栏等形式稳步推进，逐步延伸，基层车间队站普遍设立了公开栏，接受群众的监督，并不断向纵深领域延伸。

各级工会组织努力在动员职工促进企业发展、提高职工素质、维护职工合法权益、构建和谐稳定劳动关系等方面做工作，以厂务公开为重点，以职代会为基本形式，积极探索职工民主管理的新途径；以强化管理、创新技术、降低成本、提高质量、增进效益为主要内容，组织开展形式多样的群众性经济技术创新活动；以活跃职工生活、陶冶职工情操、增强企业凝聚力为目标，组织开展了丰富多彩的群众文体活动；以企业拨款、工会经费注入、党员职工捐助等形式，建立扶贫助困专项资金，制定了《中国石油天然气集团公司困难职工帮扶资金管理暂行办法》，认真做好扶贫帮困送温暖工作。通过抓厂务公开、民主管理工作，维护了职工合法权益，拉近了领导与群众的距离，推动了党风廉政建设和领导班子建设，促进了企业的改革发展。

1999年召开中国石油青年工作会议，党组下发了《关于进一步加强青年工作的意见》，有力推动了全系统的青年工作。为了配合青年工作，各级共青团组织在不同时期开展了各种特色活动：1986年的“献青春”竞赛评比活动、1991年的争当新长征突击手活动、1996年的“学雷锋树新风、学铁人立新功”活动、2002年的青年创新工作法大赛活动、2005年的增强团员意识教育活动等，都产生了明显的经济效益和社会效益。新时期的青年工作显示出四个特点：一是青年文明号活动在重点工程和生产经营关键环节有新的突破。在重点工程上开展了“青年文明号西部展风采”活动，在销售系统开展了创建青年文明号加油站活动，其中涌现出塔里木“塔中作业区”、大庆物探2227队两个全国杰出青年文明号和西气东输工程“杨庆机组”、“青年文明号十年成就奖”集体，以及3700多个局级以上青年文明号集体。二是青年创新创效活动在推进企业技术、管理、服务和营销创新等方面有新的突破，集团公司被评为“全国青年创新创效活动优秀组织奖”，一大批青年岗位能手涌现出来，江汉油田王明华等获得全国杰出青年岗位能手称号。三是为青年成长成才创造条件上有新的突破，积极做好“双推优”工作，连续评选表彰了三届集团公司“十大杰出青年”，秦文贵、苏树林获得“全国青年五四奖章”、王新纯入选“全国十大杰出青年”。四是青年志愿者活动在内容和方式上有新的突

2004年，在大庆召开的中央企业企业文化建设研讨交流会。

破，形成了7800余支青年志愿服务队，有效发挥了团员青年的生力军和突击队作用。

中国石油文联坚持以“服务大局、围绕中心、发挥作用”为宗旨，以群众为主、以基层为主、以小型多样为主，组织开展丰富多彩的文化艺术活动，创作出一大批反映石油石化人精神风貌、振奋精神的优秀文艺作品。体协以活跃职工业余生活，增强职工体质为宗旨，实施《全民健身纲要》为工作重点，开展形式多样全民健身和体育竞赛活动，取得了显著成绩。十多年来涌现“基层文化活动先进单位”300余个，“广场文化”、“节日文化”、大型石油运动会等基层文化体育活动红红火火，生机勃勃，极大地丰富了职工的生活。90年代末以来先后开展了4次文化大赛，参加职工达到了两万人次，评出文学、摄影、电视、音乐舞蹈、美术、书法、集邮等7个门类作品2000余件，群众性文化活动空前普及。涌现出一批反映石油职工艰苦创业精神的优秀作品，如话剧《总地质师》、舞剧《大漠女儿》和图书《石油师人》、《石油院士风采录》、《流金岁月》、《石油巾帼》等。经过精心筹划，于1999年、2000年、2001年分别在北京和香港举办全系统数百对青年参加的大型集体婚礼活动，产生良好的社会影响。

五、精神文明建设结硕果

在不断总结实践经验的基础上，中国石油于1997年制定下发了《关于加强中国石油天然气总公司系统社会主义精神文明建设的实施意见》，各企业据此分别制定了本单位的精神文明建设规划；1998 年初中国石油天然气总公司作为精神文明先进单位代表在全国精神文明建设会议上发言；1999 年 6 月在北京召开了中国石油天然气集团公司精神文明建设工作会议。至 2004 年年底，中国石油已拥有“全国精神文明建设先进单位”23 个，实现了党组提出的精神文明建设“两个走在前列”（各石油企事业单位的精神文明建设走在所在地区的前列，中国石油天然气总公司的精神文明建设走在全国各行业的前列）的目标。

中国石油在 50 多年发展历程中始终把先进典型的选树（选模范、树典型）宣传工作作为企业发展的基础性工作，将选树典型作为企业管理必选动作，常抓不懈。大庆石油会战中涌现出一批以铁人王进喜为代表的英模群体，新时期宣传了一大批在全系统乃至全国有影响的重大典型，形成了不同层次、不同业务领域的先进典型群体。

在培育先进典型过程中，中国石油注重挖掘先进英模的感人事迹和典型案例，认真研究，精心策划，先进英模成为职工上下皆知、耳熟能详的“偶像”，使劳模精神成为企业文化的有力传承。先后于 1995 年 4 月、1999 年 6 月、2005 年 5 月三次表彰全系统的先进集体和劳动模范。并于 2004 年专门研究下发了《关于进一步加强选树和宣传杰出先进典型的意见》，2005 年设立奖励本系统杰出员工的 “铁人奖章”，并制定了劳动模范管理办法，使选树宣传先进典型工作制度化、规范化。“新时期铁人”王启民、“中国科技界的榜样”侯祥麟、“当代青年榜样”、“石油青年楷模”秦文贵、“石油科技楷模”苏永地等，以及塔中作业区、大庆 1205 钻井队等在全国有影响的先进集体先后作为重大典型在全国宣传。在确定“稳定东部、发展西部”实施中，涌现出了“英雄女采油工”罗玉娥等感人典型。在实施“市场化”战略中涌现出了以“中央企业十大杰出青年”“磁铁加油站经理”王萍、“开拓国际市场的先锋”吐哈钻井公司副经理喻著为代表的英模群体；在重点工程建设中涌现出“中国石油管道人”张立福、“管道铁人”张吉海等先进人物和杨庆机组等先进集体；在加强“三基”工作中涌现出一批高技能专家和“百面红旗”集体。还从加强“三基”工作出发，先后发现宣传了中华技能大奖获得者、“跨世纪的好工人”采油女工束滨霞，“全国十大杰出工人”、“钻井神牛”牛星壮，中华技能大奖获得者、“工人中成长起来的高级技师”左成玉，全国十大能工巧匠“大吊王”刘维彬，全国职工职业道德“十佳”标兵、“新时代员工的楷模”何天伦以及王海班组；同时，还及时宣传了基层工会主席、“党的好干部、职工的贴心人”李贺的先进事迹。通过选树和宣传杰出先进典型人物，营造了崇尚先进，争当先进的氛围，使干部职工学有榜样，赶有目标，队伍凝聚力和战斗力明显增强，极大地促进了企业发展。

各单位把创建文明矿区、文明单位、文明家庭，争当文明职工"的"三创一争"的各项具体工作纳入整体活动之中，从美化绿化环境，整顿治安、交通、集市贸易秩序，讲究公德、革除陋习、树立新风等群众最关心的问题入手，发动群众积极参与，把昔日"脏、乱、差"的生活基地建成了"楼台亭阁与水榭长廊交相辉映，绿树红花与景点雕塑比邻成趣"的园林式文明单位。到2004年年底，仅中国石油集团公司就有"全国精神文明建设先进单位"20多个、国家级文明小区40多个、省级文明小区130多个、地市级文明小区280多个。其中，国家级文明小区数量居全国各行业之首，大部分企业跨入了省（自治区）精神文明先进单位行列。中国石油集团各级机关深入开展"三优一满意"活动，在总部机关连续四年开展的"机关为基层服务十大实事"评选活动，狠抓机关作风建设，提出机关"五项作风"和"员工十字行为准则"要求，努力使机关作风成为基层的表率，机关干部作风成为基层干部的表率。

坚持依法治企和以德治企相结合，加强员工思想道德建设，倡导公民道德规范，深入开展诚信教育，引导员工弘扬以爱国主义为核心的民族精神和以改革创新为核心的时代精神，使中国石油广大员工始终保持昂扬向上的精神状态。把社会主义荣辱观作为本单位领导干部教育培训和领导班子思想政治建设的重要内容，制定下发了《职工职业道德规范》，不少领导干部签订了《管理人员职业道德规范确认书》，进一步健全、完善和落实以诚实守信为核心的职业道德规范。进入新世纪以来，先后有大庆、长庆、吉林油田等多家单位和吉林油田航运队赵文光、吉林化建何天伦、大庆石化左成玉等先后荣获"全国职业道德双十佳标兵"称号。

长期以来，中国石油天然气集团公司把"创造自然与社会环境和谐、促进经济与社会全面发展、构建和谐社会"作为义不容辞的责任，并致力于关爱生命、关注环境、积极参与公益事业，实现企业与社会的共同发展。积极参与国家扶贫计划，仅"九五"期间先后投入170多亿元，用于筑路修渠、架线通电、水利灌溉、投资办厂、兴建新村、捐资助教、扶贫救灾等200多个扶贫项目。利用捐赠、投资等多种方式积极参与国内和海外项目所在国社区的扶贫济困、捐资助学、资助文化教育事业等各种社会公益活动，先后向新疆、内蒙古、甘肃、四川、广西等地区，以及伊朗震灾等捐款总计超过1亿元。四年投入资金7600多万元支援西藏建设，捐款2000多万元表达对2004年印度洋沿岸受灾国人民的爱心。2002年捐建"母亲水窖"2000口。大力支持"希望工程"，组织了"播希望火种，献石油爱心"活动，救助

2005年5月30日，中国石油正式签约成为北京2008年奥运会合作伙伴。图为中国石油员工在西藏拉萨布达拉宫前庆祝。

失学儿童57000多名，捐建希望小学150多座。并出资3000万元在16所高校设立了“中国石油奖学金”，加强校企联系，推进人才培养合作。仅“十五”期间，中国石油就为社会公益事业捐款2.5亿元，2005年获得“中华慈善奖”，受到民政部表彰。在国际化经营中，积极参与所在国公益事业：在苏丹，中国石油累计投资公益事业达3200多万美元，先后为当地建学校22所、诊所101所、打水井156口，受益人超过100万，并捐资修建机场、道路、桥梁等基础设施和医院、诊所、学校等公用设施；在哈萨克斯坦，为孤寡老人和参加过卫国战争的老战士提供经济住房近百套，为学校、医院、市政提供无偿援助，建立了一个年产90吨蔬菜的温室农业基地，受到所在国政府的关注与公众的好评。并与2008年北京奥组委签署协议，成为北京奥运会合作伙伴；积极投资建设第二条陕北—北京天然气管线，为北京实现“绿色奥运”目标提供可靠保障。中国石油认真履行作为大型国有企业的社会责任，赢得了广泛赞扬，树立起良好的公众形象。

第二节　中国石化的思想政治工作与企业文化

中国石化总公司自成立以来，始终坚持讲政治、顾大局、守纪律，始终与党中央保持高度一致，按照中央的部署和要求，坚持贯彻党的政治路线、思想路线和组织路线不动摇，紧紧围绕企业生产经营管理的中心工作，不断加强改进党的建设和思想政治工作，为企业的改革发展稳定提供有力的思想、政治和组织保证。1998年重组以来，中国石化经受住各种困难和风险的考验，改革取得重大进展，市场竞争力和抵御风险能力显著增强，整体实力和经济效益稳步提高。中国石化之所以能在复杂变化的环境中不断发展壮大，不断取得新的成绩，得益于持之以恒的加强党的建设，各级党组织的创造力、凝聚力、战斗力进一步提高；得益于持之以恒的把宣传教育和深入细致的思想工作贯穿到改革发展稳定的全过程，发挥宣传思想工作统一思想、凝聚力量的重要作用，努力营造有利于推进改革发展的思想舆论环境。这一时期的党建思想政治工作主要经历了三个阶段。

第一阶段：1998—2000年，积极推进石油、石化的整体重组、改制上市，充分发挥党组织的政治核心作用和思想政治工作的保证作用，转变观念，统一思想，乘势前进。

1998年，石油、石化行业实施战略性重组，这是中国石油石化工业发展史上的一个里程碑。改制上市，中国石化进入了国际资本市场。党组清醒地认识到，成功上市不仅在于直接融资，更重要的是拿到了国际资本市场的“通行证”，为进一步转换机制创造了条件。但这仅仅是作为国际上市公司的第一步。要兑现对投资者的承诺，要实现改革发展的目标，当务之急是要进一步转变观念，彻底摒弃计划经济体制下形成的陈旧观念和习惯思维，树立竞争开放的经营理念。真正确立对股东（国家是最大的股东）负责的经营意识，把企业价值的增长和未来的发展作为自身的追求，自觉接受国际投资者的监督，不断提高经济效益，增强竞争实力。

深入开展形势任务教育和转变观念教育。按照中国石油化工集团公司的统一部署，各油田企业结合实际，紧紧围绕重组改制上市，大力加强形势任务教育和转变观念教育。通过多种形式，及时把市场经济的信号和激烈竞争的压力传递到每一个职工，让大家都了解到企业的任务、面临的困难和采取的对策。根据重组改制每个阶段的工作重点，分阶段下发宣传教育提纲，引导职工认清形势、明确任务，增强发展意识、竞争意识、创新意识，增强促进企业改革发展的责任感和紧迫感。通过开展形势任务教育和主题实践活动，把长期以来石油石化职工形成的爱厂如家、与企业共荣的凝聚力，从局限于企业局部引导到集团公司的全局中来，引导到国际国内政治经济的大格局、大趋势、大市场中来，丰富其内涵，升华其境界，使广大职工在改革中更好地发挥聪明才智。针对上市成功后部分干部职工出现思想松懈、工作浮躁等现象，广泛开展了“上市后怎么办”、“如何应对加入WTO”的宣传教育活动，引导教育广大职工认识到，上市成功只是万里征程的第一步，上市难，上市后转换机制更难，决不能“小胜即满、小富即安”。要正视差距，针对形势的变化和企业自身的薄弱环节，迎难而上，靠自己的努力赢得市场竞争的优势，加快有效发展。随着中国加入世界贸易组织的临近，针对体制机制的转换，坚持把解放思想、转变观念放在首位，持之以恒地开展转变观念教育、深化改革的教育。通过采取领导干部作改革动员报告、组织演讲会、开展大讨论、编发改革宣传教育材料，在企业报刊、有线电视等媒体推出深化改革系列专题报道等多种形式。针对改革中职工关注的热点问题进行政策宣传、舆论引导，帮助职工转变观念，培养与社会主义市场经济相适应的思想观念，促进职工不断增强自主意识、竞争意识、效率意识、民主法制意识和开拓创新精神，推动新一轮的思想大解放，为改革创造良好的氛围，使广大职工群众理解、支持并积极参与改革。

加强企业文化建设。进入国际资本市场，不是中国石化发展的终点，而是继续前进的新起点。站在新起点上，既要适应国际资本市场经营的规则，又要用新的观念统一广大干部职工的思想，把中国石化真正建设成为一个主业突出、资产优良、技术创新、管理科学、财务严谨、具有国际竞争力的世界级一体化的能源化工公司。党组提出，要适应进入国际资本市场的需要，在继承发扬石油石化战线优良传统的基础上，树立新的企业理念。企业精神：爱我中华，振兴石化。核心内涵：竞争、开放、规范、诚信。经营战略：拓展市场，扩大资源，降本增效，严谨投资。竞争，反映了中国石化永不满足、争创一流的自我追求。开放，反映了中国石化不断学习、广泛合作的胸襟和突破市场空间、体制结构，实现更大范围拓展市场、扩大资源和优化资本的信心。规范，反映了中国石化依法经营、严谨投资、严格管理、一丝不苟的经营管理标准和员工行为准则。诚信，反映了中国石化内部紧密团结的思想基础、亲密融洽的宽松氛围，外部回报投资者、服务全社会的坚定信念，树立起守信誉、重承诺的良好形象。

各油田企业把“爱我中华、振兴石化”的企业精神和“竞争、开放、规范、诚信”企业文化核心内涵融入到本单位的企业文化建设实践中，形成了各具特色的企业文化。“全国企业文化建设示范基地”胜利油田，“从创业走向创新，从胜利走向胜利”的新时期胜利精神，集中展现了“胜利人”负重奋进、开拓创新的精神风貌和创造新业绩、实现更大发展的雄心壮志，激励着新时期“胜利人”不断取得新的胜利。

随着市场的发展，中国石化由培育企业理念逐步向树立统一的企业形象发展。在中国石化开拓成品油零售市场的同时，大力推进了统一中国石化标识的工作。以导入企业识别系统为契机，对全系统的企业标识进行了统一、规范，并不断丰富其内涵，赋予其特有的“人格”，优化企业形象，追求并创造“中国石化”、“SINOPEC”品牌价值的最大化，努力使“中国石化”、“SINOPEC”成为国内、国际知名的品牌。各油田企业在对外形象宣传方面，按照集团公司有关标志使用规范，增强整体意识和企业形象意识，努力强化“中国石化”的品牌形象，提高了企业的美誉度、市场影响力和竞争力。

第二阶段：2001—2003年，认真开展“三讲”学习教育活动，深入学习贯彻“三个代表”重要思想，按照代表先进生产力的发展要求，建设具有国际竞争力的企业集团，推进企业深化改革、加快发展和保持稳定。

认真开展“三讲”学习教育活动，加强领导班子建设。搞好国有企业，领导班子是关键，转变思想观念，领导干部要率先垂范，发挥示范带动作用。中国石化紧紧抓住领导班子建设这个关键，在选准、选好、配强的基础上，着力在提高各级领导干部的思想、政治和业务素质上下功夫。2001年，在集团公司党组和企业领导班子中认真开展了“讲学习、讲政治、讲正气”学习教育活动。党组带头学习，带头坚持中心组学习制度，各油田企业领导班子认真学习马列主义、毛泽东思想、邓小平理论和“三个代表”重要思想，学习贯彻党的路线、方针和政策，增强政治敏锐性和鉴别力，增强政策观念、全局观念和纪律观念，做到“四自”（自重、自省、自警、自励），过好“五关”（名位关、权利关、金钱关、色情关、人情关），提高科学判断决策能力、市场应变能力、协调处理能力和经营管理能力。通过这次严格的“体格检查”和深层次的“思想透视”过程，有力促进了企业领导班子思想政治建设。

深入学习贯彻“三个代表”重要思想，推进企业改革发展。2003年，中国石化自上而下认真学习贯彻“三个代表”重要思想，集团公司党组为把“三个代表”重要思想学习好、贯彻好、落实好，集中三天时间召开了理论学习研讨会。党组学习的经验体会在中央企业学习实践“三个代表”重要思想座谈会上作交流发言，理论成果《按照代表先进生产力的发展要求，建设具有国际竞争力的企业集团》，入选2003年“七一”中宣部组织的“三个代表”重要思想理论研讨会的文献集。油田企业各级党组织以高度的政治责任感，把学习贯彻“三个代表”重要思想作为重要的政治任务，摆在重要议事日程，按照中央精神和集团公司的部署，结合本单位的工作实际，突出重点，区分层次，力求实效。各级领导干部带头学习、领会、掌握、贯彻“三个代表”重要思想。带头读书钻研，带头宣讲辅导，带头躬行实践，努力做到学以致用、用以促学、学用相长。同时坚持学习理论与指导实践相结合，把运用“三个代表”重要思想指导实践、推动工作作为学习的出发点和落脚点，贯彻到改革、发展、稳定的全过程，紧密联系实际，把握生产力的发展趋势和要求，把体制、机制、科技、人才等各种生产力要素中的能量充分释放出来，创新发展思路，适应并不断促进生产力的发展，加快建设具有国际竞争力企业集团的步伐。

2003年9月，为深入贯彻党的十六大精神和“三个代表”重要思想，集团公司召开了思想政治工作会议，同时召开了集团公司思想政治工作研究会（企业文化研究会）理事会会议，总结交流集团公司成立五年来思想政治工作的成绩和经验，表彰优秀思想政治工作基层单位和优秀思想政治工作者，分析当时面临的新形势、新情况，研究部署当前和今后一个时期加强和改进思想政治工作的任务。会上，油田企业38个优秀思想政治工作基层单位和82名优秀思想政治工作者受到集团公司党组表彰。会议对进一步开创思想政治工作的新局面，确保集团公司改革发展稳定目标的顺利实现发挥了重要的推动作用。

认真落实依靠职工办企业的方针，维护职工权益。中国石化始终坚持依靠职工办企业的方针不动摇，努力探索民主管理、民主监督的新方法、新途径。各油田企业坚持和完善以职工代表大会为基本形式的民主管理制度，全面推行厂务公开，通过厂情发布会、厂情公开栏、电视报刊等多种形式和途径，对生产经营形势、改革发展的重大决策，企业管理和领导干部廉洁勤政情况，涉及职工切身利益的事项等实行公开，落实职工群众的知情权、审议权、通过权、决定权和监督权。把开展群众性经济技术创新活动作为在市场经济条件下服务大局的切入点，围绕企业生产经营、改革发展的重点和难点，调动职工群众的积极性和创造性。通过开展劳动竞赛、合理化建议、双增双节、发明创造、岗位练兵、技术革新、技术比赛等多种形式的群众性经济技术创新活动，有力地推动了职工队伍整体素质和企业经济效益的提高。油田企业各级工会加强在企业改革过程中的源头参与，依法维护好职工的合法权益，建立了基层联系点、定期蹲点、劳动关系预警预测、与职工结对子等多种制度。各油田企业把解决好困难职工群众的生活保障作为落实“三个代表”重要思想的重要措施来抓，普遍建立特困职工档案和制定帮扶的政策措施，许多企业设立互助互济基金、职工社会医疗救助金，实施“送温暖工程”。这些行之有效的措施，使广大职工群众切实感受到社会主义大家庭的温暖和组织的关怀，激发了为企业发展做贡献的工作热情。

第三阶段：2004—2005年，认真开展保持共产党员先进性教育活动，不断加强和改进党的建设，坚持“改革、调整、创新、发展”的方针，全面贯彻落实科学发展观，推进持续有效发展。

中国石化历届党组高度重视企业党的建设。这两年，下发了一系列具有重要指导意义的文件，实施了一些大的举措。2004年10月，围绕深入学习贯彻党的十六届四中全会精神、迎接即将在全党开展的保持共产党员先进性教育活动，组织了党建工作调研。11月下发了关于加强“四好”领导班子建设的意见。2005年按照中央的统一部署分两批开展了保持共产党员先进性教育活动，召开了集团公司保持共产党员先进性教育活动总结暨加强改进企业党建工作视频会议。在广泛征求意见的基础上，下发了《关于加强和改进企业党建工作的指导意见》，对加强新时期的党建工作提出了一系列措施。油田企业各级党组织按照党组的部署和要求，紧紧围绕中心工作抓党建，既注重继承发扬石油战线党建工作的优良传统，又注重在实践中创新党建工作方式和载体，不断增强油田企业党建工作的活力。

党的组织建设得到加强。在企业持续改制重组中，始终坚持党的组织机构与行政机构同步设置、党务干部与行政干部同时配备、党务工作与行政工作同时展开的“三同步”原则，保证了党建活动的正常开展。各油田企业坚持做到：生产经营的重点在哪里，党建工作的着力点就在哪里。坚持“越是深化改革越要加强党的建设”、“无论体制怎么改、机制怎么变，企业党组织的政治核心作用不能削弱”。在改革中，坚持党的组织不削弱，党管干部的原则不动摇，党委参与重大事项决策不改变。按照“双向进入，交叉任职”的要求，不断完善机制，规范内容，拓宽渠道，围绕企业的年度生产经营计划、企业的改革方案、重要干部人事调整，特别是涉及职工利益的重大问题，通过调研论证、过程监督、党政联席会议等形式积极参与，使油田企业党委参与重大问题决策逐步规范化。同时，油田企业各级党委把建设一支高素质的党支部书记队伍作为基层组织建设的重点。在人员的选拔上，注意把那些政治素质高、业务能力强、群众威信高、热心党务工作的优秀人员选拔到书记岗位上来。在岗位的设置上，坚持从实际出发，宜专则专，宜兼则兼，专兼结合。在教育培养上，采取集中和分散培训等灵活多样的形式，强化党支部书记队伍的整体素质，提高了做好党务工作的能力。油田企业基层党组织认真落实“三会一课”、民主评议党员等组织生活制度，结合中心工作，突出党员义务，党员的思想教育能够贴近实际，贴近企业，贴近基层。基层党务工作坚持与时俱进，开拓创新，普遍开展了“党员责任区”、“党员先锋岗”、“党支部目标管理”、“创先争优”等活动，提高了党组织的凝聚力。

先进性教育活动成效显著。从2005年2月开始，按照中央的总体部署和国资委党委的安排，中国石化分两批集中开展了以学习实践“三个代表”重要思想为主要内容的保持共产党员先进性教育活动。经过各级党组织和广大党员的共同努力，先进性教育活动的各项任务圆满完成，得到了职工群众认可。在教育活动结束前进行的群众满意度测评中，职工群众表示满意和基本满意的比例达到98%以上。在集团公司党组和地方党委的领导下，各油田企业紧紧抓住学习实践“三个代表”重要思想这条主线，按照“提高党员素质、加强基层组织、服务人民群众、促进各项工作”的目标要求，紧密结合企业生产经营和改革发展稳定的实际，努力在取得实效上下功夫、在真正成为群众满意工程上下功夫，紧密联系本单位实际，从党组织和党员队伍存在的差距和不足、从影响企业改革发展稳定的问题、从职工群众关心的问题等三方面入手，边学边改、边议边改、边整边改。在学习动员、分析评议阶段，各级党组织和广大党员坚持边学习、边思考、边查找，能改的马上就改。在整改提高阶段，都制定了切合实际的整改措施，集中进行整改。通过先进性教育活动，广大党员普遍接受了一次党的基本理论知识再教育，经历了一次难得的党性锻炼，进一步加深了对“三个代表”重要思想的理解，增强了党员意识和党性观念，坚定了理想信念，明确了党员先进性具体要求，科学认识和分析形势、理论联系实际、改造主观世界的能力都有不同程度的提高，进一步增强了贯彻落实科学发展观的自觉性，进一步理清了企业改革发展的思路，为企业实现有效发展注入了新的动力，取得了明显成效。

广大党员的先锋模范作用更加突出。按照集团公司党组的部署，油田企业开展了诸如“三个教育”（坚持主题教育、坚持示范教育、坚持对比教育）、“三创三争”（创业、创新、创效，争创优秀基层队、争夺名牌基层队、争当一流员工）、“三高一争”（觉悟高于群众、技能高于群众、业绩高于群众，争当优秀党员）、“创先争优活动”、“党员先锋论坛”、“入党为什么、在党干什么、为党留什么”的大讨论，“为党旗添光彩、为企业增效益”等活动，引导党员把身份亮出来，把形象树起来，把素质显出来，把业绩创出来。在教育的同时，油田企业加强了对党员的日常管理，认真搞好民主评议党员工作。有的单位对模范作用不好的党员实行“告诫制”，及时亮“黄牌”，指不足，提要求。对少数理想信念动摇、丧失党性原则、组织纪律涣散的不合格党员按照组织程序予以除名。按照“坚持标准、保证质量、改善结构、慎重发展”的方针，积极稳妥地做好发展党员工作。认真制定党员发展计划，加强对入党积极分子的培养考察，采取了预审制、公示制、票决制等措施，并注意在生产一线、关键技术岗位、高知识群体和青年中发展党员，进一步改善了党员队伍的分布、年龄和文化结构。由于党员先锋模范作用比较明显，油田企业绝大多数党员做到了“觉悟高于群众、技能强于群众、业绩优于群众”。在油田企业被表彰的各类先进模范人物中，共产党员占了大多数。2004 年，国资委党委在中央企业开展“创先争优”评比表彰活动，西部新区胜利物探西部公司 2114 队党支部书记房立群、中原油田王中华等人被授予“中央企业优秀党务工作者”、“中央企业优秀共产党员”荣誉称号。

注重培养、树立和宣传先进典型。坚持把选树和推广先进典型，作为推进两个文明建设协调发展的重要形式，充分发挥典型的示范导向作用，做到学有榜样，赶有目标，努力形成培育、弘扬民族精神和昂扬向上的进取氛围。1998 年重组以来，重点树立宣传了新 851 井成功排险参战单位和个人以及侯祥麟、王为民、刘汝山、国梁、李进龙等一大批体现时代精神和石油工业特色的先进典型人物，为职工树立了榜样，在全系统进一步形成了崇尚先进、学习先进、争当先进的浓厚氛围。同时，对全国劳动模范、全国“五一劳动奖章”获得者、全国青年文明号和青年岗位能手、中央企业优秀党务工作者和优秀共产党员等各类先进典型进行了广泛学习宣传。另外，组织西部新区勘探指挥部先进事迹报告团在京内外企业作巡回报告14场，现场听众达24000多人，通过电视直播收看的观众10余万人次，并将先进事迹报告团的“青春奉献西部”制作成光盘下发到集团公司直属企事业单位，激励广大党员和干部职工为企业改革发展贡献力量。

积极投身社会公益事业，努力参与和谐社会建设。随着企业的发展壮大，中国石化自觉承担国有企业的社会责任，努力为经济发展和社会稳定做贡献。在原油、成品油价差严重倒挂的情况下，坚持满负荷生产，承担了巨额亏损，为维护国民经济平稳运行和社会正常生活做出了巨大努力和奉献，树立了中国石化良好的社会形象。

第三节　中国海油的思想政治工作与企业文化

中国海洋石油总公司成立以来，在邓小平理论和党的基本路线的指引下，坚持改革开放，勇于探索，在创造了科学的管理模式的同时，也创造了既符合社会主义特征又符合海洋石油企业实际的思想政治建设和文化建设的新鲜经验。科学的管理和成功的思想政治建设，成为推动海洋石油这艘航船奋勇前进的两个强大的推进器。

中国海油的党、工、团领导体制，一直实行属地化的原则。总公司属下的渤海公司、南海西部公司、南海东部公司、东海公司、天然气利用公司、华东能源公司，中海石油化学公司均属所在省市的中共天津市委、广东省委、上海市委、海南省委领导；在历次改革中从地区公司分离出来的专业公司由其所在的地区公司党委代管。其他所属在京单位和在北京附近的单位，由总公司直属党委领导。1997年年底，总公司共有4个地区公司和14个专业公司和直属单位，有党员9702人，占职工总数的1/3，共设47个党委、24个党总支、528个党支部。2005年年底，共有党员15617人，设75个党委、55个党总支、935个党支部。

总公司党组十分重视在每个基层单位都设立党的组织，临时单位也建立临时党支部，使每个党员都过正常的组织生活。上市公司的系统内同样建立和完善党的组织，派驻香港干部的党组织关系由香港工委管理，其境内全资子公司总部的党员由总公司直属党委管理，各分公司均设党委，配备了党委正副书记，党组织关系由各相应的基地公司党委管理。

党的十四大以来，各级党组织根据党中央有关加强党的建设的部署和要求，针对海洋石油企业党建工作中存在的问题，围绕新形势下党组织在国有企业的地位和作用、活动方式，党员的教育和管理等问题，进行积极的探索和实践，先后总结出了开展"一个党员一面旗帜"活动、"党支部工作'五到位'"活动、"发挥党委政治核心作用五项要求"等一批典型经验。在1996年9月召开的海洋石油企业党建工作会议上,总公司党组决定在全公司范围内实施党建"五五一"工程。"五五一"工程的内容是:党委发挥政治核心作用做好五个方面工作:即执行中央方针政策,发挥保证、监督作用;加强精神文明建设,发挥政治领导作用;参与企业重大决策,发挥促进发展作用;带领职工办好企业,发挥团结凝聚作用;做好群众组织工作,发挥领导协调作用。党支部发挥战斗堡垒作用,落实支部工作五到位,即健全组织,支委工作到位;完善制度,依章办事到位;模范带头,完成任务到位;联系群众,思想工作到位;严格管理,督查工作到位。开展"一个党员一面旗帜"活动,要求党员要始终保持积极进取的精神状态,始终具有实现信念的创造活力,始终站在改革发展的前列。

海洋石油企业实施党建"五五一"工程取得了显著成效:一是进一步理顺了党政关系,党组织的政治核心作用得以有效发挥;二是加大了领导班子建设力度,勤政廉政成为各级领导干部的自觉要求;三是党支部的基础工作得到加强,共产党员的先锋模范作用日益突出。

按中央部署,总公司自2005年1月至11月先后在全系统939个各级党组织、14902名党员中开展了保持共产党员先进性教育活动。总公司党组紧密联系海洋石油改革发展稳定工作实际和党员队伍现状,以实践"三个代表"重要思想为主要内容,引导广大党员学习贯彻党章,坚定理想信念,坚持党的宗旨,增强党的观念,发扬优良传统,认真解决党员和党组织在思想、组织、作风以及工作方面存在的突出问题,促进影响企业改革发展稳定、涉及群众切身利益的实际问题的解决,不断增强党员队伍和党组织的创造力、凝聚力和战斗力。通过教育,各级党组织的战斗力、凝聚力进一步增强,党员领导干部和机关工作作风进一步改善,党员素质进一步提高,不但得到了广大职工的认同,而且得到了中央、国资委党委和地方党委的高度评价。

在抓好党的自身建设的同时,总公司党组织十分重视抓好工会和共青团工作。在海洋石油企业和基层单位都建立工会和共青团组织。坚持每年召开一次工会工作会议,专门研究工会的任务和自身建设问题。在党的领导下,海洋石油企业各级工会依靠广大职工群众,广泛开展民主管理、劳动竞赛和技术练兵,促进海洋石油事业的发展。同时,在维护职工权益,关心职工生活、做好职工福利和女工工作方面,都取得了显著成绩。海洋石油企业各级团组织在党的领导下,坚持以育人为本,采取适合青年特点的方法,努力提高团员青年的文化技术和思想道德素质,引导团员青年岗位成才、奉献青春;围绕企业改革、发展与生产经营,在急、难、险、重的任务中发挥共青团的作用；开展丰富多彩的文化娱乐体育活动；维护团员青年的合法权益，为青年办实事等。

海洋石油企业职工思想政治工作，是随着海洋石油工业的发展而发展的。

1979 年以后，党的工作重点转到以经济建设为中心，中国海油在全国率先实行全行业对外开放。新时期的思想政治工作大体经历了四个阶段。

第一阶段，实行工作重点转移。对外合作刚起步的时候，总公司围绕开放国家海域的油气勘探开发是爱国还是卖国，在对外合作中如何解决当好国家主人与当好承包服务商的问题，一是坚持不懈地抓改革开放政策的宣传教育；二是结合重大事件坚持四项基本原则，重点是围绕对外合作问题要不断解放思想、更新观念。通过群众性大讨论，破除旧的传统观念和“左”的思想影响。通过思想教育活动及时解决了这些困惑职工的思想问题，使大家认识到只有承认落后而又不甘心落后，才是清醒的有作为的爱国主义者。在这一思想基础上，大力倡导“三个第一”（用户第一、质量第一、信誉第一）的经营理念，坚持“岗位靠竞争，待遇靠贡献”的用工原则，启发和引导职工逐步树立适应对外合作要求的思想观念，有效地保障了海洋石油企业改革和发展战略的实施。

第二阶段，加强思想政治建设。20 世纪 90 年代初期，中国海洋石油面临经济体制和生产经营方式的“两个根本转变”、推动海上油气产量和企业经济效益登上新台阶的挑战。在这一新的形势面前，原来一套思想政治工作从内容到方法都显得很不适应，对创新企业的思想政治工作提出了迫切要求。总公司党组探索与企业改革、发展和稳定紧密结合的思想政治建设新路子，把思想政治工作渗透到企业的生产经营活动中去，既着眼于培育企业的新人，也着眼于促进企业经济效益的提高。党的十三届四中、五中全会，特别是十四大以后，总公司党组加大了工作力度，恢复和加强了思想政治工作机构，逐步理顺思路，摆正位置。1994 年，党组以“思想政治工作全面到位”为突破口，加强和改进企业思想政治工作。中共中央《关于加强党的建设几个重大问题的决定》下达以后，党组从加强基层党组织建设抓起，提出党支部工作“五到位”的要求，后来又形成党建“五五一工程”。与此同时，还着手抓了共青团、工会和新闻宣传工作，制定了加强海洋石油青年工作、工会工作、新闻宣传工作等重要文件，有力地推动了思想政治工作的全面到位。1996 年 12 月，海洋石油企业第六次政工会上，做出开展精神文明创建活动的决定，即开展精神文明“三争三创”活动：争做文明职工、争当优秀党团员、争做合格领导干部；创文明单位、创建企业文化、创造良好氛围。至此，具有海洋石油特点的思想政治建设工作基本形成。1997 年 12 月在总公司第七次政工会上，党组贯彻落实党的十五大精神，对十四大以来总公司党的建设和政治思想工作做了系统总结，概括为五点基本做法:高举旗帜,坚持用邓小平理论武装头脑;抓根本,全面贯彻执行党的基本路线;突出“三个方面”的工作(加强党建工作,开展精神文明创建活动和推动思想政治工作)全面到位;建立“五位一体”的政工格局,党、政、工、团齐抓共管;实行“两制两保一到位”(党委负责制和目标管理制,组织上和制度上保证,督查到位)运行机制,督促检查,严格管理。1997 年 12 月,总公司编辑出版了《海洋石油思想政治建设实践》一书,全面总结开展对外合作以来的思想政治工作经验。

第三阶段,探索“双优统一”。1996 年,中国海洋石油渤海公司涌现出一支“优质快速钻井群体”。他们采用先进技术,创新管理模式,发扬团队精神,把每口生产井的平均钻井速度提高了 3 倍以上,工作效率和经济效益大大提高,成为海洋石油实现“两个根本转变”的典型。总公司党组初步探索出了有海洋石油企业特点的“优快发展”与“发挥优势”相结合的路子,提出通过发挥思想政治工作优势推动企业的优快发展的思路。从党群和行政两个方面入手,完善领导体制,调整工作内容,改进工作方式,努力把发挥思想政治工作优势同运用市场机制结合起来,坚持实践“双优统一”,先后制定了《关于实践“双优统一”的实施意见》、《关于中国海油企业内部党组织属地管理问题的暂行规定》等规章制度。

第四阶段,围绕建设国际一流的综合型能源公司目标进行创新。进入新世纪以来,中国海洋石油工业发生了一系列根本性变化。从公司层面看,产权结构、产业结构、市场环境、组织结构、管理体制、运作方式都变了;从员工层面看,用工制度、工资报酬、与公司的关系、接受信息、价值观念都不同了。为了适应这些变化,总公司党组围绕“建设国际一流的综合型能源公司”的宏伟目标,研究思想政治工作的新思路,提出新时期思想政治工作的指导思想:以“三个代表”为指针,紧紧围绕公司的发展目标,不断探索思想政治工作新思路、新方法,推动思想政治工作为促进企业改革、发展与稳定,实现企业价值最大化发挥积极作用,将国有企业的思想政治优势转化为企业核心竞争力。同时明确新时期思想政治工作的基本任务是为企业的改革、发展和稳定服务;为建立高素质的员工队伍服务;从企业改革、发展实际需要出发,用公司核心价值观统一员工思想,用公司各项规章制度和行为规范约束员工行为,积极引导员工为公司发展创造价值的同时实现个人的发展和价值。

为了实现这一基本任务,要求思想政治工作要做到五个转变:把工作内容从宏观转变到微观;把着眼点从一般宣传转变为促进落实;把工作方式从“单点”转变为“多元”;把工作体系从独立转变为融合;把政工人员从部分转变为全体。要求思想政治工作要遵循四个原则:企业思想政治工作是企业管理工作的重要组成部分;企业思想政治工作实行各级经理人员负责制;企业思想政治工作服务于企业管理和员工管理的整体目标;企业思想政治工作应与公司其他管理工作协调一致。各级领导干部要像抓健康安全环保一样抓思想政治工作：健康——保持心理健康、心态健康和思想健康；安全——维护政治安全、经济安全和队伍安全；环保——保护政治环境、文化环境和工作生活环境。同时，探索符合企业实际和管理需要的思想政治工作体系，明确思想政治工作的具体任务、责任主体、工作程序和考核评价，塑造优秀的企业文化，探索企业思想政治工作融入企业管理体制的新的有效途径，全心全意依靠员工办好企业，充分发挥员工在企业管理中的积极作用，为员工提供足够的发展机会和广泛的参与空间。

总公司十分重视表彰先进、树立典型，把它作为思想政治工作的重要内容。总公司成立以来，先后进行过5次大的表彰活动：1986年5月，总公司在渤海公司召开表彰海洋石油标兵、双文明先进单位大会，共表彰标兵23人、先进集体14个；1992年2月，总公司成立十周年时，共表彰海洋石油劳动模范24人、先进单位26个；1996年10月24日，总公司在北京召开第三次劳模表彰大会，共表彰海洋石油劳动模范30人、先进集体26个，这次表彰大会与总公司原油年产量突破1000万吨庆典同时举行，江泽民总书记、李鹏总理为海洋石油题了词，邹家华副总理参加大会并讲了话，李鹏总理、吴邦国副总理及国务院秘书长罗干接见了全体劳模；2002年2月5日，总公司在北京召开劳模先进表彰暨成立20周年庆典大会，会上表彰了16名劳动模范、4名优秀思想政治工作者、26个先进集体和2名洋劳模，国务院副总理吴邦国发来贺信。2005年4月29日，在“五一”国际劳动节即将来临之际，总公司在天津塘沽隆重召开海洋石油劳动模范、先进集体表彰大会，授予10名同志“中国海洋石油工业劳动模范”荣誉称号，授予13个单位“中国海洋石油工业先进集体”荣誉称号。除总公司外，各地区、专业公司每年都评选一次先进或本地区的劳模。

中国海洋石油总公司在继承和发扬优秀传统石油文化的基础上，通过长期的实践，逐步形成以效益第一观念为核心的市场经济思想，以效率意识为核心的科学精神，善于学习、合作的国际化意识，富于进取精神的变革意识，逐步生成和发育起日趋稳定的独特的企业文化。

1986年末，在海洋石油企业领导干部会议讨论“七五”社会主义精神文明建设实施规划时，总公司提出树立和发扬“热爱海洋石油，勇于开拓进取，争创事业实绩”的海洋石油企业精神。进入90年代以后，海洋石油单位酝酿企业文化建设，1993年，总公司从创建国际化集团大公司的目标出发，要求海洋职工树立国际大公司的形象和意识。1995年，总公司政治工作要点提出，通过报纸、电视、板报和其他新闻宣传媒体，开展海洋石油人形象大讨论，要求各单位根据自身特点，提出本单位发展目标、企业精神、行为规范，创作设计自己的厂歌、厂旗、厂徽。1996年,总公司党组集中各地区、专业公司的意见,在党建工作会议和第六次政工会上进行了认真讨论,确定了海洋石油"三信"企业精神是:信念、信任、信誉。规范了它的涵义是:信念——讲理想,有作为,献身海洋石油;信任——讲责任,重协作,营造和谐环境;信誉——讲道德,树形象,争创一流成绩。"三信"企业精神是海洋石油企业价值观的集中体现,是职工理想目标、价值观念和道德行为准则的总和。

进入新世纪以来,中国海洋石油总公司在实践中进一步丰富企业文化的内涵,以市场化、国际化为导向,不断变革和创新已成为中国海油企业文化的重要组成部分。同时,明确提出"以人为本,关爱员工"、"员工是创造企业历史的主体"等理念,以"三个代表"重要思想为指导,建立一种"以人为本,关爱员工"的企业文化,并纳入到公司的整体发展战略之中,贯穿到公司改革发展的全过程。具体体现在:制定科学的人才标准,选好人才、用好人才;在公司重大改革、重要决策、重要人事任免等重大问题上,要坚持从群众中来、到群众中去的工作路线,倾听员工意见,集中员工智慧,让职工享有知情权、参与权和监督权,进一步完善科学决策机制、民主决策机制和民主监督机制,使之制度化、规范化;了解职工的需求,关心职工生活,关注他们的健康,为他们排忧解难,不断改善和提高广大员工的物质、文化生活水平,并将此作为检验企业改革和发展成败的主要标准。为此,总公司提出了新的企业文化方案:企业使命——追求人、企业、社会与自然和谐发展,成为最具市场价值和社会价值的国际能源公司;发展目标——国际一流综合型能源公司;核心价值观——以人为本,关爱员工;公司理念——诚实守信,合作双赢,求真务实,开拓创新;公司精神——不断超越自我,追求更高境界;员工行为准则——忠诚公司,专业进取,遵守纪律。

回报社会,与社会共享成功,一直是中国海洋石油总公司党组关注的问题之一。在高速高效发展、追求更大的经济效益的同时,始终注重社会效益的同步发展,努力履行企业公民的社会责任,希望用自己的力量,促进社会各层面的共同进步与发展,为建设和谐社会做出贡献。总公司承担社会责任除了体现在积极为国家上缴利税、增加社会财富,体现在环保行为上,还体现在开展"蓝色国土"宣传上,体现在扶贫、助学等公益活动中,体现在对国际社会承担的责任上。"十五"期间,总公司用于扶贫的资金达1.48亿元。通过回报社会,树立了中国海洋石油良好的公众形象。2002年总公司被中国儿童少年基金会和中华慈善总会授予"公益明星单位"称号,2003年被授予中国妇女公益事业"百星单位"称号,2005年荣获"中华慈善奖"。

2002年以来,总公司参加了"中国儿童慈善活动日"活动,捐款200万元;向遭受特大洪灾的福建省捐款500万元；在2004年末的印度洋海啸中，总公司及其下属单位、系统内员工积极捐款，捐款总额约170万元人民币。其中，中国海洋石油东南亚有限公司向有关国家捐助12.5万美元；中海油服捐款1.5万美元。中国海洋石油的善举被中国红十字会授予“中国红十字人道服务”证书和奖章。2005年9月，总公司向遭受台风“泰利”袭击的中国东南沿海灾区捐款200万元，向美国遭“卡特里那”飓风袭击的路安那州等地捐款160万元。

当代中国丛书
CONTEMPORARY
CHINA

当代中国石油工业

1986—2005

（下卷）

当代中国出版社
Contemporary China Publishing House

图书在版编目(CIP)数据

当代中国石油工业. 1986~2005/《当代中国石油工业》编委会编写. —北京：当代中国出版社，2008. 11
(当代中国丛书)
ISBN 978-7-80170-771-0

Ⅰ. 当… Ⅱ. 当… Ⅲ. 石油工业—经济建设—概况—中国—1986~2005 Ⅳ. F426.22

中国版本图书馆 CIP 数据核字(2008)第 172068 号

出 版 人　周五一
责任编辑　宗　边　刘鲁风
责任校对　王小芸　郭　雪
封面设计　古　手
出版发行　当代中国出版社
地　　址　北京市地安门西大街旌勇里 8 号
网　　址　http://www.ddzg.net　邮箱：ddzgcbs@sina.com
邮政编码　100009
编 辑 部　(010)66572152　66572264　66572154　66572155
市 场 部　(010)66572281 或 66572155/56/57/58/59 转
印　　刷　北京振兴华印刷厂
开　　本　720×1060 毫米　1/16
印　　张　67 印张　插图 90 幅　1203 千字
版　　次　2008 年 12 月第 1 版
印　　次　2008 年 12 月第 1 次印刷
定　　价　136.00 元(上、下册共两册)

《当代中国石油工业》

（1986—2005）

下卷编写人员名单

油田企业篇

第二十七章　大庆油田

陈灼华　陈立民　冀宝发　张自竖　沈宗约

胡景隆　刘　学

第二十八章　胜利油田

张　煜　贾文昌　杨荣才　宋占魁　李训海

王庆贵　张万军　侯树杰　刘路军　秦志铭

周文欣

第二十九章　长庆油田

杨　华　滕玉林　方仲祥　李三卫　罗如暹

金贵孝　尤　岚　董莉莉

第三十章　新疆油田

张殿云　陈新发　潘仁杰　秦　娟　陈彦才

杨远近　朱维亚　林隆栋　武长江　辛尚洋

罗煜恒　孙　权

第三十一章　渤海油田

吴鸿道　疏　骏

第三十二章　辽河油田

宋道堂　时庚戌　张宴臣　初良尧　杨振喜

王永生　牛丽波　鲁艳萍　钟海涛　温　艳

杨黄河　吕奎芝　罗丽萍　蒋宝铣　李强盛

王　宇　李　午　姬学军

第三十三章　南海东部油田

吴鸿道

第三十四章　塔里木油田

孙明旭　王招明　江同文　刘建勋　李明坤

金向宏

第三十五章　四川油气田

冉隆辉　谢姚祥　陈国宪　戴崇超　任树森

姚宇飞　罗　华

第三十六章　延长油矿

才玮辉　华　炜　李海波　田维宽　闫世可

王　荣　顾根深　鲁尚荣　王玉明　崔完生

拓永祥　杨金锋

第三十七章　南海西部油田

吴鸿道

第三十八章　吉林油田

周荣阁　张风民　赵志魁　李小兵　张嵇南

杨立国　许　为　单纪宽　梁春秀　王朝勤

王　伟　毛超林　钟显彪　司学东　赵　晶

杨克军　金晓玲　于海燕

第三十九章　大港油田

王英瑞　李长虹　于志海　刘荣军　倪天禄

于洪胜　杨志彬

第四十章　华北油田

张宝庄　于英太　姚治晓　李玉屏　楚建中

李　哲　程玮东　边　军　高仁安　王亚洲

田克忠　王　权　刘　英

第四十一章　中原油田

张殿国　沙启军　孔凡群　王亚钧　任宗声

徐胜贤　张喜亭　李士竹　郭星星　王德仁

王　俭　王景富　朱中伟　宣　东　董会立

范青玉　娄文成

第四十二章　青海油田

黄立功　李建青　杨秀东　张永高　张　臣

黄　业　杨海平　单军亭　张新合　杨启寿

权培旺　张建雄　纪伟奉　杨　勇

第四十三章　吐哈油田

朱洪月　魏银广　王世信　翟红国　张永山

濮玉华　朱晓龙

第四十四章　河南油田

邱荣华　魏厚强　石　磊　罗建军　张克俭

第四十五章　江汉油田

张召平　方志雄　孙　健　袁　欣　李友忠

陈志超　罗秋林

第四十六章　江苏油田

张永康　厉汉全　徐志宏　唐富华　司马伟

第四十七章　冀东油田

李允富　李　斌　刘金平　王纪昌　卢增龙

郭世梁　朱米富

第四十八章　玉门油田

孔繁瑾　高玉江　陈建军　李　亮　李建军

付　军　张虎俊　王　滨　高进省　王君生

刘　春

第四十九章　东海油田

吴鸿道　疏　骏

第五十章　西北石油局、西北分公司

赵尊秀　陈兰凤　王爱敏

第五十一章　西南石油局、西南分公司

杨克明　安凤山　张晓鹏　陈昭国　张　箭

廖光伦　蓝　茵

第五十二章　上海海洋石油局、上海海洋油气分公司

李上卿　赵金海　彭伟欣

第五十三章　华北石油局、华北分公司

左文岐　陈明政　黄筛章　楼士毅　黄新顺

李长轩

第五十四章　东北石油局、东北分公司

庄国强　周　冰　孙大明　徐云节　孙玉学

第五十五章　华东石油局、华东分公司

周荔青　俞　凯　汪　深　郭大兴　尤孝忠

陈沪生　周　琦　吴聿元　刘　伟

第五十六章　中南石油局、中南分公司

易积正　邓光辉　李松照　韩定坤　颜再庚

第五十七章　滇黔桂石油局、南方勘探开发分公司

马永生　麻建明　杨武旭　刘小平　韦景春

王志鹏　刘兴华　张琼华　陈玉华　何亦放

董新光　陈跃昆　苏树桉

目录

油田企业篇

Contents

油田企业篇

油气田企业是石油工业发展的主体，它的发展历程和成果反映了中国石油工业走过的道路和重大变化。1986—2005 年，中国石油天然气工业有了长足的发展。东部地区的大庆、胜利、辽河油田等一批老的石油基地生产稳定发展，渤海湾滩海地区勘探不断取得新的重要突破，西部地区加速勘探开发，一批新的石油基地建设起来。海洋石油工业在渤海、南海东部、南海西部和东海都取得了重要成果。所有这些，进一步改变了中国石油工业的布局和面貌，油气田企业本身也在市场经济的锤炼中，成长为富有活力和竞争力的勇于开拓国内外市场的经济实体。

本篇各章介绍了中国石油天然气集团公司所属的大庆、长庆、新疆、辽河、塔

里木、四川、吉林、大港、华北、青海、吐哈、冀东、玉门等13个油气田企业；中国石油化工集团公司所属的胜利、中原、河南、江汉、江苏等5个油气田企业和西北石油局、分公司，西南石油局、分公司，上海海洋石油局、分公司，华北石油局、分公司，东北石油局、分公司，华东石油局、分公司，中南石油局、分公司，滇黔桂石油局、南方勘探开发分公司等8个地区局、分公司；中国海洋石油总公司所属的渤海、南海东部、南海西部、东海等4个油气田企业；以及地方所属的陕西省延长油矿，在改革开放中取得的发展成就和重要变化。

第二十七章 大庆油田

大庆油田位于松辽盆地北部，由萨尔图、喇嘛甸、杏树岗、葡萄花、宋芳屯、朝阳沟、榆树林、徐家围子等42个大小不同的油气田组成，含油气面积3600多平方千米。油田主体位于黑龙江省大庆长垣。大庆是中国最大的石油化工基地，也是工业战线上一颗璀璨明珠。

从1959年9月26日松基3井出油发现大庆油田，至1985年底，累计采油7.9亿吨，探明地质储量46.3亿吨，钻井14425口，修建各类厂、站1419座，建成原油产能5600万吨，1985年生产原油5528万吨，不仅超额完成了国家要求的生产任务，还为1986年以后继续稳产准备了条件。

1986年到2005年，是国家经济建设高速持续发展和社会转型的关键时期。这个时期，国家对大庆油田提出了采油"5000万吨以上，要稳产到2000年以后"的要求。而这时油田已进入高含水期采油，主力油层含水已普遍达到80%，动用地质储量达到90%。后备资源不足、设备老化、成本上升、体制不顺等各种矛盾都凸现出来。针对各种矛盾，大庆油田组织职工认真学习贯彻党在改革开放时期的系列指示精神，努力发扬"两论"(《实践论》、《矛盾论》)起家基本功，重新认识油田地下情况，调整油田开发措施；加强勘探，寻找新的油气资源；依靠科技进步，提高油田采收率；以及深化改革，搞活内部机制等，做了大量工作，确保年产原油5000万吨以上稳产27年，最高达到5600万吨。2003年以后，又根据油田形势和国家需要，及时提出了"创建百年油田"的奋斗目标。

在油田开发上，先后采取注采系统调整，强化注水，实施稳油控水工程，打加密井，开发薄油层和表外储层，开展三次采油试验等重大措施，使油田采收率提高了近20个百分点，达到50%以上，创世界同类油田开发最高水平。

在油田勘探方面，总结过去实践的经验，更新勘探理念，学习和引进世界先进勘探技术和新设备，在长垣外围和其他盆地开展勘探，发现了一批新的油气田，使勘探成功率由1985年的31.6%，提高到2005年的71%。

在依靠科技进步和深化改革、搞活内部机制方面，大庆油田也做了大量卓有成效的工作。从1986—2005年，科研始终走在生产前面，实现了课题项目研究比现场技术实验超前五年，现场技术实验比生产推广超前五年。1995年以后，更重视技术配套研究和技术专利研究，以及科技人才培养，使科技发展更适合市场经济的需求。油田改革不断深化，从实际出发，循序渐进，逐步实现政企分开，上下游分开，上市企业和非上市企业分开。各部门和各行业既分工又合作，都按照各自的功能在市场中开展“二次创业”。从1986—2005年，大庆油田经过多方面的努力，建成了以石油化工为主的庞大的多种经营产业，一个现代化的新型石油矿区，更加亮丽地展示在人们面前。

大庆油田在国家改革开放新形势下，不断为国家做出重大贡献，最根本的原因是由于党中央、国务院的亲切关怀和大力支持。早在1978年中共十一届三中全会召开前夕，邓小平第三次到大庆视察并做出“建设美丽的大庆油田”的重要指示，为大庆油田在新形势下的发展指明了方向。1990年江泽民到大庆视察，充分肯定了大庆油田的历史功绩和“爱国、创业、求实、奉献”的大庆精神，并对大庆提出要“未雨绸缪”的战略要求。从此，大庆油田步入新的“二次创业”历程。胡锦涛多次对大庆给予鼓励和提出新的要求，殷切期望大庆油田要“珍惜大庆的光荣史，再创大庆的新辉煌”。曾担任国家领导人的石油部老领导余秋里和康世恩，生前对大庆油田倍加关心和爱护。他们退居二线后，还多次到大庆考察，为油田长期稳产提出了很多宝贵意见。

截至2005年，大庆油田的原油产量、上缴利税、油田采收率都实现了全国第一：共探明石油地质储量58.8亿吨，探明天然气4001亿立方米；生产原油20.3亿吨，占全国同期原油产量的41.9%；累计上缴利税7577亿元，为国民经济发展做出了重要贡献。2005年，大庆油田实现利税超过1000亿元，占中央企业上缴总数的15%，并连续六年位居中国纳税百强企业之首。主力油田采收率已突破50%，比世界同类油田高出十多个百分点，实现5000万吨以上连续稳产27年，并为可持续发展做好了物质准备。

大庆油田的开发建设，不但创造了巨大的物质财富，也创造了宝贵的精神财富。“爱国、创业、求实、奉献”的大庆精神和“铁人”精神，一代又一代地传承下来，并随着时代的发展而不断赋予新的内涵，成为大庆油田持续发展的重要精神支柱。一支有着优良传统和作风、掌握高新技术的"铁人"式队伍茁壮成长，为大庆油田的持续发展做出了重大贡献。依靠这支队伍，大庆油田已经并将继续创造新的业绩，实现新的辉煌。

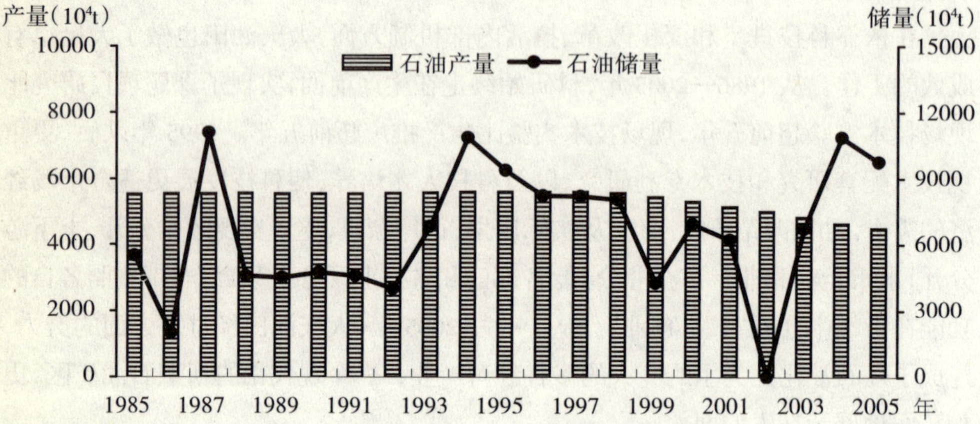

大庆油田石油探明地质储量和产量变化图

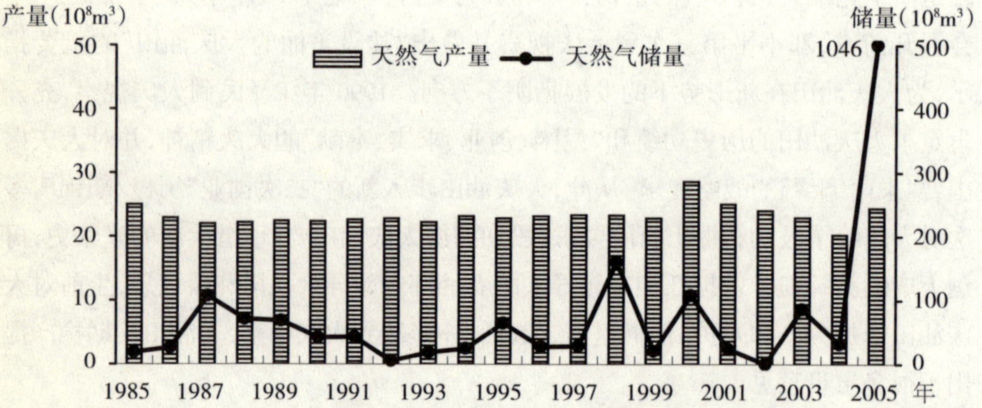

大庆油田天然气探明地质储量和产量变化图

第一节　以"两论"为指导，不断提升开发水平

大庆油田从 1960 年开发起，就以毛泽东的《实践论》和《矛盾论》为指导，建立了早期内切割注水开发试验区，并按照大型陆相多层砂岩油田的特点，开展"六分四清"，形成了一套形之有效的开发技术，以及油田开发理论。从 1986—2005 年，大庆油田已进入高含水开发期，主力油田大庆长垣已动用 90%以上，后备资源不

足，成为突出的矛盾。为满足年产5000万吨的需要，大庆油田对多层砂岩在注水过程中出现的各种矛盾，进行了认真的分析研究。发现油层的不均衡性，使油田存在着相当的潜力；还有未动用的薄油层和表外储层潜力更大。从1986年起，采取了自喷井转抽、井网加密、注采系统调整、稳油控水工程，以及聚合物驱油等重大措施，加快外围三低油田的开发上产步伐，使大庆油田顺利实现5000万吨以上高产稳产27年。2003年以后，又开始了“创建百年油田”的光辉历程。从1986—2005年，大庆油田为实现长期稳产高产，以“两论”为指导，以科技为动力，不断提升开发水平，大体经历了三个阶段。

一、第一阶段（1986—1995年），实现5000万吨稳产再10年

1986年，中国进入到国民经济高速发展时期，国家需要原油持续增长给以支持。这时大庆油田提出了“解放思想，深化改革，加强勘探，原油5000万吨稳产再10年”的奋斗目标。为了实现这一战略目标，前五年（1986—1990年），在认真总结第一个10年稳产经验的基础上，决定进行以分区调整开发层系井网、分区调整压力系统、分区调整采油速度为主要内容的“三个调整”。这一阶段在开发上，采取的主要措施是：（1）通过编制13个区块的层系细分调整方案，新钻调整井和老区自喷井转抽、投注新井和油井转注等各种措施，大面积实施和完善油田压力系统和注采系统的调整，为提液稳产奠定了基础。（2）通过压裂、换大泵、调整抽油机参数等工艺措施，强化开发力度，五年累计增油922万吨。（3）通过加快外围低渗透油田的开发，先后有八个油田投入生产，使外围油田的年产量由15万吨增加到145万吨。

后五年（1991—1995年），针对大庆油田非均质多油层的特点，实施了“稳油控水”系统工程。“稳油控水”涉及到方方面面，其重点是搞好了三个结构调整。（1）搞好储采结构调整。通过二次井网加密，老区综合调整挖潜及加快外围油田开发，五年新增可采储量1.83亿吨。（2）搞好注水结构调整。通过调整分层注水结构，有效地提高中低渗透率油层的储量动用度，为控制油田含水上升创造条件。（3）搞好产液结构调整，在总体上实现稳油控水，使不同井网产液量比例得到合理、科学、有效地控制。10年间，通过实施“三个调整”和“稳油控水”等重大措施，累计生产原油5.57亿吨，1995年生产原油5600万吨，创造历史最高水平，实现了高产5000万吨第二个十年稳产。

二、第二阶段（1996—2002年），实现年产原油5000万吨持续稳产

大庆油田经过20年年产油5000万吨稳产后，油田开发面临的形势比较严

峻。一方面，随着油田含水上升和开采难度的增大，原油生产成本不断上升，油田开发的总体经济效益逐步变差；另一方面，随着油田剩余可采储量的日益减少，继续保持高产稳产的难度越来越大。为了继承和发展油田老一辈所开创的事业，使大庆油田在21世纪中继续保持稳定发展，继续为国家和地方经济发展做出应有的贡献，在1998年度开发技术座谈会上，经过反复论证，正式确立了“高水平、高效益、可持续发展”的油田开发方针。这就是，要以改善高含水后期油田开发总体经济效益为中心，以发展应用油田开发高新技术和强化现代企业管理为支柱，努力实现21世纪油田可持续发展。

在这一新的开发方针指导下，采取了三个主要开发调整措施：(1)加快油田驱替方式的转变。由原来的单一水驱开发，转变为水驱与聚合物驱并存的新格局。在多年来试验研究，基本形成了聚合物驱配套技术的基础上，从1996年逐渐加快了聚合物驱工业化进程，至2002年底，聚合物驱动用区块25个，动用面积237.9平方千米，动用地质储量4.05亿吨，聚合物驱区块年产油量达到1056万吨，占2002年总产油量的21%。(2)深化稳油控水。以控水增储为目标，搞好以细分注水为基础的细分调整挖潜。深化潜力认识，进一步解放思想，在相近中找差异，重新确定挖潜标准；结构调整由层系间向层内和平面调整转化；在具体做法上，以完善单砂体注采关系、改善差油层动用状况为重点。(3)提高外围难采储量动用程度。逐步完善外围低渗透油田开发技术，积极推行经营投资方式多元化，实施勘探开发一体化管理，使原来难以开采的部分探明储量得到了有效动用。1996—2002年间，大庆油田外围又有11个新油田投入开发，动用地质储量1.85亿吨，年产油量由1996年的314万吨增加到2002年的428万吨。

通过上述调整措施，1996—2002年大庆油田累积生产原油3.76亿吨，2002年年产原油仍保持在5013万吨。至此，大庆油田实现了年产原油5000万吨以上27年持续稳产。

三、第三阶段（2003—2005年），持续有效发展，创建百年油田

大庆油田经过27年5000万吨以上稳产以后，油田生产出现了“三难”的严峻形势：资源接替难，主要表现在具备战略接替的盆地级目标少，解决关键地质问题的核心技术不过关，控制勘探成本的难度大；特高含水期开发难，主要表现在储采失衡的矛盾突出，含水上升和产量递减的压力日益增大；外围增储上产难，主要表现在已开发区块自然递减率居高不下，未动用储量开发技术尚未取得决定性突破。

2003年，年产油量首次调整到5000万吨以下。如何在原油产量下降的情况

下寻求新的发展？大庆油田领导组织科技人员开展了广泛深入的讨论，分析了油田今后发展的困难和有利条件，以现有地下资源为基础，以科学发展观为统领，提出了“持续有效发展，创建百年油田”的可持续发展战略。“创建百年油田”这一可持续发展战略，得到了大庆市政府和广大石油职工的积极支持，成为共同的奋斗目标。

（一）开展多次井网加密调整

大庆油田开发能够长期高产稳产，多次井网加密调整是一项基本的措施。大庆油田和全国多数陆相沉积油田相似，为大型陆相湖盆及河流三角洲沉积体系，油层多，非均质严重，层间、平面及层内矛盾非常突出。在大庆油田，纵向上单层有效厚度从0.2米到几十米。高渗透油层与低渗透油层、厚油层与薄油层交错分布。在平面上相变频繁而剧烈，非均质性严重。这就决定了这类油藏的开发工作，必然要经历一个不断实践，不断认识、多次布井、多次调整的过程。在这个过程中大庆油田开发技术人员充分利用了水驱过程中的油水不均匀运动规律，先开发渗透率高、产量高的易开发油层，后开发渗透率相对较低、难开发的油层，将储量按油水运动基本规律，科学地分步动用，根据开发技术的不断发展和提高采收率技术的应用，逐步提高油田采收率和开发水平。多次加密调整是不断改善开发效果的有效手段，而每一次加密调整的成功又都是开发地质理论发展、油藏认识深化及工艺技术进步的结果。根据这些特点，大庆喇萨杏油田先后实施了三次大规模的加密调整。

1. 一次加密调整（层系细分调整）。

1981年，大庆喇萨杏油田进入高含水期开采阶段。当时测算表明，如果油田继续保持原井网开采，年产油量五年内将下降37%，难以实现5000万吨继续稳产。但研究发现，开发初期部署的井网，难以发挥差油层的作用，有必要再部署一套针对差油层的加密井网。为了落实这次调整，大庆油田在储层研究方面，提出了细分沉积相的方法。通过细分沉积相研究，从成因、平面、纵向上全面揭示了中低渗透油层的地质特征，并以此为基础，搞清了中低渗透油层的剩余油分布规律和潜力特点，为层系细分调整提供了重要地质依据。同时，研制成功磁性定位射孔技术，保证了0.2～0.4米油层的射孔精度，从而使储量计算的单层起算厚度由0.5米下调到0.2米。储层认识的深入和工艺技术水平的提高，使喇萨杏油田地质储量有了很大的增长，即由25.7亿吨增加到41亿吨。大庆喇萨杏油田一次加密调整（层系细分调整）从1981年开始至1991年全面完成，历时11年。共钻一次加密井11100多口，可采储量由12.4亿吨增加到16.4亿吨。一次加密调整对大庆油田在“六五”、“七五”期间持续高产稳产发挥了重要作用。

2. 二次加密调整。

大庆油田开发技术人员在对一次加密调整较早的喇嘛甸油田和萨北开发区进行精细解剖后认识到：一次加密井中的薄差层仍有20%～30%的厚度动用差或未动用；有含油显示但未计算储量的油层——表外储层根本没有动用。这种油层由于渗透性差且含油量极低，没有列入国家矿藏储量表内，故称为表外储层。为了验证表外储层的开采价值，大庆油田研究院总地质师、被誉为“新时期铁人”的王启民带领试验组，开展了大量室内研究和矿场试验，通过七年艰苦工作，终于在1988年取得了成功，为全面开发表外储层提供了充分的科学依据。表外储层的开采成功使大庆油田可供开发的储量大大增加。据测算，大庆油田表外储层地质储量可达7.4亿吨，为二次加密调整提供了可贵的物质基础。在工艺技术方面，一批工程技术人员，发明了一套适用于薄差油层挖潜的平衡限流法压裂和定位平衡水力压裂技术，在一次可以压开多个层段的同时，有效地保护了隔层在高压下不被压窜，为实施二次加密提供了工艺技术上的保证。

二次加密调整，从1991年开始至2000年完成，历时10年，共钻二次加密井17000多口。二次加密调整提高了采油速度，降低了油田综合含水，增加可采储量达1.34亿吨，对大庆油田在“八五”、“九五”期间持续高产稳产起到了举足轻重的作用。

3. 三次加密调整。

喇萨杏油田经过二次加密调整，特别是表外储层投入开发后，使低渗透差油层的水驱动用状况有了明显改善。但各种监测资料表明，纯油段仍有30%左右的薄差油层（有效厚度0.2～0.4米）和表外储层动用较差，是油田进行三次加密调整的潜力。这部分潜力异常复杂，油层更薄、物性更差。平面上分布面积小，纵向上交错分布在200～300米井段上，多数都是在水淹层附近，布井和射孔选层难度较大。

针对油田在高含水后期剩余油的复杂性，在精细地质研究的基础上，开展剩余油综合精细描述，实现了单砂层平面剩余油分布定性或定量预测。此外，在固井质量、薄隔层压裂、油层保护等方面也取得了长足的发展。为了探索油田在高含水后期能否继续加密调整及挖潜方法，先后开辟了七个三次加密试验区。试验结果表明，三次加密井投产后，对老井起到了完善注采系统作用，可取得较好的整体效益。

通过现场试验和相关的专题研究，逐步形成了以精细地质研究为基础，以剩余油综合描述为依据，以完善单砂体注采系统为目标，以经济效益为界限，以配套工艺技术为保证的三次加密调整技术。应用这套技术，对喇萨杏油田39个区块的三次加密调整做了统一规划部署，共部署三次加密井9675口，预计可增加可采储量3000万吨以上。三次加密调整从2001年开始，至2005年底，已投产三次加密井2071口，建成生产能力122万吨。

（二）实施“稳油控水”系统工程

“稳油控水”系统工程，是新时期大庆油田在开发理论和开发技术上的一个重大发明创造，并于1996年荣获国家科技进步特等奖。1990年，大庆油田已经注水开发了30年，实现了年产5000万吨以上稳产15年。1991年2月，中国石油天然气总公司在提出“稳定东部、发展西部”战略方针时，要求大庆油田必须以稳产为中心，不断提高开发水平，在保证油田整体经济效益增长的情况下，努力延长油田稳产期。这时大庆油田特别是喇萨杏主力油田已进入高含水期开采阶段，继续保持油田稳产，将面临许多问题和困难。一是调整井增储上产效果明显下降，新钻调整井平均单井增加的可采储量将由“七五”的4.3万吨降为“八五”预测的1.9万吨；平均单井日产油也由“七五”的13吨降至9吨左右。二是工艺措施增产效果逐步变差，油井压裂平均单井日增油将由“七五”末期的9吨降至“八五”期末的4.5吨；还有三次采油在“八五”期间还要加大试验力度，短期内很难形成规模的产量接替能力。

面对上述问题和困难，如果按照逐年提液稳产的开发模式，实现大庆油田稳产，油田的综合含水率将由“七五”期末的78.9%上升到“八五”期末的87%，年平均产液量将比“七五”提高一倍以上。这样，将给钻井和采油工程，特别是地面集输和供水、供电工程改造，带来难以承受的压力，使油田经济效益也出现紧张的局面，甚至还会给“九五”以至更长时间的油田稳产，造成极为不利的影响。

为此，大庆石油管理局局长王志武到研究院“蹲点”，和技术专家进行了半个多月的座谈，认真研究和分析油田客观形势，听取技术专家意见，在油田开发技术座谈会上，又召集各路技术人员展开了深入广泛地讨论，最后提出了一套高含水期坚持“稳油控水”的油田开发技术新思路，并决定付诸实施。其目标是：在“八五”期间油田年产5500万吨不降的前提下，实现含水不超过85%的目标。

为了落实“稳油控水”系统工程，油田开发系统技术人员对大庆油田开发现状做了科学的分析，认为大庆油田虽然面临极大困难，但是仍存在着实现稳产的潜力。从油田储量动用状况看，喇萨杏油田一次加密调整后，油田北部地区储量动用系数80%左右，而南部地区为85%左右，仍有潜力可挖。从综合含水情况看，1990年底，虽然喇萨杏油田综合含水已达80%，但分区、分井含水仍存在很大差异。在同一开发区内，基础井网和不同时期投产的调整井间综合含水也有很大差别，较早的基础井网综合含水为86%，而“六五”、“七五”期间投产的调整井，平均含水只有70%。由此可见，大庆的主力油田储量虽已全面投入开发，但还存在着动用不好和未动用的油层；厚油层已全面进入高含水后期开采，但还存在着高含油饱和度的部位；全油田综合含水已经很高，但还存在含水较低的地区和井。这些差异，就是大庆油田的潜力，如果能够充分利用这个差异，并在做法上能有一套比较符合实际的措施，就能够走出一条持续稳产的新路子。为此，开展了“三大结构”调整，即储采结构、注水结构、产液结构调整。并采取了“三分一优”的做法，既分区块、分层、分井有计划的优化各种调整措施，控制高含水期的开采速度，提高低含水层的动用程度和开采速度，大幅降低油田产水量，提高油田开发整体效益。

为了实施“稳油控水”工程，调动了油田各行各业广大职工的积极性和依靠地质人员搞好精细油藏研究。开展了一次加密后可采储量及高含水期产量递减规律等一系列专题研究，开展了以研究高含水中后期油田潜力分布和挖潜方法为目的的油田开发先导性现场试验，都取得了较好效果。依靠工程技术人员继续搞好分层注水，提高注水质量，“八五”期间通过油井转注，注采井数比降到1995年的1：2.18，注水井分注率提高到71%，分层注水合格率达到79.6%，为实现“稳油控水”目标提供了保证。依靠钻井及井下作业等各行业人员，搞好“3、6、9、10”工程活动。即每堵水一口井，要达到日增油3吨；转抽一口井要达到日增油6吨；压裂一口井要达到日增油9吨；新井投产日产油10吨以上。经过各方面、各岗位的共同努力，均达到了预定的增油目标，赢得了较大的经济效益和社会效益。重点抓好“示范区”，全面推进“稳油控水”工作的进展，有条不紊地推进“稳油控水”工作，在喇萨杏油田创建了9个“稳油控水”示范区，并将以往开发过程中成功的经验和先导性试验的成果都集中应用到示范区来。经过一年的实践，取得了理想的效果，9个示范区年产油量比方案设计指标超产17.5万吨；年底综合含水比规划要求低了0.81个百分点。示范区的开发实践不仅实现了自身的稳油控水目标，而且为油田“稳油控水”工作的全面推广提供了宝贵的经验。

“稳油控水”系统工程在大庆油田全面实施后，取得了突出的效果：原油产量年年超过规划指标，仅喇萨杏油田五年就比规划多产油521万吨；产液量增长幅度下降，油田含水上升率变缓，五年喇萨杏油田比规划少产水2.59亿立方米，含水少上升6.07个百分点；增加了可采储量，各项调整措施增加可采储量4834万吨，采收率提高了1.2个百分点；取得了较好的经济效益，据测算，同原“八五”规划相比，由于多产原油、少产液、少注水、少作业、少用电、少建站、少建线路和管道等，共获得经济效益150亿元左右。

（三）形成大庆油田聚合物驱油配套技术

大庆油田聚合物驱油技术试验研究，经过23年的刻苦攻关，特别是通过“七五”和“八五”国家重点科技攻关项目的攻关，取得了突破性的进展。1990年以后，以矿场试验研究为重点，坚持理论和实践相结合、研究和应用相结合、地面和地下相结合，加大了配套技术攻关力度，五年跨了三大步，即由先导性试验跨入工业性试验，进而跨入工业化应用阶段，1995年在北二区西部实现了聚合物驱油的工业化生产，使大庆油田步入了水驱和聚驱并举的开发新阶段。

1. 强化聚合物驱油理论及技术路线研究，为形成大庆油田聚合物驱油技术提供支撑。

在油田注水开发的过程中，由于注入水粘度与原油粘度的差异，以及油层非均质的影响，导致注入水沿油层高渗透部位突进，影响了油田采收率，仅靠注水开发，原油采收率也只有40%左右，尚有60%的石油资源残留在地下。而聚合物驱油可以增加注入水的粘度，扩大波及体积，提高油田采收率。

大庆油田聚合物驱油技术研究始于20世纪70年代初，曾经历了反复试验、反复认识的过程。进入80年代，针对大庆油田的实际，加大了聚合物驱油理论研究的力度，加快了矿场试验的步伐，在对聚合物驱油技术认识上取得了新的飞跃，突破了国外已有的理论框架和技术路线，提出了一系列新观点和新认识。诸如：(1)提出了聚合物驱油适用的油藏条件。大庆油田为陆相沉积的砂岩油田，油层埋藏深度浅、油层温度低、地层水矿化低、油层非均质严重等，这些条件都处在聚合物驱油效果最佳范围内，而海相沉积的油田，地层水矿化度高，油层温度高，不适合聚合物驱。(2)打破了“聚合物驱只能比水驱提高采收率2～5个百分点，油井含

大庆油田聚合物采油泵房操作间。

水90%以后就不能注聚合物”的传统说法，提出了在特高含水期注聚合物仍能比水驱提高采收率10个百分点的新论点，为大庆油田综合含水90%以后注聚合物提供了理论依据。(3)打破了国外聚合物驱采用小段塞、低用量的做法，提出了聚合物驱可采用大段塞、高用量的新思路，将聚合物的用量提高到早期聚合物用量的三倍以上。理论上的突破、认识上的飞跃，为大庆油田聚合物驱油提供了强有力的技术支撑。

2. 开展综合研究，形成配套技术。

聚合物驱油有许多技术关键和难点，油藏工程、地面工程和采油工程等，不仅要实现单项技术突破，还必须形成配套技术。没有配套技术，研究成果就不能转化为生产力，就无法实现工业化。为此，“八五”期间，大庆油田组织了油藏工程、地面工程和采油工程方面的技术力量，同步攻关，形成了聚合物驱油的10项配套技术，为实现聚合物驱油的工业化打下了坚实的基础。

在油藏工程方面：研究了油层渗透率和聚合物分子量的匹配关系，建立了聚合物质量检测方法和标准；研究了大庆油田油层非均质特点，形成了确定聚合物驱井网井距的方法；依据聚合物驱动态反映特点，研制出聚驱开采指标的预测方法，为编制聚合物驱开发规划提供了依据；通过引进、消化、改进，建立了聚合物驱数值模拟方法，为编制聚合物驱开发方案和动态跟踪调整提供了手段；研究了聚合物分子量、采出水中聚合物含量、吸水剖面等多种检测方法，形成了配套动态监测技术。

在采油工程方面：研究成功了高孔密、大孔径、深穿透的射孔技术，降低了聚合物溶液通过炮眼时的粘度损失；研制出了同井分层注聚工艺技术，实现了聚合物的分层注入；研究成功了抽油杆防偏磨技术和螺杆泵举升技术，解决了含聚采出液的举升问题。

在地面工程方面：研究成功了集中配制、分散注入的地面配、注工艺技术，形成了以保留聚合物溶液粘度为核心的分散、熟化、输送、注入的配套工艺技术，使聚合物溶液粘度的保留率高达85%以上；在采出液处理方面，形成了聚合物采出液游离水脱除、电脱水和污水处理的配套技术。

另外，还建成了年产5万吨的聚合物干粉生产厂、引嫩工程和日供水25万吨的水处理厂。注入和采出系统各种设备的国产化问题，也得到顺利解决，这些都为实现聚合物驱油技术工业化推广提供了物质和技术保证。

3. 搞好跟踪调整，进一步提高聚合物驱采收率。

随着聚合物驱工业化规模的不断扩大，也暴露出一些新的矛盾和问题。在聚驱过程中通过对这些矛盾和问题的解决，对聚合物驱油技术的认识也不断加深，促进了聚驱技术的进一步发展和完善。针对部分注聚井存在高渗透部位，导致聚合物注入压力低、生产井见聚合物早、采出液聚合物浓度高、注聚效率低等问题，发展了聚合物驱油深度调剖技术。针对污水排放问题，研究成功了污水配制超高分子聚合物的应用技术，聚合物的分子量由原来的1500万左右提高到2500万~3500万左右，在全油田大规模推广应用，取得了较好的驱油效果和巨大的经济效益。针对聚合物驱油过程中的开发动态特点，发展了以调、堵、提、补、压等技术为代表的聚驱跟踪调整技术，对提高聚驱的总体效果都起到了积极的作用。

大庆油田聚合物驱油技术，从1996年开始大规模工业化应用，截至2005年底，已投入聚合物驱油区块35个，面积314.4平方千米，动用地质储量5.19亿吨，总井数5742口，聚合物驱油年产油量连续四年保持在1000万吨以上。已经结束的6个区块采收率比水驱提高12个百分点以上。聚合物驱油技术，是大庆油田科技创新的典范，是科技转化为生产力的鲜明例证。

（四）加快外围低渗透油田开发

大庆外围油田的开发在持续稳产中发挥了重要作用。从20世纪80年代陆续投入开发，可分为三个阶段。

开发试验阶段（1982—1987年）：在已探明的外围油田（龙虎泡、朝阳沟和宋芳屯等油田），相继开辟了生产试验区，研究低渗透油田注水开发的技术要求。

产量上升阶段（1988—1998年）：龙虎泡、升平油田和朝阳沟油田主力区块先后投入开发，使外围油田年产油量于1989年突破了100万吨。地震—地质综合预测技术的应用，使得宋芳屯、榆树林、永乐、新站等岩性油藏陆续投入了开发，外围油田原油总产量出现了快速增长的势头，至1998年底已建成年产400万吨生产能力。

年产400万吨以上稳产阶段（1999—2005年）：投产较早的部分油田进入中高含水期，产量出现了递减，但由于中小油田投入开发，致使外围油田总产量基本保持稳定。到2005年，外围已投入开发的油田达到23个，共动用含油面积945.7平方千米，石油地质储量45824万吨，年产原油已增加到500万吨，连续六年实现了400万吨以上稳产。

1. 实施勘探开发一体化。

2000年全面实施了油气勘探开发一体化，成立了勘探开发一体化项目组，将勘探与开发紧密连接起来，加快了从油气资源转化为商业储量和油气产量的进程。勘探开发一体化的主要内容包括：一是整体评价。在勘探提交控制油气地质储量或有重大油气发现的地区，以油气开发为目的进行油藏的整体评价，搞清油藏的构造形态、储层性质及分布、储层的地应力与裂缝，流体性质及分布，产油能力等，建立初步的油藏地质模型，为正确评估油藏开发潜力提供依据，为下一步评价工作指明方向。二是油藏评价工程部署与实施。根据整体油藏评价的结果，进行评价工程部署（包括三维地震、评价井、试油、试采、室内分析实验等），以便尽快控制含油范围和主力油层的分布。三是择优探明。根据实施评价工程后所取得的新资料，进行油藏地质特征的再认识，从而在整个评价区内选择出具有开发价值的区块，按照国家油气储量计算的规范，进行储量计算。四是优化油田开发方案。根据大庆外围油田的地质条件、油藏埋藏深度、地面环境等因素以及油田已探明的石油地质储量，以效益最大化为前提，优化开发方案。

勘探开发一体化的实施，加快了海拉尔盆地增储上产步伐。2001 年 10 月，苏仁诺尔油田苏 131 试验区投产，标志着海拉尔盆地实现了勘探找油与油田开发并举，体现了勘探开发一体化思想。从贝 16 井压裂试油日获 125.8 吨高产油流，证实兴安岭群是重要的含油层后，油藏评价工作提前介入，通过勘探开发一体化工作获得新的认识，使预计的地质储量成倍的增长，为海拉尔盆地 2005 年产油达到 50 万吨提供了可靠的储量保证。

2. “二早三高一适时”开发技术。

大庆外围低渗透油层天然能量低，渗流阻力大，而且渗透率越低的油层越具有变形介质特点，即当储层的压力降低时，渗透率明显降低，并具有不可逆性。因此，保持储层的能量对低渗透储层开发尤为重要。根据低渗透油层地质和渗流特点，结合外围各油田大量的开采动态特征，总结和推广了“二早三高一适时”的开发技术。“二早”：早注水，保持油层压力，使油井具有较高的稳定产油能力；早分层注水，调整吸水剖面。“三高”：注采井网具有较高的水驱控制程度，一般应达到 70%以上；在注水初期至油井见效前采用较高注采比；注水质标准较高的水。“一适时”：适时进行注采系统调整。

“二早三高一适时”注水开发技术的广泛实施，对提高低渗透油层经济效益和外围油田迅速上产都起到了推动作用。如龙虎泡油田应用这套技术，使各类油层相继都得到了充分的动用，在年产油 22 万吨稳产达 10 年以上。

3. 低渗透油田水平井开发技术应用。

大庆外围尚未动用的难采储量中，主要是特低储量丰度的葡萄花油层和特低渗透率的扶杨油层。未动用的葡萄花油层石油地质储量丰度平均只有每平方千米 18 万吨左右，有些区块单井只能钻遇小于 1 米的 2～3 个薄层，用常规直井开采经济上无效益。在论证了采用水平井开发这种薄油层可行性的基础上，经过精细的储层预测、精心的水平井地质设计和及时的跟井调整，成功的完成了 2 口水平井的钻井，水平井的水平段长度分别为 660 米和 614 米，投产一年后的单井产量仍保持日产量 8～10 吨，是该区直井产量的 3～5 倍，2003 年又在同样的油层中完钻了阶梯状水平井 10 口。随着水平钻井技术成熟配套，使特低储量丰度葡萄花油层能够得到充分利用。

大庆油田经过 45 年的开发，油田后备资源匮乏与可持续发展的矛盾，油田开发难度加大与维持产量规模的矛盾，原油生产成本上升与提高经济效益的矛盾相当突出。面对油田开发这种形势，在责任和挑战面前，大庆油田确立了“持续有效发展，创建百年油田”的发展战略，并提出了新的奋斗目标。

第二节　强化勘探，寻找新的接替资源

大庆油田勘探范围包括黑龙江省全境、内蒙古海拉尔、吉林延吉、珲春等 14 个盆地 56 个区块，登记探矿权面积 24 万平方千米。1983 年，管理局领导提出“解放思想，加强勘探，再找一个大庆油田，为中国石油工业发展再作新贡献”的勘探思想，并采取了一系列措施：

调整队伍。把原来大而全的钻探公司解体，先后组建了物探、测井、试油试采，钻井、钻井技术服务、录井等多个公司。实行了专业化管理，使各专业公司的技术装备和技术水平得到大幅度提高。

加大勘探投资与工作量。每年打探井达到 90～120 口，比前 10 年增加了 3 倍。设立了专门领导勘探工作的副局长，在局机关成立勘探部，加强对勘探工作的管理。

向海洋、塔里木等单位和国外石油公司学习。从 1985 年开始，推行项目管理和甲乙方合同制，成立项目研究组和勘探规划研究室，强化了基础研究。设立技术监督部门，强化了质量管理。1986 年开始研究“三个评价”标准，经过三年探索，形成《盆地评价标准》、《区带评价标准》、《圈闭和油气藏评价标准》三大规范，严格规定了合理必要的勘探程序，也规定了不同勘探阶段应使用的技术方法和应取得的技术成果。

搞好勘探工作总结。组织技术人员，认真总结以往 20 年的经验和教训，转变勘探目标。大庆油田 1984 年前，一直在盆地的背斜上寻找油田，几乎无路可走。在三肇勘探实践中认识到，湖河三角洲的沉积千变万化，要开拓新的勘探领域，就必须要从背斜构造油藏转向非背斜的复杂油藏；在地层目标上，要从中浅层的萨葡高油层转向深部地层，直到侏罗系和基底风化壳；在地域目标上，从松辽中部向外围扩展，直到走出松辽到其他盆地，如依兰—伊通地堑、海拉尔盆地等。自 1986 年起，开始建立针对复杂油气层和复杂地区的 4 大勘探技术系列：低渗透薄油层勘

探技术系列；薄互层技术系列；深层勘探技术系列；松辽以外断陷盆地勘探技术系列。在大庆长垣外围中浅层、松辽深层、海拉尔盆地三大领域实现了突破。中浅层新探明肇州、永乐、头台、新站、新肇、卫星、敖南等一系列新油田，老油田龙虎泡、朝阳沟、榆树林等储量有较大扩展。其中肇州、永乐、头台、朝阳沟、榆树林、宋芳屯—模范屯等6个新老油田达到了亿吨级。1986—2005年，新探明储量达到10亿吨。加强深层勘探，在三肇地区，新探明的庆深气田储量达到1018亿立方米，使大庆成为中国东部地区最大的含气区。海拉尔盆地找到一系列新油田，探明石油地质储量达到10488万吨，并发现10个含油带。

通过勘探和开发挖潜，大庆油田累计探明石油地质储量达到58.767亿吨，探明天然气地质储量达到4001亿立方米（含气藏气1627亿立方米）。在增加储量的同时，还在石油地质勘探理论和技术上实现三项创新，即向斜区岩性油藏勘探、断陷盆地油藏勘探、深层复杂气藏勘探，发展了有效适用的地质理论和勘探技术。

一、松辽盆地中浅层实现油田连片

松辽盆地中浅层是指上部的黑帝庙层，中部的萨尔图、葡萄花、高台子油层和下部的扶余—杨大城子油层，井深一般不超过2500米。1985年前，已经找到朝阳沟、宋芳屯—模范屯、升平、徐家围子、榆树林、龙虎泡等油田。1986年起，勘探按照找岩性油藏、找新油层的思路开展，横向扩边，纵向扩层，在三个不同阶段取得新成果。

第一阶段是1986—1995年间，重点在三肇进行勘探。通过在已知油田外围扩边，逐步在模范屯以南探明肇州油田，在模范屯以东探明永乐油田，在朝阳沟油田西南探明头台油田，原有的榆树林油田、宋芳屯—模范屯油田、朝阳沟油田面积也都大幅度增加，形成6个储量超亿吨的成型油田。

除上述6个亿吨油田外，还找到或扩大了升平、徐家围子、尚家、卫星、肇源、双城等油田，在三肇凹陷以南的阶地上找到三站、四站、五站、涝洲、长春岭、太平庄等小型天然气田，在三肇北部找到汪家屯、宋站、羊草等中浅层天然气田。大庆长垣以东累计探明石油地质储量92330万吨，探明天然气地质储量258.09亿方。这些油田大部分连在一起。

在探明油气田的同时，对地质规律的认识也得到深化。形成凹陷成藏理论，对葡、扶两套油层的成藏规律有了新认识。在研究中，以高分辨率层序地层学为基础，细化地层单元，研究砂体类型和成藏特点，把葡萄花油层划分成三个成藏分布带，从凹陷周边到凹陷中心划成构造油藏带、构造—岩性复合油藏带和岩性油藏带,不同含油带使用不同的勘探部署,创造出新的向斜成藏理论和勘探方法;实现满凹含油,油田连片;对扶杨油层查清了储集层主要是条带状分流河道砂体,在青一段生油岩以下400米内,有效储集层普遍含油。这些新认识,对下部勘探发挥了指导作用。

卫星油田找到优质储量。该油田在大庆长垣南部太平屯油田以东,三肇凹陷西北。钻探的第一口探井卫1井,1981年试油,葡萄花油层日产油36吨,1983年又有卫9井和卫10井试出工业油流,葡萄花油层分别日产油7.3吨和32吨。但是这里的地质情况比较复杂,主要是油水分布规律一时搞不清,因为本区砂岩厚,渗透率高,地层水活跃。后来开展了高分辨地震,精细解释断层和小幅度隆起,预测储层厚度和孔隙度,改善了勘探效果。2002年采取勘探开发一体化的办法,择优探明,滚动开发,拿下了含油面积73平方千米,探明地质储量4095万吨,平均每平方千米储量55.5万吨,是大庆外围油田中少有的优质储量,试油的46口探井和开发首钻井全部出油,平均单产24.5吨,日产量最高达到86吨。

第二阶段是1996—2000年间,勘探重点从大庆长垣以东转向大庆长垣以西,在龙虎泡西部发现大面积多油层错叠连片含油。改变了过去处处有油,却不能形成规模油田的状况。

龙虎泡油田是大庆西部最早发现的油田。1995年以后,在龙虎泡构造以西到敖古拉断裂带的宽阔平台上,以岩性油藏为目标,采用地震——地质综合解释研究的方法,精细预测砂层分布,在龙西地区分批部署探井,发现大部分探井都有工业油流,有的产量还比较高。例如,龙201井葡萄花油层中途测试,日产油45吨。从钻探结果来看,本区多层含油,上起黑帝庙油层,中部有萨尔图、葡萄花、高台子油层,下部是扶杨油层。这些油层互相错叠连片,使整个龙虎泡油田探明储量由过去的831万吨增加到9319万吨。

新站油田在古龙凹陷南部,隔松花江往南是吉林的大安油田。大庆1993年第三次上新站勘探,由于紧靠江边,地势低洼,有大片沼泽,地震和钻井职工克服种种困难,在防止污染水体,顶住伤冻危害,避免冰上意外等方面作了大量工作,胜利完成勘探任务。第一口新探井大401井日产油14.3吨,证明新站油田油质轻,单井产量高,是个好油田,有黑帝庙、葡萄花两套油层,1999年择优探明大401井区和大413井区。2000年开始滚动勘探开发,使探明和控制储量达到5014万吨。

大庆长垣西侧有六个鼻状构造给长垣镶边,由北向南是喇西、萨西、杏西、高西、葡西、新肇,都已证实有油。其中属葡西和新肇面积最大,储量最多,工作最多。2000年完成葡西探明储量6748万吨,2001年完成新肇探明储量4128万吨。但是葡西和新肇油田情况也最复杂，产量上虽有的探井日产量可达十多吨，例如最多的古104井初产达99吨，而多数探井产量不高；另外是油水同层情况多，测井资料上识别困难。为了解决产量问题，在技术方面下工夫，研究出针对低产油层的大排量限流法压裂技术和针对薄互层的多裂缝投球压裂技术，取得较好效果。其中，葡西油井平均日产量达到8.2吨。2002年又开辟试验区，研究准确识别油水层和开发中防止水窜的问题。随着技术水平的提高，葡西和新肇可能成为有较大价值的油田。

第三阶段是2001—2005年间，进入21世纪后，中浅层勘探程度已经较高，寻找大型油田已很不易。科研人员利用丰富的资料进行细致研究，即以向斜成藏理论为指导，按照油藏分带规律采取不同勘探方略，使勘探又取得大量新成果。

英台—巴彦查干地区有新发现。本区位于泰康隆起的南部和古龙凹陷的西部，英台在南，巴彦查干在北，两个区块相连，面积约1500平方千米。2002年在英台部署的英66井黑帝庙、萨尔图、高台子各油层分别日产油8.5吨、2.4吨和27吨。证实英台地区众多层位有工业油流。巴彦查干地区也有许多有利含油条件：有三组大断裂南北延伸，利于油气运移和圈闭；东西方向延伸的砂层与断层配合，易于形成断层封闭油藏。2002年控制地质储量6542万吨，含油面积170平方千米；探井平均日产油12.5吨，最高产量达到77吨。其中英51井的扶杨、青一、高台子油层分别出油3.3 吨、3.5吨和26.5吨。另外葡萄花油层产出凝析油7.1吨和天然气8.85万方，成为要特别重视的新类型。2003年从中优选探明地质储量1580万吨。

齐家—古龙凹陷地区有新发现。2002年在齐家北地区钻探古708井，在扶杨油层获得自然产能19吨日产量，引起对老井的重新认识，开展了新一轮评价，古74井又取得日产22吨油的好成绩。2004年提交预测储量3406万吨。加上1999年提交的齐家高台子油层储量10576万吨，证明齐家凹陷有良好的前景。南部的古龙凹陷中，黑、萨、葡、高、扶各层错叠含油。古龙北的古88井葡萄花层压裂后日产油92吨，实现凹陷区岩性油藏探井产量的历史性突破。2005年提交葡萄花层预测储量10431万吨。古龙南到茂兴地区也有好成果，实现了新站油田与新肇油田连片，证实了古龙凹陷满盆含油。

敖南新区也有新成果。敖南在大庆长垣南端敖包塔油田以南，1993年在敖9井葡萄花油层试出产量较高的工业油流，日产14.7吨。以后逐步增加了勘探力度，对油层分布规律和油藏控制因素有了较多的认识。这一带虽然油层厚度不大，而油层压力较高，原油物性也较好，产量也较高。随着探井增多，含油面积也不断扩大，与东部的头台、茂兴连成一片。而且随着压裂技术的提高，产量也有提高。

2002年新钻探的茂72井，压后产量达到53吨。2003年对过去一些低产探井又重新复查，以前试油产量不足1吨的探井，现在重新压裂试油，产量达到20吨以上。2003年底在敖南控制了含油面积397平方千米，地质储量达到7573万吨，2004年择优探明葡萄花层地质储量5071万吨。区块内66口探井、评价井中，有65口井具有工业油流，平均日产油7.6吨。

二、松辽盆地深层探明千亿立方米储量大气田

松辽深层是指扶杨油层以下，自白垩系泉头组第二段起，向下到侏罗系和盆地基底的一大套地层。这套地层厚度各地不同，最厚5000多米。1963年钻探松基6井，钻达4718米结束，在当时是国内最深的探井。通过松基6井钻探，对深层生油储油条件有了初步认识。

1980年后，开展广泛的战略侦察：北起林甸黑鱼泡，南到莺山断陷，东起绥陵，西到英台，还有中央的大庆长垣。1989年底，新钻探深层探井26口，有7口探井（肇深1、三深1、五深1、朝深2、庄深1、芳深1、芳深2）发现工业气流，产量都不高，但加深了对深层地质的认识，优选出最具有勘探价值的地区——大庆长垣以东的徐家围子断陷。同时发现了肇州西气田和昌德气田。

1990年起对徐家围子断陷进行全面解剖。1994年取得首次突破，发现了汪家屯—升平深层高产气田。当年2月对新钻探的汪9-12井射开登娄库组16个砂层69.4米，用28毫米挡板测试，日产气高达15万立方米，成为大庆有史以来产气量最高的气井。1995年又钻探了5口新井，并陆续试气，都产出具有工业价值的天然气。特别是升深2井，1995年试气，侏罗系火山岩气层日产量达到32万立方米，创造出单井日产气量的历史新高。从1996年开始试采，经过近八年生产，保持日产量30万立方米以上，证明深层天然气可以高产稳产。升深2井的意义不仅是发现高产天然气，还在于发现一种特殊的气层类型——火山岩储层。这种储层可能在分布的广泛性、连续性和储层物性等方面优于砂岩储层。因此下步科研的重大题目就是如何在地震资料上寻找、判断火山岩，在测井资料上如何识别、评价火山岩。为了攻克这一难题，大庆油田领导带领勘探科研工作者不断加深研究。2004年初，油田科研人员在深层火山岩储层研究方面下功夫，使火山岩储层预测和评价技术得到突破性进展，对深层的地质结构、地层分布、岩性和天然气运移储集规律等逐步清晰，使深层勘探更具有科学性和可靠性。由钻井、测井、录井、试油、压裂等专业技术人员共同组成的攻关队伍现场勘探技术也有长足进步，如深井快速钻井和气层保护技术，大型压裂改造技术，火山岩储层的地震识别解释技术及测井、录井气层识别解释技术等，都对深层突破发挥了重要作用。在地质和勘探工程

各方的共同努力下，2002年，在徐家围子断陷兴城地区，一举发现了一个新的大型气田——徐深气田。

徐深气田的发现井是徐深1井。在部署井位前，先后进行了专门针对深层的数字地震、重磁电综合剖面测量和三维地震，肯定了兴城区块是凹中之隆，构造上十分有利，还进行了储层预测研究。在此基础上设计了徐深1井位。2002年钻井第三次开钻后，使用低密度钻井液进行近平衡钻井，发现了多次气显示；年底完井后，对营城组火山岩试气，日产天然气53万立方米，创出大庆天然气单井日产又一新高。

徐深1井出高产气的消息引起各级领导的关注。2004年4月，中国石油股份公司组织众多国内专家来大庆研讨。总裁蒋洁敏概括大家意见，对大庆深层勘探做出新决策：加快松辽深层勘探步伐，使大庆早日形成中国陆地第五大产气区。大庆油田按照这一部署，在2004—2005年间，经过扩大三维地震范围，重新部署新井，加大对深层的各项研究等一系列工作，测试出高产气田。2005年底，经过国家有关部门评审，徐深气田已累计探明天然气达1018亿立方米，并为寻找下一个1000亿立方米探明储量做好了准备。

三、海拉尔盆地勘探打开局面

海拉尔盆地在内蒙古自治区东北的呼伦贝尔盟，面积约7万平方千米，称塔木察格盆地。海拉尔盆地内是一片茫茫草原，人烟稀少。1983年大庆正式开展成片地震测量工作，1984年开始钻探。当年钻探的海参4井就在中途测试和正式试油时产出3.5吨原油，可是以后的10年工作却极不顺利。到1993年底，一共钻探39口探井，只有4口探井有低产工业油流。1994年曾向国外招标，但因风险太大，无人投标。

大庆勘探技术人员通过深入研究地质规律，改进技术，终于在1995年开始出现重大转机，取得多项突破。

第一项突破：1995年，通过改进压裂技术，实现单井产量突破。在苏仁诺尔构造上的苏 1 井进行了压裂改造。在技术方面从支撑剂、压裂液、压裂用水、压裂工艺等方面做了很多改进，见到明显效果，苏 1 井日产油量由1.09吨提高到20吨，首次实现产能的突破。以后几年高产井频频出现，在贝尔凹陷西斜坡的呼和诺仁构造带，贝302井对南屯组试油，压裂以后日产油135.8吨，实现海拉尔盆地单井出油突破日产百吨大关。

第二项突破：1999年，通过深入地质研究，找到物性好、厚度大的储层。在乌尔逊凹陷北部苏仁诺尔构造带钻探的苏131井，在南屯组二段试油层射开3层

7.4 米,获得自然产能 33.45 吨的日产量。2001 年,在苏德尔特构造带贝 10 井,首次发现基底风化壳布达特群出油,经特殊工艺压裂后,日产油达到 39.7 吨;其后在油田滚动勘探开发中,德 112-227 井,钻遇油层 105 米,试油时自喷日产油 170.3 吨,进一步证明布达特群的出油能力。2002 年,在苏德尔特构造带部署贝 16 井,在铜钵庙组划分出有效厚度 53 层 108 米,对其中 23 层 57 米井段合试求产结果,日产油 125 吨。这些新情况说明,在海拉尔盆地也存在厚度大、孔隙度高、产量高的好油层。贝 16 井的高产,促成了海拉尔勘探的加快,是海拉尔勘探历程的重大转折。2003 年 4 月,中油股份公司领导到第一线调查研究,确定加快海拉尔勘探步伐。

第三项突破:在进入 21 世纪以后,地质技术人员通过深入广泛的地质规律分析,在全盆地范围内,陆续发现 10 个含油构造带。

到 2005 年底,已在苏德尔特、苏仁诺尔、呼和诺仁、巴彦塔拉、霍多莫尔五个油田探明石油储量 10448 万吨。根据这些储量,已设计建设原油生产能力 95.28 万吨,建成生产能力 56.28 万吨,当年生产原油 41 万吨。2005 年 4 月 1 日,大庆油田公司与英国 SOCO 国际公司签署了收购协议,获得了蒙古国塔木察格盆地 19、21、22 号区块 94.443%的权益,并已开始进行勘探开发工作。

四、其他新地区、新领域勘探

大庆油田除了在松辽、海拉尔盆地进行油气勘探外,还在黑龙江、吉林等省更广阔的地域开展勘探工作;除以油气为主要目标外,也注意到其他资源如二氧化碳、地下热水等新资源的勘探实践。

在依兰舒兰地堑。1991 年,在地堑北部汤原断陷吉祥屯构造上钻探的汤参 2 井,在第三系地层发现油气,经过测试,日产天然气 7.27 万立方米;1993 年又钻探吉 1 井,日产天然气 10.01 万立方米。2001 年经气藏评价后,确认天然气探明地质储量 26.21 亿立方米。在方正断陷的小兰屯构造上,1996 年钻探方 3 井,当年完钻测试,在第三系地层日产天然气 5.43 万立方米;在方正断陷柞树岗向斜北坡的新完成的方 6 井,见到油层、差油层 34.2 米,对该井压裂后测试,日产原油 10 立方米以上,为低比重、低粘度、低凝固点的轻质原油。这是大庆勘探史上首次在 3000 米以下深度发现工业油流,为本区勘探提供了新的方向。

在吉林省延吉盆地。1994 年,在盆地东部的德新凹陷南阳东构造,延 4 井测试日产天然气 11563 立方米。1997 年,在盆地东部清茶馆凹陷兴安南断块构造钻探延 10 井,测试时经过压裂,日产油 1.11 吨。2000 年钻探的延 14 井,当时未见工业油流,近来经重新研究测试,压裂后日产油 8.61 吨,展示了本区的含油潜能。

在黑龙江其他盆地。先后对东部的三江、鸡西、虎林、勃利盆地，西部的大杨树、根河、拉布达林等盆地开展了勘探工作，并见到油气显示。正在研究其生油、储油等石油地质基本条件，逐步开展工作。

在非常规油气资源勘探方面。在松辽、海拉尔、三江等18个盆地发现油页岩矿点21处，厚度在4～40米，含油率4%～20%。还有油砂矿、煤层气等，正在勘探之中。

在其他非油类型资源勘探方面。在松辽盆地深层发现了二氧化碳气藏，与天然气伴生，主要分布在昌德气田的芳深9区块，在探明气地质储量65.18亿立方米中，二氧化碳气体占89%，为58.01亿立方米。在海拉尔盆地也发现二氧化碳气，苏仁诺尔油气田在2001年提交的天然气控制储量113.3亿立方米中，二氧化碳气体占91%。经过勘探发现，松辽盆地广泛存在热水资源。在大庆萨尔图区、林甸县等地，都有专门的热水井。但由于埋藏较深，开采成本高，广泛利用有难度，有待探寻埋藏浅、水量大、温度高、靠近城镇的热水区。

第三节　提高钻井和基建水平，确保油田长期稳产

1986年以后，大庆油田为确保5000万吨长期稳产，采取了很多重大技术措施。如：多次打加密调整井、开发薄油层、扩大外围勘探和深层勘探，建设自备电厂，建设助剂厂，扩大水源等，这都给钻井和基建带来很多新的机遇；加上企业实行现代化管理，要求钻井、基建走向市场，问题就更加复杂。针对出现的新机遇、新问题，油田对钻井和基建队伍，进行了多次优化组合和全员技术培训，对设备进行了多次更新换代，在技术上也不断推陈出新，学习别人的经验，形成自己的长处，确保大庆油田5000万吨稳产27年，并开始了“创建百年油田”的实践。

一、钻井水平的提高

从1986年起，大庆油田开始向第二个稳产10年迈进。这时，根据勘探开发的要求，每年要钻2000多口井，年进尺在300万米以上，而当时大庆只有150个钻井队，平均水平也不太高，无论数量和质量都满足不了稳产的需要。从1986年12月开始，大庆油田一方面借用外部钻井力量；另一方面，在当年召开了有钻井、物探、测井、技术服务、科研单位等有关领导和技术干部参加的钻探工作会议，通过摆任务、谈经验、找差距、提措施，认识到只有挖掘现在钻井潜力，走内涵发展道路，才能完成历史赋予的任务。从1987年起，大庆油田钻探系统开展抓基层、打基

础和不断提高科技水平，并确定钻井等级标准，把钻井质量、速度和职工工资结合起来，全面进行优质井升级赛。第一年，有10支钻井队达到一级队，这10支钻井队只占钻井总数的9%，却完成油田交井总数的21%，质量全部达到标准。第二年，有20支钻井队上一级，完成全部钻井任务的32%。到1997年，所有钻井队基本上都达到一级标准，全年钻井3576口，队平均进尺是47673米，比1986年提高了一倍。从此，大庆油田结束了雇用外部钻井队打井的历史。进入21世纪，大庆油田钻井力量按照专业化、科学化的要求，进行了重新组合，成立了钻探集团。集团有钻井队210个，有测井、录井、试采、物探等专业服务队250个。既满足了大庆油田开发勘探的需要，还有近半数的队伍在国内外油田作业。

大庆1205钻井队工作现场。

(一)采取各种措施，钻好老油田的调整井

1986年以后，不断打调整井是大庆油田确保稳产的基本措施，也是钻井的主要任务。从20世纪80年代开始，大庆油田共进行了三次大的调整。第一次，1981—1991年，主要是大庆长垣主力油层的加密调整，共打井11100多口。第二次，1991—2000年，主要是主力层以外的薄油层和表外储层，共打井17000多口。第三次，从2000年开始，计划在2010年结束，主要是尚未动用的0.2~0.4米超薄油层，每年钻井数量也在1000口以上。这三次调整，钻井的对象不同，要求也不同，对钻井提出了一系列新的要求。

解决钻调整井的压力问题。油田注水20年后，地层压力有了很大的变化。见水早的层压力大，见水迟的层压力小，有些层还保持着原始状态。这就给钻井带来有时井喷，有时井漏，有时又喷又漏，井壁塌陷、卡钻、掉钻等事故时有发生。在固井方面也出现很多困难。针对这些问题，技术人员经过认真研究，提出了"停注放溢"的重大措施。即：(1)在钻调整井时，邻近注水井要在七天前停止注水，并要放溢流；(2)在成片注水井停注时，钻井单位要集中力量在这一区域打井，把采油损失减至最小；（3）各采油单位要成立钻井协调组织，与钻井单位协调钻调整井问题；（4）对停注放溢影响的产量，开发部门要安排好弥补措施；（5）开展了以小层压力定量和地层降压度为中心的预测压力攻关。这些重大措施，为钻调整井创造了先决条件。

建立新的固井质量标准。一口油井的好坏，关键在固井质量。为钻好调整井，油田多次改进固井质量标准。1986 年前，一直延用声幅测井标准。按照这个标准，固井合格率已达 96.4%。但在钻厚度较薄的中低渗透层的调整井时，这个标准就不能满足需要，96.4%的合格率，只相当于 63.8%。为此，从 1987 年起，钻探技术人员根据薄油层的需要，制定新的《钻井工程质量标准》要求，经过改进聚合物钻井液，抑制粘土的水分化解，改进泥浆流动性，以及引进大功率水泥车等多种措施，使固井合格率逐年提高，1990 年达到了 99.2%。到 20 世纪 90 年代以后，进行第二次调整，开发特薄渗透率极低的表外储层，这对固井又提出了新的要求。为解决这一课题，油田邀请了全国石油行业 27 位固井专家，在大庆讨论如何固好超薄层极低渗透油井的问题。专家们把实践和理论结合起来，提出了一套固井标准和达到标准的措施。大庆油田把这些标准纳入《钻井工程质量标准》内，又经过几年努力改进，严格实践，到 1994 年固井合格率达到 92.9%。以后十多年，大庆油田在钻调整井时，一直按这一标准指导工作，使调整井质量不断提高。

建立钻井工程质量保证体系。快速优质钻好一口调整井，不单是钻井队的问题，还包括设计、钻井、测井、固井、材料供应、信息反馈等多个部门。为确保调整井的质量，油田把有关各个部门和单位联合起来，组成工程质量保证体系，并以管理网络联系，做到项项有专人、专职，事事有监督检查，形成环环相扣，质量不断提高。

（二）集中力量，钻好外围油田开发井

截至 2005 年，大庆油田长垣外围和其他盆地经过勘探，共发现油田 21 个，气田 13 个，石油储量 11.3 亿吨，天然气储量 1000 多亿立方米。20 世纪 80 年代中期，大庆油田提出：在油田目前尚有资金和技术力量的情况下，要逐步开发外围和新区油田，为老区产量递减做好资源接替。从那时起，就抽出力量开发外围油田和其他新油田。2005 年，共钻开发井 9600 口，累计建成产能 500 多万吨，弥补了老区递减。

1. 优选和改进设备。大庆外围油田多是“三低”油田，油层厚度在 3～7 米，自然产能在 1～2 吨，压裂改造后可达到 7～10 吨，井深在 1500～2000 米。钻这样的井，要求在保护油层的情况下，尽量缩短工期，节约成本。开始钻这样的井，用 40 型钻机打不了这么深，用大庆 130 钻机又是大马拉小车，经济不合算。后来，引进了一批美国车装钻机。这种钻机自动化能力强。能自走,可以喷射钻井,钻深在2000米。在开发龙虎泡油田时,使用这种钻机,钻速越来越快,1700米的井,完井周期只有7.58天,月钻井速度达到了3748米,与130钻机相比,钻井成本节约了17.7%。但是,这种钻机不能在低洼水塘内行走。而大庆很多外围油田的区块,都在低洼地内,经常是水草丛生,汪洋一片,如朝阳沟、宋芳屯、榆树林等油田。为解决这一问题,大庆科技人员,从改进原有设备入手推广电驱动,配备大功率泵,改进底部组合,以及全面实行喷射钻井和优选参数钻井,使原有设备达到了与引进设备一样的水平。

2. 利用新技术开发外围特殊井。外围油田有很多区块,处在苇塘、湖泡之内,以前钻这些井,多是利用冬季会战,或者一口一口的填方,成本很高。20世纪90年代,大庆与国外合作,研制了一套钻斜直井的钻机,解决了在低洼处的钻井问题。1994—1998年,开发牛毛沟洼地油田,利用这种斜直井钻机打井65口,平均井深1390米,最大目的层水平位移904.17米,解决了洼地开发问题。以后,又在其他洼地和外油田打斜直井200口,都取得较好效果。如2004年,利用这种钻机到南阳油田钻井,最大井底水平位移1073米,在全国处于领先水平。

为提高"三低"油田的采收率,大庆油田还与北京石油勘探开发研究院、大庆石油学院共同研究出一套"低渗透砂岩水平钻井完井技术"。利用这种技术,在榆树林、朝阳沟、头台等外围油田钻水平井,都取得理想的效果。榆树林油田的平1井,射孔后初产是附近直井的4.9倍。为薄油层低产油田找到了一个新的增产途径。2000年以后,利用这套技术在冀东油田钻水平井20口,其中一口井的油层是2米,水平延长达600~700米,创造了全国的最高水平。

(三)加强二次勘探,钻好深层探井

为确保5000万吨长期稳产,油田提出了"加强勘探,再找一个大庆油田"的奋斗目标,打探井的力量逐年加强。从1986年起,每年都要安排90~100口探井,其井深从3000~5000米,勘探范围从大庆长垣两侧,扩展到黑龙江其他盆地及吉林、内蒙古等地。经过多年努力,钻深井的水平逐年提高,成功率由20世纪80年代的38%,提高到21世纪初的69%;单井探明储量也由34万吨,提高到74万吨。

1. 搞好基础压力研究,为正确设计提供条件。新探区的地层压力完全不同于喇、萨、杏长垣。开展科学打井,首先要把这些地区的压力预测准。20世纪80年代,大庆油田对长垣两侧的压力预测做了大量的工作,建立起不同地区不同压力的剖面图版。到1995年,开始研究地层孔隙、地层破裂和地层坍塌等三个压力,为正确设计井身结构、确定套管深度、选择钻井液密度提供了科学依据。

2. 努力提高钻深井的速度。大庆油田重新勘探的对象,无论是长垣两侧,还是其他盆地，其岩石可钻性级别都很高，钻井速度慢，完井时间长，成为制约大庆钻井的一个“瓶颈”。80 年代初，3000 米以上的深井，钻井周期要达两年以上，比全国平均水平低得多。为提高钻探井的速度，大庆油田决定全面推进喷射钻井技术。到 1989 年，所有 34 个探井队，都达到了喷射三级阶段的要求，钻井速度提高了 60%。1991 年，中国石油天然气总公司正式立项决定围绕“大庆东部地区中深井优选参数钻井攻关”和“深井钻井参数优化设计技术攻关”，经过 6 口井试验，平均机械钻速比喷射三级阶段提高 39%，成本下降 2.3%。此后，又经过不断实践，反复完善，逐年推广，到 1996 年，平均 3000 米深的井，钻井周期只要 115 天，基本满足了油田对中深井勘探的需要。2003 年，油田开始勘探徐家围子以东 5000 米以上的深井，地下的高温和地层的硬度又对钻深井的速度提出了新的挑战。钻井一公司总工程师张书瑞和其他科研人员，经过多方面的努力，探索并形成了“钻深井十大配套技术”，使 4170 米的深井，98 天钻完，比计划工期缩短 50 天以上。经过 20 年研究和实践，大庆油田钻井一公司共创造各种深井技术 24 项，为顺利提交 1000 亿立方米天然气提供了有力的技术支撑。

3. 搞好泥浆选用。大庆油田重新勘探的对象，由于比长垣深，其地温也就高，因此对泥浆也有了新的要求。1986 年，从抗高温的需要出发，研制出触变好的三磺系列泥浆。但这种泥浆抑制泥岩水化能力不如以前，而且电阻也低，测井解释困难。为此，在实践中需要研究怎样把两者结合起来。90 年代，推广使用了两性复合离子钻井液，抑制粘土水化，达到了保护油层的目的。再上海拉尔油田，用这种新式钻井液打井，就发现了近亿吨储量的油田。

4. 搞好长封固井。大庆油田在两侧重新勘探的目的层多，有上中下组合和深部组合，由黑帝庙的油层到侏罗系的气层。为节约成本，要求钻完后一次性长封固好井，以便分层试油。为保证固井质量，90 年代初，总结了一套“一坚持、二保证、三匹配、四个最佳”的固井工艺措施。实施这种措施，到 2000 年，平均封高达到 904 米，固井合格率达到 100%。

5. 落实“找油找气并举”方针。1987 年，中国石油天然气总公司提出了“油气并举”的方针。大庆油田为落实这一方针，加快了大庆深层找气的步伐。1988 年，先选择肇深 5 井作为深层探气的试点。这口井设计井深 4506 米，井底温度 163℃，勘探目的为侏罗系含气层。在试验施工中，采用了油包水钻井液，处于近平衡压力钻井，还采用了防火防爆技术、固控技术、钻具防断技术、深层取芯技术等。及时发现了气层，并及时进行中途测试，获日产天然气 3622 立方米，为深层找气积累了经验。90 年代后，努力实现近平衡压力钻井，优选抗高温钻井液体系，进一步改善设备，优选钻头，使钻深井的水平不断提高。1998 年完工的葡深 1 井，完钻井深在 5500 米，井底温度达 219.49℃，钻井完井过程施工达到全国先进水平。1999 年开始，进行大庆油田深部天然气井欠平衡技术研究，先后完成了卫深 5 井、庙深 1 井、徐深 1 井等 8 口井的天然气探测工作。其中徐深 1 井中途测试日产气 118 立方米，为大庆东部徐家围子勘探天然气打开了局面。

二、基本建设的发展

大庆油田基本建设包括设计、油建、房建、公路、供水、供电、通讯等。1986 年以后，随着勘探开发的深化和改革开放的变化，油田基本建设遇到了越来越多的矛盾。一是勘探向外围和其他盆地发展，使基建战线越拉越长；二是开发措施和方式不断改变，使基建从单一的油田井、站、管网建设转变为水、电、石化、建筑、路桥等综合的建设力量；三是随着计划经济向市场经济转变，要求基建立足油田又不依赖油田，要在国内外闯市场，形成独立强大的石油行业建设力量。针对以上矛盾，大庆油田基建系统的干部和职工，积极转变观念，多次调整组织机构，按照油田勘探开发和国内外市场的需求不断完善自己，并使生产经营规模由小变大，由弱变强，既满足了大庆油田稳产 5000 万吨的需要，又逐步成为中国陆上石油工业建设中的一支强大力量。

（一）油田设计能力有了长足发展

1986 年以后，大庆油田从强化设计由内需向外需发展，逐步成为独立的法人团体。到 2004 年，已具有了油田地面工程、管道输送工程、油气库工程等行业甲级工程设计资质。近 10 年来，在各种不同类型、不同要求的设计中，做了大量的工作，取得了显著的成就。

在陆上油田（包括沙漠油田、沼泽油田、高寒地区油田）油气集输系统工程设计方面，共完成油井安装设计 32000 余口，完成集油系统管网设计 5 万多千米，完成原油脱水站设计 60 余座。其中，根据不同油田特点研究设计的蒸汽伴随流程、三管热水伴随流程、双管掺水（油）流程、单管不加热集油流程、单管环形电加热流程等集油工艺，都达到国内领先水平。

在油气分离与原油净化处理站（厂）工程设计方面，共完成大型脱水站 70 余座，中小型脱水站和输油站 370 余座。其中，包括国内规模最大、工艺最复杂的处理聚驱及水驱采出液的大庆中十六联合站和技术最先进的新疆塔中四联合站。

在长距离原油输送管道工程设计和长距离油气混合输送管道工程设计方面，继中国第一条长距离管道之后，又完成了大庆至哈尔滨炼油厂的原油输送工程。还成功设计了哈萨克斯坦肯基亚克盐下油田长距离油气混输管线，以及吉林、陕西、新疆等地天然气管道的复杂地形设计任务。

在原油储库工程设计和成品油储库及汽车加油站工程设计方面，也走在同行业的前面。

在注聚合物驱油地面油气处理工程设计方面，更是独树一帜，设计出世界上最大的注聚合物驱油试验场地和工业化推广应用场地。其聚合物注入和采出后油气集输及处理方法，无论在规模上还是在技术上，都在国际上处于领先地位。

另外，在砼小砌块建筑设计技术、燃气电站设计技术等方面，都有新的突破，达到国内先进水平，并承揽到国内市场的大量设计工作。

（二）油田施工技术在满足大庆 5000 万吨需求的基础上向外部市场拓展

大庆油田从会战开始就有一支强大的地面施工力量。1986 年以后，依靠这支力量，确保 5000 万吨稳产，相继完成了萨喇杏长垣的挖潜改造，完成了榆树林、朝阳沟、宋芳屯、海拉尔等 20 多个新油田的地面建设。共建成各种油、气、水、电等站 3900 多座，各类管道 6 万多千米，各种公路 4600 千米，新建产能 11 亿吨。同时，还承担完成了日处理能力 50 万吨的水厂、10 万立方米的储油罐、60 万千瓦的油田自备发电厂及 350 万吨的常减压装置等大型工程。

在国内市场方面，也争得了相当的工作量，先后完成了具有世界先进水平的沙漠集输油工程和新疆塔中四联合站，完成了库尔勒到鄯善的输气管道，还参加并完成了西气东输、陕京输气管道、桂林两江机厂、沈大高速公路等施工项目。在开拓国外市场方面，参加了中油建设集团的苏丹油田项目，承担了巴基斯坦贾姆霄罗电站工程、哈萨克斯坦肯基亚克盐下油田试采工程等项目。在以上工程的施工中，无论地面建设施工技术方面，长输管道工程施工技术方面，路桥施工技术方面，都达到了国内领先水平，在国际上也有一定的竞争能力。

（三）油田水电讯满足了 5000 万吨稳产和地区生活的需要

1986 年以后，随着强化注水、自喷转抽、三次抽油等措施的实施，对供排水、供发电等行业都提出了新的要求。

1. 在提高供水数量和质量方面，从 80 年代开始就筹划引嫩工程，先是将乌尔河的水引进大庆，解决了用水急需的问题。1993 年，大庆油田又投资 17 亿元，兴建了中部引嫩工程和龙虎泡水源工程，以及中引处理工程，使油田供水能力由 77.7 亿立方米，增加到 133 亿立方米，满足了油田注水和注聚合物用水的需要。在此基础上，为提高大庆地区饮用水的质量，1997—2000 年，大庆油田又投资 4.45 亿元，建设了 13 座深度水处理站，使饮用水水质达到国家 88 项饮用水标准，在全国率先实现了分质供水。

在提高大庆水库的蓄水和防洪能力方面，从 2001 年 7 月到 2004 年 5 月，由国家和大庆油田共同投资 1.66 亿元，建成大庆城市供水应急工程。其中包括，新建北引干渠引水联合枢纽工程，引水渠改造工程，水库堤坝加高工程等。这项工程完成后，使引水渠流量由原来的每秒 16 立方米，提高到 20 立方米，水库容量由 1.3 亿立方米，提高到 1.75 亿立方米。在库区实现了防浪有墙，坝上有路，坡上有草，坡底有护栏，大大提高了大庆水库的防洪能力，保证了大庆地区的用水安全。

2. 在油田供电方面，向供电、发电和供热相结合方向发展。1982 年 1 月，按照专业重组要求，成立了供电指挥部，开始对大庆电网实行专业化管理和改造。1989 年以后，随着油田转为全面抽油机生产，用电量成倍增加，开始建设大型自备发电厂，供电单位成为发电供电单位。1995 年以后，为节约能源，供电单位向热电联供方面发展。

在供电方面，截至 2004 年，大庆油田电力系统已拥有 110 千伏变电站 29 座，35 千伏变电所 219 座，有 35～110 伏输电线路 2883 千米，6～10 千伏配电线路 13000 多千米，已形成外网宏大、内网灵活、左右逢源、安全稳定的网络结构。

在发电建设方面，采取了多种办法，缓解了油田用电的困难。先是利用燃气轮发电的办法，解决了一些边远地区的用电问题。1989 年，又将原安达龙凤热电厂划归大庆油田，更名为大庆石油管理局热电厂。1989—1993 年，为缓解大庆油田用电，建成了国家重点工程之一的大庆油田热电厂，其装机容量达 60 万千瓦时，达到了大型发电厂的水平。1998 年，大庆油田热电厂实行热电联供，解决了大庆东风地区 10 万居民供热的问题。从 1996 年开始，建立宏伟化工动力站，2000 年全部投产，不仅解决了油田生产聚合物的用电，还解决了油田西部供热的问题。到 2004 年，油田自发电量达到 86.77 万千瓦，年总发电量已达 42.5 亿千瓦小时，可满足油田生产、生活用电总量的 38%左右。

3. 在油田通信、石油机械制造、建筑材料制造等行业方面，以为油田服务转向为国内外市场服务。大庆油田通信已建成集市话、无线通信、数据传输、图像传输、增值业务为一体的综合通信网，成为黑龙江省内排名前三名的大型通信企业。石油机械制造已从国内走向国外，石油工业最发达的美国和加拿大，从 2005 年起，也开始大批量的进口大庆油田生产的抽油机。建筑材料在国内市场已占有一席之位，具有相当的竞争能力。以上行业在过去 20 年里，不仅保证了大庆油田年产 5000 万吨稳产 27 年的艰巨任务，而且都成为大庆油田“二次创业”蓬勃发展的支柱单位。

第四节　依靠科技进步，推动生产发展

大庆油田勘探开发一直有着依靠科技发展生产的好传统。1986 年以后，随着

油田勘探开发难度越来越大，剩余可采储量越来越少，勘探情况越来越复杂。大庆油田各级领导更加坚定了依靠科技进步，向科技要油，依靠科技保稳产的指导思想。在实践中把课题预算、科室试验、现场实验、全面推广、信息反馈等各个环节有机地结合起来，形成系统工程，优化科技资源，强化科研管理，攻克了油田勘探、开发、钻井及其他工程中的一系列难关，确保了油田5000万吨连续稳产27年目标的实现。

1986年以来，共取得科技成果3400多项，其中重大的有674项，获国家级奖励的39项，获省、部级奖励的280项，还有841项获得国家专利。《大庆油田高含水期稳油控水工程》、《聚合物驱油技术》、《泡沫复合驱油技术》、《桥式偏心分层开采及挖潜配套技术研究》等项成果，均在油田5000万吨稳产中发挥了巨大作用。

一、优化科技资源

1986年前，油田已形成了相当可观的科技资源。在科技队伍方面，总计有职工12962人，其中硕士研究生以上学历287人，大学本科生3624人。在组织机构方面，设有勘探开发设计院、采油工艺研究所、生产测井研究所、国家原油大流量计量检定站，以及石油工业流量计仪表质量监督检验中心等科研单位。这些资源基本满足了油田内部需要。1986年以后，油田进入高含水开发后期，开采难度越来越大，地面工程也变得十分复杂，勘探由老区走向新区，加上实施多元经济的内在要求，原有科技力量就显得十分不足，有些领域还是空白点。针对这些问题，大庆油田对科技资源进行了多次优化组合，特别是2000年管理局和油田公司重组后，油田科技力量进一步加强。

（一）完善科研机构

为加强油田科技攻关的需要，1986年后，先是把勘探开发研究设计院分开单设，成立了研究院和设计院；除采油工艺研究所、测井研究所外，又成立了录井研究所、钻井研究所、农牧业研究所等。2000年以后，管理局成立了大庆钻井工程研究院，化工技术研究院；油田公司成立了采油工程研究院，加上各二级单位的地质研究所、物探研究所、水利研究所、通讯网络研究所等科研开发机构53个。这些科研院所，覆盖了油田勘探、油藏、采油、测试、钻井、地面工程、机械加工、金属焊接及水、电、信、化工、农牧业、园艺、环保等各个专业技术领域。

（二）实施人才战略

首先，对现有的13000名科技人员进行不断的培训，采取请进来和走出去相结合的方法，开展了各种专业技术、管理知识的中短期培训。每年培训达5000多人次，普遍提高了科技人员的综合素质和业务能力。其次，对其中有培养前途的拔尖人才，送到国内外高等学府或科研单位进行深造，使一些科技人员不断提高学历和能力，分别达到本科、硕士、博士水平。还有，创造条件，广招人才。1996年以后，历任的油田领导都到清华、北大等学府进行宣讲，吸引大学生到油田工作。

（三）重视利用社会资源

2000年重组后，大庆油田公司与清华大学、大庆石油学院、国家病毒基因工程重点实验室等知名高校和研究机构建立合作关系，加强了产学研结合，走依托社会资源谋求发展的道路。

二、强化科技管理

油田不断总结过去形成的科技管理经验，并且在实践中逐步完善，发展形成了一套有效的科技管理体系，推进油田的科技进步事业。

（一）加强科技项目管理

大庆油田从20世纪90年代起，按照科技发展的需要，油田建立了科技项目管理机制。每年都确定30多项重大科研项目，按照突出重点、突出水平、突出创新、突出效益的原则，实行重大科技项目的“顶层设计”，然后进行招标。油田公司成立以后，为进一步优化资源配置，激发科技人员创新潜能，提高创新能力，结合油田实际，组织制定和完善了科技计划、科技项目招投标、现场试验、课题制、成果评定验收、技术创新奖励及推广、效益提成等12项科技管理办法，进一步规范了科技项目管理。

（二）加强科技成果转化

1986年以后，大庆油田一直按照“研发一代、使用一代、储备一代”这一科研思路，开展科研工作。当油田主力油层开发兴旺时，就开始研究薄油层和表外储层的开发，当注水采油还有潜力时，就开始研究注聚合物的室内试验和现场试验，当聚合物刚刚大面积见效，又于2002年开始了三元复合的现场试验。就这样，科研始终走在生产前面，重大项目的推广应用率达到了95%以上。

（三）建立和完善竞争激励机制

大庆油田始终坚持年年召开科技总结表彰大会，对有贡献的科技人员和科技项目，进行表彰和奖励。2000年以后，还制定了科技成果效益提成奖励措施，连续五年从成果创收利润中提取5%～10%的比例，奖励创效及推广人员。对有特殊贡献和能力显著的人员，还委以重任。2003年，有53位重大项目负责人被聘为管理局技术专家，80名年轻科技工作者被选拔为局级学术技术带头人，树立了7名科技英才榜样，引进了7名博士后进站工作。

（四）重视科技投入

大庆油田原来就有每产1吨油，每年投入1元科研经费的规定。到1985年，随着科研的多元化、繁杂化，增加到每吨原油1.5元，使科技资金的投入有了制度上的保证。1991年以后，除国家和总公司投资外，油田每年都自筹6亿～10亿元，作为新技术推广的资金。油田机构重组后，管理局和油田公司都相应加大了科技投入力度。管理局根据资金情况，自筹科技投入，每年都保持在总收入1%左右，油田公司还把科技工作纳入企业经营考核中，推动了科技进步。

三、狠抓决定全局性的科研攻关

大庆油田对勘探开发领域决定全局性的科研攻关研究，始终走在现实生产的前面。1986年以前，油田科研攻关就完成了七大工程系列21项技术。即：机械采油技术系列，分层注水系列，油层压裂改造技术系列，堵水技术系列，油水井套管大修改造系列，生产动态监测和节能技术系列等。依靠这些技术的研究成功，确保了“七五”计划，即1986—1990年间，原油5000万吨稳产的实现。

1986年以后，大庆石油管理局领导通过油田技术座谈会，把科研项目定在了稳产到20世纪末的目标上。从而开展了高含水后期增加可采储量技术，外围低渗透油田开发技术，油水井套管防护技术，提高采收率试验研究等，共计191项课题攻关。到1990年已完成183项，并组织开展了30多项开发现场试验。通过科技攻关，初步形成了五大系列技术：(1)井网加密调整技术；(2)注采系统调整技术；(3)表外储层地质特征及工业开采评价技术；(4)油藏数值模拟技术；(5)外围低渗透油田开发技术。这些技术为油田“八五”和“九五”期间稳产规划，提供了技术准备和物质基础。如：井网加密调整技术的研究，认清了在层系细分调整后剩余油分布的特点，提出了“均匀布井，强化注水、新老井协调考虑完善注采系统”的做法，直接指导了开发工作。喇萨杏油田的表外储层深积模式和渗流特征的研究，进一步深化了对储层的认识，开拓了一个新的阶段。还有，普遍推广应用河流三角洲相对比方法，为进一步认识主力油层的剩余油分布提供了有利条件。

1990年以后，大庆油田还是以长期稳产作为主要攻关方向，开发系统共开展课题攻关300多项，开展了27项现场先导性开发试验，形成和发展了八套开发技术，确保了大庆油田在2000年以前稳产目标的顺利实现。这八套开发技术是：(1)以“稳油控水”为目标的高含水后期结构调整技术；(2)外围“三低”油田的开发技术；(3)聚合物驱油提高采收率技术；(4)以开采薄层和表外储层为对象的二次加密调整技术；(5)高含水后期油藏精细描述技术；(6)油藏数值模拟技术；(7)开发规划编制及不同开采阶段的开采储量预测技术；(8)建成了大庆油田开发数据库。

2000年重组改制后，油田公司领导仍坚持搞好先导性开发试验的研究，主要有：(1)萨中高台子油层的开发调整试验；(2)继续搞好加密井网试验；(3)开展聚合物溶液单层分注，逐层上返，采油井合采的聚合物驱油试验；(4)扩大三元复合驱油试验的规模，使这项技术进入工业化应用阶段。同时，加强了外围深层气田和滚动开发的研究。

2004年，油田公司继续向勘探开发发起挑战，开展了十大现场试验。即：围绕完善特高含水下的水驱技术，发展聚区技术，三元复合驱与特低渗透层开发技术，探索聚驱后三次采油新技术，三类薄油层井网加密，以及探索扶扬油层和海拉尔复杂油藏开发技术等。

四、形成全面的技术优势

1986年以来，大庆油田依靠科技进步，攻克各种难关，形成了全面的技术优势。

在采油工程技术方面：1986—1995年，油田进入高含水中期采油阶段，采油工程技术围绕着分层开采和“稳油控水”等多方面开展技术攻关，取得了很大成果。在分层采油(堵水)工艺上，发展应用了细分机械堵水技术，高聚物单液法化学堵水技术，多层封窜等技术。在分层改造工艺上，研究应用了平衡限流法完井压裂，定位平衡压裂，高砂比分层压裂、复合压裂、深层压裂和非常规井压裂等技术，使低渗透油层的改造见到较好效果。从1996—2002年，油田进入高含水后期开发阶段，采油工程技术围绕降低成本、提高效率和聚合物驱油开展攻关，研究成功了液力提捞分层注水技术，同心集成式细分注水技术和桥式偏心分层注水技术，以及形成了从聚合物驱油机理到工业化应用一整套的驱油技术和装备国产化研究生产技术。另外，经过10年努力，研究成功了国产螺杆泵系列配套技术、提捞采油工艺技术，使外围更多的低渗油田得到有效开发。2003年以后，采油工程技术适应油田开发，及时转入到复杂断块油藏、岩性油藏，以及深层天然气的开发等方面。

在勘探方面：发展了向斜区找油理论，形成了低渗透薄互层油气勘探、深层致密气藏勘探和复杂断块油气藏勘探开发技术系列。建立了盆地评价、圈闭描述评价和油气藏描述评价三个勘探评价方法。

在测试方面：研制了四代生产测井地面系统和40多种下井仪器，形成了产出剖面、注入剖面、工程测井和地层参数测井四大测井系列。

在地面工程方面：形成和发展了油气集输工艺、自控仪表与计算机应用、油气水轻烃计量检定、油气评价分析、油田化学及水处理、土建防腐保温等项技术。

在钻井方面：形成了大庆油田调整井钻井完井、开发井钻井完井、深井钻井完井、特殊工艺井钻井完井等配套技术系列，整体达到国内先进水平。其中调整井多压力层系薄层固井技术、薄油层阶梯水平井钻井技术、裂缝性泥岩探井水平井钻井技术、深井抗高温钻井液技术达到国际先进水平。

在物探方面：逐步形成了高分辨率地震勘探、深层地震勘探、复杂地表地震采集等综合配套技术，整体达到国内先进水平，其中高分辨率地震勘探技术、沙漠和水域勘探技术居国内领先水平。

在测井方面：形成了以高分辨率测井为代表的数控测井技术、以核磁共振为代表的成像测井技术、以高精度碳氧比能谱和氧活化测井为代表的套后测井技术，以低孔渗油气藏、复杂岩性、薄层水淹层等为代表的测井解释技术。其中薄层水淹层、电磁波、碳氧比能谱及氧活化测井技术，水淹层及低孔渗油气藏解释技术居国内领先水平，伴随粒子碳氧比能谱测井技术达到国际先进水平。

另外，在深井泵制造、射孔弹制造、新型建筑材料、环保监测等方面，也都有了自己的专利技术。依靠这些技术优势，不仅确保了油田长期稳产高产，而且推动了多种经营和“建设美丽大庆油田”的发展，成为大庆油田的宝贵财富。

第五节　深化企业改革，完善现代企业制度

长期以来，大庆油田实行着计划经济和政企合一的体制。1986 年以后，随着国家改革的深化和市场经济的确立，这种体制越来越不适应。为此，大庆油田加快了改革步伐。一是逐步实行政企分开。从 1983 年起，经石油工业部和黑龙江省多次协商，正式批准，同意成立大庆石油管理局和大庆市，逐步分开办公。开始干部交叉任职，很多部门挂两个牌子，实施两个职能。直到 1996 年，才彻底分开，企业和政府各行其责。二是推行分级分权管理。大庆油田为解决生产型向效益型过渡问题，实行了以搞活二级单位为中心的分级分权经营管理制度。即：1986—1992 年，推行各种形式的承包经营责任制，推行项目管理，按市场机制组织生产；1993—1996 年，由生产建设计划向效益计划过渡，对二级单位实行国有资产委托经营或合权经营；1996 年以后，完善和推进不同形式的内部经营责任制，加快了经营机制的转换。三是向市场开发逐步推进。1991 年，树立“立足大庆、面向全国、走向世界”的战略思路；1992 年，开始建立涉外施工作业队伍，开始到油田外施工创收创汇；1998 年，国内外市场取得突破性进展，先后在国内多个市场中标，并首次打入国际市场。特别是 2000 年以后，落实中国石油天然气集团公司“分开分立”的要求，成立大庆油田公司和大庆石油管理局两个单位，进一步加快了改革的步伐，推动了企业向现代化管理制度迈进。

一、大庆油田公司加快管理创新

大庆油田公司是中国石油天然气股份有限公司的子公司，是以石油天然气开发为主营业务，是国家控股的特大资源采掘企业。2000 年 1 月 1 日正式注册成立，注册资本 475 亿元，资产总值 858 亿元。油公司成立以来，坚持“高水平、高效益、可持续发展”的方针，主营业务一直保持了强劲发展的势头，由 2000 年的 925.27 亿元上升到 2005 年的 1492.37 亿元，2005 年利税总额 1267.81 亿元，连续六年稳居全国工业企业纳税榜首。油田勘探开发取得了一系列重大突破，展示了广阔的发展前景。注水开发技术、聚合物驱油配套技术、三元复合驱油技术都达到世界领先水平，成为进军国际市场的“敲门砖”。

(一)在 5000 万吨稳产 27 年的基础上，提出新的奋斗目标

大庆油田到 2002 年，已胜利实现 5000 万吨稳产 27 年的艰巨任务，创造了世界同类油田开发史上的奇迹。2003 年，重组改制仅几年的大庆油田有限责任公司又发出了进军“百年油田”的号角。“百年油田”强调油田的百年生产，更强调企业的百年成长。这一目标提出后，有效地统一了人们的思想、鼓舞了士气、凝聚了人心，并在油田内外引起了强烈反响，得到了市政府和大庆石油管理局的极大关注。根据“百年油田”规划，市政府制定了相应的城市和农村发展替代产业的规划；根据“百年油田”规划，管理局制定了“二次创业”规划，“百年油田”成为全市人民共同奋斗的目标。

(二)深化三项制度改革

油田公司成立后，就按现代企业管理要求深化三项制度改革。一是推行领导干部竞争上岗、专业技术人员聘任制度。2001 年全面推行领导干部竞争上岗，完善专业技术人员聘任制度、技师评聘制度，优化专业技术人员、高级操作人才队伍结构。二是进行组织机构改革，对公司机关、所属二级单位及矿大队机关进行优化调整，公司机关部室减少了 42%，二级单位机关人员减少 24%。三是探索劳动组织模式，进行采油队专业化管理和一岗双职、一岗多职能的尝试。制定了八个专业的劳动定员标准，完善定员标准体系。变身份管理为岗位管理，推行上岗、试岗、待岗“三岗制”。四是不断完善薪酬激励机制，将薪酬总额与效益指标挂钩考核，严格兑现。建立以岗位工资为主的基本工资制度，以岗定薪，岗变薪变。

(三)夯实以队为基础的“三基”工作

单兵作战、分散上岗是采油的特点。贯彻执行岗位责任制，必须依靠采油员工的高度自觉。油田公司组建后，抓住这一特点，不断加强“三基”工作，年年开展岗位责任制大检查，进行安全意识、质量意识、节约意识的常年教育，涌现出了一批

以采油48队为代表的先进单位。

（四）探索增强经营管理活力的新模式

油田公司分立后，在经营管理上进行了一系列新的探索。一是推进勘探开发一体化。勘探开发系统互相渗透紧密结合，以葡31区块、新肇两个探明储量地区为试点，探索出勘探开发“双向介入，统筹考虑，整体规划，滚动开发”的一体化管理模式。二是推动工程项目管理模式。选择部分项目推行项目经理负责制，配套工程量清单报价招投标制，项目管理逐步适应国际工程招标要求。还推行科研项目负责制、项目公开招标制、职称评聘分开制、成果推广效益提成制、外揽项目承包制等。三是合作开发外围小油田。2000年以来，在与地方政府合作开发头台、榆树林油田的基础上，又与大庆石油管理局及肇源、杜蒙、肇州等地方政府先后合资开发了新肇、龙虎泡、模范屯等油田。四是推行作业区管理模式。在采油九厂推行了作业区管理模式试点，把采油矿分解，成立了六个作业区，实行专业化管理、班组经济核算、薪酬业绩挂钩。全厂平均单井用人由1.44人下降到1.27人。

二、大庆石油管理局实施二次创业

1999年11月1日，根据中国石油天然气集团公司的要求，大庆石油管理局与大庆油田有限责任公司分开分立。大庆石油管理局开始进行产业结构调整、优化和产业升级，适时提出“解放思想，转变观念，坚定信心，谋求发展”的工作方针，明确“立足油田，一流服务；面向市场，二次创业”的发展思路。实施集团化运作，提高了产业集中度和企业整体竞争能力；并大力推进企业化经营、社会化服务，减轻企业办社会的负担。每年要上一个新的台阶。2005年，大庆石油管理局实现生产经营总值353.28亿元，利润3.7亿元；外部市场收入110.74亿元，国外市场收入9.78亿元；上缴税费26.2亿元。

（一）以创建“百年油田”、促进企业发展为目标，形成《二次创业指导纲要》

在新的形势下认真总结历史经验，形成和完善了《二次创业指导纲要》，并将战略任务具体化，形成了二次创业的战略组合。按照这一规划，管理局必须加快培育新的产业，特别是大力发展石油工程技术主营业务，加快培育边际油田开发、深层天然气的分销利用和化工等新型产业，并实施走出去的战略。这既是企业做大、做强、持续发展的迫切需要，也是维护国家能源安全，创建百年油田的必然要求。大庆石油管理局制定的《纲要》要求，全局上下统一思想，提高认识，与油田公司一道，共同肩负起创建百年油田的历史任务。

（二）以产权制度改革为重点，提高集团化、专业化运作水平

大庆石油管理局分立后，按照建立现代企业制度的要求，对现有职能作了进

一步调整。2000年，进行建设集团改制和四家整体带资分流改制试点。2002年，提出自下而上改制，推进建立现代企业制度的体制改革思路，又有三个单位完成了整体分流改制。2003年，对企业办社会部分进行整合，加快分离进程。组建成了钻探、化工、建设、电力、创业、发展、物业、物资装备等八大集团。管理局对集团现有职能作进一步调整，弱化日常事务管理，强化战略规划、投资控制、财务监管、经营监督与管理和协调服务。通过理顺管理体制，实施流程再造，最终形成职能划分合理、业务运转高效的集团化、专业化管理体系。

（三）持续强化基础管理工作，提高经济运作质量

2000年，积极深化企业内部改革，取消所有的亏损补贴，实行扭亏增盈责任制。从2000年开始，连续四年开展了“企业管理年”、“成本效益年”、“推进发展年”、“市场拓展年”的主题活动，从而加强了决策管理，规范了产权管理、财务管理和局内市场管理，强化了安全管理，使企业管理水平逐年提高，企业发展连年上新台阶。

（四）加大市场开发力度，扩大企业发展空间

2000年以来，组成大庆石油国际工程公司，以形成合力、一个“窗口”对外，拓展做大外部市场为目标，对涉及海外业务进行整合。2003年，拓展海外事业上取得了较大进展，各项外拓市场指标有了新的突破，一批涉外产品、产业都站住了脚。“十五”期间，大庆石油管理局外部市场累计合同额398亿元，平均年增长13.4%。其中海外市场完成78.3亿元，五年间增长8.5倍。大庆石油管理局工程技术服务和产品销售在海外进入25个国家和地区，在国内进入29个省、市、自治区。

（五）搞好关联交易，实现合作双赢

大庆石油管理局和大庆油田公司同在一个地区，有着共同的利益、共同的奋斗目标。分开分立后，油田公司和管理局按照中国石油天然气集团公司的要求，努力实践“发展共谋，责任共担，稳定共抓，环境共建”的整体协调发展目标。

首先是理顺工作程序。自2000年，管理局和油田公司每年都按时签订了关联交易协议，确保了双方生产经营管理各项工作正常运行。2000年以来，每年关联交易都保持在140亿元以上。管理局建立了局长带队的关联交易协调领导小组，建立了领导、机关和业务往来单位三级协调工作的模式。管理局和油田公司双方都制定了一些相关行业的管理办法，加强双方合作基础，提高解决问题的效率。二是建立关联交易和市场开放联席会议制度。2003年，管理局和油田公司制定了定期召开关联交易协调会议制度，搭建了关联交易协商平台，开展交流互通活动。三是推进落实质量回访和服务承诺制。管理局有关单位都健全完善了服务档案，主

动质量回访，征求各方面意见，使服务水平不断提高。四是强化油田资金技术资源合理配置。油田公司在投资紧张和“降本”的情况下，最大限度地保证管理局工程施工与技术服务队伍的工作量，继续向管理局利益倾斜，制定合理的关联交易结算价格，支持管理局的发展。同时，也给油田公司带来了稳定的生产经营环境和市场秩序。

从1986—2005年，大庆油田坚持“两个文明”建设一齐抓，继承发扬大庆会战光荣传统，发扬“爱国、创业、求实、奉献”的大庆精神和“铁人”精神，为国家做出巨大的贡献。大庆油田坚持抓基层、打基础，培养出一支思想道德、法制观念、技术水平、工作作风都很优秀的队伍；坚持文明生产、文明施工、文明生活，创造出团结和谐的社会环境；坚持企业环境、社区环境齐抓共管，不断完善了美丽的大庆。2005年7月，大庆石油管理局和大庆油田公司双双被授予“中央企业先进基层党组织”光荣称号。

20年来的发展历程表明，艰苦实践创造了大庆精神、“铁人”精神，大庆精神、“铁人”精神也不断推动油田开发建设创新发展。大庆油田在改革开放的新形势下，能持续为国家做出重大贡献，在于油田各级领导和广大职工，坚持“两论”起家基本功，用辩证唯物主义观点分析和解决油田地面和地下出现的问题和矛盾；坚持“科技是第一生产力”的发展观，始终依靠科研挖掘油田潜力，依靠科技进步提高油田效益；坚持从油田实际出发，在保持社会稳定中深化企业改革，使计划经济

国家级文明小区——大庆油田龙南小区。

稳步向市场经济过渡；坚持发扬大庆精神、“铁人”精神，培养职工“三老四严”、“四个一样”的作风，使职工长期保持旺盛的士气。

从1986—2005年，无论是油田开发、油气勘探、钻井工程、地面建设、综合经济、和谐社会、美化环境等方面都做出了很大的成绩，并为“十一五”、“十二五”的发展，做好了充分的准备。

第二十八章 胜利油田

胜利油田地处山东省北部的黄河三角洲地带,主要工作区域分布在山东省8个市的28个县(区)境内,约4.9万平方千米,主体部分位于黄河入海口地区。胜利油田是中国第二大油田,机关设在东营市。

胜利油田是在20世纪60年代初期发现的。1961年4月,位于东营构造上的华8井首获工业油流,标志着胜利油田的发现。1964年1月,中共中央批准华北石油勘探会战,标志着胜利油田勘探会战和开发建设拉开序幕。1972年8月,改称胜利油田会战指挥部。1985年,胜利油田职工人数为13.9万人,生产原油2703.1万吨,天然气11.4亿立方米,探明石油地质储量2.7亿吨。现价工业总产值61.65亿元,实现利税10.96亿元。

1986年,组织开展孤东油田开发建设会战,初步建成一个年产能力500万吨的大油田。1987年,胜利油田原油产量突破3000万吨。1991年达到油田历史产量高峰3355万吨。在抓好陆上石油开发的同时,加快了海上油田的开发步伐。1993年埕岛油田正式投入开发,2005年建成200万吨级浅海油田。到1995年,油田原油年产量连续9年保持在3000万吨以上。在油田综合含水高、采出程度高、采油速度高、稳产难度大的情况下,通过强化勘探,使老油田滚动勘探和陆上新区新层勘探不断获得新成果,1986年以来,连续17年每年保持新增探明石油地质储量1亿吨以上,新发现和探明了埕岛、临南等23个油气田。1997年,胜利油田首次做到当年新增可采储量大于当年采油量,实现了储量产量的良性循环。1998年以来,原油产量稳中有升,持续稳定在2600万吨以上。

1998 年 6 月,随着中国石油、中国石化两大集团重组,胜利油田划归中国石油化工集团公司领导和管理。2000 年 5 月,根据中国石化重组改制上市的整体部署,胜利油田分为胜利油田有限公司(上市)和胜利石油管理局(非上市)两部分。2005 年 8 月,中国石化股份公司决定将胜利油田有限公司改制为胜利油田分公司。

至 2005 年底,胜利石油管理局拥有固定资产原值 197 亿元、净值 122 亿元,职工 101375 人,实现总收入 267.4 亿元。胜利油田分公司拥有固定资产原值 148 亿元、净值 89 亿元,油气资产原值 957 亿元、净值 345 亿元,职工 75500 人,2005 年新增探明石油地质储量 8618 万吨,生产原油 2694.54 万吨,生产天然气 8.8 亿立方米,实现总收入 699.6 亿元,税后利润 255 亿元。

40 多年来,胜利油田广大职工,坚持爱国敬业、艰苦创业、科技兴油、开拓创新，不断从胜利走向新的胜利，创造了巨大的物质财富和宝贵的精神财富。到 2005 年底，胜利油田已累计探明石油地质储量 46.1 亿吨，天然气地质储量 2149

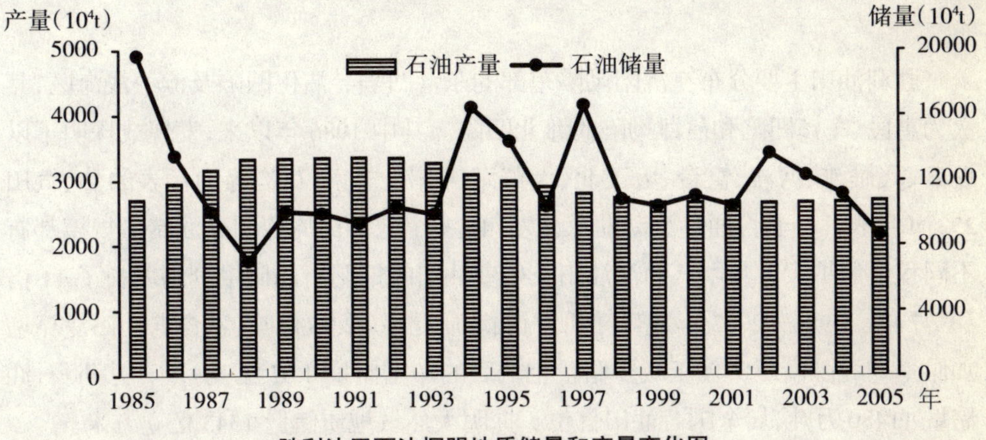

胜利油田石油探明地质储量和产量变化图

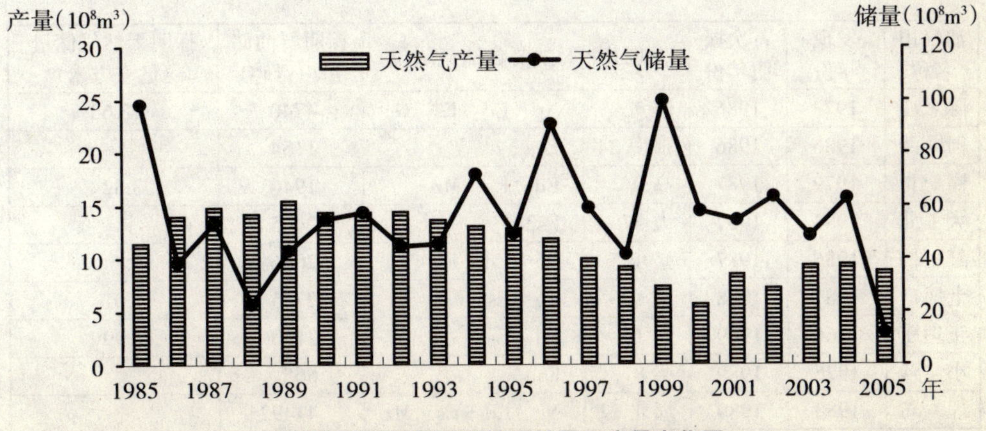

胜利油田天然气探明地质储量和产量变化图

亿立方米，其中气层气 382.39 亿立方米；发现油气田 72 个，投入开发油田 68 个，累计生产原油 8.53 亿吨，约占全国原油总产量的 1/5，生产天然气 407.6 亿立方米，实现税费 1592 亿元，为国民经济建设、石油石化工业的发展和支持地方经济社会发展做出了重大贡献。

胜利油田大力开拓外部资源市场。到 2005 年底，先后同 20 多个国家和地区建立了合资合作关系，取得探矿权的勘探面积 17.3 万平方千米。国内探矿区域扩大至渤海湾盆地、准噶尔盆地、塔里木盆地和鄂尔多斯盆地；油气资源总量达 150 亿吨，为油田的稳定发展提供了更加坚实的资源基础和战略接替阵地。

胜利油田一直重视企业文化建设，强化企业精神的培育，加强文化阵地建设，形成了从创业走向创新，从胜利走向胜利的新时期胜利精神和“百年创新，百年胜利”的共同目标。

第一节 强化油气勘探，打牢资源基础

胜利油田主要分布在济阳坳陷东部的东营凹陷、沾化凹陷及滩—浅海区，其次为惠民、车镇凹陷和昌潍坳陷的潍北凹陷。其中 1986 年以来，发现或探明了以埕岛、飞雁滩、河滩、富台、大王北、大芦湖、临南、盐家、花沟等为代表的油、气田 23 个（见表）。同时，通过滚动勘探开发，40 多个老油田的探明石油储量规模都有不同程度的扩大，其中八面河油田及乐安油田的探明石油储量分别增长了 11 倍和 7.7 倍。1986—2005 年，累计探明石油地质储量 22.96 亿吨（不含老油田复算增加储量与孔隙度压实校正减少储量相抵后的净增储量 4.07 亿吨），年均探明石油储量 11480 万吨，居全国各油田首位。探明天然气地质储量 1343 亿立方米。

胜利油田 1986 年以来油气田发现及探明统计表

油气田名称	发现年份	首次探明年份	发现井	主要含油气层位	探明石油储量（万吨）	探明天然气储量（亿立方米）
陈家庄	1973	1986	陈 7	Ng Ed Es O	4740	18.63
河　滩	1986	1986	孤南 24	Es	1154	
高　青	1979	1987	高 9	Ed Es Mz	1946	3.32
大王北	1984	1987	大 37	Es2	2465	
红　柳	1986	1987	垦东 5	Ng Ed Es	2066	3.84
老河口	1987	1988	桩 106	Ng Es	2745	1.01
正理庄	1966	1989	通 16	Ed Es	2150	2.99
小　营	1975	1989	梁 8	Es	665	
埕　岛	1988	1989	埕北 12	Ng Ed Es Mz	41492	

续表

油气田名称	发现年份	首次探明年份	发现井	主要含油气层位	探明石油储量(万吨)	探明天然气储量(亿立方米)
花　沟	1989	1990	花 4	Ng		38.18
新　滩	1975	1991	垦东 1	Ng	4414	
大芦湖	1989	1991	樊 12	Es	4175	
飞雁滩	1991	1991	埕 116	Ng　Ed　C–P	2309	10.18
英雄滩	1989	1992	大 35	Es　O	2328	
临　南	1991	1992	夏 32	Es	3023	
东风港	1968	1994	车 40	Es　O	2888	1.59
曲　堤	1994	1995	曲斜 8	Ng　Es	1944	
盐　家	1995	1996	盐 5	Es	797	3.18
郑　家	1984	1999	郑 5	Es	982	
八里泊	1977	2000	阳 2	O		15.16
江家店	1994	2001	夏 50	Es	738	
富　台	1997	2001	车古 20	O	3207	
阳　信	2002		阳 101	Es	1005(控制)	

一、探区广阔，主产区富集、复杂

胜利油田的勘探区，分国内、国外两大领域。

国内探区包括渤海湾盆地、准噶尔盆地、塔里木盆地和鄂尔多斯盆地等四大含油气盆地，探矿权面积合计 14.9 万平方千米。其核心勘探区是位于山东省北部的济阳坳陷及相邻的渤海湾滩—浅海区，面积约 3 万平方千米。行政区域涉及东营、滨州、德州、济南、淄博、潍坊等 8 市。地面主要是黄河现代三角洲冲积平原。

胜利油田勘探、开发的济阳坳陷含油气盆地，是一个地质构造复杂、油藏类型多、含油层系多、油水关系复杂、油气性质多变、油气富集高产的复式油气区，从新生界到古生界，从 400 米到 5000 米以下，都含有油气，被称为“石油地质大观园”。地质构造极为复杂，断层密布，落差悬殊，像“一个盘子摔在地上、摔得粉碎、又被踢了一脚”。丰富的油气资源寓于复杂的地质体中，复杂的地质体蕴育了多种油气藏。各类油气藏，纵向层层相间，横向个个相望，平面相互交错、叠合连片，组成一个个复式油气聚集带，成为浑然一体、宽阔、深厚的油洲。胜利油田的核心探区为济阳坳陷及相邻滩—浅海区，以及昌潍坳陷和临清坳陷(东北部)。

济阳坳陷及相邻滩—浅海区，南邻鲁西隆起区，东近郯庐深大断裂，是在华北古生界地台基础上发育的中、新生代断陷—坳陷复合盆地。其发育演化受到多重因素的影响，从而在坳陷内部形成了多凹多凸的构造格局和“群山环湖、群湖绕山”的古地理景观。它具有以下主要特点：多个生烃层系、油气资源十分丰富，胜利油田已探明石油储量的近 99.7%集中在该区；多达 10 套以上的含油气层系，从太古界到新近系明化镇组都发现有油气层；储集岩类型多，有碎屑岩、湖相碳酸盐岩（生物碎屑岩、生物礁灰岩、白云岩）、海相碳酸盐岩、变质岩、火成岩等多种类型；新生界沉积相横向变化大，沉积类型复杂；断裂发育，全盆地发育各种规模的断层多达数千条，其中长期活动的主要断层就有 40 条左右；以新近纪为主的多期运聚成藏；圈闭和油气藏类型多种多样，基本囊括了全世界已发现的油气藏类型，各种构造油气藏基本都与断层有关；多种类型油气藏围绕主要生烃中心成有规律的环状分布。这种特点在东营凹陷表现尤为典型。

二、加强理论创新，探寻地下迷宫

胜利油田 40 余年的勘探历史，大致可划分为三个阶段，即：以背斜理论为指导的油田发现和投入开发阶段、以复式油气聚集（区）带理论为指导的勘探高速发展阶段和以隐蔽油气藏理论为指导的勘探持续稳定发展阶段。

（一）以背斜理论为指导的油田发现和投入开发阶段（1960—1982 年）

该阶段以背斜构造、构造断裂带和潜山披覆构造为主要勘探对象，1960 年在惠民凹陷沙河街构造钻探华 7 井发现古近系烃源岩，1961 年在东营凹陷东营构造钻探华 8 井获工业油流，发现东辛油田，同时也标志着胜利油田的诞生。1963 年发现济阳坳陷目前最大油田——胜坨油田，而后又陆续发现了永安、滨南、平方王、临盘、商河、孤岛、渤南、埕东等油田，油田总数达 35 个，探明石油地质储量 12.6 亿吨。从 1965 年起，这些油田陆续投入开发，1978 年原油产量达到 1946 万吨，建成全国第二大油田。

这一阶段后期，由于对济阳坳陷资源潜力认识不足，曾一度出现了勘探的低潮。1976—1982 年，年均探明石油储量仅 3700 万吨。由此导致原油产量不稳，1980—1981 年连续下降达 335 万吨。但是，这几年加强了区域油气地质综合研究，基本形成了复式油气聚集（区）带的理论认识，为 1983 年开始的勘探高潮的形成奠定了理论基础。

（二）以复式油气聚集理论为指导的勘探高速发展阶段（1983—1995 年）

20 世纪 80 年代初，根据复式油气聚集（区）带的理论认识，经 1982 年的多次论证，重新认识济阳坳陷的资源潜力，统一了思想，坚定了继续勘探的信心。在深化老区勘探的同时，大胆地、不停顿地向“三新”（新区、新带、新层系）领域进行探索，不断有新的突破和发现，形成了油气勘探高速发展的局面。

1983年在沾化凹陷东部的海滩地带发现了石油储量2亿吨以上的孤东油田;1984年在东营凹陷北带发现了以太古界变质岩为储层的、特别高产的王庄油田;1988年在沾化凹陷北部极浅海地带发现了国内极浅海第一个大油田——埕岛油田。此外,还发现并探明了河滩、飞雁滩、老河口、陈家庄、大王北、大芦湖、正理庄、临南、曲堤等14个油、气田,以乐安、八面河及单家寺油田为代表的一批老油田大幅度增加了新的探明储量。1983年新增探明石油储量1.1亿吨,标志着新的勘探高潮和石油储量快速增长的开始。1984年新增探明石油储量35357万吨,创造了胜利油田历史上年探明石油储量的最高纪录。1984—1986年连续3年平均年探明石油储量2.44亿吨以上，此后，年探明石油储量基本稳定在1亿吨左右。1983—1995年累计探明石油储量17.94亿吨(不含老油田复算增加储量),年均探明1.38亿吨,是胜利油田石油储量增长最快的阶段。探明石油储量的大幅度增加,带来原油产量的快速增长,1987年突破3000万吨,1991年达到年产油3355万吨的最高峰。1987—1995年,原油产量连续9年稳定在3000万吨以上。

(三)以隐蔽油气藏理论为指导的勘探稳定发展阶段(1996—2005年)

一个含油气盆地的勘探,总是首先发现大、中型构造油气藏,待主要构造油气藏基本都发现后,勘探对象就会逐步转向岩性和地层为主的各种隐藏油气藏。济阳坳陷的隐蔽油气藏勘探，走过了比较曲折的道路。早在勘探初期的1962年9月，营2井就意外地钻遇沙三中亚段超压岩性油气藏,15毫米油嘴日产油555吨,为当时全国最高产的油井。以后的几十年,也陆续发现过一些岩性、地层油气藏,甚至有以岩性—地层油气藏为主的大油田。如渤南油田,但其勘探过程,最初都是按构造油气藏进行勘探,或以构造油气藏为主兼探而发现的。因此,在1995年以前,并未将其作为一个主要勘探领域进行系统研究。到20世纪90年代中期,济阳坳陷内主要构造油气藏基本都已发现,新发现的构造油气藏绝大多数都是面积小于0.5平方千米的断块油气藏,构造油气藏的勘探难度越来越大,而以岩性油气藏为主的隐蔽油气藏却显示了巨大的勘探潜力，并逐步上升为主要勘探对象。因此,逐渐加大了隐蔽油气藏研究的力度,应用层序地层学理论和方法,结合现代构造地质学、成藏动力学等,进行了全坳陷的“沉积、构造及含油性”系统研究,揭示了“断裂坡折带控制层序低位扇砂体及岩性油气藏群形成和分布”的规律,并初步研究形成了相应的勘探配套技术。以此为指导,将勘探重点转向岩性等隐蔽油气藏,取得了很大的成功,从而保证了每年探明石油储量都稳定在1亿吨以上。以五年为一个统计单元,隐蔽油气藏探明石油储量占阶段总探明石油储量的百分比,即由1985—1990年的20%左右上升到1995—2000年的60%左右,随后的隐蔽油气藏储量所占比例又有所提高,个别年份达70%以上。隐蔽油气藏已成为胜利油田新增石油储量的支柱。

三、大胆探索，勘探理论取得突破

济阳坳陷油气勘探取得巨大物质成果的同时，也取得了丰富的理论成果，而新的理论成果又指导和促进了勘探的发展。1986 年以来的勘探理论发展和创新，主要体现在复式油气聚集(区)带理论的完善和陆相断陷盆地隐蔽油气藏成藏的理论及配套勘探技术的初步形成。

(一)复式油气聚集(区)带理论的完善

胜利油田的地质科技工作者们，首先提出了济阳坳陷是复式油气区的新观点:济阳坳陷是一个具有不同含油层系、不同油气藏类型、不同成因组合的含油气区。由于油源充沛，构造变动频繁，油气运移十分活跃，多种类型的油气圈闭和多种油气层相互交错叠置，在地下有机地排列组合，有规律地分布于坳陷之中，油气圈闭围绕生油凹陷呈环带状分布，构成了济阳坳陷复合油气藏分布的基本格局。这一观点是石油勘探理论上的重大突破，是石油地质认识上的一次飞跃。这一理论的确立，极大地开阔了勘探工作者的视野，促进了胜利油田的快速和持续发展。关于复式油气聚集(区)带的基本认识是，多个生烃层系、多套储集层系、多种储集岩类型、多期油气运聚和成藏、多种圈闭和油气藏类型共存于一个地质体(区、带)中，这决定了一个(区)带的勘探，必须采取以某一层系、某一油气藏类型为主，兼顾多层系、多种油气藏类型的方针，用同样的工作量取得尽可能多的发现，最大限度地提高勘探效益。在 1983 年开始的勘探高速发展阶段，由于地质认识的不断深化，又形成了多期运聚成藏、以新近纪为主和各种类型油气藏围绕主要生烃中心成有规律的环状分布的认识，使复式油气聚集(区)带理论更加完善。1985 年，渤海湾盆地复式油气聚集(区)带勘探理论及实践——以济阳等坳陷复杂断块油田的勘探开发为例获得国家科技进步特等奖。同时，这一理论也促进了勘探高潮的形成。

(二)陆相断陷盆地隐蔽油气藏成藏理论的研究和创建

进入 20 世纪 90 年代，由于主要勘探对象逐渐向各种隐蔽油气藏转移，及时地加强了相关的研究工作。从 90 年代中期开始，在东营凹陷中—北带沙三、四段重点解剖和预研究基础上，首先进行了整个济阳坳陷“沉积、构造及含油性”系统研究，揭示了“断裂坡折带控制层序低位扇砂体及岩性油气藏形成和分布”的规律。进入 21 世纪，又开展了“陆相断陷盆地隐蔽油气藏形成机制与勘探配套技术”研究，形成了“断—坡控砂”、“相—势控藏”和“复式疏导”为核心的理论框架，建立了不同砂体定量描述和油气成藏的动力平衡方程，对隐蔽油气藏的认识更加系统和深化。与此同时，经过多年的攻关研究，也基本形成了以隐蔽圈闭识别和储层预测为核心的配套勘探技术系列。

这一阶段注重了成果的总结和提升，陆续编著出版了《陆相断陷盆地油气地质与勘探》、《陆相断陷盆地隐蔽油气藏形成》、《济阳断陷盆地隐蔽油气藏勘探》、《大型陆相断陷盆地层序地层与隐蔽油气藏研究——以济阳坳陷为例》和《多样性潜山成因、成藏与勘探——以济阳坳陷为例》等著作。“陆相断陷盆地隐蔽油气藏形成机制与勘探”研究，获2004年度国家科学技术进步一等奖。

四、勇于实践，勘探技术不断发展

1986—2005年，胜利油田在勘探理论获得突破的同时，勘探技术也取得了相应的发展，基本可适应各种复杂地质条件下油气勘探的需要。

（一）地震勘探技术

从20世纪80年代中期开始，地震勘探发生了质的飞跃。以往只能在平原地区进行模拟二维地震勘探，而今发展为具有除深海和冰原地区外的各种地面、地质条件的地震勘探技术和能力，包括：大面积的三维数字地震勘探，高分辨率三维地震勘探，井间地震勘探，四维地震勘探，VSP勘探，多波多分量地震勘探、海滩—浅海地震勘探，山地和沙漠地震勘探等。同时，还自主开发了地震勘探的资料采集设计软件。在资料处理和解释方面，不仅拥有IBMsp2+OMIGA大型并行处理系统，可以一次完成数十块三维、总面积大于2000平方千米的大连片处理任务，而且自主研发的三维地震叠前偏移处理软件已投入应用达5年以上，自主研发的、基于波动方程的“地震勘探成像软件系统”也已开发成功。地震资料解释，扩展为除构造解释外，还可利用地震属性信息进行储层预测、储层的油气检测、地震亮点技术直接找气、隐蔽圈闭识别、油气藏描述、油藏开发动态监测等，更直接地为勘探开发服务。

（二）钻井技术

在20世纪80年代中期以前的优选参数钻井技术，只能钻一般的深井及定向斜井。其后的20年，主要发展了水平井、大位移井、地质导向钻井、欠平衡压力钻井、油气层保护、复杂深井、超深井等系列技术。其中前5项技术目前处于国内领先水平，水平井技术可以适应厚度1～2米薄油层钻探的需要，已在胜利油田和塔里木油田完成薄油层水平井30余口。自主研制成功的MWD无线随钻测斜仪，现场应用200多井次，测量精度达到国外同类产品的水平。

（三）测井、录井、测试技术

测井技术。从20世纪80年代后期开始，走自主研制与引进相结合进行测井仪器更新换代之路，技术水平大幅度提高。先是研制成功 SL91-1 常规测井系统，取代老的 JD581 系统，随后又于 90 年代中期自主研制成功 SL3000 测井系统以及与之配套的井下仪器，逐步取代引进的 Atlas3700 测井仪。在引进、推广应用成像测井及核磁测井并消化其核心技术的基础上，90 年代末，又开始攻关研制 SL6000 多目标成像测井系统及配套井下仪器。目前地面系统已研制成功，部分井下仪器的关键技术也已攻克，完全国产化、具有自主知识产权的成套成像测井仪已呼之欲出。

录井技术。20 世纪 80 年代中期开始，综合录井仪的推广应用取代了使用多年的普通气测仪，录井技术进入新的发展阶段，提供录取的地质及工程参数的种类越来越丰富，精度也日趋提高，对正确判识油气层和钻井工程的顺利进行起到重要作用。录井仪器研制方面，在 20 世纪 90 年代中期自主研制成功综合录井仪和非烃气录井仪的基础上，近几年又采取自主研发和技术引进相结合的方式，不仅基本掌握了综合录井仪的四大关键技术，而且形成了可批量制造具有当前国际先进水平的综合录井仪的能力。

油气层测试技术。在常规试油技术方面，重点推广应用了以地层测试为中心的储层评价技术，包括复合防砂、降粘解堵、井筒隔热、蒸汽吞吐和井筒加热举升等内容的稠油、出砂层复合试油工艺，低渗透油层的油层保护及改造技术，根据勘探需要，重点发展了服务于潜山、裂缝油气藏的特殊试油技术，包括中途测试技术和胶凝酸闭合酸压技术。此外，还根据勘探的需要发展了一批其他的工艺技术。

（四）油气地质评价技术

经过多年的研究，胜利油田逐步形成了以地质研究为基础，以计算机技术为手段，服务于地质目标评价和井位设计，集地质、物探、测井、分析化验于一体的，应用于不同勘探阶段或不同勘探对象的勘探技术系列。其中已形成基本成熟的 7 套技术，即：以盆地模拟为核心的油气资源评价技术，以隐蔽圈闭识别和储层预测描述为核心的特殊及隐蔽油气藏勘探技术，以地震亮点为核心的中、浅层气藏识别技术，储集层综合分析评价技术，油气层保护技术，陆相盆地油气地球化学综合评价技术，测井多井评价及非均质油气藏储量计算技术。这些技术的综合应用，对勘探持续快速发展起到了重要的保障作用。

五、应用勘探技术，取得良好效果

勘探技术的创新发展，极大地推动了勘探的进程。针对不同勘探领域或勘探对象，选用与之相适应的配套技术，都取得了良好的应用效果。

(一)碎屑岩隐蔽油气藏的勘探

碎屑岩隐蔽油气藏勘探技术,包括有高精度层序地层分析、断裂坡折带控制层序低位扇砂体及岩性油气藏形成和分布的规律、地质模型的建立、储集层预测及描述、复杂储集层测井解释及油气层保护等。它们在凹陷的陡坡带、缓坡带和洼陷带都得到较为广泛应用。例如东营凹陷北部陡坡带,根据古构造、古地貌、古环境的精细研究,发现盐家鼻状构造东西两翼都发育有大型古冲沟,推测应是沙3~4段大型近岸水下扇、深水浊积扇的有利发育区。经过地震相分析,发现沿斜坡有一系列砂砾岩扇体的显示。又经地震资料特殊处理及视频分析研究,认为是多期叠置的大型复合扇体,扇端插入凹陷烃源岩中,成藏条件非常有利。1995年1月完钻盐16井,钻迁沙三段油层7层30.8米,油水同层3层18.2米,试油获日产140吨高产油流。而后又根据预测相继钻探了盐18、182、永921、922井等,均钻迂高产厚油层,从而发现了盐家油田。根据测井约束反演储层描述结果,以各不同扇体的扇中部位为主部署开发井进行开发。2005底探明石油储量797万吨,建成年产能力9.2万吨,已累计生产原油105万吨。

借鉴盐家地区的经验,对整个北部陡坡带进行了系统研究和勘探,在胜坨—宁海、利津—王庄和滨南—单家寺等地区,都发现了一批沙3~4段砂砾岩扇体岩性或地层油气藏。1996—2005年,累计探明石油储量1.046亿吨,占东营凹陷同期累计探明石油储量的25.3%,成为东营凹陷增加石油储量的重要阵地。

(二)碳酸盐岩潜山油气藏勘探

前新生界潜山油气藏,是渤海湾盆地重要的油气藏类型之一,其中尤以下古生界碳酸盐岩潜山油气藏的勘探潜力最大。碳酸盐岩潜山油气藏勘探的最大难点,在于潜山圈闭类型和内部结构的复杂多变,以及储集层的极端非均质性,因此,所涉及的勘探技术更为复杂。例如,济阳坳陷北部浅海海域埕岛油田埕北30潜山的勘探,主要采用了三维地震叠前深度偏移处理解释及合成声波测井储层描述等技术,提高了构造成像及解释精度,基本查清了其复杂的构造面貌,储层预测取得了比较理想的效果,已探明含油面积19.2平方千米,探明石油地质储量2730万吨,溶解气储量61.83亿立方米。

(三)中、浅层天然气勘探

中、浅层(>2000米)气顶气藏或岩性气藏是济阳坳陷天然气的主要赋存方式。十多年来,以地质综合评价为基础,以亮点技术为主要手段,相继发现了28个浅层亮点群,预测气藏579个,预测天然气储量215.4万立方米。孤南—三合村、陈家庄凸起中段等地区的亮点气藏进行直接勘探开发,共钻勘探开发井46口,成功率达91.3%,累计新建产能60.5万立方米/天。中层气藏的探索,在民丰—永安断裂带相继钻探的丰气1和丰气斜101井获得成功。

第二节　加强油田开发，实现高速上产持续稳产

胜利油田1986—1996年的11年间，找到陈家庄、新滩、盐家、大王北、埕岛、英雄滩、飞雁滩、临南、曲堤等18个油田。新增探明石油地质储量12.3753亿吨，平均每年新增探明石油储量1亿吨以上。1986年，胜利油田开展孤东油田勘探开发建设会战，到1987年12月建成孤东油田年产500万吨的初产能力，是国内高速高效建产能的典范，2002年被评为“全国高速高效开发油田”。1984年开始探索并开展稠油热采开发技术，到1990年12月胜利油田注蒸汽热采累积生产稠油300余万吨，为中国石油工业迅速发展和胜利油田“七五”原油高速上产作出了重要贡献。1988年发现埕岛油田，1992年全面开发取得成功，并形成了一套适合海上油田高速高效开发的配套技术，建成了国内第一个200万吨级浅海大油田。

胜利油田围绕油田勘探开发的实际，以原油生产为中心，积极组织实施油田建设工程，油、气、水、电、路、讯、机修和矿区建设等系统工程配套建成3000万吨生产能力。其中，原油集输系统：共建成计量站1300多座，年处理原油能力100万立方米以上的大型联合站33座，大型油库3座，集输油管道1.8万千米。天然气集输系统：共建成集（配）气站155座，集输气管线3426千米。胜利油田所在地东营市已成为一座现代化的石油城。

一、孤东会战，原油上产

孤东油田是国内滩涂地区最大的油田，具有构造比较简单、含油层系多、油层埋藏浅、厚度大、产量较高等特点。

1986年3月，胜利油田成立了孤东会战领导小组，调集了55台钻机、2000多部车辆、15000多名职工和18000多名民工，展开了大规模的孤东油田开发建设会战。第一战役，3月21日—6月30日，大战100天，日产油量达到11546吨。第二战役，7月1日—9月20日，大战80天，日产油量上到17064吨。全年打井966口，建成投产927口，当年生产原油323万吨，成为快速高效收回投资的典范。

1987—1989年，胜利油田在组织开展滨海地区勘探开发建设会战（简称滨海会战）中，对孤东油田进行了局部的完善配套建设。孤东一号联合站于1987年7月1日开工，1988年11月30日竣工，建筑面积7554平方米，金属罐31台、管线884千米、大小阀件4459套、电缆103千米，年原油外输、脱水能力700万吨，天然

胜利油田孤东会战现场。

气外输能力41万立方米，是全国最大的油、气、水综合处理站。1991—1995年，孤东油田进入开发调整和精细管理阶段，配套工程建设不断完善。

二、开发稠油，形成规模

国内的稠油热采始于20世纪80年代初期。到2005年末，胜利油田已开发动用稠油面积148.89平方千米，地质储量2.7757亿吨，主要分布在单家寺、乐安、孤岛、孤东、金家、八面河等6个稠油油田。胜利油田稠油油藏类型复杂，油层物性差异大。在原油性质上，既有普通稠油、特稠油，又有相当储量的超稠油资源；从储层岩性看，有砂岩、砾岩和灰岩油藏。

自1984年胜利油田开始进行稠油热采先导试验以来，经过"七五"、"八五"的科技攻关，逐步形成了适合胜利油区浅层、中深层普通稠油、特稠油油藏特点的开采配套技术，包括防砂工艺、注汽工艺、举升工艺、动态测试工艺等。依靠这些配套技术，相继投产了单家寺、乐安、孤岛外围等油田，使胜利油田稠油产量逐年稳步攀升，1995年达到了历年最高峰，年产稠油233万吨。但受多种因素的影响，稠油开采面临着下列矛盾：开发方式单一；油藏水淹越来越严重；未动用稠油油藏因油稠、井深、层薄等原因，开发动用难度大。

1983—1984年，胜利油田组织地质科学研究院、采油工艺研究院、勘察设计研究院和滨南采油指挥部等单位，成立蒸汽吞吐科研攻关和现场试验队伍，先后从国外引进地面蒸汽发生器、井下隔热管具和井下高温测试仪表，同时加快试验区钻井和地面工程的建设。1984年9月，第一口蒸汽吞吐井单2-2-1井开始注汽，蒸汽吞吐开采获得成功。到1986年，单2块吞吐试验区25口试验井全部投产。蒸汽吞吐开发稠油取得重大突破，证明蒸汽吞吐热采工艺是开发单家寺稠油的有效方法。

到1989年，单家寺油田东区包括单2块沙三段、单10块东营组、沙一段陆续全面投入吞吐生产，建成生产能力76万吨。

由于边底水的侵入，到1989年12月，累计有66口井见地层水，占投产井数的38.4%，综合含水达50%。特别是投产较早的单2试验区水淹更严重，综合含水达70%。针对油层厚度大、单井控制储量偏高以及生产中暴露出的水侵、产量递减快、采收率低等矛盾，1990年开始对单2断块进行综合调整，对单10块进行加密调整的部署，并且在单2断块高部位设计开辟一个蒸汽驱先导试验区。通过调整，提高吞吐采收率，并为蒸汽驱先导试验区转蒸汽驱创造条件。

1991年单家寺油田的产油量达到101.6万吨，为开发以来的最高峰。此后，随着油井水淹严重，综合含水上升，老井的吞吐效果逐渐变差，产量开始逐年下降。到2005年，单家寺油田年产油51.6万吨。

乐安油田（原称草桥油田）位于广饶县城北一带，到2005年累计探明馆陶组油层含油面积47平方千米、石油地质储量6692万吨。1988—1989年，乐安油田实施蒸汽吞吐试采4口井，皆获得工业性油流。在调研、论证和试采的基础上，胜利石油管理局决定组织“草20深、薄层砂砾岩特稠油藏蒸汽吞吐先导试验”项目的科研攻关，1990年开辟了草20试验区，现场试验获得成功。1990年下半年又开发了草20开发区。草20块自1990年试验区建成25万吨产能后，1991—1993年的年产油量连续3年稳产20万吨以上。

在草20块先导试验的基础上，对乐安油田砂砾岩特稠油藏的开发进行了整体规模规划和部署。在精细的地质研究及油藏工程设计方面，地质科技人员研究油藏的构造特征，优化了油藏工程设计，先后设立了蒸汽吞吐、蒸汽驱、水平井先导试验区和评价区，开展了不同目的的开发试验，总结其开采特点，形成了具有特色的稠油油藏地质研究及油藏工程研究程序。在系统化高速高效进行油田建设方面，应用项目管理模式组织产能建设会战，先后组成了钻井工程、油建工程、测井工艺攻关、新井投产作业承包和规范化达标管理项目组，形成了科学的运行网络。

乐安油田自1993年建成年产100万吨稠油生产基地后，连续3年保持稳产增产，1995年生产稠油127万吨。乐安油田的高速、高效、高水平的建设开发，填补了国内外砂砾岩特稠油藏热采的空白，为低品位特稠油藏热采开发提供了经验。

三、自力更生，开发建设海上埕岛油田

胜利油田极浅海的石油勘探，始于1975年8月。1978年11月—1988年11月，开始海上试验钻井勘探。钻井工作由陆下海，在缺少设备、没有经验的情况下，使用改造的旧钻井平台，边干边学，逐步积累海上勘探经验，并培养了一支能吃苦、能战斗的海上钻井队伍。1978年11月，胜利1号钻井平台钻探的埕中1井，是胜利油田在极浅海域所钻的第一口探井，但该井未见油气显示。1979—1988年，在垦东、青东、埕东及埕中的极浅海海域，共钻井24口，其中见油气层井14口、试油井11口，有4口井获工业油气流。

1988年开始，重点勘探埕岛地区。作为国内极浅海第一个大油田埕岛油田，到1990年底已初步探明和控制了近亿吨的石油地质储量，开辟了在渤海湾极浅海中寻找油气田的新领域。1988年下半年对埕岛油田进行了开发前期评价工作。1988年11月，胜利油田预可行性研究联合小组编写了《埕北东浅海油田开发建设工程预可行性研究》。1990年，胜利石油管理局遵照中国石油天然气总公司关于"埕岛油田先导性开发试验既要经济效益，又要安全可靠；既要吸收国外采油先进的工艺技术，又要因地制宜、因陋就简、土法上马，创出自己的路子"的要求，认真地开展了开发建设的前期准备工作。

1992年11月，由胜利油田自行设计、自行建造的第一座坐底式可移动海上试采平台胜利开发一号下水，埕北151井投产，埕岛油田开始试采。1993年6月，埕北11A井组投产，标志着埕岛油田正式投入开发。1993年5月，胜新一号简易采油平台在埕北35井建成投产，8月和9月，胜新二号、胜新三号简易采油平台分别在埕北151井组和埕北11A井组陆续建成投产。当年产油10万吨。

1994年，埕岛油田在经过东营组开发和中生界试采之后，进入了东营组、中生界全面开发的阶段。1994年2月，胜利油田油建一公司建造的胜利开发二号平台就位埕北21一次投产成功，获得高产稳产；8月建成投产了埕北251单井平台；9月投产了埕北11B井组平台。全年产油30万吨。

1995年，埕岛油田进入主力开发层系馆陶组试采及开发先导试验初步实施阶段。按照"先易后难、先肥后瘦、先高产后低产"的原则，深化油藏精细研究，合理部署井位，提高单井控制储量。截至1995年底，埕岛油田共投产油井52口，建成井口采油平台、中心处理平台、单井采油平台16座。建成并投产了埕北35井组至海一站、埕北11C至海三站两条海底输油管线和陆地相应配套设施。基本形成了以陆地设施为依托，以海上采油平台为基点、海底管线为骨架的海上主体工程。油建一公司、二公司也初步形成了相应的海上采油平台、海底管线制造安装的能力。

胜利油田开发三号平台。

埕岛油田的开发建设，三年迈了三大步，全年生产原油 54 万吨。

埕岛油田馆陶组为主力含油层系，为前第三系潜山背景上发育起来的大型披覆背斜构造，至 2005 年上报探明含油面积 174.2 平方千米，地质储量 4.3 亿吨。1996 年开始，在先导试验区取得成功的基础上，针对海上油田复杂地质及海况条件，油田不同层系油气分布特征、控制因素等，以“经济效益为中心，科学技术为先导”，开展了油藏地质、油藏工程、采油工艺、海工及地面工程建设、油藏管理等多学科、多专业的联合攻关，形成了埕岛油田高速高效开发的配套技术，埕岛油田馆陶组进入全面开发。

1996—2000 年 6 月，埕岛馆陶组油藏大规模投入开发，依靠天然能量生产，六年间共投产油井 196 口，动用石油地质储量 13495 万吨，建产能 220 万吨。平均每年投产 33 口油井、动用地质储量 2249 万吨、建产能 36.7 万吨，实现了高速高效开发。2000 年 7 月开始，馆陶组油井陆续转注，油藏进入溶解气驱阶段，应用数值模拟技术，对埕岛油田馆陶组注水开发技术政策进行了优化和完善；实施注水后，采用温和注水方式，通过强化跟踪分析，及时调整，转注后见到较好效果，油田进入相对稳产阶段。埕岛油田馆陶组油藏全面开发取得成功，形成了一套适合海上油田高速高效开发的配套技术，油田年产油量逐年上升。1996 年年产油 105 万吨，1999 年年产油 201 万吨，2000 年年产油最高达到 217.7 万吨。

2001年后,埕岛油田主力含油层系馆陶组探明储量已基本动用,新建区块向边部中深层系转移,以下第三系隐蔽油气藏和潜山复杂断块岩性油气藏为主,难度加大,周期延长,建产能规模减小。

2005年底,埕岛油田(含胜海地区)探明含油面积174.2平方千米、石油地质储量4.3亿吨。至2005年已投产总井数275口,其中油井222口,注水井52口,凝析气井1口。当年产油212万吨。

四、滚动勘探开发,增储增产

滚动勘探开发是胜利油田复式油气区勘探复杂断快油气田的有效方法。工作程序大体分三步:第一步是勘探发现油气藏并进行试油试采,利用各种手段基本查明地质构造、油藏特征和流体性质,预测油藏边界,初步计算含油面积和地质储量;第二步是详探与开发紧密结合,编制断块(或油田)开发总体设想方案,要求整体部署,分步实施,断块交叉,及时调整,逐步投入开发,建成原油生产能力;第三步是根据生产状况进行开发调整和井网完善,并进一步扩大勘探,增加含油面积或发现新的油气藏,扩建生产能力。这种勘探开发紧密结合、浑然一体、各有侧重、逐步过渡、滚动前进的做法,是提高复杂的复式油气聚集带勘探开发效益的最佳途径。

东营凹陷中央隆起带是胜利油田滚动勘探开发的典型。该带是一个典型的多断层、多含油层系、多油藏类型的复式油气聚集带,面积约700平方千米,已发现了东辛、新立村、广利、现河庄、郝家、史南等6个油田。以断块为主的东辛油田率先实行了以"整体部署,分步实施,断块交叉,及时调整"为核心的初步滚动勘探开发,到1985年底累计探明石油储量22658万吨,年产原油555万吨。1986年以来,采用目标二维地震、三维地震、分层评价、定向钻井等技术,滚动勘探开发逐步深入,发现了许多新区块、新油藏(包括大批岩性油气藏),探明石油储量持续增长。到2004年底,阶段新增探明石油储量27284万吨,累计探明石油储量达到49942万吨。储量的增加带来产量的增长及稳定,该带1985年产油555万吨,目前在已累计产油1.2亿吨以上的情况下,仍保持在年产360万吨左右。

五、科学挖潜,老油田稳产

山东境内已开发油田按储量大小、构造形态、油层、流体物性及生产能力综合考虑,根据不同分类方法归纳成7种类型,即整装油田、断块油田、疏松砂岩油田、裂缝性潜山油田、低渗透油田、稠油油田和极浅海油田。胜利油田在长期的油田开发实践中,不断提高油田长远开发规划和整体开发方案的决策水平,丰富和发展了济阳坳陷复式油气区不同类型油藏的开发理论，基本掌握了各类油藏的开发规律，并广泛应用新技术、新工艺，不断挖掘油藏潜力，改善油田开发效果，提高油田开发水平，实现了原油产量的持续稳定增长，取得了显著的经济效益。

（一）开展“控水稳油”开发工作，提高老油田采收率

“八五”以来，为了提高油田的开发效果，减缓老区产量递减，开展“控水稳油”。“控水稳油”作为非均质多油层砂岩油藏高含水期改善油田开发效果，提高油田整体开发效益的一项战略性措施，在原有井网的基础上，以改善注水和产液结构两个剖面为重点，以控制和减缓递减为主线，多方法、多手段改善油层动用状况。通过应用各种手段和技术，重新认识剩余油潜力分布状况及分布规律，提出了针对性措施工作量，实施后收到好的治理效果。

1992—1998 年，全局 131 个局级“控水稳油”单元，共实施油水井及监测工作量 6941 井次，实施前后对比日产油由 37267 吨上升到 37993 吨，含水上升率小于 0.1，自然递减率 5%～8%。7 年来共增加可采储量 2000 多万吨，提高采收率 1.5% 左右；当年新增原油产量 136 万吨。全局共实施注采调整单元（采油厂监管的厂级控水稳油）628 个，累加含油面积 2797 平方千米，实施后日产油由 19.4432 万吨上升到 19.9317 万吨，含水下降 0.1 个百分点。

（二）开展“不稳定注水”工作，探索老油田提高采收率的新方法

胜利油区通过广泛地开展不稳定注水工作，丰富了“控水稳油”的内容。不稳定注水是通过周期性不同幅度的水量变化，促使地下剩余油产生运移和再分配，从而达到改善开发效果之目的。

如胜坨油田进行了物理模型不稳定注水试验，有 10 个单元进行了数值模拟，所有不稳定注水单元全部进行了精细油藏研究。通过研究，认为不稳定注水促使地下剩余油产生运移和再分配有宏观和微观两方面的作用。在此基础上，根据不同类型油藏的开采特征，形成一套针对不同类型油藏的不稳定注水技术方法。先后在中高渗透、低渗透和复杂断块油藏等三种油藏类型 17 个油田 26 个单元（井组）上，实施了不稳定注水技术。这些单元在不增加新井、基本上不采取任何油水井措施的情况下，开发效果得到了不同程度的改善，取得了“两增两减”的好效果，即日产油量增加、可采储量增加和产水量减少、注水量减少。统计这 26 个单元（井组）合计动用储量 11944.9 万吨，不稳定注水前日产油 2396 吨，综合含水 94.6%，可采储量 4961.3 万吨，在不稳定注水见效高峰期日产油达 3261 吨，比不稳定注水前增加 865 吨，增加幅度达 36%，综合含水由 94.6%降至 92.7%。到 2005 年底，这些单元（井组）日产油 2532 吨，仍比不稳定注水前增加 137 吨。累计增油量 31 万吨，少产水 351 万吨，少注水 761 万吨。用水驱曲线法计算增加可采储量 361 万

吨,提高采收率3.02个百分点。

（三）实施堵水调剖,有效控水增油

胜利油田随着油田含水的不断上升,原油生产成本越来越高,如何使油井少产水多产油是提高油田效益的根本问题。“八五”期间开始实施堵水调剖技术。

堵水调剖工艺技术从最初的油井堵水发展到水井调剖,从单井堵水发展到井组堵水,又从区块整体堵水发展到以堵水调剖为中心的综合治理的过程。调剖也由单井小剂量近井地带调剖发展到大剂量深部调剖。研制并推广了现场施工流程,并配套研究开发了示踪剂监测技术。引进了多种堵调决策技术,研制了新型堵剂,各油田基本形成了适合各自条件的堵剂系列。各个采油厂广泛推广应用了这些优质的堵调剂及配套工艺,共实施了堵水调剖2754井次,累计增油157.34万吨。该技术已逐步发展成为高含水期油田开发过程中控水增油的主导工艺技术之一。

（四）推广应用油层保护、压裂酸化等新技术,改善开发效果

胜利油田油气层保护工作起步于20世纪70年代末期,到20世纪80年代末期在储层敏感性分析方面已经形成了系列分析技术。进入20世纪90年代以来,在“七五”攻关的基础上,开始从宏观和微观上进行损害机理研究,认识到储层的敏感性伤害与其岩石成分、结构、入井工作液、工程措施之间具有许多内在联系。因此,可以通过对这些因素的研究来预测、评价油气层敏感性伤害的种类、特征与强度。油气层保护的室内研究技术和分析手段也得到了迅速发展,从最初的单一研究,发展到以动态实验研究为主,各项静态分析技术,与现场实践紧密结合的配套研究程序和分析技术;总体研究水平已达到了国内领先水平。同时出现了一批油层保护产品。

1994年以来,胜利油田油层保护技术飞速发展,全局11个采油厂全面开展油层保护工作。1996年设立了《胜利油区油气层保护技术》研究项目。该项目的开展促使了胜利油田油气层保护发生了根本性的转变,不仅在理论和技术方面取得了若干国内外突破性的进展和先进的研究成果,而且随着新技术的配套与推广应用,为油田创造了巨额的经济效益。

胜利油田的中、低渗透油藏的储量约占总储量的1/2以上,因此对低渗透油田的改造非常重要。压裂酸化工艺已成为油气田勘探开发过程中改造中、低渗透油气藏,提高产量的重要措施之一。1985—1990年,胜利油田压裂酸化技术迅速发展。随着油田勘探开发与油层改造工艺技术的需要,开始引进国外新技术。1985年与美国道维尔公司合作压裂酸化,同时引进了新型裂液及其添加剂、现场大功率千型施工车组。压裂酸化水平上了一个新的台阶,压裂酸化工艺理论研究水平

得到了迅速发展。1987年开始引进美国的BJ压裂程序，对少数井进行电算设计。1989年开始应用压裂优化设计技术、施工监测技术、缝高控制技术、分层压裂工艺技术、限流压裂技术。这一系列技术得到开发和应用，全油田每年的压裂工作量提高到300井次，酸化200井次，形成了工业生产能力。全面实行计算机辅助设计，施工成功率达到98%。

1990—2001年，胜利油田压裂酸化技术逐步配套完善。在总体工作量稳中有降的情况下，技术工作重点开始向“精深”方向和综合配套应用方向发展。设计技术由单井优化走向区块整体优化，地应力测试技术及各种配套工艺技术与油藏保护措施一起介入到油藏工程方案中。从而保证了压裂工艺方案和区块方案及油藏工程方案的良好结合。压裂技术的应用领域在以低渗透为主体的前提下，开始向中高渗透油藏延伸。服务的范围也由油田内部走向全国，走向国外。

六、三次采油，提高采收率

进入20世纪80年代中后期，由于主力大油田进入高含水开发期，提高已开发油田的采收率成为油田高产稳产的迫切要求，三次采油工作日益受到重视。1988年，胜利油田开展了第一次三次采油潜力评价。由于化学驱三次采油技术可以有效改善储层的非均质性，适合胜利油田陆相沉积非均质性严重的油藏条件，因此被确定了为油田开发的重要接替技术。

1992年进入现场试验研究，在孤东油田馆陶组油藏进行了小井距三元复合驱油先导试验和孤岛油田中一区馆3层聚合物驱先导试验；1994年开展了孤岛油田中一区馆3和孤东油田七区西北部馆5^{2+3}层2个聚合物驱油扩大试验。四个三次采油试验单元的实践证明，胜利油区进行三次采油是特高含水油藏增加可采储量的最有效途径。

胜利油田从90年代开始，伴随着三次采油从先导试验、扩大试验到工业推广应用的过程，室内进行了多学科协同攻关。紧密结合油田实际，不断优化配方和方案设计，总结矿场动态变化规律，应用各种手段，研究各种影响化学驱效果因素，做到以科研促进生产，以生产带动科研，从室内试验、油藏工程、油田地质、数值模拟和经济评价等方面开展了大量的机理性和应用性的研究。配套进行了具有胜利油田特色的一类油藏聚合物驱技术，包括室内试验研究技术、油藏工程综合研究技术、数值模拟研究技术及经济评价技术等。

突破在高矿化度地层小油藏不适合三采的框框，化学驱油技术在二类高温高盐油藏取得了进度。为进一步拓宽化学驱油技术应用领域，提高高温高盐油藏水驱采收率，1998年在胜坨油田胜一区$S_2$1−3单元首次针对二类高温高盐油藏开展聚合物驱先导试验,取得良好增油效果。2001 年完成的中石化集团公司“十条龙”课题《胜坨油田特高含水期提高采收率技术》通过专家组验收,在总体上达到国际先进水平,其中多项专题成果达到国际领先水平。

为探索化学驱油技术在污水配注条件下，在高温高盐二类油藏的可行性,解决污水外排问题,2002 年在胜坨油田胜一区 $S_2$1-3 单元除先导区外剩余部分开展扩大试验,自投产以来运行态势良好。而且目前日产油上升和含水持续下降趋势明显,显示广阔的应用前景。

2005 年 5 月 21 日,胜利油田化学驱三次采油累积增油达到 1000 万吨,是胜利油田开发史上的一个重要里程碑,标志着以聚合物驱油为主的胜利化学驱三次采油技术日臻完善,成为油田持续稳产的重要技术支撑。

七、创新体制机制,开发难动用储量

多年来,由于技术及资金的原因,胜利油田积累了大量低渗透、小断块、油稠、偏远等低品位、难动用的储量。从 20 世纪 90 年代初开始,油田积极探索,成立小油公司,创新激励机制,钻研专门技术,精雕细刻,攻坚啃硬,闯出了以东胜石油开发公司模式为代表的开发难动用储量的新路子。至 2005 年,油田共有东胜、石油开发中心等小油公司 4 个,年产原油 150 多万吨,成为油田开发后期增产的重要方式。

1993 年，根据中国石油天然气总公司关于搞好油田未开发储量市场管理的精神,结合胜利油田未动用储量的实际情况,成立了开发市场管理办公室,负责对未动用储量的开发管理,同时组建成立了东胜石油开发有限责任公司。先后通过管理局内部划拨、招标的形式,投放未开发难采储量约 4.3 亿吨。油公司实行自主经营、自负盈亏、自我发展,依靠科技进步和精细管理,按股份组织形式高效开发难动用储量。

油公司共有含油面积 500 多平方千米,石油地质储量 4.3 亿吨,分布在 41 个油田。这些储量大都地处边远地区,且分布零散,工农关系复杂。油藏地下情况十分复杂,储层发育差,油层物性差,多是稠油、出砂、深层低渗透油藏。经过多年的开发生产工作,动用探明石油地质储量为 21584 万吨,含油面积 231 平方千米。

到 2005 年底，经过多年的滚动开发建设，油公司依靠企业自我积累滚动发展,对所管理的难采储量区块进行投入开发,年产油由 1993 年的 5.3 万吨上升到 2005 年的 155.6 万吨,建成了 140 多万吨生产能力的规模,累计生产原油 1468 万吨,为胜利油田的稳产做出了积极贡献,为难采储量的开发动用探索出了一条成功的路子。

第三节　依靠科技兴油，推动油田快速发展

胜利油田以“科学技术是第一生产力”的思想为指导，坚持依靠科技进步求发展，实施“科技兴油”和“技术创新”战略。加大科技投入，启用科技能人到关健领导岗位，构建起规范高效的科技管理体制和运行机制；推进油田技术实现全面进步，掌握了勘探开发复式油气藏和滩海油田的基本规律，取得了重大的理论突破和技术创新成果，形成了配套的优势技术，保证了发展需要。原油年产量突破 3000 万吨，并为大步走向国内和国际石油市场，奠定了坚实的技术基础。

一、加强科技基础建设

作为国家特大型企业，胜利油田力求成为石油科技自主创新的主体。为此，油田不断加强对科技工作的领导力量。“九五”以来，施行“一把手”抓科技，由管理局局长担任这一职务，亲自主持油田科技发展战略、规划的制定、实施，以及对重大科技项目的立项、攻关，促进上上下下各级领导干部重视科技工作，科技投入显著提高，达到年投资总额的 2%以上。“九五”以来，油田每年直接科技投入达 3.5 亿元以上。通过对科技立项、拨款、攻关、鉴定工作全过程的规范管理，修订、制定和实施了胜利油田科技管理办法和规定，逐年提高了管理水平。“十五”期间，局以上科研攻关项目每年达 400 多项(其中国家级项目占 3%以上，中国石化集团公司级项目占 10%左右)，都能按计划正常运行。

胜利油田从自己的实际出发，构建起由地质科学研究院、物探研究院、钻井工艺研究院、采油工艺研究院和勘察设计院组成的专业配套的油田科技攻关主力军。这些院所装备先进，力量雄厚，具备复杂油田勘探开发的理论创新、科学研究和新技术攻关能力。在地震资料处理解释方面，配备了高性能、大容量的并行微机集群、IBMSP2 等先进设备，研发了以三维地震、叠前深度偏移和约束反演为代表的处理解释一体化软件，年处理二维地震资料 20000 千米、三维地震资料 5000 平方千米。在油藏研究方面，引进开发了适应不同油藏类型，具有国际水平的水驱、热采和化学驱数值模拟软件，满足了油藏描述和开发方案优化的需要。

适应油田生产建设的需要，在 5 个研究院和主要科研生产单位中，建立起一批具有先进水平的实验室。2001 年，在充分调研的基础上，命名了 27 个重点实验室，加强了实验室基础理论与应用技术的研究和管理工作，其中国家级实验室 1 个，省部级实验室 7 个。“九五”以来，依托重点实验室研究课题 30 多项，催生了低熟油理论的发展，促进了三采驱油体系的优化和工程技术的研发，形成了一批具

有胜利特色的勘探开发理论和技术系列，为油田的发展提供了有力的技术支撑，有力地促进了科技工作的发展。

注重新技术推广和产业化工作。油田推广应用体系，由油田的5个研究院和测井、钻井、泥浆、物探、地质录井、地质研究解释等6个研究所，以及11个采油厂的地质研究所、采油工艺研究所组成，主要承担新技术的推广应用以及围绕现场生产中的急需，进行“短、平、快”项目的攻关和技术革新。

二、实现勘探理论突破、工艺技术配套

20年来，胜利油田的科学技术长足进步，勘探理论实现“两大突破”，勘探开发技术实现“五个跨越”，形成了15项配套技术系列。

勘探理论两大突破：复式油气聚集（区）带理论、隐蔽油气藏勘探理论。

勘探开发技术实现五大跨越：勘探技术实现了从整装大油田到复杂小断块、潜山、深层、岩性隐蔽油藏的跨越；开发技术实现了由高渗、稀油、低含水、直井、易动用储量到低渗、稠油、高含水、水平井、难动用储量的跨越；钻井技术实现了从常规工艺、中深、直井到高压喷射、优选参数、负压钻井、深井、定向井、丛式井和水平井的跨越；勘探开发战场由陆地延伸到海上，随之带来陆上工程技术到海上工程技术、以及跳出胜利、走向全国、走向世界的跨越；计算机技术实现了由小型、单机、小规模处理到大型、工作站、网络、大规模并行处理、处理解释一体化的跨越。以水平井钻井为例，截至2005年底，胜利油田已累计完钻投产各类（侧钻）水平井近500口，累计产油700多万吨，取得了良好的挖潜增油效果。2003年水平井年生产能力突破百万吨大关。水平井与同期调整的直井或周围直井相比，钻井费用为直井的1.5倍，而初期日产油可以达到直井的2～5倍，含水比直井低30%～60%，增加可采储量为直井的2～3倍。

逐步形成、发展和完善了15项勘探开发配套技术系列，为胜利油田的持续稳定发展提供了强有力的技术支撑。主要包括：滚动勘探开发技术；复杂隐蔽油气藏勘探配套技术；精细油藏描述技术；高含水油田提高采收率配套技术；复杂油气藏钻井配套技术；三次采油提高采收率技术；稠油、超稠油开采配套技术；滩海石油工程技术；油气层保护技术；地球物理勘探配套技术；适应复杂油藏开发特点的采油工艺技术；地面工程技术；测、录井技术；石油工程新装备技术；计算机应用与信息技术。

“七五”以来，油田共获得各类科技奖励2756项，其中：国家级奖励44项，省部级奖励284项，油田级奖励2428项；获得专利权1055件，其中发明专利86件。近年来，科研成果推广率在80%以上，每年依靠科技直接增油量都在300万吨左右，科技进步对油田发展的综合贡献率达到63%以上。大力加强“数字油田”信息

1988 年 9 月，胜利油田设计的步行式钻井船——胜利 2 号，在埕北浅海就位打井。

化建设，ERP 成功上线运行，建立了财务管理、成本控制等六大模块，管理效能进一步提升。技术创新与科技进步已成为推动油田生产发展、经济运行质量和经济效益提高的先导性和决定性的力量。

三、高度重视人才队伍建设

一是选拔和建立起由国家级、省部级、局级专家为学术带头人、专业技术拔尖人才和优秀青年知识分子组成的总数达 3000 多人的老中青结合的专家队伍。到 2005 年，油田拥有中国工程院院士 1 人，国家有贡献的中青年科技专家 6 人，享受政府特殊津贴人员 128 人，石油石化工业有突出贡献的专家 40 人，省级拔尖人才 3 人，局级拔尖人才 600 人，具有高级以上专业技术职称干部 5558 人，具有本科以上学历技术干部 20633 人，初步形成了一支强大的复合型人才队伍。

二是结合科研和生产实际，采取多种形式，选送优秀青年技术骨干带课题到高等院校、科研院所攻读硕士、博士。先后与 20 多所重点大学建立了高层次人才培养基地，培养硕士 800 多人、博士 40 多人，他们学成回到岗位，已成为各行各业的技术骨干。

三是加大对有突出贡献科技人才的表彰奖励力度。1987 年设立“胜利油田地学开拓奖”，每年评选表彰一次。到 2004 年，已连续评选和颁发了 17 届“地学开拓奖”，累计奖励688名35岁以下的青年地学科技工作者。1998年，胜利油田设立“科技英才奖”，作为除国家科技奖励之外的胜利油田科技最高奖，每两年评选表彰一次，包括5名金牌奖、10名银牌奖和20名铜牌奖，分别给予重奖。到2004年已连续评选表彰了三届，105名科技英才受到重奖，激励科技人员创新、进取。到2005年，全油田80%的重要科研岗位和研究课题，已由40岁以下的年轻人挑重担。

四是1997年4月设立了博士后科研工作站。先后引进国内外博士后共80多名，分别承担了地质、物探、油藏、采油、钻井、油田化学等多种专业领域的关键研究课题，充分发挥了他们在油田勘探开发生产建设中的科研作用和辐射带动作用。到2005年，已完成课题出站28人，在站52人，为油田的科技进步和技术储备做出了重要贡献。

第四节　深化企业改革，开拓国内外市场

20年来，胜利油田按照“机制加快转换、体制有序变动、结构趋向合理、大局保持稳定”的方针，积极稳妥地进行了内部管理体制改革，在不同时期推行了多种形式的内部经济责任制。在经历了一个不断改进、逐步完善、循序渐进的过程后，已逐步走出了一条由点到面、由浅入深、具有胜利油田自身特点的路子。

一、转换经营机制，进行体制改革

1987年以前，根据原油产量包干政策，以内部生产承包责任制为主线。奖金开始与生产任务挂钩，对调动单位生产积极性，适应会战形式的需要，促进原油上产起到了积极的作用。但整个油田还是一个封闭的生产型企业，各二级单位也基本都是单纯的生产者，形成的是以生产调度运行为中心的运行机制。

1988—1996年，开始强调效益为中心，以内部生产经营承包责任制和项目管理为主线。中国石油天然气总公司实行“二定二自一挂钩”的承包办法后，油田又在承包形式、内容、指标体系和考核奖惩等方面不断加以改进。通过这一阶段对采油厂、施工作业、生产保障、地质科研设计和多种经营单位，坚持不懈地推行承包责任制和项目管理，并辅之以配套改革措施，使油田的经营机制发生了较为深刻的变化。全局形成了以勘探项目和采油厂为中心的生产经营运行机制。这主要就是，管理局和二级单位之间单纯的行政隶属关系，转化为责、权、利相结合的承包经营关系；二级单位与二级单位之间单纯的协作配合、提供产品和服务，转化为以内部市场运作、甲乙方合同为纽带的协作配合、有偿服务关系；单一行政命令的管理方式，转化为经营管理为主、行政命令为辅的管理方式；单纯的封闭生产型转化

为开放的生产经营型。

1997—1998 年，落实资产经营责任，以内部资产经营责任制为主线。油田对采油厂、施工作业、辅助生产、机修运输和局属经济实体等近 40 个主要生产经营单位，实行了内部资产经营责任制。各单位由无偿占有和使用国有资产转为有偿，促使各单位在增收、节支、增量资产和存量资产等四个方面下功夫，加强了各单位的资产管理、营运工作，加大了存量资产的盘活力度，增加了闲置和报废资产的变现和租赁收入。

1999—2005 年，胜利油田根据石油石化重组后的管理体制，制定了“加强经营管理，完善内部经营运行机制实施办法”，在全局采取了以内控成本、外闯市场、降本增效的经营运行机制。对全局控制成本、增加收入起到了至关重要的作用。

根据单位不同特点，采取了五种承包办法：以目标成本管理为中心的生产经营承包办法，主要是采油厂、海洋开发公司和油气集输公司等单位；内部资产经营承包办法，主要是施工作业、辅助生产和供水、供电、通讯等生产保障单位；费用或费用补贴承包办法，主要是社区、文教卫生、科研等单位；投资和工作任务承包办法，主要是勘探单位；上交内部利润承包办法，主要是电厂、海洋船舶、胜大集团等单位。

经过近几年的不断调整和完善，油田在经营运行上已形成了四种机制：一是以内外部市场为导向的市场机制；二是以资产经营、目标成本管理为主要内容的管理与控制机制；三是激励与约束相结合的分配机制；四是事前控制与事后监督的分析监控机制。

油田在转换经营机制的同时，对体制改革也不断进行探索。1992 年以来，以提高经济效益、建立“油公司”体制、解体“小而全”为目标，进行了一系列专业化改革和组织结构调整，逐步分离企业办社会部分，对辅助生产单位进行专业化改组，施工作业单位实行模拟法人，面向市场，“四自”运行。

1993 年为适应走向市场和转换经营机制的需要，提高服务质量和竞争意识，钻井系统的管理体制在原钻井总公司的基础上进行了重大改革。按专业化管理的原则，解体原钻井总公司，组建胜利钻井集团公司和 9 个独立的生产经营实体公司。1995 年进一步深化改革，解体钻井集团公司，组建钻井工程总公司、钻井公共事业总公司、塔里木钻井公司。1997 年，按照既有利于形成集团优势，又有利于市场竞争的原则，重新组建钻井集团。将原来的钻井工程总公司和钻井公司等调整组建为钻井集团一公司、钻井集团二公司和钻井工程技术公司 3 个二级单位，同时，在管理局机关设置具有一定行业管理职能的钻井集团（与钻井处合设）。后钻井集团一、二公司分别更名为渤海钻井总公司、黄河钻井总公司。2001 年，为精干钻井主业，将两个钻井总公司的多种经营整体剥离。

1997 年，油田将各二级单位自办的文教、卫生、房产、房建、物业、公用设施、生活服务、治安保卫、大型文体设施、以及商饮网点等办社会部分分离出来，由管理局按区域集中统一组建社区管理中心，实行社会化服务、区域化管理。先后成立 10 个社区管理中心和龙口基地管理中心。

1997 年，油田将二级单位的水电信部分的人员、资产、业务等分别划归供水公司、电力管理总公司和通信公司，基本实现了水电讯系统的专业化管理。

1999 年，管理局将原油建一、二公司合并重组为胜利油田工程建设一公司。

2000 年，根据中国石化重组改制上市的整体部署，胜利油田的机构、资产、人员从法律上分开为胜利油田有限公司(上市)和胜利石油管理局(未上市)两部分。

2004 年，油田将采油厂内部的井下作业队伍在内部整合的基础上整体剥离出来，按地域组建了井下作业二、三、四公司，并与原井下作业公司一起从上市公司剥离到“存续”，上市公司向“油公司”体制又迈出了一步。

二、外闯市场，拓展生存空间

1993 年以来，胜利石油管理局对油田的外部市场开拓工作从无到有、从小到大、从单纯的行业市场拓展到社会市场，实现了递进式突破和跨越式发展。外部市场创收的单位由最初的几家增加到 2005 年的 20 多家，外出创收的人数由当初的每年几百人次，增加到现在的每年上万人次。市场覆盖面由最初的个别行业市场拓展到国内 31 个省市自治区、157 个地区、22 个油田的行业市场和社会市场，并实现了国际市场的突破，在埃及、伊朗、土库曼斯坦、卡塔尔、俄罗斯等国际市场拥有了市场份额。外部市场的收入由最初的几百万元增加到 1993 年的 1.4 亿元，1994 年的 2.6 亿元，1995 年的 3.47 亿元，到 2004 年，已达到 40 亿元。

1993 年开始，是油田外部市场的初闯时期。油田各单位分散外出为主，主要以石油行业为主，油田整体创收水平较低。1998 年开始，管理局及时加大了外部市场的激励政策，开拓外部市场二级单位不断增多，油田外部市场创收由 1998 年的 10.55 亿元，增长到 2001 年的 25.81 亿元，增长了 1.5 倍。

2002 年开始，管理局为实现外部市场每年递增 20%的目标，再度加大了激励政策。由于各行业纷纷外出寻找效益增长点，市场竞争更加激烈，业主对施工队伍、人员素质和设备水平要求较高，开拓外部市场的难度加大。从 2002 年起将 18 家单位外部市场创收纳入承包考核指标，实行了只奖不罚的优惠政策，使外部市场创收突破 30 亿元大关。2003 年又进一步加大了对外部市场单位的激励力度，由上年的超额奖励变成了全额奖励，奖励幅度达 8%，极大地调动了各单位开拓外部市场的积极性，为实现全局创收36亿元奋斗目标起了至关重要的作用。

胜利油田开拓外部市场的模式发生了很大的转变：在外闯市场的领域上，实现了由油田内部市场向行业市场、社会市场和国际市场的递进式突破。由最初的钻井一支独秀，发展到今天的地质勘探、钻井作业、技术服务、工程设计、科研设计、经贸营销等6大板块18个门类齐头并进的局面。塔里木胜利钻井公司1996年中标阿及普石油公司国内第一口反承包井，渤海钻井总公司2001年中标埃及3口井的钻井施工项目，标志着在国际市场的突破。在外闯市场的收入结构上，实现了由单一劳务收入向销售产品和技术服务创收的突破。1997年以前，胜利石油管理局的外部市场收入主要是油建、钻井、井下等施工作业单位的劳务收入。2000年以来，钻井工程技术服务公司、测井公司、地质录井公司和“四院一中心”纷纷闯入外部市场，充分体现了胜利油田雄厚的技术实力和科研能力。机械行业外部市场创收也实现了整体性突破，不仅开拓了社会市场，还走出了国门，在国际市场上展现了油田产品的风采。在外闯市场的组织形式上，实现了由零散队伍、小规模独立作战向集团军协同作战，联合承担综合性大项目的突破。如基建系统承揽的绥中36-1项目、“西气东输”项目、尼日利亚10.7亿元的道路施工项目等。

通过开拓外部市场，锻炼了队伍，培养了人才。经过外部市场十几年的磨炼，锤炼、锻造出一支作风顽强、素质过硬、精干高效，适应市场经济新体制、新机制的

中国大陆科学钻探井在江苏东海县开钻。胜利地质录井公司中标录井项目。

职工队伍，培养了一大批市场工作经验丰富、综合素质突出的经营管理干部和专业技术人才。这不仅对油田“走出去”战略的实施和整个外部市场的发展发挥着重要的示范带动作用，而且在推进油田内部改革进程、调整油田产业结构、缓解生产能力过剩和人员富余等深层次矛盾方面也发挥了显著作用。同时，在外部市场中取得的丰富经验，对油田的生产经营活动也发挥了重大作用。

三、走出油田，实现资源外扩

油田要发展，资源是基础。“九五”以前，胜利油田的勘探领域局限于山东探区。面对“九五”末期济阳探区勘探难度不断增大、后备接替资源不足的矛盾，充分认识到，要实现油田的持续稳定发展，仅靠山东探区是不够的。在中国石油、中国石化的大力支持下，把握探矿权重新登记的有利时机，大力实施资源扩展战略，逐渐将勘探领域由山东逐步扩展到塔里木盆地和田地区、准噶尔盆地、合肥盆地、浙江长兴地区、宁夏中卫地区、辽东湾海域以及国外，勘探面积由“九五”之前的 4.6 万平方千米增大到 17.3 万平方千米，是原来的 3.5 倍。到 2005 年，拥有油气资源量 150 亿吨，是“九五”之前的 2.3 倍。勘探领域不断扩大、资源基础不断增加，为胜利油田勘探的不断发展奠定了雄厚的物质基础。

在国内已矿产登记的多个勘探区块中，准噶尔盆地探区勘探获得全面突破。先后实现了董 1 井、永 1 井、排 2 井、排 8 井等一系列重大突破，发现了储量规模超亿吨的整装大油田——“永进油田”和“油藏埋藏浅、储集物性好、采油指数高、经济效益好”的排 2 油藏，已建立董 1、永 1、排 2 三个采油管理区，建成 10 万吨以上的产能。

走出国门，共享国际资源。在保持济阳老区稳定、新区突破的同时，胜利油田积极实施“走出去”战略，充分利用国内外“两种资源、两个市场”，不断增强在国际市场中的竞争力，积极开拓海外油田勘探开发和石油工程服务市场，取得一定的进展。90 年代先后在秘鲁塔拉拉油田六区、七区、委内瑞拉英特甘博油田进行作业施工，开发油田，承揽了科威特集输站和管道辅设工程。还向中加公司进行了投资。胜利油田到 2005 年底，正在实施和受委托操作的勘探开发项目达到 10 个。其中，勘探区块 5 个，勘探总面积 2.7 万平方千米，预测资源量 17 亿吨；开发区块 5 个，含油面积 247 平方千米，石油地质储量 4.8 亿吨。2005 年，阿尔及利亚、蒙古、阿塞拜疆、吉尔吉斯斯坦开发区块共获权益油 64 万吨，占中国石化海外权益油 87 万吨的 74%。伊朗卡山风险勘探项目在阿旺 -1 井获得优质高产工业油流，实现了中国石化第一个海外勘探区块实质性突破。

海外石油勘探开发项目的开展，进一步加快了施工队伍“走出去”的步伐。到

2005年底，海外工程技术服务项目20个，在境外的施工队伍40支，年境外施工人数达600多人。胜利油田正在实施的工程服务项目包括土库曼斯坦、伊朗、卡塔尔、埃及、孟加拉国等十多个国家的物探、钻井、修井等项目。2005年，新签工程服务合同41个，合同额7545万美元，全年完成合同额7277万美元。海外工程的实施，同时拉动了技术装备的大量出口。至2005年底，海外工程承包累计实现资产设备出口值9805万美元。

四、重组改制，深化企业改革

1998年6月，根据国务院关于石油石化体制改革的决定，胜利油田由中国石油天然气总公司划归中国石油化工集团公司领导和管理。2000年5月，根据中国石化重组改制上市的整体部署，胜利油田的机构、资产、人员从法律上分开为胜利油田有限公司（上市）和胜利石油管理局（未上市）两部分。按照中国石化集团公司的部署，以建立符合现代企业制度要求，适应市场经济和国际规范的管理体制和经营运行机制为目标，遵循"主业与辅业分离、优良资产与不良资产分离、企业职能与社会职能分离"的原则，以专业化、市场化、社会化、现代化为方向，对油田进行战略重组。包括业务重组、资产重组、债权债务重组、机构重组、人员重组，主营业务改制上市。胜利油田将勘探开发生产、科研、销售、炼厂、物资供应、船舶运输、油田治安等划入上市部分，并于2000年5月注册成立胜利油田有限责任公司，设置为中国石化股份有限公司的子公司。自此，油田形成有限公司和管理局两个法人分立并存的格局。适应重组改制、建立完善现代企业制度要求，胜利油田有限公司建立了公司法人治理结构，在继续抓好油田开发，坐稳老油田的基础上，坚持把勘探工作作为重中之重，积极实施资源扩张战略。胜利石油管理局加快了队伍结构、组织结构、产业结构调整的步伐，加大了产权制度改革力度。全油田配套实施了投资管理体制、国有资产处置方式、社会保障制度等多项改革，组织实施了以协议解除劳动合同和改制分流为重点的减员增效工作。油田内部形成了多样化的管理体制和经济运行机制，各行业、各单位不断焕发出新的生机和活力，朝着自主经营、自负盈亏、自我约束、自我发展的现代企业制度方向健康发展。

重组改制以后，油田对上市公司业务持续精干，陆续将物探、工程设计、井下作业等业务剥离到未上市企业，进一步突出了上市公司的核心业务。

以深化劳动人事制度改革为中心，进一步精简机构，压扁管理层，积极推进队伍结构、组织结构和劳动力结构的调整优化，逐步提高劳资管理水平。继续深化内部分配制度改革，强化绩效管理与考核工作，提高油田工资分配效益。加强技能人才开发和培养，进一步提高油田职工队伍素质和核心竞争力。到2005年，胜利油田共涌现出了中华技能大奖 2 人，全国技术能手 8 人，省部级技术能手 73 人，局级技术能手 678 人。

内部改革不断深化，油田经济结构整体趋于优化。一是持续推进队伍结构调整。先后实施“协解”、“内退”、改制分流、分离办社会职能等改革举措，职工队伍总量过剩、人员严重富余的矛盾得到有效缓解。全油田正式职工总量由“九五”末的 19.5 万人，减至“十五”末的 15.96 万人，减幅达 18.2%。二是组织结构进一步优化。通过大力推进内部专业化重组、改制分流，共减少处级单位和部门 39 个、科级单位 602 个、基层小队和班组 4068 个。三是产业结构调整取得实质性进展。通过改制、改组、改造，由过去的“大而全”、“小而全”转变为核心业务比较精干、主营业务比较突出的产业群体，并精心培育和打造了难采储量开发、外闯市场和供发电等“三大亮点”。四是产权结构调整取得重大进展。通过实施主辅分离、改制分流、移交办社会，国有经济逐步退出非主营业务等措施，先后有 25 个企业、1.2 万多人改制分流，教育、公安系统 9400 多人移交社会管理。

第二十九章 长庆油田

长庆油田主要工作区域在中国第二大沉积盆地鄂尔多斯盆地，横跨陕、甘、宁、蒙、晋五省(区)，勘探面积37万平方千米。机关设在西安市。自1970年开展大规模会战以来，经过几代长庆人的艰苦创业，长庆油田1986—2005年新增石油探明地质储量12.14亿吨，天然气探明地质储量1.39万亿立方米；油气年产当量从1986年的145万吨到2003年突破千万吨大关，2005年达到1540万吨（其中原油940万吨，天然气75.3亿立方米)，实现历史性跨越，走上持续、有效、快速、协调发展的轨道。

长庆油田的历史可追溯至中华人民共和国诞生初期。20世纪50年代，以西北石油钻探局(陕北工作大队等)地质普查和钻成第一批探井为标志，步入鄂尔多斯盆地石油勘探的筹划时期。60年代，以银川石油勘探局发现李庄子油田和马家滩油田为标志，是鄂尔多斯盆地石油勘探开发的起步时期。70年代，为鄂尔多斯盆地石油勘探开发大规模上马，长庆石油勘探局(以下简称长庆局)的前身——长庆油田会战指挥部的创业时期，建成马岭、城华、红井子、吴旗、直罗、下寺湾等油田，形成一定原油生产能力，以原油外输兰州为标志。80年代，为长庆局油气勘探开发的调整时期。以原油产量稳定在140万吨左右、由侏罗系找油转向三叠系找油；由中生界找油转向古生界找气，以及为开发低渗透油田作技术准备为标志。90年代，是长庆局的大发展时期。长庆局坚持“油气并举、协调发展”的方针，加快油气勘探开发、生产建设步伐，十年跨了十大步，以天然气勘探获得重大突破、侏罗系滚动勘探开发取得成功、经济有效地开发低渗透油田、油气储量成倍增长、油气产量连续突破历史最高水平、炼油化工达到一定规模和基地大规模调整为标志。特别是成功地开发探明储量亿吨级的安塞特低渗透油田，被中国石油天然气总公司(以下简称总公司)誉为“安塞模式”，在全国石油系统推广；发现并开发探明储量3亿吨的靖安特低渗透油田；成功探明中国最大的世界级整装大气田——靖边气田，并向北京、西安等十多个大中城市输气；形成具有长庆特色的油气理论和主体技术；油田开发进入良性循环；筑路建设、机械加工、农副产品创出品牌；实现生产指挥基地向西安战略性转移，油田的社会地位和作用显著提高，并形成“攻坚啃硬，拼搏进取”的长庆企业精神。

1999年9月重组改制，长庆石油勘探局与长庆油田分公司(以下简称油田分公司)分开，对外统称长庆油田。此后，长庆油田进入持续、有效、快速、协调发展时期。以油气储量、产量连年大幅攀升、增长量和增长幅度均名列中国石油前茅、形

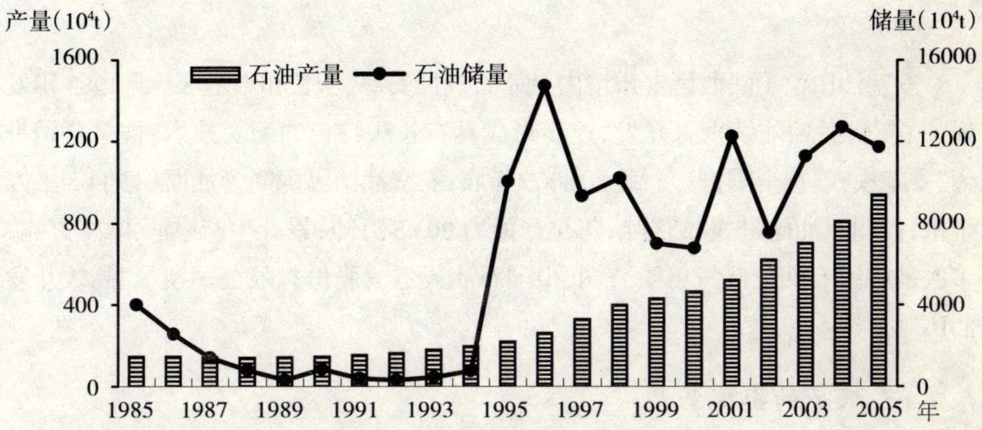

长庆油田石油探明地质储量和产量变化图

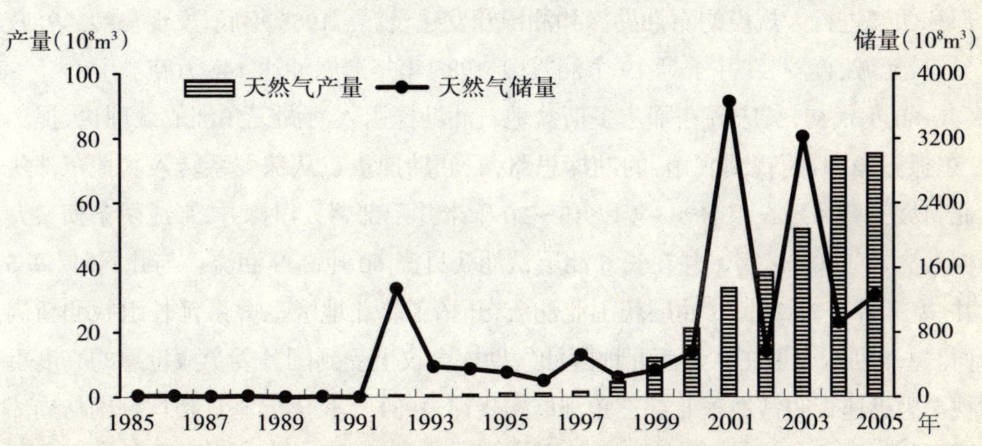

长庆油田天然气探明地质储量和产量变化图

成中国第一个探明天然气储量上万亿立方米的大气区、实现“油气并举、协调发展”新格局为标志。这个时期，长庆油田按照“三个重新认识”（重新认识鄂尔多斯盆地、重新认识长庆的低渗透、重新认识我们自己）的思路，在榆林、乌审旗、苏里格等地区获得天然气勘探重大突破；发现并探明西峰油田；2003 年 11 月29 日，年产油气当量突破 1000 万吨，实现历史性跨越；长庆天然气作为“西气东输”“先锋气”，向上海及华东地区正点平稳供气；钻井、试油、压裂、测井、油建、筑路、机械制造等技术服务行业装备进一步改善，科技水平大幅度提高，不仅适应油田快速发展的需要，还开拓社会市场，打入国际市场；生产、生活基地大规模调整和建设，职工生活水平和生活质量显著提高，精神文明建设成果丰硕，为持续稳定发展奠定了坚实基础。

第一节　创建安塞油田模式，开辟“三低”油藏勘探开发新天地

安塞油田位于陕西延安市境内，横跨志丹、安塞、子长和宝塔区。于 1983 年发现，80 年代后期陆续投入开发，逐步形成具有长庆特色的配套技术，被总公司誉为“安塞模式”在全国推广。截至 2005 年底，安塞油田已探明含油面积 744.3 平方千米，探明石油储量 3.42 亿吨，年生产能力 203.5 万吨，累计生产原油 1627 万吨，多次被中国石油天然气集团公司、中国石油天然气股份有限公司授予“高效开发油田”称号。

一、艰辛的勘探历程

20 世纪 70 年代，长庆局的前身——长庆油田会战指挥部在鄂尔多斯盆地南部和西部进行大规模的石油勘探和油田开发建设。至 1985 年底，发现马岭、华池、吴旗、元城、直罗、红井子等 19 个油气田，1985 年年产原油达 146 万吨。

80 年代初，长庆局在鄂尔多斯盆地石油勘探引入河湖三角洲成藏理论，提出“东抓三角洲，西找湖底扇”的勘探思路，石油勘探重点从侏罗系转入盆地东部陕北斜坡三叠系延长组。1983 年以 15～20 千米井距部署 6 口探井，形成两条侦察大剖面。7 月 30 日，塞 1 井在长 6 油层试油获日产 60 吨高产油流。与此同时，塞 5 井、塞 6 井在长 2、长 6 油层获工业油流，开拓了陕北地区三叠系延长组找油新局面。这一勘探成果在 8 月西北地区油气勘探会议上受到国务委员康世恩的高度重视。为迅速查明盆地东北部三角洲展布规律，1984 年长庆局制订整体解剖与局部围歼的勘探方针，横切三角洲复合体，部署 6 条大剖面、18 口探井；同时在安塞三角洲部署 20 口预探井，全年钻探井 38 口，10 口井获得工业油流，基本查明安塞

三角洲的轮廓和油气富集规律。当年探明坪桥塞5井区含油面积63平方千米，探明石油储量2584万吨。1985—1986年，长庆局一手抓储量增长，一手抓主要油层试采，共钻探井76口，新增探明石油储量6583万吨。1983—1987年，追踪三角洲主沙体，抓住次生溶孔发育区和相对高渗带，在2500平方千米范围共钻探井122口，试油101口，76口获工业油流，发现王窑、候市、杏河、坪桥、谭家营5个含油区块，累计探明含油面积206平方千米，探明石油储量1.0561亿吨，成为盆地第一个储量上亿吨级的油田。

二、积极开展开发研究和矿场试验

安塞油田储油物性极差，有效渗透率仅0.49毫达西，油井射孔完井几乎没有自然产能，属典型的低渗、低压、低产的整装油田。特低渗油田的开发，国内外都没有成功经验可借鉴，1985年，长庆局在勘探阶段就着手开发前的技术准备，从油田地质到油藏工程，从室内开发试验到大规模现场开发试验，从保护油层工艺到地面简化流程，各专业艰苦奋斗，联合攻关，提交专业技术报告30多份。

(一)搞好开发试验研究

1986年10月，石油部部长王涛在北京听取长庆局汇报时，明确指出要在安塞油田搞好开发试验。11月，长庆局针对安塞油田复杂的地质、地面条件，提出“坚持程序、搞好试验、依靠科技、攻克低渗、提高单井产能”的工作方针和“合理利用油气资源，适用技术配套，先肥后瘦，先易后难，先评价后方案，先试验后开发，提高整体开发效益”的思路，围绕提高单井产量和开发效益，与美国CER公司签订安塞油田开发可行性研究合同。石油部勘探开发研究院(以下简称部研究院)和长庆局勘探开发研究院(以下简称局研究院)也同时成立开发可行性研究项目组，研究储层评价及开发方式、开发井网等技术政策。

局研究院以开发试验为主，并在美国NIPER研究所、部研究院分析试验上万样次的46种类别岩心及流体，定量分析安塞油田长6油层渗流特征，计算对比50个开发方案，分析和优选3种开发方式、5种井网形式、6种井距、6种注水时机以及不同注采压差和注水速度的技术经济综合指标。并综合美国CER公司、部研究院的研究成果和储层结构、渗流特征、油层污染、伤害机理、压裂改造等试验评价，认为安塞油田具备注水开发的地质条件，注水开发是可行的，最终采收率可达25%。

(二)成功地开展矿场试验

为摸清和解决开发安塞油田的关键技术，给经济有效的开发提供技术保证，长庆局领导与地质专家、科研人员一起研究，决定组织井组、先导性和工业化三个先期矿场试验。

1986年首先针对不同井区、不同油层组织塞6井组、塞1井组、塞5井组开发试验，以搞清油井初期产能、递减规律、能量消耗，探索不同压裂规模的单井产能及注水开发的可能性。1988年，在塞29井组4平方千米内钻井46口，建产能4万吨，进行先导性开发试验，探索优化射孔、压裂改造、大面积注水和提高单井产能的措施。这次试验的最大收获是通过整体压裂改造，使单井日产达到3.29吨。1989年，在紧邻先导性试验区，动用5平方千米探明含油区，钻开发井82口，建产能10万吨，进行工业化试验。这次试验的重大突破是在特低渗透油层实行面积注水开发获得成效，使见效井日产油从4.15吨提高到5.3吨。

三个矿场试验获得两大成果：一是安塞油田长6油藏属于低孔、低渗、低压的“三低”油层，油井基本无自然产能，只有经过压裂改造才具有工业油流。而提高压裂改造规模后，产量会大幅度提高，投产后平均单井日产油4吨以上，相对稳产期长。二是面积注水是保持地层能量的有效手段，特低渗的长6油层不但能注进水，而且能注好水，油井见效期一般在3至6个月，见效均匀，平均单井日增油1吨以上。

三、安塞油田进入全面开发建设阶段

1990年5月，总公司批准长庆局“安塞油田整体开发方案”。安塞油田进入全面开发建设阶段。

（一）集中进行开发建设

开发安塞油田的第一个困难就是资金紧缺。长庆局领导提出“借钱打井、卖油还债、滚动开发、尽快回报”的思路，通过总公司向国家申请贷款；同时提出“增产节约、开源节流、挖潜增效、综合平衡”的方针，发动全体职工、家属过几年“紧日子”；并把“规模与稳产、储层研究、井网和井距、开发层系、投注和注水、压裂强度、回压与产量、生产压差、水平井试采、油田管理”等10项技术规定和措施贯穿于开发方案、建设计划、工程设计、施工建设的全过程，把有限资金用在刀刃上。开发方案也明确要求“按‘先肥后瘦，先易后难’的原则，统一部署，分期建设，建成一块，投产一块”、“坚持‘少投入，多产出’，加速资金周转，做到当年建产当年产油”，确保油田开发效益。方案动用储量6379万吨，钻开发井1176口，进尺138万米，累计建产能126万吨。

1990—1991年，集中在王窑区建设产能29万吨；1992年又开始在候市区建产能11.8万吨；1993年在候市区和杏河区建产能13万吨；1994—1995年集中建设坪桥区产能57万吨；1995年当年生产原油70.5万吨。至此，安塞油田开发建设已初具规模，各项开发技术指标达到一类水平，采油速度1.5%，平均单井日产达3.5吨，日产超过5吨的井有152口。1997年突破百万吨大关，达100.3万吨。

安塞油田的开发建设集中11个单位2000多名精兵强将，在毛泽东当年曾居住过的安塞县王窑乡高沟口附近，由长庆局安塞前线指挥部统一管理、统一指挥。并采用项目管理的新机制，要求各施工单位做到合同上分、思想上合，责任上分、工作上合，全局一盘棋，完成任务和控制投资。在实施过程中，做到领导力量、建设资金、施工力量“三个集中”；抓好规划设计、施工前准备工作、施工质量、工程验收、建设成果“五个监督”。

实行项目管理，运用经济手段，引入竞争机制，排除一些不必要的干扰。在自然环境恶劣、众多施工单位和多工种联合交叉作业的状况下，保证每年产能建设任务的完成，并在原材料价格逐年上涨的情况下，万吨产能建设投资稳定并逐年有所下降。

(二)创出低渗透油田建设的“安塞模式”

开发安塞油田，就是解决“三低”油田与提高单井产量、降低建设成本的矛盾，只有依靠科技，突破关键性技术，才有可能高效开发。这也是“安塞模式”的关键所在。

安塞油田如何最大限度地解放油层，获得较高的产量，科研人员进行了大量研究和攻关。经过五年多努力，建立了一整套合理的压裂改造模式。根据裂缝形态、方位、缝高等优化压裂施工参数；开展油井震动压裂、油井裸眼压裂、裂缝全充填压裂、不同加沙强度压裂和斜井压裂等工艺技术试验，取得适应不同地层的压裂工艺要求；改进压裂液配方，完善现场配制技术，大幅度降低压裂成本。共完成1858口油水井、2468层次压裂改造任务。单井日产量由2.56吨提高到4.37吨，为安塞油田开发找到一条出路。

通过压裂改造虽然能提高单井产量，但依靠自然能量开发，油井产量年递减将达到25%~30%，最终采收率只能达到8%。矿场试验证明注水补充油层能量是提高开发效果的有效途径。1987年7月1日，安塞油田第一口注水试验井塞6-71井投注，3个月后，周围3口油井明显见效，产量上升。全面采用注水开发技术，水驱动储量控制程度达73.6%，有效驱潜压力系统基本建立，地层压力保持水平达到90.7%，油井大面积连片见效。

安塞油田地形复杂，山高沟深，采用直井开发修路成本高。为减少地面建设工程量、降低建设投资，1988年，长庆局把丛式井技术引入安塞油田开发。经过3年实践和改进，于1990年7月17日在王11-12井组，83天在一个井场钻成1口直井、4口定向井，各项技术指标均达到技术要求。安塞油田全部采用丛式井组开发，10 年中，共钻定向井 1300 多口，实现直井、造斜、增斜的“双三一”（即：三只钻头、三趟钻、一口井）和增斜段的“四个一”（即：一种钻具、一只钻头、一趟钻、一次增斜到底）的作业，平均建井周期 16 天，最短建井周期 7 天，一个井场最多钻井 9 口，最大水平位移 654 米。丛式井虽然在钻井直接成本方面有所增加，但综合成本可降低 12%，仅钻前工程、钻机搬迁费用平均每口井就节约 13 万元，而且为油气集输系统建设和采油厂生产管理带来诸多方便。

针对“三低”油田和复杂的地貌，长庆局用“三从一新”作为安塞油田地面建设的原则，即“从简、从省、从快，采用新技术”。其特点可用“单、短、简、小、串”5 个字来概括。所谓“单”，是指单管不加热密闭集输工艺、单管小支线活动洗井注水工艺、单井单管集输工艺流程、单干管小支线串管活动洗井工艺流程；所谓“短”，就是二级布站，取消计量站和接转站的事故罐，减少中间环节，缩短工艺流程；所谓“简”，就是简化工艺、简化设备、简化操作；所谓“小”，就是根据单井液量少、产量低的现实，配套应用小装置、小工艺、小设备、小措施、小仪表；所谓“串”，就是串管流程，即多级阀组间串管流程、多级站串管输油流程，泵对泵接力输油，多井串管注水。这些地面建设工艺技术，从安塞油田“三低”实际出发，在王窑、坪桥、候市、杏河等区块都得到应用，实现了建设简而不陋，没有降低技术标准；省投资而不降低开发水平；建设速度快而不逾越程序。其“内涵”集中体现在安塞油田开发的高速度、高水平、高效益上，地面建设投资占产能建设总投资比例从 1990 年的 53% 下降到 1994 年的 36%，低于全国平均水平。安塞油田开发技术获总公司重大科技成果奖。

（三）艰苦奋斗的“好汉坡”精神

安塞油田地处沟壑纵横、塬高坡陡、干旱少雨、黄土飞扬的自然环境。由于道路浮土厚达半米，汽车行驶艰难，职工们常常用棕绳撬杠、人抬肩扛把钻井部件搬到井场。人们风趣地说：“安塞油田苦不苦，每天要吃半斤土，白天吃不够，晚上还要补。”会战期间，2000 多名钻井、试油、地震、油建、筑路和运输职工，发扬大庆传统和延安精神，克服没有住房、没有水电等困难，艰苦奋斗，无私奉献，创造出许多奇迹。

安塞油田开发队伍职工平均年龄只有 23.7 岁。为高效开发安塞油田，采油一厂把提高队伍整体素质作为大事来抓，持续开展“岗位练兵、岗位能手、岗位成才、岗位奉献”的活动，总结“一日一岗一道题，一月一查一考核，一季一赛一总结，一年一评一验收”的经验，收到良好效果。特别是采油八队王三计量站，所管的 16 口油水井，均位于坡度达 70～80 度的山头上。巡井没有路，年轻的采油工们便以管桥越沟，以羊径登山，飞雪不停留，风雨照旧走，稍有不慎，便会跌入十数米深的山

“好汉坡”成为爱国主义教育基地。

涧。职工们形容，爬一次坡须有“不到长城非好汉”的勇气。在日复一日的巡井攀爬中，采油工们踩出一条满是土窝的巡井小路。后来采油一厂挖山铺路，焊接栏杆，修了一条463个台阶的巡井山路，成为闻名遐迩的“好汉坡”。2004年4月，“好汉坡”被中国石油集团公司命名为爱国主义教育基地。

四、发现靖安油田，实现高效开发

靖安油田位于陕西靖边和志丹县境内，地面黄土覆盖、沟壑纵横、梁峁密布，地形十分复杂。

安塞油田的发现，证实鄂尔多斯盆地三叠系湖盆大型复合三角洲是石油勘探主战场之一。陕北除了安塞三角洲，还有另外的三角洲。1991—1993年，长庆局领导在天然气勘探中提出“油气兼探，立体勘探”的思路，把目光注意到安塞西面的靖边—志丹三角洲。按照三角洲油藏成因机制和古地貌油藏分布特征，先后组织对靖边以南44口天然气探井的侏罗系延安组和三叠系延长组进行地质录井和综合测井，在23口探井中发现油层或油水层，从而确定天赐湾至新城、大路沟至红柳沟有两个含油富集区，进一步增强了信心。

1994年，由总公司勘探局新区事业部投资，长庆局抽调地质专家和工程技术人员组成项目组，按项目管理新机制，全面铺开靖安油田的勘探。截至1997年底，采用滚动勘探开发方式，共完钻探井164口，其中133口井在侏罗系延安组和三叠系延长组的7个油层中见到油气显示，探明五里湾、大路沟、张渠和镰刀湾等区块，提交探明石油储量 23392 万吨。

靖安油田主力油层长 6 物性差，平均渗透率 1.4 毫达西，原始地质压力低，油井基本无自然产能，也是典型的“三低”油田。借鉴安塞油田开发经验，立足勘探成果，开发早期介入。通过精细油藏描述，优选建产区块，探明一块，开发一块，投产一块，提高开发效果。

1995 年，在 ZJ2 和 ZJ4 井区开展先导性开发试验，评价长 6 油层的产能、开发规律。1997—1999 年，大规模开发建设靖安油田主力区块——五里湾。2000 年又建设盘古梁、虎狼峁区块。2003 年收回产能建设全部投资。连续五年被中国石油股份公司评为“高效开发油气田”。截至 2005 年，累计探明石油储量 3.01 亿吨，年生产能力 306.6 万吨，已累计生产原油 1341 万吨。

在靖安油田开发中，积极引进和采用新技术，通过精细描述、建立储层地质模型，研究产能控制因素与分布规律；利用测井资料，确定储层岩性、物性、含油性与电性的关系，正确认识和解释长 6 油层油水分布规律，加快产能建设速度；开展超前注水试验，建立有效的压力驱替系统，提高油井供油能力；借鉴安塞经验，进一步优化油气集输工艺，探索并采用丛式井双管不加热密闭集输流程和优化布站、井组增压、区域转油、油气混输等新技术、新工艺，使低渗透油田开发又提高到一个新水平。

生产管理体制的创新也给高效开发带来新活力。采油三厂在靖安油田推广井区化管理，撤销采油队，按井站分布及工艺流程走向，将作业区管理范围划分成若干个井区，同时调整、优化作业区组室，将精简的人员充实生产一线；改革劳动用工形式，用人不拘一格，选贤任能，一视同仁；大胆调整劳动组织形式，将“四班三倒”、“四班两倒”轮班形式调整为“两班一倒”，上 40 天班休息 20 天，对员工超出工作时间部分予以经济补偿；实行“模拟法人”机制，在厂和作业区之间执行合同准则，各作业区作为独立模拟法人实体，实行“责任下移、严考核、硬兑现”，保证生产运行高效。

经过九年不懈努力，靖安油田保持了Ⅰ类油藏开发水平，开发技术指标高于同类油藏，水驱储量控制程度 95.4%，油藏水驱见效程度达 95%以上，地层能量保持水平 97.7%，综合含水控制在 7.9%，采油速度 1.17%，最终采收率 24.2%。靖安油田的高效开发，为不断完善特低渗透油田开发理论和开发技术、提高经济开采价值，提供了经验。

五、滚动勘探开发取得显著成效

自 1986 年，长庆油田石油滚动勘探开发经过近 20 年的形成与发展，累计探明石油储量 109704 万吨，已动用储量 79828 万吨，建产能 859.1 万吨。

(一)立足出油井点，“外推式”滚动勘探开发

就是从出油井点向外以一两个井距布井，取得效果，经过地质分析后，继续向外推进，一直追踪到油藏边缘。樊家川油田就是在出油井点的基础上，1988 年开始滚动勘探开发，当年探明石油储量 355 万吨。通过评价井樊 1-5 井和 8-6 井，认为油藏继续向南、向北扩展，经过三年滚动扩边，累计探明石油储量 1003 万吨、建产能 19.1 万吨。

(二)精细刻画古地貌，确定古河找油

在姬塬南斜坡 2250 平方千米内，自西向东发育 17 条呈“似等距式”次级支流水系，间距约 4~6 千米，将斜坡前缘带切割成 16 个丘咀，经过对 11 个次级古地貌单元的钻探证实，只要找到 1 个丘咀，就预示着发现 1 个油气富集区块。钻探成功率 75%，探明 11 个油藏，探明石油储量 3315 万吨。动用 3110 万吨储量建产能，动用程度 93%。

(三)重上老区，深化油层再认识

马岭油田木钵区是“九五”期间侏罗系河间残丘式小型油藏滚动勘探开发的成功典范。木钵从 70 年代开始先后两次勘探均没有较大发现。1998 年在前人工作的基础上，通过重新刻画古地貌，认为木钵地区是甘陕古河中的一个河间残丘，河体与鼻状隆起有良好配置。木 1 井区是滚动勘探侏罗系延安组延 10 油藏的有利区，采取适当缩小井距，强化随钻分析，及时调整部署。围绕木 1 井，以 600~800 米井距完钻木 101、102 和 103 井，发现延 9、延 10 油层，木 102 井试油日产 70.6 吨，木 103 井试油日产 63.6 吨。随后继续扩边，探明石油储量 259 万吨，建产能 12.5 万吨，平均单井日产 7 吨以上。

(四)重新复查老资料，精细测井解释

南一区是马岭油田主力区块之一，1970 年发现，1979 年投入开发。南一区直罗油层就是 1997 年在陇东地区老井资料复查中发现的。直罗层因录井显示多为重质不均质及斑状含油，测井解释为油水层或水层，并有 30%以上的井没有综合测井。经反复研究，提出划分油层最低电性标准，再结合测井曲线特征及录井显示进行综合判识。对直罗油层重新认识，发现直 32、直 51 两个油层，钻井 32 口，成功率 100%，井均油层厚度 14.6 米，试油 28 口，平均单井日产 30.8 吨，投产后日产 14.8 吨，探明石油储量 323 万吨，建产能 12 万吨，年产达 14.9 万吨。

(五)立足老油田周边，寻找扩边方向

根据安塞油田王窑区长 6 油层沉积相研究和长 6 油藏综合研究成果，通过精细描述，分析储层扩边的可能性，利用数值摸拟分析油水分布与储层组合关系，以

有利的砂河体走向为方向，选出扩边有利区。1996 年在王窑西南部署扩边井 64 口，均获成功，探明石油储量 295 万吨，建产能 6 万吨。1998 年在王窑西南和杏河西南部署探井 7 口、滚动勘探开发井 98 口，探明石油储量 4331 万吨。随后又在安塞油田候市区、坪桥区、杏河区及靖边油田五里湾一区、华池油田华 152 井区滚动勘探开发，均获得扩边增储、滚动建设成果。

六、狠抓老油田稳产

长庆局投入开发较早的马岭、红井子、吴旗、华池等油田，至 2005 年已有二三十年历史，开发矛盾日益突出，稳产难度不断加大。通过调整技术思路，分别采取调整更新、完善井网、注采调整、查层补孔等措施，实现了老油田持续稳产。

（一）马岭油田的整体调整效果显著

马岭油田自 70 年代投入开发，经历开发准备、上产和稳产三个阶段。1982—1987 年产量都稳定在 70 万吨以上，1992 年产量跌到最低谷，仅 45.5 万吨。从 1992 年开始，针对马岭油田中高含水期出现的一系列问题，采取整体的调整方案，即重点保证注采井网和注采系统完善；内部调整与扩边增储相结合、局部加密调整与全区“控水稳油”综合治理相结合；立足现有井网，立足注水稳产，立足工艺技术配套；主攻低渗透区块提高储量动用程度、主攻套管破损井综合治理、主攻配套工艺技术措施，使开发矛盾有所缓解，2001 年产量恢复到 58.6 万吨。至 2005 年，马岭油田储量采出程度 20.73%，可采储量采出程度 63.65%，取得较好的开发效果和经济效益。

（二）吴旗油田的层系接替成效明显

吴旗油田是侏罗系延安组、三叠系延长组复合连片，多油藏类型组成的复杂油田。1971 年钻探的吴 1 井，在长 2 和延 8 油藏获工业油流后，将侏罗系油藏投入开发。1989 年产量达 12 万吨。1996 年为保证稳产，通过查层补孔，积极认识、评价和动用非主力层系，实施层系有效接替。1998 年，吴旗油田产量上升到 25.5 万吨，2005 年产量还稳定在 18.2 万吨。

（三）宁夏老区的调整更新取得成效

宁夏老区自 1970 年开发李庄子油田之后，又开发马家滩、红井子、大水坑、摆宴井、马坊等 6 个油田，1979 年最高产量达 57 万吨。1985 年以后宁夏地区勘探没有突破，产量逐年递减，1999 年降至 8.47 万吨。2000 年重上老区，在红井子油田实施非主力油层整体动用建产，采用调整、更新等手段，完善采油井网，提高储量控制程度；对马坊、大水坑等油田非均质性严重的厚油层，应用双向调剖堵水技术，发挥低渗油藏潜力，使宁夏老区产量稳中有升，2005 年达到 10.7 万吨。

第二节　开发长庆大气区，形成油气并举新格局

鄂尔多斯盆地古生界展布面积约25万平方千米，主要发育海相碳酸盐岩和海陆交互相煤系两类烃源岩，天然气资源量达10.7万亿立方米。长庆局在这里找气，历经30余年艰辛探索，直到20世纪80年代中后期才得以突破。经过五年会战，1994年成功探明中国最大的世界级整装大气田——靖边气田，截至2005年底，已累计探明3377.33亿立方米储量。与此同时，加快盆地上古生界天然气勘探，陆续探明了榆林、乌审旗、苏里格等气田，形成中国第一个拥有探明储量上万亿立方米的大气区，累计探明天然气储量13107.53亿立方米，实现向北京、天津、西安、上海等十多个大中城市输气的目标。天然气以其特殊的组分，是重要化工工业最经济、最理想的原料，既促进国民经济的发展、调整国家能源结构、振兴老区经济，又气化城市，对改善城市生态环境状况，提高人民群众的生活水平和质量都有十分重要的意义。2001年12月25日，“陕甘宁盆地勘探出一个国内最大的天然气田”被列入中华大地重大事件镌入中华世纪坛青铜甬道。在天然气勘探开发建设中，长庆局累计获国家科技成果奖17项、省部级科技进步奖73项、国家专利6项。

一、鄂尔多斯盆地早期天然气勘探

盆地早期天然气勘探是伴随着石油勘探进行的，以寻找构造气藏为出发点，在构造圈闭发育区勘探。从20世纪60年代末开始，先后在盆地西缘冲断带、南缘渭北隆起、东缘西晋挠褶带、盆地中央古隆起和天环坳陷的背斜构造上共钻探井49口，最深钻达太古界。

西缘冲断带是盆地最早开展天然气勘探的地区。1969年在横山堡地区钻探刘庆1井，井深1079米，发现上古生界石盒子组、山西组等16个地层有含气显示，获日产5.78万立方米工业气流。为扩大勘探成果，又在构造不同部位钻探，均没有突破，显示出该区上古生界含气的复杂性。

进入70年代后，长庆油田会战指挥部加大勘探力度，先后在盆地中央古隆起、西缘冲断带和南部渭北隆起钻探井4口。中央古隆起庆深1井，气测值非常高，总烃含量达39%；西缘冲断带环14井有119处冒气；南缘渭北隆起永参1井和耀参1井都发现含气显示，但均未获得工业气流，证实盆地上下古生界广幅生烃，但天然气成藏机理和富集因素还有待于探索认识。

1983年7月5日，国家计委在长庆召开全国第二次天然气勘探技术座谈会，要求加快鄂尔多斯盆地天然气勘探，并确定“陕甘宁盆地上古生界煤层气藏分布

规律及勘探方向”为国家“六五”科技攻关项目，由长庆局承担。经过三年攻关研究，基本认识了盆地古生界天然气的成藏特点，扭转以往寻找构造气藏的勘探思路，在横山堡地区先后发现胜利井、图东、黑沙兔等5个含气构造，7口探井获工业气流。任11井在下石盒子组获日产27万立方米工业气流；1986年在盆地西部天池构造天1井，试气获日产16万立方米工业气流；1986年在盆地东部子洲县洲1井，试气获日产4.56万立方米工业气井。这些喜人的勘探成果，为盆地天然气勘探展示了良好前景。

二、陕参1井突破，发现靖边气田

陕参1井是石油部确定的科学探索井之一，位于盆地腹地——陕西靖边县东北8千米的沙石峁村，构造位置处在盆地中央古隆起东北坡林家湾短轴背斜高点上。钻探主要目的是了解下古生界的含气情况，齐全、准确地获取各项基础资料，专题研究地层和岩相及生、储、盖层，综合分析区域成气地质条件，评价区域含气规模及其工业性。石油勘探开发科学研究院院长翟光明非常重视，按石油部的部署拨足资金，并与长庆局研究选择一流井队，下功夫打好这口科学探井。

陕参1井由长庆局6042钻井队钻探。1988年1月24日开钻，11月下旬钻入奥陶系风化壳，在3441～3472.56米井段发现针孔白云岩，11月30日至12月3日停钻测试，获日产5.98万立方米。为了解深部地质资料，继续钻至4068.45米，于1989年2月7日完钻，6月23日原钻机系统测试，历时516天。钻探过程中，负责天然气勘探的局领导与技术人员、钻井工人仔细分析，把寄托几代长庆人的夙愿倾注在这口井上。钻井、地质、气测紧密配合，按设计要求，齐全、准确地收集资料，圆满完成钻探任务。1989年6月，对陕参1井奥陶系酸化压裂，获日产13.9万立方米、无阻流量28.3万立方米高产工业气流。陕参1井的重大发现，获得国家科技进步一等奖，也极大鼓舞了长庆5万多名职工，引起总公司和有关省（区）的极大关注。当时预测，距陕参1井40千米部署的榆3井，如果同层产气，将是天然气富集的大场面，也是寻找大气田的主要战场。1989年9月，在赵石畔隆起完钻的榆3井，同一层系发现厚12.58米含气层显示段，电测解释气层8.5米，裂缝层2.5米，也发现白云岩晶间孔似孔隙型储层。酸化后，获日产9.49万立方米、无阻流量13.8万立方米工业气流。

从陕参1井重大发现到榆3井出气，拉开了靖边大气田勘探序幕。1989年6月27日由长庆局和甘肃石油学会在庆阳召开“天然气战略战术研讨会”，来自油田内外的60余名专家学者献计献策，统一在盆地中央古隆起寻找大中型气田的认识，明确突破中央古隆起北端的勘探方向。

为搞清靖边气田是大型地层岩性圈闭还是构造高点含气，1989年下半年，首先在地震构造最低部位和林家湾背斜东翼部署陕2井、林1、2井，当年开钻，1990年5月前后相继完钻，均获工业气流，更鼓舞了长庆寻找“双高”大气田的斗志。

1990年初，总公司总地质师阎敦实主持制定靖边天然气勘探部署，决定在盆地中部3200平方千米内围绕陕参1井，沿有利相带部署“十”字钻井大剖面，以寻找“双高”气田为目标进行工业区带勘探。同时在气田中区1200平方千米内，以拿储量为目的，部署评价井，进行工业评价勘探，了解气层连片情况。根据这一决定，总公司研究院和长庆局研究制定“区域甩开，探规模，定类型，整体解剖”的勘探方针，在北起雷龙湾、南至天赐湾、东到横山—高家沟，西达河南—石窑沟，南北长210千米、东西宽60千米范围内部署“十”字钻井剖面，整体解剖。自北向南部署7口预探井，自西向东部署4口预探井，地震800剖面千米，形成天然气勘探的战略态势。

1990年共钻探井11口，8口井连连告捷，均获工业气流，控制含气面积600平方千米。勘探结果表明，在中央古隆起西倾大单斜上大面积含气，含气层受蒸发潮坪有利相带控制，向南北延伸，含气层位稳定，溶蚀孔洞型储层稳定，展现出储层连片、形成大气田的好苗头。11月6日，长庆局及时召开勘探会议，总结交流勘探成果和经验，讨论下一步勘探部署，统一对勘探方向的认识，明确提出坚持“三个为主，三个兼顾”，即以中央古隆起为主，兼顾其邻区；以下古为主，兼顾上古；以奥陶系风化壳为主，兼顾盐下。

三、组织开展天然气勘探会战

1990年11月14日至19日，总公司领导来油田现场办公时明确提出：长庆要在陕甘宁盆地开辟一个大气区，要依靠科技进步和更新必要的设备，依靠艰苦扎实的工作回答两个问题：一是气田面积究竟有多大，拿出比较确切的控制储量；二是进一步做出可靠的经济评价，搞清平均单井日产能力，为今后开发准备必要的资料。

（一）加强会战的组织领导

为抓住机遇，加快天然气勘探步伐，长庆局于1990年12月成立天然气勘探前线指挥部和临时党委，展开天然气勘探大会战。当时，资金紧缺，投资只有6.5亿元；技术装备陈旧；地下情况复杂，有些技术难题尚需研究；时值隆冬，几千人的队伍集中到会战的荒漠地区，工作的复杂和困难可想而知。局领导班子认真分析形势，清醒地认识到，只有把油气搞上去，一切困难才会迎刃而解。

为改变设备陈旧的现状，在资金十分紧张的情况下，先后筹措2亿多元更新设备，使地震、钻井、测井、试气、试采等作业跃上新台阶，资料收集、处理、解释达到国内先进水平。

1990 年 12 月，长庆局迅速调集 5000 名精兵强将、数百台精良设备，组成地震、钻井、测井、试气、地质综合研究“五位一体”的勘探大军，迅速集结在陕北靖边至横山一带，并在勘探前线召开加快天然气勘探誓师动员大会，全局职工热情高涨，出现争先恐后上前线、为找气做贡献的热烈场面。12 月 11 日，陕 5 井经过酸化压裂，获无阻流量 110 万立方米，这是探区第一口日产突破百万立方米的高产气井。时隔 1 个月，陕 6 井经过酸化又获无阻流量 126 万立方米高产气流。

（二）圆满完成会战任务

根据当时探区的喜人形势，中国石油天然气总公司对长庆天然气勘探进一步提出要求，明确鄂尔多斯盆地中部是天然气勘探的主战场。长庆局围绕开辟一个大气区的总目标，对会战区域整体解剖。在探规模、定类型、搞清成藏基本条件的基础上，控制气田面积，查明气藏控制因素，增加控制储量。同时通过试采，开展产能评价，为开发做准备。

1. 整体解剖，探规模，定类型。1991 年 3 月，中国石油天然气总公司在成都召开“川陕天然气勘探工作会议”，确定陕甘宁盆地中部地区当年探明天然气储量 500 亿立方米。长庆局按照大型碳酸盐岩古地貌气藏的勘探思路，沿奥陶系蒸发潮坪区域有利相带，主攻盆地中部奥陶系风化壳，在气田中区 1200 平方千米内开辟区域详探，部署预探井 20 口、评价井 10 口、二维地震 4600 剖面千米，了解气层连片情况及控制因素。

同年 7 月 26 日，总公司在长庆召开第三次“陕甘宁盆地天然气勘探开发技术座谈会”，根据长庆天然气勘探展示的广阔前景，决定加快天然气勘探。长庆局立即部署并开展西起横山、东到定边、北始鄂托克旗、南抵黄陵 6 万平方千米的地震会战，对天然气有利富集区整体解剖。这一年完钻的 14 口探井均获工业气流，基本探明气田中区 1200 平方千米含气面积，南北甩开准备控制储量的陕 12、62、11 井等均获中高产气流，南北各 1000 平方千米含气面积基本得到控制。

经过两年整体解剖，基本探明靖边气田的规模和气藏类型，第一次向国家提交天然气基本探明储量 632 亿立方米，超额完成气田中区基本探明储量任务，第一阶段的勘探初战告捷。

2. 总体评价，增加储量。在靖边气田的轮廓逐渐显露时，长庆局决定下一步天然气勘探以增加储量为中心，以储层和圈闭为重点，遵循“地震先行、稀井广探”的原则，继续沿着有利沉积相带和靖边潜台南北展开，探明一块、控制一块、预测一块，实现储量快速增长，尽快落实可供开发的探明储量。

1992年在继续探明气田中区的同时，分别在南北两区各1000平方千米内扩大评价勘探，完井55口，陕93井获日产54万立方米高产气流，在陕67、56井上古生界山西组砂岩气层首次突破工业气流关，展示靖边气田上古生界气层的勘探前景。1992年提交北区、南区新增基本探明储量710亿立方米。

1993年4月8日，总公司副总经理周永康在长庆主持召开"陕甘宁盆地天然气勘探技术座谈会"，总结交流长庆近两年天然气勘探成果，明确勘探方向，作出加快发展的部署。长庆局按照部署继续以增加储量为中心，在扩大气田规模的同时兼顾区域侦察和上古生界勘探，重点在南二、三区、北二区和陕181井区进行工业评价勘探，布井44口。在陕121井又获日产183万立方米高产气流。新增基本探明储量384亿立方米。

1994年4月，总公司领导与研究院专家来长庆现场办公，并主持召开"加快陕甘宁盆地油气勘探开发技术座谈会"，提出长庆用三年时间，到1996年形成年产油300万吨（不包括陇东地区）、年产气30亿立方米的生产能力；再经四年努力，争取到2000年形成年产油500万吨、年产气50亿立方米的生产能力，按油气当量计算，达到1000万吨，以此作为长庆油田20世纪末的奋斗目标。这就是长庆发展史上著名的"33551"工程，把鄂尔多斯盆地的油气勘探开发、生产建设推向了一个崭新的阶段。这一年，长庆局积极贯彻会议精神，继续沿着古潜台主体向南北拓展，同时开辟上古生界工业评价区，共钻探井31口，在北二区和陕24井新增控制含气面积736平方千米，在陕175井区控制含气面积498平方千米。陕99井石盒子组压裂后，获无阻流量45万立方米的高产气流，上古生界天然气勘探获得重大突破，揭示靖边气田上古生界有较大的含气潜力，可成为下古生界气藏的接替层系。

经过五年找气会战，靖边气田含气潜台的展布格局基本明朗，气田规模基本清楚。截至1994年底，累计探明含气面积3781平方千米，探明天然气储量2058亿立方米，成为中国最大的整装气田，并步入世界级大气田行列。

四、"五位一体"的勘探方法取得重要成果

长庆局领导在总结盆地天然气勘探成果和经验的基础上，提出"五位一体"的勘探方法，即坚持"地面服从地下，工程服从地质，部署服从效益"的原则，把地震、钻井、测井、试气、地质综合研究有机地结合起来，形成合力。

（一）地质研究使地质认识有了飞跃

靖边气田的发现，是不断深化地质认识的结果，地质研究和地质认识起到重要的指导作用。

1. 以煤层气理论为指导，对盆地含气远景重新评价。“六五”国家科技攻关研究提出盆地上古生界石炭——二叠系煤系地层具有丰富的天然气资源和广阔的勘探领域，为开辟勘探新层系、新领域提供地质依据，增强了在盆地中部寻找天然气的信心。

2. 通过成藏条件的综合评价，提出天然气成藏重在保存条件，盆地腹部上下古生界复合生烃，而中央古隆起有利于天然气富集，从而加强了中部地区天然气勘探。1987 年开始以彭滩、郝滩、林家湾、乌审旗等隆起为线索开展地震勘探。通过对东部米脂膏盐湖的研究，认为膏盐湖西侧云灰坪沉积相带可能是中部横山—靖边地区碳酸盐岩储集体的区域上倾遮挡带。这一认识的飞跃，为 1988 年开始酝酿并确定榆 3 井和陕参 1 井井位，促使天然气勘探由盆地周边向盆地腹部发展和转移。

3. 通过碳酸盐岩成藏理论的研究，使天然气勘探实现由陆相碎屑到海相碳酸岩的转移。20 世纪 80 年代以前，盆地天然气勘探目标一直集中在陆相碎屑岩上，由于储渗性能差，难以取得重大突破。随着中部奥陶系马家沟组马五段层状溶孔气层的发现，加强海相碳酸盐岩成藏机制的研究，总结天然气富集特点和良好的含气性，为勘探目标向奥陶系碳酸盐岩转移提供了科学依据。

4. 深化成藏类型认识，跳出小构造、小岩性气藏，转入大型古地貌——岩性气藏勘探，使气藏规模由零星向整装发展。为正确揭示地质面貌，减少勘探盲目性，提高探明储量的可靠程度，长庆局制订和落实 5 个“口口井”的技术政策，即：每口探井奥陶系风化壳气层段全取芯；每口重点探井进行 VSP 和非零偏移距剖面观察；每口井用 CLS-3700 数控测井；每口含气井用 50 立方米盐酸酸化改造；每口气井用 4 个工作制度系统试井，并建立各探区“铁柱子”井的技术标准。

（二）地震攻关取得重大成效

长庆物探队伍坚持“依靠科技、加强管理、深化改革、提高效益”，创造适合本地区地层岩性解释方法，建立以储层层位标定、奥陶系顶部侵蚀潜沟解释、储层厚度定量解释、储层特性预测和含气综合判识为主要内容的储层横向预测配套解释技术，为预探井和评价井位的确定、为气田前期开发提供了重要依据。物探研究所《陕甘宁盆地中部气田奥陶系风化壳储层横向预测方法及效果》的科研成果，被总公司评为科技进步一等奖。

靖边气田被第四系黄土覆盖的塬、梁、峁、坡，基本上属于地震勘探禁区。长庆物探处应用高分辨率采集技术，获得可靠的地震记录，使黄土攻关试验取得重大成效。完善靖边气田南区连井测网和横穿陕甘宁盆地 5 条区域大剖面，初步实现穿沟过塬直测线的工业化生产，使黄土塬区的地震勘探进入崭新阶段。资料处理主要在提高分辨率上下功夫，针对不同勘探目标，采用不同的处理和解释方法预测描述，建立侵蚀沟槽解释的4种定量模式，可标定埋深大于3500米、幅度20米左右的潜沟，为确定预探井和评价井的井位、计算含气面积等提供重要依据。

（三）钻井技术水平不断提高

五年的靖边气田勘探，钻井队伍研究和引进24项新技术，取得科研成果40余项，形成优化井身结构、优选钻井参数、欠平衡压力钻井、聚合物钻井液系列、中长筒取芯、固井、打捞、井控等配套工艺技术。1991年实现"队年3口井、进尺上万米"的目标，平均建井周期114.8天。1992年和1993年分别提前107天和46天完成年度钻井计划。1994年气探井平均井深3464.9米，钻井周期仅56天17小时，最短钻井周期26天；平均建井周期缩短到73天10小时，最短建井周期48天。16个钻井队累计完钻探井181口，进尺62.7万米，井身质量、固井质量、取芯收获率、平均机械钻速等指标均高于全国平均水平。

（四）测井新技术发挥重要作用

引进数控测井技术，陆续装备新型数控测井仪和工作台，填补长庆不能分层测试的空白，提高测井资料处理解释能力，使测井工程技术人员多次在储层解释中发现新的储气层。其中在陕196井区发现的新含气层系马五$_5$，被总公司列为1994年全国含油气区十大重要发现之一。

靖边气田勘探会战的几年间，测井队伍完成测井作业600多井次，射孔作业

长庆苏6-11-9井欠平衡钻井施工现场。

280 多井次，气测录井 170 多口，资料采集质量全面达到和超过局计划的考核指标。

（五）试气、压裂、酸化形成配套技术

井下作业处开展科技攻关，应用新工艺、新技术，逐步形成适应鄂尔多斯盆地气藏低压、低渗储层特点的酸化压裂改造技术系列和相应的配套技术，包括低粘酸酸压、稠化酸酸压，多级注入酸—闭合酸化等“三大改造技术系列”，以及负压射孔及预处理、排液、施工质量控制与监测等“三大配套技术”，有效地解决了天然气勘探开发的一些技术难题，试气、压裂、酸化 573 层（次），获工业气流井 91 口，增强了改造效果，提高了单井产量和劳动生产率、经济效益。

由于坚持一切从地质目标和地质任务出发，有针对性地对地震、钻井、测井、井下等进行技术改造，充分发挥其有效性和实用性，从而提高了天然气勘探整体效益。1991 年，长庆天然气地质研究与勘探被总公司评为十大科技成果之一。

靖边气田勘探会战中，长庆局始终把拿下一个大气田与建设一支好队伍放在同等重要位置，锻炼了一支能打大仗、恶仗、硬仗的队伍。在恶劣条件下，长庆 5000 多名参战职工始终保持高昂的斗志，置个人利益和安危于度外，顽强拼搏，涌现出许多战天斗地、可歌可泣的英雄事迹，并形成“五种精神”。即身在主战场，当好主力军的主人翁精神；忘我工作，任劳任怨的无私奉献精神；攻坚啃硬，敢打恶仗的顽强拼搏精神；解放思想，求实创新的开拓进取精神；顾全大局，主动协作配合的集体主义精神。这“五种精神”是大庆经验和长庆会战光荣传统在新形势下的具体体现，集中展现了参战职工的精神风貌，是和天然气藏同样宝贵的精神财富。

五、盆地上古生界天然气勘探获得重大发现

鄂尔多斯盆地上古生界天然气资源也很丰富，据资源评价研究，其资源量达 8.3894 万亿立方米。地质研究及勘探表明，盆地腹地上古生界成藏条件优越，具有形成大型岩性气藏的基本地质条件。因此，长庆局在基本探明靖边大气田的同时，将天然气勘探的重点向新区转移，相继在榆林、乌审旗、苏里格等地区获得新的重大突破。

（一）探明储量近 2000 亿立方米的榆林气田勘探

榆林气田位于陕西省榆林市与横山县境内。1991—1995 年在靖边气田勘探过程中，部署在榆林地区的陕 9、140、141 井，相继在上古生界二叠系山西组山 2 段见到气层。1995 年对陕 9、140 井山 2 气层压裂改造，均获工业气流；1996 年对陕 141 井山 2 气层压裂改造，获 76.78 万立方米高产气流，这是榆林地区上古生界天然气勘探的突破。为此，长庆局决定加快榆林地区天然气勘探。

1995—1996 年完钻探井 7 口，均获工业气流井。1997—1998 年完钻探井 12

口，获工业气流井 10 口。1999—2000 年完钻探井 8 口，获工业气流井 5 口。1997—1999 年分别在陕 141、211 及 207 井区提交天然气探明储量 737.2 亿立方米，榆林气田已初见端倪。

2001—2004 年，长庆油田公司继续加强榆林地区的勘探，共钻探井 72 口，试气获工业气流井 52 口。在榆林南区、统万城区、镇北台区均发现一批工业气井。2005 年 3 月，油田公司与壳牌公司合作开发的榆林气田长北区块，经过三年前期规划和筹备，正式启动。这是中国陆上最大的天然气对外合作区块。截至 2005 年底，榆林地区上古生界累计探明天然气储量 1945.68 亿立方米，已建成 23 亿立方米生产能力。

（二）探明储量上千亿立方米的乌审旗气田勘探

乌审旗气田位于内蒙古乌审旗境内。1992—1993 年，长庆局在靖边气田勘探过程中，部署在乌审旗地区的召探 1、陕 175、157 井等在盒 8 及奥陶系风化壳均见到好的气层。其中召探 1 井盒 8 试气获无阻流量 7.57 万立方米；陕 175 井马五 $_1$ 试气获无阻流量 45.36 万立方米；陕 157 井马五 $_{1+2}$ 试气获无阻流量 14.96 万立方米，从而开拓了乌审旗地区天然气勘探新局面。1994—1996 年，根据地震预测及地质综合研究成果，沿靖边气田西北侧及陕 175 井以北追踪下古生界风化壳气层及上古生界下石盒子组盒 8 气层，完钻探井 24 口，17 口获工业气流。

通过对盆地中东部地区上古生界碎屑岩沉积、储层及成藏条件研究，认为乌审旗地区上古生界下石盒子组发育三角洲平原分流河道沉积，下古生界奥陶系顶部处于伊盟古隆起南斜坡，岩溶作用强烈，有利于风化壳储集层形成，是上、下古生界复合含气的有利勘探区带。1997—2000 年沿主砂体带向北追踪勘探。1997 年完钻的陕 231 井盒 8 试气获无阻流量 24.9 万立方米，此后相继完钻的陕 234、235、239、243、244、246、240 井等，在下石盒子组或马家沟组均获工业气流，其中陕 234 井试气获无阻流量 19.76 万立方米，使乌审旗气田储量规模进一步扩大。截至 2005 年底，乌审旗气田盒 8、马五 $_5$ 气层累计探明天然气储量 1012.1 亿立方米。

（三）探明储量上 5000 亿立方米的苏里格气田勘探

苏里格气田位于内蒙古鄂托克旗苏里格庙地区。在鄂尔多斯盆地中东部地区上古生界天然气勘探取得突破的同时，1999 年初，长庆局领导胡文瑞组织地质专家和科研人员，对 1992—1993 年在靖边气田以西甩开预探下古生界风化壳的陕 56、188 井和桃 1 井等重新评价，认为苏里格地区与乌审旗气田成藏条件类似，是上古生界二叠系下石盒子组盒 8 段及山西组山 1 段天然气勘探有利地区。地质研究揭示盆地北部伊陕斜坡西侧杭锦旗—苏里格河流—三角洲上古生界下石盒子组发育，局部可形成高渗储层，具有较好的勘探潜力。在地质综合研究的基础上，结合地震储层横向预测资料，按照上、下古生界兼探的原则部署的苏2井，在上古生界盒8试气获无阻流量4.18万立方米。年底，在苏2井以东完钻的桃5井，试气获无阻流量26.17万立方米，坚定了在上古生界寻找高产富集区块的信心。

2000年油田公司决定主攻盒8主砂体带，按照"南北展开、重点突破"的思路，部署苏5、6井。苏6井又在盒8发现厚层块状石英砂岩48米，测井解释气层、含气层共19米，8月26日苏6井压裂改造，获日产120.16万立方米高产气流。

苏6井是发现苏里格气田的重要标志。通过榆林、乌审旗气田的勘探，总结和完善针对上古生界大型岩性气藏较为成熟的技术，一批地质攻关成果的涌现，更坚定了在苏里格地区寻找大气田的决心。油田公司应用地震、地质等多学科综合勘探技术，以盒8段为主要目的层，兼探山西组山1段。1999—2000年在苏6井南北两侧钻探井16口，13口井获工业气流，桃5、苏5、4、10井等相继在盒8获中高产工业气流。苏里格气田从1999年发现、2000年上半年取得重大突破，到2000年下半年探规模、拿储量，在苏6井区探明天然气储量2204.75亿立方米。2001—2002年在南北一线沿主砂体带开展评价勘探，完钻探井23口，16口获工业气流。截至2005年底，苏里格气田已累计探明天然气储量5336.52亿立方米。这个大气田的发现及综合勘探技术，获集团公司2001年度技术创新特等奖、2002年度国家科技进步一等奖。

至此，长庆气区形成中国第一个拥有探明储量上万亿立方米的大气区。

六、靖边气田投入全面开发建设

靖边气田获得探明储量后，因气田开发受到下游市场的制约和影响，天然气开采量取决于用户用量和输气管道、城市管网建设，以及用户端设备装置改造，国家、企业和居民都要有一定的资金投入，建设需要一定时间。为此，长庆局科学地提出"勘探向开发延伸，开发向勘探渗透"的原则和"以销定产，以产定能，积木建设，滚动发展"的气田建设思路，及时组织科技人员，以气田开发建设和提高开发效益为重点，研究低渗透气田开发的工艺技术。

（一）以提高开发效益为目标，开展前期评价和先导性试验

1. 开展短期试采。1991—1994年，长庆局先后在靖边气田中、北、南和南二区4个区块选择29口不同类型、不同产量的探井，应用修正等时试井方法进行短期试采，放空天然气4120万立方米，对认识气藏、评价气井产能、编制气田开发方案起到重要作用。

2. 开展干扰试井。为认识气层连通性，判断气层是否连片分布，经过周密设

计,1993年、1996年分别在林5井组、陕17井组开展井间干扰试井。林5井激动40天后,距1.8千米的观测井陕参1井和林1井遇到干扰压降,表明储层在平面上是相互连通的。陕17井生产220天后,相距44千米的G11-14井也观测到明显干扰压降,证实靖边气田下古生界气藏具有较好的连通性,为合理开发提供重要地质依据。

3. 开展先导性开发试验。1993年,在北一区陕81井组开辟开发试验区。1994年4月向榆林化工厂供气。在三年多试采中,进行大压差、超大压差生产及地面工艺流程试验,为确定气井产能、生产压差、稳产年限、井筒及地面工艺的科学性、合理性提供宝贵资料。

4. 开展气田开发地震试验。为进一步了解古地貌特征,进行储层横向预测,在中区和北区补充采集二维地震测线4096剖面千米,使测网密度达2千米×2千米。建立靖边气田特有的侵蚀沟槽解释模式,将储层厚度及侵蚀沟、坑的预测精度提高到15米左右,为提高开发井成功率提供保障。

5. 钻开发评价井。在井距较大的井区,1993—1995年共钻开发评价井10口,进一步揭示气藏地质特征,认识到气藏非均质性比较严重。

6. 完成开发方案设计。在气井试采、开发地震及地质研究的基础上,1991年完成靖边气田30亿~50亿立方米概念方案;1993年完成《靖边气田中区可行性研究报告》、《靖边气田总体开发部署方案》、《靖边气田整体开发可行性研究报告》;1994年完成靖边气田年产30亿立方米产能建设初步设计;1995年3月,根据总公司王涛总经理在现场办公会上提出的利用现有探井建15亿立方米产能的要求,编制《靖边气田探井生产方案》,形成第一个建设实施方案。

(二)形成低渗透气田开发技术

通过岩溶型储层特征和非均质性研究,开展储层综合评价,较好地预测高产有利区;储层连通性研究,较好地解决压力系统划分,确定开发井网、井距和开发总井数;以修正等时试井和单井试采动态分析为依据,开展产能综合评价;以油藏描述和数值模拟为手段,开展气藏开发优化设计,制定开发井位筛选的技术思路,使钻遇工业气流井成功率保持在80%以上;以提高单井产量为目标,开展储层改造工艺技术研究,形成普通酸酸压、稠化酸酸压和多级注入酸压—闭合酸化等三种储层改造工艺;以降低成本为目的,优化地面集输系统,形成以多井高压集气、多井高压集中注醇、多井加热炉加热节流为代表的地面工程技术系列;全面推进信息化管理,建成气田干线宽带数字网和工业视频监控系统,建立气井动静态数据处理系统,形成以网络信息技术为核心的集生产运行远程监控、生产现场集中监控为一体的现代化管理,为气田高效开发起到决定性作用。

（三）实现向北京、西安、天津、上海等大中城市供气

长庆局坚持气田建设的思路，开发初期主要建设气田东、南、西、北四条集气主管线和净化厂、集配气总站等骨架工程及水、电、讯、路等辅助设施，为滚动开发打基础，也减少规模过剩和建设资金积淀。

1. 提前向北京、西安供气。1995年3月24日，总公司总经理王涛在长庆现场办公时要求，要建设长庆气区到北京、西安、内蒙古、银川4条管线，并明确投产时间。

1996年4月18日，全国第一大天然气净化厂——靖边气田第一净化厂破土动工，标志着靖边气田正式投入大规模开发建设。当年完成主体工程安装和土建工程，1998年9月11日，第一套装置投产成功，日处理能力200万立方米。

1997年，长庆局把向北京输气作为“政治工程、效益工程、争气工程”，利用37口探井建产能8.4亿立方米，具备向北京、西安供气的能力。6月29日，长庆天然气输向西安，陕西省与长庆局举行靖西管线通气点火仪式，标志着长庆首次外供商品天然气。8月28日，长庆天然气途径4省（市）22县，提前32天实现“十一”向北京供气的目标，这对于气化北京、改善首都空气环境状况、申办2008年奥运会都具有重大作用。9月10日，总公司与北京市在亚运村隆重举行长庆天然气进京点火仪式。

1998—1999年，长庆局继续大规模建设，建成14亿立方米产能，向北京、西安供气8亿立方米。1999年8月3日，北京38.5万户居民、钓鱼台国宾馆、中央电视台、财政部等单位和部分外国驻华使馆正式用上长庆天然气。

2. 向上海供气——“西气东输”的先锋气直输华东地区。2000年，党中央、国务院决定建设“西气东输”工程，修建自新疆塔里木气田经长庆气区至上海的长输管道。长庆气区至上海段为一期工程，要求于2003年10月1日前将长庆天然气作为先锋气输往上海。为此，长庆油田又一次在浩瀚的沙漠、黄土地上掀起轰轰烈烈的气田建设大会战，调集地震、钻井、井下、油建、水电、物资、运输、后勤等12个单位、6000多人的建设队伍在陕西、内蒙古13县（市）摆开战场。为按时完成气源和输气管线，长庆油田组织36台电动钻机和大型钻机、以SS2000为主的35套压裂机组和140套焊接机组参加建设，建设者们以高度的责任心和无私的奉献精神，创造了一项项新纪录。全年钻井173口、进尺52.3万米，压裂酸化307井次，完成“西气东输”13标段91.3千米管道铺设任务，提前10天完成靖边压气站交接投产工作。10月1日，作为西部大开发龙头工程、举世瞩目的“西气东输”管线东段投入运行，长庆天然气作为“先锋气”如期输往上海及华东地区。

从1996年气田正式开发到2005年，长庆气区共钻井673口，建产能93.9亿

立方米，铺设集气管线3840千米，建集气站91座；建净化厂3座，年处理天然气能力96亿立方米。累计生产天然气344.73亿立方米。已向北京、天津、上海、西安、银川、呼和浩特等15个大中城市供气。靖边气田、榆林气田，多次被集团公司、股份公司评为“高效开发气田”。

第三节　建设西峰示范油田，走科技兴油新路子

西峰油田位于甘肃庆阳市，北起庆城，南到宁县，西邻镇原，东抵合水，东西长75千米，南北宽63千米，勘探面积5000平方千米。构造位置处于盆地陕北斜坡西南段，中生界发育三叠系延长组和侏罗系延安组两套含油层系。三叠系延长组系三角洲沉积为主的岩性油藏，主要发育长2、3、6、7、8油层组；侏罗系油藏为古地貌控制的岩性—构造油藏。石油资源量10.5亿吨，主力油层长8埋深1750～2300米。区内为黄土地貌，地势平坦，是甘肃省重要的粮食基地之一。

一、发现储量超亿吨的西峰油田

(一)曲折的勘探历程

西峰油田的勘探始于20世纪70年代。当时，针对陇东地区延长组部署24口以“剖”字号井为主的两条十字大剖面，虽然发现三叠系延长组长6～8含油砂体，但由于岩性致密、低孔、低渗，加之压裂设备和工艺技术等条件限制，部分井仅获少量低产油流，未达到有效开采价值。

20世纪90年代中期，在盆地“东探三角洲、西找水下扇”沉积体系理论指导下，针对镇北、固城川展开预探，并评价试验马岭地区岭52井区。通过勘探和地质研究，发现陇东地区长6～8不存在大面积展布的水下扇，储集砂体分布不稳定，纵横向变化复杂，岩性粒度细，物性极差，虽然通过压裂改造，试油产量较70年代初有一定提高，但未获得规模储量，勘探仍没有突破。

进入21世纪以后，随着地质研究的不断深入和工艺技术的提高，油田公司在“重上老区、重上露头、重翻老资料”思路的指导下，在陇东地区开展盆地模拟、沉积体系、砂体预测及高渗储层主控因素的攻关研究。同时优选白马区为突破口，2001年部署探井7口，6口井获工业油流，以西17井发现为标志，西峰油田勘探首战告捷。

西17井区域构造为董志塬隆起，是为落实长8油层含油性质的重点探井，于2001年10月24日完钻，11月射开长8油层，经加砂35立方米压裂排液，日产34.7吨。11月10日投产，初期日产9吨。西17井的发现，拉开西峰亿吨级油田勘

探的序幕。同时作为采用超前注水开发延长组的重点试验井点，为陇东地区长 8 层大规模开发提供了科学依据。

2002 年，油田公司按照“地质建模、地震预测、构建砂体、探井验证、整体部署、滚动实施”的勘探原则和“一手抓白马区评价，一手积极预探找发现”的部署思路，整体连片评价白马、董志长约 6 千米、宽 20 千米的长 8 储集层含油带，圈定了储量超亿吨级规模的整装大油田。当年完成二维地震 100.83 千米，完钻探井 50 口，钻遇长 8 油层井 45 口，获工业油流井 28 口。单井试油平均日产 19.73 吨，最高 51.26 吨（西 45 井）。新增探明储量 3467 万吨、控制储量 1.33 亿吨。勘探成果显著，获股份公司重大发现特等奖。

2003 年，油田公司坚持“勘探开发一体化”，立足已控制储量区，以白马、董志长 8 为重点，对西峰油田展开长 8_1、长 8_2 评价勘探，完成二维地震 526.67 千米，完钻评价井 49 口，在白马区北部、南部和董志西 33 井区新增探明石油储量 7447 万吨，新建产能 150 万吨以上。获集团公司技术创新一等奖。

2004 年，在白马南、白马西、庄 20 区至庄 19 区部署评价井 34 口，新增探明石油储量 12556 万吨。

（二）总结勘探经验，提高勘探技术

西峰油田的勘探与发现，不仅蕴涵着正确的勘探指导思想，而且充分体现了油气勘探新理论、新技术、新方法的应用成果。

1. 地质认识的不断深化，有力地推动了西峰油田勘探的快速发展。生烃能力和勘探潜力评价，为西峰油田勘探提供了依据。以陆相生油理论为指导，在大量地球化学分析的基础上，运用盆地模拟技术，从动态上评价中生界湖相泥岩生烃能力，得出盆地高强度生烃（每平方千米大于 300 万吨）、大面积运聚的结论。证明西峰地区处于三叠系延长组生油中心，油源充足，具备大规模勘探与开发的资源基础。

研究成藏规律并建立成藏模式，优选出有利勘探目标。利用现代沉积学理论，通过沉积的物源、体系和演化等综合研究，得出陇东地区长 6～8 辫状河三角洲平原以及前缘分流河道发育大型砂岩储集体的新认识。进而圈定白马—董志区长 8 辫状河三角洲前缘水下分流河道沉积主砂体的展布范围，有效地指导西峰油田的勘探部署。

新的油藏理论得以形成。在分析陇东地区延长组油源、储层、圈闭及运聚条件的基础上，借助计算机技术完成探区油藏综合描述，提出陇东地区长 6～8 主要发育“上生下储”型生储盖组合，长 7 油页岩既是主要烃源岩，又是长 8 油藏的区域盖层，宽缓构造背景下的大型砂岩储集体与上倾方向致密遮挡的配置，形成典型辫状河三角洲沉积的大型地层岩性圈闭油藏。

2. 新理论、新工艺、新技术的应用是西峰油田有效勘探的保障。利用高分辨率层序地层学原理，首次系统地开展盆地陆相层序地层学研究，建立针对长 8_1 主力油层的砂体等时地层格架。并对长 6～8 地层进行详细的沉积微相研究，为目标优选提供资料依据。

通过低渗背景下相对高渗区发育机理研究，系统分析长 6～8 油层相对高渗区形成的原因，合理预测相对高孔、相对高渗储层发育区，明确勘探突破口，对于寻找相对高产富集区带起到关键作用。

地震勘探效果显著。针对黄土塬区复杂的地表条件，地震处理采用初至拟合逼近静校正、噪音衰减、地表一致性振幅处理和精细的速度分析等技术；地震解释采用储层精细标定和高检测度地震层序处理等技术；探讨储层横向预测技术，预测长 8 含油砂体，成功率达 82.5%。

测井技术发挥重要作用。在详细研究延长组低渗透储层测井响应特征的基础上，建立计算地层覆压条件下岩石绝对渗透率的公式、岩石相分析的多维交会图版和低渗透储层测井解释模式，形成适应西峰油田地质特点的测井精细解释与油层综合判识技术，大幅度提高了测井综合解释符合率。

试油压裂形成适合西峰油田地质特征的配套技术。通过岩石力学参数、压裂液性能、支撑剂评价等大型室内试验，展开以提高裂缝穿透性、增强岩石导流能力为重点的工艺研究和压裂方案设计，同时试验清洁剂、CO_2 泡沫等压裂新工艺，提高探井试油产量近一倍。

2001—2004 年，油田公司在西峰成功地探明了超亿吨储量的大油田，勘探成本 0.17 美元／桶，实现高效快速探明的目的，被股份公司列为近年来油气勘探的重大成果之一。

二、创建西峰油田建设模式

西峰油田面积大、低丰度、低孔、低渗、低压、高饱和、微裂缝、埋藏较深，具有低产、低效特点。为使储量超亿吨的特低渗透整装油田取得较好的开发效益，油田公司走以创新为内涵的系统优化资源配置、管理体制和管理方式之路，依靠技术进步和科学管理提高经济效益。从 2002 年起，按照"勘探开发一体化"展开大规模开发建设。2003 年初，股份公司领导要求把西峰油田建设管理成国内一流水平的示范油田。油田公司领导经过研究，提出了经济有效、加快开发西峰油田的技术政策和创新管理标准，确定具有国内先进水平的低渗透油田开发指标体系，创建"西峰模式"。

在开发建设中，采油二厂以全新的理念，突破传统思维，在整体规划、开发方案、地面建设、人员配备等方面，采用了以油藏工程、采油工程、地面工程等18项主体技术为核心的优化井网、优化注水、优化工艺、优化流程、优化管理和管理与信息数字化、勘探与开发一体化、技术与管理一体化、开发与环境一体化的“五优四化”模式，创造产能建设规模最大、0.3毫达西储层开发试验钻水平井最多、新工艺新技术应用最广、完成实物工作量最重、信息自动化水平最高的“5项长庆历史之最”。

2004年4月13日，中国石油股份公司在长庆召开全国新油气田地面建设经验交流会，西峰油田现代化示范油田的建设成果和经验，得到全国石油界的一致肯定。9月30日，股份公司领导在西峰油田调研时，也充分肯定了西峰油田的建设模式。

（一）油藏工程形成以深化地层认识为主导的技术系列

1. 勘探开发一体化。西峰油田长8油藏渗透率低、埋藏深、开发投资大。为减少决策失误，油田公司坚持“先勘探，后评价，再进行开发实验，最终优选富集区，编制整体开发方案，分年滚动实施”的科学程序。四年钻井1104口，钻井成功率达99.3%，建产能140.5万吨，平均单井日产3.4吨。

2. 油藏早期精细描述。结合沉积旋回、岩性特征及测井资料，应用层序地层学理论在纵向上细分小层，开展沉积微相、砂体展布、非均质性等储层宏观研究。同时运用核磁共振、工业CT等新技术描述微观孔喉结构、渗流特征，为寻找高产区提供依据。并结合生产动态，建立并划分长8油层流动单元，从纵向和横向分布规律，分析确定不同类型流动单元注水开发特征及调控对策，为注采调整和精细注采管理提供有力依据。

3. 超前注水。西峰油田属低渗低压油田，为建立压力驱替系统和避免投产后压力下降引起的储层物性变差，实施超前注水技术。长8油层最佳注水时机为超前注水4~5月，地层压力保持水平达到原始地层压力的110%～120%。与同步及滞后注水相比，单井日产量（长期）平均高出1吨。

4. 优化井网。针对长8油层最大主应力方向及微裂缝发育特征，采用长井距、小排距菱形反九点井网，提高井网适应性，有利于延长主向无水采油期，提高侧向受效程度。白马区开发效果显示，油井见效均匀，产量较平稳，开发形势良好。统计投产三个月以上的122口井，见效程度73%。

5. 注采调控。建立合理的驱替压差，通过超前注水（或同期注水）使油藏压力水平提高到110%～120%；保持温和注水，有效保持储层骨架结构、物性特征和渗流特征，避免注水单方向推进；优化生产参数，保持合理生产压差，防止原油在地层中脱气；采用平面强度均衡注水，实现注水均匀推进，最大限度减少暴性水淹井，最大程度延长油藏无水采油期。白马区注采比一般控制在1.2～1.3左右，日注水强度控制在2.5立方米以下，单井注水量一般控制在35立方米以下，满足了均衡注水和保持地层能量的双重要求。

6. 动态监测。优选测压点，以最少井数监测不同区域的压力变化。对井斜小于15度的井安装偏心井口，实施环空测试，开展压力恢复早期解释评价研究，缩短测试时间，提高开井时率。到2005年，环空测试技术已将停井监测周期由三个月减少到一个月。利用示踪剂监测平面水驱波及状况，利用脉冲试井、干扰试井等方法监测主要水线推进方向。新投井坚持测吸水指示曲线，开发过程1/3的井连续监测吸水剖面。

（二）采油工程形成以持续开发为主导的技术系列

1. 储层压裂改造。长8油层纵向上非均质性强，薄夹层发育，采用“中等砂量、高砂比、合理控制排量、变排量多级充填、压后控制放喷”等压裂工艺，获得高导流裂缝，取得较好效果。2003年试油的125口井，平均试油日产达40.25立方米。

2. 套管防腐。遍布陇东的洛河层是高腐蚀水层，西峰油田套管均采用“环氧冷缠带＋锌阳极”防腐新工艺，具有物理和电化学双重保护作用，确保套管寿命20年以上。截至2005年底，共实施防腐套管井3250口。

3. 油层保护。长8储层弱速敏、弱水敏、弱盐敏，采用优质钻井液、优质射孔液，以及配伍好、易返排、伤害低的优质压裂液体系等保护油层技术，确保开发过程中的低伤害。

4. 井控防喷。钻井、试油形成一整套井控防喷技术，达到安全环保要求。钻井前、试油中，备足压井液，配备防喷器；射孔前用压井液灌满井筒；压裂前预测压力，落实防喷措施。对于自喷井，下泵投产时向油套环空加入适量压井液平衡压力；下泵中利用井下防喷装置防喷。

5. 延长油井免修期。采用参数优化、机械自动清蜡、自生热热洗、扶正防磨、抽汲涝砂等特色技术，有效克服结蜡、斜磨、砂卡的影响，免修期大幅延长。至2005年底，西峰油田免修期已达360天。

6. 注水井不压裂投注。西峰油田储层敏感性强、微裂缝发育，为防止压裂后注入水沿裂缝突进，注水井投产时，采用负压深穿透射孔、汽化水洗井、挤活性水等不压裂投注模式，具有施工简便、成本低、吸水剖面较均匀的优点。采用不压裂投注79口，日配注2650立方米，实际注水2537立方米，平均油压14.5兆帕，套压13.6兆帕，达不到配注井3口，仅占3.8%，满足了西峰油田注水要求。

（三）建设工程形成以简化、优化为主导的技术系列西峰油田地面建设在借鉴安塞、靖安油田和长庆气区建设经验的基础上，结合开发实际，按照高标准、高起点、高质量、严要求的原则，采用新工艺、新技术，使地面建设投资只占总投资的23%，达到全国地面系统高效开发一流水平。

1. 优化布站。平坦油区和沟壑地带分别采用一级、二级布站方式，简化集输流程。百万吨产能建设减少计量（转油）站22座。

2. 功图法计量。采用高精度的数据采集器，获取抽油机载荷和位移传感数据。目前西峰油田172口井安装功图计量遥测系统，设有3个主站54个从站，取消双容积分离器，简化工艺流程，降低建设投资，提高了自动化管理水平。

3. 恒流量配水。采用“树状单井干管稳流阀组”，取消配水间。通过恒流量配水器自动调节装置，实现注水量稳定或恒流，达到连续平稳注水，与单干管多井配水流程比，注水支线较少，工程投资较低。

4. 伴生气综合利用。白马区伴生气资源量丰富。采用井口定压放气阀→增压点油气混输→转油站敷设气管线→联合站三相分离器→轻烃厂全程密闭输送，处理后获得液化气及轻油等产品，日处理能力6万立方米，两年收回投资。

5. 自动化控制。采用DCS集散控制系统，实现西一联合站关键部位压力、温度、流量、大罐液位、沉降罐剖面等参数的自动监控。

6. 综合环保。除防止井喷、回收利用伴生气外，还采用“二级除油＋二级过滤”工艺，净化采出水回注油层。同时注重道路、井场建设中的布局与风格、绿化美化、安全警示标志等方面有机结合，突出环境与自然协调、凸现美观的现代特色。

三、西峰油田实现高效管理

西峰油田地处庆阳市区，地势相对平坦、市场大、人力资源充足。采油二厂按照油田公司关于管理创新的要求，打破企业纵向、横向和内外界限，建立新型管理体制和有效运行机制，实行“扁平化自主管理、专业化互动运行、社会化服务保障”的“无边界”管理模式。

（一）依靠高科技实现现代化高效管理

为实现业务处理数字化、生产指挥网络化、企业管理现代化的目标，从网络与信息配套、油井视频监控、功图法计量、水井远程测控、场站自控等方面进行信息自动化建设，实现生产指挥、油田管理自动化，彻底改变了油田传统的管理模式。西八接转站仅3名员工就管理60多口油水井；远在庆阳和西安总部的生产指挥者只要点动鼠标，随时都能了解西峰油田每口井的生产情况。

（二）互动管理实现企业纵向、横向“无边界”

西峰油田在组织结构建设中，以“扁平化”管理为指导，简化管理层次，建立“采油厂—采油区—专业化岗（组）”三级生产管理组织机构，弱化纵向“边界”，保障纵向沟通顺畅，促进组织反应、及时决策。岗位管理打破班站“界线”，取消班站长，实行岗位授权，由岗位员工对班站自主管理，调动岗位人员工作积极性。选人用人打破员工身份“界限”，引入模拟市场机制，推行“供需双选、竞聘上岗”、“末位淘汰、内部招聘”等方式，激活用人机制，不但为西峰油田建设选拔出高素质员工队伍，同时也引导员工建立终生学习理念，推动员工队伍素质快速提升。通过合并部门，实施模糊岗位和岗位多元化培训，部门间定期沟通，岗位“轮换”，打破横向管理中部门“边界”，促进相互协作，信息共享。

（三）市场化服务实现企业内外“无边界”

为精干队伍，最大限度地发挥核心优势，将优质资源和精力集中到原油生产上，节约成本，西峰油田实施辅助和非主体业务外包，打破企业内外部“边界”。通过公开招标优选服务队伍，将场站绿化保洁、大型设备维护、道路维修保养、新技术和新工艺维护保障等辅助性劳动和非主体技术服务，委托市场化管理，既降低员工劳动强度，又为周边地区创造就业机会，实现油田与区域经济协调发展。

截至2005年底，西峰油田探明储量已达2.35亿吨，控制储量2亿吨，已建成140.5万吨产能，日生产水平2610吨。

第四节　稳步推进企业改革，促进油田持续、快速、有效、协调发展

一、稳步推进改革

1986—2005年，长庆油田走过了“放权让利—完善承包—资产经营责任制—重组改制”稳步推进的改革、发展之路。

长庆局于1985年出台第一个改革试点方案，即以搞活企业经济为中心，适当扩大二级单位生产经营管理权利，实行“两定”、“两包”，发展多元化经营。

1988年，在总结第一个改革方案试行情况的基础上，长庆局出台深化改革试行方案，以及计划、财务、“三项制度”、物资供应、科技工作、劳保医疗、转变机关职能等配套文件，逐步推行厂长（经理）负责制；按32个二级单位的不同类型实行18种经济承包办法，做到纵向包到底、横向包到边，将生产经营成果同单位、个人利益挂钩，促进了生产发展。

1998年，在二级单位试行和推广内部模拟资产经营责任制，为1999年长庆油田重组改制奠定基础。这一时期，长庆局在企业经营机制、投资体制、财务管理、项目管理、职工福利等方面，都进行了大量改革探索，为油田大发展起到促进

作用。

1999年7月18日，按照集团公司统一部署，长庆油田重组改制为长庆石油勘探局和中国石油长庆油田分公司，实现长庆油田企业改革的重大突破，向现代企业制度迈出决定性的一步。

二、长庆油田分公司创新思路加快发展

1999年9月18日，长庆油田分公司(以下简称油田公司)正式成立。2000年1月1日起，油田公司与勘探局独立运行，在长庆油田发展史上掀开新的一页。

(一)发挥优势，谋划发展

油田公司成立后，依照《中华人民共和国公司法》要求，建立适应市场经济的企业体制和运行机制；创建符合长庆低渗透油气田特征的企业理念体系和目标体系，明确公司宗旨。2000年，油田公司领导提出以发展推动长庆各项事业的进步、以市场促进企业管理水平的提高为基本取向的"两条基本思路"；继承长庆油田多年形成的融大庆、老区、解放军光荣传统和作风为一体的"攻坚啃硬、拼搏进取"的企业精神；确立切合长庆实际的生存战略、有效益的可持续发展战略、合理的低成本战略和符合低渗透油气田特征的科技创新战略等"四大发展战略"。同时，充分发挥资源、技术、区位、产品、政策和队伍等优势，为加快发展奠定坚实基础。随着公司的实践和油田的大发展，2003年油田公司领导提出并完善了持续、快速、有效、协调发展的基本思路——"三个一切"，即"一切服务发展、一切以人为本、一切注重实效"。这一整套企业理念体系成为公司企业文化的主体，贯彻到公司各个管理层面、各项工作和广大员工中，起到凝聚人心、整合行为、实现发展目标的感召作用。

(二)"三个重新认识"指导生产发展

鄂尔多斯盆地地质条件十分复杂，但经过几十年勘探开发，长庆油田在理论和技术上积累了丰富经验，取得了丰硕成就。2000年，鄂尔多斯盆地被确立为中国21世纪潜力巨大的战略资源接替区、中国西部发展前景广阔的石油天然气工业基地之一。为进一步深化对鄂尔多斯盆地的地质认识，完善油气勘探开发理论，不断创新和发展适用技术，更有效地勘探开发盆地油气资源，油田公司总经理胡文瑞在总结前人成果的基础上，2001年2月提出"三个重新认识"，即重新认识鄂尔多斯盆地、重新认识长庆低渗透、重新认识我们自己，以加大油气勘探开发力度。

重新认识鄂尔多斯盆地，就是解放思想，拓宽思路，清楚地认识鄂尔多斯盆地勘探面积广阔、资源丰富，给长庆油田生存、发展提供了空间；多矿种的大量蕴藏，赋予长庆油田拓展营运业务的机会和独特的经济战略优势；西接资源、东联市场，

为长庆油田提供了区域优势。通过对盆地重新认识，立足盆地，放眼市场，制定战略，谋划未来，使盆地油气勘探开发事业更上一层楼。

重新认识长庆的低渗透，就是认识鄂尔多斯盆地油气勘探开发历史，增强征服低渗透的信心。安塞油田的成功开发，引起全国低渗透油藏的一场革命，迎来鄂尔多斯盆地石油开发的一场会战，说明长庆的低渗透只是个相对概念，长庆的勘探和开发不断向积极方向变化，向反映事物本质方向变化。因此，重新认识长庆的低渗透，就是要打破思想桎梏，建立发展、辩证的思想方法，从观念转变、技术进步、勘探开发历程和长庆发展史等多维、全面、客观、发展、辩证地看待长庆的低渗透。建立发展概念，明确主攻方向，依靠科技进步，不断争取突破。

重新认识我们自己，就是要跳出鄂尔多斯盆地看自己，跳出习惯看自己，跳出自我看自己，跳出有限时间看自己，从实现发展目标看自己。从国内外企业历史、传统和人文的角度审视过去，特别是要与国际大公司相比，认清现状，展望未来，善于从哲学和社会学层面吸取经验和成果；善于从政治上、战略上考虑和处理问题，不断扬弃历史、更新思想、更新观念，清醒地认识我们的差距和潜力，进一步明确发展的方向和路子，在自我超越中前进。

实际工作中，长庆油田以“三个重新认识”为指导，在战略准备区为下年度提供产能建设区块，在战略突破区寻找富集区带，在战略侦察区开拓勘探新领域，在战略合作区吸引国外投资、引进先进技术和管理；在油气田开发上加强油气藏前期评价，完善开发技术政策，大规模采用超前注水和小井眼开采等技术，使油气田开发整体水平得到进一步提高。继靖边气田投入开发后，长庆又在内蒙古苏里格找到特大型天然气田；石油勘探在安塞油田外围、志靖地区、吴旗地区也获得重大突破。

（三）发展目标及其实践

2003 年，股份公司领导从国家能源安全、石油战略的高度和长庆油田大发展的实际出发，与油田公司领导研究，确定了长庆油田的发展目标，即“31599”，“3”是 3 年新增石油探明储量 3 亿吨；“15”是 3 年新增天然气探明储量 1500 亿立方米；“99”是到 2005 年原油产量达到 900 万吨，天然气产量达到 90 亿立方米。

油田公司瞄准发展目标，按照“甩出去、打下去，发现新区域、新领域、新层系”的工作思路，2003—2005 年，石油勘探在姬塬地区发现 3 亿吨储量区块；合水地区长 6 油层展示出亿吨级储量规模；在白豹地区初步落实 1.5 亿吨储量；还发现 14 个侏罗系高产油藏，开辟了滚动勘探开发的新目标，分别被列为股份公司 2005 年“七项具有重大战略意义的成果”、“六项重大发现”和“六项具有战略意义的苗头”之一，形成安塞之后有靖安、靖安之后有西峰、西峰之后有姬塬、姬塬之后有白豹的油田接替序列；天然气勘探在子洲地区上古生界（被列为股份公司 2005 年 10

个规模储量区块之一）、盆地东部统万城北、米脂、神木—双山的盒6、盒8和靖边潜台东部下古生界等五个地区落实了五个储量上千亿立方米的接替区块，使油气储量、产量连年大幅度攀升，生产规模逐年扩大，经济实力显著增强、社会地位和知名度明显提高，员工生活、福利待遇不断改善。

2000—2005年，连续六年超额完成各项业绩指标：（1）石油勘探六年探明储量6.34亿吨，连续六年新增石油探明储量名列中国石油第一位。（2）天然气勘探六年探明储量9692.31亿立方米，连续六年新增天然气探明储量名列中国石油第一位。（3）原油产量由1999年的430.09万吨增长到2005年的940万吨，六年净增510万吨。（4）天然气产量由1999年的12.07亿立方米增长到2005年的75.3亿立方米，名列全国第二位，六年净增63亿立方米。油气年产当量连续六年以百万吨级规模攀升，由1999年的526万吨增长到2005年的1540万吨，六年增长当量1014万吨，平均每年增长169万吨，连续六年增长量、增长幅度名列中国石油前茅。自2003年起，油气年产当量就名列全国第三，中国石油第二。（5）投资回报率均保持在10%以上。（6）油气单位操作费持续下降，由2000年的5.18美元／桶下降到2005年的4.72美元／桶。油气勘探的一系列重大突破、油气产量的大幅度攀升，奠定了长庆持续、有效、快速、协调发展的基础。

三、长庆石油勘探局“二次创业”成就显著

重组改制后，长庆局作为以油气勘探开发工程技术服务、生产服务为主营业务的未上市企业，面对人均有效资产少、人员多、企业办社会负担重、产业及产品结构不合理等历史沉淀的矛盾和问题，生存与发展面临巨大的困难和压力。

为此，长庆局领导提出以持续发展、全面建设小康为目标，以建立现代企业制度、转换经营机制和调整结构为动力，使长庆局成为国内一流、西部领先，具有较强市场竞争力的综合性地区服务公司的“二次创业”目标。并确定了“坚持围绕长庆油气主业发展而发展、坚持以市场为导向促进内部管理水平提高”的“两条发展思路”和“市场开发战略、质量效益型经营战略、多元化发展战略、科技进步和人才开发战略”等“四大发展战略”。

重组改制后的“十五”期间，长庆局各项工作取得长足进步，保持了持续有效、协调发展的态势。广大职工奋力开拓、团结和谐、朝气蓬勃、充满活力，展现出良好的精神风貌，具备了加快发展的基础和条件。

（一）改革改制稳步推进

按照建立现代企业制度的要求，稳妥推进改革。先后将机械制造、钻井工程、

建设工程和员工培训等业务资源整合重组,提升业务集中度,优化内部资源,提高了运行效率和市场竞争能力;按照集团公司专业化重组要求,测井工程处、地球物理勘探处相继加入西部测井和东方物探;稳步推进人事制度改革,实行副处级岗位公开竞聘;深化住房制度改革,实行住房分配货币化;中小学校顺利完成移交,分离办社会取得明显进展;对九个基层单位按照整带式、控股式、参股式、租赁式等“六种模式”进行改制试点;对多种经营企业按公司制改造规范,实现投资主体多元化,使其成为自主经营、自负盈亏的经济实体。

(二)结构调整平稳进行

通过有偿解除劳动关系、内部退养、鼓励职工自谋职业等办法,大力调整队伍结构。使产业队伍结构趋于合理、社会服务队伍明显下降、文教卫生队伍减少、管理队伍逐步加强。经过两次资产清查,处理近 10 亿元的不良资产,非经营性资产比率降低 6 个百分点;通过充分利用报废资产和更新改造关键设备,使经营性固定资产比率由 78%上升到 82%,资产结构逐步得到优化,设备新度系数提高。投资规模逐年增加,投资回报率平均为 12.5%。调整 24 个单位的产业定位,使管业、彩钢、建材、设备制造等新产业按新体制、新机制运行,成为新的经济增长点。坚持把推进产权结构调整与产权制度改革、创新体制机制、提高经济效益相结合,使国有企业、集体企业的公司制改造迈出实质性的步伐,产权由单一结构向多元化发展。

(三)市场领域不断拓宽

1. 牢固占领长庆市场。面对长庆油气大发展的局面,长庆局把关联交易市场作为主体市场和生存市场,提出“以油田公司勘探开发的需要作为勘探局生产的最高命令”,站在“互利双赢、共同发展”和建立战略同盟的高度,确保长庆油气大发展。近年来,在长庆主体市场所占份额较为稳定,每年完成的价值工作量占主营业务收入的 90%左右。

2. 辐射开发社会市场。主攻集团公司重点项目、重点探区和长庆周边油气项目,并逐步向新领域延伸,陆续拓展高等级公路建设、大口径管道工程技术服务及机电产品外销等市场,参与出疆管线、西气东输管线、陕京管线等建设,还形成以“长呼管线”从投资、建设到营运为典范的一批有市场、有效益、能够吸纳富余人员的新产业。经过努力,长庆局社会市场收入比重由 4.2%上升至 13.2%。

3. 积极开拓国际市场。坚持“走出去”战略,国际业务从无到有、逐步扩大,积累了一定的国际项目运作管理经验,初步构建了国际市场开发动态预警体系,建立和完善了管理运行制度及标准,实现了锻炼队伍、积累经验、增加效益“三个目的”。截至 2005 年底,在四个国家实施海外项目 11 个,合同总金额 1.42 亿美元。

在海外作业的职工 119 人、钻机 6 部、修井机 2 部、综合录井仪 2 套，累计完成价值工作量 1 亿美元，回收工程款 4757 万美元。

（四）加快低效油田开发

长庆局低效油田开发起步很早，到 1999 年底，已发展到 13 个作业区，原油产量 41.8 万吨。根据重组方案，13 个作业区作为油田公司支持长庆局发展的重要措施，“采取甲乙方合同形式，以原油买断方式委托原开采单位负责成本控制、生产组织和施工作业，产量纳入油田公司”。2000 年，13 个作业区原油产量达 52.15 万吨。2001 年 1 月，长庆局与油田公司签订《关于移交 13 个采油作业区有关问题的协议》，双方根据集团公司《合作开发未动用石油储量工作指导意见》，确定低产低效油田合作开发范围、运作方式和审批程序等，成立工作机构。到 2004 年底，累计投资 2.39 亿元，建成产能 6.93 万吨，钻井 61 口，进尺 13.09 万米，生产井数 37 口，累计生产原油 5.8 万吨。2005 年 5 月，长庆局和油田公司领导从全面落实科学发展、积极创建和谐企业的高度出发，提出“共举中国石油一面旗，同唱长庆油田一首歌”的指导思想，进一步明确共同发展目标，并代表双方签订《低效储量合作开发协议》，组建项目组，加大投入力度，加快节奏，当年开钻 68 口，完钻 64 口，新建产能 7.5 万吨，生产原油 4.5 万吨，同比增长 26.2%。

（五）合作开发苏里格气田

按照集团公司统一部署，苏里格气田采用联合开发的新路子，苏 6 和苏 36-11 两个区块由长庆局开发。在此之前，长庆局与油田公司密切合作，加快工程、工艺等方面的低成本开发试验。2004 年，在苏 38-19 井开展空气钻井试验，11 月圆满完成录井工作、空气钻井试验也获得成功。2005 年为加快苏里格气田合作开发步伐，长庆局成立合作开发项目组，编制开发方案。苏 6 区 4 亿立方米开发方案得到集团公司批准。当年，完钻 4 口井，进尺 13742 米；试气 1 口、投产 1 口，配产 2 万立方米，产建工程质量合格率达 100%。新技术、新工艺得到推广应用。苏 6-12-12 井成功应用定向井钻井技术，在井深 3285 米、最大水平位移 589 米的情况下，钻井周期 28 天 20 小时，钻井速度接近直井水平；同时，积极试验欠平衡钻井技术。到 2005 年底，累计生产天然气 638 万立方米。

（六）“二次创业”成效显著

1. 经营规模稳步增长。重组以来，长庆局综合经济效益逐步提高，主营业务收入由 2000 年的 40.04 亿元上升到 2005 年的 92.3 亿元，平均增长 20.7%，呈现出良好发展态势。

2. 生产能力大幅提升。重组以来，长庆局立足油田市场，围绕产能建设，提高技术水平，强化生产组织，加强安全管理，改进服务质量，生产能力有较大幅度提升。2005 年，钻井、井下作业和采油技术服务完成工作量分别达到 246 万米（当量进尺 339 万米）、4359 层次和 14559 井次，年均增长 11.4%、16.7%和 16.6%；建筑施工产值、供发电业务、加工制造产值、运输货运周转量都有较大幅度增长。

3. 科技创新能力不断增强。长庆局现有工程技术人员 4741 人，研发机构 6 个。2000—2005 年累计投入 1.32 亿元科研经费，安排重点科技项目 174 项，其中，技术攻关创新项目 61 项；新技术、新产品开发应用项目 89 项；软科学项目 24 项。共获得各类科技进步奖 394 项，其中，集团公司技术创新奖 7 项、局级科技进步一等奖 31 项、获国家专利 36 项。一些技术成果应用到生产中见到显著效果，钻井工程形成天然气欠平衡钻井、气井导向水平钻井、小井眼丛式井、保护油气层钻井液完井液、防水气窜水泥浆固井和气井快速钻井等具有长庆特色的技术系列；井下作业形成低渗透油田整体压裂、老井重复压裂、水平井分段试油压裂、碳酸盐岩储层深度酸化、气田高效压裂、CO_2 泡沫压裂和气井连续分层压裂等储层改造技术为代表的优势技术系列；地面建设形成四大系列 15 项先进技术，解决了地面集输等技术难题，在保障油气田增储上产中发挥了关键作用。重大科研项目坚持公开招标和课题负责制，已形成具有自主知识产权的四大类十多种新产品，创产值 1.2 亿元。

4. 职工生活水平和生活质量不断改善。长庆局本着“企业发展、惠及职工”的原则，2000—2005 年，兴建钻井、井下等员工公寓，重点投资更新配置野营房，实行野外员工免费就餐，切实改善一线队伍工作和生活条件；为职工建立五项社会保险和企业年金、补充医疗保险；为劳务合同工建立养老保险、医疗保险和住房公积金；每年投入上千万元，改善少儿教育和建设老年活动场所；建立“温暖工程基金”，加强对困难员工、遗属等弱势群体的抚恤和照顾；努力拓宽就业渠道，积极推进再就业工作；认真落实员工疗养和带薪休假制度，以多种方式惠及职工。

5. 生产生活基地调整见到成效。自 1970 年以来，长庆油田共建成生产、生活基地 63 个，分布在陕、甘、宁等省（区）25 个县（市）。重组改制后，长庆局按照“统一部署、分步实施、有序进行、确保稳定”的原则，积极稳妥地实施生产生活基地战略性调整，已形成西安、银川、庆阳、河庄坪等四大生活中心。同时，在集团公司政策支持下，相继关闭一批边远矿区生活基地，职工住房条件和生活、工作环境进一步改善。

第三十章 新疆油田

新疆油田位于新疆北部的准噶尔盆地。20 世纪 50 年代诞生了新中国第一个大油田——克拉玛依油田，1958 年经国务院批准在油田基地建立了克拉玛依市，油田总部机关设在市区。1985 年底以前，新疆油田的勘探开发领域遍及天山南北三大盆地，先后找到 14 个油气田，含油面积 733.8 平方千米，累计探明石油地质储量 8.8754 亿吨，天然气探明储量 315.2 亿立方米。

1986 年以来，国家对新疆石油工业的管理体制进行重大改革，新疆石油工业的布局和结构发生重大变化，出现分区划片多家经营的新格局，原新疆石油管理局(以下简称新疆局)独家经营的局面被打破，油田勘探开发领域主要集中在准噶尔盆地，另辐射库普、和什托洛盖、伊宁等外围山间盆地。

准噶尔盆地位于天山、扎依尔山与阿尔泰山之间，平面上呈南宽北窄的三角形态，总面积 13 万平方千米，盆地中央有面积约 4.8 万平方千米的全国第二大沙漠——古尔班通古特沙漠。区域构造位置处于阿尔泰褶皱带、西准噶尔褶皱带和北天山褶皱带所夹持的三角地带，油气生储条件好，资源富集，油气资源总量达到 103 亿吨，是中国陆上油气资源总量超过 100 亿吨的四大盆地之一。盆地分为西北缘、东部、腹部和南缘 4 个勘探区。

盆地油气勘探始于 1936 年的独山子背斜。1955 年克拉玛依油田发现后，开始大规模勘探，至 1966 年获得探明储量 3 亿吨，迎来第一个储量增长高峰期。此后至 20 世纪 70 年代中期，油田发展一直处于徘徊之中。改革开放后 1978—1989 年，随着新技术、新设备的引进，油气勘探步伐逐步加快，油田进入第二个储量增长高峰期，1984 年、1985 年达到年增石油地质储量 1 亿吨以上。“七五”期间，盆地东部的勘探，打破了 30 年的沉寂，一跃成为勘探开发的主战场。相继发现并探明火烧山、北三台、三台、甘河等油田，呈现出欣欣向荣的景象。与此同时，克拉玛依油田又有新的储量投入开采，建成全国第二大稠油生产基地，平均每年新增原油生产能力 114 万吨，增强了油田的稳产基础。五年间新增石油探明地质储量 2.92 亿吨，1990 年实现原油产量 680 万吨，比 1985 年增长 36.2%，成为全国陆上第四大油田。

“八五”至“九五”期间，新疆油田被列入“加快发展西部”的重要地区，资金和科技投入的重点倾斜，为油田发展提供了强有力的支持，油田进入快速发展时期。油田坚持“突出预探，重在发现，择优探明，注重效益”的十六字方针，按照“主攻腹部主战场，深化准东、西北缘，突破南缘山前带”的原则部署工作。随着技术和装备水平的不断更新，勘探效益明显提高，低幅度构造、非构造圈闭、隐蔽圈闭、复杂储集层的油气勘探水平也得到进一步提高。油气勘探深入盆地腹部沙漠覆盖区，在腹部连续发现彩南、石西、石南、莫北等多个 5000 万～1 亿吨级的大油田，先后建成彩南和石西两个百万吨级的整装沙漠油田和石南、莫北等油田。盆地南缘天山山前获重大成果，发现并建成呼图壁气田。盆地东部发现和开发了沙南、五彩湾、三台（马庄）等油气田。盆地西北缘斜坡区和断裂带勘探取得新进展，发现玛北、小拐等油气田。夏子街、车排子、乌尔禾、小拐等油田也相继投入开发。与此同时，西北缘的稠油开发加快发展。至此，准噶尔盆地从南缘到西北缘，从东部到腹地，油气田初步形成“星罗棋布”的态势，标志着准噶尔油气区进入全面开发阶段。1991—1999 年的 9 年间，新增探明石油地质储量 5.51 亿吨，占油田勘探 49 年累计探明石油地质储量 17.07 亿吨的 32.3%，累计新建产能 1137.23 万吨，是过去 40 年年均新建产能的 3.2 倍。1999 年原油、天然气产量分别是 1990 年的 1.48 倍和 3.1 倍。

截至 2000 年底，新疆油田累积探明石油地质储量 17.621 亿吨、天然气 563.91 亿立方米；累计开发 18 个油气田，拥有原油生产能力 1005.9 万吨，天然气生产能力 18.27 亿立方米，年产原油 920 万吨。

“十五”期间，油田依靠理论创新，在完善“源控、断控、梁聚”论的同时，开拓性地提出“源外沿梁、断控阶状运聚”成藏组合模式，在盆地腹部开辟了新的勘探领域，发现了亿吨级的陆梁油田，实现了浅层白垩系的历史性突破；在莫索湾凸起侏罗系低幅度构造获得突破，首次发现了腹部中型气藏；在岩性地层油气藏勘探中获得重大突破，并优质快速地建成陆梁和石南 21 两个百万吨级大油田；在南缘前陆冲断带勘探中，发现了新的含油气构造；盆地东部油气勘探有新发现，开辟了盆地腹部石炭系油气勘探新的领域，打开了陆东地区勘探新局面；精细勘探在西北缘老区新增储量2亿吨。五年间，累计新增探明石油地质储量3.08亿吨；新建原油生产能力923万吨；累计生产原油5315.1万吨、天然气114.4亿立方米，油、气产量年均净增长49.1万吨和2.5亿立方米。2003年油气产量突破1000万吨，建成西部第一个千万吨级油田。2005年，新增探明石油地质储量7517.4万吨、天然气地质储量64亿立方米，生产原油1165.4万吨、天然气29亿立方米。

截至2005年底，新疆油田已先后发现并探明油气田29个，其中，准噶尔盆地25个，亿吨级的油田有克拉玛依、百口泉、陆梁等3个，近亿吨级的油田有红山嘴、火烧山、彩南、石西、石南等5个；0.1亿～0.5亿吨级的油田14个。累计探明石油地质储量18.44亿吨，探明天然气地质储量2150亿立方米。

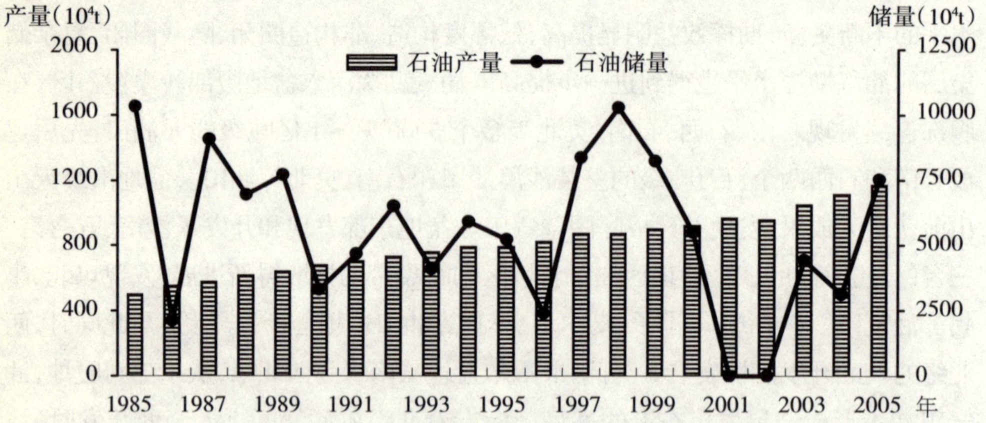

新疆油田石油探明地质储量和产量变化图

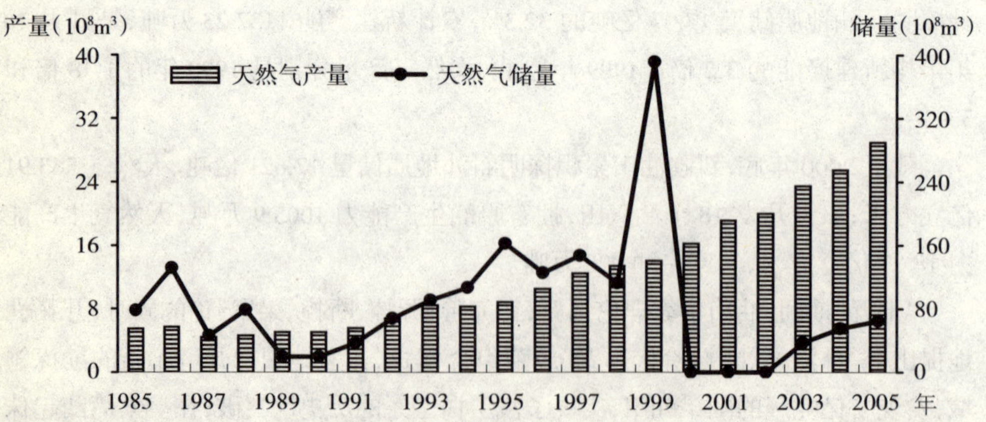

新疆油田天然气探明地质储量和产量变化图

第一节　深化老区勘探，盆地西北缘长盛不衰

盆地西北缘探区，西北以扎依尔山和哈拉阿拉特山为界，西南至奎屯，东至夏子街，呈弧形带状展布，面积12583.4平方千米。在构造上由逆冲断裂带和斜坡区组成，从玛湖凹陷向盆地边缘可分为斜坡带、断裂带和上盘地层超覆尖灭带三个具有不同特征的油气聚集带。从准噶尔盆地新一轮油气资源评价显示，西北缘石油资源量为33.4亿吨，截至2005年已探明石油地质储量12.76亿吨，天然气266.86亿立方米，探明率仅为38%，未被发现的剩余资源量大于20亿吨。经过50年的勘探，西北缘已在6大层系16个层组中发现并探明了9个油田，同时在8个区块控制石油地质储量8623万吨，占整个盆地石油控制储量的44%，另外还有300余个剩余出油气点有待进一步落实。可以说，在新疆油田的勘探史上，西北缘不仅是以往发现储量最多的区带，今后仍然是准噶尔盆地勘探潜力最大的地区。

一、技术进步推动西北缘勘探进程，滚动勘探开辟新领域

盆地西北缘是一个蕴藏着丰富油气资源的油气聚集区，自1955年发现第一口工业油流井后，一直是勘探开发的重点区域。“七五”期间，勘探工作者以逆掩断裂带推覆体构造体系的新认识为指导，整体解剖，实现了沿断裂找油的新突破，扩展了找油领域，扩大了克拉玛依、百口泉等油田；新探明风城、夏子街、车排子等油田，实现了西北缘断裂带上不同层系的含油面积叠合连片。至1990年末，在近7500平方千米的的勘探范围内，已完成多次覆盖地震剖面2.3万多千米。五年共拿下探明石油地质储量20878万吨，1990年新疆局上交探明储量3317万吨全部由西北缘完成。进入20世纪90年代以后，勘探难度加大。为了寻找新的勘探领域，“八五”期间，在“突破腹部，加快南缘，扩大东部，深化西北缘”的勘探方针指引下，西北缘以寻找非构造隐蔽油气藏为主，并向生油坳陷的斜坡区延伸。油田科技人员应用盆地理论、含油气系统理论和隐蔽圈闭成藏理论指导勘探实践，广泛应用地震、测井新技术，通过对西北缘油气资源和勘探目标分析，认识到准噶尔盆地油气资源丰度最高的是大逆掩断裂带下盘近7600平方千米的广阔斜坡带即环玛湖坳陷地区，从而把该地区作为西北缘勘探的重中之重。在“主攻斜坡区”的勘探方针指导下，“八五”期间西北缘通过二维地震、三维地震勘探，共探明稀油20个层块、含油面积245.3平方千米、地质储量17831.0万吨，稠油3个层块12.5平方千米、储量3320万吨，天然气3个层块21.3平方千米、储量58.34亿立方米。共发现玛北、小拐两个油气田和五区南及其他5个层系的7个油气藏。表明在大逆掩

断裂带巨型油气聚集带前缘的盆地斜坡区，找到第二个油气聚集带基本成为现实。

克拉玛依油田五区南乌尔禾组，曾于1977年探明一块含油面积，后由于油藏油水系统不清，一直未投入开发。1991年，该区被确定为西北缘深化勘探的主要领域之一。1992年克75井获工业油气流后取得新突破，在乌尔禾组油藏控制含油面积33平方千米、含气面积4.7平方千米。1993年对该区进行评价钻探和油藏精细描述，主力油层含油面积进一步扩大，综合评价该区为中深层、低丰度、中产特低流度的中型油田。次年，克79井区3口探井在二叠系乌尔禾组获工业油流，至1995年五区南克79井区二叠系乌尔禾组基本探明，探明含油面积26.2平方千米，储量1043万吨。

同时，油田科技人员在分析“斜坡带”油气成藏条件及目标评价中，根据地震资料研究成果，发现玛北地区三叠系发育低幅度鼻状隆起上有5个高点。1992年9月10日，1号高点的玛2井获高产油流，发现二叠系乌尔禾油藏，是斜坡勘探获得的又一重大发现。1993年，对该区域扩大勘探，发现了百口泉组油藏。次年，玛北油田评价有新的进展，在斜坡带又发现3个新出油(气)点。4月25日玛001井喜获工业油流，诞生了近5000万吨级储量的玛北油田。

五区南二叠系油气藏和玛北油田的发现，揭开了斜坡带非构造油气藏勘探新的一页。

另一方面，从20世纪80年代开始至世纪末，通过应用新技术、新方法，结合已开发区的边缘井、过层井资料，进行深入细致研究，先后在克拉玛依、百口泉、红山嘴等油田共滚动勘探开发探明地质储量11941万吨，其中已动用189.51万吨。尤其在“九五”期间，由于勘探开发技术水平的提高，采用三维地震精细油藏描述技术，加深了对油藏地质特征的认识，勘探效益显著提高。“九五”期间共探明了15个区块，合计探明储量21326万吨，天然气地质储量124.12亿立方米。

进入21世纪，随着对盆地西北缘的老油区的地质认识日益深化，不断采用新技术，强化三维地震资料处理解释，精细老油区滚动勘探，取得卓有成效的成果，每年可提交探明储量1000万～2000万吨。2001年，滚动勘探在西北缘地区油田内部的7个区块获得重要成果，新增探明储量1138万吨。2002年，拐19井、拐20井侏罗系获得高产油气流，证实中拐凸起及南斜坡侏罗系多层含油，而且有稀油油藏的存在，表明该区侏罗系具有很大勘探潜力。2004年，夏72井获高产工业油流，开辟了深层非常规储层勘探新领域，并探明了该井区石油地质储量1549万吨，在西北缘克乌油区开展的滚动勘探评价成效显著，新增探明石油地质储量1802万吨。2005年，西北缘实施精细勘探，当年共组织工程项目364个，合同金额近5亿元，落实三级储量2.5亿吨。在湖湾区、六区、七区、九区的石炭系和侏罗系，拐20井区的侏罗系，乌尔禾、夏子街区的三叠系，都取得实质性成果，探明石油地质储量5079万吨，控制储量10969万吨，表明西北缘的潜力长盛不衰。西北缘精细勘探项目荣获中油股份公司2005年度油气勘探重大突破一等奖。

二、一批新油田陆续投入开发，为增产稳产奠定了基础

20世纪80年代中期以后，西北缘油区稀油进入全面开发的新阶段。克拉玛依、百口泉、红山嘴、风城等油田，通过强化稳产基础、增产措施和滚动评价，拓宽了开发领域，发现了新的区块，增储上产效益显著。夏子街、车排子、乌尔禾、小拐等一批新油田陆续投入开发，增强了原油上产的后劲。西北缘稀油的全面开发，带来了原油产量的持续增长，1990年西北缘产油430.1万吨，是1965年的4.6倍，占当年新疆油田原油产量的64.4%，为全局原油产量上台阶做出了重要贡献。“八五”期间，西北缘共动用储量15956万吨，建成产能240万吨，1995年产油458万吨。“九五”期间先后在克拉玛依油田、百口泉油田和石西油田的8个层块滚动探明石油地质储量7749万吨，投入开发层块6个，建成生产能力96.5万吨，有效缓解了油田上产与后备优质资源不足的矛盾。截至2000年，西北缘共发现10个油田，探明石油地质储量12.93亿吨，天然气266.86亿立方米。

(一)车排子油田的开发

该油田地处盆地西北缘、市区以南约120千米，其勘探始于20世纪50年代，1983年在红116井石炭系获工业油流，随后在该区域内进行了大量的地震详查和油藏评价工作，相继在几个层系获工业油流，探明石油地质储量3729万吨，天然气地质储量35.96亿立方米。“八五”期间投入开发。到1997年底，建成生产能力16万吨。2003年，车排子油田原油年产量8.60万吨。

(二)乌尔禾油田开发建设

乌尔禾油田主要开发区——乌5区位于市区以东100千米处，构造位置处于西北缘哈拉阿拉特山推覆体前缘，发现于1958年。通过1954—1965年、1978—1982年两个阶段勘探，于1983年12月上报Ⅲ类石油地质储量801万吨，叠加含油面积27.7平方千米。

1992年，乌5井区投入开发，动用含油面积3.3平方千米、储量127万吨。至1993年5月底，百口泉组投产10口井，初期单井日均产油量5.31吨。到1997年底，油井增至19口，单井日均产油却降到2.8吨，综合含水达27.7%，当年产油仅1.43万吨。为此，2002年开始对乌5井区、乌16井区三叠系克拉玛依组、百口泉组油藏，采用300米×450米反九点菱形面积注水开发井网，共部署64口井。实施过程中不断对方案进行调整，当年完钻开发井108口，增产油3.19万吨。至2003

年底，乌尔禾油田共有采油井 209 口，开发井 206 口，注水井 26 口，年产油 16.66 万吨。

（三）夏子街低压、低渗油田的开发

夏子街油田位于盆地西北缘的东北端，属西北缘冲断带、克—夏断阶带的一部分，西距克拉玛依市区 140 千米，于“五五”至“六五”期间发现探明，由于油层物性差，渗透率低，油、气、水分布复杂，一直未能动用。随着数字地震技术进入勘探开发领域，1989 年第一次在夏子街油田实施三维地震勘探，开创了三维地震技术为油田开发服务的先河。夏子街油田于 1991 年 9 月投入开发，1992 年原油产量达到历史最高峰 28 万吨，日产水平最高达到 770 吨。但该油田全面投产后产量递减加快，年水平递减率最高达 46.7%，原油年产量迅速递减至 1995 年的 12 万吨。

1996 年开始对该油田进行长期综合治理，以提高油井举升效率。1997 年确定了以夏 18-36、夏 9 井区为综合治理主体，开展油田的综合治理，年底，夏子街油田实现了油量不减，年生产能力达 12.99 万吨。

为了进一步寻找油田发展潜力，2003—2004 年研究人员对主力区块开展了精细描述研究工作，并相继在夏 29 井区、夏 9 井区八道湾组、夏 26 及夏 52 克上组四个油藏获得突破。

2004 年 5 月，夏 72 井经欠平衡钻井工艺施工，在二叠系获日产原油 86 立方米、天然气 3200 立方米，结束了夏子街地区没有高效油田的历史。该井创造了多项新纪录，实现了钻井、测井、完井等全过程的欠平衡作业，创欠平衡井段 1551 米的国内最长纪录；实现井口带压测井作业，保护了油气层。证明通过科技进步和新的勘探理念，在老油区可以找到新的高产油气田，为勘探开发低渗透油田提供了宝贵的经验。1999—2004 年，夏子街油田在无新井接替的情况下，实现连续六年稳产。

（四）开发建设小拐油田的教训

小拐油田位于准噶尔盆地西北缘小拐地区，距克拉玛依市区南约 35 千米，一直被认为是油气的有利聚集区，但未被钻井所证实。1995 年 3 月拐 5 井出油小拐油田被发现，1996 年上报控制石油地质储量 5900 万吨，控制含油面积 43.2 平方千米。同年，利用少量钻探评价资料先后完成了小拐油田的开发概念设计和开发方案编制。并在储层性质、裂缝分布不清和产能大小分布不清的形势下，集中 33 台钻机和相应的油建力量，全面展开开发建设会战。结果是完钻的 157 口生产井，能出油的只占 59%，且产量迅速递减，至 2000 年底，年产量只有 2.35 万吨，濒临停产。2001 年底，经复算核实地质储量只有 751 万吨，致使十多亿元开发建设投资无法收回。

小拐油田开发的被动局面，除了油藏异常复杂和缺乏行之有效的技术手段、方法等客观因素外，主要是在未充分了解油田地质结构的情况下，急于求成，超越合理开发程序仓促上马，造成决策失误。

三、老油田扩边挖潜、综合调整成果显著

1985年以后，根据对克拉玛依大逆掩断裂带构造含油模式的认识，在已开发区内进行以调整井网、扩边挖潜为主要内容的综合调整，提高中低渗透层动用程度和采油速度。1981—1990年，在断裂下盘的“帽檐”部分先后扩大了含油面积21.4平方千米，获得地质储量3306万吨，在“帽檐”部分钻的扩边井均获得较好的效果，增加日产水平约1000吨。期间，1986、1987年对七东区八道湾组进行全面加密调整，扩大含油面积5.65平方千米，新增地质储量669万吨，新增年产能力10.6万吨。“七五”期间在克一百油田打调整、扩边及老区新层系开发井319口，进尺39.6万米，建成产能77.3万吨。到1990年底，克拉玛依油田已投入注水开发47个层块，动用含油面积占探明含油面积59.9%，动用地质储量占探明地质储量的65.9%。

克拉玛依油田八区下乌尔禾组是一个拥有8457万吨石油地质储量的较大型的埋藏深、沉积厚度大、渗透率低、非均质程度高、天然裂缝发育油藏。自1987以来，围绕油藏深层巨厚砾岩成岩后生作用强烈的特点，运用多种现代技术对储层结构成岩后生演化过程作了详细研究，加深了对储层性质的认识，开展了注水、深抽等多项现场开采试验及工艺技术攻关，经油藏扩边和两次整体加密调整，实施全面注水开发，改善了开发效果。至2002年，可采储量由714万吨增加到1635万吨。2003年针对该区油层厚度大、打开程度低、注采关系对应差及井距偏大、开发效果差等问题，经充分论证和深入研究后，先后进行 3 次整体加密调整，新建产能51.39万吨。从2003年底开始，对该油藏西部滚动扩边后，至2005年底，西部已新增探明储量126万吨，含油面积达1.3平方千米。

百口泉油田经过1979年、1982年两次开发会战，建成综合配套生产能力60万吨。1985年后，又探明和开发了百口泉组上面的克拉玛依组油层，发现了与百21井区相邻的检188断块，探明石炭系、二叠系、三叠系克上组、克下组多套含油层系。1985—1988年原油产量稳定在100万吨左右。1989年，百21井区由于钻百口泉组加密井，大面积较长时间停注等原因，大批生产井地层压力下降，产量递减较大，当年产油比上年下降16.1%。1990年，在全面实施百口泉组油藏加密井网方案的同时加强注水，油田油量自然递减率由20.3%降到15.2%，油量综合递减率由13.6%降至4.3%，全年产油82.15万吨，比上年略有上升。1991—1992年，进行以注

水为中心的整体治理，使油藏72.7%的层块地层压力持续回升，分注井由1990年的50口增加到84口，分注程度达到55%。到1997年底，百口泉油田探明含油面积105平方千米，探明地质储量9494万吨，有21个油藏投入开发，动用地质储量8306万吨，年产油56.42万吨，综合含水高达68%，全油田采出程度19.76%。

1997年后开展控水稳油综合治理，大力开展油田注水产液结构调整，运用多种技术配套实施剩余油挖潜，油水驱状况明显改善，同时实施老区滚动勘探开发，连续五年实现油田稳产。

2002年，百31井区百口泉组油藏实施扩边，其中B1764井获日产26.7吨高产油气流，发现百31井区二叠系佳木河组油藏。后追加7口加深井，均获高产油气流，再外甩6口控制井，也均见油气。截至2004年底，百口泉油田探明稀油地质储量12238万吨，年产稀油58.62万吨。

四、建成跨世纪引水工程，为油田可持续性发展提供有利保障

随着油田的快速发展，水的需求量越来越大，对于严重缺水的新疆油田，解决新的接替水源成为燃眉之急。这一状况一直引起过国务院、自治区和中国石油天然气总公司的高度重视，1995年，国务院批准克拉玛依开辟新水源的引水工程方案，工程确定为“九五”期间国家重大水利工程建设项目。该工程是一项以向新疆油田工业供水为主、兼顾农牧业灌溉和发电综合利用的水利工程，1997年开工，2001年投入运行。工程建成投产后，每年为盆地西北缘为主的油田、工业及城镇供水1.9亿立方米，为克拉玛依灌区供水2.1亿立方米。不仅为油田的生产、生活用水提供了保障，而且为克拉玛依的土地资源开发和建设良好生态环境创造了有利条件，戈壁油城拥有了自己的河流——克拉玛依河。克拉玛依市境内由于水域面积、耕地面积的增加而使耕地生态环境效益、草地生态环境效益及水域生态环境效益明显增加。

第二节　打出稠油三分天下，建成全国第二大稠油生产基地

新疆油田的浅层稠油勘探开发主要分布在五个油田20个层块，截至2005年底，探明稠油含油面积212.3平方千米，地质储量28907万吨，动用16625万吨。其中准噶尔盆地西北缘共探明含油面积205.1平方千米，地质储量28040万吨，占稠油总储量的97%。西北缘从1984年注蒸汽热采起至2004年底已先后开发了19个层块，形成了大规模工业性热采局面。注蒸汽开发面积达98.6平方千米，石油地质储量15496万吨。

一、稠油开发历程

准噶尔盆地的稠油油藏早在20世纪50年代勘探初期就已经发现，也曾做过多种成功的开发试验如注蒸汽、火烧油层等，但受当时的技术条件限制，长时期处于开发试验阶段，未形成生产能力。

20世纪80年代后，随着高温高压蒸汽锅炉的引进，稠油工业性开发成为现实。到1985年底，共有注汽井29口、采油井95口、观察井14口，共有蒸汽锅炉10台，当年生产稠油10.9万吨。

从1986年6月起，稠油热采范围迅速扩大，当年具备年产稠油30万吨的能力，形成了工业性生产规模，热采生产队伍发展到1200人。是年11月，新疆局第一个专门从事稠油生产的采油单位——重油开发公司成立。为提高稠油热采效率，1987—1990年先后在九区4口井开辟了四个不同井网类型不同油藏地质条件的蒸汽驱先导试验区，经过汽驱试验以及汽驱阶段的调控措施，取得了稠油注蒸汽开采采收率31%～52%、油汽比0.18～0.45、采油速度3.8%～8.5%的较好开发效果。以后九区、六区齐古组相继投入开发，到1989年底，九区、六区累计投产井1160口，当年生产稠油104.65万吨，成为原油上产的主力区块。1990年，随着红山嘴油田、克拉玛依油田稠油油藏投入开发，盆地西北缘累计动用稠油含油面积达16.6平方千米、地质储量4318万吨，共有注蒸汽热采井1609口，累计建成稠油生产能力158万吨，当年生产稠油143.6万吨，占新疆局原油产量的21.5%，成为全国第二大稠油生产基地。

1992年重点在重1井区进行三维地震野外采集及解释，并在地质研究的基础上利用数值模拟等手段进行了水平井注蒸汽开发可行性研究。是年，稠油产量突破200万吨。1993年进行了水平井试验区的位置优选及水平井地质轨迹设计，当年克拉玛依油田九$_9$区八道湾组稠油油藏投入开发。1994年重点进行了钻井实施、地质跟踪研究及深入系统的油藏描述研究。同年，在九$_8$区钻成4口斜直水平井和15口直井组成超稠油注蒸汽开采试验。1997年先后在九$_8$超稠油区钻成4口斜直水平井，并完钻15口直井组成超稠油注蒸汽开采先导试验区。同年11月，由新疆局与中国(香港)石油有限公司共同投资的准噶尔盆地稠油项目全部投产，年产稠油60万吨。

“九五”期间，稠油开发规模不断扩大，五年累计新建稠油生产能力226.7万吨，稠油产量由1996年的191.2万吨上升到2000年的274.7万吨，五年生产稠油1124.1万吨，占“九五”原油产量的25.6%。

1998年开始在准噶尔盆地西北缘地区对稠油油藏实施滚动勘探开发，至

2003年先后探明并开发了百重7井区、克浅10井区、九浅41井区、检230井区、四$_2$区石炭系、六东区克拉玛依组等区块，累积滚动探明含油面积64.2平方千米，探明地质储量6615万吨，建产能210.5万吨。特别是百重七井区的滚动勘探开发不仅探明了958万吨的石油地质储量，同时还控制了2000万～3000万吨石油地质储量，为以后的稠油开发准备了接替区。至2005年底，累计探明稠油地质储量28907万吨，动用储量16625万吨，年产油量由1999年的243.4万吨增长到354.8万吨，产量占油田年总产油量的30.4%。稠油开发逐步进入高轮次生产阶段。

为尽快动用超稠油难采储量，在多年的攻关研究和开发试验的基础上，采用单台注汽锅炉就地注汽、电加热技术、双管井内接箍油管伴热和化学降粘工艺，实现了超稠油的规模开发。2005年在超稠油区建产能30.2万吨，当年产油11.06万吨，生产效果良好。

二、稠油蒸汽驱开采技术取得显著成果

新疆油田稠油主要产区克拉玛依油田六区、九区、红浅1井区、百重7井区及风城地区的浅层稠油油藏，多数埋深在120～600米，油层主要分布在180～600米之间，油层分布较稳定，储层物性好，但非均质性严重；原油性质具有“三高四低”（黏度高、酸值高、胶质含量高，含蜡量低、含硫量低、凝固点低、沥青质含量低）的特点，油藏天然驱动能量弱，无天然自喷能力。起初采用的主要方式是国内外通行的蒸汽吞吐开采。但是，由于蒸汽吞吐属于降压枯竭式开发，随着吞吐周期的增加，开采效果越来越差，采收率受到限制。为充分发挥稠油的开发效益，1987年，启动了由新疆局牵头，清华大学核能技术研究所、中国石油天然气总公司勘探开发研究院等七个单位协作的“七五”国家重点科技攻关项目——《克拉玛依油田九区蒸汽驱开采技术研究》。1987—1990年在九区先后开辟了四个不同油藏地质条件、不同稠油性质的蒸汽驱先导试验，取得较好的开发效果。该项目研制成功16种新技术和仪器及软件：其中五项达到或接近国际先进水平；整套浅稠油蒸汽驱配套技术，达到国内先进水平。

在蒸汽驱先导试验开发取得成功的基础上，1991年在全国率先转入大面积蒸汽驱开发，从克拉玛依油田的九$_1$区至九$_5$区，逐步扩大到六区、九区、红浅区，在共计叠加面积71.7平方千米、储量17408万吨的稠油开采中使用，同时在其他类似的油田推广使用。与此同时，针对蒸汽驱初期生产效果不理想的状况，于1995年开展了浅层稠油油藏改善蒸汽驱及工业应用技术研究，1996年在九$_1$区至九$_6$和六$_1$区实施加密开发。六区、九区稠油油藏汽驱过程中应用的纵向剖面调整技术、平面井加密、间隙与交替注汽、注采动态调整等技术，对改善蒸汽驱效果

起到重要作用,至2005年已形成汽驱年产量90万吨的规模。这是国内首个工业化蒸汽驱生产基地,对提高中国开采稠油技术的声誉产生深远影响,为国内外稠油开发提供了技术引用和借鉴。《新疆浅层稠油油藏提高蒸汽驱开发效果研究》、《新疆浅层稠油油藏转蒸汽驱开采技术》两项成果2005年分获中国石油天然气集团公司、中国石油股份公司技术创新二等奖。

第三节　走出西北缘,盆地东部开辟新区

准噶尔盆地东部探区包括克拉美丽山以南、博格达山以北、头屯河与滴水泉连线以东、木垒县以西平原和低山丘陵区,面积约2.4万平方千米,其中一半面积为沙漠覆盖。三次资源成果表明,东部石油总资源量为12.5亿吨,天然气总资源量为3028亿立方米。

一、盆地东部油气勘探的历史性突破

20世纪50年代后期到70年代初,新疆局的勘探队伍曾三闯盆地东部,但限于当时装备、技术,最终停止了该地区钻探工作。

1980年起,新疆局重新开始对盆地东部地区的勘探,并引进法国CGG公司数字地震队和用世界先进技术武装的中国地震队, 共10个地震队进入该区进行地震普查。随着勘探工作的展开,五彩湾鼻状构造、火烧山南背斜、沙南背斜、沙丘背斜等潜伏构造先后被发现。1983年火南1井和1984年9月火1井相继出油从而发现了火烧山油田,1985年又发现北三台油田。1986年发现三台(马庄)等油气田。到1986年底,火烧山构造完钻12口探井,其中7口井23层获得工业油流,单井日产原油10~30吨,最高日产110吨。东部地区接二连三的发现,开阔了人们的眼界。1987年1月,国务委员康世恩把火烧山油田的发现列为1986年全国石油勘探10个重要发现之一。

从1987年开始,油田按照“坐稳西北缘、主攻东部”的部署,先后采用多种先进勘探手段,并首次从四川引进山地地震队联合作业,重点在三台、北三台地区展开钻探。经过勘探,证实东部探区是一个大型的油气聚集区,控制了100平方千米的含油面积, 初步探明火烧山油田含油面积70.8平方千米和地质储量6152万吨,具备建成年产100万吨原油生产能力的资源条件。1988年12月发现甘河油田。随后又发现五彩湾气田、沙北油田等。

继准东大规模勘探之后,对帐北断褶带又进行深入的地质研究,精细评价,在老探区又获得重要成果。1997年4月19日,位于帐北断褶带中段沙丘南构造上

的沙丘3井中完测试，在韭菜园子组获日产油145.9立方米、天然气11355立方米，同年7月12日在梧桐沟组获日产油27.6立方米、天然气4519立方米，从而发现沙南油田。截至2003年，沙南油田累计探明石油地质储量2487万吨。

截至2005年底，盆地东部共发现7个油气田、52个出油气点，探明石油地质储量14000多万吨。

二、火烧山油田裂缝性油藏的开发

火烧山油田位于克拉美丽山南侧。“七五”期间，火烧山油田被列为新疆局重点开发的油田。

1987年5月，火烧山油田开始试验开发，9月在油田中南部和北部开辟2个生产试验区，分别以500米井距和350米井距开展注水试验。9月23日，东部会战领导小组成立。此后，23个单位2万多人参加东部勘探开发会战。10月，全国石油勘探会议确定准噶尔盆地东部的勘探开发作为“七五”头三年全国三大油田会战主战场之一。会后第二天，石油工业部领导率20余名专家到北三台、火烧山现场踏勘。10月31日，在乌鲁木齐召开的现场会上做出决定：从1988年起，在准噶尔盆地东部地区，打一场勘探开发的总体仗。

1988年，火烧山油田全面投入开发。当年钻井255口，投产新井233口，建成生产能力71万吨，生产原油44.1万吨。

火烧山油田是一个带边底水的裂缝性砂岩油田，油层垂直裂缝十分发育，油层之间裂缝最宽达1厘米多，在钻井中钻井液漏失量大，固井时水泥浆漏失，固井合格率低。针对以上问题，油田科技人员重点攻克了三个难题：一是在易漏地层中推广喷射钻井技术时，摸索出“上双下单”（即上部软地层用双喷嘴，下部硬地层用单喷嘴）的喷嘴组合法，冲破了以往在漏失井段无法开展喷射钻井的禁区。二是使用低密度水包油钻井液，减少漏失，保护了油层。三是使用漂珠水泥、低密度前置液、泡沫水泥浆近平衡固井技术，解决了严重漏失问题，固井合格率显著提高。

火烧山油田开发建设会战，从1988年5月到1989年12月历时1年7个月，油田全面建成，累计钻新井386口，建成产能108万吨。建成油田公寓、火（烧山）—三（台）输油管线、三台转油站和公路等油田系统配套工程，1989年产油74.6万吨。

在火烧山油田全面投入开发的同时，1989年，北三台油田也先后开发动用了北16、北31、北75三个断块平地泉组油藏。1991—2004年期间，三台油气田五梁山北10井区、沙南油田沙丘3井区和沙丘5井区、沙北油田沙19井区的几个油藏相继投入开发。

火烧山油田开发总体方案设计年产能力108.5万吨，由于方案编制时对储层裂缝发育认识不够，产能设计偏高，投产以后，水驱油效率低，造成产量压力下降，含水急剧上升。开发后最高年产量为74.6万吨，以后逐年下降，年产油量递减幅度高达23.3%~13.8%，开发四年内含水率高达55.8%。为此，1991年总公司把火烧山油田列为全国重点综合治理油田。一期综合治理方案经过油藏工程和采油工艺研究，在油田开展了以改变开采方式的停注、间注和行列注水试验，并研制新的调剖堵水剂的调堵一体化试验，取得了较好的效果，使油田递减降到历史最低水平，产量稳定在39.7万吨以上，含水由1993年5月的64.5%下降到1994年底的53%。火烧山油田的综合治理方案于1995年通过总公司审定并开始实施，共钻调整井36口，继续推广压裂、堵水、调剖一体化的工艺措施，油田含水由1994年底的53%下降到1995年底的42%，1995年底油田产能恢复到40万吨，1996年仍然保持较好成果。

在认真总结一期综合治理成功经验的基础上，1997年全面实施了二期综合治理方案并见到明显效果，以后又根据不同时期的地下矛盾开展第三期治理。

通过几年卓有成效的工作，原油产量由治理前的35.8万吨恢复到40万吨以上，含水上升率控制在5%以内，水驱控制程度由48.2%提高到70.5%，水驱动态采收率由13%提高到18.2%，增加可采储量260万吨。火烧山油田综合治理的成功，为裂缝性砂岩油藏的开发与治理提供了宝贵的经验和有益的启示。

截至2005年底，盆地东部油区共有开发井948口，当年产油79.5万吨，天然气5778万立方米。

第四节 突破沙漠禁区，盆地腹部接连发现新油田

盆地腹部是指盆地西北缘、东部、南缘及乌伦古以外的广大地区，包括陆梁隆起、中央坳陷两个一级构造带及多个二级构造单元。

一、进军沙漠腹地，实行战略转移

腹部地区的勘探始于20世纪50年代初，因受各种条件的限制，成效不明显。进入80年代后，随着国外勘探队伍和世界先进的数字地震仪、计算机的引进，新疆的石油勘探开始冲破以往地震勘探的禁区——准噶尔盆地古尔班通古特大沙漠，进入盆地腹部中央沙漠区作区域大剖面地震概查。

1985—1988年，新疆局动用3个地震队年，在大沙漠区域，西起中拐凸起，东到白家海凸起继续进行区域地震概普查，在中拐凸起上发现了局部高点，同时发

现玛湖背斜区、新光背斜、莫索湾背斜及白家海—彩南凸起。次年，采用120次覆盖、高精度的静校正方法，攻克了准噶尔盆地沙漠深层反射难关。新疆局的地震队能收到地下10千米深处的地震记录，大大超过法国人在盆地只能得到5千米深反射记录的水平。之后，又动用9.5个地震队年，在玛湖背斜区、莫索湾背斜区及白家海—彩南凸起区进行地震普查，通过地震普查，不断获得深层资料，发现了彩南背斜及滴水泉南断鼻，落实了莫索湾、玛湖、彩南、石南3号西背斜（后改称石西背斜）的构造形态。腹部大量地震勘探成果，为油气资源评价和整体研究创造了条件。

随着沙漠区地震勘探技术的突破，人们对盆地构造格局及油气地质条件的认识逐步深化，从区域整体研究成果中认清了准噶尔盆地腹部的坳隆构造格局、烃源岩分布及储盖组合特征，在综合评价基础上，最终选定盆地腹部为以后勘探开发的主攻目标区。1989年，新疆局在勘探思想及勘探方针上改变以往“溜盆地边缘转”的状况，提出“区域上甩开钻探，抓两头，带中间，立足大坳陷，寻找大油田”的战略方针。20世纪90年代中前期，随着沙漠地区资料采集攻关成功，资料品质的较大幅度提高，盆地腹部勘探取得历史性突破，发现彩南油田，迎来了腹部勘探的第一个高峰期，相继发现石西、石南、莫北等油气田；20世纪90年代中后期，使用比较成熟的三维地震等一系列先进的物探技术进行勘探，勘探朝着“高、精、尖”的方向发展。2000年初陆梁油田侏罗系和白垩系油藏的发现，2001年莫索湾凝析油气田的发现，把腹部地区的油气勘探推向一个新阶段。

二、全国第一个百万吨整装沙漠油田——彩南油田诞生

彩南油田地处准噶尔盆地沙漠腹地，距乌鲁木齐市北偏东约140千米，进入古尔班通古特大沙漠80多千米。油田东西长约17千米，南北宽约7千米。地面流沙覆盖厚度200～350米，区域构造位于盆地腹部中央坳陷带东端白家海凸起上，是一个近东西向展布的长轴低幅度背斜。侏罗系三工河组油藏埋深2350米，储层物性较好，属饱和程度低、边底水较活跃、弹性水压驱动、低压、中孔、中渗砂岩油藏。侏罗系西山窑组油藏埋深2250米，物性较差，属中渗砂岩油藏。

依据对陆梁隆起带油气富集的认识，新疆局于1990年先后在马桥凸起的莫索湾背斜、白家海凸起的彩南背斜、陆梁隆起的石西背斜分别部署了盆参2井、彩参2井和石西1井3口外甩探井。11月1日，准东勘探开发公司6049钻井队深入沙漠45千米，在白家海凸起彩南背斜上开钻了彩参2井，当年进尺2492米，钻进中在侏罗系发现油气显示。

1991年2月27日，总公司副总经理周永康一行到新疆油田视察，在彩参2

井查看了该井取出的含油岩心和各种资料后指出，要重视侏罗系地层，争取有大的发现。5 月，彩参 2 井在侏罗系三工河组试油，获日产油 49 吨，日产气 4529 立方米，侏罗系三工河油藏宣告发现；接着，彩 002 井在西山窑组中途测试，获日产油 8.8 立方米，日产气 63 立方米，发现侏罗系西山窑组油藏。接二连三的喜讯标志着在准噶尔盆地腹部侏罗系有了战略性突破，腹部第一个整装沙漠油田——彩南油田诞生。这是新疆油田在古尔班通古特大沙漠中首次发现的整装大型油藏，是腹部勘探的重大成果。它表明新疆局勘探向腹部的战略转移的正确和及时。

此后，新疆局迅速调集队伍，采用三维地震和评价井结合，开发评价提前介入的滚动开发方式，于 1992 年在彩南完成三维地震 150.9 平方千米，完钻探井 18 口，其中 7 口井获得油气层，8 口井获工业油气流。为扩大油田范围，在已探明油田外围共钻预探井 6 口，位于彩南油田西侧东道海子断块上的彩 17 井，5 月 18 日完钻试油获日产天然气 8865 立方米；彩 16、18、19 井也均见到良好油气显示。至年底，彩南地区累计探明含油面积 57.2 平方千米，探明石油地质储量 6252 万吨。《准噶尔盆地彩南油田的发现及油气勘探配套技术在彩南地区的应用》荣获 1994 年总公司科技进步一等奖。

彩南油田是准噶尔盆地发现的以中生界与古生界烃源混源、侏罗系为储层的最大油田。它的发现，对在其南侧的阜康坳陷北缘和东缘斜坡地区的侏罗系找油，具有重要的导向意义：第一次打开盆地腹部东边这个新领域，打破沙漠禁区，在盆地腹部沙漠规模最大、活动性最强、潜水面最低、地震低速带最厚的地区，发现和建成第一个沙漠油田；它的出油证实了盆地中央一个新的含油领域，首次表明侏罗系在盆地腹部中有巨大找油潜力的新层系。彩南油田的发现，是新疆油田向准噶尔盆地腹部进军中的奏响的凯歌，是实施“稳定东部，发展西部”，“南北呼应，比翼齐飞”战略方针结出的丰硕成果。

三、彩南油田的建设创高效开发的典范

彩南油田是全国第一个投入开发的整装沙漠油田，总公司“八五”期间重点工程建设项目。油田一经发现，总公司就为其提出了“两新三高”（新的工艺技术、新的管理体制，实现高速度、高水平、高效益）的开发建设指导方针。按照“油公司”模式组建队伍，实行作业区直接管理的专业化新体制。新疆局极为重视，指定一名副局长负责，率领各路精兵强将进入沙漠。以高起点、严标准、新作法开发建设油田。

（一）编制概念设计，用“两新三高”标准建设彩南

彩南油田的建设，按照总公司“两新三高”的方针，开发超前介入，从 1991 年第一口探井——彩参 2 井出油开始，开发就开始介入，先后钻了 12 口开发控制

井，在取得第一手资料的情况下，运用先进技术编制出开发概念设计，为开发方案的编制，提高方案质量起到了重要作用。在此基础上，综合应用三维地震、测井等多项资料，对油藏进行了精细描述，系统研究了油藏驱动方式、井网、注采系统和注水时机及采油速度等因素对开发效果的影响等问题，反复论证，以获得最好的经济效益为原则，将原部署的300米×425米反九点法井网抽稀为425米×600米反九点法井网，为高效产能建设提供了科学的依据。在方案实施过程中，进行地质跟踪研究、及时调整钻井部署，使钻井成功率达到99.7%，产能到位率100%。

夺油会战中的新疆钻井队。

1992年4月彩南油田进行开发试验，7月25日，彩南开发建设指挥部成立，全面负责油田开发建设。8月，数千名石油职工在“节约一分钱，支援上彩南”的号召下会聚彩南，拉开了彩南油田大规模开发建设的序幕。当年重点抓了基础骨架工程的先行，后勤依托准东石油基地和火烧山采油厂，先后建成彩南油田—火烧山油田52千米的输油、输水、输电线路及一条阜康—彩南114千米公路。提前一年实现油、水、电、路、讯“五通”，为加快彩南油田建设创造了条件。

1994年8月彩南油田全面建成，耗时仅为两年零四个月。油田共建成油、水井391口，采注计量站34座，一座150万吨原油集中处理站，10万立方米/日天然气处理站、6000立方米/日清水处理站和污水处理站各一座和水、电、讯、路全面自动化管理配套的148.3万吨产能规模。开发建设期间，累计生产原油195万吨，获纯收入8.34亿元。油田建成一年半后就收回全部开发建设投资，实现了高速度、高水平、高效益，被总公司评为1993年度优秀开发项目。1995年，彩南油田年产原油150.5万吨，采油速度达到2.58%。当年8月通过了总公司的检查评估验收，对彩南油田开发项目给予了“国内领先、国际一流”的高度评价，被总公司誉为范例油田，为新区开发建设树立了典范。《彩南沙漠油田高速高效勘探开发建设》荣获1996年度国家科技进步二等奖。

（二）自动化与专业化组合，实现油田管理现代化

彩南油田建成了独具特色的自动化系统工程，工程大量引进和应用了国内外油田的生产管理、抽油井示功图在线采集，油、气、水三相自动计量等八项功能的先进的自动化技术和设备。按照总公司新油田、新模式、新的管理办法的要求，1994年5月彩南油田作业区成立后，直属新疆局，独立核算。新的模式在体制上走“油公司”的路子，在机制上不搞“大而全，小而全”，油田内部不搞矿区建设，实现专业化管理，按甲、乙方合同进行专业化的生产、劳务管理，较大幅度地节约了劳动力。在整体运作过程中，做到了“五个转变”：一是由过去“小而全”的机构设置向专业化管理转变，作业区只承担油田主体生产管理，其余全部依托相应的专业化队伍。二是由过去的一人一岗设置定员向满负荷要求设岗定员转变，人均管理油、水井达3.3口，接近国外最高人均管理3.42口井的水平。三是由过去单一的技能培训向复合型技能培训转变，做到一人多岗。四是由过去的行政粗放型管理向集约型经营管理转变，实现了油田管理的高效益。直接采油职工实物劳动生产率，1997—2000年一直保持在1.1万吨／人。五是实现原油生产数据的采集和处理由人工向计算机自动化转变，自动化控制中心指挥生产。自动化和专业化的实现，为百万吨油田百人管理提供了技术和组织保证。《彩南油田自动化系统》荣获1997年度总公司科技进步二等奖。

在彩南油田的建设过程中，速度、质量、效益等方面均取得优异成绩。三工河组油藏合理利用天然能量，西山窑组油藏适时注水使油田实现了高速高效开发。地面工程建设通过方案的整体优化，严格施工管理，节约建设资金约6800万元，同时每年节约能耗开支约2860万元。85项地面工程合格率100%，优良率达85.7%。集中处理站工程荣获中国建筑业最高质量奖——“中国建筑工程鲁班奖”，填补了新疆建筑行业的空白。整个油田建设直接投资14.25亿元，综合投资17.35亿元，折算建百万吨产能直接投资9.6亿元，综合投资11.7亿元，分别比全国平均值低34%和24%。按动态经济评价，税前内部收益率为43.34%，税后收益率为29.26%，均高于行业基准值（12%）。投资回收期税前为4.7年，税后为5.49年，在采

出可采储量 26.5%（累积采油 475.7 万吨）的情况下即可收回投资，优于总公司要求的 50%的指标。到 2000 年 7 月，油田累计生产原油突破 1000 万吨大关，较设计方案提前了一年半，各项主要开发指标均达到方案预测指标，创造了新疆油田开发建设速度、水平、效益的历史之最，被中国石油天然气集团公司评为“高效开发油气田”。

从 1994—2003 年连续 10 年，彩南油田原油年产量都在 100 万吨以上。截至 2005 年底，彩南油田累计生产原油 1500 万吨，生产天然气 20.6 亿立方米，创利润百亿元以上，产生了巨大的经济效益和社会效益，为新疆石油工业的发展做出了突出的贡献。

四、陆梁南斜坡区勘探获重大突破，石西油田国内领先

石西油田位于准噶尔盆地腹部古尔班通古特沙漠之中，距克拉玛依市正东方向 140 千米，是继彩南油田之后发现的第二个沙漠油田。其区域构造处于陆梁隆起南部的陆南凸起上，具有二面临凹的有利地质条件。到 2004 年底，已发现的有石炭系、侏罗系三工河组和西山窑组三套含油层系、4 个油气藏，探明石油地质储量 5996 万吨，天然气地质储量 10.95 亿立方米，溶解气地质储量 135.42 亿立方米，成为一个近亿吨级储量规模的大油田。

（一）石西油田的发现

彩南油田的发现，打开了准噶尔盆地腹部勘探的大门，激励了人们对其他侏罗系构造的进一步深化勘探。1991 年 9 月 13 日，新疆局首次在陆南构造带石南 3 号西背斜上布置一口重点预探井——石西 1 井。但这口井在 1992 年 7 月钻至井深 4345 米，即钻进石炭系火山岩层 89 米处时，出现了地下情况和钻井设计有很大差别的复杂情况。就在此期间，总公司总经理王涛在石西 1 井现场视察，希望钻探该井的 6045 钻井队取得突破，抱个“金娃娃”。面对困难，面对上级领导的期望，新疆局主要领导和科技人员对地下情况反复分析论证，果断做出科学决策：在石炭系火山岩继续钻进。就在继续钻进 91.26 米后，石西 1 井发生了后效油气浸，导致井喷。12 月 14 日，该井提前完钻试油，获日产原油 48.8 立方米、天然气 6785 立方米，从而发现石西油田石炭系油藏。在之后的评价过程中，石 002 井和石西 2 井先后在侏罗系三工河组及西山窑组获得工业油流，发现了侏罗系油藏，表明陆南构造带成为腹部加快勘探的主战场。石西 1 井的出油，宣告新疆局在准噶尔盆地的勘探工作继彩南之后再次获得重大突破，发现了陆梁南坡地区侏罗系的多层系古生中储的油藏，被总公司列为 1992 年度的重大发现。

1992—1995 年，从石西 1 井开始，新疆局先后在石西找到 3 个不同油气藏。至

1995年底,石西油田探明含油面积30.4平方千米、石油地质储量3035万吨,成为新疆局继彩南油田之后发现的第二个整装沙漠油田。1996年,在石西油田的西北部,又发现了三工河组和头屯河组新的含油气藏,并在石西建成了100万吨产能。而这些油藏与彩南的成藏模式不同,更具代表性,为陆梁及南坡成为新的油田群指明了方向。《准噶尔盆地腹部勘探地质综合研究及石西油田的发现》荣获1996年总公司科技进步一等奖。

到1998年底,石西地区已发现的有石炭系、侏罗系三工河组和西山窑组三套含油层系、4个油气藏,探明石油地质储量11199万吨,天然气地质储量15.66亿立方米,溶解气地质储量318.48亿立方米,成为一个具有亿吨级储量规模的大油田。

(二)石西油田的开发建设

在石西油田的开发建设中,认真借鉴彩南油田开发的成功经验,结合实际,创出开发裂缝性火山岩油藏的新路子。

石西石炭系油藏是一个以裂缝性带有底水的复杂的火山岩油藏。从第一口探井出油起就拉开了早期油藏描述和评价阶段的序幕,1994年10月部署了4个井组的开发试验区,1995年3月第一轮开发评价井部署实施。1996年6月底完成开发概念设计的编制,设计用800米井距反九点法基础井网,并针对石炭系油藏具有较活跃底水、储层高角度裂缝及垂直裂缝发育的特点,以直井水平井的井网方式投入开发,以控制底水锥进速度,提高开发效益,开辟了直井加水平井、井网式开采的新路子。

石西石炭系水平井垂深4400~4500米,斜深近5000米,要穿过多个压力系统和复杂地层,像这样井型的水平井的钻井实施在新疆局、在全国均属首次,国内没有成熟的经验可供借鉴。面对设计难、施工难和钻井装备不能满足钻水平井的需要的种种困难,新疆局加强了水平井钻井过程中的技术组织协调。经过反复研究、试验,先后攻克了井眼轨迹控制、井壁稳定、井眼净化、降低摩阻、储层保护、深井高密度钻井液等多道技术难题, 克服了几十次遇阻遇卡和井漏等施工难关。1996年11月22日由6044钻井队承钻的石西油田第一口水平井SHW06井完钻投产,喷出了高产油气流,日产油979吨,日产天然气27.2万立方米。该井完钻斜深4957米,垂深4361.8米,最大井斜角90.99度,水平位移总长808.9米,钻井液密度最高达1.6克/立方厘米,创造了当时国内水平井最深、井斜角最大、使用钻井液密度最高三项新纪录。11月25日,总公司开发生产局发贺电对该井给予高度评价,称此项成果“创出了低渗透复杂油藏完钻水平井的新水平”。《新疆火山喷发岩裂缝性油藏水平井钻井技术》荣获1996年度总公司科技进步一等奖。《石西水平井钻井成套技术》荣获1997年度国家科技进步一等奖。

地面工程建设的整体优化是石西油田的又一特色。1995年，石西油田投入开发。原油和天然气加工处理工程做到两个同时，降低了油气损耗，实现了生产管理自动化。根据油区油气性质特点，油气集输采用单井进站，单管油气混输的二级布站密闭流程。在施工过程中严格执行甲乙方合同制，强化施工全过程的质量管理，严格执行工期、质量、投资“三控制”。完善各项施工技术措施，采用适合沙漠特点的施工工艺及各项技术措施，各项工程试运投产一次成功。经过1996、1997年两年建设，建成100万吨产能的配套工程。工程决算244977万元，节约投资3526万元，实现投资、工期不超，质量优良的预期目标。石西油田集中处理站工程荣获“中国建筑工程鲁班奖”。

借鉴彩南作业区的经验，1997年11月组建了石西油田作业区，定员104人，操作人员实行“四班两倒”工作制。日常生产管理方式由以调度为中心改变为以自动化中心控制室为中心指挥生产。油田油气水井234口、注采计量站18座、集中处理站、天然气处理站与中心控制室，全部实现生产自动化管理。1998年石西油田原油产量首次突破百万吨大关，全年产油101.33万吨、天然气1.35亿立方米。

石西油田开发建设取得了良好的经济效益。油田开发过程中，实际采油单位成本为601元，单位操作成本为124.52元，均低于开发方案确定的成本控制指标，低于石油行业平均控制值。现金流量分析内部收益率税前25.09%，税后16.29%，均高于行业基准值，具有较好的盈利能力。

2000年10月，中国石油股份有限公司在克拉玛依组织了石西油田产能建设地面工程竣工验收，评价石西油田总体建设水平达到20世纪90年代国内领先水平，其中油田管理水平、主体工艺技术、天然气处理工艺、自动化采集控制处理应用达到国际先进水平。由此，《准噶尔盆地石西油田的发现与高效开发》荣获2002年度国家科技进步二等奖。

在开发建设石西油田过程中，严格按照国家《建设项目环境保护管理条例》的规定建设施工，自然植被、水资源、大气、噪声、污水处理等环境质量均符合国家规定的有关标准，并通过环境管理体系认证。2004年11月10日，由国家环保总局、自治区环保局和中石油有关部门专家组成的环保检查验收组，对石西油田的环保工作进行了全面检查考核，一致认为：石西油田的环保工作标准高、起点高，环保手续齐全，环保设施、措施按要求完善落实，各项污染物的排放基本达到国家标准，同意通过环保验收。

五、石西油田的南北扩展

（一）发现并建成石南油田，实现石西油田向北扩展

石南油气田位于沙漠腹地的石西油田之北，陆梁隆起西南部的基东鼻凸上，为向南西倾伏的鼻状凸起，北抵三个泉凸起，南西倾伏端与达巴松凸起相连伸入生烃区凹陷。

石南地区于1986年开始地震勘探。1994年进行资料解释时发现石南9号背斜，当年部署上钻石南4井，1996年3月10日该井在三工河组试油获日产气6720立方米，发现三工河组气藏，随后又在头屯河组试油获日产原油4.69吨，发现石南油气田头屯河组油藏。之后几年，又相继发现石南侏罗系三工河组油藏、石南10井区西山窑组油藏、石南21井区头屯河组油藏和石南24井区呼图壁河油藏。

1998年、1999年，石南4井区三工河组、头屯河组油藏、石南油田石南7井区西山窑组油藏先后投入开发。2002年后，石南10井区西山窑组油藏、石南24井区呼图壁河组油藏相继投入开发。至2005年，石南油气田累计探明石油地质储量7378万吨、天然气地质储量49.73亿立方米。

（二）发现并建成莫北油田，实现石西油田向南扩展

莫北油气田位于盆地中央坳陷莫北凸起上，其构造背景为向南西倾没的单斜，被一系列断层切割，形成一系列的断块和背斜构造。含油层系为侏罗系三工河组。

位于石西油田之南的莫北地区勘探始于20世纪50年代，1982年进行数字地震勘探。1997年下半年，发现莫北1号断鼻，部署上钻莫北2井，1998年3月1日该井中途测试，在三工河组获日产油23.9吨、天然气49336立方米。同年7月，该井完钻后在三工河组试油，获日产油51.5吨、天然气109869立方米，发现莫北油气田莫北2井区三工河组油藏。2000—2002年，莫北油田莫005井区、莫北2井区、莫北9井区和莫北11井区三工河组油藏先后投入开发。至2005年先后发现9个井区三工河组油藏。截至2004年，莫北油气田累计探明石油地质储量2183万吨，探明天然气地质储量85.19亿立方米。

（三）腹部新的凝析油气田——莫索湾油气田的诞生

莫索湾油气田位于盆地腹部古尔班通古特沙漠腹地，构造上属于盆地中央坳陷的马桥凸起。含油气层系为侏罗系三工河组。

马桥凸起四周为生油坳陷区，是典型的“坳中隆”，区域构造位置极为有利。在近半个世纪中，进行了多种手段的勘探，先是重磁概查、电法勘探，后又进行二维、

三维地震。从 1964—2000 年，共完钻 6 口预探井，发现了良好的油气显示。2001 年 3 月，通过对盆 1 井区三维地震资料精细构造解释，发现了盆 4 井北背斜构造并上钻了盆 5 井，盆 5 井位于马桥凸起西端。该构造为宽缓低幅度背斜。8 月 31 日，盆 5 井在三工河组试油，获得日产油 82 立方米、天然气 25 万立方米的高产凝析油气流，标志着腹部一个新的凝析油气田——莫索湾油气田的诞生。继盆 5 井后，2001—2002 年部署了 2 轮评价井，有 6 口井获高产油气流。通过两年对盆 5 井区的进一步勘探，构造闭合面积增大为 56 平方千米，闭合度 47 米。盆 5 井区勘探获得突破，把盆地低幅度构造油气勘探推向了新的高潮。截至 2003 年底，莫索湾油气田累计探明石油地质储量 582 万吨，探明天然气地质储量 145.9 亿立方米。莫索湾油气田和莫北油田有相连的趋势。截至 2005 年底，盆 5 气田共探明含油面积 53.4 平方千米，凝析油地质储量 145.9 亿立方米，日产天然气 132 万立方米，日产凝析油 235 吨，日产原油 45 吨。

六、勘探开发一体化的典范——陆梁油田

陆梁油田位于准噶尔盆地古尔班通古特沙漠北部，距克拉玛依市公路距离 240 千米，是中石油在新世纪发现的第一个百万吨级沙漠整装油田。其构造位置处于盆地腹部陆梁隆起三个泉凸起。

（一）陆梁油田的发现

陆梁隆起三个泉凸起的地震资料采集始于 20 世纪 50 年代，虽然 70 年代以前的光点地震、模拟地震在陆梁长垣上也曾发现一系列背斜型圈闭，但未能获得突破。80 年代初，在玛湖东隆起西高点、陆梁长垣西围斜上相继钻探陆 1、陆 2、陆 3 井等，仍未取得成效。1993—1995 年，进行二维常规地震。以后立足玛湖凹陷，在三个泉凸起又部署实施了 4 口井，仍未取得大的突破。

20 世纪 90 年代后期，对三个泉凸起进行新一轮综合评价，随着地质认识的不断深化，特别是石南油气田的发现与探明，使人们认识到三个泉凸起西段不仅可聚集玛湖凹陷的油气，同时应可聚集来自盆 1 井西凹陷的油气，三个泉凸起西段仍是有利的含油气领域。1998 年 9 月部署陆 4 井区三维地震，在落实构造的基础上，2000 年 2 月在三个泉 1 号背斜东高点上部署上钻陆 9 井，6 月 8 日，该井完井试油，在西山窑组首获日产油 20.8 吨、天然气 349 立方米，7 月 12 日，该井又在呼图壁河组获日产油 13.8 吨、天然气 497 立方米，从而发现陆梁油田，结束了盆地白垩系没有稀油的历史。11 月，陆 109 井发现头屯河组油藏。当年陆 9 井区探明石油地质储量 6755 万吨。2001 年对陆梁油田展开整体评价，并对外围圈闭进行预探，新增探明石油地质储量 5235 万吨，累计探明石油地质储量 11990 万吨。

（二）勘探开发一体化建设陆梁油田

2000 年 6 月，为了加快勘探开发进程，新疆油田公司果断作出决策：陆梁油田实行勘探开发一体化的新开发模式。开发人员及早介入，开展早期评价和开发试验工作，做到“三个结合，一个统一”，即勘探评价井与开发控制井井位部署相结合，探井试油和开发试采相结合，勘探与开发效益评价相结合，以及勘探与开发资料录取的统一。为加快陆 9 井区的开发试验和评价工作，7—9 月，先后 3 个开发试验井组，共布开发井 29 口，进行开发前期资料录取和试采工作。截至 2000 年底，完钻开发评价井和开发试验井 29 口，当年落实探明储量 6755 万吨，含油面积 17.6 平方千米。除 3 口井外，其他井均在 2001 年 1 月投产，21 口井正常生产，日产油 260 吨左右。科研人员创造性地提出了白垩系油藏“一砂一藏”的独特地质模式，在半年内完成了主力油藏的综合评价。

通过几个月的试采和资料录取工作，油藏开发的诸多矛盾逐渐暴露出来，油田科技人员开展系列攻关，通过改进固井水泥浆性能体系，采用微珠超低密度水泥浆，单级固井工艺，成功地将油水层分隔，解决了低压、易漏、长封固段固井技术难题，固井质量合格率由试验井组时的 28.7%上升到正式开发时的 97.9%以上，其中优质率达到 77.9%；通过引入多极感应测井技术，结合密闭取心和 MDT 测试技术，成功地解决了低阻油层识别的难题；科研人员以开发试验井组精细解剖为基础，对三维地震资料进行标定、解释、反演和检验，弄清了主力油层和非主力油层的三维空间组合关系，成功地研究制定了薄层边底水油藏优化射孔方案和合理采液速度界线，科学合理地掌握了底水油藏注水时机和强度，有效地控制和解决了油井投产初期的高含水问题，油井含水平均由过去试验井的 50%左右下降到 19%以下。这一系列问题的解决，成功地攻克了低幅度油田的开发难关。开发前期评价工作的早期介入，为陆 9 井区整装油田的开发前期准备工作赢得了时间，为及早地录取油藏的各项地质资料，深化油藏认识，抓住油藏的主要地质特征，尽快科学编制高效的油田总体开发方案创造了条件。加快了陆 9 井区的勘探开发节奏，实现了勘探开发一体化，开创了多层系、低幅度且具有边底水油藏的高速、高效开发新水平。

根据前期试采成果和油藏特点，通过分析对比，2001 年 3 月，陆梁油田投入大规模开发建设，到 8 月底，投产井 173 口，日产原油达到 2000 吨，最高日产原油 2400 吨。截至当年年底，共建成年产能力 53.55 万吨，投产新井 217 口井，全年生产原油 41.2 万吨，超产 15.1 万吨，当年产能产油率高达 79.2%，创造了历史新纪录。

2001 年 12 月 17 日，陆梁油田作业区成立。翌年，作业区按照“两新三高”标准，初步建立起作业区模式的高效管理体制和运行机制。到 5 月 31 日，陆梁油田原油日产量突破3000吨，踏上年产百万吨生产步伐。陆梁油田成为中国陆上石油行业在新世纪建成的第一个百万吨油田，也是准噶尔盆地当年发现、当年探明、当年投产的第一个油田。创造出探明百万吨油田的时间最短、开发百万吨油田的当年产能产油率最高、建成百万吨油田速度最快等多项全国或新疆的新纪录。2002年底，陆梁油田地面配套工程全部完成，当年生产原油101.8万吨。中石油领导评价说：陆梁油田创造了新油田开发的奇迹，是中国石油勘探开发一体化和新油田高效开发的典范。

由于一系列的难关被攻克，有效地降低了油田递减速度和含水上升速度，油田综合递减速度仅为1.2%，创造了油田含水持续18个月不上升的纪录。2002—2005年在百万吨水平已稳产4年。而吨油操作成本则逐年下降，按国际通行标准算法，从2002年每桶1.91美元，降至2004年每桶1.74美元。到2004年4月，陆梁油田仅用3年时间，就收回了勘探开发约30亿元的全部投资，比预计时间提前了18个月，实现了油田高效稳产。

截至2005年底，陆梁油田共有油水井985口，建成产能108.45万吨，当年产油100.04万吨，第四年实现了稳产百万吨目标，并被中油股份公司评为高效开发油田。

七、石南21、石南31井区岩性油藏勘探获重大突破

位于盆地腹部基东鼻凸石南油田东北部的石南21井区头屯河组油藏发现于2002年，当年提交控制石油地质储量2004万吨，含油面积32.5平方千米。该区块油藏评价和储量升级是2003年中国石油天然气股份公司级重点项目，部署实施评价井4轮14口，试油10口获11层高产工业油气流。该区通过预探项目的评价部署方案与油藏评价项目的部署相结合、油藏评价与新区产能建设相结合，统一部署、分步实施、滚动描述，至2003年底探明石油地质储量2696万吨。2004年遵循滚动勘探开发的原则，继续扩边新增探明储量866万吨。石南21井区侏罗系头屯河组油气藏的评价勘探成功，是新疆油田岩性油气藏评价勘探的一次重大突破，也是勘探开发一体化在一般评价项目的又一次成功实践。

2003—2005年，石南油田石南21井区头屯河组油藏投入开发。该井区是一个低渗透岩性油藏，油藏非均质性强，其特点是储层丰度差、物性差、开发难度大。油田开发之初，注水系统和原油处理系统的建设即同步启动。2004年7月1日，距第一轮新井完钻不到100天，石南21井区集中处理站注水系统开始投产注水，保持了地层能量。四个月后，原油处理系统一次投产成功，第一罐净化油就达到设计外输标准，净化油含水率仅为0.4%，创造了新建装置原油处理一次达标的新纪

录。2005年4月,石南21井区原油日产突破3000吨,踏上年产百万吨的日产水平,已投产的400余口油井,平均单井产量达到或超过了设计能力,仍有303口井自喷生产,8月底日产水平达到3300吨。至2005年底,石南21井区已建成103.98万吨生产能力,这标志着继陆梁油田之后,21世纪在准噶尔盆地诞生了第二个百万吨沙漠油田。

石南31井位于陆梁隆起中三南凹陷,西距石南21井区约7千米,是新疆油田针对岩性油藏勘探部署的一口重点预探井,2004年6月获高产油气流,发现石南31井区清水河组油藏,成为新疆油田开辟新的勘探领域的重要标志。这是继陆梁油田发现后,在白垩系地层找到的最厚的油层,使该地区的岩性地层油藏勘探从隆起走向斜坡获得突破性进展。为扩大石南31井区勘探成果,新疆油田分公司在该区块接连部署了石301、石302、石303三口评价井,均获得好成果。当年,石南31井区新增控制石油地质储量2119万吨,可开采储量637.5万吨。石南31井白垩系的重大发现,其意义在于:首先,它是新疆油田自以构造勘探为主转向构造与岩性勘探并重以来,针对准噶尔盆地岩性地层目标勘探所取得的第一个重大成果,对岩性地层油气藏勘探具有指导作用。其次,它是陆梁隆起西部油气勘探从沿“梁”走向“梁坡”所取得的重大成果。截至2004年底,石南31井区探明含油面积30平方千米,探明石油地质储量1782万吨。共钻开发井233口,建产能50.76万吨,是当年全盆地建产能最大的的区块。

2005年,石南31井区作为新疆油田的重点产能建设区块投入开发。针对油藏开发的难点和存在的风险,研究人员充分运用多种技术方法,对影响油田开发效果的关键技术问题进行反复论证,方案设计人员直接负责现场实施、跟踪,室内研究与现场滚动实施相结合,通过精细实施和跟踪调整,科学地优化和调整了开发方案设计,用了一年时间建成了42.6万吨的产能规模,投产第一年单井平均日产油11.4吨,区日产油1245吨,综合含水13.6%,年产油19.0万吨。实现了新疆低渗透油田真正意义上的注采两同时,成为第一个在腹部成功进行多口水平井开发的砂岩油藏,取得较好的开发效果,并建立起一套适用于岩性油藏高效开发的研究手段,为以后高效开发类似油藏提供了借鉴作用。

第五节　霍尔果斯勘探获重大突破,盆地南缘勘探前景良好

盆地南缘位于北天山山前前陆冲断褶皱带,东起头屯河,西至托托,北以乌—伊公路为界,南至天山,近东向西展布,东西长约500千米,南北宽30~50千米,总面积约2万平方千米。其油气勘探始于20世纪30年代,50年代除已发现的独山

子和齐古油田，还曾对安集海、霍尔果斯等9个构造进行钻探，不同程度发现了油气显示或低产油流。80年代以后，进入以地震勘探为主的勘探阶段，1996年在第三排构造带上的呼图壁背斜发现呼图壁气田。特别是20世纪末，一山之隔的库车山前前陆盆地发现克拉2号大型气田后，对南缘前陆盆地的勘探起到推波助澜作用。2000年在吐谷鲁背斜、卡因地克背斜等地区部署的吐谷二井、卡6井获得高产工业油流，从而发现并开发了呼图壁气田和卡因迪克油田，实现了盆地南缘油气勘探的重大突破。2003年，霍尔果斯背斜的霍10井、2005年安集海背斜的安5井先后获高产工业油气流，南缘勘探不断有新进展、新成果。至2005年底，南缘在三叠系、下第三系、上第三系三大层系八个层组发现了油气藏。这一系列重大勘探成果，实现了几十年来石油人在该区找油的梦想，推动了南缘及周边地区的油气勘探，开辟了准噶尔盆地又一新的勘探领域。

一、发现建成卡因迪克油田

卡因迪克油田位于盆地南缘四棵树凹陷艾卡断褶带卡因迪克背斜。含油层系为侏罗系齐古组、下第三系紫泥泉子组、安集海河组。

1954年地震普查发现卡因迪克背斜。1955—1958年，在该地区相继钻了5口探井，平均井深3057.8米，虽然多井在上第三系见到了油气显示，由于受当时钻探技术和其他因素的影响，该地区的勘探仍未获得突破。1985—1992年在四棵树凹陷做二维地震勘探，进一步落实了卡因迪克背斜。2000年7月29日，预探井卡6井中完测试，在安集海河组获日产油23.3吨、天然气430立方米。该井完井后在齐古组试油，获日产油97.8立方米、天然气13907立方米，从而发现卡因迪克油田。同年10月，卡003井发现紫泥泉子组油藏。截至2003年，卡因迪克油田探明石油地质储量453万吨。是年，卡因迪克油田齐古组、紫泥泉子油藏投入开发。

二、吐谷鲁背斜获高产工业油气流

吐谷鲁背斜位于玛纳斯县、呼图壁县境内，是盆地南缘山前第二排构造带的大型长轴背斜。该区油气勘探始于20世纪50年代1∶5万的地质详查，1984年完成的1∶20万准噶尔盆地航测和1993年完成的乌苏—呼图壁重力调查均覆盖了该区。1996—1999年间四川石油管理局完成了562千米山地二维地震，基本查明吐谷鲁背斜区的构造情况，并在该背斜上相继部署上钻了吐谷1井、吐谷2井。1998年6月，吐谷1井完钻后试油，获日产油9.45立方米、天然气1100立方米。2000年8月，吐谷2井完钻后试油，初产油50立方米，产量稳定后日产油30立方米、天然气1000立方米，2002年10月吐001井试油，日产油27.9吨、气614立方米。吐谷鲁背斜油气勘探获得了重大突破。截至2002年底,吐谷2井区块安集海河组控制石油地质储量1015万吨,控制含油面积14.5平方千米。

三、霍尔果斯背斜霍10井获历史性突破

霍尔果斯背斜位于盆地南缘第二排构造带西段,属山前复杂构造,地应力和地层压力高,勘探难度极大。1953—1991年,先后钻探井11口,除在霍8a井获低产油流外,其他井均未获得实质性突破。勘探人员从20世纪90年代末开始,又在该区进行新一轮的油气勘探,并应用复杂山地地震勘探配套技术、南缘山前井筒新技术,于2002年6月在霍尔果斯背斜钻探霍10井。2003年8月25日,该井射开紫泥泉子组获得日产油50立方米、天然气3万立方米,实现了重大突破。当年该构造下第三系控制石油地质储量1621万吨、控制天然气地质储量466.37亿立方米、凝析油地质储量405.3万吨。霍10井超高压、超高密度固井创国内陆上固井新纪录。霍尔果斯背斜取得的重大突破,不仅展示了盆地南缘山前勘探的美好前景,而且初步摸索出一套适合南缘山前特点的地震、钻井、录井、测井、试油及综合地质研究等勘探技术和管理方法,为南缘山前油气勘探的全面展开奠定了良好的基础。

四、安集海背斜勘探在新区、新层位获得新突破

安集海背斜于20世纪50年代经过重力勘探发现,当时打的3口探井因技术手段落后,均钻探无果。90年代在这一区域又先后钻探了安4井和安6井,由于该地区有着多套压力系统,异常高压,勘探难度大,地质构造复杂,均因钻探深度浅和技术原因,未获得实质性突破。

北天山前陆冲断带一直被地质家们所看好,随着钻探技术的不断进步,新疆油田将其作为重点研究区块,坚持南缘勘探,积极寻求油气战略发现。2004年新疆油田在沙湾境内部署了安5井,这是准噶尔盆地南缘安集海背斜上的一口重点预探井,通过招投标方式择优选择技术服务队伍,不断优化钻探方案,运用新工艺、新技术,各路团结协作,精心组织施工。该井6月11日开钻,12月1日完钻,完钻井深3950米。2005年6月17日,在下第三系安集海河组试油,获高产工业油流。经过系统试产,日产油85立方米,天然气3200立方米。安5井喜获高产油气流,这是准噶尔盆地南缘山前安集海河组在经历了60多年的勘探后,首次在新区、新层位上获得的新突破,进一步丰富了准噶尔盆地含油气层系,拓展了盆地南缘勘探领域。

安5井的突破,进一步证实南缘具有"多点突破"、"多层系含油"的特点,展示

了山前第三排大型构造具有良好的勘探前景，同时也表明了准南山前是有利的勘探接替区。安5井钻获商业油气流入选“2005年全球重大油气勘探新发现”。

第六节　油气并举，天然气勘探开发获重大进展

新疆油田的天然气资源主要为油田伴生气和气田气，20世纪80年代以前，天然气主要是伴生气，80年代末到90年代初，在准噶尔盆地发现马庄气田和八$_2$西气田后，结束了有油无气的历史。“八五”以来，根据总公司关于新疆石油天然气在“八五”期间要有大发展和大提高的要求，新疆油田认真贯彻“油气并举”开发方针，1992年8月召开了首次天然气开发工作会议，并制定出《天然气开发（试行）规定》。此后，天然气的开发被纳入议事日程，天然气的开发和利用取得了显著成绩，产量持续增长，年均增长速度为15.2%。“八五”期间共完成工业产气量37.8亿立方米。20世纪末以来，成功地开发了呼图壁、莫索湾盆5井区等气田（藏），创立了地下地面一体化、上下游一体化的开发模式，形成了比较完善的输配网络，天然气的综合开发利用成为全盆地新的经济增长点。截至2001年，新疆油田累计生产天然气294.55亿立方米，建成相应的配套设施和各类天然气管线965.8千米。

“十五”期间，新疆油田继续遵循“油气并举”的开发方针，将天然气作为新的经济增长点，加大了气藏的开发力度，除了开发莫索湾油气田盆5井区外，又先后开发了莫北油气田、彩南油气田彩31井区气藏，天然气产量持续大幅增长。2005年和2000年相比，天然气产量从16.22亿立方米增加到28.95亿立方米，增长78%。

一、积极开发油田伴生气和气藏气

1985年以前，油田生产的溶解气，除部分用于油田发电、冬季保温、烧砖、烧石灰和生活燃料外，大部分被放空烧掉，更谈不上深度处理回收轻烃。20世纪80年代中期以后，随着原油处理工艺的提高，原油密闭集输工艺的应用，为溶解气的收集利用创造了条件。自1985年在百口泉采油厂建成第一座轻烃回收装置以来，采油二厂开始与外商洽谈建立天然气处理站事宜。1988年5月，中国西北地区最大的总投资3700万元的天然气处理站工程在采油二厂破土动工。经过26个月的紧张施工，1990年6月底一座现代化的大型天然气处理装置建成投产，7月20日生产出合格产品。该站投产后每天可处理天然气60万立方米，生产石油液化气63吨，轻质油44吨，干气55万立方米。以后相继在其他采油厂和作业区建成7座轻烃回收装置及溶解气集气管线，总处理能力达215万立方米/日。

“八五”期间先后开发了北三台、夏子街、克拉玛依五区南、车排子、乌尔禾、彩

南、石西等7个油田的溶解气，增加了溶解气动用储量。完成了百口泉天然气处理站改造、夏子街天然气增压站建设等工程。截至1995年底，投产稀油溶解气油井3681口，全年生产溶解气5.08亿立方米。

“九五”期间先后开发了石南、沙南、莫北等油田溶解气，增加了溶解气动用储量。为了充分利用彩南油田天然气，1996年建成国内最长的一条沙漠输气管道——彩南至石西至克拉玛依输气管道工程。小拐油田到红浅稠油区输气管线建成运行。彩南至石西、石西至克拉玛依、九区稠油和电厂的天然气处理和集输系统建成投产。石西油田天然气处理装置改造工程、西北缘天然气输配气系统工程、新疆局第一套天然气脱硫装置、夏子街天然气脱水装置等先后竣工投产。经过20多年的建设，准噶尔盆地已建成以西北缘为中心的幅射状输配气管网系统，形成了环盆地天然气管网骨架。同时，针对石南和沙南油田天然气放空现象，建成投产两座10万立方米天然气撬装处理站，基本消灭两个油田的天然气放空。2000年投产稀油溶解气油井5059口，全年生产溶解气10.51亿立方米。

“十五”期间先后开发了陆梁、卡因地克等油田，增加了溶解气动用储量。莫北油田溶解气增压站建成，3台增压机组投产。陆梁油田溶解气增压站建成投产。

二、高效开发建成呼图壁气田

准噶尔盆地蕴藏着丰富的天然气资源，根据预测，天然气(气藏气)资源量为20925亿立方米。20世纪80年代中期，在夏子街油田、三台(马庄)油气田发现了气顶气和气层气，进入20世纪90年代，相继发现了克拉玛依油田八$_2$西区、五区南克75井区上乌尔禾组两个气藏、车排子油田车35井区石炭系气藏，石西、石南、莫北、小拐等油气田的侏罗系小气藏以及呼图壁第三系中型气田。建成产能140万立方米/日。2001年又发现了莫索湾盆5井区侏罗系气藏。

呼图壁背斜位于盆地南缘山前坳陷带第三排构造上，1986年作二维地震普查，1991年作加密地震勘探，并对该背斜作出综合评价，1994年上钻探井呼2井。1996年8月6日，该井在紫泥泉子组获日产天然气78.28万立方米、日产油14.78吨，从而发现呼图壁气田。呼2井在呼图壁构造获得高产气流后，勘探部门即在该地区进一步作了三维地震，并部署2口评价井。1997年开发早期介入，注重前期评价，形成系统的呼图壁气田开发概念设计，对气田开发做出了总体部署，为高效开发气田提供了系统的依据。

呼图壁气田是“九五”期间探明并及时开发的中型气田，1998年4月正式投入开发建设，综合国内外类似气藏的开发经验，应用多种试井方法，结合三维地震反演和约束反演，对气藏数值模拟分析，优化了开发方案，节约投资1.3亿元。在含气面积内共部署采气井 7 口，年产能力 5.0 亿立方米，地面建成一座 150 万立方米/日的现代化天然气处理站，取得了当年设计、建设，当年投产、见效的好成绩。使油田天然气处理率由“八五”末的 50%上升至 1999 年底的 82%，并建成呼（图壁）—克（拉玛依）输气管道，年输气能力 6.13 亿立方米。

经评价勘探，呼图壁气田 1999 年上报探明含气面积 15.2 平方千米，探明天然气地质储量 126.12 亿立方米、凝析油地质储量 60 万吨。

截至 2005 年底，累计生产天然气 32 亿立方米、凝析油 13 万吨，累计创造产值 18 亿元，投资回收期 1.35 年，呼图壁气田采用全自动化管理，通过多种动态监测技术研究、配套工艺技术优化、科学管理模式的建立，实现了气田的高效开发，被中石油评为“优秀高效气田”，为同类气藏的开发提供了成功范例。

“十五”期间新疆油田又建成了盆 5、莫北两个中型气田，天然气产量较“九五”末增长 1.8 倍，结束了新疆油田冬季稠油生产烧原油的历史。

截至 2005 年底，探明天然气储量 2150 亿立方米，其中气层气 764 亿立方米，溶解气 1386 亿立方米。动用天然气地质储量 1668.43 亿立方米，其中气层气 566.18 亿立方米，占气层气探明储量的 73.3%。投入开发气藏 12 个，拥有气层气生产能力 14.23 亿立方米/年。

第七节　改革总揽全局，科学协调发展

1985 年以后，面对新疆石油工业形成分片划区多家经营的新局面，新疆局及时调整发展战略和总体部署，围绕增储上产、提高经济效益总目标，结合客观实际稳步推行改革，实现从计划经济向市场经济转轨的历史性跨越，油田发生了实质性的变化。1990 年建成全国陆上第四大油田，并实现连续 25 年稳产、增产。20 世纪 90 年代后期，面对亚洲经济危机的冲击、国际原油市场持续低迷的多重压力，油田上下同心，优化产业结构。按照国家深化国企改革，逐步融入市场经济的部署，对辅助行业推行改革，培育出一批投资主体多元化的有限公司和股份合作企业，突出了油田的主营业务，增强了克拉玛依市的经济基础。1999—2000 年，集团公司实施重组改革。新疆石油管理局作为油田管理机构，按照集团公司统一部署进行了重组改制。油气勘探、油气生产、炼化销售、集输储运、地质研究等主营业务分开、分立，组建中国石油新疆油田分公司；其余部分仍称新疆石油管理局。至此，延续了 40 多年的新疆石油管理局体制发生了“一分为二”的根本变革。

从 2000 年起，重组后新疆石油管理局和新疆油田公司分开运作。2000 年 4 月至 2001 年 8 月，炼油化工业务、润滑油调和业务与成品油销售业务相继从油田公

2002 年 12 月，新疆油田召开原油产量上千万吨祝捷大会。

司划出，由中国石油股份公司直管。

一、企业改革逐步深化

新疆油田的企业改革自 1982 年以石油部对新疆油田实行 400 万吨原油产量包干政策开始起步，1985 年前重点推行了以原油产量包干为中心的联产承包经济责任制。1986 年后，重点完善以经济承包为主的各种形式的责任制，并扩大二级单位的自主权。油田以治理整顿和深化改革为重点，紧紧围绕转变经营机制这个中心环节，改变高度集中的管理体制，推行局(厂)长责任制，全面进行配套改革和各项调控制度的完善，油田逐步转变为自主经营、自负盈亏、自我发展、自我约束的生产经营单位，并在二级单位全面实行投入产出挂钩。遵照中央关于治理整顿、深化改革的方针，狠抓治理整顿，清理整顿各类公司。1992 年后，按照总公司下达的第二轮承包四项指标的部署，以转换经营机制为重点，以“三项制度”改革为突破口，从完善和发展内部承包、项目管理入手，加大了改革力度。新疆局紧紧围绕油气勘探、油田开发、炼油化工、科技进步、多种经营“五个加快”的奋斗目标，根据总公司“自主经营、自负盈亏、自我约束、自求发展”的“四自”要求，以转换经营机制为重点，加快进入市场步伐，深化改革，挖潜增效，1993 年 13 项主要生产建设指标中，9 项创历史最好水平。

从 1994 年起，油田的企业改革从以往的放权让利、政策性调整进入到转换机制、制度创新阶段。按照总公司关于建立现代企业制度，走“油公司”路子的要求，加速解体“小而全”，走专业化服务、效益型发展的路子。石油局着手组建机械制造、运输和生活服务等专业性公司及设备调剂租赁公司，在优化产业结构上迈出了实质性步伐。同时，对新建作业区按油公司模式和“两新两高”体制组建；推行了全员劳动合同制，成立了市局人才劳动力交流中心，劳动力市场开始运作。按照油田整体改革方案，解体“小而全”，实现三个分离；转换企业经营机制，建立完善与“油公司”相适应的生产经营管理目标责任制及考核体系；实施配套改革，实现企业改革有序分层次同步推进。1998 年，按照石油工业实行战略重组、逐步融入市场经济的部署，调整完善所有制结构，实施企业战略性改组。是年 7 月，江泽民视察新疆时为新疆油田题词：“加快准噶尔盆地勘探开发，再现克拉玛依油田辉煌”，为油田加快发展提供了强大的精神动力。中石油把新疆油田列入“加快发展西部”的重要地区，在资金和科技投入上重点倾斜，为油田的加快发展提供了有力的支持。同时，在西部大开发战略深入实施进程中，新疆维吾尔自治区把克拉玛依列入率先发展的天山北坡经济带，优先扶持。这些都为新疆油田加快发展提供了良好的大环境。1999 年，实施重组改革，新疆局由一个综合性的特大型石油企业，改制为专门从事油气勘探开发的油田公司和专门从事工程技术服务、生产服务和基地服务的新疆石油管理局以及两个专门从事炼化生产的石化公司等四家企业。此后，企业深化内部产业结构调整、持续重组，走专业化、规模化、效益型之路。

二、油田公司在创新中实现快速发展

油田公司组建之初，就提出“建设千万吨大油田”的奋斗目标，实施加快发展、低成本和科技创新三大战略，并紧紧围绕加快发展目标，积极应对体制、机制变化所带来的机遇和挑战，开拓进取，不断创新，在改革中稳步前进，各项工作都取得了长足发展。

公司制订并坚持“突出预探，重在发现，择优探明、注重效益”十六字指导方针，解放思想，甩开勘探，精心部署，加快实施，努力寻找具有战略意义的出油气点和商业储量。

油气勘探不断取得新突破。重组改制六年来，相继发现并建成了一批高效油气田，累计探明石油地质储量 3.96 亿吨、天然气地质储量 294.96 亿立方米；单位实物劳动生产率由人均年产油气 643 吨提高到 870 吨。

油田开发成果显著。通过优化注水注汽、深化综合治理、实施三次采油、推广应用先进适用的工艺技术等手段，老油田自然递减、综合递减控制在 17.5%和 7.4%。成功实施八区下乌尔禾组油藏第三次整体加密调整，三年新增可采石油地质储量 883.4 万吨，增产原油 190.1 万吨；一批难采稠油储量实现规模开发，稠油年产量2005年比2000年增长80.1万吨。新区开发相继建成了陆梁、石南21两个百万吨级大油田，建成了盆5、莫北两个中型气田，天然气产量较“九五”末增长1.8倍，综合利用效益显著提高。

原油产量连续25年保持稳定增长。“十五”期间累计生产原油5315.1万吨、天然气114.4亿立方米。油气产量年均净增长49.1万吨和2.5亿立方米，分别较“九五”高出23.1万吨和1.1亿立方米，是新疆油田开发史上建产能最多、增产幅度最大的五年。累计新建原油生产能力895.97万吨、天然气生产能力10.35亿立方米，分别比“九五”增加149.49万吨和2.19亿立方米。累计完成投资326.7亿元，实现总收入903.88亿元，国内准则利润405.4亿元。累计缴纳税费195亿元，承担各类社会化费用13.73亿元，为地方经济发展和社会繁荣稳定做出了贡献。2005年实现主营业务收入298.56亿元、国内准则利润179.61亿元、考核利润66.36亿元、税费72.73亿元；油气单位操作成本为5.17美元/桶。

以推动勘探开发业务加快发展为目标，大力强化科技攻关。“十五”期间累计投入科技资金8.6亿元，开展科技攻关260项，获得省部级以上科技成果奖73项，取得授权专利25项，沙漠区高分辨率地震勘探、蒸汽驱开采等一批关键技术达到国内领先水平。信息化建设实施档案资料、业务工作和新疆油田桌面化“三步走”工程，建立了较为完备的信息管理和标准规范体系；实现了生产经营数据的正常化管理；建成了勘探、开发、经营、管理一体化平台和集成应用体系，高速计算机网络覆盖全油田。

公司以建立现代企业管理体系为主线，先后实施了持续重组、“五定”、QHSE体系及内控体系建设等一系列重大改革管理举措，基本建立了适应油田加快发展要求的“油公司”管理模式和现代企业制度体系，保障了企业的高效运行。在生产规模迅速扩大的情况下，职工总量由成立之初的21966人减少至2005年的15552人。全员劳动效率大幅度提高，由“九五”末的643吨/人·年提高到870吨/人·年。综合能耗明显降低，油气生产单耗由“九五”末的271.90千克标煤/吨下降到231.82千克标煤/吨。企业素质得到全面提升，公司先后荣获“全国五一劳动奖状”、“中央企业厂务公开先进单位”、“全国企业文化建设先进单位”等荣誉称号。

三、新疆局积极开拓国内外市场

2000年1月1日，重组后的新疆局分开运作，全局资产总额由原来的5022914万元降为1251766万元，占原企业资产总额的24.9%；职工总数由原企业99777人降为71702人，占原企业职工总人数的71.86%。企业由特大型油气生产企业转变为一个为油气勘探开发提供工程技术服务、生产服务为主的企业，由生产经营型企业转变为资产经营与资本经营相结合的企业。

面对生存与发展所面临的前所未有的挑战和重组后严峻的生产经营形势，新疆局确定了自己的产业定位：建立以石油工程技术服务、低效油田开发和基础产业（供发电、供水、供暖）为主营业务，具有相当竞争实力的地区综合服务公司。通过持续重组把专业队伍做强，把分散钻井队合并到钻井公司，把测井队合并到测井公司；把原各采油厂留下的技术服务队伍归入井下作业公司；准东录井队伍合并到录井公司，两个运输公司合二为一；形成了新疆局工程技术服务和生产服务一个专业一家公司的新格局，增强了市场竞争能力。

截至2005年底，新疆局拥有主要专业技术设备5000多台（套）；获得中国石油天然气集团公司石油工程技术队伍资质的施工队伍有309支，其中甲级队73个，乙级队236个。发电、通讯、供热能力进一步加强。已形成石油及天然气的钻井、录井、测井、试油、井下作业等钻采工程技术服务与工程建设施工、机械制造、公路运输、发供电、供排水、通讯等一体化技术服务能力，是中国西部最大、实力最强的具有先进技术的大型石油技术服务企业。其欠平衡钻井技术，定向井、水平井轨迹控制技术、事故处理技术，高地应力区钻井复杂情况预测与处理技术，常规测井成像测井技术，地层除砂监测与地面除砂技术，已达到国际先进水平。

重组改制以来，新疆局积极实施“强、精、特”战略，坚持以科技为先导，依靠高质量的拳头产品和特色服务，把企业做大做强。围绕“强、精、特”发展战略和“西部第一、国内一流”的发展目标，求真务实，团结奋斗，积极拓展内外部市场，稳步推进配套改革，生产经营任务全面完成，经营指标和主要实物工作量不断创历史新高。资产总额、所有者权益、主营收入、增加值等指标位居中石油油气田地区服务公司前三位。2001年，新疆局获“全国五一劳动奖状”。“十五”期间实现总收入452亿元，年均增长12.5%，其中主营收入431.03亿元。企业增加值比2000年净增29.26亿元，年均增长16.9%。2005年实现总收入132.93亿元，其中主营业务收入130亿元，比上年增加32.68亿元，增长33%；实现考核利润6240万元，创“十五”以来最好水平。

新疆局坚持站稳传统市场、拓展外部市场的策略，不断开拓国内外部市场和国际市场空间。在国内市场，先后与塔里木油田、中国石化西北分公司建立了长期合作关系和定期互访交流机制，天山以南市场份额逐年递增。管道、公路、水利业务快速发展，年施工产值从1.2亿元提高到3.5亿元。在国际市场，自1997年进入中油阿克纠宾油气股份公司油田市场之后，海外工程承包、技术服务、劳务输出等项目不断取得重要进展，先后进入了中亚、中东、南美洲、非洲等4个地区、10多个国家的石油市场，开展钻井、测试、勘察设计、采油工程技术、地面工程建设、物资供应等多项技术和产品服务。截至 2003 年底,新疆局累计在海外签订承包合同 86 个,合同总额 1.53 亿美元。2003 年海外市场收入比 2000 年翻了一番,达到 3.36 亿元。2004 年,在国外钻机总数已达 15 台,位居中石油首位。截至 2005 年,工程技术服务外部市场累计实现收入 51.94 亿元,年均增长 41.6%,占工程技术服务总收入的比重由 8.6%提高到 20.9%。其中海外市场累计实现收入 15.06 亿元,占外部市场收入的 29%,年均增长 50%。录井、井下作业实现了海外市场的起步。

四、团结协作,共建和谐企业、和谐社会

重组分立后,油田公司和新疆局始终坚持“两分两合”(业务上分、工作上合,职责上分、思想上合)的指导思想,稳妥处理改革、发展和稳定三者关系,以关联交易为基础,建立起符合现代企业制度要求的油田市场管理体系,形成了新型的市场交易关系和经济运行机制,构建起新型的战略合作伙伴关系,生产效率和经济效益都有明显提高。“十五”期间累计实现关联交易额 315.74 亿元,原油、天然气产量年均分别净增长 49.1 万吨和 2.5 亿立方米,开创了互利双赢、共同发展的良好局面。

在油气勘探方面,双方始终坚持把寻求战略发现作为勘探工作最基本的出发点,强调团结协作、双赢互利,建立利益共同体,共同促成地质认识和勘探技术的最佳组合。油田公司及时、准确地提出最优化的预探和评价方案,新疆局优选采用适宜技术,及时、有效、快速地组织实施。油田公司每年提出技术发展需求,新疆局则通过开发和引进先进成熟的工程技术,进一步降低成本,促进“双赢”。2000 年后,新疆油田保持了油气储量的高速增长。

与此同时,双方加大低效区块的合作开发力度,缓解成本压力,并在钻井、物资采购等方面取得显著进展,共同积极探索联合降低成本的有效途径,促进了生产效率、效益的提高。经中国石油股份公司审批,从 2002 年开始,新疆局与油田公司合作,科学开发低效油气资源,实现了跨越式发展。截至 2005 年底,合作区块达到 9 个,在 3 个区块进行了滚动开发,累计探明储量 1.68 亿吨,动用储量 2073.82 万吨,建成产能 54 万吨,生产原油 116 万吨。

油田的稳步、快速发展,拉动了克拉玛依市经济快速增长。2000 年国税收入攀升至 20 亿元,此后连创新高。2004 年实现税收 54.7 亿元,比上年增加 22.42 亿元,连续三年位居新疆榜首。2005 年,克拉玛依市向国家和地方缴纳各项税收 82.91 亿元,人均贡献税收 3.25 万元,位居国内前列。油田勘探开发 50 年来,石油、石化工业企业累计向国家上缴税收 500 多亿元,占克拉玛依市全部国税收入的 94.5%。

随着油田勘探开发进程的加快，矿区基本建设日新月异。至2005年，油田已建成克拉玛依、独山子、阜康、乌鲁木齐明园等四个较集中的生产生活服务基地和彩南、石西、陆梁和呼图壁等公寓化的作业区，形成了以克拉玛依城区为中心的一城多镇、市政设施较为齐全的现代化石油城市。全市建成绿地面积1331.36公顷，绿地率达31.52%，人均占有公共绿地11.01平方米，其中独山子、白碱滩城区绿地率均超过国家卫生城市标准。克拉玛依市先后被国家及自治区授予"国家卫生城市"、"中国人居环境范例奖"、"全国双拥模范城市"、"全国创建文明城市工作先进城市"、"自治区人居环境建设先进市"、"国家环境保护模范城市" 等荣誉称号。

第三十一章 渤海油田

第一节 发展概况

渤海油田因所辖矿区位于渤海海域而得名，其管理机构设于天津市塘沽区。

20世纪60年代中期开发的渤海油田，是在中国海域最早从事开发建设和试验生产，并于80年代初率先同外国石油公司进行合作，在改革开放中获得迅速发展的油田。

油田管理机构始建于1966年，原名石油工业部六四一厂海洋勘探指挥部，后扩建为华北石油会战指挥部海洋石油勘探指挥部、石油工业部海洋石油勘探局，1983年更名渤海石油公司，为中国海洋石油总公司下属最大的地区公司。经过20多年的改革、发展，渤海油田在中国海洋石油总公司驻塘沽各单位干部员工的共同努力下，已经成为中国北方重要的油气生产基地。2005年，渤海油田年产达1338万吨油当量，其中原油1283万吨，天然气5.48亿立方米，排在中国海油各油田单位的首位。

1979年以前，渤海油田建设是依靠国内自己的力量摸索、起步，艰难创业的时期。1965年下海之初，条件非常艰苦，租用木制机帆船搞地震调查。1965年12月21日，在距塘沽东面50千米的曹妃甸岛试打的110米深的曹1井，是用车装钻机在海军登陆舰上打成的，成为渤海石油人下海勘探的第一次尝试。其间，曾发生了60多年未见的风暴潮，海涛几分钟就吞没了小岛，53名职工坚守在航标灯下的小木屋里，3天后才被搭救脱险。此后，渤海石油的创业者决心自己动手建造一座桩基固定式钢平台。他们露宿码头工地，连续奋战100多个昼夜，完成了平台的预制和海上安装，在渤海湾竖起了第一座钻井平台。1966年12月31日渤海第1口探井开钻，1967年6月14日，探井喜喷原油，日产35立方米。国务院为此发了贺电。渤海石油职工继续奋战，又建造了新2号和3号平台。1971年还建成了海4平台和海5沉浮式平台。从1972年开始，先后在大连造船厂建造了国内设计的渤海1号自升式钻井平台，从日本引进了渤海2号自升式钻井平台，以后又在大连造船厂建造了渤海3、5、7号自升式钻井平台和渤海9号生活供应平台，从国外引进了渤海4、6、8、10号自升式钻井平台。同时，还在国内建造和从国外引进了一批三用工作船和地球物理勘探船等。职工队伍也由1966年初的156人增至1万多人。在海上先后组织了以沙垒田凸起的浅层和石臼坨地区古潜山气藏为重点的勘探会战，并陆续甩开到辽西、渤东、渤南、垦东、埕北等区域。至1979年底，共做地震测线13.8万千米，钻井114口（其中探井99口，生产井15口），发现含油气构造13个，探明石油地质储量3700多万吨，建造、安装海上导管架16座，在海四、埕北2个油田进行试生产，当年产油21万多吨，累计产油64.8万吨。

从1980年开始，渤海油田进入了开展对外合作，加快开发与建设的时期。1980年5月29日，在渤海海域分别与日本国日中石油开发株式会社和法国国营埃尔夫—阿奎坦公司签订了2个合作勘探石油合同和1个合作开发石油合同。

1984年底，中法合作合同中止。地质情况比较复杂的合作区使外国投资者变得谨慎起来。同时，国际石油价格的急剧下跌和日元的升值也对合作产生了不利的影响。根据这种新的情况，油田决策者审时度势，果断决策，一方面坚持继续发展同外国公司的合作，另一方面在不适宜对外开放的辽东湾海域开辟自营勘探开发区，把对外开放与自力更生结合起来，合作、自营并举，相继发现了锦州20-2凝析气田、储量达2亿吨的绥中36-1油田以及一批小油田。自营的成功进一步推动了对外合作，外国石油公司加快了勘探开发的速度，相继发现和开发了秦皇岛32-6、蓬莱19-3、渤中25-1等亿吨以上的大油田。

从1982—2005年的23年中，渤海油田共做二维地震测线96637千米，三维地震18943平方千米，钻预探井和评价井376口，探明石油地质储量近17亿吨，溶解气700多亿立方米，天然气地质储量400多亿立方米，凝析油600多万吨。至2005年产油气达1338万吨油当量，比2004年增加了327万吨油当量，成为中国第三大产油区。

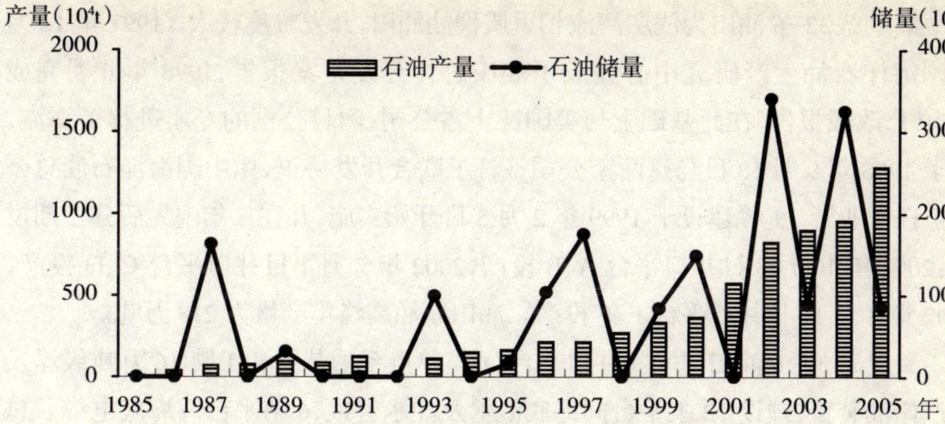

渤海油田石油探明地质储量和产量变化图

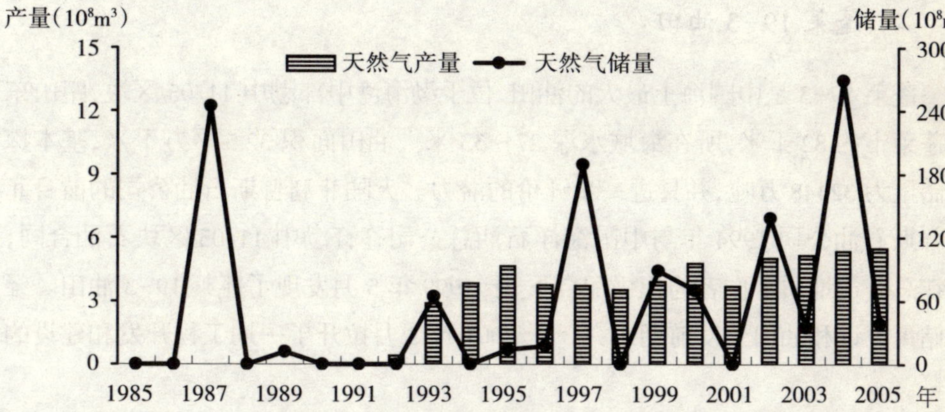

渤海油田天然气探明地质储量和产量变化图

第二节　主要油气田

渤海拥有在生产油田 23 个（对外合作 7 个，自营 16 个），在建油田 20 个，2005 年平均日产 3.7 万吨油当量。

一、秦皇岛 32-6 油田

秦皇岛 32-6 油田是亿吨级重质稠油油田，位于渤海海域的西部，北距乐亭县海岸 10 千米，距唐山市京唐港约 20 千米，距塘沽约 130 千米，油田所在海域平均水深 19.6 米。该油田于 1995 年发现，主要目的层为明化镇组下段，含油面积 43 平方千米，基本探明石油地质储量 17034 万吨，基本探明溶解气储量 28.8 亿立方米。

秦皇岛32-6油田为浅层河流相重质稠油油田，开发难度较大。1997年12月中国海洋石油生产研究中心完成了油田总体开发方案报告，1998年6月完成ODP修改版报告，在此基础上与美国德士古公司、阿科公司的专家进行了交流，并于1998年9月18日与这两家公司签订了联合开发协议，由中国海洋石油总公司担任作业者。工程建设于1999年2月5日开始实施，并在二年内先后分三期投产：2001年10月8日井口平台A、B投产，2002年7月1日井口平台C、D投产，2002年8月10日井口平台E、F投产。油田原油高峰年产量为218万吨。

秦皇岛32-6油田建6座井口平台，1座单点系泊装置和1艘16万吨级浮式生产储油装置，铺设12条平台间海底混输及注水管线，6条平台间海底电缆。总钻井163口，其中生产井133口，注水井24口，水源井6口。

二、蓬莱19-3油田

蓬莱19-3是中国海上最大的油田，位于渤海湾中部渤中11/05区块，距山东省蓬莱市约82千米，所在海域水深27～33米。油田面积32.5平方千米，基本探明储量为32448万吨，并具进一步评价的潜力。大陆菲利普斯石油公司的前身菲利普斯石油公司1994年与中国海洋石油总公司签订渤中11/05区块石油合同，并在总公司地质工作者的积极配合下，于1999年5月发现了蓬莱19-3油田。经过储量论证和油田开发前期研究，于2001年3月拉开了一期工程开发和建设的序幕。

一期工程包括平台项目和“渤海明珠号”浮式生产储卸油装置（FPSO）维修改造。蓬莱19-3一期工程于2002年年底投产，设计产能最高可达40000桶油当量/天。

三、绥中36-1油田

绥中36-1是中国海上最大的自营油田，1993年投产，截至2005年12月31日累计生产原油2956.5万立方米。

绥中36-1是渤海发现的第一个亿吨级的大油田，位于渤海辽东湾南部海域，西距辽宁省绥中县海岸46千米，北距锦州20-2凝析气田南高点74千米，油田所在海域水深为30～32米。该油田含油面积为43.3平方千米，基本探明级以上的石油地质储量为2.8844亿吨，溶解气87.27亿立方米，气顶气2.2亿立方米。

绥中36-1油田由于地质构造复杂，原油为重质稠油，黏度大，油层疏松，开发难度大，风险高，投资大，因此中国海洋石油总公司决定选用滚动开发模式，选择试验区先期开发。

A、B 试验区在绥中 36-1-2D 井和绥中 36-1-5 井之间区域，面积 6.55 平方千米，动用原油地质储量 5919 万吨。工程建设始于 1988 年 7 月，1993 年 9 月 AⅡ平台投产，1994 年 6 月 AⅠ平台投产，1995 年 5 月 B 区投产，全部投资为 1.214 亿美元和 2.8429 亿元人民币，最高年产原油 100 万吨，生产期 12 年。试验区选用全海式开发模式，A 区由 2 座井口生产平台（各钻井 16 口）、1 座生活动力平台、1 座固定式单点系泊和 1 艘 5.2 万吨浮式生产储卸油装置“渤海明珠号”组成。B 区为 1 座生产和生活平台（钻井 16 口）。在总共 48 口井中，有 10 口注水井。A、B 区由 3 千米海底管线连接。在试验区取得成功后，1996 年开发 J 区。J 区是试验区西南部的一个区块，含油面积 2 平方千米，探明原油地质储量 1892 万吨，距 A 区平台仅 1.5 千米。1997 年 12 月建成投产，最高年产量为 33 万吨，生产期 18 年。主要工程设施为一座无人驻守平台，16 口生产井（其中 3 口注水井），有两条与 A 区相连的海底管线以及一条通往绥中 36-1 试验区 APP 平台的动力通讯复合海底电缆。

1997 年 10 月，决定整体开发绥中 36-1 油田。二期工程建设开始于 1998 年 2 月，2000 年 11 月二期油田投产，计划开采 20 年，计划采收率为 20%，最高年总产量为 500 万吨（其中二期工程最高产量为 350 万吨）。二期工程采用了半海半陆开发模式，主要工程设施由 1 座中心平台、6 座井口平台、1 条 70 千米长的原油上岸管线、12 条油田内部集输海底管道、5 条油田内部海底电缆和绥中陆上原油处理厂、2.5 千米长的引堤引桥及 4 个码头泊位组成。绥中 36-1 终端是渤海唯一自带码头的终端，占地 0.62 平方千米，拥有 34 万立方米的储油罐。

四、曹妃甸 11-1/2 和曹妃甸 11-3/5 油田

曹妃甸 11-1/2 和曹妃甸 11-3/5 是浅层稠油油田。曹妃甸 11-1/2 位于渤海湾西部海域的 04/36 区块，西距天津塘沽约 90 千米，东北距河北省的京唐港约 60 千米，水深约 20 米，是中国海洋石油总公司与科麦奇石油公司合作开发的油田，科麦奇担当油田作业者。该油田含油面积 32.1 平方千米，基本探明石油地质储量 11975 万吨。油田主要生产设施为一座 48 井槽的综合平台和一座 24 井槽的井口平台、“海洋石油 112 号”浮式生产储卸油装置。该装置具有日产 8 万桶原油、日处理 35 万桶液体和储存 100 万桶原油的设计能力。2004 年 7 月 18 日，油田成功投产，产量达到 1.5 万至 2 万桶 / 天。曹妃甸 11-1/2 油田属于渤海典型的浅层稠油油田，原油密度为 0.95～0.96。一般来说，稠油油田开采难度大，产量相对偏低，但曹妃甸 11-1-A5H 井自投产以来，日产油量一直保持在万桶以上，这是渤海浅层稠油油田历史上第一口日产万桶的油井。

曹妃甸11-3/5油田位于渤海西部海域，平均水深约25米。为提高商业价值，曹妃甸11-3/5与曹妃甸11-1/2进行联合生产。2005年，曹妃甸11-1/2和曹妃甸11-3/5油田平均日产原油16970桶。

五、渤中25-1/25-1南油田

渤中25-1/25-1南是亿吨级整装大油田，位于渤海湾南部海域，距天津塘沽东南约150千米。油田由合作区和自营区两部分组成，含油面积85平方千米，石油基本探明地质储量1.9343亿吨。

渤中25-1/25-1南油田横跨雪佛龙德士古的合同区块和中海油的自营区块。为此，双方于2002年10月签订了中国石油史上第一个“一体化”开发协议，按照“五个一”的原则共同开发建设，即：一个项目、一个作业者、一个管理机构、一套生产设施、一次性确定权益比例，并由中海油担当油田的作业者。

渤中25-1/25-1南油田的整体开发包括一艘15万吨级浮式生产储卸油装置（FPSO），6座36个井槽的超大井口平台，6条海底电缆和11条油水管线，182口井的钻、完井工作。一期工程包括B/D/E3座井口平台以及FPSO的陆地建造和海上施工。在油田开发中，中国海洋石油建设者刷新了三项记录——同等规模油田开发时间、导管架建造周期、组块海上安装工期最短记录；创造了四项第一——首次采用UT（超声波检验）代替RT（射线检验），首次海上一次性实施钻井帽拆卸、改造和重新安装，首次使用PDS（工厂设计系统）软件进行3D设计，安装了目前世界上最大悬臂式水下软体连接单点系泊。

2004年8月27日，油田一期成功投产，52口生产井日产原油16000桶；2005年8月13日和8月19日，二期工程C、F两个平台分别于投产，两个平台日产原油800～900立方米。

六、埕北油田

埕北油田位于渤海西部海域，距塘沽基地92千米，油田范围内平均水深16米。埕北油田于1985年9月3日投产，至今已走过20年不平凡的历程。2005年埕北生产原油25万立方米，累计生产原油625万立方米。该油田先后采取了适时配注等措施，采收率达到33.05%。

埕北油田由中方勘探发现，含油面积9.19平方千米，基本探明石油地质储量2084万吨，天然气储量9.5亿立方米。中方于1977年12月至1981年10月进行试采，共产油40.06万吨。1980年中日签订合作开发埕北油田合同，由渤海石油公司与日本埕北石油开发株式会社合作开发。1985年10月1日B区先行开始商业

海上钻井平台作业。

性试生产，1987年1月15日A区开井通油，1987年6月A区全部生产井完井结束，实现了全部投产。实际开发投资为2.7782亿美元。1987年7月，日方将油田管理和作业权移交中方。2000年10月，日方退出，埕北油田转为自营开发。

埕北油田分A区和B区，两区相距1.6千米，以一条6英寸海底管线连接。工程设施采用全海式钢质桩基式平台结构。A区的主要工程设施有一座钻井/生产平台和一座公用/生活动力平台；B区的主要工程设施有一座钻井/生产平台、一座公用/生活动力平台、一座储油/装油平台、一座靠船码头和二座系船平台。油田高峰期年产油42.2万吨。

七、渤南油气田群

渤南油气田群位于渤海西南部海域，一期、二期开发项目包括渤中28-1、渤中26-2、渤中13-1和曹妃甸18-2等油气田，分别于1980、1996、1997和1994年发现。渤南油气田群探明石油地质储量3110万吨，天然气储量128.9亿立方米。

渤中28-1油田位于渤海湾南部海域，距塘沽基地200千米，距山东省龙口市约100千米，距山东海岸线最近距离65千米，油田所在海域水深22～25米。由渤海石油公司与日本日中石油开发株式会社合作勘探于1981年3月发现，含油面积11.3平方千米，基本探明石油地质储量1139万吨，气顶气储量24.59亿立方米，凝析油储量47.6万吨，双方决定合作开发。1986年12月，正式开始该项目的工程建设，1989年5月投入商业性生产，实际工程投资为12538万美元。油田主要工程设施包括南、北各一座井口生产平台，一座软钢臂单点系泊，一艘5万吨浮式生产储油装置和2条各长1.7千米的海底管线。油田开发初期，作业者为日中石油开发株式会社。1990年7月1日实现作业者地位转移，由中方担当作业者，独立管理油田的生产。渤中28-1油田原油年设计生产能力为43万吨，计划生产11年。从1992年起，由于油气比和含水率急剧上升，产油量迅速下降，天然气产量上升，产出的大部分天然气一时难以回收利用，每天约60万立方米的气被放空烧掉，造成极大的能源浪费，使开发经济效益变差。为保护国家天然气资源，经中日联管会协商，1994年10月1日将该油田关井停产，并将油田退还给中方。1995年，为实现向天津市供气的目标，中国海洋石油总公司决定再启动开发、生产天然气。

渤中26-2油气田位于渤海南部海域，东距渤中28-1油气田约32千米，平均水深21米。油气田含油面积6.7平方千米，探明原油地质储量1421万吨，天然气地质储量6.47亿立方米。

渤中13-1油田位于渤海西部海域，东南距渤中28-1油气田约59千米，距渤中26-2油气田约34千米，水深23.6米。渤中13-1油气田含油面积9.4平方千米，探明原油地质储量394万吨，溶解气地质储量37.31亿立方米。

曹妃甸18-2油气田位于渤海西部海域，东距渤中28-1油气田约65千米，距渤中13-1油田约8千米，平均水深21.5米。曹妃甸18-2油气田含凝析油面积5.5平方千米，探明凝析油地质储量156.6万吨，天然气地质储量50.73亿立方米。

渤南油气田群项目总投资35.2亿元人民币。4个油气田开发统一考虑、统一规划、油气同采、分步实施。一期投产渤中28-1和渤中26-2油气田，渤中13-1和曹妃甸18-2油气田作为接替二期投产。渤中28-1于2004年7月6日重新投产，总井数10口。渤中26-2油气田于2004年8月30日投产，油田总井数8口。2004年平均日生产原油240立方米(1520桶)。

渤南油气田群采用半海半陆式开发方案，主要工程设施包括：渤中28-1北井口平台1座(已有平台改造)、渤中28-1南井口平台1座(已有平台改造)、渤中26-2综合平台1座、渤中13-1综合平台1座、曹妃甸18-2无人井口平台1座，已建成需要改造的1座单点系泊和1座浮式生产储卸油装置（“渤海友谊号”），1条从单点至陆上终端的100千米14英寸海底输气管线，1座陆上终端处理厂(在山东龙口市)和油气田内部集输海底管线、电缆等。

八、渤中 34-2/4 油田

渤中 34-2/4 油田是中日合作勘探、开发的油田,位于渤海湾中南部海域,在渤中 28-1 油田西南方,距渤中 28-1 油田 22 千米,距塘沽 180 千米,距山东省龙口市 80 千米,油田所在范围平均水深 20.5 米。

渤中 34-2 油田发现于 1983 年 2 月,探明含油面积 12.6 平方千米,探明石油地质储量 1833 万吨，溶解气探明储量 30.42 亿立方米。渤中 34-4 油田发现于 1984 年 10 月,探明含油面积 10 平方千米,探明石油地质储量 1110 万吨,溶解气探明储量 17.98 亿立方米。

渤中 34-2/4 油田采用了滚动开发模式，工程分期进行。第一阶段为自喷采油,第二阶段为注水采油,第三阶段为人工采油,预计生产期 15 年,高峰年产油 44 万吨。三期工程分别于 1990 年 6 月、1992 年 4 月和 1996 年 6 月竣工,油田开发总预算为 2.08 亿美元。实际投资为 2.1242 亿美元。油田主要设施包括 3 座井口采油平台、1 座注水平台、1 座拥有旋转密封接头的塔式软钢钢臂单点系泊装置、1 艘 5 万吨级浮式生产储卸油装置,以及海底油水输送管道和海底电缆。

油田开发初期,作业者为日中石油株式会社,2000 年 10 月 1 日,作业者转移给中方。2000 年日方退出,油田转为自营。

九、锦州 20-2 凝析油气田

锦州 20-2 是中国首个自营勘探开发的凝析油气田,位于渤海辽东湾北部海域,北距锦州 80 千米,西南距秦皇岛 160 千米,西北距锦西港 50 千米,到岸最近距离 48 千米,气田范围内水深 16～20 米。

该油气田发现于 1984 年 11 月,构造分为南、中、北三个高点,南北长约 21 千米,东西宽约 3 千米,含气面积 14.4 平方千米,探明天然气地质储量 135.4 亿立方米,凝析油 332.7 万吨;含油面积 3.4 平方千米,探明石油地质储量 452 万吨,溶解气 5.93 亿立方米。

为了满足下游工程的要求，锦州 20-2 凝析气田的开发采用衰竭式开采,充分利用气田的高压,南、中、北三个高点接替开发生产,先开发南高点和中高点北部,后开发中高点南部和北高点。一期工程于 1990 年 6 月开始施工,1992 年 8 月投产,1993 年 11 月开始满负荷供气。二期工程于 1997 年 8 月投产。2004 年,平均日产凝析油 2698 桶,日产天然气 84.9 万立方米。

锦州 20-2 油气生产采用半海半陆式,主要工程设施包括 4 座采气井口平台,14 口生产井(有 6 口由预探井和评价井转用),其中南高点 1 座平台 4 口生产井,中高点2座平台8口生产井，北高点采用新颖的独腿3桩平台结构2口生产井；1座生活动力平台；1条48.6千米的12英寸海底油气混输管线；1座位于辽宁省锦西市境内、占地面积14.5公顷的陆上终端和天然气处理厂，日处理天然气150万立方米、凝析油500吨。

十、锦州9-3油田

锦州9-3是中国最北的海上油田，位于渤海辽东湾北部海域，西距锦西53千米，南距锦州20-2凝析气田22千米，东北距辽河平原海岸最短距离约15千米，油田范围内水深6.5～10.5米，每年12月便进入冰期。

锦州9-3油田是1988年8月自营发现的，探明含油面积19.34平方千米，石油地质储量4537万吨，天然气地质储量13.15亿立方米。1993年完成了开发基本设计方案后，经测算，经济效益不高，因此未能投入开发。之后进行了地质、钻井和工程各种方案的优化。1996年对原基本设计进行了修改，1997年整个工程建设又重新启动，并于1999年10月30日正式投产。

锦州9-3油田原油物性较好，中等黏度，低凝固点，比重较大。和国内已开发的海上油田相比，油田海域水浅，但位于辽东湾重冰区，常用的导管架固定平台和浮式储油生产装置采油方式受到限制，首要的问题就是需要解决基础结构的抗冰问题。经过人工岛、导管架和桩基沉箱多种结构方案的比较，最终选用了桩基沉箱式基础结构。

锦州9-3油田工程设施由西区和东区两部分组成。西区包括一座钻采/生产平台、一座储油/动力平台及两座系缆小平台。东区为一座无人驻守井口平台。两区之间由两条2.6千米海底管线及一条电缆相连。全油田共钻井47口，其中生产井34口，注水井9口，气源井2口，水源井3口，油田实际工程投资为7432.1万美元加上12.755亿元人民币。至2005年底，锦州9-3油田共生产原油470.1万吨。

十一、渤西油气田群

渤西油气田群通常指渤海湾西部海域以歧口18-1油田为中心、周围所发现的4个油田，即歧口18-1油田、歧口18-2油田、歧口17-3油田、歧口17-2油田，现已探明石油地质储量为1905万吨，控制石油地质储量为2697万吨。

歧口18-1油田北距塘沽41千米，西距歧口海岸最近处约26千米，油田所在海域水深约10米。油田含油面积5.2平方千米，探明石油地质储量1011万吨，溶解气地质储量26.71亿立方米，天然气地质储量0.44亿立方米。歧口17-3是原海4油田，距塘沽海岸58千米，距歧口海岸18千米，距歧口18-1油田17.4千米，水深约 5.36 米。该油田发现于 1971 年,并于 1975 年转入采油。1997 年经复算核实,油田叠合含油面积 3.9 平方千米,探明石油地质储量为 1140 万吨,溶解气储量 7.36 亿立方米,天然气储量 2.88 亿立方米。歧口 17-2 油田在歧口 18-1 油田的西南 16.7 千米处,油田所在海域平均水深 5.7 米。该油田发现于 1993 年 6 月。1995 年 11 月经国家有关部门批准,含油面积 9.1 平方千米,探明石油地质储量 1655 万吨,溶解气地质储量 13.9 亿立方米。歧口 18-2 油田位于歧口 18-1 油田的西南方向约 6 千米处。油田发现于 2000 年。2001 年 3 月经国家有关部门批准,含油面积 5 平方千米,探明石油地质储量 688 万吨。

渤西油气田群所在区域断层多,圈闭小,单个圈闭储量较少,形不成独立开发规模。中国海洋石油渤海公司决定将这些分布相对集中、距离较近的小油田统一规划,采用半海半陆式的开发方案,对小油田联合开发,集中管理,设施共用。既可以充分利用油田群所在海域水浅、油田离岸近的优势,以陆地为依托,上、下游一体化发展,又可以实现向天津市供油供气。开发工程分两期进行,一期开发歧口 18-1 和歧口 17-3 两个油田,二期开发歧口 17-2 油田。以后的开发方案,将视勘探成果逐步滚动。歧口 18-1 油田于 1995 年开始建设,1997 年 11 月 27 日建成投产,有生产井 6 口,水源井 1 口;歧口 17-3 油田于 1997 年 12 月 11 日建成投产。一期工程设计原油年产能力为 50 万吨、天然气 1 亿立方米,向天津市供气。二期工程开发歧口 17-2 油田,于 2000 年 6 月建成投产,设计年产原油 55 万吨,生产 15 年。2002 年 6 月开发歧口 18-2 油田,2004 年 4 月建成投产,共有 5 口油井生产,日产原油约 230 吨(1679 多桶)。

渤西油气田群设施由海上和陆上两部分组成。海上设施包括歧口 18-1、歧口 17-3、歧口 17-2、歧口 18-2 的 4 座平台、平台间的海底混输管道及歧口 18-1 至陆上终端间的海底输油管道和海底输气管道;陆上设施由油气处理厂、海底管道登陆点至油气处理厂的陆地输油及输气管道、处理厂至塘沽万年桥配气站的天然气外输管道、处理厂至渤西油气转运站的原油外输管道、渤西油气转运站和处理厂至滨海电站天然气外输管道组成。2005 年,渤西油气田群平均日产原油约 1240 吨(8951 桶),天然气 17 万立方米。

十二、旅大油田群

旅大油田群包括旅大 10-1、旅大 4-2、旅大 5-2 油田。

旅大 10-1 位于绥中 36-1 油田西南方向 22 千米处。该油田采取了与绥中 36-1 油田共用一个陆地终端的半海半陆式开发模式,生产的原油经平台初步处理后,通过 50 多千米的海底管线送入绥中 36-1 油田陆地终端处理厂。油田从发现到建成投产，仅仅用了三年左右时间，比同类同规模油田的开发周期缩短了一半，比 ODP 报告原计划提前 62 天；开发质量好，投产 15 口井，每天原油产量达到了 3065 立方米，超过了 ODP 报告配产指标 1/3。旅大 10-1 还创造了渤海油田多项记录：旅大 10-1-A11 井打成为渤海第一口日产千立方米的油井；原油在平台上即进行处理，外输到终端后可直接销售等。

旅大 4-2 油田于 2005 年 4 月 25 日投产，比 ODP 报告计划提前 50 天。该油田利用一座井口平台、一条海底管线和两条海底电缆，与旅大 10-1 油田 CEP 中心平台和绥中 36-1 油田终端处理厂形成联合开发的模式，共打生产井 8 口。2005 年开井 7 口生产，平均日产油 950 立方米。

旅大 5-2 于 2005 年 11 月 21 日投产，计划钻生产井 22 口，最高产能可达 1526 立方米 / 天(9600 桶 / 天)。2005 年共有 4 口井在产，日产原油 350 立方米(2200 多桶)，所产原油输送到绥中 36-1 油田终端处理厂。

十三、南堡 35-2 油田

南堡 35-2 是中国近海原油最稠的油田，距塘沽约 110 千米，位于秦皇岛 32-6 油田西南约 25 千米处，由南北两个区块组成，探明加控制地质储量 9000 多万立方米，原油粘度最高超过了 700mPa.S(毫帕秒)。油田开发采用了全海式开发模式，所产原油经中心平台处理合格后，通过 29.5 千米的海底管道，输往秦皇岛 32-6 油田的“渤海世纪号”上储存和外输。该油田日产 730 立方米。

第三节　作业基地

渤海油田的作业基地位于天津市塘沽区，始建于 1966 年。经过多年建设，已成为中国北方为海上作业服务设施配套的、全面完整的后勤基地。基地分布在港区(有新港南疆岸线 1.5 千米)、滨海、东沽、军粮城区(16 个农工新村，安置职工农业家属)和物探生产区 5 处，总面积 2611 万平方米。

塘沽基地是渤海油田海上作业的重要陆地指挥场所。其主要指挥设施有：总部办公楼，二级单位办公楼；科研设施，包括地质化验楼、开发试验室、设计和研究大楼。通讯设施有短波发射台 1 座、收讯台 1 座，无线通讯 12 个网络，铺设电缆管道 42 千米，通讯电缆 70 千米，可与海上、全国、国际通讯联网。

塘沽基地是渤海油田的作业基地，建有各类码头 2659 米，其中有工程码头、坞口码头、输灰码头、栈桥油轮专用码头、综合作业码头等，可停靠海洋工程的各种自升式钻井平台、物探船、铺管船、浮吊、油轮、工作船，可供淡水、岸电和生产、生活物资的装卸，油品接收等，以及海关、边防检验；建有各种库房121栋，货物和管材堆场2处；拥有船舶修理设施、钻井维修设施及钻焊修理作业线；有采油维修设施、汽车修理设施等。另外还拥有物探的电缆维修、赫格隆维修设施和水、电、暖及维修设施。

塘沽基地设有海上大型设备建造场地，包括导管架、钢桩和平台组块的陆上预制，有钢材预处理、模块/撬块、制管和普通钢结构4条生产线，年钢材加工能力5万吨。

塘沽基地建设了完善的生活后勤设施，还拥有住宅社区、医疗卫生、文体设施、商业网点、生活服务设施等。

第三十二章 辽河油田

辽河油田地跨辽宁、内蒙古两省区的 13 个市、34 个县（旗），勘探总面积 84566 平方千米，油田机关设在辽宁省盘锦市区。从 1970 年大规模勘探开发到 1985 年，辽河油田已发现兴隆台、曙光、欢喜岭、高升和大民屯等十几个油田，探明石油地质储量 9.27 亿吨，原油年产量达到 900 万吨，探明天然气地质储量 940 亿立方米，天然气年产量达到 15 亿立方米。1986 年，原油年产量突破 1000 万吨，成为全国第三大油田；1994 年，原油年产量突破 1500 万吨，年产天然气 17.5 亿立方米；1995 年，原油年产量达到 1552 万吨，成为油田原油年产历史新高。截至 2005 年，辽河油田累计生产原油 3.26 亿吨，累计生产天然气 465.49 亿立方米。

在油田勘探上，辽河油田的广大科技人员大胆探索，不断采用新技术，大力推广应用三维地震、地震地层学、数控成像测井、地层测试及综合录井等勘探新技术，通过 50 年的勘探，辽河油田已探明石油地质储量 22.7513 亿吨，天然气地质储量 1956 亿立方米。其中，1986—2005 年探明石油地质储量 13.52 亿吨，天然气地质储量 1016 亿立方米。

在油田开发上，油田广大科技人员遵循科学规律，刻苦攻关，除开发建成一批稀油油田外，于 20 世纪 80 年代攻克了适合热采的稠油蒸气吞吐油藏工程研究、开发方案设计及配套的钻采工艺和地面集输流程设计，使埋深 1600 米以上的稠油得到经济有效地开发，并实现大规模工业化生产，建成全国最大的稠油生产基地，年产稠油 800 万吨以上。20 世纪 90 年代末，使超稠油生产达到百万吨级规模，并使开采吨油成本大幅下降。同时，面对凝固点高达 67 摄氏度的国内外罕见的沈阳高凝油油田，广大科技人员强化地质研究，精细油藏描述，编制出适合地下情况的开发方案，并采取井筒热液循环、集输加热等先进工艺技术，使高凝油油田得到了经济有效的开发。

辽河油田坚持不断深化企业改革，加强企业管理。20 世纪 80 年代中期，辽河油田实行滚动勘探开发区块产能建设项目管理；在采油一线进行劳动组织改革，实行专业化、科学化管理，在油建施工系统实行项目管理。自“九五”以来，辽河油田进一步深化改革，转换企业经营机制；1998 年，辽河油田作为独立发起人，设立了辽河油田金马股份有限公司，“辽河油田”股票在深圳成功上市；同年，辽河油田又与香港 BACKBUPY 国际有限公司合作开发冷家油田，闯出一条多元投资合作开发油田的新路。

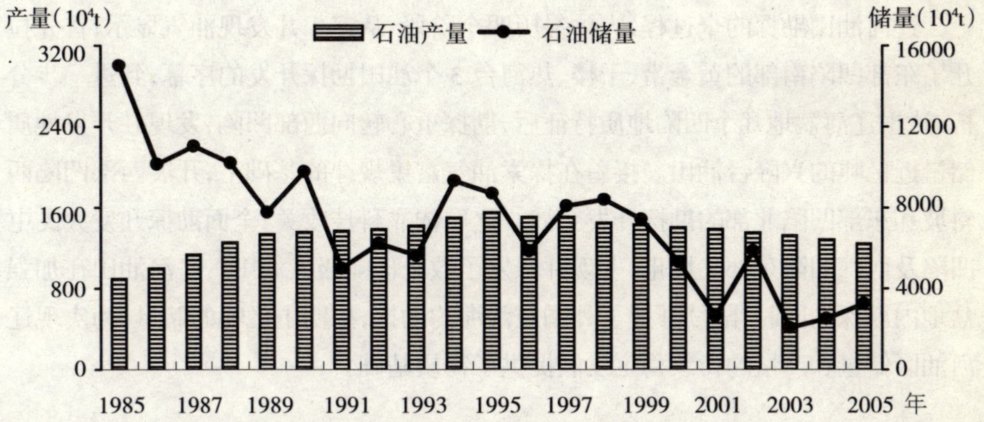

辽河油田石油探明地质储量和产量变化图

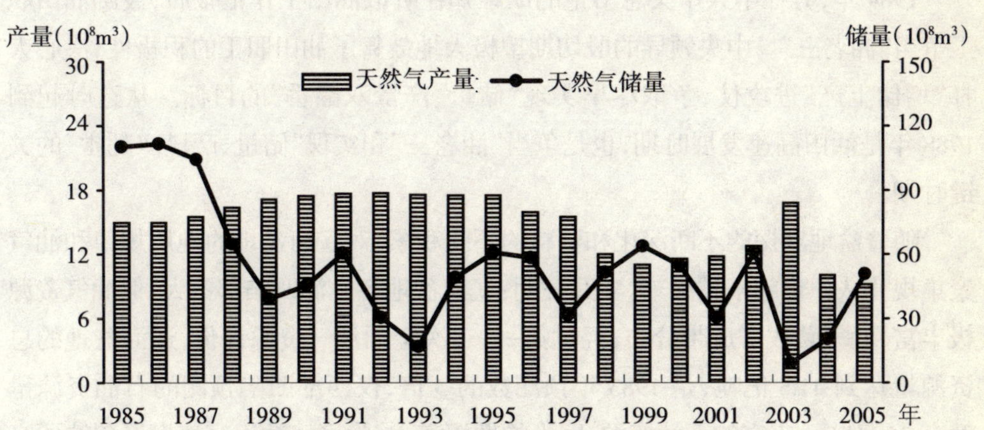

辽河油田天然气探明地质储量和产量变化图

按照中国石油天然气集团公司的部署，辽河油田于1999年实施分开分立，走上从体制上深化改革，建立现代企业制度的道路。辽河油田分公司(以下称油田公司)强化勘探开发管理，努力保持油气生产的基本稳定，大力实施低成本战略，实现油气经营效益的大幅提升。辽河石油勘探局(以下称勘探局)确立“服务主业求生存，开拓市场求发展”的总体思路，持续开展“精品工程、满意服务”活动；加快结构调整，深化企业改革，减员增效；大力推进技术进步，加快装备更新，积极开拓国内外市场，确保经营目标的实现，企业综合实力进一步增强。到2005年底，辽河油田有职工90678人，资产总量达499.7亿元。

第一节　加大勘探工作力度，夯实工作基础

辽河油田勘探的全过程，大体经历四个阶段：从辽1井发现油气显示，首先拉开了东部凹陷南部的黄金带、于楼、热河台3个油田勘探开发的序幕；到进一步分析、认识辽河盆地几个凹陷地质特征后，勘探重心转向西部凹陷，发现并开发地质储量近亿吨的兴隆台油田。接着在探索油气富集规律的基础上，开展西部凹陷西斜坡和东部凹陷北部的勘探开发会战。之后依靠科技攻关，全面勘探开发大民屯凹陷及西部凹陷东部陡坡带，发现并开发了数个亿吨级大油田。辽河油田在加强盆地内勘探的同时，陆续开展了外围及浅海的勘探，探明上亿吨的储量，为实现辽河油区储量和产量的持续稳定发展提供了物质基础。

一、深化盆地勘探，油田高速发展

1984年，时任中共中央总书记的胡耀邦在听取油田工作汇报后，鼓励油田职工争当“油老三”。中央领导的殷切期望极大地鼓舞了油田职工的积极性，决心大打“增储上产”进攻仗，争取尽早实现“储量、产量双翻番”的目标。从这时起到1988年是油田高速发展时期，也是争当“油老三”和实现“储量、产量双翻番”的关键时期。

随着盆地勘探的不断深化和资料的不断积累，对辽河盆地的地质规律和油气聚集规律认识也越来越深刻。实践证明：辽河盆地各生油凹陷都不大，但油气资源极丰富，油气藏成群成带分布，经过第一、二次全国油气资源评价，辽河盆地的总资源量达到41.5亿吨，是1983年预测数的3倍，仅西部凹陷预测的石油资源量就有21亿吨。丰富的石油资源，巨大的勘探潜力，为辽河油田高速发展创造了必要的条件。

1984年后，地质人员进一步解放思想，地质研究进一步加深，技术水平不断

提高,勘探开发取得了快速的发展。从1984年开始,连续五年每年新增的石油地质储量都在1亿吨以上,最高达1.69亿吨;原油产量每年以100万吨以上高速递增,最高年增158.8万吨。这是辽河石油勘探开发史上从未出现过的。1986年,辽河油田的原油产量突破1000万吨大关，仅用三年时间就发展成为当时中国第三大油田。

二、重上大民屯，征服高凝油

大民屯凹陷是辽河盆地3个生油凹陷中最小的一个,面积800平方千米。20世纪70年代曾对该凹陷进行勘探,找到前进(大民屯)油田,以及一批含油圈闭。1975年以后,由于技术原因,勘探工作一度中断。后来经过几年准备,应用数字地震技术,在大民屯地区取得较高品质的反射资料3000米以下的深层反射成果,搞清了凹陷的基底结构、埋藏深度、圈闭类型和砂体分布。凹陷发育了两套生油层,而且分布广,保存完好。另外,经第二次全国油气资源评价,预测凹陷石油资源量由4亿吨增加到6亿吨,而70年代只探明石油地质储量5300万吨,占预测资源量的9%,说明它仍处在勘探的初期阶段,有很好的勘探前景,坚定了重上大民屯的信心。

经过充分论证,地质人员把勘探的首选目标确定在凹陷东部地质条件最优越的兴隆桥构造(即东胜堡潜山上)。这里临近主要生油洼陷,既是洼中之隆,又是构造圈闭与砂体发育叠合的有利部位,为此,决定首先实施第一口探井——胜3井,在揭开花岗岩段267米后完井。1983年3月,射孔试油,经测试,日产油183吨,天然气9964立方米,并且一举发现了太古界潜山油藏,重上大民屯的勘探取得了重大突破。

随着勘探的步步深入，继发现东胜堡潜山油藏后,1983年底在构造带北段(简称静北)的静3井于2632米以下钻遇了一套白云岩,日产油116.4吨,天然气2683立方米,又发现了中上元古界潜山油藏。这类高产油藏在大民屯凹陷还是首次发现,是静北勘探以后的又一重大突破。

东胜堡花岗岩潜山油藏和静北灰岩潜山油藏的原油性质与其上第三系的砂岩油藏一样,都属于高凝油,凝固点一般为42～57摄氏度之间,最高超过67摄氏度。这两个潜山油藏之所以能够高产并且具有旺盛的自喷能力,除了储集条件等因素外,一个重要原因是潜山油藏的储层埋藏较深,油层温度达100摄氏度以上,保证了原油在油层内及井筒的正常流动。

从1985年开始,在全凹陷进行三维地震面积测量,基本覆盖了凹陷的有利地区。在此基础上,经研究进一步加深了对构造格局、储层分布、油气聚集规律的认识，又相继发现了几个规模相当大的潜山及砂岩油藏。

重上大民屯最大的一项成果就是找到一个石油地质储量超亿吨的特大型高凝油油田——静安堡油田，石油地质储量达18153万吨。在这样小的凹陷内找到石油储量如此丰富的大型油气藏在全国也是不多见的。重上大民屯凹陷共找到静安堡、前进（大民屯）、法哈牛、边台等4个油气田，2001年后，油田公司对大民屯凹陷进行重新评价，认为大民屯凹陷具有较大的勘探潜力，经过勘探又发现了千万吨级的低潜山油藏及沙三、沙四砂岩油藏，使油藏基本连成一片，总计探明的石油地质储量突破3亿吨，可采储量超过7000万吨。大民屯凹陷的勘探与开发成为全国小凹陷找油的典范。

三、攻克西部凹陷东部陡坡，再创新的辉煌

西部凹陷东部陡坡带是一个凹陷与凸起交界处的复杂地带，又叫冷东断阶带。东部陡坡带北起台安，南到海外河，勘探面积300平方千米。早在1970年区域预探时就已经在小洼和海外河构造获得工业油流，但产量很低。油田地质部门在近20年时间里多次对陡坡带进行钻探，先后钻了33口探井，除了发现少数几个产量不高的出油点外，收效甚微，成了一个久攻不破的地区。

陡坡带处在凹陷与凸起的转折部位，有一条落差超过1000米的边界大断裂通过；这条边界大断裂既控制了西部凹陷的发育，又控制了陡坡带的形成和发展，是一组呈羽状分布的断裂系统，在不同时期和不同地段表现出不同的活动强度，这就使陡坡带的地质结构变得异常复杂；再加上处在双台子河与柳河的交汇部位，地面条件也十分困难。虽然应用了数字地震技术，增加了覆盖的次数，陡坡带的构造面貌仍不清晰。

1988年，地质人员再次对陡坡带进行钻探，将大洼地区地震资料重新处理后，发现了一个被两条北东方向断层夹持的封闭断块，部署了一口评价井——洼16井，在东营组发现较厚油层和较好的测试结果，15毫米油嘴日产原油276吨，天然气5.06万立方米，发现了大洼高产油气田。同年，在靠南端的海外河构造上的海2井也喷出了高产油气流。长期以来，海外河构造一直被看成是受基岩古潜山控制的东营组披覆构造，基岩的高点就是构造的高点，根据这个认识，按古潜山油藏规律进行钻探，未发现古潜山油藏，东营组也很薄。通过三维地震才认识到，海外河构造有古潜山，东营组构造的形成不取决于古潜山，是受大洼主断裂的控制，海外河是在主断裂控制下，在上升盘上形成的被断层复化了的背斜构造，高点就在靠近主断裂的一侧，远离主断裂，油层迅速减薄变少。油田对地下地质规律认识上出现了飞跃，勘探的思路和方法也随着改变，很快拿下了陡坡带上的大洼和

海外河两个油田。

1989 年，陡坡带北段冷家地区的冷 37 井喜获工业油流，发现了一套厚达 183.3 米的稠油层，自此东部陡坡带自南向北勘探取得全面突破。冷家构造是台安—大洼主断裂下降盘上的一个大型长轴背斜，并被次一级北东方向断裂切割为上、中、下三个台阶，油气主要集中在中带。经过几年勘探，冷家油田已探明含油面积 42.73 平方千米，石油地质储量 13348 万吨，可采储量 2097.5 万吨，主要是稠油，是又一个储量超亿吨的特大型油田。冷家油田 20 摄氏度时原油密度超过 0.97 克 / 立方厘米，油藏埋深 1300～1800 米，稠油层最大埋深超过高升油田，是继发现高升稠油油田后找到的油层埋藏深度最大的特稠油和超稠油油田。由于科技进步，这类超稠油油田已进行整装开发。

西部凹陷东部陡坡带共发现冷家、小洼、海外河等 4 个油气田，累计探明石油地质储量 2.71 亿吨，取得了辉煌的成绩。勘探的实践证明，东部陡坡带是西部凹陷又一个油气储量丰度非常高的油气富集带，东部陡坡带的发现是深化老区勘探的结果。

四、进军辽东湾，发现大油田

从高潮线到 5 米水深线的辽东湾海域是辽河油田重要的勘探领域，面积 3506 平方千米。辽河滩海地区是陆地构造带的延续部分，具有与陆地相似的地质构造格局，预测这一地区的石油资源量达 7.5 亿吨，天然气资源量为 900 亿立方米。

辽河滩海地区是“八五”期间油田勘探的新领域，准备较早，起步很晚。1990 年由渤海石油公司的海上钻机在辽海西部海南构造带西侧的月东构造上钻了第一口海上探井——辽海 10-1-1 井，才开始真正意义上的辽河滩海地区海上钻探。

1991 年，辽海东部太阳岛构造上的辽海 13-1-1 井，在东营组喷出百吨以上高产油气流，发现了葵花岛油田，海上勘探取得重大突破。辽海东部成为海上钻探的重点地区，辽海西部只围绕陆滩进行勘探。

在 1990 年开始滩海地区钻探时，勘探的侧重点一直放在辽海东部，东部凹陷向辽东湾海域延伸，凹陷逐渐开阔，而西部凹陷向海域延伸，凹陷收敛，油田认定辽海东部比辽海西部有利，特别是葵花岛高产油气田发现以后，更把勘探的力量集中在葵花岛构造上，希望能找到一个石油储量达亿吨级的大型油气田。但是，事与愿违，太阳岛构造带的地质构造条件远比设想的复杂，基本上保持了陆地荣兴屯构造带的特征，经过四年勘探，未取得新进展，不但未找到亿吨级油田，而且探明的石油储量只有 1217 万吨。

围绕到哪里去找亿吨级大油田这个问题，1996 年 9 月，油田组织辽河滩海地区勘探大型论证会，邀请局内外专家对滩海地区勘探方向、勘探目标出谋划策。专家们一致认为，辽海西部比东部更有利，西部凹陷是油气富集程度最高的一个生油凹陷，向滩域延伸虽有所收敛，但辽河滩海地区仍处在其有利部位，因此应以辽海西部的东坡为勘探重点。辽海西部东坡是西部凹陷东部陡坡带向海域的延伸部分，油田确定海南披覆构造带为辽海西部勘探的突破口。海南构造带位于海外河油田以南，面积 200 平方千米，包括海南和月东两个局部构造，地质条件与海外河油田类似，还发育了多个幅度很小的局部小圈闭，其西面紧靠生油洼陷，构造位置十分有利。1996 年共完成探井 8 口，其中有 7 口获工业油流，有的井还获得高产。仅一年时间就探明石油地质储量 4600 万吨，控制石油地质储量 6481 万吨，终于发现石油储量达亿吨级的月海油田，实现辽海东部勘探未能实现的目标。

随着辽河滩海地区勘探的全面展开，先后找到了太阳岛、葵花岛、笔架岭、月海等油气田，探明石油地质储量 12679 万吨，天然气地质储量 16.27 亿立方米，还发现了岭南、仙鹤、燕南等一批含油圈闭，控制了一定的油气储量。

五、扩大外围盆地勘探，外围盆地发现油气田

在辽河盆地外围有众多的中生代盆地，勘探领域广阔，勘探总面积达 95720 平方千米，以含煤为主要特征，同时又有广泛的油气显示，煤与油气存在着某种共生关系，可以称为煤油共生型盆地，是不同于辽河盆地的又一种类型。

1987 年开始区域预探，先后完成陆参 1、陆参 2、陆参 3 三口区域探井，证实陆家堡凹陷具有较好的生油条件。1989 年，根据东北煤田地质勘探公司找煤过程中提供的油气资料信息，部署在陆西包日温都构造上的包 1 井（由东煤浅钻钻探）发现两组油层，综合解释油层 107.1 米，上面 300 米处还有一组厚达 30 米煤层，进一步证明它是一个煤油共生型的凹陷。1990 年 10 月，包 1 井完井试油，日产原油 21.3 吨，发现了包日温都油田，是 1987 年对陆家堡凹陷进行区域预探以来首次取得的重大突破，也是辽河外围盆地勘探的重大发现。后来在陆西又找到了马家铺、好来宝昭等油田，合称科尔沁油田。在陆东也找到了交力格、广发、前河等油田，探明石油地质储量 6367 万吨。

1993 年以后，辽河外围盆地勘探全面展开，为了更好的优选勘探目标，先后在 29 个凹陷进行地震概查、普查和详查，并配合大量非地震综合物化探，钻探 15 个凹陷，先后在陆家堡、张强、钱家店、龙湾筒、阜新等凹陷获得工业油流，探明石油地质储量 7008 万吨，共发现 6 个油田。

通过 20 年的深化勘探，辽河油田原油地质储量从 1985 年的 9.5 亿吨上升到

2005年的22.75亿吨，为油田持续稳定发展奠定了雄厚的物质基础。

第二节　精雕细刻，不断提高油田开发水平

辽河油区的绝大多数油田位于具有陆相沉积特点的辽河断陷盆地，盆地早期断裂活动频繁、断层发育，是一个具有多套生油层系、多套油水组合、多种储集层、多种油气藏类型、多种油品性质的复式油气区，地质情况十分复杂。

针对上述特点，地质人员对不同类型的油气田在开发部署上采取不同的指导思想和原则，总的目标是提高油气田阶段和整体开发水平，在不断满足国家需要的前提下，追求投入产出的合理化及经济效益的最大化。同时根据取得的静态和动态资料，在认真研究和认识构造类型、储层特点、压力系统、地层水性质、生产能力等前提下，在进行精细油藏描述的基础上，确定了开发油田的总体想法：即除合理组合开发层系，优化合理井网，选择注采关系，确定合理开发指标和经济效益指标外，重点针对与开发油田关系更为密切的油气藏类型、油品性质多样这两个特点，编制不同的开发方案，特别是在开发方式上予以区别对待。

一是对于稠油、特稠油及超稠油油田吞吐最终井网，一般采用80～100米井距的正方形井网，完井方式采用射孔或先期防砂完成。第一阶段注蒸汽吞吐开采，地层压力下降至2～4兆帕，采出程度达到20%左右。第二阶段实施连续注汽汽驱开发（一般采用反九点法注采关系），生产井井筒采取电加热或掺稀油生产，最终采收率预测可达到35%～45%。

二是对高凝油油田（含蜡30%～40%，凝固点50～67摄氏度），油层埋深在3000米以下的油田，由于地层温度高于凝固点的温度（在90～100摄氏度以上），利用自体或水力活塞泵、电泵或抽油机生产；油层埋藏较浅的油田（一般为1000～2200米），由于地层温度低，则采取注热水、蒸汽吞吐或微生物采油。上述两类井筒均采用电杆或热液循环生产，地面加热集输，采油速度可达1.5%～2.0%，预测最终采收率可达25%～30%。

三是对稀油油田，一般分为两种情况，一种为具有大气顶和边底水的油田，因天然能量充足，初期利用气顶和边底水作为能量驱动原油，油井射孔时为防止气顶和边底水过早推进，留15～20米的避射厚度，采取自体或利用抽油机生产，开采过程中实施平面调整，保证油气和油水介面均匀推进，这类油田目前采收率已达30%以上，经济效益好，不到三年即收回全部投资。对另一种天然能量不足的稀油油田，采取人工补充能量开发，一般先期采取人工注水，保持较高地层压力生产（不低于原始压力的80%），当阶段采收率达到25%～35%时，由于含水很高，驱

油效率变差，则考虑实施二次采油，即采取一元驱（聚合物驱）、二元驱（碱＋聚合物驱）或三元驱（聚合物＋碱＋表面活性剂），室内和现场试验证明，这种办法可提高采收率10%～15%，经济效益也合理。

辽河油田针对上述几种类型油田开发中出现的新问题，不断调整开采方式，进一步提高了各种类型油田的开发效果和经济效益。与此同时，在评价盘活现有石油地质储量的前提下，实施滚动勘探开发，加强老油田的综合治理，使辽河油田的石油地质储量和产量不断上台阶，原油年产量在1994年突破1500万吨，在稳产四年后，仍然基本保持稳定，实现了可持续发展。

一、实施滚动勘探开发，不断增强油田开发后劲

辽河油区的滚动勘探开始大体可分为两个阶段：第一阶段（1994年以前），运用“复合油气藏”的概念和理论，在老区开展“挖潜”工作，取得显著效果，如1983年通过老井复查挖潜发现了锦99块；第二阶段（从1994年开始），结合辽河油区勘探程度较高的新区带、新领域的油气勘探越来越困难的特点，依靠科技进步、科学地组织和管理，逐步形成了具有辽河油田特点的滚动勘探、滚动开发系列技术和管理模式，使其走上了系统化、规范化、科学化的轨道，并取得了显著的成果和经济效益。

实施滚动勘探开发的主要做法是：利用复合油气藏理论及静态地质评价方法，在老油田内部进行复查挖潜。主要是从辽河盆地构造、沉积演化规律出发，重新进行小层对比、小层沉积相和油藏形成条件的研究，提出有利的区块进行试油验证；利用常规勘探技术、地震资料人机交互解释技术与开发技术相结合。针对不同的地质条件利用“三瞬”技术、全三维人机交互解释技术等，进行构造精细及成藏条件研究；利用地震资料处理解释一体化技术、VPS技术与油藏描述技术相结合进行综合勘探；针对“低、深、难、稠、小”的勘探对象，引进并应用地震资料高分辨处理技术、叠前深度偏移技术、储层横向预测技术、古构造应力场模拟技术；根据勘探需要，又引进和应用了高分辨采集、处理和解释技术（即“三高”技术），以含油气系统研究为主要内容的综合评价技术及三维可视化解释技术。总之，不同勘探阶段采用不同配套技术，满足了勘探目标的需要，拓宽了勘探领域，使辽河油区滚动勘探不断有新的突破。与此同时，逐步完善滚动勘探开发的合理工作程序，建立健全高效、合理的组织机构和实施项目管理运行机制，坚持对老区、老井、老资料的研究，实现低成本滚动勘探；积极培养复合型滚动勘探开发科研及管理人才。

1985—2005年，辽河油田依靠滚动勘探开发，共探明含油面积近200平方千

米,石油地质储量近3亿吨,天然气储量近13亿方米,平均每口探井探明石油地质储量74万吨,每米进尺探明石油地质储量336吨,每探明一吨油成本为7.76元。动用石油地质储量1.5亿吨,占同期滚动勘探探明的石油地质储量的65.9%,新建产能304万吨,占同期产能建设的24.4%,已累计生产原油450万吨,体现了滚动勘探投资少见效快的特点,这些成果的取得也为油田不断发展增强了后劲。

二、加强油田综合治理,提高综合经济效益

辽河油田是一个复杂的断块油田,不同的含油层系和不同的油藏,甚至不同的断块,都有各自的特点,不论采取何种开采方式都存在一定的利与弊,只有化消极因素为积极因素,才能提高油田的综合经济效益。

20世纪90年代初,油田正处在上产阶段,除靠新井投产增加产量,弥补递减外,还开始对投入开发的油田进行综合治理,起初只是对局部个别区块治理。1994年以后,大部分油田已进入中高含水期,特别是早期注水开发的老油田,开采矛盾十分突出,而进行蒸汽吞吐的稠油油藏,蒸汽吞吐已达中高轮次,注汽效果明显下降,开发管理的难度越来越大。为进一步提高油田开发水平,油田开始制订整体规划,根据治理区块的大小、储量规模、治理难度和所需的工作量,把它们划分为辽河局、采油厂、采油矿三级治理,并具体规定治理要达到的目标和工作量,在治理方案实施过程中进行全程监控。综合治理从两个方面入手,对于注水油田或油藏,以注水为中心,根据治理区块的开发现状,井网适应程度和问题,完善注采对应关系,提高水驱油效率,控制含水上升,强化稳产基础。对于稠油油藏,以优选注汽、分层注汽、提高储量动用程度为主要目的。随着油田开发进入中后期,综合治理面进一步扩大,其储量覆盖面达到66.6%。每年原油产量增加7.3万~14.1万吨,含水和含水上升率低于治理确定的目标;自然递减率和综合递减率比治理目标分别降至30%和10%左右。

辽河油田已有开发井近2万口,加上可以被利用的探井,总井数在2万口以上,由于各种原因停产数千口。2000年以来,通过恢复长停井每年增加原油产量30万~50万吨;同时,通过开展老资料的复查,特别是对测井综合解释为"双低"储层、干层和水层进行重新认识评价,在"水层"中找油,干层中找气,取得明显效果,找出石油地质储量1600万吨,天然气地质储量6亿~8亿立方米。实践证明,综合治理增强了不同类型老油田的稳产基础,减缓了递减,延长了稳产期。

三、加快特种油品开发,建成全国第一个特种油生产基地

辽河油田属于复杂的断块油田,原油性质极其复杂,变化范围很大,油品种类

繁多。有低温条件下仍不凝固的低蜡低凝油；有常温条件下可凝结为固体的高蜡高凝油；有高密度、高粘度、沥青化程度很高的稠油和超稠油。把各种类型的油品归纳起来可以分为三大类：即正常原油（通常称为稀油）、稠油和高凝油，稠油和高凝油又称为“特种油”。

高凝油主要分布在大民屯凹陷静安堡油田和边台油田，其凝固点的高低取决于原油中蜡的含量，如果把油的温度提高到蜡的熔点以上，原油在井筒内不结蜡。20世纪80年代初，正是基于这种认识，通过科技攻关取得突破，解决了高凝油生产难关，使大民屯凹陷的勘探与开发取得突破性进展。

稠油和超稠油主要分布在西部凹陷的高升、曙光、欢喜岭、冷家、小洼、海外河和东部凹陷北部的茨榆坨等油田。全油田稠油和超稠油的储量已突破10亿吨。

稠油油藏一般埋深500～1000米，多分布于凹陷的边缘部位，只有高升和冷家油田属于深层稠油，油藏埋深超过1500米，最深超过1800米，开发这类超深稠油油藏不仅在全国是首创，而且在世界上也是少有的。

在辽河油田已探明的22.75亿吨石油地质储量中，稀油储量只占10.1176亿吨，12.6337亿吨为“特种油”，其中，高凝油2.2860亿吨，稠油、特稠油和超稠油占10.3477亿吨。

2003年，辽河油田生产稠油800万吨，累计采出稠油12873万吨；生产特种油894万吨，占全年产量的67%。经过20年的探索开发，辽河油田已建成全国第一家新型的特种油开发生产基地。

除此之外，辽河油田还根据自身的特点，创造了利用天然能量高效开发气顶油田的经验。双台子油田位于西部凹陷的中央背斜构造带，是一个气顶底（边）水油田，在一般情况下，稀油油田或油藏大都采取注水保持能量的开采方式，双台子油田有其特殊性，具有大气顶，边水和底水的水体很大，十分活跃，具有充足的天然能量。开发地质人员决定双台子油田采用天然能量开采，充分利用气顶气和边（底）水的天然能量，把油环中的油采出来。在开发方案编制过程中，把油井按一定的几何形状和井距布在油环内，在射开油层投产时，上避气顶下避底水，油井投产后，不断根据边底水和气顶的推进情况，变换油井的生产制度，实现平面调整，最大限度防止气顶和边水的气串和突进。

双台子油田1979年投入开发，原油产量逐年增加，1987年最高达到45.15万吨，到2005年底，可采储量的采收率可达88.3%以上，地质储量的采收率接近30%，超过了标定的28%的最终采收率，不到四年即可回收全部投资。双台子油田实现了高速高效开发，被中国石油天然气总公司评为全国高效开发样板油田。

四、加快天然气开发，建成天然气生产和外供基地

在对辽河凹陷勘探和开发过程中，开发地质人员始终坚持油气并重的方针。在石油地质储量和原油产量不断增长，达到年产1500万吨并实现持续稳定发展的情况下，天然气地质储量从1985年的940亿立方米增加到2005年近1956亿立方米，年产天然气维持在10亿立方米，年外供天然气仍保持在5亿立方米以上，至2005年累计外供天然气近200亿立方米。天然气的开发和外供不断满足盘锦周边包括沈阳、鞍山、营口、辽阳、辽中、台安等市县生产用气和人民生活用气的需要，由于改变了燃料结构，使劳动生产率和经济效益都大幅度提高。另外通过给辽阳化工基地、辽河化肥厂的供气，使其化纤、化肥等化学工业得到了长足发展并获得了可观的经济效益。

第三节　依靠科技进步，攻克世界级难题

辽河盆地（陆地）面积不大，生油凹陷更小，3个生油凹陷的总面积只有6000多平方千米，但辽河油田却在这样小的生油凹陷内找到了20多亿吨石油地质储量。在油田开发已经进入中后期的情况下，原油产量始终保持基本稳定，主要是依靠科学技术的不断进步。

一、加强工程技术攻关，为油田勘探开发服务

20世纪80年代以来，油田针对勘探开发的特殊难度，进行多方位、多层次新技术的引进和创新研究，形成了各种配套技术。一类是以圈闭评价、储层预测为中心的地球物理勘探技术，包括三维地震、垂直地震、高分辨率地震及非地震综合物化探等；二类是针对辽河盆地油气藏类型多，储层变化大，油品性质差异大的特点，开展精细油藏描述，编制确定油藏工程研究开发方案、钻采及地面集输工艺技术；三类是以单井评价为中心的井筒技术，包括科学钻井、综合录井、数字测井、数控成像测井、地层倾角测井、油气测试及油层改造新工艺等；四类是以稠油、特稠油、超稠油开发为中心的配套技术，包括水平井、侧钻水平井、蒸汽吞吐、蒸汽驱动及综合防砂技术等；五类是以开发高凝油为目的的井筒热液循环、水力活塞泵采油、管道中间加热集输技术等；六类是以提高计算机综合利用能力为中心，引进、消化、吸收进而开发创新各种应用软件技术，实现版本不断升级。这些配套技术在油田发展的不同阶段发挥了重要的作用，创造了巨大的经济效益。特别是在大民屯凹陷的重新勘探、西部凹陷东部陡坡带的重大发现和超稠油的开发上。

（一）三维地震技术在辽河油田油气勘探中发挥特殊作用

辽河盆地(陆地)已有近 40 年的勘探历史,勘探程度已经很高,探明的石油地质储量约占预测石油总资源量的 65%,特别是西部凹陷已达到预测石油资源量的 70%。但是辽河油田又是一个复杂的断块油田,这一特殊性决定了仍有较大的勘探潜力。2002 年,在东部凹陷北部、中部找到的地质储量近 3000 万吨的黄沙坨和铁匠炉等油田就是有力的证明。这其中三维地震为这类油气藏的成功勘探提供了重要手段。另外,西部凹陷东部陡坡带是运用三维地震技术取得重大突破的,找到 4 个油田,探明近 3 亿吨储量。

三维地震在城市覆盖区勘探也取得明显成效。兴隆台古潜山油藏位于盘锦市覆盖区内,要搞清古潜山面貌,勘探难度很大,为了取得古潜山顶面的反射资料,通过开展城市三维地震解决了这一勘探上的难题,2003—2005 年,依据三维地震资料部署的两口 4000 米以上的潜山井均获得了高产工业油气流。

（二）钻井技术进步在辽河油田开发中发挥特殊作用

由于辽河油田油气多数分布在稻田、苇田及河叉湖沼地区,在这些地区钻井,井位难定,定向井技术不但解决了这些地区钻井难题,并且使有限的土地资源得到充分利用,也使分散的油井进行集中建设、集中管理变成现实,大幅度降低了产量建设成本。

“七五”以来,为了提高钻井速度和质量,保护油层,钻井技术发展了高压喷射、优质轻泥浆、平衡压力钻井、优选参数钻井等新技术和新方法,特别是定向井、丛式井技术在辽河油田得到广泛应用, 在全国居于领先地位。“九五” 期间增到 80%以上,“十五”期间达到 90%以上。

随着钻井技术的进步,许多新技术新工艺应用到勘探开发中来,在油田开发的中后期,油井大修是一个突出问题,为了使损坏的油井修复重新利用,辽河油田最早引进了套管内“开窗”侧钻技术,使油井重新焕发青春,“开窗”侧钻也为老油田挖掘平面和纵向的难动用储量,进一步提高油层的动用程度创造了条件。经过多年的探索和总结经验,现在“开窗”侧钻已成为辽河油田钻井的主导技术之一,在全国占有重要地位。

为了实现一井多用的目的,辽河油田引进了多底分支井钻井新技术,研制了配套的系列专用工具和工艺技术,使钻井技术向多功能、多用途方向发展。

为了高效开发稠油(特别是超稠油)油藏,辽河油田发展了大位移水平井技术,使油井最大限度地穿过油层,使稠油储量得到充分动用,从而提高稠油开发效果。成对水平井蒸汽辅助重力泄油技术在油田得到应用,1997 年,油田完成全国第一对、世界第五对成对水平井。近两年完成了不少超深井(井深 4000～5000 米)

及水平井、侧钻水平井，已形成规模生产。

（三）综合利用各种新技术，高效快速开发油田

在勘探程度比较高的地区，综合利用各种新技术，不断取得新认识，实施滚动勘探开发，在速度和效益上可达到事半功倍的效果。大洼油田的勘探开发就是一个例证。

1988 年，大洼油田的第一口探井（洼 16 井）在钻探过程中发现良好油气显示，经过裸眼中途测试，喷出高产油气流，发现了大洼油田。根据地层测试的动态成果，应用地层测试解释软件，精确推算出该油田的含油边界、油层的渗透率和油气的储量，并根据德莱塞 3700 全套数字测井资料、精确解释油气层和砂体沉积的展布方向，经对该油田综合地震、录井、测井、测试等各项资料进行圈闭评价，对油藏类型、分布范围、油层性质、储量规模进行预测，结合静态和动态资料很快做出综合评价，勘探开发地质人员做出了科学的滚动勘探开发井网部署，以平台直井（探井）为基础，直井与定向井（开发井）相结合，每一个平台都设计十几口定向井，首先实施平台上的探井（直井），根据探井实施结果再确定定向井的数量及钻井次序。这种滚动勘探开发的做法很快取得效果，当年钻井 33 口，探明含油面积 4.5 平方千米，石油地质储量 1149 万吨，当年投产 21 口，生产原油 6 万吨，实现了高速、高效开发。至 2005 年底，大洼油田已探明的石油地质储量比勘探初期翻了一番，达到 2390 万吨。

二、加强工艺技术攻关，解决特种油开发难题

（一）高凝油开发技术取得重大突破

经过高等院校和有关院所在开发高凝油基理上的研究和现场试验，并借鉴长期开采稠油的经验，认识到，温度既然是稠油的克星，高温条件下稠油可以变“稀”，而高凝油凝固点高是蜡引起的，如把温度提高到蜡的熔点以上，高凝油也就会变成稀油。于是找到了高凝油开发的新思路。通过攻关试验，利用过去已经完成但未试出油的探井进行热采试验。用热水循环或下电缆给井筒内原油加热的方法，在数口井获得了高产，热采技术攻关取得了成功。以后又进行了低温隔热管柱闭式热水循环自喷采油试验、闭式热水循环抽油试验、开式和闭式热动力水力活塞泵生产等热力采油试验，都取得了较好的效果，为高凝油热采打开了一条新的路子。特别是热动力水力活塞泵配套热采工艺的形成，为高凝油规模性开采扫清了最后障碍。

在高凝油热采技术取得重大突破并形成规模生产能力后，油田又开始对高凝油油藏进行注水开发，与此同时，继续对高凝油热采技术和开采方式进行研究和

试验，加强高凝油油藏的监测，在传统热采工艺技术的基础上，进一步发展了电磁热采技术、微生物采油技术等新的采油技术和高凝油热压裂、氮气泡沫压裂、高凝油堵水、高凝油集输、分压合采等新技术新工艺，形成了配套的高凝油开采工艺技术。

由于高凝油勘探和开发技术上的重大突破，大民屯凹陷1983年重新勘探开发以来，在短短五年时间里建成年产300万吨规模的沈阳油田，并于1991年年产突破300万吨，在此基础上稳产三年，为石油工业的发展作出了突出贡献。

（二）不断创造新技术，推进超稠油开发

稠油可分为三种类型：普通稠油、特稠油及超稠油。把20摄氏度时原油密度每立方厘米超过0.98克、50摄氏度时粘度超过50000毫帕·秒的稠油定义为超稠油，它在原油的储量序列上被列为“难以动用的储量”。因此，要动用这类储量，对超稠油进行开发，面临的是一个世界级难题。

20世纪80年代初，投入开发的是普通稠油。随着科技的发展和稠油热采技术的配套完善，开采埋藏较深的普通稠油和特稠油已不是困难。但对超稠油的开发还是近十年才提到日程上来的，辽河油田已建成了年产近200万吨以上的生产规模，包括采油、集输、储运、脱水、应用各个环节出现的难题均已得到解决；生产成本逐年降低，2004年超稠油吨油成本已降至400元左右。高达2亿吨超稠油储量逐步得到了动用，由资源变成了效益。

20世纪90年代，由于稠油开采技术特别是超稠油开采技术有了长足的进步，在原油生产上，辽河稠油已占主导地位，年产量一直保持在近900万吨的水平上运行。

回顾稠油、特稠油和超稠油整个开发过程，每个阶段、每个环节都体现出技术进步所带来的发展变化。在早期开发高升油田时，主要是利用各种常规办法开采稠油，单井产量较低，经济效益也较差，且不能形成规模化生产；之后引进蒸汽吞吐热采稠油技术，并摸索出“大机、粗管、长泵、粗杆、深抽”采油配套工艺技术。而近十年来，超稠油开发、钻采及地面集输工艺技术更显示出新的突破和发展，主要表现在以下几个方面：

——在超稠油富集的区块油层多为厚层或呈块状，为了使井身能最大限度地穿过油层，增加供油面积，提高油层的出油能力，发展了水平井技术。尽管其钻井成本约为直井的2倍左右，但产油量是直井的3倍以上，已完钻投产20口井。1997年又引进试验了SAGD技术（辅助重力泄油技术），在曙光油田超稠油区块完成全国第一组成对水平井，2004年，在进行工业化试验上逐步得到普遍应用。

——为了进一步提高稠油和超稠油的开采效果,辽河油田还发展多种采油技术、如分注分采技术、振动采油技术、电磁热采技术、二氧化碳吞吐技术、纳米膜驱油和微生物驱油技术等。在有条件的区块,开始进行由蒸汽吞吐向蒸汽驱动转换的生产方式先导试验,初步见到成效,可提高采收率 20%~25%,为最终大面积实现蒸汽驱动开采稠油创造了经验。

——稠油区块油层都比较疏松,长期在热动力作用下,油层出砂是一个突出问题,直接影响油层的产量和油井的寿命。为了解决油层出砂问题,积极发展综合防砂、治砂、固砂的配套工艺技术,使“砂害”减少到最低程度取得了许多成功的经验。

——特稠油和超稠油粘度大,生产成本高,开采难度大,管道输送困难,经过大量试验,油田自己研制成功性能优异的降粘剂,在稠油降粘举升技术上取得重大突破,可以在井筒不用电加热的条件下,在较低温度下正常举升和输送。此外,还研制出稠油稀化剂,经下井使用,产生明显的降粘增油作用。与此同时,还开展了稠油管道减阻降粘技术的研究,研制出稠油化学油溶性降粘剂,经过管道输出使用,证明其稠油降粘率在 30%左右,大大提高了管线的输油能力。

——在提高蒸汽吞吐热效率方面,油田采用高压汽水分离装置,提高了锅炉出口蒸汽的干度,同时利用高效隔热管及氮气改进隔热技术,采用注汽和采油不动管柱采油技术,提高了井底的蒸汽干度及热能利用率,通过推广稠油高温泡沫调剖新工艺,提高蒸汽的热利用率,特别是对稠油蒸汽吞吐注汽汽窜比较严重而井下管柱受热变形无法机械分注的井,改善吞吐效果更加明显。

——在油井大修工艺技术方面,在现有修井技术的基础上,完善修井工具和工艺,研制配套套管损坏修复工具,改进井下补贴技术和补贴管对接技术,实现了加固密封后耐高温、防滑脱,延长了热采井的生产周期。同时完善了爆炸整形技术,保证整形而不损坏套管,还研制出新型的套管水力机械整形技术。

——在注汽质量监测方面,发明了高温高压四参数测量仪,可以取得饱和蒸汽压力、温度、流量及干度值四项参数,它既可以有效地监测注汽的质量,又可以帮助确定合理的注采方案,使蒸汽吞吐热采稠油更加科学化。

以上各个方面新技术、新工艺的开发利用,以及采取的配套工艺措施,既保证了辽河油田稠油生产的长期稳定,又有力推动了稠油、特稠油和超稠油的开发和利用,并且逐步实现了整装开发和规模化生产的要求,攻克了超稠油这个世界级的难题。

辽河油田是依靠科技进步发展起来的,在勘探开发历史上的每一次飞跃,都离不开科技进步,都是与博采众长及不断创新联系在一起的。辽河油田的实践有力证明，一个油田开发面临的困难越大，其运用科技手段、推进科技进步的动力就越强，取得的成果也就明显。

第四节　深化企业改革，油田综合实力进一步增强

一、重组改制之前的企业改革与管理工作

自20世纪80年代以来，油田实行各种形式的承包经营责任制，有力地调动了广大职工的积极性。随着国家经济体制改革不断深化，辽河油田的改革也进入了一个新的阶段，走上了以效益为中心的发展轨道，并为向现代化企业制度迈进奠定了坚实基础。

（一）初期改革阶段

1. 随着改革的逐步深入，辽河油田在全面推行滚动勘探开发区块产能建设项目管理中，又建立了甲、乙合同制，即把直接承担全油田勘探开发生产建设任务的勘探项目组和各采油厂定为甲方，负责掌管基建投资、委托施工、质量监督、竣工验收、工程预决算等，对油田负技术和经济责任。把为油田勘探开发服务、辅助生产单位作为乙方，承揽甲方的生产建设任务。通过这一改革，逐步在油田形成了以勘探开发为中心，以经济合同为纽带，按项目管理运行的新机制。

2. 在采油一线进行劳动组织改革，实行专业化、科学化管理。1994年4月，油田按照生产现场人员精干的原则，在采油系统实行了专业化管理，其主要做法是，将采油工以队为单位，按工种分成专业系统，由油田统一配置巡井车、报话机，工作按专业小组各负其责。这一改革改变了石油战线几十年来的传统管理模式，充分利用现有的人力满足生产建设的需要，中国石油天然气总公司对这项改革给予了高度评价。

3. 在油建施工单位实行项目法管理。1990年油田建设工程一公司在海外河1号联合站以项目法管理组织施工，按照项目承包、项目管理、项目独立核算三个关键环节，建立起符合客观规律的组织施工、责任、运行、控制、保证5个互相联系有机结合的体系，执行目标控制，动态管理，重点考核的项目法施工模式，收到了良好的效果：成本降低率达到5.2%，工程质量好，10个单项工程系统投产一次成功，工期提前3个月；海一联建设项目获部级全优工程奖。

（二）建立落实承包经营责任制阶段

1985年以来，辽河油田试行了各种形式的经营承包责任制，对各采油厂实行原油产量包干，对油建、钻井等施工企业实行“百元产值工资含量包干”，以及对经费事业单位（包括局机关处室）实行经费总额包干等。随着改革的逐步推进，以后

又相继出台了以搞活二级单位为重点的若干改革举措，纵向上逐步下放经营自主权，横向上实行甲乙方合同制。

1991 年，油田把加强现场管理作为强化油田企业管理，深化油田改革的一项重要工作来抓。在 11 个采油、作业小队进行现场规范化管理工作试点，激发了职工学习技术的积极性，使各项专业管理工作在现场上得到进一步落实，保证了原油生产任务的完成。此项工作得到了中国石油天然气总公司的肯定，并于 1991 年 12 月在辽河油田召开了现场管理工作经验交流会。

（三）转换企业经营机制，建立健全油田内部市场阶段

辽河油田按照建立以油气勘探开发为主体的“油公司”管理体制的要求，在完善落实承包责任制和扩大二级单位自主权的基础上，逐步建立新的运行机制。从 1993 年初开始相继出台各类配套政策，推出了《内部承包经营责任制配套政策》、《内部承包办法》以及《试采油项目承包试行办法》、内部市场管理通则等文件。此后，又相继出台了物资供应体制改革方案、干部聘任制实施办法、内部提前退休暂行办法、住房制度改革方案、技术招投标实施办法等一系列配套政策。这一时期改革力度之大、范围之广，标志着辽河油田企业内部改革已进入一个新的阶段，油田面貌发生了深刻变化。

辽河油田坚持深化改革，转换机制，强化管理，取得丰硕成果。1993 年 7 月，全国油气田改革工作会议在辽河油田召开。1995 年原油产量达到 1552 万吨，创历史最高水平。

二、实施重组改制，油田勘探生产进一步发展

1999 年下半年，在中国石油集团公司统一部署下，辽河油田开始实施重组改制分开分立工作。按照勘探局和油田公司相互支持、相互依存、互惠互利、共同发展的原则，划出 21 个油气科研主体单位，组成中国石油天然气股份有限公司辽河油田分公司；留下 57 个单位，归属辽河石油勘探局。

（一）强化油气勘探和油田开发管理，实现油气经营效益大幅提升

重组后的油田，坚持以效益为中心，以发展为主题，以创新为动力，健全完善适应上市公司要求的经营机制，集中精力抓好油气勘探开发主营业务，努力增加经济可采储量，降低生产成本，实现油田生产持续稳定发展。

油气生产是企业效益的主要来源。作为油田公司，面对全新的管理体制和运行机制，公司决策层认为，必须实现思维的创新和思路的突破，必须以相应的战略调整适应上市公司的要求，必须加强后备资源的储备，集中全力抓好油田勘探开发主营业务，大打勘探开发进攻仗。

1. 思维创新，明确提出实现勘探跨越式发展的目标要求。针对油田勘探开发形势、存在问题和投资现状，油田公司决策层提出以思想的解放、技术的突破、投入的加大，实现勘探跨越式发展的思路。按照“以经济效益为中心，以提高科技含量为前提，以资源潜力为基础，以寻找优质后备储量为目的，深化盆地、加快海上、突破深层、准备外围”的原则，从四个层次进行整体部署，坚持实施新区预探、老区滚动、老资料复查挖潜“三位一体”的勘探战略，油气并举，挖潜增效，实现勘探、开发、增储、上产一体化。

2. 实施战略调整，不断提高老油田开发水平。面对成本上升压力大、勘探上没有大的整装区块发现、新井工作量减少等困难，辽河油田公司决定进行战略性调整，把过去过分依靠新井上产的思路调整到加强老区综合治理、挖掘老井老区潜力上来，在不断拓展新区的同时，走老区稳产增效的道路。

工作思路的大胆创新，工作重心的战略调整，把辽河油田公司的勘探开发工作带入一个新的发展阶段，实现了油气产量稳定和经营效益大幅提升。油田公司在抓好勘探的同时，油田开发取得良好效果，综合递减和自然递减率分别控制在10.55%和31%以内，平均含水上升率 -0.04%。

（二）实施低成本战略，强化企业经营管理

实施低成本战略是事关油田公司生存和发展的大计。油田公司调整改造资金严重不足，以 2002 年为例，按照股份公司下达的生产任务和投资计划，原油产量比“十五”期间调增 5 万吨，而投资却削减了 1.6 亿元，按实际需要预测，2003 年油田公司投资缺口达 7 亿元。

由于受资源品位影响，成本控制难度加大。辽河油田稠油产量占总产量的60%以上。在现有资源条件下，为保持产量规模，稠油、超稠油产量比例还将逐步增加，2002 年超稠油产量已达到 180 万吨。由于稠油特殊的原油性质和特殊的开采方式，能耗大、成本高，进入高轮次蒸汽吞吐周期，注汽量递增，油汽比下降，成本上升趋势难以控制。辽河热采稠油单位操作成本 400 多元，比普通稀油高出近一倍。随着油田开采程度加深，含水上升，产液量增加，污水处理和污水加注工作量将逐步加大；再加上原材料价格上涨、对操作成本的延续影响、环保标准提高等因素，更加大了成本控制的难度。

针对以上突出问题，2001 年油田公司在总结过去“全员降成本、全员降费用、全员创效益”工作的基础上，以“增储降本”为主线，广泛开展“创新管理年”活动，促使企业管理水平逐年提高，充分挖潜企业内部潜力，年年实现了低成本战略管理目标。如 2002 年共节约挖潜 3 亿元，全年实现总收入 147.04 亿元；实现国内准则利润 45.56 亿元；实现国际准则利润 56.47 亿元；上缴税、费总额 35.26 亿元；投资、成本控制在预算之内。

(三) 坚持科技创新，实现增油增效，提高科技进步对油田发展的贡献率

为探索新的技术创新机制，努力创造有利于技术创新的良好氛围，油田公司出台了《中国石油辽河油田技术创新工程实施方案》，主要内容为:

明确分级分层次的科技研究组织体系，即现有的专业研究机构——勘探开发研究院和采油工艺研究院主要承担油田公司重大科技攻关项目；各生产单位的研究所作为第二层次，从事新技术推广及协助两院科技攻关工作；员工对生产工艺进行改进和革新并直接应用于生产，作为第三层次。

建立稳定的多渠道的科技投入机制。油田公司在原油及天然气生产成本中安排一定资金作为油田公司级的重大科技项目经费，给予保证，且根据油田公司发展不断增加科技投入，为技术创新实施提供资金保障。主要采取油田分公司自筹、申请股份公司资助、二级单位自筹等方式解决。

实行重大科技项目经理负责的全成本课题制，使项目负责人责权利落实。根据科研实际，由课题承担单位在开题论证报告中做出预算，油田公司科技管理部门会同财务、概预算、资产等部门对预算进行审核。在项目实施过程中，课题研究经费实行单项立账、单项决算。

加大对在科研与生产中应用新技术、新理论为油田创造经济效益的科技人员和决策者的奖励，并设立科技奖励基金。2000 年，评审出技术创新奖项目 75 项，其中，一等奖 6 项、二等奖 28 项、三等奖 41 项，总奖金达到 200 万元，有力地调动了科技人员的创造性和积极性。

重组改制六年来，油田公司组织实施股份公司科技项目 52 项，获省部级以上科技创新奖 23 项，油田公司和市级以上创新奖 521 项；申报专利 236 项，实施 235 项。累计实施新工艺、新技术推广 323 项、规模实施 16000 井次。科技增油 600 万吨。

(四) 深化企业改革，推行扁平式管理模式

为适应新体制的要求，油田公司积极推进企业内部改革，撤销了科尔沁油田开发公司，划归茨榆坨采油厂管理。重组海洋勘探开发公司，成立了海洋勘探项目管理部和浅海石油开发公司。调整了两级机关机构设置，精简管理机构 98 个，分流富余人员 530 名，进一步理顺了油田公司的管理流程。

为了进一步理顺企业内部管理体制，减少管理层次，2000 年，油田公司按照集团公司有关文件精神，出台了《辽河油田采油系统劳动组织改革实施方案》，实施了以“扁平式”生产组织为中心的结构调整和机构改革。通过队伍结构的调整，优化劳动力资源配置及管理流程的整合，有效地缓解了一线人员紧张、劳动强度

大等问题，节约了油田管理经费，取得了可观的经济效益。

1. 取消采油大队级和小队级两个中间管理层次，以原采油大队为基础，按照一个或几个独立的地质单元，划分管理区域，实行采油作业区管理。变四级管理模式为三级管理模式，每个采油站作为一个生产管理单元，促进采油一线管理上水平。

2. 冷家油田开发公司、特种油开发公司、浅海石油开发公司等单位继续实行“油公司”体制，不组建固定专业队伍，所需操作服务人员按油田内部劳务形式进行配置。

3. 按照热力注汽系统的生产规模、管理区域和注汽锅炉吨位、炉型，将热注大队重组为热注作业区，建立“采油厂—热注作业区—注汽站”三级管理模式。

通过实施采油系统劳动组织改革，油田公司撤销采油大队 29 个、采油小队 141 个、热力注汽大队 6 个、注汽小队 46 个；组建采油作业区 30 个，采油站 342 个；组建热注作业区 8 个、热注站 156 个。分流一线非生产人员 1635 人，全部充实到一线缺员生产岗位或进入劳动力市场，促进了减员增效工作的开展，有效地缓解了一线劳动力紧张的矛盾。

由于坚持正确的发展思路，不断加强经营管理，自分开分立以来，油田公司实现了持续稳定发展。五年累计实现销售总收入 910.6 亿元，实现国内利润 323.8 亿元；投资、成本连年控制在计划指标之内；企业全员劳动生产率平均达到 44 万元 / 人·年以上。

三、深化改革，工程技术服务走向市场

（一）认清严峻形势，明确产业定位，确定发展思路

1999 年下半年，辽河油田重组改制后，勘探局面临着严峻的形势。主要表现为：一是队伍能力过剩。钻井、油建、机修、运输等行业能力均过剩 30%左右。二是职工总量过大，冗员过多，结构不合理。当时勘探局有在职职工 9 万多人，如按照企业当时的规模科学确定用工总量，约有 1/4 的人员富余。三是资产质量差，利用率不高。当时拥有的资产中，一半以上为非经营性资产，能进入市场的装备部分不到 1/5。四是企业办社会负担沉重。全局 2/5 以上的单位需要补贴，公用事业、文教卫生等企业办社会每年需要大量的资金投入和费用开支。五是设备严重老化，更新资金不足，整体技术装备水平落后，设备新度系数仅为 0.35。六是多种经营企业大多还是依赖主业的劳务型企业，科技含量不高，没有形成规模，抵御市场风险能力很差。

面对突出的矛盾和严峻的形势，勘探局提出“服务主业求生存、开拓市场谋发

展”的思路，开展了一系列形势任务教育和转变观念教育活动，尽快消除分开分立初期部分干部群众的埋怨情绪和不平衡心态。勘探局工程技术、生产服务系统自觉增强创优意识，抬高工作起点，大力实施“精品工程”战略和“满意服务”活动，为油田公司提供优质工程、优质产品、优质服务，实现了油田双方双赢互利、共同发展。

重组分立后的六年多时间里，勘探局年年完成集团公司下达的生产经营指标和工作任务。六年实现总收入 591.1 亿元。随着内外市场的拓展和各项改革的顺利推进，全局发展信心大为增强，并进一步明确了自己的发展战略和产业定位，即以建立现代企业制度为目标，以石油工程技术服务为主营业务，以生产服务、社会保障服务和多种经营为辅助，立足地区市场，开拓社会市场，参与国际市场，努力建设成为主业突出、机制灵活、技术领先、管理科学，具有较强竞争实力和较好经济效益的大型综合性地区工程技术公司。

（二）以调整结构为主线，深化企业改革

分开分立后，勘探局针对内部不同单位的专业特点，实行分类指导，分步实施，推进企业改革、改组、改造，在结构调整、主辅分离、减员增效等方面取得了显著成效，使企业逐步朝着规范的现代企业方向迈进。

——按照适应市场，提高效益的原则，进一步压缩队伍编制和过剩能力。钻井队伍从 101 个缩减为 65 个，根据需要有的改为修井队，同时严格控制地区市场的钻机数量，努力做到均衡生产；作业队伍从分开分立初期的 275 个压缩到 200 个，根据需要有的转为捞油队。压缩后，使地区市场的供求关系逐步平衡。并按照区域化服务原则，重新调整了钻井、作业队伍布局，进一步优化了资源。

——推进主辅分离，精干主营业务。公用事业、基础教育、医疗卫生系统全部从主体单位分离，实行专业化管理。按照专业化管理、社会化服务、区域化布局的思路，调整了公用事业管理单位，基本形成了合理的物业管理服务格局。边远矿区的公用事业部分也都与所在单位分开经营，独立核算。

——对有条件的企业试行股份制改制，对部分资产业务进行重组。勘察设计研究院、住宅建设公司和工程监理公司等三家全民单位先后实施了整体改制，成为独立法人企业，实行“四自”经营，完全走向市场。律师事务所等中介机构彻底分离，全部走向社会。勘察设计研究院于 2000 年整体改制后，于 2003 年又与中国石油工程集团勘察设计有限公司进行重组，成为中油辽河工程有限公司，将单一功能的设计院转变成为能够向社会提供咨询、设计、采购、施工管理等具有工程总承包功能、全过程服务的国际型工程公司。

——精简职工总量，建立新型用工机制。按照集团公司规定的原则，严格执行政策，深入细致开展工作，于 2000 年办理有偿解除劳动关系职工近 2.5 万人，离岗内部退养职工3000多人。在此基础上，严格控制职工数量和用工总量增长，对新增职工全部实行“市场工资、短期合同”的新型用工制度。职工子女实行面向社会，多渠道、社会化、市场化就业。在地方政府的帮助下，5年时间里有4500余名待业子女实现了社会化就业。

——多种经营企业全部完成改制。到2003年底，勘探局多种经营企业全面完成改制，成为独立法人企业，其中，150家骨干集体企业完成改制后，共吸收职工投资1.76亿元，量化集体净资产3.59亿元，从业人员11703人，职工平均募股率达到99%，职工个人股占总股本的81%。在进行多种经营企业改制中量化集体资产时，创造性地采用了“购买确认式”原则，即“购买自愿、买配结合、先买后配，不买不配”，从而有力地调动了职工参与改制的积极性。改制中，根据实际情况，有的进行了合并式重组改制，有的进行了兼并式重组改制，有的进行了分立式重组改制，使多种经营企业的资源配置和结构更加合理。改制后的多种经营企业不断完善法人治理结构，经济运行质量有了明显的提高。

——大力推进三项制度改革。在人事制度改革上，勘探局健全完善了干部聘任机制、绩效考核机制、干部培养选拔机制、干部交流机制和监督约束机制。对新聘任的处级以上干部全部实行公示。在分配制度改革上，建立经济效益决定工资总量的分配机制，进一步搞活微观分配，初步实现经营者和职工个人收入与经营业绩和劳动成果挂钩。在用工制度上，勘探局于2001年重新开展了“五定”工作，采取效益或效率定员法，编制了14个系统、74个专业队种的劳动定员标准，对工作量不饱满的岗位，实行撤岗、兼岗、并岗；整体用工数量得到相对合理的控制。

（三）加强管理，规范经营，坚持开展群众性“增收节支”、“管理创新增效”活动

1. 在资金管理方面，建立完善监督约束机制，加强资金的集中管理，清理撤销了一批银行账户，全面开展对外投、外借和对外担保的清查工作，纠正不规范行为，减少资金风险。

2. 在投资管理方面，改变了单纯靠投资拉动经济增长的思维和管理模式，树立投入产出的效益观念。在投资安排上，政策重点向开拓国内、国外市场的经营业务倾斜，大大提高了钻探施工系统的装备水平和竞争能力。加强资本运营管理，成立了资本管理中心。

3. 在市场管理方面，勘探局与油田公司联手清理整顿内部市场，全面清理挂靠企业、挂靠队伍、挂靠结算以及不规范的外委、外协等行为，减少了工作量的流失。全面修订各种资金、物资、成本、营销、劳动用工、现场管理和涉外项目运行等方面的管理制度，初步建立了由制度、政策和机制控制的一整套内控体系。

4. 在资产管理方面，2000—2003 年，勘探局共调剂调拨未使用、不需要固定资产 1175 项，净值达 19488 万元；加强设备管理，设备完好率和利用率分别保持在 96%和 75%以上，2000 年勘探局被国家评为“设备管理先进单位”。

5. 在成本、费用控制方面，逐年降低非生产性管理支出，重点实施了民用供暖的“油改煤工程改造”。共投资 3.4 亿元，将矿区的燃油锅炉房重建为大型燃煤锅炉房，一个采暖期可降低运行成本 1 亿元，四年内即可收回全部投资，改造工程从 2003 年起已经全部投入运行。

6. 在安全质量管理方面，严格落实安全生产“三位一体”责任保证体系，全面推行 HSE 健康、安全、环境管理体系，并于 2003 年整体通过了 ISO9001（2000 版）质量管理体系认证，企业质量意识明显增强，生产经营更加规范，部分二级单位的管理和运作已基本符合国际惯例。

勘探局坚持开展群众性节约挖潜和“管理创新增效”活动，见到了实效，每年都实现挖潜增效近亿元。2003 年，在全局开展的“管理创新增效活动”中，国外及国内外部市场收入比上年增加 3.5 亿元，增幅达 21%；强化管理控制，降低成本费用支出 10%，节支 4000 多万元。

（四）实施“人才强企”战略，强化职工技术培训，为持续稳定发展提供人力资源保证

勘探局制定的“人才强企”战略的总体目标是：建立和完善以市场为主导的人才资源配置机制，以政策激励为主导的人才资本吸引机制，以教育、培训、实践、提高为主导的人才开发机制，以爱才、惜才、护才、用才为主导的人才资本积累机制，初步形成了人才队伍的长效培训机制。

——以委托培养为依托，积极培养，引进人才。勘探局除采取多种措施，努力建设自己的教育基地外，还与 34 所高校签订了长期合作协议，拟委托培养大学毕业生 1 万名。为此，支付近 1000 万元用于支持各院校基本建设。

——以高层次人才培养为重点，积极开展强化培训工作，人才培养效果显著。自 2000 年起，除专项教育经费外，勘探局每年投资近 200 万元用于人才培养，先后与大连理工大学、东北财经大学、石油大学等院校联合，培养管理硕士人才 138 名，培养工程硕士人才 214 名，培养博士、博士后 14 名。每年都举办技师、高级技师培训班，培养操作人才 500 名以上。各二级单位以岗位规范、履岗技能为重点举办各类培训班，每年培训 5 万人次以上。

（五）大力推进技术进步和装备更新，提升企业核心竞争能力

分开分立后，勘探局大力推进技术进步和装备更新，提升企业核心竞争能力，为开拓国内国际市场奠定了基础。在推进科技进步工作中，注重加快形成具有自

主知识产权的主导技术，大力研发先进配套的特色技术，大量推广经济、实用、低成本、高效益的成熟技术，努力使这三个方面有机结合，形成新的技术研发思路。根据发展需要，建立了自己的技术创新中心——工程技术研究院。技术创新中心加强学科建设，整合技术资源，解决了过去技术交叉、重复研究和业务范围不明确等问题，形成以钻完井工艺技术为重点，油藏地质、采油作业、修井作业与钻井工程相配套的综合技术优势。

勘探局完善配套了十大工程技术系列，分别是：精细地震勘探技术；水平井、多底分支井等特殊工艺井钻井技术；提高压裂酸化效果技术；井下作业配套新技术；大修侧钻技术；老井综合利用配套技术；难采未动用储量合作开发技术；热（蒸汽/热水）、电、二氧化碳、氮气联供技术；滩海、电建、长输管道及大型储罐等基建施工技术；石油特种设备制造技术。此外，勘探局还精心培育了多底分支井钻完井技术，管道不停输带压开孔封堵技术，高压水射流径向水平井技术，地化录井技术，录井综合信息应用系统建设及配套技术，松散地层取芯及随钻取芯技术，高压油、水井带压作业技术，绿色修井作业技术，大修侧钻工艺技术，稠油污水深度处理技术等 10 项特色技术。这些技术成为勘探局增强核心竞争能力的重要技术支撑和保证，并有效拉动了工程技术队伍配套进入国际和国内市场。

2000 年，勘探局共取得局级以上重大科研成果 119 项，科技成果 346 项，申请国家专利 453 项，年科技创效均在 8000 万元以上。

重组分立以来，勘探局集中有限的资金用于提高主营业务市场竞争能力的装备更新改造。累计投资达 30 亿元，对钻机主体及固井、大修侧钻和基建施工等设备进行更新配套；先后配置了深井电动钻机、成像录井仪、综合录井仪、作业双千型压裂车组、油建大型半自动焊及全自动焊、摊铺、铲运等先进设备。全局设备新度系数由分立初的 0.35 上升到 0.45。工程技术服务等主要设备的新度系数已经达到了 0.51。

与其他油田相比，辽河局“走出去”起步较晚。通过加大外闯市场的工作力度，理顺组织机构，先后组建了基建工程部、钻探工程部、西部市场开发管理部、苏丹项目管理部、委内瑞拉公司等，并调整了国际合作部职能。在具有较强竞争能力的一批核心技术、特色技术和新式装备的带动和支持下，六年中，勘探局开拓外部市场获得长足进展。基建系统先后参与了西气东输、西南成品油管线、陕京复线、忠武管线、沈丹高速、沈大高速改造、沈阳外环、内蒙古大通道等一批大的项目施工。钻探系统共有 103 支队伍进入长庆、冀东、新疆、吉林等国内市场，经营收入逐年增加。勘探局在地区市场外的国内市场实现总收 56.9 亿元。国际市场的发展速度也非常快，截至 2005 年底，有 12 部钻机，7 部修井机，9 台（套）物探、固井、测井、筑路、录井等设备，在苏丹、委内瑞拉、伊朗、印度、巴基斯坦等国家施工作业。仅2003年签订的境外新签工程合同额就达到了6460万美元，年经营收入达63586万元。国际市场开发逐步实现由简单劳务向高技术、高附加值转变，由单项工程技术服务向勘探开发总承包转变。分开分立6年来，勘探局共实现国际及国内外部市场收入达151.6亿元，成功的外部市场开发不仅创造了较好的经济效益，而且也树立了辽河队伍的良好形象和品牌。

（六）大力开辟新的经济增长点，加速多元经济开发和合作开发，壮大整体经济实力

勘探局抓住有利时机，在节约型资源方面做文章，成功进行了“油改煤”改造，已初见成效。又紧紧抓住国家提出的振兴东北老工业基地战略的机遇，努力将自身发展与地方经济发展融合，寻找新的经济增长点。生产保障、生活服务、物业管理系统利用多年来生产、生活配套建设所形成的资源、能力、地缘优势，在满足内部需求、保证服务质量的基础上，向社会化经营转变和延伸，开辟了供水、供电、供暖、运输、绿化、通信、托幼、家政服务、资产租赁、房屋维修、劳务输出等社会通用服务项目，发展了物资系统的代理、代购、代运、代储、代销业务，机械加工系统向社会型产品转型，盘活了资产及资源存量。

经过多年发展和摸索，勘探局多种经营发展确立了适合自身特点的正确发展思路，既重视大力发展经济效益高、具有自身优势的资金和技术密集型项目，发挥主导产业的经济拉动作用，又注重发展产品有市场、投资见效快的劳动密集型项目，以创造更多就业机会。在完成大规模改制后，多种经营系统经济运行质量有所提高。勘探局多种经营资产总值达55.1亿元，六年累计实现销售收入234.4亿元，上缴税费12亿元，利润总额4.5亿元。

勘探局积极开展与油田公司的油气合作开发。六年中合作开发的工作重心由零散井向区块、内蒙古外围和辽东湾滩海转移，既注重老区捞油、侧钻、大修工作，又在难采区块进行整体区块开发及区块综合治理、转换开采方式试验，取得了显著成效。2002年获得15万吨份额油，获得收入2亿多元，2003年获得份额油20多万吨，收入2.8亿元。到2005年，共获得份额油87.83万吨，实现收入18.7亿元。

1986—2005年，辽河油田党委团结带领广大干部群众，继承石油工业为国奉献光荣传统，发扬“爱国、创业、求实、奉献”的大庆“铁人”精神，坚持“两个文明”建设一起抓，在长期实践中总结形成了具有辽河特色的“四创”（创业、创新、创优、创效）企业精神，树立了良好的企业形象和社会信誉，使辽河油田在可持续良性发展的轨道上不断做强做大。

辽河油田文明矿区建设，为职工提供了良好的工作与生活环境。

在长期的油田开发建设中，辽河油田就培养造就了一支“特别能战斗”的铁军队伍。20世纪80年代中期，曾战胜了几十年罕见的特大洪峰肆虐，20世纪90年代末期，又奋力战胜了百年不遇的特大洪涝灾害，既保卫了油田也保卫了地方百姓，受到党中央的高度赞扬。经过长期实践，确立了“大党建大政工”工作思路，实行党委统一领导，党政齐抓共管，形成了党建、思想政治工作与企业改革、发展、稳定融为一体的新格局。油田重组改制以来，油田双方党委都把企业文化建设纳入企业发展战略的重要组成部分。勘探局始终围绕企业改革发展的中心任务，不断加强和改进思想政治工作，开展形势任务教育和精神文明建设创企活动，促进了职工队伍整体素质提高。油田公司坚持“继承、融合、创新、发展”的工作原则，努力建设“四有”员工队伍和“四化”干部队伍。同时，辽河油田党政领导把关心职工生活，做好稳定工作，开展“献爱心、送温暖”等活动，作为政治大事来抓，千方百计筹集资金2.8亿元，分期对老住宅楼房进行维修、加固，先后解决2.5万名有偿解除劳动关系人员、0.2万多名内部退养职工和3万多名油田家属切身利益的相关问题，保持了职工队伍和矿区的基本稳定。

辽河油田在两个文明建设中取得了一定成果，为发展中国石油工业和国民经济建设做出了重要贡献，曾被评为“全国优秀企业金马奖”、“全国五一劳动奖状”、“全国精神文明建设先进单位”、“全国企业文化优秀奖” 等几十项国家级奖励，多次荣获中国石油天然气集团公司和辽宁省的多项荣誉，152人分别荣获全国、中央企业、集团公司和辽宁省劳动奖章、模范称号等。

第三十三章 南海东部油田

第一节 发展概况

南海东部油田所辖矿区在东经 113° 10′ 以东中国南海东部海域，油田管理机构设在广东省深圳市。

1981 年 11 月，石油工业部根据南海对外合作的需要，成立南海石油勘探指挥部珠江口筹备处，地址设在广东省广州市，从华北、大庆、辽河、江汉、四川、长庆等油田抽调人员组建。中国海洋石油总公司成立后，于 1983 年 3 月成立南海东部石油公司。公司不建作业队伍，从最初的数百人，到高峰时的一千多名员工，实现了国外通行的、精干高效的公司体制。公司一成立，即充分利用国际合作的优势，引进、借鉴和使用了国际油公司的先进技术和现代化管理经验，在石油作业中采用了市场经济的运作方式，从而实现了集约式增长，获得了高速、高效的发展。东部公司基本上是以“直通车”的方式，一步跨进了创新现代企业制度的阶段。

南海东部海域的珠江口盆地是南海北部大陆架最大的沉积盆地，总面积 14.7 万平方千米，以新生代沉积为主，沉积岩厚万米以上，具有良好的地质条件。珠江口盆地以 113° 10′ 为界，以东归南海东部公司勘探开发，以西归南海西部公司勘探开发。

在 1979 年以前，南海东部主要由石油部、地质部进行地质普查和少量钻探。1975—1976 年，南海石油勘探指挥部在珠江口海域做 24 次覆盖地震测线 1071.2 千米，对珠江口盆地地质构造特征有了初步认识。1977 年 10 月至 1980 年 6 月，地质部第二海洋地质调查大队用一座钻井平台在 6 个构造上共钻探井 7 口，总进尺 17275.07 米，在红棉构造带（番禺 3-1 构造）的珠 5 井发现工业性油流，经测试两层，日产原油 296 立方米。珠 5 井在渐新统珠海组中见油流，是珠江口盆地勘探的重要突破。

1979 年，石油工业部与多家外国石油公司签订地球物理勘探协议，在珠江口盆地 28.3 万平方千米海域做地震测线 66591 千米。在对地震资料进行解释后，编绘了区域构造图、局部构造图、地层等厚图，指出盆地内有远景的构造 20 多个到 60 多个，并对部分圈闭预测了储量。

从 1983—1989 年，中国海洋石油总公司进行三轮招标，在珠江口盆地共签订了 22 个石油合同，另外还签订了一批双边合同和协议。中外合作运用国际上先进的科技，在南海东部做了大量的勘探工作。截至 1997 年底，累计做地震测线

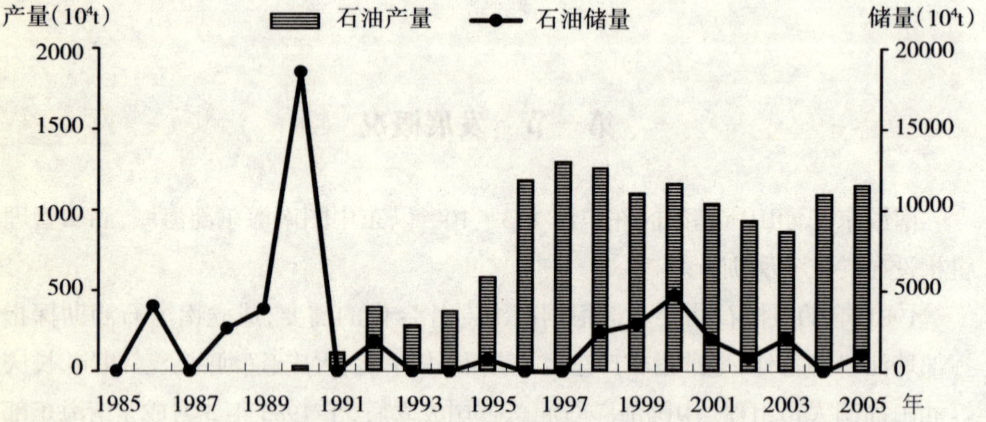

南海东部油田石油探明地质储量和产量变化图

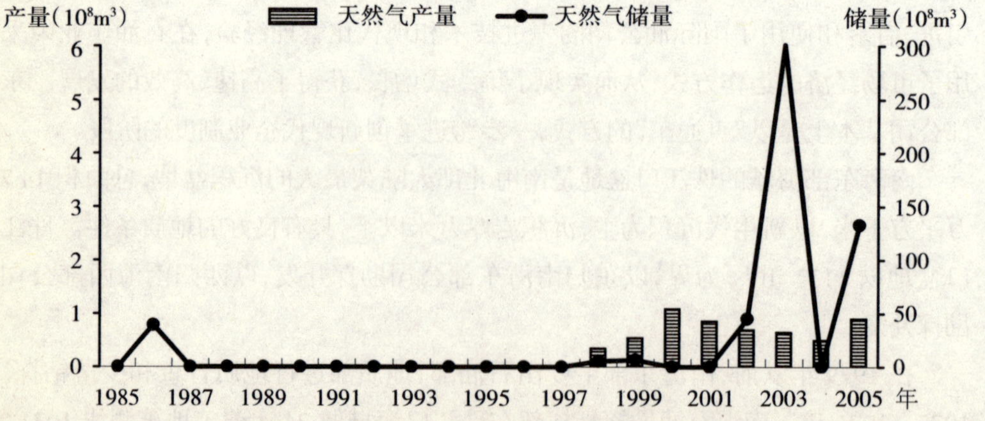

南海东部油田天然气探明地质储量和产量变化图

249790 千米（包括公司成立之前对外合作作的地震测线），三维地震覆盖面积 1457 平方千米，钻初探井 87 口，发现了 24 个油田和含油气构造。自 1990 年惠州 21-1 油田投产开始，每年都有新油田投产，1996 年产量首次突破 1000 万吨，以后连续保持在 1000 万吨以上，至 2005 年已稳产 10 年。

南海东部的油气勘探以对外合作为主，近年来加大了自营勘探力度。从 2002—2003 年自营勘探先后发现了番禺 30-1、番禺 34-1 两个气田和西江 23-1、惠州 26-3 两个油田。

从 1982—2005 年的 23 年中，在珠江口盆地共做二维地震测线 184864 千米，三维地震 13308 平方千米，钻预探井和评价井 231 口，发现含油气构造 51 个，其中油气田 29 个，探明石油地质储量 5 亿多吨，溶解气 62 亿立方米，天然气地质储量 603 亿立方米，凝析油 667 万吨。

第二节　主要油气田

南海东部油田是中国重要的近海石油生产基地，至 2005 年正在生产的油田有 15 个。2005 年原油产量 1153.7 万吨，拥有净剩余可采储量 34190 万桶油当量。正在开发建设的油气田有 8 个。

一、惠州油田群

惠州油田群包含一批中小型油田，为了降低成本、提高效益，实行联合开发。截至 2005 年底，惠州油田群已开发的油田包括惠州 21-1、惠州 26-1、惠州 32-5、惠州 26-1 北块、惠州 32-2、惠州 32-3、惠州 19-3、惠州 19-2 等油田，2005 年平均日产原油 18117 桶。中方对油田群拥有 51%权益，外方占 49%。

惠州 21-1 油田。惠州 21-1 是南海东部开发的第一个油田，它位于惠州凹陷的南缘 16/08 合同区块中部，离岸距离为 160 千米，油田所在海域平均水深 116 米。

惠州 21-1 油田发现于 1985 年 4 月，作业者为由意大利阿吉普、美国雪佛龙和德士古公司联合组成的 ACT 作业者集团。1996 年 9 月，国家有关部门批准含油面积 10.5 平方千米，探明石油地质储量 1548 万吨，溶解气地质储量 15.87 亿立方米。2002 年批准含气面积 21.8 平方千米，探明天然气地质储量 67.35 亿立方米，凝析油 218.7 万吨。

惠州 21-1 油田总体开发方案于 1987 年 9 月 24 日得到国家批准，计划开发投资为 21637.9 万美元。油田分上下两套开发，采用边缘注水方式和气举采油方法，生产年限 5.5 年，高峰年产油 100 万吨。

惠州 21-1 油田于 1987 年 10 月开始施工，1990 年 9 月 13 日投产，实际开发投资为 24757.7 万美元。工程设施为全海式，包括 1 座采油平台、1 座快速解脱式单点系泊装置，1 艘 25 万吨级浮式生产储油轮“南海发现号”和海底管线。

油田投产后，经历了自喷、气举加自喷、气举和自喷加局部注水的单层开采、合层开采及混合开采等三个阶段。通过各种措施及惠州油田群的联合开发，大大延长了惠州 21-1 油田的开采年限。

惠州 26-1 油田。惠州 26-1 油田位于珠江口盆地惠州凹陷的南缘东沙隆起北坡，16/08 合同区块的南部，距香港东南约 200 千米，距惠州 21-1 油田西南约 25 千米，油田所在海域水深 116 米。

惠州 26-1 油田是中国海洋石油南海东部公司同 ACT 公司组成的集团 CACT 共同开发的合作油田，是继惠州 21-1 油田后开发的第二个油田。

惠州 26-1 油田发现于 1988 年 2 月，1998 年 4 月复算石油地质储量 3759 万吨，叠合含油面积 15.7 平方千米。油田总体开发方案 1989 年 4 月 20 日得到国家批准，开发投资 25838 万美元，油田平台设计年限 15 年。实际高峰年产达 200 万吨。工程建设 1989 年 5 月开始启动，1991 年 11 月完工投产，实际开发投资为 23031.5 万美元。

惠州 26-1 油田新建生产平台一座，钻有 20 口开发井（16 口生产井，4 口注水井），与惠州 21-1 油田共用“南海发现号”生产储卸油装置，生产的原油通过 1 条 12 吋 /18 吋的海底双层保温管线输送至“南海发现号”进行处理。所需天然气由惠州 21-1 平台生产，并通过 1 条 6 吋的海底输气管线输送至惠州 26-1 平台。

惠州 32-5 油田。惠州 32-5 油田位于南海珠江口盆地 16/08 区块南部，距香港东南约 220 千米，距惠州 26-1 生产平台东南约 3.5 千米，油田所在海域平均水深 112.4 米。

惠州 32-5 油田发现于 1996 年 7 月，作业者为 CACT。1998 年 8 月国家有关部门批准含油面积 8.2 平方千米，探明石油地质储量 820 万吨。

惠州 32-5 油田仅安装 3 口水下采油树，采用水下井口回接到惠州 26-1 平台，产出液经埋入海底约 1 米深的柔性管线输送到惠州 26-1 平台处理。油田工程项目于 1997 年 6 月启动，1999 年 2 月 1 日第一口井投产，1999 年 4 月 15 日最后一口井投产，实际原油高峰年产达 110 万吨。实际开发投资为 9639.7 万美元。

惠州 32-5 是中国南海第一个采用水下井口和管线回接至现有固定平台进行开发的油田。

惠州26-1北块。惠州26-1北块位于珠江口盆地惠州凹陷的南缘东沙隆起北坡16/08区块,距香港东南约210千米,距惠州26-1生产平台8.7千米,所在海域平均水深111米。

惠州26-1北块发现于1997年7月,基本探明级石油地质储量352万吨。油田仅钻生产井一口,采用水下井口通过海底管线回接到惠州26-1油田平台进行生产。

惠州32-2/3油田。惠州32-2油田位于珠江口盆地16/08区块南部、香港东南约190 千米的海域,距惠州26-1油田西约10.4千米,所在海域平均水深108米。1990年12月钻惠州32-2-1井,测试日产油2464.8立方米,发现该油田。油田发育12个油层,含油面积3.8平方千米,1998年4月复算地质储量为972万吨。

惠州32-3油田位于珠江口盆地16/08区块南部、香港东南约190 千米的海域,距惠州26-1油田约4.8千米,距惠州32-2油田5.6千米,油田所在海域平均水深113米。1999年1月,国家有关部门批准复算后地质储量为2927万吨,含油面积23.6平方千米。

1995年6月16日惠州32-2油田投产,1995年6月27日惠州32-3油田投产,两油田实际开发投资为22626万美元。油田的主要工程设施有:两座固定式生产平台、3条海底管线和2条海底电缆。惠州32-2油田的产出液经海底管线输送至惠州32-3平台进行处理,处理后的原油和惠州32-3油田生产的原油再经过一条海底管线输送至惠州26-1平台,然后同惠州26-1油田的原油一起混输至“南海发现号”上,原油经处理合格后外输到油轮上。惠州32-2油田1996年产油66.63万吨,后来进入高含水期,产量下降;惠州32-3油田1996年产油218.41万吨,1997年235.55万吨,产量较为稳定。

二、陆丰13-1油田

陆丰13-1油田是南海东部公司第三个投产的油田。该油田位于珠江口盆地东部16/06合同区块,距蛇口220千米,离香港东南约250千米,水深146米。

陆丰13-1油田发现于1987年3月,是南海东部公司与新南海石油开发株式会社、新华南石油开发株式会社和日矿珠江口石油开发株式会社等3家日本公司(JHN)合作的油田,含油面积为14.4平方千米,探明石油储量1770万吨。

1990年9月7日,陆丰13-1油田总体开发方案得到批准,于1993年10月8日投产,实际工程投资为32557万美元,油田生产年限为15年。油田的主要设施是8腿导管架固定平台+浮式储(卸)油轮(吋)+柔性海底管线。平台上的主要工程设施有:钻井/修井机、油水处理工艺设施及公用、生活设施。平台上生产的原油经处理合格后通过一条6吋软管输送到油轮上，进行储存和销售。高峰期的1996年产油达96.8万吨，油田投产10年累计产油5090万桶（约700万吨）。

三、西江油田群

西江油田群包括西江24-3和西江30-2两个油田，由美国派克顿和菲利普斯两家公司发现。2005年平均日产原油27364桶。

西江24-3油田。西江24-3位于珠江口盆地15/11合同区块南端，距香港东南约130千米，所在海域平均水深99米。1985年3月勘探发现，探明石油地质储量为3014万吨，含油面积14.5平方千米。

西江24-3油田的作业者为菲利普斯（亚洲）石油公司，作业伙伴是派克顿公司和中国海洋石油总公司。油田于1994年11月16日投产，实际投资为2.83亿美元。1995年有生产井10口，产油166.88万吨；1996年有生产井12口（其中6口自喷井转为电潜泵生产），产油193.54万吨，达到高峰。

西江30-2油田。西江30-2油田位于珠江口盆地15/22合同区块东北部，距香港东南135千米，距西江24-3油田12千米，所在海域平均水深99米。

西江30-2油田是美国派克顿和菲利普斯两家公司于1988年7月发现的，含油面积5.2平方千米，复算探明石油地质储量为4874万吨，由菲利普斯、派克顿、中国海洋石油总公司联合开发。

西江30-2油田于1995年10月19日投产，实际投资为33596万美元。1996年有生产井14口，产油237.77万吨；1997年产油332.85万吨。该油田是一个油气关系比较复杂的多油层高产油田，平均单井控制储量320～400万吨。

西江24-1块。西江24-1块位于珠江口盆地15/11合同区南端，在西江24-3油田东南方约8千米处，油田距香港128千米，所在海域平均水深99米。油田含油面积小，仅5平方千米，石油地质储量为909万吨。

西江24-1块是个边际小油田，它是利用西江24-3平台向西江24-1钻长延伸井进行生产的。第一口长延伸井（西江24-3 A14井）于1997年6月完钻投产，井深9238米，水平位移8063米，当年产油14.9万吨。

西江油田群主要工程设施：3个油田共有46口生产井（其中包括西江24-1的5口长延伸井），采油方式为电潜泵采油。主要工程设施由2座结构相似的采油钻井平台（西江30-2、西江24-3各一座）、1艘15万吨级浮式生产储卸油装置“南海开拓号”、单点系泊和海底管线组成。至2004年12月，油田群共产油3914万吨。

四、陆丰 22-1 油田

陆丰 22-1 油田是中国已开发的水深最大的油田，位于珠江口盆地 17/22 合同区内，距深圳赤湾港东南约 310 千米，距香港东南约 250 千米，所在海域平均水深达 333 米。

陆丰 22-1 油田于 1986 年由西方远东石油公司勘探发现，1991 年 9 月安波利克斯石油公司接替西方远东石油公司继续进行评价，油田探明面积 11.5 平方千米，探明石油地质储量 1680 万吨，中国海洋石油总公司和挪威国家石油公司联合开发。工程建设于 1996 年 9 月开始，1997 年 12 月 27 日投产，实际开发总投资为 15544 万美元。2005 年平均日产原油 2382 桶。

陆丰 22-1 油田开发采用水下井口方案，即由柔性生产立管回接到单体浮式生产储卸油装置的方案。油田钻 5 口水下水平生产井，每口生产井用泥线增压泵进行人工举升，生产井通过水下系统回接到 9 万吨级浮式生产储卸油装置“南海睦宁号”。该装置是采用结构载重量为 10.3 万吨的新油轮改装而成，水下井口及立管部分采用购买方式，浮式装置用可解脱的 STP 单点系泊系统系泊在海上，浮式装置及其系泊部分采用租赁方式。这种方案可以减少油田的前期投资。

五、流花 11-1 油田

流花 11-1 油田是南海东部公司在南海深水海域开发的第一个大油田。它位于珠江口盆地 29/04 合同区内，距香港东南 220 千米，所在海域平均水深 310 米。

油田是南海东部石油公司与美国阿莫科、科麦奇两家美国石油公司合作开发的。2003 年 7 月 1 日，中国海洋石油总公司收购了外方所有股份，此油田转为自营油田。

流花 11-1 油田于 1987 年钻探发现，油田含油面积 36.3 平方千米，探明石油地质储量为 15378 万吨。由于该油田是一个大型的礁灰岩含油复合体，储量大，但原油比重大、粘度高、储油物性复杂，油层埋藏浅、压力低，且处于深水海域，开发工程受潮流、风暴流、海流特别是内波流的影响，开发难度很大，因此在正式开发前，进行 3 口井的延长测试。1987—1992 年，阿莫科公司与南海东部公司工程研究组在开发概念创新方面进行了各种实验和探讨，获得了突破性的成果。1993 年开始施工建设，1996 年 3 月 29 日正式投产，实际工程投资为 62200 万美元。工程设施寿命 20 年，开采时间为 12 年。由于油田海域水深 300 米，所以不建固定平台，而采用半潜式平台生产。油田的主要设施为一座经改造的赛德克 700 级半潜式钻井平台“南海挑战号”、一艘永久性系泊的生产储油轮“南海胜利号”（由购买的13万吨旧油轮改装）以及水下生产系统和海底管线。1996年共有生产井17口，产油178.1万吨；1997年有生产井24口，产油225.2万吨。2005年平均日产原油18699桶。

流花11-1油田集水下井口、水下管汇、水中动力电缆、柔性立管、浮式平台、永久系泊等世界先进深水海域采油技术为一体，像这样集多种先进技术组合在一起应用于同一个油田，在中国乃至在世界也是第一次。

六、番禺4-2/5-1油田

番禺4-2、番禺5-1油田位于珠江口盆地15/34区块，距香港约200千米，水深约100米，分别发现于1998年和1999年。两个油田含油面积10.4平方千米，探明石油地质储量4208万吨，由中国海洋石油总公司、丹文能源中国有限公司及柏灵顿资源中国有限公司合作开发。2003年10月8日，番禺4-2/5-1油田正式投产，单井日产达7500桶。2005年，平均日产30885桶。油田共有两座井口平台及一个单点系泊装置。

七、惠州19-3/2/1油田群

惠州19-3/2/1油田群包括惠州19-3、惠州19-2和惠州19-1三个小油田，分别位于南海东部海域的16/08和16/19区块，距香港120千米。油田群含油面积6.8平方千米，探明原油地质储量2159万吨。

惠州19-3/2/1油田群是CACT（中海油、埃尼、雪佛龙/德士古公司）作业集团作业，中海油拥有51%的权益。油田群于2002年9月开始建设，2004年10月31日竣工投产。2005年平均日产18117桶。

油田群的主要设施包括2座平台、14口生产井。所生产的原油通过海底管线输送到惠州油田共用的“南海发现号”储油轮上。

八、陆丰13-2油田

陆丰13-2是南海东部第一个自营开发的油田，位于珠江口盆地陆丰08区块西端，距香港东南约210千米，距在产油田陆丰13-1西北方向约12千米，所在海域水深约132米，1988年发现，2005年12月2日建成投产。该油田共有三口水平井在生产，日产原油约1.8万桶，测试产能可高达3万桶/天。陆丰13-2油田的主要开发设施包括一座井口平台，一条长约12千米的海底输油管线及电缆。所产的油、水和少量的气经单井计量后，利用电潜泵剩余压力，通过海底管线输送到陆丰13-1平台进行处理，再通过“南海盛开号”浮式生产储卸油装置外输。

第三节　作业基地

南海东部石油公司成立初期，首先在广州建设办公楼及相应的通讯设施，海上作业设施和队伍通过招标从国内外雇用，教育、医疗、生活服务等由社会提供。1987年后，为便于指挥海上生产，外国公司和南海东部石油公司机关移至深圳蛇口。蛇口地区逐渐发展为以生产指挥为主的基地，而广州则成为以科研和技术支持为主的基地。

2004年基地集团重组后，广州、蛇口基地主要为南海东部海域油气勘探开发和相关专业公司提供后勤支持服务。

蛇口基地位于深圳市南山区，由三部分组成：

1. 赤湾作业基地。1986年建成，有码头、仓库和18万平方米材料堆场，以及吹灰、供水、供油等设施。

2. 赤湾海上工程建造基地。1988年建成，场地面积12.5万平方米，年钢材加工能力3万吨。

3. 南海东部陆上指挥机关。有办公楼和生活设施等。

第三十四章 塔里木油田

塔里木盆地位于新疆南部，介于天山和昆仑山两大山脉之间，东西长约1400千米、南北宽约520千米，呈不规则的椭圆形，面积56万平方千米。盆地中部是塔克拉玛干沙漠，面积33万平方千米，为盆地总面积的58.92%。盆地为典型大陆性气候，干旱少雨，年平均气温为14.5摄氏度，冬夏温差约30摄氏度。盆地周边是戈壁、荒原及绿洲，雪山及冰川发源着许多盆地内陆河流，主要河流有塔里木河、渭干河、库车河等，年流入盆地水量约370亿立方米。在盆地绿洲，世代居住着维吾尔、汉、回、蒙古、柯尔克孜、乌孜别克、塔吉克等13个民族。塔里木油田总部机关驻盆地东北边缘的库尔勒市，油气作业区遍布全盆地，最远的油气田作业区距总部机关约1200千米。

塔里木盆地是中国面积最大的含油气盆地。地质研究成果表明：它是一个由古生界海相克拉通盆地和中新界陆相盆地组成的大型叠合盆地，沉积岩厚度巨大，最厚达18千米；有海相、陆相两类油气资源，有古生界克拉通和中新生界前陆盆地两类勘探目标，存在8套油气生储盖组合、11套含油气层系。2005年完成的全国新一轮油气资源评价成果表明，塔里木盆地油气蕴藏量为191.5亿吨，其中石油107.6亿吨、天然气8.39万亿立方米。到2005年底，塔里木盆地已探明的油气地质储量尚不到10%，油气勘探程度远低于东部地区，是中国油气勘探程度最低的油气区。

塔里木石油工业起步于1952年，在其后的30年中，经历了“五上五下”艰难曲折历程。先后发现依奇克里克油田和柯克亚油气田，石油年产量不足10万吨。

油气勘探开发技术的落后是制约塔里木石油工业发展的主要因素。改革开放后，石油工业部领导决定引进国外先进勘探技术和实施新的管理体制，开展对塔里木盆地的油气勘探开发，1983 年中美合作队进入沙漠腹地勘探，取得重大勘探成果。1986 年组织新一轮钻探，1988 年发现轮南油田。中国石油天然气总公司决定对塔里木盆地组织新的勘探开发会战。

1989 年 4 月 10 日，塔里木石油勘探开发指挥部(以下简称塔指)在库尔勒市成立，总公司副总经理周永康兼任指挥、临时党委书记。全国陆上石油系统 20 个局级单位派出队伍参加会战，会战队伍达到 24800 多人。总公司明确要求，这次塔里木石油勘探开发会战，坚持实行油公司管理体制，不搞大而全、小而全，要大力采用新体制、新工艺技术，力求打出高水平、高效益(后来归纳为“两新两高”方针，即新体制、新技术，高水平、高效益)。

1989—2005 年的 16 年中，塔里木油田始终坚持“两新两高”方针，瞄准世界先进勘探开发技术水平，甲乙方会战队伍在党工委统一领导下，发扬“艰苦奋斗、真抓实干、五湖四海”精神，几经喜悦、几历困惑，在塔里木盆地北部、中部、南天山山前的库车坳陷获得重大战略性突破，使塔里木盆地终于走出长期徘徊不前的困局，油气勘探开发都取得了令世人瞩目的辉煌成就。

新一轮油气勘探开发会战，从一开始就受到党中央、国务院的高度关注和大力支持。1990 年和 1998 年，江泽民总书记两次到塔里木油田考察，对勘探开发工作作出重要指示。李鹏、朱镕基、吴邦国、温家宝、曾庆红等先后到塔里木油田考察调研，对塔里木油气勘探开发工作做出许多重要指示，充分肯定塔里木油田成绩，并对大发展寄予厚望。

塔里木油气勘探会战，得到了新疆维吾尔自治区党委和政府、各族人民的大力支持，16 年来油地双方相互支持、相互融合，实现了共同发展，创造了西部大开放的进程中油地双方“共赢”的大好局面，创造了在社会主义市场经济条件下新型油地关系的典范。

截至 2005 年底，塔里木油田共发现油气田 30 个，其中油田 16 个、气田 14 个，累计探明油气当量 96939.58 万吨，其中石油储量 42752.17 万吨、天然气储量 6800.52 亿立方米、溶解气储量 440.82 亿立方米、凝析油储量 9353.54 万吨。已投入开发油田 11 个、气田 6 个，形成 7 个油气生产基地，建成石油年生产能力 780 万吨、天然气年生产能力 136.7 亿立方米。单井日产油 34 吨，居中国石油各油田单井日产量首位。1989—2005 年底，累计生产石油 5378.77 万吨、天然气 121.75 亿立方米，其中 2005 年生产石油 600.06 万吨、天然气 56.77 亿立方米，油气当量超过 1000 万吨。

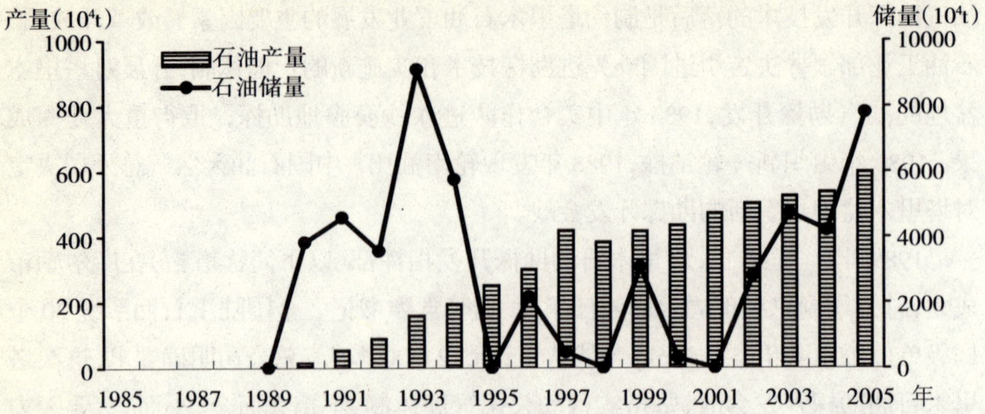

塔里木油田石油探明地质储量和产量变化图

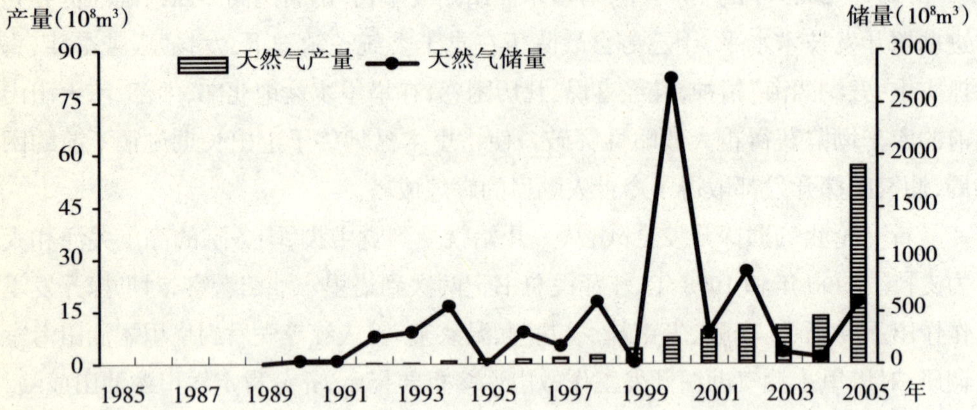

塔里木油田天然气探明地质储量和产量变化图

第一节　油气勘探不断实现新突破

塔里木盆地是中国油气勘探起步较早的地区之一。从 1952 年到 2005 年的 53 年中，中国石油及其前身在塔里木盆地油气勘探大致经历了六大阶段，后人称之“五下六上”。第一阶段：中苏石油股份公司于 1952 年开始在喀什和库车地区进行地质普查、详查和重磁力勘测，这是塔里木石油工业起步阶段。1952 年初到 1954 年底的三年内，在三个构造上钻探井 7 口，由于未获重大发现，1954 年停止勘探。经历这一阶段勘探，初步认识到塔里木盆地地面环境恶劣、油气埋藏深、地下情况复杂，短时期难以获得突破。第二阶段：从 1957 年开始，塔里木地质勘探大队（8 个地质队）开始在塔里木盆地地质勘探，1958 年 8 月成立塔里木矿务局,这一年 10 月发现塔里木第一个油田——依奇克里克油田。505 重磁力联队以骆驼为运输工具完成塔克拉玛干沙漠南北九次穿越,是人类历史上首次成功穿越塔克拉玛干沙漠。受当时国家经济形势影响,1959 年 7 月勘探工作停止。第三阶段:在经历了三年困难时期,国家经济形势好转后,塔里木盆地作为国家石油工业三线建设重点,1964 年 12 月再次上马,1965 年达到高潮,1966 年“文革”爆发前钻探井 31 口。这次勘探以库车山前为重点,并将钻探扩大到塔北地台区,坚持到“文革”前期被迫中止。第四阶段:1970 年根据石油部“迅速找到战略油田”的要求,组织了在盆地西南以克拉托地区为重点的勘探小型会战,由于会战一开始就受到“文革”错误思潮的严重冲击,勉强维持到 1973 年。第五阶段:从 1975 年开始,根据石油工业部部长康世恩指示,勘探队伍集中在盆地西南地区叶城至和田一带勘探,1977 年 5 月柯克亚 1 号井在处理事故中喷出高产油气流,发现塔里木盆地第二个油田。以此为契机,1978 年 2 月开始,石油部派出以副部长李敬为组长的勘探领导小组,在勘探一线指挥会战,北起库车南到叶城、皮山,沿盆地边缘形成马蹄形勘探区域,面积达 20 多万平方千米,钻探井 58 口,除柯克亚地区几口探井出油外,未获重大成果。1982 年,石油部决定与美国 GSI 公司合作,组建三支中美合作地震队,运用先进数字化地震设备和沙漠交通工具,1983 年进入沙漠区勘探,取得了重大勘探成果。1985 年 7 月,石油部决定再次组织对塔里木盆地油气钻探,1988 年轮南 2 井获得高产油流,实现石油部提出的“三年突破”勘探目标。第六阶段:1989 年调集全国陆上石油系统的精兵强将,由总公司直接领导,组织一场高水平、高效益的勘探开发会战。

1986—2005 年,塔里木油气勘探通过引进国外先进技术、借鉴国际油公司先进经验,大力采用新的科学技术和管理体制,走出徘徊的低谷,进入快速发展时期。

塔里木油气勘探具有以下特点:勘探面积大(约 56 万平方千米)、油气藏埋藏深(最深超过 6800 多米)、勘探程度低(探明油气储量只占总资源量 5%)、油气资源量丰富(近 200 亿吨),具有多套主力烃源岩、多种类型储集和多套区域盖层分布,同时塔里木盆地又经过多期构造运动、多次油气运移聚集,是一个多套含油气层系、多个不整合面、多种油气类型的复合盆地,地下情况复杂,找油找气难度很大。1989—2005 年,通过持续科技攻关,突破一道道世界级科技难题,先后在塔北地区、沙漠腹地、天山山前、塔东、喀什凹陷获得一系列战略突破,特别是天山山前克拉 2 特大型气田的发现,直接推动了西气东输这一世纪性工程的上马并快速建成。

一、五年准备，奠定坚实基础

1982年以前的30年中，勘探主要在盆地周边的山前地区。山前构造高陡，上下不一致，给地震、钻探造成严重困难。鉴于上述情况，开始实施从山前向地台的战略转移。盆地地台区大部分为沙漠区，1982年1月石油部决定与美国地球物理服务公司（GSI公司）合作，引进美国先进沙漠运输装备和地震技术，开展沙漠地震勘探。同时，决定组建塔里木综合研究队，对塔里木油气资源进行综合评价，为下一步钻探指明方向。1986年，石油部组织钻探工作，并在三年内获得重大突破。

（一）引进先进沙漠地震技术，初步揭开沙漠的神秘面纱

1982年，以石油物探局三处为主体，聘请美国GSI公司技术人员42名，购买美方技术装备，联合组建三支合作队（其中一支全为中方人员），1983年进入塔克拉玛干沙漠开展地震工作。三年内南北作测线13条、东西9条，总长1.6万余千米，约为过去30年盆地地震工作量总和，查清盆地地质构造格局，发现200多个有利构造圈闭，提供钻探井位71口；在沙漠腹地发现塔中Ⅰ号、Ⅱ号及罗布庄等3个上千平方千米的巨型构造。这些成果，对于开展盆地全面勘探，特别是进入沙漠腹地钻探具有重大意义。

（二）开展联合综合研究，对盆地油气资源进行首次评价

根据石油部指示，1985年10月，北京石油勘探开发科学研究院、石油地球物理勘探局和新疆局研究机构联合组建了塔里木综合研究队（61人），充分利用塔里木石油勘探历年来，特别是中美合作勘探取得的勘探成果，对盆地油气资源及分布进行综合研究评价，1986年6月完成评价报告。报告认为，塔里木油气资源总量约为191.5亿吨，其中石油107.60亿吨、天然气8.39万亿立方米。报告还指出了有利勘探和主要钻探目标，如轮南1号“可疑礁”、英买力1号背斜、南喀拉玉尔滚、塔中Ⅰ号和Ⅱ号构造，为1986年开始的钻探提供了依据。

（三）南疆勘探公司的钻探，首战告捷

1986年3月，新疆石油局根据石油部要求，组织上钻工作，成立南疆勘探公司驻库尔勒市就近指挥，1986年12月第一口探井开钻。先后上钻库南1、满西1、轮南1、轮南2、英买1探井等，同时开始沙漠腹地钻探准备工作。

1987年9月21日，轮南1井首次在轮南1号“可疑礁”的三叠系获得工业油流。1988年11月18日，轮南2井在三叠系获日产原油682立方米、天然气11万立方米的高产油气流。1989年2月14日，英买1井在奥陶系获日产油211.3立方米。这次钻探在不到三年时间内获得重大突破和发现，实现了石油部当初

提出的"三年突破"勘探目标,为大规模石油会战奠定了坚实基础。

二、大规模石油会战,实现重大战略性突破

经过1985年以来的长达5年的精心准备,1989—1995年,石油会战在塔北和沙漠腹地获得丰硕的勘探成果,相继发现桑塔木、解放渠东、吉拉克、塔中4、英买7、牙哈、羊塔克等8个整装油气田和轮南8、塔中Ⅰ等10多个含工业油气构造,取得了塔里木石油发展史上空前的丰硕成果,为六上塔里木以后坚持长期勘探、实现勘探开发良性循环打下了雄厚的物质基础。但是,由于会战初期只注意勘探工作量,对工作质量特别是地震现场资料采集质量重视不够,到1993年后,地震质量一度出现滑坡。随着早期准备的勘探领域和勘探目标被相继钻探后,勘探一度走入低谷。1994年提出"四个并举"(油气并举、克拉通盆地与前陆盆地的勘探并举、海相古生界与陆相中新生界的勘探并举、构造油气田与非构造油气田的勘探并举)勘探思路,开展山地勘探、碳酸盐岩勘探、东河砂岩低幅度构造勘探等一系列的科技攻关。1998年克拉2特大气田发现,勘探从此又进入新一轮高潮期。

(一)整体解剖轮南,发现油气田群

继轮南1井、轮南2井获得突破后,1989年轮南地区的轮南8井和轮南3井又相继获得高产油气流。塔指决定部署14口探井,整体解剖面积约2450平方千米的轮南潜山背斜,通过1989—1992年对轮南潜山背斜的整体解剖,除探明轮南这一整装油田外,又相继发现桑塔木油田、解放渠东油田和吉拉克凝析气田,拿到了石油地质储量8300多万吨和天然气300多亿立方米。

通过对轮南地区的整体解剖,发现奥陶系、三叠系、侏罗系、石炭系等多套

1988—1992年轮南地区发现油气田一览表

油气田名称	发现井	发现时间	发现井测试日产量		探明储量	
			油（立方米）	天然气（万立方米）	油（万吨）	天然气（亿立方米）
轮南	轮南2井	1988年11月18日	682	11.90	4262.8	62.34
桑塔木	轮南14井	1990年3月10日	316.80	1.83	1378.3	32.63
解放渠东	轮南55井	1991年7月28日	213.40	1.25	1532.2	42.39
	解放100井	1991年12月6日	106.82	1.43		
吉拉克	轮南57井	1991年5月4日	445	28.87	782	136.80
轮南59井区	轮南59井	1991年11月17日	97.47	118.88	45	67.42

含油气地层，初步认识到轮南地区不是一个巨型背斜，而是一个古隆起。特别是轮南1、轮南8、轮南15等10多口探井在奥陶系钻获工业油气流，基本控制了轮南古潜山油气藏的轮廓。由于这一油气藏是碳酸盐岩油气藏，探井井区之间彼此不连片，储层非均质严重，缝洞分布情况比较复杂，获得工业油气流的探井在试采中难以实现长期稳产，轮南地区奥陶系古潜山领域勘探遭遇到了世界级科技难题。1999年后，这一难题的攻坚取得突破性进展，轮南地区又获新的突破。

（二）挺进塔中，获得历史性重大突破

塔克拉玛干沙漠面积33万平方千米，地表被巨厚黄沙覆盖，沙暴频繁，环境恶劣。在几十年的勘探历程中，进入沙漠腹地钻探一直是石油人的梦想，因缺乏先进技术装备和手段而无法遂愿。1987年即开始钻探塔中Ⅰ号巨型构造的准备工作，经过近两年的艰苦前期准备，1989年5月塔中1井开钻，10月19日在奥陶系地层获日产油576立方米、天然气34万立方米的高产油气流，首次实现塔中中央隆起的战略性突破，为在塔克拉玛干沙漠寻找大油气田展示了良好前景。党中央、国务院对塔里木油气勘探十分关注，塔中1井获高产油气流后，江泽民、李鹏等领导在简报上作出重要批示，对这一重大突破表示祝贺，并希望把工作做细，为找到大油气田继续努力。

继塔中1井取得突破后，1992年4月，又在位于塔中1井以西约35千米处的塔中4井获得重大突破。塔中4井在石炭系地层获日产油285立方米、天然气5.3万立方米，发现塔里木第一个沙漠油田。塔中4油田的油气层为石炭系

1992—1995年塔中发现油气田一览表

油气田名称	构造	发现井	测试时间	测试日产量	探明储量
塔中4油田	4号构造	塔中4井	1992年4月19日	油285立方米 气5.3万立方	油3725万吨 气90亿立方米
塔中10油田	10号构造	塔中10井	1993年7月25日	油231立方米	油113万吨
塔中6凝析气田	6号构造	塔中6井	1993年10月12日	油4.66立方米 气6万立方米	油73.4万吨 气8528亿立方米
塔中11油田	11号构造	塔中11井	1994年12月17日	油29.9立方米	油303万吨
塔中16油田	16号构造	塔中16井	1994年9月16日	油17.1立方米	油1270万吨
塔中101凝析气田	101号构造	塔中101井	1994年3月21日	油28.9立方米 气20.58万立方米	油55.94万吨 气41.5亿立方米

东河砂岩，储层厚，物性好，有利于开发。以塔中4油田的发现为契机，掀起在塔中地区寻找石炭系油气田的勘探热潮，又发现了塔中6、塔中10、塔中16等一批油气田。

（三）东河砂岩获重大突破，掀起追索砂岩勘探热潮

1990年，在侦察轮南至英买力地区油气情况的勘探中，位于轮南油田以西约90千米的东河1井石炭系东河砂岩中获日产836.7立方米的高产油流，发现120米巨厚层滨海相砂岩油藏。在这一年冬季拉开了以石炭系为重点的“三大战役”（以石炭系为钻探重点的区域勘探、轮南地区的整体解剖、以塔中为重点的沙漠腹地勘探），掀起在大范围内勘探石炭系海相油气藏的热潮。虽然“三大战役”在短时期内没有达到最初设想，但在以后的十多年勘探中相继发现塔中地区、哈得地区的石炭系油藏均成为塔里木油田单井产量较高、产量稳定的油田，寻找石炭系砂岩油藏，至今仍是勘探的重点目标之一。

（四）牙哈—英买力地区持续勘探，捷报频传

塔北西部地区在石油会战之初，就是勘探重要“根据地”之一，1989年英买1井在奥陶系地层经酸化后获日产353立方米高产油流。1990年位于英买7号构造的英买7井又在奥陶系钻获高产油气流，发现英买7号凝析气田。次年该构造英买9井又在白垩系钻获日产160立方米高产油流。到1992年，英买7号构造在下第三系获工业油气流。短短三年内，在一个油气构造三个层系发现油气，显示这一地区是油气富集带。1994—1995年，羊塔克构造的羊塔1井和羊塔2井相继钻获高产油气流，发现羊塔克凝析气田。1997年又在玉东2号构造钻获高产油气流，发现玉东2凝析气田。这一时期，又相继发现英买2、红旗2、红旗6、红旗1、英买21、英买23等工业含油气构造，形成了以英买7、羊塔克、玉东2三个凝析气田为主体的中国目前最大的凝析气田群，成为向西气东输工程供气的“一大五中”（“一大”指克拉2特大型气田，“五中”指牙哈凝析气田、桑吉气田、英买7气田、羊塔克和玉东2气田）重要组成部分。

1993年11月，牙哈3井在对下第三系进行中途测试中获高产油气流，发现牙哈凝析气田。牙哈凝析气田由牙哈1号至7号凝析气藏组成，凝析气376.45亿立方米、凝析油2975.6万吨，为中国最大的凝析气田。勘探技术人员经过研究分析认为，牙哈凝析气田北邻库车坳陷，其丰富油气应该由库车坳陷运移而来，由此引发对库车地区天然气勘探的热潮。

（五）艰苦攻坚，发现克拉2高产气田

1994年，塔指提出“四个并举”的勘探方针，即“油气并举、克拉通盆地与前陆盆地的勘探并举、海相古生界与陆相中新生界的勘探并举、构造油气田与非构造

1989—1997 年牙哈—英买地区发现油气田一览表

油气田名称	发现井	发现时间	单井测试日产量	探明油气储量
英买 7 号	英买 7 井	1990 年 5 月 5 日	油 220.6 立方米 气 0.27 万立方米	油 1950.10 万吨 气 309.75 亿立方米
	英买 9 井	1991 年 6 月 2 日	油 160 立方米 气 0.15 万立方米	
羊塔克	羊塔 1 井	1994 年 9 月 4 日	油 35.9 立方米 气 32.56 万立方米	油 777.50 万吨 气 267.97 亿立方米
玉东 2	玉东 2 井	1997 年 6 月 18 日	油 69.6 立方米 气 30.86 万立方米	油 142.50 万吨 气 73.32 亿立方米
牙哈	牙哈 3 井	1993 年 11 月 28 日	油 110 立方米 气 16.01 万立方米	油 3851.60 万吨 气 402.08 亿立方米
红旗 1 号	红旗 1 井	1993 年 10 月 3 日	油 376.29 立方米 气 5.57 万立方米	油 63.5 万吨 气 10.72 亿立方米
提尔根	提 1 井	1992 年 5 月 4 日	油 108 立方米 气 13.44 万立方米	油 68.90 万吨 气 15.99 亿立方米

油气田的勘探并举”，同时开展了一系列勘探难题的科技攻关。山前高陡构造勘探就是一项重要的攻坚课题。

库车坳陷位于南天山山前，东起库尔勒西到阿克苏，东西长约 550 千米、南北宽 30 千米至 80 千米不等，面积约 2.9 万平方千米。预测油气资源量约为 20 亿吨。由于地表全为山地，地下构造高陡、复杂，曾被人称为“勘探禁区”。从 1952 年以来，30 多年间除发现依奇克里克油田外，一直未获得重大进展。1994 年塔指决定再上库车坳陷勘探，首批部署了克参 1 井、东秋 5 井和亚肯 3 井。三口探井相继失利。山前构造的地层倾角 50 度至 80 度，钻遇高压盐水层、膏盐层、溶洞多，造成各种复杂情况和事故频繁发生，钻井周期长达两年左右。例如东秋 5 井，井深 5316 米，完钻周期长达两年三个月。地震勘探也遭遇到采集激发、接收条件差，地震波动复杂，地震速度变化大，资料品质太差等难题。面对一系列勘探难题，塔指发动大规模的科技攻关战役，并将 1997 年作为“科技攻关年”。以前陆盆地山前高陡构造油气藏勘探和沙漠区碳酸盐岩油气藏勘探两大世界级难题为重点的攻坚战役拉开战幕，所确定的 18 项勘探技术主攻目标中，山地地震技术、复杂井筒条件下录井和测井技术、山前高压气测试技术等都是山前勘探面临的重大难题。总公司总经理周永康对这次科技攻关战役大力支持，并要求科技攻关要连续打三年，要下大决心，集中精力，集中各个方面专业技术优势，集中各方面的优秀人才，打一场勘探技术进攻战。为此,塔指指挥邱中建等主要领导,全力抓好勘探攻关战役,对每一个攻关课题做到"立项、目标、组织、责任、试验地、进度、经费"七落实。塔指面向全国各石油院校、科研院所征召人才,有1000多名科研人员加入到这次攻关团队中来。引进法国制造的世界最先进的震源车、租用加拿大专用直升机等一批设备,科技人员重新解释新老地震资料总长30多万千米,可绕地球8圈。在短时期内攻克了一批勘探难题,为勘探突破扫清障碍。

1998年1月20日,克拉2井在中途测试中获高产天然气流。在完井测试中,共发现7个高压富气层,最高日产达400万立方米,发现克拉2特大型气田。在同一年,相继发现和田河气田、依南2气田和克拉3工业天然气构造。

克拉2特大气田的发现,在塔里木油气勘探史上具有划时代的意义,它标志着"油气并举"战略取得重大战果,促进了西气东输工程的立项并迅速上马开工,塔里木油田从此走上油气开发并重的新里程,从而极大提升了塔里木油田在中国石油工业的重要战略地位。

三、持续科技攻关,勘探进入良性循环

1999年塔里木油田经过战略重组后,油气勘探进入新的发展时期。一方面,勘探的难度增大了,面临着寻找新的石油优质可采储量的重大任务;另一方面,西气东输工程快速上马开工,面临寻找更多的天然气优质储量,以确保西气东输工程长期稳定供气的繁重任务。面对上述情况,塔里木油田坚持"油气并举"战略,抓住西气东输工程带来的大好机遇,持续开展科技攻关,在沙漠地震、碳酸盐岩的勘探及低幅度构造攻关等方面取得重大进展。在山地勘探方面,继克拉2特大气田发现之后,又发现了大北、吐孜洛克、迪那、却勒、依拉克等油气田;碳酸盐岩勘探又发现轮南奥陶系特大型油气田和塔中礁滩体大油气田,英买地区在寒武系地层钻获高产油气流,志留系勘探先后在塔中、满东、哈得逊、英买力获得突破;英吉苏、喀什凹陷油气勘探取得历史性突破。特别是2003—2005年的三年中,每年油气探明地质储量达到亿吨以上。

(一)两年探明克拉2气田,迎来西气东输建设的大好机遇

1998年克拉2特大型气田发现后,引起党中央国务院的高度关注。同年7月16日,时任国土资源部部长的周永康给国务院领导同志写信,提出建设"西气东输"工程的建议。朱镕基总理和吴邦国、温家宝副总理批阅了这封信,要求要抓紧西气东输的前期研究,力争2000年着手实施。20日,集团公司研究了"西气东输"工程有关问题,提出抓住机遇,加速启动西气东输工程,把西部资源优势和东部市场优势紧密结合起来,促进天然气工业的加快发展。

国务院和集团公司多次派出专家组到塔里木油田调研天然气资源落实情况，要求塔里木油田进一步加快天然气勘探步伐，克拉2气田争取在2000年6月前上报探明储量。为此，塔里木油田一方面进一步加大南天山山前勘探攻关的力度，

1998—2001年发现天然气田一览表

名称	发现井	发现时间	单井测试日产量	探明油气储量	
				天然气	凝析油
克拉2	克拉2井	1998年1月20日	气416万立方米	2840.29亿立方米	
和田河	玛4井	1998年4月30日	气13.03万立方米	616.94亿立方米	
吐孜洛克	吐1井	1999年10月9日	气6.55万立方米	221.27亿立方米	
迪那2	迪那2井	2001年4月29日	气218.27万立方米 油131立方米	1391.18亿立方米（含控制储量352.23亿立方米）	838.70万吨(含控制储量 253.90万吨)
迪那1	迪那11井	2001年10月26日	气83.48万立方米 油105.6立方米	241.88亿立方米（控制）	158万吨（控制）
大北1	大北1井	1999年9月24日	气16.66万立方米	920.14亿立方米（控制）	

另一方面对克拉2气田部署4口评价井，整体解剖，在2000年拿到探明天然气储量。2000年4月，克拉气田上部探明储量获批准。气田面积47.1平方千米，探明天然气地质储量2506.1亿立方米（2001年经过进一步勘探，最终探明储量为2840.29亿立方米），气层埋深3500~4000米，储层物性好，分布稳定，气层平均有效厚度154米，资源丰度为每平方千米53.21亿立方米，单井日产可达150万立方米以上，气田以年产100亿立方米计算，可连续生产20年。天然气品质优良，组份简单，甲烷含量95%以上，为干气，基本不含凝析油、水和硫化氢，是中国天然气勘探史上发现的最大整装天然气田。

2000年9月1日，朱镕基总理一行亲临轮南考察，现场察看天然气井放喷情况，听取塔里木油气勘探工作的汇报并作出批准"西气东输"工程立项的决策。

"西气东输"工程立项后，中国石油天然气集团公司要求塔里木油田在2002年前再找到2000亿立方米天然气。根据集团公司这一要求，库车坳陷西起克拉苏河、东到迪那河的200平方千米的勘探区域，排开十多台钻机，先后发现大北1、吐孜洛克和迪那气田，探明天然气储量超过2000亿立方米，为"西气东输"工程进一步奠定了资源基础。

(二)开展东河砂岩低幅度构造攻关,发现亿吨级海相砂岩油藏

经过在哈得逊等地区开展高分辨率三维地震勘探和地震速度的精细研究攻关,1998 年哈得 1 井和哈得 4 井获工业油气流,发现哈得油田。哈得逊东河砂岩圈闭类型为地层——构造复合型圈闭,圈闭面积达 136.2 平方千米,而幅度仅 25 米。由于油藏埋深在 5000 米左右,油层较薄(0.8~2 米),最初评价为开发效率较差的边际油田。2000 年对哈得逊油田实行勘探开发一体化管理,对现已探明储量进行高效开发,同时进行滚动勘探,重建精细的三维地质模型,部署高精度二维地震,通过开展新老地震资料精细项目处理与解释研究,查清东河砂岩的尖灭线位置,使含油面积不断扩大,探明储量持续增长。经过 5 年的艰苦努力,储量由最初的 3000 多万吨,增加到 1.1022 亿吨,成为中国第一个亿吨级石炭系海相砂岩油田。

(三)攻坚 20 年,发现轮古大油田

轮南油田的发现经历了 20 年的风风雨雨,是几代勘探人员顽强拼搏、持续攻坚的结晶。1983 年中美合作地震队做区域地震大剖面发现轮南潜山,1989 年轮南 1 井在奥陶系潜山钻获工业油流,发现了轮古油田,到 1992 年,通过 14 口探井整体解剖钻探基本控制了大油气田轮廓。由于多数奥陶系出油探井在试采中难以实现长期稳产,进一步勘探受到影响。1996 年塔指指挥邱中建带队赴俄罗斯借鉴学习克拉通碳酸盐岩勘探经验。1997 年在轮南地区开展高分辨率三维地震攻关和大斜度井、水平井实验,部署轮古 1、轮古 2 井,均获工业油气流。1998 年将轮南奥陶系潜山作为工业试验区,到 2002 年有 31 口井获工业油气流,成功率达 72%,缝洞钻遇率 100%。

2002 年塔里木油田成立轮南古潜山勘探开发一体化项目经理部，集中勘探开发技术力量对轮古油田实施滚动勘探开发,相继探明轮古 101—轮南 54 井区。2004 年轮古东斜坡又有 3 口预探井获高产油气流，使勘探领域和有利面积都有很大的拓展。2005 年集中力量对轮古的东部和西部油气藏进行评价,5 口评价井获工业油气流。累计探明石油地质储量 10239.17 万吨、天然气 281.87 亿立方米、凝析油 314.51 万吨。

2000—2005 年,随着科技攻关不断取得重大进展,对轮古油田的认识也不断取得重大突破。轮南古潜山总体为北东—南西走向,南北长 80 ~ 100 千米、东西长 30 ~ 60 千米,面积约 4420 平方千米,幅度 1550 米,现今构造高点位于轮南 2 井区,埋深 4950 米。具有整体大面积叠置连片含油特征,油气受储集体控制,基本分布在奥陶系顶面不整合面 150 米左右范围,油气层段在 0 ~ 60 米范围内。油气分布沿潜山面呈准层状分布,不受现今局部构造控制。油气藏整体西油东气、西重东

轻,高部位含水,围斜富油气,西部为稠油分布区,潜山东部具有轻质油区逐渐向凝析气区过渡的倾向。近几年这一区域勘探发展势头良好,正向深部和围斜发展,油气储量规模还在增加。

（四）塔北油气富集带勘探不断取得进展,成为油气增储上产的现实领域

塔里木盆地北部东起提尔根、西到羊塔克，长 240 千米、宽 20～40 千米，1989—1997 年在这一地区发现和探明英买 7、牙哈、羊塔克、玉东 2、提尔根、红旗等 6 个油气田,在白垩系—下第三系发现 18 个含油气构造、31 个油气藏,探明石油地质量 6249.7 万吨、天然气 1000.28 亿立方米,油气当量 14220 万吨,形成塔北白垩系—下第三系凝析油气富集带。

2003 年后，这一地区作为油气勘探主战场之一，勘探向更广阔领域推进。2005 年,英买力地区在寒武系地层获重大突破,英买 32 井对寒武系碳酸盐岩酸化压裂后测试，日产油 118 立方米；同年 6 月，英买 33 井在相同地层获日产油 72.60 立方米。这一地区碳酸盐岩分布面积广,有利勘探面积大、圈闭类型多,储量丰度高。经过多年勘探,至 2005 年已发现四大有利勘探领域,油气总资源量约 12 亿吨。2005 年塔里木油田集中勘探力量打好“三个阵地仗”,这一地区即为重要勘探目标之一。

（五）勘探攻坚契而不舍,发现塔中礁滩复合体大油气田

塔中 I 号坡折带奥陶系复合体油气田位于塔克拉玛干沙漠腹地中央隆起的塔中低凸起北部,呈北西向展布,长约 220 千米、宽 4～16 千米,面积 2100 平方千米。

1989 年塔中 1 井在奥陶系获高产油气流,获得重大历史性突破。当时认为,塔中 I 号构造是一个巨大背斜,随后上钻塔中 3 井和塔中 5 井,两口探井均告失利。塔中地区沙层厚度大,起伏强烈,地震资料信噪比低;油气藏埋深大于 5000 米,高频吸收衰减严重,地震资料目的层分辨率低;奥陶系碳酸盐岩非均质性强、储层预测困难。囿于当时技术条件,对塔中奥陶系油气规律短时期难以认识清楚。塔中 4 井在石炭系获工业油气流后，勘探目标向石炭系东河砂岩油气藏转移,相继发现塔中 6、塔中 16、塔中 10 油气田。1997 年,塔中有 4 口探井在奥陶系获得工业油气流,证实了塔中地区奥陶系普遍含油。但当时面临两大勘探难题,一是奥陶系地层发育不规则,储层横向预测有很大难度;二是奥陶系油气层须经过大型酸化才能获得工业油气流,而且无法实现长期稳产。由于当时对油气地质特征认识不清,又受到地震资料、储层改造技术限制,1998 年后,塔中地区勘探一度处于停滞状态。

2002 年塔里木油田召开勘探务虚会,将塔中奥陶系勘探作为主攻方向之一,重点进行沙漠地震勘探和奥陶系地层酸化压裂两大技术攻关。2003 年,塔中沙漠

区大面积高精度三维勘探技术获得重大进展，成功采用了大面积三维地震资料采集技术（观测系统优化设计100%潜水面下激发）、资料处理技术（保幅处理、连片处理）和大面积三维地震资料解释技术，获得高品质地震资料，使勘探认识上实现了从断裂带到坡折带、从构造控油到储层控油、从局部构造含油到整体含油的转变，勘探思想上实现了由构造勘探、局部勘探向储层勘探、整体勘探的转变。2003年塔中62井、58井相继获工业油气流。2004年塔中4-7-38井加深钻达奥陶系后，获高产油气流。

2005年是塔中地区勘探实现大飞跃的一年。塔中82井经过大型酸化加砂压裂后，获日产油485立方米、天然气72万立方米，并且产量稳定。塔中82井获高产油气流，标志塔中亿吨级奥陶系礁滩复合体大油气田的发现。

1989—2005年，勘探人员经过16年的艰苦努力，面对恶劣的沙漠环境和错综复杂的地下地质情况，长期科技攻关，沙漠地震勘探技术和高温深井碳酸盐岩储层大型酸化加砂压裂技术都取得重大进展。塔中奥陶系礁滩复合体油气田，是迄今中国发现的第一个奥陶系礁滩复合体大油气田，截至2005年底，累计探明石油地质储量2098.93万吨、天然气366.25亿立方米，控制石油地质储量4637.31万吨、天然气638.45亿立方米。这一地区存在大规模连片的准层状油气藏，油气规模达3.6亿吨，是塔里木油田近来一段时间油气勘探主战场之一。

（六）开展重大勘探科研课题联合研究，推进勘探快速发展

1989年塔里木石油会战以来，塔里木油田始终坚持“两新两高”工作方针，将大力采用高新科学技术提高到和体制变革同样重要的战略高度。以塔里木油田精干高效的科研队伍为基本力量，依托国内石油高校、科研院所和社会科研力量进行联合攻关研究，逐步形成以塔里木油田科研体系、石油高校及研究院所、国内高校及科研院所为主体的开放型科技创新体系。集中各方高水平的科研力量，围绕塔里木油田各种科技难题进行攻关研究，取得一批重大成果，推进了油气勘探快速发展，获得一系列重大突破。

1991—1995年，围绕国家“八五”重点科研攻关课题《塔里木盆地大型油气田形成条件研究》、《塔里木盆地油气勘探目标评价》、《塔里木盆地油气勘探技术研究》等科技攻关项目，塔里木油田与全国57个科研单位1315名科研人员联合攻关，投入科研资金1.83亿元，及时解决了勘探开发中的重大问题，形成了8大配套技术系列，其中具有国际领先水平4项、国际先进水平21项、国内领先水平3项。这一时期，发现了桑塔木、解放渠东、吉拉克、塔中、牙哈等一批油气田。

1996—2000年，围绕国家“九五”重点科研项目《塔里木盆地石油与天然气勘探》及集团公司科技创新课题《塔里木复杂地质条件下深井超深井技术研究》等科

研项目，组织国内16家科研单位600多名科研人员继续展开联合攻关，特别是1997—2000年对18个重点攻坚目标的攻坚，取得了以山前勘探技术为重点的一系列重大进展，发现了克拉2、和田河、大北、吐孜洛克、哈得4等油气田。

2001—2005年，塔里木油田在面临"西气东输"开工建设、油气双重上产的形势，加大科研力度，组织更为强大的科技攻关力量，围绕国家"十五"重点科研项目《塔里木盆地大型气田勘探关键技术研究》和集团公司《低孔低渗油气层测井解释评价技术》等重大课题，联合23家科研单位726名科研人员进行攻关研究，取得8个方面重大成果。特别是2002—2005年对塔中地区大面积高精度三维地震勘探采集处理解释一体化攻关和高温深井碳酸盐岩储层深度改造技术攻关，对塔中亿吨级奥陶系礁滩复合体油气田的发现，起到了关键性的作用。2001—2005年，相继发现了却勒、迪那、轮南古潜山、依拉克、塔中奥陶系礁滩复合体等油气田。

第二节　油气田开发建设取得丰硕成果

1989—2005年，塔里木油田在油气勘探不断取得重大突破的同时，大力展开油气田开发建设，相继开发了一批油田、凝析油气田和天然气田，建设输油气管线2445.34千米，油田公路1423千米。塔里木油气田分布在沙漠区、沙漠边缘和山区，地理环境恶劣，地下情况复杂，具有油气藏埋藏深（3200～6500米）、压力高（油田34～65兆帕；气田32～128兆帕）、温度高（一般110摄氏度，最高140摄氏度）、压力系数高（油田一般1.1，气田1.2～2.0，最高2.2）等特点，开发难度大。16年来，广大科技人员努力攻关、不断探索，形成了具有国内和国际先进水平的油气开发技术系列，实现了稀井高产、少人高效。1989年当年生产原油只有3.39万吨，1997年猛增到420万吨，2002年生产原油突破500万吨，跨上了第一个大台阶，2005年生产原油600.6万吨、天然气56.77亿立方米，油气当量突破1000万吨。

一、快速高效建成第一批油田，实现原油产量快速增长

会战初期，塔里木油田根据总公司"在找到一定规模的储量后，选择高效益的油田投入开发，形成一定的生产能力"，"以油养油，实现勘探开发的良性循环"的指示精神，按照"三高两少"（高速度、高效益、高水平，井要少、人要少），瞄准国际油气开发先进水平，开发建设了轮南、东河、塔中4等油田。1989年6月15日，轮南2井投入试采，拉开塔里木油田开发序幕，1991年1月1日，首列火车装载塔里木原油东运。

1991—1999年，原油产量以年平均50万吨速度增长，发挥了很好的经济效益。

(一)精心开发建设轮南油田,拉开大规模油气田开发序幕

轮南油田是塔里木油田1989年后第一个投入开发建设的整装油田。轮南油田三叠系油藏是这个油田的主力油藏,也是国内埋藏最深的三叠系砂岩油藏。这一年12月,按照“高速度、高质量、高水平、高效益”的开发建设总目标,开始精心编制轮南100万吨产能开发建设方案。1991年7月6日开工建设,1993年4月建成投产。在工程建设中率先实行油田工程建设监理制度,为陆上油田建设首例。大胆引进国内外新工艺新装备,共采用了46项新技术、新装备,实现各工艺单元及电子计算机管理同步投产,被总公司评为优良工程。投产当年,年生产原油102万吨,超过开发方案设计的年产100万吨能力。

轮南油田开发初期,采用注水、气举、下入电潜泵等工艺技术,并对部分低产井运用酸化、酸压裂、水力加砂压裂和化学解堵等油层改造技术。这些开发技术,先进行先导试验,取得成效后再推广应用。1991年首先在轮南油田进行轮南2-3-6水平井的钻井试验,并获得成功。为后来塔中4等油田的水平井开发提供了技术借鉴。从1992—2002年,轮南油田成功实现年产90万吨稳产10年的目标,比开发设计方案要求的3至5年稳产期延长了5至7年。10年间累计生产原油1022万吨,两次被集团公司和股份公司评为高效开发油田。

2002年后,轮南油田原油产量进入递减期,开发技术人员对各油层进行调整优化、精细油藏描述及剩余油量化,技术措施增油效果显著,提高了采收率。2005年,轮南油田采收率超过开发方案标定的36.8%,达到41.7%,剩余可采储量采油速度为11.22%,全年生产原油53.21万吨,累计生产原油1262.83万吨。轮南油田不仅为其他油田开发积累了技术经验,也培养了大批开发技术人才。

桑塔木和解放渠东油田均位于轮南油气生产区内,是继轮南油田之后相继投入开发的两个油田(其中解放渠东油田是与中国石化西北石油局共同开采),至2005年底累计生产原油425.97万吨,为塔里木油田原油生产快速增长作出重要贡献。2004年桑吉气田投入开发建设,桑塔木和解放渠东油田划入桑吉气田组群。

(二)瞄准先进水平,将东河塘油田建成陆上样板油田

东河塘油田是中国陆上发现的第一个埋藏深度达6000米的海相砂岩油田,是全国陆上油田平均埋藏深度的3倍。井深、压力高、温度高、开发难度大。按照总公司“将东河塘油田建成陆上少井高产、少人高效的样板油田”的总要求,在开发建设方案设计中首次引入概念设计,进行地质概念模型研究,编制了一套层系、一套井网、一次整体开发的方案。1993年开工建设,1994年6月建成投产,在国内第一次实现联合站油气集输系统和自动化系统的同步投产。当年生产原油42万吨,

而生产井仅7口，操作人员20人，其自动化程度在当时是一流的。与当时东部开发同等规模的油田相比，用工大为减少。东河塘油田的开发建设，跨越了东部油田的常规模式，探索出塔里木油田高效开发的新路子。

东河塘油田开发的显著特点是油井少（初期有采油井7口，2005年为24口）、单井产量高（初期平均单井日产177吨，2005年为75吨）、自动化程度高、创造经济效益高（人均产值上千万元）。自投入开发以来，形成了以电潜泵、注水、油层保护、动态监测等项超深井开发技术为中心的系列配套技术，创造了电潜泵下深2500多米、平均井温120摄氏度、正常注水压力达30 兆帕等项纪录。到2005年底，累计生产原油630.48万吨，1994—2005年，连续12年生产原油在40万吨以上，最高年产油63.47万吨。

（三）采用水平井、丛式井等新技术，成功开发中国第一个沙漠油田

1992年塔中4井获高产油气流，发现中国第一个沙漠油田——塔中4油田，油藏埋藏深度在3246～3725.5米，为石炭系砂岩油藏。塔中4油田位于塔克拉玛干沙漠腹地，距离最近的居民区200多千米，地表为巨厚流沙所覆盖，夏季沙表温度高达70摄氏度，多风沙。在世界大型流动性沙漠腹地开发油田，国际上尚无先例。

1993年11月开始，在缺少沙漠油田开发技术经验借鉴的情况下，根据总公司“要把塔中4油田建设成世界一流沙漠油田”的总要求，塔里木油田开展塔中4油田开发方案编制工作。沙漠腹地恶劣的自然地理条件和油田独特的地质条件，决定了塔中4油田开发需要遵循的几条原则：（1）以稀井高产获取较高的经济效益；（2）以高度自动化降低劳动用工，提高劳动生产率；（3）充分利用油藏充足的天然气能量，增加自喷采出程度，降低成本；（4）以水平井为主结合丛式井增大汇油范围对油田进行高效开发。1994年8月完成开发方案设计，决定采用水平井和丛式井的布井方式，先实施对石炭系Ⅲ油组采用5口水平井开发，边部采用7口丛式井开发。同年4月，塔中水平1井开钻，11月8日完钻，垂直井深3612.66米，水平段长507米，在水平段下入割缝筛管，这项技术使原油生产能力比一般水平井提高1.3倍。1995年位于塔中4油田主力区块402高点石炭系Ⅲ油组的塔中水平1井、水平3井相继投入试采，结果表明：一口水平井产油量相当于4口直井。1996年塔中4油田正式投产，当年有5口水平井、12口丛式井投产。1996年生产原油99.96万吨，1997年达到最高年产169.97万吨。1997—2002年塔中4油田连续六年产量在110万吨以上，成为塔里木油田当时年产量最高的油田。正式投入开发后，又通过滚动开发，将水平井由最初的5口逐渐增加到12口，丛式井增加到14口，对主力油层采用水平井开发、底部注水补充能量，使采收率达到50%。到

2005 年底，塔中 4 油田累计生产原油 1214.7 万吨，为塔里木油田 1989—2005 年原油总产量的 22.58%。

2003 年后，塔中 4 油田产量递减加快。为延缓原油产量的衰减，改善采油效果，塔中 4 油田以塔中 402 区块石炭系Ⅲ油组为调整重点，从纵向上细化开发层系，由一套井网细化为两套井网，部署开发调整井，将井距由 600 米加密到 400 米。为挖掘油藏产油潜力，对部分老井采取补孔措施，2005 年塔中 4 油田措施增油 3.04 万吨。

塔中 4 油田的开发，不仅为塔里木油田原油年产量作出了重大贡献，其多年探索实践所形成的水平井、丛式井等沙漠深井开发技术系列，为塔中 16、塔中串珠状油田及 2003 年以来塔中地区新发现的奥陶系、志留系等多层系油气藏开发，提供了宝贵的技术积累，而且成为塔中油气生产基地的核心支撑。

塔中 16 油田距离塔中 4 油田仅 24 千米，1994 年发现，探明石油地质储量 1270 万吨，是一个小而肥的沙漠油田。塔中 16 油田的开发充分依托塔中 4 油田，1997 年建成投产，至 2005 年底，该油田累计生产原油 280.22 万吨。依托塔中 4 油田，2002 年又高效开发了塔中串珠状油田（塔中 10、塔中 11、塔中 40），累计生产原油 56.85 万吨。

（四）建成世界一流水平的沙漠公路，“死亡之海”变通途

塔克拉玛干沙漠号称世界第一大流动性沙漠，整个沙漠被流动沙丘所占据，全年多风沙，沙暴灾害频繁。在流动性沙漠上修建长距离等级公路，世界上尚无先例。

1989 年 10 月 9 日，塔中 1 井获高产油气流，修筑沙漠公路提上议事日程。同年 11 月，第一次沙漠道路建筑技术讨论会在塔里木油田召开。全国数十名著名专家应邀出席会议，会议提出了沙漠道路选线、道路结构与工程技术研究、沿线防沙固沙与养护等科研主攻课题。以这次会议为标志拉开塔克拉玛干沙漠公路建设序幕。

1990 年 3 月，在进行大量室内研究基础上，32 名专家和学者组成沙漠公路选线科学勘探队进入沙漠，历经 12 天艰苦跋涉，确定从轮南油田向南进入沙漠，抵达塔中 1 井的选线方案。1991 年，国家将沙漠公路建设科研课题列入“八五”国家重点科研项目，组织全国有关科研单位和院校共 180 名科研人员联合攻关。1991 年 9 月 5 日开始沙漠公路 2 千米试验段的施工，试验段按照三级公路规范采用 8 种方案实施试验，10 月 23 日完成。1992 年 5 月 20 日开始 2～3 千米工业试验段的施工，设计方案和施工工艺均在 2 千米试验段基础得到简化和优化，摸索出一套完整的设计方案和施工工艺，为大规模正式施工打下良好基础。

1992年4月塔中4油田发现，沙漠公路建设方案加快投入实施，沙漠公路建设的甲乙方队伍在极其恶劣的沙漠环境里艰苦奋斗、奋勇拼搏，1994年6月将沙漠公路修至塔中4油田，全长219.21千米。一期工程宣告竣工。1994年12月10日，沙漠公路南段（塔中4油田至和田地区民丰县境内的315国道）正式开工建设，1995年9月20日完成。至此，北起轮南油田南至塔里木盆地南缘315国道的横贯塔克拉玛干沙漠的等级公路全线通车。沙漠公路全长522.87千米，其中穿越流动沙漠区446千米，路基宽10米、路面宽7米，为沥青混凝土路面，三级公路。工程建设施工历时1462天，是广大科研人员联合攻关、甲乙方建设队伍奋勇拼搏共同完成的一项伟大工程。1995年5月19日至21日，国家计委和科委组织的专家验收委员会现场考察后作出最终验收评价：成果总体达到国际领先水平。沙漠公路在防沙治沙、筑路材料、施工工艺技术等方面，攻克了一系列世界性难题，形成10项新技术、15个方面的新理论和新认识，多项成果填补了国内外空白，其中沙漠公路总体技术研究、防沙治沙综合研究等5个专题达到国际先进水平，公路选线、水文两项专题研究达到国内领先水平。1995年，沙漠公路被评为国家十大科技成就之一。沙漠公路的全线贯通，不仅对沙漠油气勘探开发具有重大意义，也为促进当地经济发展、改善南疆特别是和田地区的交通作出重大贡献。

为解决沙漠公路长期防沙固沙问题，2000年8月，塔里木油田组织科研人员在塔中地区进行防沙、绿化先导试验，采用钻水源井和滴灌技术，成功种植了沙拐枣、梭梭、红柳11.75万株，成活率达80%以上，绿化面积219.3公顷。2003年8月，全长436千米的沙漠公路绿化工程建设开工，北起肖塘南至315国道，公路两侧绿化带宽72米至78米，总面积3128公顷，栽种沙拐枣、梭梭、红柳等植物2000万株，为此钻水源井114口。2005年全部完成。

二、原油、凝析油开发并举，石油产量突破500万吨大关

20世纪90年代中期，塔里木油田相继开发建设了轮南、桑塔木、解放渠东、东河塘、塔中4油田，石油年产量以每年50万吨速度递增，1997年达到420.35万吨。此后的几年时间里，年产量一直在400万吨左右徘徊。1999年塔里木油田根据油气勘探发现凝析气田越来越多的现实，决定大胆采用循环注气开发技术，开发建设中国最大的整装凝析气田——牙哈凝析气田。2000年采用勘探开发一体化技术，开发建设当时认为效益很低的哈得地区超薄油藏。2001年开始，塔里木油田石油年产量恢复快速增长，2002年产量突破500万吨，实现石油上产500万吨的奋斗目标；2005年年产量突破600万吨，又跨上一个新台阶。

2000 年 11 月，中国最大的凝析气田——牙哈凝析气田建成投产。

(一)采用凝析气藏循环注气技术，实现牙哈凝析气田的高效开发

牙哈凝析气田于 1993 年发现，是国内最大的整装凝析气田，具有以下特点：油气蕴藏量大(石油 876 万吨、天然气 376.45 亿立方米、凝析油 2975.6 万吨，折合油气当量 8119 万吨)、埋藏深度大(4900~5200 米)、地层压力高(高达 56 兆帕)、油气层系多(有四套)、凝析油含量高(每立方米天然气含凝析油 790 克)等。1999 年 10 月 18 日开始建设牙哈凝析气田产能工程，设计规模为：日处理天然气 320 万立方米，日循环注气 300 万立方米，年生产凝析油 50 万吨。2000 年 11 月 16 日建成投产。按照开发方案设计，先期开发牙哈 2～3 气藏，分两套层系进行开发，上第三系吉迪克组为一套层系、下第三系—白垩系为一套开发层系，采用循环注气部分保持地层压力方式开发，注气时间为 9 年；牙哈 5、牙哈 7 作为产能接替区。2001 年生产凝析油 59.11 万吨，超过设计能力。至 2005 年底，已累计生产凝析油 287.84 万吨、天然气 50 亿立方米；累计回注天然气近 35 亿立方米，累计回注比为 0.64。2001—2005 年的 5 年开发动态表明，没有出现明显的气窜或反凝析现象，生产系统也运行平稳。

牙哈凝析气田采用循环注气开发技术进行早期保压循环注气开发，实现了国内首次超高压大规模循环注气，日注气规模达到 350 万立方米、注气压力达到 52 兆帕，年生产凝析油规模达到 70 万吨，成功地开发了国内规模最大的凝析气田。其注气规模、回注压力、凝析油生产能力都是国内首创、世界少有。

牙哈凝析气田作为塔里木向西气东输率先供气的气田,2004 年 9 月 1 日正式向西气东输供气,到 2005 年底累计供气 13.15 亿立方米,为西气东输安全平稳供气作出重要贡献。根据设计要求,牙哈凝析气田向西气东输供气后停止循环注气 2 年再恢复注气。2004 年 9 月停止注气以来,凝析油的采收率非但没有受到影响,反而略有提高,开发效果很好。

(二)实行滚动勘探开发一体化管理,实现哈得油田的高效开发

哈得油田发现于 1998 年,位于塔里木河南岸的沙漠与戈壁过渡地带,为超薄型东河砂岩油藏，油藏埋深大于 5000 米，构造面积大、幅度低，油藏厚度仅为 0.6～2 米,且横向夹层发育。专家们经过认真评价,认为该油田属于经济效益差的边际油田,其技术经济评价结果接近临界值,并且开发难度很大。塔里木油田决策层经过周密研究,决定大胆采用勘探开发一体化管理技术开发哈得油田。2000 年建成 30 万吨生产规模,当年生产原油 23.65 万吨,初步实现高效开发。第一批 14 口开发井中有 13 口是水平井或双台阶水平井。双台阶水平井技术首次应用于哈得油田开发,成功采用 FEWD 地质导向可视化钻井技术,在 5000 米地层深处水平穿过上下两个超薄油层,获得高产油流。到 2005 年,哈得油田整体以水平井、双台阶水平井开发为主,在开发井总井数 116 口中,水平井 72 口、双台阶水平井 28 口,日产油 5300 吨,占全部日产量 5814 吨的 91.16%。

在滚动勘探开发过程中,实施滚动勘探和滚动开发的密切结合,边勘探、边评价、边开发。通过技术攻关,运用地震识别技术准确识别东河砂岩尖灭线,精细描述油层分布规律;运用测井识别技术,加深对油水界面变化规律的认识,再通过一体化滚动评价,不断加强倾斜油水界面成因和成藏规律的认识,为甩开评价部署提供依据。到 2005 年底,哈得油田探明石油地质储量由 2000 年的 2462 万吨猛增到 8202 万吨、控制储量 2860 万吨。产能建设继一期 30 万吨工程完成后,相继建成 80 万吨二期工程、90 万吨三期工程,生产能力达到 200 万吨。2005 年产量达到 193 万吨,6 年累计生产原油 614.69 万吨,各项开发指标优于开发方案设计。运用精细数值模拟及井网优化技术,合理部署开发井网,提高井网控制程度,实现稀井高产,薄砂层油藏井距大于 1000 米,油井 17 口,单井控制储量大于 70 万吨,平均单井日产油 50 吨;东河砂岩油藏井距 750～1000 米,油井 77 口,单井控制储量大于 100 万吨,平均单井日产油 64 吨。

2003 年起,哈得油田采用水平井全面注水,地层压力、原油日产量逐渐上升并恢复稳定,没有发生采注单元的注入水单向突进现象,开发效果与开发方案设计基本吻合。

哈得油田投入开发 6 年来,大胆运用滚动勘探开发技术、深层超薄油层水平

井、双台阶水平井技术、水平井注水开发配套技术，在滚动勘探开发一体化理论上获得重大突破，工艺技术达到国际先进水平，实现边际油田开发的高水平、高效益，创造了薄层海相砂岩油藏滚动勘探开发和水平井、双台阶水平井注水开发的国内样板。

(三)坚持上下游一体化，塔西南公司实现三个50万吨目标

塔西南公司的柯克亚油气田位于昆仑山前，1977年5月17日柯克亚1号井在处理事故中喷出高产油气流而发现，是塔里木盆地发现的第二个油田。柯克亚油气田位于南疆三地州中心地带，毗邻新疆通往西藏阿里公路，战略位置十分重要。1983年9月，国务委员康世恩受国务院委托到南疆和田、喀什、克州三地州考察，了解到当地化肥和工农业用油严重缺乏的情况。9月27日康世恩向中央领导同志写信建议：开发柯克亚油气田，建设一座年加工原油15万吨炼油厂、1万吨液化气厂和年生产化肥11万吨的化肥厂。10月3日，中央领导同志批阅了这封信，一致同意康世恩的建议。1986年柯克亚油气田投入开发建设，与泽普石化厂(时称三项工程)建设同步进行。

柯克亚油气田在勘探早期由于有两口探井长期畅喷(柯1井和柯10井)，油气藏遭受了严重破坏，开发难度大。经过三年开发建设，利用衰竭式开采，建成年产石油15万吨、天然气2.3亿立方米生产能力，油气通过76.5千米管道输往石化厂。

1991年12月，柯深1井开钻，1995年10月在柯克亚构造深部6448米海相下第三系卡拉塔尔组测试获高产凝析气，展示深部勘探的良好前景。2000年柯深101井又在柯克亚深部海相白垩系获高产凝析气。

1992年，为了保证石化厂的油气资源，柯克亚油气田进行循环注气先导试验，将富余的天然气回注到油气储层中，多采凝析油，以缓解石化厂原油供应不足的局面，回注天然气规模为每日30万立方米，1994年建成并投产成功。1996年扩大规模，回注天然气每日达到45万立方米。

1999年，塔西南公司划归塔里木油田管理。在塔里木油田开发技术专家指导下，柯克亚油气田通过油气藏精细描述、钻水平开发井和超深开发井等措施，有效地遏制油气产量快速递减的局面，2002年产油达到20.14万吨、2005年天然气产量达到5.6亿立方米。与此同时，对石化厂的化肥和炼油进行改扩建，相继达到年生产化肥50万吨、加工原油50万吨。实现年生产天然气5亿立方米(折合50万吨油当量)、炼油50万吨、生产化肥50万吨的奋斗目标。1986—2005年，柯克亚油气田正式投入开发20年中，累计生产油406.8万吨、天然气99.7亿立方米；塔西南石化厂和化肥厂生产出的石化产品全部销往南疆地区，根本扭转了南疆地区长

期缺油少肥的局面，为南疆地区经济发展作出了重要贡献。

三、油气开发并重，呈现天然气产量快速增长、原油产量稳步增长的好局面

2002年7月4日，举世瞩目的“西气东输”工程全线开工。根据中国石油天然气集团公司要求，塔里木油田的“一大五中”气田(一大：克拉2气田；五中：牙哈凝析气田、桑吉气田、英买力气田、羊塔克气田、玉东2气田)作为首批向“西气东输”供气的气田，要加快开发建设步伐，在2004年“西气东输”工程建成输气后，承担主力气源的重任，2005年天然气年生产能力要达到120亿立方米。2003年8月，克拉2气田正式开工建设，拉开“西气东输”上游气田开发建设的序幕。到2005年底，克拉2气田、桑吉气田已建成投产，英买力气田群(英买7、羊塔克、玉东2)产能建设开工，迪那气田建设前期工作正快节奏展开，塔里木油田年生产天然气能力已达到136.7亿立方米规模；与此同时，通过老区挖潜措施，加快新区原油上产，实现原油产量稳步增长。2005年生产天然气56.77亿立方米、原油600.06万吨，油气当量突破1000万吨。

(一)发扬“勇闯禁区、挑战极限、顽强攻坚、争创一流”精神，成功开发建设克拉2特大型气田

克拉2气田是位于塔里木盆地北缘天山山区的一个世界级特大型气田，探明天然气地质储量2480.29亿立方米。该气田具有规模大、整装、气柱高、异常高压、单井产量高、完井工艺难度大等特点。此前，中国尚不具有开发这类特大型气田的经验。克拉2气田开发建设大致经历三个阶段。

第一阶段：1999年开始，中国石油股份公司及所属塔里木油田分公司与壳牌、埃克森美孚、俄罗斯天然气公司等国际大石油公司合作，开展克拉2气田开发的前期开发研究工作。2003年3月，历时4年的克拉2气田总体开发方案最终由塔里木油田和北京石油勘探开发研究院共同完成，并得到国家发改委的批准。开发方案充分吸收了世界大型气田开发的先进工艺技术和经验，为克拉2气田开发实施打下坚实基础。克拉2气田开发方案设计：用一套井网沿克拉2气田构造高部位轴线一排布井，井距为1000～1200米，直井衰竭式开采，开发总井数18口(新钻井14口，利用老井4口)，设计年生产天然气107.3亿立方米，初期平均单井日产天然气470万立方米，气田全面投产后单井日产160万～420万立方米，平均单井日产327万立方米，采气速度控制在4%以内，稳产15年，采收率85%。

第二阶段：2003年8月27日，克拉2气田建设正式开工。克拉2气田建设工地位于山区，丘陵层叠、沟壑纵横。首要任务是炸山填沟，开凿外输管线穿越却勒

塔格山的涵洞。气田内部主公路全长9368米，沿线桥涵44个、山头100多个，需要炸山土石方100多万立方米。天然气中央处理厂占地18万多平方米，要炸山37万立方米、填方43万立方米。根据西气东输工程建设进度，中国石油决策层要求，克拉2气田必须在2004年12月1日建成投产。南天山山区冬季气温零下20多摄氏度，根据国外天然气田建设经验，在这样寒冷的条件下禁止施工，以免影响工程质量。为了抢回冬季4个多月的宝贵时间，甲乙方5000多名建设者挑战极限，采用保温棚、铺电热毯等措施，克服山区零下20多摄氏度严寒等困难，修通油田内部主公路、完成场地“四通一平”等基础工作，为2004年的设备安装、管线铺设、开发井的开钻创造了良好的条件。

2004年克拉2气田建设面临三大重要任务：天然气中央处理厂建设、克拉2气田至轮南首站160千米输气管线铺设、钻开发井。(1)克拉2气田天然气中央处理厂是中国规模最大的天然气处理厂，日处理天然气3600万立方米，是克拉2气田建设的核心工程。这项工程大量采用了国内外先进工艺技术，其施工技术难度最大的是22铬双相不锈钢管线焊接工艺技术。这种钢材焊接要求在绝氧环境中施工，工艺要求十分严格而复杂，国内尚是空白。塔里木油田组织国内专家、甲乙方技术人员进行技术攻关，经过反复试验终于获得成功，甲乙方密切合作，艰苦奋战，用三个月时间完成全部焊接任务。(2)克拉2气田至轮南首站管线全长160千米、直径1016毫米，穿越丘陵、戈壁、河流、沼泽、农田，地表条件复杂、环境恶劣。施工队伍餐风宿露，头顶烈日，从3月一直奋战到9月，160千米输气管道铺设全线告捷。(3)克拉2气田首批开钻的开发井共4口。克拉2气田地下为山前高陡构造，易发生井斜，气层压力超高，在气层之上覆盖一层250～450米厚的坚硬砂砾层，这些因素使钻井难度大、周期长。为了确保2004年12月按时供气，开发井钻进中，采用山前高陡构造钻井防斜提速技术，如全自动旋转导向垂直钻进技术(即POWer技术：钻进时仪器自动跟踪地心吸力，自动感应井斜并促动仪器所发动的侧力使井斜得到纠正)，达到垂直快速钻进；采用高压气井防窜固井技术保证固井质量；在完井过程中采用巨厚高压气藏完井工艺技术，如首次采用177.8毫米(7英寸)油管大管柱，有效解决超高压气层出砂冲蚀问题(可以降低流体流速，实现单井高产)，到2004年12月1日克拉2气田投产时，4口开发井准时完钻。

第三阶段：2004年12月1日，克拉2气田正式投产。建设周期为15个月，比国外专家预测24个月提前了9个月。2003年8月27日—2004年12月1日，塔里木油田甲乙方5000多名建设者发扬“勇闯禁区、挑战极限、顽强攻坚、争创一流”的精神，在15个月内建成中国规模最大、单井产量最高、异常高压、年产天然气107亿立方米的特大型气田，建成中国最大的天然气处理厂，创新、开发并形成

塔里木油田克拉作业区员工对气田设施进行日常巡检。

了150多项高新技术，为中国气田开发建设提供了宝贵经验。克拉2气田的建成投产，为“西气东输”工程投入商业运行提供了资源保证，同时，也标志塔里木油田进入了油气开发并重的规模化发展阶段。

2004年12月1日至2005年底，克拉2气田进入开发初期阶段。有开发井14口，日生产天然气能力达到3000万立方米。为了缓解单井产量高、安全生产及采气工艺难度大、井数少，过高的产量有可能造成出砂、气井过早水淹，以及调峰能力差等矛盾，2005年经过优化，在开发方案的基础上优选实施将5口观察和备用井调整为采气井，以进一步落实构造、增强调峰能力、检测气藏边水动态。经过一年开发运行，各项开发指标良好，2004年12月1日—2005年底，累计向“西气东输”工程供气34.61亿立方米。

（二）开发建设塔里木油田成组油气田——桑吉油气田

桑吉油气田是吉拉克和桑南气田的简称，它包括桑南东、吉拉克、吉南4、轮古2、吉南1、轮古待开发区块六个气田和桑塔木、解放渠东、桑南西三个油田，分布在塔里木河两岸约2500平方千米范围内，是塔里木油田第一个投入开发建设的成组油气田，也是塔里木油田第一个开发建设的含有硫化氢气体（桑南气田）的气田。建成投产后，每年生产天然气11.23亿立方米、油65.24万吨（含桑塔木、解放渠东两老区原油14万吨）、液化气和轻烃5.63万吨。2004年4月开工建设，地面工程包括日处理天然气能力215万立方米的吉拉克凝析气集中处理站、桑南凝析气集输处理系统和日处理能力150万立方米的天然气净化厂，新钻开发井5口、修复老井17口。工程建设周期短(1年时间)、工程施工难度大、技术要求高、工期紧张，建设队伍20余家5000多人分布在2500平方千米范围内，管理难度大。

在桑吉气田开发建设中，首先，结合桑吉气田建设工艺复杂、供货周期长、工期短的特点，项目管理上将“设计、采购、地面、油藏、钻井、开发管理”统一纳入项目管理，设计上首次采用“设计监理制”，既节省了时间，又保证了质量，而且减少了漏项，使初步设计由计划的3个月时间减少到45天。第二，开展技术攻关，通过油气藏研究、利用老二维地震资料、对油气层系优化，对闲置10年之久的气井进行大修，使老区老井的利用效果明显高于设计预想。第三，采取建立质量保证体系、严把材料设备质量关，定期对工程进行质量抽查等多种手段，强化质量控制。第四，将环境保护工作放到头等重要位置。建设工地位于塔里木河两岸的原始胡杨林区，熟地施工采用先运走表土再回填方式，以恢复生态；输气管线穿越塔里木河采用定向钻凿从河床底通过，保护两岸植被；钻开发井有时为保护胡杨树移动井场达五次以上，并由直井改为水平井，多花投资500多万元。这些环保举措，受到当地政府高度赞扬。

桑吉气田于2005年4月建成投产，生产装置运行平稳，至2005年底，向“西气东输”工程供气达到7.05亿立方米，生产油32.65万吨。油气产量均优于开发设计方案。

(三)采用复杂碳酸盐岩油藏高效布井技术，成功开发轮古油田

轮南奥陶系碳酸盐岩油藏在轮南地区广泛分布，蕴藏量大，油气类型多(黑油、凝析油、稠油、天然气)，且具有埋藏深(5500多米)、非均质性强、油气层超高压高温、多含硫化氢等特点，勘探开发难度大。1989—1990年先后在轮南8井等10多口探井中试获奥陶系高产油气流，但由于奥陶系碳酸盐岩油气藏情况复杂，且油气产量递减快，一直未作为勘探开发重点。1997年开始对奥陶系碳酸盐岩油气勘探开发难题进行科技攻关并获得进展，1998年将轮南奥陶系潜山带作为工业试验区。2002年塔里木油田成立轮南潜山勘探开发一体化项目经理部，实行滚动勘探开发。在轮南地区西部、中部、东部均获重大突破，形成这一地区复杂碳酸盐岩油藏高效布井技术：充分利用地震、测井、岩心、测试资料，实现裂缝溶洞三维油藏地质建模，为井位部署、油藏数模提供了有力支持，使获工业油气流开发井比例由18.2%上升到27.3%，其中高产稳产井由2004年前的2口增加到2005年的5口。2005年，轮古油田开发生产井总数35口，日产油1100吨、日产天然气150万立方米，累计生产油达到100.28万吨。

2004年，轮古油田有油气生产区块5个，其中两个油气区块划入桑吉气田，向西气东输供气。轮南西部的轮古15井区、轮古9井区、轮古40井区合称轮西油田，轮西油田是塔里木第一个稠油油田，原油密度达到1.03，采用注入稀油方式开采，累计采稠油51.75万吨。

第三节　建立与发展新体制

1989年开始，塔里木石油勘探开发会战在南疆石油勘探公司时期即开始新体制探索的基础上，全面推行“油公司”模式，始终坚持“两新两高”方针，16年来，在油气勘探开发上取得了丰硕成果，走出了一条在社会主义市场经济条件下，油气新区勘探开发会战的成功之路。

一、实行甲乙方体制，创建油公司模式

（一）南疆石油勘探公司时期的探索

1986年，石油部组织力量对塔里木盆地进行钻探。对于以何种形式来组织这次钻探工作，石油部在1986年2月25日塔里木盆地勘探会议上提出：塔里木的勘探工作，将根据海上钻井的经验，按新的管理体制进行组织。即：在塔里木钻探工作中实行项目管理和甲乙方合同制。南疆石油公司作为甲方，面向全国陆上油田招标优选钻井队伍。对于长期在计划经济体制下运作的石油企业来说，这是个全新的模式。甲方组织人员去海洋钻井现场学习，石油部以行政手段指定六个油田的钻井队伍必须参加投标。经过艰辛的探索，1986年12月，第一口探井库南1井采用甲乙方管理开始施工。

1986—1988年底，先后开钻的5口探井均采用甲乙方模式组织施工，在钻探过程中开始新体制的实践和探索，1988年制定出《统一定额标价》，对钻探过程各个环节和专业服务归为41种定额标价，初步建立起新体制各相关环节的配套制度。

（二）塔里木石油勘探开发指挥部确立新体制总体框架，并不断加以完善和发展

1989年4月塔指成立，总公司要求塔指：全面实行项目管理和承包经营责任制，在全国范围内优选队伍，推行甲乙方合同制，优化内部劳动组合，引进竞争机制。塔指作为总公司派出机构和总甲方，组织这场新型石油会战并协调甲乙方关系。甲方机关人员1000多名，年内有20个局级石油单位作为乙方派出队伍参加会战，会战人员达到2.4万多名。1989年8月31日，总公司批转了体制改革办公室《关于逐步建立塔里木石油勘探开发新型体制的意见》。《意见》明确，塔里木勘

探开发新体制以“油公司”模式为发展方向，确定“两新两高”工作方针，明确塔指对会战的管理方式和管理办法（即以项目管理和甲乙方合同管理为中心，内容涉及计划、财务、生产、科技、资产、辅助生产服务、人事劳资、思想政治工作等 11 个方面），新体制几乎覆盖会战的各个领域和环节。

塔里木会战按新体制运作两年后，1991 年总公司进行现场调研和总结，批准总公司体改办《关于完善和发展塔里木勘探开发新型管理体制的意见》。《意见》进一步明确，建立和完善新体制，就是坚持走有中国特色的“油公司”的路子，塔指就是“油公司”，是独立经济实体；对地震、钻井、油田开发建设、油品经营销售、科技管理、甲乙方关系协调等方面都进一步加以完善。根据总公司这些要求和安排，塔指在实际工作中不断规范和完善，到 1999 年，以“油公司”模式为发展取向的新体制在塔里木油田全面建立起来。概括起来，就是始终坚持“一个方针”、探索“两条路子”、建立一个“新型关系”（坚持“两新两高”方针、探索建立具有中国特色“油公司”和发展专业化、社会化服务的改革路子，建立新型的甲乙方关系），甲方形成三支力量（综合研究、经营管理、各类专业监督管理）和七个方面（决策指挥、技术参谋、经营管理、现场监督、生产保障、生活服务、思想政治工作）的科研、生产管理和决策指挥系统，采用合同招标方式调集和吸引全国各油田、石油科研院所、大专院校、石油系统内外的专业队伍参加会战，逐步建立一套与新体制相适应的经济政策、规章制度、工作程序和技术标准，促进新体制不断规范完善。这一次的塔里木石油勘探开发会战，已不是前五次的单纯地找油，而是把它当作在中国改革开放大环境中的石油工业改革开放的试验场，成为全国陆上石油工业改革开放的先行军和开路先锋。

（三）依靠国家支持，筹措勘探开发资金

1989 年塔里木油气勘探开发会战是在资金短缺情况下进行的。总公司为争取国外贷款作出很大努力，但由于油气勘探是风险很高的行业，用贷款搞勘探当时尚无先例，加之塔里木盆地勘探程度低、技术难度大，国外投资方均采取谨慎态度。1991 年 6 月 28 日，在国务院支持下，中国银行贷款 12 亿美元给总公司，用于塔里木石油勘探开发。国务院给予塔里木油田“借钱还油，以油养油”的政策，并给以使用美元贷款引进装备免征进口关税和增值税的优惠；允许塔里木原油作为计划外原油议价销售，这一政策一直延续到原油价格与国际油价接轨。

在新体制下，这 12 亿美元贷款得到高效益的使用，有力地保证了塔里木油田的勘探开发的资金需求，使之走上良性循环的轨道。到 1998 年，塔里木油田不仅全部偿还，而且还有银行存款近 20 亿元。

二、坚持党工委统一领导，为塔里木勘探开发会战提供政治保证

塔里木盆地面积巨大、地区经济落后、自然环境恶劣，且又处于在少数民族聚居区，虽然新的体制是借鉴和学习海洋石油的管理模式，但实际运作中又有很大不同：乙方队伍是来自五湖四海的油田队伍，自然和人文环境与海洋存在巨大的反差。因而，党工委通过思想政治上的统一领导，把石油工业优良传统和新体制有机结合起来，把甲乙方力量凝聚起来产生巨大合力，保证了会战的高水平和高效益。

（一）党工委在思想政治上的统一领导，凝聚甲乙方队伍力量

1989 年 4 月，塔指成立临时党委，周永康兼任书记。5 月 12 日召开第一次党员全体大会，要求甲乙方党组织划归临时党委统一管理。1990 年 9 月 17 日，总公司党组织决定撤销临时党委，成立中共塔里木石油勘探开发指挥部工作委员会，邱中建兼任工委书记，各乙方单位党政负责人出任党工委委员。面对艰苦的会战环境，党工委在甲乙方队伍中开展石油工业优良传统教育、尊重少数民族风俗和民族团结教育。针对甲乙方体制下出现的“甲方是老板，乙方是雇工”、“甲方怎么说，乙方就得怎么干”的思想，党工委加强对甲方队伍关于“参战队伍都是国家主人，要一视同仁”、“热情关心乙方队伍，下指令前要协商”的教育，并在会战队伍中针对出现的热点和难点问题开展广泛讨论。在这些活动中，党工委及时总结出甲乙方在工作中“两分两合”（即：在合同上分，思想上合；在职责上分，工作上合）的经验。

1995 年，邱中建在总结会战六年的精神文明建设经验基础上提出“艰苦奋斗、真抓实干、五湖四海”的塔里木精神。1999 年中国石油集团公司重组后，根据形势的变化，党工委及时提出甲乙方“团队精神”和“双赢”战略。2002 年 11 月，根据党的十六大提出“以人为本”的思想，党工委及时提出“尊重自己、尊重他人、崇尚事业、克制物欲”的企业人文精神，通过在甲乙方队伍中展开广泛讨论，思想上达成共识。

1989—2005 年，塔里木勘探开发会战始终坚持党工委在思想政治上的统一领导，将甲乙方队伍思想凝聚起来，16 年来成功探索一条在市场经济条件下，发挥思想政治工作优势的成功道路，成为塔里木新体制的一大亮点和特色。

（二）以人为本，改善和提高会战队伍待遇

塔里木的探区和油气区，处在沙漠、戈壁和山区，条件比内地和海洋艰苦得多。要使会战队伍留在塔里木，安心在塔里木长期会战，就要下决心安排好会战队伍的生活和待遇。

(1)住宿。塔里木石油会战一开始,各野外作业队配备专门设计制造的全封闭式带空调组合野营房,内设宿舍房、工作房、多功能厅、厨房、卫生间,电视卫星地面接收系统、食品冷藏室等,为员工提供安全、卫生、舒适的住所。各油气生产基地员工公寓达四星级标准。(2)生活服务。通过招标方式优选生活服务公司,按星级宾馆进行管理,保证一线员工吃好、休息好、娱乐好。(3)工作餐。通过市场调查,测算一线员工的工作餐标准,划分出沙漠腹地、沙漠边缘区、后勤等不同等级,并随着物价上涨适时调整。员工们高兴地称之为“一线共产主义生活”。(4)改革传统的现场“四班三倒制”,实行“四班两倒制”和一线工作轮休制。员工前线工作一个月回到后勤(或内地)休息一个月。(5)执行一线补贴,提高一线员工工资待遇。除有关津(补)贴按新疆地区最高标准计发外,还实行一线员工浮动工资级别和沙漠补贴,按照一线出勤天数计发。这些措施,提高了一线的会战队伍待遇,激发了员工的工作热情。

三、战略重组,实现上下游一体化发展

1989—2005年,在塔里木盆地的中国石油天然气集团公司所属石油单位先后进行两次大的整合。第一次是1999年,原来两个互不隶属的塔指和塔西南公司进行整合,将塔西南公司整体划归塔指管理,实现了油气勘探区域的统一规划和部署。第二次是2004年,将塔石化分公司划归塔里木油田分公司,并将塔里木油田未上市部分委托塔里木油田分公司管理,从而实现油气勘探、开发和炼油化工一体化整体协调发展。

(一)战略重组,实现勘探开发队伍第一次整合

塔西南勘探开发公司(以下简称塔西南公司)原隶属于新疆石油管理局,员工8000多名,是一个在塔里木盆地从事油气勘探开发有47年历史的老企业。1999年7月开始,集团公司将塔西南公司划归塔指管理,并在战略重组中将其整体划入上市企业。塔西南公司在西南地区的勘探区域,由塔指统一规划、部署。党工委提出“大联合、大团结、大发展”的思路,用新体制的模式对塔西南公司“小而全、大而全”旧模式进行改革,对柯克亚油气田进行技术改造和挖潜,加快34万吨化肥改扩建工程建设步伐,对炼油装置进行改扩建,积极创造条件,让塔西南公司的专业化服务队伍进入钻井、油气开发、试油、运输等专业服务行业。2000年,塔西南公司扭亏为盈,实现历史性突破。2001年10月,化肥改扩建工程建成投产,塔西南公司化肥年生产能力由16万吨提高到50万吨。2004年,炼油改扩建工程建成,炼油能力由原来每年15万吨提高到50万吨。2005年,进入塔里木油田市场的专业服务队伍达到1800人。

塔西南公司2000年扭亏为盈后，年产值和利税每年大幅度增长，产值由1999年的7亿元增加到2005年的26亿元，利润由2000年的100万元增加到2005年的1.03亿元。

（二）持续重组，实现“四塔合一”

2004年8月，集团公司决定：将塔里木石油勘探开发指挥部（原油田服务公司）整体委托塔里木油田分公司管理，其所属业务分账运行，独立会计核算；塔里木石化建设指挥部整体划归中油股份公司，更名塔石化分公司，作为塔里木油田分公司下属副局级单位，其行政和党组织由油田分公司和党工委统一管理，实行独立核算，业务由中油股份公司化工与销售分公司归口管理。2005年，塔石化分公司年产80万吨化肥项目正式启动。

经过新一轮战略重组，塔里木油田分公司、塔里木石油勘探开发指挥部、塔西南公司、塔石化分公司合聚为一个整体。这一战略重组的完成，使中石油集团公司在塔里木的上下游产业成为一个有机协调的整体，有利于形成以油气勘探开发为龙头、整体协调发展的合理格局，对实施发展西部战略、加快塔里木油气勘探开发进程具有重要意义。

四、坚持“二十字”方针，实现油地共同发展

1989年4月12日，总公司领导与新疆维吾尔自治区领导共同协商制定了在新体制下的石油与地方关系总方针：“依靠行业主力，依托社会基础，统筹规划，共同发展。”1989—2005年，塔里木油田始终坚持“二十字”方针，向当地开放油田市场，以市场为纽带，走出与地方经济融合发展的新型路子。油地关系改变计划经济时代单纯的“输血”模式为以“造血”模式为主，有力带动塔里木盆地周边经济的快速发展。

（一）充分依托社会基础，油气勘探开发得到当地政府和各族人民的拥护支持

1989年塔里木会战以来，自治区及各地州县政府，广泛开展“新疆要大富，石油要大上”的宣传，制定了“一黑（石油）一白（棉花）”发展战略。各级政府成立支油办公室，根据中央和自治区有关政策在土地征用、生活资料供应等方面给予优惠，简化手续，做到“急事急办，特件特批”。思想观念上由过去“要我支油”转变为“我要支油”。油气田开发建设、物资运输、设备维修、生活后勤保障中一些专业性不强和非石油专业性的工作面向周边社会，并制定了同等条件下向当地倾斜的一系列优惠政策。当地基建和生活服务队伍纷纷进入塔里木油田市场，到20世纪90年代中期，达到4万人。水泥、钢材等行业打入油田市场，并以其产品质量站稳了脚跟。据不完全统计，到2005年，先后有200多家地方队伍进入油田市场，塔里木油

田以劳务、基建、运输、物资采购向当地注入资金累计达220多亿元。许多当地企业，进入油田市场后，不仅增加了企业收益，更重要的是吸收了先进企业管理思想，提高了竞争力。21世纪以来，先后有昌吉特变电工、八一钢铁集团、兵团农一师和农三师等企业与油田签订了长期战略联盟协议。

（二）统筹兼顾，带动当地经济发展

塔里木油田在进行开发建设时，始终不忘中央企业的责任，努力惠及地方。1989—2005年，修建油地共用公路1423千米。全长522.8千米的沙漠公路，使和田地区至新疆首府的距离缩短了600多千米。塔西南石化厂的建成投产，使南疆地区彻底改变了工农业缺油少肥局面。塔里木会战是靠贷款进行勘探开发的，当勘探开发进入良性循环后，即力所能及地拿出资金援助地方，16年中累计提供无偿援助3.79亿元，援建希望小学9所，承担6个县和1个地方企业的扶贫脱困任务。1998年起，塔里木油田开始向叶城县、库尔勒市供气。2004年，塔里木油田开发了和田河气田和阿克莫木气田，专用于向和田、喀什、克州三地州供应天然气，被当地人民亲切誉为“造福工程”。

（三）油气开发规模的扩大，带来当地财政收入的快速增长

1989年会战之初，勘探主战场在轮南和塔中地区，到2005年规模已经遍及全盆地，油气产量已由最初3.5万吨达到1000万吨，向地方缴纳税金由最初的2000

塔里木油田与地方经济融合发展得到了各族人民的拥护。

多万元达到10多亿元，累计缴纳税费达到89亿元。以巴州为例，1988年该州财政收入为7100万元，到2005年达到12亿多元。油田机关所在地库尔勒市，1988年财政收入为4336万元，2005年达到8亿元，16年中增长18倍。

第三十五章 四川油气田

四川石油管理局(机关设在四川省成都市)在四川盆地的石油天然气勘探开发建设,经历了艰苦曲折而成效卓著的发展历程,至 2005 年底,全面建成了中国大型的天然气工业基地,天然气年产量一直保持着全国领先地位。

1949—1985 年的 36 年间,在四川盆地发现气田 66 个,探明天然气储量 2117.6 亿立方米,建成了川东、川南、川西南和川西北 4 个产气区,年产气能力 55.4 亿立方米,累计生产天然气 842.5 亿立方米;天然气在四川省能源消费结构中由 1957 年的 1.5%上升到 1985 年的 15%。在川中地区发现油田 12 个,建成了川中产油区,年产原油 11.7 万吨,累计生产原油 171 万吨;建成集气和输气管线 4500 千米,形成了东起重庆市垫江县的卧龙河气田,经重庆市及四川省泸州、自贡、成都到江油市中坝气田的盆地南半环天然气长输干线,为川、云、贵 3 省的 600 多个工业企业和 50 多万户家庭提供工业和生活用气;建成一批硫磺、碳黑、氦气、轻烃回收和炼油等综合利用生产装置,形成了初具规模的天然气工业基地。

1986—2005 年的 20 年间,四川石油天然气工业不断向前发展。截至 2005 年底,盆地新发现气田 44 个,探明天然气储量 6305.23 亿立方米,比前 36 年增加 4187.63 亿立方米;新投入开发气田 37 个,年产量提高到 122.03 亿立方米,新建成了川中产气区。新发现油田 2 个,新增石油探明储量 5995.68 万吨,比前 36 年新增 3582.68 万吨。累计生产天然气 1505.94 亿立方米、生产原油 309.71 万吨。建成了东起四川渠县、经南充到成都的北半环天然气长输管线,与南半环管线连接,形成了川渝环形管网。建成川渝天然气东输工程,于 2004 年 11 月 16 日正式向湖北省供气，实现了“川渝天然气东输”（川气出川）的目标。

1999年下半年，中国石油天然气集团公司实施企业重组改制，四川石油管理局（以下简称管理局）原有的油气勘探、开发、管输、炼化、营销和部分科研业务划归新成立的西南油气田分公司（以下简称分公司），管理局和分公司分别成为中国石油集团公司在四川油气田的直属企业和中国石油天然气股份有限公司的地区公司。

55年来，川渝石油人经过艰苦拼搏，创建和积累了中国天然气工业发展的宝贵经验，塑造了一支求真务实、开拓创新、勇打硬仗的队伍，取得了一系列重大科技成果，为全国天然气工业的发展作出了重大贡献。

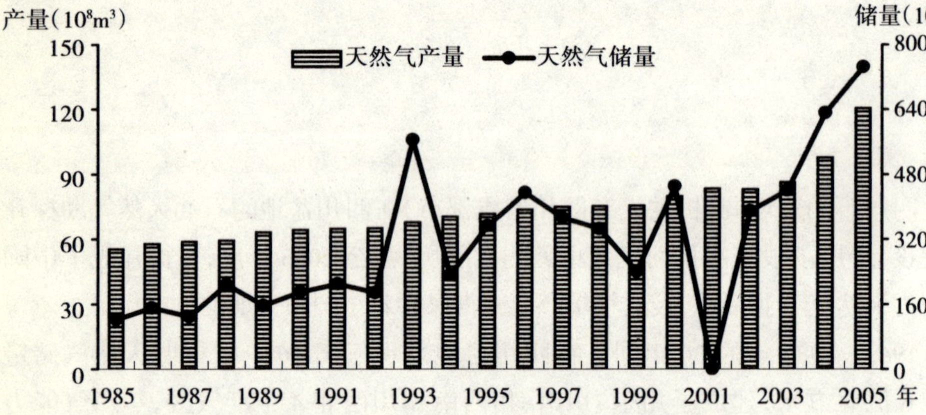

四川油气田天然气探明地质储量和产量变化图

第一节　勘探领域的两次重大接替，天然气储量持续高速增长

1986—2005年，四川油气田的天然气勘探进入了一个崭新的发展时期，勘探对象从裂缝型气藏发展到裂缝—孔隙型气藏，山地地震勘探系列技术形成并快速发展，促成了1987—1989年川东高陡构造带石炭系勘探的成功以及1996年以来川东北部三叠系下统飞仙关组鲕滩气藏的重要发现，天然气勘探取得重大突破，实现了勘探领域的两次重大接替。1986—2005年发现气田44个，新增探明储量6305.23亿立方米，为天然气产量持续稳定增长准备了资源条件；可采储量储采比，由1985年底的10：1升至2005年底的25.72：1，勘探开发步入良性循环。

一、川东石炭系勘探主战场开始形成，川中雷口坡组和川西南部须家河组发现大中型气田

1986—1989年，四川油气田天然气的重点勘探区层处于新老交替的关键时刻。20世纪60至70年代曾有过辉煌的川南、川西南老区二、三叠系裂缝型气藏勘探成效一度下降，新获气藏和裂缝系统的平均储量只有2.46亿立方米和1.28亿立方米，比1985年底前缩小了3倍，年产量从1978年的47.6亿立方米降至1986年的26亿立方米，气田开发处于困难时期，渴望找到新的勘探接替领域。川东高陡构造石炭系裂缝—孔隙型气藏获得勘探突破，实现了全盆地勘探领域的首次重大接替。与此同时，在川中、川西南部发现磨溪大型气田和平落坝中型气田。

（一）川东高陡构造带石炭系勘探的突破，实现了勘探领域的重大接替

川东地区高陡构造勘探难度大，在1983年底前部署的9个高陡构造主体上的10口预探井全部失利，仅找到几个中小型气藏。

1984—1986年，集中力量应用地震资料采集、处理、解释技术对高陡构造进行攻关，从失利井入手进行构造精细分析，恢复构造剖面，查明地面高点和地腹构造陡带及断凹的关系，揭示了造成钻探失误的地质原因，建立了具有川东特色的高陡构造模式，创建了高陡构造地震资料采集、处理、解释系列技术。

1987—1989年，在搞清地下构造前提下，重新选择大池干井、铁山、大天池等7个高陡构造带中的吊钟坝、高峰场、双家坝、五百梯等11个圈闭，钻预探井12口，其中9个圈闭10口预探井全部获气，累获测试日产天然气高达595万立方米。在大池干井高陡构造带取得勘探整体突破，位于构造主体的龙头—吊钟坝、万顺场和位于东、西两翼下盘正向潜伏构造的磨盘场、高峰场全部获气。在勘探实践中，石炭系的厚度预测技术有了重大进展，完成了川东全区的石炭系厚度预测，对石炭系勘探的整体部署和地层—构造复合圈闭的勘探方向具有重要指导意义。

勘探实践表明，川东石炭系具有分布广泛、储层横向较稳定和圈闭众多等形成大中型气田的优越地质条件，勘探潜力巨大。加强对该领域的勘探，从根本上改变了川南、川西南老区二、三叠系裂缝型气藏勘探“有气无田”的局面，川东高陡构造带石炭系的勘探实现了对川南、川西南老区二、三叠系裂缝型气藏勘探领域的接替，使川东地区成为盆地新的天然气勘探的主战场。

（二）川中磨溪气田三叠系中统雷口坡组发现碳酸盐岩低渗透大型气藏

磨溪构造是川中南部的一个短轴低平潜伏背斜构造。1961—1982年已钻探井5口，1987年初，磨9井在雷一^{1}段获日产气11.87万立方米，证实了雷一^{1}气藏的存在。1987年后通过对该气藏及其外围进行评价勘探，使磨溪气田雷一^{1}气藏

共探明含气面积202平方千米，探明储量349.47亿立方米，成为四川盆地又一大型气田。磨溪气田的发现，使川中油区发展成为川中油气区。这一重大进展是坚持"油气并举"和裂缝、孔隙两类油气藏并重的勘探思想的结果。

（三）川西南部平落坝气田三叠系上统须家河组发现裂缝—孔隙型砂岩气藏

平落坝构造是1982年经地震发现的川西南部一个短轴潜伏背斜构造。1989年在平落1井须二段钻获日产35.03万立方米高产气流，发现了须二气藏。1990—1992年1月，对须二气藏进行评价勘探，钻井7口，探明构造顶部含气面积15.7平方千米，储量59.1亿立方米。1992年该气藏投入试采。至1997年，气藏有8口井投产，经试采证实：气井生产潜力大、气藏具有统一压力系统。整体探明含气面积55.9平方千米，储量145.24亿立方米，成为川西南部第一个中型气田。平落坝气田的重要发现，进一步展示了龙门山山前隐伏构造带，具备形成大中型气田的成藏条件，具有良好的勘探前景。

二、川东高陡构造带石炭系全面展开勘探和储量高速增长，发现飞仙关组鲕滩气藏和侏罗系次生气藏，出现新的勘探接替领域

1990—2000年，四川油气田以寻找大中型气田为目标，在全面展开川东高陡构造带石炭系勘探的同时，大力甩开勘探，成果丰硕。在此期间，发现和探明石炭系大中型气田10个，新增探明储量1531.70亿立方米，为四川油气田1994年天然气产量突破70亿立方米及产量进一步增长提供了丰富的资源；在川东北部渡口河潜伏构造的兼探中，发现三叠系下统飞仙关组鲕滩气藏，开辟了找气新领域，是四川油气田天然气勘探史上继石炭系之后的又一重要里程碑；在川西南部白马庙潜伏构造的兼探中，发现了侏罗系上统蓬莱镇组砂岩次生气藏，为规模勘探指出了方向。

（一）川东高陡构造带石炭系全面展开勘探并实现储量高速增长

1990—2000年，以川东石炭系为重点，以高陡构造为对象，先后对1984—1997年预探获气的大池干井、七里峡、大天池—明月峡等9个高陡构造带中的高峰场、龙头—吊钟坝、五百梯、沙坪场、西河口等21个圈闭进行评价勘探，成效显著。一是探明储量高速增长。共获储量1959.20亿立方米，是1977—1989年总探明储量的3.4倍。二是发现的气藏储量规模越来越大。探明的石炭系单个气藏平均储量为93亿立方米，比1977—1989年增加了40.4亿立方米。三是高陡构造的整体勘探和立体勘探获得成功。大天池—明月峡高陡构造带通过整体勘探和立体勘探，在五百梯、龙门、沙坪场、肖家沟、明月北的石炭系和上二叠统长兴组生物礁6个气藏共探明储量1039.61亿立方米。尤其可喜的是，新发现的五百梯、沙坪场石

炭系地层—构造复合圈闭气藏，探明储量都接近400亿立方米，这在石炭系勘探中是前所未有的。该构造带的整体勘探，创造了高效勘探的典范。铁山高陡构造带的铁山(南)气田，通过立体勘探，仅用10口探井探明了三叠系的嘉陵江组、飞仙关组、二叠系的长兴组和石炭系4个气藏，形成了一个储量达148.47亿立方米的中型气田，堪称立体勘探的典范。四是渝东地区方斗山高陡构造带西翼的寨沟湾潜伏构造勘探取得了突破。于2000年寨沟1井发现石炭系日产46.89万立方米的工业气流，扩大了石炭系的勘探范围。

(二) 川东北部渡口河潜伏构造三叠系下统飞仙关组取得重大发现并探明鲕滩气藏

1989年，在铁山(南)构造的铁山5井，首次发现飞仙关组鲕滩储层并获工业气流，但未引起足够重视，该层的勘探仍处于兼探地位。1995年5月14日，依据地震资料的解释成果，在渡口河构造北高点钻探渡1井，目的层为石炭系及二叠系上统长兴组地震礁异常体。该井钻经飞仙关组时，未见显示，长兴组也未发现礁体。同年12月25日，钻至井深5037米，进入下二叠系阳新统8米时发生了强烈井喷，经岩屑复查、测井资料重新解释和天然气组分等资料的综合分析，认为阳新统高压气层诱发井喷，但主要产层是三叠系下统飞仙关组。压井成功后，由于井下情况复杂，决定对飞仙关组专层侧钻。1996年9月29日，渡1-1井在飞仙关组钻遇孔隙性白云岩，完井测试获日产天然气44.15万立方米，硫化氢含量高达231.9克/立方米，发现了渡口河飞仙关组鲕滩含硫气藏。

1996—1998年，依据在渡1井飞仙关组产层的地震“亮点”(强振幅异常)特征，追踪鲕滩储层分布，据此部署渡2、3、4井进行评价勘探，结果井井获气，效果显著。在已探明的31.88平方千米范围内，获储量271.65亿立方米。通过地震面积加密详查和老资料重新处理，预测出川东北地区类似渡1井的鲕滩储层分布面积超过3500平方千米，为飞仙关组鲕滩气藏甩开勘探提供了重要依据。

1999—2000年，对优选出的铁山坡、金珠坪、罗家寨、朱家咀、老鹰岩构造进行甩开预探，相继在铁山坡、罗家寨构造钻获高产工业气流，迅速扩大了勘探成果。

(三)川西南部白马庙潜伏构造侏罗系上统蓬莱镇组发现砂岩浅层次生气藏

四川油气田的浅层气勘探经长期探索，于1995年在川西南部白马庙潜伏构造上，以三叠系上统为目的层钻探白马1井，钻至井深795米侏罗系上统蓬莱镇组时，发现工业气流，及时加强浅层地震攻关试验，查明了圈闭形态和砂体分布，开展加砂压裂现场试验，提高了单井产量，经评价勘探和气藏描述，获得探明储量268.72亿立方米，从而揭开了川西南部侏罗系浅层气规模勘探的序幕。这一突破，加速了对该领域的甩开勘探，相继在观音寺、苏码头、盐井沟、三皇庙等构造的侏罗系蓬莱镇组、遂宁组和沙溪庙组钻获工业气流，展示了四川盆地浅层气勘探的广阔前景。

三、飞仙关组鲕滩勘探领域实现了对石炭系勘探的战略接替，盆地须家河组和嘉陵江组勘探呈现生机

2001年以来，四川油气田的天然气勘探呈现勃勃生机，川东石炭系虽已进入深化勘探阶段，但川东北部飞仙关组鲕滩勘探领域实现了对川东石炭系的战略接替；川中、川西南部三叠系上统须家河组勘探取得新进展；蜀南及川中老区三叠系下统嘉陵江组二次勘探出现新的生机。

（一）川东北部三叠系下统飞仙关组鲕滩对川东石炭系勘探的接替

2001年随着渡口河飞仙关组鲕滩气藏的发现和探明，引起了对川东北部地区勘探的高度重视，在沉积相研究的有利地区迅速展开积极的勘探活动，至2005年底，取得了显著的勘探成效。一是发现一批气田和含气构造。2001年以来，先后在4000余平方千米范围内，通过强化数字地震详查，迅速完成二维地震3750千米，查明构造格局，发现和落实了一批可供钻探的圈闭，并精选出一批构造甩开勘探，先后在温泉井、铁山坡、铁山、七里峡构造带以及大巴山前缘北西向构造带等地区，优选出铁山坡、滚子坪、正坝南、龙会场、金珠坪、七里北等21个圈闭展开预探。至2005年底，在这一领域，共发现渡口河、铁山坡、罗家寨、滚子坪、正坝南、金珠坪、龙会场、七里北等15个气田或含气构造。二是储量快速增长。共探明罗家寨、铁山坡、铁山南、渡口河、滚子坪、龙门、金珠坪7个气田，累积获探明储量1571.08亿立方米；控制双家坝、七里北含气构造2个，获控制储量380.63亿立方米；预测黄龙场、正坝南、龙会、高桥、铁山北、菩萨殿含气构造6个，获预测储量331.95亿立方米。三级储量总和达2283.66亿立方米，形成了对石炭系重点勘探领域接替的局面。在已探明的气田中，罗家寨飞仙关组鲕滩气藏储量达581.08亿立方米，是四川油气田单个气藏储量之最；铁山坡飞仙关组鲕滩气藏储量373.97亿立方米，丰度每平方千米15.04亿立方米，是四川油气田单个气藏储量丰度之最；渡口河飞仙关组鲕滩气藏经扩边勘探，含气面积扩大至33.8平方千米，探明储量增至359亿立方米，跨入了大气田的行列。三是勘探具有较大的潜力。经地质综合研究表明，台地边缘鲕粒坝相带有利于鲕滩储层的发育，勘探领域广阔，勘探形势方兴未艾。

（二）川中、川西南部三叠系上统须家河组砂岩气藏勘探取得新进展

三叠系上统是四川油气田重要的含气层系，油气地质条件较为复杂。2000年前，发现了中坝、平落坝、八角场等6个气田和老关庙、文星场、拓坝场等15个含

气构造，累积探明储量仅 384.77 亿立方米。2000 年以来，加强了前陆盆地油气富集规律的地质研究。针对低孔、低渗砂岩储层易被污染的特点，通过推广新工艺、新技术和开展现场试验，勘探不断取得新进展，并在川西南部地区邛西构造上取得新突破。该构造于 2000 年在主断垒上部署邛西 3 井，用自行研制的旋转防喷器和不压井起下钻等工具，对须二段储层采用全过程欠平衡钻井完井工艺技术，有效地保护了油气层，完井测试首次在该构造上获得日产 45.67 万立方米的高产工业气流。至 2005 年底，采用同样先进的工艺技术，展开评价勘探，探明含气面积 25.13 平方千米，获探明储量 152.68 亿立方米。在川西北部黎雅庙潜伏构造上的黎雅 1 井获测试日产量 115.3 万立方米。在川中地区的充西、广安、河包场等 6 个构造和地区也取得一批新发现，其中，在充西探明含气面积 81.44 平方千米，获探明储量 136.35 亿立方米；在广安构造首次发现须六层裂缝—孔隙型气藏，已有广安 2、广安 51、广安 101、兴华 1 等井获工业气流。该构造面积大，储层分布相对稳定，2005 年获控制储量和预测储量 1190.29 亿立方米，成为四川油气田的重点评价勘探区。2001—2005 年，四川油气田在须家河组新获探明储量 553.92 亿立方米，三级储量总和达 2401.73 亿立方米，把四川盆地三叠系上统的勘探推向了一个新阶段。

（三）蜀南、川中老区三叠系下统嘉陵江组的二次勘探呈现新的转机

1999 年以来，蜀南老区（原川南、川西南气区）为改变勘探、开发的被动局面，通过对以往勘探实践的回顾与思考，解放思想，转变观念，勘探上出现了三个转变：即由重点勘探二叠系阳新统转向三叠系嘉陵江组；由主要勘探裂缝型气藏转向裂缝—孔隙型气藏；由碳酸盐岩储层勘探转向碳酸盐岩、碎屑岩并重，从认识上有了突破。在嘉陵江组裂缝—孔隙型储层的勘探中，首选 20 世纪 70 年代曾在阳新统产淡水且钻探失利的麻柳场构造重上预探，在麻 2、3 井钻获工业气流，发现嘉二、嘉四等 3 个裂缝—孔隙型气藏。经评价勘探获气井 11 口，获探明储量 97.4 亿立方米，成为蜀南地区继威远气田之后的第二个较大气田。在扩大勘探中，相继探明了宜宾气田嘉四 ^{1} 气藏、同福场气田嘉一—嘉三气藏和铁厂沟气田嘉二气藏，共获探明储量 53.22 亿立方米，使老区勘探走出了低谷，产量趋于稳定。蜀南地区嘉陵江组勘探的转机表明，一个构造深层产淡水，却有可能在浅层找到整装气藏，老区要取得勘探新进展，必须依赖于新的勘探思路。

在川中地区再次对磨溪气田嘉陵江组进行勘探并取得新进展。嘉二气藏发现于 1979 年磨深 1 井，后因气水关系复杂，一度停止了气藏勘探工作。2003 年以来，对嘉二气藏进行重新评价，开展大面积全三维精细地震勘探，落实了构造形态，预测了储层分布，在此基础上加深老井钻探，加大新井钻探力度，连续获得工业气井，展示出又一个大气田的格局。在中国石油天然气集团公司的指导下，通过采取

强有力的措施，以“会战”方式，实现钻井大提速，工艺技术大提高，加快了勘探步伐，至2005年新钻井34口，探明含气面积179.45平方千米，储量326.59亿立方米。从而使磨溪气田探明储量累积达到702.31亿立方米，成为四川油气田储量最多的气田之一。磨溪气田嘉陵江组气藏勘探的成功表明，面对复杂地质对象的老区勘探，必须坚持锲而不舍的精神，依靠科技、精雕细刻、重新认识，暂时的失利有可能转化为成功。

第二节　气田开发规模不断扩大，产量持续稳步增长

1986—2005年四川油气田开发进入了新阶段，整体开发了一大批裂缝—孔隙性整装气田，建成了上万千米的集输气管网和大型天然气净化装置，实施老区资源挖潜，生产能力大幅度提高，1994年年产量突破了70亿立方米；2004年年产量跨越了100亿立方米，实现了川渝天然气东输的夙愿；2005年达到年产122.03亿立方米。

一、整体开发裂缝—孔隙型整装气田，气田开发进入新阶段

1986—1990年，一批石炭系整装气田投入整体开发和试采，产量逐年大幅度回升；中坝气田和老区资源挖潜成效显著，有效减缓了递减；建成了盆地北半环长输管线和渠县净化厂，增强了商品气的生产能力。

（一）一批以石炭系为主的整装气藏投产并稳产

1981年以来，在川东地区发现和探明了一批以石炭系为主的裂缝—孔隙型气藏。这类气藏多为背斜圈闭，储层为视均质和非均质层状溶孔白云岩，基质孔隙度高，裂缝发育；单个气藏具有统一的气水界面、同一水动力系统和相同流体性质；气藏储量大，单井产量高。通过气藏描述和试采，运用数字模拟技术编制了开发方案，进行全气藏整体开发。“七五”期间陆续投入正式开发的气田有张家场、福成寨、卧龙河石炭系等4个整装气藏，有可采储量187.74亿立方米，有生产井70口，平均单井日定产能力5.14万立方米，年产气11.88亿立方米，稳产年限6.7～7年。与此同时，高峰场、双家坝等6个石炭系气藏也先后投入试采。这批气藏的开发和试采，增加天然气年产量16.14亿立方米，使天然气年产量由1985年的55.4亿立方米提高到1990年的64.28亿立方米，恢复到历史最好水平。

（二）中坝气田雷三气藏日产天然气120万立方米工程投产

中坝气田雷三气藏属高含硫气藏，硫化氢含量147～252克／立方米。1982年建成了日配套集输和处理能力80万立方米含硫天然气的生产规模。1988年用动

态法核实气藏储量，其压降储量由 80 亿立方米增至 86.3 亿立方米。其生产规模可以由日产 80 万立方米提高到日产 120 万立方米。该工程于 1989 年 3 月 20 日破土动工，1990 年 4 月 10 日联运试产一次成功，日处理能力达到 120 万立方米，工程合格率 100%。该气田被中国石油天然气总公司评为“高效开发气田”。

（三）老区资源挖潜效果显著，有效控制了产量递减

川南、川西南是四川油气田两个重要的天然气生产老区。20 世纪 70 年代前最高年产量曾达到 47.6 亿立方米，占当时管理局产量的 78.9%。20 世纪 80 年代中期，储采比严重失调，已探明储量的采出程度，分别高达 73%和 64%，老井逐步进入开发中后期，气井普遍出水，自然递减分别高达 23.8%和 17.26%，气田稳产难度逐年加大。在这种情况下，针对两个老矿区水驱气藏的地质特点和出水机理，通过科学控制采气速度和采用泡排、气举、机抽、优选管柱、电潜泵、柱塞泵等排水采气工艺技术以及增压开采、高低压分输、压裂酸化、老井上试等工艺措施，提高了作业的有效性和气藏采收率，延长了气井生产期，使气藏综合递减控制在 10%以内。“七五”期间，川南矿区通过措施增产天然气 9.59 亿立方米，比同期新钻开发井产量还多 2.48 亿立方米；川西南矿区通过措施增产天然气 17.57 亿立方米，比同期新钻开发井产量多 12.11 亿立方米，使川西南老矿区年产量连续 9 年保持在 10 亿立方米水平上。

（四）北半环长输管道建成投产，增强了输供气能力

四川油气田原有的南半环干线，日输供气能力仅有 300 万立方米，难以适应四川地区对天然气日益增长的市场需求和川东地区气源不断增大的实际。迫切需要新建“北半环”干线与已有的“南半环”干线连接，形成四川盆地的环形输气管网。北半环输气干线工程被国家计委列为国家能源建设重点项目。该工程于 1985 年 1 月 25 日开工，1989 年 4 月建成，东起四川省渠县首站，经南充、射洪至成都市，与南干线威（远）—青（白江）复线相接。管径为 720 毫米，全长 327 千米，5 次穿越渠江、嘉陵江、涪江、沱江 4 条大型河流，建成计量站等配套场、站 29 座，日输气能力达到 400 万立方米。北干线的建成对川、渝、云、贵 4 省市供气发挥了重要作用。

（五）渠县净化厂建成投产，商品气生产能力提高

渠县净化厂是北半环输气管线中的重点工程，主要处理川东气区新投产的张家场、卧龙河等一批石炭系气田低含硫（硫化氢含量 2～4 克 / 立方米）、高碳硫比原料气，使之达到国家二级商品气气质标准（硫化氢含量小于 20 毫克 / 立方米）。该工程于 1985 年 12 月 25 日破土动工，1988 年 12 月 29 日竣工。建成脱硫、脱水、酸气提浓，硫磺回收、尾气处理等装置和配套供水、供电、通信等工程。1989 年 3

月10日机组联合满负荷试运行一次成功，日处理天然气能力400万立方米。

二、加快产能建设步伐，产量突破70亿立方米大关

“一切为了70亿”，是石油工业老前辈多年来梦寐以求的期望。1991—2000年，随着具有含气边界清楚、有统一压力系统、储量较大的川东石炭系、川中雷一1和川西须家河大中型裂缝—孔隙型整装气田的发现和探明，新增探明储量3150亿立方米，剩余可采储量储采比由1990年的11.35∶1提高到2000年的23∶1，具备了实现这一历史目标的条件和由不正规开发走向正规开发的基础。“川油人”不断坚持科学开发气田，加大新区产能建设力度和开展老区“二次创业”，终于在1994年天然气年产量突破了70亿立方米的大关，达到70.78亿立方米，至2000年产量上升到79.95亿立方米。四川天然气工业再次进入高速发展期。

（一）14个整装气藏分期投入开发

1991年以后，四川油气田勘探开发步入了良性循环的轨道，在储量、产量快速上升的同时，天然气市场进一步扩大，为四川天然气工业高速发展创造了条件。“八五”期间，按规范程序对已探明的气田开展精细气藏描述、抢建试采井口和管线、进行整体试采，取全取准气藏动态资料，利用先进的数字模拟技术，开展动态预测和科学开发设计，确定最佳开发方式和开发指标，针对不同气藏类型，在稀井高产和经济效益好的原则下加速气藏的产能建设。“八五”期间开发了沙罐坪、万顺场、双家坝和磨溪气田。总生产规模年产天然气12.29亿立方米。其中磨溪气田雷一气藏，属低渗、低产含硫气，可采储量132.18亿立方米。通过室内及现场试验，探索出储层改造提高单井产量的胶凝酸酸化工艺，使单井产量由平均日产1万立方米提高到1.5万～2万立方米，减少生产井44口，用76口生产井，建成了年产4.29亿立方米的稳产规模。“九五”期间开发了五百梯、龙头—吊钟坝、平落坝等10个气田，有生产井82口，增加天然气年生产能力40.39亿立方米。平均单井日产气约15万立方米，实现了稀井高产。其中：铁山气田成功实现了1井2层分采；小而肥的胡家坝、五灵山气田做到1口井开发1个裂缝—孔隙性整装气藏，为多产层气田的立体开发和高效开发提供了宝贵经验。

（二）大天池—明月峡地面集输工程建成投产

大天池构造带是20世纪90年代四川盆地投入开发的最大含气构造带。该构造带南北长140千米，东西宽12千米，主产层为石炭系，相继获得了五百梯、沙坪场等5个气田和大树坝、天池铺等3个含气圈闭。它们构成了性质相同、规模各异的成组气田群。为整体高效开发成组气田，建立了“大天池—明月峡地面集输工程建设”项目，工程于1995年10月开工，1999年8月主体工程建成。共完成气田单

井站16座，原料气长输埋地管道170千米以及脱水站等配套设施55座，2001年12月5日竣工验收，工程合格率100%，施工质量达到优良，使大天池构造带天然气生产的配套能力迅速提高。日脱水900万立方米，日输干含硫天然气810万立方米，适应了各气田长期生产的需要。该工程首次实现干气输送；安装了井口高低压截断阀、水套炉火焰监视及温度自动控制系统；实现气井产水量自动计量和排放；首次采用SCADA系统实现对集、输、脱(水)生产过程及设备运行状态的自动监控。

(三)长寿、磨溪2座天然气净化厂建成投产

1. 长寿净化厂是大天池构造带产能建设的重要配套工程。该厂位于重庆市长寿县渡舟镇，紧靠卧(龙河)—渝(重庆)输气干线。主要处理五百梯、沙坪场等气田的原料气。由管理局自行设计和施工，设备国产化，日处理含硫天然气400万立方米，硫磺日产量8吨。工程于1995年8月正式开工，1999年元月竣工投产。长寿净化厂是当时国内自行设计单套装置处理能力最大的天然气净化装置。硫磺回收率达到94%。经长时间生产检验，该厂具有长周期、安全平稳运行的特点。

2. 为加速磨溪含硫气田的开发，先期对顶部60平方千米试验区进行试采。为满足试采需要，管理局于1989年2月开工建设了磨溪气田50万立方米/日天然气净化(引进撬装)装置及其配套工程。1990年12月20日竣工，1991年2月投入试生产，实现了天然气净化装置和单井装置的撬装化，使开发试验区顺利投产。其后，为满足气田120平方千米整体开发和日产气130万立方米正式开发的需

四川油田磨溪会战现场。

要，在原装置基础上扩建了1套日处理能力80万立方米的净化装置。该工程1994年2月27日竣工投产，使磨溪气田正式投入全面开发。

（四）开展川西南、川南和川中老区3个“二次创业”项目

1. 威远气田震旦系气藏提高采收率开发工程。威远气田震旦系气藏是一个典型的碳酸盐岩裂缝—孔洞型底水气藏，该气田探明储量400亿立方米。至1996年气藏共钻井107口，历年投产井共74口。1970年自威5井开始产地层水以后，产水井愈来愈多，20世纪90年代中期气藏几乎全部被水淹，气田面临关闭的严峻局面。1995年，围绕威远气田提高采收率开展了系列攻关试验研究，认为威远气田剩余储量大，气藏水体有限，在降低裂缝系统压力条件下可使基质岩块内封闭气膨胀并重新产出，且排水工艺成熟。1994年在顶部2井区开展了排水试验，6口井日排水量150立方米时，日产气不足5万立方米；1998年初当排水井增加到14口，日排水量达到1300立方米时，日产气量已超过16万立方米，可采储量由65亿立方米增加到75.99亿立方米，提高采收率9.56%，效果明显。1997年实施“威远气田震旦系气藏提高采收率”工程，1997—2000年累计排水429万立方米，累计增产天然气2.1亿立方米，日产天然气由1996年19万立方米上升到1999年38万立方米。项目的实施为老气田的二次挖潜和对四川气田排水采气工艺的进一步完善提供了丰富的经验。

2. 川南排水找气和长垣坝滚动勘探开发工程。川南矿区1979年最高年产量达到29.09亿立方米，占当年管理局产量的45%。20世纪80年代后期，由于后备接替资源严重不足，至1994年底仅有剩余可采储量53亿立方米，储采比仅为7：1，1994年产量降到7.55亿立方米，年均递减13.1%。在这种严峻形势面前，矿区积极与成都理工大学合作研究，认为阳新统各裂缝系统水体有限，且气水自成一体，采用强排水，形成“水落气出”的条件，总结出“排水找气”的新理论。按此理论，对阳72井等一批出水井进行了“排水找气”现场试验，获得了成功。1995—1998年该老区共在49口产水井上开展排水找气作业，获自喷工业气井22口，自喷小产量气井3口，人工排水生产井12口，气井成功率75.51%，新增动态储量28.77亿立方米，新增年产天然气能力3亿立方米，取得较好经济效益。在长垣坝构造带5个构造上新钻滚动井12口，获工业气井8口，成功率66.7%，探明可动用储量16.41亿立方米，新建年产能1亿立方米。该项目的实施，不仅抑制了老区产量下滑，并积累了成套排水找气新理论和新技术。

3. 川中原油上产工程。川中油区由于油藏地质条件复杂，勘探开发难度大，原油年产量从20世纪70年代以来长期徘徊在10万吨水平上。1988—1991年间，原石油部老部长康世恩曾3次带领总公司领导及专家亲赴川中调研，拟定了《川

中原油上产先导试验规划意见》;1992 年 4 月在中国石油天然气总公司领导主持下召开了“川中油气勘探开发工作及技术攻关会议”,提出了从 1993 年起用 5 年时间使川中原油产量从 10 万吨提高到 30 万吨的奋斗目标。1994 年 7 月总公司咨询中心组织专家评估并通过了《川中新建 20 万吨原油产能工程可行性研究》。经总公司批准,该上产项目于当年 7 月正式进入实施阶段。1995—1998 年,在小潼场、回龙场等 6 个地区 1500 平方千米范围内开展二维多次覆盖地震详查和精查,完成地震反演和属性分析等特殊资料处理,为滚动勘探开发准备了可供钻探的井位目标。先后在莲池、小潼场等 11 个构造和地区上钻井 121 口,总进尺 28.28 万米,经测试共获工业油气井 104 口,获油气井成功率 86%;平均单井测试产量 5.81 吨。新增原油年产能 16.86 万吨,伴生气 0.96 亿立方米。川中原油产量 1997 年达到 21 万吨后逐渐下降,但上产攻关结果,发现莲池、公山庙 2 个新油田,为稳定川中原油生产创造了条件。1998—2005 年累计生产原油 128.62 万吨。

三、产量跨越 100 亿立方米,实现川渝天然气东输

“川渝天然气东输”是 20 世纪 90 年代总公司提出的“大力发展天然气工业”的重大战略决策的组成部分。面对四川盆地天然气储量、产量持续高速增长的发展态势，中国石油天然气集团公司要求在满足川渝天然气市场需求的条件下向“两湖”(湖南省、湖北省)地区年供天然气 30 亿立方米,在资源、工程、经济等可行性论证的基础上,东输工程获得国家计委批准,为四川油气田产量跨越 100 亿立方米提供了良好发展机遇。2004 年西南油气田分公司和管理局天然气年产量之和突破了 100 亿立方米,实现了川渝天然气东输的夙愿。

(一)六个重点气田的产能建设

为确保天然气年东输 30 亿立方米的供气资源,把大池干井、高峰场、沙坪场、罗家寨、渡口河、冯家湾等 6 个整装气田定为东输供气气源。总可采储量 1301.07 亿立方米,年产量配置能力 63.3 亿立方米。它们既是东输的资源基地,又能为川渝地区供气。

(二)六项大型骨干配套工程建设

“十五”以来,为实现产量大幅提高和 30 亿立方米天然气东输,开展了六项大型骨干配套工程的建设。

1. 忠县净化厂。主要处理距东输门站最近的大池干井和大天池构造及其外围气田的低含硫原料气,日处理能力 600 万立方米,生产硫磺 11~19 吨 / 日。该工程于 2001 年开工，由 2 套 300 万立方米净化装置组成,2005 年 6 月建成投产,质量全优。

2. 大天池构造带原料气管道工程。管道起于龙门首站，途径黄金站终于忠县末站，简称“龙—忠线”。全长75.2千米，采用不停气密闭清管式工艺，具有正、反输送功能。该工程于2000年动工，2003年投入运行。该工程的投产大大增强了川东气区的调配能力。

3. 万（县）—卧（龙河）线输气管道改造工程。该线系1989年建成，起于汝溪经巴营至卧龙河总站。长102.66千米，日输气量350万立方米。用于将大池干井气田湿含硫天然气输至卧龙河净化厂净化。改造后实现了忠县净化厂和卧龙河净化厂两厂间的净化气灵活调配，并为罗家寨、渡口河净化气留有进气接口。该工程于2002年动工，2003年完成。

4. 罗家寨天然气净化厂工程。该厂设计日处理能力900万立方米，原料气为罗家寨气田高含硫天然气（硫化氢含量102～150克/立方米），年净化气量23.49亿立方米，硫磺年产量37.96万吨。该工程2004年11月动工建设，至2005年工程已进入土建工程施工阶段。

5. 渡口河天然气净化厂工程。该厂设计日处理能力为400万立方米，净化渡口河气田高含硫天然气（硫化氢含量232～244克/立方米），年产净化气量9.78亿立方米，硫磺年产量26.2万吨。至2005年已初步完成渡口河气田开发方案，进入工程项目的可行性研究。

6. 渡口河、罗家寨地区净化气外输管道工程。该工程将渡口河、罗家寨地区净化气输往重庆市的忠县和市区。管线全长440千米，日输气量罗家寨—龙门1000万立方米。至2005年已完成工程项目的初步设计。

（三）加快新气田产能建设

“十五”期间，在高含硫气田尚未全面投入生产的情况下，加快了2个新发现的不含硫、高含甲烷的麻柳场气田和邛西气田的产能建设，以确保天然气的市场供应。

1. 麻柳场气田。至2003年底，麻柳场气田共完钻井15口。从2002年1月开始先后有6口井投入试采，至2003年10月累积采气1.19亿立方米。通过气藏数模研究，确定了生产井15口、日产天然气规模120万立方米、采气速度4.21%、稳产期10年的开发方案，并从2004年起钻开发井4口，该气田每年天然气产量达到3.96亿立方米。

2. 邛西气田。该气田位于川西南部地区，先后于2001年和2002年采用欠平衡钻井保护油气层技术在主断垒区钻探邛西3、4井2口，获得高产，并于2002年1月和2003年5月投入试采，日产气规模为50万～55万立方米，产量、压力稳定。气田试采建设主要完成内部集输、站场、井场装置和长7.7千米外输管线，经平(落坝)—邛(崃)线外输四川成都地区。

(四)完成南半环输气干线改造

南半环输气干线是四川盆地骨干长输管线,总长 725 千米,管径为 500 毫米和 700 毫米,建成于 20 世纪 60 至 70 年代。由于管线运行时间长,加之含有分散低含硫气,管道腐蚀较严重,迫切需要系统改造。在世界银行的支持下,与加拿大 Novacorp 公司和法国索菲公司的合作下完成了管道检测和风险评估,编制了南干线总体改造方案设计。1999 年以来,完成管线建设 197.1 千米及三、四类地区换管工程,引进了气质监测设备和管网腐蚀监测设备,提高了南干线输配气的管理水平和运营水平;建成了全盆地管网的 SCADA 自控管理系统,实现了数据自动采集和传输,增强了应急处理能力。南干线改造工程的完成使输气量大幅增加。由改造前起点输压 2.5~2.8 兆帕,最大日输量 500 万~550 万立方米,提高到输压 3.5~3.8 兆帕,最高日输送量 1100 万~1200 万立方米,确保了南干线的安全平稳输气。

(五)加快高含硫气田开发准备

为更大幅度提高四川油气田的产气量,"十五"期间开发生产的关键工作是配套建成已探明和已发现,但尚未投入开发和试采的几个大中型骨干气田的生产能力。这些骨干气田主要是渡口河、罗家寨、铁山坡、滚子坪、黄龙场、金珠坪等,探明储量已超过 1450 亿立方米。由于这批气田和含气构造皆属高含硫化氢、二氧化碳特殊气藏,硫化氢含量高达 150~200 克 / 立方米,国内无开发先例,缺乏采、输、脱经验。分公司多次组织专家去国外考察调研,采取引进与自行攻关研究相结合的办法,针对高含硫气藏开发的难点,进行了山地全三维地震攻关、高含硫水平井钻井完井试验、大直径合金钢和玻璃钢油管以及永久性封隔器、一次性完井及净化、防腐等一系列科研攻关试验,已获得包括高含硫气田完井等一批科技成果,为开发高含硫气田创造了条件。

第三节　不断发挥工程技术特色优势,技术服务实力显著增强

1986—2005 年的 20 年间,随着企业改革的不断深化,四川油气田工程技术服务企业逐步成为市场经济的主体。围绕建设中国西部最具实力的综合性油气工程服务企业的目标,管理局坚持立足四川盆地,以国内外市场为导向,调整内部结构,提升企业核心竞争力,实力显著增强,市场不断扩大,经营收入不断增加。2003 年实现重组改制后的首次扭亏为盈,2005 年主营业务收入是 2000 年的 2.5 倍,并还清了长期贷款 10.93 亿元。

一、发挥以山地地震勘探为主的物探优势，市场竞争力不断增强

四川山地地震勘探，针对高陡构造地层、速度各向异性、裂缝性储层以及地面地形高差悬殊、石灰岩裸露等难点，通过装备更新、完善施工作业组织和开展各类攻关试验，逐步发展了野外采集、资料精细处理和综合解释为内容的具有山地特色的地震勘探技术，市场竞争力不断增强，成为国内山地地震实力最强的队伍之一。

（一）强化装备配套，提高了野外采集能力

在原有装备的基础上，1986 年新增 4 台数字仪，实现了野外采集全部数字化；1991 年以后配齐了 GPS 全站测量仪，购置了遥测地震仪及有线无线采集站；引进了并行机地震资料处理系统、集群地震资料处理系统、解释系统和制图系统，使物探装备更加精良先进，提高了山地地震勘探野外采集和处理解释能力。至 2005 年底，二维地震年采集和处理解释能力分别达到 1.5 万千米和 3 万千米；三维地震年采集和处理能力分别为 2000 平方千米和 4000 平方千米。

（二）强化队伍建设，提高了施工水平

1986—1999 年有 21 个地震队，至 2005 年发展到 26 个山地地震队和相应的测量队及 VSP 测井队。针对四川盆地地表山地多的特点，于 1992 年成立了四川石油山地地震勘探公司，并成为中国石油天然气集团公司的山地地震勘探专业队伍。1995—2005 年的 10 年间，物探公司熟练地掌握了山地地震资料采集、高陡复杂构造处理解释、储层横向预测、人机联作综合解释四大技术系列和攻克了山地直测线选线定井、过障碍观测设计等 14 项难点技术；创建了同距波列静校正、射线变速深度偏移等 7 项专利技术；制定了行业、企行标准 31 个；完成国家级、集团公司级和管理局级科研项目 137 项；推广应用新技术 84 项，成为国际地球物理承包商协会正式会员，山地地震勘探实力显著增强。

（三）坚持“立足川渝、面向全国、走向国外”的发展战略，卓有成效地开展技术服务

1986—2005 年，完成二维地震 17.21 万千米，三维地震 6744 平方千米，资金工作量 61.15 亿元，其中在四川盆地完成二维地震 14.51 万千米，三维地震 6058 平方千米，资金工作量 41.44 亿元；通过对地震资料的处理解释，查明地面构造 261 个，潜伏构造 461 个，潜伏高点 261 个，为油气勘探提供了大量可供优选的目标。在四川盆地解决了川东高陡构造解体后的地腹构造形态；在川东北地区开展精细地震勘探，定量预测碳酸盐岩鲕滩储层分布；在川西获得了侏罗系浅层高品质的反射资料、在龙门山复杂地区查明了推复体内部构造形态；在川中平缓构造

区用三维地震识别砂体和裂缝发育带等一系列难题,为川渝油气勘探实现重大接替发挥了地震先行的作用。在攻克占领川渝市场的同时,不断拓展国内外市场。1987年以来先后到陕北、新疆、甘肃、宁夏、渝鄂湘边、云南楚雄、广西十万大山、海南等探区以及泰国、缅甸等国家承揽二维或三维地震勘探工程项目,共完成二维地震27022千米,三维地震686平方千米,资金工作量达19.71亿元。通过使用地震勘探特色技术取得一个又一个突破,新疆博格达山前带的地震攻关成果,被专家认定为技术达到国际水平,施工方法在中国西部地区具有普遍推广价值。在陕北施工中,首次取得了黄土源区地震勘探穿沟过塬攻关试验的成功,并开展了大面积直测线施工,获得了很好的效果。在被地质专家视为"死亡之海"的塔里木盆地首次开展山地直测线施工作业,先后在依奇克里克、西秋里塔克等十余个构造上完成山地二维采集工作,发现和查明了依南2、迪那2、克拉2等数个构造圈闭,其中依南2、迪那2、克拉2、吐滋1构造获得工业油气流,为探明克拉2特大型气田作出了贡献。在泰国的地震施工中获得了可靠的资料,得到了业主的好评。

二、发挥以深井钻井为特色的技术优势,市场不断扩大

四川盆地油气田分散,构造形态各异,高陡构造多,断层发育;主力产层埋藏深,纵向上普遍存在多产层和多压力系统,给钻井工程带来了喷、漏、卡、硬、斜和高温、高压、高含硫等难题。在长期的实践中,四川钻井队伍炼就了过硬的善打深井的钻井本领,形成了自己的特色技术,为占领市场创造了有利条件。20年来,在四川盆地共钻井1889口(其中井深4500~5000米的深井155口,5000~6000米的深井86口,超过6000米的深井4口),总进尺587.11万米;平均动用钻机台年进尺、平均机械钻速2005年比1985年分别提高了98%和58%;井身质量、固井质量也有较大提高。在国内其他油气田和地区共钻井539口,进尺151.61万米,其中井深6000~7000米的深井11口、超过7000米的超深井1口,钻井质量和速度均达到甲方和设计要求,为全国石油天然气工业的发展作出了重要贡献。

(一)加快钻井装备的更新,调整队伍结构

1986年以来,为适应四川盆地主要目的层埋藏深度大多在4000米以上的需要,针对大量使用罗制F320钻机存在的柴油机质量不适应的问题,从1989年开始,不断对主要设备和部件进行国产化技术改造,将5机2泵改为4机2泵联合驱动,逐步配套大机泵组,提高了钻机的机泵功率和能力。先后引进了7000米和5000米电动钻机各5台,配有顶部驱动装置6台。对钻机进行了配套和完善,同时先后研制并配备了适应四川钻井的固控设备、新型钻井仪表和井控装置等成套装备,提升了钻井装备技术水平。至2005年底,有钻机110台,综合新度系数

0.61；在川渝地区年钻井进尺能力达到50万米，其中年定向井钻井能力、水平井钻井能力、欠平衡钻井能力各5万米。与此同时，按专业化调整了队伍结构。1986—2003年，由于川渝地区钻井工作量的不足，钻井队由108个减少至45个，并纷纷进入国内市场承揽工程，开展技术服务。2004年9月后，管理局进一步加大了钻井专业及钻井技术服务业务的改革力度，对钻井资源进行专业化重组，组建了川东钻探公司、川西钻探公司、塔里木四川石油工程公司3个钻井公司；整合钻井技术服务业务，组成新的钻采工艺技术研究院，同时调整、压缩管理层次，实现扁平化管理，效率进一步提高。

（二）开拓外部市场，争创一流水平

从1986年开始，先后在大庆、吉林、胜利、冀东、青海、塔里木、长庆、滇黔桂、新疆、中原、南阳等10多个油气田和海南省承担钻井作业，特别是深井、超深井的钻井作业。在塔里木油田，先后创造了20多项钻井新纪录。7016钻井队在塔参1井于1996年4月26日开钻，历时835天，完钻井深达7200米，时为亚洲陆上最深的井，并刷新全国陆上深井钻井8项新纪录，为塔里木油田在深层寻找油气新资源提供了重要依据。该队还在柯深101井钻探中，经过436天，钻穿褶皱强烈、岩性复杂的8个地质层系，井下压力高达136兆帕，井底温度高达153摄氏度以上，完钻井深6850米，钻成塔里木油田第二口超深井，并获得高产油气流，拓展了该油田新的勘探领域。在准噶尔盆地南缘地区钻探5口井，口口井成功，不仅钻穿了前几十年未钻穿过的超高压安集海河组，而且还揭开了下部的紫泥泉和东沟组，并获工业油流，拓展了该区的勘探领域。在占有国内市场的同时，积极开拓国际市场，先后到科威特、泰国、伊拉克、伊朗、印度尼西亚等10余个国家以及为德士古、安然、埃索、壳牌公司等提供钻井工程服务。1986—1990年，共派出5批6个钻井队到伊拉克，累计钻井23口。赴伊的钻井队以出色的工作成绩赢得伊方高度称赞。1991年7月，以四川钻井队伍为主组成的中国灭火队，赴科威特的布尔干油田，仅用53天扑灭10口高难度油井大火，受到科方和外国灭火队的赞扬。回国后，受到党和国家领导人的接见。

（三）解放思想，创“磨溪速度”

四川盆地地层硬度和倾角大，地下地质条件复杂，可钻性差，加上装备技术不适应，钻井速度不快，成为制约四川油气田加快发展的主要“瓶颈”之一。2005年1月，管理局和分公司提出了要在磨溪气田集中优势兵力打一场高科技的钻井攻关战，坚持靠安全、科技、管理和团结协作提高钻井速度。针对磨溪气田钻井技术难点，把行之有效的、成熟配套的技术有机融合，集成提升，形成了科学快速打井的模式。2005年，开钻井25口，完钻井25口，钻井进尺78906米；平均机械钻速由

2.06 米 / 小时提高到 5.33 米 / 小时，是提速前的 2.59 倍；平均钻机月速由 680 米 / 台·月提高到 1673.97 米 / 台·月，是提速前的 2.46 倍；平均钻井周期由原来的 138 天缩短到 57.4 天，最快的只用了 44.79 天，生产时效达 92.43%，井身质量、固井质量合格率均为 100%，钻井综合成本有较大下降；获得探明储量 326 亿立方米。建成日产能 150 万立方米，实现了当年部署，当年钻井，当年获得探明储量，当年形成配套产能。中油集团公司在四川成都召开了中国石油钻井提速“磨溪”经验交流会，同时管理局在各项生产业务和工作中推广“磨溪”经验，也取得了良好成效。

四川石油天然气钻井时时刻刻面临严峻挑战，有许许多多新问题需要去实践，去探索、去掌握。2003 年 12 月 23 日 21 时 55 分，由川东钻探公司川钻 12 队承钻的位于重庆市开县高桥镇的罗家 16H 井发生溢流，继而发生强烈井喷、失控，喷出高含硫化氢天然气。事故发生后，各有关方面迅速组织现场抢险，经参加抢险的各级领导、有关人员共同奋斗，于 12 月 27 日 11 时压井成功，险情被排除。在这次事故中，因硫化氢中毒造成死亡 243 人，6 万多名群众紧急疏散。在严重挫折面前，“川油人”深刻汲取“12·23”特大井喷责任事故的教训，把安全生产各项工作落到实处，以实际行动弥补事故损失。在经历半年时间的整改和队伍、装备、技术等方面的精心准备后，于 2004 年 7 月 23 日对原井重新开钻，仅用 2 个月时间安全钻达设计井深，经试油、测试日产天然气 267.49 万立方米，硫化氢含量高达 134 克 / 立方米。罗家 16H-1 井重新获气，证实了罗家寨气田是一个丰度高、单井产量高的大气田。

三、发挥以碳酸盐岩为主的测井、射孔技术优势，走出技术服务的新路子

1987 年 7 月管理局将测井、射孔队伍从井下作业处剥离出来，成立了测井公司，实施专业化管理，路子越走越宽广。18 年来，测井公司从自身发展的需要出发，紧紧跟踪世界测井新技术，发展成为了集测井射孔施工作业、测井资料处理和解释、射孔弹及其配套器材研制、射孔工艺研究开发于一体，具有较强实力的专业化技术服务公司。2005 年末拥有甲、乙级测井、射孔队 50 个。先后从国外引进了多种先进测井系统及资料处理解释系统，购置了先进仪器和设备，大大提高了测井装备实力，为走向市场打下了基础。同时，着力人才队伍建设和培养，消化国内外先进技术，掌握了四川碳酸盐岩裂缝识别、气水判别、储层参数计算、成像测井综合解释、测井井周构造分析、地应力与井壁稳定性计算、储层可改造性评价及测井地震储层横向预测等一系列的测井地质应用技术与测井工程应用技术，使四川

测井工程在解决油气勘探、开发生产方面的问题得以快速发展。

在为四川盆地油气勘探提供优质服务的同时，凭借装备精良、技术精湛的雄厚实力，再加上“川油人”吃苦耐劳的精神，先后进入青海、塔里木、玉门、长庆、胜利、中原、吐哈、南阳、江汉、滇黔桂等国内市场和泰国、苏丹、俄罗斯等国际市场，施工合同履约率、测井资料合格率均达100%，解释符合率也逐步上升到90%以上，先后多次刷新地区和国内纪录。

四、发挥井下作业技术服务优势，施工质量越来越好

1986年以来，井下作业在已形成的以酸化、压裂、固井为主的配套工艺技术和管理方法的基础上，又制订了“突出主业、调整结构、强化管理、促进发展”的目标，使井下作业的优势得到充分发挥。为进一步提高装备实力，先后引进了一批特大型压裂车主机及其配套装备、连续油管车组和液氮泵车。压裂泵车总水马力达3.56万水马力，可在不同油气田的2～3口井上同时进行施工作业，施工能力和作业水平不断提高。2000年获得了英国（UKAS）ISO9002国际质量体系认证证书。至2005年底拥有3支甲级和3支乙级压裂酸化队。熟练地掌握了针对不同油气田、不同储层和不同施工现场的前置液胶凝酸交替注入等13种压裂酸化工艺技术和高温高压TCP射孔等17种深井固井工艺技术，拥有自行研制的49种井下工具、10种固井水泥浆体系和15种压裂酸化添加剂，大型加砂压裂、深井固井、分层测试多层合采、前置液和胶凝酸交替注入、控制滤失酸压、高温高压深井测试等施工作业在国内享有盛誉，已进入国外市场。先后承揽了美国、泰国、苏丹等国的十余个井下作业合同项目。

五、发挥油气田地面建设施工优势，创建国内一流优质工程

四川油建队伍坚持以优质工程服务为目标，立足建一项工程，树一个形象，争一份诚信，施工能力和施工质量不断提高，在四川和其他油气田建成了一大批优质工程，进一步显示了雄厚的施工实力。至2005年末，有施工队38个，年施工产值达10亿元以上。先后引进和购置了多种国外先进施工装备。在大口径管道跨越江河施工、大口径山区长输管道和沙漠地域管道铺设方面，善于运用特色技术，提高了施工能力。取得了国家级工业与民用建筑的甲级工程勘探、工程设计、咨询、工程总承包以及国家化工、石油工程施工一级资质等证书。通过了质量体系、GA压力管道、HSE的国家认证。

四川油气田建设队伍不仅在四川盆地建成一大批高质量的工程，而且还在塔里木、长庆、青海、新疆、江汉等国内油气田承建了地面建设、天然气集输、净化厂

站等工程项目。特别是在山地、高原、沙漠等恶劣的地形、地质环境的地面工程施工等方面的能力居国内一流水平。与此同时，四川油气田建设队伍走出国门，到伊拉克、科威特、孟加拉、乌干达等国家承建油气田工程，都创出了新水平。

第四节　依靠科技进步，促进天然气工业快速发展

四川石油天然气工业坚持以科技为先导，不断探索新理论、研发新技术、推广新工艺，在勘探开发理论、气藏开发模式、工艺技术等方面取得重大科技成果，促进了储量、产量大幅度增长。

一、发展天然气勘探开发新理论

四川盆地油气勘探开发理论的形成，既有前 35 年的实践经验，又有后 20 年的科研攻关，既丰富了碳酸盐岩油气田勘探开发认识，又指导了勘探开发实践，是一笔宝贵的财富。

(一)丰富致密碳酸盐岩裂缝圈闭成藏理论

前 35 年的勘探开发实践，认识到类似二叠系阳新统那样致密的碳酸盐岩，缝洞发育，构成多个油气储渗体，形成裂缝圈闭气藏。这类气藏，具有中小型、气井高产、分布广泛、采收率高的特点，是四川气田早期勘探开发的重要领域之一。1986 年以来，科技工作者进一步研究了裂缝圈闭机理与成藏模式、缝洞发育的控制因素、气藏保存条件与分布规律、储量计算方法等气藏地质问题，界定了裂缝圈闭的概念，形成了裂缝圈闭成藏的理论。该理论冲破了长期禁锢在人们头脑中致密碳酸盐岩不可能成藏的思想束缚，明确了多种成因的裂缝既是油气储集空间，又是渗滤通道，丰富了天然气地质学的理论，指导了裂缝性气藏的勘探实践。

(二)形成挤压盆地高陡构造变形理论

川东地区发育着众多的挤压扭动型高陡构造，石炭系主力气藏是高陡构造的重点勘探对象。20 世纪 80 年代以来，广大科技工作者通过大量勘探实践，总结了受力复杂的高陡构造的形成机制，分析了纵向岩石、物性差异及垂向形态变异规律，提出了受三叠系膏盐层及志留系页岩层滑脱作用的影响，使夹持于上、下滑脱层间的石炭—二叠系脆性岩层发生强烈的断、褶形变，指出从构造顶部向翼部构成凸、陡、断、凹的构造格局，两个正向凸起带是油气的有利富集场所，从而建立了高陡构造纵横向变形模式和速度结构模型，指导了地震资料的准确处理和合理解释，形成了挤压盆地高陡构造变形理论。该理论冲破了勘探早期高陡构造低评价的束缚，开拓了高陡构造勘探的新局面，不仅钻获了大批高产气井，而且获得了多

个整装大气田。

（三）发展碳酸盐岩储集层成因理论

四川盆地的油气储集层主要是以裂缝为主和以孔隙为主的两类海相碳酸盐岩。通过持续不断的研究，总结了油气储集层的形成与强水动力的沉积环境及沉积相、建设性成岩作用和以构造为主的裂缝发育密切相关，特别是强白云化的礁滩相碳酸盐岩，经浅、深埋藏溶蚀作用的改造和裂缝沟通，成为优质碳酸盐岩储层，建立了多种储层模式，形成了碳酸盐岩储层的成因理论。在这一理论的指导下，不仅使川东石炭系气藏的勘探不断深化，而且突破了川东北部三叠系下统飞仙关组鲕滩气藏的勘探，还使老区三叠系勘探出现了新的生机。

（四）深化碳酸盐岩天然气成因理论

在前人研究基础上，1986年以来，联合有关大专院校的力量，通过现场与试验相结合的手段，系统总结了碳酸盐岩天然气及其烃源岩的地球化学特征，全面对烃源岩进行了类比和评价，掌握了四川盆地天然气形成的特征：一是有机质成熟度高，以天然气为主，为四川盆地实施“油气并举，以气为主”的勘探方针提供了依据；二是主要烃源层为下寒武统、下志留统、下二叠统、下侏罗统和上二叠统、上三叠统，树立了大中型气田分布受控于主要烃源岩展布的“源控论”思想，为拓展勘探领域指明了方向；三是天然气主要为不同类型的有机成因气，为资源评价提供了烃源依据，以高生烃强度区为重点勘探对象，有效地指导了勘探。

（五）拓宽裂缝—孔隙双重介质渗流理论

经与四川大学数学系联合攻关，研究气体在裂缝—孔隙双重介质中的渗流规律，建立了气体在双重介质中渗流数学模型并获得数字分析解，研究了气井试井解释的新方法，为气藏开发数字模拟提供了理论依据。通过多年来的实践，证明该理论对气井产能、储量、酸化效果的预报和开发方案编制起了重要作用，丰富了双重介质试井资料解释的理论。

（六）充实有水气藏开发理论

四川气田大多数气藏是有水气藏，开发中后期，气藏、气井普遍出水，降低了气藏采收率。采取室内和现场试验，研究了气藏出水机理和出水对采收率的影响因素。认为，有水气藏的地层水大多数水域是封闭的，水体能量有限，裂缝是气水主要渗流通道，只要不断降低裂缝通道的水体能量，在基质和裂缝间建立起适当的压差，气藏中的天然气便可有效产出，通过排水延缓了气井产量递减，提高了气藏采收率，形成了排水采气的理论。这一理论的应用，为有水气藏的开发指明了方向。用排水采气，救活了一批气田和气井，增加了可采储量。

二、建立气藏开发新模式

四川油气田的多种气藏类型,决定了开发方式的多样性。20 世纪 80 年代中后期以来的大量实践,特别是 1990—1993 年的重点研究,划分了气藏主要类型,建立了不同类型的开发模式,实现了高效开发气田,使天然气年产量从 1982 年的 52.5 亿立方米上升到 1994 年的 70.78 亿立方米,再上升到 2005 年的 122.03 亿立方米。

(一)划分 4 种气藏类型

在深刻认识和掌握四川众多气田地质和开发特点的基础上,进行了气藏类型划分。用动、静态资料相结合的方法,将四川气田的气藏主要划分为 4 类:一是裂缝—孔隙型视均质层状气藏。这类气藏在圈闭范围内储层成层分布,孔隙度以大于 6%为主,裂缝发育,构成高孔、高渗的裂缝—孔隙型储渗体,气藏具有统一的压力系统,井间连通明显,多有边水,单井产量较高,在开采中地层压力下降均匀,表现出均质与视均质的属性。二是裂缝—孔隙型非均质层状气藏。在圈闭范围内,储层仍成层分布,但不均质,孔隙度以 3%~6%为主,物性和裂缝一般在构造顶部、轴部发育,形成高渗区,外围是低渗区,仍有统一压力系统。在开采过程中形成以高渗透区为中心的压降漏斗,外围低渗透向高渗透区补给,表现出非均质属性。三是裂缝—孔洞型底水气藏。储层的储集空间以溶蚀孔、洞为主,孔洞层在横向上呈断续分布,并由不同组系的裂缝串通,在圈闭范围内形成统一压力系统,统一的底水界面。开采过程中水驱特征明显,开采中后期底水主要沿裂缝侵入气藏,造成气井产量快速递减,气藏采收率低。四是多裂缝系统气藏。储层为致密碳酸盐岩,基质孔隙度小于 1%,储渗空间主要为裂缝和与裂缝伴生的孔洞,储渗段薄而分散,横向上难以对比,常因断层切割和裂缝分布不均形成多个互不连通、储量规模较小、气水同储的独立开发单元。在开采过程中,无明显稳产期,递减较快,中后期普遍出水,低压小产期长,表现出开采难度大的属性。

(二)形成 4 种气藏开发模式

自 20 世纪 80 年代中期以来,在总结不同类型气藏开发实践的正、反经验的基础上,于 90 年代初期,形成了 4 种合理开发模式:一是以相国寺石炭系气藏为代表的视均质层状气藏开发模式。该类气藏可用少井高产整体部署,整体开发,采气速度以 6%~8%较为合适。二是以卧龙气田嘉五 ^{1} 气藏为代表的非均质层状气藏开发模式。该类气藏开发井宜主要部署在高渗区,用高渗区的气井采高、低渗区的天然气;加大低渗区的储层改造力度,改善气藏渗流条件;采气速度以 4%~6%较合适。三是以威远震旦系气藏为代表的裂缝—孔洞型底水气藏开发模式。一般采取均匀布井方式；开发早中期需控制气井钻开程度和临界生产压差，延长无水采气期；气井出水采取排水采气或水淹区强排水，提高采收率；采气速度宜控制在1.5%～3%。四是以纳溪气田阳新统为代表的多裂缝系统气藏开发模式。该类气藏鉴于圈闭的隐蔽性，坚持滚动勘探开发原则，边勘探、边开发，建成一块投产一块；通过开发地震，不断查明新的裂缝系统，指导滚动勘探开发井的部署，实现井间接替；气井出水实施排水采气或排水找气。上述四类气藏开采后期，均采用增压开采或高低压分输，提高气藏最终采收率。4 类气藏开发模式的建立，有效地指导了四川气田的开发，使裂缝—孔隙型层状气藏采收率达到 70%以上，裂缝—孔洞型底水气藏采收率提高到 40%以上，多裂缝系统气藏采收率高达 90%左右。

三、完善勘探开发特色工艺技术

1986 年以来，随着四川油气勘探开发的迅速发展，形成了针对性强、独具特色的 5 种工艺技术：

（一）山地地震勘探技术

集中攻克了三项关键技术：一是高陡构造地震资料处理、解释技术。运用该项技术查明了一批高陡构造的地伏形态，取得了石炭系高陡构造勘探的重大突破。二是碳酸盐岩储层预测技术。通过类比方法实现储层预测，编制了川东石炭系第一张残厚分布图，经过 57 口完钻井的检验，预测精度达到 10 米，符合率达 91.2%。开展了鲕滩储层的定性、定量预测研究，编制了川东北部地区飞仙关组鲕滩储层第一张孔隙度、厚度分布图，有效地指导了渡口河、罗家寨、铁山坡等一批大中型气田的勘探。三是裂缝圈闭预测技术。应用该项技术发现了一批裂缝圈闭气藏，提高了裂缝钻遇率和气井成功率。

（二）高温、高压、高含硫气田深井钻井及油气层保护技术

针对四川盆地高温、高压、高含硫天然气深井易引发漏、塌、卡、斜等特点，形成了适用性强的 4 项钻井完井技术。一是川东高陡构造和复杂地质条件下深井、超深井钻井技术。通过科技攻关，进一步完善了适应四川和异地复杂地质条件深井、超深井钻井工艺技术，显著提高了钻井速度。二是定向井、水平井、欠平衡钻井完井等特殊井钻井技术。为提高钻井解决地质问题的能力，发展了定向井、水平井、欠平衡钻井、开窗侧钻井、多级多凝防窜固井、定向取心等特殊钻井技术。大池干构造先后有 10 口高陡构造落空井定向侧钻，有 8 口井获得工业气流；磨溪、罗家寨、白马庙等气田的水平井钻井均获得成功。实现了少井、稀井、高产的目标。通过欠平衡钻井技术，基本解决了钻井过程中油气层易污染受伤害的问题，提高了钻探成功率，并形成了钻井、取心、起下钻、测井、完井全过程和多种钻井介质的欠

平衡系列技术。三是深井和特殊工艺井测试和完井技术。通过一系列新工艺、新技术的引进和完善，满足了高温、高压、高含硫深井和大斜度井等特殊工艺井中途测试和完井的要求。四是井控及油气井灭火技术。1987年建成了全国第一口全尺寸井控模拟试验井，建立了井控培训中心，1995年5月成立了四川油气井灭火公司，大力攻关，取得了一系列井控及油气井灭火技术成果，形成了11项油气井灭火基本处理程序，配备了高性能的装备，使该项技术正朝着机械化和智能化方向发展。

（三）录井、测井及射孔技术

以识别和发现油气层为主要内容的录、测井及射孔技术有了新的发展。一是全综合录井和测井技术，形成了具有四川裂缝型储层特色的测井及录井解释、裂缝—孔隙型储层参数定量计算、薄储层预测、流体识别和储层评价等技术；二是深穿透及特殊射孔技术，形成了油管输射孔、负压及超正压深穿透射孔和射孔—测试联作技术；三是成功开发出水平井射孔和分层开采等特殊射孔技术。

（四）气藏开采工艺技术

在5项气藏开采工艺技术上不断成熟并逐步完善：一是低孔低渗透气藏压裂酸化技术取得突破性进展。利用录井、测井和试井资料综合分析，完善了评层选井技术，施工针对性不断加强，平均施工有效率80%左右；配套完善了胶凝酸、前置液、降阻酸、泡沫酸和胶束酸等压裂酸化工艺技术，为不同类型储层的增产提供了多种可选择的工艺方法和工作液体系及具有四川特色的酸液添加剂，形成了具有施工能力的8种高温、低温压裂液水基压裂液体系，满足了不同工艺方法对工作液体系的要求。建立了以解堵为目的的常规酸化、以沟通近井裂缝为主要目的的压裂酸化、以改造低渗透层为主要目的的深穿透压裂酸化和以“分层选压”为目的的选择性分层酸化4种工艺，实现了气藏的经济开发。二是多气藏气田2层合采和分采技术。针对四川气田多气藏的特点，采用引进和自主研究相结合的方法，自制性能可靠、操作简单的“长密封筒插管封隔器”工艺管柱工具，满足了5000米以内气井的2层分（合）采工艺要求，为气田的立体开采提供了新经验。三是水驱气藏排水采气工艺技术。十多年来，不断攻克不同类型出水气井的排水技术，相继形成了泡排、气举、机抽、优选管柱、电潜泵等5套排水采气工艺技术，“九五”期间，仅排水采气一项平均年增产天然气2.57亿立方米。四是含硫化氢气藏井下防腐开采技术。经过长期攻关，形成了对井下油管、套管、井口装置、地面设备、管线、仪表、仪器配件等抗硫材质优选、定期向井内灌注缓蚀剂、高含硫气井井下装永久封隔器、玻璃钢油管等四个方面的防硫防护措施，确保了含硫、高含硫气田的开发。五是开采后期低压气藏增压和高低压分输技术。采取地面管网改造，建立低压气集气干线，实行高低压分输，增压输送或输向低压用户，延长了气井生产周期。

（五）天然气集输脱配套工艺技术

在天然气净化技术方面，针对新开发气田中硫、二氧化碳和烷烃气中的重烃气含量大幅增加，以及气田水中氯离子含量高的新问题，加强了净化防腐工艺技术的研发和应用，形成了以腐蚀和防腐、安全和环保为主要内容的含硫气田矿场集输、净化气长输、腐蚀在线监测和阴极保护、智能清管及腐蚀评价、监测控制和数据自动化采集（SCADA）以及气田、气井的安全、环境评价等系列配套技术，实现了从单纯的脱硫扩展到天然气净化，保证了含硫天然气的气质达标，提高了含硫气田的开发水平。

第五节　深化改革促发展，强化管理增效益

进入20世纪80年代中期，四川油气工业经历了经济体制转变时期。由于国家改革开放政策的实施和经济体制的变革，为四川油气田注入了活力，促进了勘探开发生产建设的发展，使企业步入以经济效益为中心的发展轨道。

一、贯彻国家“以气养气”方针，走“自我发展”路子

1975—1979年，为满足当时工农业生产对天然气的需要，天然气年产量从37.1亿立方米上升到64.68亿立方米。之后，由于勘探开发生产建设资金投入不足，后备储量下降，加之强化开采，造成气田递减加快，天然气年产量迅速下降，到1982年降至52.45亿立方米。1981—1985年天然气年产量增长率为-2.46%，呈现出困难局面。

为了加快天然气工业的发展，在四川省和石油部的支持下，经国务院批准，从1982年开始，实行天然气商品量常数包干政策；1982年4月和1984年4月，又经国务院批准，先后两次调高天然气价格，提价收入作为勘探开发基金。“以气养气”政策的实施，较好地解决了天然气勘探开发资金的来源，为天然气工业的发展注入了新的生机与活力。管理局对天然气生产单位也实行了产量任务包干，调动了干部职工的积极性，取得了显著效果。1982—1993年共筹集勘探开发资金50.87亿元；天然气年产量由1982年的52.45亿立方米上升到1993年的67.95亿立方米；1993年获天然气探明储量562亿立方米，为1982年的11.61倍；剩余天然气探明储量储采比由1982年的10.14：1上升到1993年的20.05：1，气田开发步入良性循环，走出了一条“自我积累，自我发展”的路子。

为进一步理顺天然气价格，1987—1995年管理局与国家经贸委、中科院、社

科院、能源研究会、国家计委等单位的有关专家、学者联合进行攻关研究，提出了天然气调价的必要性和可行性，建立了天然气的价格构成，形成了不同类型用户的价格体系。1997 年天然气价格经国家计委批准有了较大幅度提高，促进了企业的发展，使四川油气田的勘探开发朝着良性循环的轨道大踏步前进。

二、企业改革逐步深化，综合效益不断提高

1986 年以来，随着国家一系列改革措施的出台和石油工业不断加大改革力度，推动了四川油气田的改革，促进了企业的发展。

（一）进行配套制度改革，转换机制，强化企业管理

管理局按照专业化管理原则，经过改组、调整、完善，形成了钻井、开发、测井、地震、输气等专业化公司，实行专业化管理。与此同时，综合型矿区内部也进行了专业化改革，分别组建了各行业专业公司。经过企业组织结构调整和机关职能转变，到 2000 年末逐步形成了以油气勘探开发为主业，施工作业、技术服务、辅助生产、生活后勤配套的专业化管理格局。

在建立和培育内部市场体系方面也进行了一系列改革。打破区域勘探界限，开拓天然气销售市场；培育资金市场，多种渠道为油气田开发建设筹措资金；建立资产市场，完善技术市场和培育劳动力市场。建立和完善内部市场管理制度，促进了企业内部竞争机制的形成，使钻井、运输、油气田建设等相关专业出现了竞争局面。积极开展对外经济合作，采取来料加工、物资串换，油气销售联营，用户出资建管线等多种形式，逐步开辟局内外、国内外市场，扩大企业发展空间，增强了企业参与市场竞争的能力。

在生产经营方面，管理局相继实行了一系列内部经济责任制改革试点，促使企业由生产型向生产经营型转变，逐步建立起纵向包干制、横向合同制、个人岗位经济责任制、考核奖惩制和全面经济核算制为主要内容的经济责任制体系。同时，实行了以勘探项目为主的项目管理制度，投资计划、采购、供销一体化物资管理，干部聘任制和用工合同制，绩效挂钩、岗位技能工资为主要形式的工资分配制度。这些配套制度的实施，逐步理顺了管理局与所属企业的权责利关系，经济效益不断提高。1996 年，管理局摘掉了连续八年亏损的帽子，实现利润 5326 万元。

在企业管理方面，开展了一系列基础性工作。进行了以企业升级为中心的达标工作，经中国石油天然气总公司考核，管理局 1988 年被评为国家二级企业。“八五”期间，管理局开展了“质量、品种、效益年”活动，对 24 个生产建设单位进行了企业经营综合评价。“九五”期间，按照中国石油天然气总公司的部署，开展了“抓管理、练内功、增效益”活动，全面质量管理和质量体系认证工作取得显著成绩。成

都总机械厂、油气田建设工程总公司等一批二级单位通过 ISO 9000 质量体系认证。南充炼油厂、川东开发公司、川中油气公司荣获四川省第五、六、八届优秀企业称号；先后有 3 名厂矿长（公司经理）荣获四川省优秀企业家称号。1988 年以来，管理局先后取得企业管理现代化优秀成果 215 项，创直接经济效益 7.01 亿元。其中管理局一等奖 45 项；国家级企业管理现代化创新成果二等奖 1 项。

（二）加快产业结构调整，实施多元发展战略

“九五”期间，管理局按照陆上石油工业发展“三大战略”的要求和“机构分开、人员分离、资产分清、核算分账”的四分离原则，开展解体“小而全”改革。对所属单位的施工作业及技术服务、多种经营、社会服务进行内部分离；对内部分离的单位，进一步按专业化管理的原则，以油气主业、施工作业及技术服务、多种经营、社会服务 4 种类型实施重组，所属 11 个综合矿区和施工作业单位，基本实现了内部分离和部分重组。经过产业结构的调整，管理局基本形成了以油气生产为主体，以天然气为依托，多元发展的产业格局。

多种经营初步形成了油气化工、建筑建材、浅层天然气、CNG（压缩天然气）汽车及商饮服务等 6 个产业。到 1999 年底，管理局 340 个多种经营企业中，有 207 个企业实现盈利，盈利额达 5152 万元；安置各类从业人员 21125 人，其中国有职工 11333 人，安置比例达 54%；多种经营产品有 30 多个大类 400 余种，其中获国家级称号的有 15 个，省部级称号的 22 个；出口产品 2 个。

三、实施重组改制，优化资源配置

1999 年下半年中国石油天然气集团公司实施企业重组改制后，管理局和新成立的西南油气田分公司自 2000 年开始独立运作，四川油气田资源配置进一步优化。

（一）分公司新机制有效运行，油气发展加快，效益不断提高

分公司按照现代企业制度规范运行要求，逐步建立健全新的管理体制和经营机制，坚持以市场为导向，以效益为中心，以科技为动力，以成本控制为主线，优化结构调整，加快主业发展。

实施持续重组战略，对企业进行结构调整。2000 年，按照股份公司统一部署，分公司对化工系统进行了组织结构和产品结构调整，关停了经营困难、亏损较严重的川西南气矿炭黑厂；对成都天然气化工总厂和川南炭黑厂（含甲醇）进行了资产核销，按全新机制运作。优化人才配置，逐步实现劳动组织从低效油气区块向高效油气区块转移。2001 年 9 月，根据分公司生产经营需要，将川南气矿、川西南气矿合并，组建成立了蜀南气矿；2002 年 11 月，新建了川东北气矿。并在蜀南气矿

开展“扁平化”工作试点的基础上，于2002年相继在重庆气矿、川中油气矿、川西北气矿对采油气机构撤厂并队成立作业区，实施扁平化管理，减少了管理层次。严格控制员工总量，加大劳动计划管理、劳动合同到期人员的考核和末位淘汰的工作力度，员工总量连年实现负增长。改革和完善薪酬与业绩挂钩办法，层层建立业绩责任制、业绩考核和工资分配激励机制，不断调动员工的积极性。

遵循效益优先的原则，大力实施低成本发展战略，增强市场竞争能力。在生产经营管理中，分公司通过强化计划、财务、生产调度指挥和HSE管理体系，经营管理水平得到全面提升。天然气勘探开发成本不断降低，投资回报进一步提高；财务预算和财务核算不断规范，营销效益进一步体现；关联交易按照“有价有量”原则不断推进，关联双方进一步趋于稳定和谐，与未上市企业实现“双赢”发展。分公司生产建设各项指标全面完成，天然气产量快速增长，2003年登上90亿立方米台阶，达到91.88亿立方米，创历史新高。经济效益逐年提高，2003年全面完成KPI指标（关键业绩指标），实现重组以来首次盈利。按国际准则计算，全年实现报表利润3.44亿元，按股份公司考核口径计算，实现考核利润4.54亿元。2004年以来，进一步强化企业管理，改革发展全面推进，川渝油气工业进入快速发展的新阶段。2004年生产天然气102.79亿立方米，成为中国石油史上第一家天然气产量超100亿立方米的油气区。实现销售收入92.6亿元，比上年增加14.79亿元，实现国内准则账面盈利5.78亿元。2005年，天然气产量再创历史新高，达116.3亿立方米。实现销售收入130.5亿元，国内准则账面盈利4.2亿元。

（二）管理局重塑生产经营新理念，强化主营业务，发展后劲不断增强

企业重组分开后，管理局多年沉积下来的历史遗留问题显现，各种矛盾交织，未上市企业面临人员多、负担重、机制不活以及2000年亏损达6.66亿元的困难局面。在严峻形势面前，管理局党委和行政在用好集团公司给予未上市企业在“过渡期”内的扶持政策的同时，抓住机遇，深化改革，带领职工重塑生产经营新理念，强化油气工程技术服务主业，动员全局职工开展“二次创业”，做好“求生存、寻发展、深化改革、凝聚人心”的四篇文章，制定并实施了“持续重组、市场开发、优势品牌、多元发展、低成本发展、科技创新”六大战略。按照做专做强工程技术服务系统，做优做精加工制造系统，优化提高生产服务系统，推进物业管理系统企业化经营、市场化运作，做强做大多种经营系统的发展方向，调整各个板块结构。将工程技术服务分散的28个单位，收缩精干为8个专业化公司，突出了物探、钻井、测井、井下作业、油建五大支柱专业的整体优势。

1. 实现扭亏脱困，主营业务效益逐年增长。管理局重点抓了困难较大的机厂和运输两个行业扭亏脱困。在所属6个机厂实施了一厂一策的具体措施。对重庆

仪器厂和南充机械厂实施整体关闭，以产品为龙头分别进行主营业务的重组，并实施“两个分离”。2002年，重庆仪器厂扭亏为盈，一举摘掉连续10年亏损的“帽子”；南充机械厂大幅度减亏，完成管理局下达的经营指标。2000年6个所属机厂共计亏损6300万元，到2002年实现整体盈利。对原所属3个处级运输公司以及1个二级单位的运输公司进行整合，组建成立管理局汽车运输总公司，推行扁平化管理。整合以前，4个运输公司共计亏损6820万元，至2003年控亏在824万元以内，减亏88%，取得明显成效。

产权制度改革。按照建立现代企业制度的要求，先后对所属9个单位进行了股份制改造，多种经营企业改制23家，其中川油广汉宏华有限责任公司实现跨越式、超常规发展，2003年已完成向乌兹别克斯坦出口10台ZJ50DBS钻机订单，年产值5亿多元，利润3200万元。

重建经营管理体系。2001年，以整顿生产经营秩序为重点，开展了“管理增效年”活动。管理局制定和完善了148个管理办法，建立健全了考核、预算、效益评价、投资、HSE、监控等涵盖企业经营活动全过程的经营管理体系，并将部分经营权下放二级单位，形成了管理局“管少、管好、管关键”的经营思路。

改革和管理初见成效。一是人员大量富余的矛盾得到缓解。通过一系列措施，管理局分流42315人，至2005年底，在岗职工总量比2000年下降了48.07%。二是逐步减轻了企业办社会负担。管理局33所中小学、9个公安分局全部移交地方政府，40个医院、卫生所通过重组、整合、撤并减少了18个；年补贴额从6100万元减少到2700万元。三是初步解决了机制不活的问题。1996年实行了全员劳动合同制，2003年全面实施新一轮“五定”工作和工资制度改革，全员竞聘择优上岗机制、干部能上能下的用人机制、收入能升能降的分配机制初步建立。四是改变了所属单位大面积亏损的状况。2000年，所属33个主营业务单位只有2个盈利，管理局围绕扭亏脱困，将3年生产经营指标一次下达，层层分解，将完成指标的情况与经营者的任免、奖罚和职工工资总额挂钩，形成激励与约束相统一的扭亏脱困责任制。至2003年，已有21个单位盈利，19个单位提前实现扭亏为盈目标。管理局亏损额从6.66亿元减少到1.8亿元，减幅73%；债务从18.5亿元减少到不足1亿元，主营业务收入从40亿元增长到50亿元，经营状况显著改善。

2. 全面实施专业化重组，企业核心竞争力提高。2004年下半年，管理局根据集团公司要求，按照主营业务、兼营业务（生产服务）、辅业和多种经营业务定位，在管理局范围内按相同专业或相关业务，用三个多月的时间平稳实现专业化重组，形成了9个专业、19个公司的新格局，彻底破除了“大而全”、“小而全”，制约管理局持续发展的体制性和机制性障碍进一步消除。

主营业务在已完成物探、测井、录井、地面建设、勘察设计专业化重组的基础上，又实现了钻井、试油、井下作业、建筑施工、机械制造、油气合作开发的专业化重组；兼营业务完成了物资供应、专业化运输、环境保护及质量检测(技术检测)的专业化重组；辅业完成了通信、物业管理等辅助生产及公共事务管理的专业化重组；多种经营业务包括国有、集体产权的各级法人实体(公司)及其经营业务也都实现了专业化重组。钻井、物探、测井、录井、试油、井下作业、油气合作开发等业务实行分公司管理体制，是管理局内部投资主体、生产经营责任主体和成本与核算控制主体，承担上交投资回报的责任，行使生产指挥和经营管理职能，享有局属二级单位应有的权利；建筑施工、石油专用产品机械制造、供水供电、物资供应、专业化运输、化工延伸加工等业务实行子公司管理体制(含控股经营)；通信、物业管理、普通运输、一般性机械制造及修配、商饮、旅游、接待服务、医疗及其他等业务实行参股或逐步退出。对各单位分离后留下的公共事务管理专业的重组按照地区化服务、社会化服务、市场化运作和企业化经营的目标进行重组，组建了 8 个公共事务管理中心。通过实施专业化重组，管理局二级单位由重组前的 46 个减至 2005 年底的 39 个，工程技术服务、生产服务及加工制造等经营性单位职工人数占管理局职工总数的 78.6%，使资源配置和业务布局、队伍结构更趋合理，管理成本和运行费用降低，整体优势得以充分发挥，经济效益不断提高。

在企业管理方面，扎实开展“安全生产管理年”活动。从班子队伍作风整顿入手，以固本强基为重、落实责任为要、建立长效机制为本等四个方面采取刚性措施狠抓安全生产，投入资金近 2 亿元补充购置安全装备，投入 4800 万元整改隐患，初步扭转了安全生产的被动局面。狠抓扭亏脱困目标责任制，采取一系列强化经营管理的措施，消灭亏损点和堵住亏损源，全力打好扭亏增盈攻坚仗，2004 年实现总收入 110.41 亿元，实现利润 5.34 亿元；2005 年实现总收入 122.4 亿元，实现利润 2.71 亿元，并全部还清长期贷款。

四川盆地是典型的富气盆地，天然气资源探明率仅为 15.75%，显示出巨大的勘探潜力和良好的发展前景。

第三十六章 延长油矿

延长油矿位于陕西省北部的黄土高原，是中国大陆开发最早的油田，是中国石油工业的百年老矿。油田主要分布在延安市和榆林市的14个县(区)。

1903年，陕西省筹集白银一万两，成立延长石油局厂，1905年得到光绪皇帝允准，试办“延长石油矿”。1907年用机械顿钻打成中国大陆第一口油井，同年10月，建成中国陆上第一个炼油房。从此结束了中国陆上不产石油的历史，填补了旧中国民族工业的一项空白。1935年4月，工农红军解放了油厂。从此，在党中央和陕甘宁边区政府的关心支持下，延长石油厂得到发展壮大，生产出汽油、煤油、擦枪油、石蜡、油墨、凡士林等石油产品，满足了党中央和陕甘宁边区政府的需要，有力地支援了抗日战争和解放战争。1944年5月，毛泽东为延长石油厂厂长陈振夏题词“埋头苦干”。建国后，延长石油厂改称“延长油矿”。油矿迅速恢复战争创伤，积极发展生产，先后向全国各油田支援科技人员、领导干部和熟练工人1482人，为新中国石油工业的发展起到了“老母鸡”的作用。1958年和1966年，延长油矿先后从国家燃料工业部、石油工业部管理，下放到陕西省和延安地区管理。1970年，国家成立长庆油田会战指挥部，在陕西设立第一分部，与延长油矿共同开展陕北地区的石油和天然气勘探工作。

1982年，根据陕北油层特点和促进老区经济发展的需要，石油部和陕西省为延长油矿制定了“以油养油，采炼结合，滚动发展”的优惠政策，使延长油矿走上快速发展之路。1985年，延长油矿已发展成为一个集石油勘探、开发、加工、销售为一体的综合石油企业，有七里村、甘谷驿、青化砭、子长4个原油生产单位和七里

油田注水站。

村、永坪 2 个炼油厂，年生产原油 15 万吨；年加工原油 13.7 万吨。1986 年，延长油矿改称为延长油矿管理局。在有关政策的指导和油矿的支持下，延安、榆林两市的 14 个县先后成立石油钻采公司，参与石油资源开发。1994 年，为了贯彻国务院领导同志的指示精神，充分调动各方面的积极性，加快陕北石油工业发展，帮助陕北老区人民脱贫，中国石油天然气总公司与陕西省签署了《关于开发陕北地区石油资源的协议》(简称“4·13”协议)，解决了陕北地区的资源问题。之后，陕北石油资源开发进入多层次、快速度发展的阶段。1998 年底，陕西省组建了陕西省延长石油工业集团公司，延长油矿管理局由延安市管辖划归陕西省延长石油工业集团公司。2005 年 9 月，陕西省委、省政府决定对陕北石油企业进行重组，将陕西省延长石油工业集团公司及其所属的延长油矿管理局、延炼实业集团公司、榆林炼油厂等 6 家企业，与延安、榆林两市 14 个县(区)石油钻采公司通过紧密型整合重组，组建了陕西延长石油(集团)有限责任公司(延长油矿管理局)，下属 22 个原油生产单位。2005 年底，延长油矿共有油井 54691 口(其中采油井 48666 口，注水井 1653 口)，油井利用率 91.13%，单井产量 0.61 吨。

1986—2005 年，是延长油矿发展最快的 20 年。20 年间，勘探开发领域从“三边”(河边、路边、村边)转变到全区域；钻井技术由顿钻打浅井发展至采用现代化的钻井设备，打丛式井、水平井；开发工艺由原始的自然吸捞发展到大型压裂和注水开发，并积极探索三次采油技术；生产、技术、管理上，打破相对封闭的观念束缚，采用走出去、请进来的办法，取各油田之长，补自身之不足，形成了符合市场运作的全新理念。延长油矿由土法上马、因陋就简、年产 15 万吨原油的小企业，逐步发展成为年产 838 万吨原油的现代化的油田。

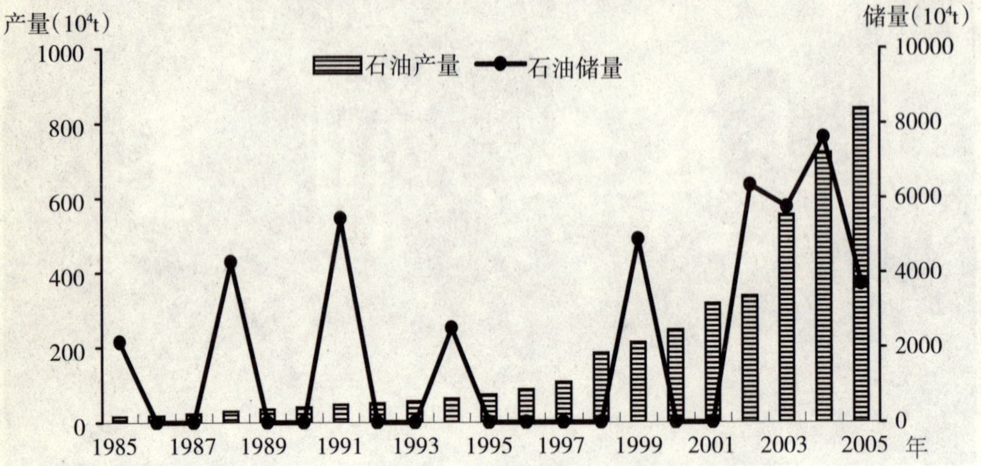

延长油矿石油探明地质储量和产量变化图

第一节　特低渗透油田实现可持续发展

在一百年的开发实践中，尤其是在 1986—2005 年间，延长石油人因地制宜，“土洋结合”，根据陕北油层特点，实施“科技兴油”战略，发扬自力更生、艰苦奋斗的延安精神和“埋头苦干”的老矿传统，克服各种困难，摸索出了一条特低渗透油田可持续发展之路。

一、不断加深对老油田的认识

延长油矿的油区处于鄂尔多斯盆地陕北斜坡中部，其构造简单，为倾角不足 1 度的西倾大单斜。石油主要储集在三叠系延长统第三段的长 6 油层组、第四段的长 2 油层组和侏罗系延安统第二段油层组中。盆地生油条件较好，但油层纵横向变化大，岩性致密，物性差，特别是渗透率低。油层埋藏深度大多在 100～2000 米之间，是一个低饱和、低渗透、低产能的浅油层油田。

延长油矿的油区地质特点和规律的认识是经过反复实践，逐步加深的。通过近百年的实践、认识，总结出了延长油区在地质上的六个基本特点。一是油源基础雄厚，生油潜力巨大；二是油层分布广泛，储层物性差；三是油水混储，油水同出；四是油藏类型多样，岩性油藏为主；五是地层压力低，自然递减快；六是油层埋藏浅，原油性质好。

从1986年开始,延长油矿利用新的勘探理论和技术,在原来的勘探区域重新工作,取得很好的勘探效果。比较显著的是:

青化砭油田丰富川区域:该油区位于青化砭油矿北边,有300多平方千米的广袤土地。20世纪50年代,陕北石油勘探大队曾在此打过3口探井,均为干井,一无所获。1999年,青化砭油矿成立了丰富川勘探指挥部,当年打探井8口。2000年又一口气连打探井28口,发现了长2油层。2001年,对丰富川的勘探思路进行了一次大的战略调整,将探井井距扩大到2千米以上。这一战略调整,给丰富川区域带来喜人局面。2002年4月4日,丁48井压后初日产量达到13.3吨,一月后,稳产11.16吨不降。2003年,继续在丰富川布探井19口。经过不断探索实践,终于在丰富川油田建成了一个年产30万吨的新油区。

七里村油田郭旗西区:1988年,七里村油矿曾在延长县郭旗、郑庄两乡镇进行过地质勘探,在郭旗乡西部打探井3口,由于当时的认识水平有限,没有开发。1995年以后,科技人员重新认真分析了这3口井的地质资料,认为郭旗西区是一块十分有希望的勘探区域。2001年,七里村油矿在郭旗西区新打探井14口,11月对完成的13口探井资料进行了分析和归类。当时,区内有探井29口,钻井进尺17698.89米,取芯4478.5米。该矿对其中的23口探井进行了试油,22口获得工业油流。年底,郭旗西区共建成生产井134口,探井转生产井18口,探明含油面积60.6平方千米,地质储量3000万吨。

子长油田余家坪油区:该油区是子长油矿在1992年启动的勘探区域。当年完成探井5口,平均产油19.8吨。1994年,勘探的主力目的层由传统的单一长6逐步走向多层勘探,钻成的余22井、余8井,在长2和长6均见到油气显示,尤其是长2的油层显示较好,平均含油带厚22.4米,试油初周月产液106吨,含水34%,初周月产油69吨。长2油层的发现,使余家坪的勘探工作出现光明。以产油较好的余8井、余22井和余11井的长2油层为地质依据,1998年,子长油矿在这三口井的外围钻探井4口,含油带平均厚度28.2米,而且含油连续,含油级别以饱含油为主,压后初周月平均产油68吨。至此,整个余家坪区域的勘探初见成果,当年上交储量896万吨。勘探工作取得突破后,油田的开发工作也紧紧跟上。余家坪的上产进程随着勘探的明朗而快速推进。2000年,余家坪的原油产量突破11万吨,成为延长油矿第一个以长2油层为目的层的整装油田。

多年来,广大地质工作者以辩证唯物论为指导,大胆冲破传统理论的束缚,相继发现了余家坪、寨科、丰富川、涧峪岔等长2油田。长2油藏具有埋藏浅、投入小、物性好、产量高、勘探成本低,开发效益好等特点。通过数年不懈的努力,解决了长期以来长2油藏不能高效利用的难题。截至2005年已探明含油面积157.8

平方千米，石油地质储量 8714 万吨。总产能已超过 100 万吨。

二、狠抓老油田的挖潜增效

延长油矿一直把老油田稳产作为重点工作常抓不懈。科技工作者应用新理论、新工艺在老油区做了大量的工作，对油层进行重新认识，在老油田的挖潜工作中，取得了一定成绩。七里村、甘谷驿、青化砭、子长等老油田大胆引进新技术、新工艺，狠抓旧井挖潜，使原油生产稳中有增。

（一）压裂工艺的进步

20 世纪 50 年代，延长油矿的科技工作者就实验成功了水力压裂，但未能得到推广。1971 年推行清水压裂，1974 年开始进行清水加砂压裂试验获得成功，成为延长油矿主要增产措施之一。90 年代，冻胶压裂技术在全国各油田得到普遍应用，但在超特、低渗透油层的压裂改造上尚属空白。1991 年，延长油矿在下属油田开展田菁粉压裂试验，获得较好的增产效果，但由于当时客观条件的限制，该工艺未能及时推广使用。

1994 年，延长油矿组织技术人员对压裂工艺进行研究探讨，认为可以进行水基冻胶压裂工艺实验，并成立了实验领导小组。5 月，与胜利油田、中原油田、长庆油田合作，在子长油矿、子北试采指挥部、川口试采大队进行压裂试验。下半年，七里村、甘谷驿、青化砭等油矿先后用管理局 500 型、700 型压裂设备进行冻胶液压裂实验。压后效果表明，胍胶压裂优于清水加砂压裂，初周月产量可提高 57%～60%。旧缝重复压裂由压前 17.29 吨／井提高到 54.67 吨／井，提高了 2.17 倍。自 1995 年起，延长油矿先后在子长、子北、甘谷驿和七里村等油区进行田箐粉、香豆粉和胍胶粉的压裂试验，取得了很好的效果。平均压裂增产量为 73.7 吨／井次。1997 年，此工艺在延长油矿各油区全面推广。之后，延长油矿在压裂液的低温破胶和及时返排上又取得了突破，形成了自己独特的压裂工艺。

七里村油矿在裸眼井的压裂改造中一直沿用 2～3 米承压段。1995 年 3 月，科技工作者在七里村的西洼沟进行小承段压裂实验，即承压段为 1.5 米，承压段间隔 0.5 米。在已无段可选的旧井上，选取 2～3 米厚的油层，共压裂 24 井次，压裂施工正常，未发现窜槽现象，取得显著的经济效益，试验成功后一直在油田中广泛应用。

延长油矿先后引进了多缝加砂支撑压裂、蜡球暂堵压裂、自生热压裂、填砂压裂、短宽缝压裂、滑套式喷砂压裂、二氧化碳压裂、二次加砂压裂、高能气体压裂、一层多缝压裂、陶粒支撑剂压裂、尾追核桃皮压裂等 12 项压裂技术。其中蜡球暂堵压裂解决了二次压裂中的关键技术，短宽缝压裂解决了井网加密的需要，尾追核桃皮压裂解决了压后吐砂严重的现象，自生热压裂和多缝加砂支撑压裂提高了压裂液的返排率，减少了地层污染。多种压裂增产技术的应用，提高了压裂质量和油层利用率。

(二)对油层的再认识

在对油层的再认识过程中，发现了一系列新、深、薄、浅油层，如条带状分布的长 2+3 油层、南部枢纽线的长 4+5 油层、鸡窝状分布的侏罗系油层和较深层浊积相的长 7、长 8 油层。

1996 年，甘谷驿油矿技术人员整理油井资料，发现有一部分油井长 6^3、长 6^4 含油，而有 100 多口油井完钻层位在长 6^3 以上。2000 年，对 6394 井进行加深作业。钻井过程中发现有较好的油气显示，完钻后进行测井，长 6^3 油层厚度 6 米。12 月 1 日，对 6393 井进行压裂试油，初周月产油 66 吨。随着油田开发区域的扩大，认识的提高，发现所属的糜草洼、杜家沟、郭旗沟、弯儿台等四个区域长 6^3 是主力油层，对旧井进行了加深，均获得较好的工业油流。

1999 年前，延长油矿所属油田井距为 200 米左右。1999 年，甘谷驿油矿搞了一个试验区，井距为 150 米，压裂加砂 70 方都没有压穿。川口采油厂和大庆石油管理局合作，对不同区域的 7 口油井进行压裂裂缝形态试验，结果这 7 口井的压裂裂缝全部为水平缝，形状均呈椭圆状，走向基本一致，长半轴 70 米，短半轴 35 米。打破了多年来井距为 200 米左右的禁区，为油田提高资源利用率探索出新的思路和途径。

(三)处理水害井、事故井和恢复停躺井

处理水害井、事故井和恢复停躺井是延长油矿老油田稳产的主要措施之一。1996 年，根据裸眼完井井浅、油井产量低的实际，在甘谷驿油矿进行支撑式封隔器堵水试验。选择了 11 口含水率为 100%的油井进行试验，结果 9 口井堵水成功。1998 年，在甘谷驿油矿又进行水力压缩式封隔器堵水试验，施工 62 井次，成功 56 井次，成功率为 90%，其中用支撑式封隔器无法封堵的 7 口油井改用水压式封隔器堵水取得成功。仅 1998 年，甘谷驿油矿用水力压缩式封隔器堵水就增产原油 2520 吨。

2001 年 12 月，在七里村油矿对郭 247 井进行拔套管全封固油层试验，应用套洗、磨洗等方法将套管环空水泥等杂物磨洗出，然后返出套管 101 米扩眼，扩眼至 234 米，下技术套管固井，当年增产原油 53 吨，2001 年改造了 8 口水大井，成功 5 口，当年增产原油 163.5 吨。

子长油矿利用先进技术和工艺，成功地处理了一批事故井。余家坪 8315 井产量递减明显，通过试漏试压，更换加深管柱，日产液量达 4 吨以上；在 8210 井，距井口30米处安装扶正器,解决了该井后期井下结构位移造成井斜偏磨问题;5318井井内吐砂严重,通过安装防砂筒解决了问题。同时,充分利用油井诊断仪,先后采取了给被修井安装气锚、扶正器、试压、防砂筒等方法,提高了修井成功率,使日待修井牢牢控制在1口以内。

(四)改造"爆炸井"

20世纪50年代,爆炸是延长油矿的主要增产措施,造成一大批俗称"大肚子井"的"爆炸井",仅七里村油矿就有300多口。2001年初,技术人员把恢复"爆炸井"当作旧井挖潜的主要内容,对300多口"爆炸井"进行了分类整理,资料补救。到2001年10月底,改造成功"爆炸井"7口井,效果显著。2001年压裂"爆炸井"12口,有效9口,当年增产原油634.2吨。截至2005年底,七里村油矿共改造"爆炸井"83口,累计增产原油1.23万吨。

三、扩边勘探

在扩边勘探上,延长油矿对老油区边际油藏的区块进行重新认识、深入研究,使其在新认识的指导下和新技术的支持下产生经济效益。

依托老油田的开发经验,对油田周围油层进行新的认识。对于达到工业油流初周月产量较高的区块实行稳步推进,对于地下情况较复杂的区块,实行滚动加跳跃式勘探。区域勘探先后发现了5个长2油田(余家坪、寨科、涧峪岔、丰富川、蟠龙油田),3个长2区块(寺湾、绛沟—老庄),两个长6、长4+5区块(义—吴、劳山),多个侏罗系区块(寨科、正221井区、正19井区、正4井区等)。

先后在七里村油田的郭旗西区、郑庄、野猪峁,姚店油田的房子沟、姚72井区,川口油田川46井区、西南部、阳台山,甘谷驿油田唐15、唐68井区,子北油田李家岔、中埸等井区的扩边勘探成果突出,共发现了20个含油富集区块,为老油田的可持续发展提供了有力的资源保障。

甘谷驿油矿1990—1991年共钻探井5口,为唐56、57、58、60、61井,1991年结合对油田东部高山区域的勘探认识,相继圈定糜草洼、王仓山及中村山含油富集区块,对1974年储量面积内的储量进行复核,新增储量1062万吨。1991年累计探明储量面积100.1平方千米,地质储量4943万吨。

1992年,七里村油矿甩开"三边"(河边、路边、村边),开始爬坡上山,先后在郑庄乡的赵庄塬上布探井3口,获得显著成效,其中:延27井油层厚43.6米,延28井油层厚32.4米,延29米油层厚28米,经过压裂试产,延28井初周月产量最高,达57.04吨。这3口探井平均初周月产量49.24吨,成为该矿的富油区域之一。

子长油矿同时在余家坪、寺湾、安定等区开展了扩边勘探。余家坪探区1992

年开始布探井，经过几年的努力，发现了长2油层。该油层的发现使余家坪区勘探工作取得了重大突破。

四、积极寻找新油区

延长油矿没有复杂地质构造，油藏类型为岩性油藏。专家们曾戏称为“井井有油，井井不流”。由于地处黄土高原，土层较厚，采用地震，不仅价格昂贵，而且地震波能损失大，效果也不理想。科技工作者因地制宜，因陋就简，采用非地震物化探技术，在冯庄、安定—涧峪岔等区域取得了较好的勘探效果，不仅节约了勘探资金，而且加快了勘探速度，提高了勘探效益。

在新区勘探中，采用先进行综合地质研究，勾画出有利相带，再做非地震物探及化探，圈出含油异常区，然后进行甩开勘探，发现好的出油点后立即部署开发井，对油藏的储层、油层物性、含油性及电性特征进行详细刻画，同时对其工业价值和经济效益进行初步评价，从而推动区域勘探稳步高效发展。

(一)川口油田勘探

川口探区位于延安市东约7千米处的川口乡。从1985—1987年，共钻探井3口，发现长6油层多个油气显示段，但试油不很理想。1989年5月完成姚63井，发现了较好的油气显示，压裂试产后，初周月产量达到42.5吨。从此，打开了川口区域勘探的新局面。1990—1997年，在川口探区进行详探，共钻探井42口，总进尺28833.67米；1992年开始试油，1994年试采，并进行了储量计算，探明含油面积52.8平方千米，地质储量2507万吨。

1996年10月，延长油矿管理局研究院和中国石油天然气总公司咨询中心开发部合作编制《川口油田开发方案》，1997年3月15日成立川口采油厂，川口油田正式投入开发。按照开发方案，川口油田实行整装注水，1997年7月，偏桥注水站建成投注，川口油田全部采用200米正方形“反九点法”井网注水开发。按照新体制组建的川口采油厂，1997年当年生产原油6万吨，1999年达到16万吨，比开发方案提前1年跨上15万吨台阶，2000年达到19万吨。

2001年，科技人员统筹分析了川口采油厂周边地区的地质情况，认为向西南发展大有希望，于是果断决策在刘渠村一带进行扩边勘探，布了川24井和川28井，完钻后试油，两口井初日产量均在8吨以上。这两口井成功后，又沿这个方向布下15口探井，除川45井和川29井外，这些探井均保持了较高产量，其中最高的单井日产量在15吨以上。2001年，川口采油厂探明高产储量面积30平方千米。2002年又在这一区块打探井5口，对地质情况进一步认识。2003年探明地质储量1524万吨，探明储油面积33.1平方千米。川口西南区域的突破，成为川口采油厂上产的主产区。2005年，川口采油厂的地质储量达到5979万吨。

（二）西区油田勘探

1994年4月13日，陕西省人民政府和中国石油天然气总公司关于开发陕北地区石油资源达成协议，对在陕北进行石油开采的延长油矿、长庆油田已登记的勘探开发区块划分为五类，明确各自开发权限。从志丹、永宁之间的周围地区划出一块作为延长油矿的风险勘探区。

1994年，延长油矿决定在志丹县义正乡、吴堡乡、旦八镇三个区域进行勘探，为此成立了前线指挥部，组织了技术人员收集周边油井资料，同时与外协科研单位对600平方千米面积进行地面物化探研究，圈定物探异常区8个。1995年，延长油矿把西区勘探定为当年三项重点工作之一，钻探井5口。正2井于1995年6月7日开钻，8月11日完钻。在现场录井中发现长2+3油层有好的油气显示，试油日产原油12.6吨。正2井的发现，为该区勘探打开了局面。

1997年，在对收集的预探资料进行全面的、系统的综合分析后，对3个A类含油远景区进行了调查研究，将两类含油相对富集区面积由160平方千米缩小到58.2平方千米，把勘探靶区进一步缩小，同时在Ⅰ类区发现正40井长6油层具有工业油流，在正27井发现了侏罗系延安组油层，具有工业油流。1998年，西区勘探重点由义正、吴堡区域转向纸坊、旦八区域后，控制储油面积60平方千米，圈定了9个异常区，打12口探井，口口见油。“九五”期间，西区投资1.4亿元完成地球物理勘探600多平方千米，地球化学勘探400多平方千米，先后发现了侏罗系延安组、三叠系延长组几个油层，均获得工业油流。通过多年的勘探，2005年探明的地质储量达到了8948万吨。

（三）子北油田勘探

延长油矿在子长县北部进行勘探，探区（简称子北）横跨玉家湾、南沟岔、涧峪岔三个乡，钻探范围约400平方千米。1984年，在该区布探井2口。1986年5月，在该区钻成的理5井，有较好油气显示。理8井在758米处完钻，完钻层位为长7油层。在录井和固井过程中，发现有4个含油砂层组，含油砂层厚57.68米，有效厚度11.12米。1988年8月，对理8井实施了压裂求产，初周月产量57.2吨。其后，以理8井为中心，在400平方千米的范围内进行勘探，1986—1991年共布探井78口，总进尺59872米，取芯进尺13195.07米，平均收获率86.52%。对该探区的探井进行了标准测井和综合测井。先后压裂试油47口，获工业油流35口。1991年5月，该探区的玉家湾、南沟岔区块探明含油面积48.3平方千米，储量2450万吨。2005年，子北油田探明的地质储量达到7119万吨。

在子北涧峪岔的预探过程中，发现有长2油气显示。2001年，在涧峪岔探区的长2油层进行试油工作和压裂工艺的改进,实施探采并举,控水增油。指挥部技术人员与长庆油田工艺研究院合作,对长2油层压裂工艺进行科研攻关。又与西北大学地质系合作进行子北油田长2油层组地质研究。2001年8月,成立了长2油层开发攻坚组,精心选井选层,根据油层特征制定了较为科学的射孔、压裂、采油等一系列工艺方案。在理118井、理113井、理112井等3口油井进行长2油层射孔压裂试验,获得突破。2003年初,子北试采指挥部成立涧峪岔前线指挥部,当年生产原油10.7万吨,2005年该区地质储量达1255万吨。

(四)蟠龙油田勘探

蟠龙油田位于青化砭油矿西北十余千米处,是延长油矿在"十五"期间新开发的油田。2000年,蟠龙区域有重大发现,冯14井日产原油40吨。2002年,蟠龙勘探区采取大排量压裂改造,取得较好效果。2003年,蟠龙勘探开发指挥部全年完成探井21口,试油14口,其中5口井试油效果显著。经过三年的勘探,共打探井92口,探明地质储量6984.7万吨,成为一个可供开发的后备油田。

(五)扩大资源面积

进入21世纪,延长油矿管理局按照陕西省延长石油工业集团公司的要求,走出延安,走出陕西,积极依法登记矿产资源。截至2005年12月底,在陕西境内登记探矿权10个,面积1.0755万平方千米;省外登记探矿权30个,面积9.6896万平方千米,分布在内蒙古、宁夏、甘肃、江西、西藏及青海。另外在河南南部、湖北北部的南襄盆地新报探矿权2个,面积4817平方千米。为此,延长油矿管理局先后成立了南探、北探、二连、鄂西等勘探指挥部,加快勘探步伐。在内蒙古、宁夏、甘肃、黑龙江、辽宁、西藏、江西等新区,两年来开展了现场勘查调研和资料收集整理工作。

第二节　因地制宜的发展战略

延长油矿是一个低饱和、低渗透、低产能的浅油层油田,这一特征决定了延长油矿不能完全照搬其他油田发展的模式,必须因地制宜,根据自己的实际,走自己的路。在百年实践中,延长石油人认真总结自己的发展经验,形成了"以探促采,以采养探,探采并举,滚动发展"的勘探开发模式,取得了明显的成绩。

一、探采结合的应用

在勘探开发实践中,延长油矿全面推行勘探开发一体化,加快了油田开发步伐,提高了油田开发水平,加快了油田上产速度,增加了油田的经济效益。川口、西区、丰富川的勘探开发上产实践，充分地证明这种模式的可行性。

川口采油厂在上产之初就坚持“探采并举”，一旦发现富油区块，马上开发上产。2001年，在川口西南的刘渠村川24井和川28井有重大发现，2002年又打探井5口，同样有较好的工业油流。2003年在柳林区完成探井20口，长4+5、长6有较好含油显示，2004年在该区又完成探井3口，含油带厚度5～16米，试油16口，最高的川105井，初周月产油135吨。2004年川口采油厂生产原油53万吨。

西区的开发上产进程中，在旦八、纸坊、金鼎、吴堡、义正等乡发现长2+3、长4+5、长6、长7油层及侏罗系的延安组，2002年生产原油53.1万吨。2003年，西区在义正—吴堡区完成探井18口，试油13口，初周月产油30吨以下8口，30～70吨2口，70～100吨2口，其中延167井初周月产油109.9吨。2004年西区勘探指挥部又在该区完成探井20口，试油15口，试油井平均初周月产油71吨。新的勘探发现，推动了西区的继续上产，2005年生产原油100万吨。

2002年，青化砭油矿在丰富川丁48井有重大发现，2003年在该区完成探井5口，试油4口，初周月产油平均61吨。2003年2月20日起，组织了74部钻机，在丰富川会战。会战指挥部只有32人，但他们按照“高起点、高标准、快速度”的原则，实现对丰富川油田高效开发。丰富川新增储量预算、油田开发整体注水方案等项目的完成，和水力压裂缝高控制技术、压裂防砂卡技术、热化学压裂工艺、氮气单井吞吐技术的引进，使丰富川的开发真正达到“高起点、高标准、快速度”，年生产原油能力达到30万吨。

二、提高开发水平

1907—1990年间，延长油矿都是利用自然能量开采，受到地质条件及技术水平的影响，造成油气资源采收率低。致使花费了大量人力物力获得的勘探成果，未能真正得到有效的开发和利用。1991年开始，广大科技人员大胆吸收和引进先进技术工艺，结合延长油矿地质特点，改进压裂工艺，试验成功了浅层丛式井开发技术，提出了适合本油田实际的“反九点注采井网”丛式井注水开发模式，并在所属油田迅速推广。

1991年下半年，延长油矿管理局组成丛式井调研小组，先后到北京石油勘探开发研究院和胜利、长庆等油田调研，写出调查报告并制定了丛式井设计方案。延长油矿的第一组丛式井位于子长县冯家屯乡兔儿巷村，1992年，完成四斜一直井组。

1999年，西区勘探指挥部实施丛式井钻井获得成功。青化砭油矿在姚店区试验丛式井钻井，在600米以内的浅油层成功地钻了三组丛式井。子长油矿在余家坪浅油层进行丛式井试验，在540米的井深中，穿越167米黄土层，在85～105米

延长油矿高山采油。

之间布井获得成功。2002 年 6 月,甘谷驿油矿在麻科义区完成了四组丛式井,按“反九点”注水开发模式完井。经过反复的研究和探讨,大家认为推广“反九点法”丛式井注水开发,资源利用率由 60%提高到 90%以上,完全符合陕北地区油藏开发对井网部署的要求,能最大限度地节约土地和工程费用,降低了人、财、物的消耗,达到投入少,见效快、产出多的优化开发。之后,在全局范围内全面推广“反九点法”丛式井开发模式。截至 2004 年底,推行“反九点法”丛式井的效益明显体现,延长油矿少修公路 2000 千米,少修井场 7780 个,减少征地 1.5 万多亩,储量利用增加了 158.2 万吨。

与此同时,积极推进注水开发。1973 年延长油矿曾在青化砭油田叶沟区进行井组注水试验,获少量增产,但见效后形成水淹。七里村油田在严家湾,永坪油田在枣林湾也进行过注水试验。1978 年元月,延长油矿选择青化砭油田七区作为注水的开发试验区,1981 年 10 月 23 日投注,1984 年 2 月 26 日停注,获得了初步认识。

1992 年,延长油矿在子长油田进行单井注水试验,建成了注水站,受益井效果明显,递减减慢。以后针对注水中的技术难题,进行了储层特征,油藏工程的攻关研究,攻克了水质处理技术,逐步完善注采井网,科学合理开展注水。在川口油田整体注水取得突破后,在全局全面推行“反九点注采井网”丛式井注水开发模式,使特低渗透油田向高效、合理、科学开发迈出了关键的一步,为百年老矿的长远发展夯实了基础。

三、打造绿色油田

20世纪90年代，国家重视了环保工作，特别是党中央作出了西部大开发战略部署，提出再造“秀美山川”工程，强调“封山禁牧，植树造林”的重要性。延长油矿管理局响应号召，在各油区、矿区全面展开环境污染治理和清洁文明油井建设工作。

子长油矿首先开始在油区建设文明油井，立即在油区推广。2005年3月制定了《延长油矿管理局清洁文明井场的建设暂行规定》，将环境保护渗透到钻井、固井、压裂、修井、采油整个原油生产的全过程。按照“反九点法”丛式井注水开发模式建成的新井，全部按文明油井标准建设，围墙内外两侧，植树种草。井场外修建排污渠，围墙内侧修建雨水渠及雨水蒸发池。对原来的旧井场，延长油矿管理局每年投入大量的人力、财力、物力，按文明井场进行整改和检查评比。截至2004年底，已投入2000多万元，把1268个旧井场改造成清洁文明井场。全局共建成清洁文明井场3062个。截至2004年底，全局在油区井场道路植树489万株，种草2969亩，绿化道路1453千米。

对油区污染加强治理工作。1999年4月，甘谷驿油矿和西安石油学院合作，建设污水处理厂，2000年底建成投运。随后七里村油矿、川口采油厂、子长油矿等8个单位，先后都建成了原油污水处理厂，处理后的污水达到排放标准。到2004年底，共建成污水处理厂11座。2001—2003年，投资4.74亿元，建成永坪至姚店，西区寨科至刘坪、甘谷驿至杨山、川口至杨山的管输工程，解决了油品运输中的“跑、冒、滴、漏”造成的污染问题，同时也降低了企业的生产管理成本。油井井口统一安装环保型“防喷盒”，井场内设置有防渗漏的油泥池或垃圾池，定期清运，集中处理。井下、修井在作业过程中，采取措施防止原油抛洒。在钻井过程中，引进泥浆固化新技术处理井场泥浆，有效避免泥浆洒落、泥浆池穿孔造成的土地水源污染。

第三节　面向市场，深化改革

随着国家改革开放的深入，延长油矿原有的管理模式已不适应企业发展的需要，必须深化体制改革，积极推行市场运作，解决延长油矿资金紧张和技术落后问题，使延长油矿在不断改革中发展，在市场经济中壮大。

一、重视引进和创新，不断提高工程技术水平

20世纪80年代初，延长油矿实行“借梯上楼”的办法，迅速提高勘探、开发的

技术水平。延长油矿管理局以建立“油公司”体制为切入点，继续深化体制改革，企业实力逐步得到加强。1992年11月，延安地委行署改革延安石化工业管理机构，撤销延安地区石油化学工业局，成立延安地区石油化学工业集团公司和延长油矿管理局。延长油矿管理局狠抓原油生产，原油产量稳步增长，经济效益居陕西省前列，为全国500强企业之一。

（一）油田工程技术水平不断提高

在与全国各大油田的合作中，延长油矿的油田工程技术水平不断提高。

1992年，延长油矿引进长庆油田钻井队伍，在子长油田进行定向井钻井试验，攻克在黄土层定点造斜的难关。1996年，延长油矿引进中原、胜利油田固井队。1997年后，又陆续引进了大庆、胜利、辽河等油田钻井队伍。1997—2003年又先后引进大庆、华北、四川等油田测井公司数控队伍及设备，延长油矿的油田工程技术水平迅速与国内先进技术接轨。2000年11月，与胜利油田合作，在川口乡偏桥村南钻成“延水平一井”，和长庆油田合作进行限流压裂。“延水平一井”顺利投产获得了钻井、完井、射孔、压裂、管柱配置、测井等第一手资料，为开发特低渗浅油藏油田积累了一定的经验。

在不断学习的同时，延长油矿注重生产工艺和设备的改进。1998年延长油矿全面推行冻胶液压裂，取代了沿用20多年的清水加砂压裂，投资1.6亿元购回3套千型压裂机组。在作业过程中，改变以前管线供水的方法，利用大吨位汽车进行压裂液的运输，减少压裂液污染和损失，提高工作效率。同时不断优化压裂施工参数，加大压裂规模，提高压裂成功率。1999年，延长油矿全面实现全套管完井，彻底改变了一直采用的裸眼完井方式，很好地解决了裸眼井开发中存在的小隔层油层的开发、多油层开发的层面干扰、分层注水、封隔水层、夹层的坍塌等不足之处，提高了资源利用率。

（二）科技能力得到加强

改革开放20多年来，延长油矿大胆引进全国各大油田勘探、开发技术，拜师学艺，逐步掌握各种现代化技术。

延长油矿引进小数控测井技术（数字信号），该技术对油层识别分辨能力高于以前使用的“581”测井仪器（模拟信号），且测井曲线数字化，提高了资料的传递速度，具有取值方便，易于对比，制图迅速的特点，使测井技术和解释技术不断提高，大大提高了对油层，特别是对低阻油层的认识水平。

与此同时，还引进“Forward“解释软件，建立了数字测井解释中心，既方便了测井解释，也便于数据远程传送，使野外采集的信息能及时传回，也能及时将解释发送到基层单位，用于生产。由于解释技术的进步，促进了油层的认识水平的进一步提高。

低渗透储层一般具有泥质胶结物多、结构复杂、非均质严重等特点，在钻井和开采过程中，极易受到污染和损害，而且一旦受到损害，恢复十分困难。因而对低渗透储层必须做好油层保护工作。在钻井过程中，通过平稳压力钻井技术，减少钻井液滤失量对油层损害，选用优质的钻井液完井，降低滤失量改善造壁性能，从而保护油层。在完井和固井过程中，选择优质高效降失水剂，控制水泥浆的失水量，形成井眼和环形空间的液柱总压力略大于底层 DCP 压力，防止发生漏失和油气、水窜现象。在射孔作业中，加入粘土防膨剂 KCL、表面活性剂的活性水作为射孔液，和一定的滤饼溶解剂，以便返排时清除滤饼，减少压裂液对储层的伤害。在压裂过程中，减少压裂液在地层中的滞留时间，在压裂施工结束后，采用油嘴放喷，加快裂缝的闭合速度；在放喷结束后，通过快速抽汲排液，达到使压裂液快速返排的目的，降低压裂液对油层的伤害。

按照常规识别油层，低电阻率值比较高，对于 15 欧姆以下的油层很少识别为油层。但在川口油田，技术人员认真分析、认识油层，对未见显示的长 4+5 油层大胆试油，突破了工业油流关。在随后的西区开发中，又发现了寨科长 2、义正—吴堡长 6 低阻油层含油区，对这些低阻油层进行改造，均获得了高产油流。这些新油层的发现，为全局大幅度增储上产提供了有力的保障。

在油层开发上，从单一的长 6 油层的开发转变为多油层开发。在子长的余家坪、青化砭的丰富川、西区的寨科区、子北的涧峪岔相继勘探了长 2+3、长 4+5、延安组和长 7 等油层相继投入开发，取得了良好的经济效益。

二、改革管理体制，提高职工工作积极性

1986 年，制定了《简政放权，加强经济责任制的若干规定》，给基层单位下放了包括干部任免、人事奖惩、机构设置、计划财务、物资采购等五项权力。1989 年 1 月 25 日，陕西省政府办公厅印发了《关于解决延安地区石油生产问题的会议纪要》的通知，有效地缓解了当时资金紧张的矛盾。1994 年 4 月“油公司”体制在全局范围内全面推开，模拟法人机制投入运行。

（一）因地制宜运用各油田的成功经验

延长油矿对下属不同单位实行不同的承包办法，对勘探投资、储量任务、原油产量、产能建设实行效益目标投入产出总承包。施工作业单位和辅助生产单位，如钻井、测井、固井、压裂、机修、运输、供应、科研、设计等部门实行模拟法人经营，独立核算，自主经营、自负盈亏，上交利润，实行经营目标承包。后勤生活和社会服务单位实行服务目标承包，核定收费价格，服务收费，独立核算，自负盈亏。事业经费

单位实行经费目标承包，经费超支不补，节余全留。多种经营单位靠创收独立经营，并向管理局上交利润。在总结内部合同制的基础上，对外协单位也实行合同化管理，引进了各大油田的作业队伍。

扩大二级单位计划管理职能，依照独立法人企业的模式，按照"四自"要求及管理局授予的权力，搞好计划管理和经营决策。管理局缩小指令性计划指标和下达范围，扩大指导性计划和下达范围，变单一实物指标统计为实物量、价值量、经济效益三大指标体系，建立以效益评价为中心，以项目评估论证为前提，量力而行，量入为出。在资金筹集上，建立起明确资金责任制，资金谁筹措、谁安排、谁决策、谁负责、谁借贷、谁还钱，实行资金有偿使用。建立厂、矿长明确的投资责任制。维持简单再生产建设工程，报批后，由厂根据自己资金的来源审定，勘探费用由管理局审核，列入年度计划实施。基本建设项目经管理局审查，按照规定的分级审批权限批准立项，其资金来源为自筹的生产发展基金和国内基本建设贷款。同时制定《延长油矿管理局转换经营机制建立现代企业制度的实施方案以及配套改革办法》。油矿和各二级单位在统一政策下，拥有生产建设部署安排和生产经营活动的决策权；可以按照模拟法人的方式，实施内部独立核算，按照完全成本方式核定内部经济效益等多种权力。

通过多年的改革，延长油矿形成各自内部独立核算自主经营，先挣后花的格局，实行模拟法人的机制，打破了集中核算统收统支"全局一锅、同吃油饭"的财务核算管理制度。形成主体单位靠油吃饭，施工作业单位靠劳务吃饭，辅助生产单位和生活后勤单位靠服务吃饭，多种经营单位靠创收吃饭的分灶形势。

（二）形成符合企业发展要求的管理模式

目标责任制管理是延长油矿主要管理方式。在实践中，延长油矿以市场价格为基础，以各项生产、经营目标为内容，以完善经济责任制为手段，以降低成本提高效益为目标，逐步建立了完善的目标管理网络体系。根据市场形势，经营状况和战略需要等因素，管理局每年对二级单位下达利润指标，主要生产任务指标和管理指标，并进行半年预兑现，全年总兑现。通过目标责任管理，理顺了内部关系，增强了二级单位的活力，提高了各单位加强管理的责任心和主动性。

延长油矿职工收入主要包括技能工资、岗位工资和奖金三部分。延长油矿管理局不断增大活工资比例，增加岗位工资和奖金。根据工作性质、责任大小、劳动强度等因素划分了处室类型，核定不同处室费用基数，拉开资金分配档次，有效地发挥了工资的激励作用。

财务管理中，充分发挥内部银行优势，实行资金集中统一管理，合理调配运筹资金，保证生产经营和重点建设资金的按期到位。按照"量入为出、量力而行"的原则，做到计划、财务一本账，坚持资金预算和财务一支笔审批制度，充分发挥预算委员会作用，认真搞好经济分析，发现问题，及时解决，确保了生产经营活动的平稳运行。

投资计划管理中，优化投资结构，坚持谨慎的投资决策，确保无效益项目不上，不能达到预期回报率的项目不上。积极推行项目管理责任制，实施工程项目全过程管理，签订重点项目目标责任书，明确责任主体，加大超投资行为的行政、经济制裁力度，确保了项目进度，工程质量达到预期要求。

物资采购管理中，严格实行“四统一”和比价采购政策，加大物资采购统管力度，严格规定二级单位的采购范围，由职能部门参加组成物资采购比价采购管理小组，对采购物资的计划、合同、质量、价格进行全过程监督。对大批量物资，采用招标的办法，确定供货单位，大大节约了采购成本。

三、以低成本为目的，加强基础管理和建设

延长油田的“三低”特征决定了延长油矿必须走低成本发展之路，在百年的发展历程中，延长油矿因地制宜，创造出一条适合陕北浅油层油田开发之路。

延长油矿随着改革的深入，企业实力增强，现代化水平提高，2001 年延长油矿管理局本部原油生产能力达到 130 万吨以上，平均每天有 3500 吨以上的原油依靠泵油车运到生产单位选油站，然后再运往永坪，生产手段相当落后，为了适应建设现代化企业的需要，建设了油品集输工程。

2002 年，投资 1800 万元建成永坪网管中心、中心数据库、永坪区局域网络及八个远程二级单位视频会议系统，具备了数据交换，互联网服务，电子邮件传输及视频会议等网络服务功能。

在加快现代化建设的同时，延长油矿因陋就简，充分利用山势、地形及陈旧设备，降低生产成本。各原油生产单位在油井比较集中的山崖上建设大的储油罐，在陡峭的山崖上架设废旧的油管，用泵油车将周围原油集中后，利用自然压力将原油输送到山下，节约成本，提高劳动生产率。

延长油矿有一批每天产量在 100 公斤以下的低产井，为了使这些油井发挥作用，延长油矿还用着五六十年代使用的吊油车，根据其上油规律，几天吊一次油。还有一些低产井远离油区，就雇用农民用拖拉机吊油、运油，原油交选油站，油矿按量付酬。通过各种途径，保证采回一点一滴的原油。

四、发扬埋头苦干艰苦奋斗的精神

1944 年 5 月，毛泽东主席为延长石油厂厂长陈振夏亲笔题词“埋头苦干”，延

长石油人把它当作传家之宝，代代相传。

“埋头苦干”是延长油矿的企业灵魂，在百年的发展过程中，延长油矿人始终坚持埋头苦干，艰苦创业。2002 年冬，永一姚管线建设进入关键阶段，工程建设者们经受了常人无法体会的严峻考验。3 个多月的建设时间，雨雪天气长达 40 多天，气温降到零下 20 摄氏度以下。在建设工地，许多人都穿着两双袜子，可脚还是被冻肿了。在这样气候条件下，每天保持焊接进度在 500~1000 米之间，抢出 20 多千米的焊接进度。2003 年 8 月下旬，一场大雨将丰富川指挥部 20 多人困在远离矿区上百公里的山上三天之久。山上菜吃光了，水用完了，他们就从山下将方便面、矿泉水背到指挥部。在这三天三夜里，大家没有吃一口热饭，没有喝一口热水，可谁也没有喊苦，谁也没有言悔，仍然坚守在工作岗位。

延长油矿职工把节约观念渗透到生产经营的各个环节之中。油矿区域辽阔，由于油层变化大，就采用不同的采油方法。对油井相对集中，产量较高的区域，安装控电集装箱，实行自动抽油；而对油井分散，产量较低的油井，一天只需抽四五小时，就采用间歇抽油，可以节约电量，减少设备磨损。

修旧利废是延长油矿的传统，每年把它作为一项具体内容，写进目标责任书，各单位组织机关干部轮流参加修路、加砂、清理卫生等义务劳动，减少人工费用开支。开展节约一张纸、一度电、一滴水等“十个一”活动。仅 1998 年，全局节约煤炭 18570 吨，节资 1876 万元。修复使用旧电机、旧阀门等各种废旧物料价值 566 万元。

五、整合资源，拓宽发展空间

延长油矿地处陕北老区，老区人民给了油矿无私的支援，延长油矿也以造福老区、回报社会为己任，支援地方公益事业，形成了企地共同发展的和谐局面。

（一）支持钻采公司发展

1985 年，按照“旧井垫底、贷款起步”的原则，“中国陆上第一口油井”的故乡延长县，利用延长油矿划拨的 19 口旧井垫底，率先成立了全国第一个县办石油钻采公司——延长县王家川石油钻采公司。之后，陕北有关县区也相继成立石油钻采公司，并逐步壮大。延长油矿管理局所属各油矿集中开发高产区块，对一些油田的边缘井和部分低产井采取县（市）承包经营的办法，发动县（市）力量多层次开发石油。

1987—1991 年先后又在延安市南泥湾、延川县青平川、富县直罗、甘泉县下寺湾、子长县瓦窑堡、安塞县杏子川、志丹县永宁、宜川县英旺、吴旗县吴起成立了 9 个石油钻采公司。对钻采公司实行“资源统一规划、地质统一勘探、原油统一加工、电测压裂统一指导、行业统一管理”的“五统一”原则，采取“计划单列、产量统算、成绩归矿、效益归县”的对口支持办法，使钻采公司得到发展和壮大。

钻采公司成立之初，延长油矿给予大力支持，抽调工程技术人员到各钻采公司代培初级工程技术人员。针对钻采公司设备材料不足问题，延长油矿尽可能给予支援。

1989年9月11日，中共中央总书记江泽民到南泥湾油田视察。他得知油田发展资金困难后，就关照有关部门给予解决，帮助南泥湾油田渡过了难关。

2003年9月，榆林市四个钻采公司并入延长油矿。10月，管理局抽调人员组成帮扶小组带着300万元专项资金到榆林专项扶贫，使四县钻采公司产量明显提高。

（二）清理整顿

原石油工业部、陕西省委省政府、延安地委行署都非常关心延长油矿的发展。原石油工业部副部长焦力人带领有关专家、学者曾7次（1982—1988年）深入延长油矿调研，帮助制定相关政策，协调解决实际困难。康世恩国务委员多次听取陕北石油开发工作的汇报，做出指示，提出了“多打井，多出油，上黄土塬”等加速开发陕北石油的指导思想。1986年2月22日，陕西省成立了陕北石油勘探、开发、利用领导小组，陕西省副省长曾慎达任组长。

1986年11月29日至12月1日，石油部领导在延长油矿管理局调研期间，主持召开延安石油工作座谈会。会议形成的《纪要》指出：石油资源为国家所有，延安地区石油资源的开发利用由石油部委托延长油矿管理局统一管理、生产和经营，可由地方承包，使地方受益。

20世纪90年代初期，一些县（区）钻采公司为了解决资金、技术困难，开始引进资金和技术联合开采石油，这对解决地方石油企业投入不足，技术落后等问题，促进延安石油工业发展起到了一定的作用。但一些地方也出现了管理粗放、浪费资源、开采秩序混乱、私下非法转卖油井、严重污染环境、偷逃税和少数党员干部违规违纪变相参与石油开采等问题，特别是广大群众对无资质单位、个人开采行为反映强烈，也引起了社会各界的广泛关注。

1999年5月起，陕西省根据国务院的安排部署，采取相应措施，在陕北地区开展石油开采秩序的专项清理整顿工作，依法关闭了小炼油厂8个，取缔土炼油场点2600多处；关闭严重污染的油井120口，停产整治234口，植树1700万株；查处参与或变相参与石油开采的党政机关干部120余名；废止了不符合国家现行法律法规的地方性法规；支付补偿金19.92亿元，依法收回了陕北地区1039家联营单位的4570口油井的所有权、经营权和收益权，生产经营统一归入各县（区）钻采公司。

清理整顿有力地推动了县（区）钻采公司生产能力和整体技术水平的提高。2004年,有6个县(区)钻采公司的原油年产量超过40万吨,其中志丹县的永宁钻采公司达81万吨。

(三)炼油、销售及配套设施建设同步发展

探采炼销一体化是延长油矿体制优势。管理局以采炼平衡为中心,以最大限度提高综合采收率为目的,建成了900万吨/年的原油加工能力,保证了延长油矿采炼平衡。

延长油矿对销售工作非常重视,为了使企业获得最大利润,实现最佳效益,销售部门充分利用计算机网络等多种渠道,广泛搜集国内外石油市场信息,在了解国际市场行情、掌握国内各省区的油品价格动态、市场走势和库存信息的同时,特别注意掌握周边炼厂和兄弟单位油气出厂的价格信息。根据市场变化信息,制定灵活多变的营销策略,为价格调整提供可行依据。定价委员会本着推进油气高价位运行,追求效益最大化的原则,有时一年调整价格上百次,为延长油矿创造更大的利润。

在生产发展的同时,延长油矿加强后勤配套和基础建设,以适应生产的发展。

改革开放以来,延长油矿立足于为社会多做贡献,有力地推动了地方经济的增长和各项事业的发展,使陕北的石油资源造福百姓的进程得以加快。延长油矿的油井打到哪里,就把公路修到哪里,电路架到哪里,而且免费让农民烧油井伴生气,富余劳动力还可以到油矿打工,给当地农民带来实实在在的利益。2005年,石油在延安、榆林两市的财政收入中分别占到了82%、28%,成为陕北老区的支柱产业。

六、加强领导,陕北地方石油企业进行重组

2005年9月14日,陕西省政府决定对陕北石油企业进行重组。将原陕西省延长石油工业集团公司及其所属的延长油矿管理局、延炼实业集团公司、榆林炼油厂等6家企业,与陕北延安、榆林两市14个县区石油钻采公司通过紧密型整合,重组为陕西延长石油(集团)有限责任公司(延长油矿管理局)。重组后,陕西延长石油(集团)有限责任公司与延长油矿管理局实行两块牌子,一套人马,下设油田股份公司、炼化公司、销售公司、管道运输公司和财务中心等二级单位,实行以产权清晰,权责明确,政企分开,科学管理为主要特征的现代企业制度,从体制上解决陕北县(区)石油开采企业资质争议和规范开采等根本性问题。

2005年,陕西延长石油(集团)有限责任公司(延长油矿管理局)完成固定资产投资105亿元,生产原油838万吨,加工原油838万吨,销售收入280亿元,实现税金57亿元,实现利润75亿元。

第三十七章 南海西部油田

第一节 发展概况

南海西部油田所辖矿区位于东经 113° 10′ 以西南海海域，油田管理机构设在广东省湛江市。

南海西部石油与天然气勘探开发海域面积 227634 平方千米，其中水深 200 米的海域面积为 161613 平方千米，分布在北部湾、莺歌海、琼东南盆地和珠江口盆地西部，每个盆地面积都超过 1 万平方千米，属于大型盆地。盆地总面积达 145020 平方千米，盆地内沉积凹陷面积为 76660 平方千米，第三系沉积厚度均在 4 千米以上，具有形成油气藏的良好地质条件。

南海，甚至整个中国近海的油气勘探都是从南海西部起步的。1957—1965 年，石油工业部和广东省"土法"上马，探索下海，在海南岛西南部浅海调查油气苗，进行物探试验，并于 1963 年成立茂名页岩石油公司海上石油勘探指挥部，在莺歌海浅海钻探发现了石油；1966—1973 年，坚持沿海陆地勘探，"以陆推海"；1973 年组建南海石油勘探筹备处（1976 年 5 月改为南海石油勘探指挥部），实行"海陆并举、以海为主"，并从国外引进钻井船、物探船等先进的海上作业装备，开展海上勘探。从 20 世纪 50 年代末到改革开放的 20 多年间，在北部湾盆地发现 40 个局部构造，钻探井 8 口，其中 6 口见油，发现 3 个含油构造，对盆地构造有了基本认识；在莺歌海及琼东南盆地，共做二维地震测线 21026 千米，钻探井 7 口，发现了松涛 32-2 构造。

中共十一届三中全会以后，在党和国家的对外开放方针指引下，南海油田遵循国家有关海洋石油的法规、政策，按照国际惯例，采取灵活多样的方式，开展大规模的对外合作。1982 年中国海洋石油总公司成立后，将南海油田划分东西两部分，以东经 113°　10′　为界，分别成立南海东部石油公司和南海西部石油公司。从 1979—1986 年，南海西部油田先后与美、英、法、日、澳等十多个国家和地区的 30 多家石油公司签订了石油合同和协议，引进外资 16 亿多美元，引进、消化、吸收国外先进技术 200 多项，发现了涠洲 10-3 油田、崖城 13-1 气田和一批含油气构造，涠洲 10-3 油田建成投产。

1987 年以后，在中国海洋石油总公司的领导下，南海西部油田遵照石油战线

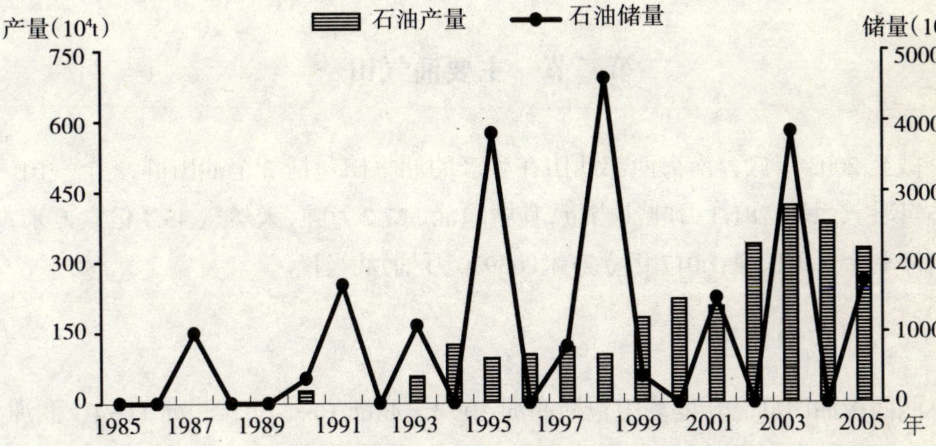

南海西部油田石油探明地质储量和产量变化图

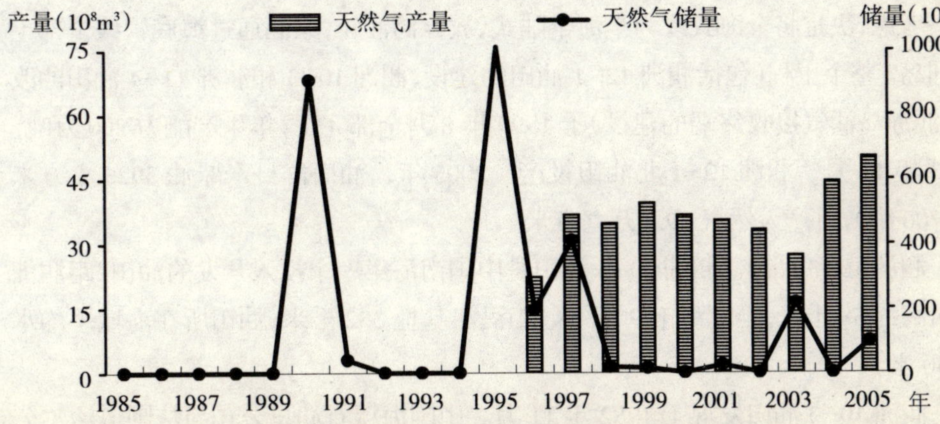

南海西部油田天然气探明地质储量和产量变化图

老领导康世恩提出的海洋石油要“两条腿走路”的发展方针，利用对外合作中积累的资金、学到的技术和管理经验，走对外合作与自营勘探开发并举的新路子，大大加快了南海西部石油的勘探开发步伐。通过自营钻探先后发现了东方1-1、乐东15-1、乐东22-1、文昌13-1、文昌13-2、涠洲12-8等油气田和一批含油气构造，按照国际标准自营开发建设了涠洲11-4、涠洲12-1、东方1-1等油气田，与美国阿科公司合作建成了崖城13-1气田，与加拿大赫斯基石油公司联合开发了文昌13-1、文昌13-2油田。

从1979—2005年，南海西部油田在北部湾、莺歌海、琼东南盆地和珠江口盆地西部共做二维地震测线256452千米，三维地震13498平方千米，钻探井247口，发现含油气构造40个，探明油气田25个，找到石油地质储量2亿吨，天然气地质储量2700多亿立方米，形成800多万吨油当量的年生产能力。

第二节　主要油气田

截至2005年底，南海西部油田在生产的油气田包括2个油田群，2个气田。2005年生产油气781.3万吨油当量，其中原油327.2万吨，天然气45.4亿立方米，拥有净剩余可采储量1.017亿立方米（63970万桶）油当量。

一、涠西南油田群

涠西南油田群已开发油田包括涠洲10-3、涠洲10-3北、涠洲11-4、涠洲12-1（含涠洲12-1北块）4个油田，因位于北部湾涠洲岛西南部而得名。4个油田中，涠10-3最早开发，后来利用该油田的浮式储卸油装置等设施相继开发涠10-3北和涠11-4油田。1996年制订涠12-1油田开发方案时，将以上三个油田统一考虑，决定将全海式改为半海半陆式，放弃储油轮，原油通过海底管线全部上涠洲岛。整个工程（包括涠洲12-1油田的建设，涠洲10-3和涠洲11-4油田的改造、涠洲岛油气接收终端的建设）于1999年8月全部完工，年生产能力200万吨。2003年12月，涠洲12-1北油田投产。2005年，油田群日产原油3928立方米（24706桶），日产天然气19.8万立方米。

涠洲10-3油田。涠洲10-3油田是中国南海第一个投入开发的油田，距涠洲岛西南约58千米，距北海市90千米，距湛江基地382千米，油田所在海域平均水深40米。

涠洲10-3油田发现于1982年11月。中国海洋石油总公司与法国道达尔公司共同合作开发该油田，作业者原为法国道达尔公司，中方控股51%，1986年8月

7日开始评价性试生产。1988年8月8日,中方接替道达尔公司成为作业者,1989年8月法方退出开发合同,油田随之转入滚动开发阶段。随后总公司与挪威国家石油公司合作继续开发该油田。1992年5月,挪威国家石油公司也退出开发合同。此后由总公司自营滚动开发该油田。

1992年国家有关部门批准涠洲10-3油田探明含油面积为6.8平方千米,地质储量1664万吨;探明天然气含气面积2.81平方千米,地质储量10.9亿立方米;凝析油储量9万吨,溶解气地质储量28.84亿立方米。

涠洲10-3油田原来的工程设施为一套全海式油气集输系统,主要由一座井口平台、一套单点系泊、一套海底管线系统和一艘17万吨浮式生产处理储卸油装置"南海希望号"组成(1989年曾将"南海一号"钻井平台改装为钻井、采油平台开发油田北块)。油田年生产能力30万吨。

"南海希望号"由一艘17万吨旧油轮改装而成。在改装使用10年后,船舱腐蚀严重,船级1997年底到期,因此于1998年8月退役。涠洲10-3油田与涠洲11-4、涠洲12-1油田作为一个整体进行了联合开发,对油田进行了相应的配套和改造:将"渤海自强号"自升式平台改造成具有油、气、水综合处理功能的生产平台"南海自强号",取代"南海希望号"进行生产;对涠洲10-3A平台供气设施进行了建造;改造涠洲10-3单点系泊,取消其系泊功能,只起海管旁通作用。

涠洲10-3北(N)油田。涠洲10-3N油田位于涠洲10-3油田的北部,与涠洲10-3油田之间以涠西南1号断裂带相隔。它发现于1989年11月,1991年8月建成投产。主要是将"渤海六号"钻井平台改造为钻井、采油平台安装在涠洲10-3油田西北方向约4.2千米处,铺设一条4.246千米的海底输油软管与涠10-3A平台相连,将原油输送到"南海希望号"储卸油装置。油田年产能力30万~40万吨。在生产6年后,于1997年12月停产,"渤海六号"平台退役。

涠洲11-4油田。涠洲11-4油田距广西北海市103 千米,距涠洲岛55千米,距涠洲10-3油田17千米,油田所在海域平均水深42.8 米。该油田1978年自营发现,1982年法国道达尔公司打了一口评价井,认为没有开采价值而放弃。1985年由意大利阿吉普公司再进行研究和评价,认为是底水油藏,采收率低,难以回收开发投资。后来中国海洋石油总公司自行研究、打评价井,最后落实油田含油面积12 平方千米,原油地质储量2259万吨。

1989年4月,海洋石油开发工程设计公司与美国哈德森公司合作完成了油田开发工程基本设计。1990年1月,通过国际招标,确定新加坡贝克海洋能源私人有限公司作为开发工程总承包商。由于种种原因,同年7月终止了该公司的总承包合同,改为由中国海洋石油总公司自己承担详细设计,并决定自营开发、自己管理。计划工程投资11139.68万美元加2861.98万元人民币。工程建设始于1992年1月，涠洲11-4中心平台和井口平台于1993年3月完工，9月19日投产，实际工程投资为10378.75万美元加5872.01万元人民币。

油田主要工程设施为中心平台一座，井口平台一座。经中心平台处理后的原油通过海底管线输往“南海希望号”储卸油装置。1998年，按涠西南油田群总体开发方案一期工程要求，对涠洲11-4油田进行了相应改造，原油通过12英寸海底输油管线输送到涠洲岛。1999年8月，在涠洲11-4油田的东区又建成一座简易井口平台。

涠11-4油田原设计年产50万吨，后经采取多项技术，最高年产突破100万吨，投产10年产油达800万吨，成为南海西部的主力油田。

涠洲12-1油田。涠洲12-1油田位于涠西南凹陷的东部。油田距离广西北海市77千米，距涠洲岛31千米，油田所在海域平均水深35米。该油田是1989年美国太阳公司根据合作勘探协议，在涠洲12-1构造南块钻初探井涠洲12-1-1井时发现的。但该公司认为油层薄、无经济价值而放弃进一步评价。南海西部公司从1994年8月开始自营勘探和储量评价。1999年12月国家储委批准含油面积为7.4平方千米，原油基本探明储量为2425万吨，溶解气基本探明储量35.04亿立方米。

涠洲12-1油田是涠西南油田群总体开发工程的主要组成部分。总体开发方案为半海半陆式，油气分输到涠洲岛陆上终端处理厂。工程设施由一座海上综合平台、一座陆上终端处理厂、一座轻烃码头、一个外输原油单点构成，油田油气分别经过30千米海底管线输送到涠洲岛陆上终端处理厂。1999年6月12日正式投产，高峰年产100万吨。

涠洲12-1北块。涠洲12-1北块在涠洲12-1油田北面2千米，离涠洲岛陆上终端31千米。油田开发共享涠12-1油田的现有生产设施，从而改善了成本结构，提高了经济效益。油田投产时日产1192立方米（7500桶）油当量，全部井投产后，高峰日产可达2289立方米（14400桶）油当量。

二、文昌油田群

文昌油田群已开发的油田包括文昌13-1、文昌13-2两个油田，位于海南省文昌市以东136千米的珠江口盆地西部海域，平均水深117米。2004年12月，国家有关部门批准复算含油面积16.8平方千米，探明石油地质储量3519万吨，探明溶解气地质储量5.91亿立方米。油田群由中国海洋石油总公司与加拿大赫斯基石油公司联合开发，2000年6月开始建设，为全海式油田，工程设施包括无人井口平台两座，海底管线、海底电缆各两条，内转塔式单点系泊装置一座，生产井24

口,15 万吨浮式生产储卸油装置一艘。文昌 13-1 油田以定向井和水平井结合的开采方式,文昌 13-2 油田采用定向井开发。油田群于 2002 年 7 月建成投产。2005 年平均日产油 3670 立方米(23077 桶)。

文昌油田所在海域台风多发,海况恶劣,严重影响油田的开发和生产。文昌 13-1/2 油田基本设计在国内创造了三个首次:首次自行设计研发了抗百年一遇台风条件的 15 万吨 FPSO(中国海洋石油总公司与上海七零八研究所合作完成);首次优化选用了抗百年一遇台风的不解脱内转塔式单点系泊装置,这在世界上也属先进技术;首次自行设计南海海域高难度的 117 米水深的深水导管架平台。在技术研发实现了三项创新:一是抗强台风永久性系泊系统设计技术创新,并达到国际领先水平。从 2002 年油田投产以来,这套系统已成功经受了 3 次强台风的考验。二是平台设计优化技术、大型导管架吊装施工技术、导管架桩入土深度优化技术和内波对导管架影响技术研究创新,使生产设施至今安全、平稳正常运行。三是优化传统的三段原油处理工艺流程,大胆选用一段脱水达标的最优流程,节省了设备投资,使电负荷和热负荷分别降低 20%和 50%。

三、崖城 13-1 气田

崖城 13-1 是中国海上最大的天然气田,位于海南岛南部海域,距三亚港 100 千米,气田范围水深 100 米左右。中国海洋石油总公司与美国阿科公司均对气田进行深入研究,为核实储量做了大量工作。2003 年国家有关部门批准复算的气田探明面积为 45.2 平方千米,探明天然气地质储量 978.51 亿立方米,凝析油储量 306.2 万吨。由中国海洋石油总公司、美国阿科中国有限公司、科威特科佩克中国有限公司合作开发,作业者是美国阿科公司,其中中方控股 51%。气田设计生产期 30 年,稳产期 20 年。稳产期年产天然气 34.5 亿立方米,其中 29 亿立方米销往香港发电,5.5 亿立方米销往海南发电和生产化肥。工程建设于 1992 年 4 月开始,1995 年 9 月完工,1996 年 1 月 1 日正式投产。工程总投资预算为 12.25 亿美元,实际支出为 11.3 亿美元。

崖城 13-1 气田采用半海半陆开发方式,主要工程设施由海上生产平台、南山终端、香港干气接收站以及两条海底管线组成。气田投产十年一直保持高产稳产。2004 年 1 月 1 日根据合同规定外方将气田移交给中方管理,由中方当作业者。2005 年,平均日产天然气 367.9 万立方米、凝析油 1023 桶。至 2005 年底,在投产的十年里共为香港供气 245 亿立方米,供中华电力公司发电共约 878 亿千瓦时,占香港的发电总量的 25%以上,有力地保证了香港民用和工业用电需要。十年来,该气田为海南省供气 50 多亿立方米,对海南的经济发展和人民生活水平的提高起到了重要作用。

四、东方 1-1 气田

东方 1-1 气田是目前中国海上自营开发的最大天然气田，位于南海北部莺歌海海域，距海南省东方县 113 千米，平均水深约 70 米。1996 年国家有关部门批准气田面积 287.7 平方千米，探明地质储量 997 亿立方米。

东方 1-1 气田的总体开发方案于 1997 年 4 月由海洋石油研究中心完成，1998 年 5 月到 11 月，中国海洋石油总公司委托美国 Allionce 工程公司完成了海上工程的基本设计。1998 年 12 月，国家发展计划委员会批复了“海洋天然气化肥厂项目可行性研究报告”之后，为适应下游天然气市场变化，先后对开发方案进行过多次调整，2000 年 5 月最终确定了气田开发方案。2000 年 12 月完成基本设计修改后，工程正式启动。

东方 1-1 气田总体开发方案由海上及陆地两部分组成。海上工程包括一座中心平台，三座无人井口平台，共钻 22 口生产井，气田内部各平台间由三条 12 英寸海底集输管线、三条海底复合电缆连接，一条直径 22 英寸，长 110 千米的海底管线将经过脱水处理的天然气从中心平台输往东方陆地终端。总体开发方案分两期实施，一期工程投产后年产天然气 16 亿立方米，二期投产后年产天然气 24 亿立方米，生产期超过 20 年。

一期工程包括一座中心平台，一座井口平台、12 口生产井、一个陆上终端。上游工程一期总投资额逾 22 亿元人民币。

中心平台是整个东方 1-1 气田的核心设施，有 8 口生产井，它是一座 8 腿 8 桩的海上生产处理生活平台，上部模块分为三层并设有直升机坪。中心平台上有天然气测试分离、生产分离和脱水、污水处理、动力发电和公共系统等生产设施，可容纳 60 人居住。

井口平台是一座 4 腿 4 桩的无人值守平台，有 4 口生产井，上部模块两层甲板也带有直升机坪，平台设有天然气测试分离和公共系统，但不对天然气进行处理，它的动力来自中心平台。

东方气田陆上终端位于海南省东方市，占地约 200 亩。它北邻中海石油化学有限公司富岛化肥厂，西傍大海，终端可以远程遥控海上平台进行生产，并对来自海上的天然气和凝析油进行处理。

东方 1-1 气田一期工程于 2003 年 8 月 1 日竣工投产，所产天然气输往海南，主要供给总公司在海南岛建设的东方化肥厂生产化肥以及洋浦发电厂发电、海口市民用。2005 年，平均日产天然气 260 万立方米，油 208 桶。

第三节　作业基地

湛江基地是南海西部油田油气勘探开发的后勤支持中心。随着南海石油事业的发展，基地也不断扩大。湛江基地占地面积 252.81 公顷，建筑面积 112.38 万平方米。湛江基地的生产设施主要有码头、仓库、厂房、科研楼、办公楼等。

1. 码头。1974 年 10 月动工建设，1977 年底竣工，属万吨级供应码头，前沿水深 8 米。1992 年，沿东南方向扩建，新码头中间设 2 条长 160 米、宽 7.5 米的海洋工程建造滑道。新码头是为建造海洋工程设施专用。

2. 仓储设施。有物资仓库、磁带库、油库等库房 47 栋，面积 4.3 万平方米；堆场 10 万平方米。

3. 厂房。有机修、汽车修保、计算机房等各种厂房近 4 万平方米。在码头旁还有约 20 万平方米的海上工程建造场地和设施，年钢材加工能力 2 万吨。

4. 科研设施。拥有岩石常规物性分析、开发实验分析、孢粉及古生物分析鉴定、岩矿重矿及无机化学分析鉴定、油品分析、有机地质化学分析、环保检测等地质分析化验方面的先进设备。计算中心拥有从国外引进的计算机设备，配有各种处理软件，可提供二维、三维地震资料常规处理和高分辨二维、三维地震导航定位数据处理，以及 AVO、VSP、相对波阻抗、储盖层物性参数提取、油藏描述等多种特殊处理。

5. 通讯和气象设施。建有通讯楼一座、卫星地面站一座，拥有完善的通讯网络，以及实时气象资料处理系统、气象卫星接收系统。

6. 培训设施。拥有进口的钻井模拟机、采油模拟机以及直升机遇难水下逃生、油气消防训练模拟等设施和设备，还有电教室、电脑室、英语语音室等，主要用于培训海上作业人员。

7. 供电供水设施。年供电量约 3800 万千瓦时，自发电能力为 4000 千瓦；基地有 4 个泵站、年均供水量 410 万立方米。

8. 办公楼。作为海上作业的指挥中心，各级办公楼建筑面积 7.7 万多平方米。

9. 交通设施。有两个直升机场，有规模较大的货车、客车和小车队。

湛江基地职工住宅总建筑面积 64.83 万平方米，居住人口 2 万多人。另外还有文教、医疗、文化娱乐、生活等配套设施。

第三十八章 吉林油田

吉林油田地处吉林省境内，是集油气勘探开发生产、石油工程技术服务、科研设计、油建施工、发供电、机械制造、物资供应、物业通信、医疗卫生等业务为一体的综合性地区公司。油气勘探开发工作主要集中在松辽盆地南部和伊通盆地。自1955年开始石油地质勘探工作，截至2005年末，已探明29个油气田，有22个油田全部或部分投入开发。探明含油面积2107.9平方千米，探明石油地质储量113384万吨，可采储量25249.38万吨。已探明的油气田有27个分布在松辽盆地南部，另有长春油田、莫里青油田分布在伊通盆地。截至2005年末，吉林油区共有油水井总数18928口，油水井开井15636口，平均单井日产1.3吨，年生产原油达到559万吨，采出速度0.87%，累计生产原油10172.56万吨，地质储量采出程度14.51%，可采储量采出程度55.07%，综合含水81%，储采比为15.8。这些都为实现吉林油田可持续发展奠定了基础。

吉林油田发现的第一个油田是扶余油田，以1959年9月29日扶27井获得工业油流为标志，1961年1月17日开始建矿，原属吉林省地方企业。1996年12月26日改制为公司制企业。1998年7月16日，在中国石油、石化企业重组中，划归中国石油天然气集团公司。1999年8月20日，按照中国石油天然气集团公司要求，实施油田内部重组，分立为吉林石油集团有限责任公司和中国石油天然气股份有限公司吉林油田分公司，2000年1月1日开始分开独立运作。吉林石油集团公司和吉林油田公司的机关总部均设在吉林省松原市。

1960—1985年的26年间，吉林油田累计探明石油地质储量2.96亿吨。油田的发展经历了两个大的发展阶段，一是1960—1971年，油田历经10年的创建和1970年的“七零”会战，原油年产量于1971年实现了百万吨突破；二是1972—1985年，油田开展的石油会战，为吉林油田的发展进一步奠定了基础，原油年产量从1972年的126.7万吨上到了1985年的213.02万吨，实现了第二个百万吨突破。

1986—2005年的20年间，油田坚持以改革促发展，新增探明石油地质储量8.14亿吨，新增探明天然气地质储量达到360亿立方米（含溶解气256亿立方米）。原油年产量先后于1988年、1997年突破年产300万吨、400万吨大关。1998年中国石油、石化重组后，吉林油田坚持资源是基础、管理是保障、技术是关键的“三位一体”发展思路，在度过三年徘徊期后，原油年产量平均每年以净增30万吨

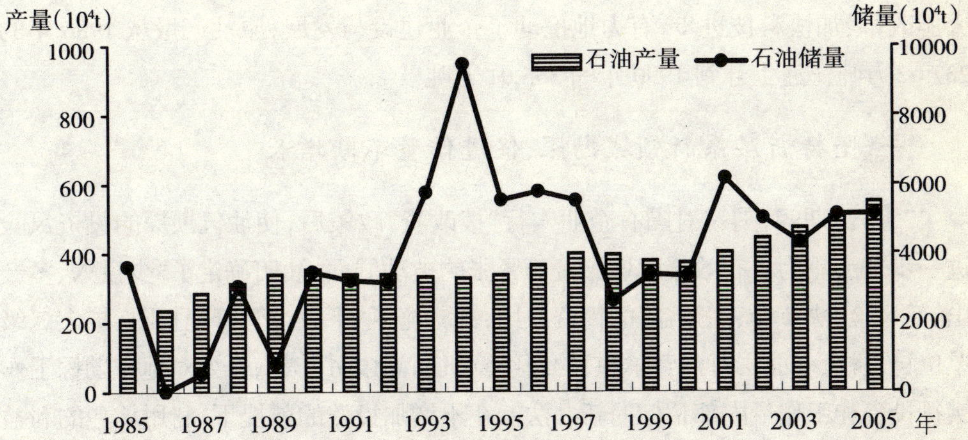

吉林油田石油探明地质储量和产量变化图

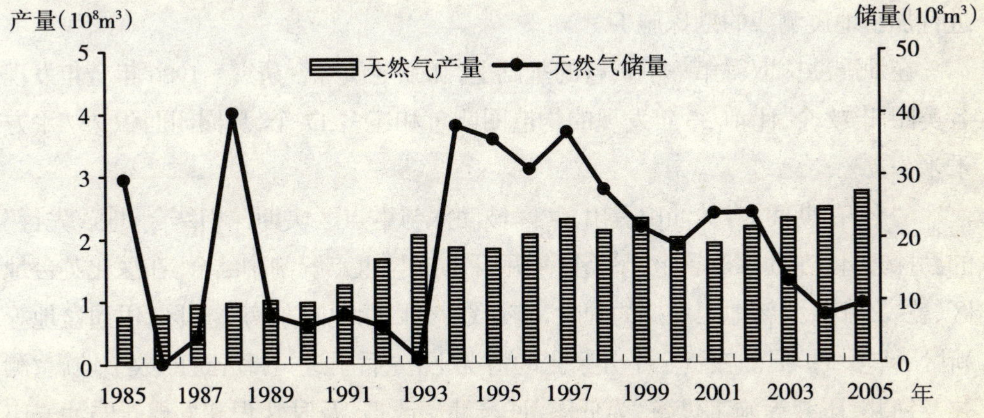

吉林油田天然气探明地质储量和产量变化图

的速度发展。2004年原油产量突破500万吨大关，2005年原油产量达到了559万吨，油田进入了新的快速发展阶段。在原油产量快速上升的同时，吉林油田的精神文明建设也取得了显著成果。吉林油田公司先后获“全国精神文明建设先进单位”、全国“五一”劳动奖状、全国先进基层党组织等光荣称号；吉林石油集团公司先后荣获“全国思想政治工作优秀企业”、“全国职工职业道德建设十佳单位”和全国“五一”劳动奖状等项殊荣。

第一节 加快新区勘探开发，在改革中开创新局面（1986—1990）

1986—1990年，吉林油田本着“储量与产量并重、储量是重中之重”的原则，坚持把勘探放在首位，积极寻找富集高产区块，成功地解决了资源接替问题。同时，大胆改革、加快科技进步，有力地推动了企业建设与发展，原油产量从1986年的237.02万吨快速上升到1990年的355.01万吨。

一、坚持新层系新领域勘探，促进储量不断增长

“七五”期间，国家对国有企业实行“拨改贷”政策后，使油气勘探的投资风险进一步加大。为了有效缓解资源接替紧张的被动局面，油田确定了“少投入、多产出、低风险、快节奏、高效益”的投资原则，并实施了“下放经营管理权限、扩大二级单位自主权、全面实行经营承包”的新经营机制。1986年初，开始对地震勘探工作实行投资和工作量内部招标的新办法。在不增加投资的前提下，利用承包的利益机制调动了物探部门和地震小队的积极性。同时，根据集中优势兵力打歼灭战，快速形成有效勘探数据，早日探明新的储量的思想，还请石油工业部物探局选调5个地震队支援参与区域普查。全年动用9个数字地震队，在乾安、英台和伊通地区进行加密地震测线的勘探施工。

在地震勘探取得第一手资料的基础上，加强地质综合研究。1986年全年发现各类圈闭77个，比前30年发现的构造圈闭总和还多17个，总圈闭面积737平方千米。

“七五”期间，吉林油田提出了“区域勘探与重点区块勘探相结合、地震先行”的勘探方针。在勘探部署上，坚持区域甩开勘探与重点解剖相结合。在深化英台地区、乾安地区、扶新地区勘探的同时，有计划、有目的地向东南隆起区、伊通盆地等新区、新领域扩展。在资金十分紧张的情况下，先后引进一批先进的数字地震、测井及钻井、压裂等施工设备，为低渗、低产油层改造，及时认识和发现新的油气田创造了条件。在勘探研究技术方面，针对断块油藏、构造岩性油藏和隐蔽性强的小

幅度构造，采取了二维插三维地震资料处理、砂岩储层横向预测等技术手段，从而在勘探技术上保证了勘探工作的需要。在勘探方式上，在英台、四方坨子、长春油田实施滚动勘探开发，使勘探开发紧密结合，收到降低风险、加快节奏、少投入、快产出的良好效果。

这一阶段由于坚持“三个接替”的战略思想，坚持挖潜老区，外甩新盆地、新领域的勘探原则，引进勘探技术装备；坚持实践—认识—再实践的认识论；坚持勘探新技术引进应用及人才培养并实施滚动勘探开发，取得了丰硕的勘探成果，促进了吉林油田油气储量不断增长，储量接替呈现出良性循环的新局面。

一是在新区、新领域勘探，探明长春油田。伊通盆地是吉林油田勘探发现的新盆地，继 1985 年 3 月在岔路河断陷发现第三系含油砂岩之后，1987 年在万昌构造翼部的昌 2 井试油日产凝析油 17.5 立方米、天然气 2.5 万立方米，突破了这一新区出油出气关，首次在吉林油区发现凝析油气藏。1988 年 5 月，吉林油田油气勘探取得了具有重大战略意义的突破，鹿乡断陷五星构造昌 10 井双阳油层喜获高产油气流，用 15 毫米油嘴自喷求产，日产油 235.67 吨，天然气 2.327 万立方米，无水。从而发现了长春油田，并于年底提交了探明石油地质储量 1105 万吨，随即投入开发。长春油田的发现，使吉林油田的油气勘探开发走出了松辽盆地，找到了伊舒盆地新的主战场，标志着油田油气勘探在新领域（断块油气藏）、新盆地（伊舒盆地）、新层系（第三系）获得了具有广阔前景和重大战略意义的新突破，从而进入一个新的发展时期。

二是深化老区勘探，发现新民油田。新民油田从勘探到发现，经历了四上三下的曲折勘探历程。1990 年，坚持推广应用三维地震、3700 测井、地层倾角测井、地层测试及轻烃录井等新技术、新方法，新民地区含油面积继续扩大，在 1989 年提交控制石油地质储量的基础上，1990 年提交了探明石油地质储量 3181 万吨，并在探明区的南部及北部又提交了控制石油地质储量 3072 万吨，于同年底投入开发。

三是英台、海坨子地区勘探成果不断扩大。英台油田于 1984 年探明以后，1985 年新增探明石油地质储量 308 万吨。在低幅度构造控制油气富集的认识指导下，1987 年在英台北部四方坨子地区发现了 20 多个可能含油气的低幅度构造，方 2、方 305、方 306 等探井相继在高台子油层获得日产 10～50 吨的工业油流，从而于 1987 年发现四方坨子油田，当年提交探明石油地质储量 223 万吨，1988 年又提交探明石油地质储量 27 万吨。1989 年发现一棵树油田，并于 1990 年提交探明石油地质储量 281 万吨。海坨子地区于 1988 年提交探明石油地质储量 188 万吨，1989 年提交探明石油地质储量 680 万吨。

四是深层勘探，发现四家子油田。继1986年10月四2井获工业油气流后，1989年四6′井获工业油流；1987年底于怀德油层提交控制石油地质储量。

五是外甩勘探新区，突破华字井阶地和莫里青断陷工业油流关。1990年10月31日孤南Ⅰ号构造孤7井试油获工业油气流，揭开了华字井阶地工业勘探的序幕。1989年10月，伊通盆地莫里青断陷的伊6井于双阳油层获高产工业油流；1990年进一步勘探，先后在伊7井、伊14井、伊23井获工业油气流，并初步探明了油气地质储量，为“八五”期间进一步探明莫里青油田、大老爷府油田打下了良好基础。

总之，1986年至1990年，先后发现了长春、四方坨子、一棵树、新民、海坨子及四家子等6个油田。同时，在老油田进一步勘探，发现了新的含油层系，新增石油地质储量8607万吨，新增天然气探明储量14.74亿立方米。同时新发现大老爷府，孤南Ⅰ号构造，乾124、130、133、110井区，农安、万昌、莫里青等9个含油(气)构造或地区，并新增探明储量5167万吨。这些成果的取得，一方面促进了吉林油田储量不断增长，另一方面也充分说明吉林油田油气资源极为丰富，勘探前景十分广阔。

二、原油年生产能力三年增加百万吨

勘探上的突破，为原油生产发展创造了有利条件。1986年初，吉林油田党委决定，提前3年实现石油工业部对吉林油田提出的1990年达到年产270万吨的原油生产目标。

(一)加快节奏，同时开发英台、乾安两个油田

根据勘探成果分析，1986年初，吉林油田决定利用1.4亿美元贷款和部分自有资金，首先集中力量主攻英台，然后挥师南下转战乾安，同时开发建设两个油田。油田主要领导亲自担任新区产能建设工程的项目长，并在新区设立前线指挥所，在施工作业现场直接指挥生产。

1986年3月初，会战打响。钻井单位学习推广了高压喷射钻井技术、PDC钻头钻井技术、油基钻井液取芯技术，成功研制应用了有机硅钻井液、无固相钻井液、甲盐防塌钻井液和深井钻井液，初步实现了钻井液系列化，依靠科技进步加快了钻井速度。乾安地区钻井防塌防漏工艺等关键技术取得重大进展，为乾安油田开发奠定了基础；测井和试油单位分别推广应用介电测井、碳氧比能谱测井和地层测试器试油等新技术，加快了新区开发进度。油建队伍以吉林油田建设史上从未有过的高速度，在短短的9个月时间里，配套建成两个油田的生产、生活骨架工程。一年之中，两个油田当年开发、当年建设、当年见效。全年配套建成23万吨原

油生产能力，生产原油16.68万吨。开发速度、建设质量和经济效益均创20世纪80年代新水平，在吉林油田发展史上写下了新篇章。

(二)应用大型压裂改造技术，促进低渗透老油田稳产增产

在集中力量开发两个新油田的同时，老油田的稳产、增产工作也取得了可喜成果。首先针对老油田相继进入高含水期的特点，加强注水井管理，推广应用同位素吸水剖面技术，研制了758-3型可洗井式注水封隔器，提高注水合格率，使注水区块地层压力开始均衡上升，压力稳升区块比例达到80%以上，满足了增大排液量的需要。含水上升率普遍控制在2%~3%以下，平面矛盾和层间矛盾得到进一步调整，为老油田稳产提供了保证。同时，引进美国千型压裂车组，在改造低渗透油层中取得了显著效果，使得老油田在稳产上产中发挥了重要作用。1986年，吉林油田生产原油237.02万吨，创历史最高水平，为国家计划220万吨的107.7%，比1985年增产24万吨，增长11.3%。

1987年，国务院在全国开展“双增双节”活动，石油工业部提出全国石油战线要在完成原增产计划的基础上再增产100万吨的号召，并希望吉林油田在260万吨原油增产计划指标的基础上，再力争超产30万吨。油田广大干部、职工以国家大局为重，主动加压，通过开展原油上产第一、第二战役及“双增双节”活动，克服各种困难，把原油日产水平从年初的7150吨逐步提高到了8400吨。这一年，全油田共生产原油286.4万吨，比1986年增产49.4万吨，增长20.9%。为此，吉林省政府和石油部对吉林油田的这种“艰苦奋斗、持续发展、主动加压、多做贡献”精神给予了高度赞扬。

(三)实施滚动勘探开发，长春油田快速投产

自1988年3月昌10井获得工业油流后，在不到10个月的时间内，提交探明石油地质储量1105万吨，当年新建产能10万吨，当年生产原油10.9万吨。实现了当年发现、当年探明储量、当年建成产能、当年获得经济效益的预定目标。次年，原油产量达到50.92万吨。勘探开发建设速度、质量和效益都创造了全行业的先进水平。

(四)高效组织开发，原油产量突破355万吨

英台、乾安、长春等新油田的连续发现和开发，使油田原油生产呈现连年上升的好局面。1988年生产原油315.05万吨，完成国家计划的103.3%，比1987年增产28.56万吨，增长10%，突破了原油年产300万吨大关。增长速度在全国主要油田中继续保持领先地位。在油田建矿的28年间，原油年产量上100万吨用了11年，上200万吨用了14年，上300万吨仅用了3年。1990年原油产量达到355万吨，比国家当年计划超产20万吨，比1989年增长4.1%，占全国原油年增长量的

22.22%。与“六五”期末的1985年相比，原油年生产量增长141.8万吨。新立、红岗两个油田，被中国石油天然气总公司评为全国高效开发油田。

1988年，经中国石油天然气总公司和吉林省联合验收，在全国18个油田企业中，同大庆油田一起首批进入国家二级企业行列。

三、依靠科技进步，促进高效勘探开发

“七五”期间，吉林油田紧密围绕提高勘探开发能力组织科技攻关。相继进行了伊通盆地地层沉积特征及油气聚集规律研究；三维地震数据采集和资料处理解释研究；复杂断块、多套组合、多种类型油气藏钻井、测井及试油工艺技术研究；挥发油、凝析油及稠油开发技术研究；长春油田注水规律研究；高能气体增产增注工艺及声波采油技术研究；特殊油气品种的集输工艺及回收利用技术研究；老油田高含水期开发配套技术研究等系列项目攻关。复杂断块油气藏勘探技术、低渗裂缝油藏开发技术、注压抽配套的采油工艺技术以及油田矿场机械制造技术日趋成熟，形成了一定的生产能力。在新技术应用推广方面，本着“省吃俭用买大件，节衣缩食谋发展”的精神，舍得花本钱、下工夫，成效显著：

一是勘探技术和手段有了新的提高和加强。利用PE-3284计算机进行地震资料处理获得成功，高压喷射钻井技术上了一个新的台阶，定向钻井技术更加成熟，3700系列数控测井仪在油气勘探开发中发挥了重要作用。这些技术的引进与推广应用，标志着吉林油田的勘探开发技术进入了一个崭新的阶段。

二是基本形成了老油田高含水期挖潜增产工艺配套技术。包括防砂压裂、泡沫堵水压裂、高能气体压裂、深井定向井分层压裂工艺，活性酸、乳化酸、高效缓速酸、泡沫酸化工艺、氰凝材料和可胀式封隔器堵水工艺，爆炸制套、液压胀套、侧钻修复套变井工艺等技术的应用，为老油田挖潜稳产和有效注水，闯出了一条新路。

三是一批攻关项目和科研成果获科技进步奖。洗井液处理车、低产抽油井分层认识分层挖潜技术、伊通盆地非地震直接找油气新技术等三个攻关项目，获中国石油天然气总公司科技进步奖；沼泽地运载车、调剖配液配注车两项成果填补了国内空白，申请了国家专利。较好地完成了中国石油天然气总公司“七五”攻关项目，验收一次性通过，并取得了较好的经济效益。

第二节　发扬艰苦奋斗精神，开展二次创业（1991—1997）

进入20世纪90年代后，由于受接替资源紧张、老油田稳产难度加大、生产资金严重短缺等不利因素的困扰，吉林油田原油产量由1990年的355万吨降到了

1994 年的 330 万吨。为摆脱困境,油田发扬艰苦奋斗精神,挖掘内部潜力,走企业自强之路。经过 7 年的改革和二次创业,1997 年油田再次实现百万吨级跨越,原油年产登上了 400 万吨新台阶。

一、二次创业,油气勘探取得重要进展,原油年产突破 400 万吨

面对“八五”前 4 年高丰度储量接替不足和原油生产连续徘徊不前的状况,1995 年,吉林油田作出了“树立新思路,采用新方法,依靠科技进步,开展第二次创业”的决定。

(一)加强综合勘探,隐蔽性油气田勘探取得重要进展

进入“八五”时期,吉林油田坚持“区域甩开与重点解剖相结合,搞好三个战略接替,创造勘探良性循环;重点突破高丰度储量,在构造复杂区块实施滚动勘探开发,提高经济效益,老区深化挖潜,不断扩大战果;新区新层积极侦察,寻找后备基地;发挥科技优势,向新科学、新技术、新方法要质量、要速度、要效益,实施油气并举”的勘探方针,在松辽盆地南部和伊通盆地开展油气勘探工作,取得明显效果。

随着勘探工作由背斜构造油气藏勘探阶段向寻找隐蔽性复杂油气藏勘探阶段的转变,吉林油田充分意识到先进的勘探技术装备及先进的勘探技术在勘探中的重要地位,先后引进了一批高精度的先进设备和计算机软件,这些技术装备的引进使勘探隐蔽性复杂油气藏具备了一定条件,为油田勘探事业的发展提供了可靠的技术保障。

通过深化改革和加强管理,调动了各单位和广大职工的生产积极性。1992 年,油田三维地震勘探工作量居全国物探行业同机型之首;钻井系统在生产任务比 1990 年增加 58%的情况下,大力推广高压喷射钻井新技术,人人献计献策降成本,平均机械钻速达到 18.41 米 / 时,比 1990 年提高了 6.65 米 / 时,20 部大型钻机平均年进尺首次超过全国石油系统平均水平。同时,加强了人才培养、科研管理工作,逐步完善了基础理论及规划部署研究技术系列和勘探目标评价技术。至 1997 年底,新增探明石油地质储量 3.91 亿吨,新增探明天然气地质储量 67.99 亿立方米,迎来了新一轮储量增长时期。

一是老区扩边扩层,勘探成果有重要突破。1991 年,新民油田新增探明储量 3270 万吨,1993 年,新增探明储量 4938 万吨,成为松南第二个探明储量逾亿吨级的大油田(1.138 亿吨)。木南油田在老油田南部地区(简称木南)共新增探明石油地质储量 4033 万吨,新增探明天然气地质储量 4.92 亿立方米。木南地区于 1994 年投入滚动开发;红岗油田萨尔图油层早在 20 世纪 70 年代就有新发现,1995 年于黑帝庙油层提交探明石油地质储量 211 万吨,1996 年于高台子油层提交探明

石油地质储量 1631 万吨。这几个老油田共新增探明石油地质储量 14083 万吨，新增探明天然气地质储量 10.68 亿立方米。

二是新区勘探，先后探明新庙、大安、莫里青、大老爷府、双坨子、大安北、两井等 8 个油田及布海气田。

新庙油田自 1981 年于新 232 井葡萄花油层获工业油流后，“八五” 以前共钻井 14 口，仅两口井获工业油流。这一阶段完钻的 60 口探井中有 42 口获工业油流，于 1992 年提交探明石油地质储量 3158 万吨，1996 年提交探明石油地质储量 648 万吨。

大安油田的发现经历了较长的历程。自 1963 年 9 月 20 日在大 4 井高台子、葡萄花油层获工业油流后，“八五”以前仅作过少量的地震复查，钻探井 3 口，其中大 202 井扶余油层获工业油流。这一阶段对该区整体布置了三维地震 163 平方千米，二维高分辨地震 1811.075 千米，经油气藏综合描述，钻探井 41 口，1994 年上交探明石油地质储量 6283 万吨，1996 年提交探明石油地质储量 240 万吨，合计提交探明石油地质储量 6523 万吨。

大老爷府油田的勘探始于 20 世纪 50 年代，1962 年发现大老爷府构造。1963—1994 年，先后有多口井在扶余油层、葡萄花油层、高台子油层获得工业油气流，其中：老 4 井于 1993 年在高台子油层获日产 14.9 立方米的高产油流中，发现了低阻油层。1994 年钻探老 7 井，对该井葡萄花油层进行试气，获日产 69170 立方米的高产气流，证实了大老爷府构造是一个具有多套含油气层系的高产油气藏。1995 年提交探明石油地质储量 3266 万吨，探明天然气地质储量 7.39 亿立方米。

双坨子油气田位于华字井阶地南部，1995 年在高台子油层和杨大城子油层提交探明石油储量 101 万吨，天然气储量 3.09 亿立方米。1998 年完钻探井 1 口，进尺 2550 米，试油完成 2 口井 2 层，均获工业气流。在泉一段和泉三段地层提交探明天然气储量 5.55 亿立方米。

大安北油田是大安构造北延部分，大 201 井于 1981 年首次在葡萄花油层获日产 3.39 吨工业油流。1996 年重点对上部的黑帝庙、萨尔图、葡萄花三个油层进行系统的油藏描述研究，同时完钻探井 9 口，分别于 1996 年、1998 年提交探明石油地质储量 2079 万吨、488 万吨，合计探明石油地质储量 2567 万吨。

两井油田从 1956 年开始勘探，1997 年于扶余油层提交探明储量 3308 万吨，含油面积 79 平方千米，从而发现两井油田。1998 年提交探明储量 1027 万吨，溶解气储量 2.77 亿立方米。

套保油田位于西部斜坡，1997 年在白 87 井突破工业油流关后，1999 年于萨

吉林油田昌-10井喜获工业油流。

尔图油层及葡萄花油层合计新增石油探明地质储量2046万吨。

布海气田的勘探始于20世纪60年代，1997年在泉三、一段探明天然气储量3.21亿立方米。

小合隆气田位于东南隆起区长春断陷，1995年，小合隆构造上的合5井首获工业气流，1997年提交探明天然气地质储量7.15亿立方米。

四五家子油气田位于东南隆起区梨树断陷，1993年泉二段农安油层提交探明储量341万吨（1998年经滚动勘探开发，在侏罗系怀德油层提交探明地质储量453万吨），探明天然气地质储量0.32亿立方米。该区为多层系含油，油藏埋深浅（1320米），单井产量高，是效益较好的地区。

莫里青油田位于伊通盆地莫里青断陷西部，“七五”期末全区完成三维精查，1992年在伊37井双阳油层常规试油获日产油16.27 立方米，1994年上交探明石油地质储量2212万吨。

三是突出重点、外甩勘探提供储量接替区。分别在乾安地区的乾安北、乾133井区、乾157井区、孤南地区获得控制储量，在农安构造北高点农42井突破出油关。

（二）扭转徘徊局面，原油产量突破400万吨

1992年，吉林油田各采油单位主动加压，顽强拼搏，克服洪涝灾害，精雕细刻求稳产，全年实现原油产量341.07万吨，超国家计划1.81%，超过中国石油天然气总公司下达增产计划的1.07万吨。这是自1973年以来，连续19年超额完成国家原油生产计划。1992年实现工业总产值96493万元，实现工业生产持续10年增

长，创建矿31年工业总产值最好的一年。

1995年，围绕老区稳产、新区上产和措施增产加大了原油生产力度。对老油田实施了扩边、扩层、扩块和调整改造，并加强了以“稳油控水”为中心的区块综合治理；新油田以大老爷府和木南地区为重点加快滚动开发，一年时间新建产能51.25万吨。在夺油会战中，上半年完成了全年增产措施工作量的70%，实现了老井综合不递减，新井日产1000吨。7月份，原油日产突破10000吨大关，年末完成原油产量346.34万吨，提前34天超额11.7%完成国家计划，扭转了连续4年产量徘徊不前的局面。

1996年，吉林油田按照“年初万吨起步、年产创历史最好水平、经营创最佳效益”的奋斗目标，加快改革开放步伐，大力推进科技进步，全面加强企业管理，使生产经营呈现出原油产量上升，生产成本下降，效益稳步增长的大好局面。全年新建产能60.71万吨，创1970年以来最好水平。原油生产能力达到了370万吨以上，为后续发展奠定了较好基础。

1997年，油田围绕增储、增产、增效开展了三次夺油上产会战，原油产量突破了400万吨，比1996年增长8.2%，增长幅度居全国东部油田之首，提前3年实现了“九五”计划目标，创造了建矿36年来的第四次百万吨产量的跨越。

（三）探索发展新途径，尝试经营多样性

1996年3月25日，经吉林省现代企业制度试点领导小组同意，吉林油田改制为公司制企业，名称为“吉林石油集团有限责任公司”，并于12月26日揭牌宣告成立。改制后的吉林油田在改革开放中迈出了新步伐，对内对外合作取得了新进展，全年先后签订5个合资合作开发合同和协议。全年合资开发生产原油达70.44万吨，占全年油田总产量的19%。多元开发形成了一定的规模，综合利用厂二期扩建工程投入运行，全年加工原油54.6万吨，比1995年增长97.6%；甲醇厂、助剂厂、白水泥厂相继建成投产；热电厂建设全面展开。生产的发展为企业带来了活力，为职工带来了实惠。

二、深化改革，强化科技，油田迈上新征程

经过“七五”期间的持续发展，老油田主力区块已进入稳产后期阶段，原油产量面临下滑趋势。面对严峻的生产经营形势，油田提出了“抓改革促管理，通过提高企业经营管理素质和加强科技进步，调动人的积极性，增强创效能力”的新的工作指导思想。

（一）深化改革，企业经营管理水平明显提高

1991年，油田在改革方面继续完善承包经营责任制，全面推行项目管理。勘

探系统成立了勘探项目经理部,25 个甲方单位与钻井、建设公司等乙方施工单位全部成立了项目管理组,勘探开发建设的 71 个项目全部实行项目管理。在企业管理上,围绕学习吉林化学工业公司,开展创建“吉化式企业”活动,狠抓基础工作和基层建设。全油田 60.5%的直属单位进入一级企业行列,38.3%的基层队达到一级队标准,油田在吉林省第一个通过了“吉化式企业”考评验收。

1992 年春,吉林油田从完善和发展油田内部承包责任制入手,以提高经济效益为中心,全面推行项目管理,建立以勘探开发为主体,纵向承包、横向合同的运行机制,通过改革,增加了直属单位在生产安排、内部建设规范、资金筹措和工资奖金等方面的自主权,真正体现了责权利的统一。在实行全员劳动合同制用工改革的同时,在厂和科两级干部中推行了干部竞争上岗机制。建立了以勘探开发为主体的运行机制、以市场为导向的竞争机制、以完善承包经营责任制为主要形式的激励机制和以深化内部审计监督为主要手段的自我约束机制。由于改革的不断深入,企业的经营形势出现了良性循环的势头。

(二)狠抓科技,油田迈上新征程

这一阶段,三维地震勘探、高压喷射钻井新技术等在勘探中得到了应用和推广。加强稳油控水和区块综合治理措施,努力遏制产量下滑趋势。(1)针对低渗透油田开发的特点,大打科技兴油整体仗。重点推广增油剂、高能气体压裂、油井酸化、注水井调剖、水力震动采油、人工地震采油、混气压裂、井下化学生热、微生物采油、注聚合物和铟 113 测吸水剖面技术,引进螺杆泵、电潜泵及环空测试碳氧比测试等技术,形成了一套有吉林特色的、经济适用的增产手段与采油工艺。这些新科技手段的应用,有效地提高了原油采收率。(2)在生产安排上,立足超前准备,年前配产落实到采油厂,提前进行注水方案调整,提前准备一批新井,提前抢上一批增产措施,保证一季度产量没有大幅度下降,为全年生产争取了主动。(3)在新区开发上,通过重点推广应用垂直地震剖面技术,人机联作解释技术,定向井、丛式井、大斜度井钻井技术,数控测井及综合解释技术,低渗透油藏改造技术,节能降耗技术,油气综合利用和深加工技术,在提高勘探开发水平和经济效益上见到了明显效果。

第三节　深化改革,重组改制,实现整体协调发展(1998—2005)

1998 年 7 月,在中国石油、石化两大集团重组中,吉林油田划归中国石油天然气集团公司管理。1999 年 10 月,吉林油田分立为吉林石油集团有限责任公司和吉林油田公司两家独立核算的企业。

重组后的吉林油田两个公司科学地分析了油田发展的现状与未来，按照中国石油天然气集团公司领导提出的“共举一面旗、同心谋发展；创造新优势、跨越一千万”的要求，科学确定了“十五”期间吉林油田发展目标，即：“十五”期间新增探明石油地质储量2.6亿～3亿吨，石油可采储量5200万吨；新建原油生产能力423.36万吨。2005年，原油产量达到550万～600万吨。围绕上述总体思路和目标，吉林油田以增储上产为己任，以勘探为重点，以开发为基础，团结一心抓勘探，齐心协力保开发，实现了地质、工程与效益紧密结合，形成“互利双赢、共同发展”的新局面，在油气勘探、油气开发、工程技术服务及经营管理等方面上迈出了新的可喜步伐，吉林油田实现了协调可持续发展。到2005年末，原油年产由2000年的375万吨增加到559万吨，年均增长37万吨，成为中国石油东部地区上产幅度最大的油田。

一、开创油气勘探新局面，原油年产突破550万吨

（一）坚持油气并举，搞好五个勘探，油气勘探取得历史性突破

1998—2005年，吉林油田紧紧抓住重组改制带来的历史机遇，与时俱进、开拓创新，实现了持续有效较快发展。

在勘探上，面对勘探对象越来越复杂、对勘探技术的要求越来越高、施工条件越来越困难、控制投资的压力越来越大、资源品质总体变差、低渗透储量所占的比例逐年加大等困难，针对吉林油田的五个勘探领域，“坚持油气并举，搞好五个勘探”，即：深化三大前缘带精细勘探，加大扶新隆起带滚动勘探，加快深层天然气区域勘探，加强伊通地堑圈闭勘探，推进西坡及新区风险勘探。具体勘探工作中实施“四个坚持“，即：坚持精细研究、科学部署的原则，走精细勘探之路；坚持应用先进实用的勘探技术，保障部署的有效实施；坚持勘探开发一体化的原则，实现增储上产的统一；坚持提高勘探管理水平，向管理要效益，促使油气勘探工作取得了丰硕成果。1998—2005年，先后探明了套保油田、大情字井油田、八面台油田、南山湾油田、小合隆气田及小城子气田等6个油气田，累计提交探明石油地质储量2.5598亿吨，控制石油地质储量4.4633亿吨，预测石油地质储量5.5686亿吨；累计提交探明天然气地质储量45.53亿立方米，控制天然气地质储量75.26亿立方米，预测天然气地质储量680.38亿立方米。勘探认识和科研成果显著：

1. 提出扶余油层是“深盆油藏”的新认识，指导中央坳陷“满凹含油”勘探部署。在此期间，吉林油田重视理论研究在油气勘探中的指导作用，加大了科研力度。通过深入研究，形成了适合吉林油田地质特点、指导松辽盆地岩性油藏勘探实践的新理论。岩性油藏的形成理论有了重大突破：（1）创立了下部组合扶余油

层是“深盆油藏”的新理论，并应用“深盆油藏”理论指导勘探，突破禁区，下凹勘探，发现了红岗北、扶新隆起带两个亿吨级潜力区及花敖泡等5000万吨级潜力区。(2)发展、完善了“三角洲前缘相带控油理论”，创造性地提出了“向斜找油思路”，指导了松辽盆地南部中部含油组合的勘探，发现大情字井、英台两个亿吨级油田。(3)应用物质平衡与动力平衡原理，指出上、中、下部组合受控制，在纵向上互补，平面上叠加连片，中央坳陷“满凹含油”，揭示松南中央坳陷区岩性地层油气藏“满凹含油”趋势，实现了满凹勘探，大大扩展了勘探领域。

2. 发现并落实了大情字井、英台两个亿吨级含油区：(1)深化认识，科学部署，整装探明英台亿吨级油田。针对英台地区特殊的地质条件和地理条件，吉林油田对英－坨地区的勘探作了总体安排。在地震部署上由北向南，整体推进。对英－坨地区实施三维地震连片勘探，利用高精度三维地震资料落实全区小幅度构造、断裂系统和断层—岩性圈闭。在探井部署上根据英—坨地区以往的成功勘探经验，提出“三步走”的勘探方针。即：第一步对受反向正断层控制形成的构造圈闭进行钻探，落实其含油性，确保勘探成功率和效益区块的发现；第二步对断层岩性圈闭进行钻探，逐步扩大含油面积；第三步针对岩性油气藏进行勘探，实现含油连片，扩大储量规模。在“三步走”部署方针的指导下，英—坨地区岩性油藏的勘探获得了重大突破。2001年探明储量3433万吨，发现了整装的八面台规模效益油田；2002年在英台油田外围探明储量5112万吨，扩大了英台油田的储量规模；2004年又提交了391万吨探明储量，使英台—四方坨子地区于“十五”期间一举成为亿吨级的大油田。英台油田形成了年产原油百万吨的生产能力。(2)发展向斜找油理论，下凹勘探，发现大情字井超亿吨级油田。1998—2005年，特别是“十五”前四年，以向斜岩性成藏理论认识为指导，长岭凹陷的岩性勘探取得显著成果。1999年，大情字井油田被中油股份公司评为石油勘探重大发现一等奖。大情字井地区于2000年、2001年及2003年分别提交探明石油地质储量3345万吨、5505万吨及4159万吨，乾安地区于1999年、2004年分别提交探明石油地质储量193万吨、2580万吨，合计提交探明石油地质储量1.5782亿吨。至2005年底，长岭凹陷大型岩性油藏三级储量达到3.67亿吨，已发现的乾安油田、大情字井油田呈连片趋势，凹陷周边的南山湾、乾西北、大布苏及黑帝庙次凹等地区也已见到重要成果，展现了“满凹含油”的勘探前景。

3. 准备出两个“亿吨级”、两个“五千万吨级”勘探目标区。其中：第一个亿吨级勘探目标区是大安—红岗地区。该区目前在主体探明石油地质储量规模初步可达5000万吨以上，在红岗南、北地区揭示5000万吨探明储量规模。第二个亿吨级勘探目标区是扶新地区。1998—2005年期间，通过高精度三维地震及精细研究，扶新隆起带的隐蔽油气藏勘探取得重大突破，累计提交探明储量 9574.62 万吨，控制储量 7576 万吨，预测储量 8000 万吨。扶新隆起带整体宏观连片含油的趋势愈来愈明显，综合评价表明剩余的控制、预测储量还有亿吨级以上的探明储量升级潜力。第一个 5000 万吨级勘探目标区是花敖泡地区。在精细油藏评价的基础上，2005 年于扶余油层及青一段、青三段高台子油层落实预测石油地质储量 6389.12 万吨，展现出 5000 万吨的探明储量升级潜力，该成果于 2005 年被中油股份公司评为重要发现二等奖。第二个 5000 万吨级勘探目标区是伊通盆地。伊通盆地是吉林油田勘探的战略接替探区之一，1998—2005 年，吉林油田在该区进行了持之以恒的勘探工作。1999 年在莫里青断陷提交控制石油地质储量 990 万吨；2002 年在梁家构造带提交 2942 万吨的预测石油地质储量；2005 年，昌 105 井昌 31 井获高产油气流。整体评价表明该区具有 5000 万吨级的探明储量潜力。

4. 坚持油气并举，推进风险勘探，长岭断陷深层天然气勘探取得历史性突破。"十五"期间，吉林油田加大了对深层天然气的研究力度。随着研究及认识的进一步深入，吉林油田对天然气的勘探进行了"三个调整"，即：天然气的勘探方向由东部断陷带东南隆起区调整到西部断陷带长岭断陷，勘探目标由断陷边部调整到断陷主体，勘探对象由屑岩调整为火山岩，从而实现了断陷主体火山岩天然气勘探的重大发现。2005 年 9 月 25 日，部署在松辽盆地南部长岭断陷腹地长岭 1 号构造的第一口风险探井长深 1 井获日产 46 万立方米高产气流，计算天然气无阻流量超过百万立方米。当年提交预测储量 558.28 亿立方米，从而发现了松辽盆地南部第一个大型整装高产气藏，长岭断陷深层天然气勘探取得历史性突破，该成果于 2005 年被中油股份公司授予天然气勘探重大发现一等奖。

（二）实施高效开发模式，原油年产突破 550 万吨

1999 年重组改制以来，为适应吉林油区的资源特点和发展要求，吉林油田制定了"稳定老区生产，加快新区上产；推进技术进步，提高开发水平；实施低成本战略，实现最佳开发效益"的开发政策。通过开发思路的转变和先进技术手段的应用，使大量优质资源得以发现和高效动用，沉淀多年的储量得以有效动用，老区开发水平也明显改善。同时，原油生产先后战胜了乾安油田快速降产、突如其来的"非典"疫情和严重洪涝灾害等三个方面的重大挑战，从而开创了吉林油田崭新的开发局面。2000—2005 年共计动用储量 20633.5 万吨，产能建设 422.87 万吨，原油产量随之快速增长。2001—2003 年三年产量净增 100 万吨，由 2000 年的 375.06 万吨增长到 2003 年的 475.09 万吨。2005 年原油产量达到 550 万吨。油田开发和科研取得丰硕成果。

1. 实施勘探开发一体化工作模式，创建百万吨级英台油田。英台油田是吉林

油区“十五”期间增储上产的主要战场之一。针对复杂的地质特点和实际的地面条件，吉林油田开阔思路、科学决策，运用勘探开发一体化的工作模式，坚持以实现经济效益最大化为中心；确立多专业联合运作的市场管理模式，树立增储上产同时推进观念；实行统一工作部署，统一综合研究，统一资料录取，统一安排试油试采；搞好地上和地下相结合、速度和效益相结合、新系统和老系统相结合，近期和长远相结合；实施过程中，遵循“整体部署、分批实施、先肥后瘦、跟踪研究、及时调整”的工作程序。这一工作模式在英台油田取得了显著成效。通过 621.99 平方千米的三维高分辨地震的采集、处理、解释，以及一定数量的探井获工业油气流，英台地区勘探局面逐步打开，储量潜力逐步扩大，展示了良好的开发前景，进而编制了英台油田总体开发方案。并根据该地区特殊的地面条件（沼泽和盐碱地），先后在 2000 年末和 2001 年末组织了两次冬季会战。由于勘探开发相互结合、相互渗透，加快了油藏的开发节奏。2001—2002 年探明和开发动用了英东高台子、英东萨尔图、八面台三个新区。期间找到并高效开发了英 143、英 144 和英 152 等一些高效开发区块。探明石油地质储量 5243 万吨，动用石油地质储量 4046 万吨；投产新井 739 口，新建产能 76.66 万吨；新建 7 座中转站，新建英二联合站，扩建英一联合站；新建输油管线 119 千米。英坨地区的新井产能在 2001 年和 2002 年的当年发挥率分别为 54.74%和 66.6%，2003 年英台油田产量上升到 96.84 万吨，使英台地区具备了年产原油 100 万吨的生产能力。短短三年时间，一个开采了 15 年，产量规模只有 29.65 万吨，处于开发后期阶段的老油田，一跃成为吉林油田第一个百万吨级的大采油厂。

2. 推进滚动勘探开发模式，大情字井油田产量持续增长。大情字井油田是“十五”起步期间发现的具有亿吨级储量规模的大型油田。到 2005 年，累计探明含油面积 308.4 平方千米，地质储量 12559 万吨。由于大情字井油田储量规模大，纵向上含油层系较多，储层岩性物性变化大，构造复杂，油藏类型多样，无法实现大规模整体开发。为了减少风险，采取了滚动勘探开发方式，在开发部署上，优先选取落实程度高的部位进行开发井的部署。为了保证后续开发的衔接，同一区块选用一套井网进行整体部署。在开发方案实施时，采用滚动布井，逐步外推，边控制边开发的开发方式。2000—2005 年，大情字井油田动用石油地质储量 3798 万吨，累计建成原油生产能力 103.85 万吨，产量稳步提高，2005 年原油产量达到了 56.67 万吨。油田开发取得了较好的经济效益，同时积累了丰富的开发复杂油藏的经验，为下步更多动用低渗储量及同类油藏有效开发奠定了坚实的基础。

3. 实施综合调整改造，扶余油田年产重上百万吨。老油田综合调整思路和做法，确保了老区科学挖潜，增加了可采储量，提高了采收率及经济效益。“十五”期间，认真总结了一套老油田综合调整思路和做法，坚持在油藏精细描述的基础上，搞清地下矛盾和问题，编制调整方案和实施方案。以扶余油田为典型的老油田整体调整改造工程，为老油田开发效果的改善和潜力的进一步挖掘提供了科学依据。针对扶余油田存在的四大突出矛盾（井况差、分注率低、井网不适应和地面集输系统老化），使油田开发形势变差，产量快速下降的状况，吉林油田开展了各项研究，编制了《扶余油田综合调整方案》。于2002—2003年开辟调整生产试验区；2004年设计完钻了5口密闭取芯检查井；2004年开展三维地震；在2004—2005年，基本完成扶余油层的沉积微相研究。油田综合调整研发了八项创新技术，为扶余油田综合调整的顺利实施提供了重要保障：（1）复杂地面、浅层三维地震采集与处理技术；（2）剩余油研究技术；（3）井网调整优化技术；（4）优化固井体系与实施配套技术；（5）浅层定向井、水平井举升配套技术；（6）携砂液高砂比造短宽缝压裂技术；（7）节能降耗配套地面集输技术；（8）调剖、热采与微生物储备技术。

应用以上配套技术，有效地解决了综合调整中出现的各种问题，保障了综合调整的成功实施，调整取得了显著成果：（1）夯实了油田地质与注水基础；（2）新增探明储量6211万吨，新增可采储量600.7万吨；（3）累计新建产能47.05万吨，油田年生产能力达到100万吨；（4）实现了油田综合调整改造目标；（5）为"十一五"油田稳产提供了保障；（6）油田调整改造经济效益显著，据评价财务净现值达12.8亿元，净利润可达3.3亿元以上。

4. 探索合资合作开发新途径，实现了低品位资源的有效快速动用。吉林油田过去是省属地方企业，一直依靠自有资金发展。为了加快开发低品位油气资源，20世纪80年代后期，在吉林省政府和中国石油天然气总公司的支持下，开始与地方合资合作开发低品位小油藏。1998年以前，全部采取与投资者共同出资成立合资公司的开发模式。划归中油集团公司以后，在中油集团公司合作开发政策的指导下，从1999年开始，油田采取了以地下探明储量及已建资产为合作条件，合作者承担全部开发资金和生产成本，实行产品或利润分成的合作开发模式。利用企业外资金实施油气开发动用，加快了低品位资源有效开发，增加了企业经济效益，使吉林油田和投资者互利双赢，成为吉林油田产量持续增长的重要因素之一。

合资合作单位开发难动用储量具有投资低、成本费用低的特点，因此对资源的品质和百万吨产能建设投资要求低，促进了合资合作工作的较好发展。截至2005年底，吉林油田共有合资企业、合作项目41个。其中：国内合资企业13个，国内合作项目26个，国际合作项目2个。合资合作区块共71个，分布在吉林油田已探明的开发区内，总面积1110.845平方千米，探明石油地质储量28393.2万吨，探明天然气储量20.92亿立方米。2005年，实现生产原油99.45万吨，合资合作油田开发工作呈现出良好发展势头。

二、推进技术进步与装备更新，提高石油工程技术服务能力

为更好适应油田勘探开发上产工作的需要，提高油田工程技术服务的支撑力，“十五”期间，共投入科技经费1.2亿元，开展公司级以上科技项目358项，实现科技创效2.5亿元。有24项技术取得了重大突破，9项技术填补了国内空白。累计装备投资18亿元。共更新改造非安装设备1773台(套)，一批具有国际水平和国内领先水平的专业设备，充实、装备到油田工程技术服务系统，使主要专业设备原值从18.5亿元提高到31.5亿元，总量提高70%；新度系数从0.49上升到0.58；特别是钻井设备新度系数由2000年的0.38提高到0.66，实现了质的转变。油田工程技术服务系统具有国际水平的装备，已由重组之初的1.9%上升到3.65%；国内领先水平的装备已由重组之初的17%上升到45%，装备配备水平与其他兄弟油田的差距逐步缩小，与吉林油田不断发展的勘探开发需要逐步相适应。具备了年三维地震1500平方千米、二维地震4000千米的施工能力。具备了7000米以内的勘探、开发井的钻井施工能力，拥有能够进行定向井、水平井、小井眼井、欠平衡井等特殊工艺井的钻井施工技术；具备了年钻井2200口、进尺350万米的能力和探井录井100口、开发井2100口的能力。常规测井方面已经处于国内领先水平。2530成像测井系统以其高精度、深探测、多地质信息和直观等技术特点，适应了吉林油区“三低”(低渗透、低丰度、低产能)、“三小”(小构造、小断层、小砂体)、“三复杂”(地质构造复杂、地表条件复杂、油水关系复杂)条件下进行隐蔽油气勘探、薄互层储层测试、低阻油气藏以及油气水层准确识别的需要，在国内成像测井方面具有先进水平。能够进行5000米以上的陆地、海洋直井、定向井以及丛式井7英寸套管深井的地面油气测试，年试油测试能力300层。引进的2000型压裂车组，以IPC智能泵控、全自动混砂和DAS432数据采集系统，代表了世界最先进的压裂技术装备，具备年压裂5000层的能力，可以实施5000米深井的大规模二氧化碳压裂施工。具备可完成年产值12亿元的矿建、油建及配套工程建设的能力。主要专业设备在技术性能、配套水平、安全性能、降低劳动强度、提高工作效率方面已经有了新的突破。

总体上看，“十五”期间，良好的装备水平和工程技术服务能力，不仅形成低渗透油藏的适用配套技术，基本适应油田勘探开发上产工作的需要，也为扩大外围及周边市场提供了一定的技术条件。同时，装备配备水平的提高也为海外市场的顺利发展打下了良好的基础。

(一)三维地震勘探技术得到大规模应用与推广

为更好适应吉林油田勘探开发工作的需要，从1999年开始，在松辽盆地南部大面积推广应用高精度三维地震勘探技术。随着技术的进步和设备的更新，地震勘探生产和科研能力迅速提高。“十五”期间，累计完成二维地震工作量5139千米，三维地震工作量4879平方千米，年均增长8.7%；较好适应了吉林油田勘探开发上产工作的需要。

开展高精度三维地震勘探以来，三维地震工作量每年都在1000平方千米以上。尤其是经过几年艰苦探索、实践，不仅形成了采集、处理、解释一体化项目运行模式，而且形成和发展了针对中浅层和深层三维地震勘探配套技术系列。

（二）钻井技术水平持续快速提高

“十五”期间，吉林油田以“立足实际，着力解决制约生产施工的瓶颈技术难题，积极引进和推广应用成熟技术，加强储备技术的研究”为主要工作思路，共投入钻井技术研究资金4100万元，累计承担中油集团公司重点项目6项，开展本公司重大、重点项目72项。其中：8项技术取得重大突破，2项技术填补国内空白。到2005年末，吉林油田已经拥有了包括优质快速钻井配套技术、油气层保护钻井完井技术、浅层水平井钻井技术、低渗透油藏油层保护技术、调整井固井技术、具有国内领先水平的套管钻井技术、深层钻井技术等先进适用技术在内的具有吉林油田特点的钻井技术体系。工程技术服务具备了年钻井350万米的生产能力，可以高质量地完成7000米以内各种环境下、各种井型的钻井工程技术服务任务。其中：套管钻井技术是国内一种前沿钻井技术，利用该技术可大幅度提高钻井速度、降低钻井成本。吉林油田利用自行设计的、具有独立自主知识产权的工艺及配套工具，在国内独家完成了全井套管钻井现场试验，并获得了7项国家专利，在国内首创了套管钻井实现主力油层裸眼测井的工艺技术；优质快速钻井配套技术取得显著成果。欠平衡钻井技术在长深1井得到成功应用，气井固井质量明显提高，确保了天然气勘探的重大突破。

“十五”期间，共完成钻井总进尺998万米，年均增长25.6%。2004年，在中油集团公司年进尺达到5万米的25个井队中，吉林油田占了10个；年进尺8万米以上的钻井队，只有吉林油田独有。在钻井能力逐年增强、钻井速度逐年提高的前提下，工程质量仍然保持稳定，井身质量、固井质量及取芯收获率都持续保持在较高水平。

（三）压裂工艺技术不断完善

“十五”期间，吉林油田先后于2001年和2004年引进的两套压裂主体设备，使压裂施工能力不断提升。泵车的压裂施工耐压等级从80兆帕提升到100兆帕，施工压力达70兆帕以上，不仅具备了进行吉林油田单井大规模储层改造的施工

（上图）南海东部油田采油平台。

（下图）东海海上钻井平台。

渤海埕北油田。

中外合作开发最大海上天然气田——南海崖13-1气田，于1996年1月1日建成投产，正式向香港供气。

南方勘探开发分公司发现的普光气田是四川盆地50多年发现的埋藏最深、储层最厚、丰度最高、规模最大的首个超千亿立方米整装大气田。

中国海上第一大油田——渤海油田。

华东石油局、华东分公司第六物探大队在贵州官渡高山区开展飞行探索。

中南石油局、中南分公司在西藏的油气勘探取得突破。

2005年11月，华北石油局、华北分公司建成产能10亿立方米的大牛地气田。

东北石油局、东北分公司松南气田天然气输往长春、吉林、四平等城市。

新场气田的发现是西南石油局、西南分公司勘探开发上的重大突破。

2001年9月，平湖油气田的天然气日产量达100万立方米，为上海利用绿色能源做出贡献。

玉门青西油田勘探取得重大突破。

酸化压裂技术使塔河油田一批老井恢复产能，为增储上产做出贡献。

（左上）亿吨级的整装油田——河南双河油田是全国高效开发油田之一。
（左下）江汉油田进行水上地震资料采集。
（右上）江苏油田的第一大油田——真武油田。
（右下）冀东陆上油田。

中国海拔最高、高寒缺氧的油田——青海油田。

1991年11月20日，鄯善油田首车原油外运。

1990年10月，中国第一口与外国合作的水平井——华北油田任平1井。

中原油田在伊犁盆地的风险勘探取得成果。

2005年5月10日，吉林油田第一口斜探井——长深1井开钻拉开了吉林天然气工业大发展的序幕。

大港油田钻井队在委内瑞拉油田施工。

在延长油矿钻探的中国陆上第一口油井。

延长油矿油区注水站。

2004年11月16日，四川油气田忠武输气干线忠县集输站正式向湖北省供气，几代石油人“西气东送”的夙愿变成现实。

四川油气田川钻63队创磨溪钻井新纪录。

辽东湾浅海勘探开发的成功，昭示了辽河油田更加广阔的前景。

辽河油田建成全国第一大稠油生产基地。

1996年，中国第一座沙漠油田——塔中4号油田建成投产。

克拉2气田加速勘探开发。

2004年建成的大型整装优质气田——克拉2气田，成为“西气东输”的主要气源地。

优质高效气田——新疆油田呼图壁气田。

新疆油田高效勘探开发一体化的百万吨级油田——陆梁油田。

西部地区第一大油田——新疆油田。

（上图）科技兴油示范油田——西峰油田，是长庆油田油气勘探的重要成果之一。

（下图）中国最大的天然气净化厂——长庆靖边气田第一净化厂。

（上图）1986年，在胜利油田钻井庆功大会上，国务院领导向提前完成钻井任务的工人代表致谢。

（下图）胜利油田垦东12工程项目采用滩海陆采开发模式，是中国第一个“路、台、采、输、修”一体化的平台。

中国第一个百万吨级滩海油田——胜利埕岛油田。

“铁人”王进喜生前带过的1205钻井队，2003年钻井总进尺在全国率先突破200万米大关。

中国东部第一大气田——庆深气田。

1995年，大庆油田举行开发建设35周年暨5000万吨稳产20周年表彰大会。

大庆油田加强勘探，合理开发，为创建百年油田打基础。

能力，而且成功的组织了松辽盆地南部天然气勘探重点井长深1井的压裂施工。

在井下压裂工程技术服务系统广大科技人员的不懈努力下，基本形成了满足吉林油田勘探开发需求的特色压裂技术系列，主要包括低渗透裂缝性油藏降滤压裂工艺技术、压裂集成技术的应用、二氧化碳系列增产技术、老井重复压裂工艺技术、注水井不泄压修井作业技术等，有效解决了低产、低渗注水开发油田诸多技术难题。通过上述技术的有效开发与应用，施工质量和施工效率有了质的飞跃，年压裂工作量从2000年的1942口/2299层，增长到2005年的4599口/6558层；年压裂卡井率从2000年的1.8%下降到2005年的0.33%，为吉林油田原油产量年产逐年攀升奠定了基础。

吉林油田所拥有的压裂工艺技术，已基本满足了吉林油田不断增长的增储上产的技术需求。2003年，吉林油田与长庆油田的合作项目《二氧化碳泡沫压裂工艺技术研究与应用》，通过中油集团公司验收；2005年开展的《吉林油田老井重复压裂技术》，通过国家级验收。

（四）相关技术取得长足进步

“十五”期间，吉林油田的固井、录井、测井、试油、井下作业量，年均增长分别达到30.9%、31.8%、23.4%、15.1%和10.7%；油建施工产值年均增长16.7%，创造了前所未有的高速度、高质量和高效率。与此同时，吉林油田的地面建设也塑造了一批精品工程和亮点工程。《大情字井油田供配电工程》、《英台油田产能建设工程》，分别荣获国家优秀设计铜奖和银奖；《扶余油田综合调整改造工程》，成为中油股份公司的样板工程，并荣获吉林省优秀工程设计一等奖，成为吉林油田设计进程中的一个里程碑。工程技术服务支撑力的迅速提升，为实现吉林油田勘探开发工作的跨越式发展提供了重要的保障。

三、坚持多元化经营，拓展海外市场

2002年以来，吉林油田工程技术服务队伍大力实施“走出去”战略，紧紧围绕“两个跨越、两个翻番、一个改善”的“十五”发展目标，按照“广泛收集、积极争取、塑造品牌、突出效益”的原则，密切跟踪中油集团公司海外投资方向和趋势，努力克服历史形成的装备落后、人才短缺等实际困难，积极参与国际合作与竞争，国际市场取得了历史性开拓，并呈现出良好的发展态势。

继GW56钻井队在苏丹3/7区块以良好的技术标和商务标成功中标，并以良好的施工质量和服务被树为苏丹市场工程技术服务队伍的一面旗帜后，到2005年底，已有20支钻井、固井、录井、试油队伍活跃在苏丹、缅甸、印度尼西亚、阿塞拜疆、哈萨克斯坦、美国、伊拉克等国际市场。除中油集团测录井公司外，在国际市场的吉林录井施工队伍数量，已在中油集团公司所有地区公司中名列第一。国际市场收入由2002年的4017万元人民币，增加到2005年的3.04亿元人民币，增加了6.57倍，累计实现收入5.92亿元人民币。“十五”期间，吉林油田主要工程技术专业队伍在海外市场实现了一年迈出一大步的目标，海外工程技术服务市场实现了跨越式的拓展。

四、转变经营机制，实现协调和可持续发展

“十五”期间，吉林油田两个公司坚持以“奉献能源、创造和谐”为宗旨，以科学发展观为引领，以保障国家石油安全为己任，在不断改革和创新中，坚持与时俱进、共谋发展，共同开创了吉林油田持续有效较快协调发展的新局面。

重组改制后，吉林油田在工程技术服务领域进行重新定位的同时，努力做好“开拓市场、主辅分离和相关产业”三篇文章，走出了一条“改革与发展并重，三年摆脱困境，五年走上良性循环，实现持续健康发展”的成功之路。在经营管理方面，通过开展“管理基础年”、“管理增效年”、“管理创新年”活动，全面推广和建立了“单井单车”等“单元核算”管理机制，经营管理水平大幅提升。在工程技术服务方面，坚持“一百减一等于零”和“一口井就是一项工程”的服务理念，以科技进步和创新科研管理体制，来推动和促进工程技术服务的不断发展。吉林石油集团公司三年实现扭亏脱困，五年走上良性循环持续发展道路。2005年，实现主营业务收入68.08亿元，比2000年增长170 %；实现考核利润1.19亿元，比2000年扭亏增盈1.6亿元。

重组改制以后，吉林油田公司在勘探开发生产建设持续较快发展的同时，加大经营管理力度，产量和效益同步提高。原油年产由2000年的375万吨增加到2005年的559万吨，年均增长37万吨，成为中国石油东部上产幅度最大的油田；五年累计实现销售收入399亿元，国际准则利润188亿元，税费93.5亿元，与2000年相比，2005年销售收入、利润、税费分别增长了155%、290%和198%，经营业绩大幅度提升。“十五”期间，在吉林油田持续、较快发展的同时，改革发展的成果也惠及了广大职工群众。2005年，吉林油田两个公司职工的人均收入分别是2000年的2.5倍和2.27倍；职工人均居住面积由2000年的18平方米提高到23平方米，人均绿地面积由4.7平方米提高到7.2平方米。

第三十九章 大港油田

大港油田始建于 1964 年 1 月，东临渤海，西接冀中平原，东南与山东毗邻，北至津唐交界处，地跨津、冀、鲁 25 个区、市、县，油田机关设在天津市大港区。勘探开发范围包括黄骅坳陷中部与南部的陆地、滩海、极浅海和沧县隆起东半部、埕宁隆起西部，总面积 18499 平方千米。根据全国新一轮油气资源评价，大港探区石油资源蕴藏量 20.6 亿吨，天然气资源蕴藏量 3800 亿立方米。

1986 年，大港油田探明石油地质储量 0.61 亿吨，探明天然气地质储量 132 亿立方米；生产原油 381 万吨，生产天然气 4.7 亿立方米，加工原油 38.4 万吨。截至 2005 年底，累计探明石油地质储量 9.57 亿吨，探明天然气地质储量 1378 亿立方

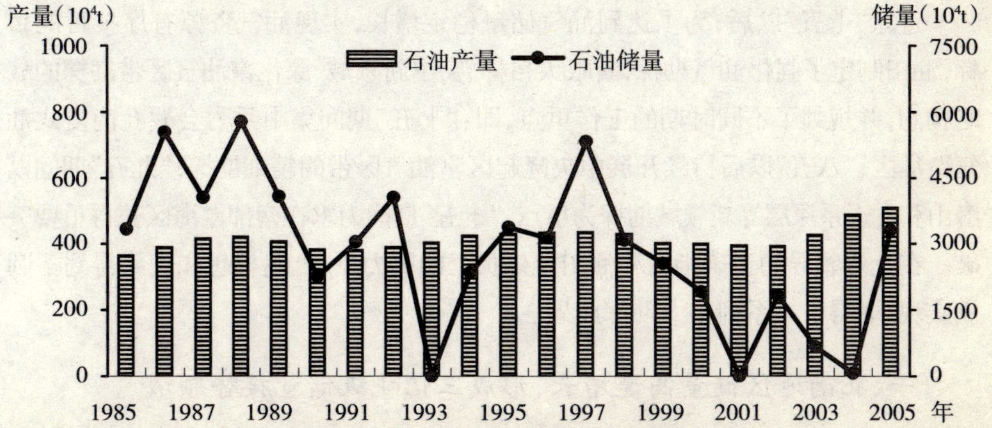

大港油田石油探明地质储量和产量变化图

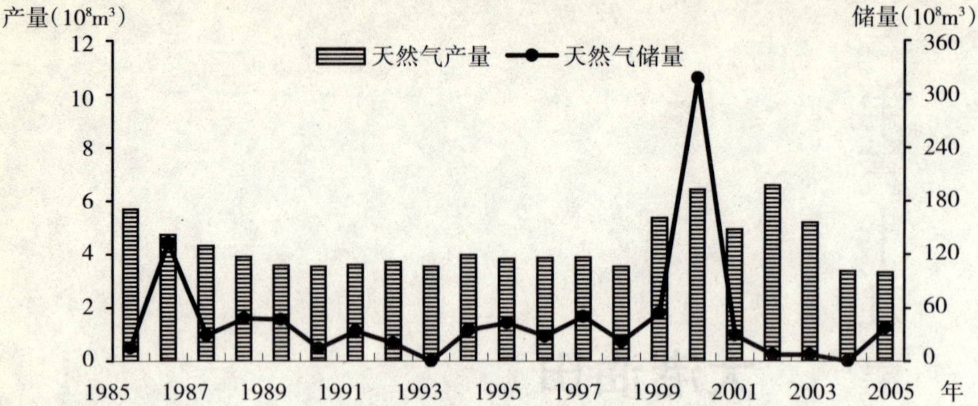

大港油田天然气探明地质储量和产量变化图

米；累计生产原油1.32亿吨，生产天然气262.8亿立方米。

从1986—2005年的20年，是大港油田调整思路，创新理论，拓宽领域，油气勘探不断上水平的20年；是大港油田依托科技，提高认识，挖掘潜力，油气开发不断取得突破的20年；是大港油田适应市场，苦练内功，锻造素质，石油工程竞争实力不断提升的20年；是大港油田解放思想，改革管理不断创新，综合实力持续增强的20年。

第一节　强化油气勘探，实现油气资源的有序接替

油田勘探前期，曾在1964—1966年和1970—1975年经历了两个储量快速增长的勘探高潮期，找到了现有大部分油气田。但因储量复算、核减等原因，1976年后连续四年出现原油储量负增长，此后由于加强了孔南地区的勘探并陆续发现了一些高产区块，才扭转了储量不断减少的局面。

进入“七五”以后，为了达到油气储量稳定增长，实现油气资源有序接替的目标，油田制定了强化油气勘探，着眼大目标、突出新领域、深化富油气区带勘探的战略构想，并规划了不同时期的工作重点，即：“七五”期间集中兵力会战孔南复式油气聚集区；“八五”以后持续开展中央隆起区富油气区带的精细勘探；“九五”期间以潜山和古近系深层等新领域勘探为重点；“十五”期间力求在南部滩海区获得重要突破。在上级领导的正确指引和油田全体员工的努力下，上述构想和规划得到了圆满实现，取得了一系列重大勘探成果。

一、孔南地区储量高速增长，形成三亿吨级储量接替领域

孔南地区曾因会战初期部署的四口探井全部失利，被冠以“勘探价值不大”的

错误结论,1971 年后虽然发现了王官屯、枣园、小集、舍女寺油田,但高凝、高粘的原油性质极大地制约了开采效果,直到 1982 年,年产油量仅为 16.64 万吨。

1982 年小集油田官 979 等高产断块的发现,增强了勘探家的信心。普遍认为,孔南地区孔二段生油层母质类型好,资源潜力大;主力油层孔一段尽管是红层,但储层厚度大,顶部发育石膏盖层,具有很好的储盖条件;孔店构造带面积达 600 平方千米,孔东、孔西等断层是良好的运移通道,有条件形成大规模的复式油气聚集。1983 年春,康世恩国务委员明确提出要三上孔南,指出这是一块好地方,要求大港油田要在三年内再探明 2 亿吨储量,力争新建产能 200 万吨。这一果断决策,进一步加强了大港人拿下孔南大油田的决心。

1986—1990 年,是大港油田将勘探重点集中在孔南地区的五年,勘探工作量居于历年之首,取得了十分显著的勘探成效。除原有油田的储量大幅度增加外,还先后发现了风化店、孔东、王官屯、舍女寺地区的四个中生界火山岩或砂岩油藏,找到了自来屯、段六拨两个油田及乌马营含油构造,发现官 80、官 195、官 104、官 162 四个高产富集区块,基本实现了孔店构造带的含油连片,总计新增探明石油地质储量 2.26 亿吨。至 1990 年底,已累计探明石油地质储量 3.0146 亿吨,形成了大港油田可靠的资源接替战场。1990 年底累计生产能力达到 187.05 万吨,占当年全油田总生产能力的 44.43%。此后还超越中北区,成为大港油田原油产量最高的地区。

孔南地区的勘探成果是复式油气聚集区理论的一次成功实践。科研人员根据该区生油层厚度只有 400 米,而其上、下红层的总厚度却达 2000 米,且储集层在横向上变化极大的特点,创造性地提出了“分层研究、立体评价、多目标钻探”的勘探工艺。也就是在创建三维油藏地质模型的基础上打聪明井的办法,拿下了国内少见的红层大油田,且创造了极好的勘探效益。如 1986—1987 年在评价钻探风化店安山岩油藏时,兼探上部孔二段油层,仅用了 21 口井就探明石油地质储量 5041 万吨。孔南地区的勘探成果被石油工业部授予科技进步一等奖。

二、转变观念,坚持探索,潜山油气勘探现曙光

1975 年冀中地区任丘古潜山大油田发现之后,大港探区也掀起了钻探古潜山的热潮。但与其他油田捷报频传的大好局面相比,大港探区的潜山勘探却遭遇了重大挫折。1976—1979 年的四年间,集中了当时仅有的钻探力量,先后在 9 个下古生界断块型潜山带上完成探井 29 口,除个别井见到低产油流外,其他潜山探井全部落空。油田内外的石油地质专家对此也是百思不得其解。此后,大港油田的勘

探重点转到了孔店—北大港—柏各庄中央隆起带，并在古近系—新近系的油气勘探中取得了重大成果。但是，寻找潜山油田的理想并未在大港人心中泯灭。

大港油田潜山勘探的转机始于 1986 年 8 月，位于孔南风化店地区的中生界火山岩获得了高产油流。随后孔南地区中生界砂岩，扣村地区扣 11 井二叠系砂岩也获得了高产油流。上述油藏的油源均来自古近系，尽管产油的层位、岩性与“任丘式”潜山有重大区别，但仍属广义上的潜山油藏。从而开阔了勘探人员的眼界，增强了潜山找油找气的信心。

地质研究人员发现，大港探区虽然不具备形成“任丘式”潜山油气藏的理想条件，但在中北部地区仍存在下古生界碳酸盐岩阶段性暴露地表并遭受侵蚀的地区，这就是“小站—沙垒田古隆起带”。另外，大港探区中生代时期发育较为强烈的挤压活动，并在下古生界地层内部产生构造裂缝较为发育的逆冲褶皱构造，这些经过风化剥蚀的逆冲褶皱构造在新生代时期被正断层切割形成潜山，并深埋于生油凹陷中，使其具有优越的油源条件和较好的储集条件。这种理论认识上的创新，为新生古储潜山油气藏勘探的突破奠定了基础。

千米桥潜山位于北大港构造东北翼，中生代时期曾暴露地表遭受剥蚀，内幕有明显的挤压逆冲褶皱，北、南两侧紧邻油气资源丰富的板桥和歧口凹陷，成藏条件十分有利。1998 年部署实施的板深 7、板深 8 等井，钻入奥陶系后均获高产油气流。流体相态分析证实，属于中高凝析油含量的饱和型凝析气藏。与此同时，该区中浅层勘探也取得了丰硕成果，证实板桥地区馆陶组、东营组浅层具有较大的潜

大港油田千米桥潜山勘探取得突破。

力，探明了一批小而肥的商业储量区块。

千米桥潜山凝析气藏的发现，充分说明科技创新在油气勘探中具有十分关键的作用。如在预探井钻探过程中，技术人员克服了压力体系不清、产层及流体性质不清、地层渗滤条件不清等一系列困难，大胆采用了欠平衡钻井技术，采用"边喷边钻"的方式，保证了中途测试、测井及完井、试井、油气层改造等作业的顺利进行。

三、积极推进滩海勘探，开辟资源接替新领域

1991 年，中国石油天然气总公司制定了渤海湾滩海地区勘探总体规划。大港油田在深化陆上勘探，确保油气稳产的条件下，逐年增加了滩海地区的勘探投入，首批选择张北、张东、赵东等七个目标作为重点勘探对象。

位于张北构造上的张 17-1 井，井底水平位移达 2279.38 米，创造了当时的全国纪录，发现了以东营组为主的油藏。1994 年，位于人工岛上的张参 1 井获得工业油流，发现了以沙二段为主力油层的张东含油构造。

1994 年由中国和美国路安公司合作，在黄骅市赵家堡村以东 5 米水深线以内的滩海地区开展风险勘探。完钻的第一口探井——C-1 井就在明化镇组获得高产油流，发现了以新近系馆陶、明化镇组为主力油层的油田。1997 年 D 区评价又有突破。证实该油田以含油层系较多、埋藏浅、产量高为特点，C-4 井主要含油层系为侏罗系砂岩，单井组合日产量达 2051 吨，为当年世界级高产油气流井。

2001 年以后，抓住赵东探矿权变更，部分区块退归大港的有利时机，通过实施小面积三维地震，并开展层序地层学、油气运聚规律、精细勘探目标评价等一系列研究工作，证实大港南部滩海区具有形成多层系复式油气聚集的有利条件，可以作为促进油田可持续发展的战略目标区。2001 年首先在南部滩海区的西南部，发现了具有中、新生界共五套含油层系，且埋藏浅、油层物性好、产量高的关家堡开发区。进而通过重建沉积模型和油气成藏模式，于 2004 年在张东构造东翼至张东—张东东构造之间的鞍部，发现了大面积分布且油层稳定、连通性好的构造——岩性油藏。加上张东东构造所发现的中生界潜山油藏，截至 2005 年底，南部滩海区已累计探明油气地质储量 9250 万吨（油当量），使中国滩海地区又增加了一个亿吨储量大油田——埕海油田。

四、精细勘探中央隆起带，为油田提供现实可开发储量

勘探实践证明，黄骅坳陷中央隆起带油气富集高产、开发效果好，尽管勘探程度较高，但仍有较大的增储潜力。工作中采用精细研究、精细评价、精细描述、精细

复查的方法，连续取得了可观的勘探成果。

一是拔除“钉子井”，官东地区探明高效储量区块。王官屯油田官东区块于1991年探明并投入开发。原位于区块北部边界处的新官24井，因地层对比问题误认为该井以北砂体发生相变，不再具有勘探价值。2000年通过精细地层对比和构造、油藏分析，修正了这一观点，在官东背斜南北两翼发现多个断鼻断块圈闭，钻探后新增探明石油地质储量1364万吨。

二是挺进“复杂区”，港中—六间房地区喜获勘探新成果。港中—六间房地区位于北大港构造带港西、港东、滨海等大断裂交汇处，构造复杂，勘探程度高。2002年通过三维资料目标处理，发现了港西断裂的二台阶断层，修正了对油藏的认识，落实了一系列圈闭，一批探井已获得工业油气流，为油田开发提供了一个良好的后备区块。

三是实施精细勘探，北大港构造带滚动勘探开发创效益。北大港构造带西翼的港西及东翼的港东、唐南地区，通过三维地震精细处理和解释，发现一批小幅度圈闭，部署实施的一批探井均获得成功，并很快投入开发，见到了实效。

五、新领域的一系列成果，展示大港探区的光明前景

除上述成果外，大港探区还在众多新领域中取得了突破，为增强勘探后劲，实现可持续发展指明了方向。

一是枣北地区沙三段火成岩油藏体现了高产量、高回报、高效益的突出特点。1995年底，枣北地区枣35井沙三段玄武岩试油获日产158吨的高产油流，经评价井钻探后，共探明石油地质储量1709万吨。1996年投入开发，当年产油10万吨以上，为开发产能建设做出了贡献。

二是隐蔽油气藏勘探取得实质性进展，已成为近期的勘探重点之一。大港探区歧口、板桥等凹陷的斜坡带具有形成非构造油气藏的良好地质条件。按照“主攻歧口、突破板桥、准备沧东”的思路，已在歧口凹陷的歧口西坡和埕北斜坡获得了可喜的成果。

三是板桥、歧口凹陷古近系深层呈现目标广泛、资源量大的良好态势。古近系深层历来是大港探区重要的勘探领域，1986年后又发现了张东、长芦、白唐马、新村—炮台、马东东滩海区等油田或含油构造。据全国新一轮油气资源评价成果，3500米以下深层资源量5.64亿吨，探明储量仅11290万吨，潜力十分可观。

四是奥陶系原生油藏及石炭—二叠系煤成油、气藏的发现，拓展了大港探区的勘探领域。孔西地区孔古4井中生界发现来源于石炭—二叠系的煤成轻质油藏，孔古5、孔古7井奥陶系发现主要源自奥陶系本身的重质、低凝油藏。乌马营

地区乌深1井找到了源自石炭—二叠系的煤成气藏。表明古生界具有现实的资源潜力，可成为大港探区中长期的有利勘探目标。

第二节　依靠科技进步，油田开发不断深化

1986—2005年的20年，油田开发理论得到了进一步丰富和发展，一些储层物性复杂、流体性质较差的油藏通过不断加深认识和采取配套技术得到了有效开发，使新增加的储量得到了较好的动用，原油产量也实现了较大幅度的增长。到1997年大港的原油产量达到了435万吨，2005年原油产量达到了510万吨，油气当量达到了535万吨。

大港油田近20年的开发历程，本质就是应用新技术寻找新资源，应用新技术最大限度地挖掘油藏潜力的历程。特别是针对以复杂断块油藏为主（复杂断块的储量、产量占2/3以上）、流体性质差异大、储层非均质性强的地质特点，对油藏认识技术、配套开发技术、钻井技术等都提出了很高的要求。枣园科技攻关攻克了高凝非牛顿流体油藏开发难题；精细油藏描述技术的规模展开实现了老油田高含水期产量止跌转升；大张坨储气库的成功建立为地下储气调峰创造了条件；赵东滩海的开发为中油集团向海洋进军展示了好的前景。这些无疑都体现了大港依靠科技勇于进取敢于胜利的开拓精神。

一、全方位开展滚动勘探开发和未动用储量评价

大港油田滚动勘探开发始于1984年，以港东二区七断块扩边增储为代表，新增储量297万吨。自1992年起，滚动勘探开发进入发展阶段。1994年3月，总公司召开东部地区开发工作会议，1995年5月又在江汉油田召开滚动勘探开发工作会议，制定了《石油天然气滚动勘探开发条例》。从此大港油田加大了滚动勘探开发力度，并开始走向成熟阶段。到2005年，建成了沈家铺官128断块、王官屯王26-1断块、自来屯19-14断块、板64断块、风化店枣44断块等多个整装高效区块，新增可采储量200万吨以上，恢复和建成生产能力35万吨，取得了显著的经济效益。

针对多年积压的低效、深层、难采未动用地质储量，重点开展早期描述和开发工艺技术攻关并逐步推广，通过多年探索和实践，逐步形成了以目标筛选、地质攻关、工艺配套、能力建设为主线的具有大港油田特色的未动用储量评价思路，并针对不同油藏地质特点配套应用了十项技术，即：目标评价优化筛选技术；三维地震资料采集处理技术；目标精细解释技术；测井资料再评价技术；油藏综合立体评价

技术；小直径电泵深抽技术；稠油井筒举升工艺技术；低渗油层保护技术；水力泵试油工艺技术；滚动开发布井技术。

二、探索高凝高粘油藏开采新途径，提升南部油田生产能力

南部油田位于大港油区孔店以南，地质储量 2.4 亿吨。南部油田是一个复杂程度高的断块油田，储层属于低孔、低渗，非均质性强，流体属于高凝高粘，部分油田具有非牛顿渗流特征，天然能量低。限于当时的技术条件和技术水平，常规的井网井距根本不适应这种复杂的小断块油田，造成井网对油层控制程度低，水驱控制程度低，导致油井投产后压力产量下降快。为此，大港油田针对不同类型油藏组织了科研攻关，并取得了突出效果。1997 年，南部油田的产量最高达到了 183.2 万吨，占当年大港产量的 42.1%，到 2005 年，仍保持了 160 万吨的规模。

（一）电潜泵技术的推广实现了高凝油藏的高效开发

南部油田由于原油含蜡量高、单井产量不高，会在井筒上部发生严重的结蜡甚至凝固，使油井无法生产。频繁热洗清蜡抽油杆频繁断脱，更关键的是油藏注水后的生产能力无法发挥，造成注不进采不出的局面。小集油田是典型的高凝中高渗油藏，由于高凝油的影响机采井连续生产十分困难，曾经采取井筒内掺热水以改善流动状况，效果不理想。1985 年，经过多次论证，提出了在小 10−4 井试验应用电潜泵开采的设想。通过下入排量 200 立方米 / 天、扬程 800 米、耐温 90℃的电潜泵后，日产液由 66 立方米上升到 144 立方米，日产油由 63 吨上升到 138 吨，井口温度由 37 摄氏度上升到 64 摄氏度，电潜泵不仅提高了单井产量，而且井口温度远远超出了原油的凝点。在该井取得成功之后，逐步推广到高凝稠油区块，均取得了比深井泵增产 100 吨以上的好效果。小集油田规模应用电潜泵生产后开发形势发生了巨大变化，采油速度达到了 3.4%，平均单井日产达到了 50 吨以上，注水量增加了 65 立方米，整个油田注得进、产得出，油层动用程度明显提高，水驱开发效果明显改善。电潜泵技术的成功经验为南部油田高凝油藏的开发指明了途径。

（二）枣园科技攻关攻克了非牛顿流体油藏的开发难题

针对枣园油田递减大，停产井多、生产时率低、生产成本高的矛盾，中国石油天然气集团公司 2000 年组成了以大港油田和石油大学为主，联合北京石油科学研究院等八家单位参加的“产、学、研”联合科技攻关集团，确定了系统解决枣园复杂油田开发的 14 项课题。历时 4 年，效果显著，其核心研究成果是通过油藏精细描述，储层综合评价和油藏工程分析研究，认识了枣园孔一段杂基含量很高，而孔二段是富含敏感性粘土矿物的低渗砂岩；整个枣园的原油性质是一种具有粘弹性和触变性的非牛顿流体。基于这些认识，提出了加大注水驱替压力梯度，采取防

膨、改善注入水质、建立井筒热力场等措施是改善枣园低流度油藏开发效果的必然途径。在枣 43 和枣 111 断块细分层系和加密井网先导试验区取得突破的基础上，对孔一段的 7 个断块 17 个开发单元进行了上述技术的应用和推广。枣园油田的产量由攻关前的 27 万吨上升到 2004 年的 63 万吨。

（三）细分层系和小井距加密调整改善低渗油田开发效果

段六拨是大港油区南部一个典型的低渗、低效、难采油田。地质储量 1017 万吨。油藏埋深 2900～3500 米，平均孔隙度 15.9%，空气渗透率 31 毫达西。限于当时的认识手段和工艺技术，一直低效生产，采油速度维持在 0.3%以内。1995 年后通过重新开展砂体沉积微相研究和井网井距适应性研究，成功地为油藏加密井网和综合调整提供了科学依据。1997—1998 年在油田中部开展先导试验，井距从原来的 300 米缩小到 200 米；细分层细开发建立两套井网；增大注采压力梯度；开展油

大港油田科技人员讨论调整油田挖潜方案。

层改造和单井增压注水等。在成功的基础上推广到整个油田，累计部署新井 67 口，形成 1∶2 的注采井网，油田年产油量由加密调整前的 3.7 万吨持续上升到 2001 年末的 19.1 万吨，采油速度达到 1.88%。至 2005 年，段六拨油田年产量仍在 15 万吨以上保持稳产，成为大港油区综合调整挖潜的后起之秀。

三、规模开展精细油藏描述，增加可采储量

进入“九五”后，大港已整体进入高含水高采出阶段，油田稳产基础十分脆弱，

油田自然递减一直在20%左右徘徊，产量接替难度大。为了进一步认识油藏潜力，油田借助新的技术和手段开展地层对比、三维地震采集、处理和解释、构造、微构造解释、储层评价、测井评价、地质建模、储量研究、油藏工程、油藏数值模拟等全方位的地质研究，重新建立油藏的地质模型、构造模型、储层模型、渗流模型、剩余分布模型等，编制出综合调整挖潜方案，以此指导油田综合调整，最大程度提高老油田采收率。

自1998年港东开发区油藏描述项目起步，到2003年全面完成，共计描述含油面积325.3平方千米，描述储量49702万吨，占大港油田总储量的94%。在对各种潜力类型的剩余可采储量进行量化的基础上，在20个油田编制了93个调整方案，到2005年底，已对其中规模及潜力较大的65个方案开展了现场实施，累计建成和恢复生产能力145万吨，已增产原油180万吨，增加可采储量1048万吨，取得了很好的经济效益。

通过油藏描述形成了适合大港油田地质特点的十项描述技术：精细地层对比技术，微地质界面研究技术，细分沉积微相研究技术，低阻层和水淹层评价技术，流动单元研究技术，储层预测与评价技术，注水前后储层物性、流体性质动态变化规律研究技术，剩余油监测分析技术，油砂体潜力量化研究技术，精细油藏数值模拟技术等。这些技术为老油田寻找潜力发挥了重要作用。在此基础上，形成了大港油田精细描述的技术标准。以往研究单元以油组或小层为主体开展研究，而目前的研究单元是单砂体或流动单元，构造要求做到单砂体的顶底微构造，等高线间距一般在3米以内，特别是构造、断层、岩性的认识的变化为油藏的治理提供了充足的依据，油井措施的有效率达到了85%以上。2003年，中国石油股份公司在大港油田召开了精细油藏描述现场推广会，给予高度的评价。

四、聚合物、微生物驱多元并举，三次采油规模逐步扩大

自“七五”期间大港油田第一个聚合物驱先导试验——港西四区聚合物驱先导试验获得成功以来，大港油田坚持不懈地从多种途径开展了三次采油提高采收率攻关研究与矿场试验工作，形成了以污水聚合物驱为主体，碱/聚驱、微生物驱、聚合物调驱等多种三次采油技术。到2005年，大港油田共有三次采油注入井73口，控制面积8.45平方千米，地质储量1430万吨，预计增加可采储量90万吨，现已累计增油78.46万吨。

由于清水水源短缺、污水必须回注利用等政策限制，清水聚合物驱推广受到了限制。1994年以来，大港油田开展了污水配制聚合物驱油技术研究。在大量室内实验研究的基础上，开发优选出了污水低支联聚合物驱油体系，确保了注

入溶液达到所需要的粘度。2002年在港东港8-25-2井组实施了污水聚合物驱矿场先导试验并获得突破性进展后，逐步在港西、港东推广，污水聚合物驱到2005年已经控制地质储量778万吨。污水聚合物目前已经形成三项配套技术：新鲜污水暴气失活技术、新鲜污水处理检测评价技术、新型聚合物增粘技术。

本源微生物驱油具有矿场实施简便易行、投资少、无污染等特点。2001年，大港油田率先与俄罗斯科学院合作，在孔店油田二断块开展了先导试验。在对油藏地质、开发状况和生化参数分析基础上，确定了在稠油、底水、高孔和高渗、且无产能接替的孔店油田注入混气营养物的试验方案，并进行了为期近3年的现场试验。共注入营养剂54866千克，空气91200立方米，发酵本源微生物菌液27.5立方米，营养液12120立方米。结果表明：(1)注水井近井地带和油层深部有用的本源菌已被激活，其数量较试验前增加3～7个数量级；甲烷代谢速率较试验前增加了4～78倍，代谢产物增加16～208倍；硫酸盐还原速率增加，但没有硫化氢产生；(2)原油和地层水性质有所改善；(3)单井日产油量和气量增加。到2005年底，累计增油1.5万吨，该项技术将在大港油田进一步推广。

五、开展国际合作，赵东滩海实现年产百万吨

自1993年以来，为了加快难采储量的动用，应用国际国内的先进技术，先后与美国、加拿大的石油公司展开国际合作和与油田内部的未上市企业展开国内合作，实现了赵东年产百万吨的重大突破。

赵东合同区块位于河北省黄骅市赵家堡村以东5米水深线以内的滩海、极浅海地区，合作区面积197平方千米。1993年，中国石油天然气勘探开发公司(CNODC)与美国路易斯安那勘探公司(XCL)就赵东区块合作开发举行了《石油合同》签字仪式，1994年路安公司将外方股份的50%转让给阿帕奇中国公司(Apache)，阿帕奇中国公司担当了作业者。赵东区块是中国石油北方陆上及滩海地区对外合作第一口获工业油气流井、第一个向国家储委申报探明石油储量、第一个从勘探阶段进入开发阶段的合作区。

合作区从2003年7月正式投入开发，区块共钻探井、评价井11口，探明石油地质储量3744万吨、控制石油地质储量1167万吨。总体开发方案是在海上建造平台2座，钻生产井25口，最高年产油能力为107万吨，15年累计产油量可达到670万吨。到2005年产量达到了115万吨。赵东油田完全采用海上的开发模式，采取先建钻井平台，边打井边建平台的方式，有效地利用了两个平台建造间的时间差，节省了打井建产能的时间，提高了产能建设速度。到2005年，已建成万吨级钻、采、处理一体化的双平台海工结构，穿梭油轮运输原油到塘沽陆地存储并进行

内销和外销。项目建设服务全部采用国际招投标方式运作，到建成百万吨生产能力为止，累计发标68项，项目总金额上亿美元。在开发建设过程中，赵东油田集成引进和应用先进而适用的配套技术，如大型海上固定式钻井平台的建造和安装技术，综合配套优快钻井技术等，第一期仅钻井25口即建成百万吨能力。投入开发以来，高峰期16口采油井的日产油量超过4000吨，连续两年稳产在100万吨左右，单位操作成本低于渤海湾陆上油田平均水平，百万吨产能建设投资达到国内领先水平。赵东油田主力含油层系为上第三系明化镇组、馆陶组，主要为构造油藏和岩性构造油藏，具有油层段集中、丰度高、埋藏浅、储层物性好、产量高等特点。进入开发建设和生产阶段，继续大胆探索新区块、新层系，开发井兼作探井评价井，实现油气储量持续增长，用最经济的投入换取更大的综合效益。总体开发方案实施后，经储量复算，赵东开发区C/D区块探明石油地质储量增幅达17%；此外，还增加了一批控制和预测石油地质储量，提供了充足的接替资源，展现出良好的可持续发展的态势。

六、利用凝析气藏建成亚洲第一储气库

地下储气库作为大型天然气集输工程的重要组成部分，对调节用气市场冬夏季节的峰谷差，保障用气需求，有着不可替代的重要作用。世界上自1915年建成第一座储气库到1999年，建设地下储气库最多的国家是美国和加拿大，其次是欧洲，亚洲尚没有一座正规的储气库。随着中国“陕气入京”工程的实施，建设大型地下储气库显得尤为迫切和必要。中油集团公司于1999年责成大港油田分公司开展大张坨地下储气库建设方案研究设计工作。通过科技攻关，在国内创造性地系统提出7项配套技术，26项气库评价指标，为进行地质工程设计开辟了新路，并荣获国家第十届优秀工程设计银奖。该地下储气库于2000年初顺利建成投产，接着板876和板中北高点两座地下储气库也相继建成并投入正常运行。设计总有效工作气量18.86亿立方米，总日调峰气量1572万立方米，总日注气量896万立方米，为北京市“蓝天工程”和提高陕京线天然气集输能力做出了积极贡献。

第三节　提升石油工程技术服务能力，市场领域不断得到拓展

一、石油工程技术服务的初步发展

大港油田重组分立前的石油工程技术服务作为油气勘探、开发的工程技术保障，随着油气勘探、开发的发展，在专业化分工、科技进步和市场开拓方面均迈出了较为坚实的步伐。

(一) 推进专业化分工，提升石油工程技术服务能力

1985年以前，大港油田石油工程主要包含物探、钻井、测井和井下作业等专业。为应对大港油田勘探开发“低、深、难”的状况，提升石油工程技术服务能力，大港油田从原钻井工程专业的母体里细分出了定向井、录井和滩海工程三个专业。

1985年1月，定向井公司从钻井公司分离出来，成为国内第一家提供定向井技术服务的专业化公司。

1988年10月，将钻井公司地质资料分公司与油田综合录井技术服务筹备组合并，组建成立大港油田直属的地质录井公司。

1988年10月，大港油田浅海勘探工程公司筹备处成立；1991年6月，浅海勘探工程公司正式成为油田二级单位，1992年6月更名为滩海工程公司。

(二) 推进科技进步，提升石油工程技术水平

面对复杂的地质条件和艰苦的地面环境，大港油田石油工程技术和科研人员发扬艰苦奋斗和科学求实的精神，组织开展了一系列科研攻关和技术革新，并引进国外先进的技术装备，推进了石油工程技术的发展。

1986年，大港油田引进MDS-16型240道光纤数字仪，开始了物探大量三维勘探新阶段。随着勘探开发逐步深入滩涂和极浅海区域，大港油田海滩地震勘探得到发展：1986年组建了海滩大队，开始在海滩地区大量进行三维地震勘探；1991年自行研制成功国产第一条空气船配套泥里爬；1993年制造了可解体震源船海豹1号。1987年，大港油田独立完成舍女寺地区三维地震资料处理，从此结束了地震资料外送处理的历史。

从1986开始，大港油田钻井开始进入科学打井阶段，除继续推广使用以喷射钻井、优选钻井参数为中心的成套钻井新工艺技术外，还开展了地层压力预测检测、近平衡压力钻井等方面的新工艺新技术的推广应用工作。随着科学钻井的发展，大港油田深井、丛式井定向钻井技术有了很大提高。“九五”期间，欠平衡压力钻井技术得到发展。1998年，为整体解剖板桥深层兼探港8井潜山，大港油田在千米桥地区布置了板深7井，并从新疆石油管理局租用欠平衡钻井设备，实施欠平衡钻井，从此填补了大港油田钻井工艺的一项空白。此后，大港油田引进了欠平衡钻井装备，至2000年共完成欠平衡钻井14口。大港油田于1999年完钻的乌深1井是一口重点探井，是截至2005年底国内陆地技术套管下得最深的一口井。

1986—1999年，大港油田录井、测井、射孔、试油与测试、井下作业技术均得到较快发展。随着滩海勘探开发步伐的加快，大港油田科技人员通过在实践中艰苦摸索，先后形成了海堤施工、气垫搬运、人工岛建设、浅吃水自升式钻井平台钻(完)井作业等四项滩海工程技术。1993年，大港油田在张巨河海滩上建成了国内

第一座用于石油勘探开发的人工岛。1998年3月9日，大港油田建成国内第一艘浅吃水、自升式钻井平台——港海一号。

（三）推进市场开拓，提升石油工程市场竞争能力

1986年，大港油田制定了关于简政放权的具体规定和实施细则，确定了所属单位模拟市场法人主体地位。同年7月15日，大港油田勘探部和钻井工程公司经济合同正式签字，这是大港油田内部签订的第一份经济合同，从而塑造了企业内部在市场经济条件下的甲、乙方的雏形。为应对内部工作量不足、作业能力相对过剩的矛盾，大港油田专门制定了所属单位外闯市场的激励政策。1997年规定将各单位外闯市场创收与工资奖励指标挂钩；1998年规定允许各单位在对外劳务成本中可再单独列支一定数额的劳务费，用于提高对外劳务职工的收入水平。为了树立企业形象，增加经济收入，锻炼队伍，提高能力和水平，大港油田各专业施工作业和技术服务队伍开始在外部市场开发方面进行初步探索，并取得一定成绩。

在开拓冀东、辽河、大庆、胜利等油田物探市场的同时，大港油田积极利用与陆安、阿帕奇等国际公司进行反承包项目合作的机会积累市场开发经验。以“赵东”国际反承包三维采集项目为标志，大港油田物探队伍生产效率和施工质量有了较大幅度提高，赢得了良好的经济效益和市场声誉。1998年，大港物探队伍首次进入国外市场，在格鲁吉亚进行了山地二维弯线地震采集作业。

1994年，大港油田钻井公司作为模拟法人企业被推向市场，促使17支钻井队伍先后进入冀东、安塞、沈北、开鲁等四个外部油气区，这是大港油田成立30年来钻井工人第一次走出家门“找饭吃”，当年创产值1.6亿元。1998年8月，大港油田战胜国内六家钻井承包商，进入美国菲利普斯煤层气反承包市场，并成功完成两口井的施工，这是大港钻井队伍首次进入反承包市场。在随后开展的孔南反承包项目竞标中，大港油田又战胜国内其他八家对手，成为首选承包商。

凭借雄厚的技术优势，大港油田定向井队伍在相继进入塔里木等国内行业市场的基础上，于1989年进入孟加拉技术服务市场，成为大港油田开拓国际市场的排头兵。1994年，大港定向井队伍又进入菲律宾市场。1996年，大港油田与伊朗国家石油公司签订了700万美元的定向井技术服务合同，次年又签订175万美元的合同，使大港定向井队伍在伊朗市场站稳了脚跟。

另外，大港测井、录井和井下队伍在外部市场开发方面均有建树，相继进入了国内相关油区市场和反承包市场。

二、石油工程技术服务的全面发展

1999年重组分立之初，大港油田集团公司作为未上市企业，面临着前所未有

的困难和挑战，为正确引导广大干部职工，及时转变思想，提高认识，重树信心，同时也是为了给未上市企业寻求一条谋求生存与发展的正确道路，大港油田集团公司于 1999 年下半年组织广大干部职工开展了各个层面的“生存与发展”大讨论活动。经过广泛研讨和深入思索，大港油田集团公司决定通过发展来应对企业面临的困境，并将市场开发作为企业谋求生存与发展的重要依托，提出明确的市场开发战略目标，即：力争到 2010 年，主营业务收入与重组前的 1999 年基本相当，达到 70 亿元，再造一个全新的大港油田集团公司。2000—2005 年期间，随着市场开发战略的有效推进，大港油田集团公司石油工程技术服务也相应进入发展的良性轨道，在技术水平、装备水平、人员素质和市场开发能力方面均有较大幅度提升。在此期间，按照中国石油天然气集团公司的总体部署，大港油田集团公司所属物探公司于 2001 年被重组到东方地球物理勘探有限公司，所属滩海工程公司于 2004 年被重组到中国石油集团海洋工程有限公司。

（一）完善科技创新体系，形成了特色技术系列

为增强技术创新能力，大港油田集团公司构建和优化了技术中心组织结构，调整了技术创新思路，根据目标市场的需求确定技术攻关的方向，以成熟技术支撑市场，以优特技术引导市场，形成了技术与市场的互动和统一。通过加强工程技术的研发与应用，大港油田集团公司切实提升了技术水平。集中主要研究力量，主攻大位移井配套技术、滩海勘探开发配套技术、储气库建设配套技术、发现和保护油气层配套技术等综合配套技术，使大港油田集团公司的特色技术处于国内领先水平。为保持在大位移井钻采配套技术方面的优势，大港油田集团公司加强对关键技术的研究，形成了大位移井井眼轨迹控制、降摩减扭、轴向加压、下套管、固井、测井、射孔、试油、举升等系列配套技术。依托这些技术创造了中石油该类井型水平位移最长和施工周期最短的纪录。2002 年，大港油田承钻了中国石油钻井史上施工难度很大的一口探井——玉门窿 9 井，

大港油田钻井队在玉门窿 9 井作业现场。

采用空气钻井、泡沫钻井等多项钻井工艺技术，克服了机械钻速低，施工周期长，完井复杂等诸多难题，于 2004 年 3 月 3 日交井。通过研究攻关，还形成了薄油层、阶梯、深定向等系列水平井配套技术、深井及超深井钻井技术、套管钻井技术、储气库设计与建设技术、高效防砂技术、高温深层压裂技术等 20 多项专项的特色技术。

（二）加快更新改造步伐，有效提升了装备水平

为迅速提升装备水平，大港油田集团公司加大了市场急需关键技术装备的投入力度，将投资重点向石油工程技术服务装备倾斜。从 2000—2005 年，共完成固定资产投资 33.46 亿元，其中非安装设备购置投资 19.46 亿元，购置钻井装备 33 台（套）、井下特色装备 16 台（套）、测井特色装备 8 台（套）、录井优势装备 15 台、定向井特色装备 7 台（套），使装备质量有了较大改善，主要装备新度系数达到 0.53。

（三）强化队伍建设，大力提升了整体素质

围绕市场开发需求，按照“有计划、有重点，急需人才提前开发、重点人才重点开发”的原则，大港油田集团公司制定了人才发展规划，实施了“素质工程”，加大了培训力度，使职工的业务素质得到明显提高。2002 年和 2004 年，大港油田集团公司分别在全国石油石化行业钻井工、井下作业工职业技能大赛上荣获团体冠军。为建立适应市场开发的管理运行机制，大港油田集团公司还积极推行“扁平式”管理模式，精减二、三级管理机构，精干管理人员队伍，引导专业技术人员回流、充实一线基层队技术力量。

（四）加大市场开拓力度，切实拓展了市场空间

从 2000 年开始，大港油田集团公司瞄准总体战略目标，市场开发工作一年一个台阶，在牢牢站稳油区市场的同时，不断拓展国内行业市场、国际市场空间。市场开发区域不断拓展。截至 2005 年底，大港油田集团公司在确保大港油区市场占有率达到 95%以上的基础上，相继进入了中石油的冀东、塔里木、长庆、玉门、大庆、辽河、吉林、青海，中石化的新星西北分公司、新星华北分公司、新星华东分公司、河南油田、中原油田、中国海油等国内行业市场以及泛华、赵东等国内反承包市场；通过“借船出海”和“造船出海”的方式，进入了苏丹、委内瑞拉、墨西哥、伊朗、印度尼西亚、阿塞拜疆、哈萨克斯坦等国际市场。外部市场队伍数量不断增多。截至 2005 年底，大港油田集团公司外部市场施工作业队伍达 191 支，比重组前增加 126 支，其中，国际市场队伍总数达到 36 支，比重组前增加 33 支。外部市场创收快速增长。2005 年，大港油田集团公司实现市场创收 64.18 亿元，比重组前净增 30 亿元，增长 87.89%，其中外部市场创收 33.2 亿元，比重组前净增 [illegible] 亿元，增长

335.14%，外部市场收入已占总收入的51.74%。

市场开发区域不断拓展，市场创收快速增长，不仅使大港油田集团公司渡过了重组后的难关，而且使大港油田集团公司逐步步入持续快速发展的快车道。

第四节　深化改革转机制，加强管理上水平

1985年以后，伴随国有企业体制改革的进程，大港油田多次被列为国家和石油系统的改革试点单位，始终走在石油企业改革的前列，持续深化的制度创新和管理创新，使企业逐渐适应社会主义市场经济新体制，促进了发展。回顾大港油田的改革和管理，大体上经历了三个阶段。

一、改革的探路阶段（1986—1991年）

20世纪80年代中后期，适应国家改革开放的新形势，大港油田开始从计划经济下的附属单位逐步向拥有更多自主权的经营实体过渡，改革的目标以建立企业内部激励机制为主，并触及到一些深层次的问题和矛盾。油田围绕推行并完善内部经营承包责任制、试行甲乙方项目管理新体制、实施厂长经理负责制和推进各项配套改革等重点工作，坚持总体设计、配套实施，使企业经营机制发生了明显变化，改革呈现出整体推进的势头。

二、全面进行制度和管理创新阶段（1992—1998年）

1992年8月总公司将大港石油管理局确定为探索建立"油公司"体制的综合配套改革局级试点单位。1994年10月，经总公司推荐，国务院批准，大港油田又进入全国建立现代企业制度百家试点企业行列。以完成这两个试点任务为主线，大港油田深入开展了建立现代企业制度的综合配套改革。当时的总体思路是，按照建立现代企业制度的方向，实施内部分离重组，解体"小而全"，剥离移交企业办社会各项职能，构建以"油公司"为核心企业，以石油工程技术服务和机械制造等单位为子公司的母子公司体制，最终建成产权多元化的现代公司制企业。在国家体改委和石油天然气总公司的支持指导下，油田坚持一边编制方案，一边推动各项改革。1995年12月25日，大港油田集团有限责任公司隆重挂牌成立，标志着大港油田在制度创新方面进入了新的阶段。

（一）构建以"油公司"为核心的现代企业集团新体制，探索建设内部市场体系

1993年开始，大港油田在前期推行项目管理的基础上，陆续颁布实施了《内

部招投标管理办法》、《内部合同管理办法》、《内部市场管理办法》等文件，初步建立起内部模拟市场的制度体系。同时不断进行专业重组，初步建成了钻井、运输、井下作业、基建、物资供应、科技成果、人才劳动力七大内部市场，形成了按甲、乙方关系规范双方行为的市场运行机制。油田还在总部机关组建了生产协调部等市场管理、监督部门，进一步完善了市场组织体系。

（二）进行勘探开发体制改革，塑造“油公司”主体

1996年，新的大港油田集团公司对开发系统进行了大力度的专业化重组。撤销了“小而全”的采油厂建制，组建了统一管理的油气开发公司，下辖9个采油作业区，一个原油天然气集输分公司，若干承担修井、工程、安装、特车、运输、机修等辅助业务的专业分公司和5个地质工艺所。

1997年，油田组建了具有事业部特点、实行勘探开发一体化的滩海勘探开发公司，成为“油公司”的又一个主体单位。至此，油田集团公司——开发公司——作业区三级管理格局初步形成，“油公司”体制框架基本确立。

（三）实施企业内部分离重组，解体“小而全”的组织结构

探索实施了“三个分离、三个重组”，即分离原主业队伍中的辅助生产、施工作业、技术服务单位，重组为专业化管理，面向油田内外两个市场的独立发展的业务单元；分离油田各单位的生活后勤服务部门，重组为专业化管理、企业化经营、社会化服务的矿区管理服务单位；分离各单位的多种经营业务，重组为经营自主、机构独立、规模适度，产权制度多元的法人企业。

（四）对部分二级单位实行公司法人改制，塑造集团成员企业

1996年，油田集团公司按照试点方案的要求进行了建立子公司法人企业的试点，10月，由原油田总机厂和配件厂改制而成的中成机械制造有限公司和新世纪机械制造有限公司同时挂牌运营，两家公司作为油田集团公司的全资子公司，标志着塑造母子公司集团体制的努力取得重要进展。

（五）按照《公司法》的要求，建立规范的公司法人治理结构

油田集团公司在改制中依法组建了董事会、监事会、总经理班子、公司党委和工会职代会五套机构，制定了工作条例、议事规则和有关工作制度，努力形成党委为政治核心，董事会为决策中心，经理班子为执行中心，监事会为监督中心，工会与职代会为民主管理和维权中心，五套机构相互独立、相互协调、相互制衡的企业领导体制和运行机制。

（六）以分离移交企业办社会职能为终极目标，积极探索矿区管理服务的新模式

大港油田从1993年开始推行基地服务系统改革，构建专业化管理、社会化服

务、企业化经营的生活后勤管理体制框架。经过1994年和1996年两次整合,建立了八个区域性矿区管理处(生活服务公司),按照甲、乙方关系组织社区服务,并在各个居住小区先后组建了19个专业化物业管理公司。同时,将各二级单位管理的医疗卫生单位分离分立，在集团公司卫生管理部专业化管理下实行社会化服务。在此过程中,制定出台了一系列政策、规章,调控、引导社区服务系统的改革向优化服务、搞活经营、实现“四自”的方向发展。

大港油田集团公司建立现代企业制度的实践,为以后中国石油的整体重组改制进行了探索,提供了借鉴。

(七) 以推行ISO9000质量体系为主线，努力进行管理创新

为了建立适应现代企业制度的内部管理控制体系,1996年,大港油田集团公司全面开展了ISO9000质量管理认证体系贯标工作，在行业内首家整体通过了质量管理体系认证,开始将“过程控制、系统管理、统计技术应用”等国外先进的企业管理方法引入企业管理实践,建立了“持续改进”的企业管理机制。适应体系管理的理念和机制,大港油田集团公司对企业管理系统进行了整合,形成了以体系管理为主体和支撑的企业管理新体系。1998年,大港油田又在石油行业率先引进推行了HSE(健康、安全、环境)管理体系,使企业管理水平不断提升。

三、重组改制,全面提高市场竞争力阶段(1999—2005年)

1999年,按照中油集团公司重组改制的统一部署,大港油田作为试点单位,又一次经历了重大的变革。原大港油田集团公司的勘探开发、地质研究、炼化、油品销售、天然气销售等核心业务被分立出来,组建了中国石油天然气股份有限公司大港油田分公司,此后又分立组建了中国石油大港油田炼化分公司;石油工程技术服务、生产服务、生活后勤服务、企业办社会职能、多种经营等业务保留在作为未上市企业的大港油田集团公司。未上市企业与油田分公司、炼化分公司变成了关联交易协议规范下的甲乙方市场关系。在这次试点中,大港油田各级领导讲大局、讲党性、讲团结,服从领导,强化推动,仅用了一个多月的时间,就基本完成了重组试点任务。重组后,油田分公司(含炼化公司)资产总额69.17 亿元,职工总数约14800人，重组当年实现销售收入70.5亿元；油田集团公司资产总额70.47亿元,职工总数约53000人,重组当年经营收入35.6亿元。

(一) 大港油田集团公司

重组后的大港油田集团公司为适应市场竞争的要求,制定了“以调整促发展”的工作思路,实施了一系列旨在理顺内部结构、改革管理体制、转换经营机制、优

化资源配置的改革举措。

1. 实施专业化重组，进一步理顺产业和组织结构。为精干主营业务，分离重组了主体单位的辅助业务：将钻井公司的多种经营企业通达总公司整体分离；将油田货运、客运、汽修业务分离重组，组建了运输、客运和汽车修理服务三个专业化公司；将“油公司”分立后留下的修井、特车等业务与井下作业公司合并重组。进一步重组整合了基地服务系统，将原生活服务、社区医疗卫生、新闻文化、接待服务、职业教育等单位按专业进行了合并重组，减少了10个处级单位。2004年，油田在中油集团公司和天津市政府的支持帮助下，经过艰苦工作，完成了中小学教育和公安系统移交地方的工作。此外，按照中油集团公司的要求，先后有物探公司、设计院、滩海工程公司三个单位进行分离，参加了中油集团范围的专业化重组。上述调整使公司所属二级单位数量由2000年的55个减少到2005年底的29个，直属单位由20个减少到8个。

2. 推进主辅分离、辅业改制，探索产权制度改革。在中油集团公司的强力推动下，2001年，按照与主业彻底分离，分流人员全部安置，改制企业面向市场，自主经营，自谋发展的方向，对运输公司、房地产开发公司实施了整体分流改制，涉及国有资产约1.3亿元，全民职工1000余人。2001—2002年间，适应国家对中介机构和设计施工单位进行资质认证的要求，先后对设计院、建设公司和公路公司进行了国有法人控股改制，塑造了多元出资的子公司。这三个单位的改制共涉及国有资产1.46亿元，人员3271名。

3. 开展法人实体清理工作，认真理清主业与多种经营的关系。2004年，油田集团公司坚决执行中油集团公司部署，积极稳妥地推开法人实体清理工作，努力解决多种经营企业法人数量多、分布散、管理链条长、产权和经济关系不清等问题。公司将法人实体清理作为推进改革，促进发展的重点工作，与企业调整经济结构、加快主营业务发展结合起来，加强组织领导，强力推动，截至2005年底，共清理处置法人实体74家，其中，撤并整合3家，关闭21家，破产5家，出售1家、移交地方17家，股权上移27家。

4. 以QHSE体系为支撑，建立持续改进的经营管理机制。2000年，从企业管理实际需求出发，将原质量管理体系和HSE管理体系融合，成功建立QHSE综合管理体系，同时达到了相应标准的要求。2002年，对QHSE综合管理体系进行修订换版，企业主要管理活动都有了文件化的较为科学的管理流程，基本形成了新的企业管理系统架构。通过QHSE体系的不断完善，建立了持续改进的企业经营管理机制，使企业整体管理素质不断提高，油田集团公司在质量管理和HSE管理方面，始终处于中油集团公司的先进行列。

（二）大港油田分公司

重组分立后，油田分公司按照精干核心业务的要求，及时完成了管理机构的撤并与调整，形成了油田分公司——二级单位——基层队三级管理体制，并先后进行了一系列以理顺关系、强化管理为目的的内部机构调整。同时，采取切实措施，强化内部管理，提升了公司的竞争实力。

1. 分离炼油和销售业务。按照中油股份公司持续重组要求，2000 年 8 月，大港油田分公司炼油厂划出，成立中国石油大港石化分公司，归属中油股份公司直接管理，大港油田在外地的成品油销售机构划归华北销售公司管理。

2. 不断深化企业内部改革。油田分公司为进一步理顺内部管理关系，提高企业竞争力实施了一系列组织机构调整：成立了工程项目监督管理中心，有效控制了工程的质量、工期、投资和 QHSE 等指标；推行了公务用车改革，成立了车务管理中心；实施了原油集输专业化管理，进一步提高了原油集输系统管理水平；分离移交了南部公安处，精干了主营业务。

3. 切实加强企业管理。重组以来，油田分公司坚持持续改进、注重特色，积极创新管理模式，努力实现管理的科学化、人性化、信息化。建立了具有油田特色的 QHSE 管理体系，经多次改进换版，形成了涵盖生产经营全过程、全要素的 QHSE·IC 综合管理体系；对列入股份公司和油田公司科技计划的项目全面推行了项目管理，实行了项目经理负责制和项目津贴制；实施了全面预算管理，形成了全员、全要素、全过程成本控制机制；建立了全员业绩考核制度，出台实施了一系列激励政策，变身份管理为岗位管理，形成了有效的内部激励机制；深入开展了企业文化建设，积极培育企业精神，进一步增强了公司的文化力、美誉度和公众影响力；持续加强基层建设，以体系管理为支撑，探索了基层建设长效机制，为公司的发展注入了动力。

第四十章 华北油田

1975年7月,在华北冀中平原上钻探的任4井喷出高产油流,发现了任丘碳酸盐岩潜山油藏。1976年1月,国务院批准开展冀中石油大会战,拉开了全面开发建设华北油田的序幕,同时也宣告了华北油田的诞生。华北油田机关设在河北省任丘市。

1977—1985年是油田生产的鼎盛时期,原油年产量连续10年在1000万吨以上,最高年产量达到1733万吨,跃踞全国油气田第三位,为国家原油产量上亿吨做出了重大贡献。

1986年以后,随着潜山油田进入中后期开发,原油产量逐年大幅递减。面对严峻的形势,华北油田深化地质研究,扩大找油领域,加大了冀中第三系和二连地区的勘探开发力度。从20世纪90年代起,华北油田进入连续10年相对稳产的新阶段,年产油气当量基本保持在480万吨左右。

到20世纪末,随着国家宏观经济体制改革的深化,华北石油管理局重组改制为中国石油天然气集团公司华北石油管理局(以下简称管理局)和中国石油天然气股份有限公司华北油田分公司(以下简称华北油田分公司)。此后,又分立出了呼和浩特石化分公司、华北石化分公司、CPE华北分公司、中油测井华北事业部、东方物探华北分公司等单位。

重组改制后的华北石油矿区各单位,在中国石油天然气集团公司"爱国、创业、求实、奉献"的企业精神和"诚信、创新、业绩、和谐、安全"的行业核心经营管理理念指导下,本着"双赢互利,共同发展"的原则,相互配合,共同努力,在生产经营和矿区建设各方面均取得了突出的成绩。

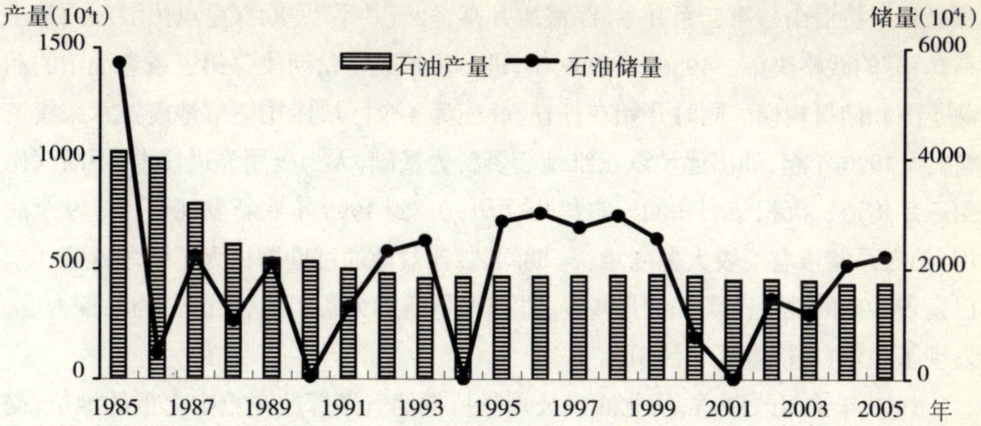

华北油田石油探明地质储量和产量变化图

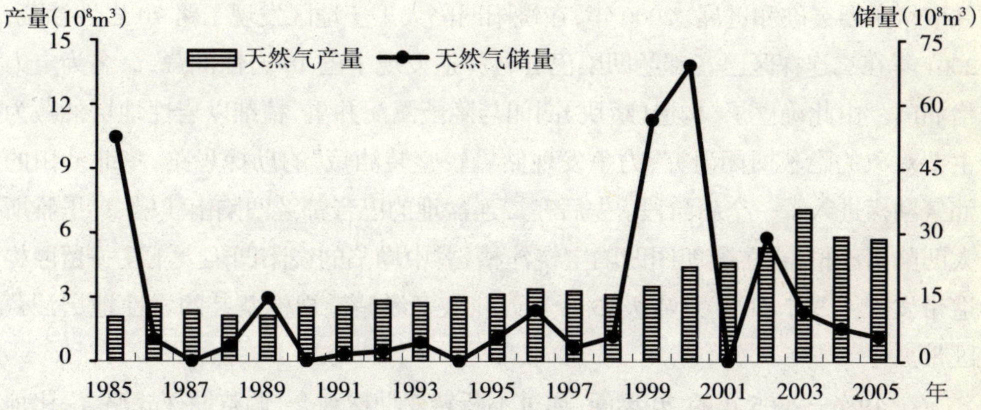

华北油田天然气探明地质储量和产量变化图

第一节　深化油气勘探，实现油气资源的战略接替

一、调整勘探部署，向多目标多领域进军

1985年，冀中坳陷的第三系和潜山油气勘探均取得一定进展。第三系探井获工业油流井32口，新增探明石油地质储量3260万吨，天然气地质储量10.1亿立方米，发现了台家庄、西柳两个砂岩油田。古潜山探明石油地质储量1494万吨，天然气地质储量13.8亿立方米，发现了荆丘、台家庄、梁村和韩家村4个潜山油藏。其中梁村潜山钻探的宁古1井，发现了埋深5000米以下的深层油气藏。在二连盆地，进一步扩大了阿尔善油田的储量规模，发现了哈达图和吉格森两个油田，新增探明石油地质储量2987万吨。

1986年，在认真分析冀中坳陷勘探潜力的基础上，华北油田提出了“油气勘探必须坚持潜山与第三系并举、深浅层并举、油气并举”、“勘探重点由潜山向第三系转移”的战略决策。1986 —1989 年，进一步扩大了岔河集等第三系老油田的油藏范围和储量规模。同时开始在任丘、薛庄等 4 个区块应用三维地震技术采集资料。从 1990 年起，油田逐步以三维地震资料为基础，大力应用先进技术，不断深化第三系构造、沉积储层和油气富集规律研究。到 1999 年底新发现留楚等 9 个油田，第三系储量有了较大幅度增长。期间，二连盆地通过勘探扩大了阿尔善等 3 个已发现油田的油藏范围和储量规模。同时，不断加大新凹陷、新区带的勘探力度，发现了包尔、宝饶等 8 个油田。

1999 年重组改制后，华北油田公司坚持把油气勘探放在重中之重的地位，提出了“多发现、可动用、低成本、较整装”的寻找和探明储量的原则。随着勘探程度的不断提高，在精雕细刻断块油藏的同时，加强了岩性地层油藏的研究与探索，并取得重要突破和进展。2000 年，在饶阳凹陷大王庄地区发现了路 70 岩性油藏；2001 年在二连探区巴音都兰凹陷巴Ⅱ号构造发现了巴 19 岩性油藏，命名为宝力格油田。由此确立了“构造（断块）圈闭与隐蔽圈闭并重，精细以岩性地层油藏为主要对象的隐蔽圈闭研究，力争发现储量较整装油藏”的勘探思路，华北油田的油气勘探进入了一个新阶段。先后在二连盆地的巴音都兰凹陷南洼槽、乌里雅斯太凹陷南洼槽、吉尔嘎朗图凹陷宝饶洼槽、冀中坳陷的饶阳凹陷大王庄—留西构造带发现了 3 个 5000 万吨级、5 个千万吨级三级储量规模整装的岩性地层油藏区带。

在 1986—2005 年的 20 年间，通过不断转变勘探观念，调整勘探战略，深化地质综合研究，强化项目管理，积极推进勘探技术进步，克服了冀中探区第三系构造和油藏类型复杂、二连探区中生界凹陷规模小、储层变化大等诸多不利因素，在冀中和二连两大探区新发现了 18 个油田，新增探明石油地质储量 45101 万吨、天然气地质储量 147.88 亿立方米。其中，冀中坳陷第三系和二连盆地中生界砂岩油藏石油地质储量 44358 万吨，天然气地质储量 103.41 亿立方米，探井成功率由 35%左右提高到 45%左右，为华北油田的稳定发展起到了重要作用。

二、深化冀中坳陷勘探，油气储量不断增长

（一）第三系复杂断块油藏勘探取得新进展

1986 年以后，对冀中坳陷在深化油气分布与富集规律研究的基础上，逐步加大三维地震勘探力度，开展构造精细解释，复杂断块油藏勘探不断取得新成果。到 2005 年底，先后发现了留楚等 9 个复杂断块油田，新增探明石油地质储量 25042 万吨、天然气地质储量 113.43 亿立方米。

在冀中坳陷北部，主要围绕成藏条件好的含油构造开展多层系勘探，进一步扩大了河西务、岔河集等老油田的含油范围与储量规模，新增探明石油地质储量2829万吨。岔河集油田累计探明石油地质储量超过5000万吨，成为冀中坳陷最大的第三系油田。

在冀中坳陷中部的饶阳凹陷，精细勘探任丘、八里庄西、留西、留北等油田周边地区，大王庄、南马庄和肃宁3个油田新增探明石油地质储量2945万吨；积极预探，先后发现了高阳、留楚、武强等第三系油田，探明石油地质储量4199万吨。

在冀中坳陷南部的深县、束鹿和晋县凹陷，深南、何庄、台家庄等油田储量规模不断扩大。新发现了榆科、赵州桥、车城、高邑、百户等第三系油田或油藏，其中车城和赵州桥油田的储量规模超过千万吨。

（二）岩性地层油藏勘探有重要发现

进入20世纪90年代末期，随着勘探技术进步，尤其是以三维地震勘探技术为核心的储层研究技术取得的长足进步，岩性地层油藏的成藏条件研究、战略选区与钻探都有了实质性进展，岩性地层油藏逐渐成为华北油田重要的勘探领域。2000年，在综合评价的基础上，优选出饶阳凹陷中部的大王庄东断层下降盘地区，采用滚动预测、滚动评价和滚动钻探的勘探程序，成功探明了路70岩性油藏，成为华北油田有针对性地开展岩性油藏勘探的成功先例。

2002—2005年，按照岩性油藏的勘探思路，重新认识留西构造带，在留西地区的不同层系钻探，发现油藏14个，2003年上交控制石油地质储量1221万吨，2004年上交探明石油地质储量1318万吨。此外，在饶阳凹陷与霸县凹陷的结合部位淀南地区、饶阳凹陷赵皇庄地区、廊固凹陷中西部、武强—杨武寨等区带的岩性地层油藏勘探均展示出良好勘探前景。岩性地层油藏成为华北油田重要的勘探领域。

（三）天然气勘探获得新突破

1966年3月，在廊固凹陷发现了华北油田第一个气藏凤河营气藏，到1985年底先后发现了13个天然气藏，探明天然气地质储量169.94亿立方米，并于1985年10月开始向北京供气。

1994年第二轮油气资源评价表明，冀中坳陷的天然气总资源量为1388亿立方米，主要分布在北部的廊固凹陷、霸县凹陷和武清凹陷。1999年以后，在廊固凹陷发现了石佛寺、柳泉北、柳泉南、廊东等新的含气构造；在霸县凹陷发现了信安镇北潜山等凝析气藏。到2005年底，共发现天然气藏27个，新增探明天然气地质储量113.43亿立方米，向北京日供气能力达到了150万立方米。

（四）深化潜山勘探取得新成果

1987年起，华北油田利用三维地震和重力、磁力、电法综合勘探技术，加强深、小潜山的落实、评价和钻探。到2005年，先后发现了深潜山和小型潜山油气藏11个，探明石油地质储量516万吨、天然气地质储量34.45亿立方米。

1998年，钻探苏49井发现了埋深大于5000米的信安镇北潜山气藏，探明天然气地质储量25.28亿立方米，凝析油地质储量91.3万吨。2001年，发现了苏60气藏，探明天然气地质储量5.36亿立方米，凝析油地质储量26万吨；钻探南马庄潜山构造带西20井小潜山，探明石油地质储量87万吨。2002年，深县凹陷泽74-1井通过侧钻，在奥陶系探明石油地质储量84万吨。

三、深化二连盆地勘探，复杂断块油藏勘探和岩性地层油藏勘探获得重要成果

二连盆地位于内蒙古自治区中部。20世纪80年代中期起，二连盆地基本探明了阿尔善等油田后，又相继发现夫特砾岩油藏、宝饶、吉格森、包尔、乌兰诺尔等油田。2001年后，巴音都兰、乌里雅斯太、吉尔嘎朗图凹陷的岩性地层油气藏勘探取得重要突破和进展。

（一）中生界复杂断块油藏勘探获得新成果

针对二连盆地凹陷众多、分割性强，单个凹陷规模较小，地质条件复杂的特点，加强了老凹陷的研究和新凹陷的预探。累计新增探明石油地质储量14473万吨，为二连油田原油生产提供了资源保障。

阿南阿北凹陷。1987—1991年实施三维地震，深化阿尔善和哈达图油藏勘探，新增探明石油地质储量1505万吨，预探阿北凹陷发现了欣苏木油田。1992年在哈南潜山西翼发现夫特砾岩油藏，探明石油地质储量1119万吨。1993—1994年在阿南斜坡的吉和北构造先后钻探哈71井、哈76井，探明石油地质储量326万吨。

赛汉塔拉凹陷。1988年完成了赛四构造三维地震采集，1990年获得工业油流发现了赛汉油田，探明石油地质储量424万吨。1996年钻探扎布构造获工业油流，发现了扎布油田，探明石油地质储量700万吨。

吉尔嘎朗图凹陷。1990—1991年探明石油地质储量383万吨，发现了锡林稠油油田；1994年应用三维地震资料开展构造精细解释与圈闭落实，探明石油地质储量1104万吨，发现了宝饶油田；1996—1998年探明吉41、吉84等油藏，新增石油地质储量1461万吨，扩大了宝饶油田的储量规模。

额仁淖尔凹陷。深化吉格森油田区的勘探，发现淖28断块等油藏，新增石油

地质储量 803 万吨。1993 年在包尔南发现了古生界的潜山油藏,探明石油地质储量 136 万吨,到 1995 年,包尔油田累计探明石油地质储量 1328 万吨。

洪浩尔舒特凹陷。1992 年部署二维地震，钻探发现了两套主力生油层系。1994 年在阿尔善组获得工业油流,1995 年发现了努格达油藏。1997 年发现乌兰诺尔油田,探明石油地质储量 1560 万吨。至 2000 年,通过扩大勘探海流特构造和达林东构造,新增探明石油地质储量 866 万吨。

（二）岩性地层油藏勘探取得重要突破

巴音都兰凹陷岩性油藏勘探。二连油田巴音都兰凹陷是二连盆地最早投入勘探的凹陷之一。其油气勘探始于 1977 年,到 2000 年底,地矿和石油部门共完成探井 37 口,控制石油地质储量 278 万吨。2001 年油田地质人员创新地质认识,打破了长期以来构造圈闭的束缚，在巴Ⅱ号构造斜坡上部署的钻探岩性圈闭的巴 19 井获重要突破,随之展开钻探,当年探明石油地质储量 1241 万吨,发现了宝力格油田。2002 年进一步扩大了构造岩性油藏的储量规模,控制石油地质储量 1039 万吨。巴 19 油藏勘探成功后,油田地质人员对该凹陷的巴Ⅰ号构造进行了重新认识,构建了岩性油藏的成藏模式,通过钻探,新增探明石油地质储量 1062 万吨。2004 年,巴音都兰凹陷建成年产 25.32 万吨的原油生产能力。

乌里雅斯太凹陷南洼槽岩性地层油藏勘探。1988 年乌里雅斯太凹陷首钻太参 1 井突破工业油流关,1992 年上报控制石油地质储量 771 万吨。2001 年,对南洼槽斜坡带落实岩性地层圈闭,钻探太 41 等 6 口井,均获工业油流。2003 年,建立受不整合面及陡坎断层控制的阿尔善组地层油藏模式，钻探太 55 井自喷日产油 50.22 立方米,天然气 8521 立方米。2004 年,在乌里雅斯太凹陷南洼槽的腾一段控制储量 2164 万吨;2005 年，通过开展精细油藏评价，探明石油储量 1226.91 万吨,使其成为二连油田的又一个重要储量接替区。

另外,在吉尔嘎朗图凹陷宝饶内带的岩性油藏勘探也取得新发现。2002 年钻探林 4 井获日产油 21 吨;随后,钻探的林 5 等一批探井获得成功,展现了多砂组含油,不同油组纵向叠置、横向连片的良好形势。在赛汉塔拉凹陷,2001 年在其洼槽区构建湖底扇岩性油藏的成藏模式,钻探赛 66 井,在腾二段获得日产 14.4 吨的工业油流;2004 年,在赛四构造带翼部钻探赛 69 井,在腾一段产油 26.13 立方米,表明该区岩性油藏具有良好的勘探前景。

四、拓展勘探视野,加强区域勘探,不断增加储量接替区带

"积极探索新区求发展"是华北油田勘探指导思想的重要组成部分。1986 年以后,按照这一思路在冀中和二连探区甩开勘探的晋县、赛汉塔拉、额仁淖尔、吉

尔嘎朗图、洪浩尔舒特、巴音都兰等凹陷，已先后发现了油藏并建成原油生产能力，在乌里雅斯太凹陷发现规模储量。冀中外围各凹陷及毗邻的冀南地区、南华北地区和二连新区各凹陷仍处于区域勘探阶段，且均有一定的资源潜力。

（一）冀中坳陷及毗邻地区

冀南地区。面积1.5万平方千米，已钻各类探井51口，其中19口井见到油气显示，有3口井获得低产油气流。下第三系是最主要的油气勘探领域，有一定的远景勘探潜力。

南华北地区。2001年，华北油田取得了南华北地区鹿邑、黄口、中牟三个凹陷和太康隆起西南部地区的探矿权，成立了新区勘探项目部。2001—2003年，采集重磁力资料14224平方千米，二维地震资料1575千米；对周参9井进行了试油，获低产天然气。2003年底，在鹿邑凹陷中央构造带钻探了鹿1井，见气显示。

保定凹陷。面积约4000平方千米，1986年前完成探井11口。1993年钻探高41井，未见油气显示。2002年对15条二维地震测线重新进行了处理、研究。

（二）二连盆地新凹陷

塔南凹陷。勘探面积约1000平方千米。1999年钻探塔参1井。2000年完成三维地震采集107.5平方千米，钻探塔5井在阿尔善组获得日产原油6.3吨。

呼仁布其凹陷。1993年完成二维地震；1994年钻探仁参1井发现了优质生油岩；1996年钻探仁1井压后日产油11.2吨。

（三）山西沁水盆地煤成气勘探

沁水盆地位于山西省中南部，面积3.2万平方千米。1987年，华北油田承担沁水盆地的野外地质踏勘及综合研究工作，对沁水盆地的石油地质基本条件进行了系统的研究。1991年钻探沁参1井见气测异常39层。1994—1998年，由晋城矿务局、中联煤层气有限责任公司、中国石油天然气总公司新区事业部，联合对沁水盆地实施了煤层气勘探工作，共钻探了23口煤层气井及一个井组，单井试气均获日产气3000~4500立方米。

根据中国石油天然气股份有限公司的安排，华北油田公司于2004年6月27日正式接管沁水盆地煤层气勘探开发工作。通过与美国CDX公司谈判，在沁水盆地煤层气田引进羽状水平井钻探技术，于2005年12月15日开始了首口先导试验井组晋平2井组的钻探实施。

1986—2005年，华北油田还对石家庄凹陷、北京凹陷、赤峰盆地、二连盆地的塔东地区、高力罕凹陷、布朗沙尔凹陷、准朋凹陷、脑木更凹陷等地区进行了勘探，取得了一些地质认识。1996—1998年，取得塔里木盆地东北部探矿权并钻探了华英参1井，在中生界地层试油见到少量轻质油。

五、华北油田勘探配套技术和勘探认识的发展

华北油田应用成藏理论和勘探配套技术，使油气勘探工作不断深化。初步形成了以三维地震解释为主的适合第三系砂岩油藏、复杂断块油气藏和岩性地层油气藏勘探的配套技术系列，广泛开展了盆地评价、储层预测、油藏描述，为勘探工作获取突破性进展提供了技术保证。

（一）适合华北油田特点的勘探配套技术系列被广泛应用

复杂断块油气藏勘探配套技术。针对断陷凹陷复杂断裂构造带的地质特点和成藏条件，应用了三维地震资料精细处理解释、斜井钻探、油气层保护、识别与改造等勘探技术，提高了发现落实圈闭、判断油气水层的科学性和准确性。

岩性地层油藏勘探技术。针对岩性地层油藏的勘探特点，应用了以“三维地震资料连片处理及目标精细处理技术、高分辨率层位标定技术、层序地层学研究以及储层、油藏描述技术”等为主导的关键技术，开展岩性地层圈闭研究，逐步形成了岩性地层油藏勘探综合配套技术方法。

（二）油气勘探认识的不断丰富和创新

根据华北油田的地质条件，结合勘探实践对油气富集特征不断探索，取得了一系列新的认识成果，并将这些新的认识付诸勘探实践，取得了较好的成绩。

斜坡带聚油新认识。“八五”以来，油田深化斜坡成藏条件的研究，形成了符合华北油田地质特点的斜坡带油气勘探新认识。由此拓展新的找油领域，先后在文安、苏桥、高阳、车城、高邑、乌兰诺尔等地区找到了一批整装油气田。

未熟—低熟油成藏新认识。以此深化晋县凹陷的研究，发现了赵州桥、高邑等油田。

塌陷背斜勘探新认识。从冀中坳陷发育拉张型塌陷背斜，也是复杂断块油藏的一种重要类型的新认识出发，发现了留楚和榆科塌陷背斜油藏等。

岩性地层油藏勘探新认识。研究表明，加强华北油田岩性地层油藏勘探，是发现规模整装储量的重要勘探领域，并已在冀中、二连发现了 6 个规模整装的岩性地层油藏储量富集区。

第二节 增强稳产基础，实现油气生产长期平稳运行

一、调整油田开发重点和工作方向，实现开发主体的转变

华北油田自 1976 年投入全面开发，经历了 10 年油气高产期，到 1985 年底，已累计产油 1.2 亿吨。潜山油藏 1985 年产油 869 万吨，占当年产油量的 84%，仍是

油田产量的主体，但已经出现了含水上升快、产量递减快的趋势。

1986年以后，华北油田原油生产经历了两个时期，即：年产油从1986年到1991年由1000万吨以上快速下降到500万吨的快速递减时期；年产油从1992年到2004年由480万吨缓慢下降到432万吨的缓慢递减时期。1986—2005年，油田累计产油10387.8万吨，采出地质储量的10.4%。其中，砂岩油藏阶段产油6257万吨，占63%，2005年产油367.4万吨，占84.5%，而1985年仅占16%。

根据勘探开发形势的变化，华北油田及时调整油气开发战略、开发重点和工作方向，使油气开发工作向纵深发展。1986年，华北油田及时提出加强冀中砂岩油藏勘探开发工作的有效衔接，迅速形成生产能力的战略调整，从而使冀中砂岩油藏的年产油在1989年超过潜山油藏，成为油田开发和产量的主体，实现了开发对象的转化和产量结构的调整。1989年，二连油田开始建设100万吨生产规模并全面投入开发。1992年又及时提出“稳定冀中，发展二连”的开发战略，进一步加强了砂岩油藏的开发调整。通过细分开发层系、加密井网、二次开发、整体改造以及“调水增油”等工作，使砂岩油藏开发综合调整逐步深入，稳产基础逐步加强，年产油由290万吨上升到362万吨。同时，对潜山油藏实施了三大技术措施，保证了开发形势的稳定：一是坚持堵酸抽相结合的综合治理措施；二是开展控注降压和停注降压开采试验，实现驱动方式的有效转化；三是充分利用新三维地震资料和油藏描述技术，优选井位，挖掘剩余油潜力。

随着油田开发工作的深入，滚动增储和三次采油提高采收率工作成为开发的重要内容。通过1985年开始的雁翎潜山注氮试验和任丘潜山注气可行性研究，以及1993年以后开展的砂岩油藏的可动凝胶驱等多种方法的现场试验与研究，探索了三次采油主导技术，年增油以每年2万吨的速度上升。1996年组建了滚动勘探开发队伍，2003年开发人员又接手油藏评价综合研究，提交探明储量，逐步建立了适合华北油田特点的滚动增储和产能建设一体化程序。

1986年以后，华北的天然气开发与综合利用进入到一个新的发展时期，实现了油气产量结构的转变。年产气量由1985年的0.08亿立方米上升到2005年的5.73亿立方米，并实现了向北京平稳供气。

通过上述工作，华北油田实现了由以潜山油藏开发为主体向砂岩油藏开发为主体的转变，拓展了冀中、二连两大生产基地，形成了油气并举协调发展的开发格局，年产油气当量基本稳定在480万吨的水平上。

二、重点开发冀中第三系砂岩油藏，增强稳产基础

(一) 调整产量构成

由于潜山油藏初期产量高，后期产量递减快的自然规律，1985 年华北油田年产油量快速递减到 1032 万吨。油田一方面强化各类措施减缓潜山油藏递减；另一方面加快开发砂岩油藏。“七五”期间，岔河集、留 70、晋 45 等主力油藏相继投入开发，确保了砂岩油藏年产油量以每年 20 万吨左右的速度增长。1989 年砂岩油藏产油 261 万吨，成为开发的主力，实现了华北油田的产量结构调整。

“八五”期间，对主力砂岩油藏采取了以注水、产液、储采结构调整为主的综合治理，对非主力油藏实施了以注、压、抽为主的综合改造，确保了冀中砂岩油藏年产油保持在 230 万吨左右。“九五”以来，通过实施“调水增油”工程以及投入开发一批较好的油田，使冀中砂岩油藏年产量逐渐增长到 2005 年的 293.2 万吨。

(二) 冀中主力砂岩油藏高效开发

冀中主力砂岩油藏主要为岔河集、留 17、留 70、京 11、晋 45 等油藏。这些油藏通过开展井网、层系调整及综合治理，实现高效开发。对油层层数多、厚度大、层间差异大的油藏细分开发层系，提高储量动用程度；对油层分布不稳定、水驱程度低的油藏加密井网，提高水驱控制程度和水驱率。1989—1995 年间陆续对岔河集油田的 15 个区块进行井网整体或局部加密，同时增加注水井点，油层连通率提高 18.3%，水驱率提高 26.5%。

冀中主力砂岩油藏通过综合调整开发效果显著。岔河集油田属窄河道河流相沉积，在油砂体分布稳定性差的情况下，采收率达到 35.5%，实现了国内同类油藏的高水平开发；京 11 油藏以 2%左右的采油速度稳产了 12 年，采收率达到 51.8%；晋 45 油藏以 3%以上的采油速度稳产 5 年，采收率达到 48.2%。其中，岔河集、京 11 两次被评为全国高效开发油田。

三、全面开发建设二连油田

二连油田是华北油田“七五”末建成的一个重要的原油生产基地，2005 年已有 13964 万吨的地质储量投入开发。

(一) 阿尔善油田主力油藏的开发建设

1985—1986 年，石油工业部领导多次提出加快二连地区生产建设步伐，争取在“七五”期间建成 100 万吨的年产油规模，并于 1987 年把二连的石油勘探开发列入石油部的重点工程。

按照1988年编制的“阿尔善构造带建成100万吨产能开发部署方案”，当年4月，阿尔善油田正式开工建设。1989年底，100万吨产能的骨架工程初步建成，创造了高寒多风沙地区100万吨产能建设项目三年任务两年完成的优异成绩。1990年基本完成百万吨产能的配套工程，当年产油92.5万吨。

（二）二连油田连续8年稳产100万吨以上

1991年，二连油田踏上年产原油100万吨的生产运行步伐，1995年生产原油达到125万吨，从1991年至1998年连续8年稳产100万吨以上，截至2005年底，累计生产原油1596.1万吨，年稳产100万吨。期间，一是加强阿南、哈南等油藏的地质研究工作，为油田开发调整奠定基础。二是开展低渗透砂岩油藏的技术政策研究与整体调整。三是对常规注水开发的蒙古林普通稠油油田，开展了注水井整体调剖等综合治理，实现了年产原油30万吨以上连续稳产10年；对哈南凝灰岩油藏实施停注降压开采，含水上升率由8.6%下降到1.2%。四是加强注水，采取不同的技术手段，提高注水效果。五是加强滚动勘探开发，新增可采储量275万吨。六是开发建设了夫特、赛汉、吉格森、锡林等6个油田，新增地质储量2142万吨。通过上述措施，油田稳产期内采油速度一直保持在1.5%以上。

2000年以来，公司着力加大了巴音都兰、吉尔嘎朗图凹陷的勘探开发力度。2001年6月巴音都兰凹陷勘探取得突破后，当年即建成产能1.68万吨的宝力格油田，实现了高水平建设、高水平开发、高水平管理的“三高”目标。2002—2004年，宝力格油田已建成产能25.32万吨，并完成了各项配套工程。在吉尔嘎朗图凹陷，随着岩性油藏勘探的进展，也建成了一定的产能。

2005年，随着宝力格油田的开发以及新发现油藏的建设和老油田“调水增油”工程的实施，产量递减有所减缓，二连油田原油产量稳定在74万吨左右。

华北油田开发制区。

（三）二连油田环境保护

二连油田所处的锡林郭勒草原，是内蒙古自治区保存较好的大草原之一。华北油田极为重视二连油田环境保护工作，对在二连油田的施工作业单位加强管理，增强环保意识，规定了严格的环境保护措施。在油田建设中，推行结算环保认可制度，建立起了一套行之有效的监督约束机制，实现了环境保护和油田生产建设的协调发展。1997 年 8 月，内蒙古自治区政府、人大在二连油田召开草原保护现场会，充分肯定和表扬了油田勘探开发注重做好环保工作的经验和做法。

四、深化老油田治理，提高开发水平

（一）潜山油藏中后期合理开发

华北油田潜山油藏经过 20 多年的开发，动用地质储量已达 5.2 亿吨，其中任丘雾迷山组油藏动用地质储量即达 3.76 亿吨。2005 年，潜山油藏地质储量采出程度 29.1%，可采储量采出程度 95.6%，综合含水 93.1%。

经过不断探索和实践，潜山油藏在开发理论研究与开采实践方面都达到比较高的水平，任丘潜山油藏的开发更处于国际同类油藏开发的先进行列。

潜山油藏高效开发得益于多方面合理的开发调整：一是深入开展以工艺技术措施为主的中后期综合治理。1986 年任丘雾迷山组油藏稳产期结束后，通过采取机械卡堵水、化学堵水以及酸化、转抽等综合措施，较好地控制了油藏产量递减和含水上升。二是开展三维地震及油藏精细描述，深化生产潜力研究。1988—1997 年先后在任丘雾迷山组油藏的不同地区开展了三维地震资料采集工作，并通过综合研究发现了新的油气富集区。补钻的新井产油量占油藏阶段总产油量的 1/3 以上。三是广泛开展水动力学方法现场试验，充分利用油藏能量。在多学科综合研究的基础上，1991 年后在任丘雾迷山组油藏开展了控制注水降压和停止注水降压开采试验，控、停注水期间，充分发挥了岩块和流体系统弹性作用，取得了比较好的增油效果，这在国内属首次大规模试验应用。与此同时，还在任丘奥陶系油藏进行了周期注水试验。

潜山油藏的综合调整取得明显效果，其中任丘雾迷山组油藏的自然递减率和综合递减率由 30%以上逐步减缓并稳定在 13%左右， 油藏年产油量 28.5 万吨，采出程度 31.5%，综合含水 94.8%，采收率 32.1%。通过进一步调整治理，采收率有望继续提高 1～3 个百分点。

（二）低渗透油藏和低效油田的整体改造和二次开发

截至 2005 年，华北油田有 75 个低渗透率油藏，地质储量 16347 万吨，占砂岩油藏的36.1%。为充分发挥其生产潜力,实施了以整体改造和二次开发为主的综合调整。

1990年起,在33个油藏开展了以“注、压、抽”为主的整体改造与二次开发,共实施压裂、深抽、投转注等措施1627井次,改善了大部分油藏的开发状况。如雁50断块通过措施作业，油藏日产水平由159吨上升到220吨，采油速度提高到2.2%以上。

（三）主力砂岩油藏实施以“调水增油”为主的综合开发调整

进入“九五”以后,华北油田从持续发展的战略高度提出了“调水增油”工程,其基本思路是立足于注水井的调整,实现油藏产量结构、产业结构以及储量结构的改善,用较低的生产成本控制和减缓老油田递减,实现中后期开发油藏的原油产量稳定或回升,提高开发效益。主要技术对策是以井组为单元,对注水井采取“多向、细分、适压、平衡注水”;对采油井采取“堵高、疏低、有效提液”。其工作方针由单一的井点挖潜向井组、断块的整体调整转变、由直接增油措施向增强油田稳产基础转变、由笼统治理向分层治理转变、由以平面调整为主向剖面调整转变等。2002—2003年实施注水井动态调配960井次,对应966口油井见效,累计增油12万吨。“十五”以来,平均每年转注老井由“九五”末的37口增加到77口,平均年增注水达40万立方米。

通过实施“调水增油”工程,注水开发油藏基本保持了注采平衡,开发趋势明显变好。冀中砂岩油藏的年自然递减率和综合递减率由“八五”末的16.7%和6.8%减缓至9.0%和1.2%;水驱控制程度由“八五”末的47%提高到54.8%;预测采收率由23.6%提高到25.6%。

五、天然气开发利用

（一）天然气藏的建设与开发

随着天然气供需市场的扩大和向北京供气量的提高，华北油田的主力气藏（或凝析油气藏）苏4、文23、苏1和苏49分别于1988年、1989年、1992年、1999年相继投入开发。

华北油田天然气开发虽然起步晚,但步入正轨很快。油田通过研究气藏底水规模及活动规律、确定合理的开发方式和工作制度、采取有效的开采工艺等,逐步建立了适合自身特点的气藏开发模式。同时,配套建设了苏一联等3个气处理站和230多千米的输气管线以及天然气脱硫、脱水等辅助生产设施,扩建了苏桥气处理站和苏一联合站,保证了气藏的稳产和开发水平的提高。2005年天然气累计动用地质储量203.6亿立方米,年产能力达到5.9亿立方米。

(二) 天然气综合利用

华北油田天然气较大规模的综合利用始于 1995 年。先后开发形成了管道外供气、天然气处理、发电、气代燃料油等一系列应用技术，并建成了一批天然气综合利用装置，如任一联轻烃回收装置、岔河集和苏桥的气处理装置，以及近年来为加强零散天然气的利用而建成的多座天然气发电站(点)等。2005 年天然气年发电能力已达到 2.6 亿千瓦时。

(三) 长期平稳向北京供气

1985 年 10 月，华北油田成为石油部第一个向北京供气的单位，日输能力为 10 万立方米，为北京提供了洁净型能源，促进了北京能源结构的转变。1986 年经过完善配套，日供气能力达到 40 万立方米。1991—1992 年建设了第二条向北京输气管线，日输气能力达到 100 万立方米。1997—1999 年完成了苏永管线、苏一联和永清站的扩建改造等工程，基本形成了向北京高峰供气 100 万立方米 / 日、应急供气 200 万立方米 / 日的能力，确保了安全、平稳地向北京供气。2005 年向北京供气达 2.56 亿立方米。同时，对廊坊等周边地区的供气也有较大发展，年供气量已达 1.76 亿立方米，基本形成了以北京为主、周边县市为辅的天然气外供市场。

为满足北京地区对天然气消费持续增长的需要，中国石油天然气股份公司决定到 2020 年，将华北地区的地下储气库工作气量扩展至 50 亿立方米。为此，2005 年初股份公司正式委托华北油田公司开展了包括文 23 断块、京 58 断块、任 11 潜山在内的 3 个地下储气库工程建设的可行性研究和初步方案设计工作。2005 年底，华北油田公司已完成文 23、京 58 地下储气库可行性研究，并通过了股份公司审查。

六、滚动勘探开发取得显著成效

华北油田的滚动勘探开发工作从 1996 年开始，经历了局部目标研究、区带有利目标优选、全面推广应用配套技术三个发展阶段。

早期，主要利用构造精细解释、储层分析等技术，以出油井点等局部目标为主开展目标优选及有利目标的综合评价，并于 1996 年在文安斜坡、岔河集及宝饶等地区首次探明原油储量 394 万吨。

1997—1998 年，研究工作以区带有利目标优选为主，利用全三维一步法偏移处理技术开展区带的三维资料重新处理，并加强了三维地震解释及反演、储层横向预测等新技术的应用，通过对岔河集、八里庄等构造带的研究，形成了一套针对复杂断块油田的滚动方法，并探明石油储量 760 万吨，天然气储量 10 亿立方米。

1999 年以后，滚动勘探开发技术逐步完善配套，通过综合利用地震反演等技术，从区域地质研究入手，重塑油气藏成藏模式，重新认识油气富集条件及分布规律，在深南、柳泉及宝饶等地区滚动增储2699万吨。

通过成功运用滚动勘探开发技术和成熟的工作思路，1996—2005年间共钻滚动井135口，钻井成功率82.2%，滚动探明石油地质储量6087万吨，天然气地质储量10亿立方米。储量动用率达到97.9%，所建成的新、老区产能占全油田产能建设的40%左右，实现了滚动增储上产一体化，有效缓解了资源接替紧张的状况。效益指标持续变好，如钻井成功率由70%提高到92%，每米进尺探明储量由152吨提高到200吨以上。

七、三次采油技术研究与应用

雁翎油田注氮提高采收率试验。雁翎油田注氮试验开始于1985年7月。通过几年的分专题系统研究和论证，并与法国道达尔公司合作，于1994年10月正式实施现场注气。这一试验为华北油田掌握潜山油藏注氮提高采收率的理论、研究方法和现场技术奠定了基础，同时验证了潜山油藏注氮驱油的机理：注氮可以形成新的原油富集带，预计可提高采收率3%以上。受油藏条件和技术条件制约，完全成功的难度仍然很大，还需要继续组织技术攻关。

小断块油藏三次采油试验。华北砂岩油藏地质条件的复杂性，决定了三次采油方法的多样性。为此，华北油田确定了砂岩油藏的三次采油工作实施两步走的战略："十五"中前期以前，以多断块、多方法的研究和试验探索为主，寻找主导技术；"十五"中后期，以主导技术在主力油藏的规模化应用为主，逐步形成规模生产能力。

华北油田组建了专门的采收率研究队伍，并于1993年开始实施多种方法的现场试验。在30多个油藏实施了注聚合物、黄原胶、可动凝胶、微生物等驱油试验，提高了部分油藏的采收率；逐步研究和完善了可动凝胶驱油的配套技术，形成了适合华北特点的灵活机动的撬装式注入工艺。

华北油田的三次采油年增油量不断增加，2002年增油4.4万吨，2005年达到6万吨。

主力油田三次采油技术扩大试验。2002年，在二连主力油田蒙古林油藏进行了三次采油扩大试验，共开展了4个井组的可动凝胶驱油先导试验，累计增油20089吨。2003—2005年继续进行6个井组的扩大试验，增油12921吨。通过试验，形成了一套可动凝胶调驱技术，为主力油藏的推广应用奠定了基础。

八、华北油田开发配套工艺技术和开发认识的发展

(一) 逐步形成适合各类油气藏开发的配套工艺技术系列

潜山油藏:在高产稳产阶段,研究应用了以控制底水锥进为主的卡堵水技术;在产量快速递减阶段,应用了以堵酸抽为代表的综合治理技术;在产量低速递减阶段,发展了化学堵水、暂堵酸化和大排量提液等技术。

主力砂岩油藏:发展了分注、卡堵水、调剖、油井深抽提液、斜井采油、油水井解堵以及生产动态监测等“调水增油”配套技术。

复杂小断块油藏:进行了低渗透砂岩油藏压裂改造、区块整体调驱、小井眼采油等技术的研究攻关与应用。

特殊油气藏:主要形成了以化学降粘、电热采油为主的稠油油藏开采技术,以及以排水采气、天然气安全生产控制技术为主的气藏开采技术等。

三次采油工艺技术:逐步形成了砂岩油藏的注聚合物、可动凝胶、表面活性剂和微生物采油技术,潜山油藏的注氮气提高采收率技术。

(二) 技术节能降耗工作取得好效果

华北油田老油气田改造、天然气综合利用和地面建设等方面加大技术节能降耗工作力度。在小断块油田的地面建设中,采取了“单管输油、撬装装置、简化措施、短流程、管线串接”等做法。提高抽油机井系统效率技术,并获2004年股份公司“油气田开发先进技术”奖,应用高效三相分离技术,年节约费用达2574万元。

(三) 不断总结开发经验及认识,科学指导油气田开发

潜山油藏的开发经验和认识可以归纳为以下几点:潜山油藏具有裂缝系统和岩块系统双重孔隙结构,是影响油田开发全过程及其开发效果的主导因素,其不同的驱替机理对剩余油分布和开发政策的研究与制定提出了比较严格的要求;潜山油藏水驱开发过程中的基本矛盾是恢复与保持地层压力和控制含水的矛盾,应当从油藏地质特点和控制含水的要求出发,研究合理的政策界限,逐步完善注采系统;利用各种技术手段掌握剩余油分布规律,是后期开发调整的基础;开展降压开采和不稳定注水现场试验,调整开采方式,是提高潜山油藏开发效果的有效途径;适时组织技术攻关,形成并发展适应不同开发阶段要求的配套工艺技术系列,是提高潜山油藏开发效果的有效技术手段。

砂岩油藏的开发认识和经验可以归纳为:深入地质研究,细分开发层系、合理加密井网是提高储量动用程度和水驱采收率的必由之路;开展整体改造和二次开发,是改善低渗透油藏开发效果的主要措施;实施“调水增油”,优化注采配置关

系，是中高含水期油藏综合调整的有效手段。

第三节 依靠技术进步，提高钻井工程施工水平

华北油田的钻井技术“八五”以前在国内处于领先地位，多项技术代表着国内先进水平。总结出了古潜山碳酸盐岩油藏钻井技术、高压喷射钻井技术和科学打井等配套技术，研制出了一批具有华北特色的单项技术，在国内同行中享有较高的声誉。但进入“八五”以后，由于受油田原油产量逐年递减的影响，钻井投入减少，一度拉大了与国内外先进技术的距离。1999 年重组改制以后，为适应市场和市场竞争的需要，管理局持续加大了对钻井装备更新改造和技术配套的力度，并实行了专业化重组，先后组建了固井、管具和钻井工程技术等专业服务处。加强了对钻井新技术、新工艺的研究，使各项技术指标有了较大提高。钻井队平均年进尺由 1995 年的 27149 米提高到了 2005 年的 42894 米，提高了 58%，主要技术指标超过了集团公司平均水平。到 2004 年底，累计完成水平井 103 口。其中，塔里木完成的东河 -H3（井深 6326 米，超深、超薄油层阶梯式）和 PK654（井深 6026 米，短半径）两口水平井达到了国内领先水平。2004 年第三钻井工程公司在冀东油田与派特罗尔公司合作，成功实施了两口分支井钻井（井深分别为 2389 米和 2200 米）。整体钻井技术水平有了较大提高。

一、古潜山油田碳酸盐岩钻井完井技术

截至 2000 年底，华北油田在冀中地区共钻探古潜山油气田 16 个，完成 471 口古潜山探井和开发井，总进尺 149.7 万米。大规模钻探古潜山碳酸盐岩油田，在中国尚属首次，通过大量实践，逐步形成了一套古潜山油田的钻井完井技术。

这些技术主要包括：古潜山井总体设计；钻进古潜山的判断及防护技术；确保套管座进潜山及固井技术；古潜山超硬地层钻井技术；碳酸盐岩地层防斜打直技术；古潜山破碎地层取心技术；古潜山地层后期完成技术；碳酸盐岩测试技术；碳酸盐岩油气层保护技术；碳酸盐岩地层屏蔽暂堵技术；碳酸盐岩扩孔技术；古潜山油气藏井控技术；古潜山复杂条件下的钻井、套管封隔技术。这些配套技术在以任丘油田为主的古潜山和深潜山的成功实施，为古潜山的勘探开发起了重要的示范和先导作用。

二、完善高压喷射钻井及配套技术

华北油田是国内最早进行高压喷射钻井试验和推广应用的油田之一。采用喷

射钻井配合使用高效能钻头、优质钻井液，使钻井速度得到了大幅度提高。经过摸索，逐步形成了喷射钻井的 7 项配套技术，以后又发展为优选参数钻井技术。

进入 20 世纪 80 年代后期，根据喷射钻井的需要，管理局对钻井队设备进行了较大的更新改造，配备了新型钻机、大功率柴油机和 800～1500 马力的泥浆泵，同时要求泥浆泵满足在高压喷射钻井条件下连续工作的需要，要求配套的高压立管、管压管汇、高压水龙带能满足 20 兆帕压力下正常钻井工作的进行。通过设备更新改造，使高压喷射钻井技术迈上了一个新台阶。

三、开展科学打井，提高勘探综合效益

科学打井是在喷射钻井基础上发展起来的成套钻井工艺技术。1985 年石油工业部给华北油田下达了在“七五”期间开展“科学钻井、完井、测试配套技术”的科研课题和“保护油气层钻井完井技术”的国家重点攻关任务。据此，华北石油管理局成立了科学钻井领导小组，组织科学钻井规划的制定、设计和实施，主持技术攻关和技术引进，推广先进技术成果。领导小组从提高各级领导干部和职工对科学打井的认识入手，抓装备配套、技术攻关、技术配套、室内和现场试验，选定了岔河集等 3 个油田作为油气层保护试验区。实行了科学钻井设计，采用近平衡压力钻井、地层压力预测检测、钻井取芯、及时测井、中途测试、随钻录井等技术，提高了钻探的整体效益。制定了一整套适应于华北油田第三系砂岩油田油气层保护的措施和评价方法与评价标准。研制出了适合于冀中油藏的 4 套钻井完井液系统，完善了保护油气层的固井完井技术，使保护油气层的工艺系列化、配套化。经过不断探索试验，科学打探井的试点工作取得了很好的效果。1986 年完成了晋古 2 井、曹 6 井、安 56-1 井等一批勘探成果明显、综合效益高的科学试验井。

由于采用科学钻井和保护油层措施，提高了华北油田勘探的综合效益。据统计分析，1986 年在冀中地区完成的 23 口科学试验探井，累计控制含油面积 28.8 平方千米，探明含油面积 5.3 平方千米，增加探明和控制石油储量 2841 万吨，天然气储量 22.8 亿立方米。与普通探井相比，科学试验探井平均每口井多控制含油面积 0.64 平方千米，多探明和控制石油储量 77.3 万吨。截至 1989 年底，采用科学打井配套技术钻井 430 口，其中，探井 180 口，开发井 250 口。科学打井提高了机械钻速，缩短了钻井周期和建井周期。1986—1988 年，采用科学打井配套技术共节约钻井投资 2.66 亿元。

四、积极发展定向井、水平井钻井技术

开窗侧钻定向井。1995 年 10 月 7 日，华北油田首次在任 324X1 井进行了第

一口古潜山井开窗侧钻。此后共实施开窗侧钻20口井，累计侧钻进尺近2万米。开窗成功率100%，井身质量、固井质量合格率100%。这些井大部分获得了新的产油量，其中，部分井获得高产，为油田增储上产做出了贡献。

定向斜井、丛式井。为探明白洋淀水域的含油情况，华北油田采用定向斜井向水域钻探。在淀斜1井、淀斜2井取得经验后，在岔河集地区一个井场设计了4口丛式定向井，完钻平均井深3012米，平均水平位移562.47米。到2005年底，华北油田共完成定向井1988口。

多目标井。即钻一口井探明多个地质目标，在地质勘探上称聪明井。此类井以多个油气层的高部位为目标，用钻定向井的方法实现设计目的。32720队钻成的4靶定向井——路55X井，共钻穿4个目的层，中靶率100%，并发现了一个新的含油层位，获得相当于打4口直井的勘探效率。1986年6月施工的间18井，穿过3个目的层，位移1102.3米，最大井斜33度，是华北油田水平位移最大的一口"聪明井"。

水平井。到2005年底共完成水平井7口。其中，任平1井是全国第一口与国外合作的中半径灰岩水平井，钻探目的是提高碳酸盐岩底水油藏后期开发效果，投产初期产量为相邻直井产量的3倍。林平4井由第一钻井工程公司32580钻井队施工，2005年11月完成。完钻井深2182米，最大井斜94.3度，最大全角变化率13.45度/30米，最大水平位移802.3米，水平段长532米，钻井周期31天，建井周期41天。在地层复杂、施工难度较大的情况下，创出了水平井钻井的最新指标。

复合导向钻井。2003年以来，管理局购置了MWD无线随钻测量仪，并利用现有工具、仪器，开展了工程导向钻井试验研究。第四钻井工程公司使用复合导向钻井技术，全年打井23口，完成井平均井深2539米，平均机械钻速19.89米/小时，同比提高了53.24%；平均钻井周期12.42天，同比降低了9.34天；平均建井周期21.95天，同比降低了11.44天；钻机月速度同比提高了41%。导向钻井的第一口井使用无线随钻测斜，第二口井使用有线随钻测斜，第三口井使用单点测斜仪测斜，成本不断降低。在定向井中实现了造斜、增斜、稳斜、降斜和扭方位等多套工序一次完成。不用起下钻改变钻具结构，减少了起下钻次数，井身质量得到了有效控制和提高，同时解决了绕障防碰的问题。

随着企业内部改革重组的深化，管理局以钻井为龙头的工程技术服务主体已经形成，与之相配套的录井处、管具处、固井处和钻井工程技术处也相继成立，并在生产实践中形成了相互配合，相互依存，相互促进的生产运行整体。现在，以钻井为龙头的工程技术服务单位已成为管理局开拓市场的主力军。

第四节　挺进国内外市场，拓展生存发展空间

20世纪90年代初，华北油田由于原油产量迅速递减，内部工作量不足，施工力量过剩，部分二级单位的队伍走出华北，这时的市场开发基本属于自发状态。1999年重组以后，企业完全进入市场。面对底子薄、人员多、装备技术落后、关联交易工作量严重不足、历史遗留包袱重等诸多矛盾，重组后的管理局面对生存与发展新的考验，选择了以发展求生存。按照“面向市场、适应市场、参于竞争、在竞争中生存发展”的基本思路，制定了“站稳华北、竞争国内、开拓海外”的市场开发战略，动员全局职工齐心协力闯市场。为了提高市场竞争能力、打造差异化优势，管理局采取了一系列措施：一是狠抓观念转变和企业整体素质提升。先后开展了“讲形势、转观念、拓市场、增效益”、“抓三基、强素质、树形象”、“讲诚信、出精品、创品牌”等活动，使职工的思想观念和企业素质逐步适应市场开发的需要；二是持续进行装备更新和技术配套。1999年重组后到2005年共投入32.123亿元，设备新度系数由重组时的0.32提高到0.58，施工能力和技术档次明显上升，能够满足不同油田、各类工程技术服务项目的生产需要；三是大力实施科技兴企战略。2000年6月，管理局成立了技术中心，形成了一个整体、两个层次的技术创新体系，紧紧围绕市场的需求和甲方对搞好技术攻关和新技术推广应用的要求，为各层市场开发提供了强有力的技术保证。经过全局职工的不懈努力，市场领域不断扩大，市场收入逐年增加，全局主营业务收入由重组时的55亿元，增加到2005年的77.5亿元。

一、牢固站稳关联交易市场

重组以后，管理局面对关联交易市场、国内市场、海外市场的市场格局，首先站稳关联交易市场，牢固树立优质服务思想，严格执行关联交易协议，精心组织生产运行，按照市场开放条件下的高标准要求队伍，全力以赴做优每项工程、提供优质服务和产品。几年来，为油田公司宝力格油田25万吨产能建设、任丘油田地面工程简化、任丘油田污水回注改造、冀中原油流向调整，华北石化公司500万吨扩建、MPBE（汽油精制）装置建设、南北输油线联通，呼和浩特石化公司150万吨扩建、设备检修等重点工程提供了有力保障，满足了油田公司勘探开发和石化公司炼化生产的需要，实现了双赢互利、共同发展。

二、大力开拓国内市场

重组后，管理局紧紧抓住一些兄弟油田增储上产的有利时机，积极参与市场

竞争，扩大市场领域，并根据市场开发进展情况，及时调整工作部署，不断增强针对性和有效性，推动市场开发工作向深层次、高水平发展。到 2002 年，逐步形成了一批有一定规模、比较稳定的服务区域，并根据形势变化和长远发展要求，将市场开发和管理及时转入“成规模、阵地战，高效率、高效益、稳步发展”的新阶段，集中精力搞好塔里木、长庆、吐哈、冀东油田等几个具有比较优势的重点市场。2002 年 2 月管理局成立了长庆项目经理部，2003 年初成立了塔里木、吐哈、冀东三个市场开发领导小组，2004 年 12 月 17 日成立了冀东项目经理部，对这些市场实行统一领导。在此基础上，管理局从 2003 年开始把市场开发向系列化服务推进，以钻井为龙头先行进入，再陆续带入井下作业、固井、录井、油田建设等相关队伍，形成多专业区域化组合，营造整体竞争优势。同时，本着“效益优先”的原则，积极向市场潜力大、经济效益好的区块转移，使市场开发朝着高效益方向发展。

1997 年起，管理局开拓了长庆市场，站稳扩大了塔里木市场，迅速发展了冀东市场，成功进入了大口径钢管制造与销售和管道施工市场，服务领域不断扩大，现在已有 170 个施工队、6000 多人次进入国内市场施工作业。国内市场收入从 1999 年的 4.56 亿元提高到 2005 年的 18.4 亿元，占到主营业务收入的 23.7%。

（一）塔里木市场

1989 年 3 月，管理局组织 11 个钻井队、1 个作业分公司开赴新疆参加当时的塔里木油田会战。1999 年重组改制后，面对激烈竞争，管理局坚持诚信服务和技高一筹的指导思想，努力发展完善超深井、水平井、开窗井、小井眼钻井等特色技术，每年投入 6000 多万元进行设备更新和技术配套，市场竞争能力逐步增强，市场占有份额逐年提高，2005 年市场占有率为 22.48%，在外来队伍中名列第一。与此同时，在施工过程中创出了多项探区和全国纪录，其中哈得 4 井创出小井眼裸眼段最长的全国纪录，桑塔木 6-H2 井以 29 天 12 小时创全国水平井钻井速度最快纪录。到 2005 年，全局共有 17 个钻井队、3 个作业队、1 个固井队在塔里木市场施工作业，已经成为塔里木油田开发建设的一支重要力量。

（二）长庆市场

1997 年 2 月，管理局与长庆油田首次签订了三项钻机施工合同，开始为长庆油田提供工程技术服务。2001 年，随着长庆油田增储上产的形势，经过洽谈和竞争，开发长庆市场并创得相当份额，上到 12 台钻机，当年完成钻井进尺 9 万米。到 2003 年，市场得到进一步巩固扩展，钻机增至 23 台，还带进录井、固井、管具、井下作业、运输、供应等专业服务队伍联合作战，形成了一定的规模优势。管理局在站稳老阵地的同时，还进入了具有市场潜力的长庆苏里格气田钻井市场。

（三）冀东市场

1989年，冀东油田组织向国庆献礼会战，管理局5个钻井队前往支援，当年完成进尺35000米。随后，管理局在冀东油田一直保持着3～4台钻机的规模。2004年，根据冀东油田建设百万吨油田增储上产的形势，管理局抓住机遇，充分发挥在钻井工艺技术上的优势，积极推广应用新型泥浆体系、钻具组合、钻井参数和连续复合导向钻井技术，使钻机由4台迅速增加到9台，其他业务市场份额也不断扩大。到2005年，共有钻井、井下、录井、固井、管具等9个专业的39个队、700余人在冀东市场提供服务，钻机数量稳定在10台，达到了冀东油田陆上钻井工程技术服务工作总量第一。

（四）油田地面工程和炼化建设市场

20世纪80年代，管理局工程建设队伍就开始走出华北闯市场。1988年6月，完成了张家口3万立方米煤气柜（国内当时最大的煤气柜）工程建设。进入90年代，先后在吉林、大港、长庆、吐哈、青海等油田承揽了大批油田地面建设工程，为这些油田的发展做出了重要贡献。2000年中标涩宁兰输气管道工程第6标段，2002年4月中标西气东输工程第15标段和第8（A）标段200公里大口径长输管道建设任务，创造了突出的施工业绩，荣获“国家西气东输管道工程先进集体”、“国家西气东输管道工程优秀机组”等称号。

在石油石化行业，先后承建了国家“八五”计划重点技改项目北京燕山石化30万吨/年乙烯改扩建工程中的4万吨/年聚丙烯改扩建工程，燕山石化公司20万吨/年聚丙烯装置、乙烯改扩建工程，天津第一石油化工厂50万吨/年重油催化裂化装置，中海油渤海油田终端转油站3000立方米储油罐制作工程和天津芦台石油焦化厂4台焦化釜更换工程，参与了大庆炼厂30万吨乙烯工程建设。在社会市场，共计承揽建设1000立方米以上大型储罐65具。

（五）机械加工制造市场

2000年，管理局紧紧抓住西气东输工程这一历史性机遇，加快资本运作，抢上关键项目，通过招商合资、重组改制等方式，先后组建了华油钢管、巨龙钢管、钢管外防腐等中外合资公司。以市场需求为导向，积极开发研制节能、高效、高技术含量、高质量的石油机械设备及相关产品，逐步形成了钢管、石油专用管材、钻采设备三大系列主导产品。相继在西气东输、陕京二线、冀宁联络线、双兰线等重点工程中中标，为西气东输工程生产钢管32万吨，为陕京二线生产钢管12.5万吨。异型游梁式抽油机、B型游梁式抽油机、抽油机减速器等产品进入各油田市场，并远销加拿大和北美等地区，2005年共出口抽油机541台。钻井固控系统成套设备、新型防喷器系列（如F35-105、FFZ75-3.5）、CSZ-500型车装液压水井钻机等产品在国内油田市场也有很好的销路。

三、积极进军海外市场

2000年，管理局积极实施"走出去"战略，依靠集团公司整体优势，一方面，在专业公司的帮助下，不断扩大作业范围；另一方面，充分利用设备、技术和人才优势，积极参与竞争，自行组织实施海外项目。为加大海外项目开发力度，2000年初，成立了管理局国际合作部，经过努力开拓，海外市场逐步形成一定规模。为了巩固好已有市场，为后续扩展奠定坚实基础，2002年管理局成立了国际工程公司，加强印度尼西亚、委内瑞拉等项目的组织协调。2003年底，管理局根据海外项目部面临的当地经营环境和形势变化，在积极采取应对措施的同时，从提高整体素质出发，组织开展了财经、管理、人员三项整顿，完善了管理制度，提高了管理水平。2004年5月，管理局在印尼项目中通过签署设备资产所有权和经营管理权两项协议，完善了管理局在当地的法律地位，规避了资产和经营风险。2005年，在印度尼西亚形成了8台修井机、4台钻机和1台综合录井仪等13台套设备的作业规模。华北石油管理局独资注册、独立经营的第一个海外公司是在委内瑞拉市场，1999年4月，用1台450修井机提供修井服务。2001年开始，逐步进入委内瑞拉国家石油公司和其他油公司市场。到2005年，有钻机1台，修井机5台，顶驱3台，为油公司提供工程技术服务，已成为委内瑞拉东部地区中型石油作业服务公司，可以独立承担委内瑞拉国家石油公司和其他石油公司各种钻、修井作业服务。

经过几年的海外项目运行和管理，逐步熟悉了海外市场的经营环境和合作体制，积累了一定的市场运作经验，锻炼培养了一批从事国际合作的人才，海外市场规模和领域不断扩大，呈现出良好的发展态势。到2005年，共有15个钻井队、13个修井队及油建、录井、固井、通讯工程等56个施工队伍在委内瑞拉、印度尼西亚、苏丹、蒙古、缅甸、埃及、泰国、哈萨克斯坦、土库曼斯坦等十余个国家从事工程承包和技术服务。2005年市场收入达到6亿元。

第五节　持续改革调整，焕发企业生机

华北油田的改革在总体上可分为两个大的阶段。1986—1999年为第一阶段。在这一时期，处于计划经济向市场经济的过渡期。为改变粗放经营方式，建立和完善具有生机活力的生产经营机制，华北油田围绕"管理增效"目标，在完善责任制上进行了一系列尝试，使管理体制逐步由计划经济向市场经济转型。1999年10月重组至2005年底为第二阶段。在这一时期，重组分立的华北石油管理局和华北

油田分公司,以市场为导向,以效益为中心,以建立现代企业制度为目标,按照改革与发展的总体思路,大力度地实施了内部改革调整和持续重组,使体制、机制发生了很大的变化。

一、以完善落实生产经营责任制为重点,创新管理体制和机制

“七五”以后,中国石油天然气总公司对各油气田实行原油产量承包政策,并加大了考核力度。为了调动全局上下的积极性,管理局积极推行多种形式的经济责任制和承包经营制、实施项目管理和加强投资管理等系列举措,并逐步解体“小而全”,强化了管理,促进了机制转换。

(一) 实行经济责任制和承包经营制

1987 年,管理局开始实行局长负责制和二级单位厂长(经理)任期目标经济责任制。为适应局长负责制的新要求,先后实施了五大举措。一是健全机构和制度,为实行局长负责制提供保证。二是建立了纵向到底、横向到边的责任网络。三是划小核算单位,实行任务成本(经费)包干,分级分权管理。四是实行原油产量承包制,把全年产量及成本包给五个采油厂,年终考核,奖惩兑现。五是在生产一线推行岗位和个人承包制。从 1996 年开始,按照“效益优先、兼顾公平”的原则,在采油厂普遍实行吨油工资含量包干、在钻井公司实行钻井进尺米含量工资制等。

(二) 推行项目管理

20 世纪 80 年代初期,管理局在钻井系统推行了“四单井”(单井设计、单井预算、单井决算、单井计奖)管理办法,这是项目管理在油田勘探开发和生产建设中的初步尝试。尤其是后来在内蒙古二连探区,按照项目管理办法组织的开发建设,改变了以往新区勘探靠会战、组织生产单纯靠行政命令的做法,取得了三年任务两年完、节约投资上亿元的好成绩。1990 年,管理局在进一步完善项目管理办法的基础上,按勘探、开发、炼化等六个系统建立了项目管理体系,实行项目立项申请、项目投资决策、项目实施和监督反馈责任制,强化了各项目运行的调控机制。1990 年,在全局实施的 120 个项目中,有 91 个纳入项目管理,占 75.8%,投资额占计划项目总投资的 92.94%,按项目管理的投资结余资金 2076 万元。

(三) 积极探索体制改革

为了细化管理、理清成本因素,强化成本控制责任和机制,1996—1997 年,管理局在解体“小而全”、进行产品结构调整、推行专业化管理基础上,进行了一些有益探索和尝试。1996 年上半年,将全局 110 个钻井队缩编到 77 个,对 4 个钻井公

司分别一分为二，把钻井队、工程队、泥浆站、固井大队、钻前大队、管子站和供应站等单位留在钻井公司；把后勤服务和多种经营企业分离组建成相应的4个综合服务处。其后，又把各采油厂、井下、油建、物探、测井、运输等施工作业和辅助生产及科研单位的生活后勤、社会服务、多种经营业务分离出来，按区域成立了11个综合服务处。同时，还先后对医疗卫生、教育培训、物资供应、社会保险统筹等系统进行了整合。1998年底，管理局共有二级单位63个、局直属单位9个。

二、深化改革，大力实施重组改制

按中石油集团公司的统一部署和要求，1999年10月，管理局完成了重组改制。划入华北油田分公司的国有职工为19598人，占原管理局国有职工总数的18.5%；留在管理局的国有职工为86400人，占原管理局国有职工总数的81.5%。主要从事石油工程技术服务、生产服务、加工制造、物业管理、多种经营和社会服务。

2000年8月，按照中石油股份公司的部署要求，又将第一炼油厂、呼和浩特炼油厂重组，成立了华北石化分公司、呼和浩特石化分公司，由中国石油天然气股份有限公司直接管理。

2001年5月，管理局按照中石油集团公司的统一部署，将勘察设计研究院与中油规划设计总院等三个单位联合重组，成为中国石油集团工程设计有限责任公司的华北分公司（简称CPE华北分公司）；2002年12月将物探公司和测井公司参加集团公司同行业重组，成为东方物探华北公司和中油测井华北事业部。

经过不同层面的重组改制，到2005年，华北石油矿区形成了隶属于不同系统的17个单位的格局。这些单位和油田都有着相互依赖、相互依存的关系。

三、按照建立现代企业制度要求，持续进行内部改革调整

重组分立后，管理局遇到了前所未有的生存与发展的挑战。为适应市场和提高企业竞争实力，管理局按照集团公司关于地区服务公司的企业定位和建立现代企业制度的要求，持续进行了全方位、大力度、深层次的内部调整改革，使管理体制和机制发生了质的变化。

（一）专业化重组

管理局从2001年起，为优化资源配置、充分发挥专业优势和做优做强主营业务，先后对4个钻井公司进行重组，把管具、固井、水平井和定向井业务分离，组建了管具工程技术处、固井工程技术处和钻井工程技术处，实行专业化管理；把两个油建公司合并重组，组建了河北华北石油工程建设有限公司；把任丘基地供水、供电业务进行调整，解决了业务交叉问题；同时对新闻、教育、运输、机修、机械制造

等系统进行了整合。

（二）主辅分离、辅业改制分流

根据产业定位，管理局进一步界定了主业、辅业和办社会职能的范围。按照"放开搞活辅业、改制创办'四自'法人经济实体"的思路，2002年5月，将第二机械厂整体带资分流改制为职工控股、管理局参股的河北华北石油荣盛机械制造有限公司。2003年7月，将商业公司整体带资分流改制为职工控股、管理局参股的河北华北石油商业有限公司。完成了第二综合服务处、第六综合服务处橡胶制品暨防腐技术研究所、华北油田城市综合开发实业总公司等7个单位的国有法人控股改制。改制后，新成立的河北华北石油机械化工有限公司，解决了所属57个中小经营单位规模小、重复建设、无序竞争等问题。在改制的当年，完成产值21099万元，同比增长12.3%；销售收入19917万元，同比增长10.28%；利润175万元，同比增长6.1%。

（三）多种经营系统重组改制

从2001年起，管理局对局属多种经营企业进行清理和规范。采取撤并整合、改制分流、关闭、破产和出售等形式，将各工程技术服务单位原有的中小经营单位和多种经营企业彻底剥离，进行清理和重组改制，规范其组织形式，理清与主办单位的经济关系，摆脱管理局的连带责任。到2003年底，将322个多种经营企业整合为97个公司制企业。然后，按照集团公司提出的"主业与辅业实现业务、资产、人员与管理四分开"原则和"清理企业投资兴办的法人实体"要求，把改制的97家公司与主办单位分离。2004年5月，又按照改革总体方案的实施安排，启动了改制后的多种经营企业在管理局层面的重组工作，成立了以集体股权为主、多元持股的河北华北石油天成实业有限公司。

（四）不断深化"三项制度"改革

重组后，管理局不断深化人事、工资和劳动用工"三项制度"改革。认真组织实施"五定"方案，有效调整了劳动组织结构；坚持科以上干部竞聘上岗和任前公示制，坚持民主评议干部和定期考核制度，坚持一、二级技术专家的评聘及每年一次的考核制度；不断完善选人用人机制，实行领导干部任期制，积极推进干部队伍年轻化，优化领导班子结构，减少了设置职数。本着"加大工效挂钩力度，拉开分配档次、激励有效劳动"的原则，对二级单位的内部分配，实行宏观管理，控制工资总额，各单位内部的分配办法不搞统一模式，根据队伍结构、生产特点和市场状况，自行制定分配办法；对二级单位党政领导班子实行风险抵押和效益指标挂钩，加大了对各级领导的考核和奖罚力度；建立了以岗位为中心的分配制度，易岗易薪。在推行基础工资加绩效工资分配方式的基础上，于2003年、2004年，实施了工资制度改革和完善工资制度举措，进一步向管理人员、中级以上专业技术人员和高级操作人员倾斜；坚持实施“留住人才、吸引人才”和“重奖有突出贡献的工程技术人员和外闯市场有功单位及人员”政策，高薪聘用技术拔尖人才。在劳动用工上严把入口关，控制新增职工，严禁计划外用工。在年度计划内，各类人员的录用签订短期劳动合同。合同期满终止劳动合同，确属用工需要就在当年用工计划内重新签订劳动合同。进行了机关机构改革。管理局在1992年和1998年两次对局机关机构设置和人员进行调整的基础上，为适应重组后的地区服务公司产业定位和发展要求，按照“精干高效”的原则，于2002年10月进行了局机关和附属单位的调整改革。本着竞争市场、提高效率、强化功能原则，调整了部分处室职能，精简了机关机构，精干了岗位职数和机关人数，提高了机关整体素质。

经过持续重组改制和结构调整，到2005年，管理局形成了主业突出、主辅清晰的工程技术服务、生产服务、物业管理、多种经营和社会服务五个业务板块。构成了“一体（工程技术服务业务）两翼（机械加工制造和水、电、信、运输等生产服务业务）”协调共振、生产经营与资本运营并存的经营格局，呈现出具有规模经济和竞争实力的地区服务公司框架雏形，为持续有效较快协调发展奠定了良好的基础。

四、理清油田公司发展思路，在挑战中持续发展

20世纪80年代中期以后，华北油田经历了原油产量大幅递减、国际油价大幅下跌、生产建设资金严重不足的严峻考验，以“脚踏实地、负重登攀”的精神，顽强拼搏，不断前进。

1999年10月重组后，华北油田公司面对勘探对象复杂、资源接替紧张、主力油田处于中后期开发阶段、成本压力大等诸多困难和挑战，积极转变观念，按照新体制、新机制和市场经济的要求，从执行集团公司新政策和完成股份公司下达生产经营指标，谋求自身的更大发展出发，制定了“低成本、有效益、可持续”发展战略，提出了“两稳、一升、一提高”的基本目标（油气储量替换率稳定在1以上、油气当量稳定在480万吨左右，天然气产量上升，提高综合经济效益），逐步形成了“持续、有效、稳定”的发展战略和每年新增可采储量500万吨以上、每年新建原油生产能力50万吨以上、每年生产油气当量500万吨的“555”工作目标，不断“在挑战中铸造辉煌”。华北油田分公司以科学发展观为指导，明确提出“最大限度地获取经济可采储量”的指导思想，坚持“最大限度地有效动用已探明储量”，实现了增储稳产增效。公司认真履行企业的经济责任、政治责任和社会责任，大力加强油气勘探开发主营业务，制定了深化勘探、开发、科技进步、经营管理、人才和队伍建设等

方面的一系列政策措施，并付诸实施。

华北油田分公司按照现代企业制度要求，以“精细管理、全员创新”为核心，在勘探开发系统推行项目管理，在油气生产单位实行扁平化管理，认真加强计划投资、财务、内部市场、审计监督、电子商务、质量安全环保等各项管理工作，不断完善管理制度和办法，依法经营，涌现出一大批精细管理、全员创新的典型，使管理水平有了新的提高。公司加强管理人员、专业技术人员和操作员工的“三支队伍”建设，以品德、知识、能力和业绩作为衡量人才的标准，努力建设高素质的企业管理员工队伍。在2002年全国石油石化行业职业技能竞赛中，取得了好成绩。

华北油田分公司不断健全管理机制，强化技术培训和学习，完善专业技术人员考核与激励办法和技术能手评选与管理办法，开展评选专业技术带头人、技术能手活动，举办员工职业技能大赛。对有突出贡献人才给予重奖，营造了创业有机会、干事有舞台，发展有空间的浓厚氛围，激励员工着力解决制约油田发展的技术难题。2000—2005年，公司共取得科技成果558项，其中获省部级以上科技成果奖70项，国家专利31项。“华北油田岩性地层油藏勘探取得重大突破”研究成果入选第十批中国企业新纪录，被审定为中国企业十项重大创新项目。

同时，华北油田分公司大力实施一线环境工程，截至2005年底，通过计划投资、职工福利基金等各种渠道投入资金9588万元用于一线环境工程，较好地改善了一线员工的工作、生活环境，初步实现了一线井站管理规格化，生产现场标准化，员工食宿公寓化。同时，随着生产经营的不断发展，广大员工的收入也有了一定的增加，进一步增强了队伍的凝聚力和向心力。

2000—2005年，华北油田分公司累计探明石油地储量1.28亿吨，可采储量2712.7万吨，实现了储量替换率大于1的目标。累计探明天然气地储量83.15亿立方米，可采储量52.83亿立方米。累计生产原油2647万吨，天然气31.72亿立方米。六年的实践证明，重组改制为油田主营业务的发展创造了良好的条件，为油田持续稳定发展奠定了可靠的基础。

经过深化改革，重组改制后的华北油田经济建设、精神文明建设都得到了进一步的发展，职工队伍的结构、素质和精神面貌也发生了很大的变化，并逐步形成了具有华北油田特色的企业文化。从2000年起，在深化改革的同时，华北油田把发展成果惠及职工群众，连年投入进行矿区基础设施改造和建设，实施了引人关注的各项“民心工程”和大规模的绿化美化工程。不仅提高了矿区城市化的品位，也改变了人们的生活质量和环境。在创建双文明活动的实践中，小区建设和管理水平得到了进一步的提升，职工群众生活水平也有了一定的改善。

第四十一章 中原油田

中原油田位于河南、山东两省交界处，油田机关设在河南省濮阳市。油田所在地濮阳，有着悠久的历史和灿烂的古代文化。这里地势平坦，气候宜人，交通便利，为油田勘探开发提供了有利条件。

油田主要勘探开发区域北起山东莘县，南到河南兰考，呈东北一西南走向，面积约 5300 平方千米，地质上称为东濮凹陷。从地质图上看，恰似一张斜挂的琵琶，故有“金琵琶”之称。

早在 1955 年，地质、石油部门就开始对东濮凹陷进行地质普查工作。此后又进行了多年的地震勘探和钻探工作。1975 年 9 月，位于文留构造的濮参 1 井喷出了工业油流，宣告了中原油田的诞生。1979 年，中原油田正式投入开发建设。鉴于当时国内外应对复杂断块油气田勘探开发经验不足、技术落后的实际情况，从 1983 年开始，经国务院批准，石油工业部在中原油田组织开展了三年科技攻关会战，突破了八大技术难关，提高了勘探开发水平。1985 年底，已建成原油生产能力 612 万吨，当年生产原油 550 万吨，成为当时国内中等规模的油气田。1988 年，生产原油 722 万吨，在全国各油田中年产量居第四位。

1986—2005 年，油气勘探在东濮凹陷老区内，针对地质构造复杂、储层变化大、埋藏深、物性差的地质条件，重新评价和认识油气资源的分布规律，拓展了油气勘探的新领域。新区勘探也展示了良好的前景。在开发方面，针对大部分主力区块相继进入“三高”开发阶段，开发难度越来越大的新情况，开发重点由采出程度较高的一类油层向动用程度较低的二类、三类油层转移，分区块进行综合治理和调整，各项开发指标得到改善，遏制了原油产量递减的速度。同时，油田着力搞好天然气开发，天然气产量逐年上升。2002 年 5 月，为进一步解决中原油田勘探开发中的诸多技术难题，中国石化集团公司决定在中原油田开展以攻克四项瓶颈技术，形成四项配套技术为目标的第二次三年科技攻关会战。到 2005 年底会战结束，中原油田应对复杂断块油气田勘探开发的技术手段和集成运用能力明显提高。“十五”以来，年产油气当量始终保持在 500 万吨左右的规模。

在突出油气勘探开发主业的同时，油田充分发挥队伍、装备和技术优势，大力开拓国内外石油工程技术服务市场，扩大了企业发展空间，市场规模和经济收益都有大幅度提升。仅钻井工程的海外工作量，就占集团公司海外市场的 80%左右。中原油田跻身国家对外工程承包 30 强企业，是河南省对外经济贸易

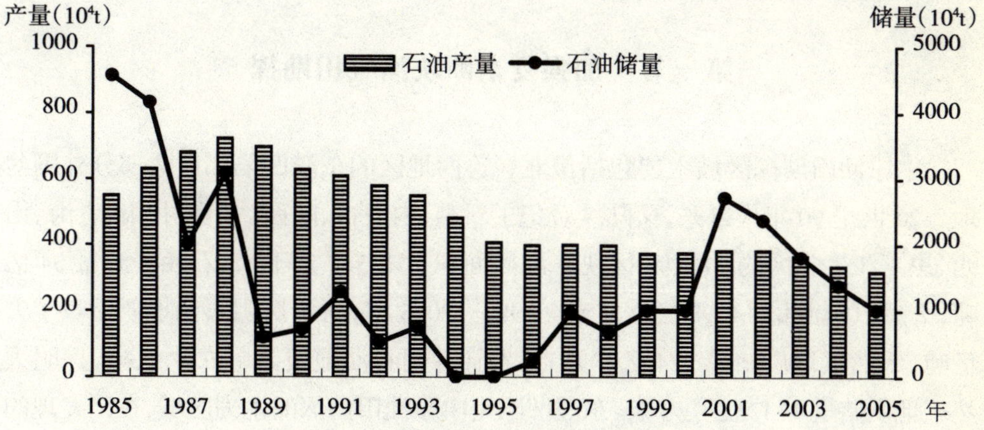

中原油田石油探明地质储量和产量变化图

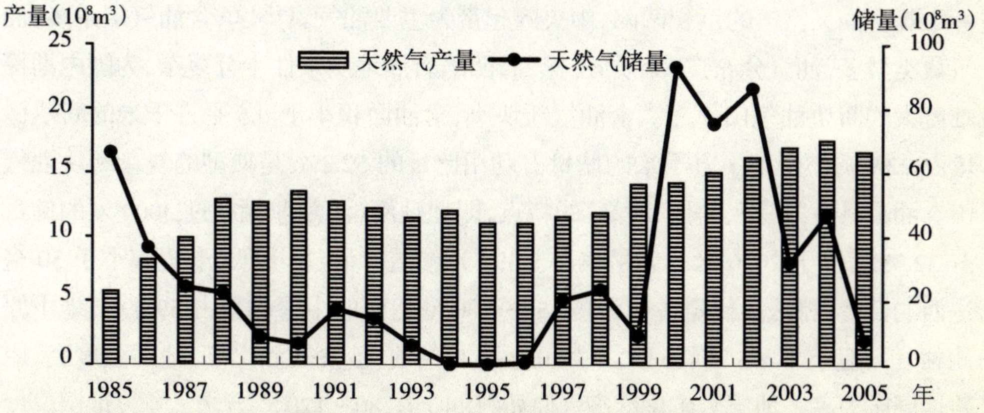

中原油田天然气探明地质储量和产量变化图

先进企业。

2005年，中原油田有职工6.52万人，拥有固定资产原值317亿元。1986—2005年，新增探明石油地质储量1.92亿吨，天然气地质储量974亿立方米；生产原油9732万吨，天然气290亿立方米。1979—2005年，累计生产原油1.15亿吨，天然气356亿立方米，上缴税费230多亿元。

中原油田的发展，不仅为国家经济建设做出了积极的贡献，而且对周边地区地方经济的发展发挥了重要的辐射带动作用。濮阳市依托油田的勘探开发建设和优质的油气资源，社会经济得到了快速发展。中原油田的原油比重小，粘度低，轻质成分含量高，为洛阳炼厂及周边地市的炼油化工企业提供了优质的原料。天然气分别输送到河南郑州、安阳、开封、濮阳，河北沧州，山东济南、淄博、潍坊、青岛等地区，为当地企业和居民提供了优质、清洁的能源，产生了巨大的社会效益。

第一节　加强复杂断块油气田勘探

中原油田勘探区域主要包括豫北、鲁西地区的东濮凹陷和周边部分外围盆地。20世纪90年代以来，又陆续登记了新疆、内蒙古、陕西、宁夏、甘肃、青海、山西、黑龙江等省区的11个新区块。勘探面积70325平方千米，石油资源量34亿吨，天然气资源量14098亿立方米。1986—2005年，新增探明石油地质储量1.92亿吨、天然气地质储量974亿立方米；累计探明石油地质储量5.97亿吨，探明天然气地质储量1347亿立方米。东濮凹陷是中原油田勘探的主力区域，在已发现的23个油气田中，东濮凹陷占21个，探明油气储量占99%以上。

东濮凹陷整体构造格局为“两洼一隆一斜坡”，主要表现为两大特征：第一，是一个既富油又富气的沉积凹陷，中央隆起带为主要油气聚集区，含油气层系多，油气藏类型多，油气分布广、品质好。第二，凹陷石油地质条件十分复杂，为国内勘探难度大的断块油气田之一。含油气断块小，含油面积小于0.5平方千米的断块储量占22.9%，小于1平方千米的储量占动用储量的52.2%，是典型的复杂断块油气田。油藏具有“一深、两低、四高”的特点，即埋藏深（油藏埋深超过3000米的储量占32.55%，小于2000米的储量仅占9.39%）；渗透率低、粘度低（渗透率小于50毫达西的低渗、特低渗储量占40.91%，50～500毫达西的中渗储量占59.09%，地下原油粘度一般小于2.5毫帕·秒，平均0.5～5.0毫帕·秒）；气油比高、地层温度高、原始地层压力高、地层水矿化度高（原始气油比在80～120立方米/吨，地层温度75～140摄氏度，最高180摄氏度，地层水矿化度北部250万～320万毫克/升，原始地层压力具有常压、高压、异常高压三个系统)。

20 年来,中原油田不断深化地质认识,主动探索新的勘探思路,集中力量攻关勘探瓶颈技术,走出中原,努力寻找新的区块、盆地,确保油气储量的有序接替。

一、立足东濮,探索老区新领域

东濮凹陷自油气发现之后经过十年的快速勘探,相对整装的油气资源场面基本探明,主力油田全部投入开发,勘探的难度越来越大。面对十分不利的勘探形势,1986 年以后,中原油田及时调整勘探思路。在继续进行主力油田周边滚动增储的同时,重点勘探东濮凹陷内的新领域、新区块、新层系,寻找新的资源接替。对外围盆地,重点加强前期勘探工作,明确有利地区和圈闭,为钻探准备好阵地。按照这一思路,重点开展了兰聊断裂带、唐庄—马厂断裂带、河岸—刘庄地区和文卫潜山"三新"领域勘探,发现了徐集、刘庄、户部寨等小型油气田和一些含油气构造,深层气勘探也取得一系列重要认识,明确了主攻方向。东濮外围重点对济源、莘县凹陷进行了前期勘探和地质研究。济源凹陷邓 2 井、莘县凹陷莘 4 井获低产油流。

二、走出中原,进入国内新盆地风险勘探

1993 年,中国石油天然气总公司出台了"深化改革,加快全国勘探步伐,放开勘探市场"的政策,拿出一批新盆地公开招标。中原油田抓住这一历史机遇,先后获得了白音查干凹陷、伊犁盆地、民和盆地等区块的勘探权,重新确定了"立足东濮,突破外围,打出中原"的勘探方针。在勘探工作量大幅减少的情况下,重点勘探外部三个风险探区和东濮凹陷深层气,取得了一系列重要进展和新认识:风险探区均突破出油关,白音查干达 2 井、伊犁盆地宁 1 井、民和盆地巴参 1 井及陕北富县 5 口探井均获工业或低产油气流；东濮凹陷黄河南深层气资源背景进一步明确。"八五"时期,中原油田在东濮老区和外部新区都进行了大胆的尝试,加深了对新老区的地质认识,为油田下一步加大勘探力度积累了经验。但这一时期,勘探投资大幅减少,勘探力度和规模相对较小,虽然有一些小的发现,但后备储量不足的矛盾依然十分突出。

三、重新认识勘探潜力,油气储量稳步增长

进入"九五"以后,中原油田为了扭转后备储量不足的被动局面,重新评价了各探区的勘探潜力,确定东濮凹陷是最现实的储量接替区,及时调整勘探工作重心,加大了东濮老区的勘探力度,油气探明储量开始回升。同时提出了"三个重新

认识和一个加深认识”，即重新认识地质结构、重新认识沉积特点及生烃运移过程、重新认识构造带，加深认识隐蔽油气藏分布和古潜山含油气性，全方位评价东濮凹陷。先后攻克了深层钻井、双靶及多靶定向钻井、压裂改造等一批技术难关，为深层油气资源勘探创造了条件；大型计算机投入应用，解决了分片施工的三维地震资料大面积连片处理和解释的难题，有效地提高了老区的挖潜能力，老区挖潜成为增储的主要渠道；潜山油气藏研究取得新认识，找到了三大主要潜山构造带，“三新”领域勘探发现了一定的储量和资源规模；隐蔽油气藏勘探首次取得突破。“九五”期间，在东濮凹陷老区内共探明石油地质储量3594万吨、天然气地质储量110.26亿立方米。

新区勘探也取得新进展，白音查干凹陷、伊犁盆地和富县探区都获得重要成果。证实白音查干凹陷具有现实的资源补充能力，发现了新的含油气构造，探明石油地质储量160万吨，控制石油地质储量1769万吨。伊犁盆地具有远景勘探潜力，二叠系为勘探潜力层，南斜坡带是最有利的勘探目标区。陕北富县油气资源丰富，勘探方向逐步明确。

1996年，中国石油天然气总公司与苏丹政府签订的石油分成协议开始生效。中原油田与中国石油天然气总公司国际合作局联合作为甲方进入苏丹进行风险勘探。在发现商业油流的基础上，开展了苏丹六区地质研究和资源评价，总资源量达39.2亿吨，2000年部署的区域探井获日产224立方米的高产油流，在苏丹六区发现亿吨级油田，实现了国外合作区块的勘探突破。

四、实施资源扩充战略，不断增加优质储量

“十五”期间，中原油田为了实现持续稳定发展，大力实施资源扩充战略。制定了“立足中原、加快新区、拓展海外”的方针，在理论上不断创新，总结出不同含油气背景下断块区油气聚集的特点和成藏模式，进行了复杂断块群的综合评价，丰富和完善了复杂断块油气藏勘探理论。根据断块成因划分为六种类型，即断阶型、叠合断阶型、并置断阶型、复式地堑型、堑—垒叠置型、复式地垒型复杂断块群；完善了“煤系地层二次生烃”、“深层高压封存箱”理论，加快了深层煤成气的勘探；摸索出了复合油气藏和岩性构造油气藏的多种成藏规律，“三新”勘探不断有新发现。以油藏经营管理为中心，推进勘探开发一体化进程，以勘探项目管理为重点，整合有效资源，加快勘探节奏，提高整体效益。在技术上不断进步，更新了地震采集、压裂、钻井等专业技术装备，形成了定向井、复合压裂、快速钻井等一批成熟配套技术，勘探能力迅速提高。深层、复杂断块勘探手段日臻成熟，开始攻克隐蔽油气藏和潜山勘探难关，获得了重要发现。

精细东濮凹陷勘探，在濮卫环洼、马厂等地区落实了一批油气富集区块。黄河北以中央隆起带、濮卫环洼带和刘庄低幅断块群为增储重点，连续发现具有一定规模的储量。复杂断块群成为老区增储的最主要领域，形成了文西、三春集、胡卫结合部等一批新的储量增长点。“三新”领域不断拓展，兰聊断裂带、濮卫环洼低台阶、西部断阶带均有新的发现。文古 2 井突破工业油气流关，胡 96 井获得高产油流，打开了上古生界和隐蔽油气藏勘探的新局面。天然气勘探获得新进展，明确了三大成气系统和三大含气区，西部含气区和北部含气区相继获得高产油气流，展示了较大的资源背景和勘探潜力，储量探明快，动用快。黄河南地区天然气勘探获较大进展，实现了多个构造的含油气叠加连片，不断发现新的富集区块，整体重新评价剩余资源量高达 1000 亿立方米以上。

新区勘探也展示了良好的前景，内蒙古白音查干新增探明石油地质储量 1780 万吨，已经投入滚动勘探开发，形成了一定的生产能力。陕北富县探区古生界、中生界均突破工业油气流大关，大部分探井钻遇良好油气显示和油气层，探明石油地质储量 314.8 万吨。塔里木中原探区相继获得重要发现，探井油气显示活跃，含油气范围不断扩大，目的层更加明确，具有相当大的资源场面。同时进行了松辽区块的预探和伊犁盆地的战略研究工作。海外阿曼 36/38 区块与也门 69/71 区块勘探开始起步。

“十五”时期，中原油田探明石油地质储量 9534 万吨，探明天然气地质储量 189 亿立方米。新老区都发现了不同级别的油气储量。

经过 20 年的反复探索和实践，特别是“十五”期间重新认识评价东濮凹陷和新区的资源量，东濮老区仍然具有较大的勘探潜力。东濮凹陷三次资源评价石油资源量 12.37 亿吨、天然气资源量 3675 亿立方米，油气探明程度分别为 43.6%和 34.1%，与东部油田相比明显偏低，储量仍有较大增长空间。

第二节　探索复杂断块油气田开发

中原油田东濮凹陷是典型的复杂断块油气田。复杂的地质条件，给油气田开发带来了极大的难度。80 年代末，经过前期一段时间的开采后，很快出现了储量接替不足，自然递减率偏大，水驱动用程度偏低等诸多不利情况，油气产量长期处于逐年递减的状态，稳产基础十分薄弱。面对开发中的重重困难，20 年来中原油田在实践中不断深化对复杂断块油气藏的认识，树立油藏经营理念，加大区块调整和层系调整力度，挖掘平面剩余油潜力，以提高采收率为目标，采用适应断块油气田开发的新工艺、新技术，对不同类型的油气藏进行有针对性的分类治理，努力提高开发水平，使油气产量在一定时期内保持在一个相对稳定的水平。“九五”、“十五”期间保持了年产油气当量500万吨左右。

一、从高速开采到综合调整的开发历程

（一）高速上产时期（1979—1988年）

自1979年油田投入开发后，初期主要是先动用埋藏浅、渗透性好、认识程度高的优质储量。文中、濮城、卫城、文明寨、文南五大主力油田相继投入大规模开发。

从1983年开始，油田展开三年科技攻关会战。会战的成果得到了广泛应用，加快了复杂断块油气藏的探明速度和注采井网的完善，不仅使一类油层储量得到充分动用，而且将一批低渗、特低渗储量逐步投入了开发。扩建了濮城、文南、文明寨油田；文东、马寨、庆祖集、马厂、桥口5个新油田相继投产；投产油田累计达到10个，油田建设规模迅速扩大。共动用储量1.8亿吨，累计建产能762万吨，1988年原油产量上升至722万吨，创油田历史最高水平。连续10年采油速度保持在2%以上，是当时国内开采速度较高的油田之一。10年累计生产原油5100万吨，在国家对原油需求最紧迫的时期成为原油产量增长最快的油田之一，为全国石油工业的持续发展做出了重要贡献。

（二）综合调整时期（1989—2005年）

油田在经过10年的高速上产后，开发状况发生了很大的变化。

储量接替长期不足。1989—2005年，长达17年储量接替不足，投入储量品位差，以低渗、断块为主，动用效果较差。据统计，高效开发储量仅占14.67%。新区基本上当年落实储量，当年建产能，留下年动用比例很少。每年新建产能不到产量的2%，产能结构不合理。

自然递减长期偏大。1986年自然递减18.28%，1988年达到21.63%，以后长期居高不下，1995年高达29.42%。主要原因是主力油层水淹，含水上升较快，因含水上升每年造成自然递减10%以上。文东、文南低粘低渗油藏因含水上升，自然递减高达30%以上。同时，井况恶化使注采系统遭到破坏，油水井以每年150～200口的速度损坏，严重影响水驱控制储量和水驱动用储量。新老区注采配套难，注采系统不完善，地层能量得不到有效补充，动液面下降快，年持续下降100米左右。

水驱动用程度长期偏低。由于油田复杂断块和低渗透油藏储量占80%，大密度注采井网仍然不能有效提高储量控制程度，水驱动用程度只有54.2%。未注水、未水驱控制以及水驱控制未动用储量占42.2%，比例较大。油田分层动用状况差，

弱吸水层厚度占52.8%,强吸水层厚度占7.8%,吸水量占49%,层间矛盾突出。低效无效注水量偏大，占注水总量的23%，吨油耗水量超过10立方米，存水率仅40%左右。

开发状况的不利变化,增加了开发生产的难度,新的技术难题不断出现,油田稳产基础日益薄弱,开发投入长期欠账,原油产量逐年递减,开发陷入了比较被动的局面。

为了摆脱困境,“九五”期间根据中国石油天然气总公司的要求,油田组织了“地面、井筒、地下”三位一体大调查,针对不同油藏类型、不同开发阶段遇到的难点,开展了22项开发先导试验和工艺攻关。根据对油藏潜力的调查和先导试验的情况,油田提出“坐稳濮城,调整文东,改善文南”,实现3年稳产的战略部署,制定了在深入挖掘平面剩余油潜力的同时,开发对象逐步由一类油层向二类、三类油层转移的开发方针。经过开发系统职工的努力,“九五”期间油田开发方针和战略部署得到了较好的贯彻实施。各类油藏小层动用程度有所提高,油田开发效果得到改善。濮城油田基本实现了120万吨稳产目标。文东油田年产油量从1995年的44.5万吨逐步提高到1998年的48.3万吨。文南油田年产油量从1995年的49.5万吨,逐步上升到1998年的63.9万吨。“九五”期间基本实现了原油年产量400万吨左右的稳产目标。

“十五”期间,进一步加大了区块调整和层系调整的力度。2004年中国石化集团公司针对中原油田发展的实际,要求中原油田“三年调整、五年稳产、十年发展”。油田提出树立油藏经营理念,对已开发老油田实行“四个转变”(以产量为中心转变为以效益为中心,以生产运行为中心转变为以油藏经营管理为中心,以上产抢产为中心转变为以增强稳产基础为中心,以油井工作为中心转变为以水井工作为中心),调整“三个结构”(注水、产液、措施产量结构),制定了《中原油田油藏经营管理实施意见》和《油藏经营管理单元划分和评价意见》,走出一条“调整、完善、配套、提高”的油田开发管理之路。经过努力,老区调整治理和油藏经营管理均取得较好的成效。油气当量一直稳定在500万吨/年左右，自然递减逐步减缓，2005年已减缓到18.2%,其他开发指标也明显改善。

二、探索开发复杂断块油田的途径

(一) 精细油藏研究和开发调整，高速高效开发复杂断块油藏

中原油田极其复杂的地质条件决定了对油藏的认识不可能一次完成,勘探与开发也就不能截然分开。因此油田在开发中采取了滚动勘探开发的方式,按“总体部署,分步实施,及时调整,逐步完善”的开发程序:即在油气富集的主要断块区和

主力含油层系明确后就开始编制初步开发方案，部署基础开发井网；通过基础井网的实施，对油藏进行整体评价；根据对油藏的新认识，以主力油层为主，分层系编制正式开发方案，进行注水开发，验证和修正地质认识；针对注水过程中暴露出来的问题编制调整方案，以断块为单元，以完善注采关系为目的部署加密井网，使油藏基本实现全面注水开发。同时，通过开展精细油藏描述，搞清剩余油分布，以断块或井区为单元，进一步细分层系和局部加密调整，开发对象逐步向二类、三类油层转移。如文明寨油田含油面积6.84平方千米，共有192个小断块，平均单井钻遇断块5~7个，构造十分复杂。实施滚动勘探开发初期，井网密度只有12.8口/平方千米，经过不断调整完善注采关系，井网逐步加密，到1999年，增加为39.6口/平方千米，实现了高含水期2.8%的采油速度。目前该油田的标定采收率已达38.9%。

（二）不断攻克注水难关，提高油田开发效果

以断块为单元，早期注水保持地层能量开发。中原油田的断层封闭性强，缺乏活跃的边水，天然能量不足。因而油田投产初期虽然产量较高，但下降快，采收率低。濮城油田是早期投入开发的相对整装的油田。其中的沙一、沙二段，储量丰度大，储层条件好，油井投产初期均能自喷生产。为了保持油井高产稳产，在油井投产的同时，注水井开始注水。由于断层的封隔，注水效果并不理想。为了解决上述问题，根据断块的具体形态，以断块为单元进行完善，注水方式也因地制宜，灵活多样。采取“分注合采，分注分采”提高注水效果。文中油田的文25断块构造相当破碎，采取相应措施后，增加了见效井层，获得较好的开发效果。

实施高压注水，使低渗透油藏实现注水开发。低渗透油藏由于储层物性差，注水井启动压力高，吸水能力低，对应油井产能低。针对这种情况，“九五”期间在低渗透油藏普遍进行了高压注水。通过采取提高注水系统压力，实施单体泵增注，建立小型高压增注站等措施，提高注水压力，实现了低渗透油藏的全面注水开发。如卫81块是典型的低渗透油藏，实施高压注水后，由于地层能量得到补充，为整体压裂改造奠定了基础，采油速度达到2.6%，标定采收率近40%，创造了低渗透油藏开发的较高水平。

改善水质，提高深层低渗油藏注水开发效果。以文南、文东油田为代表的深层低渗透油藏，由于注水水质差，加上埋藏深、渗透率低，大部分注水井注水量不足，储量动用不充分，长期处于低速开发状态。“九五”以来，通过改善水质，完善注采井网，一些原来注不进水的区块实现了注水开发，开发效果得到改善。“九五”期间深层低渗油藏采收率提高4.65%，2000年标定采收率达到26%。

(三)对不同类型油藏进行分类治理,提高油田开发水平

中原油田地质构造复杂,油藏类型众多。实践证明,不同类型的油藏必须进行有针对性的分类治理,才能有效地提高开发效果。对构造相对简单,平面上井网控制程度高的油藏,逐步进行产层转移,实现层间接替;对复杂断块油藏通过增加注采井点,充分挖掘断块边角剩余油,保持有效开发;对常压低渗透油藏通过储层改造和注采井网的调整,提高水驱程度;对文东深层高压低渗油藏采取逐层上返注水开发,改善储量动用状况;对文南深层低渗油藏,通过不断改善水质,实施高压注水。经过分类治理,提高了各类油藏的采收率。

三、提高天然气藏的开发水平

中原油田不仅有丰富的石油资源,而且有丰富的天然气资源。原油的气油比较高,每吨原油中溶解的天然气达 80～200 立方米。油田在天然气开发中,前期以溶解气生产为主,中后期以气层气生产为主。同时,针对气藏与油藏一样断层发育,构造复杂,储层物性差异大,埋藏深(2000～4000 米),开发难度大的特点,紧紧依靠科技进步和加强管理,不断提高复杂断块气藏的开发水平,天然气生产发展很快。截至 2005 年,全油田已开发了文 23 整装气藏;卫 11、户部寨、马 62、文 96、文 24、文 186、孟 4、刘庄等 8 个复杂断块气藏;桥口、白庙、濮 67 等 3 个深层凝析气藏;文南、文东、濮城、卫城、文中、古云集、濮 95 等 7 个气顶气藏,形成了中国东部重要的天然气生产基地。

天然气藏的开发大体分为三个阶段:

1979—1989 年是以生产溶解气为主的阶段,只投入开发了少部分气顶气藏。随着文中、濮城等 5 个油田投入开发,原油产量大幅度增长,天然气产量随着原油产量的上升而逐年提高。天然气年产量 1979 年为 0.33 亿立方米,1989 年就达到 12.64 亿立方米。但是,由于当时天然气需求市场小,气价低(80 年代初期为 0.05 元 / 立方米,后期为 0.14 元 / 立方米),仅溶解气产量即可满足用户需要和油田

中原油田气体处理厂。

内部用气，气层气仅作为冬季用气高峰的调峰气源。

1990—2000 年是天然气生产稳步发展阶段。这一时期随原油产量递减，溶解气产量下降较快。而市场对天然气的需求却大幅度增加，气价逐步上升至 0.9 元 / 立方米以上。随着天然气需求的增加和气价上升，天然气开发效益开始变好。为了满足市场需求和油田内部用气，油田加大了天然气藏勘探开发力度。1990 年，以文 23 气田为主的一批天然气藏投入开发。这一时期，油田采取定期全气藏关井测压掌握压降规律，合理调整单井工作制度，应用现代试井方法分析地层特性，及时制定气田开发调整方案，对低渗低产气层采取压裂改造，对微产或不产层采用分层压裂技术，保证气田压力的均衡下降和产量的稳定。10 年间，全油田天然气年产量稳定在 11 亿立方米以上。

2000 年以后，随着天然气市场的开拓，油田进一步加大了天然气开发力度，主要是加强了难开发储量（白庙、桥口）的动用。同时，充分利用油藏低效井、报废井改采天然气；在不影响油藏开发情况下，挖掘气顶潜力，逐步加密采气井网，增加动用储量。使气层气的产量逐步攀升，弥补了油田溶解气产量的下降，全油田的天然气产量连续五年实现了 15 亿立方米以上的高产稳产。天然气产量的迅速增长给油田带来了可观的经济效益，1986—2005 年的 20 年间，累计生产天然气 290 亿立方米。“八五”以后，虽然油田的原油产量逐年减少，但随着天然气产量在油气总当量中的比例不断上升，全油田呈现出年产油气当量基本稳定的良好态势。

2005 年，中国石化集团公司将川东北普光气田的开发建设划归中原油田管理。到 2005 年末，已探明天然气地质储量 2510 亿立方米，属于特大型高含硫海相碳酸盐岩气田。

第三节　开展天然气综合利用

中原油田的天然气品质好，轻烃含量高，其中 $C_2 \sim C_6$ 的含量高达 8% ~ 10%，而且二氧化碳、水的含量低，几乎不含硫。既是一种清洁高效的能源，又是一种极具深加工潜力的高附加值化工原料。油田地处中原腹地，周围城市密集，天然气输送半径短，地理条件优越，开展天然气的综合利用前景十分广阔。

油田勘探开发初期，由于不具备加工手段，在原油采集过程中产生的大量溶解气，除部分作燃料外，其余均向大气排放。为了加强天然气资源的综合利用，1983 年油田成立了天然气处理厂，陆续建成了天然气处理装置和深加工装置。经过 20 多年的努力，油田天然气处理及其下游轻烃深加工得到了迅速发展。目前，已形成了年处理天然气能力 10 亿立方米、年产轻烃及深加工产品 12 万吨的规模，天然气因此增值4～5倍。低值燃料气变为高价值化工产品，实现了产业、市场规模和经济效益的同步增长。

一、保障居民生活和工业用气

为了支援油田所在地和周边地区的经济建设，改变居民生活燃料结构，油田从1979年投入开发之时就向河南省濮阳市的化工企业输送天然气，到1985年输气量达到2.19亿立方米。1986年开始向河北沧州化肥厂年输气0.84亿立方米，1987年以后输气范围逐渐扩大到河南、河北、山东三省。20多年来，主要向中原化肥厂、中原乙烯、濮阳甲醇厂、山东方明化工、河北沧州大化等20多家大型国有企业和部分乡镇企业输送工业用气，向周边14个城市的居民供应生活用气。到2005年，年外供气量11.52亿立方米，创造了较好的社会效益和经济效益。

二、实施天然气深加工

在保障居民生活用气和工业用气供给的同时，积极开发天然气下游产品。经过对国内市场的充分调研和论证，油田自1986年开始，从德国、美国、日本等国家引进了一批先进的工艺、技术和装备，先后对三套天然气处理装置进行多次技术改造和改扩建工程，建成了全国最大的以回收轻烃为主的天然气处理装置群。到2005年，三套天然气处理装置日处理天然气能力达250万立方米，可生产液态乙烷，商品丙、丁烷，特种丙、丁烷，混合丙、丁烷和稳定轻烃等产品。

经过1998—2001年的建设，中原油田在国内最早建成了5万吨戊烷发泡剂的生产基地，丁烷装置形成了年产5万吨气雾剂级烃类抛射剂的规模，溶剂油装置也形成了年处理能力1.5万吨的规模，开辟了油田气井凝析油加工利用的新途径。油田采用先进的在线分析检测手段，对轻烃深加工实行全过程封闭式管理，并建立了完备的ISO9001质量管理体系，连续5年顺利通过了国家和英国皇家认证机构的监督审核。截至2005年，天然气深加工产品达近百种，年总产量12万余吨。其中自行研发、生产的特种丙烷、特种丁烷、气雾级丙烷、气雾级异丁烷、戊烷发泡剂、植物油抽提溶剂等7种产品经国家标准物质研究中心检测，各项指标均达到国际先进标准，被河南省科委、河南省经贸委评定为“优秀新产品”和“A类高新技术产品”。

以“华大利”牌注册商标的中原油田轻烃深加工产品畅销全国20多个省市，近400家用户。戊烷发泡剂、6#抽提溶剂油等系列主导产品占据国内30%～40%的市场份额，其中戊烷发泡剂系列产品还远销韩国、巴基斯坦、伊朗、印度尼西亚等国家。2005年油田轻烃深加工产品年销售收入3.6亿元，天然气综合利用已经成为油田新的经济增长点。

三、开发天然气应用技术

1996年，油田开展了CNG（压缩天然气）和LNG（液化天然气）两项天然气应用技术的研究和开发。成立了中原绿能高科有限责任公司，负责上述两项技术的开发应用及产品销售。

CNG和LNG在常压下与天然气密度比分别是225∶1和625∶1，不需管道输送，与燃油和直接使用天然气相比，具有更加安全、节能、经济、环保、输送便捷的优点，应用市场广阔，商业价值很高。1996年，油田从美国引进一套CNG生产设备，建成了第一座CNG汽车示范站，开展汽车“油改气”，发展燃气汽车的试点工作。针对改装车辆类型多、规格杂的状况，油田组织技术攻关，迅速掌握了20多种车型的改装技术。2000年，国家要求不再生产化油器类发动机，而改为电喷，油田立即进行电喷车的改装试验，并获得成功。之后，又攻克了柴油双燃料车的改装难题，使汽车使用CNG的范围大大拓展。与此同时，在地方政府的大力支持下，CNG汽车迅速打开市场。1998年，油田在濮阳建成CNG1号加气站，至2001年加气站增建至9个，日加气能力达到9万立方米。仅濮阳市的CNG汽车就达到2850余辆，CNG公交车、出租车分别占全市总量的94%和81%。企业和个体用户节省了燃料费用，减少了废气排放。

根据中国石化集团公司CNG和LNG的开发发展规划，油田将天然气的开发利用列为未来发展的支柱产业之一，进一步加大市场开拓力度。2000年，油田承揽了北京首座CNG汽车加气站工程，并一次试车成功。2003年，油田所建的CNG加气站扩展到济南、开封等地，在中原腹地初步形成了网络框架。至2005年底，外地CNG加气站总数达到10个，日加气能力增加到18万立方米。

在发展CNG的同时，LNG技术的应用也有了突破。2001年油田建成第一座LNG工厂，填补了国内LNG生产技术和产品的空白，技术达到国际先进水平。2002年，建成投产了全国第一座LNG汽车加气站，成功改装了全国首辆LNG汽油电喷双燃料汽车和柴油电喷燃料汽车。2005年，全油田LNG总销量1246万立方米，销售额2278万元，LNG产品已远销全国20多个城市。

四、拓宽天然气销售市场

中原油田70%的天然气用户在河南省，国家“西气东输”战略实施后，为了建立稳定的天然气市场，经过对山东省天然气市场供求状况的深入分析，认为经济繁荣的山东胶东地区的天然气市场潜力巨大。而且中原油田的天然气已于2000

年输至济南，具备继续向东延伸、覆盖山东淄博、潍坊、青岛等城市的基础。油田将下步天然气市场的发展方向投向山东省。经中国石化集团公司批准，2001年开始建设济南至淄博的输气管线，并于2002年竣工投产。同年又开工建设淄博至青岛280千米的输气管线，2003年开始输送中原油田的天然气。2005年，油田向山东年输送天然气量已达到1.75亿立方米，取得良好的社会效益和经济效益。待“陕京二线”工程实施后，鄂尔多斯的天然气利用“陕京二线”管道，与中原油田的天然气汇合后将全面供应山东省市场。

第四节　加强科技攻关与推进技术进步

中原油田建设取得的每一项成果都与科技进步紧密相连，油田的发展史就是一部科技进步史。1983—1985年，经国务院批准，原石油部在中原油田组织了三年生产建设技术攻关会战，攻克了物探、地质、钻井、泥浆、试油、测井、油田开发、地面建设等8个方面的技术难关。同时引进了一批国内外先进技术、先进设备。随着油田勘探开发工作的深入，地下情况越来越复杂，新的技术难题不断出现。针对不同时期出现的关键问题与技术难题，油田积极推进科技进步，加强科技管理，加大创新力度，为油田勘探开发和外闯市场提供了坚强的技术保证和有力的技术支撑。

一、形成油田适用技术

在多年的勘探开发实践中，油田不断组织开展科技攻关，逐步形成了一套适应中原油田特点的配套技术。

（一）油气勘探技术

中原深层石油地质研究与目标评价技术。重点研究东濮凹陷深层石油地质特征，明确深层构造、沉积相及砂体分布对深层油气分布的控制作用，全面评价深层油气勘探潜力，为提高深层勘探成功率与勘探效益提供了重要的科学依据，使深层成为东濮凹陷现实的增储领域。

三维地震资料连片处理、解释技术。研究完成了三维地震资料连片处理、解释技术，消除不同地震工区结合部的地震剖面接边问题，建立精细地震速度场，提高了三维地震资料的品质，增强了连片地震资料的地质解释能力，在实际应用中取得一大批地质新认识、新成果。这是“九五”期间及以后油田储量增长的关键技术因素之一。

深层三维地震勘探技术的应用。形成了一套适合于东濮凹陷深层地震地质特点的采集、处理、解释方法。该技术的研究与应用，使深层资料品质显著提高，为深入研究油气成藏规律以及勘探潜力分析提供了良好条件。拓宽了东濮凹陷深层石油天然气的勘探领域，为开发桥口、白庙深层天然气奠定了基础。

（二）钻井工程技术

针对文东多套（3 套）、巨厚（单套最厚达 1100 米）盐膏层，高压、高温，易发生塑性流动和蠕变，进而导致盐层卡钻等恶性事故的特点，研究形成了“多套复合盐层钻井配套技术”。该技术的应用，使文东盐间高压油气层的禁区得以突破，钻井 400 余口，没有发生盐层恶性卡钻事故。

“九五”期间，围绕着降低钻井成本提高效益的目标，主要开展了提高钻井速度、固相控制、钻井液、新型钻头、深井钻井、大斜度多靶小半径定向钻井及高压井井控等技术的攻关研究。这些技术的应用，提高了钻井速度，降低了开发成本，已成为提高油气藏采收率、完善复杂断块注采关系的主要手段之一。

“十五”期间，为了满足深层勘探开发的需要，开展双驱复合钻井、欠平衡压力钻井、水平井、复杂深井、超深井和新型固井等技术的研究应用。针对老区部分油水井下部套管损坏严重的难题，开展 $5^{1}/_{2}$时套管开窗定向侧钻技术、全井下 4 吋套管固井配套技术等研究，既降低了钻井成本又满足了开发的需要。

2001 年 1 月，钻井三公司中标“中国大陆科学钻探井工程”项目，承担了中国的第一口大陆科学钻探井的钻井任务，2005 年圆满完成科探任务，多次受到国家有关部门的表彰。该井的钻探成功标志着中原油田钻井工艺迈上新的台阶。

（三）开发配套技术

随着油田开发的深入，大部分主力区块相继进入“三高”开发阶段。为保证老油田经济有效的开发，针对不同阶段出现的主要问题，不断地进行攻关，研究相应的技术与措施，形成了一系列配套技术。

特高含水期剩余油分布的监测、描述和挖潜技术。老油田的挖潜稳产，是中原油田发展的基础，特别是在勘探未获重大突破的情况下，老油田的增储稳产工作更为重要。1996 年初，中国石油天然气总公司根据中国陆上主力油田全面进入高含水开发期的现实，组织陆上各大油田及有关科研院所立项攻关。中原油田承担了其中的二级课题《濮城油田特高含水期剩余油分布的监测、描述和挖潜技术》，以濮城东区沙二下油藏作为先导试验区，初步形成了一套以改善高含水期多层砂岩断块油藏水驱开发效果、提高采收率为目标的剩余油描述及挖潜配套技术。“九五”期间濮城油田应用这一技术新增地质储量 900 多万吨，累计增加可采储量 300 多万吨，提高水驱采收率 3 个百分点。

“十五”期间，选择严重非均质油藏——胡状集油田的主力区块、深层高压低渗油藏—文东盐间、复杂断块油藏—文中油田等三种类型油藏继续深入开展综合调整挖潜研究，提高采收率 3 个百分点，减缓自然递减 5～9 个百分点。形成了适应中原油田不同类型高含水开发期油藏精细描述及剩余油挖潜配套技术系列，从而整体提高了中原油田高含水油藏的开发水平。

气举采油工艺配套技术。针对文东油田异常高温、高压、高气油比、高矿化度、油层埋藏深等特点，优选了气举采油方式，加强工艺技术配套，建成了亚洲规模最大的气举采油油田。文东油田应用气举采油工艺以来，针对生产中存在的问题开展了多项研究，形成了连续气举采油工艺、间歇气举采油工艺、柱塞气举采油工艺、气举系统优化配气等多项技术，整体达到国际先进水平。经过 10 多年的发展，已拥有天然气增压站 1 座，气举压缩机 13 台，配气站 25 座，日供气能力 200 万立方米，外输气压力 10.5 兆帕，气举井 130 口，年产液能力 125 万吨，年产油能力 35 万吨，平均举升深度 2543 米，气举阀连续生产时间平均 500 天。文东油田气举采油工艺技术的研究与成功应用，有效解决了文东复杂油气藏的开发问题，提高了文东油田开发速度和采油效率。

油田生产系统防腐配套技术。随着中原油田开发进入中高含水期，油水井及管网系统的腐蚀非常严重。据统计平均腐蚀速率为 1.5～3.0 毫米 / 年，点蚀速率高达 5～15 毫米 / 年，最高达 60 毫米 / 年。仅 1993 年油田管线、容器腐蚀穿孔 8345 次，因腐蚀造成的经济损失近 2 亿元。为控制日益严重的腐蚀问题，开展了防腐配套技术攻关。形成了以水质改性技术为主体的防腐综合治理配套技术。经过几年的应用与治理，腐蚀穿孔得到遏制，保证了油田的正常生产。

套管损坏预防与治理技术。油田开采到中后期，套管损坏问题愈来愈突出。仅 1999 年，油田套损井就达到 106 口，井况的恶化破坏了注采井网，影响了增产增注措施的实施。2000 年集团公司立项开展了《常规开发井套管损坏机理及防治配套技术研究》项目，中原油田与石油大学合作，从套管设计、地应力、高压注水、射孔、固井质量、强化采油、腐蚀等因素分析套管损坏原因，制定相应的预防治理措施，开展了套管错断井复位修复技术、$5^1/_2$ 吋套管开窗侧钻、下 4 吋套管修井综合配套技术研究。该项配套技术应用后，油田套管损坏井每年下降 20%左右，相当于每年减少套管损坏井 20 口；注采井网得到了完善，修井成功率大幅度提高。实现了“事故井数下降、修复井数与事故井数持平、修复井恢复的控制储量与事故井损失的控制储量持平”的井况防治指标，为油田的稳产打下良好的基础。

油气集输配套技术。在全国率先实验成功并推广应用了单管密闭、投球清蜡、常温输送、二级布站的原油集输工艺，整装气田天然气高压集输工艺，零星气田天然气高低压分输工艺，无泵无罐原油负压稳定油气密闭处理工艺等国内外先进工艺技术，实现了油气计量注水站的定型和模块化。天然气集输预处理及天然气深加工技术的应用，提高了天然气的商品率和附加值。

二、"十五"三年科技攻关取得重要成果

针对工程技术不能满足勘探开发的需要，制约中原油田持续有效发展的问题，2002 年 5 月，中国石化集团公司提出，要像油田开发初期那样，再进行一次科技攻关会战，要求利用三年时间攻克四项瓶颈技术和四项配套技术。到 2005 年底全面完成了各项攻关任务，取得了一批重要的技术成果。

油水井套管损坏防治技术取得突破。开发应用了高抗挤套管，采用了管外水泥高返封固，完善配套了套管保护、修复、复杂落物打捞、整形加固和 $5^1/_2$ 吋套管开窗侧钻等技术，套管损坏井修复成功率达到 91.7%。

分层注水工艺技术取得突破。分注率由 35.6%上升到 50.8%，分注层段合格率由 68%提高到 72.5%，有效期由 268 天提高到 356 天。

深层低渗油气层压裂改造技术取得突破。完善了压裂设计技术，合作开发了压裂设计软件、人工智能压裂选井评价系统。开发了深井压裂、斜井压裂、分层压裂、区块整体压裂、老井重复压裂、复合压裂、二氧化碳压裂技术和耐温可达 170 摄氏度的水基压裂液，满足了油田不同储层压裂改造的需要。

深层凝析气藏有效开发技术取得突破。制定了经济储量界限，确定了合理的开发方式，发展和完善了凝析气藏压裂工艺技术，深层凝析气藏开发管理水平明显提高。高含水油藏动态测井及多相流动解释评价技术的应用，加深了对地层油水分布的认识。

油气勘探综合评价配套技术得到发展。三年间，新增探明石油地质储量 4686 万吨、天然气地质储量 108.9 亿立方米，新增探明储量动用程度 80%以上。

地球物理勘探开发配套技术得到发展。高精度地震的应用，使小断块描述精度由 0.5 平方千米提高到 0.1 平方千米。解决了水平井、大斜度井、开窗侧钻井的测井问题，形成了适应中原油田低电阻率油层解释评价技术和裂缝性储层解释评价技术，油气识别能力明显提高。

注水开发油田提高采收率配套技术得到发展。三年间，油田水驱控制程度提高了 7.6 个百分点，水驱动用程度提高 7.59 个百分点，自然递减下降 4.93 个百分点。

钻井工程综合配套技术得到发展。攻克了长、中、短曲率半径水平井、侧钻水平井、小靶径多目标定向井、$5^1/_2$ 吋套管开窗侧钻、欠平衡压力钻井等系列特殊工艺技术，解决了易碎易垮塌地层井壁稳定和特殊复杂井堵漏的难题，提高了调整

井、复杂井的固井安全性和固井质量。

通过三年科技攻关，八大技术项目全部通过集团公司验收，有2项成果达到国际领先水平、27项达到国际先进水平、24项达到国内领先水平，形成21项专利技术。油田科技创新的长效机制基本形成，自主创新能力明显增强，整体技术实力进一步提升，培养和锻炼了一支优秀的科技人才队伍，为中原油田持续有效发展提供了强有力的技术支撑。

第五节　开拓国内外石油工程技术服务市场

中原油田是中国最早走向国内和国际石油工程技术服务市场的油田企业之一。1988年开始进入国内市场，1996年进入国际市场。中原油田积极落实国家“稳定东部，发展西部”和充分利用国内外“两个市场、两种资源”的战略部署，大力开拓国内和国际市场。对外服务项目不断增加，市场领域不断扩大，形成了以钻井为龙头，以工程技术服务为主导，以产品出口贸易为补充，国内和国际市场齐头并进的发展势头。特别是近年来，油田实施扩充内部市场、扩展国内市场、扩大国际市场，正确处理内部与外部、规模与效益、产值与收入、安全与效益“四个关系”，充分发挥钻井等专业化公司技术和装备优势，国内外市场取得了全面突破、实现了长足发展。抓住外部市场快速发展、势头强劲的有利时机，坚持没有盈利的项目不承揽，资金回收难的市场不进入，安全生产环境复杂的项目不投标的“三不”原则，积极实施市场结构、队伍结构、装备结构“三个优化”，实行市场统一管理、资金统一运筹、制度统一规范、组织统一协调的“四个统一”，实现了市场规模和经济效益的同步增长。到2005年底，中原油田钻井、物探、测录井、固井、管具、井下作业、油田建设、机械修造等368支专业化队伍，进入新疆、内蒙古、青海、辽宁等28个省（市）、自治区和塔里木、吐哈、长庆、辽河、大庆等16个油气田的石油天然气勘探开发、长输管道、道桥工程、炼厂装置、天然气处理、工程设计等行业市场及社会市场。74支队伍2万余人次进入欧、亚、非、拉美四大洲10多个国家和地区，承揽100多个国际工程项目。外部市场累计实现收入258亿元。石油机械和化工产品出口苏丹、美国、印度尼西亚等10多个国家和地区，成为具有一定竞争实力，享誉国内外市场的综合石油工程技术服务商。

一、拓展国内市场

中原油田走向国内市场经历了从被动到主动、由小到大的发展历程。从“七五”末开始，油田原油产量急剧下降，内部工作量大幅度减少，为缓解人员富余和设备过剩的矛盾，开辟新的生存发展空间，中原油田开始把目光投向国内市场。1988年，中原油田抓住机遇率先与石油部沙漠勘探顾问组和新疆石油管理局达成承包打井协议。1988年7月组织第一批施工队伍7012等4支钻井队赴南疆参加塔里木石油会战，拉开了进军国内市场的序幕。1991年第二批钻井队伍进入西部吐哈探区。井下压裂、油建、建工等专业施工队伍先后奔赴新疆，分别承揽了油井压裂项目及温吉桑联合站、吐哈50万立方米和120万立方米气体处理装置、陕京输气管线朔城至应县段、塔克拉玛干沙漠公路、南疆塔里木河大桥等油田地面工程和道桥建设项目。到1992年底，共有15支队伍参加了西部石油会战，另有4支物探队分赴陕甘宁、冀东油田和华北油田参加油气资源勘探。在塔里木和吐哈石油会战中，中原油田施工队伍克服各种困难，以过硬的作风和优质的服务赢得了信誉，为拓展西部和国内其他市场奠定了坚实基础。

1993年后，国内石油勘探开发市场逐步开放。中原油田继续扩大石油工程技术服务市场，以风险勘探盆地和区块为阵地，先后进入青海、长庆、大庆、辽河、吉林等6个油田9个省区。同时，发挥装备技术优势，抢先进入煤层气钻探服务领域，先后承担美国阿莫科公司、安然公司在郑州、山西晋城8口煤层气井钻井施工项目，与焦作、峰峰矿务局合作开发煤层气资源，承担煤层气钻井、煤储层压裂改造及排水采气施工任务。1993—1997年，中原油田在国内施工的钻井队由10支增加到81支，外出队伍总数由19支发展到160支，累计实现产值67亿元。

1997年底亚洲爆发金融危机，国际油价大幅度下跌，各油田的外包项目锐减。面对极其不利的外部市场环境，中原油田依靠装备、技术实力参与竞争，依靠优质高效施工赢得信誉。1999年之后，随着国家"西部大开发"战略和"西气东输"工程的实施，特别是中国石油化工集团公司西北、西南和东北新区勘探部署的启动，中原油田又先后获得陕北富县、塔里木中原探区、川东北普光气田的勘探开发管理权，中标了石化集团西部新区、东北新区和西北分公司塔河地区的工程技术项目，国内市场形势逐渐好转，合同额逐年增加。石化集团西部新区库1井、庄1井、沙1井、中1井、普光1井、桑株1井等10多口"1字号"重点探井，都是中原油田完成的。"十五"期间，国内市场实现增量增效，外闯市场队伍屡创佳绩。承钻大陆科钻1井的70118队被国务院授予"中央企业先进集体"，被国际科钻组织誉为"最优秀的钻井承包商"；承钻的永2井、中1H井获得重大发现，被西指授予"油气发现杯"荣誉奖；普光6井刷新多项施工纪录；在鄂尔多斯产能建设中获14个奖项；桑南气体处理工程被新疆维吾尔自治区和塔里木油田授予"功勋杯"；雅克拉气体处理工程、春晓气田工程、西南成品油管道工程等被评为典范工程；山东和西安天然气管道工程获全国优秀焊接工程奖。

经过几年的市场磨练，队伍整体素质有了较大提高，队伍规模和经济效益同步增长。“中原钻井”已成为油田外闯市场队伍的一个品牌。钻井队伍多次受到国家领导人的接见、石油石化系统领导和甲方的表扬及嘉奖。

二、进入国际市场

中原油田进入国际石油技术服务市场，从反承包国外公司在国内风险勘探开发投资项目开始，由单纯提供劳务到直接与国外合作经营，大体经历了国际经营准备、探索和发展三个阶段。

（一）1991—1995 年为国际经营准备阶段

中原油田从 1991 年开始走出国门，进入巴基斯坦，承揽了印度河 55 号公路 13 号路段 51 千米施工项目。1992—1995 年，主要是参与国内勘探开发反承包项目，为跨国石油公司提供劳务。1992 年，新西兰石油公司中国有限公司对洞庭湖三眼塘 1 井进行钻井、测录井和固井项目招标。中原油田第一次参与国际项目投标，组织专业技术人员认真研究国际惯例，咨询制标、投标，强化培训学习。经过艰苦努力，编写出被新西兰石油专家称为最全面细致、完全符合国际标准的标书并一举中标。1993 年，为加强对拓展国际市场的组织领导，油田成立了对外经济贸易总公司，负责国内反承包项目的投标、国外市场准入以及国外石油工程和产品市场的开拓工作。通过积极争取，1995 年，取得国务院外经贸部批准授予的自营进出口权和对外工程承包权，拿到了走向国际市场的通行证。1993—1995 年，又先后在美国阿莫科公司安徽阜阳、英荷壳牌石油公司江苏盐城、大丰和美国埃索公司塔里木四个钻井反承包项目，以及美国阿莫科公司、安然公司郑州、晋城两个煤层气钻井反承包项目上中标。到 1995 年底，共承揽石油天然气勘探国内反承包井 6 口，煤层气反承包井 6 口。通过参与外国石油公司国内反承包项目，了解了涉外项目运作程序和国外先进的技术和管理经验，锻炼了队伍，为真正进入国际市场作好了准备。

（二）1996—1998 年为国际经营探索阶段

进入“八五”以后，石油工业开始实施“走出去”战略。1996 年，中原油田启动了苏丹 6 区的风险勘探项目，同年 5 月，中原物探 96168 队进驻苏丹 6 区施工。10 月，第一支钻井队伍 4521 队进入苏丹，随后固井、录井、测井、测试和修井试油综合服务队伍相继进入苏丹 6 区作业。1997 年 32747 钻井队和运输队随长城公司进入苏丹 1 区、2 区、4 区服务，进一步扩大了在苏丹石油工程技术服务的领域。1996—1998 年，先后中标完成了 CNPC 国际苏丹公司苏丹六区三维地震资料处理，121 平方千米三维和 282 千米二维地震资料采集，4 口井钻井项目；海湾石油公司苏丹 3 区完井和大尼罗河石油公司苏丹 1 区、2 区、4 区 1600 千米二维数据采集，530 平方千米三维、3500 千米二维地震资料处理，25 口井钻井及修井、运输、机具加工等合作项目。由最初一支物探队、一支钻井队发展到 8 个专业 32 支队伍，占据了苏丹 4 个开发区块的主要市场，年创产值近 4000 万美元。在此期间，还夺得孟加拉国、埃塞俄比亚、印度尼西亚等国家众多项目的施工权，为进一步拓展国际市场打下坚实基础。

（三）1999—2005 年为国际经营发展阶段

1999 年，为适应海外市场日益扩大的新形势，中原油田加快了国际化经营步伐。先后成立了中东、非洲、印度尼西亚和南美四个地区石油工程公司，建立了全球信息网络。中石化把海外油气资源勘探开发、工程技术服务及油气贸易结合起来，为中原油田拓展海外市场提供了良好机遇。中东、中北非、南美以及里海等地区的石油资源国市场开放后，也给油田扩大海外市场提供了发展空间。中东是世界上石油资源最为丰富的地区，是西方发达国家关注的主要目标。为进入中东市场，中原油田积极参与中东地区石油资源的开发合作，2000 年卡塔尔项目中标，打开了中东市场的大门，打破了西方石油工程公司垄断的局面。随后进入也门和第一产油大国沙特阿拉伯，承揽钻井、修井项目，为中原油田国际化经营掀开了新的一页。“十五”以来，抓住国际油价高位运行的良好机遇，国际市场实现了新的跨越。新开辟了厄瓜多尔、哈萨克斯坦、埃塞俄比亚等市场，苏丹、沙特、也门市场明显扩大，形成了中东、非洲、南美、中亚等四大区域性市场。2005 年钻井进尺占中石化集团公司海外市场的 78.6%。在中东，队伍规模实现翻番，2005 年 10 月创造了一次新投 7 台钻机全部中标的新纪录。沙特市场钻机数量由 4 台增加到 17 台，成为支柱市场。中原油田已成为也门第二、沙特第三大工程承包商，并发展成为阿美公司的战略合作伙伴。在非洲，成为苏丹最大的多工种、多专业、综合性石油工程承包商，施工队伍已发展到 32 支；管道工程在四家国际承包商中，创出了“开焊、质量、机械完工和大型河流定向穿越一次成功”等四项第一。埃塞俄比亚沼泽物探采集项目，填补了中原油田沼泽物探项目施工的空白，探索出了一条借助外力扩大市场的新路子。在中亚，积极为集团公司的勘探开发项目提供优质服务，队伍数量快速增加。油田在国际市场上实现了“五大转变”和“五个增长”。“五大转变”是：从市场选择我们转变为我们选择市场，从争项目转变为优选项目，从单专业转变为多专业集成，从单纯追求经济规模转变为追求规模经济效益，从为进入市场与国际惯例接轨为目标转变为遵循国际惯例拓展市场，提高效益为目标。“五个增长”是：队伍规模、合同数额、经济总量、经济效益、资金回流大幅增长。2005 年国际市场超额实现了市场收入 2 亿美元、新签合同额 2 亿美元、利润 2 亿元人民币的目标。

三、产品销售和对外贸易

中原油田自 1995 年取得自营进出口权以来，以国际项目为依托，实施工程带动贸易战略，不断扩大出口贸易，促进了工程贸易联动发展。1998 年，“中油牌”特种车辆出口到蒙古国，第一次跨出国门进入国际市场。2003 年以后，石油机械产品又出口到古巴、加拿大，井口配件出口到埃塞俄比亚和苏丹，钻机、抽油机、抽油泵、回压阀分别出口美国、印度和印度尼西亚等国家。

中原油田经过十多年的不懈努力，在内部工作量严重不足的情况下，拓展国内外生存发展空间，外闯市场收入占工程技术服务总产值的比重越来越大。2005 年，外闯市场收入达 41.11 亿元，占油田工程技术服务总产值的 56%以上。目前，中原油田加快了海外油气资源战略实施节奏，正沿着国际化经营发展路线，向成为国际知名跨国石油工程承包服务商的宏伟目标迈进。

第六节　深化体制改革与加强企业管理

中原油田是在计划经济条件下，中国内陆上最后一个按照大会战模式建立起来的油气田。进入 80 年代中期以后，国家加快了国企改革的步伐，相继出台了一系列有关国企改革的法律法规。中石油、中石化两大集团也对石油企业改革提出了明确目标和要求。在这一大的政策背景下，中原油田按照上级要求，从企业自身实际情况出发，积极探索企业改革的途径和方法。特别是 1993 年以来，以“建立现代企业制度，提高经济效益”为目标，加大了改革的力度，对企业管理体制、产权制度、经营机制等方面，进行了大力度的改革探索，并在实践中，不断进行补充、修正和完善，增强了企业活力，推动了企业生产经营持续有效发展。

一、改革管理体制

（一）解体“小而全”，实施专业化重组

“小而全”的管理体制，在中原油田会战初期发挥了重要作用。但是随着市场经济的快速发展，其弊端也日益显现出来。各单位既要抓主业，又要抓辅助生产和多种经营，造成投资分散、重复建设、管理粗放、效率低下、难以集中精力提升核心业务；办社会包袱沉重，成本居高不下，难以参与国内外市场竞争。同时，这种管理体制还造成机构臃肿，人浮于事。油田油少人多的矛盾日益突出。

为了改变这种落后的管理体制，从1994年开始，油田对各生产经营单位的“小而全”进行解体，实施专业化重组。具体做法是实现“三个分离”。一是把各单位办社会的部分分离出来，由油田组建专门的机构进行系统管理，实现了办社会与生产经营的分离。二是把生产经营单位的辅助生产部分分离出来，组成经营性的专业化公司。三是把各单位兴办的劳动服务公司、多种经营厂点分离出来，组建行业性公司，实行垂直管理。“九五”和“十五”期间，根据生产经营需要和市场变化，又不断对专业化的组织形式进行调整和完善，使各单位精干了主业队伍，突出了核心业务，增强了参与市场竞争的能力，提高了社会化服务水平。同时也为油田向地方移交办社会职能和多种经营企业的改制奠定了基础。

（二）上市部分和未上市部分分离运作

1998年，在中国石油和中国石化两大集团重组中，中原油田由中石油划归中石化领导。1999年底，按照中国石化集团公司的统一部署，油田内部进行机构重组。将采油厂等59个单位32500多人重组到中国石化股份公司中原油田分公司（上市部分）。将钻井等119个单位51000多人整体重组到中原石油勘探局（未上市部分）。分公司和勘探局成为资产分开、财务分开、人员分开、分立运作的两个部分。同时油田设立协调委员会，负责协调上市和未上市部分之间的重大事项。在党的建设方面，由勘探局党委履行企业党委职能，统一领导上市部分和未上市部分党的工作、思想政治工作和精神文明建设，各级党组织的隶属关系和职能保持不变。

二、改革产权制度

在企业改革过程中，中原油田以建立现代企业制度为目标，坚持“有进有退，做强做大核心业务，逐步退出非核心业务”的方针，积极推进产权制度改革，努力实现投资主体多元化，对非核心业务实施改制分流，逐步移交办社会职能。

（一）中原油气高新股份有限公司成功上市

为做强做大油气主业，实现投资主体多元化，1997年，中原油田独家发起设立了中原油气高新股份有限公司（以下简称中原油气）。1999年9月10日，中原油气股票在深圳交易所上市共募集资金8.058亿元人民币。2000年2月28日，经财政部批准，中原油田将所持有的占中原油气75%的股份共51000万股，划转给中国石油化工股份有限公司，成为其控股子公司。2003年，中原油气通过配股再次成功融资5.1亿元人民币。中原油气自成立以来，盈利能力大幅度提高，被国家工商行政管理总局授予“重合同、守信用”企业。

（二）多种经营企业和辅助生产单位改制分流

“六五”和“七五”期间，为了解决当时富余人员的安置问题，中原油田在勘探开发的同时，积极发展多种经营和替代产业。到 1992 年底，多种经营厂点达到 645 个。这些企业构成复杂，既有全民所有制，又有集体所有制，普遍规模偏小，产品技术含量、社会化程度低，效益低下，成为油田沉重的负担。为了优化多种经营企业的资本结构，实现资产的保值增值，自 1997 年开始，对多种经营企业进行以股份合作制为主要形式的产权制度改革试点。到 1998 年共有 95 家多种经营企业注册为独立法人，参与改制的职工 7839 人，改制企业总股本 9980 万元。到 2005 年，油田尚有多种经营改制企业 81 家，在总股本中尚有 2220 万元国有股。

为了盘活国有资产，推进减员分流，油田加快了辅助生产单位的改制分流工作。2004 年，对机械制造总厂、特种车辆修造厂、氯化橡胶厂进行改制。这些企业由油田下属单位成为自主决策、自主经营、自负盈亏的独立法人和市场主体，员工的身份也由油田职工变为股份制企业的股东和员工。2005 年又对运输处、油田建设工程部进行改制。通过辅助生产单位的改制，到 2005 年底改制企业分流职工 2696 名。

(三) 移交办社会职能

中原油田在解体“小而全”，实施专业化重组的过程中，将生产经营单位社会化服务单位分离出来，由油田集中管理。虽然卸掉了下属单位办社会的包袱，但油田每年要投入大量的经费进行补贴。在未上市部分整体限亏指标逐年减少的情况下，经费补贴难度越来越大。2004 年，在国家政策的支持下，油田按照集团公司的统一部署，加快了移交办社会职能的步伐。同年 12 月 25 日，中国石化集团公司与河南省签署协议，将油田 40 所中小学及油田公安处的资产、土地、人员、经费分别整体移交给濮阳市和河南省公安厅管理。至 2005 年 1 月，共向地方政府移交中小学在职职工 4212 人，离退休职工 1210 人，移交公安干警 473 人，总计移交 5895 人。

三、强化内部管理

在计划经济条件下，油田企业内部实行高度集中的计划管理体制，下属生产经营单位缺乏经营压力，普遍存在着争项目、争投资、重产量、轻效益以及机构臃肿、人员过剩等弊端。为了强化内部管理，增强企业活力，从 80 年代中期开始，油田不断加强内部管理制度改革，转换经营机制。各单位自主经营能力和盈利能力明显增强，提高了油田整体经济效益。

(一) 全面推行生产经营承包责任制

从 1987 年开始，油田全面推行了生产经营承包责任制，并在以后的改革中，不断完善承包经营办法。强化对经营承包责任人的监督和考核，按年度承包经营指标和任期目标完成情况，决定生产经营单位厂长、经理的任免。改革承包经营的分配制度，在钻井系统推行了单井承包工资含量包干，在采油系统推行了吨油工资含量包干，油气统销量完成率和成本完成率与含量工资挂钩等一系列承包办法。同时按简单劳动与复杂劳动、贡献大小及责任大小适当拉开分配差距，有效调动了各单位和职工的积极性。

（二）强化资金管理

90年代中期，油田在解体下属单位“小而全”，实行专业化改造的过程中，为了加强资金的管理，对财务管理体制进行了配套改革。油田成立了投资管理中心、财务结算中心、会计核算中心，取消了各单位在银行设立的1200多个账号，实行资金统一管理，加强了事先、事中、事后控制，减少了资金的流失和浪费，堵塞了管理上的漏洞，提高了资金的利用率。在财务管理上，推行全面预算管理，加大成本控制力度，采用ERP信息管理系统，从而规范了管理，提高了效益。

（三）积极稳妥地推行减员分流

中原油田在勘探开发初期，是按年产原油1000万吨左右的规模设计的，到“七五”末期，职工队伍已达到11万多人。由于后备储量不足，原油年产量不但未能达到设计规模，而且从“八五”以后，产量连年大幅度下降，到1996年年产量只有400万吨，油少人多的矛盾十分突出。为了减轻企业的负担和压力，按照上级的要求，1998年，油田积极稳妥地推行减员增效，通过各种途径减少用工总量10308人。2001年，油田进一步加大减员分流力度，有9744名职工与油田协议解除劳动合同。到2005年底，油田职工总数由1997年的87682人减少到65200人。在减员分流的同时，大力实施再就业工程，积极为下岗分流职工提供培训和再就业信息，开辟再就业渠道。建立和完善了养老、医疗、工伤等社会保险体系，使职工队伍保持了稳定。

（四）精简机关，整合机构

2004年底，油田本着“统一管理、分别核算、规范运作、精干高效、运转协调、谋断分离”的目标，对分公司和勘探局机关进行合并重组。根据集团公司治“散”的要求，油田大力度整合组织机构，压扁管理层次，精简管理人员。油田直属单位压缩27个、减幅24.5%；油田机关减少处室12个、减幅27.9%，分流管理人员154人、减幅20.5%；压缩科级机构443个、减幅21.4%，精简科级管理人员1673人、减幅25%；减少一般管理人员2379人、减幅16%；精简处级管理人员183人、减幅27.4%。进一步理顺了管理体制和业务流程。初步建立起油公司的管理模式，优化了干部队伍和人员结构，提高了管理效率和综合效益。

第四十二章 青海油田

柴达木盆地的石油天然气勘探开发，从 1954 年揭开序幕到 2005 年，已经走过了 50 多年的创业历程。在这个目前世界上海拔最高、高寒缺氧、风沙肆虐的地区，几代青海石油人前赴后继，艰苦奋斗，已将油田建成了甘青藏地区重要的油气能源基地。

1955—1958 年，青海石油队伍先后在油泉子、冷湖、马海等构造钻获工业油气流。特别是 1958 年 9 月，1219 钻井队在冷湖五号构造所钻的地中 4 井，日喷原油达 800 多吨。1959 年，柴达木盆地原油产量达到 30 万吨，成为当时全国“四大油气”生产基地之一，为新中国的经济建设和国防建设做出了积极贡献。

20 世纪 60—70 年代初期，青海油田先后有上万名职工队伍奉调支援大庆、华北、长庆、江汉等石油会战。留下来的石油职工克服生活物资匮乏等困难，坚守阵地，组织生产自救，坚持油气勘探开发，1964 年发现了涩北气田。

1977—1978 年，青海石油职工在柴达木盆地西部南区跃进潜伏构造，找到了整装亿吨级石油地质储量的尕斯库勒油田，实现油气勘探新突破。

1979—1982 年，石油工业部在柴达木盆地组织了甘青藏石油勘探开发会战，参战职工达 2.4 万人。会战重点围绕“广探柴西、解剖西南、详探跃进”的方针，扩大勘探开发成果，改善石油装备，提高队伍素质，为加快发展创造了条件。1983—1985 年，先后在盆地西部狮子沟构造带和南翼山油田深层钻获高产工业油气流，对柴达木盆地深层裂缝型油气藏有新的发现和认识。

20 世纪 80 年代中期至 90 年代中期，青海油田相继建成了尕斯库勒油田 120

万吨产能、花土沟至格尔木436千米输油管道、格尔木100万吨炼油厂三项工程以及花土沟、格尔木、敦煌三个基地，为油田的发展奠定了坚实的基础。

1991年油田原油产量迈上100万吨台阶。1995年油田进行二次创业，持续快速发展，油气以年均10%的速度增长，提前两年实现了“储量、产量、效益”三个翻番目标，成为全国陆上四大气区之一。2000年重组改制，分别设立青海石油管理局、青海油田分公司，当年原油产量突破200万吨。在国民经济和社会发展第十个五年计划期间，青海油田油气勘探开发持续快速发展，到2005年油气产量达到433万吨当量。油田自1995年以来，连续11年度评为青海省“财政支柱企业”，为周边地方经济的发展和国防建设发挥了不可替代的作用。

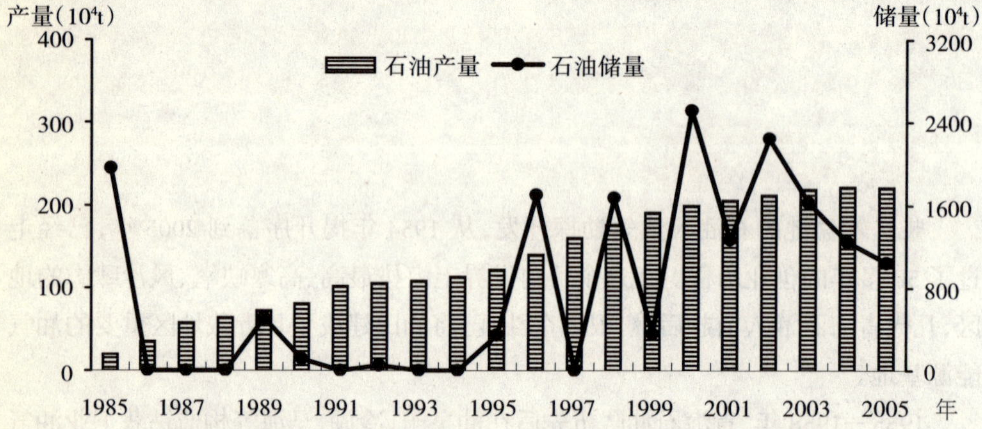

青海油田石油探明地质储量和产量变化图

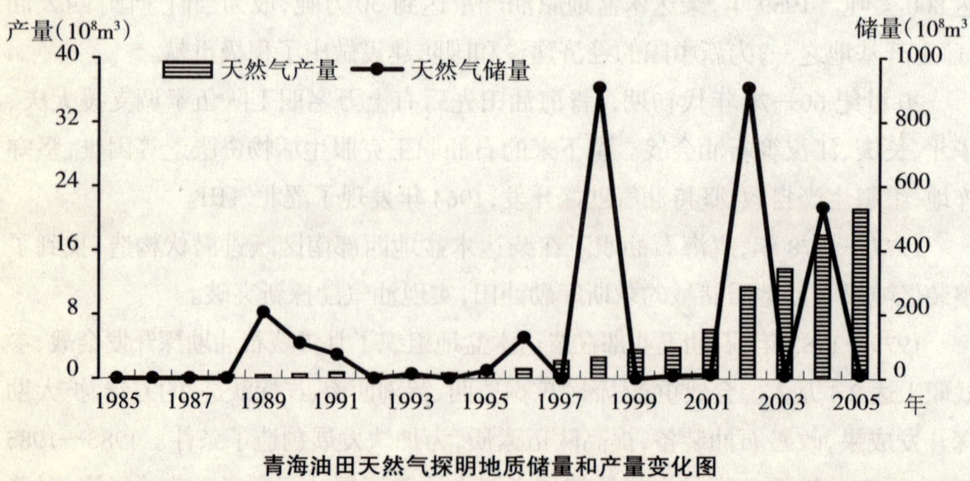

青海油田天然气探明地质储量和产量变化图

第一节　全力建设好“三项工程”

到20世纪80年代中期，经过30年的勘探成果积累，柴达木盆地除了已找到整装亿吨级石油地质储量的尕斯库勒油田外，还相继开展了红柳泉、东柴山、砂西、鸭湖等15个构造的钻探和对狮子沟构造带及南翼山油田深层的重点勘探，并取得了可喜的进展。截至1985年，油田已累计探明石油地质储量1.8134亿吨，找到22个油气田，具备了进行整体开发的基础。为了适应国家飞速发展的经济建设需要，更有效地支援青藏地区经济建设和国防建设，青海油田从1985年起，为争取石油“三项工程”(尕斯库勒油田120万吨产能建设、花土沟至格尔木436千米输油管道建设、格尔木100万吨炼油厂建设)立项建设，做了大量细致的前期准备工作。

1986年11月11日，国家计委下达《关于青海油田“三项工程”项目建议书的复函》中指出“为了开发柴达木盆地已探明的石油资源，解决青藏地区的油品需要和供应城市民用燃料，支援当地经济发展，同意建设青海油田三项工程”。以此为标志，青海油田进入历史上新一轮发展高潮。

一、以尕斯库勒油田为主体的120万吨产能建设

尕斯库勒油田的产能建设是从1987年正式开始的。在这之前的几年间，主要进行了油田开发产能建设准备工作，即从1982年起，平均每年安排5～10部钻机钻开发试采评价井，为油田规模开发打基础。到1989年，相继建成了80万吨产能及相关的集输油系统和6座5000立方米原油罐和锅炉加温原油装车栈桥系统，不仅满足了尕斯库勒油田的上产要求，而且为花土沟至格尔木输油管道的建设创造了条件。1990年，再次组织了尕斯库勒油田上产会战，参战职工达4000多人，进行了油田注水、流程改造、井下作业、抽油机安装、压裂工艺技术攻关等。在建设期间，除花土沟、冷湖炼油厂自炼原油20万吨之外，尕斯库勒油田上产的原油大部分靠汽车长途拉运至兰新铁路柳园站，火车外运兰州炼油厂。为满足运油之需，石油工业部长途运输公司、青海石油管理局运输处曾组织数百台罐车常年奋战，创造了可观的经济效益，为油田上产做出了积极的贡献。

二、花土沟至格尔木436千米原油长输管道建设

花土沟至格尔木输油管道(以下简称花格管道)全长436千米，管道直径273毫米，年输油能力设计为100万吨。全线设有花土沟首站、格尔木末站及大乌斯、

茫崖、甘森、乌图美仁、中灶火、拖拉海6个输油泵站。

该工程由中国石油天然气总公司（以下简称总公司）管道设计院承担设计任务，青海油田为工程甲方，中国石油天然气管道局（以下简称管道局）三公司为工程乙方。工程于1988年6月1日开工，干线打火焊接。通信线路、简易伴行公路、泵站及其相关的辅助工程也随即展开。

花格管道是目前世界上海拔最高的一条原油长输管道，全线的平均海拔2900米以上，穿越地段大多是沙漠、戈壁、沼泽、盐碱滩等无社会依托的无人区、冻土区和季节性泛洪区，使正常的施工作业举步维艰。在总公司有关司局、青海石油管理局和管道局组成的协调领导小组的统一指挥下，经各相关单位的艰苦努力和协作配合，到1989年6月底，全线焊接试压完毕，同年10月各泵站工艺流程及电气仪表安装完毕，顺利完成了管道建设任务。经过投油运行，花格管道于1991年9月完成工程竣工验收。

此后，为满足原油产量逐年递增的需要，青海油田管道输油处的工程技术人员先后在大乌斯、乌图美仁、中灶火、托拉海等中间站采用加大泵压增加输量的办法，使年输量由1995年的105万吨增加到1996年的126万吨，1997年的147万吨。1997年底，又通过采用在原油中添加减阻剂，全线安装双泵等新技术、新工艺，使年输量提高到180万～200万吨。为了确保青海油田原油产量日益递增的需要，2002年10月，经中国石油天然气股份有限公司批准，青海油田开始建设花格管道复线。

花格管道复线全长439千米，管道直径355毫米，设计年输量200万～300万吨，输送压力8.0兆帕，全线共设有输油泵站5座和调度控制中心1座，并新建格尔木到甘森110千伏外线电路。

花格管道复线建设青海油田分公司为甲方，青海石油管理局为乙方，并成立了施工建设指挥部统一指挥协调。由青海石油管理局油建公司、总机械厂和华北油田油建公司等单位负责施工。工程于2003年3月15日开挖管沟，4月1日打火开焊，2004年8月1日顺利建成投产。

三、格尔木100万吨炼油厂建设

格尔木炼油厂（以下简称格炼）于1987年开始施工前期准备工作，1991年8月开始主体工程建设，计划于1994年9月4日正式投产。

1991年3—6月，四川石油管理局油建公司、新疆独山子炼油厂、青海省第一建筑安装公司、江苏省压力容器安装公司等省区的22支施工队3000多名建设者陆续抵达施工现场，青海油田组建成立了格炼建设指挥部。同年8月1日，开工建设。

1992年初，为加快工程建设速度，格炼建设指挥部提出了提前一年建成格炼的“93·9”建厂目标。经过参战各方的共同努力，当年完成基础土建总量的90%以上，设备安装总量的85%以上，被青海省、总公司领导誉为“青藏高原的深圳速度”。

1993年，以常压、催化裂化、产品精制三套主要生产装置10大系统、74项单元设计为标志的格炼一期工程建设，相继进入收尾阶段。4月，水、电、气、风系统开通。5月，动力系统投入试运。7月，常压装置一次投油试运成功。8月，首批常压成品油外运。9月，催化装置和产品精制装置投入试运行，比国家计划投产日期提前一年，工程进度和质量均达到了国内同类炼厂建设水平。

三项工程全面竣工，使青海高原油田实现产、输、炼、运、销一体化经营和上下游油气产品的共同开发，企业的综合实力得到提升，为加快发展奠定了坚实的基础。

在柴达木盆地30来年的油气勘探开发过程中，随着油田勘探开发重点区域的变化，油田的生产指挥和后勤基地也曾几度迁移。为了改善高原艰苦地区石油职工、家属的生产和生活条件，在青、甘两省各级组织的支持和关怀下，1984年，石油工业部批准青海油田基地建设规划，使三大基地的建设伴随三项工程建设步伐相继全面展开。

一是花土沟生产基地建设。花土沟生产基地位于柴达木盆地西部，海拔近3000米，青新公路穿越而过。在距基地数十公里范围内，分布着业已开发的尕斯库勒、跃进二号、油砂山、花土沟、南翼山等油气田。基地的建设是在原有“地窝子”和土坯房的基础上，重新规划配套兴建的，基地面积492.6万平方米。1998年，按照三个基地的规划方案，撤销花土沟前线的中小学校等，有近6000名职工、家属，从花土沟搬迁到了敦煌基地。花土沟生产基地实行职工轮休作业、集中就餐、公寓式住宿等，明显提高了作业效率，节约了综合成本。

二是格尔木石化基地建设。格尔木石化基地坐落在格尔木市东南角，海拔2800米，占地225万平方米，由格炼及其石化产品生产区和生活区两大部分构成。1993年，已基本建成一个以炼油、化工、油气管道输送、油品营销为主体的现代化石油化工基地。基地生活区建筑面积29万平方米，居住着职工、家属8600余人。绿化面积43.2万平方米，人均绿化面积50平方米。1999年以来，格尔木石化基地相继荣获“全国物业管理示范住宅小区”、青海省“文明小区”、石油行业“绿化先进单位”等光荣称号。

三是敦煌科研、文教、卫生、轮休生活基地建设。青海油田是全国最艰苦的油田。截至20世纪80年代初，油田职工家属常年工作、生活在高寒缺氧，自然环境不宜人居的柴达木盆地中、西部地区。由于环境条件影响，不仅造成生产作业后勤保障等综合成本偏高，也对职工、家属的身心健康带来一定影响。为了长远、有效地解决好这一矛盾，石油工业部党组选择地处河西走廊西南端，气候自然条件属戈壁绿洲，农副业产品相对丰富，交通条件相对便利，又是闻名于世的旅游城市敦煌，作为青海油田的科研、文教、卫生和轮休生活基地，于1984年做出建设敦煌基地的决策。

敦煌基地位于甘肃省敦煌市七里镇，海拔1158米，占地面积641.7万平方米。敦煌基地从1984年开工建设，首先建成宽42米，总长12.16千米的绿化林带，在基地与戈壁之间形成了一道绿色屏障，不仅美化了环境，而且起到了防风沙的作用。到1994年，原驻柴达木盆地冷湖、大柴旦地区的20多个厂处及8130多户油田职工家属相继迁入敦煌石油城新居，初步形成了敦煌石油基地的雏形。1995年后，基地的文教卫体及生活配套设施更加完善，累计完成建设投资达15亿多元。其中，完成绿化面积187.6万平方米，完成建筑面积154万平方米，先后有1.4万多套职工住宅建成投用，居住人口近5万人。基地曾荣膺“全国物业管理示范住宅小区”和石油行业“绿化先进单位”及甘青两省“文明小区”称号，被国家绿化委员会誉为“塞外改造自然面貌的又一面旗帜”。

第二节　油气并举快发展，二次创业谱新篇

到1994年，油田累计探明石油地质储量1.88亿吨，探明天然气地质储量471亿立方米，随着三项工程的建成，原油年产也达到113万吨。但此时的青海油田，由于多种原因，已经连续八年企业经营性亏损。人均原油产量和人均劳动生产率等经济指标，不及陆上石油行业平均指标的一半，油田的天然气资源也没有得到规模性开发。如何尽快做大油田“蛋糕”，增加油气储量和产量，扭转企业亏损局面，更有效地应对市场经济大潮的考验，成为刚迈上年产百万吨台阶的青海油田6万多名职工家属面临的新形势、新课题。1994年7月，总公司领导在油田现场办公时提出明确要求，要发挥柴达木盆地丰富的油气资源优势，加快勘探开发步伐。正是在这样的背景下，青海油田党政领导审时度势，在1995年初，响亮地提出“进行二次创业，实现‘储量、产量、效益’三个翻番的发展目标”（到20世纪末，累计探明石油天然气储量达到4亿～5亿吨当量；原油、天然气年产量达到200万吨当量以上；经济效益扭亏为盈，职工收入水平有较大提高，走出一条既有较快发展速度，又有较高经济效益的新路子）。进行二次创业，实现“三个翻番”目标的确立，极大

地振奋了高原石油职工的创业士气,凝聚了职工、家属的向心力,使青海油田步入一个快速发展的新时期。

一、突出勘探,储量翻番

(一) 增强共识,突出重点

二次创业之初,青海石油管理局(以下简称管理局)先后两次召开柴达木盆地油气勘探研讨会,邀请国内外专家、教授,对盆地的勘探现状和未来进行认真“会诊把脉”。同时,为了营造重视勘探的氛围,在全油田范围内组织开展“增强找油意识”的大讨论,进一步坚定全局上下实现勘探突破的信心。1996年,管理局确定了盆地八大油气勘探目标区带,分层次、有重点地加强对制约油气勘探关键地质问题的攻关研究,加大了重点区域的勘探力度。管理局决定,围绕八大勘探目标,集中优势兵力打好四大战役,即主探茫崖凹陷的进攻仗,突破侏罗系的攻坚仗,勘探东部石炭系的战略仗和扩大第四系天然气成果的技术仗。

为适应市场化运作的潮流和变化,在勘探队伍结构调整中引入竞争机制,开放引进中原、四川、长庆、大港等油气田的勘探施工队伍来油田参与竞争,促进了勘探效率的提高。针对盆地部分重点探区山高坡陡的实际,组建了油田历史上第一支物探山地攻关队,抓好物探装备的改善及新技术的配套应用,引进美国、法国、日本的先进设备及技术,以满足山地地震攻关的需要。与此同时,针对不同区域的钻探需要,研制多种类型的钻井液,坚持推广运用高压喷射、单筒取心工艺、定向钻井、深穿透射孔、试油电缆桥塞等新技术,加快勘探工作节奏。油田加强对勘探工作的组织、指挥和协调,制定出台了《油气勘探重大发现奖励办法》等激励机制,统一协调地质、物探、钻井、试油、测井“五位一体”的联合攻关,形成了地质工程技术资源共享,广泛交流合作共进,研究设计同步协调运行的勘探新局面。

(二) 重视老井资料复查,实行滚动勘探开发

油田自20世纪50年代中期投入勘探开发以来,所钻探井及开发井的资料极为丰富。勘探开发战线的地质科技工作者采纳油田内外专家对老井资料的“再实践、再认识、再评议、再探索”的建议,做了大量细致的老井资料复查工作。先后复查出油层和可能油层355层,总厚度达1246.2米。依据老井资料复查成果,1996年初在南八仙构造的仙3井423.4~425.8米井段试油,获得日产38.7立方米的工业油流,拉开了南八仙滚动勘探开发的序幕。1996—1998年,南八仙构造经过油藏评价,探明石油地质储量775万吨,天然气124.39亿立方米。1996年5月,总公司在柴达木盆地冷湖构造带上确定的第一口科学探井——“冷科一井”开钻,1998年完井,为探索冷湖地区深层侏罗系的生储油规律等,积累了十分宝贵的资料。跃

青海油田在高海拔地区加快勘探开发。

进二号油田是1985年地震统层中发现的潜伏构造，1986年首钻跃12井获工业油流，1993年通过地震资料重新认识和试采生产、开发动静态资料分析，部署了一批评价井，钻探结果证实该构造多层段含油。通过滚动勘探开发，跃进二号油田1996年探明含油面积2.4平方千米，新增探明石油地质储量1700万吨，于1998年建成30万吨生产能力，成为高原油田增储上产的“亮点”之一。勘探开发研究院的科研人员，为研究东部第四系生物气藏条件，实地调查分析岩心60多井次，采集各类样品1000多块，进行了4000多项分析测试，得到几十万个测试数据，绘制大量图表，积累了宝贵的资料，提高了对东部天然气气藏的地质认识。1996—1998年，管理局先后在盆地东部的涩北气区部署数口评价井，经过钻探、测试和综合研究，大量新的气层被发现，使涩北气田探明地质储量成倍增加。

通过油田上下的齐心协力，到1998年，油田累计探明石油地质储量22517.8万吨，探明加控制天然气地质储量1918.54亿立方米，油气地质储量4.17亿吨当量，实现了储量翻番。

二、油气并举，产量翻番

（一）抓好重点油田的稳产上产工作

一是做好尕斯库勒油田主力油藏精细描述，努力实现长期稳产。尕斯库勒油田从20世纪80年代初期开始试采，产量逐年上升，到20世纪90年代初期年产突破 100 万吨。管理局明确该油田以长期稳产为目标，坚持“精雕细刻，高效开发”思路，不断加大以“控水稳油”为核心的综合治理工作，使各项开发指标均达到总公司一类油田开发指标，连续三次获得总公司“高效开发油田”奖。1996 年起，还先后对花土沟、乌南、七个泉、油砂山等油田开展开发注水工作，开展稳油控水、防砂等综合治理措施，上述油田的产能水平不断提高。

二是做实滚动开发及其配套技术措施工作。根据上产需要，对 20 世纪 70 年代前发现的油田，做好探井评价动态分析，提出油井大小修计划，修复利用，试采生产。1995—1998 年，油砂山、花土沟、七个泉、乌南、红柳泉等油田先后大修投产作业油水井 250 余口，滚动开发新增年生产能力近 20 万吨。同时，利用压裂、酸化解堵、泡沫洗井等工艺，对尕斯库勒、七个泉、花土沟、乌南等油田实施措施作业，此间，措施年增油达 10 多万吨。

三是做好产能建设文章。1996—1998 年，油田把砂西区块新建 10 万吨年生产能力，与格尔木炼油厂二期工程，涩北至格尔木输气管道工程一并列入管理局重点工程。1996 年，产能建设一上手，就十分重视工程质量，讲求产能建设地下地面配套，突出项目管理和效益建设。各参战单位抽调精兵强将开展施工会战，按建设标准，出手过硬，保证了工程质量。参战的 45406 钻井队，1996 年在砂西区块施工中，针对地下结构复杂的特点，坚持科学钻井，使井身质量合格率达到 100%。

（二）重视难采油田的开发工作

在边远老油田、低产小油田的开发方面，油田组建南翼山油田开发公司、冷湖油田管理处、兴油公司等单位，主要采取轮采收油等形式，最大限度地发挥了边远难采小油田的上产作用。通过对冷湖三号、四号、五号及南翼山、油泉子、尖顶山、咸水泉、开特米里克等难采油田的开发，年产原油量由最初的 1 万多吨，逐年上升到 5 万多吨，为原油上产做出了贡献。

（三）提高裂缝型油气田的开发水平

至 1994 年，盆地已发现具有工业开采价值的裂缝型油气藏有南翼山、砂西、咸水泉、尖顶山、狮子沟深层等。这些油气藏的共同特征是储层裂缝发育，岩性多为泥灰岩和钙质泥岩。钻井过程中井漏、井喷时有发生。试采初期产量高，但递减快。为了攻克裂缝型油气藏的开发难关，管理局专门成立了攻关组织机构。针对裂缝型油藏的开发特点，科技生产人员通过不断探索和总结，摸索出了一整套保护油层钻井、优选射孔、合理开采、控水稳油等切实可行的裂缝型油气藏开发经验，使裂缝型油气藏的开发迈上了一个新台阶。如狮 24（斜）井完钻井深 4000 米，用 4 毫米油嘴放喷求产，日产原油稳定在 100 吨以上。

（四）加快东部气田的开发步伐

到1994年，盆地已发现气田6个，探明含气面积87平方千米，天然气储量471亿立方米。由于外输和下游市场等诸多原因，丰富的地下天然气资源没有能尽快开发利用。油田到“八五”末期，40年累计产气只有15亿立方米，其中“八五”期间为最多，5年产气也只有3亿多立方米。

二次创业加快了天然气的勘探开发步伐。1995年初，油田提出实现“三个翻番”的发展目标中，首次正式纳入了天然气勘探开发收益的定量、定性指标，勘探工作不再局限于盆地“西部找油、东部找气”的格局，明确了“油气并举”的指导方针。管理局组织勘探开发研究单位，制订出加大天然气勘探开发力度的阶段性规划及工作目标，列出了数十个和天然气相关的科技攻关课题，组织相关单位和专业技术人员联合攻关。随着盆地天然气勘探开发新发现、新成果的不断涌现，使柴达木盆地的天然气资源量由全国第二轮资源评价时的数千亿立方米，在新一轮评价时上升到1万亿立方米以上，为青海油田加快发展奠定了牢靠的资源基础。

管理局在调整油气产业结构中适时调整油田的组织机构、队伍结构和资本结构，把“油气并举”的工作方针落到实处。先后成立了天然气会战领导小组，天然气下游工程领导小组或项目领导小组，把天然气的勘探开发摆到了重要议事日程。同时，管理局机关的油气化工处、南翼山天然气公司、天然气开发公司、天然气电力公司等部门和实体单位也相继组建并投入运行。

管理局以涩北天然气试验开发工程为重点，首先抓好生产能力的建设，相继建成数十口开发井及地面集输、处理和生活设施的配套建设，使气田采输量逐年上升，满足下游用户的需求。同时抓紧井下防砂、防水等工艺技术攻关，油田内外科研院所和作业单位联手协作，实现单井日产气量达到10万立方米不出砂的阶段性开发目标。

大打勘探进攻仗，使盆地的天然气勘探获得了历史性突破。1996年，对涩北一号气田涩27井评价性钻探后，当年就新增探明天然气地质储量121.73亿立方米。1997—1998年，对涩北气田（涩北一号、涩北二号、台南气田）进行全面的评价勘探，并部署了涩28、台8两口评价井，验证试气15层组，大量的新气层被发现和证实，对第四系气层测井识别技术水平明显提高，两年新增天然气地质储量749.57亿立方米，使柴达木盆地一举成为当时全国陆上四大气区之一。

在天然气勘探取得新突破的同时，管道建设、下游市场开发也在紧张地进行。在20世纪90年代的后期，青海油田先后建成“南翼山至花土沟”、“涩北至格尔木”、“涩北经南八仙至敦煌”三条输气管道。这三条输气管道的竣工投产改变了油田的产业和产品结构，增加了油田的整体效益，为盆地天然气大规模地开发利用积累了经验，锻炼了队伍。同时，管理局立足盆地天然气资源的现实及前景，从区域经济和全国资源市场需求高度出发，加快组织实施了天然气东输至西宁、兰州的前期准备工作。

坚持“油气并举”的开发方针，注重科学开发，使高原油田的总体开发水平得到不断提高。1995—1998 年，油气产量以年均 10%以上的速度持续增长，到 1998 年达到年产油气 200 万吨当量，实现了产量翻番。

三、提高效益，扭亏为盈

由于历史的原因，至 1994 年，管理局累计亏损额达到 2 亿多元。为甩掉亏损帽子，管理局以“转机制、抓管理、练内功、增效益”为工作重点，广开渠道，大力发展多种经营和石油化工附加值高的产品，不断增加和培育新的经济增长点，挖潜增效，不断提高经济效益。1997 年，油田摘掉了连续八年亏损的帽子，盈利 110 万元，实现了经济效益扭亏为盈，职工生活水平有较大幅度的改善和提高。

“三个翻番”的提前实现，壮大了油田的整体实力，增强了企业抵御市场风险的能力，带动了油气化工上下游一体，多种经营产供销一条龙的全面发展，促进了企业管理上水平、上台阶。

“三个翻番”的提前实现，促进了企业精神文明建设。油田党政组织开展的“抓基础、攻难关、树样板”和“创先争优”活动，爱国主义、集体主义、柴达木石油精神教育活动，“学先进、爱岗位、做主人、比贡献”等活动，使企业文化建设日益深入人心，精神文明建设硕果累累。管理局先后荣获“全国五一劳动奖状”、“全国精神文明建设工作先进单位”、省级“文明标兵单位”等称号。油田职工、家属中涌现出一大批热爱油田、奉献油田、为油而战的先进集体和先进个人。

所有这些，为青海油田即将迎来新世纪更大发展奠定了坚实的物质和精神基础。在油田职工、家属热烈庆祝“三个翻番”提前两年实现之际，局党委、管理局进一步解放思想，不失时机地提出了“5355”跨世纪发展目标，即到 2005 年或稍长一些时间，实现累计探明加控制石油地质储量 5 亿吨，累计探明加控制天然气地质储量 3000 亿立方米，原油年产量 500 万吨，天然气年产量 50 亿立方米。新的发展目标的提出，激励着高原石油职工进一步发扬柴达木石油精神，肩负历史责任，创造美好未来。

第三节　重组改制，加快发展

2000 年 1 月 1 日，实施重组改制，青海油田分公司和管理局正式分开分立独立运行。到 2005 年底，油田物探、测井、勘察设计、公安、中小学教育和油品零售业务持续重组，纳入专业化公司和社会化服务体系。重组后的油田上市和未上市企业，共同高举“中国石油”一面大旗，发展共谋、稳定共抓、环境共建、责任共担，为实现青海油田持续、有效、较快、协调发展而奋力拼搏。

一、青海油田分公司踏上快速发展新征程

重组改制后，青海油田分公司(以下简称油田分公司)广大职工再接再厉，增储上产成果不断扩大，实现了由“投入型”向“产出型”的历史性转折。从 1955 年到 2005 年，柴达木盆地累计查明地面构造 140 个，圈闭面积 4809 平方千米；潜伏构造 92 个，圈闭面积 5665 平方千米；共发现油气田 26 个；累计探明加控制石油地质储量 3.8 亿多吨，累计探明加控制天然气地质储量 3700 亿立方米；累计生产原油 3190 多万吨，累计生产天然气 101 亿立方米。其中，重组分立后的 2000—2005 年，累计新增探明石油地质储量 9933 万吨，累计新增探明天然气地质储量 1479.69 亿立方米，累计生产油气当量 1887.85 万吨，累计实现销售收入 285.62 亿元，上缴税费 36.16 亿元，创造利润 76.87 亿元，成为青海省的“第一利税大户”和“财政支柱企业”。

（一）勘探有新突破

按照“突出预探、油气并举、择优探明、注重效益”的勘探思路，立足“柴西第三系碎屑岩，柴北缘侏罗系中浅层，中东部第四系生物气天然气”的勘探目标，围绕“突出勘探、快速逼进大场面，潜心研究、谋求油田大发展”的工作目标，加大基础研究和科研攻关力度，优化部署，甩开预探，打破新区石油勘探上没有新发现的沉闷局面，使油气勘探工作有了新的突破。

2001 年以来，油田分公司展开了对柴北缘勘探项目的科技攻关。通过研究认为围绕生油凹陷，在周缘古隆起带开展勘探是一个重要方向，深化了对马北构造的认识。

2003 年 8 月 8 日，马北 1 井在井深 887～890 米处，用 8 毫米油嘴求产，获日产 63.7 立方米的工业油流。在井深 1066.6～1068.6 米处，用 8 毫米油嘴求产，获日产 50114 立方米的天然气。随之，又在马北 3 号圈闭钻探马北 3、马北 101、马北 103、马北 125 等井，均取得良好效果。

马北地区的突破，引起全国同行关注和中国石油天然气股份有限公司(以下简称股份公司)的重视。2003 年 11 月，股份公司在青海油田召开中国石油 2003 年度勘探年会，有关领导和专家对青海油田取得的石油勘探突破给予了高度评价。“马北 1 井喜获高产油气流”，被列入中国石油 2003 年的 12 项重大发现之一。”|

五”末，油田分公司先期在马北地区安排年产5万吨的产能建设。

与此同时，柴北缘冷湖构造带勘探，柴西南岩性油气藏勘探研究，阿尔金山前带碎屑岩勘探，以及盆地中部、东部伊克雅乌汝生物气勘探研究和红山地区白垩系的勘探研究等，均取得新的认识和新的进展。

（二）滚动勘探开发取得新成效

重组以来，油田分公司以尕斯库勒油田的增产稳产，花土沟油田的调整上产，油砂山、七个泉及砂西油藏的增储上产为工作重点，通过优化设计方案、现场跟踪分析和开发综合研究技术，因地制宜地对已探明的油气田进行合理开发，使油气产量稳中有升。2005年，油田原油年产达到221.5万吨，天然气年产达到21.2亿立方米。

在油藏深化认识的基础上，通过滚动勘探开发和扩边挖潜，使油层开发的有效厚度有了较大幅度的增长。尕斯库勒油田中浅层油藏，乌南、七个泉、南翼山、红柳泉等油田新增探明石油地质储量1628万吨。

2000—2005年，油田分公司不断加大勘探开发一体化力度，先后在油砂山、尕斯库勒、红柳泉等油田实施滚动勘探开发，形成了“尕斯库勒油田下第三系渐新统深层低渗透油藏分层注水开发，跃进二号油田细分层系注水、防砂采油，七个泉油田油基压裂增产，狮子沟构造带和南翼山油田滚动勘探开发”等4项配套技术，实现油田开发“储采比、注采比、投入产出比”的平衡。

尕斯库勒油田是青海油田唯一的亿吨级储量油田，科技人员根据油藏剩余油的分布特点，以开发区块、注采井组、小层油砂体为单元，对层系、井网和注采系统进行细分综合调整，科学布井，注采对应补射孔和优化布井，使老油田持续稳产高产。经对尕斯库勒油田进行方案优选，使下第三系渐新统油藏连续稳产15年，开创了全国陆上低渗透油藏高效开发的新水平。

通过对油砂山油田上第三系中上新统油藏开展精细描述，实施扩边挖潜评价试采，新增探明石油地质储量1189万吨。通过对砂西区块下第三系渐新统油藏的成藏构造、断裂分布、油水分布等关系的精细研究，对测井资料进行重新解释，使两口老井在重新试油时获得高产工业油流，新增探明石油地质储量219万吨。

科技人员根据柴西下第三系渐新统岩性油藏的特点，对红柳泉油田红107井区、红参2井区等8个主要产油小层进行精细解剖和储量计算，新增探明石油地质储量220万吨。2003年，在冷湖3号油田部署5口检查井，取得新认识。其中，检302井自喷生产，初期自喷日产原油达10吨以上。

油田采取风险共担、利益共享的合作开发新机制，风险招标开发难采储量。尖顶山难采油田得到了有效开采，年产量达到5万吨水平。乌南油田实施滚动开发，注水保持地层压力开采，使低渗低压难采油田得到有效开发。

（三）天然气开发成为油田加快发展的支柱

柴达木盆地丰富的天然气资源和天然气勘探成果，引起了党中央、国务院的关注和重视。在实施“西部大开发”热潮中，为了改变青海西宁和甘肃兰州等城市的燃料结构，还大气污染较重的兰州古城一片蓝天，带动天然气下游产品开发和周边地区的经济发展，1999 年 10 月 26 日，国务院领导在青海西宁听取油田工作汇报时，拍板同意筹备了多年的“涩北至西宁、兰州”（以下简称“涩宁兰”）天然气输气管道立项。这一重大决策，拉开了柴达木盆地天然气更大规模开发的序幕，使油田天然气开发驶入“快车道”。

2000 年 3 月，“涩宁兰”输气管道开工建设。“涩宁兰”输气管道西起柴达木盆地东部的涩北气田，横跨青、甘两省，经西宁到兰州，全长 953 千米，管径 660 毫米，年输气能力 20 亿～30 亿立方米。2001 年 5 月 18 日，涩北气田向“涩宁兰”下游供气。两个月后的 7 月 18 日，油田完全依靠自己的技术和力量建设的又一条输气管道“涩北、南八仙、南翼山”管道竣工投产。至此，油田先后建成的 5 条天然气长输管道，形成了以涩北气田为中心，横跨盆地东西南北的天然气供应气网。每天近 600 万立方米的天然气源源不断地输往兰州、西宁、格尔木、阿克塞、敦煌、花土沟等城镇和沿线用户，柴达木盆地天然气开发顶起了油田经营效益的“半边天”。

油田高度重视气田的科学开发，破解同类型气田开发中一些技术性难题。柴达木盆地目前已经找到的涩北气田以及驼峰山、盐湖气田，位于盆地东南部的“三湖”（台吉乃尔湖、达布逊湖、涩聂湖）坳陷区。其最大的地质特征是第四系生物气藏，就其规模和探明储量而言，在国内外第四系油气田中都是罕见的。涩北第四系生物气田的勘探开发，填补了我国在地质最新层位获得较大规模天然气的空白，同时对第四系以生物甲烷气为主体的深入研究拓展了领域，丰富了陆相沉积盆地天然气地质学科内容，在世界上也具有重要意义。

涩北 1 号、涩北 2 号、台南气田自 1964 年起相继发现，到 2005 年，探明地质储量 2768 亿立方米（占全盆地同期天然气总探明储量的 90%左右）。共钻探井、试采开发井 170 多口，累计生产天然气 60 多亿立方米，天然气的年销售收入由 2001 年的不足两亿元上升到 2005 年的 9 亿多元。

“十五”期间，油田坚持“科学、合理、高效”开发涩北气田的指导方针，强化气田基础研究，重点围绕第四系生物成因气藏粉细砂岩地层的出砂防治为主攻课题。通过引进、消化和吸收国内外先进防砂技术，成功应用了高压一次充填防砂和纤维复合防砂工艺，先后完成防砂措施作业 30 多井次，防砂试验井平均连续生产周期达到 300 天以上，为保证主力气田的稳定高效开发打下了基础。“十五”期间，“柴达木盆地第四系气层(藏)识别评价技术研究”等课题，获得了青海省、中国石油天然气集团公司的科技进步一等奖。

2000—2005 年，油田新建天然气产能 27 亿立方米，天然气产量年年上新台阶，累计生产天然气 75.84 亿立方米。2003 年油田分公司实现从投入型向产出型企业的历史性转变。2004 年油气产量突破 400 万吨当量，油田销售收入加经营收入达到 72 亿元，上缴利税 29 亿元。2005 年油气产量达到 433 万吨当量，实现销售收入 75 亿元。

二、青海石油管理局迎接市场挑战，实现稳步发展

重组分立后，管理局存在着富余人员多、装备落后、效率低下、产业结构不合理等诸多困难。面对这些困难，管理局党政组织审时度势，坚持弘扬柴达木石油精神，引导职工树立大局意识和市场意识，转变思想观念。坚持“一切围绕油田发展、一切为了油田发展、一切服务于油田发展”的指导思想，通过确立“在为甲方、业主、客户创造最大价值的同时实现自身价值”的核心经营理念，苦练内功，谋求发展。坚持与时俱进、开拓创新，在经营之路上经历了潜亏、明亏、到扭转亏损，走上稳步协调发展的过程。

(一) 搞好关联交易，保好勘探开发

重组分立后，通过实施关联交易，管理局基本上保持了对油田区域内主要工程技术服务 80%以上市场份额的作业量，经济效益也保持管理局年收益总量的 70%左右。为确保关联交易项目的顺利完成，保证油田勘探开发，管理局专门调整充实了 120 多支油田技术服务队伍。其中有甲级队 24 支，乙级队 83 支。这些专业技术服务队伍都通过了 ISO9002 质量和 HSE 管理体系认证，在油田增储上产中发挥了有力的保障作用。2000—2005 年，共完成钻井进尺 120 万米，其中探井进尺 10 万米，开发井进尺 110 万米；完成固井作业 2111 井次；完成油井大修 239 井次；完成酸化压裂作业 1340 井次；发供电 195147 万度，供水 13291 万立方米，有力地保证了油田的勘探开发和持续上产。

(二) 调整产业结构，应对市场挑战

2002 年，管理局原有核心业务物探、测井公司先后划出加盟集团公司东方地球物理勘探有限责任公司和测井有限公司。根据变化了的市场环境和逐步建立现代企业制度的需要，管理局定位于地区综合服务公司，主要从事石油天然气工程技术服务、生产技术服务和基地服务并兼营其他业务。管理局按照“一个机关、两个模拟公司、三个经济责任中心”(面向市场、高效、精干的管理局机关；工程技术

服务和生产辅助单位组成石油天然气工程技术服务总公司，主要承担利润责任中心的职责；后勤服务、文化教育、医疗卫生、社区管理和多元开发等单位组成昆仑实业服务总公司，主要承担成本责任和投资回报中心的职责）的组织构架，开始进行新的尝试。这种运营模式和运作的实际效果，初步达到了"适应市场要求、内部分灶吃饭、严格预算管理、财务独立核算、主营业务突出、分配体现效益、全力创收节支"的改革目的和调整初衷，为应对市场、谋求发展奠定了基础。

2003年初，管理局明确了"十五"后三年的发展目标及配套举措：即走新型工业化道路，加快推进产业结构优化升级；通过"两个做强"（做强钻井、井下作业），形成主营业务的龙头；"两个做好"（做好水电供应、设计施工包括加工制造），形成效益的支柱和生力军；"两个做稳"（做稳低效油田开发和自主产品开发），形成新的经济增长点；"两个做优"（做优基础教育和医疗服务）；"一个做大"（做大内外服务包括旅游和社区服务），成为带动油田基地繁荣、扩充产业结构、增加就业的有效途径。

调整后的工程技术服务总公司，以保障高原油田增储上产为己任，高标准，严要求，诚心诚意地为甲方提供优质服务。所承接的钻井任务、井下作业工作量等业务逐年上升。钻井年进尺由重组分立初期的15万多米，跃升到2005年的29.7万米。昆仑实业服务总公司顾全大局，努力增收节支，一方面靠提供优质服务使年收入水平较重组初期有所上升，一方面过"紧日子"使年支出费用水平较重组初期下降数千万元。

2003年，管理局勘察设计研究院加盟到集团公司工程设计有限责任公司，管理局公安处的公安业务分别移交甘青两省的当地政府。2004年，管理局基础教育培训中心及所属中小学整体划归青海省教育厅。

（三）实施"走出去"战略，拓展市场空间

重组分立后，管理局坚持"立足油田市场求生存，走向社会市场谋发展"战略指导思想，在全力抓好油田增储上产的同时，积极拓展市场空间，走向社会市场承揽作业工作量或提供多种服务，在油田外市场创造的价值工作量由初期的数百万元、数千万元，到2002年突破1亿元，2004年突破2亿元，2005年突破3亿元。管理局相关单位还拥有国家石油化工工程施工一级资质、国家石油化工设备管道安装工程一级资质、国家压力容器安装资质、国家二级企业运输资质、国家工程监理乙级资质。拥有青海省公路工程施工总承包二级、客运站务二级和市政公用工程总承包二级资质及省级供电营业和水资源专管资质、省级压力容器制造资质，为实施"走出去"战略创造了条件。

2001—2002年，管理局经过多方配合和努力，在意大利阿吉普石油公司实施的柴达木盆地东部风险勘探作业施工项目中，反承包中标物探、钻井、修路三个项目，按期高质量、高水平地履行了合同，实现收入6000多万元，不仅取得较好的经济效益，而且为走上国际市场积累经验，锻炼了队伍。

2004—2005年，GW65和GW123钻井队相继进入南美委内瑞拉，迈进了国际钻井市场，累计完成钻井进尺1.89万米，实现收入7778万元，赢得了中国石油天然气集团公司委内瑞拉项目部的表扬和嘉奖，树立了海外青海钻井的品牌形象。同时，钻井液技术也在苏丹、伊朗、印度尼西亚、哈萨克斯坦、墨西哥和委内瑞拉闯开市场，取得了可观的经济效益。

在实施“走出去”战略过程中，管理局各单位想方设法拓展周边市场，先后使井下作业队伍进入到延长、玉门、吐哈油田，承揽到“涩宁兰”输气管道和西气东输管道等工程的建设工作量，承揽到青海、新疆、内蒙古等省区的道路建设，青藏铁路配套建设和物资仓储、地方城镇市政基础设施建设等作业量，承揽到周边大型资源开发项目的非标装备制造加工任务，把发供电业务扩展到油田外的厂矿点，创造了一定的经济效益。

（四）发展新兴产业，培育新的经济增长点

油田的新兴产业，是在多种经营和第三产业的基础上逐渐发展起来的。

重组改制后，面对激烈的市场竞争，管理局进一步加大了新兴产业的研发力度，在调整产品结构、经营格局、经营规模和完善经营机制的基础上，大力开展有市场前景的新产品，拓展了市场空间。至2005年，新兴产业已拥有资产总额46621万元，其中固定资产26961万元，共有经营网点200多个，注册登记的质量合格产品近80种。已基本形成具有一定经济规模的集油、气、盐化工、低效油田开发、建筑建材、农牧养殖和商贸、餐饮、旅游、劳保用品、时代生物制品、矿泉水等特色产业，逐步成为管理局新的经济增长点。

2000—2005年，管理局各行业的广大职工经过市场拼搏，年完成价值工作量由重组分立初期的12亿元左右，上升到24亿元左右。每年上缴的税收均在1亿元以上。经过各级工商、金融机构的推荐和评审，成为青海省和全国“守合同、重信誉”企业。

第四十三章 吐哈油田

吐哈油田位于中国新疆东部吐鲁番、哈密地区，发现于20世纪90年代，是集地质勘探、油气生产、天然气化工、石油机械制造、油气田工程建设、科研设计以及多种经营为一体的大型企业。油田机关设在哈密市。

吐哈盆地南北分别与塔里木盆地和准噶尔盆地相邻，地跨哈密和吐鲁番两个地区。盆地东起梧桐窝子泉，西至喀拉乌成山，北依博格达山，南抵觉罗塔格山。东西长600千米，南北宽60～130千米，总面积5.35万平方千米，地势东高西低，北高南低，一般海拔高度300～800米。除城镇周围绿洲外，多为戈壁荒滩。

早在20世纪50年代，吐哈盆地就进行了石油勘探工作。1989年1月，鄯善县台参1井喜喷工业油流，揭开了吐哈盆地勘探找油新的一页。1991年2月，中国石油天然气总公司成立了吐哈石油勘探开发会战指挥部和党的工作委员会，拉开了吐哈石油大规模勘探开发的序幕。经过广大职工艰苦奋斗，吐哈盆地先后配套建成了国内一流管理水平的鄯善、温米和国际水平的丘陵等油田，成为我国又一个新的石油生产基地。

吐哈盆地的主力油田分布在台北凹陷鄯善弧形构造带，鄯善、丘陵、巴喀等油田为构造油藏，其他大多为断块油藏和岩性油藏，且存在分散的多套储层系统，主力油层分布于井深2800～3000米。已发现的油气田和探明石油地质储量绝大多数集中于侏罗系，普遍为低压、低渗、低孔、低饱油藏，气油比高，部分地区有浅层气。

1997年，吐哈油田原油年产量达到300.00万吨创历史最高纪录。到2005年底，吐哈盆地累计探明石油地质储量3.14亿吨，探明天然气地质储量971亿立方米。建成了鄯善、温米、丘陵、红连等16个油气田，累计生产原油3203万吨，天然气123亿立方米。

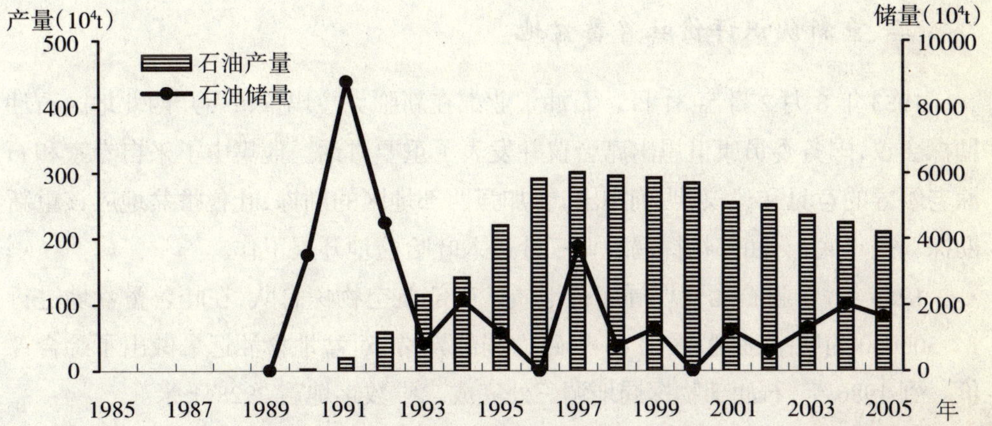

吐哈油田石油探明地质储量和产量变化图

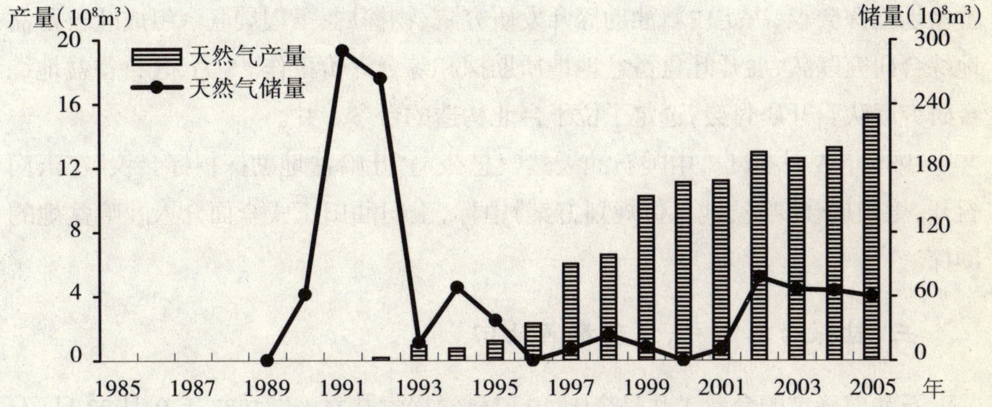

吐哈油田天然气探明地质储量和产量变化图

第一节　吐哈油田的发现

一、吐哈盆地的早期勘探

1954年3月，吐鲁番盆地勘探列入“一五”计划。同年，石油管理总局地质局组建吐鲁番地质大队，拉开了吐鲁番盆地勘探找油的帷幕。1955年5月，新疆石油公司地质调查处组成浅钻队，在吐鲁番盆地七克台地区开始钻探工作。同年，燃料工业部做出决定，新疆石油公司接收石油管理总局吐鲁番地质大队，对吐鲁番盆地进行全面勘探。1958 年 3 月，玉门矿务局组织了 4 个地质队、4 个测量队、1 个电法队和 12 部钻机，4000 余人奔赴吐鲁番盆地开展石油勘探，历经七年，做了大量地面地质调查和少量地震工作，钻探各类井 138 口，发现了七克台和胜金口两个小油田，试采原油 2 万余吨。

二、重新认识评价吐鲁番盆地

1983 年 8 月 2 日至 31 日，石油工业部在新疆克拉玛依市召开西北地区石油勘探会议，国务委员康世恩出席会议并发表了重要讲话。他集中了来自专家和石油老领导的意见和建议，明确指出，要加强西部地区的勘探，吐鲁番盆地应该重新勘探。是年底，石油部物探局地调三处进入吐哈盆地开展工作。

1984 年，新疆石油管理局雇请地质矿产部航空物探总队，在吐鲁番盆地进行 1∶500000 的航空磁测，圈出 45 个磁力局部异常，对盆地含油远景做出了综合评价。到 1986 年，石油部物探局地调三处完成二维数字地震 2928 千米。

1986 年 1 月，石油部局厂领导干部大会在大庆油田召开。会议期间，石油部决定把吐鲁番盆地勘探交给玉门石油管理局。4 月，石油部在北京召开加快吐鲁番盆地勘探会议，决定由石油勘探开发研究院、物探局、玉门局联合组成吐鲁番盆地综合研究联队，展开吐鲁番盆地地质勘探和综合评价工作。8 月，吐鲁番盆地综合研究联队召开研讨会，选定了位于台北构造的台参 1 井。

1988 年 6 月 30 日，中国石油天然气总公司“吐哈盆地勘探招标会议”在玉门召开，玉门局《吐哈盆地总体规划方案》中标，玉门油田正式全面介入吐哈盆地的勘探。

三、钻探台参 1 井，发现鄯善油田

石油部确定的台参 1 井是全国 10 口科学探索井之一。1987 年 9 月 22 日，石油部勘探司审查批准了北京石油勘探开发研究院对该井的设计，由玉门 6052 钻井队承钻的台参 1 井正式开钻。钻探中由于地质情况十分复杂，塌、漏、缩、卡险象环生。台参 1 井钻至井深 3199 米时，又一次发生严重井漏。紧急调来 400 袋水泥配制泥浆，配浆速度赶不上，钻工们就跳进齐腰深的泥浆池里，用身体搅拌泥浆，制服了井漏。钻至 4466.88 米处，再次因煤层严重垮塌而卡钻，井下处理难度很大。考虑到该井已经在侏罗系发现油气层，上级部门同意解卡后提前完钻。

1988 年 12 月 28 日至 1989 年 1 月 2 日，台参 1 井在 2934～2972 米处射孔作业，5 日凌晨 5 时油流猛烈喷出地面。台参 1 井喷油，揭开了吐哈盆地侏罗系找油新的一页。

2004 年建成的丘东第二气处理厂。

四、鄯善弧形构造带发现整装油田

1990 年 2 月 10 日，由玉门 32757 钻井队承钻了陵 3 井。6 月 15 日，该井钻至井深 2589 米获取岩心，发现 3.93 米的细砂岩中有油迹和浓烈油味。6 月 19 日，陵 3 井顺利完钻。7 月 13 日试油，陵 3 井喷出了日产上百吨的高产油流，发现了吐哈盆地最大的丘陵油田。

随着鄯善、丘陵油田的发现，台北凹陷鄯善弧形构造带已成为吐哈盆地油气勘探开发的主战场。1990 年 7 月 18 日，在紧依鄯善油田东南方向的温吉桑构造，华北 32632 钻井队承钻的温 1 井开钻，于 10 月 17 日完井，经试油日产原油 92 吨，天然气 39 万立方米，发现了温吉桑油田。

从 1990 年 3 月开始，鄯善油田开发试验区的钻井、地面工程建设、试注、试采等工作，紧张有序地进行。玉门油建职工奋战 6 个多月，建成了试验区的联合站。这个由玉门油田设计院设计的试验区联合站，集油气、天然气处理、燃气发电、油田注水为一体的新型联合站，体现了采用新技术、创造高水平的基本思路。

从 1987 年上钻台参 1 井，到 1990 年年底，吐哈勘探开发取得五项成果。一是基本搞清了吐鲁番盆地的构造格局，解释出圈闭 60 个，总面积为 1400 平方千米，评价盆地油气资源量为 16 亿吨。二是继发现鄯善油田之后，又在鄯善弧形构造带获得了丘陵和温吉桑两个新的含油气构造的重大突破。三是勘探发现中侏罗统西山窑组含油气的新层系。四是鄯善油田储量报告经国家储量委员会评审通过，探明储量 3438 万吨，控制储量 968 万吨。在丘陵油田控制储量 5000 万吨，在温吉桑油田控制储量 1000 万吨。五是建成鄯善油田开发试验区并投产。相继发现的鄯善油田，依拉湖油田，丘陵油田，温吉桑油田，总含油面积 80 平方千米，探明加控制油气储量 1.58 亿吨，奠定了石油大规模会战的物质基础。

第二节　打响“两新两高”石油会战

随着吐哈盆地油气勘探的不断发现，总公司决定把吐哈盆地作为实施“稳定东部，发展西部”战略的战场，打一场“两新两高”（新体制、新技术，高水平、高效益）的石油大会战。1991 年 2 月 25 日，吐哈石油勘探开发会战指挥部在鄯善县正式成立，并召开会战动员大会。

吐哈会战期间，吐哈盆地共预探圈闭 85 个，圈闭成功率 39%；钻探井 164 口，成功率 36%；平均每口探井探明油气储量 148.6 万吨，比全行业水平高出近 3 倍；每探明 1 吨油气储量投资 9.9 元，比全行业水平低 40%。1995 年 8 月 2 日，吐哈最大的丘陵油田投产成功，吐哈原油生产能力猛增到 300 万吨。

一、采取新模式组织会战

“两新两高”是吐哈会战最为鲜明的特色，重点体现在新型会战体制上。借鉴国际经验，在建立、完善、创新“油公司”新型体制的道路上不断探索，将主业与专业化施工作业、社会化服务、多种经营实行分离。在油田开发管理体制上，推行指挥部—事业部—作业区三级管理体制，形成投资、利润、成本三级责任中心；重点工程推行项目管理，施工作业实行公开招标和甲乙方合同制。初步形成了开放的市场体系，主要施工作业、工程设计、科研项目公开向全国招标。

战区择优选聘所需要的各类队伍，吸引国内外先进技术力量参战。在会战的几年里，吐哈盆地汇集着来自全国 29 个石油企事业单位的 1.3 万人的乙方会战队伍，占队伍总数的 76.18%。严格按项目管理和甲乙方合同制运作，形成了新型的经济秩序，“资金跟着项目走”。从会战开始，吐哈用于勘探、开发、生产建设的直接费用，始终占投资总额的 95%以上。

新体制打破了石油企业自我封闭的格局。从 1991 年会战开始，到 1993 年钻井会战结束，来自玉门、华北、长庆（一年后由中原队伍接替）的 44 个钻井队，在鄯善弧形构造带上你追我赶，钻井纪录不断刷新。钻井水平在竞争中明显提高，钻井口数每年以 20%以上的速度增加；开发井平均建井周期由 1991 年的 71.3 天，缩短到1993年的35.5天，实现了钻井速度翻番；平均钻井队年进尺由1991年的11290米提高到1993年的17334米，提高幅度为65.13%。按会战钻井工作量计算，少调遣组建20个井队，每个队按600万元配套费用计算，少投入1亿多元。

二、运用新理论指导会战

1989年台参1井在中侏罗统三间房组喜获工业油流，重新揭开了中国西北地区侏罗系煤层找油的序幕。吐哈油田首次建立了煤系有机质丰度评价标准，从成因方面分析了煤系源岩与湖相源岩在有机制丰度、生烃潜力等方面的不同，为煤系地层烃源岩评价建立了衡量标尺。首次运用表面化学理论评价煤系孔隙与烃类相互作用的关系，分析了煤成油排驱的主要制约因素，全面系统地对吐哈盆地煤成烃机理和油气富集规律认真研究和总结，丰富和发展了中国陆相油气生成理论，研究成果总体水平达到国际领先水平，从而使吐哈盆地成为中国在侏罗系煤系地层发现亿吨级整装油气田的第一个盆地，这对指导全国石油勘探在煤系地层找油具有重大的现实意义。

勘探首先集中力量对鄯善弧形带构造进行整体解剖，探明了该构造带上的丘陵、温吉桑两个油气富集带，发现了鄯善、丘陵、温吉桑、丘东、米登、巴喀等6个油气田，累计探明石油储量1.3544亿吨，天然气225亿立方米，为建成300万吨原油年生产能力提供了优质储量。1993年起，会战指挥部决定，勘探向台北凹陷西部和南部转移，收到明显效果，接连在葡北、神泉、胜南、连木沁等构造获得高产油气流，并在新层系、新领域取得新突破。到1995年，基本探明了葡北—神泉，红南—连木沁油气富集带上的8个油气田。累计探明石油地质储量4024万吨，探明天然气储量26亿立方米。

三、高速度高效益建设三大主力油田

（一）抢建鄯善油田

1991年初，指挥部集中了来自玉门、华北、长庆的27个钻井队，率先打响开发井钻井会战。紧随其后，玉门和华北的油田地面建设大军，打响了鄯善油田产能建设硬仗。

鄯善油库工程的建设，在激烈的竞标中，玉门油建中标。几百名油建工人在戈壁滩上，冒着零下30多度的严寒，开始了4具5000立方米大罐的建造安装施工。

鄯善油田是吐哈第一个投入开发的先导试验整装油田，油气工程建设结合西部沙漠戈壁实际，采用了国内外先进成熟技术。实现了两级布站，油气全密闭集输，单管不加热输送，大大降低了油气集输过程中的损耗；原油稳定和气体处理同时配套建设，为油田伴生气的综合利用创造了条件；注水采用精细过滤、管线内涂防腐技术，使注水水质得到保证；采用先进的自动化控制系统和程控交换通信系统，达到井站无人值守，大站集中控制，数据采集、远传管理，大幅度地减少了岗位和操作人员。鄯善油田建设做到了“三全、两配套、一化”，即：油、水、气系统全密闭，全处理，全合格；配套高效节能设备、配套低耗工艺；生产管理自动化。

1991 年 11 月 19 日，鄯善油田投产。产能建设 75 万吨的鄯善油田，1993 年原油产量达到 92 万吨，操作管理人员 108 人，与国内同规模油田相比，减少管理操作人员 40%。

鄯善油田是个特低渗透油田，单井日自然产量只有 8～12 吨，井又深，经济评价为“边际”油田。会战指挥部决定对油藏实施整体压裂改造，这在国内特低渗油田还是第一次实践。鄯善油田的建设者与总公司石油勘探开发研究院万庄分院的专家，共同完成了《鄯善油田整体压裂设计》，将压裂的理论从单一的压裂增产提升到压裂开发，把裂缝的几何参数和方位与井网布局作为整体研究设计，压裂井覆盖率达到 73%。经实施效果显著，鄯善油田平均单井产量提高一倍，油田产能提高 22.7%，并且稳产期达到三年，成为特低渗油田开发的范例。1995 年，《鄯善油田开发配套技术》获国家科技进步二等奖。

（二）高效快速建设温米油田

温米油田位于吐鲁番地区鄯善县境内的温吉桑构造带上，由 9 个含油气断块组成，温米油田属于低渗透岩性构造层状边水油气藏。1993 年 4 月底，温米油田开发建设启动，借鉴鄯善油田建设的成功经验，在整体设计水平、施工质量、油田自动化管理等方面，又大大提高了一步。实现了当年投产一次成功，当年生产原油 18 万吨。1994 年上半年，又完成了 3 个区块建设，油田全面投产。共钻井 211 口，地面工程以二级半和三级半布站相结合，共建选井站 9 座、中心计量站 3 座、计量接转站 4 座、联合站 1 座、注水站 1 座。在温米油田的开发过程中，根据储层物性相对较好、油层层数少、油气水关系复杂及各区块不同的特点，有针对地选择了开采方式，对主力区块采取早期面积注水方式开采，对小区块采取晚注水或衰竭式开采。在井网层系上，采用一套层系 350～400 米井距开采，对多套含油气层系的区块合理划分开发层系，井网整体考虑，综合利用，立体开发。1995 年配套建成 70 万吨产能，同时建成了日处理 50 万立方米的天然气处理装置，提高了油田的综合经济效益。

（三）按国际水平建成丘陵油田

丘陵油田是吐哈盆地发现的最大油田，属于低孔隙、低渗透、低压油田。参加建设的玉门、华北、中原油田等 30 个企业和科研单位，按照技术市场和作业市场机制，分别由3个项目部管理。总公司石油勘探开发研究院、华北设计院及多所石油高校，开展了裂缝及主应力方向的研究、地质模型建模方法的研究、原油特性的研究、弱挥发原油油田开发方法的研究、开发层系和井网的研究、油藏数值模拟研究、开发全过程储层保护研究、西山窑油藏整体压裂设计研究等40余项专题研究，为丘陵油田的科学开发夯实了基础。最终由总公司石油勘探开发研究院和吐哈石油勘探开发研究院，共同编写了《丘陵油田整体开发方案与设计》，并请英国BP公司专家进行了审议。1993年8月，《丘陵油田开发建设方案设计》经总公司审查，认为“主要经济技术指标达到了国际水平”。

1994年，在总结鄯善和温米两个国内一流油田建设经验的基础上，丘陵油田地面工程建设，采用了“无罐无泵流程、单管密闭不加热油气混输”等11项新技术。从国外引进了大型集散、分布式计算机数据采集与过程控制系统。在生产运作中，实现了多学科、多工种的融合配套与复杂技术的掌握应用，使自动化系统操作难度大大降低，更简便实用，提高了工作效率，达到了获取经济效益最大的目的。百万吨产能88人管理，平均每人管井2.6口，达到了国际水平。建成百万吨产能直接投资与控制指标相比降低了18%。

丘陵油田的原油伴生气，富含宝贵的丙烷、丁烷。在丘陵产能建设的同时，投资建设了日处理能力120万立方米伴生气整套处理装置，于1996年4月开工建设，12月中旬投料试产，生产出了合格产品。

鄯善、温米、丘陵油田，都是低渗透或特低渗透、低粘度油田，埋藏深度2500～3200米。建设期间，充分动用地质储量，建成原油产能315万吨，储量转化为产能仅用了两年。应用新技术强化开采，主力油田采油速度保持在2.5%以上。相继配套建成了年330万吨原油集输、处理、储运系统；配套建成了年处理8亿立方米天然气的装置系统；配套建成了年注水能力为510万立方米的油田注水系统；配套建成了年处理能力165万吨的污水净化系统；引进美国等西方国家的自动化管理操作技术，实现了“百万吨产能百人管理”的目标。

四、建设鄯乌天然气长输管道

1996年9月30日，由吐哈油田建设投产的鄯善—乌鲁木齐输气管道，是中国西部第一条长距离、大口径的天然气输送管道，主要供乌鲁木齐市生产合成氨用气和为居民供应燃气。设计年输气能力6亿立方米，压力等级3.5兆帕，全长301.625千米，沿线建有鄯善首站、大河沿清管站、新化分输站、乌石化末站5座场站，快速截断阀室6座以及配套的供电、供水、通信、自动化系统设施，总投资48572.62万元。1997年3月10日向乌鲁木齐石化厂供气，4月30日向新疆化肥厂供气，9 月 30 日为乌鲁木齐城市门站供气。

五、会战取得丰硕成果

“八五”期间，吐哈盆地先后在侏罗系发现了 14 个油气田，探明油气地质储量 2.3 亿吨，建成了国内一流水平的鄯善、温米油田和国际水平的丘陵油田等 7 个油气田，原油产量每年以 85%的幅度递增，1997 年原油产量达到 300 万吨，天然气工业产量达到 8 亿立方米，进入全国十大油田行列。

五年会战，吐哈油田配套建成了石油生产基地的辅助设施，包括铁路专用线、鄯善油库、轻烃储装站和物资库、供水供电、油田道路和覆盖油区的通信网络；建成了鄯善和哈密机修服务网，构成了较为完整的勘探、开发与生产服务网络。在哈密市郊建成了占地 644 公顷，环境优美，功能完备的石油生活基地，多次被新疆维吾尔自治区和国家命名为“全疆优秀文明小区”、“全国文明示范小区”、“全国城市物业管理优秀示范住宅小区”。

吐哈会战的另一个重大成果，就是在全新的会战机制促进下，通过优胜劣汰有效提高了会战队伍的素质和水平，做到用一流的队伍创造一流的工程。形成了吐哈会战的四种精神，即：高效率快节奏的只争朝夕精神；创一流上水平的开拓创新精神；吃大苦耐大劳的艰苦奋斗精神；识大体顾大局的无私奉献精神。培养和锻炼出了一大批能打硬仗、能创高水平、技术素质高的职工队伍，明显加快了会战节奏和油田建设步伐，顺利实现了既定目标，即鄯善、温米油田实现国内一流，丘陵油田达到国际水平。

第三节 扩大勘探成果，提高开发水平

1994 年底，吐哈石油会战接近尾声，勘探队伍走出鄯善弧形构造带，向西部区域勘探转移。通过不断扩大钻探领域，相继发现多个含油气构造，为油气增储上产准备了战场。围绕油田“稳油、增气、提效，油田经济总量稳步增长”的总体发展战略，勘探确定了“立足吐哈盆地，油气并举，积极准备新区盆地”的工作思路，精细勘探侏罗系，寻找有效动用储量，强化油田周边滚动勘探，有效扩大了温吉桑、神泉、雁木西、连木沁油田含油面积和储量规模，为弥补油田产量发挥了重要作用。

一、不断扩展勘探成果

（一）深化台北凹陷侏罗系、白垩系勘探

通过老井复查和油气运聚规律研究，发现了吐鲁番、红南、连木沁、神泉、葡

北、雁木西等侏罗系油藏和白垩系、第三系浅层油气藏。在台北凹陷西部探明石油地质储量3000多万吨，天然气地质储量15.12亿立方米，为油田增储上产发挥了重要作用。

（二）发现和开发稠油油田

吐玉克油田位于新疆鄯善县鲁克沁乡，由鲁克沁区块、玉东及吐玉克区块组成。

1994年，在鲁克沁构造带东部钻探的艾参1井发现二叠系和石炭系两套生油岩，并在三叠系克拉玛依组井段钻遇大段稠油油砂，完井试油见到了少量稠油。1995年11月6日在构造带中段的玉东1号构造上钻探井玉东1井，在三叠系克拉玛依组见到了26层132.43米的油气显示，随后进行完井试油，于1996年5月8日获日产稠油15立方米，发现了吐玉克油田。1996年8月12日，在构造带西部的吐玉克构造上钻探的玉1井，完井试油过程中获日产稠油7.38立方米。1996年10月—1997年12月，在三维地震资料精细解释和地质综合研究工作基础上，相继钻探12口探井，又发现了玉东2块、玉东4块、玉东101块、玉101块、玉东201X块、玉东202块、鲁2块共7个含油断块。

至2002年12月，吐玉克油田共计新增探明含油面积10.13平方千米，探明石油地质储量5416万吨。

2003年4月16日，在玉西1断块上钻探玉西1井，通过压裂改造，获得稳定日产稠油15立方米。2005年9月在鲁克沁构造带鲁8块鲁8井试油，在侏罗系西山窑组首次发现了稀油，形成了上稀油下稠油的格局。10月通过钻评价井，探明了玉102块、玉西101块地质储量。吐玉克油田合计探明含油面积13.21平方千米，地质储量7839万吨。

吐玉克稠油具有“三高一中一低”（高密度、高粘度、高非烃含量、中等含蜡量、低凝固点）的特点。油藏埋深2700～3500米，这样深的稠油油藏开采，堪称世界级难题。吐玉克原油随气体溶解度的增大，原油粘度迅速下降，与国内大部分油田粘温特性相似，吐玉克原油粘度受温度影响较大，当温度低于60摄氏度后，原油粘度迅速增加。

针对吐玉克油藏特点及稠油举升中的难点，深入研究分析原油特性。建立油井流入动态、稠油井筒流动模型，研究配套有效的井筒降粘工艺，配套相应工具及管柱、杆柱，研究深层稠油举升井的优化设计软件，以优化系统参数。泵上掺稀井筒举升工艺的成功应用，为吐玉克油田的规模动用、开发提供了技术保障。2000年以来，鲁2块、玉东203、204块投入整体开发，吐玉克区块部分油井也相继投产，使稠油油田油井由东向西呈连片之势。动用石油地质储量2115万吨，建产能

11.8万吨。通过现场试验和攻关研究，吐玉克油田稠油开采取得了实质性进展，形成了防砂、降粘、压裂、深抽、注水、注气吞吐等一系列前沿技术，油田年产量由1999年的1.8万吨上升到2005年的9.7万吨。

（三）三塘湖盆地勘探开发前景良好

位于哈密地区的三塘湖盆地，面积约2.3万平方千米。1999年，吐哈油田获得三塘湖盆地探矿权。在已经发现牛圈湖和北小湖两个含油构造的基础上，吐哈油田在勘探上应用泡沫泥浆欠平衡水平井技术、成像测井技术，以及多种地质综合研究方法，提高了复杂油气藏勘探水平。在马朗凹陷马中构造带上钻探马7井，于二叠系获工业油流；黑墩构造带上的马6井在芦草沟组见大量油气显示，在3265~3298米井段试油，用10毫米油嘴自喷求产，初期日产油23.9吨。此后相继发现了马中2号、黑墩1号两个含油构造。累计控制石油地质储量9892万吨，展示出这个盆地良好的勘探前景。截至2005年底，先后发现北小湖、牛圈湖、马中、黑墩、石板墩、西峡沟6个含油气区块，初步具备建产能100万吨的储量基础。通过“超前注水、压裂改造”等先期开发工艺试验，技术路线可以满足三塘湖油田低压油藏的有效开发，进行规模产能建设的时机基本成熟，成为“十一五”期间吐哈油田原油产量战略接替的主战场。

二、持续推进油气勘探

精雕细刻台北凹陷南坡岩性油气藏。在葡北、葡砂2等井获工业油气流，开拓了岩性油气藏勘探新领域。深化浅层白垩系、第三系勘探，先后发现了胜北、鄯勒等油气田，扩展了浅层油气藏勘探领域。

大力突破二叠系—三叠系勘探，寻找接替层系。围绕台北、台南、托克逊已知生油凹陷，按照近油源找稀油的思路，将重点部署在塔克泉—鄯善、库木—连木沁、雁木西—葡北三大古凸起前缘，其中在鄯科1井三叠系获低产稀油油流，在英3、玉西1、玉西2井发现稠油层，使鲁克沁稠油富集带规模进一步扩大，吐哈盆地二叠系、三叠系三级储量规模扩大到1.5亿吨。

加大天然气勘探，开发利用天然气。以台北凹陷水西沟群煤系地层的小草湖、丘东、胜北3个生烃中心为主，精细勘探中侏罗统构造——岩性复合型气藏、浅层次生气藏，发现了鄯勒第三系气藏，扩展了红台—疙瘩台复合性含气区范围，扩大了温吉桑地区西山窑组气藏规模。

吐哈盆地天然气资源丰富，根据第二次资源评价，吐哈盆地天然气总资源量3650亿立方米。近年来，吐哈油田坚持油气并重的发展思路，将天然气勘探立足台北凹陷，主攻胜北、丘东和小草湖3个生烃次凹，从获得新的发现，扩大了天然气储量规模。截至 2005 年底,累计探明天然气地质储量 971 亿立方米。同时加大天然气开发建设力度,使天然气生产能力逐年增加,到 2005 年已累计建成天然气生产能力 13.45 亿立方米,共投运了 8 套天然气处理装置,日处理能力达 491 万立方米。

通过实施积极的发展战略,不断扩大天然气产业,确保了油田油气当量稳步增长。尽管原油产量从 1999 年的 295 万吨,下降到了 2005 年的 209.84 万吨,但天然气产量从 1999 年的 8.3 亿立方米,逐年上升到了 2005 年的 15.32 亿立方米,保持了油气当量逐步增长的态势。

三、滚动开发建产,奠定发展后劲

优质、高效、快速建成丘陵等三大主力油田后,至 1999 年,吐哈油田还在台北弧形构造带及其周边发现并建成了红连等一批中小油气田,使原油年生产能力达到 350 万吨,伴生气年生产能力 8 亿立方米,气藏气年生产能力 3.56 亿立方米。

为了加快储量向产量的转化,从 1997 年开始,吐哈油田陆续对已开发的油气田周边进行了滚动勘探开发,至 1999 年共钻井 46 口,总进尺 13.14 万米,新增滚动地质储量 3117 万吨,发现 19 个含油气区块,新增加含油面积 31.8 平方千米,建成产能 32.7 万吨,有效弥补了已开发油田产量的递减。

四、实施油田调整,加密井网提高采收率

自 1999 年开始,在鄯善、温米、丘陵 3 个主力油田的主力区块进行了一次井网调整。钻井 132 口,投改注 105 口,共调整井网 11 个区块。基本实现了一次层系调整目标,提高水驱控制程度 12.4%,水驱采收率提高 3.9%,累计增加可采储量 308.5 万吨。

2003 年开始二次井网调整。用两年时间,对层间矛盾大的主力区块Ⅱ、Ⅲ类层(储量为 6609 万吨,占总储量的 55.8%)实施两套井网开发;对未实现有效水驱的非主力区块,进行井网加密,使水驱储量动用程度提高 11%,提高水驱采收率 3.8%。

吐哈油田二次井网层系调整按照“整体部署、分步实施、适度集中、整体见效”的原则,2003 年新钻调整井 114 口,投改注 57 口,调整、完善了 8 个区块,调整区块基本形成了“五点法面积注水”格局,新增可采储量 195 万吨,调整井平均单井增加可采储量 1.55 万吨,调整区块建成产能 25.4 万吨。

到 2004 年初,油田总体上实现了注采平衡,油区自然递减比 2002 年下降 1.26%,是 2000 年以来的最高水平,油田开发指标趋于合理。

五、攻关三次采油技术，混相驱填补了国内空白

吐鲁番地区的葡北油田，是中国第一个注气混相驱油田，以注气混相驱的开采方式被载入世界油田开发史册。

葡北油田是吐哈油田的一个中小型油气田，位于吐哈盆地台北凹陷神泉—葡北构造带上，于 1993 年 10 月在葡北 1 井三间房油藏获得日产油 140 立方米、日产气 3432 立方米，从而揭开了葡北油田勘探开发的序幕。

葡北油田主力生产层位是侏罗系中统三间房组，油藏类型为层状边、底水砂岩油藏，砂体发育较为稳定，平均砂层厚度 19.2 米。储层物性较好，原油性质为典型的挥发性原油，具有“三低四高”的特点（低密度、低粘度、低凝固点和高气油比、高收缩率、高压缩系数、高饱和压力）。

葡北油田侏罗系中统三间房组具有适宜混相驱开发的先天优越条件，满足混相驱开发的要求，主要表现在：构造简单、储层条件好、砂体大面积分布、油水关系清楚、油品性质好，挥发性油藏、本油田伴生气丰富，满足注气需要，油田地层压力、流压满足混相驱要求、油田可以保持较高的采油速度，产能稳定、利用本油田伴生气回注即可实现混相驱开采，以及混相驱开采可大大提高采收率，因此优选葡北油田侏罗系中统三间房组作为中国第一例采用气水交替混相驱开发的油田。

为此，吐哈油田与总公司石油勘探开发研究院合作攻关，用两年时间完成了葡北油田油藏地质研究、油藏工程研究、混相驱室内实验和钻井、采油、地面工程设计和现场试验。在此基础上，与美国阿科公司著名混相驱专家讨论了葡北油田有关技术问题，完成了总体设计。1997 年 4 月 20 日，中国石油天然气总公司批准了总体设计，并定为国家级科研课题。

葡北油田采用三套层系，一套井网开发，采用气水交替混相驱开发，1988 年 8 月葡北油田采用注气混相驱开发投产投注。地面流程包括注水和注气两大部分。注气部分主要包括注气压缩机、配气间、控制柜、美国卡麦隆井口等，整个流程信号为远传控制、中控集中，压缩机最大日注气量 18 万立方米，最大注气设计压力 35 兆帕，单机日注气能力 15 万立方米，注气压力 28 兆帕。

经井下取样分析，证明葡北油田实现了混相驱油，达到了高速高效开发。自 1998 年 8 月投产，2000 年达到方案设计 14 万吨产能目标，至 2002 年平均单井日产为 50 吨，采油速度最高达到 7.31%，可采储量采出程度为 70.5%，连续三年超产运行，2002 年最高产量达到 18.1 万吨，至 2005 年累积生产原油 100.05 万吨。油田混相驱开发各项指标，整体达到了较高开发水平。

第四节　理顺体制，持续发展

吐哈油田，是中国在建立社会主义市场经济体制过程中建设起来的油田，改革始终引领着油田发展的每一步。

一、理顺体制，强化管理

1995年6月23日，总公司为了理顺吐哈—玉门管理体制，决定将吐哈油田与玉门油田的管理分开。将玉门油田的物探、钻井、井下、录测井、油建、运输筑路、机修制造等7个专业化技术服务单位的1.3万人，划归吐哈油田，成立吐哈石油勘探开发指挥部，勘探开发主业和辅助生产单位23个，总人数达到1.8万余人。

吐哈石油勘探开发指挥部承前启后，制定了“理顺体制，持续发展油气主业，以人为本，建好基地稳定队伍，坚持‘两新两高’，不断提升企业效益”的发展战略。

1999年10月，中国石油天然气集团公司重组改制，吐哈油田分离为吐哈油田公司和吐哈石油勘探开发指挥部。吐哈油田公司负责吐哈油田的勘探、开发和油气销售业务，隶属中国石油天然气股份有限公司；吐哈石油勘探开发指挥部以工程技术服务为主营业务，包括生产服务和生活服务。

石油工业是一个有机的产业链，吐哈油田把“体制上分，思想上合；合同上分，工作上合；任务上分，目标上合”作为重组改制后的基本工作原则。2005年，双方签署了《吐哈油田共同发展纲要》，以诚信谋双赢，共同促进吐哈油田发展。

二、实施资产经营，提升企业效益

1997年，吐哈油田被列入总公司四家资产经营试点单位之一。吐哈油田在新的管理结构下，进一步探索了以“油公司”为主体的内部管理模式，加强资产的经营管理，运用市场机制和竞争机制，推动生产经营发展。一是对油气生产主体单位实行生产经营承包责任制，并逐步增加资产经营指标；二是对专业技术服务单位和多种经营单位，实行内部资产经营责任制；三是对社会化服务单位实行工作任务、服务质量、费用承包责任制。紧紧抓住资产经营这个关键，按各单位原有资产不同的保值增值能力，分别下达资产保值、增值、减亏指标；把资产利润作为主要考核指标，从机制上促使各单位充分利用现有资产，促进资产合理流动和优化组合，提高资产的运营效益，形成了围绕勘探、开发，油气化工等主业为中心的运行机制。

以资产经营为核心的内部业主负责制，使内部业主成为独立承担经营责任的载体，强调使用投资必须有相应回报。实施内部业主制建设的红连油田，项目管理以油田开发事业部为主体，集建设期的投资责任和生产期的经营责任于一体，15万吨产能建设仅用投资1.22亿元，折合百万吨产能建设投资8.13亿元。做到了当年探明、当年建设、当年投产、当年收回投资的高速度、高效益，被称为中国西部油田建设的典范——“红连模式”。

三、发挥资源优势，培养新的经济增长点

充分利用油气资源优势，积极延伸下游产品产业链条，油田先后投资建设了甲醇装置和余热发电装置，并于2003年2月底和9月投运成功。当年生产甲醇4.4万吨，销售4.2万吨，实现销售收入5993万元。余热发电机组日发电量达到了11万度，年发电1106万度，实现了甲醇生产“零购电”目标，年节约电费支出770万元。2004年起，再次实施甲醇扩容增量用气工程，将其年生产规模扩大为24万吨。

2003年，油田还加大了湿气管网联网工作力度，实现了温米、丘陵、丘东、鄯善湿气联网，可实现湿气的互相调配。每天减少温米油田天然气放空30万立方米，提高了油田伴生气和轻烃装置的利用率。同时加大轻烃装置检修改造，有效提高了装置的生产运行能力，温米轻烃装置丙烷收率提高10个百分点，每天增加液化气产量近10吨。

1996年成立的吐哈石油天然气化工厂，“九五”期间正式起步实施了顺酐项目建设与投运工作，建成了中国第一套国产化正丁烷法顺酐装置，成为油田发展多元产业，综合利用轻烃提高经济效益的增长点。

四、优化装备结构，实施市场开发战略

吐哈指挥部坚持投资领先策略，采取积极的投资政策，综合分析预测目标市场发展前景，突出主营业务的装备结构优化，加大更新改造力度，提高主营业务市场竞争实力。根据市场发展需要，先后装备了70D、70LC、50D等一批具有国际先进水平的钻机，在开拓外部市场中大显身手。采用西门子触摸屏可显示钻井参数的ZJ70LC-ZPDBS电驱动变频调速转盘钻机，成为玉门油田青西地区深井钻探的“领航员”；凭借70D钻机顺利完成沙86井的钻探任务，敲开了塔河油田市场的大门。同时，陆续配备了有线和无线随钻测斜仪、F1600泥浆泵、70-ZS水泥车等辅助设备，能够承担7000米以内的各类地层钻井、大斜度定向井、水平井、开窗侧钻井施工任务，高新技术钻井能力达到国内一流水平。

更新修井机，引进了哈里伯顿2000型压裂机组，装备了国内首套MR7000、

MR5000液压顶驱钻修机和“鹰眼Ⅱ”井下视像仪等特种设备，井下作业的实力明显提高。

坚持“立足吐哈、拓展周边、发展海外”的市场方针，大力弘扬“坚忍不拔、锲而不舍”的市场精神，持续推进市场开发战略，调整队伍部署，优化市场布局，创效水平显著提升，外部收入大幅度增长，收入比重从2000年的10%上升到2005年的44%，呈现良好的发展态势。

一是内部市场稳定增长。与油田公司共同维护稳定发展的大局，密切合作，双赢互利，关联交易运行顺利。2005年按照集团公司要求，与油田公司签订共同发展协议，统一思想，共谋发展，促进了整体效益的提高。内部市场综合占有率从81%提高到90%，累计实现收入89.8亿元，年均增长4%。

二是周边市场不断扩大。坚持双赢和优质超值服务理念，周密部署队伍和装备，不断扩大周边油田市场，初步形成了以玉门、塔里木为主，其他油田为辅，以钻井、井下为龙头，钻采技术服务、油建施工、录井工程等业务全面跟进、东西翼协调发展的区域市场格局。到2005年底，吐哈指挥部服务周边油田和社会市场的队伍达到47支，收入从2000年的1.2亿元增至2005年的6.5亿元，年均增长53.7%。

三是国际市场快速发展。积极实施国际化经营战略，加快国际化队伍建设，海外市场日益扩大，呈现良好发展势头。赴国外施工队伍由7支增至29支，市场区域由1个国家增至9个，并以钻井为龙头，带动井下作业、钻采技术、特车、机修、物资供应等业务进入国际市场。2005年实现收入3.24亿元，同比上升116%。

四是管道和社会市场有效拓展。以参建西气东输工程为起点，先后在陕京二线、西部管道、中哈管道等重点项目取得突破，社会市场逐步扩大，经营收入稳步提高。管道和社会市场收入从6302万元提高到1.5亿元，年均增长30.8%。

经过不断发展，吐哈指挥部经济总量实现翻番，盈利能力显著增强。主营业务收入由2000年的20.4亿元增至2005年的40.9亿元，年均增长15%以上，特别是“十五”后三年实现了跨越式发展，年均增长30%。2004年收入突破30亿元，2005年再突破40亿元大关。人均产值由12.4万元增至27.6万元，在集团公司地区服务公司中名列前茅。连续五年完成了集团公司考核指标，2005年在三项费用补贴完全取消的情况下实现考核利润2000万元，指挥部整体扭亏为盈。

五、坚持科技兴油，实现可持续发展

“十五”期间，吐哈油田公司始终把勘探放在首位，坚持解放思想，油气并举，甩开勘探和滚动勘探并重，吐哈盆地和新区盆地油气勘探取得重要进展。

（一）持续推进理论研究和技术攻关，油气勘探扩展了3个亿吨级大场面

“十五”期间，吐哈油田累计新增探明石油储量7772万吨、可采储量1885万吨、控制储量7467万吨；探明天然气储量230.8亿立方米、可采储量144亿立方米、控制储量237.6亿立方米。扩展了3个亿吨级大场面，奠定了持续发展的资源基础。一是精雕细刻台北凹陷侏罗系含油气系统，扩展了亿吨级油气富集区。在胜北、丘东、小草湖3个富油洼陷共发现三级石油储量1.1亿吨、天然气储量372亿立方米。二是大力突破吐哈盆地二、三叠系含油气系统，打开了亿吨级勘探新领域。主攻葡神、塔克泉、库木古凸起，三级石油储量达到1.2亿吨。三是加快评价三塘湖盆地，开辟了亿吨级接替领域。预探发现马中、黑墩、石板墩等5个油田、2个含油构造，评价试采北小湖、牛圈湖油田取得新进展，三级石油储量增至1.4亿吨。

2005年，油气勘探工作围绕重点勘探领域，精心部署，精心组织，勘探不断取得新进展。（1）火焰山中央隆起带勘探取得新进展。葡萄沟、鲁克沁和火焰山中下侏罗统新发现地层岩性油藏，新增石油储量2157万吨。其中，鲁8井率先在稠油富集带之上发现稀油并突破商业产能，为亿吨级稠油储量整体开发建产和有效降低开发成本奠定了基础。（2）红台地区复合型油气藏勘探取得新进展。红台13、15井相继获得成功，新增石油储量143万吨，天然气储量20.7亿立方米，实现了小草湖凹陷叠合连片含油气。（3）三塘湖盆地勘探取得新进展。马朗凹陷马13、马14井侏罗系发现油层，证实西山窑组为大型构造——岩性复合型油藏；牛101、马8井在头屯河组和齐古组喜获高产油气流，新增三级天然气储量92.8亿立方米、石油储量3819万吨。三塘湖盆地首次发现天然气，对该区整体评价开发建产具有重要意义。

（二）不断深化地质认识，加大油田调整力度，油田开发始终保持较高水平

“十五”期间，吐哈油田公司大力实施开发战略性调整，认真做好稳油控水、增储建产和发展天然气三篇文章，油田开发形势逐步好转。一是二次井网调整见到实效。油田东部调整区块水驱控制程度提高10%以上，水驱采收率提高6%，平均单井新增可采储量1.8万～2万吨。二是油田开发效果逐步好转。通过综合治理，主力区块地层压力平均每年恢复0.3～0.5兆帕，油田平面矛盾得到改善，剖面动用程度平均每年提高2%～3%，含水上升得到有效控制。三是油藏评价成果显著。新增探明石油储量7772万吨、可采储量1885万吨，探明天然气储量230.8亿立方米，新建产能139.6万吨，为弥补产量递减发挥了突出作用。四是天然气开发成效显著。新建天然气产能9.5亿立方米，天然气、液化气及副产品生产能力逐年提高，经济效益快速增长。按照中油股份公司油藏开发管理14项指标评价，“十五”

期间，吐哈油田12项指标为Ⅰ类，综合评价属Ⅰ类开发水平。

2005年，在精心搞好老区治理和新区建产的同时，吐哈油田从9月初开始，在千里油区展开了一场声势浩大的百日上产会战，开创了四方面新水平：(1)开创了上产会战新水平。上产会战的力度、效果创历年之最，会战开始后产量箭头稳步向上，并冲上日产6064吨的全年最高水平；(2)开创了油藏评价和新区产能建设新水平。重点评价三塘湖低压油藏和吐玉克稠油油藏，玉西102、大2、葡10等一批重点滚动井获得成功，新增探明石油储量1612万吨、可采储量308万吨。及时优化产能建设和调整钻井部署，产能建设速度、质量和效果均创“十五”期间最好纪录，新建产能20万吨，当年产油24.6万吨，为完成全年生产任务做出了卓越贡献；(3)开创了天然气产业发展新水平。在红台、连南等区块新建天然气产能2.7亿立方米，丘东第二气处理厂建成投运，甲醇厂扩建工程顺利进行，天然气产业呈现快速发展的良好局面；(4)开创了重大矿场试验新水平。三塘湖低压油藏超前注水试验效果明显，牛103、牛13-7井相继获得稳定高产，三塘湖低压油藏整体开发前景良好。吐玉克深层稠油注水保持能量、天然气吞吐降粘试验取得重要进展，稠油经济动用已获有效途径。温五区块注气提高采收率现场试验成效显著，具备大规模推广的条件。

“十五”期间，吐哈油田销售收入和利润总额稳步增长，投资资本回报率、社会贡献率、人均劳动生产率和人均上缴利润等经济指标在中油股份公司居于前列。

吐哈油田从大规模会战到全面建成投产，先后荣获全国“五一”劳动奖状、全国思想政治工作优秀企业、全国精神文明建设先进单位、全国模范职工之家、全国厂务公开先进单位等殊荣。

第四十四章 河南油田

河南油田基地位于豫西南的南阳市，油气勘探区块包括河南、新疆、黑龙江、吉林4个省区，已发现的油气田分布在南襄盆地的泌阳、南阳凹陷和新疆焉耆盆地。

河南油田随着中国石油工业的发展壮大而不断发展。1970年进入南襄盆地开展勘探工作，1971年8月，南阳凹陷东庄构造南5井获工业油流，使河南省成为中国第16个出油省。1976年5月，泌4井获高产油流，发现了双河油田。到1985年底，在南襄盆地的南阳、泌阳两个凹陷相继发现魏岗、张店、东庄、北马庄、双河、下二门、王集等7个油田，共探明油气地质储量1.27亿吨油当量。1985年生产原油243万吨，天然气439万立方米。

1986—2005年的20年间，继续开展河南中南部诸盆地的区域勘探，在泌阳、南阳凹陷又发现多个油田和含油区块。1993年9月，河南油田独家中标新疆焉耆盆地油气勘探项目，于1994年11月和1995年8月先后发现宝浪油田和本布图油田。到2005年底，河南油田在南阳、泌阳凹陷和焉耆盆地共发现15个油田，含油面积178.5平方千米，探明油气储量2.97亿吨油当量，其中后20年探明油气储量1.7亿吨油当量。在油气勘探过程中，河南油田还发现了泌阳凹陷的安棚天然碱矿和舞阳凹陷的叶县盐田，探明天然碱储量5000万吨、岩盐地质储量2300亿吨。由于勘探上的突出贡献，1991年河南油田被评为“全国地质勘查功勋单位”。

河南油田1977年投入开发，于当年5月1日进行开发会战，翌年就为国家生产原油167万吨，为当年全国原油产量上亿吨做出了贡献，河南油田的名字也因此被刻在了北京中华世纪坛上。油田投入开发仅6年，就收回全部投资。到1985

年底，河南油田累计生产原油 1818.64 万吨。

1986—2005 年，河南油田经历了原油产量从高到低、到持续稳产的发展历史。河南油田在继续开发魏岗、双河、下二门、赵凹、王集 5 个稀油油田的同时，1988 年又发现和开发了井楼和古城两个稠油油田，原油产量最高达到 257.01 万吨。1989 年产量开始下降，1995 年降至 191.2 万吨，到 2005 年又在 180 万吨以上的水平上稳产了 11 年。从 1986—2005 年，河南油田共生产原油 4204.97 万吨。在油田开发过程中，河南油田注重科学技术在开发工作中的运用，其中薄层稠油、特超稠油开采新技术，大厚层细分开采技术研究等科研项目，达到国际先进水平；油田开发管理达到国内先进水平，40 项主要开发指标全部达到或超过部颁标准。主力油田——双河油田被评为"全国陆上石油高速高效开发油田"。

到 2005 年底，河南油田有职工 2.2 万人，拥有固定资产 122.77 亿元。2005 年生产原油 187 万吨，天然气 1.01 亿立方米。自 1986 年以来，河南油田累计实现利润 38.58 亿元、上缴税费 88.96 亿元，为发展中国石油工业做出了重要贡献。

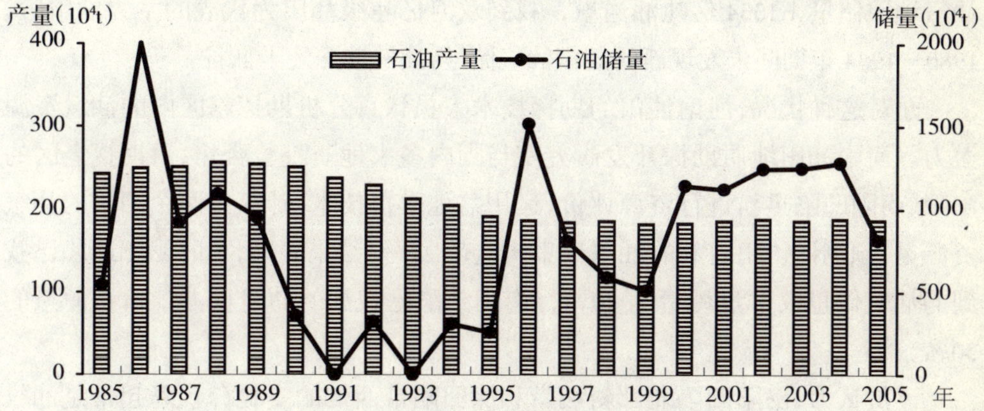

河南油田石油探明地质储量和产量变化图

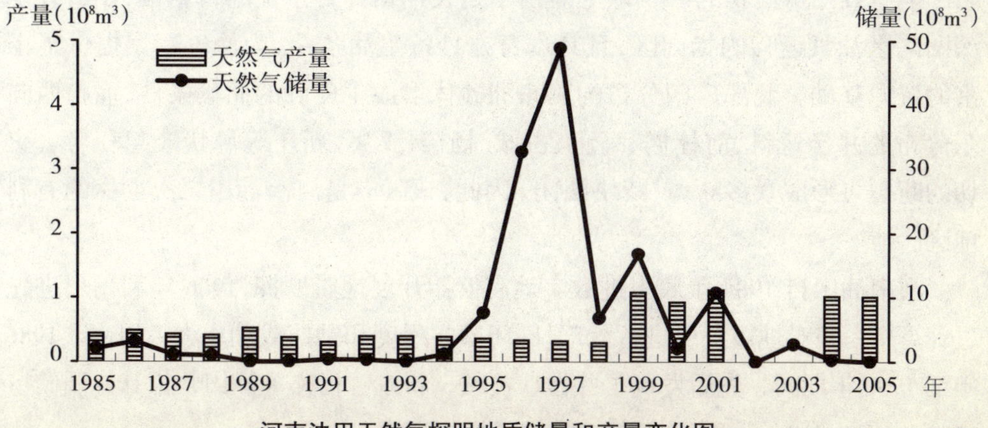

河南油田天然气探明地质储量和产量变化图

第一节　油气勘探取得新突破

1986—2005年，河南油田以资源评价为依据，深化老区勘探，泌阳凹陷二次勘探取得新突破；以新区盆地评价为基础，焉耆盆地风险勘探获得重大发现；以东部老区资源评价为依据，泌阳凹陷深层系和北部斜坡精细勘探又取得重大进展。20年间，累计完成二维地震27953.31千米，三维地震3197.95平方千米，完钻探井630口，完成探井进尺1182406.35米。油气勘探共发现8个油气田，累计探明石油地质储量15384.1万吨，天然气地质储量161.28亿立方米。

一、以资源评价为依据，泌阳凹陷二次勘探取得新突破

到1985年底，河南油田已累计在南襄盆地探明石油地质储量1.27亿吨油当量，尤其在泌阳凹陷，有效勘探面积（下第三系）仅800平方千米的山间盆地，探明油气地质储量1.1354亿吨油当量，找到双河亿吨级油田为代表的主力油田后，1980—1984年期间未发现新的规模油气储量，油气勘探处于低谷。

面对这种状况，河南油田的勘探技术人员认真分析勘探辖区内的油气资源潜力。河南油田地质勘探开发研究院与国内多家地质院校合作，对勘探老区的泌阳、南阳凹陷重新进行资源评价，运用盆地模拟技术，计算出两个凹陷的油气资源量、预测评价出有利的油气聚集构造带。评价结果表明，当时泌阳凹陷已找到的油气储量仅占资源量的40%，南阳凹陷已找到的储量仅占评价资源量的30%。

评价认为，泌阳凹陷北部斜坡带和深凹陷带西侧的安棚鼻状隆起带是油气勘探的最有利地区。泌阳凹陷北部斜坡带东西长45千米，南北宽10千米，占泌阳凹陷有效勘探面积的一半以上。由于是长期抬升背景上的古斜坡，始终处于深凹陷区油气运移的指向区，且其本身亦具备生油条件，为油气运聚提供了丰富的资源基础。北部广阔分布的三角洲砂体形成了良好的储集条件，而自西向东分布的井楼背斜、前杜楼、高庄、古城、杨楼、王集、新庄等鼻状隆起和与之交切的断裂可形成众多断鼻、断块圈闭。因此，该区应是河南油田二次勘探的有利地区。

河南油田自1984年底引进数字地震仪器开展地震勘探，1986年利用引进先进计算机系统对地震资料进行处理，圈闭落实程度和钻探成功率大大提高。1986年至1990年期间，先后发现了井楼、古城、新庄、杨楼等油田，累计探明储量5357.2万吨，形成了河南油田第二个储量增长高峰。

（一）整体勘探北部斜坡，发现和探明四个油田和两个含油区块

1. 发现井楼油田。井楼油田位于凹陷西部的井楼背斜、前杜楼和高庄鼻状构造范围内。根据长桥砂体分布，结合构造背景和离油源区较近等有利条件，并参考化探异常资料推测在井楼一带可能存在上倾尖灭油藏。1985 年 7 月，部署了泌 110 井、泌 108 井、泌 109 井等 3 口预探井。钻探结果，3 口井均发现了核三段浅层稠油油层，从而发现井楼油田。1986 年底，详探含油面积 8.1 平方千米，探明石油地质储量 1630 万吨。油藏类型除油田南部存在断裂背斜油藏外，油田北部则存在断鼻、断块、地层不整合、岩性等多种类型油藏。油田储量中 97.8% 为稠油，2.2% 为稀油。

2. 发现古城油田。古城油田位于井楼北东方向近 3 千米，主要含油区块均沿着古城鼻状构造的轴部分布。1986 年 4 月，根据构造和砂体分析，落实圈闭条件后，在古城鼻状隆起上钻探了泌 124 井，在 708～1039 米井段发现核三段油层 24 层 61 米，从而发现了古城油田，于 1987 年上缴探明石油地质储量 922 万吨，溶解气 1.12 亿立方米。

古城油田油藏类型主要是断鼻、断块油藏和地层不整合油藏，油田南部还有岩性油藏。

3. 发现新庄、杨楼油田及付湾含油区块。新庄油田位于北部斜坡的东部。1986 年，在北部斜坡东部甩开钻探的地质浅井泌浅 2 井见 10.2 米稠油油层，发现新庄油田。由于北部斜坡断层非常发育、构造十分复杂，实施三维地震勘探后，1989 年才完成详探工作，发现新庄油田有 11 个含油断块，叠加含油面积 4.1 平方千米，上缴探明石油地质储量 725 万吨。油藏类型主要为断鼻、断块油藏、地层不整合油藏和岩性油藏。杨楼油田位于北部斜坡中部，王集油田以北。1986 年末，在杨楼鼻状构造北部断块钻探的泌浅 7 井见到 3 层 12.2 米稠油油层，发现杨楼油田。通过利用保护浅层反射的地震工作方法，取得浅层地震资料后，对该区域进行详探。至 1988 年底共发现 6 个含油断块，叠合含油面积 5.5 平方千米，上缴探明石油地质储量 302 万吨，溶解气 0.21 亿立方米。油藏类型主要是断块油藏，此外，有断层遮挡岩性油藏。付湾油田位于古城油田东北部，1987 年泌浅 14 井钻探发现油砂后，经钻探发现 2 个含油断块，控制含油面积 1.5 平方千米，控制储量 109 万吨。

4. 发现柴庄含油区块。柴庄含油区块位于杨楼、王集、新庄 3 个油田中间的三角地带，1989 年下半年通过对三维地震资料的解释，发现了多个断块圈闭，陆续部署探井详探，至 1990 年底，共发现 4 个含油断块，叠合含油面积 1.2 平方千米。原油性质为稀油和普通稠油。柴庄含油区块在杨楼、王集、新庄 3 个油田之间，

使这一地区的含油面积基本连片。

（二）加强凹陷中南部砂体分布与构造配置关系的研究，发现多个含油区块

1. 发现孙岗含油区块。1986年在孙岗地区完钻的泌118井，见2层5.7米油层、4层8.8米油水同层。之后，根据三维地震资料解释成果结合岩性探测异常显示，1989年钻探了泌160井，在井深2471～3884米见16层67米油斑、油迹含砾砂岩，试油获较高产工业油流，从而发现了孙岗含油区块。

2. 发现下二门西部核三下段深层系含油区块。下二门油田已探明和开发动用的储量均属核三上段，以前在油田主体部位虽有少数探井钻入核三下段，但未发现油层。1989年根据对下二门地区砂体和构造的继承性分析，研究预测下二门油田西部深层系存在储集条件和圈闭条件，河南油田勘探技术人员提出在该油田西部的下5-804井加深钻探。钻探结果表明，在核三段4～7砂组（2518～3063米）发现8层48米油层，单层最大厚度13.6米，一般厚度1～5米。后来又根据圈闭条件分析，向西部600米部署钻探了下16井，结果在核三下段4～8砂组（2583～3420米）发现14层54米油层。1990年在下二门西部核三下段深层系已控制含油面积1.5平方千米，可望继续扩大。油藏类型主要为下二门背斜翼部的断块油藏，还存在侯庄砂体从西向东所形成的上倾尖灭油藏。

二、以盆地评价为基础，新疆焉耆盆地风险勘探获得重大发现

1993年后，河南油田在深化泌阳、南阳凹陷油气预探的同时，对中标的新疆焉耆盆地进行了盆地评价和区域风险勘探，并获得重大发现。

焉耆盆地位于新疆巴音郭楞蒙古自治州境内，盆地坐落在南天山褶皱带之上，呈北西向展布，东西长约160千米，南北宽60～90千米，面积1.3万平方千米。

1993年，中国石油天然气总公司推出风险勘探区块向全国陆上各油田公开招标。9月，河南油田经激烈竞争后独家中标焉耆盆地油气风险勘探项目。11月成立焉耆盆地勘探项目管理委员会，并组织地震队伍进入盆地开展地震勘探。同年12月，组建塔里木河南勘探公司，按照新技术、新体制、高水平、高效益（简称两新两高）的要求，河南油田采用新的管理体制，推行项目管理，实行甲、乙方合同制进行各项勘探工作。

河南油田中标焉耆盆地勘探项目后，在抓紧开展工区勘探的基础上，很快于1993年11月组织地调处2224地震队进入焉耆盆地开展地震勘探工作。1994年2月完成首批496.6千米二维地震施工任务。5月根据地震资料提供的成果及高精度重磁、化探等资料，对焉耆盆地第一口探井的井位进行论证，决定在宝浪苏木背

斜构造带中部高点部署焉参1井，地理位置属新疆巴音郭楞蒙古自治州博湖县查干诺尔乡。

宝浪苏木构造带处在博湖凹陷北部凹陷的中部，呈北西向展布，构造带面积约56平方千米，分为宝北断鼻、宝中背斜和宝南断鼻三部分。宝中背斜构造落实，目的层位齐全，参数井部署在这里既可获得各种地质资料，建立地层、古生物、岩性岩相及地球化学剖面，又可兼探油气。

1994年8月8日焉参1井开钻。河南油田6078钻井队和录井、测井、试油施工队伍精心组织，严格施工。10月8日凌晨2时，当钻至2308米时，钻时下降明显，立即决定停钻循环观察，发现明显的气测异常，岩屑录井发现荧光砾状砂岩，当即建议取芯，结果取到3.15米含油岩芯，发现焉耆盆地第一个油层。10月、11月对侏罗系三工河组进行裸眼中途测试，获日产原油104.4立方米、天然气5万立方米的高产油气流。焉参1井完钻共发现油气层12层88米，完井后试油4层均获工业油气流。

1995年，焉耆盆地的勘探重点是宝浪苏木构造带北部和本布图构造带。2月在宝北背斜构造上钻探的宝1井发现油层6层33.2米，油水同层2层34米。4月23日在三工河组中途测试日产油52.8立方米，天然气913立方米。发现了宝北含油区块。

本布图断裂背斜构造带位于博湖凹陷东北部，与宝浪苏木构造带以向斜相隔，具备形成油气藏的地质条件。1995年6月在本布图构造上钻探焉2井，发现油层55.6米，8月3日在三工河组中途测试日产油60.17立方米，发现本布图油田。

2000年资源评价焉耆盆地油气总资源量3.14亿吨，其中石油2.78亿吨，天然气369亿立方米。至2005年底，焉耆盆地已找到2个油气田和4个含油气区块，探明含油面积24.8平方千米，探明石油地质储量3239.8万吨，天然气地质储量107.66亿立方米，折合油气当量4316.4万吨，为河南油田“稳定东部、发展西部”和“增储上产”作出了重要贡献。

三、以资源潜力为依据，泌阳凹陷深层和浅层勘探取得重大进展

自河南油田1993年中标新疆焉耆盆地风险勘探后，油田把主要勘探精力和力量均转移至新疆。到1999年，焉耆盆地在探明宝浪油田和本布图油田后，新区带勘探一直未取得突破，而且焉耆盆地勘探目的层侏罗系残存面积仅3300平方千米，其中还有1000平方千米的湖区难以进行勘探。而河南油田东部老区外围盆地因地质条件复杂久攻不克。在这种情况下，河南油田又做出决策，重返东部老

区，深化富油凹陷的油气勘探。

据2000年完成的全国第三轮资源评价结果表明：泌阳、南阳凹陷的资源探明率分别为60%和27%，尤其是泌阳凹陷仍有近1.83亿吨的剩余资源量可供勘探。经过反复分析认识，找到了制约勘探的两大技术难关，一是物探技术，泌阳凹陷当时三维地震勘探分年分块实施，处理解释也是分块完成，没有统一进行连片处理解释，难以查明多种类型的复杂圈闭；二是井筒技术，在80年代中期发现赵凹油田南部安棚地区核三下段油气层时，由于油气层埋深一般在2800～3500米，地层的成岩演化强烈，形成低孔低渗储层，当时的测井技术，对这种低孔、低渗油气层的评价和识别非常困难。症结找到后，河南油田确定了以资源潜力为依据，以先进勘探技术为支撑，精雕细刻找油藏的勘探工作思路。经过艰苦细致的工作，勘探取得新的突破，连续6年新增探明石油地质储量超千万吨，为河南油田的持续发展提供了有力的资源物质基础。

（一）再探安棚地区深层油气藏，油气储量成倍增长

安棚地区位于泌阳凹陷中南部深凹区，其构造背景为赵凹—安棚鼻状构造，构造范围约50平方千米，安棚深层系是指埋深在3000米以下、主要以核三下段为主的含油气层段。在其上部（核三上段）已有发现并投入开发的赵凹—安棚油田。该区深层勘探初期为1990—1994年，由于油气层的岩性、物性、含油气性及电性关系及标准不清，勘探结果仅探明含油面积3.8平方千米，探明石油地质储量198万吨。

2000年在该区开展深化勘探后，针对该区由多个面积较小的岩性油气藏纵向叠合连片的特点，因此在部署方案上采取平行鼻状隆起布三条钻井剖面进行整体解剖，钻到好的含油气部位适当加密部井的方案。在钻井技术上优化钻井液性能，做到近平衡钻井，尽量减少油气层污染。录井推广应用岩石定量荧光、地化解释图版等新技术，提高地质录井评价油气层的技术水平。测井引进5700核磁测井方法，在解决低孔低渗储层的有效孔隙度、可动流体和识别油、气、干层方面效果显著。油气层改造引进压前评价技术，优选压裂液配方及施工工艺技术参数，不但对一批老井复查中的干井和新探井取得重大地质效果，解放了一批原认为的干层干井，增加了地质储量，而且也给开发低孔、低渗油气层以启示，在一批开发井中也取得明显效果。通过安棚地区深层系的再次勘探，使其油气储量大幅增长，共新增含油面积5.6平方千米，油气地质储量1230万吨。

（二）再探泌阳凹陷北部斜坡带，扩大多个断块群含油面积

2001年，河南油田对泌阳凹陷北部斜坡带的三维地震资料进行连片处理和精细解释，根据解释成果，部署钻探的泌浅57井发现油层48米，其后在相邻断块

钻探泌浅 61、66、67、69 等井均钻遇 30～50 米厚度不等的油层。这些含油断块已经在三维地震覆盖区的北部边缘，而且油层埋深向北越来越浅至 100～300 米。为了进一步扩大泌阳凹陷的勘探领域，搞清斜坡外带浅层不整合面及其以下主要目的层的分布、断裂展布及圈闭类型，“十五”期间在该区部署了以浅层为主要勘探目的层的三维地震采集 281 平方千米。

为突出浅层，在观测系统论证方面，采用了三维模型正演技术，优选采集参数。野外采集过程中主要应用了面积干扰波调查技术、逐点设计井深技术、“三无”（无空炮、无空道、无超排）施工技术，小道距小面积（12.5 米 × 25 米）接收技术；在处理方面应用了自动剩余静校正、速度分析、振幅补偿等一系列保护浅层的技术。重新采集的剖面与老剖面相比，信噪比和分辨率有明显提高，埋深 50～100 米的不整合面及其以下地层反射清晰可辨，断点清楚，能分辨出十几米左右的小断层，为落实小断块及地层不整合圈闭打下了良好的基础。

针对该区断块发育、断裂关系复杂的状况，在解释方面，河南油田采用三维可视化技术，精细解释与相干技术相结合，搞清了断层的展布、空间组合关系及构造形态。新发现和落实了一批断块圈闭，经部署浅井钻探相继在新庄、杨楼、高庄等地区发现多个含油断块，扩大了北部斜坡的储量规模。

浅层三维地震勘探技术攻关收到明显效果，北部斜坡带整体勘探取得重大突破，新增探明储量 4580 万吨。同时该区还有一批控制储量、预测储量和圈闭资源量可供勘探升级，因此，进一步勘探该区带，可累计新增探明储量 5000 万吨以上，整个北部斜坡带可形成亿吨级储量规模。

第二节　油田开发实现持续稳产

1986—2005 年，河南油田的石油开发工作，主要经历了三个阶段，一是以双河油田优质高效开发为契机，实现河南油田产量的稳步上升阶段。二是以稠油开发为重点， 油田实现 180 万吨以上连续 11 年的稳产。三是西部宝浪油田投入开发，实现了产量的有效接替。在这 20 年中，河南油田不断提高开发管理水平，贯彻执行油藏经营理念，促进了开发工作的稳步发展，累计产油 4204.97 万吨，为中国的石油工业的持续发展做出了贡献。

一、以双河油田优质高效开发为契机，油田产量实现稳步上升

河南油田在“六五”期间进行了层系细分调整，通过调整缓和了层间矛盾，保持了地层压力，减缓了含水上升率。从 1986 年开始，稀油油田逐渐暴露出平面矛

盾突出、井网结构不能满足油田开发需要等问题。为此，在油田各个区块相继进行了井网一次和二次加密调整，使储量动用程度得以提高，满足了以提液技术为主要技术手段的上产需要。通过油田的一次井网加密调整和新油田区块的投产，使河南油田的年产量不断提高，由1984年的238.36万吨上升到1988年的257万吨。与中原油田遥相呼应，河南省内一度达到年产原油千万吨以上的生产水平。

（一）通过对稀油油田调整注采结构、井网加密、细分层系工作，使油田保持了较高的开发水平

1986—1994年期间，河南稀油油田以厚油层细分挖潜为主导技术，进行了井网加密调整。全油田在1986—1988年连续三年递减指标保持稳定，其中1988年自然递减最低，只有9.69%，综合递减3.23%；1986—1988年连续三年油田采油速度保持在2.05%以上，1989年为1.99%。全油田产量保持在210万～250万吨稳产的较高水平，河南油田进入了一个产量较高的稳产阶段，也是油田开发最为辉煌的阶段。

双河油田为亿吨储量的整装油田，是河南油田的主力油田。自1978年投入全面开发之日起到1989年采油速度一直保持在2.0%以上，实现了12年持续高效开发，1989年双河油田被评为全国石油系统“高效开发油田”。多年的高速开发，使双河油田面临了不可回避的挑战：储量利用程度高，动用储量占总储量的

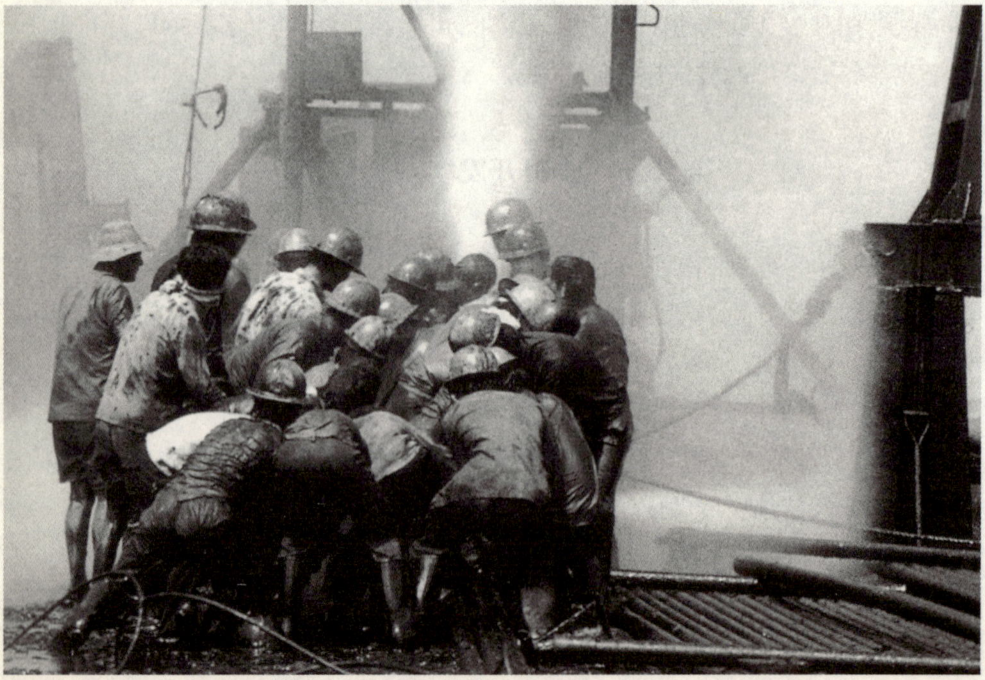

河南油田钻井工人战井喷。

97.1%，可采储量采出61.12%，自然递减增大、常规措施效果差、原井网不适应后期开发和挖潜的需要。层间、层内、平面矛盾进一步加大，原井网及系统不适应后期挖潜。

在这种情况下，一是针对稀油油田油砂体分布系数小、大井距下水驱储量控制程度低的矛盾，河南油田进行了以单层为对象、以解决平面矛盾为主的井网一次加密调整工作。其中"七五"期间，双河油田共钻调整井296口，使双河油田井距由原来的500～600米调整为400米，单井控制储量由37万吨调整为28万吨，水驱控制程度由84%提高到87.8%。1991年双河油田实施井网二次加密调整，1992年后稀油油田开始大面积实施调整。通过井网加密调整，油水井数比由2.44降至2.16，水驱储量控制程度由80.2%增加至81.6%，多向受效率由20.1%增至32.6%，增加可采储量500万吨。二是强化以提液为主的增产措施。"七五"期间的井网加密调整为油田的措施提液增产打下了良好的基础，下电泵、大泵、调大参等提液措施效果较好，在历年的措施增产量中均占有较高比例，基本上在47%以上，对弥补老井产量递减起到了重要作用。三是加快新油田投建速度，1985年发现赵凹油田安棚区块，1986年1月投入开发；1986年12月王集东区投入开发。新油田的投产为河南油田的上产起到了重要作用。

（二）稳油控水成为主力油田的主要工作目标

在稳产开发阶段，油田措施挖潜方面困难逐渐加大，油井卡堵水井次和增油量明显增加，成为油田阶段措施增产的主要项目，提液井次和措施增产量明显减少，油田措施结构已发生了质的变化，即措施增产由提液型向堵水型转变，稳油控水逐渐成为主要目标，在此阶段河南油田有针对性地开展了稳油降水会战。稀油田开发工作逐步向深度和广度转移，在产液结构调整方面，抓低渗透层的改造和高渗透层的封堵，采用"机堵与化堵相结合、堵水与注采调整相结合、封堵与油层改造相结合"的方法，加大堵水力度，控制高渗高含水层无效产液、解放中低渗透层生产能力。在这个阶段以及之前形成的大泵提液配套技术对稳油控水工作起到了重要作用，1987年开始应用长冲程大泵、强杆抽油技术，1988年大泵深抽、防断、防脱、防磨技术取得新的进展，直径70毫米泵下泵深度达1102米，直径56毫米泵下泵深度达1235米，直径44毫米泵下泵深度达1705米，最深可达2000米，基本上形成了抽油杆优化组合、整筒泵、大泵脱节等大泵配套技术。"九五"期间通过强淹层控水、潜力层提液、措施增注、新投转注和产液结构调整，稀油油田不吸水层数比例由35.3%降低为30.4%，产液剖面不出液比例由35.4%降低为26.1%，有效提高了储量动用程度，增加了可采储量。"十五"期间，经过注水产液结构调整，不合理注水率由15%下降到5%，欠注率由16.7%降低到7%，为油田保持良好的开发效果奠定了坚实的基础。

（三）厚油层分层注水开采配套技术应用，使注水开发工艺技术达到了国内先进水平

在储量接替困难的条件下，稀油开发平面上进一步细化到沉积微构造和沉积微相，纵向上深入到油层内部，从单层进一步细化到渗透单元。要实现细化单元单层开采，细分注水是前提。河南油田非常重视注水工作，开展了注水基础工作达标会战和注水水质综合治理工作。多年来，从注水水质指标、开井率、利用率和方案分注率都保持在较高水平，其中分注率水平和分注技术居国内前列。工艺上不断攻关配套，完善配套了细分注水、细分改造和细分测试等技术，满足了油田细分开采的需要。研究应用的“多功能分注技术”、“厚油层细分注水”、“液力投捞斜井分层注水技术”、“多级免投死咀分层注水管柱”、“小直径分层注水技术”等成熟的分层注水技术，为河南油田分层注水方面多项技术指标国内领先提供了有力的技术支撑。

大厚油层细分注水技术突破了常规偏心分注技术分注配水器间距大于 8 米的要求，实现了夹层 1.8 米多达 5 个层段的细分注水技术和测试配套；大厚层细分酸化技术实现了一趟管柱多层分段酸化，最小处理层段仅为 1 米、最小座封段 0.5 米，大大改善了厚油层的吸水剖面。该技术在油田现场应用 590 井次，累计增油 26.9 万吨，降水 125.5 万立方米，增注水量 253.9 万立方米，控制无效注水 60.7 万立方米，有效提高了低渗透层段的动用程度。研究配套的小直径分层注水管柱，能使小直径封隔器通过套管变形缩颈段并在套管正常处密封，实现多级分注，成功地解决了部分套管整形、补贴加固后的套管变形井分层注水问题，这些技术的应用保证了河南油田较高的注水分注率。

此阶段研究配套的含油污泥调剖剂调剖技术，解决了注水生产中的两大问题。一是可大剂量使用，实现油层深部液流转向；二是可有效解决污泥外排所造成的环境污染问题，节约含油污泥固化费用。通过在双河油田 437 块、下二门 H2Ⅱ油组、双河 438 块ⅠⅡ1-2 层系现场应用，改善了吸水剖面，控制了大孔道无效注水量，提高潜力层段的动用程度。取得了较好的调剖效果。该技术的研究应用为油田含油污泥处理提供了一条切实可行的出路。

通过强化注水、产液结构调整和细分注水开采技术应用，基本实现了注水由边外向边内转移、由层间向层内转移、由主力层向非主力层转移、由集中注水向分散注水转移，增加了油井受效方向，从而较好地保证了各项生产任务目标的顺利实现。

（四）三次采油新技术的应用，为油田稳产打下了基础

三次采油是通过注入化学聚合物来驱油的新型采油技术。河南油田组织技术

人员开展技术攻关，经过反复配方实验，于 1994 年在国内油田中率先进行了聚合物驱油的先导试验，并获得成功。这个试验区 12 口井累计增油 5.9 万吨，每吨聚合物换油 136 吨，取得了明显的经济效益，并且形成了河南油田特有的八项三次采油配套技术。由中国石油承担的国家级项目“聚合物驱油新技术”，在 1998 年获得国家科技进步一等奖。该项目中河南油田承担的子课题——“双河油田厚油层高温聚合物驱油技术”，获得了中国石油天然气总公司科技进步一等奖。三次采油先导试验成功后，河南油田进行了大面积的推广。到 2005 年底河南油田三次采油已投入 11 个单元，覆盖地质储量 3494.7 万吨，累计增油 89.216 万吨，为河南油田在开发后期减缓递减起到了十分重要的作用。由于聚合物驱油存在成本高、聚合物抗高温耐盐性差等局限，1998 年 8 月开始在下二门油田开展交联聚合物驱油技术，在增油量基本相当的情况下，综合成本节约 27%。此后，三采规模不断扩大，相继投入了双河、双北等一批单元。其中下二门油田 H2Ⅱ油组注聚开发提高采收率 10.78%，2003 年被中国石化评为三次采油的样板工程。

二、以稠油开发为重点，油田产量实现持续稳产

河南油田浅薄层稠油油藏自“九五”期间投入试验开发以来，依靠不断的科技创新、管理创新和干部职工携手努力，18 年间稠油产量始终保持箭头向上。1992 年年产油突破 20 万吨，2002 年突破 25 万吨，2004 年突破 35 万吨，2004 年实际产油 38 万吨，2005 年达到 47.68 万吨。三年迈了三大步，使油田原油生产实现了连续 11 年稳定在 180 万吨以上。

1986 年，河南油田已探明稠油地质储量 1630 万吨，主要分布在井楼油田。稠油油藏具有埋藏浅、油层厚度薄、胶结疏松、油质粘稠的特点。探明的这些稠油资源含蜡和沥青高，粘度高达 10 万毫帕·秒以上，特别粘稠。由于稠油资源品位低、开发难度大，基本上达不到国内外注蒸汽开采标准。

为首先打掉制约稠油热采开发上防砂、固砂、排砂的拦路虎，工程技术人员花费了半年多时间进行前期室内准备工作，查阅 100 多口油井资料，对比分析数千个资料数据，设计出高温固砂施工方案，终于攻克了出砂难关。河南油田研制应用的高温增效防砂技术和低温充填人工井壁防砂技术，使井下既挡住了砂又溢出了油，因出砂严重而关停了两年多的楼 709 井、楼 7311 井、楼 5508 等井，都在实施该防砂技术后每口井日产量达到了 4 吨以上，且长时间稳产。到 2005 年，河南油田的稠油治砂方式，又由过去的防砂、挡砂，进一步变成现在的排砂、用砂。冷采技术使稠油难采储量得以经济有效地开发，采用冷采技术的油井平均单井日产油量达到 7.5 吨，采收率达到 10% ~ 12%。

破解出砂单项难题之后，河南油田稠油开发进一步形成了四大主体采油工艺系列配套技术：稠油综合防砂配套技术系列、稠油封堵调技术系列、高效电加热采油工艺技术配套系列以及化学法增效助采技术系列。这四项配套技术使油田稠油开发产量和整体经济效益得到明显提高。

按照国内外稠油热采筛选标准，河南油田稠油油藏大部分都在厚度10米以下的“开发禁区”，资源利用率也只有8.3%。而河南油田的低品位稠油资源利用率却达到了50.37%。不仅突破了10米以下稠油油层不能动用的禁区，还解决了厚度小于5米的薄层稠油开采难题，取得了3米以下薄层稠油油藏吞吐开采技术的突破。甚至对厚度在1米左右、过去不能动用的储量，2004—2005年也进行了动用。

河南油田打破国内外常用的单一的用蒸汽吞吐开采薄层稠油方法，形成了独具特色的浅薄层稠油开发技术，先后配套完善并推广应用了稠油出砂冷采、双管注采、油层保护等9个方面32项工艺技术。其中11项技术获得国家实用新型发明专利，5项技术获得省部级科技进步成果奖。这些新技术的推广应用，将使河南油田近2000万吨未动用和利用程度低的稠油储量以及表外资源，得以经济有效开发，使稠油探明储量利用率提高到83.7%，表外储量利用率提高到55%，增加可采储量近400万吨。

三、以西部宝浪油田的开发为突破，原油产量实现有效接替

河南油田1993年9月独家中标焉耆盆地风险勘探项目，1995年底完钻4口井，中途试油获得工业油流，从而发现了宝浪油田和本布图油田。西部油田的发现和开发为河南油田进军塔里木盆地，实现油田发展战略的转移奠定了基础。

西部油田已探明2个油田4个区块（宝浪油田：宝北、宝中区块，本布图油田焉2、本东区块），探明含油面积24.8平方千米，探明石油地质储量3239.8万吨，动用含油面积11.3平方千米，动用地质储量1436万吨，已开发油田的可采储量405.4万吨，累积产油172.8万吨，采油速度0.88%。宝浪油田自1996年投入试采，1997年投入注水开发，已经历了快速上产、高效稳产阶段，从2003年底开始处于产量递减阶段。

（一）快速上产阶段

1996年10月至1998年6月，通过初期的滚动勘探开发后，建成总井数76口，其中采油井55口，注水井21口，日产油水平达599吨，日注水1008立方米。建成年产原油能力20万吨，注水能力50万立方米。

河南油田从一开始就非常重视西部油田的开发工作，成立了开发项目经理

部。1996年宝北区块及本布图油田投入试采，当年生产原油1.4万吨，1997年正式投入开发，7月开始注水开发，年产原油13.9万吨。1997年西部油田的开发工作实现了高速高效，做到了当年建设、当年开采、当年注水的三个同步，开发管理水平居全国同类新开发油田的前列。

(二) 高效稳产阶段

1998年6月至2003年12月，宝浪油田低孔低渗储层采油速度达1.5%以上已稳产开采5年，在此阶段主要靠注采井网不断完善，油田油水井数由76口增加到183口。后期部分高产油井井区因裂缝性见水造成暴性水淹，稳产主要靠增加新井，增加生产层位厚度来实现，日产油水平保持在560吨以上。1998年宝北区块进行井网调整，宝中区块投入开发，宝浪油田当年年产油量突破20万吨，达到22万吨。

1999年，编制了宝北区块Ⅲ2层系开发方案和Ⅰ+Ⅱ油组开发调整方案。这两个方案的实施，使宝浪油田宝北区块的储量基本上全部动用，保证了油田的稳产。1999年西部油田产量达到23万吨的产量高峰，采油速度达到1.97%。

从2000年开始，宝浪油田的开发进入两个转变期，即油田开发由无水采油期向含水采油期、由自喷采油为主向以机械采油为主的转变。当年油井开井68口，其中新增见水井16口，累计见水井26口，占总开井数的38.2%。由于地层压力下降，老井停喷井数增加，机械采油井增加到40口。

(三) 产量递减阶段

2003年12月至2005年底，宝浪油田井网调整基本结束，可接替资源少；油田含水已达到中含水阶段，油井已全部转为抽油生产。该阶段产量递减快，自然递减达到20%以上，日产油水平由560吨下降到332吨。

四、以管理创新为载体，自觉规范油藏经营行为

为掌握油藏的客观规律和开发程序，河南油田充分调动各个单位的积极性，充分发挥干部职工的聪明才智，依靠管理创新，规范油藏经营行为。1989年和2002年双河油田获得了石油系统“高效开发油田”的称号，2002年下二门油田获得了中石化系统“优质高效开发油田”的称号。在1984年至1991年期间河南油田开发系统共有8个队次获得金牌队称号。在2002年至2003年度的“五项劳动竞赛”活动中，采油一厂荣获油藏经营管理“红旗采油厂”的称号，采油二厂荣获油藏经营管理“优胜采油厂”的称号，有2个基层队获得金牌队、6个获得银牌队和3个联合站获得“五星级站库”的荣誉。

(一) 稀油开发管理

在稀油开发中，面对特高含水期开发需求与成本约束的突出矛盾，为理顺产

量、成本和效益的关系，切实减少低效投入。河南油田按照“储量、产量、效益”三统一原则，建立完善“厂—矿—队”三级目标化油藏经营管理体系，大力推行油藏和开发单元目标责任制，积极引进松下公司看板管理法，将各类成本变化情况、采取的对应措施和实际效果，通过看板实时公布，使各单位、各部门和岗位及时了解各自成本发生情况，立即对成本项目进行分析、及时制定出控制对策，河南油田共建587个不同内容的成本看板，形成了一体化管理网络，使每一个成本控制点的支出情况处于有效监控中，同时，还建立和完善了甲乙方内部模拟市场机制、内部质量索赔机制和内部纠纷仲裁机制，从而控制无效成本和低效成本的发生。

为了抓重点，解难点，提高工作效率，还引入项目管理模式，不断创新生产运行管理方法，先后成立了单元综合治理、环空测试、三采管理等13个项目组，负责项目风险识别、定性和定量分析，并制定应对风险的有效措施，降低了对实施目标的影响。同时，以争创金银牌基层队和星级站库为核心，确立了“以计量站、车间班组为管理中心、服务中心、基本考核单元”的经营理念，建立了星级队、站评估体系，广大职工以饱满的热情，积极投入到“五项劳动竞赛”中，使基础管理和创效能力跃上了新的台阶。

（二）稠油开发管理

在稠油开发中，河南油田按照“一层一策、一井一策、一块一策”工作思路，确立了“热采拿产、常采稳产、简采补产、新井建产、措施增产”的上产原则。

“热采拿产”中的“热采”是稠油生产的主要开发方式，热采井产量约占总产量的约3/5，抓好热采井的生产管理、努力减缓热采递减，是完成原油产量的关键。2003年河南油田进行了283井次的蒸汽吞吐工作，年注汽量达到了40万余方，有力地保证了产量的完成。所谓“新井建产”，是由于稠油热采产量递减规律的客观存在，必须寻找新的产量弥补老井递减。河南油田坚持做到钻井钻到哪里开发就跟到哪里，钻一口井，建一口井，抢建抢投，2003年以来累计抢投新井310口，新井产量达9万余吨。“措施增产”是指常规措施和进攻性措施，它是实现老井稳产增产的又一重要条件。对于部分区域稠油开采程度较高，补孔、上返等常规性措施已经很有限，封、堵、调等进攻性措施对稳产增产就起到重要作用。因此，它是寻找产量新的增长点的关键。2003年以来，共实施各类措施297井次，平均单井增油150吨。

河南油田稠油的开发和生产，也依赖于有一套符合实际、完整高效的运行管理机制。担负稠油生产的河南油田第二采油厂以调度为中心，加强信息的传递和沟通，严格搞好事前、事中和事后控制。实行分级管理分片负责，实施地下、井筒、地面三位一体，油藏、工艺、管理有机结合，科研、基建、生产相互联动的“三三制”，实现生产组织动态管理最优化，扭转了稠油生产靠天收的被动局面。1987 年投入稠油开发以来，攻克季节波动难关，实现春夏秋冬稠油四季均衡生产；尤其是老井管理到位、新井投产运行到位、措施产量安排到位、燃料结构调整到位、科技成果转化到位、滚动开发到位的“六个到位”，使河南油田的产量组织运行管理达最佳效果。“老井管理到位”要求区别常采井、热采井和筒采井的不同情况及时采取必要措施，确保油井不停转、不空转，保持产量稳定；“新井投产运行到位”要求超前运行，主动落实方案，随时掌握钻井完井进度，将新井投产的每一个环节都提前开展工作，使新井投产时间从 30 天压缩到 15 天；“滚动开发到位”指为保证产量目标完成，在滚动开发方面通过深化地质综合研究，深入开展老井复查和水淹储量二次吞吐利用工作，努力提高开发效果，实现增储上产。2003 年以来通过对零区北块特薄层特稠油试采成功，增加可动用储量 9 万吨，建成油井 11 口，建成产能 1.0 万吨。

河南油田稠油生产之所以 17 年来一直保持高效益、高速度发展，主要得益于稠油生产有一套科学严谨的生产经营管理制度，从“超前组织，正点运行，平稳操作，均衡生产”的稠油生产十六字方针，到对各个生产环节处理生产问题提出明确时限和质量要求的生产管理制度，都大大提高了整个生产系统的工作效率，使生产组织协调更合理化科学化，促使稠油开发步入良性循环轨道。

第三节　油田科技不断创新，企业改革与管理进一步深化

1986—2005 年的 20 年间，河南油田特别注重科学技术、企业改革与油田管理工作，有力推动了油田勘探开发生产经营等各项工作的开展。

一、以科学技术为动力，全面提高油田生产力

1986 年以来，河南油田明确了把科学技术作为第一生产力的指导思想，相继成立石油勘探开发研究院、石油工程技术研究院、勘察设计研究院、钻井工艺研究所、炼油工艺研究所、地球物理勘探研究所和地球物理测井新技术研究中心等科研机构。科研机构的健全和作用的发挥，为河南油田的发展插上了腾飞的翅膀。从 1986 年以来，油田累计获得国家及省部级科技进步奖 134 项（其中国家科技进步奖 9 项，省部级科技进步奖 125 项）。累计申请专利 299 件，获得专利权 215 件，部分先进技术达国内及国际领先水平。具有国内先进水平的原油全密闭输送装置建成投产后，油气损耗率由原来的 2%下降到 0.6%以下，实现了从井口至外输首站的油密闭输送。每年可节气 1714.5 万立方米，节电 2733.5 万千瓦时，增收轻烃

10201吨，获直接经济效益1780万元，为国内中小油田低耗节能和技术改造提供了成功范例。在地震物探方面，河南油田先后引进了YZK-480道遥测地震、可控震源、GPS全球（测量）卫星定位系统、地震资料处理系统、人机联作解释系统、高分辨率地震、电均差分找油等先进技术。在钻井技术方面，先后推广应用了喷射钻井、优化参数钻井、近平衡压力钻井、定向丛式钻井、开窗侧钻、两性离子泥浆、多目标钻井等先进技术。在勘探研究方面，积极应用新理论、新方法，在深化地质认识的同时，使研究水平也有了长足的提高。2000—2005年，在东部老区勘探程度极高的情况下，连续6年拿到探明储量超千万吨。河南油田总结的《泌阳富油凹陷"十五"油气勘探实践与认识》，获得中石化的表彰与奖励。在开发方面，河南油田先后开展了开发经济政策界限研究、油藏精细研究、剩余油分布研究、井网调整研究、稠油资源二次利用研究等工作，不断推广新技术，完善配套注采工艺。稀油在原有层系细分、井网一次加密调整的基础上，"八五"、"九五"期间实施了井网二次加密调整，注水结构和产液结构调整，部分区块开展了三次采油等。荣获中国石油天然气总公司科技进步二等奖的双河油田砂砾岩油藏开发模式及工艺技术研究，综合应用有关学科新理论、新方法，借助计算机技术开展室内试验，系统地将双河油田砂砾岩油藏开发经验提高到科学理论水平，形成了砂砾岩油藏开发模式及配套工艺技术系列。其中油、水井测试技术、水淹层解释技术、分层注水等技术均达

美国阿特拉斯公司技术专家来河南油田进行技术交流。

到国内先进水平。新技术的推广应用使东部稀油水驱采收率高达42.78%,仅次于全国最高的大庆油田(46.27%)。在稠油开发方面,河南油田通过加密吞吐、高周期吞吐、优化开采和应用螺杆泵采油技术及稠油降粘技术,在平均单井吞吐7.8个周期后产量还能继续上升,使河南油田稠油开发一直保持较好水平。

二、以企业改革为主线,不断建立适应市场经济的新体制

自1986—1992年的6年间,河南油田进入"由高度计划管理过渡到分级分权管理,全面实行经济承包责任制"时期。企业经营管理由生产型过渡到生产经营型,主要是完善推行经济承包责任制,厂长(经理)负责制和经营承包责任制。

1992年党的"十四"大后,油田确立了新的改革与发展目标:改体制、转机制,形成以"油公司"为核心的企业集团,进行组织机构的调整,解体"大而全"、"小而全",实现了主业与辅助生产单位、与企业办社会、与多种经营的分离,初步建立了内部统一协调控制、分块管理、分灶吃饭、自负盈亏的运行机制。自1993年起,油田开始建立和启动内部市场,初步形成了勘探开发主体市场、专业施工市场和生产要素市场等市场体系。

1998年8月,中国两大石油、石化公司重组。河南油田由中国石油天然气集团公司改属中国石油化工集团公司。在此期间,油田也实行了战略性重组,分离了非主业部分,剥离了企业办社会和多种经营部分,剥离了不良资产,将核心业务和优良资产重组后上市,进而建立了现代企业制度。于2000年完成了第一阶段的重组改制任务,实现了上市的河南油田股份分公司和未上市公司的分离。

重组后,以勘探、开发、炼化、地质综合研究、工程技术攻关等单位组成了油田分公司;以石油工程、公用工程、多种经营、社区服务四大板块形成了未上市公司。未上市公司和上市公司两者从属一个领导中心,设有两套工作机构,由未上市公司协调上市公司。在法律上,未上市公司为集团公司直接管理的法人企业,是集团公司所属的二级法人。上市公司是集团公司控股的中国石油化工股份有限公司所属的分公司,是成本控制和生产管理中心。经济上两者各自独立,进行关联交易。行政上分别组建各自的领导班子和领导机构,主要领导兼职,机关部分管理机构实行合并办公。党群工作上由河南石油勘探局党委统一领导。随着企业管理体制和管理机构的出台,河南油田在计划投资、财务管理、物资供应等方面,都进行相应的改革。至此,河南油田又掀开了新的一页。

河南油田还进行了产权制度改革试点工作。1998年7月,河南油田天然碱开发公司与内蒙古远兴天然碱股份有限公司、桐柏县国有资产运营公司联合开发安棚天然碱资源,联合挂牌成立"安棚碱矿有限责任公司"。1998年4月,南阳石油

机械厂开办的全民性质的南阳石油机械厂职工医院，其国有资产由改制后的南石医院一次买断，实行股份制。在多种经营系统，选择了河南油田桐柏山矿泉水饮料厂、河南油田周口油气开发中心、河南油田惠通汽车运输维修中心等7家老企业和新组建的两家企业进行股份制改造。其中3家注册登记为有限责任公司，6家注册为股份合作制企业。

2003年，根据集团公司主辅分离、改制分流的总体部署，油田在结构调整、改制分流工作方面进行了积极探索和实践，2004年，按照先整合重组、后改制分流的原则，完成了运输、机械加工、医疗卫生等系统的专业化重组，涉及人员388人，资产762万元。同时制订完成了井下作业分离重组实施方案。完成南阳石油机械厂等5家企业的改制分流工作，共分流人员2281人，净资产1.14亿元，注入资产和债转资2178万元。在改制分流工作中，河南油田将南阳石油机械厂改制作为油田全面推进结构调整、改制分流的突破口，高起点、高标准、高要求，打造“样板工程”。2004年6月，南阳二机石油装备（集团）有限公司挂牌运营，标志着油田改制分流工作取得突破性进展。通过改制，以7980万元的净资产进行了企业所有权和员工身份的双重置换，实现了国有资本的全面结构调整、改制分流工作。与此同时，认真组织移交办社会工作。2004年5月，油田公安局移交河南省公安厅管理，油田13所中小学移交南阳市教育系统管理。

为关心和帮促改制企业发展，2005年5月，河南油田分别对全民、集体两个层面的改制分流企业开展了调研和集体回访。总体情况表明，21家改制企业在扩大市场、增加就业、提高效益等方面均呈现良好发展态势，机制体制转变后带来的活力和成效远远大于预期。南阳石油机械厂过去最高年产值3.5亿元，2004年改制半年就突破4亿元，2005年达到6个亿；亚南公司2004年收入增长21%，利润增长2倍多。2005年新改制的企业也展示出旺盛的生命力：机械制造厂抽油机出口墨西哥，油管销往中石油，对外创收合同已达6000万元，是往年的3倍。

三、以企业管理为重点，不断提高企业核心竞争力

1986年开始，全油田在基层队（车间），开展基层“五标”管理活动和局属二级单位“转机制、抓管理、练内功、增活力”活动。投资管理、资金管理、目标成本管理、劳动工资管理、物资采购管理、安全环保、审计、法律合同、设备、石油产品营销、技术监督等专项管理日臻完善。

2000—2005年，河南油田瞄准建立现代企业制度的改革方向，实施管理创新战略。通过加快管理体制创新、经营机制创新和再造管理流程，实现由经验管理向科学管理、人本管理转变；建立责权清晰、规范有序的领导秩序和管理程序，推行

岗位描述，明确办事程序；实施依法、依规治企，通过清理登记、分类归并和会审整合，建立内控制度体系，使各项工作在制度的约束下正常有序运行；压缩管理层次，精简机构，减员增效，建立高效、快捷的管理程序，提高工作效率和管理效益。按照“专业化管理、市场化运作”的原则，突出核心业务，构架“油公司”模式，推行甲乙方合同管理，努力实现效益最大化，企业核心竞争力得到极大增强。

在实行目标管理中，河南油田还运用了网络计划、宏观控制、滚动计划和动态平衡等技术。既发挥了计划的指导作用，又保证了均衡生产和稳定发展，并运用了系统论、信息论、控制论，保证计划的顺利进行。在油田开发上，运用量本利分析编制了“七五”油田开发调整方案。在油田建设上，按照系统工程自行设计，采用国产设备，建成了国内第一套油气全密闭集输系统。河南油田于1988年被评为河南省一级企业；1989年晋升为国家二级企业；2002年全国500家大型工业企业按销售收入排序河南油田位居第173位；2004年，河南油田以产品销售收入、利润总额、税金总额、工业经济效益四项指标的综合指数位居河南省百强企业第7位。

第四十五章 江汉油田

江汉油田包括江汉、八面河、坪北、建南等4个油气区、29个区块油气田。勘探开发区域主要分布在湖北省境内的潜江、荆州、仙桃、天门、荆门、利川等市，山东省寿光市、广饶县，陕西省安塞县和重庆市万州区、石柱县，探矿权面积2.06万平方千米，油田总部设在湖北省潜江市。1998年，石油、石化两大集团重组，江汉油田划归中国石油化工集团公司。

江汉盆地是湖北省境内最大的汇水断陷盆地，属陆相地层，位于湖北省江汉平原中部偏西地带，面积2.8万平方千米，占平原总面积的74%，包括6个凹陷、5个凸起、1个地堑，其中潜江凹陷和江陵凹陷的沉积厚度最大，"生、储、盖"组合条件较好，是江汉油田的主要产油区。

江汉油田从1965年的第一口油井出油至1985年的21年间，共发现油气田17个。其中江汉盆地油田15个，鄂西渝东地区天然气田1个，南襄盆地油田1个；探明石油地质储量6283万吨，天然气储量50.55亿立方米；投入全面开发的油田10个，建成原油生产能力100万吨。1977—1985年，连续9年年产达到100万吨，累计生产原油1220.04万吨，天然气1.13亿立方米。这期间，建成6个石油机械厂，石油机械产品产量占全国的1/3，成为全国的石油机械制造基地；建成一套加工能力为350万吨的炼油生产装置（1984年划归石油化工部）；初步形成了以油气勘探开发为主，机械制造、石油化工配套发展的大型综合性企业，成为中南地区最大的石油工业基地。

1986—2005年的20年，随着国家市场经济的发展、企业改革的深化，江汉油田基本建立起了以油气勘探开发为主，机械制造、油盐化工、技术劳务输出协调发展的跨区域大型综合性企业。1986—2005 年，在江汉盆地又发现油田 11 个，在山东八面河地区建成 1 个 100 万吨级油田，在陕西坪桥北部地区建成 25 万吨级的石油合作开发区；新增探明石油地质储量 19521 万吨，新增探明天然气储量 100 亿立方米。新投入开发油田 16 个，新建原油生产能力 186.49 万吨；累计生产原油 3103.94 万吨、天然气 7.83 亿立方米。2005 年，生产原油 163.1 万吨，天然气 0.9 亿立方米。机械制造企业通过引进、消化国外先进技术，建成世界第三、亚洲第一的钻头生产线和石化集团固压设备、天然气压缩机两个国产化基地，以及石化集团最大的水处理设备生产基地。盐化工企业建成年产 1.5 万吨漂粉精生产装置，生产能力居国内首位。专业化服务单位在立足国内市场的同时，开始走向国际市场。油田生产经营得到了持续较快发展。江汉油田 1986 年被评为国家二级企业，1990 年获“全国五一劳动奖状”。2005 年，江汉油田实现主营业务收入 100.84 亿元人民币，首次突破百亿元大关；产品出口和技术服务输出创汇 6677 万美元；实现利润 16.24 亿元人民币，主要经济技术指标创历史最高纪录。

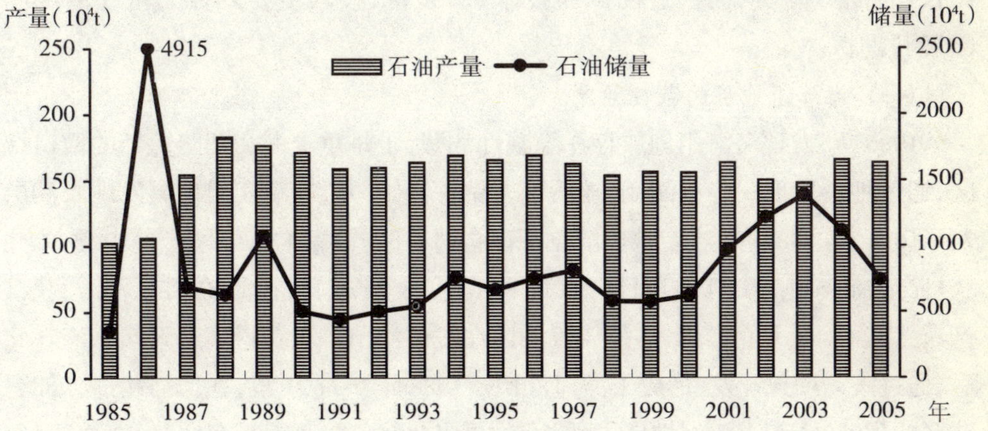

江汉油田石油探明地质储量和产量变化图

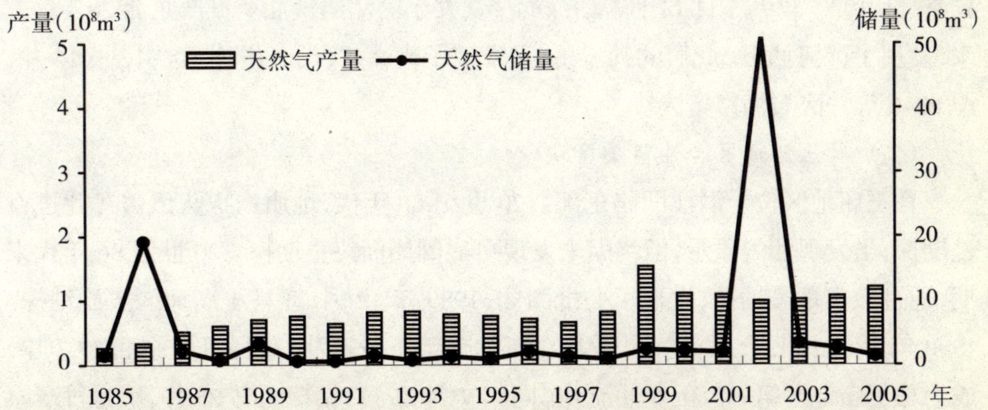

江汉油田天然气探明地质储量和产量变化图

第一节　加大勘探力度，积极寻求石油后备储量

1986年，江汉油田一方面加大对江汉盆地及其周沿的勘探力度，相继发现了潭口、代河、洪湖、严河、马王庙、周矶、沙市、荆西、八岭山、万城等10个油田。另一方面，针对石油资源接替严重不足的实际，实施资源扩张战略，进军山东八面河、陕西坪北和西部地区，寻求资源接替，拓展了石油勘探区域。

一、精雕细刻潜江凹陷

潜江凹陷是江汉盆地最早发现油田的区域，也是江汉油田的主要产油区。1985年以前，该区块共发现王场、钟市、广华、花园、光明台、黄场、张港、浩口、习家口、高场、浩西、丫角、广北、老新、拖市等15个油田。1986年以后，江汉石油管理局积极引进勘探新技术、新装备，投入主要勘探力量在潜江凹陷展开勘探。

（一）潜江组地层隐蔽性油藏

1986年，发现潜江组地层存在隐蔽性油藏，于是重上潜江凹陷北部的潭口地区，通过地震发现一些小圈闭，随后部署钻探潭19井，在潜江组地层发现原油层7层10.8米。1987年，决定整体解剖潭口构造，部署钻探17口探井。其中潭26井获日产原油3吨，潭34井获日产原油17.1吨。8月30日，在潭32井试油时，获日产天然气13.88万立方米，这是江汉油田在浅层油田首次获得高产天然气流。此后，通过滚动勘探开发，形成了潭口油田。1988年7月21日，在代河构造上部署钻探的代6井，在潜江组地层发现油层12层，经测试，获得日产原油32立方米，发现了代河油田。1989年，在潭口油田的西侧和蚌湖向斜东北缘，发现严河地震异常体。1990年9月11日部署钻探的严2井于潜江组试油获日产原油20.4立方米，发现了严河油田。此后的几年里，又发现了代8井、代7井、代14井、张12井、潭62井等井区石油富集区块。

（二）马王庙地区含油富集区块

马王庙地区位于潜江凹陷东部。20世纪60年代，地质勘探队伍曾在此进行过勘探，虽发现油气显示，但终因未发现可靠圈闭而终止勘探。20世纪80年代末期，通过数字地震勘探，发现了一批圈闭，1989年12月，在马王庙地区实施钻探。1990年1月27日，钻探的马13井在新沟嘴组下段试油，获得日产原油17.7吨，成为马王庙地区第一口工业油流井。同年9月26日，钻探的马25井，获得日产原油79.5吨，这是当时江汉油田新沟嘴组目的层中日产量最高的一口探井，标志着

马王庙油田的发现。1992 年 8 月 22 日，在刘家湾断背斜钻探的马 36 井于新沟嘴组下段获得日产原油 106 立方米的高产油流，证实马王庙地区为众多的小型高产富集区块。此后的几年里，又在马王庙地区发现一批新的含油区块。至 1993 年末，马王庙油田探明石油地质储量 250 万吨，成为江汉油田的主力区块之一。

（三）周矶—返湾湖含油新区带

周矶—返湾湖断裂带位于潜江凹陷中部。1992 年，通过资料重新处理和精细解释，发现和落实了一批小型圈闭。9 月 17 日，32401 钻井队在圈闭面积仅为 0.3 平方千米的曾家滩背斜钻探的周 9 井，试油获得日产原油 29 立方米，发现了周矶油田。1993 年以后，实施滚动勘探开发，先后发现了 8 个含油区块。单个区块面积均很小，有的含油面积仅为 0.1～0.2 平方千米，体现了地震解释的精度和勘探水平的提高，也说明了油气聚集的复杂程度和勘探难度。

江汉油田在潜江凹陷周矶构造钻探的周 9 井首获工业油流。

（四）老油田含油区带

1986 年，在王场构造北端进行勘探，1989 年 1 月，钻探的王新 8 井，初期日喷原油 1000 余立方米；9 月 16 日部署钻探的王 4-12-2 井，在钻进中发生强烈井喷着火，22 日在大火扑灭后，井口日喷原油 49.3 吨。至此，王场油田的含油面积进一步扩大。此外，在广北油田、拖市油田部署了一批探井，其中广 34 井、广 35 井和拖 15 井相继获得高产油流。两个油田的含油面积也相继扩大。1994 年在王广地区钻探的周 8 井，试油日产原油 53.1 吨，又新增了一个小而肥的含油区块。2001 年至 2005 年，通过开展以高分辨率地震为主的储层预测攻关试验和构造精细解释，加强综合地质研究，加大三维地震勘探力度，又发现多个含油区块，实现了黄场油田和王场油田含油连片，老油田的含油面积进一步扩大。

二、加强攻关江陵凹陷

20 世纪 60 年代，通过地震勘探，在荆州城西北方向发现花园背斜构造；1968 年 4 月钻探陵 1 井获得工业油流，由此发现花园油田。此后，继续在江陵凹陷展开勘探，终因地质情况复杂，勘探工作一度停止。“八五”时期，重新开展对江陵凹陷的勘探，并加强地震攻关，改善钻井、试油工艺，勘探工作取得重要突破，发现了一批含油区块。

（一）沙市构造

1993 年，在对原有地质勘探资料进行复查的基础上，部署钻探沙 24 井，同年 5 月 27 日，经试油获得日产原油 20.6 吨。沙 24 井区被命名为沙市油田。与此同时，1992 年冬至 1993 年春，对沙市构造进行三维地震勘探，发现了新杨场断鼻；1995 年，钻探沙 27 井钻遇油层 16.2 米，试油获日产原油 32 吨，找到了沙市构造的原油富集区块。

（二）荆沙背斜带北段断鼻油藏构造

荆沙背斜带北段八岭山构造勘探工作始于 20 世纪 60 年代。由于地表属文物保护区、地下为火山岩屏障，地震效果不理想。20 世纪 90 年代初，通过与美国埃克森公司和美孚石油公司合作，对地震资料进行重新处理，落实了 4 个圈闭。1995 年 5 月，在马跑泉断鼻高部位钻探陵 72 井，于新沟嘴组下段发现油层，试油获工业油流，命名为八岭山油田。

（三）荆沙背斜带中段含油区块

1992—1994 年，在荆沙背斜带中断开展二维地震。1995 年 11 月，在复兴场断背斜带钻探的陵 76 井，试油获工业油流，这一区块被命名为荆西油田。1997 年，在陵 76 井区以南的复兴场断背斜带钻探陵 78 井，试油获工业油流，成为荆西油田的又一个含油区块。

（四）万城断裂带构造北端油藏

2003 年 7 月，在万城断裂构造带北端钻探的万 5X 井，试油获日产原油 13.5 吨。2004 年 12 月，万 5X 井区命名为万城油田。

（五）花园油田含油区块

1990 年冬至 1991 年春，在花园油田周缘进行三维地震勘探，重新落实构造。

1997年，在花园构造西南低部位的李埠断鼻钻探李3井，于新沟嘴组下段试油获得工业油流。2000年2月，在花园构造东部断块钻探陵24-1井，于新沟嘴组下段试油获工业油流。花园油田新增了两个含油区块。

三、继续认识沔阳凹陷

沔阳凹陷的油气勘探于1962年展开，所钻探井仅见油气显示和少量油流。1986年，重新在该地区展开勘探，并通过数字地震发现了一些局部圈闭。1988年4月8日，钻探的沔7井获日产13.2吨工业油流，从而发现了洪湖油田。随后，对洪湖油田实施滚动勘探开发。共发现沔7、沔16、沔25、沔48井等含油区块。1998年，在油田北面的沔31井于白垩系也发现油层，试油获得工业油流，实现了沔阳凹陷北部地区石油勘探的突破，展示了江汉盆地白垩系地层的勘探前景。

四、重新启动石柱复向斜勘探

1970年11月，32151钻井队在鄂西渝东石柱复向斜构造钻探的建3井，获得3.77万立方米天然气流，从而发现了建南气田。到1985年，共钻井34口，累计探明含气面积71.04平方千米，天然气地质储量50.55亿立方米。

1986年以后的10多年时间里，江汉油田的勘探工作重点放在了江汉盆地。1999年，江汉油田领导决定重新启动建南天然气勘探，寻找新的资源接替区域。2000年，在建南构造钻探建26井，获得低产天然气流。2001—2003年，对建南地区地震资料进行重新处理、解释和储层预测，认为建南构造飞三段为一整装气藏，圈闭面积164.3平方千米，含气面积和储量较复查前有大幅度增加，并组织钻井队展开勘探，其中太1井和新场2井在茅口组、栖霞组中途测试分获日产天然气3544立方米和1119立方米；在建南构造南高点钻探的建68x井在飞三段获不稳定天然气产量0.5万～2.3万立方米；对建南构造中部的建27井(老井)开窗侧钻至飞三段，获日产天然气10万立方米；对建南构造北高点长兴生物礁气藏上的建44援1井钻至长二段，获日产天然气5.2万立方米。通过勘探和资源评价，新增天然气地质储量48.12亿立方米。

五、区块承包清河油田

1986年5月，石油工业部党组做出决定，由胜利石油管理局将山东省寿光县境内的清河(又称八面河)油田交给江汉油田承包。7月22日，江汉油田成立清河油田勘探开发指挥部。8月中旬，派出3400多人组成的会战队伍赶赴八面河地区展开石油会战。

山东八面河探区属陆相沉积地层，位于济阳坳陷东营凹陷西斜坡带上，面积1100平方千米，在新老第三系有较好的生储条件。早在50年代中期，山东省地质勘探部门就在八面河东部的沿海地区进行过石油地质普查。1964年至1985年，胜利油田会战指挥部先后在八面河北部的东营凹陷南斜坡、东部的莱州构造带和南部的草桥构造带钻探，发现含油构造。1986年8月，清河油田勘探开发指挥部继续开展石油勘探工作，并对地质资料进行普查、详查和精查。进一步摸清了各圈闭构造特征及油层分布状况，扩大了含油面积，增加了石油地质储量。共完成二维地震1470千米，探明石油地质储量7136万吨。阶段性的勘探会战工作结束。从1993年起，根据中国石油天然气总公司指示，恢复油气勘探工作，并根据八面河地区油气生产地质条件，制定"精雕细刻八面河鼻状断裂构造带，寻找'小而肥'含油区块；开展深、浅层及南部斜坡带油气成藏条件的综合研究，开辟接替区块和接替层系，为原油稳产、增产奠定基础"的勘探方针，组织勘探人员在八面河的鼻状断裂构造带中段和西段、南部斜坡中段和东段、广饶凸起中段等地带，运用构造油气藏勘探理论和数字地震勘探、高精度三维地震勘探、叠前偏移处理、微构造描述、构造转换带描述、低阻油藏识别、隐蔽油藏描述等勘探技术展开勘探。2001年以后，勘探工作取得重要成果，先后探明面120、面138、面36、面14区块等4个千万吨级的含油区块，控制住了沙子岭千万吨储量规模的含油区块；发现了一批小而肥高产富集含油区块；实现了孔店组油气勘探突破，孔店组成为一套储量规模近千万吨的接替层系。至2005年底，共完成二维地震937.45千米，三维地震662.62平方千米；钻探井156口，探井进尺31.02万米；新增探明石油地质储量5426.3万吨。

六、开辟西部新区战场

2000年，江汉油田按照中国石化集团公司西部勘探开发的部署，组建江汉油田分公司西部新区勘探项目组，进入西部新区进行地质勘探。2003年5月11日，在准噶尔盆地南缘柴窝堡构造上钻探的达1井完钻，发现气层13层29.8米，预测凝析气地质储量256.9亿立方米；同年11月11日，在六盘山盆地肖家湾北斜构造上钻探的海参1井完钻，于下第三系、下白垩统分别发现良好生储油层。2005年，在鄂尔多斯长武地区钻探的武10井发现油层，在二连盆地钻探的赛汉1井发现良好的烃源层，在西部新区钻探的克隆1井中途测试获日产天然气1万立方米。

第二节　加强综合治理，提高油气田开发水平

1986年以后，通过加大勘探投入，扩大勘探范围和区域，取得了一批勘探成

果，资源接替不足的矛盾得到了缓解，江汉新发现的油田和含油区块以及清河、坪北两个油区先后投入开发，原油产量迅速增加。与此同时，老油田经过多年开采，原油产量出现下滑。为了保持原油生产的基本稳定，江汉油田针对各油气开发区的不同特点，加强综合管理，提高开发水平，原油产量保持了基本稳定。1986—2005 年，共生产原油 3103.94 万吨，其中江汉油区 1538.44 万吨、八面河油区 1456.82 万吨、坪北油区 108.68 万吨；2005 年生产原油 163.1 万吨，比 1985 年增长了 59.28%，其中江汉油田区 78.1 万吨、清河油区 67.5 万吨、坪桥北部合作区 17.5 万吨。

一、实施挖潜增产措施，稳定江汉油区产量

江汉油区地层构造复杂，多为盐湖沉积，分布面积小，含油层组多。20 世纪 80 年代中期，江汉油田进入开采中后期，原油含水上升，地层压力下降，原油稳产难度加大。1989 年，在原油连续 12 年稳产 100 万吨以后开始出现下滑，到 1991 年，原油产量只有 73.35 万吨，处于历史低位。面对严峻的油田开发形势，江汉油田组织力量对已开发油田的可采储量和最终采收率进行重新计算、标定，对处于开发后期的油田增产措施进行可行性研究，对未开发的探明石油地质储量进行评价分类。同时，根据油田实际情况，对油田开发进行战略性调整。一方面加大新增储量的开发力度；另一方面实施挖潜增产措施，到 1992 年，原油产量出现回升。1993 年，原油产量达到 81 万吨。此后，江汉油田坚持实施良性开采策略，紧紧围绕提高采收率、控制递减率做工作，努力实现高效稳产和均衡生产，原油年产量连续 12 年基本保持在 80 万吨水平运行。

（一）加快产能建设步伐

1985 年以前，共发现油气田 15 个（1972 年 5 月 1 日南阳油田划出），投入开发的油田有 10 个。进入 20 世纪 80 年代后期，原油生产能力明显下降，1986—1990 年的 5 年间，原油生产能力年均递减 6%。为了稳住原油产量，江汉油田加快了油田产能建设步伐。1990 年 5—8 月，还组织开展了“百日上产会战”，江汉油区产量明显回升。20 年中投入开发广北、浩西、丫角、拖市、老新、潭口、代河、潭口、代河、洪湖、严河、马王庙、周矶、光明台、沙市、荆西、万城等 15 个新油田，其中马王庙油田建成原油生产能力 14 万吨，成为江汉油田的第二大主力油区。1991 年以后，江汉油区对老油田周边发现的 29 个新区新块投入开发。与此同时，加强老油田开发，打了一批开发调整井，特别是 2001—2005 年，在没有发现储量较大的新油田的情况下，在老油田钻井 221 口，建成原油生产能力 48.55 万吨，对稳定原油产量起到了重要作用。截至 2005 年底，共钻井 1039 口，建成原油生产能力

江汉油田王平1井。

186.9万吨。其中，在新开发的油田建成原油生产能力42.5万吨；在老油田的新区新块建成原油生产能力40.44万吨；在老油田建成原油生产能力103.55万吨。

（二）加强老油田综合治理

1986年以后，江汉油区投入开发的老油田相继进入高含水开发期，产量处于递减阶段，主要特点：一是采出程度高，储采比低。综合含水在80%以上的油田区块，可采储量的采出程度一般在66.6%～81.2%。二是剩余油转入高度分散状态。三是原油产量递减速度加快。1989年和1990年，综合递减率分别为9.44%和13.31%，自然递减率分别为19.01%和13.31%。四是地下存水率降低。1990年综合含水上升到78.4%，地下存水率下降到48%以下。五是原油密度和粘度增大。为了提高油田开发效果，江汉油区根据不同时期的地质状况和油田开发实际，有针对性地实施综合治理。

1. 完善注采系统。以主力油田、主力区块和主力油层为重点，对老油田进行以稳油控水为中心内容的综合治理。通过完善注采井网、调整注采剖面措施和采取多种采油方式，提高可采储量和水淹区采油量，油田综合递减率和自然递减率减缓。1986年，为解决王场油田北区一批"难注井"配注问题，将王二注水站改造成高压注水站，注水压力由15兆帕提高到18兆帕。同年，王一注水站由一套注水系统改为两套注水系统。1987年，江汉油田第一套橇装式注水装置在广北油田建成投入使用。此后的10多年时间里，又新建和改造了一批注水站和污水处理站。到2005年末，已有注水站37座、污水处理站25座、注水管线252千米，水井276

口，日注水能力达到9340立方米，日处理污水能力达到1.13万立方米。此外，在分层注水方面也取得重要成果，通过使用新型封隔器，采用涂料油管、丝扣密封脂、皮碗式底循环凡尔等措施，使更换封隔器周期达到327天，分层注水合格率保持在70%以上。

2. 实施井下作业。通过油井压裂、油井酸化、堵水、射孔、补孔改层等措施达到提高油井产量的目的。其中1991—2000年，对地层能量较高的小、薄油层实施补孔改层，增油12万吨，占措施作业增油总量的30%。

3. 开展油田动态监测。1986—2005年，组织油田开发、采油工艺研究、测井工程和测井研究等单位，加强油井、注水井的测试，对油田开发状况实施动态监测，油水井一次测试合格率、仪器定期校检率、设备完好率等多项指标达到或接近100%。自行研制的示功图测试仪和产液剖面配套装置在国内油田普遍推广。

（三）加强原油生产日常管理

1. 防结蜡、结盐、结膏和防腐蚀。江汉油田原油含蜡量高，地质水矿化度高。油田含蜡量最高达到30.6%，总矿化度达到32.8万毫克／升。为保证油井正常生产，江汉油田开展了一系列试验研究，在防结蜡、防结盐、防结膏、防腐蚀方面取得了重要成果。1986年，运用管式磁防蜡器在黄18井和新116井进行防结蜡试验，取得成功，此后逐步推广使用；“七五”期间，与江汉石油学院开展化学防结盐试验，获得成功；2000年，采用长柱塞防砂泵解决了细粉砂卡问题。

2. 维护性作业。通过检泵、下泵、更换封隔器、油井大修，减少躺井，保证油井正常运行。

3. 完善责任制度。建立油井“三定一落实”（定人、定岗、定设备，落实岗位责任制）制度，完善基层管理流程，健全基础资料，每月开展一次现场检查。

通过一系列工作，江汉油区日常生产管理水平不断提高。1990年，江汉油田被中国石油天然气总公司评为“综合时效优胜单位”，王场油田被命名为“高效开发油田”，2002年，江汉采油厂被中国石化股份公司评为“先进采油厂”，王场油田、钟市油田被评为“高效开发油气田项目”，2003年，采油七队被石化总公司评为“金牌采油队”，王场联合结被评为“五星级联合站”。

（四）研究和推广应用采油新技术新工艺

20年来，油田科技人员围绕采油技术难题，开展了稠油开采、三次采油、盐间非砂岩油藏开采等技术攻关，取得科技成果2530项，推广应用新技术新工艺473项，实现科技增油300万吨。

二、加强综合管理，提高八面河油区开发水平

（一）建成100万吨级原油生产能力

1986年9月，八面河油田勘探开发会战开始不久，地面建设工程就全面铺开。会战队伍克服了风沙大、气温低和缺电、缺水等困难，当年建成油井井口装置81套、计量站23座、接转站1座，铺设集（输）油管线183.8千米，建成部分水、电、讯、路工程，油田开始投入开发，实现了“当年设计、当年施工、当年投产”的目标。1987年，建设速度加快，相继建成原油外输工程、联合站工程、注水工程及其他配套工程。到1988年底，基本建成年生产原油能力100万吨的主体工程。1989年12月成立清河采油厂，1990年油田全面投入开发，当年生产原油91.63万吨。至1990年底，完成投资8.38亿元，生产原油316万吨，产能建设投资比全国平均水平下降16.75%。清河油田的成功勘探开发，是我国石油工业推行区块承包的一个有益尝试，为石油行业新区勘探开发建设探索出一条投资省、工期短、效益高、质量好的新路子，也为江汉油田可持续发展开辟了一条新的途径。

（二）针对油藏特点，做好调整挖潜工作

八面河油区油层压实程度低、油质粘度高、开采难度较大。1989—1998年，八面河油田在连续10年实现原油稳产80万吨水平后，1999年原油产量开始下滑。清河采油厂针对开发中出现的各种矛盾，转变观念，加强精细管理，实现从开发油藏到经营油藏，从依靠区块接替到调整挖潜的转变，建立分区分类管理体系，形成了细分层系开采、双低单元治理、低阻油藏挖潜、非主力油砂体挖潜、稠油热采、攻欠增注、堵水调剖等一系列油田精细调整挖潜配套技术。大力实施产量结构、措施结构和注水结构三大战略性调整，重点开展了面120区、面138区、面14区、北区等区块调整工作，钻新井417口，新建产能66.7万吨；实施油井措施1230口，累积年增油33.89万吨；对9个开发单元进行了控水稳油、增加注水、“双低”单元改造和工艺配套等分类治理，改善了开发效果。油田开发呈现出良性发展的态势。南区通过开展注采井网完善调整、油水井大修恢复、中低渗透油藏油水井对应压裂、增压增注治理、注水井适时动态调水和注氮气—水交替驱及深部调剖等工作，连续8年保持产量稳定；北区、广北区实施扩大注水、合理提液、层系轮采和加强非主力油砂体挖潜，连续6年北区产量稳定在23万吨，广北区自然递减率由“九五”末的46.8%下降至“十五”末的22.2%；东区、西区开展了热采、注水、闭式采油等工作，提高储量动用程度和改善动用效果。

（三）积极推广应用采油配套工艺技术

针对八面河油田油井出砂、油稠、含水上升快、井斜偏磨严重等问题，大力开

展科研攻关，逐步形成了具有八面河特色的六大配套工艺技术。

1. 防砂工艺配套技术。通过开展出砂机理及出砂规律研究，建立了适合八面河油层特点的门限速度、临界流速、出砂半径等预测数学模型，编制了防砂技术决策软件，形成了绕丝筛管砾石充填防砂、涂料砂防砂、复合防砂、PS 防砂、高压充填防砂、水平井防砂等一系列配套防砂工艺技术，改善了防砂效果。

2. 杆管偏磨治理技术。八面河油田从 1992 年实施斜井钻探以来，定向斜井已占开发井总数的 59.3%。由于定向斜井井身结构的复杂性，致使管柱偏磨严重，油井维护性作业井次居高不下。经过十多年的研究，逐步形成了以防偏磨优化设计为基础，以油管锚定、杆柱扶正和杆管旋转为手段的防偏磨技术体系，使斜井的免修期由平均 150 天提高到 430 天，斜井维护性作业频次下降。

3. 复杂断块油藏稳油控水工艺技术。“九五”以来，八面河油田针对油藏构造复杂、注水流度比高、油井含水上升快等特点，开展了以注胶联聚合物驱、多段塞深部调剖、氮气泡沫非混相驱以及注氮气吞吐的三次采油先导试验，推广应用了氮气泡沫非混相驱工艺技术，应用 30 井次，累计注氮气 463 万立方米。其中在面 1 区、面 12 区等区块增油 3 万余吨。

4. 稠油开采配套技术。研究发展了注汽条件下的油层保护工艺、注汽参数优化、氮气辅助蒸汽吞吐技术、稠油井筒举升工艺等配套技术，使难动用储量实现了有效动用。2005 年末，稠油在油田产量构成中的比例达到 16%以上。

5. 中低渗透油藏改造及开发配套工艺技术。针对八面河油田投入开发的面 120 区、面 14 区沙四段六砂组，广北沙四段一砂组等中低渗透油藏，采用了中低渗稠油油藏压裂改造工艺技术、边底水薄油层酸化改造工艺技术、中低渗稠油油藏增压注水工艺技术，改善了油藏的开发效果。仅面 14 区沙四段六砂组就增加可采储量 340 万吨。

6. 油层保护工艺技术。“十五”以来，八面河油田加强了油层保护的工作力度，通过开展不同区块、不同油藏类型的储层敏感性评价，制定了油层保护工艺技术措施，并在钻完井、作业、注水、采油等油田开发全过程付诸实施，努力做到了最大限度保护油层，减少油层伤害，降低开发成本。

2005 年，油田自然递减率和综合递减率分别为 17.3%和 8.6%，比 1990 年降低了 9.3 个百分点和 11.7 个百分点，原油产量递减速度得到控制。

三、不断总结经验，探索坪北油区开发新模式

（一）达成合作开发陕西坪北油田协议

1998 年 3 月，江汉油田与长庆油田正式签订合作开发安塞油田坪桥北部油

区协议。长庆油田以探井、资料、勘探成果出资，占总投资的 15%。江汉油田以货币、实物出资，占总投资的 85%。协议规定：以探明的含油面积（64 平方千米）作为合作开发区域，建成 10 万～20 万吨／年原油生产能力，并可在周边地区进行滚动勘探。同年 4 月 17 日，江汉油田正式成立安塞油田坪北油区开发项目经理部，并派出近 400 人的队伍北上坪北油区，进行滚动勘探开发。同年 5 月，勘探开发正式启动。

（二）针对油藏特点，合理开发油田

坪北油田属低渗、低压、低产油田，地处黄土高原，沟壑纵横，气候恶劣。坪北项目经理部本着“地面、地下结合，简化生产流程，节省工程投资”的原则，组织科学技术攻关，优化施工方案设计，加强工程项目招标投标管理，提高开发水平。根据陕北黄土高原的地貌特点，钻井以平台为单元，实行丛式定向钻井技术；针对坪北油藏特低渗透，不经压裂无自然产能的特点，实施先期压裂投产，结合本地区油层特性和井网特点，进行整体压裂设计，优化压裂施工参数；针对坪北油田天然能量微弱的特点，实行早期注水、补充地层能量开发，实施分注合采技术，注水井不压裂直接投注，注入水为洛河层清水，水质处理都比较简单，只采取一级精细过滤、按设计要求加入缓蚀阻垢剂、杀菌剂等化学药剂；油井均采用有杆泵机械采油方式生产，突出特点是小机、小杆、小泵、小井口。1998 年，通过采用快速钻进单扶正器定向钻井钻具组合技术，完钻探井 4 口，探明含油面积 6.2 平方千米，新增石油地质储量 228 万吨；采用丛式井“三小二筒”采油配套技术，建成采油井井口装置 55 口，丛式井场拉油站 20 座；建成注水站 1 座、投注水井 6 口，铺设注水管线 3.8 千米；采用“整体部署、先‘肥’后‘瘦’、跟踪分析、及时调整”的方法，新建产能 5 万吨／年，生产原油 1.5 万吨，实现当年建设、当年产油目标。1999 年，继续加强产能建设，在地面工程建设中，充分结合现场实际条件，优化、简化地面工艺流程，摸索出了一套适合坪北油田特低渗透油藏开发特点的“采油平台简易集输流程”、“树枝状串接集油工艺流程”、“单干线、小支线注水流程”及“丛式井口→增压点→接转站→集中处理站的两级布站流程”，创建了具有坪北特色的地面建设模式。到 2001 年，建成原油生产能力 25 万吨。

（三）加强综合调整，保持产量稳定

2002 年，坪北油田进入综合调整期。为了保持原油产量稳定，采取了一系列稳定产量的办法。

1. 完善油井管理制度，油井管理更加规范、合理、精细。

2. 坚持油井动态分析制度，及时监控油井变化和出油情况，对憋压、碰泵情况实施措施作业，对油管、油套进行清蜡处理。到 2005 年，坪北油田检泵周期达到

841天,免修期达523天,创出新纪录。

3. 开展采油技术工艺攻关,实施暂堵压裂和补孔压裂技术,增油效果明显。坪北油田原油产量达到20万吨,此后的4年时间,原油产量一直保持在17万吨以上水平运行。2005年,在稳产难度加大的情况下,生产原油仍达到17.50万吨。

四、加强产能建设,扩大建南气田产能规模

1996年,建南气田长兴气藏综合利用工程启动,先后完成建44井、建16井、建34井8口井的修井和措施作业,建成建南至利川、恩施的输油管线,为气田全面开发做好了准备。2001—2005年,江汉油田分公司加大了天然气开发力度。2001年6月,建南气田首口开发试验井——建平1井在钻至井深4646.17米时完钻,获日产天然气21万立方米,建南气田天然气开发步入正规开采阶段。此后,相继完成的建31-1井、建44援1井、建27侧平1井等4口井的钻探和产能设施安装,建成井口输气管线和南北高点输气管网,完成输气首末站及南高点集气站计量系统改造。新建天然气生产能力1.35亿立方米。2005年,生产天然气0.9亿立方米。比上年增长25.35%。

第三节　引进与创新结合,积极发展机械制造业

江汉油田开展会战之前,只有一个规模不大的机修厂。20世纪60年代末至70年代初,为支援江汉石油会战,会战指挥部将三家石油机械厂和一个机械研究所迁至江汉平原,统一部署,分散建厂。1973年8月和1975年9月,又开工建设钻头厂和钢管厂。到1985年底,江汉石油机械产品产量占到全国石油机械产品产量的30%,重点产品的市场占有率逐年提高,成为全国石油机械制造基地。2005年,实现产品销售收入19.62亿元,盈利1.07亿元,主要经济技术指标创历史最高纪录。

一、引进消化国际先进技术

1981年,石油部确定在江汉石油钻头厂引进美国休斯工具钻头厂制造技术,建设牙轮钻头生产线,成为全国石油机械行业最先引进国外先进技术的企业。1985年,一期工程建成投产。1986年4月,石油部在召开的石油机械技术引进会上,对钻头厂引进工程给予了充分肯定。此后,江汉油田加快了石油机械制造技术引进步伐。

一是引进钻头生产技术。1987年10月16日,江汉石油钻头厂又从美国休斯

工具公司引进金刚石钻头和复合片制造技术，建成年生产能力1000只金刚石钻头的生产线。同年8月，又引进美国凤凰晶体公司聚晶金刚石复合片制造技术。1988年10月，引进意大利雷诺贝拉蒂公司（BERSRDI）牙掌柔性钻头生产线。江汉钻头厂的生产能力迅速提升，成为国内最大的油用钻头制造企业。

二是引进石油机械生产技术。1986—1988年的3年间，四机厂先后引进美国艾迪科公司修井机制造技术，道威尔公司CPT986型大功率、大排量、双机双泵固井水泥车制造技术，西方石油国际服务公司压裂机组制造技术，库伯OPI公司OPI压裂泵制造技术和SPM公司高压管汇件组制造技术；“八五”期间又从美国引进FMC公司活动弯头技术、赛瓦公司固压设备制造技术和阿里逊公司传动箱维修技术。

三是引进天然气压缩机生产技术。1988年2月，第三石油机械厂以技贸结合方式，从美国德莱赛兰公司引进分体式天然气压缩机关键制造技术。

四是引进石油管杆生产技术。1990年12月28日，沙市钢管厂从美国飞波公司引进玻璃钢抽油杆制造技术。2001年7月12日，从德国SMS Meer公司引进大口径直缝焊管生产线。

五是引进仪器仪表生产技术。1985年，仪表厂引进美国江斯顿公司的200-J型压力计制造技术后，1989—1990年又分别从美国的康普乐公司和卡斯特公司引进AT^+数控测井系统和KPG型、K4型井下压力计制造技术；从英国莱克斯设备有限公司引进电子读卡仪制造技术。

通过引进，形成了牙掌柔性钻头、金刚石钻头、成套固井设备、系列修井机、石油钻采设备、石油仪器仪表、玻璃钢抽油杆、特大直径高强高韧厚壁钢管、系列压缩机等拳头产品生产线。在引进先进技术的同时，还开展了技术项目合作。

二、坚持推进自主创新

自1986年以来，6个机械制造厂和石油机械研究所、测井研究所等科研单位，在引进、消化和吸收国外先进技术的同时，进行多层次、全方位的技术合作，并发挥自身技术优势，围绕钻井、修井、固井、压裂设备、钻井工具、注水处理装置和采油、测井工艺方面，开展技术攻关和新产品开发。先后研制和开发出一批具有国际先进水平的三牙轮钻头、金刚石钻头、单牙轮钻头、工程钻头等系列产品，车载钻机、2000型压裂机组、修井机、压裂泵、天然气压缩机、注水过滤器等系列石油机械产品，以及大口径钢管、仪器仪表产品。部分产品填补了国内空白，有的产品达到国际先进水平。1986年与上海原子核研究所共同研制出“岩性密度测井仪”、“自然伽玛能谱测井仪”，填补了国内空白，其技术指标达到国际先进水平。1989

年被定为国家级新产品。1988 年 10 月,研制开发的注水精细过滤器、自走式液压修井机、CYJ10-3-53HB 型抽油机、金刚石取心钻头、气轮式探测仪、SG2 型示功仪、直径 609 毫米螺旋焊接桩管等 7 项产品被列为国家重大新产品试产计划。1989 年,研制的常规游梁式抽油机、异向曲柄平衡式抽油机、岩密度测井仪等 5 项产品被确定为“1989 年度国家级新产品”。1994 年研制的 SNC35-16II 型固井水泥车获国家科研进步三等奖。新型抽水泵获联合国技术信息促进系统颁发的“TIPS 发明创新科技之星”奖。1996 年研制的 SDC=A 数控测井系统被评定为中国石油“九五”时期“十大科研成果”。2001 年研制出国内首台 2000 型压裂机组,被国家经贸委列为“十五”重大装备研制项目。

三、形成优势产品项目

1991 年以后,全国石油机械产品价格逐步放开,并按市场经济规律运行,江汉油田 6 个机械厂开始全面走向市场。1993 年,管理局为增强 6 个机械厂的市场竞争能力,及时调整经营策略,提出了“巩固石油市场、扩大社会市场、开拓国际市场”的战略。1995 年,管理局在进行可行性市场调研后,决定加快技术引进和改造步伐,着力调整产品结构,发展钻头、固井压裂装置、天然气压缩机、钢管和水处理设备等优势项目,不断增强企业实力,提高产品市场竞争力,实现生产经营的良性发展。

(一) 钻头项目

1995 年,江汉钻头厂在与美国休斯工具公司签订的技术合作协议到期后,依靠自身力量实施技术创新战略,成立技术开发研究所,开展新技术、新产品的研制和开发;引进世界先进的牙掌柔性生产线和抗回旋钻头生产技术,制造技术保持了世界一流水平。1996 年,被国家科研技术委员会列为全国首批 13 家国家高新技术发展计划(863 计划)CDMC 重点应用企业之一,开始全面应用计算机技术辅助产品设计、制造和开发。1998 年 9 月 28 日,工厂改制,在武汉东湖新技术开发区成立江汉石油钻头股份公司。1999 年 1 月 19 日,被确定为国家重点高新技术企业。到 2000 年底,主要生产技术指标大幅度提高。与 1994 年相比,产品品种由 48 种增加到 252 种,生产周期由 18—20 周缩短到 4—5 周,实现利润由 2300 万元增加到 7451 万元,“十五”时期,江钻股份公司生产规模进一步扩大。2005 年,生产钻头 31709 只,销售 44991 只(其中出口 8857 只),与 1985 年相比,分别增长了 135.51%和 240.69%。

(二) 重点石油机械产品项目

“十五”期间,管理局注重发展技术含量高、产品附加值高的产品,相继建成石化集团固压设备国产化基地和天然气压缩机国产化基地，以及石化集团最大的水处理环保设备产业基地。2002 年初，在四机厂立项建设中国石化集团固井压裂设备国产化基地，经过近两年的努力，生产装置于 2003 年建成投产。这一年，工厂生产的修井机、车装钻机和固井压裂设备在国内市场占有率达到 60%，产品出口量在全国石油机械行业排名第一，被中国石油和石油化工设备工业协会评为“中国石油钻采设备制造专业 2003 年度十强企业”。

（三）大口径钢管项目

2001 年，钢管厂投资 2 亿元，从德国引进主要设备，建成一条年产 10 万吨直径焊管生产线和一条生产 10 万吨螺旋焊管生产线，其中在直缝管生产能力居国内第一。2005 年，又在武汉建成一条年产 7 万吨的螺旋焊管生产线。实现了产品结构调整和产业升级。钢管的直径上限由 1420 毫米提高到 2642 毫米。开发的 X70 高强度、高韧性厚壁螺旋焊管达到国内先进水平，并先后为国家重点工程西气东输项目、太原引黄工程项目生产出优质产品。2005 年，工厂生产钢管 11.99 万吨，销售 12.83 万吨，均创历史最高纪录。

经过几年努力，江汉油田机械产品优势项目已形成规模，产品质量也不断提高，先后有三牙轮钻头、固井压裂设备、天然气压缩机等 7 项产品被湖北省人民政府和省名牌产品推进委员会评为湖北省名牌产品，牙轮钻头被中国技术监督情报协会评为“中国质量过硬服务放心品牌”。

第四节　发展技术优势，增强专业施工竞争实力

1986—2005 年的 20 年间，江汉油田施工单位坚持立足江汉盆地，积极开拓国内外市场，通过引进、消化、吸收国内外先进施工生产技术，强化内部管理，企业核心竞争力不断增强，技术特色优势明显提升。

一、创新地质勘探技术，增强市场竞争力

1986 年，物探公司针对平原水网、黄土塬地貌、碳酸盐岩裸露区高陡构造带的施工难点，通过装备更新、完善施工作业组织，开展各类攻关试验，逐步形成了以野外采集、资料处理、方法研究和软件开发为主的地震勘探技术，市场竞争力不断增强。

物探公司地震勘探技术在许多方面处于国内领先地位。1986 年以后，物探公司继续开发和培育特有的物探技术。“三维地震资料处理软件系统”，作为石油工业部唯一项目，参加了在香港举行的计算机应用展览会的展示；1992 年，与江

汉石油学院等单位合作完成的国家“七五”重点科研项目“油藏描述技术研究”获国家科技进步二等奖；1993 年，开展沙市城区三维地震勘探技术攻关取得成功；1994 年，三维地震勘探技术获国家经贸委颁发的“技术开发优秀项目奖”。到 2005 年，物探公司形成了一套以山地地震勘探技术、高分辨率地震勘探技术、地震和非地震综合物探技术、黄土塬地震勘探方法、复杂地区三维地震勘探方法为代表的具有江汉特色的物探技术系列。1985—2005 年 20 年间，江汉物探完成国家级、集团公司级和管理级科研项目 302 项，有 30 项科研成果获省部级以上科技发明和技术进步奖。

二、发挥水网湖泊钻井特色优势，提高钻井施工水平

1986—2005 年，江汉钻井公司针对江汉平原水网湖泊多的地面施工条件和复杂的地质特点加强技术攻关，共取得 185 项钻井技术科研成果。其中，建平 1 井是江汉油田的第一口水平气井，针对该井上部井段漏失严重的情况，应用复合暂堵解堵技术，有效处理了产层的漏失问题；1999 年，在江汉王场地区应用盐膏层固井工艺技术，固井优质率由 1998 年的 57.2%提高到 78.05%，提高了 20.85 个百分点，均未发生套管早期损坏情况，共节约勘探投资 3667.70 万元。1994—1995 年在辽河油田科尔康和欢喜岭施工期间，推广应用油气层保护等新技术、新工艺，有效地保护了油气层，顺利完井 45 口，进尺 61080 米，每口井的井身质量、固井质量均合格，各项指标达标或优于设计要求，创下了当地同类钻机历史最好水平。2003 年，大力推广应用 PDC 钻头复合钻进及导向钻井技术，通过在定向井、防碰绕障井、水平井的施工中应用，形成了较为成熟的综合配套技术，机械钻速显著提高，最大提高幅度达 5.77 倍。

三、培育核心施工技术，创建优质工程

油建公司经过 20 年的发展，形成了油田地面建设、长输管道和水平定向钻穿越三大核心业务，在外闯市场的过程中，施工质量不断提高，创出了一批优质工程。

在长输管道领域。1993—1995 年，完成洪湖—荆门输油管道工程；1996—1997 年，公司承建的陕京天然气管道工程山西省河曲—五寨段，业主给予“起点高、质量优、速度快”的赞语；2002—2003 年，公司承建的西气东输管道 23A 标段和 9B 标段管道焊接一次合格率达到 97%以上，半自动焊六机组被国务院西气东输工程领导小组评为“红旗机组”；2003—2005 年，完成甬沪宁、西南成品油管道工程；2004—2005 年，公司承建的苏丹 MELUT 盆地 3/7 区块原油外输管道工程，创造

了在四家国际总承包商中“开焊第一、施工质量第一、河流定向穿越一次成功、机械完工时间最早”等四个第一的好成绩。

在管道定向钻穿越领域。从2000年开始，成功穿越汉江、黄浦江、大运河水系河流、苏丹阿特巴拉河、若伯卡纳河、青尼罗河等著名河流，完成穿越施工250多项，穿越各类口径管道累计总长8.5万米。人工磁场定位、穿越曲线大偏移等技术处于中国领先地位。

在油气田产能建设领域。公司参与承建了新建塔河、鄂尔多斯等生产能力在100万吨以上的油田；建成或参与建设了陕西省延长原油储备库、广州黄浦油库改扩建工程等6座大型储油基地；2003年，在新疆塔河油田110万吨产能建设工程中获中国石化集团“先进集体”称号。

第五节　积极稳妥地推进改革，不断提高企业整体运行质量

早在1980年，江汉油田就开始实行“成本包干、超产节约提成”的奖励办法，这是江汉油田贯彻党的十一届三中全会精神，推行企业改革迈出的第一步。1988年1月，石油工业部批准江汉油田实行局长负责制。1992年管理局在各二级单位推行6种不同形式承包经济责任制。管理局与二级单位之间由行政隶属关系转化为责、权、利相结合的内部承包经营关系；二级单位之间由单纯的协作配合、提供产品服务转化为内部市场运作、甲乙方合同纽带的协作和有偿服务关系。1993年7月进行机构改革，对主业富余人员实行分离，为进一步深化改革奠定了基础。

1994年，中国石油天然气总公司决定，江汉油田生产的原油实行价格放开，不再给予政策性补贴，面向市场，实行自主经营、自负盈亏、自我发展。江汉油田全面走向市场后，深层次矛盾也逐渐显现出来。一是资源接替严重不足。石油后备储量少。油田稳产难度增大。二是队伍结构不合理，油少人多的矛盾十分突出，人均产油量只有23吨，不足全国油田平均产油量的1/3。三是优质资产少，整体经济效益不理想。1995年投资5.5亿元建成的盐化工总厂由于资产结构、投资结构不合理，加上缺乏建设和管理经验，投产后就出现经营性亏损；机械制造受到进口产品冲击，生产能力出现相对过剩，部分机厂亏损严重；多种经营实体规模小、层次低、抗风险能力差，亏损面不断扩大。针对这些深层次的困难和矛盾，领导层统一思想认识，一致认为，江汉油田只有适应市场经济发展要求，加快改革步伐，才能求得生存和发展。1998年4月，石油、石化两大集团重组，江汉油田划归中国石油化工集团公司。2000年2月28日，根据石化集团公司总体部署，通过重组改制，

将油田勘探开发主业分离出来，成立中国石油化工股份公司江汉油田分公司，资产35.39亿元，员工18697人。2001年7月15日，按照石化集团统一部署，17453名全民职工协议解除劳动合同，油田职工总人数比上年减少32.8%。江汉油田的重组和减员工作，为深化企业改革奠定了基础。

一、实施产权制度改革

1998年9月28日，按照规范化企业改制模式，成立江汉石油钻头股份有限公司(简称江钻股份公司)，总股本2亿股，管理局占75%，社会公众股占25%。同年9月10日，经中国证监会批准，5000万社会公众股在深圳证券交易上网发行，募集资金2.3亿元，11月26日股票上市交易。江汉钻头股份公司当年实现利润8307.7万元，比上年增长67.02%。2001年以后，管理局在基层单位进行企业改制试点，对集体企业实行产权制度改革。2004年，商业总公司通过改制，成立广华商场、广华商城、广商商贸、油城饭店等8家有限责任公司。同年9月20日，仪表厂改制成立湖北江汉石油仪器仪表有限公司，共有资产3370万元、员工310人。2001—2005年，先后有51个集体企业通过股份制改造、买断和租赁等形式，进行了产权制度改革。

二、推进专业化重组

1986年以后，管理局将施工单位逐步推向市场。1996年，借鉴中原油田改革经验，按照生产专业化、服务社会化、运行市场化的原则，打破原有企业组织结构，按“油公司”模式组织生产运行。2002年，将物探处从分公司分离出来作为专业施工单位。2004年，又将江汉采油厂和清河采油厂的井下作业单位分离出来，并入井下作业处，将井下作业处从分公司整体分离出来，成为专业化公司。2005年，将物探处、钻井处、测井处、井下作业处更名为公司，实行公司化运作。几年来，物探、钻井、测录井、井下作业、油建等施工单位和工程设计单位通过公司化重组和运作，企业整体实力进一步增强，国内施工市场占有率明显提高，部分施工单位还走向了国际市场。2005年，专业施工和设计单位共获得国内施工项目137个，国外施工项目11个；完成总产值18.99亿元，比上年增长41.49%；完成国外施工产值1071万美元，创历史最高纪录。

三、进行资源整合

1998年，管理局对亏损严重的盐化工总厂进行调研，提出扭亏方案。2001年，盐化工总厂加大内部机构重组力度，将后勤服务单位分离出来，对人员实行重新定编，压缩员工10%。同时，重点发展漂粉精等优势项目。2001年，工厂实现扭亏，当年盈利86万元。2003年，根据天然气价格上涨、炭黑产品价格下滑的市场状况，分公司关停了年产4000吨炭黑的生产装置。2004年9月，江汉油田所属全日制普通中小学校、教育机关和公安机构整体移交湖北省地方政府，移交人员2082人，资产8497.9万元。2005年下半年，管理局、分公司进一步加大机构整合力度，撤销已基本改制的多种经营企业；重组整合产品类似、业务相近的单位，对原机械厂、三机厂和四机厂进行了重组。油田二级单位由42个减少至36个。通过合并相同业务、理顺交叉职能、分离直附属单位，油田机关处室由34个减至25个，油田机关直附属单位由46个减至10个；人员由1289人减至815人。

第四十六章 江苏油田

江苏油田于1975年发现，勘探开发区域分布在江苏、安徽2省6市12县内，包括江苏省的扬州市、泰州市、淮安市、南通市、盐城市和安徽省的滁州市。油田机关2000年11月由江都市邵伯镇迁至江苏省扬州市。

早在1958年2月，国务院副总理邓小平在听取石油工业部汇报时就明确指出："江苏要是有一吨油，就可以说江苏有石油工业了。""苏北如果找到油，年产一百万吨，就值得大搞。"自1975年开始，经过江苏两代石油人半个多世纪的顽强拼搏，至1985年，石油年产量实现50万吨，建成初具规模并具有水乡特色的江苏油田。

从1975—2005年的30年来，油田广大职工发扬大庆铁人精神，团结、图强、求实、创新，坚持湖中打井，雨中作业，水上采油，江上运销，以不屈不挠的英雄气概，求实务实的工作作风，坚持改革开放、依靠科技进步、加强企业管理，实现良性循环。江苏油田于1991年遭遇长江流域百年不遇的特大洪涝灾害，1996年长江、淮河下游和洪泽湖水位暴涨给油区生产造成严重威胁，油田干群一心，团结抗洪，把损失降到最低限度。1986—2005年，石油地质储量不断增加，石油和天然气产量节节上升。1995年，江苏油田在勘探开发20周年之际，跻身于年产百万吨级油田行列。12月26日，中国石油天然气总公司在北京召开公开发表邓小平有关发展江苏石油工业的指示座谈会。2000年，江苏油田石油年产量实现150万吨。2001年之后，年产量一直保持在150万吨以上。2005年底，江苏油田干部和职工在水乡泽国建成了一个装备完善、技术先进、生活设施配套、年生产原油164.7万吨、天然气6445万立方米的油田，实现收入82.48亿元，成为苏皖大地上一颗璀璨夺目的明珠，为长江下游"金三角"地区的经济腾飞做出了重要贡献。

江苏油田在稳产前进中，先后获得和保持了全国思想政治工作优秀企业、江苏省文明标杆单位、江苏省先进基层党组织、全国五一劳动奖状获得企业等一系列荣誉，走在所在地区的前列，为努力建设小康社会、和谐油田作出了贡献。

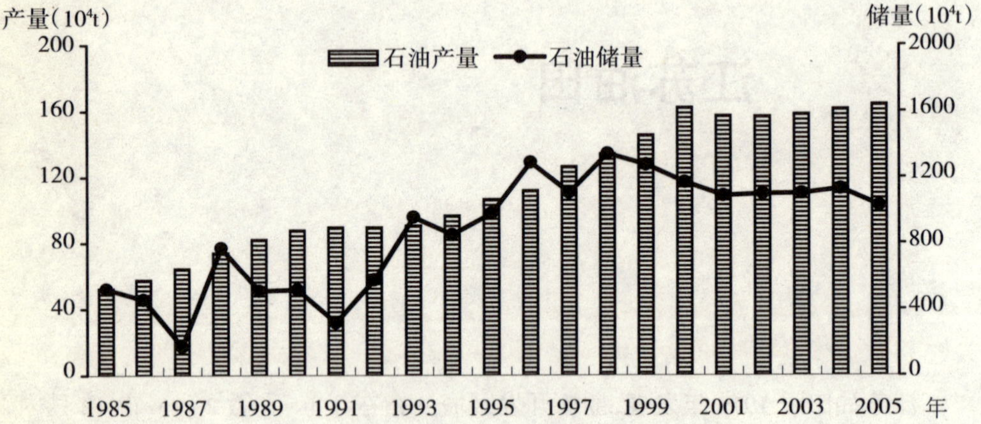

江苏油田石油探明地质储量和产量变化图

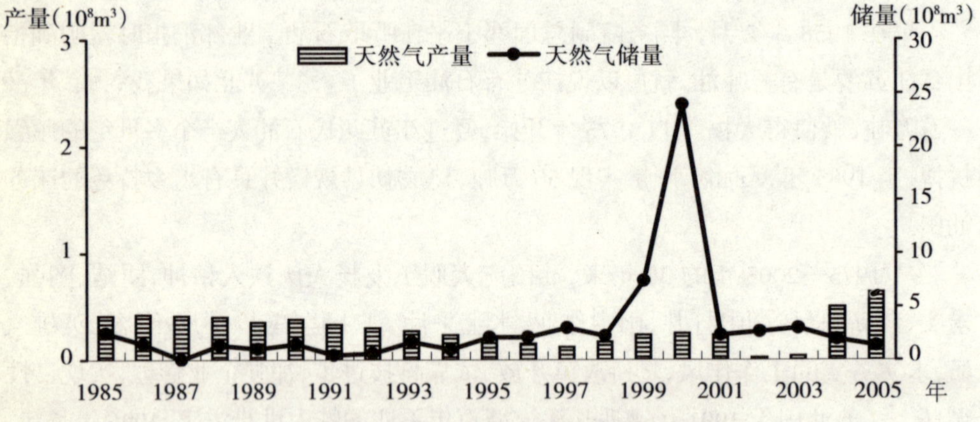

江苏油田天然气探明地质储量和产量变化图

第一节　油气勘探取得新发现

江苏油田坐落在苏北盆地的高邮凹陷、金湖凹陷、海安凹陷和盐城、阜宁凹陷之中。苏北盆地地面上湖泊星罗，河渠纵横，人口众多，城镇密集，工农业生产十分发达。地下蕴藏着丰富的油气资源，但石油地质情况复杂，构造、沉积、成烃、成藏等方面具有特有的特异性和复杂性。地面水网密布，地下地质情况复杂，为油气勘探带来极大困难，苏北盆地被石油地质工作者称为勘探家的考场。

江苏油田从1975—1979年，油气勘探工作经历了从新生界第三系到中古生界，再回到第三系的三次大的转折。从1980年起在认真总结经验和教训的前提下，重新明确了“优先选择围绕有利生油凹陷的构造带，主攻第三系，兼探中、古生界”的勘探方向。至1987年的6年间，重点对扬州市境内的高邮凹陷深凹带及南北两侧断阶带下第三系三垛组、戴南组油藏开展大规模的勘探，先后发现了曹庄、联盟庄、富民庄、黄珏、徐家庄、周庄等一批油田，并在江都市真武镇真武油田打出了江苏油田第一口日产千吨油井——真20井。

1985年江苏油田年产原油超过50万吨，江苏石油工业基地初见端倪。

一、金湖凹陷获新发现，勘探进入新阶段

随着高邮凹陷深凹带下第三系三垛、戴南组油藏勘探程度的提高，可供勘探的构造圈闭数量逐渐减少，油田的发展迫使勘探工作去寻找新的接替凹陷，区带和目的层系。1987年金湖凹陷卞东油田阜宁组油藏的发现，把江苏油田的油气勘探带入了一个新的阶段。

金湖凹陷（主要位于江苏省淮安市金湖县境内，地跨江苏、安徽两省）是苏北盆地内面积最大、石油地质条件较优越的一个凹陷。江苏油田一直把它同高邮凹陷并列为两大主力战场之一，但在1985年以前勘探一直未获大的突破。为进一步打开金湖凹陷的勘探局面，从1986年下半年起，江苏油田进一步加大金湖凹陷勘探的力度，取得两大发现。

一是发现卞、闵、杨三个含油构造，打开金湖凹陷和阜宁组勘探新局面。主要有三个战役：

首战发现卞东油田，突破阜宁组勘探。卞东断鼻构造，在地理位置上位于金湖县三河引淮（河）入（长）江泄洪道与高邮湖湾的汇合处，主要勘探目的层为下第三系阜宁组，部署设计了一口定向斜井——卞1井。该井1987年4月开钻，完钻井深2005米，在下第三系阜宁组阜三、阜二、阜一段共获三套油层，试油日产原油38.9吨，酸化后日产原油58.5吨，从而一举成功发现卞东油田。卞1井的成功具有很大的意义：（1）在苏北盆地首次发现湖泊水下油田；（2）用定向斜井技术穿越了3个目的层高点；（3）发现了下第三系阜宁组三套油层，为苏北盆地阜宁组油气勘探展现了前景。

二战杨家坝断鼻构造。卞东油田发现后，江苏油田随即抽调当时雇用的法国

通用地球物理公司(CGG)地震队,采用144道水陆两栖遥测数字地震仪在下东及以南的湖区、水陆过渡带和陆地作二维地震精查,继而发现了又一个水下断鼻构造——杨家坝断鼻构造,圈闭面积6.0平方千米,位于下东构造的南部,2/3面积位于湖水之下。仍采用定向斜井钻井方法技术,于1988年钻探了杨1井,结果在阜宁组再次发现油层,试油获日产原油23吨,酸化后日产达81吨,从而发现又一个湖泊水下油田。

三战闵桥构造发现阜宁组火山岩油藏。闵桥断背斜构造带位于下东—杨家坝断鼻构造带的东部,由于闵桥构造带具有良好的石油地质条件,一直受到地质勘探工作者的重视。但1989年以前一直未取得重大突破。在下东—杨家坝油田发现后,更引起了再认识、再勘探的重视。1989年江苏油田第二次上闵桥构造钻探,当年完钻闵7、闵9两口井,均获成功。尤其闵7井的成功具有十分重大的意义:(1)证实了闵桥构造是十分有利的含油构造,打破了该区勘探多年的沉闷;(2)首次在苏北盆地发现阜二段火山岩高产油藏。1990年江苏油田立即在闵桥构造部署了三维数字地震勘探,完成满覆盖面积69.96平方千米,经精细处理、解释,发现和落实了20个断鼻、断块圈闭构造,面积共计17.3平方千米。随即组织了勘探开发会战,至1994年闵桥油田成为金湖凹陷第一个千万吨级地质储量油田。

1987—1994年,江苏石油勘探局在金湖凹陷下、闵、杨开展声势浩大的湖区勘探开发大会战,一举连续拿下三个油田,不但打开了金湖凹陷的勘探局面,而且由此开始了苏北盆地阜宁组勘探的新局面,勘探工作实现了凹陷的接替(由高邮凹陷转向金湖凹陷)和目的层系的转移(由三垛、戴南组转向阜宁组),并由此进入以下第三系阜宁组为重点的勘探阶段。

二是重返金湖凹陷西斜坡带,三战三捷。

金湖凹陷西部斜坡带东临金湖凹陷三河和龙港两个主要生油次凹,石油地质条件十分有利。1991—1996年,先后在该带的范庄—南湖、崔庄、高集构造进行比较集中的勘探会战,结果三战皆捷,成效十分显著,把金湖凹油气勘探推向了一个新的高峰。

首战范庄、南湖构造,金湖凹陷西斜坡勘探首获突破。1991—1992年先后钻探了范1井和南1井,在阜宁组再获工业油流,发现了范庄—南湖油田,甩开勘探金湖凹陷西斜坡首战告捷,打开了斜坡带勘探新局面。

二战崔庄构造,高效探明崔庄油田,走出一条高效勘探的新路。崔庄是金湖凹陷西部斜坡带中段的一个大型断背斜构造,据新的地震资料成果,1993年江苏油田第三次上崔庄,钻探了崔4、崔6等5个断块,全部获得成功,均在阜一、二、三段发现油层，1994 年又钻探了崔 9、崔 11 等断块，也均获成功。从三上崔庄勘探始，为提高勘探效益，走效益型发展的路子，江苏油田的地质勘探工作者逐步摸索了依靠三维地震为核心技术落实构造，用一口探井探明一个含油断块，少量探井探明一个含油断块群的勘探指导思想和勘探方法技术系列，同时开展勘探、开发有机结合，在断块群油田实施滚动勘探开发一体化工作流程，极大地提高了勘探成功率、勘探效益和滚动勘探开发节奏。

三战高集构造，发现又一个高产富集水下油田。高集构造位于斜坡带东部，1990—1994 年，在三个地震勘探年度中，分别在高集地区三河以北、以南和三河水域开展三维地震精细勘探。1995 年，在三河水域及其南、北两岸发现了高 5、高 6 等 4 个含油断块。1996 年，按滚动勘探开发一体化原则首选高 5、高 6 两块实施滚动勘探开发，至 1996 年底，建成年产油能力 12 万吨，投产采油井 33 口，年产原油 9.79 万吨。高集断块群油田从发现到探明再到开发生产，仅用了一年半时间，规模大，速度快，投资少，回收快，效益高，显现了复杂小断块群油田勘探指导思想和技术系列以及实施滚动勘探开发一体化的科学性与正确性。

二、突破高邮凹陷北部斜坡带

高邮凹陷主要位于江苏省扬州市高邮、江都市境内，凹陷可划分为中部深凹带，北部斜坡带和南部断阶带，其北斜坡带面积 2300 平方千米，为一继承性发育的构造斜坡。斜坡面邻高邮凹陷生油深凹带，为油气运移主要指向区，是寻找阜宁组油气藏最有利的构造区带，但由于带内下第三系地层火成岩穿插严重、断层发育、断块破碎，地质条件极为复杂。至 1990 年底，共完成探井 13 口，除少数见低产油流外，基本上无油气发现。1990 年以后，随着金湖凹陷下、闵、杨油田的发现和西斜坡带勘探的连年突破，对高邮凹陷北部斜坡带勘探的认识亦日益深化，特别是金湖凹陷勘探的一点突破，为高邮凹陷勘探带来一片联想，多年勘探终获突破，取得一系列成果，主要有三大战役：

第一战役是再上高邮凹陷北部斜坡带西部码头庄构造，发现庄 2 含油断鼻，高邮凹陷阜宁组勘探首获突破。码头庄构造位于高邮市境内邵伯湖畔，1980—1990 年，第六普查大队和江苏油田先后在码头庄构造上钻探了 6 口井，除苏 82 井见低产油流外，余皆落空。之后江苏油田对数字地震资料进行两轮的精细处理、特殊处理和解释评价，并优选了庄 2 断鼻构造进行钻探，1993 年 8 月完钻了庄 2 井，在阜二、阜一段获油层 12 层 54.5 米，阜一段油层试油，日产原油 16.0 吨，阜二段鲕状灰岩试油，酸化后日产原油 16.93 吨。1994 年 8 月在码头庄地区完成了三维地震，1995 年 1 月在该构造开展了滚动勘探开发会战，至年底，完成滚动开发井32口，新建原油生产能力10万吨，当年产油8.36万吨。码头庄油田是重上高邮凹陷北部斜坡带阜宁组勘探取得的第一个重大突破。

第二战役是再上北部斜坡带中段的沙埝构造带，发现沙埝油田。1992年前，几上几下在该带先后打探井13口，但均不理想。1991—1992年，在该区带进行了连片三维地震勘探，并结合钻探成果，对地震资料进行了多轮的精细处理，特殊处理和解释评价，发现了若干个断鼻、断块群，分布面积近100平方千米。在圈闭评价的基础上，首先优选了构造带中部的沙7断鼻构造，圈闭面积5.7平方千米，1994年部署并完成了沙7、沙11两口探井，均获成功。沙7断鼻断块是继北斜坡带西部码头庄2块发现之后于斜坡带中部勘探的又一重大发现，并由此展现了斜坡带阜宁组油气勘探的大好前景。从1995—2005年的10年间，先后在沙埝构造带探明了沙9、沙18、沙19、沙33、沙34、沙36等一大批含油断鼻断块，使沙埝构造带成为北部斜坡带中部第一个探明石油地质储量超千万吨级的油田。

第三战役是北斜坡带西部发现赤岸油田（又称韦庄油田）。1993—1995年，在扬州市邗江区境内的赤岸构造带开展连片三维地震，发现并落实了该构造是一个较大构造背景的鼻状构造（东西长约18千米，南北宽5千米），并由一组近东西向的反向正断层切割成6个断块，组成赤岸断块群。经圈闭评价优选，1996年，在首选的韦2块断鼻构造高部位钻探了韦2井，结果在阜宁组获日产原油23吨。1997年，在韦2断块以西进行连片三维地震，又发现了一组断块群，经圈闭评价，先后优选钻探了韦5、韦6、韦8、韦12、韦15等断块，均获成功，至2001年，赤岸油田已成为高邮凹陷北部斜坡带西部探明石油地质储量超千万吨的油田。韦2块油田的发现，被中国石油天然气总公司评为1996年全国勘探13个重要发现之一。

三、吴堡低凸起发现苏北盆地第二大油田

吴堡低凸起位于高邮凹陷的东南，地跨扬州市的江都和泰州市的兴化两县市。至1994年底，在吴堡低凸起西段共探明含油面积0.6平方千米，石油地质储量136万吨。1995—1996年，在兴化市境内的吴堡低凸起中段的陈堡地区部署进行了三维地震勘探，发现并落实了陈2、陈3断块构造。1997年，部署钻探了陈2、陈3两口探井，发现阜三段、阜一段、晚白垩系泰一段和赤山组四套含油层系。陈2井在阜一段获日产原油28.0吨。陈3井为一口多目的层靶位的定向斜井，在阜一段和泰一段钻获油层32层105.2米，对其中泰一段1层3.0米厚油层试油，获日产原油69.0吨。1998年，江苏油田在陈2、陈3块进行滚动勘探开发大会战，年底建成原油生产能力30万吨，日产原油超过800吨。陈堡油田的发现

具有十分重大的意义:(1)揭示了苏北盆地低凸起的勘探潜力;(2)首次发现了晚白垩赤山组含油层系;(3)探明石油地质储量超千万吨,建成了苏北盆地继真武油田之后的第二个大油田,为2000年江苏油田年产原油冲刺150万吨,奠定了坚实基础。

四、突破盐城凹陷,发现天然气气田

位于盐城市境内的盐城凹陷是苏北盆地北部盐阜拗陷东段的一个次级凹陷,面积3000平方千米,其中陆地部分2100平方千米,其余在黄海水面之下。该凹陷石油地质条件较好,地质评价一直较高,早在1959年起就陆续在凹陷开展油气勘探,但至1990年均无发现。1990年9月—1991年4月,在凹陷南部南洋次凹朱家墩构造上钻探了一口参数井—盐参1井,完钻井深4364米,由于多方原因,该井未完成系统的试油试气工作便撤离了工区。1998年1月,在盐参1井东北约2千米处的构造高部位完成了盐城1井,完井后对包括早年完成的盐参1井分别进行了系统的试油试气工作,结果在盐参1井获日产天然气流13万立方米,凝析油3.73吨和水1.31立方米。盐城1井获日产天然气流58368立方米。盐城凹陷朱家墩构造多层系油气藏的勘探发现,特别是高产天然气藏的勘探突破,是苏北盆地首次发现阜宁组天然气气田,对苏北盆地天然气勘探具有重要的意义。2004年,江苏油田正式与盐城市天然气开发利用有限公司签订天然气年度供气合同,2005年供气约3000万立方米。

五、苏北盆地油气勘探全面开花

在第十个五年计划期间,江苏油田制定了“立足苏皖、深挖细抠、走出苏皖,加快突破,油气并举,提高效益”的勘探方针和勘探发展战略。在立足苏皖的原则指导下,江苏油田的地质勘探人员在认真总结“九五”勘探成果和经验的基础上,进一步加深了对地下复杂地质构造,含油气系统、油气聚集规律以及隐蔽油气藏特征的分析研究,促进油气勘探不断向前发展。苏北盆地下第三系的勘探全面开花,连年探明石油地质储量超过千万吨,主要表现在:

一是老油区滚动勘探不断有新发现。在高邮凹陷和金湖凹陷,通过对老油区三维地震覆盖区再次进行石油地质条件分析,资料的精细特殊处理和解释,以及老井的复查研究,挖掘和重新评价了一批圈闭构造,经钻探发现了一大批新的含油断块。

高邮凹陷北部斜坡带中段的沙埝构造带,20世纪末,已建成千万吨储量的油田,2000年后经精细研究和评价分析,在该带的北部外斜坡和南部内斜坡尚有很大的油气资源潜力。2004—2005年，先后钻探了沙40、沙42、沙43和沙39等井，结果均获成功，进一步扩大了沙埝油田的含油范围。在凹陷南部断阶带上的许庄油田精细勘探，先后发现了许浅1、许5-1和许27、许28多个新的含油断块。在凹陷北斜坡西部的赤岸油田滚动勘探了韦15、韦16、韦17、韦18和韦8-6等断块，均取得成功，进一步扩大了赤岸油田的含油面积和石油地质储量。

在金湖凹陷东部卞杨构造带南面的墩塘断块构造，2001年进行三维地震后实施滚动勘探开发，结果不仅扩大了阜二段含油范围，而且首次在金湖凹陷发现戴南组油藏。在闵桥构造带，新发现了闵21、闵24-1、闵24-2、闵40等一批新的含油断块。2001—2004年，在汊涧内斜坡、铜城断裂带（安徽省天长市境内）实施三维地震，后滚动勘探布署了天79、天77、天78和天83四口井，结果均获成功，打破了安徽省“九五”期间勘探的沉闷局面。

二是外甩新区勘探不断有新的突破，高邮凹陷北部斜坡带东部呈现千万吨级地质储量油田。2002—2005年，先后在兴化市刘陆乡和垛田镇境内的花庄—瓦庄和瓦庄东两个构造带上，钻探的瓦2、瓦3、花10、花11和瓦X6、瓦X10等井均获成功。两个含油断块群的发现，不仅填补了高邮北部斜坡带东端的含油空白，使高邮凹陷北斜坡带呈现西、中、东部整带富含油的大好局面，而且使北斜带东部呈现出第三个千万吨级储量规模的油田。特别是瓦X6井新发现的晚白垩系泰一段油层，为斜坡带的勘探展现了新的前景。

外甩勘探的海安凹陷也取得新进展。位于南通市海安县境内的海安凹陷海中断隆带和新街次凹上钻探的台3、台5井和台6、台7井，均获成功，为沉闷多年的海安凹陷展现了深化勘探的前景。

三是坚持新领域勘探，不断有新的发现，高邮凹陷隐蔽油气藏勘探取得突破。经过江苏油田地质工作者多年的研究，认为在高邮凹陷南、北断层下降盘的黄珏、联盟庄—马家嘴地区的戴南组地层存在断层—岩性、砂岩上倾尖灭、地层超覆等几种隐蔽油气藏类型。从2002年起分别在这三个地区实施了以勘探隐蔽油气藏为主要目的的联30、联30-1、马31、马32、黄83等一批探井，结果有五个区块获得成功。特别是2003年6月完成的马31井，发现了马家嘴构造东侧的马31戴南组岩性油藏，试油用16毫米油嘴放喷，自喷日产原油82.84吨。马家嘴、联盟庄戴南组隐蔽油气藏勘探的成功，不仅在苏北盆地首次发现了隐蔽油气藏，而且打开了盆地找油的新领域。

苏北盆地深层勘探获重要成果。2002年12月，油田在加强探索盆地深凹带深层阜宁组地层含油气性综合地质研究的基础上，经评价优选，在高邮凹陷深凹带的富民构造带南钻探了富深1井。该井完井深度4144.0米，在阜三段获油层

11.0 米，试油测试获日产原油 4.1 立方米，揭示了深凹带深层阜宁组油气勘探的远景。

六、苏皖中、古生界海相碳酸盐岩勘探

苏皖下扬子中、古生界碳酸盐岩油气勘探，从 1957 年起已经历了近 50 年时间，先后完成不同比例尺的航空磁测、重力测量、电法测量、建场法测量、地面化探以及航空遥感和地震勘探等多项地球物理工作。江苏油田从 1977 年起开展了以中、古生界碳酸盐岩油气藏为目标的物探、化探和钻探工作，通过近 30 年的努力，取得了许多认识和研究评价成果，主要有以下几点：

一是 1979 年在江苏省句容县戴家边构造上钻探的容 2、容 3 井，于中生界三叠系青龙群灰岩中分别获最高日产 6.6 立方米和 10.1 立方米工业油流。

二是发现四套好生油岩层，源岩成熟度普遍较高，并存在“二次生烃”。四套生油层是：下青龙组、二叠系、志留系高家边组—奥陶系五峰组、寒武系幕府山组。

三是完成了苏皖下扬子中、古生界碳酸盐岩“二次油气资源评价”。苏皖下扬子预测油气资源量为 18.1 亿吨，有利勘探区带预测油气资源量 10.4 亿吨，其中油资源量为 2.58 亿吨，天然气资源量为 7770.7 亿立方米。天然气资源量是油的 3 倍，且下古生界多于上古生界。同时指出苏皖下扬子中、古界勘探方针应是勘探下古生界为主，兼顾上古生界，以勘探天然气为主，兼顾找油。

四是评价优选了一批油气勘探的有利构造圈闭目标。

七、开拓国内新区油气勘探

“十五”期间，江苏油田在走出苏皖，加快油气勘探思想的指引下，积极参与国内新区石油勘探开发，开拓新区勘探市场。2000 年底，江苏油田设立了新疆办事处，2002 年 5 月在办事处基础成立了西部新区勘探公司（现改名为勘探开发公司）。同年，西部第一口新疆探区重点探井庄 1 井，试油获日产 24 立方米原油和 2235 立方米伴生气。2003 年 5 月 23 日，庄 1 井试油试采项目正式投产。2004 年底，江苏油田西部新区提交探明储量 2059 万吨。到 2005 年，累计产油 1.6 万吨，西部新区江苏探区的范围从原先的准噶尔盆地中部 1 区块进一步扩展到米泉区块和青海省柴达木区块。

2002 年江苏油田在广东省雷琼地区获得徐闻区块、纪家区块油气勘查探矿权，2003—2004 年先后开展了高精度重力勘探和二维地震勘探，并于 2004 年 11 月 29 日开钻了第一口探井——徐闻 X1 井，2005 年 5 月，徐闻 1 井完钻后试油，喜获工业油流，为广东省雷琼地区的油气勘探展现了美好前景。

2004年江苏油田又跻身于中国石化集团公司探矿权所属的内蒙二连盆地新区，至2005年实施了高精度重力勘探和二维地震勘探，发现了一大批圈闭构造，圈闭油气资源量近亿吨，为“十一五”的油气勘探明确了重点勘探区带。

江苏油田从1987年金湖凹陷下东油田的发现始，油气勘探步入了一个良性循环的快速发展时期，“八五”以后更是进入一个新的发展阶段。1996—2005年，连续10年探明石油地质储量增长保持1000万吨以上，10年累计探明石油地质储量相当于前20年探明储量之和，实现了油田勘探快速、持续、稳定的发展，为油田原油产量持续稳定的增长奠定了坚实的基础。

第二节　油田实施高效滚动开发

在30年的勘探开发建设中，江苏油田奋勇拼搏、开拓创新，为复杂小断块油田勘探开发的技术、方法以及自主经营的管理机制，积累了经验，做出了贡献。老油田稳产，新油田上产，江苏油田产量不断增加。截至2005年年底，苏北盆地共探明油田37个，投入开发油田32个，油井1338口，年产原油164.7万吨，累积产油2609.9万吨。1994—2005年，连续12年实现了原油产量的持续稳定增长。

一、真武油田的高效开发

真武油田是江苏油田1977年投入开发的第一个油田，也是20世纪90年代前期江苏油田的主力油田。真武油田的开发水平，直接影响全油田的稳产上产。江

1995年，庆祝江苏油田突破原油生产100万吨座谈会在北京人民大会堂举行。

苏油田根据真武油田复杂小断块油田的地质特征，采取了早期注水的开发方式和进行一步、总结一步、预测一步的方法，及时做好调整、完善、接替工作。针对开发中大井段合采暴露出来的储量动用较差、含水上升较快的主要矛盾，1985 年开始了第二次细分层系和注水开发调整工作。至 1989 年，先后对各区块层系制订调整方案 14 个，发展以注水为中心的细分层系开采工艺，研究并推广适合油田生产实际的小泵深抽、活动式密闭短流程注水、增压注水、卡堵水、大泵提液、油水井大修等一系列工艺技术。1990 年，根据剩余油分布的研究预测进行细分层、完善注水井网的加密调整，使真武油田年产油量上升到 31.37 万吨。

江苏油田把真武油田作为控水稳油示范区，开展了油藏精细描述，重建了地质模型，进行储层非均质性研究，搞好动态监测，应用数值模拟研究技术，加深了油藏开发规律的认识，搞清了剩余油的分布，积极开展以注水为中心的综合调整工作。针对各类开发单元的开发特点和暴露的不同矛盾，采用深度调剖、CO_2 吞吐和注微生物、聚合物等新技术，加大提液、大修、老井侧钻、更新井、压裂、酸化等措施力度，实施分区块分层次管理。油田从早期的三套开发层系井网，发展到多套开发层系井网；从早期完善主力断块、中高渗透开发单元的注采井网转移到完善非主力断块、低渗透开发单元的注采井网；从采用边缘、边外注水发展到内部面积及点状注水；从二次采油发展到以改善水驱二次采油为主兼顾三次采油；从一套地面管网流程同一水质笼统注水发展为分质、分压精细注水。成功的滚动扩边，不断发现新断块、新层系，增加了新储量，搞好了产量接替。

1991 年，真武油田被评为全国高效开发油田。至 1994 年，高产稳产 17 年，探明储量由开发初期的 849 万吨增加到了 1802 万吨，累计产油 497.35 万吨。至 2005 年，累计产油 644.9 万吨，采出程度达 33.36%。

二、小断块油藏的注水开发

江苏复杂小断块油田含油层系多为岩性变化大、断层封隔性强、边水不活跃或无边水能量供给的弹性驱动油藏，需要注水开发。

油田自 1975 年投入试采以来，由于断块小且高度分散、地面水网密布施工困难、资金紧张等原因，至 1985 年，注水只有真武一个油田 6 口注水井。按常规的注水工程建设，施工周期长、占地面积大、费用高。为了尽早注上水，1988 年研创了“小断块油田活动式密闭短流程注水配套工艺”。该工艺具有流程短、占地少、成本低、建设周期短、管理搬迁方便等特点。1990 年，被列为国家科技成果。由于推广应用了这项工艺技术，至 1993 年，注水开发的油田增加到 12 个，注水开发单元 53 个，注水井 105 口，使新老油田注上了水，为上产稳产发挥了显著作用。

1994年后，江苏油田注水工作着力于科学高效注水。针对注水开发中暴露出边缘注水效率低，内部注水水窜严重等问题，开展了基础研究与现场试验工作，明确了复杂小断块油藏早期注水，同步注水的开发思路。油田对“注水工作是油田上产稳产的核心”形成共识，确定了注水开发是老区稳产中心工作的思路，高度重视新油田的注采配套和老油田以注水为中心的综合调整。重点在注采对应、多向注水、注入水配伍和有效注水上下功夫，切实加强注采系统工程建设，实施整体分层配注，摸索合理注采井距，逐步内移注水井，不断完善注采井网，应用不稳定注水技术。开展强敏感性低渗透油藏注入水配伍研究，采取分质分压注水，满足不同物性油藏对注水压力和水质的要求。完善三级水质监测网点，加强水质监测，确保水质达标。研制配套了定向井分注工艺技术，形成了直井以偏心配水为主、定向井以液力投捞分注为主的分层注水工艺。在机械卡堵水、化学堵水单井调剖的基础上，开展了区块以调剖为主的综合治理。

“十五”以来，强化注水工作，共完善了14个油田40个单元的注采井网、新增注水井172口，新增注水储量2946万立方米，全油田的注采井数比由1∶4.26提高为1∶3.79。至2005年底，共有注水开发油田25个，注水开发单元137个，注水井401口，年注水量415万立方米，实施科学高效注水，夯实了油田稳产基础。

三、码头庄等低渗透油藏的开发

“八五”期间，江苏油田新增探明储量有67%属低渗透储量，低渗透储量占总探明地质储量的55%。它分布广、区块碎小、物性差、产能低、递减快、开发效果差，“八五”前，单井平均日产不足2吨。油田把低渗透油藏开发列为重点科研项目，按系统工程积极组织研究攻关，引进吸收成熟配套的新技术，以油田地质、油藏工程研究评价为基础，通过三维地震资料精细解释、储量参数的重新核实、老井复查，对其地质特征，储量落实程度有了新的认识。研究了合理井网密度，立足注水开发，注水方式以边缘注水为主，辅以内部面积注水，进行区块整体优化调整。采用两性离子与阳离子聚合物钻井液、屏蔽暂堵、低密度水泥浆、强力弹负压射孔、快速试油等技术防止油层污染。研究推广深抽工艺、三短流程、水质处理、分层注水、调剖堵水、酸化压裂、超声波采油、CO_2与微生物吞吐等技术，初步形成适应江苏油田低渗透油藏开发的配套工艺技术。

“九五”期间，江苏油田加大稳产研究的力度，逐步建立了一套完善的油藏稳产管理研究思路，对开发全过程进行跟踪研究。加强注水管理工作，实施整体分层配注及动态配注。建立了以含油饱和度跟踪监测为中心的动态监测体系，根据含油饱和度的变化及分布，对油藏实施必要的开发调整。成功地开发了码头庄、高集、赤岸、沙埝、墩塘等复杂小断块低渗透油藏。

"十五"以来，随着勘探程度的不断提高，低渗透储量占总储量的比例不断加大。油田依靠科技进步和科学管理，推广应用低渗透连续性差油藏的井间地震技术，水平井、定向井、小套管侧钻等先进技术。至2005年，低渗透储量动用程度从"八五"前54%提高到82.2%，采油速度从0.34%提高到0.87%，低渗透油藏开发效果有了较大的改善。

四、真武、黄珏等老油田的滚动扩边

江苏油田坚持把三维地震构造精细解释、钻井后反馈、油藏深化评价，贯穿于滚动勘探开发全过程。从老区石油地质特点及滚动勘探开发目标研究出发，从分析技术难点中，找到滚动勘探开发目标和解决矛盾的最佳契合点，针对性地选择研究方案、工艺流程、开展关键技术攻关。"九五"以来，成功滚动扩边了真武、曹庄、黄珏、周庄、宋家垛、马家咀、闵桥等一批多年开发的老油田。特别是曹庄油田的滚动扩边，顺利实现了层系接替、块间接替，延长了稳产期。周庄、宋家垛油田滚动扩边，新发现三个含油断块，新增一类优质储量占已探明储量的76.7%。黄珏油田滚动扩边，发现了新的含油断块、新的含油砂体，新增探明储量422.3万吨。"十五"期间，坚持把产能建设和资源接替作为油田发展的第一战略，通过老区滚动新增探明储量2901万吨。滚动扩边是江苏油田增加储量，减缓递减，实现稳产的重要途径。

五、泄洪道中的下杨油田会战

下东、杨家坝油田位于金湖淮河入江水道与高邮湖交汇处河湖水域，两个油田隔水相望，在汛期泄洪时全部淹入水中、枯水期也只有1/3露出水面。1987年6月29日，下1井获工业油流。1988年，在下东南部发现了有2/3面积在高邮湖中的杨家坝构造。5月25日，杨1井喜获81吨工业油流。为了尽快扩大勘探成果，江苏油田在泄洪道内展开了艰难的夺油会战。6月7日，从杨1井见油仅仅12天，一条长达2千米的原油集输管线在缺少设备的情况下，人拉肩扛成功地穿越高邮湖，把隔湖相望的两个油田连成一体，使生产的原油顺利外运。6月18日，第一套短流程无杆泵采油、短流程油气集输在下4井组投产。为了加快发展，1988年10月，局机关党政工团和有关二级单位派出精兵强将，克服了湖区寒冬酷暑、道路泥泞、水上搬迁作业等困难，采取边建设、边投产的方式滚动勘探开发下杨油田。会战中，涌现出许多可歌可泣的感人事迹。

在泄洪道和湖区作业，设备搬迁十分困难，江苏油田研制了钻杆排、木板路面和采用了新材料土工布等办法。为了最大限度的减少对泄洪功能的影响和保护湖水的水质，应用了较大位移定向井丛式井工艺技术，整体开发下杨油田，100 口井只用 22 个丛式井组完成。其中定向井 84 口，靶区均在水下，实现了“湖滩打井，湖底采油”。经过认真的调研，每当泄洪时，泄洪道内最高水位比平时普遍上升 4 米左右，本着上得快、少花钱、能出油的原则，因地制宜，大力创新研究和推广了实用、简单、有效的短流程无杆泵采油、短流程油气集输、短流程注水的三短流程工艺技术，地面设施全部安装在废井架基础制作的平台上。1989 年，洪泽湖两次开闸泄洪，处于泄洪道的下杨油田 15 个采油平台，43 口油井及其设备均安然无恙，汛期原油生产正常。

下扬油田会战，使江苏油田原油年产量由会战前 1986 年的 56 万吨，1987 年、1988 年、1989 年，连续上升为 62 万吨、72 万吨、80 万吨，1990 年原油产量达到 85.5 万吨。1990 年 7 月，中国石油天然气总公司在江苏油田召开了分散小油田地面工程短流程工艺技术座谈会，肯定了江苏油田取得的经验。1991 年，下杨油田被总公司授予“地面工程技术改造先进单位”。

六、崔庄新油田的开发会战

1994 年，崔庄油田产能建设是江苏油田首次采用新体制、新机制实行项目管理的一次会战。组织项目组，在全油田公开招聘项目经理，由项目经理聘任项目组成员，油田与项目组签订承包合同，授其权，定其责，予其利。实行甲乙方合同制，项目组作为甲方，代表油田全面行使投资主体的职能，参加会战的钻井工程、试油作业、地面建设、生活服务等单位作为乙方均相应成立施工项目组。所有工程项目都要明确甲乙双方的责任、权利、义务、目标、进度、技术规范、质量标准、劳务价格、考核办法、结算方式、违约责任等，通过签订合同方式来组织运行，有效地将市场经济运行机制引入油田内部市场模拟运行。

加强了项目前期工作，组织编制油藏、钻井、采油、地面工程四个概念设计和经济评价，在优化方案上下功夫，在管理中实行“借贷打井、以油还贷、成本包干、超产奖励”的办法，逐步走上多元筹资、滚动发展、自我约束、自我发展之路。会战推广应用了 30 项新技术、新工艺，仅用 9 个月时间建成原油生产能力 9 万吨，当年产油 4.64 万吨，优质高效开发建设了崔庄油田。随后，又建设了码头庄油田。1995 年，江苏油田实现了年产油 100 万吨的历史性跨越。

七、陈堡油田实现滚动勘探开发一体化

在实施滚动勘探开发中，陈堡油田是一个成功的实例。1997年，发现陈2块阜一段、陈3块阜一段、泰州组油层后，江苏油田即按滚动勘探开发一体化的原则，组织多学科联合作战。开发随即进行滚动评价，用断块群成藏模式和开发早期油藏精细描述技术进行滚动勘探综合研究，又先后发现了陈2块阜三段、陈3块赤山组油藏。根据“整体部署、分批实施、跟井对比、及时调整、逐步完善”的原则，编制了陈堡油田开发概念设计，精心选择关键滚动开发井作为第一批优先实施井。在第一轮8口井实施基础上，做好随钻分析和钻后反馈，不断及时调整。1997年12月，总井数由原来的26口增加到43口。1998年6月，根据钻探中发现的阜三段油层，再次调整，总井数增加到60口。尤其是“十五”以来，经过细分层开发的系统调整，开发层系从5套细分至10套。

本着“地面服从地下、地下兼顾地面”的原则，整体布井，采用多目标、小靶区、大斜度、大位移的定向井和丛式井，使地面井位相对集中合理，节省耕地、缩短建井周期、简化了地面流程、方便了采油管理和环境保护。地面工程建设坚持“小、活、短、简，不贪大求洋”的原则，因块而异，对不同区块采取活动与固定，分散与集中的方式，采取先井后站，先拉后输，见好就上，见差就收，滚动前进，步步为营，满足会战不同阶段的需要，体现先进、经济、实用、安全、应变。

从1997年10月至1998年12月，经过14个月的艰苦努力，取得了显著成果：探明了一个储量规模达1612万吨的中型油田，成为江苏油田增储上产的主要地区；发现了新的含油层系，拓宽了找油领域，使本区的含油层系由原来2套增加到4套；项目总投资节约近3000万元，使每百万吨产能建设投资达到本地区历史最好水平；建成了年产30万吨的原油生产能力，成为江苏油田最大的主力油田。至2005年，陈堡油田连续7年稳产30万吨原油。陈堡油田的高效滚动开发，使江苏复杂断块油田的滚动勘探开发达到了一个新水平，上了一个新台阶。

八、沙埝、瓦庄等油田发展滚动勘探开发

继陈堡油田开发之后，江苏油田坚持和推进滚动勘探开发一体化，在新区和老区组织了一系列的会战，沙埝、瓦庄是其中较大的两个油田。油田产能建设按照“在滚动中发现、滚动中建设、滚动中调整”和“建设一块、准备一块、评价一批”的思路，不断深化滚动勘探开发一体化技术，实行了项目化管理，新老区结合，集中实施，形成规模，控制投资，提高效益。

沙埝油田在1998年新发现了沙19、沙20断块，1999年油田滚动勘探开发了

沙22、发2、发3等断块，逐步形成了大沙埝新区滚动勘探开发的场面，新增探明储量789万吨，新建产能20万吨，每百万吨投资控制在14.9亿元之内。2000年以后，油田进一步开展评价工作，继续对沙19、沙32、沙42等10个断块进行滚动勘探开发、注水调整和压裂酸化等工作，新建产能12万吨，年产原油一直在20万吨以上，成为江苏油田的主要产油区之一。

江苏油田于2002年发现了瓦庄油田瓦2、瓦3断块，2004年6月投入注水开发，年产油4.5万吨。2005年，滚动勘探开发了瓦6断块，新增储量544万吨，年产原油上升为6.3万吨。

“十五”期间，江苏油田先后组织了韦庄、塔集、沙瓦、周宋、傅庄、兴瓦等油田产能建设，在新区和老区形成了11个3万吨以上产能区块，共建产能123.5万吨。原油生产能力比“九五”末净增13万吨，滚动勘探开发见到了好成效。

“十五”以来，江苏油田在加强新区产能建设的同时，始终把老区稳产作为油田开发的一号工程。按照“巩固稳产一批、调整改善一批、治理挖潜一批”的思路，进一步搞好相对整装油田的稳产工作，搞好注采不完善的油田或单井的调整和注采系统的进一步完善，综合治理、挖潜采油速度低、采出程度低和高含水、高采出程度的油田和单元，提高了油田的开发水平。“十五”以来，全油田的稳产态势良好，老井原油年产量的自然递减率保持在13%以下，综合递减率保持在9%以下，原油生产能力比“九五”末净增13万吨，年产油量增长9.7万吨，原油年产量150万吨连续5年保持稳中有升，2005年生产原油164.7万吨。

第三节　油田科技不断发展

江苏油田处于水网的地表条件和复杂的地质结构，迫使油田从科学技术第一生产力中找出路求发展。油田紧紧依靠科技进步，召开科学技术大会，开展科技进步年活动，努力提高自主创新能力，突出解决制约油田生产发展的瓶颈技术，积极实施科技兴油战略，逐步形成和发展了一整套适合水网地区、复杂小断块油田特点的理论和工艺技术系列，为油田持续快速发展提供了有力的技术支持和保障。1986—2005年，共取得局级以上科技成果872项，其中获国家级科技进步奖3项，获省部级科技进步奖80项。

一、形成和应用了适应水乡小断块油田的配套技术

一是低—未熟油勘探理论与方法。油田综合采用高科技分析手段，不断深入研究和完善低未熟油理论，建立了“双峰式”成藏模式，成功地指导了苏北盆地第

三系油气勘探并实现了勘探的三大转移:勘探层系上,由上部三垛—戴南组成油组合到下部阜宁组成油组合的转移;勘探领域上,由深凹带到斜坡带的转移;在储层类型上,由主要勘探砂岩储层到勘探砂岩、碳酸盐岩、火山岩等多种类型储层的转移。“九五”以来,在金湖凹陷西斜坡、石港断裂带、高邮凹陷北斜坡、盐城凹陷发现了11个新油田,并探明了几个地质储量超千万吨级的断块群油田。

二是河湖、沼泽、水陆过渡带地震勘探技术。江苏地区水网密布、城镇密集,给地震勘探工作带来很大困难。通过地震采集方法的研究与攻关,自行研制开发了液压钻机、无动力轻便手动钻机、水下埋设检波器、适合浅水、沼泽地区的钻井平台、适用硬河床接收的水下水泥耦合器、复杂地表观测系统辅助设计软件等。完善了不同震源、不同检波器类型的联合施工采集技术,解决了多震源、多类型检波器联合施工频率上差异的难题,配套了适用于深水区、浅水区、水陆过渡带的系列地震勘探设备,形成了适合水网地区地震勘探的采集技术和高分辨率、高信噪比的地震资料处理技术,填补了地震勘探在水网湖泊、沼泽地区的空白,扩大了油气勘探领域,在地震勘探禁区新增了储量。

三是复杂小断块油藏综合勘探配套技术。主要是:三维地震的数据采集方法技术、数据资料的处理技术、资料的人机联作解释技术,圈闭的精细评价技术,科学钻井技术,钻探地质资料的录、测井方法技术,科学试油测试方法技术,勘探早期油藏描述技术。该技术确保了江苏油田自1996年以来,连续10年年增探明石油地质储量超千万吨。1997年,荣获总公司科技进步一等奖。

四是滚动勘探开发一体化技术。在“储量、产量、效益”三统一的原则下,在一个区块或构造带一口探井出油后,立即按一口探井或少数探井探明一个断块群的整体思路,把勘探开发的整体部署、综合研究及具体实施,一体化统筹安排。油田勘探不断提供新块和控制储量,滚动勘探开发落实探明储量。把钻井、采油工艺技术与地面建设和经济评价工作纳入到滚动勘探开发设计中,形成一个从勘探到建成一定产能的高速高效建设油田的系统工程。各阶段密切协作,形成一个有序的整体,做到滚动前进,步步为营。在滚动中加深认识,在滚动中深化评价,在滚动中科学发展,实现了储量、产量的快速增长。

五是湖滩小断块油田整体开发技术。江苏油田采取水陆联运技术,研制的钻杆排与木板路面、泥浆固液分离机等设备,保障了钻机搬迁和环境保护。定向井丛式井整体开发技术,成功实施了多目标、小靶区、大位移、特殊定向的目标,实现“湖滩打井、湖底拿油”整体勘探开发湖滩油田。一口探井钻探几套目的层的高点,实现了钻一口预探井探明一个断块构造,钻少量探井探明一个断块群。定向井采油、分注技术,解决了大斜度井偏磨、封隔器密封寿命短、水咀投捞和井下分层测试难等问题。还有高架注采平台、撬装活动小型含油污水处理、湖底管线与电缆穿越、螺杆泵与电热杆采油、大斜度定向井分层压裂、湖滩井地面工程设计优化与监测自动化、保障行洪期正常生产的清防蜡和水网地区环境保护等技术。

六是系统保护油气层技术。江苏油田主要研究了储层损害机理，确定损害类型、原因和程度，编制了储层损害诊断、预测、评价等软件。建立了老区诊断、新区预测程序，钻井液、完井液对储层损害程度的评价方法，优选出适合各种地层特性的钻井液、完井液系列。制定了相应的技术规范，采用近平衡压力钻井技术、屏蔽暂堵技术和保护油气层的固井工艺技术等一整套适合油田特点的技术和方法。

七是注 CO_2 增产和提高采收率技术。从“八五”末开始，利用 CO_2 气源井，开展了单井 CO_2 吞吐及 CO_2 驱的研究和试验，形成了配套的装置和技术。CO_2 吞吐增产技术已普遍推广应用，平均 2 立方米液态 CO_2 增产 1 吨原油。“十五”期间，CO_2 单井吞吐实施 46 井次，累计增油 9666 吨。富 14 块 CO_2 驱油现场先导试验，提高采收率 16.6%。

八是低渗透油田开发综合配套技术。建立起一套科学规范的研究体系，以注水工作为中心，采用三维精细油藏数值模拟技术，加强油藏描述工作，编制适应油藏地质特点的开发方案和调整方案。包括以天然裂缝描述预测为核心的早期油藏描述技术；以适应裂缝的井网井距和注水时机研究为核心的油藏工程研究技术；以储层改造、储层保护、注水配伍为核心的注采工艺技术和以提高系统效率、早期分注、精细注水、动态配注为核心的油水井管理技术等。该技术的实施是江苏油田稳产的重要保证。

九是短流程采油、集输、注水技术。针对水网地区复杂小断块油藏，研创了模块化、组装化、短流程的无杆泵采油、油气集输和活动密闭注水的“三短流程”工艺技术，经济有效地滚动勘探开发分散小断块油田。

二、加大了新技术推广应用的力度

江苏油田在突出创新提高技术开发能力形成特色的同时，集中财力更新装备，搞好新技术的试验、完善和集成配套，对成熟、适用、增效的新技术、新工艺、新设备，下决心大面积推广应用，努力形成规模，取得效益。

建立科技示范区。1994 年以来，为了加强新技术推广的力度，油田结合崔庄、码头庄、高集、赤岸、陈堡、沙埝新油田开发产能会战，大力开展科技示范区工作。把勘探开发成熟、先进、实用、效益的新技术新工艺，集中应用于某一油田或区块从系统工程考虑，力求综合配套，取得整体效益。将新技术应用纳入油藏、钻井、采油、地面建设概念设计的重要内容，认真做好项目的论证立项，落实资金、人员、实施、验收、奖励工作。六个科技示范区累计应用196项新技术，给会战带来了高速度、高质量、高水平、高效益，推动了面上的新技术推广工作。如陈堡油田应用整体布井和组成丛式定向井组，就节约征地168亩。

江苏油田大力开展科技降本增效工作。经反复论证，优选量大面广、科技含量高、效益突出的新技术，作为局重大科技降本增效项目，组织实施，强化运行，做到项目内容、进度、资金、负责人、效益目标、验收评奖六落实，取得了降本增效的显著效果。如“井网信息控制系统”在水网地区的应用，实现了采油井自动化管理，保证了泄洪期油井的正常生产。1999—2002年，共实施58个局重大科技降本增效项目，累计增油6.35万吨，增效1.36亿元。“十五”期间，推广配套复杂小断块综合勘探、复杂结构井、高难度定向井、丛式井等18项配套技术，推动了油田的勘探开发水平，取得了显著效果。主控断层组合模式及低序级断层识别技术加强了地质的再认识，新增动用储量1038万吨。打高效聪明井每口斜井增加2~3油层，增加有效厚度8~15米，增加可采储量0.5万吨左右。加大老井侧钻挖潜剩余油的应用力度，共实施101口井，累计增油24.3万吨。钻水平井16口，新增可采储量40万吨。

第四节　管理改革与市场开拓

1985—2005年，江苏油田的企业管理，历经了由计划经济模式向社会主义市场经济模式转变的过程。与此同时，企业改革管理与市场开拓，也发生了由浅入深的变化。

一、加强管理与改革

石油部对江苏油田实行原油产量包干，为油田发展提供了政策机遇。1982年，石油部对江苏油田实行了年产原油产量28万吨包干。从1984年开始，包干基数调整为20万吨。江苏油田除了按规定提取相关基金外，还享受了比其他产量包干油田更优惠的政策，如超过统配商品量的原油，可以自行组织销售等。1985—1993年，江苏油田从超产原油共积累13.5亿元。这一放水养鱼的原油产量包干政策，扩大了企业经营自主权，提高了油田自我积累和自我发展能力，进一步促进勘探开发的良性循环，也为装备的更新改造、职工生活的改善提高，提供了有力的财力支撑，使油田提前进入比较快的发展时期。

围绕建立“油公司”体制，油田内部实施专业化重组。自1994年之后，江苏油田明确提出改革目标：以建立现代企业制度为方向，勘探开发单位向“油公司”过渡，施工作业和辅助生产单位向独立法人过渡，生活后勤单位向社会化服务过渡，多种经营单位向股份合作制、公司制过渡。1994—1997年，房产、教育、卫生、生活服务、物资供应、离退休职工管理、接待和旅游等系统脱离原管理单位，由油田实行专业化管理，为企业的重组上市准备了组织条件。

安徽油田并入江苏油田。中国石油天然气总公司一直致力于整合江苏、安徽、浙江3省的石油企业，早在1977年，就成立了苏浙皖石油勘探指挥部。1998年3月，江苏石油勘探局从中国石油天然气总公司划归中国石油化工集团公司领导。同年11月，安徽油田正式并入江苏油田，全部国有资产无偿转入，债权债务一并划转。安徽油田作为江苏油田的分公司，相应注销法人资格，由江苏油田统一管理，先实行内部独立核算，后逐步按专业化的原则进行组织结构调整，对资产进行重组。1999年底，安徽油田重组为安徽采油厂、安徽勘探处和安徽石油勘探开发公司。

企业管理与时俱进，不断上台阶。1996年，江苏油田按照规范管理的要求，借鉴了HSE管理理念，综合了安全生产达“三标”、基层管理达标升级和创建双文明队（站）等活动，制定一整套标准化现场管理、标准化岗位、标准化班组的管理标准和实施办法，在全油田开展了“基层管理达三标”活动。这一具有江苏油田自身特色的基层管理标准，在以后多年的实施中，达到了规范管理、文明施工、安全生产、提高效益的目的，提高了基层管理的水平。与此同时，积极推进企业管理现代化，先后引进了项目管理、TQC（全面质量）管理、HSE（健康、安全、环境）管理、ISO9000系列质量管理和质量保证体系认证等发达国家先进的管理理念和管理方法，并结合实际进行管理创新，全面提高了企业素质和管理水平。

按照ERP（企业资源计划）先进管理理念，江苏油田于2003年11月成功上线并平稳运行，实现了资金流、信息流和物流的“三流合一”，成为中国陆上油田第一家推广运用ERP系统的企业。这个系统，业务上涵盖财务、计划、物资供应、物资管理和原油销售等5个业务系统，所有信息，包括油田内部468个控制点，都实时集成在统一的ERP平台上，进行实时查询与控制。江苏油田的企业管理，又上了一个新的台阶。

二、积极开展对外合作

江苏油田认真贯彻国家对外开放的政策，积极开拓境外、域外油气开发市场，充分利用和发挥自身优势，从小到大、由国内到国外，由生产技术施工到生活服务，不断向纵深延伸。

江苏油田在国内与外商合作。早在1985年，江苏油田就与法国CGG公司进行历时2年的高邮地区地球物理地震方法勘探合作，共完成二维地震测线1609千米、三维地震34.6平方千米。接着从1987—1989年，江苏油田又与澳大利亚东方石油公司在海南岛进行钻井合作，完成6口井的钻探，这是国内陆上钻井最早的反承包项目之一。1992年，江苏油田与美国EBC石油公司签订江西鄱阳湖地区地震风险勘探反承包项目，施工1年，完成的1146千米二维水陆地震测线全部合格，资料分析研究后发现近19平方千米的构造。1993年，江苏油田中标英国壳牌公司江苏盐城、白驹、海安区块的风险勘探项目，反承包1585千米的二维地震测线。1995年7月，江苏油田中标美国EDC石油公司江西鄱阳湖钻井反承包项目。1996年，又获得加拿大国际发展署无偿援助项目，进行江苏下扬子地区的海相中、古生界构造深化及成藏条件联合研究。通过这一系列的合作，引进了先进的勘探装备，锻炼了过硬的施工队伍，提升了主力队伍的施工能力和技术水平，还培养和造就了一批敢闯市场的业务骨干。

江苏油田开展境外油气生产领域的合作。1997，江苏油田以分包商资格参与苏丹石油市场招标，首次成功在境外获得油田地面建设项目。至1997年年底，高质量地提前完成110口井的管线铺设安装、井场设施安装、电力架设任务，赢得外方信誉。其后，于2000年再次中标苏丹油田地面建设二期、2002年又中标三期工程，先后共创汇1000余万美元。1999年，江苏油田以分包商身份获得卡塔尔钻井项目，至2005年，累计完成50余口油井的钻井工作量，获取2亿余元人民币的劳务收入。2000年，江苏油田获得了国家外经部“外经权经营许可证”，并加入了中国对外工程承包商会。2001年，江苏油田先后设立了巴林办事处、苏丹办事处，承揽钻井工程、油田建设、加油站建设、后勤餐饮服务和地质研究等12个境外项目，年创收8700万元人民币。2002年，江苏油田设立也门项目部，开始以主承包商身份跻身也门石油工程服务市场，当年中标钻井项目，次年中标修井项目，2004年10月，签署的也门Ⅰ区块产品分成协议正式生效。2002—2005年，江苏油田还与哈萨克斯坦进行抽汲捞油技术服务、与阿尔及利亚进行区块风险勘探开发项目合作、在阿拉伯联合酋长国成立江苏油田中东公司、与加蓬进行区块三维地震资料采集项目合作、与也门和阿尔及利亚进行二维地震采集项目合作。此外，从1998年起，江苏油田还在10余个国家进行后勤服务项目的开发，2001年就创汇240万美元。自1997年江苏油田组织职工队伍走出国门，进行生产、技术、生活服务以来，项目逐年增加，人数逐年增多，路子越走越宽，不但获得了可观的经济效益，而且树立了信誉、创建了品牌、锻炼了队伍、培养和造就了一大批外事合作人才。

三、实行多元开发

自1985年起，江苏油田在全力抓好勘探开发主业的同时，尤其注重下游的发展和钻遇伴生矿藏的开发，利用自身的资金、人才、技术、设备优势，一业为主，多元开发，多种经营。

油田与江都市合资建办扬州石油化工厂。自1993年正式建成投产常压、催化联合装置之后，不断进行产品加工的延伸。至2005年，扬州石油化工厂的年加工能力为常压30万吨，催化20万吨，已有4大系列11种产品，主要有汽油、柴油、润滑油、石蜡油、液化石油气、聚丙烯、“944”光隐定剂等。2005年，扬州石油化工厂年销售收入突破10亿元。

油田还在淮阴市投资进行非烃类资源开发。2004—2005年，淮安采输卤工程项目获江苏省国土资源厅、中国石化股份有限公司批准后正式实施，工程总投资3.1亿元，年采卤能力365万立方米，年输卤能力400万立方米。2005年，年销售卤水288万立方米。

油田与国内外企业合作实施低产井、报废井的捞油增效。2001年油田组建了矿业开发部，于2001年启动新疆捞油项目，2002年启动哈萨克斯坦捞油项目。至2005年，矿业开发部实现年原油产量7.1万吨，其中外部2.4万吨，创造了可观的经济效益。

第四十七章 冀东油田

冀东油田位于河北省唐山市及所辖的唐海、滦县、滦南、乐亭四县，秦皇岛市及所辖的昌黎、抚宁两县，和滦南、唐海、乐亭三县境内的0～5米水深的滩涂、浅水海域；南与中海油渤海海域折线相连，北至燕山褶皱带，西以涧东断层为界与大港油田工区相接，东至秦皇岛，勘探总面积为6797平方千米。冀东油田的勘探开发主体是渤海湾盆地黄骅坳陷的北部，陆地部分由近东西向展布的12个一级构造单元组成，即南堡、涧河、乐亭、石臼坨、昌黎、北戴河、北塘（部分）7个凹陷和姜各庄、马头营、柏各庄、老王庄、西河5个凸起；滩海区域为南堡1～5号构造。

冀东油田成立前，南堡地区的石油勘探开发工作由大港油田负责。1983年大港油田成立北部勘探开发公司，1986年高尚堡油田正式投入开发，1987年年产原油15万吨。为了加快南堡地区石油勘探开发步伐，石油工业部党组决定将大港油田北部勘探开发公司整体划出，于1988年4月15日成立部属局级单位的冀东石油勘探开发公司（简称冀东油田），负责该地区的勘探开发工作。油田机关设在唐山市区内。

到2005年，冀东油田18年的历史，是一部深化改革奋进史、科技进步发展史、艰苦拼搏创业史。1988—1990年，是组建油公司、实行油公司和科研生产联合体一体化管理的创业时期，原油年产量由18万吨上升为35万吨。1991—1999年，是油田深化改革、完善油公司管理体制的全面发展时期，1999年原油产量上升为63万吨。2000—2005年，是油田重组后实现快速发展时期。2004年原油产量突破100万吨，实现了几代冀东石油人的夙愿。2005年生产原油125万吨，生产天然气

5000 万立方米，已建成陆上年产原油 150 万吨、滩海勘探开发潜力较大的新型油气生产基地，是渤海之滨一颗冉冉升起的石油新星！

1988—2005 年，冀东油田累计探明石油地质储量 17662 万吨，可采储量 4003 万吨；累计生产原油 1068.1 万吨，实现利润 46.3 亿元，为国民经济的发展做出了重要贡献。

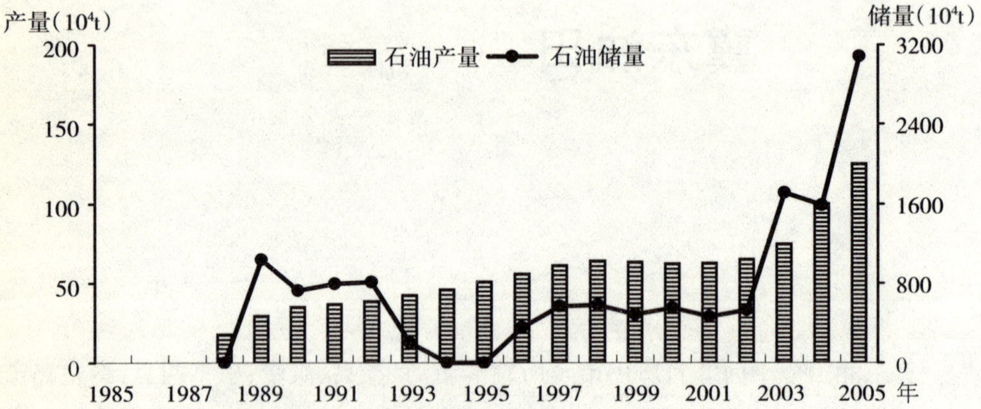

冀东油田石油探明地质储量和产量变化图

第一节　坚持精细勘探，为油田实现跨越式发展奠定坚实基础

南堡地区的石油勘探从 20 世纪 60 年代初期开始，至 2005 年已有 40 多年的历史，勘探历程大体分为五个阶段：(1)1962—1987 年为区域侦察、定凹选带、油田发现阶段；这期间，1962—1965 年进行区域勘查，初步落实局部构造。1971—1978 年是"定凹"钻探突破，基本上明确了南堡地区的构造格局。1979 年 8 月 7 日，高尚堡构造带第一口探井南 27 井获高产工业油流（日产原油 28.5 吨、天然气 586 立方米），1986 高尚堡油田正式投入开发。(2)1988—1991 年为实施油公司和科研联合体新体制，加速勘探开发阶段。(3)1992—1995 年是勘探工作处于徘徊阶段。(4)1996—1998 年老爷庙二次三维地震攻关结束了该构造"有油无田"的历史，进入了深化勘探阶段。(5)1999—2005 年为实施精细勘探阶段。

冀东油田是复杂的断块油气田，在勘探开发过程中，从油田实际出发，实践、认识、再实践、再认识，努力探索和掌握复杂断块油气田的勘探开发规律，形成了适合冀东复杂断块油气田勘探开发的综合配套技术和方法——精细勘探开发模式。通过实施精细勘探，南堡陆地实现储量快速增长，滩海勘探实现新突破，推动了油田快速发展。

一、加速南堡勘探进程，累计探明石油地质储量超亿吨

冀东石油勘探开发公司成立后，勘探开发有较大的投入，是南堡凹陷勘探开发工作的加速阶段。按照“立足南堡凹陷陆地复杂断块勘探、突破滩海、准备外围”的勘探开发总体思路和“先上地震、后打探井”的原则，首先加强了地震勘探工作，采取1千米×1千米测网进行详查，3年累计完成二维地震1664千米。对重点地区高尚堡、柳赞、老爷庙、柏各庄等实施三维地震勘探，至1992年，完成了南堡凹陷陆地第一轮三维地震勘探，满覆盖面积1214.9平方千米。经过处理解释，基本上明确了南堡凹陷陆地构造格局。1988—1990年完钻探井68口，30口获工业油流，成功率44%。经过钻探发现了柳南、唐2×1、南38、老爷庙、北堡等一批构造油气藏。1988—1990年新增探明储量2816万吨，至1990年累计探明石油地质储量1.0173亿吨。建成原油生产能力37.6万吨，1990年生产原油35万吨。

但是，随着勘探工作的加速和深入，勘探难度逐年增大。在1992—1995年期间，由于受地震资料品质较差和测井技术的制约，钻探井19口，仅有1口井成功。除在柏各庄凸起发现两个合计136万吨探明地质储量的小油藏外，无任何新发现，且新增储量绝大部分难以动用，致使油田的勘探开发工作进展缓慢，处于徘徊阶段。为扭转被动局面，油田对已完成的陆地550平方千米的三维地震资料重新进行连片处理。但由于原始资料品质差，重新处理后的资料品质改善幅度不大，仍然满足不了勘探开发工作的需要。地震资料的品质已成为油田勘探开发工作的“瓶颈”。

二、老爷庙油田实现新突破，指明了精细勘探的方向

“八五”末冀东油田采收率为渤海湾地区最低，开发可动用储量严重不足，(到1995年底开发评价认为未动用的落实探明地质储量仅有1000万吨，其中只有134万吨可安排动用)，加之1994年滩海老堡、蛤坨构造带被列为对外合作区，冀东油田的勘探区域被限定在陆上570平方千米范围内。面对这一严峻形势，油田勘探工作的出路和潜力在哪里？经油田上下多次组织论证认为：南堡凹陷陆地勘探尚有很大潜力，制约油田发展的关键是地质认识问题，解决地质认识问题的核心是地震资料品质问题。于是从1995年开始，油田多次邀请全国知名的地球物理勘探专家来油田进行会诊，提出了在地震资料品质最差的、只发现个别出油点形不成规模、被称为“有油无田”的老爷庙地区开展二次三维地震攻关试验。能否实现地震资料品质明显改善，实现勘探新突破，成为油田二次创业成败的关键。

进入"九五"时期，油田确定了"两个实现、两个翻番"（实现与国际接轨的具有中国特色的、符合冀东油田实际的油公司体制，实现资源接替的良性循环，即剩余可采储量达到1000万吨；主业人均产量翻番，即500吨，销售收入翻一番，即12亿元，其中多种经营3亿元）的奋斗目标。为实现这一目标，经过精心论证，首先于1996年在老爷庙地区开展二维地震攻关试验，获得成功。然后针对造成老爷庙地区地震资料品质低劣的三大主要原因（多次波发育、火成岩屏蔽和构造复杂），在技术上采用小道距、高覆盖次数和大炮检距方法，进行精心设计，于1997年在老爷庙地区开展二次三维地震，通过精细施工，完成二次三维地震资料采集64平方千米，然后加强处理和解释，地震资料品质得到明显改善，老爷庙构造形态得以落实。利用老爷庙二次三维地震成果，经过新一轮钻探的17口探井成功14口，新增探明石油地质储量1360万吨，结束了老爷庙地区"有油无田"的历史。

老爷庙二次三维地震勘探的成功，一举扭转了冀东油田勘探多年徘徊不前的局面，坚定了在成熟探区开展二次三维地震勘探的信心，指明了油田精细勘探开发的方向。到1999年底，累计探明石油地质储量9739万吨，可采储量1913.5万吨，剩余可采储量1335.4万吨，在稳定发展中实现了资源接替良性循环；年产原油63.2万吨，主业人均油气当量427吨，销售收入达9.14亿元，基本达到了"两个实现、两个翻番"的目标。

三、南堡凹陷陆地实施精细勘探，油田实现跨越式发展

为了解决高尚堡、柳赞油田面临的油藏地质特征不清、动态矛盾大、主力油藏开发效果差等诸多问题，寻找新的勘探潜力，为开发工作创造好的条件，油田决定在高柳地区实施二次三维地震勘探，覆盖面积170平方千米。通过地震资料采集和处理，地震资料品质上了一个大台阶。应用已形成的整体统一的、高质量的地震数据体，先后开展了连片构造解释和层序地层学研究、精细构造研究和储层研究。首次对高柳地区断裂系统、特别是控制性断层进行了整体性认识，重新确定了高柳地区构造带类型，取得了五个新认识：一是高尚堡油田构造主体位置发生变化，增加了新的勘探领域；二是主要控制油气藏分布的三、四级断层得到了准确的识别，与原认识相比有较大的变化；三是区内控制性断层—溯河断层不复存在，柳赞构造带格局发生了很大变化；四是柳赞构造带主要是被部分断层复杂化的同沉积背斜构造，而不是潜山披覆构造；五是无论是构造带还是单个的油气藏，断层明显减少，沉积、储层变化对油气控制作用非常明显。通过地震、地质的精细识别，发现有利的沉积沙体12个，叠合面积105平方千米，提供了一批可供钻探的新区块。通过钻少量探井和评价井，高柳地区新增探明和控制储量10700万吨，可采储量

2510 万吨，不仅为油田快速发展提供了优质资源，而且也从思想上坚定了搞好复杂断块小油田勘探开发的信心，同时也不断完善和发展了成熟探区进行精细勘探的技术和经验。

然后，油田相继对唐海、南堡、柏各庄等地区完成二次三维地震 722.1 平方千米和马头营、西南庄等地区高精度三维地震 993.5 平方千米，实现了南堡陆地新一轮三维地震的全覆盖。通过对地震资料的连片处理解释，进一步明确了南堡陆地各构造带的特征、勘探目标及探井井位。二次三维地震和高精度三维地震，夯实了以凹陷为研究单元的资料基础，奠定了老区深化勘探和进行精细勘探的基石。“十五”期间，南堡凹陷陆地部分通过实施精细勘探，优质储量快速增长，新增探明石油地质储量 4989 万吨，新增控制石油地质储量 10345 万吨，实现了资源接替良性循环。高尚堡油田累计探明石油地质储量已上升到 1 亿吨以上；柳赞地区累计探明石油地质储量 4000 万吨以上。在柳北、高尚堡深层和西南庄断裂带发现了三个 3000 万～5000 万吨级规模储量。2005 年的原油产量比 1999 年增长了一倍，冀东油田实现了跨越式发展。

四、南堡滩海勘探取得重大突破，冀东油田迎来新的发展机遇

冀东油田南堡滩海勘探经历了早期自营、对外合作、近期自营三个阶段。1988—1995 年，南堡滩海早期自营阶段完钻探井 1 口（冀海 1×1 井），取得的主要认识是：老堡—蛤坨构造带是滩海地区最有利的构造带之一。1995—2001 年为对外合作阶段，冀东油田先后拿出三个区块与美国科麦奇公司和意大利阿吉普公司签订了风险勘探合同。此间，对滩海地区的构造格局有了一定的认识，但先后完钻 3 口井无发现。2001 年，对外合作结束，滩海探矿权收回自营，冀东油田加强和加快了勘探步伐，将陆地进行精细勘探的经验和做法用于滩海勘探，获得了新突破。

首先充分利用新技术，进行高精度三维地震勘探，整体部署实施三维地震 1160 平方千米。在水深大于 3 米的区域，采用了当今国际上最先进的海底电缆采集技术（OBC），从根本上解决了滩海地区检波器定位的问题。采用科学的观测系统和高覆盖的采集方法，获得了高品质的地震资料。采用先进适用的三维连片处理技术，加大了地震资料连片处理和解释的力度，明确了南堡滩海地区总体面貌为“一洼两隆”的构造格局，总体走向为北西向，“一洼”即北西向的林雀—曹妃甸洼陷带，“两隆”即洼陷东部的 1、4 号构造和洼陷西部的 2、3、5 号构造。

据此，对南堡滩海的潜力和目标进行整体研究和评价。充分利用新老资料开展滩海区域整体构造认识和研究工作，主要包括二维、三维地震资料的连片高精度处理和精细构造解释，构造地质综合研究与评价工作。充分应用层序地层学等

关键勘探技术，落实了南堡滩海的构造格局为5个有利构造，即南堡1号构造（南堡）、南堡2号构造（老堡南）、南堡3号构造（老堡）、南堡4号构造（蛤坨）、南堡5号构造（北堡西），有利圈闭面积125平方千米，圈闭资源量4.1亿吨。通过开展区域储层综合研究与评价，明确了南堡滩海以中浅层为有利的勘探目的层。运用重力、航磁和地震资料，开展南堡滩海地区前第三系地层分布研究，明确了区内前第三系地层分布特征和地质结构，为寻找潜山油气藏奠定了基础。明确了南堡滩海中浅层构造油气藏、中深层岩性—地层油气藏和前第三系奥陶系潜山油气藏等三个主要勘探领域，展示了南堡滩海具有丰富的油气资源。

通过优选有利目标实施预探井钻探，获得重大突破。经评价优选，于2004年在南堡1号、南堡2号构造高部位分别部署钻探了2口预探井即南堡1井、老堡南1井，在南堡3号构造高部位钻探了1口预探井即老堡1井。2004年下半年取得重要进展，老堡南1井在奥陶系获日产油700吨，日产气16万立方米(未经措施)的高产油气流；在馆陶组、东营组和沙河街组获日产油253吨,日产气2.2万立方米的高产油气流。这一重大突破，展示出油田滩海勘探的美好前景。

2004年10月25日冀东油田南堡滩海勘探开发公司正式成立，标志着油田滩海勘探开发步入了新的阶段。进入2005年，滩海勘探频传喜报，通过钻探井25口，进一步落实了东一段油层发育情况，并发现明馆浅层为新的重要含油层系，落实油气储量规模5.3亿吨。2005年9月22日，南堡1-2井正式投产，这是冀东油

2004年，冀东油田实现年产原油100万吨的目标。

田滩海投产的第一口油井，也是中国石油海上第一口运用导管架平台采油的井。冀东油田确定了南堡滩海油田的发展目标和充分利用大斜度井、水平井等新技术、新工艺和采用人工端岛海油陆采模式。进海路及人工岛和油田电网等工程已全面启动，冀东油田迎来了新的发展机遇，将谱写新的篇章。

五、积极探索和实践，形成精细勘探的程序和做法

"十五"期间，冀东油田在勘探开发的实践中，形成了具有冀东特色的、适合复杂断块油气田的勘探开发配套技术和做法——精细勘探开发模式。冀东油田坚持精细勘探的工作思路和程序是：按照先宏观后微观、先整体后局部、先易后难的原则，立足二次三维地震，以层序地层学理论为指导，深化地质认识，重建地质模型，重新总结油气聚集规律；积极探索适合冀东复杂断块油气田特点的勘探开发技术；坚持勘探开发一体化，实现增储上产。其内容是实施"两项工程"和"六个精细"，积极推广应用"八项新技术"。"两项工程"即：解放思想、讲究科学的思想教育工程和二次三维地震勘探工程；"六个精细"即六个精细的有效做法：

1. 精细实施二次三维地震，获取高品质地震数据。针对冀东地区地表复杂和地下地震地质条件复杂的情况，精细论证，精心确定有效的采集方法；精心组织现场施工，对采集资料精细处理，对处理结果精细解释，满足精细地质研究的需要。

2. 精细开展区域地质研究，重新认识勘探开发潜力。重点是开展连片构造解释和层序地层学研究，以格架剖面网络解释、单井层序划分为基础，建立体系域构成和层序格架，精细研究构造；精细确立层序类型，寻找不同的油气藏类型；精细研究储层，深化油气聚集规律的认识；精细评价勘探开发潜力，提供可供钻探的新层系和新区块。

3. 精细开展油田地质研究，重新认识油藏特征。充分利用新的地震资料，结合以往的滚动勘探开发成果和认识，在区域地质研究的基础上，以油藏地质重新认识为核心，勘探开发相结合，对主力油藏开展重新认识，发现新的勘探开发潜力，指导探区增储上产工作，推动老区二次创业。

4. 精细选择钻井方式，提高探井成功率和单井产能。坚持地面服从地下、工程服务地质，对不同目标采取不同手段进行钻探。在精细构造研究和储层研究的基础上，实施多目标定向井和水平井钻井技术，提高了复杂断块油田勘探开发水平和整体效益。

5. 精细开展测井解释技术攻关，重新认识油气水层。加强测井与地质工程的有机结合，开展多信息测井综合解释研究，形成了一系列适合冀东油田地质特点

的低阻油层综合判识技术，既为油田的增储上产发挥了积极作用，又为渤海湾其他油田开展低阻油层识别工作提供了可借鉴的经验。

6. 精细组织管理，全面整合甲乙双方资源。组建精干高效的管理机构：一是油田设一名领导统一负责管理勘探开发工作；二是调整机构理顺职责，将勘探处和开发处合并成立勘探开发处，成立勘探开发工程监理公司，从组织上保证勘探开发一体化的实施；三是建立制度，规范行为。通过一体化精细组织管理，实现了勘探开发各类资源共享，油田整体效益进一步提高。

第二节　坚持科学开发，建成百万吨油田

冀东油田18年的开发历程，可分为四个阶段：1988—1990年为初期开发与建设阶段，1991—1995年为全面开发产量上升阶段，1996—2000年为精细开发持续发展阶段，2001—2005年为科学开发快速发展阶段。面对复杂断块油气田地层变化大，对比难度大；断层多，断块小，油藏构造破碎；油藏类型多，油水关系复杂；一口井见油，周边布井又落空；新井投产初期自喷高产，突然停喷，动液面接近油层等复杂的地质条件，冀东油田坚持走科学开发之路，从断块油田的复杂性和特殊性出发，坚持滚动勘探开发，深化地质认识和开展油藏精细描述，应用大斜度井和水平井技术，多方法采油、多形式补充能量，实行一块一策、一井一法，开发水平不断提高。2004年原油年产量达到100万吨，建成了百万吨油田。

一、坚持滚动勘探开发，油田原油产量稳步增长

冀东油田在开发过程中坚持滚动勘探开发，不断完善和发展配套技术，实现了增储上产一体化，油田原油产量稳步增长。

（一）坚持滚动勘探开发的基本做法

冀东油田实践滚动勘探开发的基本做法是：(1)统一部署。从详探井开始，勘探与开发紧密结合，部分详探井承担开发任务，部分开发井承担勘探任务，统一部署、滚动前进。(2)整体设计。根据断块区内钻井和地震资料，从认识主力断块需要出发，以本区块主力含油层系为主，整体设计一套开发井网。(3)分批实施。按照已设计好的开发井网，根据区块内需要解决的地质问题分步加以实施，先钻关键井，再钻一般开发井。(4)及时调整。及时做好跟井研究，进行综合分析，及时调整；针对开发中暴露出来的问题，采取加密、细分、注水和调整。针对生产中出现的出砂、水窜、稠油问题，采取治砂、治水、治稠的有效措施，对油井采取一井一法。(5)不断完善。在实施的过程中，经过多次调整、补充，逐步达到完善，开发效

益不断提高。

为了搞好滚动勘探开发，油田一是全面实施勘探开发一体化。在探井和开发井部署和设计中，始终坚持勘探开发“一盘棋”的思想。在开发区新层系部署探井时，兼顾开发区块的开发井网要求和扩边要求，实现勘探和开发的共同目的；在老区块进行开发井位部署时，根据勘探的需要，录取探井未能获取的新资料；预探发现后，进行开发前景预评估，确定油藏评价安排，油藏评价工作实施后进行开发可行性评价、开发概念方案设计、经济评价。储量升级与开发可行性评价相结合，技术与经济评价相结合，近期与长远评价相结合，实施综合评价一体化。

二是加强滚动勘探开发配套技术的研究。通过充分利用地质、地震、测井、油藏工程、钻井工程等多学科、多专业方面的新技术、新理论，进行综合研究，不断深化复杂油气藏地质特征的认识，依靠配套技术，解决细小断块油气藏开发的复杂性和多解性。在新区产能建设中，加强前期地质综合研究工作，不断完善滚动勘探开发技术。在老区加强地质特征再认识和精细油藏描述工作，重新认识构造格局，进行精细地质研究，编制科学合理的开发与调整方案，提高滚动勘探开发整体水平和效益。

（二）高尚堡油田高104-5区块是冀东油田坚持和发展滚动勘探开发的成功典型

高尚堡油田高104-5区块馆陶组油藏，是高柳断层上升盘的一个屋脊状断块油藏。该区块于1991年发现上第三系馆陶组高产工业油流。“八五”期间，利用第一次三维地震资料，进行滚动勘探开发，共钻井54口，成功率100%，累计探明石油地质储量708万吨，含油面积4.8平方千米，建成年产10.5万吨的生产能力，效益显著。

进入“九五”后，高104-5区块继续进行滚动勘探开发。针对区块边底水推进快、生产高含水、常规措施有效率低、稳产难度大的问题，利用地质测井综合解释新技术识别低阻油层，通过继续滚动扩边，新增含油面积1.4平方千米，新增石油地质储量702万吨，可采储量117.6万吨，为区块继续稳产10万吨打下了坚实的基础。

“十五”期间，高104-5区块应用精细油藏描述新技术，对已开发8年的主力油层的剩余油分布规律进行研究，结合油藏数模和生产动态分析，预测新油层，经钻探获得好的效果；同时应用边水调剖技术，解决了区块边水突进速度快的问题，原油产量做到了稳中有升。

（三）坚持滚动勘探开发，油田原油产量稳步增长

1991—1995年，油田坚持滚动勘探开发方针，相继滚动开发了高104-5、柳北及柳南等区块，原油产量由1991年的35万吨上升到1995年的51万吨。

1996—1999年，油田不断完善和发展滚动勘探开发程序，加快了勘探开发步伐，原油产量稳定增长，1999年年产原油63.2万吨，油田勘探开发进入良性发展。

2000—2005年，通过加强滚动勘探开发配套技术的研究和应用，发现了一批开发调整和滚动开发潜力区块，实现了增储上产一体化。“十五”期间累计新增探明石油地质储量达到7371万吨以上，储量可动用程度达到100%，累计新建原油生产能力110万吨，油田原油年产量快速增长。

二、精细地质研究和油藏描述，精心实施开发和调整

冀东油田在开发复杂断块油气田的实践过程中，坚持走科学开发之路，其内容和做法是：

（一）大力开展精细地质研究，重新认识构造格局

“十五”以来，充分利用高精度二次三维地震勘探高品质资料和层序地层学理论，进行二次三维地震资料连片构造解释，大力开展精细地质研究，重新认识构造格局。如对高尚堡、柳赞油田的认识，同以往的构造解释相比，断层明显减少，断层组合更加合理，断层走向及相互间的切割关系更加符合地下地质规律，整体构造形态更加完整，高尚堡、柳赞整体为一个大型的含油构造带，沉积、储层变化对油气控制作用非常明显，对油气聚集规律有了新的认识。

（二）精细油藏描述，搞清剩余油定量分布及其规律

不同的开发阶段有不同的描述内容与方法，冀东油田把油藏描述贯穿于开发的全过程。2000年以来，对油藏进行精细描述，把着眼点放在储层参数分布规律、储层非均质性及剩余油定量分布上。以微构造、沉积微相为主要描述内容，逐块逐层逐井进行精细地层对比，建立精细构造三维模型与剩余油定量分布模型，并归纳总结了平面上17种和剖面上14种剩余油分布基本类型，为科学开发油田提供了依据。

（三）优化方案设计、精心搞好开发和调整

在精细油田地质综合研究的基础上，编制油田开发或调整方案。在方案设计过程中，以“六清”为前提，即构造清、沉积相和微相清、储量清、主力层清、主要矛盾清、主体措施清，做到“四分析四优化”，即精心动态分析、优化预测开发指标；精心经济分析、优化预测经济指标；精心模型分析、优化数值模拟设计；精心风险分析，优化开发技术经济效果。

（四）精心实施、动态控制

当方案确定后，按运行程序和运行曲线，精心实施、动态控制。结合运行效果与存在问题，及时分析、及时调整，采取相应措施，确保方案科学有效地执行，达到

预想目的。

高尚堡和柳赞油田是冀东油田的主力油田，其开发过程是不断深化地质认识,精细油藏描述,优化开发和调整方案,精心组织实施,开发水平不断提高的过程。对高、柳油田的浅层油藏精细研究和描述是以主力油层顶面构造精细解释、油层综合复查和细分层系论证为重点,编制合理的开发调整方案。如高南浅层油藏在开发过程中,针对可接替的潜力层少、储量动用差、采油速度和采出程度低的状况,从微细构造解释、储层精细描述、成藏规律研究等几个方面开展精细油藏描述,落实油层分布和油水关系,合理划分开发层系,采用定向井与水平井相结合的方式,精心组织实施。截至 2005 年,高南浅层油藏新增石油地质储量 1601 万吨,新增可采储量 427 万吨,实现了高效、高水平开发。

对高、柳油田中深层油藏精细研究和描述是以层序地层学理论为指导,地质、地震、测井、油藏工程相结合,进行中深层地层划分和构造精细解释,建立地层格架模型和精细构造模型,开展储层特征、油层分布研究,分析油藏开发基本规律、寻找潜力及挖潜方向。根据不同层系、不同油藏类型进行整体部署,开发与调整同步,制订合理的经济开发与调整方案。如对柳北油藏实施调整扩边井 11 口,增加可采储量 32 万吨,扩建产能 1.5 万吨,采收率由 29%提高到 37.4%,日产水平由 182 吨上升到 255 吨,在 2%的采油速度下,获得持续稳产。对柳 102 区块实施调整和完善井 8 口,新增地质储量 173 万吨,可采储量 56.7 万吨,新建产能 1.5 万吨。2005 年在高尚堡中深层油藏实施科学开发，又建成 10 万吨的配套生产能力。“十五”以来,高尚堡和柳赞油田开发水平不断提高,为冀东油田年产原油百万吨持续稳产和进一步上产奠定了基础。

三、强化老区综合治理,持续提高原油采收率

冀东油区断层发育,油藏类型多,油水关系复杂,开发难度大,多数区块采收率水平相对较低,“八五”初为 12.3%,到“九五”末已开发动用区块采收率虽然标定为 18.1%,也远低于全国平均水平和渤海湾地区的平均水平。为此,油田把提高采收率贯穿油田开发的全过程。按照“统筹规划、协同攻关、逐块治理、力求实效”的总体工作思路,既抓好已开发老区的精细调整,又努力使新开发区实现高起点。既以常规改进二次采油方法为主,又与三次采油方法统筹安排。油田已应用的常规改进二次采油方法是深化地质认识、细分开发层系、完善开发井网、搞好注水调控、水平井开发技术等。“十五”以来,针对油田复杂的地质特点和开发状况,筛选出边水调剖技术、微生物驱技术和“2+3”采油技术作为冀东复杂断块油田的提高采收率先导技术,提高了开发水平。

区块的地质特征与开采特点不同，因而提高采收率的方式方法亦不同。冀东油田从动态角度出发，研究综合含水，生产压差、生产时间，实际动用储量等影响油田产量递减的17种因素，认识油藏产量递减规律和影响因素，确定减缓或控制递减的途径和措施，优化控制途径，降低自然递减率和综合递减率，取得明显的效果。

细分开发层系、完善开发井网，提高储量动用程度。如对高104-5区块的不同小层，采用不同井网，水平井与直井相结合进行整体开发，提高了层间储量动用程度，有效开采剩余油富集区的原油，减缓底水锥进和边水指进，提高了油藏采收率。

控水稳油是提高采收率的主要措施之一。冀东油田断块复杂，当水驱油田或断块进入某一开发时段，必然会出现油水两相流动，综合含水随时间不断上升。抓住主要矛盾掌握含水上升规律，超前实施各项措施，从单井入手，进行区块整体综合控制，实现超前控水。如对高104-5区块采取大剂量的油水井整体调剖技术，控制含水上升速度，取得了明显的效果。

通过提高采收率的综合措施的实施，油田从“八五”初到“十五”末，自然递减率从37.54%下降到21%，综合递减率从23.3%下降到10%，2005年油田采收率达到21.5%，比“八五”初提高了9个百分点，其中高5、高29、柳102、柳13等主力区块的采收率已提高到26.2%，夯实了油田稳产基础。

四、应用水平井技术，油田原油产量快速增长

面对油水井多为深、斜井，钻采工艺难度大，勘探开发成本高的问题，冀东油田转变开发思路和应用新技术，改变两低一高（油田原油产量低、采收率低、开发成本高）的状况。“十五”以来，冀东油田结合复杂断块油藏的地质和开发特点，制定了在油田开发中推广应用水平井技术的工作部署。在水平井地质论证与设计方面，重点推广了区块水平井适应性评价技术、水平井区精细三维建模技术、剩余油分布定量研究技术、水平井生产参数优化技术；在水平井钻井工艺方面，重点推广了井眼剖面优化与井身结构优选技术、钻井液技术、井眼轨迹控制技术、降摩阻和扭矩技术；在水平井采油工艺方面，重点推广了水平井的修井作业技术、水平井大泵及电泵大排量提液技术、水平井套管内先期防砂配套工艺技术、水平井解堵工艺技术，形成了一套适合冀东油田复杂断块油气藏特点的水平井开发技术思路与方法。2002—2005年底，冀东油田完钻多种类型油藏水平井114口（其中常规稠油油藏50口、层状断块油藏41口、块状底水油藏9口、中深层构造岩性油藏10口、低渗高凝油藏3口、裂缝油藏1口），累计建成45万吨以上原油生产能力。水平井钻井投资是常规定向井的2倍，而日产量却是常规定向井的2～4倍。2005年油田水平井生产井数仅占总生产井数的13.6%，而日产油量却是油田日产油量的1/3。

水平井技术在完成产能建设任务的同时有效地提高了油藏开发水平和经济效益，油藏采收率提高5～10个百分点。水平井技术应用的不断完善和成熟，使冀东油田找到了高效开发油田的新途径。2005年，油田原油产量达到125万吨，实现了新的跨越。

第三节　依靠科技进步，推动油田加快发展

依靠科技进步，是勘探开发复杂油气田的关键和基础。冀东油田通过实施科研生产联合新体制和大力开展科技攻关及加大新技术推广应用力度，推动了油田快速发展。

一、组成科研生产联合体，推动油田科技进步

根据石油工业部的要求，为了充分发挥北京石油勘探开发科学研究院（以下简称北京研究院）的科研技术力量，借鉴国内外的一些先进管理经验，冀东石油勘探开发公司与北京研究院组建为科研生产联合体，主要探索先进实用技术用于生产、促进生产发展的模式。其结合方式是:北京研究院整体承包冀东油田的科研任务、技术措施和技术服务，为油田提供先进、实用、配套的工艺技术，并把完成生产任务、生产见效作为衡量其研究工作的标准；冀东油田为北京研究院提供研究课题、资金和试验条件，成为北京研究院的科研工作试验基地。新体制建立后，北京研究院派出40多名科研技术骨干深入油田，与油田科技人员互相融合，围绕勘探开发的重点问题，组织了大量的科学技术攻关。同时每年北京研究院由专家牵头，组织各专业研究所承担冀东油田科技攻关课题。新体制的运行，使科研与生产能够紧密结合，北京研究院为冀东油田提供了先进、实用、配套的勘探开发新技术。既解决了当时生产中亟需解决的难题，使南堡凹陷的勘探开发工作得到了加强和加快，又为油田实施科技兴油战略和后来的快速发展奠定了基础，充分体现了科研生产联合体的优势。

1991年2月，北京研究院承包结束，按照中国石油天然气总公司的要求，冀东油田同北京研究院以甲乙方关系，组织科研生产联合体。科研任务以合同为纽带，实施项目管理。油田与北京研究院成立了冀东科研生产联合协调领导小组。1997年，北京研究院组织专家组住在油田，对油田科研工作进行指导、当好油田参谋。从科研联合承包到协调领导小组、专家指导组的体制，不仅解决了油田上产的重大难题，而且使油田的科技力量、科研能力逐渐成熟壮大，从最初协助研究院专家工作到双方合作，再到能独立组织完成重要科研项目，推动了油田科技进步，

为油田各项目标的实现发挥了积极的作用。

二、加强科技攻关和推广应用新技术，推动油田增储上产

冀东油田始终加大科技攻关与新技术推广应用力度，“八五”和“九五”期间，油田科学技术得到了全面发展，勘探开发水平不断提高，推动了油田增储上产。

不断拓展在油田开发中应用地震技术的内容：充分利用高精度三维地震资料进行目标高分辨率处理、精细构造解释，开展油藏精细描述，识别油藏构造变化；应用储层反演与预测技术，识别砂体横向展布及储层物性特征变化；应用四维地震技术，探索开发区剩余油分布研究新途径，为油田的精细开发奠定了基础。

大力应用钻井新技术，针对地表条件复杂，推广完善定向钻井技术系列。以保护和解放油气层为目的，推广、应用完井地层测试、酸化排液和中途完井试油等技术，提高油层的认知率。新井完井试油全面采用射孔—测试联作工艺，有效地解放了油气层。高浓度土酸酸化—射流泵排液工艺，达到了解放和保护油气层的目的。进行测井技术攻关，形成一套比较成熟的低电阻率油层综合判识与评价技术。

积极发展完善采油工艺技术，一是人工举升技术由单井优化向区块整体优化发展，推广应用大排量双作用泵、螺杆泵、分载泵进行提液，满足了含水上升阶段油田稳产需要；二是大力推广深斜井两级三段和三级四段分注工艺技术，实现了高压差（35Mpa）、长有效期（18 个月以上），并在套变井上推广应用小直径封隔器，基本满足了油田注水区块开发的需要；三是在成熟应用“排、挡、防”配套防砂技术的基础上，推广应用早期防砂技术，减少了重复作业，延长了检泵周期。

针对冀东油田复杂的地质特点和开发状况，筛选出边水调剖技术、微生物驱油技术作为冀东复杂断块油田提高采收率的先导技术，使浅层油藏边水调剖技术取得突破性进展。

地面工程引进和推广变频调速装置、高效三相分离器和双驴头抽油机等一系列成熟的节能技术和高效设备，年节电 2000 万度以上，节约天然气 180 万立方米，减少油气损耗 1700 多吨。三大主力油田油气集输系统实现全密闭，油气损耗降至 0.35%。注水系统形成了一套长供短注、增压注水的模式，提高了注水系统的效率。冷投技术、集输系统低温脱水技术、污水生化处理、系统余热利用技术、放空火炬气回收技术的实验和应用，为节能降耗提高经济效益奠定了基础。油田科学技术水平的不断提高，取得了显著的经济效益，有力地推动了油田全面发展，充分体现了科技进步是第一生产力的作用。

三、完善八大配套技术,提高了油田勘探开发水平

“十五”期间,冀东油田的科学技术进一步发展,科技水平明显提高,并有多项科研成果获省部级奖励。2005年获省部级特等奖1项(南堡滩海油气勘探重大发现)、二等奖2项、三等奖4项。冀东油田在实施“精细勘探、科学开发”的过程中,完善了八大配套技术,提高了油田勘探开发水平,降低了勘探开发成本,为油田可持续发展提供了强有力的技术支持。八大配套技术为:

1. 全三维叠前连片处理技术。充分利用地震资料的连片处理、目标处理与三维叠前时间偏移处理解释技术,2004年冀东油田启动了南堡凹陷2170平方千米叠前时间偏移处理项目,又一次对南堡凹陷老区地质整体再认识,为老区实施精细勘探开发奠定了基础。

2. 岩性圈闭综合识别与工业性制图技术。应用高品位的三维地震资料开展南堡凹陷层序地层研究和岩性圈闭的识别与评价等研究工作,在南堡凹陷下第三系划分出了四级层序,按照工业制图的标准完成了13个层序的工业制图,推动了南堡凹陷陆地精细勘探工作的开展。

3.水平井技术的配套完善和应用。冀东油田形成了一套适合复杂断块油气藏特点的水平井开发技术思路与方法。包括精细地质研究、水平井开发方案设计、水平井钻井地质与工程设计、水平井钻井过程和工程质量控制、水平井与录井、水平井与完井、水平井采油与生产管理、水平井动态监测、水平井控水稳油等。

4. 分支井钻井技术的攻关推广应用。针对油田明馆浅层油藏具有纵向上含油层数多、平面上叠加连片、储量规模较大特点,在有利部位钻不同油层的分支井,进一步提高了单井产量和区块整体开发水平及经济效益。

5. 小井眼侧钻水平井技术。小井眼侧钻水平井技术的推广应用,既解决了老井的再次利用,又有效解决了小井眼井难以固井的缺陷,并能有效地挖掘层内非均质性导致井间和层内存在剩余油潜力,提高了采收率。

6. 探井三联作试油工艺技术。三联作试油工艺技术核心是大力推广探井射孔、测试、排液求产一次管柱的三联作试油工艺技术,既能有效提高试油速度,又能避免反复起下管柱洗压井所造成的重复污染,降低试油费用。

7. 滩海钻、试、采综合配套技术。滩海钻井、试油、试采技术是油田滩海勘探开发的关键。油田开展近钻头、地质导向技术、大井眼钻井完井技术、先期防砂技术、高长效举升技术、自动监测技术等配套应用,取得较好效果。

8. 隐蔽油气层综合判识技术。在测井工程设计、低矿化度油藏低阻油气层识别、老井油水层再评价等方面形成了一系列适合冀东油田地质特点的做法和技

术，为老区地质再认识和精细油藏勘探提供了技术依托。“十五”期间，通过隐蔽油气层综合判识技术，先后在高南浅层北区和南区、柳南、柳北、庙浅、唐南等区块新增地质储量1000多万吨。

第四节　不断深化改革，探索和发展“油公司”管理体制

从1988年组建“油公司”至2005年，“油公司”管理体制经历了三个发展阶段。

一、实施油公司管理模式，不搞“大而全”

根据石油工业部的要求，1988年新组建的冀东石油勘探开发公司实行“油公司”管理体制，并由北京研究院实行总承包，实行“油公司”和科研生产联合体一体化的管理体制，承包期三年（1988—1990年）。在队伍组建上没有设置物探、钻井、测井、试油、油田建设等大型施工队伍，所有工程项目均由石油行业施工单位承担，不搞“大而全”。但由于整个社会环境仍处于计划经济开始转轨时期，冀东油田仍存在职工人数偏多和设置了学校、医院、公安处等具有社会职能的部门。

二、深化油田内部改革，完善“油公司”管理体制

1991年2月，北京研究院结束了对冀东油田的总承包，冀东油田成为独立法人实体。根据中国石油天然气总公司“关于完善发展冀东油田新型体制的意见”的要求，针对油田成立初期形成的职工人数偏多和市场机制未形成等问题，油田于1992年制定并开始实施《油田深化改革纲要》，有计划、有步骤地完善和发展“油公司”体制。

（一）实行专业化重组，完善“油公司”管理体制

首先将分散在油田各单位的机修、运输、物资供应、后勤服务等单位按行业进行专业化重组，形成以勘探、开发、研究等油气生产和科研单位为核心层，井下作业、运输、机修等工程技术服务单位为紧密层，后勤服务单位为半紧密层，多种经营企业为松散层的管理结构。油田成立了集体资产管理委员会，管理油田集体资产。1998年，油田继续深化改革，制定并实施了《冀东油田1998—2000年体制改革纲要》。对油田机关深化改革，精简机构；对辅助生产和生活服务单位进行改制；将核算及结算业务从各二级单位分离出来，集中统一管理，成立会计中心和结算中心。至1998年底，油公司管理体制的结构基本形成。其基本结构是：不搞“大而全、小而全”，实行专业化管理，以合同为纽带建立市场运行机制，勘探开发一体化和

开展油区“双文明”共建，为油田1999年的重组奠定了良好的基础。

（二）培育油田市场体系，完善“油公司”内部管理模式

从1991年起，以勘探钻井工程项目招标开始，启动了油田市场。通过不断探索、实践、总结、提高、培育和完善，到1997年制定并实施《冀东油田建设市场管理办法》和《油田市场管理办法》，形成了油田勘探开发、生产建设和发展所需要的市场经济管理体系，油田市场机制不断完善，“油公司”运行机制完善和发展。

通过优化管理，形成了一套适应“油公司”体制运行的管理模式。计划管理实行“一级决策、两级管理、滚动计划、效益控制”的管理体制；财务管理实行“全面预算管理，会计核算和资金集中管理，核算完全成本和成本一票否决”的管理方法；物资供应推行“统一采购、门市化经营、配送到现场”的管理办法；建立起畅通的生产运行调度系统，保证日常生产正常运行；建立起HSE安全管理体系；应用现代管理技术和手段，建立高效信息系统，实现办公自动化、信息化。

（三）建立具有冀东特色的甲乙方关系，推动油田全面发展

实施“油公司”管理体制，处理好甲乙方关系是关键。冀东油田坚持以生产经营为中心，开展甲乙方双文明“共建”活动。建立“共建”委员会，规范“共建”内容，严考核、硬兑现。“共建”活动的深入开展，推动油田加快发展。油田荣获河北省和中国石油天然气总公司“安全企业”称号、唐山市“文明企业”称号，油田唐山基地被命名为“全国文明建设示范小区”，精神文明建设走在了省、市前列。

三、重组改制，充分发挥“油公司”管理体制的优势

1999年11月，按照国石中国石油重组改制的统一部署，冀东油田重组为上市部分的冀东油田分公司和未上市部分的冀东石油勘探开发公司。冀东油田分公司以“油公司”模式独立运作，未上市的冀东石油勘探开发公司作为地区服务公司，做好保油服务；两公司实行独立核算，分立协作。重组后，两公司实施整体发展战略，本着“双赢互利、共同发展”的原则，坚持“工作上分，思想上合；业务上分，目标上合”的指导思想，联合成立了“油区协调委员会”和制定了《冀东油区整体协调发展规划》，增强了油田的整体合力。

（一）充分发挥“油公司”管理体制优势，冀东油田发展驶入快车道

进入2000年，上市部分的冀东油田分公司完全按照“油公司”模式独立运作。为了解决“总产量少、平均采收率低、成本高”的三大难题，油田分公司确定了“三高一靠前”（油田小，经济效益要高；总产量少，人均产量要高；小断块油田勘探开发难度大，水平要高；油田规模靠后，各项工作要靠前）的企业目标，充分发挥“油公司”管理体制的优势，推动油田加快发展，冀东油田进入了良性发展的快车道：

油气勘探年年都有新发现，原油产量年年都有新增长，经济效益年年都有新提高。

1. 完善和创新“油公司”管理体制。为确保“油公司”管理体制的有效运行，首先根据油田实际，以企业经济效益和规范经济行为为主线，建立了以经济运行程序为核心的管理模式，全面构建内部控制体系。这个模式涵盖了立项、招标、签约实施和项目后评估等四个阶段的全过程，是一种全新的市场化经济运行程序和体系，突出整合了各项职能，流程简明，职责明确，监管独立，上下畅通、环环相扣，协调运作，使油田各项经济活动全部纳入到经济运行的统一管理之中，实现运行高效，大大提高了油田整体效益。

2. 实现了“小断块油田勘探开发难度大，水平要高”的目标。“油公司”管理体制的运行，形成了以勘探开发为中心的运行机制，提高了勘探开发水平：(1)2005 年储采比达到 12.2，比 2000 年上升 2 个百分点。(2)2005 年探井成功率上升为 86%。(3)2005 年油田采收率达到 21.5%，比 2000 年提高 3 个百分点，主力开发区块采收率上升 8.7 个百分点。(4)“十五”末，百万吨产能建设直接投资比 1999 年下降了 5.5 亿元。

3. 实现了“油田小，经济效益要高”和 “总产量少，人均产量要高”的目标。“油公司”管理体制的运行，走出了一条用人少、效率高、效益好的石油工业发展的新路子。“十五”期间，油田用工总量控制在 1850 人以内，人均原油当量达到 680 吨。原油操作成本由 1999 年的 6.96 美元 / 桶到 2005 年下降为 5.42 美元 / 桶。油田各项指标创历史最好水平，取得了良好的经济效益。

4. 实现了“油田规模靠后，各项工作要靠前”的目标。冀东油田加强队伍建设，开展全员培训，不断提高员工素质。以优质、高效、低成本为核心，以持续推进技术创新、提高甲方设计和监督管理为重点，全面实行了工程地质一体化、设计监督一体化。固井质量、井身质量等保持在 100%，物探、测井、录井、试油、钻井资料的合格率保持在 100%。2005 年以实施 HSE 管理体系为主线，全面落实安全生产责任制，连续 6 年未发生井喷失控事故和重大环保责任事故。油田工会获河北省模范之家称号，企业文化获河北省先进文联企业称号。

（二）搞好服务，未上市企业谱写新篇章

重组后，未上市的冀东石油勘探开发公司，面对主营业务已由油气生产为主变为以提供工程技术服务为主的经营形势，从实际出发，以建成地区服务公司为宗旨，提出了“再造一个全新的冀东石油”的奋斗目标，明确了发展思路。公司广大干部职工，经过 6 年的苦心经营，走出了困境，迈上了快速发展的新轨道。

1. 强化主营业务建设，提高为油田工程服务能力。公司始终坚持以“确保油田分公司完成原油生产任务”为己任，努力提高为油工程技术服务能力。6 年累计投资 4.1 亿元，加大对井下作业、特种运输、油建施工等工程技术关键装备的更新改造力度，提高装备水平，不断优化队伍结构，大大地提高了核心竞争力。至 2005 年底，井下作业队伍达到 20 个，年作业标准 4000 井次；油建公司取得了建设部化工石油管道安装工程一级资质；井下、机械、油建等公司的经营收入分别突破了 2 亿元，公司六大骨干企业的支撑作用进一步突出。

2. 开拓社会市场，拓展发展空间。公司牢固树立"开拓社会市场谋发展"的指导思想，坚持把"走出去"作为市场开发的主导战略，形成了真空加热炉及民用锅炉生产销售、油建管道施工、油田化工等竞相发展的良好局面。如机械公司生产的"新远"系列真空加热炉行销全国 20 个油气田，并已打入国际市场。到 2005 年，公司社会市场年经营收入已达到 3.3 亿元。同时与油田分公司采取不同的合作模式，努力拓宽未动用难采储量合作开发空间。截至 2005 年底，形成了日产原油 80 吨、天然气 7.5 万立方米的生产能力，2000—2005 年累计实现油气当量 45.49 万吨，成为公司的重要创效支柱。

3. 深化内部改革，实施精细管理。清理规范了内部多级法人企业，规范了内部市场；实施了企业职级动态管理，经营者的待遇随企业的经济效益而浮动；建立了以"审计、纪检、监察、职代会、监事会"为主体的"五位一体"的监督约束机制，实施全方位监督；实行物资集中招标采购；公司整体通过了 ISO9001 质量体系认证；落实安全环保生产责任制，规范 HSE 管理体系的运行，实现全过程控制，严格落实"两书一表"，夯实了安全基础。公司三次荣获集团公司安全生产先进企业称号。

4. 坚持技术创新，推动公司发展。公司先后成立了 5 个二级技术创新中心，投入 3000 多万元用于科技创新，申报国家专利 38 项。至 2005 年，科技成果应用率和转化率分别达到了 100% 和 86.7%，科技创效超过 6 亿元。锅炉自动燃气燃烧器和分体相变加热装置分别获河北省科技进步三等奖和优秀发明创造奖。2004 年，公司被河北省授予"优秀发明创造单位"的荣誉称号。

5. 坚持以人为本，创建和谐企业。"十五"期间，冀东石油勘探开发公司先后荣获河北省"思想政治工作优秀企业"、"模范职工之家"和唐山市"文明单位"等称号。2000 年，公司在集团公司给予费用化补贴基础上，实现经营收入 4.17 亿元，利润 985 万元；到 2005 年，在集团公司取消费用化补贴的情况下，实现经营收入 19.02 亿元，利润 1.23 亿元，分别比 2000 年增长了 3.6 倍和 11.5 倍。2005 年公司人均经营收入达到了 90 万元，人均利润 5.8 万元。公司人均主营业务收入、人均利润、人均实现税费等多项指标，在集团公司未上市企业中名列前茅。

第四十八章 玉门油田

玉门油田位于甘肃省玉门市境内，海拔 2400～3000 米。油田在河西走廊西端的酒泉盆地，已开发的有老君庙、鸭儿峡、石油沟、白杨河、单北、青西 6 个油田。

玉门油田勘探开发始于 20 世纪 30 年代。因抗战爆发，外油阻断，1938 年孙建初、孙越琦等一批爱国知识分子抱着支援抗战，实业救国的坚定信念，来到了荒无人烟的祁连山下寻找石油，在极其艰苦的条件下进行石油勘探。1939 年老君庙 1 号井出油，拉开了开发玉门石油的序幕，开创了中国用现代石油技术开采油田的历史。

解放前，玉门油田的开发经历了甘肃油矿筹备处、甘肃油矿局、甘青分公司三个阶段，累计生产原油 52 万吨，占当时全国原油产量的 90%，是旧中国规模最大、产量最高、员工最多、工艺技术领先的现代石油矿场。新中国成立后，玉门油田被列为“一五”期间全国 156 个重点建设项目之一，1957 年 10 月建成中国第一个现代石油工业基地，1959 年生产原油 140 万吨，占当时全国产量的 51%。

20 世纪 60 年代起，玉门油田出现油层压力下降，高渗透层区被水淹、原油产量迅速下滑的局面。油田加强地下调查，合理调整开发层系和井网，采用分层压裂工艺，使原油产量逐年回升，1970 年原油产量达到 64.37 万吨。至此，油田适时做出了原油产量年产 60 万吨稳产 10 年的决定。为保证这一目标的实现，油田进行逐井调查，采取加密井网、分采分注、单采单注和低强度、平稳、合理注水等措施，至 1979 年原油产量一直保持在 60 万吨以上。

进入 80 年代，可采储量逐年减少、开采难度逐年增大，油田加强老油田综合调整和治理，减缓了原油产量下滑，实现了 50 万吨连续稳产的目标，1985 年原油产量完成 58 万吨。建于 1939 年的玉门油田炼油厂，经过多年的建设发展，1985 年完成原油加工 56.91 万吨。

玉门油田在长期的发展中，形成了以艰苦奋斗为核心的“玉门精神”、“玉门风格”，激励着一代代玉门石油人为油拼搏。从 20 世纪 50 年代中期开始，玉门油田担负起石油工业“大学校、大试验田、大研究所”、“出产品、出经验、出人才、出技术”的重任，先后南下四川，北上大庆，跑步上长庆，二进柴达木，三战吐鲁番，向全国各油田输送骨干力量近 10 万人，各类设备 4000 多台(套)。著名诗人李季盛赞玉门：“苏联有巴库，中国有玉门，凡有石油处，就有玉门人。”玉门油田被誉为中国石油工业的“摇篮”。

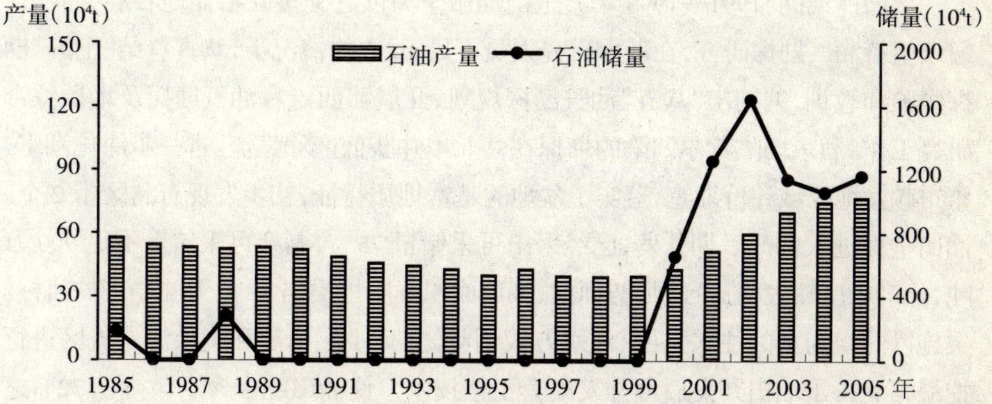

玉门油田石油探明地质储量和产量变化图

第一节　光辉的发展历程

1986—2005 年的 20 年间，玉门油田在东至贺兰山，西至吐鲁番的广阔地域摆开了勘探找油的战场，经过多年徘徊后，打破沉闷局面，取得了丰硕成果。在老探区酒泉盆地累计探明石油地质储量 7112.04 万吨，探明石油可采储量 1187.38 万吨，控制石油地质储量 1319.64 万吨；现有控制石油可采储量 237.54 万吨；原油产量由低谷时的 40 万吨 / 年回升到了 2005 年的 78 万吨 / 年；原油加工量由 1986 年的 59.19 万吨增加到了 2005 年的 240 万吨；生活基地由海拔 2345 米的祁连山下搬迁到居住条件较好、海拔 1500 多米的酒泉市，油田迈上了持续发展之路。

“七五”期间(1986—1990 年)，玉门油田勘探重点从甘肃西部地区逐步转移到了新疆东部的吐鲁番—哈密盆地后，酒西坳陷勘探在青西凹陷获得进展，西参

1 井、柳 1 井、窿 1 井获得油气流。酒东坳陷以营尔凹陷为重点，进行了大规模的地震勘探、钻探及综合研究，部署在营尔凹陷长沙岭构造带上的科学探索井酒参 1 井获低产油气流；在额济纳旗地区进行了地震概查，搞清了盆地的基本格局。油田开发围绕原油稳产 50 万吨目标，积极实施综合调整治理、“稳油控水”挖潜、滚动扩边增储措施，进行油田后期开发潜力，剩余油分布规律、注水效果等多项综合性研究工作，开展油田注水综合治理、井组综合治理，完善配套深井抽油工艺技术、油层化学解堵技术等技术，使开发了半个世纪的老油田从 1980 年开始连续 10 年稳产 50 万吨，1990 年原油产量保持在 51.72 万吨。油田自然递减率，含水上升率得到有效控制。平均总递减、综合递减、自然递减率分别控制在了 1.85%、3.72%、13.93%，保持了高效油田开发水平。炼油化工加快技术改造，炼油一次加工能力跃上 150 万吨。

“八五”期间（1991—1995 年），玉门油田全力以赴支援吐哈盆地石油会战后，继续坚持油气勘探研究，在勘探研究人员不足 10 人的情况下，认真总结“七五”勘探经验和教训，编制出“八五”油气勘探规划，开展河西走廊油气勘探及地质综合研究工作。酒东坳陷营尔凹陷的勘探在营北 1 井获低产油气流。进一步深化潮水、雅布赖盆地区域评价勘查，落实了盆地的基本地质特征，初步发现有利区带 2 个。油田全面进入低产后期开发，已经采出可采储量 75%，剩余可采储量不足 900 万吨，稳产难度较大。在严峻形势面前，油田旗帜鲜明地提出了 40 万吨稳产的目标。实施以井组为主的注采井网、注水方式调整，立足小层内部和剩余油滞流区进行挖潜，完善了油田开发后期开发配套工艺技术，使油田综合含水保持在 72% 之内，5 年年平均产油 45 万吨，实现了 40 万吨稳产的第一个 5 年。油田开发技术、开发水平、开发经验一直在全国保持先进水平。炼油化工加快了百万吨加工能力完善配套的步伐，1991 年 10 月年生产能力为 5000 吨的聚丙烯装置建成投产，标志着玉门炼厂从此走上了炼油与化工同步发展的道路；1992 年建成 30 万吨焦化装置；1993 年建成了第二套 50 万吨催化裂化装置，原油加工量突破了 100 万吨，炼化发展跃上新的台阶。

吐哈石油勘探开发会战，是玉门油田落实中国石油工业“稳定东部，发展西部”战略方针，按照“两新两高”（新体制、新技术；高水平、高效益）的要求，组织精兵强将全力以赴投入的石油大会战。玉门油田曾于 20 世纪五六十年代在新疆吐鲁番盆地开展石油勘探。时至 1986 年新年伊始，正在大庆参加石油部局厂领导干部会的玉门局领导，以玉门油田“东山再起，再现青春”为契机，请战再上新疆吐鲁番地区进行勘探，经石油部领导研究后，把吐鲁番盆地的勘探交给了玉门局。4 月，石油部在北京召开加快吐鲁番盆地勘探会议，决定由北京石油勘探开发研究院、物探局、玉门局联合组成吐鲁番盆地综合研究联队，展开吐鲁番盆地综合评价工作。同年 8 月成立吐鲁番—哈密盆地石油勘探项目组，接受石油部勘探司和玉门局的双重领导，并以玉门局为依托单位。1987 年 9 月，重上吐哈盆地的第一口井、石油部科学探索井——台参 1 井开钻。经过 1 年零 4 个月的艰苦钻进，于 1989 年 1 月 5 日在侏罗系喜获工业油流，日喷油折算 35.4 吨。台参 1 井出油被誉为当年中国石油工业的第一枝报春花，标志着吐哈油田的诞生。此后，托参 1 井、鄯 1 井、鄯 3 井、陵 3 井、温 1 井等一大批重点探井相继喜获工业油流。在短短的 3 年里，先后发现了鄯善油田、依拉湖油田、丘陵油田、温吉桑油田，4 个油田含油面积 80 平方千米，探明加控制油气储量 1.58 亿吨，并于 1989 年成立了鄯善采油厂。1990 年 8 月，组建成立了以玉门局领导为主体的吐鲁番石油勘探开发会战指挥部，由此拉开了会战吐哈石油的序幕，玉门油田“东山再起”看到了曙光。1991 年 2 月，中国石油天然气总公司组建吐哈石油勘探开发会战指挥部和党的工作委员会，以玉门油田为主体，加快吐哈盆地石油勘探开发会战。玉门油田将会战作为全局工作的重中之重，抽出精兵强将和优良设备参加会战，一切工作都给会战让路，投资、人员、设备后勤保障和服务都向会战倾斜，各行各业都为会战开“绿灯”，甚至不惜动用玉门地区的投资和进尺，全面抢建快上吐哈油田。经过 5 年时间的会战，取得丰硕的成果，在发现鄯善、丘陵等整装大、中型构造油气田之后，又相继发现了丘东、柯柯亚等油气田，探明石油地质储量近亿吨，建成产能 300 万吨，玉门石油人又谱写了一曲为油奉献的赞歌。1995 年 6 月，总公司决定理顺玉门—吐哈管理体制，将原玉门石油管理局的地质调查处、钻井处、录井处、井下作业处、油田基本建设工程处、运输处、第二石油机械厂等专业单位共 1.8 万人整建制划归吐哈油田。

“九五”期间（1996—2000 年），吐哈会战结束后，油田油气勘探按照总公司 1997 年勘探工作会议确定的“立足酒泉、深化酒西、突破酒东”的方针，恢复了因吐哈会战中断 7 年的油气勘探工作。油气勘探方向由潮水、雅布赖盆地转移至主攻酒泉盆地，并确立了下凹找油的思路，把酒西坳陷青西凹陷作为主攻方向。确定的第一口井柳 102 井于 1999 年 8 月 15 日获 129 方的高产油气流，柳 102 井是继玉门油田 1939 年老 1 井发现老君庙油田后，又一次重大发现，拉开了玉门油田原油产量重上百万吨的序幕。经过锲而不舍地努力，酒东坳陷营尔凹陷油气勘探取得成果，在长沙岭构造钻探的长 101-X 井，获高产工业油流；油田开发围绕 40 万吨稳产 10 年的目标，加大滚动勘探开发力度，精心组织实施控水稳油措施，深挖剩余油潜力，实现了连续 10 年 40 万吨的稳产目标，油田综合递减率 5%，自然递减率 13%，总递减率 2.8%，老君庙油田被评为全国高效油田。

油田抓住发展炼油化工的历史机遇，高效优质地建成了250万吨／年常减压装置、30万吨／年催化重整—15万吨／年柴油加氢装置、25万吨／年丙烷脱沥青装置和30万吨／年酮苯脱油脱蜡装置，使油田炼油化工总厂的一次加工能力由150万吨／年迈上了400万吨／年的新台阶，2000年原油加工量达到205万吨，并加快了产品升级换代步伐。

1999年，玉门油田按照中国石油天然气集团公司的统一部署进行了重组，重组后的玉门石油管理局主要担负油田水电热供应、油田井下作业、建安筑路、机械制造、客货运输、通信信息、物资采供、物业管理等业务；将石油勘探、开发、炼化、销售业务划出，组建成立了玉门油田分公司。油田分公司和玉门石油管理局共举中国石油一面旗，密切协作，共同推动油田的发展。

“十五”期间（2000—2005年），油田坚持“快发展、低成本、高效益、可持续”的战略方针，按照新增储量亿吨、产量重上百万吨、打造特色精品炼厂、增强工程技术服务实力的工作思路，稳步推进油田发展。油气勘探继续按照“立足酒泉、深化酒西、突破酒东”的勘探部署，坚持突出预探，强化地质综合研究，强化勘探开发一体化，强化工程技术进步和工程管理，在酒泉盆地取得重大勘探成果。酒西坳陷油气勘探取得重大突破，窿4、窿8、窿101井相继获得百方以上高产油气流，窟窿山油藏油气勘探不断取得新进展，结束了自1986年以来玉门油田无新增储量的历史和油气勘探的被动局面。酒东勘探取得突破，在酒东坳陷长沙岭构造钻探的长3井获得50立方米的油气流，酒东坳陷油气取得了实质性突破，使酒东坳陷成为玉门油田另一个重要增储上产的地区。酒西坳陷柳北构造和鸭老南构造带勘探均见到好苗头，鸭南1井、庙南1井相继获油流。重新探索花海凹陷取得新成果，墩1井见到良好油气显示。“十五”期间，累计新增探明储量6255万吨，控制储量6452万吨。

油田开发坚持“发展新区、稳定老区”的工作方针，实现了原油产量稳步增长，操作成本逐年下降。玉门油田1999年原油产量降至最低点40万吨，随着青西油田的开发，原油产量由1999年的40万吨升至2005年的78万吨，青西油田原油产量达到47.8万吨。老区坚持精雕细刻开发，保持了较好的开发水平。面对可采储量采出程度已达87.6%，地质储量采出程度已达31.6%的困难和挑战，老区坚持实施综合调整治理措施，精细油藏描述，加强剩余油分步规律研究，挖掘剩余油潜力，采收率不断提高，递减得到控制，成为中国石油利用常规开发技术提高采收率的典型。老君庙油田细化潜力区找油，打出了一批相对稳定的调整井。石油沟油田依靠井筒挖潜，原油日产量重上百吨。鸭儿峡油田将L油藏和白垩系油藏作为滚动扩边目标区，取得了好的效果。坚持实施“稳油控水”一系列措施，老区综合含

1990年8月，台湾老石油人回到玉门参观老君庙油田。

水连续29年保持基本稳定，老君庙油田2005年第四次获得了“高效开发老油田”称号。老区2005年共生产原油30.5万吨，连续4年实现了30万吨以上稳产的目标。

炼油化工按照“加快工程技术改造和技术进步步伐，加快产品质量升级换代和结构调整步伐；全面提高经济技术水平和经济技术指标，全面提高市场适应能力和盈利能力”的工作方针，坚持走精品特色发展之路，使盈利能力、竞争实力得到了逐步增强。大力开发有特色、有效益的高附加值产品，培植出了一批“名、专、特、优”增效产品。截至2005年底，综合商品收率达到92.46%、轻质油收率达到71.56%，加工损失控制在0.88%，达到中国石油同行业中上水平，250万吨/年常减压装置能耗达到了国内同行业先进水平，向建设特色精品炼厂迈进了一步。

油田努力做专做精为油田勘探开发、炼油化工提供工程技术服务的业务，对油田作业、建筑安装、公路施工、机械制造等业务板块的装备进行改造，为油田服务的保障能力不断提高。进行六期配套热电技术改造，2004年6月开工建设，2005年底投运，为油田发展提供了电力保证。在没有物探、钻井、酸化压裂、录测井等工程技术服务队伍的情况下，围绕油田勘探开发需要，适时成立了钻探装备搬安大队和钻前工程施工大队，建成了钻具检测维修中心、石油专用管材检测中心、油井水泥干混站等一批中小型项目。在全力服务好油田生产的同时，积极实施“走出去”战略，抢抓西气东输、西部大开发、西部油田上产等重大历史机遇，参与外部市场竞争，扩大市场份额；油田作业队伍先后进入吐哈、青海、长庆、塔里木、冀东、宝浪等油田市场；建筑安装工程队伍承揽了国道、省道的建设任务；三支油田作业队伍进入了埃及、吐库曼斯坦、阿塞拜疆油田作业市场，实现了玉门油田作业队伍首次进入海外市场的重大突破；机械制造在哈萨克斯坦阿克纠宾油田建立了抽油机、抽油泵组装生产线，“三抽”产品在稳定欧洲、亚洲等 20 多个国家和地区市场的同时，努力开辟了南美等海外市场。

2005 年 7 月，按照集团公司的部署，玉门油田分公司、玉门石油管理局进行机构整合，实行了一套领导班子，一个机关，两块牌子的管理方式。玉门油田的发展又揭开了新的一页。

第二节　青西凹陷油气勘探获重大突破

青西凹陷位于玉门探区酒泉盆地的酒西坳陷。油气勘探在该凹陷获得重大突破，是玉门油田坚持“快发展、低成本、高效益、可持续”战略方针、把油气勘探摆到一切工作重中之重位置取得的重大成果。以此为标志，玉门油田打破了油气勘探多年徘徊不前的沉闷局面，结束了几十年没有新增探明储量的历史，油田原油产量开始箭头向上，由 1999 年的最低谷 40 万吨逐年上升到了 2005 年的 78 万吨。截至 2005 年底，青西油田探明含油面积 35.8 平方千米，年生产原油 47 万吨，累计探明石油地质储量 6909 万吨，探明石油可采储量 1130.6 万吨，三级石油地质储量合计 8109.04 万吨，形成了亿吨级的勘探场面，使开发了 66 年的老油田焕发了青春。

一、勇于探索，油气勘探在青西凹陷获重大突破

青西凹陷的勘探始于 1984 年，时值开发了 40 多年的老油田可采储量日益减少，原油产量持续下滑时期。至 1988 年，部署在青西凹陷的柳 1 井、柳 3 井、窿 1 井相继获得油气流，控制含油面积 4.8 平方千米，控制储量 803 万吨，勘探效果不理想。1989 年之后，玉门油田勘探重点从酒泉盆地转移到新疆吐哈盆地，至 1995 年，青西凹陷勘探处于停滞阶段。

玉门—吐哈体制理顺后，油田后备储量严重不足，发展陷入困境，油田领导班子提出“以勘探开发为基础产业，以炼油化工为主导产业，以多种经营为支柱产业”的三大发展战略，玉门石油人又一次踏上了艰苦创业的征程。1997 年，中国石油天然气总公司总经理周永康为玉门油田勘探做出重要指示：恢复因吐哈会战中断 7 年的甘肃河西走廊的勘探，把酒泉盆地作为油气勘探的主攻方向，并确定了

“立足酒泉，深化酒西，突破酒东”的油气勘探方针，要求大打勘探进攻仗。玉门油田按照要求，把油气勘探摆上重中之重的位置，及时调整勘探部署，把勘探的主攻方向由潮水、雅布赖盆地全面转移到酒泉盆地。1998年，油田认真分析酒泉盆地特殊的勘探历程后，解放思想，转变思路，提出了围绕富油凹陷下凹找油的新思路，将青西凹陷作为油气勘探的主攻方向。在青西凹陷部署的第一口探井——柳102井，完钻试油酸化后获得日产129立方米的高产油气流，油气勘探获得重大发现。之后，在青西凹陷窟窿山构造上部署的窿101井，完井后经对二层试油和酸化改造，分别获得日产104立方米和日产58立方米的高产油气流，开辟了窟窿山构造油气勘探的新场面；随后向西甩开钻探的窿4井在下白垩系下沟组砾岩储层中发现较好油气层，完井测试，获日产108立方米的油流，经酸化改造后达到日产253立方米的高产油流，开拓了油气勘探的新领域；针对砂砾岩油藏又向南甩开钻探的窿5井，显示了砂砾岩油藏巨大的勘探潜力；2002年甩开勘探的窿8井，实施酸化作业后，获日产油201立方米，天然气32000立方米的高产油气流，首次在下沟组发现砂岩油气层，揭开了窟窿山逆掩推覆体油气勘探的序幕，被中国石油天然气股份公司列为2002年油气勘探六大重要发现之一。

二、立足大青西，形成亿吨级勘探场面

窟窿山构造获得突破后，油田进一步解放思想和转变勘探思路，寻求更大的勘探成果，从整体认识青西凹陷出发，坚持富油凹陷内岩性勘探与前陆盆地冲断

玉门油田位于妖魔山下的重点探井。

带勘探并重，将勘探的重点放在509断裂带以西、红柳峡以东区域的大青西，对其中发育的窟窿山逆冲构造带，柳北、鸭西等多个有利构造，进行整体认识和评价。油田提出了“立足大青西，实现一亿吨”的勘探目标，制定了“滚动勘探窟窿山，整体评价柳沟庄，深化认识鸭儿峡，实现青西大连片”的勘探部署，对大青西进行精细勘探和滚动勘探。在柳沟庄油藏北部部署的柳4井，措施后获日产119立方米的高产油流，展示了青西凹陷腹部连片含油的特点；在窟窿山构造上部署的窿104井，加深发现新的油气层并获油64立方米/日，气2.6万立方米/日的高产油气流，打开了青西深层勘探的新局面；在窟窿山东块部署的窿15井，获得了工业油流，使青西油田范围继续向东扩大；在鸭西区块上部署的鸭西1井，获得8立方米/日的工业油流，拓宽了青西凹陷的岩性勘探领域。这些勘探成果，为青西凹陷连片含油初步奠定了基础，展现了大青西亿吨级的勘探场面。

三、科技攻关，形成了适合青西凹陷复杂勘探的配套技术

青西凹陷勘探面对着逆掩推覆体和深层复杂裂缝性油藏世界级难题，油田从青西勘探的实践出发，不断探索，强化科技攻关，形成了适合前陆冲断带勘探领域和深层裂缝性油藏勘探开发的四项配套技术。

一是以复杂三维地震攻关为主的逆掩推覆体地震勘探技术。运用三维地震资料精细解释技术，基本搞清了断裂构造特征，裂缝性油气藏控制因素和油气高产规律，在三维地震数据体上识别油气区和高产区，提高了探井成功率。

二是以成像测井为主的裂缝性油气层识别与评价技术。应用FMI成像测井资料，准确识别复杂储集层；应用DSI核磁测井，识别位置层和有效性；应用FTI划分油气水层，找准射孔井段，进而形成了一套应用成像测井资料准确识别复杂岩性裂缝性储层的方法。

三是以近平衡钻井为主的油气层保护技术。采用优快钻井，简化井身结构，降低污染等技术，保护油气层。

四是应用深度酸压技术最大限度解放油气层。依据青西深层裂缝性储层的特点，采用酸压技术解放油气层，大幅度提高了单井产量。

这四项技术破解了青西凹陷勘探开发中的难题，在青西凹陷的勘探开发中起到了关键性的作用。

四、以“四个一流”为目标，建起了年产50万吨的青西油田

青西油田是玉门油田进入新世纪全面建设开发的油田，油田以“管理一流，技术一流，效益一流，素质一流”为目标，坚持高标准，高起点做好产能建设、地面工

程建设和管理工作。坚持勘探开发一体化，不断提高勘探开发的整体效益。始终坚持“稳中求进，稳中加快，稳步推进，稳步提高”和“稀井高产，滚动开发”的原则，进行油田产能建设。立足探明区块，优选开发井位，做到“成熟一口布一口，清楚一口打一口”，提高新井的成功率和高产率。青西油田自勘探开发以来，已打出了23口百吨以上的高产井。不断加强油藏认识，突出开发方案优化，精细管理油田，保持油井稳产高产。建设了玉门油田开发史上的第一座联合站——青西联合站，实现了青西油田伴生气的综合利用和从井口—联合站—炼油厂的自压输油。到2005年，一个年产50万吨、现代化的青西油田已经建成，成为玉门油田的第一大支柱油田，也为玉门油田原油产量重上100万吨打下了坚实的基础。

第三节　老君庙油田实现高效开发

玉门老君庙油田位于甘肃省酒西盆地南部的老君庙背斜带，含油面积17.1平方千米，地质储量5332万吨。其中，主力油层L为高渗透油藏，地质储量占48.1%；另一个主力油层M为低渗透裂缝孔隙性油藏，地质储量占41.9%。老君庙油田于1939年8月投入开采至今走过了66年的开发历程，历经1939—1957年的建产期；1957—1960年的高产期，1961—1968年的递减期，1969—1980年的稳定开采期和1981年以后的后期开采期五个阶段。

老君庙油田进入后期开发后，综合含水逐年升高，1975年达到71%，1982年达到82%，油田平均单井产量只有1.5吨，油水井套损率高达55%，给老油田开发带来了严峻的挑战。面对各种困难，油田向采收率极限挑战，在没有新增储量的情况下，探索科学合理的老油田开发技术，使老君庙油田开发后期的高含水状态得到有效控制，30年来含水一直控制在75%左右；采收率不断提高，截至2005年底，累计产油2114万吨，地质储量采出程度39.62%，采出可采储量的91%，其中主力L油藏的采出程度达到43.3%，采出了可采储量的93.4%，采收率可达47%以上，创世界同类油田开发的高水平。

一、精细油藏研究，不断深化地质认识

为使老君庙油田采收率不断提高，油田开展油藏基础地质研究，全面进行老君庙油田进入高含水期开采阶段地下情况的调查工作，重点研究主力L油藏的剩余油分布、油井水淹与采收率的关系，基本搞清了L油藏的地质规律、分层动用情况、水淹状况、油水饱和度、水淹段岩性特性、物性特征、水驱油效率及影响水淹的地质因素。通过深入研究，进一步掌握了M油层的地质特征，重新划分了有效层

系，搞清了主力层段。油田开发后期，进行以剩余油研究为核心的油藏地质认识，充分利用静、动态资料，以单砂体和流动单元为基本研究对象，开展剩余油量化研究，找准油藏潜力。先后采用岩芯法、数值模拟法、油藏工程法、测井法进行油藏潜力与剩余油分布的研究，形成了成熟、适用的油藏精细研究技术，为提高采收率，调整挖潜，实现相对稳产提供了重要依据。

二、科学合理注水开发，提高油藏水驱采收率

油田强化中低渗透层注水，控制高渗透层的注水强度；调整注采井网层系，加强分层注水；在点状面积注水为主的同时，逐步实施和完善了以“多井少注，点弱面强，分层注水”为特色的有效注水方式，成为老君庙油田注水开发提高采收率的重要措施。在优选注水方式和细分层段的基础上，实现分层合理、有效注水，扩大注水波及系数，提高水驱采收率，控制含水上升速度。1969—2002年，老君庙油田的注水井由118口增加到260口，分注井段由109层增加到360层，注水量由111.6万立方米提高到166万立方米。1998年与1958年相比，水驱波及系数L层由44%扩大到89.6%，M层由44%扩大到78.4%。

三、因时制宜调整治理，精雕细刻开发老油田

老君庙油田在多年的开发工作中，形成了一套实用有效的综合调整方法。一是开发层系逐步细分。以开发区块为单元进行层分细分组合，逐渐递推到以井组为单元，再到对油层组内的小层及单砂体进行细分，逐步适应油田开发后期挖潜的需要。二是有计划地实施井网逐渐加密。前后共进行了三次大规模的井网加密，对提高采收率，控制递减起到了不可替代的作用。三是利用老井侧钻，大修维护井网完善。到2002年累计侧钻井170口，增产原油55.3万吨，1991—2002年共大修油井332口，增产原油33.7万吨，四是通过综合治理减缓产量递减。针对油田开发过程中暴露出的矛盾与问题，制订相应的综合治理方案进行治理，实施各类油井增产措施21871井次，实施各类水井综合治理5888井次。

四、配套发展工艺技术，实现油田开发目标

多年来，老君庙油田立足常规工艺，坚持科技攻关，引进与推广新技术，不断完善配套注、采、修工艺技术，为油田调整挖潜，提高采收率提供了强有力的技术保障。配套形成了适合后期开发的系列工艺技术：(1)以封堵调为主的“稳油控水”技术；(2)以压裂为主的油层改造技术；(3)以油水井大修理为主的井网维护技术；

(4)以化学方法为主的油层系列解堵技术;(5)以聚合物驱油为主的三次采油技术;(6)以物理方法为主的油井增产技术;(7)以特殊工艺井钻井为主的挖潜技术;(8)以油层压力、注产剖面测试为主的油田动态监测技术。

五、强化现代油田开发系统管理,实现老油田效益开发

老君庙油田在长期的开发实践中,不断强化和完善以决策、信息、岗位责任制、质量、经营为主要内容的油藏管理体系,保障油田长期有效开发。主要有五个方面:一是油田开发规划方案的宏观调控管理;二是油藏静动态开发资料为主的信息管理;三是以岗位责任制为核心的开发生产管理;四是以质量为主的开发基础工作管理;五是以低成本发展为目标的油藏经营管理。

通过以上措施的实施,开发了 66 年的老君庙油田从 1992 年以来原油产量一直保持在 20 万吨以上,2005 年 12 月,经中国石油高效开发油田专家评审委员会认定,老君庙油田第四次荣获了“高效开发油田”称号。

第四节　建设新的生活基地

玉门油田生活基地位于甘肃省河西走廊的玉门市区,市区坐落在祁连山麓北坡的扇形带上,是随着玉门油田的发现、开发而形成的小城市,南北高差很大,平均海拔 2345.7 米,空气含氧量仅有内地的 70%,最高气温为 31.1℃,最低温度为零下 26.7℃,属典型的高寒缺氧地带。且交通不便,市场较小,区域经济不发达,就业和再就业空间狭小,制约着油田的持续发展。艰苦的自然环境,不优越的社会条件,使玉门石油职工企盼早日“下山”,改变居住环境,提高生活质量。

几十年来,玉门油田“下山”的夙愿,都由于种种历史条件所限,未能如愿。到 1999 年,玉门油田勘探获得突破,原油产量稳步提高,原油加工量逐年攀升,创效能力不断增强,为“下山”创造了比较好的物质条件。此时,玉门油田机构、职工和家属人数也是历史上最少的时期,搬迁“下山”时机比较成熟。

2000 年 10 月,玉门油田领导班子经过认真研究,正式提出“下山”设想,得到了集团公司、股份公司的高度重视。集团公司派出专家组,进行考察、选址、论证;集团公司、股份公司领导及有关部门非常重视改善玉门油田职工的生活环境,多次听取汇报,亲临玉门调研,给予了极大的关注。许多老领导、老玉门十分关注玉门油田的“下山”,给予多方关心和支持。油田领导班子经过精心谋划,多方论证,2002 年 8 月 27 日,玉门油田酒泉生活基地建设项目正式批准立项。

为把酒泉生活基地建设成为精品工程、人本工程、阳光工程、效益工程和示范

工程，油田成立了酒泉基地建设指挥部，抽调精兵强将，精心组织基地的规划、设计、筹备和建设工作，确保集团公司确定的“两年建成，三年配套”目标的实现。

2003年6月18日，玉门油田酒泉生活基地建设隆重奠基，拉开了几代玉门石油人翘首企盼的“下山”工程序幕。在油田领导班子的正确领导和基地建设指挥部的精心组织下，酒泉基地高效率、高质量、快节奏、快速度的全面开工建设。到2005年底，一个集生产指挥、职工住宅、商贸、医疗、教育为一体的玉门油田酒泉生活基地基本建成，修建6个住宅小区，共修住宅楼172栋，共计7410套，一个石油新家园矗立在酒泉古城。

第四十九章 东海油田

第一节 发展概况

东海油田所辖矿区位于中国东海海域的东海大陆架之上的东海陆架盆地内，矿区管理机构设在上海市。

东海陆架盆地面积 24.1 万平方千米，呈北东—南西向展布，西邻浙闽隆起区，东界东海陆架外缘隆起带，北望南黄海盆地，南至台西盆地，为大型新生代含油气盆地，最大沉积厚度约 15000 米。盆地从西向东可分为西部断陷带（包括澎佳屿坳陷、台北坳陷、长江坳陷）、中部隆起带（包括渔山东低隆起、海礁隆起、虎皮礁隆起）和东部坳陷带（包括钓北凹陷、西湖凹陷、福江凹陷）3 个二级构造单元，目前油气勘探的重点领域为西湖凹陷和丽水凹陷。

新中国成立至 1980 年，国家科委海洋组、国家海洋局第二海洋研究所、中国科学院青岛海洋研究所、山东海洋学院、国家计委地质局航空物探总队、国家计委地质局第一海洋地质调查大队、地矿部海洋地质调查局等单位，先后对东海进行了大量的地质地球物理综合调查研究工作，包括东海海底地形、沉积、磁力、重力、地震等。通过综合调查研究，初步查明了东海盆地的盆地结构、沉积厚度等，编绘出了东海第一张油气远景图，发现了“浙东长垣”巨型构造带（即现在的西湖凹陷中央背斜构造带），为油气钻探做好了前期准备。

从 1980 年开始，以寻找油气为主要目的海洋石油勘探逐步在东海盆地展开，除进一步开展地震普查之外，地质矿产部上海海洋地质调查局及石油部海洋石油勘探局在东海盆地西湖凹陷的钻探工作先后启动。1980年12月地质矿产部上海海洋地质调查局在东海钻探了第一口探井龙井1井，石油部海洋石油勘探局在东海盆地西湖凹陷的第一口探井东海1井也于1982年2月开钻。至1983年，共钻探井4口，均见油气。其中，地质矿产部上海海洋地质调查局于1983年4月完钻的平湖1井发现了平湖油气田，东海盆地的油气勘探获得重大突破。

此外，至1984年，祖国宝岛台湾的中油公司，韩国、日本等石油公司分别在东海盆地的南部和东北部进行了一些油气勘探工作，共钻探井21口，见少量油气。

1980年石油部在“两海”（渤海和南海）对外合作的基础上决定抽调各油田的一批技术骨干，组成八个对外合作混合委员会，分成南黄海、莺歌海、珠江口三个对外合作筹备处，分别归“两海”领导。渤海石油公司根据这一决定，于1981年将原胜利油田、江苏油田两个混合委员会和渤海石油公司的部分人员组成上海筹备处，负责选址、筹建和地质研究等工作。1983年2月为了更好有效地执行南黄海对外合作合同，开展南黄海、东海海域的油气资源勘探开发活动，石油部决定在上海成立南黄海石油公司。1983年7月中国海洋石油总公司南黄海石油公司正式在上海成立，负责东海、黄海和台西盆地油气资源的勘探开发工作。1991年1月南黄海石油公司更名为中国海洋石油总公司东海石油公司，1993年2月更名为中国海洋石油东海公司。东海盆地的自营、中中合作、中外合作的油气勘探历程由此展开。

1985年5月，南黄海石油公司在东海陆架盆地台北坳陷开始地震作业，完成地震测线2642千米，揭开了在东海进行油气自营勘探的序幕。1987年2月，在东海台北坳陷的第一口探井温州6-1-1井完钻，测试两层为干层，仅见少量烃类天然气。

1986年11月，南黄海石油公司与地矿部上海海洋地质调查局在上海签订了《关于在勘探开发东海油气资源中加强联系与合作的协议》。根据协议，双方进行了一系列的技术交流，并交换了部分油气勘探资料。1989年5月26日，南黄海石油公司又与地矿部上海海洋地质调查局在上海签订了《联合勘探开发油气资源协议》，采用双方共同投资、共担风险、共享成果的原则，共同勘探开发残雪（黄岩7-1）、残北（黄岩7-1N）、断桥（黄岩14-1构造）的油气资源。随后，1989—1990年双方合作在西湖凹陷钻探发现了断桥、残雪油气田。

1991年12月，上海市公用事业部、地矿部上海海洋地质调查局及中国海洋石油东海公司关于联合开发平湖油气田联营意向书在上海签字，启动了平湖油气田的开发工程建设。1992年7月，上海石油天然气（有限）公司正式成立运作，全面负责平湖油气田的工程建设与生产等，该油田于1998年顺利建成投产。

1992年6月30日，中国海洋石油总公司在北京发布对外合作第四轮招标通告，正式宣布东海部分海域对外开放。招标区在东海盆地的西南部台北坳陷及西北部的长江坳陷，共划分20个招标区块，总面积72800平方千米。东海的部分海域对外开放，引起了极大的反响，共有7个国家的17家石油公司组成了9个投标集团投了标。经过评标谈判，最后签订了18个合同和协议，合同区面积33070平方千米，协议区面积31280平方千米。义务工作量：地震二维测线14650千米，三维地震275平方千米，探井20(+2)口，费用1.208亿美元，掀起了中国近海继第一轮国际招标之后的又一次对外合作高潮。接着就开始了地震野外数据采集、资料处理和研究工作，很快开始了预探井钻探。从1994年12月正式钻第一口预探井（温州33-1-1）到1996年4月温州26-1-1井完钻，历时1年零4个月，共钻探井14口，全部失利。但钻探的最后一口预探井——丽水36-1-1井获得了突破，1997年9月29日测试日产天然气28万立方米，凝析油18.67立方米，终于在第15口井获得了重要发现。此后，对该含油气构造进行了三维地震采集、评价井钻探等评价工作，基本探明了天然气储量，正在进行开发可行性评估。

此外，自1984—1999年间，东海石油公司及地质矿产部上海海洋地质调查局分别在东海盆地进行了大量的自营勘探活动，包括地质研究、地震采集、目标评价、油气钻探、油气田评价等工作。先后发现了天外天、宝云亭、武云亭、春晓油气田及温州13-1-1、灵峰（丽水36-2）、石门潭（南平5-2）、孤山（天台12-1）、玉泉（宁波27-1）、来鹤亭等含油气构造，并对油气田进行了进一步评价。

2000年4月，中国海洋石油东海公司与中国石化集团新星石油有限责任公司上海海洋石油局（现中石化上海海洋油气分公司）签订了《东海西湖凹陷黄岩（残雪—断桥）联合勘探开发区进一步合作协议》。2001年6月，为加快东海西湖凹陷天然气的勘探、开发和生产，根据《国家计委关于东海天然气开发有关问题的协调意见》和双方高层领导《会议纪要》，中国石油化工集团公司与中国海洋石油总公司签订了《东海西湖凹陷天然气勘探开发合作协议》。2002年3月20日，国家计委在上海召开东海天然气工作会议，会上宣布西湖项目中方联管会正式成立，作业公司和春晓项目组正式启动运作。同年钻探了3口探井评价井，评价了天外天、断桥气田，发现了残北含油气构造。

2003年8月19日，中国海油、中国石化、壳牌、优尼克按照3∶3∶2∶2的参股比例在北京人民大会堂签订了西湖凹陷5个合作区块（2个开发区块、3个勘探区块）的石油合同。2004年钻井2口，一口评价残雪油气田，获得成功；一口预探井钻探黄岩1-1,获得油气发现。2004年9月下旬,外方做出决定,宣布退出西湖项目。

2004年10月开始,在外方退出后,中国海油、中国石化双方合作勘探开发西湖凹陷。中国海油作为作业者,积极推动与中石化合作。采集了940平方千米的三维地震,对已发现的油气藏进行了评价,落实了一系列的预探目标,做好油气勘探的准备工作,并积极推动了春晓气田群一期工程的建设和投产。

自1975—2005年底，中方在东海盆地累计采集二维地震测线214435千米，三维地震1792平方千米,钻探井64口,探明7个油气田,探明石油地质储量(含凝析油)3356.8吨、天然气(含溶解气)1058.48亿立方米(国家批准储量),发现15个含油气构造。1998年平湖油气田建成投产。

第二节　主要油气田

截至2005年底,东海海域正在生产的油气田1个(平湖油气田),正开发建设的油气田4个(春晓、天外天、残雪、断桥)。平湖油气田为中国海洋石油总公司、上海市、中国石油化工集团公司三家联合开发建设。春晓气田群为中国海洋石油总公司、中国石油化工集团公司二家联合开发的项目,分二期开发。东海油田2005年生产油气91.9万吨油当量,其中原油25.58万吨,天然气6.6亿立方米,拥有净剩余可采储量8800万桶油当量。

一、平湖油气田

平湖油气田位于上海市东南约400千米的东海大陆架,距南汇县芦潮港管线登陆点约374千米。该油气田于1983年6月由地矿部上海海洋地质调查局钻探发现,是国内东海陆架盆地第一个发现并投入开发的复合型油气田。1990年6月国家有关部门批准储量报告,含油面积5.7平方千米,探明石油地质储量597万吨；含气面积12平方千米，探明天然气储量170.5亿立方米，探明凝析油储量306.3万吨。该油气田由中国海洋石油总公司、上海市及地矿部联合开发。

平湖油气田总体开发方案是:半海半陆式,主要设施为一座集钻井、采油、生活于一体的海上综合平台,钻生产井13口(油井6口,气井7口);铺设一条385千米的14英寸海底输气管线和一条306千米的10英寸海底输油管线;一座陆上天然气处理厂和一座原油中转站。方案于1995年9月由国家计委批准,海上工程建设批准总费用为3.63亿美元。海上工程项目由中国海洋石油总公司平湖项目组管理,中国海洋石油总公司承担平湖油气田一期工程的钻完井、平台设计建造、海管设计铺设、投产以及海上生产作业。

油气田开发工程于1996年11月开始，1998年11月原油投产，1999年3月天然气投产，节约工程投资1亿美元。截至2004年12月31日，累计生产天然气24亿立方米，原油291万吨。2005年平均日产天然气50.94万立方米，原油1706桶。

平湖油气田的投产对改变上海燃料结构，改善生态环境，提高人民生活质量起到重要作用。为了满足上海市不断增长的天然气需求，最大限度地开采已发现的天然气储量，正在进行平湖油气田的二期工程开发和一期工程的改造。

二、春晓油气田群

春晓油气田群位于宁波市以东约350千米的东海，作业水深95～106米，是东海涌大浪高的海域。油气田群一期工程由两个井口平台（春晓和天外天）和一个中心平台（CEP）组成，总重量17750余吨。油田群由中海石油（中国）有限公司上海分公司执行开发，海油工程公司总包平台的建造、安装与海上连接调试。2005年3月29日，开始工程建设组块的海上安装与调试工作。

第五十章 西北石油局、西北分公司

西北石油局、西北分公司总部机关设在新疆维吾尔自治区首府乌鲁木齐，并在巴音郭楞蒙古族自治州轮台县建立了前线生产指挥基地。主力油田——塔河油田位于塔里木盆地北部沙雅隆起阿克库勒凸起南部；勘探区域涉及新疆境内 8 个油气盆地。主要从事塔里木盆地油气勘探开发和油气销售业务。

西北石油局、西北分公司前身是组建于 1955 年的华北地质局二二六队，1960 年扩组为地质部第一普查勘探大队（简称一普）。1983 年更名为西北石油地质局。1997 年初，国务院批准地矿部石油地质海洋地质局与地矿部脱钩，改制为中国新星石油公司。至此，再次更名为中国新星石油公司西北石油局，开始逐步向油公司管理体制转轨。2000 年 3 月，中国新星石油公司整体并入中国石油化工集团公司。翌年 4 月，西北石油局完成了油气分公司体制改革，分设为中国石化新星西北石油局、中国石化新星西北分公司，并于 2003 年 6 月整体划归中国石化集团公司、石化股份公司。

20 世纪 80 年代，西北石油局根据有关研究成果，明确了塔里木盆地北部是寻找大油田的重点靶区，同时提出“沙雅隆起”区为最理想目标。通过井位论证，1984 年 9 月，西北石油局布在雅克拉重力高的沙参 2 井钻获高产油气流，实现了历史性的重大突破。为此，西北石油局再次荣获地矿部授予的找矿特等奖和颁发的嘉奖令。次年，地矿部决定在塔北拉开联合勘探帷幕，于“七五”时期连续发现雅克拉、阿克库木等 6 个油气田（藏）。1989 年春，新疆维吾尔自治区人民政府和地矿部联合召开塔北油气联合勘探取得重大突破庆功表彰大会。此前，西北石油局下属的钻井和物探两大队伍，被国家评定为“全国地质勘查功勋单位”。“八五”实施探采结合战略，又发现阿克莫奇、桑塔木等5个油气田（藏）。“九五”以来，大搞勘探开发一体化，不断创新探索海相碳酸盐岩油气田形成的基本条件和分布规律，发现了令人瞩目的塔河超亿吨级大油田，勘探领域还在不断扩大。从而奠定了其在中国石化西部油气资源接替基地的重要地位。

2005年，拥有职工仅3048人的西北石油局、西北分公司年产原油420万吨，人均利润171.58万元，拥有固定资产100亿元，储量、产量、利润再创历史新高，企业核心竞争力进一步强劲，在新疆30强企业中名列前茅；人均利税、利润、产值位居国内同行业之首。2000年获全国“五一劳动奖章”；2005年又连续13年被评为新疆维吾尔自治区区级文明单位，为石油工业和地方经济脱贫致富做出了巨大贡献。

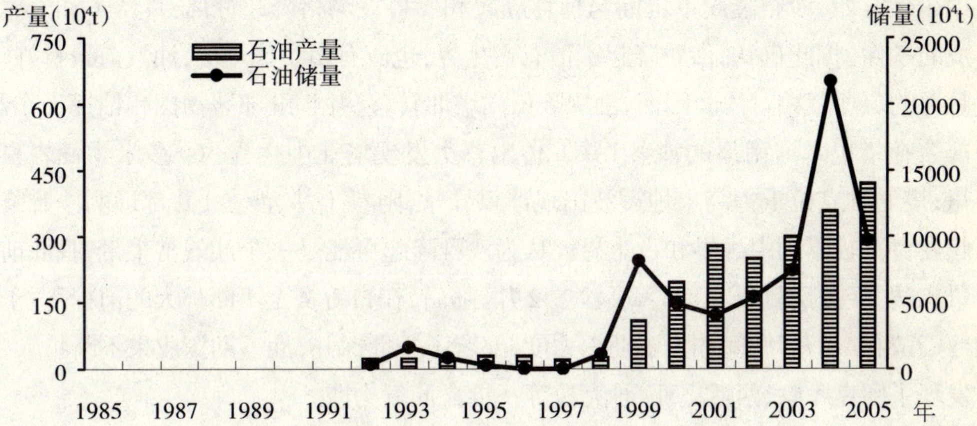

西北石油局石油探明地质储量和产量变化图

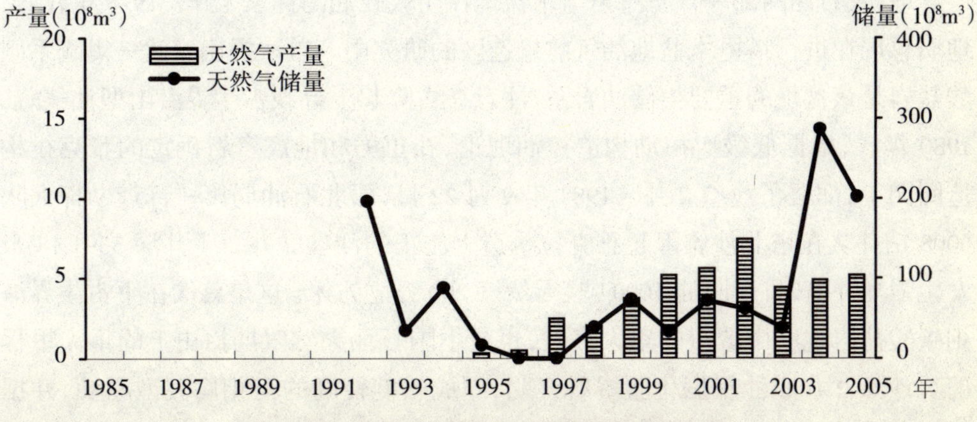

西北石油局天然气探明地质储量和产量变化图

第一节 油气田勘探取得重大突破

塔里木盆地位于新疆维吾尔自治区南部，介于天山和昆仑山两大山系之间，总面积56万平方千米，拥有巨厚的古生界、中生界、新生界沉积地层，生含油气条件良好，是中国乃至世界的大型含油气盆地之一。该盆地周边多为茫茫戈壁，其间镶嵌块块绿洲，中部是号称“死亡之海”的世界第二大流动沙漠，即塔克拉玛干沙漠。塔里木盆地少雨、干燥、多风、沙尘暴频繁，气候恶劣，人烟稀少，为油气勘探带来了极大困难。

1978年5月，新疆石油普查勘探指挥部经过一年半塔里木西北喀什—麦盖提地区的侦察性勘探，以及对全盆地的综合研究，认为塔里木北部沙雅隆起在早古生代时期可能西与柯坪隆起、东与库鲁克塔格隆起形成一个东西向构造带。从中生代开始，沙雅隆起下沉而与柯坪隆起和库鲁克塔格隆起分离，具备了油气生成的条件。据此确认，沙雅隆起不但有古生界，也应有中生代地层，油气前景看好，且目的层埋藏相对浅。因而，勘探队伍向塔北转移，并相继部署物探和钻探工作。部署在塔里木河南岸的沙参1井，传出首次发现塔北中生界300多米生油岩喜讯；塔北雅克拉重力高上地震波出现严重异常，阿参1井、沙参1井都证明沙雅隆起发育有较厚的中生界和古生界。认为沙雅隆起可能是一个油气富集带，找油前景广阔。经过反复研究，部署了沙参2井。随后，在自筹资金不断扩大的前提下，于“八五”和“九五”期间加大了勘探力度，部署了一批探井，油气勘探成果不断扩大，发现了阿克库勒、西达里亚、雅克拉等一批含油气构造。

一、沙参2井首次在海相碳酸盐岩获重大突破

地质、石油两部一直坚持塔里木盆地古生代找油的探索工作。1978年，国家地质总局在进行塔里木盆地油气前景选区的研究中，首次提出寒武—奥陶系碳酸盐岩是该盆地的重要生储油岩系，注意在古隆起上寻找古生界潜山型油气藏。1980年底，根据低级次扭动构造控油理论，在重力和地震资料确定的雅克拉构造圈闭上，部署了沙参2井。1984年9月22日，西北石油局第一普查勘探大队6008钻井队在塔北沙雅隆起雅克拉构造上施工的沙参2井，于井深5391.18米发生强烈井喷，日产原油1000吨、天然气200万立方米。这是首次在下古生界海相碳酸盐岩地层中取得的重大突破，也是中国石油天然气勘探史上的重大里程碑。沙参2井原油根据化验资料证明，属成熟度较高的海相腐泥型原油，并据地质资料分析其油源岩为寒武—奥陶系碳酸盐岩。经“七五”国家科技攻关研

究,进一步证明了寒武—奥陶系海相碳酸盐岩,是塔北地区乃至全盆地的重要油源岩。

二、初步掌握了碳酸盐岩聚油规律

沙参 2 井突破后,地矿部在 1985 年度计划会议上,确定将塔里木盆地勘探项目纳入国家计划。专家们讨论了塔里木盆地的油气地质问题和资源前景,对开展塔北联合勘探的部署取得了统一认识:塔北地区要注意多种类型油气田,不仅重视古生界,对中生界、新生界应予以充分重视;部署紧紧围绕沙雅隆起,以沙参 2 井为中心,在雅克拉圈闭和沙雅隆起其他构造圈闭上部署三批 13 口探井,并相继于“七五”前两年开钻,以扩大油气成果。同时加快引进新技术、新设备的步伐,从而实现了连续重大的突破。

一是突破雅克拉中生界和阿克库勒地区。1985 年布在雅克拉构造上的沙 4 井、沙 7 井,分别在中生界发现高产油气流。1988 年 7 月,布在阿克库勒构造的沙 14 井于奥陶系灰岩试获高产油气流,实现了新地区、新构造、新层位的重大突破;同年 8 月,沙 7 井实现塔北侏罗系首获工业油气流;9 月,沙 4 井首开震旦系工业油流先河;11 月,布在雅克拉的沙 5 井,首次打开白垩系高产工业油气流前景。

二是发现轮台新生界和阿克库勒上古生界。1989 年 8 月,布在塔北轮台构造前震旦系的沙 3 井,实现新构造、新层位上的重大突破;同月,阿克库勒构造西高点的沙 18 井,在石炭系底部试获日产原油 1400 立方米、天然气 420 万立方米,创造了新地区、新层位(系)上的重大突破,创国内油气单井双高之冠。李鹏总理为塔里木盆地油气发现做出批示:“很好,请继续努力”;并转达:“江泽民同志对你们获得的成就感到十分高兴,向你们致以热烈的祝贺”。

三是发现达里亚—桑塔木油气田。达里亚—桑塔木构造是沙雅隆起最南端的构造。1989 年部署在达里亚的沙 22 井获多层油砂。1990 年 11 月,沙 22 井在三叠系砂岩试获日产原油 1000 立方米、天然气 24.6 万立方米,成为中国三叠系最高产油井。此后的沙 29 井、沙 32 井又相继喷出高产油气流,标志着塔北又有一新地区、新构造的油气发现。

三、实现重大突破,证实古隆起聚油理论

“八五”期间,完成了雅克拉—轮台、艾协克—阿克库勒和达里亚三个区块的扩大评价,以及南满加尔坳陷北缘(草湖以东)、阿瓦提断陷东部和巴楚隆起—麦盖提斜坡北部三个区块的普查工作。1991 年 9 月在沙雅隆起阿克莫

奇构造上的沙31井、在桑塔木构造上的沙29井，1992年3月在东达里亚构造上的沙32井，均于三叠系试获高产工业油气流，实现了新构造、新地区的重大发现。此外，实现两个古隆起聚油在认识上的突破。从沙参2井后，本着区域展开的方针，关注古隆起、古斜坡寻找油气田。1989年起在巴楚—麦盖提地区布置重力和地震勘查工作，1991年首先发现了麦盖提斜坡巴什托构造并设计了麦3井，1992年9月17日在石炭系顶部灰岩中试获高产油气流，1993年发现了巴楚隆起亚松迪构造，1995年9月17日巴参1井于下石炭统灰岩及灰质泥岩中试获工业油流。从而实现了麦盖提斜坡和巴楚隆起首次导向性意义的重大突破，打破了多年、多口井没有突破的僵局，初步证实了古隆起聚油的理论。

沙参2井突破10年来，西北石油局依靠科技攻关和艰苦奋斗，共完成5.1万千米二维地震、450平方千米三维地震，钻探井50口累计进尺25.2万米；圈定122个局部构造，有25口井喷出工业油气流，9口井获高产，达到国内先进水平。在8个层系（震旦系、寒武系、奥陶系、石炭系、侏罗系、三叠系、白垩系、第三系）实现突破，发现了雅克拉等11个油气田（藏），共获油气地质储量1.0亿吨，国家地勘费投资累计仅8.2亿元。这样的高速度、高效益、高发现，开创了油气勘探史的新局面。塔北油气勘探突破的重要意义在于，为国家提交了一个18.9万平方千米的大型油气勘探后备基地。

四、发现和勘探世界级塔河海相碳酸盐岩大油气田

（一）坚持纵向立体勘探的程序，兼顾奥陶系目的层初见成效

20世纪80年代前半期，西北石油局在艾协克—桑塔木开展了大量的物探工作，其中在阿克库勒凸起中部，发现了近东西走向的阿克库木构造带和阿克库勒构造带。80年代后半期，在阿克库勒构造带以南，发现由西向东分布的向北弯曲的艾协克—桑塔木—达里亚弧形构造带。1989—1990年先后在艾协克和桑塔木构造上布钻沙23井、沙29井，前者见到良好油气显示，后者试获工业油气流。1994年，在该区完成220平方千米三维地震勘探，直至1996年西北石油局才获准国家勘探许可证。西北石油局立即抓住这一难得的机遇，当年就部署了沙41井、沙46井，主要目的层为三叠系，兼顾石炭系、奥陶系。沙41井于布井当年在三叠系中油组和下油组均获工业油气流。沙46井位于沙雅隆起阿克库勒凸起艾协克1号构造，于1997年1月发现奥陶系油气层，进行中途测试获高产工业油气流；完钻后对石炭系进行完井测试，日产原油420吨、天然气2万立方米。该井是第一口针对奥陶系古潜山为目的的探井，取得了奥陶系、石炭系勘探

层双丰收的重大发现，不仅拉开了下古生界奥陶系碳酸盐岩岩溶残丘的大规模勘探序幕，而且也发现了石炭系卡拉沙依组砂岩岩性油气藏，兼顾奥陶系目的层思路初见成效。

（二）沙48井获重大油气发现——塔河油田诞生

继沙46井获重大发现之后，又发现了艾协克南三叠系圈闭及艾协克2号奥陶系残丘群，并部署了沙49井、沙56井。首次明确了艾—桑区块勘探目的层为奥陶系，兼顾三叠系、石炭系的多领域立体勘探思路。1997年7月26日对沙56井三叠系上油组进行完井测试，日产原油105立方米、天然气4000立方米；7月28日对中油组测试，日产原油208立方米、天然气3054立方米。艾协克南构造三叠系、中油组的重大油气发现，对开拓类似艾协克南低幅度圈闭的油气勘探具有重大指导意义。1997年8月在进一步研究奥陶系潜山（残丘）分布及成油地质条件时，初步认识阿克库勒凸起地震 T_7^0 面以下的奥陶系可能为一大型非背斜型圈闭。为此，西北石油局召开了“塔里木盆地非背斜圈闭油气勘探讨论会”，引入了非背斜圈闭勘探理论，为塔河油田勘探评价奠定了理论基础。1997年部署在艾协克1号构造的沙47井，于9月对奥陶系裸眼段中途测试，获日产原油227立方米、天然气16.24万立方米；后又在石炭系油层获日产原油136.5立方米、天然气6.5万立方米。沙47井的突破，进一步扩大了艾协克1号（塔河3区）构造的含油范围及储量规模。

部署在阿克库勒凸起艾协克2号构造的沙48井，于1997年10月10日裸眼中途测试，日产原油570立方米、天然气1.5万立方米。经测井解释石炭系卡拉沙依组油气层4层19米，奥陶系下统碳酸盐岩已钻油层7米（未穿）。沙48井的重大发现，对重新评价下奥陶统碳酸盐岩勘探领域具有重大意义。沙48井开井试采后产量稳定（380立方米）、压力稳定（11.5兆帕）、不含水，预示着有较大的储量规模，并被誉为“王牌井”，宣告了艾—桑区块奥陶系具有现实意义的重大突破。1998年初，将勘探发现的油气区带定名为“塔河油田”，塔河油田从此载入中国石油工业史册。

1998年加快了塔河3区、4区奥陶系油藏的评价勘探，分别部署了2口评价井，并在3区、4区之间的低凹处部署了沙64井。在奥陶系风化面之下200米又发现新的油气层。当年提交探明油气地质储量5277.7万吨油当量，展现了塔河亿吨级大油田的轮廓。

（三）勘探塔河整装碳酸盐岩大油田

1998—2001年是塔河油田主体探明阶段。塔河油田发现后，西北石油局于“九五”后两年，在油公司管理体制和创新技术支撑下，实现了“两个一”和“两个二”的目标，即在塔河油区探明油气地质储量1亿吨和2亿吨油当量，原油产量达100万吨和200万吨，实现两年翻两番的发展目标。1999年，塔河油田外围新发现塔河5区、6区两个区块，奥陶系含油面积扩大至700平方千米，原油产量达108.4万吨，比1998年增长190.8%。2000年，发现井10口，完成探明储量5224.6万吨油当量，初步建立了塔河油田三级地质储量，含油面积扩大到720平方千米。沙81井扩大了塔河油田西界范围，并将油层构造图等深线下移100米。塔河油田4区、6区块勘探评价取得了突破性进展，沙74等井均钻遇裂缝—溶洞发育带，获高产油流。证明了奥陶系油气分布不受潜山或残丘高点控制，而受碳酸盐岩孔、洞、缝发育程度控制。在勘探实践中，进一步明确了塔河地区奥陶系大型不整合—古岩溶型圈闭叠合连片含油、不均匀富集的油藏特征。新发现并探明塔河油田3区石炭系、奥陶系油藏；塔河油田4区、6区、7区奥陶系油气藏。含油面积达630平方千米，三级储量3.24亿吨油当量，其中探明储量1.55亿吨油当量，基本探明了塔河大油田的主体部分。这一阶段是塔河油田储量快速增长的时期，同时也带动了原油产量的快速增长。塔里木盆地第一个整装古生代海相碳酸盐岩储量超3亿吨的大型油田已初具规模。发现国内第一个超深层、非常规海相碳酸盐岩整装大油田，是中国油气勘探史上的重要成果之一。

2001—2005年是塔河外围扩展及立体勘探，跻身全国大油田阶段。“十五”期间，西北石油局提出了立体勘探、整体评价塔河油田的勘探思路，增强了增储上产可持续发展的后劲。对塔河油田甩开勘探向外围部署，塔河油田平面井控含油面积不断扩大，达2500平方千米，三级储量合计达12亿吨。并且在多层系、多领域获得突破与发现，进一步拓展了塔河油田纵向油气勘探空间，表明塔河油田具有巨大的勘探潜力。“十五”期间探明油气地质储量50717.5万吨油当量，实施勘探井136口，进尺780186米；勘探投入46.56亿元人民币，成本为9.18元/吨，平均每口勘探井探明储量372.92万吨油当量，每米进尺探明储量650.07吨。以上指标证明，塔河探区在“十五”期间各项勘探指标、综合勘探效益指标均处于先进水平，具有较好的经济效益。至此，西北分公司发现和勘探的国内最大最复杂的塔河海相碳酸盐岩大油田，已跻身于全国大油田行列。

第二节　油气田实现高速高效开发

西北分公司的油气开发工作起步于1992年。此前自沙参2井以及此后的沙7井、沙5井、沙15井等出油井，都经历了较长时间的试采阶段。1997年前，主要开发对象是以西达里亚油气田为主的砂岩油藏，自筹资金，滚动开发，规模较小。自 1997 年塔河油田投入开发后，西北分公司的油气田开发进入了一个新的快速发展阶段，油气产量连年增长、产能建设实现跨越式发展。“十五”期间，西北分公司认真贯彻中石化“稳定东部、加快西部、准备南方、开拓国际”的资源发展战备，加快储量动用和产能建设步伐，实现了产量的快速增长。五年间新增动用储量 2.16 亿吨，年均新增动用储量 4314 万吨；年均新建产能 115 万吨，相当于每年建成一个百万吨级大油田；年产量由“八五”末的 194 万吨上升到 2005 年的 420 万吨，年均增长 45 万吨。

一、大胆探索实践，实现塔河缝洞型油田高速、高效开发

塔河油田是一个以缝洞型为主的超深、高温、高压特殊类型油气藏，其储层结构和驱替机理与国内外碎屑岩油藏及大多数碳酸盐岩油藏具有很大的差别，地下情况更为复杂，开发难度更大，属于世界少有、国内仅有的缝洞型油藏。至 2005 年，还没有现成的开发理论和开发技术可以借鉴。在多年的开发实践中，西北分公司提出并建立了一套以缝洞单元为研究对象和以缝洞单元为开发单元的开发管理方法体系，形成了缝洞型油藏描述、注水提高采收率、深井酸压、深井重油开采、超深井钻井等配套技术。“十五”期间，西北分公司新增探明地质储量 4.8171 亿吨，动用储量 2.1570 亿吨，新增可采储量 3192 万吨，年产油从 2000 年的 193.75 万吨增加到 2005 年的 420 万吨。“十五”期间，中国石化股份公司共投资 152.56 亿元，主营业务收入由 2000 年的 22.73 亿元上升到 2005 年的 77.21 亿元，利润由 2000 年的 0.99 亿元上升到 2005 年的 46.6 亿元。西北分公司实现了高效快速的发展。

（一）坚持滚动开发，实现了塔河油田的快速上产

在油田开发过程中，针对塔河碳酸盐岩油藏特点，对奥陶系油藏采用滚动开发的方式：即在勘探井展开和集中评价探明期间，勘探向前延伸、开发提前介入，逐步形成开发井网，加深对油藏储集体展布、油气水产状、压力系统和油井产能的认识；进而对开发储量进行评价，编制开发方案，快速建成产能，形成生产规模；实现了边滚动、边开发、边调整，使开发方案、指标预测更科学、更合理。

塔河油田奥陶系油气田（藏）开发历程分两个阶段：

1996—1998 年是评价试采阶段。自 1996 年塔河 3 区沙 46 井首获高产油气流起，连续在阿克库勒凸起主体区（3 区、4 区、6 区）局部构造高点部署的 11 口探井和评价井均获高产。通过试采，平均单井日产原油 260 吨。其中沙 48 井为典型的溶洞型高产井，日产原油 500 吨，并连续 3 年稳产。这一阶段实现了塔河油田的不

断外扩和连续突破。通过试采探索油藏动态规律，在增储上产的同时为规模开发作了基础准备。通过试采和评价，开始对储层形成了初步的概念模型，尤其是少数开发井的建产，使得对储层的复杂性有了初步认识。同时开始尝试各种储层预测方法的应用及研究。

1999—2005年是加大产能建设，原油产量快速上升阶段。这一阶段主要加强油藏地质和油藏特征的基础研究，在扩边评价的同时，加快产能建设。1999—2005年加强油藏地质和油藏特征的基础研究，编制开发方案，在扩边评价的同时，迅速投入开发，并逐渐加快开发节奏。同时在阶段后期对老区进行了综合调整和“稳油控水”的综合治理，实现了全油田产量快速增长。塔河2区、3区、4区、6区、7区、8区、10区先后投入开发，累计动用储量28963万吨，建成产能345万吨，2005年原油产量达到420万吨，年均建产能111.17万吨，年均上产45.2万吨，实现了缝洞型油藏的快速开发、快速上产。

（二）创新缝洞型油藏地质研究，油藏描述取得突破性进展

塔河油田缝洞型碳酸盐岩油藏既不同于常规孔隙性砂岩油藏，也不同于其他裂缝型碳酸盐岩油藏。油藏的主要储集空间以构造变形产生的构造裂缝与岩溶作用形成的孔、洞为主，其中大型洞穴是最主要的储集空间，裂缝是主要的连通通道。岩心样品分析结果表明致密碳酸盐岩基质不具有储渗意义，只能作为储集体的封堵体，分隔和遮挡各类储集空间。

经过多年探索、实践，逐渐形成了一套综合的储集体预测技术方法，主要包括地震属性提取、振幅变化率、波形分析、相干体计算等技术方法。在进一步完善地震预测技术的基础上，结合种子点追踪技术、三维可视化技术等对缝洞体进行了三维形态刻画和缝洞体体积计算，创新了在缝洞单元约束下的缝洞型油藏的建模技术，使缝洞体的三维展布形态更加接近实际。

由于缝洞储集体的复杂性，单一的地球物理技术都不能很好地描述储集体的特征，需要多种方法进行综合。振幅变化率主要描述以溶洞为主的缝洞体宏观分布规律，地震波形技术主要描述缝洞体的边界，相干技术主要描述断层和断裂系统，地震测井联合约束反演主要描述缝洞储集体宏观展布及充填程度，三维可视化雕刻技术主要是进行立体追踪解释。

根据以地震属性为主的储集体描述技术，将塔河油田奥陶系油气藏已投入开发的6个区块共划分出152个缝洞单元，其中42个多井单元，110个孤立或相对定容的单元。结合油藏能量、储量规模，对各缝洞单元进行综合分类。

在开发程序上，采用滚动开发的模式。通过“整体部署、分洞布井、逐洞开发、滚动建产”的开发模式，保证了油田产能建设效果，实现了产量的稳步持续增长。

开发井的建产率从2003年的80%提高到2005年的89.1%。通过应用油藏描述成果，新老区开发取得了显著成果。

（三）初步确立了缝洞型油藏开发方向

随着塔河油田碳酸盐岩油藏开发的不断深化，进一步认识到“缝洞单元”是油藏研究、开发部署和开发管理的基本单元。缝洞单元开发特征的差异，是实施缝洞单元差异化开发的基础，形成了按缝洞单元认识油藏的思路。不同类型的“缝洞单元”差异主要体现在单元的天然能量大小（特别是水体的大小）和储集体规模，以天然能量大小把不同类型的缝洞单元划分为三大类：Ⅰ类缝洞单元天然能量较充足，在衰竭开采过程中，产量的递减较稳定，但受含水上升的影响，产量递减具有突变特征；Ⅱ类缝洞单元具有一定的天然能量，产量递减同时受能量衰竭和含水上升控制，递减较快；Ⅲ类定容型缝洞单元能量不足，产量在投产初期快速递减。在产能建设中形成按缝洞单元进行井网部署的思路，井网部署以缝洞单元为开发单元，根据缝洞单元的展布方向，同时考虑与裂缝发育方向的配套关系，采取不规则布井方式。开发生产中形成按缝洞单元确定开发方式的思路，Ⅰ类、Ⅱ类缝洞单元实施精细单井管理为主的稳油控水政策，适时开展注水开发；Ⅲ类定容型缝洞单元实施单井注采“注水替油”补充能量开发。明确了以单元开发为原则制定单井开发技术政策，缝洞体储层发育非均质性极强，同时油水关系复杂，即使在同一缝洞单元内，井与井之间的差异巨大，单井的管理必须以缝洞单元均衡开发为基础，同时要掌握油井本身的差异性（井区储集体发育和与水体的连通关系），实施“一井一策”的开发原则。

二、加快优质储量接替，碎屑岩油藏开发规模不断扩大

西北石油局、西北分公司共有碎屑岩油藏7个。其中西达里亚、亚松迪和塔河1区、塔河2区、塔河9区的三叠系，均已投入开发；阿克库勒油田因不占有储量，仅有单井采油；塔河3区和塔河7区的石炭系尚未投入开发。

随着塔河碳酸盐岩油藏逐步外扩，西北分公司同时加大了碎屑岩油藏的勘探开发力度。勘探思路大胆转变，由寻找碳酸盐岩中一大型缝洞型油藏调整到隐蔽性、岩性等小型碎屑岩油气藏。运用振幅异常和精细构造描述技术，寻找到了一大批低幅构造、岩性圈闭的碎屑岩油藏，如塔河1区、T903井区和阿克亚苏、塔河盐边三叠系隐伏圈闭油藏及沙112-2井区石炭系巴楚组岩性圈闭油藏。从而，极大地改善了新增探明储量构成及原油品位，为西北分公司建设中石化西部能源战略接替基地提供了资源保障。

碎屑岩开发重点针对底水、低幅、断背斜油藏特征，深入研究沉积相展布和储层发育规律，建立精细的油藏模型，采用水平井开发，最大限度提高储量动用程度，控制含水上升，减缓油藏递减率。“十五”期间共在塔河1区等八个区块钻井37口，总进尺17.95万米，新增动用储量2767万吨，建成产能61.05万吨，为西北分公司稳产增产奠定了基础。

三、油气并举、天然气开发初具规模

截至2005年，西北分公司已探明气藏9个、探明气层气储量554亿立方米，凝析油储量1375万吨。已开发气田（藏）5个（达里亚三叠系中油组、塔河3区奥陶系、塔河9区奥陶系、雅克拉气藏、大涝坝气藏），动用储量256亿立方米；试采气藏1个（塔河1区－Ⅱ）；未动用气藏2个（巴什托小海子组气藏、塔河9区－Ⅱ）；暂时关闭气藏1个（亚松迪）。随着西部大开发战略和西气东输工程的实施，西北分公司抓住机遇，油气并举，加快天然气开发，增强了企业实力和可持续发展的后劲。

2005年，西北分公司正式投入天然气开发。在雅克拉、大涝坝和塔河9区奥陶系气藏钻井8口，年产天然气5.2亿立方米，其中气层气产量2.7亿立方米、溶解气产量2.5亿立方米。新增探明天然气地质储量201.9亿立方米，新增动用天然气储量310.5亿立方米，新建产能7.76亿立方米。

截至2005年底，西北分公司有气井49口，工业日产气量267万立方米，动用储量采气速度3.0%，动用储量采出程度16.2%。年末保有天然气产能11.68亿立方米，其中溶解气产能4.04亿立方米、气层气产能7.64亿立方米。

西北分公司在加快天然气开发的同时，加大天然气市场开发和天然气推介工作。天然气用户主要包括西线库车地区和东线轮台地区，通过生产系统优化，初步形成以塔河伴生气经处理后供轮台工业和民用需要。以雅克拉、大涝坝为主的凝析气藏生产的天然气主要供库车大化、塔河分公司及库车民用。天然气产销基本

自动化水平较高的新疆雅克拉集气处理站。

平衡，天然气开发效益在推介工作后逐步提高。

第三节　加强科技攻关与体制创新

西北分公司在塔里木盆地开展的油气勘探工作，经历了20余年的艰苦探索和科技攻关，依靠科技进步，相继发现24个油气田(藏)，探明油气田(藏)21个，累计探明油气储量76849.31万吨油当量。其中石油64024.98万吨、溶解气574.33亿立方米，天然气567.27亿立方米，凝析油1408.53亿立方米。塔河碳酸盐岩缝洞型大油田的发现，是“九五”期间油气勘探取得的战略性重大突破之一。它是中国第一个超深层非常规海相碳酸盐岩整装大油田。

在塔河油田发现初期，面对碳酸盐岩岩溶缝洞型油藏勘探开发技术的世界级难题，西北分公司以国家重点科技攻关为“龙头”，提出了“不求所有，但求所用”的指导思想。在科研成果推广应用方面，采取了“边室内研究、边现场试验、边总结完善、边推广应用”的管理模式，形成了一批具有国际领先水平的研究成果，为企业的可持续发展提供了强有力的支撑。1986—2005年获国家科技进步奖二等奖1项；获省部级科技进步奖103项，其中一等奖10项、二等奖25项、三等奖68项。

一、初步建立了古生界海相碳酸盐岩成藏理论

西北分公司经过多年塔里木盆地油气勘探实践与科技攻关，逐渐形成了独具特色的古生界海相碳酸盐岩油气成藏理论。其核心是：古生代克拉通巨大的烃源岩规模，长期的低地温背景是长期生油、多期成藏的重要条件；古隆起、古斜坡控制了古生界海相油气的运移、聚集与成藏；古岩溶储集体为古生界碳酸盐岩大型油气田的形成提供了储集空间；非构造圈闭是古生界油气的重要圈闭类型，也是大型油气藏的成藏类型；油气成藏封闭系统的演化，控制了盆地古生界油气资源的结构。这一理论有效地指导了塔河油田的重大突破及其含油气面积的不断扩大，加速了塔里木盆地古生界海相碳酸盐岩领域的油气勘探。

二、初步创立了碳酸盐岩缝洞型油藏开发理论

在完善塔河油田碳酸盐岩缝洞型储层地震预测技术的基础上，针对塔河油田奥陶系缝洞型碳酸盐岩油藏连续性介质具有大尺度的特点，首次提出了采用缝洞体积来表征缝洞型碳酸盐岩油藏溶洞型储层的评价方法。创建了“以缝洞单元研究为核心，以全过程评价、层次化开发、逐步深化为基本开发程序，以差异化开发为基本模式，以单井注水替油、多井单元注水开发为主要能量补充方式”的碳酸盐

岩缝洞型油藏开发理论。针对岩溶缝洞型碳酸盐岩油藏的开发地质特点和动态特征，以缝洞成因相关性和缝洞间流体连通性研究为基础，以系统层次性为原则，以油藏的基本研究单元为目标，通过缝洞型碳酸盐岩油藏开发实践和理论分析，构筑了不同研究阶段、不同研究层次的理论概念：缝洞系统和缝洞单元，并对研究单元与开发管理对象之间的关系，进行了理论研究。提出缝洞单元的研究和划分具有相对性、层次性和阶段性。不同层次的研究单元反映了不同尺度的储层非均质性，其研究内容和方法不同，初步建立了划分和评价缝洞单元的技术方法手段，形成了针对缝洞型碳酸盐岩油藏描述与开发的系统思想和方法体系。

三、形成了适用于碳酸盐岩岩溶缝洞型油气藏勘探开发的配套技术系列

（一）油藏描述技术

1. 碳酸盐岩缝洞型油气藏储层三维地震识别与预测技术。塔河油田碳酸盐岩油气藏埋深大，具有强烈的非均质特征。对此，西北分公司通过引进世界上较为先进的地震资料处理与解释系统，经过自主创新扩充，逐步形成了以精细相干体技术、三维可视化技术、地震测井联合反演技术、地震振幅变化率技术、地震波形分析技术等系列化的实用技术。这些技术的成功应用，使得碳酸盐岩缝洞型储层的预测成功率由最初的73%，上升到了93%，每年降低直接成本十几亿元人民币。

2. 缝洞型油藏储层测井识别评价技术。塔河油田奥陶系储层岩性主要以灰岩为主，由于裂缝性灰岩储层的复杂性和钻井工程因素以及测井方法本身的局限性，需要运用多种测井信息进行综合分析。塔河缝洞型油藏测井技术主要是常规和成像测井系列，根据洞缝型储层测井特征，把各种测井方法和地质信息（钻井、取心、漏失、井喷、井涌、放空等）指示的洞缝指标看成是裂缝发育程度的综合反映，从而取分类裂缝概率的算术平均或几何平均。当综合评判方法都较好地反映裂缝发育时，根据不同方法指示缝洞发育程度，建立综合裂缝概率模型。经过多年攻关研究，建立了电性、放射性、机械特性、成像测井等多种分类概率指标，从而较准确地划分储层。在大量岩心分析的基础上，建立了综合裂缝概率模型及其评判系统。根据近几年塔河油田测井评价的研究成果和油田地质对碳酸盐岩储层分类方法，建立了储层评价标准，利用成像测井建立了15种图像模式和5种储层识别模式，通过不断的探索初步建立了流体性质识别的方法。

3. 以缝洞单元划分为核心的油藏描述技术。经过大量的研究积累与生产实践，提出了“缝洞单元”的概念。这一概念的建立，彻底改变了以往对塔河油田碳酸

盐岩油藏的认识，认为塔河油田碳酸盐岩油藏是一个“多缝洞系统、多压力系统、多渗流单元”的多缝洞单元立体叠合复合油藏。在此基础上，综合应用油藏开发地质、油藏工程和地震资料相结合，提出了针对缝洞型碳酸盐岩油气藏描述与开发的系统思想和方法体系，建立了划分和研究缝洞单元的方法与技术，共划分出7类，152个缝洞单元，在这一理论的指导下，油田开发步入了良性循环的轨道。

（二）碳酸盐岩缝洞型油气藏储层改造技术

塔河缝洞型碳酸盐岩油藏80%的井需要酸压改造，由于油藏在纵向上发育多个溶洞，一次酸压只能动用某一缝洞体内的储量。通过实践，在新井投产和老井转层上，采取分段酸压技术，积极挖潜未动用储量。基本形成了塔河油田缝洞型碳酸盐岩油藏的酸压选井选层的技术方法，对储集体距井筒80米以内的井，酸压以改善近井地带的渗流条件为主，采用小—中等规模酸压，对储层物性较好的储集体采用小规模的前置液酸压工艺。同时对存在明显底水的井，采用控制缝高酸压改造工艺，对储集体距井筒80～120米的井，以改善渗流能力为主，采用降滤失深度酸压、乳化酸缓速酸压工艺沟通溶洞，裂缝欠发育段的酸压以人工造缝沟通远井地带的缝洞为主，一般采用大前置液量酸压技术。针对塔河油田奥陶系超深、高温的特点，要求开发的酸液体系必须具有高缓速、高缓蚀、高破乳能力、低滤失、低表面张力的性能，以满足不同工艺的需要。塔河油田酸液体系的研究和应用，在一定程度上提高了酸压穿透深度，增加酸蚀裂缝的导流能力，进一步提高了酸压改造的有效率。经过多年的攻关研究，开发出5套压裂液体系、4大系列10套酸液配方，提高了酸液体系性能，增加了酸蚀裂缝的导流能力和裂缝的穿透深度。

（三）钻井技术

随着塔河油田油气开发的不断深入，在深度、难度不断增大的情况下，为保证钻井效率实现高速高效的产能建设，形成了以简化井身结构为核心，以钻井、固井、钻井液、完井技术为保证的一个技术体系。在钻井过程中，普及PDC钻井技术，建立起一整套优质快速施工技术措施。与“十五”初期相比，同区、同类井钻井周期缩短约30%以上、机械钻速提高约40%以上。至今TK255井仍保持着单只钻头进尺4452米的世界纪录。

2001年起开始试验侧钻技术的应用，利用侧钻中短半径水平井技术实现与周边储集体的定向沟通，满足了塔河油田日益提高的工艺要求。

（四）采油工艺技术

塔河油田奥陶系油藏埋藏深度在5400米以下，属低饱和、正常压力、偏低地温梯度的碳酸盐岩油藏。塔河油田重质油储量主要分布在以塔河6区、10区为主的西北部，重油产量占总产量的20%。经过不断探索，开发配套了经济有效的重油掺稀降粘技术，解决了重质油储量动用的问题。对完钻后直接投产的自喷油井采用光油管完井，掺稀方式采用套管掺入稀油、油管生产的方式投产。塔河油田自2001年开展掺稀油降粘以来，通过现场大量实践，形成了包括针对酸压井的开式、闭式、半闭式、喷嘴辅助等掺稀生产方式，配套了螺杆泵掺稀、管式泵掺稀、抽稠泵掺稀和水力喷射泵采油等多种新型采油工艺技术。为解决油井停喷后的开采问题，从2001年开始引进了各类采油泵，在现场应用中不断地改进和完善，形成了抽稠泵、抽稠电潜泵、螺杆泵、水力喷身泵、复合举升等多种举升工艺。

（五）地面集输技术

塔河油田自1997年投入滚动勘探开发以来，油田地面工程建设以开发方案为依据，地上与地下相结合，建成原油联合处理站3座，原油年处理能力为600万吨；建成天然气集气处理站5座，年处理能力12亿立方米。地面油气集输系统日趋完善，油田集输处理技术应用日渐成熟，油田自动化水平逐步提升，整体布局合理，集输处理设施与产能协调配套。

“十五”期间，塔河油田主要开发区块基本采用监控与数据采集（SCADA）系统，推广应用三级自动化生产管理技术。第一级为联合站站内数据采集、监控和管理；第二级为计量接转站站内数据采集、监控；第三级为油井井口数据采集。根据塔河油田重质原油特性，稠油集输采用单管加热集输的方式，与双管、三管流程相比，节约了工程投资，降低了运行成本。随着塔河2区奥陶、8区、10区开发，硫化氢分布越来越广，伴生气需进行脱硫处理。自2004年以来在塔河2区、8区计转站采用适用于低含硫气体的干法脱硫技术，满足伴生气外输的要求。结合塔河油田奥陶系属重质原油、区块分散、井距大的特点，在2004年2区计转站建设中采用油气混输全自动控制技术，降低了单井集输管线进站压力，油井回压降低，有效提高了自喷油井产量，运行安全，降低工程投资。

“十五”期间污水处理系统采用了密闭的压力流程，该流程简短、占地少，采用了隔氧浮床、斜管聚结沉降、核桃壳过滤污水处理技术，处理效率高，无曝氧点，降低了污水的腐蚀能力，保证了流程的长期稳定运行。

（六）探索提高采收率技术

2005年3月以前，塔河油田碳酸盐岩油藏主要依靠天然能量弹性驱动，产量递减较快，整个油田一次开采采收率低；尤其是对于与周边不连通的、独立的定容型油藏，其弹性采收率更低。通过对塔河油田碳酸盐岩油藏特征分析，利用油藏缝洞发育、毛细管力弱、油水重力分异快的特点，创造性地提出了向定容型油藏注入油田水置换原油的设想与技术思路，以恢复地层能量，提高油井产能和油藏采收率。这一设想和技术方案在现场试验取得了成功。在此基础上，组织技术攻关，从理论上论证了注水替油机理、选井选层标准、开发技术政策、注采工艺配套等一系列关键技术环节;并以此为指导,全面进行了推广应用。在该项技术实施以来不到一年时间里，累计增产原油25万吨，创造经济效益近5亿元，投入产出比高达1∶23,为碳酸盐岩缝洞型油藏提高采收率探索出了一条新的途径。

四、以管理体制创新为主线,努力建设油气分公司新体制

1985年以后,西北石油局开始试行以地质工作项目管理、工程作业承包为中心的经济责任制改革。局向决策经营型转变,队向生产(服务)经营型转变,专业施工(服务)队伍向标准化转变。1993年成立新疆华疆矿产资源勘探开发总公司,进一步提出深化体制机制创新改革,实现三个转变:由依赖国家向市场发展转变,由事业型向企业型转变,由吃“大锅饭”向责权利统一转变。最终目标把局和大队建设成为自我改造、自我发展、自我控制、自我积累的经济实体,实现企业化。1994年国务院明确地矿部用2~3年时间,组建规范油公司,与地矿部脱钩。1997年11月,已经与地矿部脱钩的中国新星石油公司,明确西北石油局进行油气分公司体制改革试点。翌年五月,西北石油局按油气分公司的定位、框架及基本思路,完成了油气分公司改制的试点工作。2002年西北石油局按中石化要求在原有改制基础上,进一步重组改制为上市油气分公司和未上市公司,使主业更加突出,资产更加优良,企业办社会职能完全取消;形成油田生产单位、研究单位、管理单位和机关部门四大板块。

加强内部管理,逐步建立有效科学的运行机制。西北石油局油气分公司转轨改制的成功,标志着体制上已由计划体制下的地勘事业单位,转变为以市场为主体的油气企业。管理体制已由过去的“小而全”转变为油气分公司体制;从过去的内部分工合作和计划调配转变为甲乙方之间的以契约、合同形式为主的市场往来。这就要求全体员工的思想观念、运行机制、管理方式、人员素质等都要相应转变。初步建立企业内部市场的框架,形成以市场为导向、资产为纽带、企业自负盈亏、主业辅业协调发展的运行机制。一是全面试行《西北石油局经济责任制办法》。二是在1999年成本目标控制管理的基础上,建立了分公司成本管理体系。三是加速现代信息技术的运用，在决策层与现场管理层之间建立有效的信息传递通道。完善长效机制的质量、安全、环境和健康(QHSE)管理体系,强化安全管理目标责任制。四是根据塔河油田开发的进展,形成塔河油田管理新体制。五是依照《劳动法》进一步完善劳动合同。依据生产科研实际需要,本着精简、高效的原则搞好定编、定员、定岗的工作,全面推行公开、公平竞争上岗。

加强制度建设,不断完善油公司管理模式。为提高企业管理水平,西北分公司

成立后相继制定了《西北石油局计划执行报告》、《西北石油局经济合同管理办法》等数十个规章制度和管理办法。经过多年的摸索，基本形成了规范、高效的生产管理指挥协调系统，甲乙方管理和工程监理制度也日趋规范：初步形成了油田勘探开发建设的相互制衡、协调发展的良好局面。“十五”后两年，分公司持续改革，开展管理创新，不断完善油公司管理体制，稳步推进“经营决策、生产运行、市场运行、成本管理、人力资源、投资控制、信息、安全、技术创新、监理”等“十大管理体系”建设。从 2005 年 3 月起，西北分公司集中人力、物力建设 ERP 项目，完成了流程设计、系统配置、系统测试、最终用户培训、客户化开发、网络化建设等工作，于 10 月 11 日实现了 ERP 项目的正式上线运行。同时，实现了资金流、信息流、物流的“三流合一”。西北分公司的企业管理，又上了一个新台阶。

第五十一章 西南石油局、西南分公司

西南石油局、西南分公司前身从事松辽盆地、四川盆地和云贵地区的石油概查、普查工作，曾用名四川石油普查大队、第二普查勘探大队、国家地质总局四川石油普查勘探指挥部、第一石油勘探指挥部、西南石油地质局等，先后隶属地质部、国家地质总局、地质矿产部、中国新星石油公司、中国石化集团公司和中国石化股份有限公司。局机关设在成都市。

在四川盆地油气勘探开发实践中，西南石油局、西南分公司走过了一条由普查勘探、滚动勘探开发、规模开发、上下游一体化、一业为主多元发展，到专业油气勘探开发、销售油公司的发展道路。

20世纪50年代以来，西南石油人继承和发扬艰苦奋斗、献身地质事业的精神，完成了四川盆地石油天然气普查和部分详查工作。在勘探中成果明显：率先发现了中坝、福成寨、雷音铺等海相油气田；在地质资料少、勘探程度很低的川北地区，发现了石龙场、柏桠两个内陆湖相碳酸盐岩岩性油气田；在通常认为没有勘探前景的陆相红色地层中，发现了新场、洛带、新都、马井等气田；在地形陡峻、地质条件复杂、油气层超深埋藏的川东北地区，深入的地质勘探研究为普光特大型气田的发现奠定了坚实基础。对上三叠统、侏罗系—白垩系陆相油气田的成功勘探，确认了非常规复合圈闭在四川盆地油气总资源量中占有比常规背斜圈闭更高的份额。新场、洛带两个大型气田和马井中型气田都是非常规复合圈闭，它们的发现意义重大：超越了过去根据常规背斜构造勘探得出的“四川油气田以中小型为主”的认识；非常规复合圈闭领域资源丰富，提升了四川气区在油气勘探领域中的地位；推动了由背斜构造勘探阶段向复合圈闭勘探阶段的发展和广大隐蔽圈闭领域的研究和勘探工作，有效地拓宽了油气勘探空间。

勘探开发中依靠科技进步和技术改造效果明显，实现了油气储、产量从无到有，继而快速增长的跨越发展。天然气产量由1985年的3.84亿立方米，跃升到2005年的21亿立方米。特别是由于成藏机制上的原因，红色陆相地层中天然气品质好，基本不含硫，经济价值高，可以直接管输使用。

在含气盆地的勘探开发中，根据四川地区复杂的地质特点，形成了一套具有多旋回含气盆地特色的致密砂岩成藏理论模式以及非常规圈闭识别、评价与匹配的勘探技术方法。实践中效果明显，勘探成功率上升，在稳定增储上产局面的同时，丰富了天然气地质学中若干基础理论，为四川地区的能源建设和社会发展作出了贡献。

截至2005年底，西南石油局、分公司主要在四川盆地北半部的川西、川北和川东北地区进行勘探，共拥有15个油气勘查和开采区块，总计区块面积13408.9平方千米。其中：勘查区块10个，面积12846.8平方千米；开采区块5个，面积562平方千米。已经发现孝泉、新场、合兴场、东泰、洛带、新都、马井、石龙场、柏垭等9个油气田，共计探明油气地质储量：天然气1396亿立方米，石油130万吨。2005年年产天然气21亿立方米，占盆地总产气量的15%，石油8000吨。拥有生产井900余口，长输干线1000余千米，在约占全盆地可供勘探范围1/14的面积里，实现了四川省内天然气市场占有率22%。

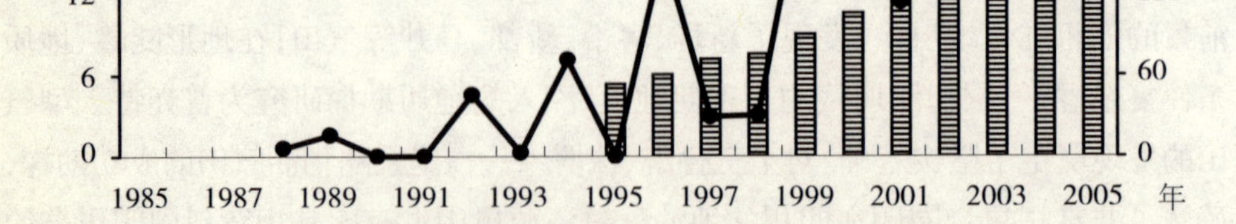

西南石油局天然气探明地质储量和产量变化图

第一节　天然气勘探开发加快发展

西南石油局、西南分公司的油气勘探工作,大致经历了单一普查勘探、钻采结合和规模勘探开发三个发展阶段。1986 年以前,主要从事盆地油气普查工作,其间虽有油气田发现,但基本不涉及勘探开发,而是按照当时政策规定,移交给石油工业部四川石油管理局。随后的 20 年(1986—2005 年),是西南石油局、西南分公司钻采结合和规模勘探开发的发展阶段。

1979 年在石龙场、孝泉地区开始进行试采，搜集并研究油气层的动态资料,1988 年向全国储量委员会提交了这两个油气田的储量报告并获得批准。这是西南石油局成立以来的第一份储量报告，自此开始了向勘探开发一体化的转变。

随着勘探与开发的滚动式前进,生产油气中获得的资金和贷款,在经济上、环境上有力地支持了油气勘探工作,促进了油气勘探开发的快速发展。

2002 年,新星石油公司整体并入中国石油化工集团公司,西南石油局自此分为“上市”和“非上市”两个部分,相应称为中国石化西南石油和西南分公司。专业油气勘探开发,提出了“以油气勘察为基础,油气开发为主导,增储上产为核心,经济效益为目的,全面促进多元化经济持续健康、快速发展”的指导方针。2003 年,进一步确立了“巩固川西、扩大川东北、突破川西南”的勘探部署思路。执行中坚持科学民主决策、整合技术资源、强化管理,增储上产成果显著。

四川盆地的勘探,原先是以石油为目标的,但通过勘探和地质研究证实,这是个热演化程度高的含气盆地。盆地烃源岩有深部海相碳酸盐岩层系和中生界煤系地层两套:前者埋藏深度大、热演化程度高,早期生成的石油已向天然气转化,并多达到干气阶段;后者因母质原因主要生成气态烃和部分轻质油。所以盆地总体上产出是天然气,只有浅部陆相层序中产少量轻质油,是一个比较典型的含气盆地。

西南分公司的勘探范围约占全盆地可供勘探面积的 1/14，其主体地区居盆地北半部。这些地区普遍具有地质条件复杂、勘探和研究程度相对较低的特点,也是前期常规背斜勘探阶段评价不高的落选地带。针对这些勘探中的问题,从基础地质研究到具体勘探开发技术，依托国家重点科技攻关项目的实施进行了一系列的专项研究,攻关研究成果突出,在生产中具有实用性。保证了天然气储、产量平均以每年 10%~25%的速度稳步递增:1988 年天然气探明储量 37 亿立方米，凝析油 5 万吨,2005 年上升到 1396 亿立方米（不含普光气田探明可采储量 2510.75 亿立方米),凝析油 130 万吨。年产气量由 1985 年的 3.84 亿立方米上升到2000年的11.66亿立方米，随后以年增长2亿立方米的速度，稳定达到2005年的21亿立方米。

一、勘探领域的两个突破

在早期勘探阶段，目标是常规手段就能识别的背斜构造，其余广大地带则很少问津，致使这些地区工作少，勘探程度较低。直到1990年底，背斜和潜伏构造仍是勘探的首选目标。全川289个背斜或潜伏构造均已经实施钻探，共发现气田76个、油田13个，发现率30%，说明常规圈闭领域里的油气聚集作用不强，其所拥有的油气资源相当有限。按四川石油管理局1985年已批准储量的66个气田统计，气田平均天然气探明储量为32亿立方米，远远达不到大型气田的标准，因此得出“四川油气田以中小型为主”的认识。但事实上，常规背斜构造只是圈闭类型中的一种，圈闭还有其他多种非常规类型。结合四川盆地油气生成早、构造多旋回等地质特点来看，非常规类型圈闭类型多、规模大，油气资源丰度很高。已经发现的大型气田主要都是非常规圈闭，这类圈闭同时也存在着隐蔽、通常的地震勘探方法难以发现、识别和评价都不易操作的技术难点。

（一）新场大气田发现是早期隆起复合圈闭的重大突破

基于传统石油地质理论对生储盖组合认识的惯性，早期在勘探中普遍认为，远离烃源岩、本身又不具备生油条件的侏罗系红层，基本上没有成藏条件。新场气田的发现，就是抓住这种过去很少引起注意偶然现象，依靠科技，分析天然气成藏特点并从中找出圈闭信息，并大胆勘探的结果。

1984年，孝泉构造上川孝96井在须家河组获工业气流，继续追索这一气层的川孝104井，却意外地在浅部侏罗系上统遂宁组出现强烈井喷，测试日产天然气3.4万立方米。由于遂宁组在多年勘探中均未发现有产气的先例，同时也存在不少钻井初期气喷甚猛，短时间内就无气产出的事实，此一不能解释的异常现象引起地质研究上的关注。按当时的思路和部署，下伏须家河组作为第一勘探目标的地位仍被确认。于是在川孝104井场再钻川孝106井，继续完成对须家河组的勘探任务。该井在穿过遂宁组之后于沙溪庙组再现良好气显示，经完井混合测试遂宁组和沙溪庙组，日产气10.23万立方米，过去被视为没有勘探前景的侏罗系红层，连续两次显示了丰富的含气性，尤其是显示升级、气层压力超高，昭示了气藏的原生性质和相当的规模。随后根据科技攻关的成果：川西地区古地温较高，油气生成较早，运移作用必然较早；适时的早期隆起利于聚集油气；天然气运移多相态、活动性强，可以长距离运移成藏等认识，推测在孝泉构造向东倾伏的新场地区具有成藏条件。1990年，大胆部署了川孝129井，该井在沙溪庙组获日产5.9万立方米的天然气，成为新场气田的发现井。勘探证实：新场气田是迄今国内致密砂岩领域内埋藏最浅的非常规复合圈闭大型气田，也是一个多藏叠置的复式大气田。从埋深 600 米的侏罗系上统蓬莱镇组到埋深 2000 多米的整个侏罗系，共拥有 6 个气藏，已探明储量 652 亿立方米。

新场气田已有天然气井 356 口，生产井 355 口，天然气年产量居西南分公司之首，到 2005 年底，气田处于稳产时期。

根据钻探成果和三维地震资料实施的气藏精细描述确认了两点：气藏为古隆起背景上的沉积成岩圈闭，虽然裂缝利于气井高产，但圈闭以外的裂缝并不产气。所以构造与裂缝不是控制成藏的主导因素，在一定地质背景下，“低频强振幅、低阻抗”是识别气层的地震标志。这一认识在勘探实践中表明有重要作用。在新场气田延伸勘探中提高了钻井成功率，还促成了洛带、马井、新都等气田的相继发现。

（二）洛带气田勘探成功是岩性圈闭领域的突破

岩性圈闭油气藏一般是早期形成的原生油气藏，因此，尽管洛带地区的构造圈闭条件不好，勘探决策的风险甚高。但依托科技攻关研究成果，判定洛带地区可能存在非常规类型的岩性圈闭，是一个有利的勘探目标，随即部署了首批探井。

1996 年龙 1 井揭开预期气层蓬莱镇组，但测试日产气仅 550 立方米，勘探形势相当严峻。1997 年龙 5 井在蓬莱镇组获日产 2227 立方米的天然气流，在实施加砂压裂后，产能上升为 9.157 万立方米 / 日，绝对无阻流量 17.57 万立方米 / 日。印证了天然气早期聚集的认识。这种天然气充注在先，随后因储层的成岩作用持续进行的致密气藏，如果没有裂缝输导，天然气就不能顺利产出。按照这一认识，再对龙 1 井进行加砂压裂，天然气产能上升为日产 1.71 万立方米，其余几口井情况类似，洛带气田由此发现。

二、勘探领域的两项重要进展

（一）合兴场气田须二气藏发现，证实了深层良好的勘探前景

川西坳陷超深层含气领域拥有丰富的天然气资源，但勘探难度很大，自 1971 年中坝气田须二气藏发现之后，可以列为勘探目标的背斜构造为数不多，勘探进展缓慢。在 1984 年的油气勘探部署论证中，认为合兴场构造位于两组构造线的交叉地带，是一具有较好远景的构造，决定在构造高点北侧实施川合 100 井。这口由西南石油地质局与美国洛夫兰公司合作施工的油气预探井，在 1988 年揭开上三叠统须家河组二段气层，日产天然气 20.1 万立方米，实现了川西坳陷超深层含气领域的重大突破，发现了须二气藏。随后在构造南端实施的川合 127 井和川合 137 井，亦在须二段获高产气流，证实至少在川西坳陷中段，须二段是一个比较稳

定的区域气层，是一个重要的勘探层位。进而预测新场气田深部存在须二气层，后来的勘探证实了这一推断。基于常规背斜勘探模式，随后在合兴场构造高点及高点东侧实施的川合 138、川合 140、川合 148 等井均未取得预期成果，说明了圈闭的非常规和复杂性。截至 2005 年底，川西深层须家河组探明储量 39 亿立方米。

（二）为普光特大型气田发现奠定坚实基础

普光特大型气田的发现，不仅开拓了非常规圈闭领域的勘探，还进一步说明四川盆地生烃潜力巨大。无论是碎屑岩或碳酸盐岩领域只要具备保存和储集条件，特别在古隆起的斜坡地带，都具有形成特大型气田的地质条件。

川东北地区海相碳酸盐岩领域的勘探，从 20 世纪 60 年代就已经开始，其间虽然一波三折，但坚信科学分析，勘探研究上锲而不舍，其中特别是圈闭认识的提升，终于取得了突破。

1967 年在双石庙构造上实施了川 1 井，因断层构造复杂而结钻。1971 年川东北地区被列为国家“四五”期间油气勘探重点地区，提出了“海相为主，兼顾陆相”的指导思想，并展开了艰苦的山区地震工作。1983 年，提出了“川东北是勘探古生界油气藏最有利地区之一”的重要认识。国家经委进一步将“川东古生界油气远景初步预测”，列为重点课题《我国南方海相碳酸盐岩勘探技术方法》中的重要项目之一，并作为研究任务下达。1986 年施工川岳 83 井钻至飞仙关组二段遇高压气层，因井喷埋钻。1988 年处理完井内事故后，测试日产气 13.97 万立方米，展示了达县—宣汉地区良好的勘探前景。但 1990—1999 年实施的川岳 84 井、川付 85 井皆未取得实质性突破。

多年艰苦探索认识到，在气源丰富、膏盐层封盖良好的部位，储集层是关键问题。地处“开江古隆起”北缘的达县、宣汉地区，具有利于形成飞仙关组溶蚀孔洞型鲕粒滩储层和长兴组生物礁滩储层的沉积成岩环境。2000 年的地震详查，确认了这一认识。虽然普光地区已不在东岳寨构造的高部位，甚至比已经失利的川岳 84 井低了 1000 米，但考虑到圈闭的非常规性以及沉积成岩作用对礁滩型储层在形成大型气田中的重要作用，经西南石油局、西南分公司部署建议，南方分公司海相碳酸盐岩经理部经过井位论证，基本确定了勘探目标。在采用高分辨率地震、宽方位角三维地震、露头区地震资料采集和储层预测技术提高精度的同时，在裂缝预测方面，通过多手段、多信息处理分析，改变了通常单纯依赖用构造图来推测裂缝带的简单做法。多项攻关技术的联合攻关，基本掌握了岩性构造复合圈闭的特点，并落实在确定井位选择靶点上的思路上。2001 年，在达县—宣汉地区东岳寨—双石庙构造带下倾的普光地区，实施了普光 1 井。2003 年 7 月，该井在飞仙关组钻遇日产 42.37 万立方米的工业气流，发现了普光气田。随后一批钻井证实，普光气田当时是四川盆地中规模最大、丰度最高的特大型海相气田。

三、滚动勘探实施成功

1989年西南石油地质局开始自筹资金进行勘探，积极的滚动勘探开发在促进圈闭新领域突破、提升气田规模的同时，保证了储量、产量的稳步增长。

（一）新场气田超深层须二段获高产气流

新场气田是一个多藏叠置的复式大气田。浅部侏罗系已拥有6个气藏。研究已经认识到各个气层在垂向上联系密切，但又各具特点。深部须家河组资源前景良好，邻区已发现气藏和若干工业气井，这里超深层应具备成藏的条件，是滚动勘探的延伸层位。

2000年11月，新场气田超深层勘探井新851井，在井深4834米须二段获得无阻流量314万立方米、产能45万立方米的高产气流。多种方法计算井控储量为42亿～80亿立方米，表明深层气藏规模可观，拥有广阔的勘探空间。但由于该气井压力持续超高，安全问题日益突出：出现油管坏损；井口装置升温超过100℃；密封脂出现滴漏。为了安全，尽管产气正常也只能压井，并实施接替井和部署勘探井。

与接替井同时期实施的一批深层勘探井不够理想，其中川罗561、川丰563两井须二段在酸化后日产天然气2.69万立方米和4.25万立方米。其产能远远低于预期值，其余井或有显示或出现瞬时高产，但均未能保持稳定。

接替井实施比较顺利，基本上达到了预期目标，并有新的发现。在新851井场西北300米处实施的接替井新853井，于2003年10月进入须二段，但在尚未射开产气层之前，又在其下近200米处发现了新的气层，测试日产气5.38万立方米，输气中伴随着油压套压的持续上升，产气量稳步增加，至2005年大体稳定在日产8万立方米。该井虽然增加了新场地区须二气藏的产气层段，但其产能较低，产能接替的目标任务尚未完全实现。随即在新851井南侧270米处，再打第二口接替井新856井，在须二段同一气层段获高产气流，以每天55万立方米继续供气，实现了顺利接替。

（二）洛带气田升格为大型气田

洛带气田在对蓬莱镇组气藏实施滚动勘探开发中，一口向深部以沙溪庙组为目的层的勘探井——龙36井，在蓬莱镇组以下的遂宁组发现油气显示。最初认为遂宁组区域上主要是一套泥质岩为主的封盖层，不具备独立的成藏条件。因此在蓬莱镇组气藏发现之后，滚动勘探的延伸方向就是越过遂宁组直指其下伏的沙溪庙组。但首批探井出人意料，虽然沙溪庙组储层砂体相当发育，但含气性逊于遂宁组。2000年，龙36井在遂宁组细砂岩中发现气显示，射孔后日产气0.35万立方米，经酸化日产气0.56万立方米，发现了遂宁组气藏。2002年，龙58D井在射孔测试、加砂压裂后，天然气日产能增加到1.43万立方米，进一步证实了遂宁组气藏。截至2005年4月，在洛带气田及其周边地区，以遂宁组为目的层和钻遇该层的井近150口，探明天然气储量152.15亿立方米。洛带及其周边地区蓬莱镇组、遂宁组两个气藏的探明储量已达323.83亿立方米，一个新的储量、产量增长点业已形成。

洛带气田是川西地区继新场气田之后的第二个大型气田。该气田位于成都市东侧20千米处，是当时国内距大城市最近、人口密度较高的一个浅层大型气田。2005年，气田日采输天然气量150万立方米，滚动勘探正在实施之中。

第二节　依靠科技创新，促进油气勘探开发技术进步

在油气勘探过程中，始终坚持“科学技术是第一生产力”的指导思想。在重视基础地质理论特别是致密砂岩天然气成藏理论研究的同时，三维三相盆地模拟、数字气田、叠前深度偏移技术、空气钻井技术、线性加砂压裂技术等新技术相继引进使用；对生产中的关键技术环节，精心组织项目攻关和引进开发；从盆地、区块到圈闭评价，从储层描述、预测到储层保护和改造，都取得了重要成果，保证了油气储量和产量的稳步增长。

一、致密砂岩天然气成藏理论

经过对四川盆地的整体解剖，对历年来油气勘探中的主要难题进行了系统总结后，将其概括为“四超”：一是目的层埋藏超深，在浅层勘探突破之前，主要目的层须二段埋深在川西地区超过4500米；二是地层压力超高，超压现象普遍，浅、中、深层都有，压力系数可达2.15～2.27，不时引发气层污染和钻井事故；三是储层超低孔渗：孔隙度平均值4.4%，渗透率也特低；四是超晚期构造。超晚期形成的背斜构造不仅使早期有效圈闭隐蔽化和复杂化，还常常干扰勘探目标的选择。因此，“四超”中比较突出的难点是超压和超晚期构造两个问题。针对上述难点，系列专项研究从盆地结构和油气成藏机制上剖析成因；从油气富集规律上研究表现；从勘探开发技术工艺上改进逐步完善。同时联系勘探实践，发展了天然气地质理论，致密砂岩领域成藏地质认识也有了长足的进展，独树一帜的川西地区致密砂岩成藏理论正在逐渐形成。

（一）川西地区天然气资源量丰富，具有良好的勘探前景

川西已探明的天然气储量仅占总资源量的约1/10。川西地区勘探证实，从须

二段到白垩系下统，共有9个层组、50套砂体富含天然气，致密砂岩领域潜在的勘探前景良好。

（二）适时古隆起及其靠生烃凹陷的斜坡带是天然气聚集的最佳部位

川西地区已识别出三列前隆，勘探表明都是天然气富集区，已经找到的9个气田，有7个位居隆起带或其斜坡之上。在隆起带顶部的新场气田，储量丰度达到7.2亿立方米/平方千米。这里存在着油气的早期运移和聚集，在聚集带上中高产工业气井比较集中，远离聚集带后，干井的比例显著增加。展示了致密砂岩领域里独具特色的天然气聚集规律。

（三）沉积成岩作用与聚集期构造组成的复合圈闭为主

对孝泉、新场、合兴场、东泰、洛带、新都、马井、石龙场、柏垭和普光等10个气田勘探研究表明，岩性和古构造在形成油气圈闭中的重要作用异常明显，圈闭在形态上的复杂性、成藏的早期性、多期性和圈闭形成对沉积相成岩作用和聚集期构造的强烈依靠性，都一致表明浅部气藏的形成，不是以深部气藏的破坏转移为代价，而是一个统一的成藏系统。

二、致密砂岩天然气勘探技术

（一）形成了勘探领域的两套地震勘探方法技术

为适应山区恶劣地形、地下复杂构造及激发接收条件不稳定的情况，对采集方法进行了改革，同时利用计算机技术进行二、三维地震采集设计，保证了复杂情况下校正、归位精度的要求。

针对非常规圈闭气藏的特点，总结了不同条件下主要储层含油气的地震响应模式，从“低频、强振幅”、“强振幅、低阻抗”到“低频、弱振幅、低相干”等五个模式的推广应用，为新场、洛带升格为大型气田，为东泰、马井、新都等气田的发现发挥了重要作用。与此同时，钻井成功率显著提高，区域甩开井的成功率达到55%。

（二）天然气层、裂缝带识别的测井技术方法已经形成系列

由于致密储层的具体特点，传统的测井技术诸如油气层识别、裂缝检测、储层参数及综合评价等各个方面，均已不能适应。面对这一情况，从80年代引进CLS3700数控测井装备开始，通过消化吸收、攻关研究，不仅开发了用普通源距声波仪测全波信息、用地层倾角测井进行裂缝识别等新方法，为井位部署提供依据，还对国产小数控进行组合，实现了测井资料采集的计算机程控化。攻关研究抓住气层识别这一关键环节，应用最优化解释技术、储层识别的聚类分析技术、模式识别气、水、干层技术，初步建成了一套识别评价气层的测井资料解释技术，有力地配合了储层精细描述和储量计算工作。

三、致密砂岩气藏开发技术

西南石油局、西南分公司实施油气开发早期是“钻采结合”，油气试采只是作为勘探工作的一个组成部分。“九五”期间，油气开采工作也仅仅停留在对油气藏作出初步评价的要求上，开发管理只是对气井实施跟踪管理。但随着油气规模开发战略的实施，针对川西地区储层超低孔渗的特点，采用了油气藏数值模拟技术，编制了气藏开发方案及调整方案，使油气田开发逐步走上正规化。气藏开采工艺上逐渐形成了 5 项技术：致密气藏大型加砂压裂工艺技术体系；以封隔器为核心的气井不动管柱多层压裂工艺技术系列；川西地区液体欠平衡钻井应用技术；配套完善了川西致密碎屑岩气藏低伤害压裂工艺技术；完善和发展了川西深层气藏完井工艺技术体系。

1999 年，依托国家重点科技攻关“川西致密碎屑岩气田开发研究”项目，对百余种开发方案进行优选，提出了“立本开发、总体设计、分层压裂、协同开采”的多层系气藏立体压裂开发模式，数百亿立方米难动用天然气储量开始动用。其中储层改造和老井挖潜效果显著。

（一）致密砂岩储层改造技术取得了巨大的增产效果和经济效益

川西致密砂岩储层具有显著的低孔渗特征，裂缝带以外的气井自然产能很低，开发效益低，不具备投产条件。从 1984 年开始加砂压裂施工试验，酸化解堵、CHY 系列低表面张力酸液的开发研制。其间，为解决新场气田上沙溪庙组致密气藏的开发难题，有针对性地设置了技术攻关项目。1997 年对川孝 164 井沙二气藏进行加砂压裂试验并获得突破，天然气无阻流量由压前 0.4 万立方米 / 日，压后提高到 7.84 万立方米 / 日。随即对一批井成功实施了加砂压裂，天然气产能普遍增长，这标志着盘活难动用的沙溪庙组气藏储量找到了有效的技术方法。到 2000 年，7 项关于致密储层酸化压裂工艺技术科研项目陆续完成，储层改造效果显著，增产倍比一般 3.35～21.9。1995—1999 年共实施加砂压裂 328 井次，累计增加测试绝对无阻流量 1150 万立方米 / 日，施工成功率 92%，有效率 77%，其中开发井施工成功率 96%，有效率 92%。2002 年，对洛带气田的蓬莱镇组、遂宁组两个气藏的储层改造技术进一步完善，加砂压裂的成功率和有效率保持稳定，是洛带气田升格为大型气田的主要技术措施。

（二）老井挖潜

针对川西致密气藏的复杂特点，特别是早期经验不足和设备问题，在 1998 年以前，采用的地面测试管汇工具是 25 兆帕无保温装置的设备，难以保证测试准确，更不能适应地层压力超过 50 兆帕的气井，所以遗留问题较多。一批老井包括过去的干井、水井和产过少量气的低产井，经过资料复查重新评估后，凡被认为具有产气能力的井，针对问题具体分析，结合井况采用新技术、新工艺，逐步形成了一套比较成熟的老井挖潜技术系列。截至 2005 年，开展老井挖潜 9 年来，已对 104 口井进行挖潜，实施效果良好，累计增加天然气输气量 5.11 亿立方米。

第三节　深化改革，增强发展实力

随着国家改革开放政策的实施和经济体制的变革，1992 年地质矿产部批准西南石油地质局实行“一套机制、两块牌子”的管理体制，逐步向经济实体过渡。特别在中国新星石油公司整体并入中国石化集团后，实行资源优化重组、建设规范化油公司的改革步伐加快。随着四川省“川气出川”、“气化全川”的实施，在重点抓发展规划、重大决策和政策协调、监督、服务的同时，把计划管理的力度主要放在对经济总量控制、主要比例关系和经济结构的调整上，发展实力明显增强。

一、改革管理体制，实现由单一找矿向油公司的转变

在由事业向企业转制的过程中，国家地勘费投资逐年减少，到 2000 年国拨地勘费全面停止。由于工作量减少，地勘队伍出现富余职工，待业子女、农转非职工家属就业矛盾也日益突出，通过“一业为主、多种经营”的实施，取得了一定的经济效益和安置效益。1987 年以来，陆续有钻井队、地质研究队、物探队以及测井、试油、酸化压裂、固井队、电算站等单位参与了地质市场，随着工作量增加，成功地缓解了矛盾。按照现代企业管理特点，结合内部资产经营承包开始实施。

二、不断开拓市场，综合实力明显增强

企业重组和工作条件不断改善，为加快勘探工作步伐提供了良好的组织保证。逐步开辟地质市场和多种经营渠道，内容从技术咨询、劳务输出、科研课题或工程项目承包，到合资打井、联合勘探，由系统内部市场、国内市场发展到国际市场。

随着改革的深化，经济实力有明显提升：总资产从 1991 年起，每年平均以 20%的速度增长；1984 年天然气进入了市场营销，从 1991 年起，天然气产量和销量以年均 1 亿立方米的速度递增，2000 年天然气销量达到 8.5 亿立方米；2000 年以后，天然气年产量以平均 2 亿立方米增加。随着天然气产量的提高，长输管线辐射范围加大，市场覆盖面进一步增加。从最初的绵竹、阆中两个点发展到川西片区的 18 个市县和重庆市的大足县，四川天然气市场的占有率达到 22%，对这些地

区的经济建设和能源结构调整发挥了重要作用。

随着四川盆地西部北部碳酸盐岩含气领域和致密砂岩含气领域的相继突破，增储上产、降本增效的局面已经打开，取得了巨大的社会经济效益。以钻井每千米进尺获天然气年产量为例：1985 年是 8 万立方米；1990 年为 140 万立方米；1995 年达到 440 万立方米；2000 年为 2250 万立方米；2005 年为 4090 万立方米，保持了稳定上升。

三、强化环境保护，努力实现持续有效发展

1981 年，成立了环境保护领导小组，开始对钻井污染、噪声危害进行调研。1984 年，把环保工作纳入经济责任制中。1988 年开始使用安全环保监测车，对全局环保工作不定时监测。2002 年，中国石化西南分公司环境监测站成立，环境保护工作全面展开。针对钻井液对农田、地下水的污染，初期由隔离防漏、罐装存储到建立钻井废液处理站。其中气田废水（黄卤）处理综合利用研究项目 1992 年实施，1994 年完成放大试验，开始了化害为利的转换。

川西平原人口稠密，物产富饶，土地资源特别宝贵。为了节约用地，采用丛式井新技术和“多井集输建站模式”，效果明显。在浅中层勘探中，充分使用丛式井新技术，即一个井场打多口方向不同的钻井，减少征地和井场数量；在油建工程中，用“多井集输建站模式”淘汰传统的“一井一站”来减少用地。2003 年以来，此两项共节约用地 300 亩，节省投资近千万元。

第五十二章 上海海洋石油局、上海海洋油气分公司

上海海洋油气分公司的前身是海洋地质调查局，成立于 1973 年 11 月，以后又先后隶属于国家计委地质局、国家地质总局、地质矿产部，1998 年 4 月更名为中国新星石油公司上海海洋石油局。2000 年 3 月并入中国石化集团公司。从 2002 年 9 月起，改称中国石化股份公司上海海洋油气分公司和中国石化集团上海海洋石油局，工作范围为东海、南海北部湾和琼东南盆地等海域。总部设立于上海市浦东新区。

从 1974 年起，海洋地质调查局开始实施东海海域的综合海洋地质调查和油气勘探。至 2005 年底，上海海洋油气分公司在东海陆架盆地等海域开展了不同程度的地球物理勘探和钻探工作。共完成二维地震约 13 万千米；三维地震 3800 多平方千米；重力勘探约 5.5 万千米；磁力勘探约 20.9 万千米；化学勘探 1200 多个站点。

海洋地质调查局自 1980 年在东海实施钻探以来，先后在东海陆架盆地东部凹陷带的西湖凹陷；西部凹陷带及中部低隆起的瓯江凹陷、长江凹陷、海礁凸起、钱塘凹陷钻探了 39 口钻井（35 口探井，4 口评价井），其中 23 口钻遇工业油气流，勘探成功率为 58.9%。其中，在西湖凹陷钻探的 33 口钻井（29 口探井，4 口评价井）中有 23 口钻遇工业油气流，勘探成功率达 69.7%。

上海海洋油气分公司先后在西湖凹陷发现了平湖、天外天、宝云亭、残雪（与中国海洋石油东海公司联合钻探发现）、断桥（与中国海洋石油东海公司联合钻探发现）、孔雀亭、武云亭、春晓等 8 个油气田，以及龙二、龙四、玉泉、孤山等 4 个含油气构造，向国家提交了一批探明储量。在瓯江凹陷的灵峰构造发现了油气显示，在石门潭构造发现了二氧化碳气流。

至2005年底，东海西湖凹陷已建成2个油气田（群）。中国石化上海海洋油气分公司与中国海油上海分公司、上海申能集团有限公司（原名为上海市公用事业管理局）联合组成的上海石油天然气有限公司（成立于1992年9月8日，原名上海石油天然气公司，1994年4月更名为上海石油天然气总公司，2002年8月更名为上海石油天然气有限公司）在东海西湖凹陷保俶斜坡中段建成了平湖油气田；与中国海油上海分公司联合在东海西湖凹陷中央背斜带南段的苏堤构造带建成了春晓气田群一期开发工程（春晓/天外天气田）。平湖油气田1998年11月正式投入生产，至2001年底，上海浦东新区利用平湖油气田生产的天然气迅速实现了全区天然气化，成为上海首个实现天然气化的行政区域。平湖天然气还跨越黄浦江输往浦西的杨浦、闵行及上海市中心部分城区。2005年，平湖油气田生产原油23.6万吨，天然气6亿立方米。至2005年底，春晓气田群一期开发工程的天外天气田已基本具备了油气生产能力。

第一节　东海陆架盆地的油气勘探

1974年9—10月，海洋地质调查局"海洋一号"调查船，首次挺进东海海域，采用地震、磁力、重力、测深等调查方法，开展以寻找石油和天然气为目的的东海海洋地质综合概查工作。通过1974年、1975年、1977年对东海的综合调查，于1978年6月提交了东海海洋地质调查的第一份综合研究成果——《东海海区综合海洋地质初查报告》，填补了国内对东海地质特征及油气远景认识的空白，初步查明了东海海底地形及地质构造轮廓，圈出了含油气远景有利地区，指出了东海寻找油气的方向，并为中国与邻国划分东海海域界线提供了重要的地质基础资料。报告将东海划分为浙闽隆起区、东海盆地（随着勘探程度的提高，后来重新划分为东海陆架盆地和冲绳海槽盆地）、琉球隆褶带3个地质构造单元。报告指出：东海盆地为一大型新生代盆地，沉积巨厚，油气远景极为有利，具有三大一多的特征，即盆地面积大、沉积厚度大、构造带规模大和局部构造多。

通过"六五"、"七五"、"八五"、"九五"期间的滚动勘探，使东海陆架盆地整体达到概查—普查程度，在油气重点勘探凹陷达到详查和精查程度。

一、东海西湖凹陷的油气勘探

西湖凹陷位于东海陆架盆地东部凹陷带的中段，其西侧与中部低隆起及西部凹陷带的鱼山凸起、钱塘凹陷、海礁凸起、长江凹陷、虎皮礁凸起为界；东侧以钓鱼岛岩浆岩带为界，北部和南部分别与福江凹陷、基隆凹陷相接，整个凹陷呈北北东向展布，面积约4.6万平方千米。

（一）西湖凹陷的前期油气勘探

1. 首钻龙井构造带，揭示东海油气勘探的良好前景。为了加快东海的油气勘探，1980年8月12—20日，地质部在青岛召开“地质部第二次海洋地质工作会议”。会议决定在龙井构造带（龙井构造带共有4个局部构造，自北而南依次为龙一、龙二、龙三、龙四构造）龙二高点上钻探中国在东海的第一口石油普查井，并决定将原在南海珠江口盆地施工的“勘探二号”钻井平台调往东海作业。会上，朱夏教授提出的以西湖风景名胜名称来命名东海陆架盆地构造的建议得到与会同行的赞同。

（1）龙井一井的钻探和油气成果。根据地质部的决定，从新加坡引进的“勘探二号”于1980年12月16日首次在东海陆架盆地西湖凹陷龙井构造带龙二构造开钻，钻探第一口石油普查井——龙井一井。龙井一井以建立东海陆架盆地西湖凹陷的地层层序、了解含油气性、验证地球物理成果为目的，1981年2月12日钻至3469.46米终井。该井取得的主要成果有：钻遇了设计所规定的所有目的层，取得了丰富的地质资料；初步建立了东海陆架盆地西湖凹陷地层层序；在第三系钻遇了多层油、气、水显示层段和高压气层。龙井一井揭示了东海陆架盆地令人鼓舞的含油气远景。

（2）龙井二井点燃了东海陆架盆地油气勘探的第一把火。海洋地质调查局在东海陆架盆地钻探第一口油气普查井龙井一井后，于1982年3月15日—7月24日又在龙四构造钻探了龙井二井。龙井二井在4227.86米终井后进行了油气测试，在古近系试获日产天然气14009.6立方米。龙井二井是国内在东海陆架盆地获得油气测试成果的第一口油气普查井，点燃了东海油气勘探的第一把火。

2. 平湖一井获东海油气勘探重大突破。1982年6月，海洋地质调查局科研人员在对东海陆架盆地西湖凹陷保俶斜坡地震资料的解释、研究中，在G-535地震测线上发现有较好的构造显示。同年，海洋地质调查局在该构造及其附近海域及时进行了二维地震采集，解释成果确认了该构造带的存在，并将该构造带命名为平湖构造带。平湖构造带位于西湖凹陷西部保俶斜坡中段，发育有放鹤亭、望湖亭、东八角亭和西东八角亭等构造。根据平湖地区地球物理资料的解释成果，海洋地质调查局决定在平湖构造带放鹤亭构造钻探“平湖一井”石油普查井。1982年11月17日，平湖一井开钻。该井井位水深89米，完井井深4650.6米。1983年4月29日—6月12日，对平湖一井7个油气显示层段的18个单层进行了7次测试，在古近系中试获了高产工业油气流，累计日产原油174立方米、天然气41万立方米。海洋地质调查局在实施东海油气钻探的短短两年中，于第三口探井中就实现了东海陆架盆地油气勘探的重大突破。

（二）滚动勘探西湖凹陷有利区带油气田及含油气构造

1. 圈定平湖油气田，提交东海陆架盆地第一份油气探明储量报告。海洋地质调查局在成功钻探平湖一井后，为了进一步探索平湖构造带的油气分布规律，又相继于1985—1988年，分别在东八角亭、望湖亭、西部斜坡、放鹤亭构造钻探了平湖二井、平湖三井、平西一井、平湖四井，除位于西部斜坡的平西一井外，均试获了高产工业油气流。其中与平湖一井同处放鹤亭构造的平湖四井试获日产油1892.8立方米、天然气148.6万立方米，创当时国内海上单井最高油气测试日产量纪录。上海海洋地质调查局于1990年5月向国家油气储量管理部门提交了平湖油气田的探明储量报告，并获得通过。这是上海海洋地质调查局提交的东海海域第一份油气探明储量报告，也是中国在东海海域获得通过的第一份油气探明储量报告。

2. 实施浙东中央背斜带西泠地区的油气勘探，揭示玉泉构造含油气性。玉泉构造位于西湖凹陷中央背斜带中段，是东海最大的局部构造。1984年11月—1985年3月、1993年5—7月，上海海洋地质调查局先后在玉泉构造满园春高点钻探了玉泉一井、玉泉二井。在玉泉一井中发现了数十层油气显示层，其中最大厚度的油气显示砂层的单层厚达58米。钻后对13个显示层段的29个单层进行了测试，在古近系试获日产天然气6.26万立方米，在新近系试获少量原油，揭开了这个面积达600多平方千米、幅高达1000米的局部构造的含油气面纱。

3. 实施保俶斜坡北段油气勘探，发现平北油气田群。平北地区位于西湖凹陷保俶斜坡的北段。1988年12月—1994年5月，上海海洋地质调查局在保俶斜坡平北地区（位于平湖油气田之北）的宝云亭构造、孔雀亭构造、武云亭构造先后钻探了宝云亭一井、宝云亭二井、孔雀亭一井、武云亭一井、武北一井、宝云亭三井（评价井），6口钻井均钻遇了高产工业油气流。通过综合评价，上海海洋地质调查局分别于1996年1月、1997年12月先后向国家储量管理部门提交了宝云亭油气田、武云亭油气田（武云亭、武北区块）油气探明储量报告，并获得通过。至此，在平北地区发现了宝云亭、武云亭、孔雀亭（控制储量）3个油气田。

4. 实施浙东中央背斜带苏堤地区油气勘探，发现春晓油气田群。苏堤构造带位于西湖凹陷浙东中央背斜带南段，由天外天、春晓、残雪等构造组成。1985年11月—1986年5月，海洋地质调查局用“勘探三号”在天外天构造钻探了天外天一井。该井井深5000.3米，创当时国内海上钻井最深纪录，并试获日产油16.7立方米、天然气23.4万立方米。1989年4月—2001年3月，海洋地质调查局（期间更名为上海海洋地质调查局及中国新星石油公司上海海洋石油局）在残雪构造、春晓构造、天外天构造，先后钻探了残雪一井（与中国海洋石油东海公司联合钻探）、春晓一井、春晓二井、春晓三井、春晓四井(评价井)、春晓五井、天外天二井、天外天三井(评价井)、残雪二井(评价井)。其中,1995 年 3 月 27 日—5 月 28 日,在春晓构造钻探的春晓一井,试获日产油 196.4 立方米、天然气 126.99 万立方米,实现了东海油气勘探的第二次重大突破。在这 9 口钻井中,除春晓四井外其他 8 口井都钻获高产工业油气流,证实了苏堤构造带具有良好的油气富集前景,发现了天外天、残雪、春晓油气田。1998 年,中国新星石油公司上海海洋石油局向国家储量管理部门提交了春晓凝析气田油气探明储量报告，并经评审获得通过。2000 年 12 月,中国石化新星公司上海海洋石油局提交的天外天气田、春晓凝析气田新增油气探明储量报告又通过了国家储量管理部门的审批。2002 年 1 月,中国石化新星公司上海分公司再次通过了国家储量管理部门对残雪油气田新增油气探明储量报告的审批。

5. 实施三潭深凹油气勘探,发现孤山含油气构造。孤山构造位于西湖凹陷三潭深凹南部。1986 年 11 月—1987 年 2 月,海洋地质调查局在孤山构造钻探了孤山一井,并在钻后试获日产原油 15.23 立方米,发现了孤山含油气构造。

6. 实施白堤深凹油气勘探,发现断桥凝析气田。断桥构造位于西湖凹陷白堤深凹南部(苏堤构造带之东)。1990 年 4—6 月,上海海洋地质调查局与中国海洋石油东海公司联合，在白堤深凹的断桥构造钻探了断桥一井，钻后试获日产原油 210.31 立方米、天然气 26.97 万立方米，发现了西湖凹陷白堤深凹的第一个油气田——断桥凝析气田。2002 年 1 月,中国石化新星公司上海分公司向国家储量管理部门提交了断桥凝析气田(断一井区)新增油气储量报告,并经评审获得通过。

二、东海瓯江凹陷的油气勘探

(一)瓯江凹陷面积普查概况

瓯江凹陷位于东海陆架盆地西部坳陷带的中段，西侧与浙闽隆起区相邻,东侧与武夷低凸起交界,北侧与钱塘凹陷相接,南侧与观音凸起为界,凹陷总面积约 1.9 万平方千米。在“七五”期间,瓯江凹陷也是东海油气勘探的重点地区之一。1985—1988 年,海洋地质调查局在瓯江凹陷开展了地震面积普查工作,工区总面积约为 1.5 万平方千米,二维地震测网密度基本达到 2 千米×2 千米,在重点局部构造达到 1 千米×1 千米。

(二)瓯江凹陷油气钻探及成果概况

1984 年 12 月—1988 年 2 月,海洋地质调查局用“勘探三号”半潜式钻井平台,先后在瓯江凹陷的温东构造带的灵峰构造、瓯西深凹的石门潭构造、温东构造带的明月峰构造钻探了灵峰一井、石门潭一井、明月峰一井 3 口石油普查井。其中灵峰一井是中国自己制造的第一艘半潜式钻井平台“勘探三号”，于1984年6月19日下水后在东海钻探的第一口钻井。灵峰一井在始新统—古新统中试获少量天然气，在元古界古潜山片麻岩中试获少量原油和天然气，揭示了瓯江凹陷具有一定的油气勘探远景。在石门潭一井古新统中试获2层二氧化碳气流，合计日产量达34.4万立方米。

第二节　东海西湖凹陷的油气田开发

一、平湖油气田的开发

1988年4月，上海市政府、地质矿产部和中国船舶工业总公司三家联合起草签发的《关于拟对东海天然气田进行早期开采解决上海市民用燃料气化问题的请示》，正式上报国务院及有关部门，海洋地质调查局同上海市有关单位编写的《东海天然气早期开采预可行性研究论证报告》作为该请示的附件随文上报，由此奏响了上海开发利用东海天然气的前奏曲。

1995年9月，东海天然气早期开采供应上海城市燃气工程获国务院批准。平湖油气田由地质矿产部、中国海洋石油总公司（从1991年11月起替代中国船舶工业总公司）、上海申能集团有限公司联合组建的上海石油天然气公司投入开发，其中地质矿产部（从1998年2月起将股权移交给中国新星石油公司）、中国海洋石油总公司各拥有30%股份，上海申能集团有限公司拥有40%股份。1996年11月18日，在上海举行了“东海平湖油气田项目海上工程开工典礼”。

（一）平湖油气田概况

平湖油气田位于上海东南方向约420千米的东海陆架盆地西湖凹陷保俶斜坡中段，距上海南汇区芦潮港360多千米，是国内在东海陆架盆投入开发的第一个以天然气为主的中等规模的复合型油气田。平湖油气田矿区总面积240平方千米，为了加快开发并取得较好的经济和社会效益，确定首期开发落实在放鹤亭构造储量丰度最高的放一断块。平湖油气田首期开发面积为20平方千米，探明储量：天然气108亿立方米，凝析油117万吨，轻质油1078万吨。

（二）平湖油气田开发主要设施

1. 海底管线。平湖油气田有2条海底管线，气管线直径14英寸，油管线直径10英寸。长度为366.8千米的输气管线在上海南汇区芦潮港登陆后，再经21.9千米的陆上管线进入天然气处理厂。全长为302.7千米的输油管线在浙江省岱山岛登陆后，再经4.12千米的陆上管线进入原油中转站。原油中转站包括5万立方米的储油罐，5万吨级的码头及2万吨级的油轮专用航道。平湖油气田海底输油管线、输气管线的铺设始于1997年第三季度，经过6个多月的施工，两条海底管线分别于1998年4月29日、5月4日与安装完毕的平湖油气田综合平台汇合。

2. 综合平台。平湖油气田综合平台于1995年初开始设计，1997年3月进入建造现场，1998年4月进入海上设备吊装、连接和调试阶段。1998年4月29日，平湖油气田首座海上综合平台顺利安装完毕。综合平台集钻井、油气生产和生活设施于一体，主要由导管架、甲板、油气处理装置、钻机和生活设施组成，总重量约1.46万吨。平台从海底至井架总高186.5米，水上部分为99米，具有钻探6000米井深能力，首期设计生产规模为日产天然气160万立方米及原油3000立方米。

3. 天然气处理厂。1997年1月21日，平湖油气田天然气处理厂举行工程建设奠基仪式。经过两年的建设，平湖油气田开发系统工程中重要的组成部分，一座现代化的天然气处理厂落成于上海南汇区芦潮港，并于1999年4月投产。

（三）平湖油气田开发、利用现状

平湖油气田于1998年11月建成，并于1998年11月18日及1999年4月8日分别采油输气。1998年12月26日，平湖油气田第一船原油外运；1999年4月18日，平湖油气田天然气进入上海浦东新区居民家庭，从而翻开了上海利用绿色能源的新篇章。至2000年8月，平湖油气田第一期开发工程15口生产井的施工全部完成。至2001年9月，平湖油气田天然气的日产量已达100万立方米左右。

为了满足上海市对天然气的需求，上海石油天然气有限公司决定从2002年8月开始，扩建平湖油气田。目标是提高油气田原产区的产能，对原有综合钻采平台进行扩建；对已建海底输气管线增输扩容；实施已建天然气处理厂的扩建；新增2口天然气生产井。扩建工程（I期）于2003年10月16日投产，从而使平湖油气田在原向上海市日供气120万立方米的基础上，提高至180万立方米。至2005年底，通过改建，平湖油气田生产平台的天然气日处理能力已提高至近200万立方米。平湖油气田扩建工程（Ⅱ期）开发八角亭构造工程也于2003年9月启动。

平湖油气田自1998年11月建成投产至2005年12月已逾7年，累计产出油318多万吨，产出天然气31多亿立方米，为上海的经济建设、降低城市污染、改善能源结构和社会文明发展，尤其是对浦东新区的发展和建设作出了重大贡献。

二、春晓气田群的开发

（一）春晓气田群概况

2001年初，中国政府决定，由中国石油化工集团公司、中国海洋石油总公司联合勘探开发东海西湖凹陷的油气资源。2001年6月18日，中国石化、中国海油签署了携手开发东海西湖凹陷的协议，双方各占50%的权益。春晓气田群位于上海市东南方向约450千米的东海陆架盆地西湖凹陷浙东中央背斜带南段的苏堤构造带，距浙江省宁波市约350千米，距平湖油气田约80千米。春晓气田群一期（春晓、天外天气田）的建设始于2002年，平台建造始于2003年10月。

（二）春晓气田群一期建设工程及天然气开发利用项目主体工程完工

1. 春晓气田群一期开发工程及配套设施简况。春晓气田群一期开发设施主要由春晓中心平台、春晓井口平台、天外天井口平台、海底输油气管线、陆上终端等组成。其中中心平台是国内2005年在建的海上油田中最大的一座固定式海上平台。春晓气田群一期配套工程有镇海发电油改气扩建工程、天然气电厂和宁波城市天然气管道管网等工程。

2. 春晓气田群平台完成海上现场安装。春晓井口平台导管架于2004年5月运至春晓气田海上施工现场，实施现场安装，这是春晓气田群第一座在现场安装的平台。2004年6月，春晓气田群开发设施海上安装全面展开。至2005年6月30日，春晓气田群一期工程3座平台同时完成机械施工，宣告春晓气田群3座平台的安装全部结束。

第三节　东海油气勘探设施

上海海洋石油局在东海陆架盆地等海域31年的油气勘探中，装备了“奋斗七号”、“发现号”等系列地球物理调查船；“勘407”海洋地质工程调查船；“勘403”、“勘404”三用工作船等系列海洋服务船；“东方勇士号”等系列大马力拖轮；“勘探二号”、“勘探三号”钻井平台；以及与海洋石油勘探开发相配套的码头等设施。这些设备、设施在东海陆架盆地等海域的油气勘探中发挥了重大的作用。

“奋斗七号”地震调查船在中国海域20多年的服役中，为平湖油气田、春晓油气田群的发现及东海等海域的油气勘查作出了巨大贡献。“发现号”地震调查船作为具有国际水平的地震调查船转战国内外市场，承担二维、三维地震数据采集项目，取得了良好的信誉和经济效益。“勘407”海洋综合地质调查船，足迹遍及包括东海在内的中国近海各海域，主要从事海洋地质钻探取样、表层取样和工程地质勘查等，为东海的油气勘探及其他海域的地质和工程地质调查作出了积极贡献。“兴业号”海洋综合地质调查船主要承担国家科研项目和专项调查任务，同时承担海域油气勘探井场的地质调查、输油气管道路由调查等相关的勘查工作。

上海海洋石油局还装备了系列海洋石油勘探服务船舶，先后在东海、南海、渤海等海域及国外海域为石油勘查等市场服务，承接了石油钻井机械驳运、沿海船舶拖带、石油钻井平台拖带及守护、供油供水、吹灰、起锚等各项专业服务。

“勘探二号”自升式钻井平台先后转战于中国的南海、东海和渤海，至今已完成钻井60多口，总进尺21余万米。1980年12月—1992年3月，“勘探二号”先后在东海陆架盆地钻井作业12口。海洋地质调查局在东海陆架盆地西湖凹陷钻探的前4口探井都是由“勘探二号”完成的，在东海陆架盆地的油气勘探中发挥了重要的作用。其中有引世人瞩目的在东海的第一口并揭示具有良好油气勘探前景的龙井一井；第一口获得油气测试成果的龙井二井；第一口获得东海油气勘探重大突破的平湖一井；揭示东海陆架盆地最大局部构造——玉泉构造具有油气勘探前景的玉泉一井。在“勘探二号”于东海陆架盆地作业的12口钻井中，有5口井获得高产工业油气流，另4口钻遇石油和天然气。从1992年起，“勘探二号”北上渤海，为中国石化胜利油田提供滩海油气钻探服务。2005年，“勘探二号”又重返南海，实施中国石化上海海洋油气分公司北部湾自营矿区的油气钻探。

“勘探三号”半潜式钻井平台由上海船厂制造，是中国自行建造的第一座半潜式钻井平台，至2005年，先后在东海、南海及国外缅甸等海域钻井50口。总进尺15余万米。1984—2005年，在东海陆架盆地钻井作业32口，其中，承担上海海洋油气分公司自营勘探井及评价井27口，有16口获得高产油气流。“勘探三号”在东海陆架盆地油气钻探作业中，曾创造了多项中国海域油气勘探作业纪录。1985年施工的天外天一井创当时国内海域油气探井5000.3米的最深钻井纪录。1988年12月—1989年3月，对平湖四井进行了钻后测试，试获日产油1392.5立方米、天然气126.99万立方米，创当时中国海上单井最高油气测试日产量纪录。

第五十二章 华北石油局、华北分公司

中国石化华北石油局和华北分公司是经历 50 多年油气普查、勘探及开发历程的综合实力较强的专业队伍，涉足鄂尔多斯、江汉、苏北、华北、二连、松辽、塔里木、巴丹吉林等 8 个沉积盆地，油气勘查开发范围遍及陕西、甘肃、宁夏、内蒙古、河南、河北、山东、山西、安徽、江苏、吉林、新疆等 12 个省(自治区)，共计发现了 14 个油(气)田，为当代中国石油工业的发展做出了重要贡献。

1975 年 5 月，根据国家计委“关于加强河南省石油普查的意见”，组建了国家计委地质局河南石油普查勘探指挥部。1976—1985 年，随着国家主管部门的机构调整和重组，曾先后更名为国家地质总局河南石油普查勘探指挥部（1976 年 3 月)、地质部第二石油普查勘探指挥部(1979 年 10 月)、地质矿产部华北石油地质局(1983 年 3 月)。1997 年 7 月和 2000 年 11 月，分别改称为中国新星石油公司华北石油局和中国石化新星公司华北石油局。2001 年 8 月，通过重组改制，优良资产上市组建中国石化新星华北分公司。2003 年 5 月，始称中国石化集团华北石油局和中国石油化工股份有限公司华北分公司。机关驻地在河南省郑州市。办公生活基地分布在河南、陕西、山西、内蒙古、新疆等 5 省(区)。

1986—2005 年，在 4 个盆地、11 个省区开展油气勘查及开发，共计完成二维地震勘探 7.1 万剖面千米、三维地震勘探 4410 平方千米，钻井进尺 371.9 万米。在华北盆地又发现了大王庄、聂家庄含油(气)构造；在山西柳林率先实现了中国煤层气勘探开发试验的突破；在鄂尔多斯盆地发现了青坪川、张家河、顺宁、张天渠、花豹沟、姬塬、环池、镇泾油田和城东沟、代家坪、定北油藏、白吐井、塔巴庙气藏；

在塔里木盆地西部的麦盖提斜坡发现了巴什托油气田；在巴丹吉林盆地发现了图令克依油藏。尤其是在鄂尔多斯盆地北部的塔巴庙区块发现了大牛地气田。2005年底，华北分公司拥有开采矿权区块 1 个、探矿权区块 13 个，总面积为 22892.563 平方千米；探明石油地质储量 288.52 万吨，探明天然气地质储量 2943.85 亿立方米，建成了年产 10 亿立方米天然气生产能力，2005 年天然气产量达到 8 亿立方米，为华北石油局、华北分公司的进一步发展奠定了坚实的基础。“十五”期间，华北石油局和华北分公司的资产总量由 8 亿元增至 65 亿元；油气年产量由不足 10 万吨增至 110 万吨(油气当量)。

第一节 探索攻坚，快速建成鄂尔多斯大牛地气田

一、坚持探索，发现鄂尔多斯大牛地气田

大牛地气田位于鄂尔多斯盆地北部的塔巴庙气区，是大型的石炭—二叠系岩性圈闭、致密碎屑岩气田。由于“低孔、低渗、低产”的砂岩气藏勘查开发尚属国内和世界级难题，加之其他因素的影响，大牛地气田的发现经历了反复探索和长期攻坚。

自 1975 年开始，根据原国家地质总局和地质部下达的地质勘查任务，第三普查勘探大队率先开展了鄂尔多斯盆地北部的古生界天然气勘查。1977 年 7 月，在伊盟北部隆起什股壕构造上施工的伊深 1 井首战告捷，于上古生界二叠系石盒子组获得日产天然气 15920 立方米，发现了盆地北部的第一个古生界天然气藏。1986 年 6 月，在塔巴庙区块小壕兔构造完钻的伊 24 井首次于下古生界奥陶系灰岩中获得日产 280 立方米的天然气和少量凝析油，成为塔巴庙气区的第一口产气井。

1989 年 2 月，朱训部长在地质矿产部的油气地质工作会议上指示，“下一个战略目标是找气”，“下一个地区是鄂尔多斯”，“找气的重要任务由华北石油地质局承担，在 1992 年之前必须有重大突破”。据此，华北石油地质局发动科技人员献计献策、精心设计、科学部署，实施了《鄂尔多斯天然气勘查》项目和“八五”期间国家重点科技攻关课题——《鄂尔多斯盆地北部、南部天然气评价与勘探方向研究》。1991 年 10 月 30 日，在塔巴庙鼻状隆起顶部施工的鄂 5 井于奥陶系风化壳经酸化压裂测试获得日产 1.05 万立方米的天然气。1992 年 11 月 6 日，在该隆起顶部施工的鄂 8 井于奥陶系风化壳再获日产 1.63 万立方米的天然气，酸化压裂后的初日产为 8.72 万立方米。1996 年获得核准的天然气控制储量 43.8 亿立方米。

1997年，根据新星石油公司开展全国各盆地的油气地质资料二次利用的要求，华北石油局设立了《鄂尔多斯盆地北部古生界圈闭的再评价及井位建议》项目。1998年10月提交的研究成果指明，塔巴庙区块的上古生界具有含气面积大、层位多、以岩性—构造复合圈闭为主的特点，预测了伊24井区的复合圈闭面积为300平方千米、天然气地质储量为300亿立方米，提出了首选大牛地东施工大探1井的建议。经过新星石油公司组织的多次论证和评审，于1999年3月2日正式下文批准。

大探1井位于陕西省榆林市小壕兔乡，1999年4月30日开钻，9月4日完钻，于上古生界石炭系和二叠系共发现14层油气显示，累计厚度为98.29米。同年11月，于二叠系山西组山1段气层经压裂测试获得日产3.03万立方米的工业天然气流；2000年6—7月，又于二叠系石盒子组盒1段气层经压裂测试获得日产1.55万立方米的工业天然气流，成为大牛地气田的第一口发现井。2001年，通过国土资源部油气储量评审办公室审查核准，获得大牛地气田大1井区山1气藏的天然气探明地质储量为164.92亿立方米、盒1气藏的天然气控制储量为123.72亿立方米。

二、增加探明储量和提高单井产量，成功完成开发先导性试验

2000年8月18日，根据中国石化集团公司有关“在鄂尔多斯盆地北部形成一块有规模经营的天然气勘探开发基地”的战略计划，华北石油局编制和上报了《加强勘探、加快评价、努力培育塔巴庙大中型天然气田—塔巴庙区块上古生界天然气勘探整体部署方案》。2001年3月13日，中国石化集团要求编制“鄂北气田开发工程预可行性研究报告”。同年7—11月，华北石油局多次上报了以大1井区为主的开发利用方案及建议。

2002年初，根据中国石化集团的部署，新星石油公司下达华北分公司的年度任务是：“以二叠系下统山西组山1气藏为主要目标层位，努力提高单井产气量，评价储量，落实产能，试验、筛选气田开发工程工艺技术，积极做好大牛地气田开发准备工作”。据此，华北分公司着重深化石炭—二叠系的储层评价研究，优选相对“高孔渗”的层位和沉积相带部署评价井和开发井，提高单井产量。2002年6—8月，在大15、16井和DK1、DK2井均于二叠系石盒子组钻遇良好的盒3、盒2气层。9月12日，对大16井的盒2气层液氮伴注加砂压裂，放喷估算日产天然气可达20万立方米，10月7—16日测定的日产气量为5.38万～8.41万立方米，无阻流量为21.08万立方米；9月26日，对大15井的盒3气层液氮伴注加砂压裂，日初产气量为3.16万立方米，9月29日—10月4日测定的日产气量为6.50万立方

米，无阻流量为16.44万立方米。同年9月26日—10月4日，华北分公司和华北石油局召开了现场表彰大会和部署调整会议，充分肯定了大15、16井的盒3、盒2气层突破是明确大牛地气田主力开发层位和高产富集区的重大进展，并及时调整和落实了加快大牛地气田勘探开发的部署方案。12月4日，中国石化油田事业部在北京组织专家组评审和通过了由华北分公司编制的《塔巴庙区块大牛地气田开发先导性试验方案》。

2003年，华北分公司共计施工开发井7口及水平井1口，完成压裂试气23层次，19层次获得工业气流。其中，DK3、DK4、DK2井又在二叠系石盒子组盒3气层获得日产天然气无阻流量分别为11.57万立方米、20.3万立方米和38.87万立方米，再次取得了开发井单井日产量的重大突破，进一步为确立盒3气层是大牛地气田主力开发层位提供了充分依据。同年6月10日—8月31日，仅用83天建成了与先导性试验相配套的地面集气和138千米的大牛地—杭锦旗输气管道；并于2003年9月7日正式对内蒙古自治区鄂尔多斯市用户供气。2003年底，塔巴庙气区的天然气探明储量升至1186.12亿立方米，控制储量升至1029.41亿立方米。根据盒3、盒2气层平均单井日产天然气无阻流量大于10万立方米，确定为主力开发层位；通过多项现场试验，初步确定了适合气田开发的钻井、固井、压裂、采气和集输工程工艺技术。

2004年初，根据三维地震资料的储层预测成果，在大牛地气田西南部的二叠系石盒子组盒3砂体发育区实施7口开发井。2004年3月，经压裂试气，5口开发井的盒3气层平均单井日产天然气无阻流量达23.12万立方米。2004年共完成25口开发井、压裂29层次，日产天然气无阻流量大于10万立方米的层次占34.5%；建成30口生产井，再增年产能1.2亿立方米；累计生产天然气1.044亿立方米，外销商品气0.9852亿立方米，商品率高达94.4%。2004年10月，合计探明上古生界天然气地质储量2615.71亿立方米，复合含气面积1016.8平方千米，圈定了大牛地大型天然气田。

为了科学、经济地开发大牛地气田，华北分公司组织了有国内十多个大专院校和石化系统研究院、所参与的联合科技攻关，实施了鄂尔多斯盆地北部的《天然气成藏规律及目标评价》、《储层与沉积相》、大牛地气田的《高精度储层预测技术应用研究》、《低压致密砂岩气藏钻井完井保护技术研究》等科技项目，从而，较快地形成和完善了适用上古生界大型岩性圈闭和“低孔、低渗、低产”致密砂岩气藏开发的地质新认识和配套技术系列，有效地指导和保证了大牛地气田的快速开发。其中，多项成果得到了中国石化系统领导和专家的高度评价，如《鄂尔多斯盆地北部天然气成藏规律及目标评价》的鉴定证书。认为“成果整体达到国际领先水平”，“本项目的研究成果将在今后一个相当长的时间内为中石化在鄂尔多斯盆地的天然气勘探发挥重要作用”。

三、加速10亿立方米天然气产能建设，实现按期向北京供气目标

2004年2月，根据中国石化股份有限公司的安排及要求，华北分公司勘探开发研究院和国内多家科研单位及院校联合启动“大牛地气田10亿方开发方案”研究项目。同年9月28日，华北分公司提出了大牛地气田年产能10亿立方米的开发方案，并顺利通过中国石化油田事业部组织的专家组评审，认为该开发方案经济可行。同年10月26日，中国石化集团听取了华北分公司关于“大牛地气田10亿方产能开发方案”的专项汇报，做出最终决策，表示同意按方案组织实施，要求加快气田建设步伐，保证2005年8月1日向北京供气。

2005年3月27日，华北分公司、华北石油局在内蒙古自治区鄂尔多斯市召开了“大牛地气田10亿方产能建设动员大会”。在华北分公司鄂尔多斯前线指挥部、气田建设部的精心组织下，优选了石化系统内外的143支工程施工队伍、合计5000余人参加气田产能建设会战。在短短的10个月时间内，共计完成开发井233口，建成生产井178口；建设集气站12座、集气干线60千米、单井集气和注醇管线各699千米，连接井站道路480千米，建成甲醇再生和污水处理装置各1套；建成82.8千米的大牛地—榆林输气管道（年输气量为30亿立方米）及首站、末站各1座。开展了空气钻井、水平井钻井、低固相和二氧化碳泡沫压裂等新工程工艺试验；完善了以快速完井为主体的低伤害储层保护和压裂改造技术；形成了多井高压集气、站内集中加热节流、轮换计量的集气工艺，集中注甲醇防冻和甲醇集中回收工艺，高压进站、低温分离集输工艺等。2005年7月8日，一次点火投产成功。7月17日，比预定计划提前13天正式向北京供气，兑现了中国石化向国家和北京市的庄重承诺。2005年底日生产水平为275万立方米，累计生产天然气4.27亿立方米，销售天然气3.97亿立方米。

这样，不到一年时间，在茫茫荒原上建成了一座年产10亿立方米的现代化天然气生产基地，成为国内天然气产能建设史上速度快、质量好的大型项目之一。

第二节　探索煤层气工业勘探开发试验，石油开发有了新的发展

一、探索煤层气工业勘探开发试验

煤层气是指煤层在热演化中生成、又以吸附状态赋存于煤层之中的可燃气体，是新兴的能源矿种。1989年4月，华北石油地质局根据国外的煤层气勘探开发

信息,开展了《煤层气评价、开发利用状况情报调研》科技项目。1990 年 11 月,地质矿产部石油地质海洋地质局在郑州市召开了“第一次煤层气勘查开发工作会议”,确定由华北石油地质局率先实施《华北煤层气勘探开发试验项目》。随后,组团前往美国实地考察了已投入煤层气开发的勇士、圣胡安盆地。1990 年 12 月,编制和出版了《国内外煤层气文献目录》和《煤层气译文集》。1991 年,设立了“八五”期间国家重点科技攻关课题《煤层气勘探开发评价选区及工程工艺技术攻关研究》。1993 年 8 月,启动了联合国开发计划署援助项目“深层煤层气勘探”。1991—1995 年,选择安徽省的淮南煤田潘集区、河南省的安阳煤田红岭区、山西省的河东煤田柳林杨家坪区、陕西省的渭北含煤区澄城、合阳区为勘探开发试验区,共完成 15 口探井、测试 35 层次、压裂 18 井次、排采 175 个井月。

柳林杨家坪试验区位于鄂尔多斯盆地晋西挠褶带离石鼻状构造南翼,试验面积为 16 平方千米，石炭、二叠系的煤层气资源量为 31.82 亿立方米。1991 年 10 月—1995 年 3 月,华北石油局逐步形成了由煤柳 1～7 井(井深为 460 米左右)组成的、300 米井距的小型勘探开发试验井网，经压裂测试，单井平均日产煤层气 1000～3000 立方米(其中,煤柳 5 井最高日产煤层气曾达 7050 立方米)。从而,实现了国内煤层气勘探开发试验的首次突破,为中国煤层气产业的和发展做出了重大贡献。

二、石油开发有了新的发展

1989—1993 年，华北石油地质局在陕西省延川县发现了青坪川和张家河油田,并在甘肃省环县发现了城东沟油藏。1995—2000 年,先后发现志丹县的顺宁油田、定边县的张天渠、花豹沟和姬塬油田。2001 年底,获得三叠系延长组长 2 油藏探明石油地质储量 642.2 万吨,可采储量为 68.23 万吨,年产油量达 10 万吨。

2003—2005 年，华北石油局和华北分公司在宁夏盐池县发现了环池油田,在甘肃镇原、泾川县发现了镇泾油田。经国土资源部油气储量办公室审查核准,2004 年获得 MC-2 井区侏罗系延安组延 10 油藏石油探明地质储量 80 万吨,2005 年获得曙探 2 井区三叠系延长组长 6 油藏石油探明地质储量 208.52 万吨。由此,新增年产能 2.35 万吨,使得一度递减的原油产量开始回升,步入比较稳定的生产阶段。2005 年底,累计产油量超过 76 万吨。

第三节　提升油气工程施工综合实力，拓宽工程服务市场

一、构建品牌队伍，争创精品工程

华北石油局拥有144支各专业油气工程作业队伍和各种设备4785台套，新度系数为0.55，主要设备完好率为99%，利用率达84%。20年间，物探、化探、钻井、录井、测井、固井、测试、压裂等工程作业装备逐步更新提高，生产及技术管理逐步规范有序，推进了配套齐全、技术领先、成效显著的油气工程工艺技术的全面发展。同时，着力提升工程作业队伍的综合素质和市场意识，构建品牌队伍，争创精品工程。

1984年10月开始，华北石油局奉命抽调精干工程作业队伍参加"塔北联合勘探会战"。20年间，华北石油局在新疆的队伍作业能力不断提升，工艺技术不断创新，精品工程不断涌现，构建了塔里木盆地油气勘探开发中的多个品牌队伍。2003年华北石油局西部工程公司70850HB井队在塔河油田TK731井的施工中，二开井段作业中使用241.3毫米FS2563BG型钻头一次钻井进尺4185.80米，创国内单只钻头进尺最多纪录，并被帝陛艾斯公司确认为当年世界纪录；70850HB井队在塔河油田T809(K)井的施工中，二开的241.3毫米裸眼井段长达4778.02米，创中国业内同行裸眼井段超长新纪录；90152HB井队在塔河油田S114井的施工中，在三开311.15毫米井眼成功下入有接箍的271.3毫米加244.5毫米复合套管至井深5303.74米，创中国业内同行同类施工套管下入深度新纪录；70850HB井队在塔河油田YK7井的施工中，其311.15毫米井眼裸眼段长4540米，钻穿多套地层压力系统，创国内311.15毫米井眼裸眼段最长新纪录；另有3项新纪录是在塔深1井的施工中创立。在中国石化股份有限公司西北分公司2005年业绩评比中，HB005测井队和三普钻前队连续三年保持专业第一；HB1402固井队连续两年列固井专业第一；HB-YL201压裂酸化队列该专业第一；70137HB井队列钻井专业第二。

高参1井是华北石油局承包中国石油天然气总公司勘探开发科学研究院的一口科学探索井，1988年12月29日开钻，1989年12月17日于井深5159.82米完钻，成为冀东油田最深的优质探井。华北石油局在该井综合应用了在华北地区经十多年摸索积累的地层压力预(检)测、近平衡钻井、喷射钻井、"环空流动效应"泥浆、漂珠低密度固井等多项新技术、新工艺，创造了低密度水泥浆固井、超级井身结构及套管下深等五项地质矿产部的工程纪录。

优质、高效的工程作业是提升鄂尔多斯盆地北部天然气勘查效益的重要技术措施。华北石油局在大牛地气田的勘查开发中，十分注重应用国内外的先进工程工

艺技术，实施各项优质、高效工程作业。2005 年与 2004 年相比，钻井的平均搬迁安周期由原来的 9 天缩短为 4 天，平均机械钻速由 7.67 米 / 小时提高到 10.37 米 / 小时，平均钻井周期由 30.13 天缩短为 20.91 天，建井周期由 35 天缩短为 27 天。华北石油局工程施工综合实力的全面提升，不仅发挥了在大牛地气田建设中的主力军作用，同时也为保证这个被称之为“边际气田”的有效开发做出了突出的贡献。

二、优质、快速、高效钻成亚洲第一深井

塔深 1 井位于塔里木盆地阿克库勒凸起的东南部，是中国石化股份有限公司实施“塔河之下找塔河”所部署的中国和亚洲最深的油气勘探井。钻探目的是对塔河油田深部的下奥陶统及寒武系油气成藏条件进行评价研究，提供寻找古生界大型原生油气藏的新依据。设计井深为 8000 米，由华北石油局西部工程公司 90152 钻井队承担施工。

90152 钻井队是中国石化集团公司的金牌、甲级钻井队，自 1991 年以来，对由美国引进的 E-3000 型电动钻机进行了多次升级、改造和配套，处于国内领先水平，曾在塔里木盆地圆满完成 15 口高难度的深井，创造和刷新了多项工区或国内的钻井纪录。然而，塔深 1 井的施工难度及风险之大，对钻井装备、钻探工艺技术及承钻组织的要求之高，都是当代中国石油钻井史上前所未有的。为了确保优质、安全、快速钻成亚洲第一深井，中国石化组成了塔深 1 井工程现场指挥部和专家组，华北石油局组成了塔深 1 井工程领导小组和专家组，由指挥部统一运筹，华北石油局全力配合，90152 钻井队严细施工。

该井于 2005 年 4 月 6 日开钻，三开井段（井深为 3206～5460 米）运用 PDC 钻头卡层技术，钻速比邻井相同井段提高 130%；首次创造了 311.15 毫米全裸井眼下入 271.30 毫米无接箍套管至井深 5460 米的国内及亚洲纪录。当钻至井深 5539.82 米的奥陶系裂隙—缝洞发育段，发生了严重井漏，随后进行了 4 次堵漏作业，终于攻克了恶性井漏难关。继而，又连续创造了 241.3 毫米钻头钻探 6800 米的国内及亚洲纪录，四开井段的 241.3 毫米井眼下入 206.38 毫米非常规套管至 6800 米，创国内此类套管下入最深新纪录。2006 年 1 月 8 日进入五开，3 月 29 日井深达 7259 米，突破前亚洲第一深井（英深 1 井）保持的 7258 米井深纪录，而且，钻达相同井深的施工时间缩短了 51%。7 月 11 日 5 点，塔深 1 井安全顺利、快速、高效钻达井深 8408.00 米，创亚洲陆上钻井最深新纪录。7 月 27 日成功下入五开井段套管，创国内及亚洲最深的取心井段（8405～8408 米）纪录。

塔深1井的钻探成功，为中国石化和中国石油工业的钻井工程作业建树了一座新的里程碑，标志着中国超深井钻探工程工艺技术处于世界先进水平。同时，铸就了华北石油局西部工程公司“挑战极限、敢为人先、严细管理”的“塔深1井精神”。

三、发挥技术优势，拓宽工程市场

1986年，随着地质矿产部经济体制及管理机制的改革推进和调整全国油气勘查的重点，开始逐年大幅削减对华北石油地质局的地质勘查费用，致使全局的经济发展一度陷入困境。以钻井工程为主体的局属第五普查勘大队9个钻井队，1986年只有5000多米进尺的年度钻井工作量，全队实际地质勘查费仅1500万元。面对突来的变化，第五普查勘大队率先进入胜利油田签订了三个钻井队的劳务承包合同。1987年，钻井工程服务市场扩展至胜利、中原、吉林油田和吴城碱矿，全队年度钻井工作总量迅速增至13.4万米，是1983年的5.49倍。1986—1989年，华北石油质局的工程市场收入实现了“四年翻三番”，1989年的工程市场收入已是上级主管部门下拨地质勘查费的1.52倍。

局属第九普查勘探大队曾是一支拥有钻井、物探和地质研究的小型勘查专业队伍。1991年上半年，物探钻井任务严重不足，他们通过四路出击、八方寻机，艰难地找来了三口煤层气勘探井的任务，又经多次商谈与华北油田签订了物探施工合同，致使该队全年经营总收入比1990年翻了一番。1992—1993年，又迅速开辟了舞阳盐田、陕北油气、工程勘察等新市场，实现了该队“三年三大步”的跨越，振奋了职工精神，激发了队伍活力。

20年间，华北石油局按照“四业并举、协调发展”的产业方针，由钻井工程作业率先走向市场，逐步扩展为胜利、中原、吉林、河南、冀东等油田，西北、东北、西南等石油局及上海调查局和十多家合资或外资专业公司，提供油气、煤层气、盐矿、天然碱矿、二氧化碳等工程市场的多专业技术服务，对稳定队伍、提升活力、实现由地勘事业单位向企业公司的转轨过渡起到了有力的支撑作用。

国际工程市场的拓展，也是华北石油局新的经济增长点。2003年5月，根据“立足国内、开拓国际”的发展战略，华北石油局组织西部工程公司70838HB、70839HB井队进入哈萨克斯坦国的钻井工程市场。2005年，又有2个录井队和2个固井队进入哈萨克斯坦国的录井和固井工程市场，1个钻井队中标沙特阿拉伯王国阿美公司的钻井工程项目。

华北石油局还积极参与了地热和盐田资源开发利用，为地方经济的发展做出了应有的贡献。局属第三普查勘探大队先后在北京、天津、河北、陕西、甘肃、内蒙古等省市施工 20 多口地热井。其中 2004 年 6 月，完成三普 2 号地热井，完钻井深 3558.18 米，试获自流量 183 立方米 / 小时，井口温度 94℃，建成了西北地区最先进的地热地面站。1991 年 3 月—1992 年 5 月，华北石油局在河南省舞阳县完成 4 口盐田探井。1991 年 7 月组建了局属华阳矿业开发公司，1992 年开始生产卤水。2005 年底，累计采出 591 万立方米(标)卤水，可生产食盐 59 万吨，取得了较好的经济和社会效益。

第五十四章 东北石油局、东北分公司

东北石油局、东北分公司机关设在吉林省长春市，所辖工区范围包括吉林省长春、四平、公主岭、梨树、农安、德惠、长岭、乾安以及吉林省与内蒙古自治区交界的通辽地区，矿权面积达 6400 平方千米。

东北石油局始建于 1980 年 9 月 13 日，管理体制经历了五次变革。组建之初，地质部吉林石油普查会战指挥所（东北石油局前身）归属地质部第二石油普查勘探指挥部；1983 年 4 月 8 日更名地质矿产部吉林石油普查勘探指挥所，直属于地质矿产部石油地质海洋地质局。1995 年 6 月更名地质矿产部东北石油地质局。1997 年 1 月更名中国新星公司东北石油局。2001 年随中国新星石油公司整体并入中国石油化工集团。2003 年为适应管理体制的需要，变更为中国石油化工集团东北石油局、中国石油化工股份有限公司东北分公司。

东北石油局认真贯彻上级部门制定的部署和方针，立足松南，奋发进取。至 2005 年底，探明天然气储量 225 亿立方米、石油地质储量 2500 万吨、二氧化碳地质储量 100 亿立方米。勘探开发了 6 个天然气田，3 个油田，1 个二氧化碳气田；建有一座油气联合处理站和 4 座大型集输气站以及数十座卫星气站，铺设输气管道 500 多千米；气源输往长春、吉林、四平、公主岭和长岭等市县以及长春一汽集团公司等企业，为数百万户城镇居民和数十家企事业单位提供天然气能源，占供应吉林省天然气能源 75%以上；二氧化碳年产销量 5 万多吨，覆盖东北三省和内蒙古等市场，产生了良好的经济效益和社会效益。1991 年被地矿部授予地质找矿功勋单位。2006 年末，东北石油局不断发展壮大，由单一的从事石油普查勘探队伍转变为从事油气勘探与开发的综合型企业。至 2005 年，具有油气勘探开发研究、钻井、固井、测井、测试、油建以及采油和输气等综合油气生产能力；现有员工 800 多人，中高级职称人员占员工总数 36%以上；总资产 103477 万元。2005 年生产油气达 21.5 万吨（油当量），日输天然气达 70 万立方米。

东北石油局坚持改革与管理同步推进，努力提升企业核心竞争力，认真落实内控制度，全面强化会计基础工作，加强预算和成本管理，全面推进 HSE 管理体系，积极引进先进管理理念，着重在制度化、规范化、精细化管理上下功夫，在严、细、实、恒上下功夫，在提高素质上下功夫，促进整体基础管理工作上台阶。

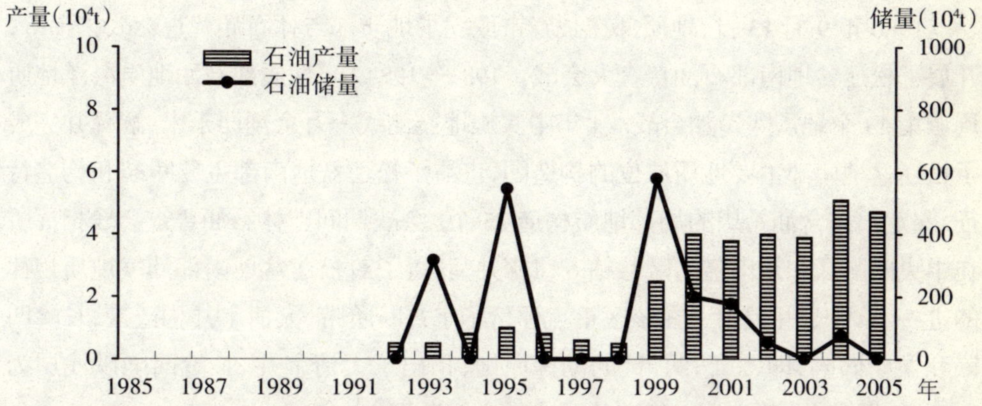

东北石油局石油探明地质储量和产量变化图

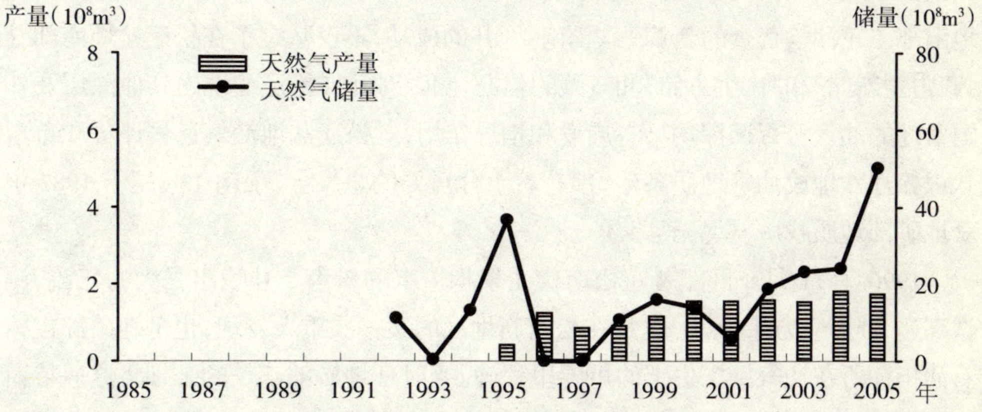

东北石油局天然气探明地质储量和产量变化图

第一节　松南油气勘探成果丰硕

一、打出三口重要发现井

松南是指松辽盆地南部地区，面积约13万平方千米。在20世纪50年代中期至60年代中期，地质部在松辽盆地开展油气普查勘探。之后由于种种原因，松辽盆地南部的油气普查勘探中断了十几年。

1979年10月，地质部在长沙召开全国石油普查工作会议，分析研究了全国石油普查工作的新形势及战略格局，认为松辽盆地南部油气资源潜力较大，是国内陆上油气勘探最有希望获得成果的地区之一，因此决定：调集力量，重上松南，开展以"新地区、新领域、新类型、新深度"为目标的松辽盆地第二轮油气普查大会战。

1980年9月13日，地质部在长春市成立了地质部吉林石油普查会战指挥所，开展了松辽盆地南部石油普查大会战。1981—1984年，地质部石油地质海洋地质局调集14个地震队参加会战。4年中实施地震测线一万余剖面千米，解释并完成了松辽盆地南部主要地质层位的构造图，查清了松辽盆地南部主要断裂和构造特征，圈定出有含油希望的局部地质构造25个。会战期间吉林石油普查会战指挥所在中央凹陷区和东南隆起区共钻6口探井，获得了对松辽盆地南部油气地质规律的进一步认识；并提出了在该区重点评价华字井断阶带、大情字井构造带，长岭凹陷和梨树凹陷，即"二凹两带"的勘探原则；指出了大情字井、长岭凹陷以浅层为主，梨树凹陷以深层为主，华字井深浅结合的勘探方向。

1986年7月21日，梨树凹陷四五家子构造的松南13井于泉头组以下深部地层试获工业油气流，日产油4.18立方米，天然气1.5万立方米，从而揭开了松辽盆地南部二轮油气普查的新篇章。松南13井的成功，不仅坚定了在松辽盆地南部寻找"古生新储"和"古生古储"油气藏的信心，同时对开展松辽盆地内其他深层及外围盆地的油气普查勘探均具有启发和指导作用，对松辽盆地油气远景评价和重新认识松辽盆地成油气地质条件，都有着十分重要的意义。"松南13井"于1987年获地矿部地质找矿发现三等奖。

1990年11月8日部署在松南伏龙泉构造上的松南2井喷出强大的气流，测试高达70万立方米/日。这是在松南新地区的又一次重大发现，也是地矿部吉林石油指挥所在油气勘探史上的重要里程碑。当时任地矿部部长的朱训将这一特大喜讯报告给国务院后，李鹏总理批示："向地质战线上的同志所取得这一成就表示祝贺，希望你们抓紧勘探工作，查明储量，为吉林的油田开发做贡献"。"松南2井"于1991年获地矿部地质找矿发现一等奖。

1996年11月8日松南76井获得突破，试获高达27万立方米/日的高产天然气并发现了孤家子气田。松南76井是通过采用“新理论、新思维、新技术、新方法”进行创造性地工作，通过转变勘探思路，在以前认为不可能形成大油气田的地区，首次部署在构造—岩性复合圈闭上的勘探井。松南76井和孤家子复合气田的发现，不仅实现了多年抱“金娃娃”的梦想，解决了吉林省天然气市场的供需矛盾，而且也为重新评价松辽盆地南部70%尚未钻探的斜坡和向斜等非构造领域提供了先例，拓宽了松南地区油气勘探范围的深度和广度。“松南76井”于1997年获地矿部地质找矿发现一等奖。

二、发现一批油气田

1986—2005年20年中，对登记区块的每个断陷都做了不同程度的勘探，在松南发现了一批油气田。

“七五”期间，梨树凹陷的四五家子构造上松南13井首先突破，于泉头组以下深部地层中试获工业油气流，共获含油气层74层，累计厚207.87米，占地层总厚的11.80%，油层、油砂层30层，厚达103.74米，占显示层的50%，从而发现了四五家子油气田。紧接着四五家子构造松南18-1井，后五家户构造松南24井，小城子构造松南11井等一连串的发现井从这个地区打出来，揭开了松辽盆地南部二轮油气普查的新篇章。1989年10月，地矿部石油海洋局隆重召开了松南地质油气勘查工作奖励表彰大会。吉林石油指挥所在勘探思路和部署上作了进一步调整，继续开展区域油气勘查、区带勘探工作，力求大的突破。

“八五”期间，东北石油局根据市场经济的需要，提出了“一手抓改革，一手抓油气，滚动勘探开发”的战略思想，积极调整产业结构和队伍结构，上规模，建产能，尽快把资源优势转化为经济优势。1990年在松南2井获重大发现，从而发现了伏龙泉气田。这是松南油气勘探史上的重要里程碑。其后八屋构造松南54井也试获日产天然气2300立方米，日产原油2.8立方米，发现了八屋气田。

“九五”期间，东北石油局迎来了大发展的机遇。1996年在东北石油局领导和技术人员的共同努力下，在新理论指导下，通过转变勘探思路，扎扎实实地开展精细工作，在以前认为不可能形成大油气田的地区，松南76井终于获得突破并发现了孤家子气田。该气田成为东北石油局的主力气田，解决了当年吉林省天然气市场的供需矛盾。

秦家屯油气田的发现是松南油气勘探的又一重大成果。1998年部署的松南78井在秦家屯构造登娄库组、营城组和沙河子组均试获油气，对泉一段进行射孔后，试获原油3吨/日、天然气4.5万立方米/日。松南78井突破后，随即在秦家屯构造又部署了松南106、松南107和松南120三口新的探井，同时对该构造上的第一口探井——松南77井进行重新测试评价。钻探和测试的结果：松南106井在登娄库组，试获原油60立方米／日，是东北石油局在松南地区获得的第一口高产的油井。松南107井在泉一段试获原油13.1立方米／日。松南77井也在登娄库组试获原油4.5立方米／日。

为了勘探开发松辽盆地中央凹陷南部油气后备基地，中国新星石油公司东北石油局于1998年2月在中央凹陷南部东岭构造上钻探了松南101井，该井在登娄库组和营城组钻遇了多层油气层。松南101井突破后，随即在东岭构造的不同断块部署了松南108、109和110三口探井，钻探结果均见良好油气显示和含油气层。证实了东岭构造是一个具有油气勘探前景的有利构造，同时也进一步证实了长岭凹陷的资源潜力和勘探前景。

“十五”期间，按照中国石化集团公司总体部署要求，东北石油局积极实施“改革、调整、创新、发展”的总体思路，紧密围绕振兴东北老工业基地的发展战略扩大油气总量，甩开勘探解决后备基地问题。在以往勘探成果的基础上，系统地总结了松辽盆地南部地质条件及油气成藏规律。2003年，松南139井首次在十屋断陷北部超尖带上皮家构造的深部营城组地层获得日产2.9万立方米的工业天然气流；其后松南183井首次在东岭构造的深部火石岭组火山岩地层中获工业油流，松南深层油气勘探取得了重大进展。期间又先后发现了皮家气田、所图油气田、太平庄气田等，使松南油气勘探不断走向深入。

第二节　油气生产不断迈上新台阶

一、油气开发初见成效

1991年，东北石油局在四五家子油气田上首次进行原油和天然气试采，拉开了东北石油局由单一石油勘探向油气勘探开发并举转化的序幕。SN17井、SN13井、W2井、W5井等探评井经完井测试分别获得工业油气流，为进一步落实油气田储量和取得油气开发生产参数，又先后投入了开发前的试采工作。

1992年，东北石油局在松辽盆地继四五家子油气田发现之后，又在后五家户构造获得天然气控制储量110亿立方米的勘探成果。随后，东北石油局同一汽合资兴建了后五家户气田至长春一汽天然气长输管道。同时，进行了气田的第一期地面工程建设，建22万立方米／日天然气集输气站一座，10万立方米／日天然气集气站一座，建生产集气管道22千米。1993年7月后五家户气田正式投产，并向长春一汽供送商品天然气。至此，东北石油局开始了油气田滚动开发的进程。

随着松辽地区油气勘探的不断深入和勘探步伐的加快，东北石油局确立了以“新理论、新思维、新技术、新方法”找油的指导思想，相继发现了四五家子、后五家户、伏龙泉、八屋、孤家子、秦家屯、东岭、皮家、所图、太平庄、新立、登娄库等9个油气田和3个含油气构造；实行“探采结合、油气并举”，依靠科技增储上产，加快油气田的滚动勘探开发步伐，开发规模不断扩大，油气产量逐年提高。

截至2005年底，东北石油局投入开发的油田3个、气田6个，投入试采含油气区块2个；动用石油天然气地质储量分别为745万吨和60亿立方米；开发井392口，其中，油井99口、气井260口、注水井33口；已建成年产原油6.0万吨、天然气2.5亿立方米的生产能力；累计生产原油34万吨、天然气15亿立方米。

二、油气田建设呈现规模

到2005年，油气田整体开发井网日趋完善，配套油田地面建设工程基本完成，试采含油气区块随着储量的逐步落实正在快速建设中。全区已建成原油处理站2座，天然气集输处理站7座，原油脱水处理能力12万吨/年，天然气处理外输能力200万立方米/日；建成集油、集气、注采生产管网近300千米，建成卫星集油气、注水等中小型站场30余座。

东北石油局原油开发以秦家屯油田为主，油田内已建成联合处理站1座，建成集油注水站4座，联合站内建10万吨原油脱水站、地下水处理站、污水处理站、10万立方米天然气集气站和2000千瓦天然气发电站各1座；油井生产应用机抽采油工艺，采取两级布站和管道掺水集油方式。

天然气开发以后五家户、八屋、孤家子、伏龙泉等气田为主，气井生产以自喷式降压开采工艺为主，对产水气井分别采用化学排水和机抽排水等排水采气工艺，为提高气田采收率和合理利用能源，应用压缩机抽采工艺降低气井废弃压力。针对后五家户气田浅层天然气的开发特点，应用小井眼无油管完井工艺，对浅层天然气的开发工艺技术进行了初步探索和尝试，大大地降低了浅层气的开发成本。天然气生产采用埋地管道高压冷输集气和分散建站集中处理方式。

油田生产的原油经脱水处理后采取汽运和铁路运输方式外销，生产的天然气通过总长730千米的7条长输管道分别输往长春市、吉林市、四平市、公主岭市和长岭县等地，向工业企业和居民用户提供商品天然气。

第五十五章 华东石油局、华东分公司

华东石油局、华东分公司的前身为地质部江苏石油勘探指挥部，由物探、钻探队伍组成，成立于 1970 年 5 月。此后，又先后隶属于国家计委地质总局和地质矿产部。1983 年 3 月更名为地质矿产部华东石油地质局。1997 年 1 月，由地勘事业单位改制为企业，随之更名为中国新星石油公司华东石油局。2001 年 3 月并入中国石油化工集团公司，2003 年 5 月起，改称中国石油化工集团华东石油局（未上市企业）、中国石油化工股份有限公司华东分公司（上市企业），机关设在江苏省南京市。

地质部所辖物探、钻探队伍早在 1956 年就在江苏开始了石油勘查工作，先后于 1964 年在苏 5 井中发现了下第三系含油砂岩、1970 年 9 月在苏 20 井试获工业油流，实现了江苏地区第一次油气突破；1974 年 11 月，又以苏 58 井打出高产工业油流为标志，实现了江苏石油勘探的第二次突破，从而揭开了江苏石油勘探开发的新篇章。至 20 世纪 70 年代末，先后发现了 30 多个小油田（其中位于苏北盆地高邮凹陷的所有已发现油田和金湖凹陷的大部分油田于 20 世纪 70 年代中期移交给江苏油田开发）。20 世纪 80 年代初转入下扬子区海相碳酸盐岩勘探，发现了全国最大的黄桥二氧化碳气田。20 世纪 90 年代以后，苏北盆地进入石油滚动勘探开发阶段，其间，石油年产量最高达到 20.4 万吨。从 1995 年起，开始了东北松辽盆地的石油勘探工作，在松辽盆地长岭凹陷发现了腰英台油田，迎来了腰英台油田整体开发会战的新局面。

伴随着国家由计划经济体制向市场经济体制过渡的进程，酒店从单一石油地质普查到油气勘探开发并举的转变，华东石油局大力加强工程技术队伍建设，加大装备技术引进和更新改造力度，着力提高队伍整体功能和竞争实力。经过近20年的努力，特别是在2003年整体并入中国石化后的专业化重组，逐步建立起一支工种齐全、技术配套、装备优良、特色鲜明的工程技术服务队伍。地震多次叠加技术曾于20世纪60年代享誉全国，钻探队伍率先在江苏地区先后钻成了第一口基准井、第一口发现井、第一口高产油流井、第一口超深井，刷新了小井眼裸眼井段长度的全国纪录，创造了一整套苏北水网地区土法上马和钻井的经验。

在为苏北复杂断块小油气田勘探提供工程技术服务的同时，努力发挥技术特长和优势，积极参与国内外市场开拓，从20世纪80年代中期起先后为大庆、胜利、江汉、东海、陕北等油气田，提供了物探、钻井、测井、固井、测试等工程作业服务。从90年代起，又开展了中日苏南地球物理调查（1991—1995年）、俄罗斯秋明油田地球物理勘探（1992—1993年）、科特迪瓦阿比让盆地地震勘探（1997—1999年）、哈萨克斯坦石油钻井（2001—）、加蓬G4-188项目勘探与研究（2005—），以及印度尼西亚、哈萨克斯坦FIOC项目委托研究等项目合作。

1986—2005年的20年来，华东石油局、华东分公司坚持科技兴企、人才强企战略，保持了油气勘探开发生产的旺盛生机和活力；通过大力推进管理体制、运行机制改革和专业化重组，进一步解放和发展了油气生产力。华东石油局现拥有石油工程业、矿产业、公用工程业和社区物业四个业务板块，职工2360多人，2005年生产经营总收入9.5亿元。华东分公司在苏北盆地所辖探区内已探明油气地质储量2384万吨，已发现的17个油田，大部分投入了开发，累计生产原油251.38万吨；在松辽盆地腰英台油田探明地质储量1335.33万吨，可采储量267.18万吨，年产10万吨产能建设会战正在全面展开。2005年，华东分公司有职工1260多人，

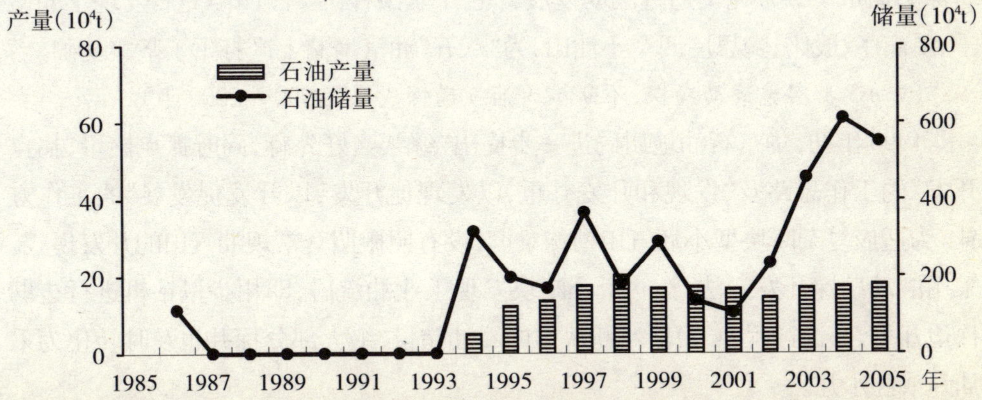

华东石油局石油探明地质储量和产量变化图

油气年产量18万吨，完成货币工作量10.65亿元。

第一节 深入开展古、中、新领域勘探

从20世纪50年代中期起，华东石油局一直在江苏省境内的苏北盆地及其下的下扬子海相领域从事油气勘查工作。90年代中期，走出江苏，开辟松辽盆地油气勘探新领域，寻找新的油气资源接替区。石油地质工作者发挥地质先行的特长和优势，不断拓展勘探新思路，获得了一个又一个油气地质成果。

一、坚持复杂断块小油田滚动勘探，苏北盆地油气储量持续增长

苏北陆相新生代盆地是最复杂的含油气盆地之一。这里的油气田多属于小型、甚至是“微型”的复杂断块型油气田，断层给这些油气田的勘探带来了困难。石油地质工作者依靠坚持不懈、攻坚克难的探索精神，为江苏石油工业零的突破和持续发展做出了贡献。进入20世纪80年代，作为石油地勘事业单位的华东石油地质局加快了发展步伐。

（一）冲破计划经济体制局限，从单一石油普查走向探采结合（1986—1989年）

在计划经济体制下，地矿部门石油地质队伍只负责油气勘查，钻获的油气井只能作为试采井而存在。1985年初，华东石油地质局从自身发展的需要出发，在地质矿产部石油地质系统率先提出了“一业为主，多种经营，探采结合，综合利用”的工作方针。在上级无开发资金投入的情况下，以试采获得的原油收入投入滚动勘探，坚持在苏北盆地所辖探矿区域（溱潼凹陷及金湖凹陷部分地区）逐步扩大、探明已发现的小油田，在草舍、储家楼、茅山、祝庄、淤溪等油田的少量井坚持试采，并于1987年在地矿部系统率先向全国油气储委提交草舍、储家楼油田石油地质探明储量112万吨。通过滚动发展，“七五”后期，在溱潼凹陷先后发现了角墩子、溪南庄、殷庄、陶思庄四个小油田，为“八五”油气增储上产打下了坚实基础。

（二）逐步实施滚动勘探，不断扩大油气勘探成果（1990—2000年）

1990年初，华东石油地质局进一步提出“继续当好先行，同时抓点储量、搞点开发”的工作思路及“发现和开发并重，以发现促开发，以开发促发展”的工作方针。为适应复杂断块型小油气田勘探难度，没有照搬照套常规油气田的开发模式，采用滚动勘探开发方法，在一个小断块发现工业油流后，即用少量钻机进行边勘探边开发，在这过程中，摸清小断块中的石油储量，绝大部分探井也及时转化为采油井或注水井。

根据"七五"后期勘探发现成果，在"八五"初期，确定了以凹陷断阶带中构造

层(三垛、戴南组)中高渗透油藏为主攻重点,通过应用水网地区三维地震勘探技术、定向井、水平井、丛式井、开窗井技术,实现了快速发展,发现了丰度较高的洲城油田和红庄二氧化碳(油)气田,继续扩大草舍、储家楼、角墩子、腰滩、金南油田。在将中构造层作为勘探重点的同时,坚持溱潼凹陷内斜坡带下构造层(阜宁组)中低渗透油藏的勘探,发现了规模较大、相对整装的台兴油田。自1994年起,每年向全国油气储委提交探明储量,"八五"—"九五" 期间累计提交探明储量1666万吨。

(三)转变勘探思路,进一步拓展勘探领域(2001—2005年)

在2001年整体融入中国石化集团后,中国石化新星公司华东石油局正确认识所面临的新形势,制定了"稳定苏北、发展东北、开拓海外"的战略规划。

针对"九五"末一些主力油田产量快速递减的情况,2001—2002年,围绕保持油气生产稳产增产,实现油气勘探开发持续发展的目标,在老油田周边开展工作,实施了一批扩边井,取得很好的成效。同时加强对斜坡带油气成藏规律的研究,为"十五"后期的勘探工作进行技术储备,勘探目标由中构造层向下构造层转移。随着勘探工作量的逐年增加及勘探思路的转变,在深入开展凹陷内有利构造带评价工作探索并进行储层描述技术的基础上,加大甩开勘探力度。2003年依托三维地震资料连片处理解释,进一步加深了对溱潼凹陷"三隆四凹"构造格局的认识,系统总结了溱潼凹陷斜坡带区三大构造高带控油规律。在此思路的指导下,2003—2004年在溱潼凹陷西斜坡的叶甸—边城大型鼻状构造带实现连续突破,发现了边城、叶甸两个相对整装的油田,扩大了斜坡带阜三段的油气成果,2005年在溱潼凹陷西部外斜坡发现了北汉庄三垛组、阜三段、阜一段油藏。这一系列发现拓宽了油气勘探领域,对溱潼凹陷西部乃至整个苏北盆地的油气勘探具有重要指导意义,并实现了当年发现、当年建产能、当年拿产量。"十五"期间,共提交探明储量619万吨。

二、开展海相中古生界勘探攻关,下扬子地区油气评价取得新进展

下扬子区地处长江下游,跨苏、浙、皖、赣、沪四省一市,海相中、古生界沉积分布面积达17万多平方千米,是一个有很大油气资源潜力的远景勘探区。

1983年,地质矿产部在全国开展针对"四新"(新领域、新地区、新类型、新深度)的二轮油气普查,将下扬子区列为全国油气重点勘探地区之一,由华东石油地质局负责实施,要求"三年准备"(1983—1985年),"五年突破"(1986—1990年)。

在实施"三年准备"过程中,先后开展了重力、航磁、大地电磁、全地壳地震测深、普通地震等多项地球物理勘探工作,并完成3口深参数井、8条地质地球物理

综合大剖面，其中 HQ-13 线为中外著名的地学断面。发现了全国最大的二氧化碳气田和溪桥含氦浅层天然气田。

通过开展油气评价，预测了下扬子区油气远景资源量约达 40 多亿吨（油当量），具有形成大中型油气田的资源条件，选出了南京—南通地区（简称“南南”地区）约 5 万平方千米为最有利远景区，为“五年突破”准备了重点勘探基地。

从 1986 年起，在“南南”地区选择了黄桥和句容两块地区进行试验性重点面积普查，以便发现有利圈闭实现油气突破。1986—1988 年，集中力量开展了大面积的普查和勘探。由于地矿部加大塔里木盆地和东海的勘探投入，大幅削减了下扬子区的勘探经费，“五年突破”（“七五”）的后三年因无经费而停止了勘探工作，仅在少数点上开展方法攻关和研究。

尽管如此，但在“三年准备”和此后的室内研究工作中，仍然取得了大量的勘探成果和研究评价成果。在下扬子海相中古生界勘探中，有 13 口井在浦口组中发现海相烃源油气显示，6 口井在海相中、古生界中的 14 个层位见到程度不同的油气显示和少量油气流。通过开展方法技术攻关，形成了一套创新的区域概查方法系列、全地壳反射剖面法（改进型宽线地震方法），能同时取得石油地质和深部地质（深达岩石圈）资料和整个地壳内浅、中、深层反射信息，并认识到宽线地震方法是普查海相地层内幕构造优选方法。通过对下扬子区海相中、古生界构造、沉积、油气评价，提出了把重建型海相烃源油气领域看成是一个大盆地的油气远景领域，形成了对本区油气评价的新认识。从取得的深部地质资料认识到，本区自晚白垩世到新生代期间，断凹旋回发生过 7～8 次，以滚动叠加的方式形成现今的下扬子区复式裂谷盆地。每一套断凹旋回都有其自身的生烃岩系和成藏组合，油气藏系列十分丰富，已发现的新生界内的油气藏，仅仅是其中的一部分，还有多套旋回的油气藏尚未发现，这一新的认识有助于扩大陆相中、新生界的找油气前景。

在三年准备期间，编制了中国第一份有关岩石圈结构的立体图系；提交了区域概查与深部地质调查相结合的综合研究报告——“下扬子及邻区岩石圈结构特征与油气资源评价”。综合大剖面 HQ-13 线，即“中国东部灵璧——奉贤地学断面”被选入全球地学断面计划，获得地矿部科技成果一等奖。

三、开辟新的资源接替区，初步建成东北油气勘探开发基地

松辽盆地是中国最富和最大的含油气盆地，为国内主要的油气生产基地。针对盆地外围凹陷和部分地区油气勘探工作量投入相对较少、油气发现与富油气盆地资源前景不相对应的状况，1995 年 8 月地矿部长春会议决定调华东石油地质局进入东北，开展松辽盆地南部的油气勘探工作。

(一)选区评价,明确长岭凹陷和十屋南两个重点勘探目标

1995年底,在对松南盆地南部3.8万平方千米资料综合研究的基础上,运用板块运动理论对盆地形成机理进行了深入研究,提出断陷层系是天然气勘探新领域的观点,并依据这一新认识,选定了长岭断陷作为主攻目标。

1995—1997年,通过地震普查勘探和对长岭凹陷、十屋断陷南部、榆树凹陷、通辽—双辽地区进行了区域油气地质条件评价及有利勘探区带(块)评选,进一步肯定了松辽盆地南部油气资源前景,确定了以十屋断陷南部区块和长岭凹陷为区域勘查的重点地区。

(二)长岭凹陷勘探获得重要油气发现

1995—1997年,在长岭凹陷实施区域概查,评价优选出苏公坨断阶、华字井断凸、达尔罕断凸等三个断陷层有利区带和腰英台、前训字井、图字井、寿字井等四个凹陷层最有利构造。进一步确定了长岭凹陷断、凹陷层系石油资源总量为7.69亿吨、天然气资源量为4950亿立方米。

1998年,长岭凹陷的勘探工作进入有利区带和圈闭评价阶段。同年8月,在达尔罕断阶带双龙构造部署的SN101井于营城组试获日产6万立方米天然气,并获得工业油流;2000年,在DB11井达尔罕构造营城组试获日产2万立方米天然气,进一步验证长岭断陷层系天然气成藏。"九五"期间,实施的7口钻井全部见到油气显示,为"十五"的勘探工作打下了良好基础,同时也增强了在该区的找油气信心。

在"九五"期间选区、选带评价的基础上,"十五"期间通过对常规勘探理论、特别是对勘探思路和勘探研究方向进行全面反思,开展新老资料的再研究、再分析,全面评价了紧临生烃中心的工区北部凹陷层系的油气成藏条件,充分认识到腰英台地区具有形成大面积连片成藏的油气资源前景。在对首块120平方千米三维地震资料精细解释评价基础上,于2001年底部署了DB13井,在青山口组中见到了良好的油气显示,2002年部署的DB16井在泉头组试获日产10.60吨工业油流,成为长岭工区的首口发现井。随着勘探工作的深入,揭示了两大主力目的层——青山口组、泉头组的含油气特征,进一步认识到腰英台油田属于大面积叠合连片的构造岩性复合油气藏特征,逐步形成了一整套对应的油气勘探技术方法,极大地提高了勘探成功率,也为后续的油田开发奠定了技术基础。2004—2005年在对腰英台地区油气成藏规律总结的基础上,通过钻探,成功地控制了腰英台西的含油范围,从而全面发现了含油面积达120平方千米的腰英台油田。至2005年底获得探明储量1335万吨、控制储量1688万吨、预测储量3426万吨,为中国石化"十五"期间的重要油气发现之一。

在凹陷层系获得突破的同时，通过进一步加强对长岭地区断陷层系油气成藏规律研究，提出了勘探工作主要应针对火成岩非常规储层和继承性大型鼻状隆起构造的复合有利带展开，以发现大中型油气田为战略目标的勘探思路。经对长岭断陷发育的3个生烃断凹勘探研究，2005年底在达尔罕、腰英台深层火成岩、构造复合型构造上部署了两口深井，其中腰深1井在营城组获得了日产20.5万立方米的高产天然气。

（三）十屋断陷勘探突破工业天然气稳产关

松南十屋断陷位于松辽盆地东南隆起区。1996年，在对长岭凹陷开展油气勘探评价工作的同时，开展了十屋断陷南部油气评价勘探工作。在总结以往勘探实践的基础上，深化了断陷南部油气成藏规律的认识，落实了老公林子、小城子、斜坡带等3个有利区带和7个有利圈闭。DB5井于小城子构造登娄库组试获日产8749立方米天然气，突破了十屋断陷南部工业天然气稳产关，对老井SN-11井重新测试，获日产6324立方米天然气，发现了小城子气田，由此取得十屋断陷南的探矿权。

四、综合找矿成果丰硕，开发利用取得显著经济和社会效益

华东石油局在江苏地区进行油气勘探的同时，坚持走综合找矿的道路，积极服务地方经济和社会发展，取得了显著的经济和社会效益。

（一）岩盐矿藏的开发利用

从20世纪60年代起，通过重力、磁力和地震勘探，先后在苏北和苏南的局部地区发现了含盐矿体构造轮廓。经过进一步勘探，在圈定的300平方千米范围内，岩盐矿石储量约3000亿吨，纯盐储量达2000亿吨，品位Ⅱ级。盐矿层水文地质条件简单、工程地质条件良好，适于水溶法开采，是具有经济价值的石盐矿床。

为了加快岩盐资源开发利用，促进地区盐化工业发展，支援地方政府和革命老区的经济建设，华东石油地质局于1986—1990年，分别与江苏省金坛市、淮安市楚州区、淮阴县的地方企业联营开采岩盐。至2005年，卤水产量逐年增加，有力地促进了地方制盐、食品、化工、农药、化肥、染料等一大批企业的发展。

（二）二氧化碳气田的工业开发

“六五”时期，在对下扬子油气远景区南京—南通最有利区块的勘探中，1983年3月，在对首钻的苏174井第一次中途测试中获高产二氧化碳气流，此后在多口井的15个群组中见油气和二氧化碳显示异常层。经国家资源委审批含气面积52.2平方千米，探明储量64.58亿立方米，从而发现了国内目前最大的二氧化碳气田。此外，于1991年1月，在苏北溱潼凹陷断阶带油气田的边缘部位红庄构造

上钻探苏203井时，见多个良好油气显示层段，经测试，显示段的中下部获得二氧化碳气流。

1985年，华东石油地质局组建江苏东进资源开发公司（后改制为江苏液碳公司）对二氧化碳气田进行开发与应用，成为中国最早向社会提供天然二氧化碳矿产品的企业。经过20多年的开发，已形成工业一级液体二氧化碳、工业优级液体二氧化碳、工业焊接用液体二氧化碳、食品添加剂液体二氧化碳、干冰等系列产品，年生产规模可达50万吨，成为中国最大的二氧化碳生产基地。截至2005年底，气田已建成生产井4口，累计产气6亿立方米，为国内工农业生产提供了充足的二氧化碳资源。

第二节　油田开发步入科学发展轨道

早在1973年初，江苏石油勘探指挥部就组建了全国地质矿产系统的第一支石油试采队伍。在30多年的油田开发工作中，坚持探索、博采众长、精雕细刻，积极引进和吸收先进的方法技术。发展至今，已经拥有了针对各种复杂地面、地下地质条件的油田开发技术，并逐步形成了具有自身特点的特色技术系列。

一、复杂断块油田开发由依靠优质储量上产向依靠低品位储量增产的转变

（一）学习注水开采技术，确保油田稳产增产

石油地质队伍早期缺乏油田开发和油藏管理的技术、装备及经验，原油年产量从1986年的4.27万吨逐步下滑到1990年的2.79万吨。华东石油地质局积极探索油田增储上产的路子，学习油田注水开采技术，于1990年建成地矿部系统第一口注水井（草6井）。1991年原油产量恢复到历史最高水平，此后，依靠勘探发现成果和摸索小油田管理经验，每年以2万～3万吨产量递增，于1998年年产量达20.46万吨，1990—2000年累计产油130.58万吨。

（二）树立正规开发理念，油田开发步入科学轨道

在实施滚动勘探开发的过程中，着手油田的正规开发。1994年编制的草舍、洲城油田滚动勘探开发方案，标志着华东石油地质局正规的油田开发工作开始起步，其后又根据各年度油田开发规划，逐步编制了茅山、溪南庄、金南、腰滩、台兴等主要油田开发概念设计、方案，树立了正规开发油田的理念。

2001年，中国新星石油公司华东石油局整体融入中国石化集团公司，油田开发工作逐步走上正轨。在继续发挥石油地质研究优势的基础上，加强勘探开发科

研体系建设和油藏工程、采油工艺、工程人员的培养，逐步建设起一支以年轻的博士、硕士为主体、能够胜任勘探和开发工作的科研队伍。与此同时，进一步树立油藏管理理念，规范油藏管理工作，不断学习、引进技术，开展油藏精细建模和数值模拟工作；按油田企业管理模式，在勘探上取得发现后，开发工作早期介入，编制油田开发概念设计，避免油田开发工作的重大失误，使油藏管理工作逐步做到规范有序；应用定向井、水平井、丛式井、开窗井、聪明井技术，解决了水网地区复杂小断块油田开发的难题。在油田开发过程中，根据油田开发现状及储量动用情况，对主力油田进行剖析，通过完善注采井网、调剖堵水、细分层系等综合开发治理方案，抑制了油田递减，由此实现了洲城油田连续12年的稳产高产。针对老油田注水开发后，采出程度低，含水上升快的问题，应用CO_2驱油、细分层系开发、分层注水、调剖堵水等油田开发技术，提高了老油田开发水平，使油田产量得到恢复或提升，五年内油田自然递减率、综合递减率从30%降到20%以内。“十五”期间，累计生产原油83.16万吨。

经过20年的开发，苏北工区拥有的探明储量已从1986年112万吨发展到2005年的2384万吨。伴随着勘探的不断发现和油田开采技术水平的逐步提高，动用储量也从最初以中构造层优质储量为主过渡到下构造层低品位储量为主，占总动用储量的近70%，2005年底产量构成中，54%是由下构造层产出的。

二、建立开发先导试验区，攻克特低、低渗油藏开发难关

（一）腰英台油区开发先导试验

2002年发现的腰英台油田主力油层青山口组油藏属低—特低渗、低产、低—特低丰度弱边水弹性油藏，储量属低品位的难采储量。2003年，对已获得工业油流的井进行试采，实现零的突破，生产原油0.19万吨。按照中国石油化工股份公司油田勘探开发事业部“先建立开发先导试验区，取得经验，再整体开发”的要求，在腰英台1号区块（DB18井区）动用石油探明地质储量153万吨，建立开发先导试验区。2005年于腰英台油田腰西区块DB34井区动用石油探明地质储量31万吨，建立起又一个注采试验区。同时在腰英台油田1号区块（DB27井区）再建一个开发试验区。

在开发先导试验过程中，根据腰英台油田储层薄、油水层间隔层薄、裂缝发育的特点，实行全过程的油层保护，进行了压裂规模、控制缝高和降滤失提高导流能力研究，优化了压裂工艺，形成了以限流压裂、封隔器分层压裂，前置复合降滤、悬塞压裂、高砂比小陶粒控缝技术和双转向控缝技术等主导压裂技术，压裂成功率提高到90%以上，加砂比提高了十个百分点，有效地解决了压裂滤失量大，加砂比

低的技术难题。通过强化注入水水质控制技术研究,形成了微生物 + 膜过滤污水处理工艺,使腰英台油田的注入水水质达到了 A1 级标准,满足了特低渗油田储层注水水质要求。

先期注水,保压开采,三个开发试验区的先导试验,为腰英台油田实现有效开发积累了宝贵经验,为整装油田的规模开发打下了坚实的基础。2004 年和 2005 年腰英台油田生产试验区分别生产原油 1.012 万吨、1.39 万吨。

在三个开发先导试验区取得效果和对开发先导试验进一步认识的基础上,2005 年 12 月,中国石油化工股份公司组织有关专家审查通过了华东分公司《腰英台 10 万吨 / 年产能建设项目可行性研究报告》,同意在腰英台油田动用石油探明地质储量 940 万吨,批准实施开发井 100 口,腰英台整装油田的大规模开发工作就此拉开帷幕。

(二)二氧化碳混相驱油先导性试验

2003 年 8 月, 华东分公司承担了中国石化油气田开发重大先导试验项目——草舍油田泰州组油藏二氧化碳混相驱油先导性试验。通过对二氧化碳驱油先导试验的研究,自主开发研制了缓蚀阻垢剂和注采井管柱结构,初步形成适合苏北复杂断块油藏二氧化碳驱油方案的编制、二氧化碳气采集输贮、二氧化碳注采工艺、防腐与防结垢、防气窜、动态监测与效果评价等技术系列和现场施工规范。形成了五注 12 采的开发先导试验区,2005 年 7 月投入矿场试验后,部分采油井已出现含水率下降,产油量上升或稳定的效果,注气井前缘井排(主渗带)已经混相,脱气后原油密度和粘度均出现增大趋势,预测可提高油田最终采收率 10% 以上。

第五十六章 中南石油局、中南分公司

中南石油局、中南分公司是隶属中国石化的一支油气工程施工、油气勘探开发队伍，局、分公司机关设立湖南省长沙市，2005 年底有职工 1211 人、固定资产 4.9 亿元、设备 1969 台套。中南石油局主要从事油气工程施工（包括物探、钻探、测录井、油田地面建设、建筑、油田钻前水文工程、热力供暖等专业）、基地管理等业务；中南分公司主要从事油气勘探开发规划、研究、油田采油、原油销售等业务。

中南石油局、中南分公司的前身始于 1971 年 10 月组建的湖南省石油队；1975 年 2 月，成立湖南省石油普查指挥部，下属单位有石油地质队和石油物探队，共有职工 2378 人；1978—1979 年，国家地质总局以湘中海相沉积区为主组织攻关会战，参战人数达 2600 人；1979 年，成立地质矿产部第五石油普查勘探指挥部；1983 年 5 月，改为地质矿产部中南石油地质局；1997 年 7 月，更名为中国新星石油公司中南石油局；2000 年 4 月，中国新星石油公司整体并入中国石化集团，更名为中国石化新星公司中南石油局；2001 年 6 月按照中国石化集团重组改制的统一部署，分别组建中国石化新星中南分公司和中国石化新星公司中南石油局；2003 年 5 月，中南石油局、中南分公司管理体制调整由中国石化集团公司、中国石化股份公司直接管理，分别更名为中国石化股份公司中南分公司、中国石化集团公司中南石油局。

35 年来，中南石油局、中南分公司立足湖南，转战全国 15 个省（区），先后为松辽、南阳、塔北、西藏、江汉、湘中的油气发现和突破做出了重要贡献，积累了丰富的高原、沙漠、南方碳酸盐岩和中小盆地油气勘探经验；同时，在不断改组改制过程中，坚持发展，开拓市场，艰苦拼搏，开展了以油气勘探为主，集石油勘探研究、物探、钻井、录井、化学勘查、油田工程服务、油田地面建设、工程测绘、路桥、建筑工程施工等对外生产经营工作，逐步形成了具有自身特色的油气勘探、油气工程施工和公用工程施工的多元化发展的企业。

1986—2005 年，中南石油局、中南分公司的油气勘探开发主要经历了鄂中凹陷海相碳酸盐岩领域油气勘查与科技攻关（1986—1996 年）、西藏的油气勘探（1991—1999 年）、松滋油田的勘探开发（1996—2005 年）等不同阶段。

第一节　鄂中凹陷海相碳酸盐岩领域的油气勘查

在“六五”科研攻关项目“湘鄂赣中、古生代碳酸盐岩油气远景及选区初步研究”取得成果的基础上，1986 年始，中南石油局的油气勘查实施战略转移，从碳酸盐岩裸露的湘中地区转移到鄂中凹陷，目的是在红层覆盖的古生代地层中有所发现和突破，为期 10 年（1986—1996 年）的海相碳酸盐岩油气勘查和科研攻关拉开了帷幕。

一、“七五”期间油气勘查首战沔阳凹陷，实施国家重点科技攻关项目

（一）油气勘查的目标与进程

“七五” 期间在沔阳—陈沱口凹陷部署完成了 3170 千米的二维地震剖面，10191 平方千米的重磁力面积测量，265 个大地电磁测深点。通过地球物理资料的综合解释，发现和落实了茅湖口、胡场、彭场、戴市四个构造圈闭。最后，优选了茅湖口和戴市构造，分别施工了鄂深 1 井（终孔井深 4404.93 米）、鄂深 2 井（终孔井深 3257.77 米），两口井的海相地层中曾见到程度不等的气显示。

1990 年初，着手编写《鄂中凹陷中古生界油气远景评价勘查阶段总结报告》。该报告从区域沉积构造演化规律、区域构造特征到油气地质基本条件进行了系统阐述，概括了油气勘查所取得的认识和成果，评价了各区块的资源潜力和勘探前景，提出了“八五”油气勘查的部署及建议。经“七五”地勘项目报告评审委员会评审，一致同意给予优良评价。地质矿产部授予勘查成果三等奖。

（二）科技攻关的组织与实施

中国年代古老的碳酸盐岩是油气勘查领域的世界级难题，需要依靠科学技术来破解，发展南方海相碳酸盐岩找油理论和方法技术，成为中南石油局科技攻关的首要任务。在“七五”期间国家重点科技攻关体系中，中南石油局承担了《鄂中凹

陷海相碳酸盐岩油气选区评价及物化探方法技术研究》一级专题。1990 年 9 月提交了专题报告。成果报告以沉积、构造演化为基础，以油气选区评价为中心，在深入分析成油基本条件和成藏模式的同时，突出了晚期成藏观点和晚期评价方法；在物化探方法技术方面，形成了五种方法技术和四套方法技术系列，被地质矿产部授予科技成果二等奖。

二、“八五”期间油气勘查转战当阳—枝江地区，科技攻关的重点更为突出

“八五”伊始，鄂中油气勘查和碳酸盐岩领域科技攻关继续实施，油气勘查区域转移至鄂中凹陷西部的当阳—枝江地区，勘查和攻关的重点均以落实和评价有利油气圈闭为主要目标。

（一）当阳—枝江地区的油气勘查

“八五”期间完成二维地震剖面 3104.5 千米，在长江两岸红层覆盖区范围内测网密度达到 1 千米 × 1.5 千米；此外，还完成了大面积高精度重磁力与大地电磁测深剖面测量，发现不同层位的构造圈闭 13 个。它们共同的特点是：圈闭面积较小，一般 1.1～6.2 平方千米，闭合幅度 70～260 米。唯独董市构造不仅资料落实，圈闭较大（闭合面积 17 平方千米，闭合幅度 300 米），而且构造形态完整，目的层埋深适中，施工条件较好。

1996 年，完成《鄂中凹陷当阳—澧县地区中古生界油气评价勘查阶段总结报告》。“八五”地勘项目成果报告评审委员会一致同意给予优秀评价。地质矿产部授予勘查成果三等奖。

（二）油气勘查项目的科技攻关

“八五”期间，承担了《中扬子当阳—枝江地区有利油气圈闭评价研究》和《中扬子当阳—枝江地区有利油气圈闭评价技术的应用研究》两个一级专题的攻关。在地质研究方面运用动平衡成藏观点，重点研究了油气成藏条件，探讨了动态条件下资源预测方法，建立了圈闭综合评价系统；在方法技术方面建立了圈闭评价的方法技术组合，优选了 4 个圈闭，在物探反演方法与地震处理软件开发等四项关键技术上取得显著进展。两份报告研究均被评为优秀。

第二节　西藏北部伦坡拉盆地的油气勘探

西藏自治区具有找油气前景的盆地 18 个，分为陆相和海相两种勘探领域。海相、陆相含油气盆地均分布于海拔 4600 米以上的雪域高原，高寒缺氧、空气稀薄，

月平均气温为零下8摄氏度,空气中含氧量仅为海平面的50%,气压为海平面的53%,是人类的“生命禁区”。

1967—1980年已完成第一轮石油普查,并揭示了伦坡拉盆地是一个有油气勘探前景的盆地。1990年4月,地矿部石油地质海洋地质局在长沙召开研讨会,“藏北伦坡拉—班戈错油气勘查”被正式列入国家“八五”计划。1992年国家计委同意将西藏地区油气勘探项目升级,以专项拨款予以重点扶持,列为国家“八五”专项;同时,对任务做了适当的调整,提出一手抓伦坡拉下第三系的油气突破,一手抓伦坡拉盆地以外的油气选区评价。1994年5月,由中国科学院12名院士联名上书给江泽民总书记,提出《关于“九五”期间继续设立西藏地区油气勘查专项并配套设立国家重点科技攻关项目的建议》。该建议引起党和国家领导人的关注,西藏油气勘查工作继续列入国家“九五”专项计划。

1991年,中南石油地质局成立“西藏项目指挥部”,调集物探、钻探、地质、录井等专业队伍共1000余人到达西藏,发扬“特别能战斗、特别能忍耐、特别能奉献、特别能吃苦”的西藏精神,开始了长达10年的在“生命禁区”油气勘查历程。

“八五”期间的主要任务是在伦坡拉盆地中东部,以陆相下第三系为勘探对象,查明伦坡拉盆地中东部油气赋存条件,打出1~2口发现井,进一步选定工业勘探区带,指出下一步油气勘探方向,初步探索班戈盆地海相白垩系的含油性。“八五”期间,在伦坡拉盆地完成主要工作量为:化探测量132平方千米,二维地震2523.425千米,三维地震182.662平方千米,钻井13口,总进尺21860.87米。发现局部构造或隆起显示43个,落实查明10个。在海拔4700米的罗马迪库构造上施工的藏1井在井深1675~1676.8米井段的下第三系中,于1994年8月26日获得日稳产1.36立方米的原油,从而结束了西藏地区无工业油流的历史。同时,在罗马迪库构造上获得探明储量103万吨。

“九五”期间,进一步扩大伦坡拉盆地勘探成果,加大了对海相羌塘盆地的评价选区。1996年在罗马迪库构造上的西伦5井,于1345.6~1350.6米井段下第三系中,获得日产2.02立方米的原油,同时,在伦坡拉盆地北部,勘探过程中发现有丰富的浅层稠油。

1997年中南石油局提出以浅层稠油热采为导向,实施深、浅勘探并举的方针,争取“九五”后期首先在浅层稠油领域实现重大突破。伦坡拉盆地北部浅层稠油,西起扎加藏布江,东至低鄂总,沿达玉山东西向分布,东西长40千米,南北宽1.39千米,面积55.6平方千米,拥有2300万吨的稠油地质储量。勘探工作从红星梁地区开展,布置了伦浅1、3、4等3口浅井,伦浅1井在274.4~461.6米,伦浅3井在260.8~440.8米、伦浅4井在490~558米井段均见含油饱和度为52.87~

92.68%的稠油显示。该处原油属稠、特稠性质，对温度十分敏感，稠油开采必须通过热采方能实现。

1998 年开始蒸气吞吐作业，蒸气锅炉无法建立稳定火焰，热采失败。1999 年初针对藏北高原低气压、低含氧量的特殊环境，对锅炉进行了适应性改造，6 月点火一次成功。7 月 9 日伦浅 3 井放喷，放喷产量为 36 立方米 / 日，8 月 13 日伦浅 1 井放喷，放喷产量为 27 立方米 / 日。同时，在钻井控制的 1.5 平方千米范围内提交稠油控制加探明储量 618 万吨，圆满地完成了“九五”勘探目标，也为建立年产 3 万～5 万吨小型油田奠定了基础。7 月 20 日中国新星公司在北京举行了新闻发布会，向世界宣布，新星公司中南石油局在西藏藏北高原找到了石油的消息，引起了国内外强烈反应。

“八五”、“九五”期间，中南石油局在羌塘盆地完成的主要工作量为：1/10 万大地电磁测深 1131 剖面千米，1/10 万地表化探 1194 剖面千米，1/20 万重磁测量 40184 平方千米，1/50 万遥感石油地质填写图 12 万平方千米，二维地震试验剖面 15.555 千米。通过以上工作，发现 38 处油与沥青显示，揭示了羌塘盆地是一个面积广、层位多、厚度大的特提斯构造域内的大型海相叠合含油气盆地，成油气地质条件十分优越，是西藏地区海相找油气领域中的首选区块。

第三节　松滋油田的勘探开发

松滋油田地处长江中游的江汉平原，行政区划属湖北省荆州市，区域构造位于江汉盆地江陵凹陷西南部的梅槐桥—资福寺复向斜。这一地区的油气勘探工作历经了 40 余年的艰苦历程。中南石油局、中南分公司在最近一轮近 10 年的勘探中，发现了谢凤桥、南岗、采穴等 3 个油田，发现含油气构造 3 个，已累计提交探明储量 649 万吨，实现了该区的重大突破。

一、江陵凹陷西南部的新一轮油气勘探

1994 年 6 月，地矿部石油地质海洋地质局在北京召开了年中油气勘探部署调整会议。会议根据中南石油地质局的建议，做出了油气勘探由鄂中海相转移到江汉盆地陆相的战略调整。

随着地震工作的展开，发现了一批局部构造。经反复论证，于 1997 年 9 月在江汉盆地西南缘谢凤桥构造，部署了该区新一轮油气勘探的第一口勘探井——鄂深 4 井。钻井过程中，在下第三系新沟咀组下段见到了 13 层良好的油气显示，完井后经对 3526.3～3528.7 米井段的第一个油层测试，获得日产 6.28 立方米的原

油。此后对3411～3415米井段的油层测试，获日产15.86立方米的原油。一举在该区突破了工业油流，发现了谢凤桥含油构造，实现了首钻必得勘探目标。

二、白垩系地层获得油气突破

鄂深4井获得突破后，为了扩大勘探成果，相继在南岗、八宝构造部署了两口勘探井，仅获低产油流。为了查明新构造勘探的失利原因，寻求下一步勘探方向，中南石油局于2000年春组织了攻关小组，展开了以储层为核心的研究工作，提出了"围源找砂、新源古探"（围绕烃源发育区，寻找"新生古储"类油藏）的勘探思路。通过研究，发现谢凤桥断层的上下盘具有这种配置条件，下降盘下第三系的生油岩与上升盘白垩系具有较好的对接关系。2000年，在新生古储配置关系有利的区带——复兴场断阶带的复Ⅰ断块上部署了鄂深8井。该井在井深3478～3520米的白垩系发现了连续厚度达32米砂层，并见到29.39米油气显示层，单层最大厚度达23.67米。2000年12月，经对3478～3520米井段的油层测试，获得日初产55立方米的高产自喷油流。这一发现，不仅发现了谢凤桥油田，提交探明储量110万吨，更重要的是找到了一个新的勘探领域，填补了长江以南地区白垩系无油气产层空白，进一步证实了老油区具有较大的挖潜潜力，为老区的增储上产增强了信心，也为该区勘探开发工作的深入打下了良好的基础。

三、低孔低渗储层的勘探技术攻关

鄂深8井白垩系高产油流井的突破，奠定了这一探区油气勘探的前景。此后，随着油气勘探开发工作的深入，大部分探井、开发准备井在钻井过程中钻遇了油层，也见到了好的油气显示，但对油层的测试，难以获得自然工业油流。围绕低孔低渗储层的勘探技术问题，2002年6月，中南分公司开始了"江汉盆地西南缘低孔渗储层保护与改造技术研究"的勘探先导项目研究，与中国石油勘探开发研究院廊坊分院、西南石油学院合作，开展了江汉盆地西南缘低孔低渗、薄互层、多微缝、滤失大储层改造工艺技术攻关研究。经对鄂深10井、SK8-1井、鄂深9井及鄂深11井等4口井的储层压裂改造的现场试验，3口井获得了成功，压后获日产7～20立方米油流。储层改造技术的成功，为该区的油气勘探开发提供了技术保障。

四、建设松滋油田

"十五"期间，自2001年新星石油公司整体并入中石化后，中南分公司得到了快速发展。五年间，中南分公司的勘探空间得到拓展，勘探面积由1235.49平方千米增大到34009.421平方千米，增加勘探面积近27.5倍。勘探领域也不断扩大，由单一的江汉盆地西南缘下第三系陆相勘探领域，扩大到了盐间、盐下、白垩系红层和海相碳酸盐岩等勘探领域，形成了海陆兼探、油气并举的立体勘探态势。这五年间，在江汉西南缘探区，不仅在采穴构造上新发现了高产自喷井（鄂深 11-1 井，日初产原油 94.7 立方米），发现了两个油田——南岗油田、采穴油田，新增石油地质储量 1165 万吨，还在久攻不破的海相碳酸盐岩地层发现了良好储层和天然气显示，为下一步中扬子海相勘探增强信心。

2001 年 12 月，中南分公司在湖北宛市前线设立“松滋油田指挥部”。随着油气产量的增加和规模的扩大，2003 年 7 月，成立了“松滋油田采油厂”（下设了“采油队”、“试油队”）、“原油销售部”、“监理中心”。截至“十五”末，共有生产井 12 口，年原油产量 1 万吨。

第四节　油气工程施工与油气工程服务

1986—2005 年，中南石油局油气工程施工规模不断扩大、专业不断增多、市场不断拓展。这期间，主要参加了塔北的油气会战、松辽盆地油气勘查钻井施工、西北分公司塔河油田和中石化西部新区的油气工程施工和服务。

一、参加塔北油气勘查会战

1981 年 10 月，地质部韶山“石油普查工作座谈会”肯定了塔里木盆地以塔北为重点的油气勘探部署，同时成立会战指挥部。中南石油局第五物探大队奉命抽调 542 队、543 队、545 队三个地震施工分队，于 1982 年 5 月奔赴新疆塔北开始了连续九年的石油会战。

在此期间，第五物探大队三个分队分别承担了轮台、新和、沙雅、库尔勒（草湖—普惠）、阿克苏（沙井子）等项目，累计完成了 8683 千米满覆盖剖面，取得了优良的成果。中南石油局单独发现了沙雅西构造、阿克库木构造上的隆起显示和七朗滩二连隆起显示，与参战单位共同查证了七个构造，即：英买力背斜构造、拱塔克鼻隆构造、恰其力克鼻构造、英买力西断块构造、波斯坦背斜构造、草湖大型鼻状构造、普惠大型鼻状构造。其生产质量和工作效率双双名列榜首，夺得 1987—1990 年质量“四连冠”。在中南石油局首先发现的沙雅西构造上，石油部的英 1 井、西北局的沙 11 井、沙 13 井均打出了高产油气流；在阿克库木构造上，西北局的沙 9 井打出了高产工业油气流；在工作过的区块有沙参 1 井、沙 17 井、沙 48 井等探井先后打出了高产油气流，为塔北油田的发现做出了重要贡献。1989 年，542 队荣获地矿部和新疆维吾尔自治区联合授予“功勋地震队”光荣称号。

二、参加松辽盆地油气勘查钻井施工

70年代末，地质部重返松辽盆地进行了大规模的油气联合勘查，先后在小五加子构造和后五加户构造上试获工业油流。1987年，中南石油地质局第四普查勘探大队4009井队进入东北松辽盆地油气市场进行钻井施工。至2005年，总计共施工66口井，其中包括定向探井、小井眼开发井、小井眼定向井、CO_2气井等多种高难度井型。通过技术革新，克服了当地春季地层返浆、夏天雨季长、冬季超低温施工、浅层气井控难度大等困难，成功施工了SN18井、SN18-1井、SN106井、SN98井、SN140井、SN301井等一大批重点发现井，取得好的业绩。

1987年四普在东北施工的第一口井SN18井，获得了重大油气发现，为松辽盆地南部油田的发展奠定了基础。2004年，井队施工的SK303-2井创造了东北工区定向井施工井最深、时间最短、测井最畅纪录，成为东北工区定向井施工之最。2005年，井队首次成功地施工了一口三级结构CO_2天然气开发井——万12井，为开发CO_2资源积累了宝贵的经验。

三、西北分公司塔河油田和中石化西部新区的油气工程施工和工程服务。

1996年，局领导班子坚持“两业并重”的方针，在加大西藏、鄂中、湘中的油气勘查工作的同时，加大了油气工程施工市场工作的力度。1996年4月成立了“新疆办事处”，1998年12月成立“新疆工作部”，2003年5月成立“新疆工区指挥部”，具体负责中南石油局新疆工区队伍的“管理、协调、服务”，开拓塔河油田和中石化西部新区的油气工程施工市场。10年中，作业队伍从1个井队发展到18个井分队，施工领域从单一的钻井发展到包括物探、钻探、测录井、油田地面建设、建筑、油田钻前水文工程、热力供暖等施工领域，队伍的竞争力增强，树立了“石油湘军”的形象。

(一)物探工程施工

90年代中期，中南石油局第五物探大队545队、542队再次挺进新疆物探施工市场。随着各种先进装备不断引进和企业现代化管理，队伍的科技力量和管理水平迈上了新台阶。2001年以来，第五物探大队在新疆先后投入世界上最先进的法国408UL、408XL 24位数字地震仪器2台套，采集站7000多道，装备能力完全满足地震勘探高叠次，超多道，宽方位二、三维地震采集的需要。

自1996年以来，先后承揽了西北分公司、西部新区勘探指挥部在塔克拉玛干沙漠中部署的二维地震采集项目12期，共计完成了沙漠二维地震采集近6000千米；在塔河油田外围区域，完成三维地震采集5期约2500平方千米。

在勘探实践中，第五物探大队成功地实现了由“吃苦耐劳型队伍”向“科技服务型队伍”的转变，在提升自身核心竞争能力的同时，形成和发展了一系列新的采集技术方法，如：沙漠与山前低信噪比地区地震采集技术，沙漠地区高分辨率勘探技术，二、三维观测系统空间模拟设计技术，“飞行踏勘”技术，广角反射采集与处理技术，静校正技术和计算机应用技术等。

(二)钻井工程施工

1996年，中南石油局首台钻机进入新疆施工，至2005年12月累计施工69口井，钻井工程涵盖盐下井、地质导向水平井、水平井、开窗侧钻井、高含硫井等各种井型。施工能力从一年施工1口井提升到一年施工16口井，人员规模从1支队伍发展到5支队伍。

创造多项施工纪录。2003年创造了PDC钻头一次入井进尺3919.66米和5700米井深、建井周期48.67天最短两项好成绩，被《中国企业新记录》收录，2004年获新疆帝陛艾斯钻具有限公司两金、两银钻头奖。

实施优快钻井施工方法。中南石油局四普大队依靠技术创新，进行“优快钻井”项目研究和施工实践。施工甲方重点地质导向水平井TK239H井，具有国内先进水平，提前21天完钻；施工T809(K)CH井，创造了该区侧钻点最深6018米、水平井段最长537米、井底井温高等塔河纪录。施工的TK119H井水平井最大位移650.5米，施工的TK475CH水平井最大井斜95度，两项指标再创塔河好成绩。

第五十七章 滇黔桂石油局、南方勘探开发分公司

南方地区是指长江以南区域，包括苏、浙、皖、鄂、湘、赣、闽、粤、琼、台、滇、黔、桂、川、渝、沪等16个省(区)市，跨越江南基底折离隆起区、扬子前陆盆地区、康滇前陆盆地区、三江特堤斯造山区、南华前陆盆地区、东部火山岩区6大构造单元。陆上部分总面积227万平方千米，有海相中、古生界和陆相中、新生界两大油气勘探领域。其中，海相中、古生界领域除四川含油气盆地外，碳酸盐岩分布面积149万平方千米，有利勘探区面积76万平方千米，陆相中新生界领域的有利勘探区面积42万平方千米。南方地区沉积岩厚度大，生油岩丰富，资源潜力大，具备形成工业性油气田的地质条件。但因构造形变复杂多样，后期改造作用强，既是油气资源丰富、地质条件复杂的地区，又是山水交错，地面环境恶劣的地区，勘探难度之大，是世界少有的。

南方油气勘探已有50余年历史。1962年前后，由燃化部、石油部、地质部所属各石油普查大队在滇黔桂3省(区)进行普查和初探。1972年成立广西石油勘探指挥部和贵州石油勘探指挥部，1978年石油部滇黔桂石油勘探指挥部成立。为适应油气勘探开发的新形势，1984年1月成立了滇黔桂石油勘探局，领导体制由以省(区)为主改为以石油部为主，实现了滇黔桂3省(区)油气勘探开发工作的统一管理。1985—1991年，滇黔桂石油勘探局组织百色石油会战，至1991年建成了年产油10.5万吨的百色油田。1985年，贵州赤水地区形成了年产1.5亿立方米天然气产能基地。1989—1993年，中国石油天然气总公司设立“楚雄盆地油气勘探项目经理部”及“南宁、合浦、十万山三盆地项目经理部”，加强了辖区重点领域的

勘探力度，在百色、赤水实施滚动勘探开发的同时，对云南楚雄、陆良、保山等盆地和广西南宁、合浦、十万山等盆地进行了重点勘探，在云南的陆良、保山盆地发现了两个第三系小气田。

1993—1998 年，中国石油天然气总公司新区事业部设立“南方区域勘探项目经理部”和“南方新区油气勘探项目经理部”，统管南方中、古生界油气勘探工作。1998 年中国石油、中国石化两大集团重组后，滇黔桂石油勘探局划归中国石油化工集团公司。并组建南方海相油气勘探项目经理部，拉开了南方海相油气勘探领域新一轮勘探的序幕。

2000 年经历了上市和非上市重组、减员、改制分流等一系列重大改革，原滇黔桂石油勘探局分解为滇黔桂石油勘探局和滇黔桂油田分公司。2002 年按照专业化重组要求，南方海相油气勘探项目经理部和滇黔桂油田分公司合并改组为中国石油化工股份有限公司南方勘探开发分公司。滇黔桂石油勘探局与上市部分南

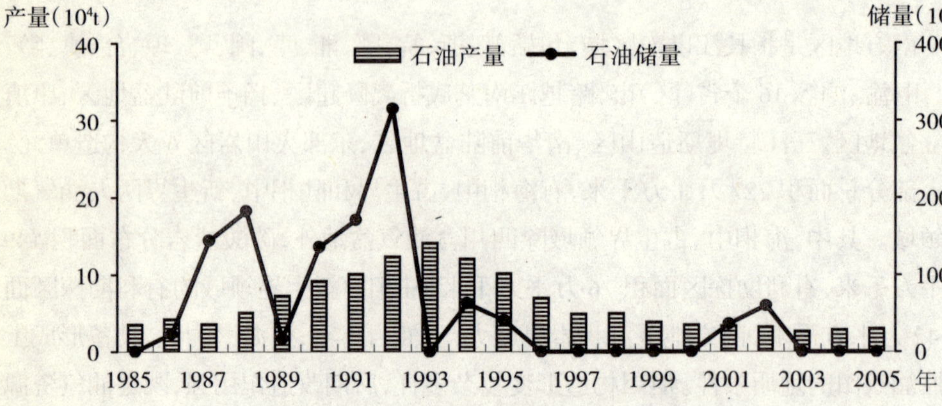

南方公司石油探明地质储量和产量变化图

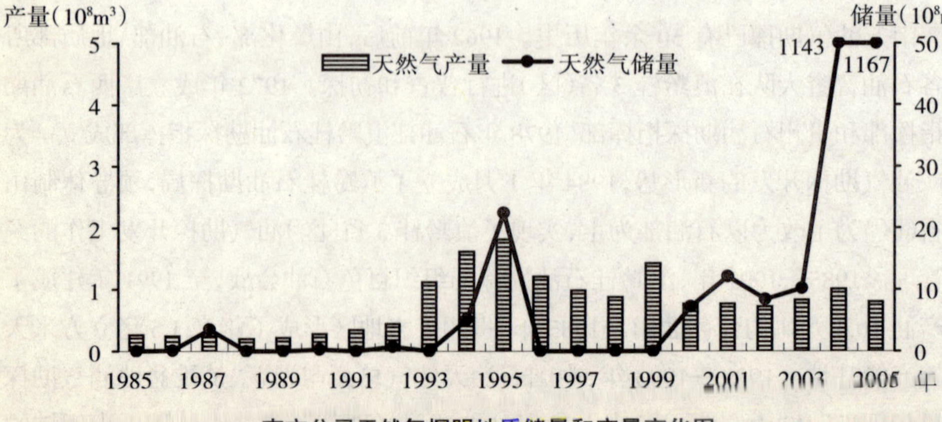

南方公司天然气探明地质储量和产量变化图

方分公司分开运作，成为中国石化集团油田企业分开运行生产经营活动的单位。南方分公司负责南方中、古生界海相油气勘探和滇黔桂地区自营区块的油气勘探开发。南方勘探所属探区主要分布于秦岭、大别山、胶南以南的中国南方广大地区，至 2005 年底，由南方勘探开发分公司进行矿产勘查登记并拥有探矿权区块 19 块 129 个项目,持证勘查面积近 30 万平方千米。

第一节　滇黔桂油气勘探开发

1984 年以后,滇黔桂石油勘探局采取了“以第三系起步,中、古生界求发展”的勘探方针,以百色盆地油气滚动勘探开发为重点,开展百色石油会战,发展贵州赤水地区海相天然气勘探开发,甩开云南新第三系盆地的油气勘探,取得了良好的效果。

一、百色盆地

1984 年以后,滇黔桂石油勘探局集中人、物、财力及技术优势,开展百色石油会战,在发现仑圩油田及子寅、上法、塘寨、花茶等含油区块后,又发现了一批高产油井。1989 年 8 月在雷公断背斜高部位钻探雷 1 井，在那读组砂岩获得工业油流,发现了雷公油田;1990 年 12 月在那笔凸起中部断鼻带钻探坤 10x 井,又在相同层系获工业油流,发现了那坤油田。截至 2005 年底,百色盆地累计探明含油面积 24.5 平方千米,探明石油地质储量 1902 万吨。2000 年后,开展了东部凹陷的浅层气勘探。至 2005 年,在雷公、上法、塘寨、祥周等地区浅层,探明含气面积 23.5 平方千米,探明天然气地质储量 14.97 亿立方米。

百色盆地自发现后,先后有上法、子寅、雷公、塘寨、花茶等 5 个小油田 8 个区块投入开发,合计动用面积 9.9 平方千米,动用石油地质储量 731 万吨,动用可采储量 175.9 万吨。到 1991 年建成 10.5 万吨原油产能建设和 30 万吨原油产能地面骨架工程,后经改、扩建,形成 14.5 万吨原油综合配套能力,建成百色油田原油生产基地。另外,还建成了雷公—上法简易输气管线,形成年产天然气 0.15 亿立方米的生产能力。

截至 2005 年,除仑圩油田外,累计产油 122.5 万吨,剩余可采储量 110.1 万吨。

二、赤水地区

滇黔桂石油勘探局按“稳步发展百色等第三系油气田,加快赤水天然气勘探”的勘探方针,1984 年后加大了赤水地区的勘探力度,开展老井复查挖潜和有利区带的地震详查，新发现圈闭35个、面积313.65平方千米。1992年钻探宝1井发现宝元气田，新增探明含气面积9平方千米，新增天然气探明储量12.55亿立方米。截至2005年底，赤水地区总探明含气面积19.24平方千米，探明天然气地质储量42.57亿立方米。

赤水气田先后有太和、旺隆、宝元3个气田投入开发。开采方式从单井简易装置自喷采气、控水采气发展到排水采气、气水同产，形成了多种开采工艺并举的气田开发模式，于1993年年产气达到1.8亿立方米的最高水平。截至2005年底，累计采气19.95亿立方米，地质储量采出程度62.14%，可采储量采出程度75.33%，剩余可采储量6.53亿立方米，储采比为12.37。

三、云南诸小盆地

在保重点勘探的同时，积极投入云南第三系盆地的勘探，继景谷及杨林盆地获发现后，勘探又获得小突破。1994年6月在陆良盆地大嘴子背斜钻探陆参1井发生强烈气喷，发现了大嘴子气田，含气面积6.3平方千米，探明天然气地质储量12.8亿立方米。1994年11月在保山盆地永铸街背斜钻探保参1井，测试获日产气4.87万立方米，发现了永铸街气田，含气面积4.4平方千米，探明天然气地质储量9.66亿立方米。

大嘴子和永铸街小气田的开发，按照以效益为中心、供需协调、合理开发的原则，因地制宜地建设天然气地面集输系统，形成了云南天然气开发生产基地。截至2005年底，累计产气1.2亿立方米，地质储量采出程度14.48%，剩余可采储量3.11亿立方米，储采比13.88。小气田的开发特点主要为控出水、控出砂措施，采取“低压差、小产量、避免气井过分激动”的技术方法。大嘴子气田年生产能力0.3亿立方米左右；永铸街气田年产能力0.02亿～0.08亿立方米。

景谷油田1992年与地方合资以“土法上马，建设从简”的原则开发，采取机抽及提捞、单罐计量、罐车拉油的开采方式，至2004年油井含水达90%以上，累产原油1000吨。

在加强勘探开发的同时，滇黔桂石油勘探局对三省（区）各自独立运作的工程施工队伍进行了整合，使物探、钻井、测井、录井、井下作业等石油工程技术逐步向正规化、专业化、现代化方向发展。

20年来，滇黔桂石油钻井具备了承揽各类井的钻井设计与施工能力。2000年后，滇黔桂钻井队伍的石油工程技术服务市场遍及国内13个省（区），并成功进入国外石油工程技术服务市场。滇黔桂石油物探公司在南方山区的地震勘探中，建立了适合山区地震勘探的“钻检合一”的生产管理体系；尤以高陡山区不规则三维地震勘探、复杂地表地震采集、高陡复杂构造地震资料处理等具有特色，在国内物探行业处于领先地位。物探职工长期在西南复杂高陡山区作业，施工足迹遍及云南、广西、贵州、四川等地，具备在各种地形、气候条件下施工作业的能力。经过长期的实践，滇黔桂石油工程施工队伍积累了勘探开发中小型和复杂断块油气田的丰富经验，各专业化公司全部通过了 ISO 9001 质量体系认证，通过了 HSE 管理体系认证，是中国石化集团南方油气勘探的重要施工队伍。

第二节　南方海相油气勘探

一、重点勘探获得突破性进展

（一）南方海相油气勘探得到重视和加强

1993 年中国石油天然气总公司南方新区油气勘探项目经理部负责南方中、古生界油气勘探工作，改过去的条块分割管理为统一研究和整体部署。至 1995 年底，南方海相探区主要由新区事业部所属的各勘探项目经理部牵头，各地区局（油田）配合实施部署、研究和勘探。

1996 年 7 月，石油总公司组织召开“南方油气勘探工作会议”，要求按照“整体部署，统一组织，明确分工，分项目组织实施”的原则，加强南方油气勘探工作。为此，南方新区油气勘探项目经理部开展了中扬子区江汉盆地南部、楚雄盆地北部、十万山盆地南部、下扬子区句容—海安地区、弋阳盆地的区域勘探；川鄂边区勘探项目经理部除继续进行石柱、利川地区的预探外，还开展了桑植—石门地区的勘探前期准备；四川开江油气勘探项目经理部继续对川东高陡构造带的开江地区进行预探。

（二）新举措带来重大发现

1998 年重组后的中国石油化工集团公司高度重视南方海相油气勘探，从人员组织、资金投入、科技攻关等方面作出了重大决策。成立了南方海相油气勘探项目经理部，负责南方海相新区油气勘探，由此南方海相油气勘探翻开了新的一页。

2000 年 7 月中国石化集团召开“南方海相油气勘探战略研讨会”，做出“依靠科技进步、加强综合评价研究、精心部署、严格管理、提高效益、降低风险”的战略决策，进一步明确了“整体部署，统一规划，分步实施，精细准备，先易后难，积极探索，加快突破”的勘探方针，提出了按战略展开区、战略突破区、战略准备区三个层次勘探的新思路。2001 年 2 月的“中下扬子地区中古生界油气勘探专题研讨会”，形成了“晚期成藏、深源浅找、古源新找、多源兼找、有效成藏组合、立体勘探”的新认识，把勘探重点转向扬子北缘地区，为南方海相勘探加快突破创造了条件。2001

年，南方海相勘探项目经理部根据会议精神，将勘探重点区块放在川东北、鄂西渝东、南盘江秧坝、句容—海安及江汉盆地南部。先后实施探井7口，二维地震采集6923.4千米，完钻4口井，进尺15945.6米，其中黄(金)1井获低产气流。至南方分公司成立时，正钻井3口，分别为普光1井、毛坝1井、河坝1井。三口井相继在嘉陵江、飞仙关组—长兴组发现高产天然气流，标志着中国石化集团在川东北勘探获得突破性进展。

二、南方海相油气勘探形成大场面

为了更好贯彻中国石化集团公司对南方海相油气勘探工作实行“整体部署、统一组织、明确分工、分项目组织实施，以期达到比过去更快、更好的勘探成效”的战略决策，中国石化集团于2002年4月在昆明成立了南方勘探开发分公司，对南方地区的油气勘探进行了整合，为南方勘探系统建立了一个完善的、运作灵活的有效体制，使南方油气勘探的全面发展有了组织保障。

(一)管理体制和运行机制的改革

南方分公司以原南方海相勘探项目经理部与原滇黔桂油田分公司业务、人员为主体，调入少部分科研人员给予补充重组而成，是中石化集团按照“集团化决策，项目化管理，市场化运作，社会化服务”运作机制的一次全面改革。南方分公司既担负着南方海相油气勘探项目的承前启后，又是“公司制”运行机制和专业化管理的扩大和加强。成立南方分公司有利于统一中石化对南方海相油气勘探的项目管理，建立健全管理机制，优化资源配置，集中优势兵力，形成集中统一的攻关合力，促进南方海相勘探的重大突破。

南方勘探开发分公司的管理体制为：(1)新区采用项目管理：新区勘探采取计划投资的项目管理体制，以勘探费为主；主要考核指标为提交各类油气地质储量；除研究院外，不带生产性队伍，主要工作量均以中石化集团公司领导下的公开招投标方式，引进各油田的专业队伍进行施工。(2)自营区油气勘探开发以成本、效益方式为主：主要考核经济效益和利润指标；有贵州、广西和云南三个开发公司。

南方分公司的中心任务是：以南方海相为重点勘探领域，努力实现中国南方海相中古生界碳酸盐岩油气勘探战略性突破，建成中国油气勘探开发南方新的接替区，缓解中国油气资源短缺现状，为中国石油工业“二次创业”做出贡献。

(二)川东北油气勘探突破，带动了南方海相勘探向纵深发展

南方分公司在海相勘探项目经理部取得突破性进展的基础上，深入开展南方油气成藏理论与勘探技术攻关，坚持按三个层次勘探部署，以油气资源战略为核心，勘探突破为重点、发现大中型油气田为目标，通过整体部署和分步实施，合理

调配勘探投入、及时调整勘探部署、择优引入施工队伍。经过两年的勘探，取得了辉煌成果，实现了“战略展开有场面、战略突破有发现、战略准备有进展”，发现了国内目前海相领域最大的整装气田——普光气田。成果可以总结为：一个重大发现；四个重大突破；六个积极进展。

1. 一个重大发现。

在宣汉—达县地区进行高分辨率二维地震详查发现普光等一批飞仙关组—长兴组构造—岩性复合圈闭后，于 2001 年在普光构造低部位部署普光 1 井，2003 年 8 月对普光 1 井 5610.3～5666.24 米井段射孔测试，无阻流量日产气量 103 万立方米，获得重大突破。随着部署的普光 2、3、4、5、6、7、8、9 井评价钻探，均获高产气流，基本探明了普光大气田。截至 2006 年 2 月累计探明天然气储量 2510.7 亿立方米，剩余控制加预测储量 1868.36 亿立方米，三级储量共计 4379.06 亿立方米。普光气田的重大发现，是四川盆地 50 多年勘探后发现的埋藏最深、储层最厚、丰度最高、规模最大的首个超千亿立方米整装大气田，也是国内发现储量超 2000 亿立方米以上的五大气田之一。

2. 四个重大突破。

（1）通南巴复杂构造带整体勘探取得重大突破。通南巴大背斜圈闭面积大于 800 平方千米，潜在资源量 4036 亿立方米。河坝 1 井钻探发现高产天然气，勘探取得重大突破。河坝 1 井于飞仙关组三段完井测试，日产天然气 29.60 万立方米；嘉陵江组二段酸压放喷日产天然气 30 万～38 万立方米。2005 年提交天然气控制储量 418.85 亿立方米。

（2）毛坝场构造勘探取得重大突破。毛坝场构造位于宣汉—达县北部付家庙—毛坝场构造带上，2001 年部署毛坝 1 井在飞四储层获高产天然气，随后向东北甩开部署毛坝 3 井，在长兴组良好的生物礁储层获高产天然气。对毛坝 1 井飞仙关组 4324～4352 米井段进行完井测试，10 毫米油嘴日稳产气 33.02 万立方米。

（3）宣汉—达县地区南部甩开勘探取得重大突破。在普光 1 井和毛坝 1 井相继取得重大发现后，向宣汉—达县南部甩开勘探，在双庙场构造高点部署双庙 1 井，以下三叠统飞仙关组为主要目的层。完钻井深 4481 米。双庙 1 井在飞四段测试获日产气 18.17 万立方米；在嘉陵江组二段中途测试获日产气 16 万～18 万立方米。

（4）赤水官渡构造带滚动勘探首获优质工业油流。深化赤水地区的滚动勘探，在官渡构造带南部部署官 9 井钻探，首次在侏罗系下沙溪庙陆相碎屑岩层中发现轻质原油，2004 年 11 月对官 9 井 1771.1～1792 米井段测试，获得日产油 90.6 立方米，日产气 0.6 万立方米。

3. 六个积极进展。

(1)秦岭—大别南缘逆冲推覆带前缘油气勘探取得积极进展。南江区块地震普查发现多排有利构造，优选三个有利区带。初步落实了糖房等圈闭；镇巴区块地震试验和前期评价获新进展；皖南盆地群早期评价获得新认识。首次在南江杨坝地区发现震旦系灯影组白云岩储层，在栖霞组发现糖粒状白云岩储层，证实长兴组发育礁—滩相碳酸盐岩储层。

(2)南方海相下组合整体评价取得积极进展。研究资料表明，扬子区下组合油气资源潜力巨大，中上扬子区总资源量为49458.35亿立方米，其中下组合为43435.74亿立方米。表明下组合潜力大，是寻找大中型气田的有利目标，有望实现南方海相油气勘探的又一重大突破。

(3)区域展开取得了实质性进展。四川盆地以外的区块，通过进一步评价研究，储备了一批有利圈闭和目标。以黔中隆起及其周缘勘探为重点的下古生界油气勘探全面启动，油气勘探潜力评价取得新认识，丁山1井的钻探和黔中隆起地震大剖面实施，见到明显的效果，增强了开展下组合油气勘探的信心。

(4)百色盆地滚动勘探取得积极进展。在那坤地区和北部陡坡带扩边滚动勘探有新的亮点，探明了坤12含油区块，评价钻探发现一批油井投入生产；老井复查重新落实了一批油层投入开发，坤10-3、仑22-5补射复查发现油层获得较高日产量，为稳产增效作出了贡献。

(5)赤水官渡构造滚动勘探取得积极进展。继官9井首次发现轻质工业油流之后，官8井在上三叠统须家河组砂岩完井测试日产天然气9.67万立方米，获得增储增产的好效果，取得了该区陆相致密碎屑岩领域勘探的新进展，形成了该区海陆并举、立体勘探的新局面。

(6)南方复杂地区勘探技术攻关取得积极进展。逐步完善和建立了适合南方海相叠合盆地与复杂地表的地震资料采集和处理技术、钻井与完井、测试技术。

三、创新是油气勘探发现的保证

(一)理论认识的创新

普光大气田的发现，得益于扎实的基础工作和理论认识的深化与创新。

1. 否定了“开江—梁平海槽”的认识，建立了陆棚、台缘礁滩沉积模式。认为该区处于陆棚区和有利于礁滩相储层发育的台地边缘区。发现多种蜓类、蕉叶贝及二叠系长兴组标准化石等牙形石，把存在争议的白云岩段的时代划归二叠系长兴组；建立了层序地层格架；确立了发育有浅水沉积标志；建立了礁滩沉积相发育模式。

2. 建立了深层碳酸盐岩“三元控储”模式。沉积—成岩环境控制礁滩和同生白云岩的发育，进而控制了初始埋藏阶段孔隙的分布；构造应力—地层流体压力的耦合控制岩石的破裂行为和裂隙分布，进而控制了通过裂缝的流体流动；通过初始孔隙和构造裂缝注入储层的流体导致溶蚀作用，形成多期次的粒间溶孔、鲕粒内溶孔、鲕模孔和溶洞等孔隙类型。

3. 建立了“叠合盆地多期构造叠加控制的多元生烃和多期生烃”新模式。通过地化研究，明确普光气田成气母质主要为高演化Ⅱ型有机质；明确普光天然气属原油裂解气成因。模拟实验表明，沥青演化过程中生成的液态烃在高温条件下可以进一步裂解成气，沥青裂解可能为叠合盆地深层天然气的重要来源。

4. 建立了川东北“原油聚集—流体调整—晚期定位”的“复合控藏”模式。气藏的形成主要经历了原油聚集、油气藏的化学改造和流体调整等复杂的物理—化学过程，成藏主要受控于生油高峰期的古构造与储层岩相变化，构造运动控制古油藏的化学改造和流体调整，喜山期构造与岩相变化共同控制天然气的富集和分布，即为“复合控藏”。

5. 建立了南方海相深层碳酸盐岩油气分布与目标分级评价方法系列，建立了基于“多元生烃、三元控储、复合控藏”的深层碳酸盐岩层系油气分布的分级评价方法系列，实现了海相深层碳酸盐岩油气勘探评价由定性分析到定时、半定量—定量的飞跃。

（二）勘探思路的创新

通过对区内及周边地质、地球物理资料的综合分析，提出宣汉—达县地区长兴—飞仙关组具备形成礁、滩相孔隙型白云岩储层的基本条件，是构造—岩性复合圈闭发育的地区。制约气藏规模及储量丰度的主要因素是储层的厚度、分布与孔隙发育程度。制定了“以长兴—飞仙关组礁、滩孔隙型白云岩储层为主的构造—岩性复合圈闭为勘探对象”的勘探思路，这对普光大型气田的发现有重要意义。

（三）技术方法的创新

建立了礁滩储层综合预测技术，结合井筒技术，形成了以高精度地震技术为主体的复杂山地深层碳酸盐岩油气藏勘探配套的三大创新技术：以面向储层的采集设计、饱和激发、高精度定位和高密度采样为核心的山地高精度地震采集技术；礁滩白云岩储层综合预测技术系列；复杂深井钻井技术、超深层高含硫化氢的试气技术和酸压改造技术。

（四）管理机制的创新

一是抓基础研究和部署研究，邀请相关院校、科研院所有特长的专家及多名院士参与南方海相油气地质理论的研究，深化了地质理论认识，体现了科学部署和高效。二是严格实行招投标和合同管理，引进国内各油田、高校、科研等单位的技术优势，择优选择研究单位和施工队伍。三是形成了全过程监理为核心的项目管理和运行机制，确保勘探效益。

附　录

大事记

（1986—2005）

1986年

■1月　石油工业部部长王涛主持召开塔里木盆地沙漠钻探工作会议。

■3月10日　地矿部成立塔北油气勘探联合指挥所。

■3月19日　地矿部朱训部长与石油工业部王涛部长就进一步加强合作与分工进行了座谈。

■3月　石油工业部召开塔里木盆地石油勘探会议，要求塔里木钻探采用新的管理体制。

■同月　胜利油田组织的滨海会战——孤东石油会战正式展开。

■4月　塔里木盆地北部雅克拉构造沙7井于寒武系获工业油气流，日产油76立方米，天然气12万立方米。

■4—6月　地矿部勘探二号平台在东海盆地平湖构造带八角亭构造平湖2井获工业油气流，日产凝析油346立方米，天然气68万立方米。

■5月10日　地矿部勘探三号平台在东海盆地西湖凹陷苏堤构造带天外天构造上的1号井获工业油气流，日产天然气23万立方米，轻质油16立方米。

■9月1日　克拉玛依油田稠油正式开采。

■11月　国务委员康世恩及石油工业部部长王涛到胜利油田参加钻井祝捷大会。会上，康世恩向钻井工人三鞠躬表示感谢。

■12月　辽河油田年生产原油突破1000万吨，实现了“油老三”奋斗目标。

1987年

■1月21日　国务院任命钟一鸣为中国海洋石油总公司总经理。

■2月　康世恩率工作组到大港油田研究大港勘探部署问题。

■5 月 1 日　胜利油田召开滨海会战现场会。

■6 月 4 日　国家对四川实行天然气包干。

■7 月　胜利油田古 53 井井喷起火，采用钻定向斜井，9 天后熄灭。

■10 月　石油工业部在河北涿县召开东部地区石油勘探会议。

■12 月 16 日　《石油天然气勘探开发登记管理暂行办法》颁布实行。

■本年度　在川东建成了四川最大的天然气生产基地，钻获了包括大池干、七里峡、大天池等 12 个高产气藏。

■本年度　中国最大的高凝油开采基地——沈阳油田投产，使辽河油田年产量达到 1135 万吨；胜利油田年产量突破 3000 万吨，达到 3160 万吨。

1988 年

■1 月　石油工业部颁布了《油田开发管理纲要》、《油藏工程管理规定》、《采油工程管理规定》、《油田地面生产系统管理规定》及《油田开发系统奖励办法》。

■同月　广西百色盆地发现油田。

■2 月　石油工业部加快了塔里木石油勘探步伐，投入 7 个钻井队和 7 个地震队。

■3 月 9—15 日　海南岛福山凹陷余凤 1 井试油获工业油气流。

■3 月　在吉林伊通盆地五星构造上，昌 10 井喷出工业油流，日产油 120 吨，发现了伊通盆地第一个油田——长春油田。

■同月　中国海洋石油总公司在南海珠江口盆地惠州 26-1-1 井试油，获日产油 4200 立方米，是迄今海上日产量最高的探井，从而发现惠州 26-1 油田。

■4 月 15 日　冀东石油勘探开发公司在河北唐山成立。根据石油工业部决定，由北京石油勘探开发研究院实行总承包。

■4 月　全国七届人大第一次会议决定原水利电力部的水电、火电部分与煤炭、石油、核电合并组成能源部，任命黄毅诚为能源部部长。6 月 23 日，国家能源部正式成立。

■5 月 3 日　根据国务院机构改革方案，撤销石油工业部，成立中国石油天然气总公司，国务院任命王涛为总经理。同时，原属石油工业部的中国海洋石油总公司分立。8 月 30 日，国务院批准成立中国石油天然气总公司。

■8 月、11 月　地矿部在塔里木盆地塔北雅克拉构造沙 7 井、沙 5 井于侏罗系和白垩系分别获高产工业油气流。

■9 月 1 日　胜利油田在渤海老黄河口以北浅海海域的埕宁隆起埕北 12 井获日产油 104 吨，天然气 6621 立方米，发现迄今浅海海域最大的油田—埕岛油田。

■11 月 25 日　南疆石油勘探公司在塔里木盆地塔北轮南构造钻探的轮南 2 井于三叠系获高产油气流，发现了轮南油田。中共中央、国务院领导批示鼓励。

■12 月　中国石油天然气总公司向中共中央、国务院呈报《关于加快塔里木盆地油气勘探的报告》。

1989 年

■1 月 5 日　由北京石油勘探开发科学研究院部署的吐哈盆地科学探索井——台参 1 井在侏罗系喷出工业油流，发现鄯善油田，这是吐哈盆地勘探的重大突破。

■1 月 13 日　国务院决定成立塔里木盆地石油天然气勘探开发领导小组，由国家计委、能源部、中国石油天然气总公司、地矿部、铁道部等有关部门负责人组成。

■1 月　中国海上石油开始第三轮国际招标。

■2 月 7 日　中国石油天然气总公司决定成立塔里木勘探开发指挥部，周永康兼任指挥部指挥、临时党委书记。4 月 10 日，指挥部成立大会在库尔勒市召开。

■2 月 12 日　国务院发布《石油天然气管道保护条例》。

■3 月　地矿部在东海盆地勘探取得进展。3 月 13 日勘探三号平台在平湖构造带放鹤亭构造平湖 4 井获高产油气流。

■6 月 13 日　鄂尔多斯盆地古中央隆起带上的陕参 1 井在奥陶系风化壳获日产 14 万立方米天然气流。8 月 2 日，在其东北 40 千米处的榆 3 井相同层位获日产天然气 9.5 万立方米工业气流。

■7—9 月　塔里木盆地轮南 8 井、轮南 3 井相继获高产油气流。

■8 月 4 日　地矿部在塔北轮台构造沙 3 井获日产天然气 30 万立方米，凝析油 130 立方米。

■8 月 15 日　地矿部在塔北阿克库勒构造沙 18 井获日产天然气 420 万立方米，油 1400 立方米。

■10 月 31 日　塔中构造上的塔中 1 井在奥陶系地层中途测试获高产油气流。

■同日　柴达木盆地东部台南构造南 6 井，在第四系中获高产天然气，发现了台南气田。

1990 年

■2 月 25 日　江泽民视察大庆油田，并题词鼓励。

■3月　康世恩向中央提交《九十年代石油工业发展战略》建议。

■6月　吐哈盆地丘陵构造3号井获高产油流，发现丘陵油田。

■7月　塔里木盆地东河塘1号井获高产油气，打开了石炭系海相砂岩油层的勘探领域。

■8月23日　江泽民视察新疆轮南探区，听取塔里木石油勘探情况汇报，并作重要指示。

■9月5日　中国石油天然气总公司在库尔勒市召开“加快塔里木石油勘探开发”会议。

■9月　新疆泽普石油化工三项工程竣工投产。

■10月22日　地矿部在塔北沙雅隆起艾协克构造(塔三区)沙23井于石炭系获工业油气流，成为塔河油田发现井。

■10月　吐哈盆地温吉桑1号井喷油，发现温吉桑1号油田。

■11月8日　地矿部在松辽盆地南部农安伏龙泉构造松南2井在井深600~700米发生强烈井喷，日产70万立方米天然气。

■12月10日　位于陕北靖边县的陕5井喷出高产气流，日产气110万立方米，是陕甘宁盆地第一口百万方级高产气井。

■12月　全国油气开发技术座谈会在大庆召开。

■本年度　在渤海海域发现锦州27-6油田；在东海黄岩14-1-1井获工业油气流；在南海珠江口盆地发现惠州32-2油田。

1991年

■1月1日　塔里木轮南试采区首车原油从库尔勒市外运至甘肃玉门炼油厂。

■2月25日　中国石油天然气总公司在新疆鄯善县召开加快吐哈盆地石油勘探开发动员大会，宣布成立吐哈石油勘探开发会战指挥部。

■2月　胜利油田埕科1井获日产原油268立方米、天然气1151立方米。这是中国首次在水平井上试油成功。

■同月　中国石油天然气总公司局厂领导干部会议在北京召开，确定石油工业发展“三大战略”。

■4月　吐哈盆地温西1井喷油，发现温西1号油田。

■5月11日　准噶尔盆地腹部中央隆起带彩参2井获日产油45立方米，发现彩南油田。

■6月1—15日　中国石油天然气总公司在浙江余杭召开东部新区勘探工作会议。

■6 月 24 日　塔里木盆地塔北隆起带西段英买 9 井，首次在白垩系试获工业油流，日产油 106 立方米。

■7 月 14 日　李鹏出访科威特，中科两国签署“油井灭火合同”；8—10 月，以四川石油管理局为主的中国灭火队用 53 天时间为科威特扑灭了 10 口日喷量超万吨的油井大火。

■9 月 3 日　在塔北桑塔木构造上的沙 29 井(塔一区)于三叠系获工业油气流，是塔河油田第二口发现井。

■9—12 月　四川川东大天池构造带上的龙门场天东 9 井、任市潜伏构造上的天东 12 井，义和场构造上的大天池 2 井，分别于石炭系获高产天然气流，证实了大天池是一个较大的含气聚集带。

1992 年

■2 月 17 日　中国石油天然气总公司授予地球物理专家翁文波“石油工业杰出科学家”荣誉称号。

■4 月　塔里木盆地英买力构造群英买 9 井、英买 7 井下第三系获高产油流。塔中 4 号构造石炭系获高产油流，证实塔中 4 为一大油田。

■6 月 12 日　准噶尔盆地南缘山前带齐古背斜齐 8 井首次在三叠系获工业油流。

■8 月 13 日　中国海洋石油总公司所属地区分公司重新核定名称为：中国海洋石油渤海公司、中国海洋石油南海西部公司、中国海洋石油南海东部公司及中国海洋石油东海公司。

■8 月　中国第一座自营勘探开发的海上气田锦州 20-2 气田建成投产。

■12 月 24 日　中共中央、国务院任命王彦为中国海洋石油总公司总经理、党组书记。

■本年度　在渤海海域于歧口 18-1-1 井、曹妃甸 14-2-1 井、曹妃甸 29-1-1 井及南海莺歌海凹陷东方 1-1-2 井获工业油气流。

1993 年

■1 月 8 日　经国务院批准成立的中国联合石油公司正式挂牌。

■2 月 10 日　《中国渤海湾地区赵东区块石油合同》签订。这是继南方 8 省区对外合作之后，中国陆上石油对外合作又一具体行动。

■2 月　国务院批复中国石油天然气总公司关于《扩大陆上石油对外合作的请示》。2 月 17 日召开新闻发布会，宣布扩大陆上对外合作。李鹏参加发布会并会见外国公司代表。

■3月　塔中隆起北部的塔中10井喷出高产油流，日产油210立方米。

■同月　位于准噶尔盆地库尔班通古特沙漠腹地的彩南油田建成开发，已探明油田面积54平方千米。

■4月30日　中国石油天然气总公司在京召开石油系统有突出贡献科技人员奖励大会。

■6月、7月　江泽民到宝鸡钢管厂、青海格尔木炼油厂视察。

■8月31日　中国自营勘探开发的海上第一个大油田——辽东湾绥中36-1油田试验区投产，该油田探明储量2.36亿吨。

■10月7日　国务院颁布《中华人民共和国对外合作开采陆上石油资源条例》。

■10月　塔里木红旗构造带上的红旗1井获高产油气流。

■同月　新疆准噶尔盆地石西构造和玛湖构造勘探获重大突破，已控制储量1亿吨以上。

■10—11月　由石油物探局等单位组成的小分队赴藏北羌塘盆地、库木库里盆地勘探。

■12月　南疆柯克亚油田深探井101井获高产油气流。

■同月　位于沙漠腹地的塔里木盆地中部的塔中4油田投入开发建设。

■同月　青海石油三项工程——年产120万吨原油产能建设、花土沟至格尔木输油管道、年加工原油100万吨的格尔木炼油厂竣工。

1994年

■3月　经国家储量委员会核准，陕甘宁中部气田探明天然气储量1727亿立方米，跨入世界级大气田行列。

■5月5日　中国海洋石油总公司参股美国阿科公司的马六甲油田，购买该油田32.58%的权益，成为最大股权者。这是中国第一次投资海外油田。

■5月　塔里木盆地牙哈构造带牙哈2井获高产油气。

■6月1日　云南省陆良境内陆参1井在井深595米处发生强烈井喷。

■8月7日　新疆准噶尔盆地石西地区石002井获高产油气。

■8月22日　地质学家李德生接受美国石油地质学会授予的杰出成就奖。

■9月　中国第一条浅海海底输油管线在胜利埕岛油田铺设完成。

■12月12日　中国联合石油公司与美国SOCO石油公司、印度尼西亚BIP公司签订在蒙古国承包钻井工程协议书。

1995 年

■3 月 27 日　中国海洋石油总公司在马六甲油田生产的 3 万吨原油运抵南京。这是中国产自国外运回国内的第一船原油。

■3 月　中国石油天然气总公司组织近千人的勘探队伍进入藏北羌塘盆地无人区开展工作。

■4 月 7 日　中国石油天然气总公司与美国埃克森石油公司合作勘探大庆油田以西、以北地区的签字仪式在京举行。

■4 月 21 日　新中国石油工业的卓越领导人康世恩在京逝世,终年 80 岁。

■7 月　胡锦涛视察青海格尔木炼油厂,并听取青海石油管理局汇报。

■8 月　中国第一个整装沙漠油田——彩南油田通过竣工验收。

■9 月　中国石油天然气总公司第五次科技大会在大庆油田召开。

■同月　大庆油田举行开发建设 35 周年暨高产稳产 20 年总结表彰大会,江泽民、李鹏题词祝贺。

■同月　朱镕基视察吐哈油田。

■9 月 20 日　塔里木沙漠公路全线通车,公路全长 522 千米,这是世界上第一条修建在流动沙漠中的公路。

■11 月　国家统计局公布 1995 年全国大工业企业排行榜,大庆石油管理局以年创利税 199 亿元居于榜首。

■同月　大庆油田聚合物工程全面建成投产,对大庆油田三次采油提高采收率有重要意义。

■12 月　“大庆油田控水稳油技术”和“塔里木沙漠公路设计与建设”两项成果被国家科委评为 1995 年全国十大科技成就。

■本年度　江苏油田年产量上 100 万吨(达 101.4 万吨),实现了邓小平同志的夙愿。

1996 年

■1 月 1 日　南海崖城 13-1 大气田正式通过海底管道向香港供气。

■3 月　中原油田 96168 地震队赴苏丹施工,这是中国石油勘探队伍首次走出国门。

■同月　中国石油天然气总公司与美国埃克森石油公司签订合作勘探开发塔里木盆地西部石油资源合同。

■7 月 11 日　中国海洋石油总公司与台湾中油公司在台北签订物探协议。这是海峡两岸石油界签订的第一个合作勘探石油协议。

■7月2—3日　李鹏视察大庆油田。

■8月　准噶尔盆地南缘呼图壁县的呼2井在试油中喷出高产天然气，发现呼图壁气田，这是盆地南缘的重大突破。

■9月6日　中国海洋石油年产量突破1000万吨。江泽民为海洋石油工业题词。

■同日　李鹏到塔里木探区视察工作。

■9月30日　鄯善—乌鲁木齐输气管道建成，可向乌鲁木齐石化厂年供气6亿立方米。

■10月　中国炼油工业开拓者侯祥麟荣获1996年度“何梁何利基金科学与技术成就奖”。

■11月　“八五”期间对国民经济贡献巨大的十大攻关成果中，中国石油天然气总公司占有4项。其中塔里木盆地资源项目名列十大成果之首，天然气勘探位居第二，三次采油技术和水平井钻井成套技术设备分居五、六位。

■12月15日　全国原油年产量突破1.5亿吨，提前实现国家提出的2000年原油产量目标。

■12月27日　国务院任命周永康为中国石油天然气总公司总经理。

■12月　《大庆油田高含水期“稳油控水”系统工程》项目获国家科技进步特等奖，主要完成单位：大庆石油管理局，主要完成人：王志武、钱棣华、胡博仲、巢华庆、严世才等27人。

■本年度　大庆全年产油5600万吨，创历史最高水平；海洋石油年产量由上年度841.7万吨而跃升为1501.1万吨。

1997年

■1月24日　中国新星石油有限责任公司成立。

■1月　中国石油天然气总公司党组对大庆油田研究院院长王启民、胜利油田临盘采油厂技师王为民分别授予“新时期铁人”和“铁人式好工人”荣誉称号。

■2月4日　新星石油公司西北石油局部署在塔河地区的沙46井（塔三区）于奥陶系首获工业油流，日产原油212.5立方米，天然气14.2万立方米。这是塔河奥陶系第一口发现井。沙48井、沙47井亦先后获工业油气流。

■5月　塔里木解放128井获高产油气流。这口井是迄今国内最深的一口水平井，水平井段长300米。

■6月　新疆石油管理局小拐油田超深定向井——GD1145井喷出高产油气流，日产油200吨。

■同月 南海海域珠江口盆地西江 24—1 油田投产,创水平位移裸眼井段和随钻测井深度世界纪录。

■7 月 塔中 4 沙漠油田建成投产,年生产能力 250 万吨。

■8 月 塔里木塔中 45 井喷高产油气。

■9 月 10 日 陕京输气工程投产典礼在京举行,管线全长 847 千米。

■9 月 15 日 中国陆上石油系统在境外生产的第一船份额原油抵达秦皇岛港。

■9 月 冀东老爷庙地区明化镇获高产油气,日产油 104 吨。

■10 月 11 日 中国石油天然气总公司首批哈萨克斯坦份额油到达独山子石化总厂。

■10 月 12 日 第 15 届世界石油大会在北京举行,江泽民出席大会并致词。来自 91 个国家和地区的 4600 多位代表参加了大会。

■10 月 中国北方陆上石油对外合作第一区块——赵东区块合作钻探的 C4 风险井试油,综合日产量 2000 余吨,天然气 13 万立方米。

■本年度 塔里木油田增长幅度最大(超 100 万吨),年产油达 420.3 万吨。长庆安塞油田产量突破 100 万吨。

1998 年

■1 月 华北油田晋县凹陷中南部第一口探井——赵 80 井,获日产油 72 立方米,天然气 1 万立方米。

■2 月 塔里木轮南油田轮古 2 井,获日产油 439 立方米,天然气 5.2 万立方米。

■3 月 九届人大一次会议批准的《国务院机构改革方案》,决定分别组建中国石油和中国石化两个特大型企业集团公司。

■4 月 周永康调任国土资源部任部长。国务院任命马富才为中国石油天然气总公司总经理。

■5 月 26 日 中国石油天然气总公司和中国石油化工总公司划转企业交接仪式在京举行。

■7 月 6 日 江泽民视察新疆塔里木油田。

■7 月 27 日 按照上下游结合的原则,新组建的中国石油天然气集团公司、中国石油化工集团公司成立大会在北京人民大会堂隆重举行,吴邦国出席大会并讲话。国务院任命马富才为中国石油天然气集团公司总经理,李毅中为中国石油化工集团公司总经理。

■8 月 在洪水三面包围大庆油田的情况下,15 万职工和解放军战士开赴一线奋力抗洪。胡锦涛、温家宝到一线慰问。

■9月17日　塔里木盆地库车凹陷克拉苏—依奇克里克构造带上的克拉2井，获日产天然气66万立方米，发现克拉2特大气田。

■10月29日　吐哈油田第一个整装气田——丘东气田建成投产，年产气4.2亿立方米。

■11月7日　国务院任命卫留成任中国海洋石油总公司总经理。

■11月8日　东海平湖油气田投产，日产油3000立方米，天然气120万立方米。

■12月　塔里木盆地玛扎塔克构造带上又有5口井获工业气流，探明天然气储量620亿立方米，命名为和田河气田。

1999年

■1月12日　青海油田冷85井、冷86井在下第三系获工业油流。

■2月3日　新中国石油工业卓越领导人余秋里在北京逝世。

■3月26日　东海平湖油气田天然气投产，向上海日供气40万立方米。

■3月　新疆塔北克拉2气田3口评价井均获高产气流，初步证实该气田是个特大型气田，为西气东输工程提供了重要资源基础。

■5月　江苏油田在盐参1井获日产天然气6万立方米。

■6月　江泽民视察胜利油田。

■7月　中国海洋石油总公司与菲利普斯石油公司合作勘探发现渤海蓬莱19-3大油田，石油地质储量规模约6亿吨。

■8月17日　大港油田发现高丰度、高产的千米桥凝析油气田。

■8月20日　中国海洋石油有限公司成立，卫留成兼任董事长、总裁。

■8月30日　中国在国外合作勘探开发的海外油田——苏丹油田的第一船原油在非洲港口装船出口。

■9月27日　中国石油天然气集团公司与壳牌勘探(中国)有限公司签署合作开发鄂尔多斯盆地北部天然气资源的协议。

■10月1日　在新疆塔里木盆地北部，由新星石油公司发现的塔河油田，已探明石油地质储量1.2亿吨，预测储量规模7亿～10亿吨。

■10月9日　长庆油田在陕北找到3亿吨石油探明储量的靖安油田，并建成年产油能力110万吨。

■10月10日　江汉油田王平1井喷油，日产油120吨。

■10月28日　中国石油天然气股份有限公司召开成立大会，中国石油天然气集团公司总经理马富才兼任董事长，黄炎任总裁。公司总资产达4000多亿元人民币。

■10月31日　胜利油田建成年产油能力200万吨的浅海油田。

■11月　新星石油公司在鄂尔多斯盆地伊陕斜坡部署的大探1井获工业气流,发现大牛地气田。

■本年度　中国海洋石油总公司投入生产的油气田22个,年生产原油1616万吨,天然气44亿立方米。

2000年

■1月28日　朱镕基听取塔里木天然气资源落实情况汇报。

■2月28日　中国石油化工股份有限公司成立，中国石油化工集团公司总经理李毅中兼任董事长,王基铭任总裁。注册资本688亿元人民币。

■3月31日　“西气东输”工程首条管线,即涩(青海涩北)—宁(西宁)—兰(兰州)天然气管道工程开工建设。管线全长953千米。

■3月　国务院批准成立“西气东输”工程建设领导小组。由国家计委副主任张国宝任组长,马富才等任副组长,总投资1200亿人民币。输气管道全长4020千米,年输气能力120亿立方米。

■4月3日　中国新星石油有限责任公司并入中国石化集团,更名为中国石化集团新星石油有限责任公司,成为中国石化集团的全资子公司。

■4月6日、7日　中国石油天然气股份有限公司股票分别在美国纽约和香港上市,融资额达33亿美元。

■4月　国家储量委员会在新疆库尔勒市正式通过对塔里木盆地克拉2号气田储量的验收,确认气田探明储量2506亿立方米。

■6月7日　新疆准噶尔盆地陆9井获高产油气流。

■7月29日　新疆准噶尔盆地南缘部署的一口重点预探井卡6井获高产油气流,这是准噶尔盆地南缘的又一突破。

■9月2日　中国陆上第一个百万吨级沙漠油田——彩南油田8年累计产油1000万吨。

■10月19日　中国石化股份有限公司股票在美国纽约、英国伦敦和香港同时上市,融资37亿多美元。

■10月28日　中国海洋石油总公司与壳牌公司合营的中海—壳牌大型石化项目正式签订合同。

■11月5日　胜利油田在渤海之滨的山东省北部无棣县车镇发现富台

油田。

■11月7—10日　中国石油天然气集团公司、中国石油化工集团公司、中国海洋石油总公司共同举办2000年中国国际天然气会议暨展览。23个国家和地区、80多家石油公司的代表参加。

■11月22日　大庆发现深层天然气层，在肇州探区深8井，于3000米以下深层获天然气流。

■12月5日　新疆莫北油田建成投产，日产油510吨。该油田位于准噶尔盆地腹部的古尔班通古特沙漠深处。

■12月20日　中国石油国际工程有限责任公司在北京成立，隶属于中国石油天然气集团公司领导。公司下属4个控股子公司，即中国石油工程建设公司、中国石油技术开发公司、中油长城钻井公司和中油测井有限责任公司。

■12月　傅成玉任中国海洋石油有限公司总裁。

■同月　中国石油天然气集团公司在苏丹中标的1／2／4石油项目获重大成果，已建成年生产原油1000万吨生产能力。

■同月　中国石油天然气集团公司在委内瑞拉中标两个油田的勘探开发，原油产量从1998年接管时4900桶／日提高到2000年底的4万桶／日。

■同月　中国石油天然气集团公司在海外勘探开发中，2000年共获得份额油505万吨，天然气4.8亿立方米，已与7个国家签订石油勘探开发项目11个。

2001年

■1月21日　中国石油天然气股份有限公司在内蒙伊克昭盟地区发现特大型气田——苏里格气田。天然气地质储量规模在5000亿立方米以上。

■2月10日　中联煤层气有限责任公司经过三年勘探，在山西沁水盆地南部发现并探明了中国第一个大型煤层气田——沁水煤层气田，已探明天然气储量402.2亿立方米。

■2月22日　四川川东钻探公司在四川铁山坡构造发现一个控制储量为500亿立方米的天然气田。

■2月27日　中国海洋石油有限公司股票在纽约挂牌上市，筹集资金12.6亿美元。

■4月11日　中国海洋石油有限公司在香港公布了2000年经营业绩，净盈利103亿元人民币。

■4月17日　中国石油化工股份有限公司发布2000年业绩，营业额及其他经营收入为3289.01亿元，实现利润190.04亿元。

■4 月 23 日　中国石油天然气股份有限公司宣布，2000 年净利润 552 亿元人民币。

■4 月 28 日　中国石油和化学工业协会成立。

■5 月 19 日　青海涩北气田开始向涩—宁—兰天然气管道供气。该气田已探明天然气储量 2000 亿立方米。

■6 月 12 日　中国地质调查局海洋石油天然气地质研究中心在广州成立，重点是对海洋油气和天然气水合物资源进行战略研究。

■6 月 18 日　中国海洋石油总公司与中国石油化工集团公司就合作勘探开发东海盆地西湖凹陷天然气资源达成协议。

■7 月 2 日　塔里木油田公司发现一个大型天然气田——迪那 2 号气田。

■7 月　中国石化 A 股在上海证卷交易所成功上市。

■8 月 2 日　国务院颁布的《石油天然气管道保护条例》从即日起实施。

■9 月 1 日　准噶尔盆地沙漠腹地马桥地区重点探井盆 5 井获工业油气流，日产油 100 吨，天然气 30 万立方米。

■9 月 6 日　中国最大的海上油田——渤海蓬莱 19-3 油田一期工程开工建设。

■9 月 18 日　位于库车凹陷北部的克拉 205 井成为国内迄今陆上气产量最高的一口井，日产气 300.5 万立方米。

■10 月 8 日　中海石油秦皇岛 32-6 油田一期工程提前投产，原油年生产能力 120 万立方米。

■10 月 10 日　国务院发布修改的《中华人民共和国对外合作开采海洋石油资源条例》及《中华人民共和国对外合作开采陆上石油资源条例》。

■10 月 27 日　塔里木油田公司发现一个新的气田——迪那 1 气田。

■12 月 12 日　中国石油天然气股份有限公司涩北—西宁—兰州天然气输气管道全线竣工。全长 930 千米，年输气量 20 亿立方米。

2002 年

■1 月 17 日　中国石油化工集团公司公布 2001 年全年预计实现利润 128 亿元，销售收入 3600 亿元，利税 470 亿元。

■1 月 22 日　中国石油天然气集团公司公布 2001 年利润总额 530 亿元，实现税费 648 亿元。全年国内生产原油 1.065 亿吨，生产天然气 206 亿立方米。海外经营，生产原油 1623 万吨，生产天然气 9.3 亿立方米，获得份额油 831 万吨，份额气 5.77 亿立方米。

■5 月 16 日　中国海洋石油总公司与台湾中油公司在台湾签订台南盆地和潮汕凹陷部分海域合同区石油合同。

■5 月 22 日　中国石油天然气股份有限公司、国家科技部联合发布，在内蒙古伊克昭盟发现的苏里格大气田探明天然气地质储量 6025 亿立方米，是中国迄今发现的储量最大的气田。

■6 月 12 日　中国石油天然气股份有限公司新疆油田分公司石东 2 井获工业油气流。

■6 月 19 日　国家科技部与中国海洋石油总公司和中国石油化工集团公司在北京签署正式启动“863”计划——“渤海大油田勘探开发关键技术”。

■7 月 4 日　西气东输管道工程正式开工兴建。

■7 月 10 日　中国海油南海西部公司中、加合作项目文昌 13-1 和文昌 13-2 两个油田正式投入商业生产，高峰日产量 5 万桶。中海油拥有 60%工作权益。

■7 月 18—23 日　塔里木迪那 2 气田两口评价井迪那 22 井和迪那 202 井获高产油气。

■8 月 8 日　周守为任中国海洋石油有限公司总裁。

■8 月 21 日　总投资 17 亿元人民币的东海平湖油气田扩建工程正式开工，日供气能力由 120 万立方米提高到 200 万立方米。

■9 月 3 日　中国海洋石油有限公司宣布，天然气评价井崖城 13-4-2 井获日产天然气 2000 万立方英尺。

■9 月 20 日　苏里格气田年产 3 亿立方米先导性开发试验正式投入运行，标志着该气田开始向外供气。

■9 月 23 日　长庆油田在陇东石油勘探获重大突破。在甘肃西峰市东北发现亿吨级储量的西峰油田，已探明石油储量 6132 万吨，控制储量 1.34 亿吨。

■11 月 1 日　中国石油集团在苏丹勘探开发的第一个独资油田——苏丹富拉油田生产设施建设启动仪式举行。目标是建成年产 150 万吨油田生产设施。

■12 月 6 日　中国石油集团东方地球物理勘探有限责任公司和中国石油集团测井有限公司同时在北京成立。

■12 月 24 日　大庆油田在杏山断陷构造带发现一个地质储量 300 亿立方米的天然气田。

■12 月 31 日　中国发现的海上最大油田蓬莱 19—3 油田投产。一期工程设计产能最高日产可达 4.0 万桶油当量。

2003 年

■3 月 28—31 日　中国三大石油公司在香港公布 2002 年公司业绩。中国石油净利润 469 亿元人民币，中国石化净利润 141.2 亿元人民币，中国海油净利润 92 亿元人民币。

■4 月　中国石化在四川宣汉县境内川东断褶带普光构造普光 1 井钻达 5700 米完钻后，测试三叠系飞仙关组，获天然气流，无阻流量日达 75 万立方米，发现普光气田。

■5 月 26 日　温家宝听取中国工程院重大咨询项目《关于我国石油天然气发展战略研究》课题的汇报。

■7 月　中国海洋石油总公司公布在南海东部的番禺 30—1 和番禺 34—1 两个重大发现。两个气田预测天然气储量约 1.5 万亿立方英尺。

■8 月 19 日　中国海洋石油总公司、中国石油化工集团公司、英荷壳牌公司、美国优尼科石油公司在北京签署共同开发东海西湖凹陷油气的协议。

■8 月 28 日　“西气东输”源头工程克拉 2 气田产能建设工程正式启动。

■9 月 23 日　中国海洋石油总公司最大的海上自营气田东方 1-1 气田一期工程投产。

■10 月 1 日　“西气东输”工程东段建成贯通，长庆油田天然气向上海供气，10 月 7 日天然气抵达上海。

■10 月 16 日　中共中央组织部宣布傅成玉任中国海洋石油总公司总经理。

■10 月　东海平湖油气田扩建一期工程正式投产，投产后向上海市供气量每日达 180 万立方米。

■11 月 6 日　中国中化集团公司获得国务院批准，将与三大石油公司一起，成为第四个可以在海外开发油气田的中国公司。

■11 月 10 日　中、俄、韩三国联合开展的《从俄罗斯伊尔库茨克科维克金气田向中国和韩国供气项目的可行性研究》报告通过验收。

■11 月 21 日　塔里木油田公司在新疆阿克苏的乌参 1 井获工业油气流。

■12 月 5 日　据国家石油储备办公室信息，准备投资 60 亿元建四个战略石油储备一期工程基地。第一批基地规划储备原油 1000 多万立方米。

■12 月 23 日　地处重庆市开县境内的四川油气田川东北气矿罗家寨 16H 井发生井喷，造成重大人员伤亡和财产损失。

■12 月 26 日　中国海洋石油有限公司宣布在南海西部海域获得两处新发现：涠洲 11-1- 北 1 井和松涛 24-1-1 井。

2004 年

■1 月　中国海油公布 2003 年经营业绩。实现销售收入 521 亿元，利润 144 亿元。

■3 月 3 日　中国海油涠洲 12-1 北油田投产，日产原油 7500 桶。

■4 月 8 日　中共中央批准陈耕任中国石油天然气集团公司党组书记、总经理，同意马富才辞去中国石油天然气集团公司党组书记、总经理职务。

■5 月 19 日　陈耕出任中国石油股份公司董事长，蒋洁敏任总裁。

■5 月 20 日　中国石油长庆油田分公司发现地质储量超 4 亿吨大油田——西峰油田。

■6 月　中国海油位于渤海西部海域的岐口 18-2 油田投产，日产原油 2800 桶。

■8 月 3 日　“西气东输”管线全线贯通。10 月 1 日，“西气东输”工程实现全线投产，塔里木天然气和长庆天然气同时向管线供气。12 月 30 日，全线商业运营。

■8 月 4 日　中国海油在渤海湾辽中凹陷的锦州 21-1 南构造获勘探新发展。

■8 月　中国石油天然气股份有限公司首次入选美国《商业周刊》评出的 2004 年度全球 1000 强公司。中国石油以 84.6 亿美元的市值居第 656 位。

■10 月 8 日　中国石油在川东七里北 1 井测试日产气达 80 万立方米。

■11 月 3 日　中国石油天然气集团公司海洋工程有限公司成立。

■11 月 12 日　中国海油发布，渤海湾渤中 28-1，渤中 26-2 油田投产，日产原油 4200 桶。11 月 15 日宣布，南海西部公司惠州 19-3／2／1 油田投产。

■12 月 1 日　“西气东输”主力供气气田塔里木盆地克拉 2 气田建成投产。

2005 年

■1 月 6 日　中国石油天然气集团公司科技十大进展评选揭晓。

■1 月 28 日　中国海洋石油总公司旅大 10-1 油田投产，日产原油 3000 立方米。

■1 月　“西气东输”工程全线实现商业运营入选 2004 年中国十大科技进展新闻。

■2 月 4 日　中国海洋石油总公司与科麦奇中国石油公司就位于南海珠江

口盆地的深水区块43/11签订第一个深水石油合同。

■3月14日 中、菲、越三国石油公司在马尼拉正式签署《在南中国海协议区三方联合海洋地震工作协议》，标志着三国在南海争议海区合作开发取得新进展。

■3月25日 国资委任命王天普为中国石油化工股份有限公司总裁。

■3月28日 中共中央、国务院在北京人民大会堂召开2004年度国家科学技术奖励大会。中国石油集团7项科技成果、中海石油一项海上大型油田建设工程获国家科技进步二等奖。

■3月29日 中国海洋石油有限公司公布2004年度业绩。其中，公司净利润创历史新高，达161.9亿元，比2003年增长40.3%；公司全年实现油气销售收入368.9亿人民币，同比增长31.2%。公司全年油气净产量达到140百万桶油当量，同比增长7.5%。

■4月6日 中国石油天然气集团公司在哈萨克斯坦肯基亚克盐下油田至扎那若尔的大型油气混输系统工程安全平稳运行一个月，标志着中国石油在油气混输技术领域进入世界前列。

■4月18日 由中国大陆科学钻探工程中心和中国石化中原油田钻井三公司合作承建的中国大陆科钻1井隆重举行竣工典礼。

■4月21日 中国海油旅大10-1A11井日产原油超1000立方米，改写了渤海油田没有千方油井的历史。

■4月30日 温家宝到青海油田格尔木石化基地视察。

■5月17日 中国石油集团与壳牌中国勘探与生产有限公司联合宣布，双方将共同开发陕西、内蒙古境内的长北天然气田。

■6月14日 经国务院批准，中国寰球工程公司整体并入中国石油集团公司，成为全资子公司。

■7月1日 中国科学院、中国工程院、中国石油集团、中国石化集团等单位共同决定，在科技界及石油、石化系统开展向侯祥麟同志学习的活动。

■7月12日 美国《财富》杂志公布2004年度全球500强名单，中国石化集团以750.77亿美元营业收入列第31位，列国内入围企业第一名。

■7月 中国石油化工集团公司与俄罗斯国家石油公司签署合作一号协定书。

■8月21—22日 “2005年中国企业500强发布暨高层论坛”在天津举行，中国石化集团、中国石油集团分别列中国企业500强综合榜第一名和第三名。

■9月16日 侯祥麟先进事迹报告会在北京人民大会堂举行，温家宝会见报告团成员并听取报告。

■9 月 25 日　第 18 届世界石油大会在南非约翰内斯堡召开，中国石油、中国石化、中国海油三大公司及中化集团等 121 人应邀参加了大会。

■9 月　中国海洋石油有限公司宣布南堡 35-2 油田及渤中 25-1 油田二期项目 C、F 平台投产。

■10 月 27 日　中国石油集团通过旗下全资子公司中油国际以 41.8 亿美元成功收购哈萨克斯坦 P.K 石油公司。

■11 月 2 日　冀东老爷庙东营组一段发现 20 米巨厚油气显示。这一重大发现，证明冀东油田南堡凹陷具有良好勘探前景。

■11 月 4 日　华北石油管理局承钻的塔里木英深 1 井，钻至 7222 米，创中国陆上超深井最高纪录。

■11 月 8 日　渤海湾曹妃甸 11-3/5 油田投产，中海石油拥有该油田 51%的工作权益。

■12 月 15 日　中哈原油管道一期工程（阿塔苏—阿拉山口段）正式竣工投产。

■12 月 29 日　渤海油田 2005 年油气产量达 1400 万立方米油当量。

中国石油、天然气探明地质储量和产量表
（1985—2005）

年 份	石油（万吨）		天然气（亿立方米）	
	年产量	年增储量	年产量	年增储量
1985	12489	230537	128	866
1986	13067	90221	134	969
1987	13413	70303	135	752
1988	13703	52431	139	584
1989	13765	48478	145	649
1990	13828	64577	152	1640
1991	13979	54552	154	903
1992	14204	50323	157	2508
1993	14400	58765	163	1496
1994	14607	53002	167	1622
1995	14906	44756	174	2168
1996	15729	73186	201	1797
1997	16044	92459	223	2165
1998	16052	70701	223	2856
1999	15990	79820	252	1763
2000	16114	73680	279	5227
2001	16335	48476	303	4609
2002	16577	81374	329	4025
2003	16988	86682	354	5437
2004	17504	126462	400	5805
2005	18146	95388	490	6307

注：1. 石油包含原油和凝析油，天然气包含气层气和溶解气。

2. 年增储量 = 新油气田和老油气田新块新层新增储量 + 老油气田复算核增核减储量。
1985 年复算核增 148388 万吨，1986 年复算核增 37613 万吨，1987 年复算核增 7806 万吨。

3. 油田企业篇文中所述新增储量，只包括新老油气田新块新层新增储量，未包括老油气田复算核增核减储量。

中国各油田企业石油、天然气产量表

油田企业	石油产量(万吨)		天然气产量(亿立方米)	
	1985 年	2005 年	1985 年	2005 年
大庆油田	5529	4495	25.0	24.4
胜利油田	2703	2695	11.4	8.8
长庆油田	146	940	0.2	75.3
新疆油田	499	1165	5.5	29.0
渤海油田	10	1283		5.5
辽河油田	900	1242	15.0	9.2
南海东部油田		1154		0.9
塔里木油田		600		56.8
四川油气田	12	14	55.4	120.5
延长油矿	15	838		
南海西部油田		327		50.2
吉林油田	213	551	0.8	2.7
大港油田	365	510	5.7	3.3
华北油田	1031	435	2.1	5.7
中原油田	550	320	5.7	16.6
青海油田	20	221	0.1	21.2
吐哈油田		210		15.3
河南油田	243	187	0.4	1.0
江汉油田	102	163	0.3	1.2
江苏油田	52	164	0.4	0.6
冀东油田		125		0.8
玉门油田	58	77	0.2	0.8
东海油田		25		6.0
西北石油局		420		5.2
西南石油局		1		21.0
上海石油局		25		6.0
华北石油局		10		4.0
东北石油局		5		1.7
华东石油局		18		
中南石油局		1		
南方公司	4	3	0.3	0.8
全国	12489	18146	128	490

注：1. 全国数据包括了表中未列单位数据，扣除了各单位间重叠数据。

2. 石油包含原油和凝析油，天然气包含气层气和溶解气。

中国含油气盆地分布示意图
图例
油田
气田
已发现油气田盆地
未发现油气田盆地
0 180 540 900km

中国石油、天然气、成品油、煤气管道分布图

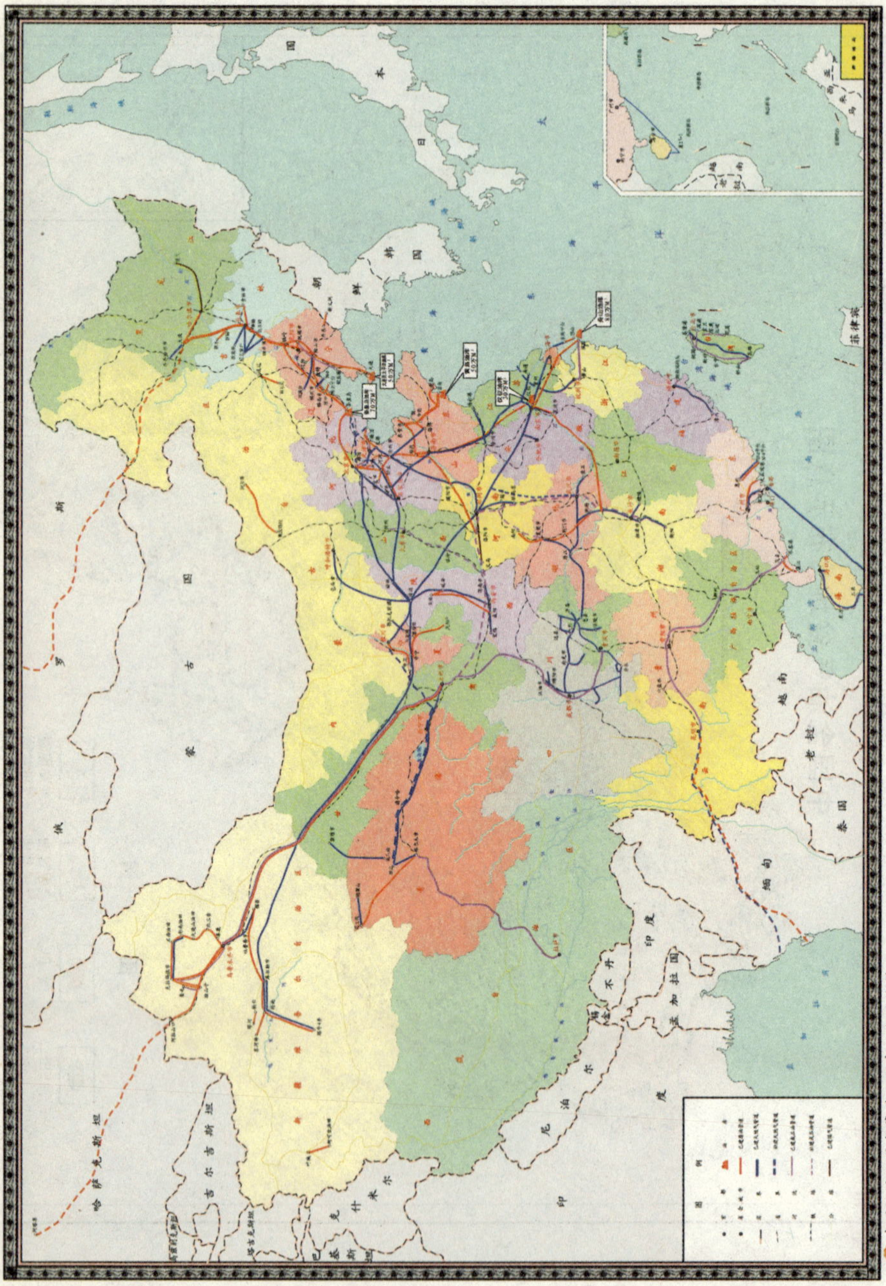

中国石油天然气管道工程有限公司绘制

2005年10月

后 记

在中国石油天然气集团公司、中国石油化工集团公司、中国海洋石油总公司领导的关心和支持下，《当代中国石油工业》(1986—2005)一书，经过各油田、各专业编写组同志的共同努力，由当代中国出版社正式出版，与广大石油职工和各界读者见面了。它对展现中国石油工业发展历程，总结石油工业经验，进一步弘扬大庆精神和“铁人”精神，促进石油工业持续发展，将会起到积极的作用。

在本书编写过程中，各油田、专业编写组的同志，有关领导、专家，文史、档案馆工作人员和熟悉石油历史的老同志，本着对历史负责的态度，认真收集资料，深入进行研究和总结，做了大量具体的组织和编写工作。本书几位顾问认真审阅书稿，提出了重要的修改意见。参加本书编写和审定工作的老领导、老专家，既是石油工业历史的参与者，又是这段历史的见证人。他们的积极参与和高度负责精神，保证了本书质量的不断提高。为了确保史料的准确性、真实性和科学性，编辑部还特邀高瑞祺、安郁培、潘兴国、魏宜清、宋万超、李干生、龚再升、茹克等编委、专家，自始至终参与审稿和定稿，并指导油田、专业编写组对书稿进行修改、完善，付出了大量的心血。本书编委李润生、许永发、李华民、王志刚、沈琛、陈炳骞、罗明、赵利等同志和编辑部温厚文、李维谌、王志明、赵方红、疏骏、南永生、王树勇、姚治晓等同志，为指导、组织、协调本书的编写工作，审定书稿和编辑图片付出了辛勤的劳动。当代中国出版社责任编辑刘鲁风同志早期介入编写工作，给予了具体指导。编委会对所有关心、支持、帮助本书顺利完成的同志们表示衷心的感谢。

本书各油田油气储量产量图表和含油气盆地分布图、油气管道分布图，分别由吕鸣岗、董大忠同志根据国家有关部门公布的数据统一编绘；本书英文目录翻译由中国石油集团经济技术研究院承担，陈立滇审校；本书采用照片在各油田、专业编写组提供的基础上，又从多个渠道收集，不能完全确定摄影者姓名，未署名，特向摄影者致谢和致歉。并请相应著作权人见本书后，与本书编辑部联系，即付稿酬。王明毅、林玉亮、丁伟等同志在照片的收集、选编、设计中，做了大量工作，对以上同志付出的辛勤劳动表示深深的谢意。

本书初稿排印后，送请中国石油、中国石化、中国海油三大公司有关领导审查。编委会领导李克成、王福成同志先后多次听取汇报，对编写工作提出了明确的指导思想和工作要求，确保了本书如期完成。

由于编辑部同志水平有限，加之本书涉及面广、跨度较长，难免有遗漏和不妥之处，敬请读者批评指正。

2008年9月